GERMANISTISCHE SYMPOSIEN
BERICHTSBÄNDE

Im Auftrag der Germanistischen Kommission
der Deutschen Forschungsgemeinschaft und in Verbindung
mit der »Deutschen Vierteljahresschrift
für Literaturwissenschaft und Geistesgeschichte«

Herausgegeben von
Wilfried Barner
XXV

# Rhetorik

Figuration und Performanz

Herausgegeben
von Jürgen Fohrmann

Verlag J.B. Metzler
Stuttgart · Weimar

Gedruckt mit Unterstützung der Deutschen Forschungsgemeinschaft

Bibliografische Information Der Deutschen Bibliothek
Die Deutsche Bibliothek verzeichnet diese Publikation in der Deutschen
Nationalbibliografie; detaillierte bibliografische Daten sind im Internet
über <http://dnb.ddb.de> abrufbar.

Gedruckt auf chlorfrei gebleichtem, säurefreiem und alterungsbeständigem Papier

ISBN 3-476-02009-6

Dieses Werk einschließlich aller seiner Teile ist urheberrechtlich geschützt. Jede
Verwertung außerhalb der engen Grenzen des Urheberrechtsgesetzes ist ohne
Zustimmung des Verlages unzulässig und strafbar. Das gilt insbesondere für
Vervielfältigungen, Übersetzungen, Mikroverfilmungen und die Einspeicherung und
Verarbeitung in elektronischen Systemen.

© 2004 J.B. Metzlersche Verlagsbuchhandlung
und Carl Ernst Poeschel Verlag GmbH in Stuttgart
www.metzlerverlag.de
info@metzlerverlag.de
Einbandgestaltung: Willy Löffelhardt
Satz: DTP + TEXT Eva Burri, Stuttgart
Druck und Bindung: Ebner & Spiegel GmbH, Ulm
Printed in Germany
Mai / 2004

Verlag J.B. Metzler Stuttgart · Weimar

# Inhalt

JÜRGEN FOHRMANN (Bonn): Vorbemerkung ............................................. VII

## I.
## Topik und Verzeitlichung

WILHELM SCHMIDT-BIGGEMANN (Berlin)/SEBASTIAN LALLA (Berlin):
Einleitung .................................................................................... 3
CHRISTIAN STRUB (Hildesheim): Ordo troporum naturalis.
Zur Systematisierung der Tropen ................................................ 7
STEFAN WILLER (Berlin): Orte, Örter, Wörter. Zum *locus ab etymologia*
zwischen Cicero und Derrida ...................................................... 39
WALTER F. VEIT (Melbourne): Topics and the Discovery of the New .... 59
RALF KLAUSNITZER (Berlin): Inventio/Elocutio. Metaphorische Rede
und die Formierung wissenschaftlichen Wissens ....................... 81
NICOLAS PETHES (Stanford/Bonn): »In jenem elastischen Medium«.
Der Topos ›Prozessualität‹ in der Rhetorik der Wissenschaften
seit 1800 (Novalis, Goethe, Bernard) .......................................... 131
UWE HEBEKUS (Konstanz): Geschichte als Ort und Figur.
Retopikalisierungen historischen Wissens im Historismus ......... 152
SEBASTIAN LALLA (Berlin): Diskussionsbericht ................................... 176

## II.
## Regel-Adresse

LUDWIG JÄGER (Köln/Aachen): Einleitung ........................................... 189
CHRISTIAN STETTER (Aachen): Nach Chomsky. Überlegungen zu einer
symboltheoretisch fundierten Linguistik ..................................... 193
GISELA HARRAS (Mannheim): Auf dem Weg zu einer einheitlichen
Theorie der Indirektheit des Sprechens ....................................... 219
ERIKA LINZ (Köln): Sprachlose Metaphern. Zur Rhetorizität
der Kognition und ihrer Modellierung in der kognitiven Linguistik ..... 246

CHRISTA M. HEILMANN (Marburg): Das Konzept Körper
in der Rhetorik aus semiotischer Sicht ................................................. 267
HARTMUT WINKLER (Paderborn): Übertragen – Post, Transport,
Metapher ............................................................................................. 283
MARTIN STINGELIN (Basel): Nietzsches Rhetorik: Figuration
und Performanz ................................................................................... 295
MAREIKE BUSS (Aachen): Diskussionsbericht ....................................... 313

## III.
## Writing Culture

JÜRGEN FOHRMANN (Bonn): Einleitung .................................................. 323
SVEN LEMBKE (Freiburg/Br.): Die Grenzen des Selbstverständlichen
in der *Moscovia* Sigmunds von Herberstein. Fassungskraft
und Nutzen der alten Topik ................................................................. 326
ERHARD SCHÜTTPELZ (Konstanz): Heischebräuche. Der ›supplementäre
symbolische Inhalt‹ der *Schreibstunde* von Claude Lévi-Strauss ........ 361
DAVID MARTYN (Minneapolis): " " ........................................................ 397
CHENXI TANG (Chicago): Rhetorik mit Akzent: Mündlichkeit,
Schriftlichkeit und Rhetorik der Kulturbeschreibung bei Herder .......... 420
FRIEDRICH BALKE (Köln): Rhetorik nach ihrem Ende.
Das Beispiel Adam Müllers ................................................................. 444
DANIELA GRETZ (Bonn): Diskussionsbericht ......................................... 471

## IV.
## Performativa

WERNER HAMACHER (Frankfurt/M.): Einleitung ..................................... 481
GÜNTHER GREWENDORF (Frankfurt/M.): Performativität
und Deklarativität ................................................................................ 490
DIETER MERSCH (Berlin): Performativität und Ereignis. Überlegungen
zur Revision des Performanz-Konzeptes der Sprache ......................... 502
ELISABETH STROWICK (Hamburg/Yale): Akt des sprechenden Körpers.
Austin – Quintilian – Kafka .................................................................. 536
RÜDIGER CAMPE (Baltimore): ›Es lebe der König!‹ – ›Im Namen
der Republik.‹ Poetik des Sprechakts. ................................................. 557
BETTINE MENKE (Erfurt): Zitation/performativ ....................................... 582
UWE WIRTH (Frankfurt/M.): Das Vorwort als performative,
paratextuelle und parergonale Rahmung ............................................. 603
EVA GEULEN (Bonn): Erziehungsakte .................................................... 629
STEFAN LORENZER (Frankfurt/M.): Diskussionsbericht ......................... 653

Namensregister ................................................................................... 665

# Vorbemerkung

JÜRGEN FOHRMANN (Bonn)

Das, was mit der Beobachtung von Rhetorik in den Blick gerät, ist mehr als nur eine Beiläufigkeit; in ihr macht sich fest, wie Wissenschaften, die mit der Entstehungs- und Wirkweise von Zeichen und Zeichenketten befaßt sind, sich die Konstitutierung ihres Gegenstandes, wie sie sich also die Genese und die performative Kraft von Form denken. Und in dieser Beobachtung von Rhetorik wird zugleich sichtbar, wie die damit verbundene Option (denn um eine solche handelt es sich) strukturbildend wirkt für das ›Wie‹ von Forschung und wissenschaftlicher Episteme. Am Thema der Rhetorik läßt sich also mit hohem politischen Einsatz arbeiten – und dies lag ganz im Interesse des hier dokumentierten Symposions, das den Versuch unternahm, Linguistik, Sprachphilosophie, Geschichte und Rhetorikgeschichte, Ethnographie und Literaturwissenschaft in ein Gespräch zu bringen, das alle diese Richtungen in vergleichbarer Weise trifft. Denn hätte man versucht, bereits vor dem Symposionsbeginn eine Art Fazit des Symposions zu ziehen, so ließe sich sagen: Im Behandeln von ›Rhetorik‹ blicken alle (oder fast alle) Beiträge auf die Beziehung von Regel und Abweichung, in deren Mitte die Rhetorik steht. Sie ist diese Mitte, und sie wird in beide Richtungen, zum Schema und zur Anomalie, dann ausbuchstabiert, aber nur, um erneut in die mittlere Position zurückzukehren. Sehe ich recht, so sind viele der hier vorgelegten Texte mit dieser Bewegung von der Regel zur Abweichung und dann durchaus auch, zumindest implizit, von der Abweichung zur Regel befaßt.

In der Linguistik und Sprachphilosophie gilt dies nicht nur für die Sortierung und Auszeichnung von Sprechakten, ihre tentative Ununterscheidbarkeit und dann doch den Versuch, solche Unterschiede, wie überzeugend auch immer, sekundär zu markieren. Es gilt schon für die Möglichkeit der Klassifikation selbst, und es trifft in besonderer Weise die Unterscheidung zwischen langue und parole, die nicht unschuldig ist, sondern aus der sich, mit Goethe zu sprechen, eine ganze Welt ableiten läßt.

Dies gilt aber auch für die rhetorikgeschichtlichen Rekonstruktionen, die den Versuch unternehmen, eine Sortierleistung zu vollbringen oder im Rahmen solchen Sortierens eine Trope, etwa die Metapher, einer genaueren Bestimmung unterziehen wollen. Wenn die Rhetorik ihren Blick auf eine Abweichung richtet, so besteht der Versuch tropologischer Bestimmung darin, die Regel für diese Abweichung zu finden. Gelingt es gar, ein Ensemble solcher

Regeln zu nennen, nach denen sich eine Figurenlehre systematisch entfalten ließe, und worin wäre es fundiert? Wenn dies verneint wird, hat man dann nicht Abstand zu nehmen von jeder Identifizierung einer Figur? Ginge es dann nicht darum, den grundsätzlich iterierenden Charakter jeder Äußerung und damit zugleich jeder Abweichung der Figur (gleichsam in sich selbst) Rechnung zu tragen? Wie aber gehen die rhetoriktheoretischen Ansätze, die dies scharfsinnig analysieren, dann in ihren Textbeschreibungen nicht nur mit dem tropologischen Charakter von Sprache, sondern mit einzelnen, identifizierten Tropen um, deren Benennung die Endlichkeit des eigenen Textes glücklicherweise sicherstellt? Wie verhalten sich also Iterabilität und eine Lektüre zueinander, die diese Iterabilität nicht einfach feststellt oder nachbildet, sondern notwendigerweise auch Abschlussbewegungen vollzieht? Und wie schließlich konstituiert eine spezifische Figuration den Impetus eines Textes, seinen durchaus ›politischen‹ Einsatz in einem Kontext weiterer Texte: die Beschreibung von Texten, Literaturwissenschaft, Literaturgeschichte und ›writing culture‹ sind ebenso möglich wie unmöglich, je nachdem, welches Register, das der Regel oder das der Abweichung, man zu ziehen versucht.

Die Beobachtung von Rhetorik führt deshalb ins Zentrum all' dieser Diskussionen, weil diese Rhetorik sich in der Mitte der Unterscheidung plaziert. Denn sie ist der Name für dreierlei: für zwei Formen des Wissens, erstens für ein *relationales* und zweitens für ein *situatives* Wissen, und drittens für eine *Technik,* die techné, mit der zunächst eine personale Instanz Invention, Gedächtnis und Sukzession der Rede sicherstellt.

*Relational* ist sie, weil keine Kategorie der Rhetorik für sich allein steht; sie verweist stets auf andere Kategorien, sowohl rhetorische als auch logische, und in diesem Ensemble wird sie in ein Netzwerk von Bezügen verstrickt. Der Raum, der damit gezeichnet wird, ist aber – gegen alle Selbstzuschreibungen und gegen alle Systematisierungsversuche – prinzipiell offen; er ist ein Raum der Kontraste, nicht der Entitäten, und die Bestimmung des einen Terminus verdankt sich erst ihrer Differenz zu den anderen.

Rhetorik als *sozialer Raum* wird zu vindizieren versucht durch jene Klassifikatorik von Anlässen und Orten, die ein situatives Wissen auszuprägen und auf das relationale Wissen rückzubeziehen erlauben. Ja man könnte sagen, die ›alte Rhetorik‹, die Roland Barthes als ›Überzivilisation‹ bezeichnet hat, besteht gerade aus der Verschränkung von relationalem und *situativem* Wissen, und das Steuerungsinstrument für das dann greifende ›aptum‹ sind entweder die quantitativen Unterscheidungen ›zu viel oder zu wenig‹, ›zu stark oder zu schwach‹ oder die regulierenden Unterscheidungen einer Adresseninklusion oder -exklusion, etwa über die Stilhöhen oder die genera dicendi – also Kontraste.

Diese prinzipielle Offenheit des rhetorischen Raums stellt für die vielen Regulierungsversuche der ›alten Rhetorik‹ solange kein Problem dar, ja ist eher Ansporn, solange dieser Offenheit kein supplementärer Charakter zugeschrieben wird – solange mithin, wie situatives und figuratives Wissen aufeinander beziehbar sind und sich wechselseitig zur Referenz werden können. Überschreiten die sozialen Situationen aber ein auf Anlässe bezogenes

Tableau und entziehen sie sich der Möglichkeit einer von *Gemeinschaft* getragenen Standardisierung, so läßt sich für diesen neuen, komplexen Differenzierungsmodus keine regelgeleitete Verbindung von Situationen und der ihnen zukommenden Figuration mehr sicherstellen. Nicht der an diesem Punkt notwendigerweise zu erinnernde Einbruch von Zeit in die taxonomischen Ordnungen hat solche Rhetorik in Bedrängnis gebracht, sondern die Vervielfachung möglicher Bezugskontexte im Rahmen der sich funktional ausdifferenzierenden Gesellschaft. Zwar fehlt der ›alten Rhetorik‹ eine auf Selbstüberholung angelegte Zeitdimension, mithin die Selbstdifferenz der Situationen und Okkasionen zwischen zwei Punkten zeitlichen Verlaufs. Aber allein schon die schiere Quantität der Bezugspunkte verhindert ein auf Anlaß und ›aptum‹ abgestelltes System und das Teilen von Selbstverständlichkeiten, die das Enthymen erst möglich macht; es wird, mit allen re-entrys, ersetzt durch emanzipierte Ingeniumsvorstellungen, in denen das ansonsten tote Regelwerk durch freie Spontaneität grundiert erscheint.

Ja noch mehr: Scheint die ›alte Rhetorik‹ stets mit einer visiblen Sprecherrolle verbunden, so wird nun die sprechende oder schreibende und das Sprechen nur fingierende Person mediatisiert. Die Kunst spricht jetzt nur, wenn der Künstler in der Sprache verschwindet. Etwas, die Sprache, die Poesie, die Geschichte usw. kommt durch die Person hindurch. Nicht mehr die Rhetorik erzeugt also die Form, durch die die Laute Gestalt gewinnen, sondern die Apostrophe von etwas Vorsprachlichem ergreift die Person, macht sie nun zum Medium und führt zu einem Ergebnis, das nicht einfach auf eine Regel zurückgeführt werden kann: »Es beschwören euch eure noch ungeborne Nachkommen«, deutsche Jünglinge, wird Fichte in der vierzehnten seiner *Reden an die deutsche Nation* formulieren, »daß bei euch die Kette nicht abreiße«.[1]

An dieser Schwelle verschwindet das Wissen um Figur, Gedächtnis und elocutio nicht einfach; durchaus fortgesetzt (etwa in Schulzusammenhängen) wird es dort, wo eine Gruppe adressiert wird, die als Gemeinschaft wie die *Extension einer Person* zu beschreiben und damit adresserbar ist. Unter den Bedingungen einer sich zunehmend massenmedial entfaltenden Kommunikation allerdings erhält die Rhetorik den Status eines reinen Signifikanten und wird, weil sie sich nicht auf die begrenzbare Zahl von Situationen, die durch Personalität und Gemeinschaft verbürgt sind, rückbeziehen läßt, gleichsam polymorph, oft bis zur Unkenntlichkeit zerschlagen. Auf diese Weise wird rhetorische Figuration in viel höherem Maße kontingent, und in dieser Kontingenz wandert sie auch in die hier versammelten Wissenschaften hinein.

Diese Wissenschaften, so meine These, nutzen das paradox erscheinende Unterfangen der alten Rhetorik, die Regel der Abweichung zu finden, nicht mehr ausschließlich zur Auffächerung sozialer Kontexte, sondern sie nutzen es als Konstitutionsbedingung, die den Aufbau wissenschaftlicher Texte steuert: Erst findet man die Abweichung, dann die Regel, dann wieder die Abweichung usw. Die Unterscheidung Regel/Abweichung wird als Zwei-Seiten-Form

---

1 Fichte, Johann Gottlieb: *Reden an die deutsche Nation* (1807/08), München o. J., 14. Rede, S. 211.

*temporalisiert,* und diese Temporalisierung eröffnet die Möglichkeit, erst das eine Argument, dann das andere zu entfalten, mithin Zeit zu verbrauchen. Es ist die *Zeit der eigenen Argumentation*; verbrauchte man sie nicht *so,* so gelangte man bald in die Tautologie.

Auf welch' unterschiedliche Weise diese Tautologie zu vermeiden versucht wird, kann man an den im vorliegenden Band versammelten Fächern und Richtungen sehen. Zum Austrag sollte auf dem Symposion dabei kommen, welche Entscheidungen welche Produktivität erbracht haben bzw. erwarten lassen; daß dies kontrovers diskutiert wurde, war nach der Lektüre der Texte keine besonders gewagte Voraussage.

Abschließend bleibt sehr herzlicher Dank abzustatten: Er richtet sich an alle am Symposion beteiligten ReferentInnen, die Redaktoren und Kuratoren, an die DFG für die Finanzierung der Veranstaltung und an die Villa Vigoni am Comer See, wo das Symposion vom 23.-26. September 2002 stattfand, für die perfekte Organisation und große Gastfreundschaft.

Ebenfalls sehr herzlich gedankt sei Mareike Börner, Ellen Jünger, Bettina Mosbach, Hedwig Pompe, Thorsten Rudolph und Claudia Seidel, die in den verschiedenen Phasen des Projekts an der Drucklegung des Bandes beteiligt waren. Das Personenregister haben Mareike Börner, Ellen Jünger, Bettina Mosbach und Claudia Seidel erstellt. Dem J.B. Metzler Verlag bin ich dankbar für die freundliche Aufnahme in sein Programm, der Deutschen Forschungsgemeinschaft für die Gewährung des Druckkostenzuschusses.

Bonn, im Februar 2004                                                        Jürgen Fohrmann

# I.
## Topik und Verzeitlichung

# Einleitung

WILHELM SCHMIDT-BIGGEMANN (Berlin)/SEBASTIAN LALLA (Berlin)

Für die Zusammenstellung der beiden Begriffe »Topik« und »Verzeitlichung« gibt es mehrere gute Gründe. Zwei davon sollen zuvor besonders herausgehoben werden, sozusagen als programmatische Hinführung auf die einzelnen Beiträge. In einem ersten Aspekt geht es um die Frage nach dem Ursprung von sprachlicher Ordnung und ihrer Bedeutung für den Erkenntnisprozeß. Wenn man von der Position einer *philosophia perennis* ausgeht, die ein – durch Offenbarung – gesichertes Wissen annimmt, verfügt man damit zugleich über eine Grundlegung aller möglichen Namen. Diese gleichsam unverrückbar festgelegte Ordnung ist die theologisch motivierte Voraussetzung für eine klassifikatorische und epistemologische Beschäftigung mit Sprache. Als Resultat erhält man eine Topik, die in Anlehnung an den göttlichen Ursprung der Dinge und der Sprache in sich aber stabile Verhältnisse garantiert. Mit anderen Worten generiert eine ursprünglich sichere Form der metaphysischen Fundierung von Sprache allenfalls differente Ausprägungen von Semantik und Grammatik, keinesfalls aber ein in sich fragliches Konzept von Gewährleistung der Gültigkeit des jeweiligen Musters.

Dieses Moment von metaphysischer Stabilität der ursprünglichen Ordnung – sprachlich wie schöpfungstheologisch betrachtet – wird in seiner Selbstverständlichkeit spätestens um die Mitte des 18. Jahrhunderts in Frage gestellt. Pointiert findet sich diese Vorstellung im Ansatz Kosellecks, das Jahr 1750 stelle den entscheidenden Wendepunkt dar, vor dem nichts und nach dem alles durch den Prozeß der Verzeitlichung erfahrbar sei. Dabei kommt es weniger auf die Stimmigkeit einer definitiven Datierung dieses Phänomens als mehr auf die Implikationen desselben an. Denn solange man von der Unveränderlichkeit der Elemente des sich entwickelnden Prozesses ausgeht, beschränkt sich die Rolle der Zeit auf die Festlegung des momentanen Standes innerhalb des vorab bestimmten Planes. Indem aber die Sprache auf eine anthropologische Basis der Entstehung gestellt und ihr das theologische Fundament entzogen wird, gerät sie selbst in den Einfluß der historischen Betrachtung und damit unausweichlich in den Bereich der Veränderung. Die zeitliche Indizierung des Einzelnen erhält nun erhebliche Bedeutung, weil sie nicht nur die Stelle im Ganzen angibt, sondern dieses Ganze, das jedoch nur noch aus einer Perspektive des Partikularen erfaßt werden kann, mitkonstituiert. Die Begriffe, deren Valenz bislang ahistorisch war, werden nun als der Zeit unterworfen verstanden; sie können keine Überzeitlichkeit mehr garantieren.

Zugleich öffnet dieses Phänomen der Verzeitlichung den Blick auf das kritische Feld der systemstabilisierenden Faktoren, die für das Funktionieren der Prozesse, die durch die Verzeitlichung plausibel gemacht werden (sollen), unverzichtbar sind, nämlich die nach wie vor als zeitunabhängig verstandenen Bereiche kognitiver Gültigkeit. Exemplarisch können hier die Gesetze der Logik angeführt werden, die sich einer Historisierung entziehen. Auch wenn sie in ihrer Darstellbarkeit auf etwas angewiesen ist, was ihr wesentlich verschieden ist: Sie können zwar entdeckt werden, aber sie müssen als immer schon geltend angesehen werden. Die Logik ist von der sprachlichen Grammatik untrennbar. Wenn Sprache aber erst mit dem Menschen entstanden ist, heißt das, daß die Logik vorher nicht gegolten hat? Wie der Logik geht es allen anderen Ordnungsmustern: Indem sie historisiert werden, verlieren sie ihre metaphysische Verbindlichkeit. Wie kann Topik unter diesen Bedingungen verbindlich werden?

Neben diese methodologische Schwierigkeit treten aber auch zahlreiche inhaltliche Unbequemlichkeiten, die nicht zuletzt daraus resultieren, daß das Konzept der Historisierung nicht nur auf sprachliche Zusammenhänge, sondern auch auf die durch diese generierten Erkenntnisse angewandt wurde. Als eine Folge ist zu beobachten, daß Vorstellungen von Zeitlichkeit selbst fragwürdig werden, wenn man etwa feststellt, so wie Scaliger das in seinem *Thesaurus temporum* 1580 getan hat, daß eine Historisierung in einer Hinsicht eben auch eine Historisierung in anderen Hinsichten nach sich zieht; im Ergebnis waren die bislang akzeptierten Maßstäbe der Chronologie – also der biblische »Kalender der Weltgeschichte« – mit den neu fixierten Daten (hier die Königslisten der ägyptischen Dynastien) nur mit großen Mühen oder gar nicht in Übereinstimmung zu bringen. Kompliziert ist dies nicht wegen dieser oder jener Umdatierung, die aufgrund der höheren Relevanz kohärenter Chronologisierung erforderlich wird, sondern weil damit die gesamte Konzeption ins Wanken gerät, die mit der *philosophia perennis* als *conditio sine qua non* verbunden ist. Die Suche nach dem Ursprung – zumal wenn damit die anthropologische Selbstdefinition im Ursprung der Sprache verbunden ist – ist nämlich genau dann wesentlich unvereinbar mit dem Gedanken einer sich immergleichen Unveränderlichkeit, wenn der Ursprung sich zeitlich gesehen in einer Koinzidenz mit dem erweist, was an sich Legitimation von Ursprungslosigkeit ist. Mit dieser Schwierigkeit hatten alle Modelle von Sprachursprungsschriften, seien es die Vicos, Herders oder anderer, zu kämpfen.

Bei aller Unterschiedenheit, die in den einzelnen Mustern von Verzeitlichung zu finden ist, gemeinsam scheint ihnen zu sein, daß der einheitliche Rahmen einer *philosophia perennis* daran zerbricht.

Als zweiter Aspekt ist von Bedeutung, daß sich dieses Zerbrechen adäquat nicht als Bruch und damit als vollständiger Verlust der traditionellen Muster deuten läßt, sondern daß die Mechanismen der Ablösung ihrerseits vielschichtiger sind, als es die prägnante These einer Generalüberholung metaphysischer Gültigkeit durch Historisierung nahelegt. Topik und Semantik erfahren so etwas wie eine Verflüssigung der inneren Struktur, sowohl, was die Genese, als auch, was die Applikation betrifft. Diese Doppelung ist sehr wichtig, weil an ihr deutlich wird, daß – mit Blumenberg gesprochen – nach dem Verzicht auf eine theologisch stabilisierte Letztbegründung und der damit einhergehenden Autonomisierung des Menschen nicht nur die Teilhabe am Göttlichen (zumal am göttlichen Wissen) verloren ist, sondern auch die Möglichkeit, eine analoge Stabilität als inhärente Position zu behaupten. Klassifikation in Form topischer Erkenntnis und Wissensverwaltung läßt sich damit nicht mehr als metaphysisches, sondern allenfalls als rhetorisches Unterfangen anstrengen. Ausweislich wird dieses Moment daran, daß nun nicht nur das Material einer historisierten Topik variabel wird, sondern auch die formale Seite topischer Wissenschaft, in der die Faktoren der Erkenntniserlangung und -koordination keinen Grad an Gültigkeit beanspruchen können, der über die jeweilige kurzfristige Pragmatik hinausreicht. Indem die Herrschaft über die Begriffe als das Moment des Herrschens selbst nur als zeitliches Phänomen aufgefaßt wird, fordert die Erklärung des Tatsächlichen immer auch zugleich die Erklärung eben jener Erklärung: Und so holt sich die historisierende Analyse formal nur darin selbst ein, sich noch einmal begründend neu zu setzen. Bei der Applikation sieht es anders aus. In diesem Prozeß wird (fraglich, welches Maß an Notwendigkeit dabei anzunehmen ist) die durch die Verzeitlichung frei gewordene Stelle des Göttlichen sukzessive durch andere Entitäten ersetzt und so die methodisch geöffnete Sicht inhaltlich wieder geschlossen. Für den hier darzustellenden Anwendungsbereich scheint es zum großen Teil die Natur zu sein, die als kompensierende Größe in das rhetorisch relevante Modell von Historisierung eingefügt wird. Nun ist es mehr als auffällig, daß mit dieser Form der Ausgleichung formal gesehen die Metaphysik nicht verabschiedet, sondern nur in einem anderen Gewande wieder instituiert worden ist. Dabei ist eine Verlagerung auf die funktionale Perspektive zu beobachten: Während in der *philosophia perennis* die Sicht auf ein vorgängig stabiles Gesamt von Ordnung entscheidend war, tritt nun die Perspektive der Veränderung als das bleibend Grundlegende in den Vordergrund. Ordnung entsteht dann durch die Stabilität des Ordnungsprozesses, der seinerseits aber nicht mehr hinterfragt werden kann – und damit metaphysischen Status genießt. Topik unter den Bedingungen der Kontingenz wäre demnach wahrscheinlich dann am ehesten sinnvoll (und möglich), wenn parallel dazu die interne Kompossibilität des zu Ordnenden – also die semantische Stabilität der funktional invarianten Entitäten – aus der Betrachtung ausgeklammert wird. Man kann den Verlust von Kompossibilität und damit von systematisierender Topik als Ergebnis einer Metaphysikfeindlichkeit und als Verunsicherung der traditionellen Philosophie auffassen. Zugleich scheint aber auch deutlich, daß dieser Verlust Voraussetzung für die modernen Formen von Topik genau deshalb ist, weil die Frage danach, was Ordnung ist, sein soll und kann, an die Stelle der externen Legitimation durch Metaphysik tritt. Eine Beantwortung dieser Frage muß freilich der Einsicht Rechnung tragen, daß die Begriffe, die in ihr auftauchen werden, nicht *salva veritate* in den Kontext der traditionellen Sicht gestellt werden können. Metaphysik, die mehr zu sein beansprucht als eine rhetorische Umsetzung von historisch indizierbaren Geltungsansprüchen, wird in einer solchen Sicht wohl kaum befriedigt. Nicht zuletzt deshalb scheint es so wichtig zu sein, die Kombination von Topik und Verzeitlichung so umfassend wie möglich zu beleuchten.

# Ordo troporum naturalis.
# Zur Systematisierung der Tropen

CHRISTIAN STRUB (Hildesheim)

Für Katharina Hacker

## I.

Nennen wir die Strukturierung der Welt, die im Gebrauch einer Sprache statthat, die in dieser Sprache implizite Ontologie, so wäre es verwunderlich, wenn ein Teil des in einer Sprache sich vollziehenden Sprechens von ihrer Ontologie unberührt bliebe. Das gilt auch für tropisches Sprechen. Die seit Aristoteles feststehende Definition der Trope lautet: Sie ist das Ergebnis der Ersetzung eines Terminus, der das bezeichnet, was man über die Welt sagen will, durch einen anderen Terminus, der dies nicht tut und insofern »fremd« (*allotrion*) ist.[1] Diese Definition ist verknüpft mit der Anweisung, tropisches Sprechen[2] auf ein ›eigentliches‹ Sprechen zurückzuführen. Eigentlich ist ein Sprechen, das wahrheitsfähig ist, d. h. von seiner Form her etwas Wahres oder Falsches über die Welt sagen kann. Deshalb findet es wesentlich in Aussagen (*logoi, propositiones*) statt. Die Ontologie zeigt sich in der semantisch korrekten Form dieses Sprechens, die seine Wahrheitsfähigkeit garantiert. Tropisches Sprechen hingegen ist per se nicht wahrheitsfähig, weil es auf der ›wörtlichen Ebene‹ Unzulässiges (›Kategorienfehler‹) oder zumindest äußerst Unplausibles, also eine ›Absurdität‹[3] produziert. Es darf kein tropisches Sprechen geben, das nicht auf ein eigentliches Sprechen zurückgeführt werden kann. Es muß ›dekodiert‹ werden, und deshalb kann man Tropen als Verschlüsselungen bezeichnen. Gleichwohl hat mit der Erzeugung einer Trope etwas Freies stattgefunden, nämlich eine Bewegung, die sich vom eigentlichen Sprechen über die Welt entfernt – und damit von der ihm impliziten Ontologie. Die Tradition hat das als die Freiheit bezeichnet, eigentliches Sprechen ›auszuschmücken‹ (*ornare*). Die beiden Bestimmungen der Trope als Verschlüs-

---

1   Aristoteles: *Poetik* 1457b 6–9. Zur Tradierung dieser Definition vgl. immer noch Lieb, Hans-Heinrich: *Der Umfang des historischen Metaphernbegriffs*. Diss. Köln 1964.
2   I. f. gebrauche ich das Adjektiv ›tropisch‹, um eine Sprachsequenz zu bezeichnen, die eine Trope enthält.
3   Zu diesem weiten Begriff von Absurdität vgl. Verf.: *Kalkulierte Absurditäten. Versuch einer historisch reflektierten sprachanalytischen Metaphorologie*. Freiburg, München 1991, 2. Kap.

selung und Schmuck bestimmen sich gegenseitig. Die Verschlüsselung ist zwar immer vorläufig in Hinblick auf die garantierte Entschlüsselung, hat aber immerhin eine eigene Struktur, und die Freiheit des Ausschmückens findet ihre Grenze darin, daß es auf das eigentlich Gemeinte verweisen muß. Dieser Verweis ist genau bestimmt und kann deshalb auch befolgt werden. Schmückendes und eigentliches Sprechen müssen dafür getrennt bestimmt werden. Eine Trope ist deshalb ein *Gewand* eigentlichen Sprechens: Es verdeckt und schmückt zugleich.

Bis jetzt spielt die einer Sprache implizite Ontologie nur eine Rolle, insofern jedes tropische Sprechen auf ein eigentliches Sprechen zurückgeführt wird, berührt aber nicht dieses tropische Sprechen selbst. Das ändert sich, wenn man behauptet, das tropische Gewand habe einen ganz bestimmten Zweck – nämlich uns in einer freien Weise die Ontologie, die im eigentlichen Sprechen immer schon implizit ist, vorzuführen und zu verdeutlichen.[4] Tropen distanzieren zunächst vom eigentlichen Sprechen, in der Distanz aber führen sie uns vor, welche Ontologie diesem Sprechen implizit ist. Nach der glücklichen Formulierung von Liebrucks sind Tropen deshalb »die Reflexion des Tuns der Sprache innerhalb der Sprache«.[5] Daraus folgt zweierlei:

A. Eine Ordnung der Tropen muß nachweisbar[6] derselben Ontologie gehorchen wie die Ordnung des eigentlichen Sprechens. Daß nur eine systematische Ontologie eine systematische Ordnung der Tropen hervorbringen kann, ist dann eine Trivialität. Nicht jede Ontologie aber ist systematisch, und deshalb auch nicht jede Ordnung der Tropen. Immerhin kann man, wenn man nicht jede Form der Ordnung, sondern nur eine ganz bestimmte, nämlich die in Europa zu Beginn des 16. Jahrhunderts entstandene und in der Mitte des 19. Jahrhunderts obsolet gewordene, als systematisch bezeichnet, was man m. E. tun muß,[7] erklären, warum Antike und Mittelalter keine Ordnung der Tropen hervorgebracht haben, die uns ›unter systematischen Gesichtspunkten

---

4  Diese Bestimmung ist entscheidend; sie folgt nicht umstandslos aus der Forderung der prinzipiellen Rückführbarkeit tropischen Sprechens auf eigentliches Sprechen. Unter dieser Forderung wäre es ausreichend, die Rückführbarkeitsverfahren als eigenständige zu formulieren, die in keinem sonstigen Bereich des Sprechens über die Welt zu finden sind: Diese Verfahren könnten singuläre sein und nicht solche, die wiederholen, was das nichttropische Sprechen strukturiert. Strukturierungsprinzipien von Gewand und Gewandetem müssen nicht identisch sein.

5  »*Die Metapher ist die Reflexion des Tuns der Sprache innerhalb der Sprache.* Daß Sprache den Menschen zur Welt trägt, erscheint in ihrer eigenen Ebene [...].« (Liebrucks, Bruno: *Sprache und Bewußtsein*. Bd. 1: Einleitung. Spannweite des Problems. Frankfurt/M. 1964, S. 482) Ob man Metapher und Trope so umstandslos gleichsetzen darf, wie ich es hier tue, will ich nicht diskutieren. Es ist jedenfalls möglich; die Unterscheidung zwischen weitem und engem Metaphernbegriff findet sich schon bei Quintilian: *Institutio Oratoria*, VIII, 6, 8.

6  D. h. eine allgemeine Versicherung, daß Ontologie und Tropik bzw. Logik und Tropik ›immer schon‹ zusammenhängen, reicht nicht aus.

7  Vgl. Verf.: »System II (Neuzeit)«. In: Ritter, Joachim et al. (Hg.): *Historisches Wörterbuch der Philosophie*. Bd. 10. Basel 1998, Sp. 825–856.

befriedigend‹ erscheint: Ihre Ontologie war keine systematische ›Konnexontologie‹, sondern eine analogische, deren Grundelemente nicht zu verknüpfende Elemente, sondern Dinge (Substanzen) und Eigenschaften (Akzidentien) waren.

Nun scheint dieser Wechsel von einer analogischen zu einer Konnexontologie die Tropenlehre nicht berührt zu haben: Die auf dem Hintergrund dieser neuen Ontologie erstellte systematische Ordnung der Tropen hat das zu Ordnende, also die einzelnen Tropen, nicht neu bestimmt, sondern ihre Bestimmungen der Tradition entlehnt. Den Wechsel der Ontologie kann man also nicht an der Bestimmung der Tropen selbst, sondern allenfalls an ihrer Ordnung festmachen. Dies und die Tatsache, daß die Konnexontologie nicht behauptete, die Substanzontologie strukturiere die Welt falsch, sondern nur, diese Strukturierung sei unbefriedigend, weil nicht aus einem einheitlichen Gesichtspunkt (›Prinzip‹) abgeleitet, macht es schwer, den Reflex des ontologischen Wechsels in der Tropenlehre festzustellen.

B. Will man eine bestimmte Ontologie aufgeben, muß man nach dem bisher Gesagten auch die durch sie bedingte Ordnung der Tropen aufgeben. Mitte des 19. Jahrhunderts wird die systematische Ontologie – der deutsche Idealismus hat sie am weitesten entwickelt – vor allem deshalb obsolet, weil sie inkompatibel ist mit der vor allem aus der nachherderschen Sprachphilosophie herrührenden Auffassung, daß es ›prinzipiell‹ nicht DIE eindeutige und letztbegründete, sondern mehr als eine Ontologie gibt. Eine Pluralität von Ontologien kann aber unter dem Konzept des Systems, das in seiner entwickelten Form immer die Forderung nach absolut sicherer Begründung seiner Prinzipien und seiner Gestalt als einzig möglicher beinhaltet[8], nicht formuliert werden.[9] Man hat nun aber die Lücken des Systems der Tropen ausgenutzt und sich genau des Verfahrens – nicht der systematischen Ordnung – tropischen Sprechens bedient, um diese Erfahrung der Pluralität von Ontologien nicht nur theoretisch zu benennen, sondern auch performativ zu *machen*. Die Tropen erhalten dadurch eine völlig neue Funktion: Sie sind nicht mehr Gewand eines eigentlich Gemeinten, sondern Verfahrensweisen, mit denen man das Konzept des ›eigentlich Gemeinten‹ gerade unterlaufen kann.

Über der Anstrengung zu formulieren, wie die Tropen jenseits der Verpflichtungen einer systematischen Ontologie gebraucht werden könnten, hat man vergessen, was es eigentlich heißt, die Tropen zu systematisieren. Was

---

8   Einschlägig ist hier Fichte, Johann Gottlieb: *Über den Begriff der Wissenschaftslehre oder der sogenannten Philosophie* (1794). In: Lauth, Reinhard/Jacob, Hans (Hg.): *Akademie-Ausgabe*, Bd. I/2. Stuttgart-Bad Cannstatt 1965, S. 107–154.

9   Das Elend der nachromantischen Philosophie besteht darin zu glauben, die Systemidee ohne Folgekosten aufgeben zu können, ohne darüber nachzudenken, daß die umstandslose Rede von ›Rationalität‹ – ganz zu schweigen davon, daß man häufig genug die Rede vom ›systematischen‹ Denken beibehält – eine Forderung nach Einheitlichkeit und Notwendigkeit unserer ›Denkformen‹ impliziert, die gerade durch das Konzept des Systems bis ins letzte – auch mit allen ihren Aporien – ausbuchstabiert worden ist.

also ist eine systematische Ordnung der Tropen (II.–V.)? Und warum soll und wie kann man sie unsystematisch gebrauchen (VI.–VII.)?

## II.

Das aristotelische ›Organon‹ hatte über Jahrhunderte bestimmt, welche notwendigen Bedingungen erfüllt sein müssen, um die Welt verstehen zu können: Unsere Welt ist eine Welt von Dingen (Substanzen), die Eigenschaften (Akzidentien) haben. Es besteht aus einer allgemeinen Kategorienlehre, die auf alles Seiende zutreffen sollte (*Kategorien*), einer Theorie der einfachen Prädikation als Verbindung von Subjekt und Prädikat (*Peri Hermeneias*), einer Theorie der formalen und materialen Implikationen von einfachen Prädikationen (*Erste* und *Zweite Analytik, Topik*) und deren Fehlformen (*Sophistici Elenchi*). Die mittelalterliche Logik modifizierte diesen Kanon im Kern nicht.[10] Wie sich die Auffassung davon änderte, was es heißt, die Struktur der Welt rational zu erfassen, und warum das ›Organon‹ (und die ihm hinzugefügten Schriften) deshalb nicht mehr zufriedenstellten, kann hier nicht dargestellt werden. Fest steht, daß ab dem Beginn des 16. Jahrhunderts[11] größte Anstrengungen unternommen wurden, das ›Organon‹ zu vereinheitlichen. Diese Vereinheitlichung führte zur Entwicklung dessen, was man als wissenschaftliche ›Methode‹ der Neuzeit kennt. Sie sollte zu einer ›systematischen‹ Ordnung allen Wissens führen. Die Einheitlichkeit war zunächst (seit Descartes)[12] durch die urteilende Tätigkeit des seiner selbst gewissen Subjekts garantiert, später in ihrer vollendeten Gestalt (bei Hegel)[13] im Zusichselbstkommen des objektiven Geistes. Der Anfang dieses Vereinheitlichungsprozesses ist wissenschafts-

---

10 Zur Chronologie und den Schriften der *logica vetus, logica nova* und *logica moderna* vgl. einführend Pinborg, Jan: *Logik und Semantik im Mittelalter. Ein Überblick.* Stuttgart-Bad Cannstatt 1972, S. 13–18.
11 Als Stichdatum kann man das Erscheinungsjahr von Rudolf Agricolas *Dialektik*, 1515, nehmen.
12 Vgl. Robinet, André: *Aux sources de l'esprit cartesien. L'axe La Ramée – Descartes. De la* Dialectique *de 1555 aux Regulae.* Paris: Vrin 1996 (s.a. ders. in *Giornale critico della Filosofia Italiana* 17 (1997), S. 286–293).
13 Der Hegelsche Systembegriff ist insofern als Endgestalt dieser Entwicklung zu begreifen, als für ihn Sache und Methode zusammenfallen. Dies meint seine Formulierung am Ende der *Wissenschaft der Logik* (1816), daß erst hier »der *Inhalt* des Erkennens als solcher in den Kreis der Betrachtung eintritt, weil er nun als abgeleiteter der Methode angehört. Die Methode selbst erweitert sich durch diß Moment zu einem *Systeme.*« (Hogemann, Friedrich/Jaeschke, Walter (Hg.): *Akademie-Ausgabe*, Bd. 12. Hamburg 1981, S. 249, Z. 8–10) Nicht nur soll damit die methodische Einheitlichkeitsforderung endgültig eingelöst, sondern der durch den Ramismus ausgelöste Streit endgültig beendet sein, der sich um das Problem des Verhältnisses von – letztlich kohärentistischer – Forschungsstrategie und Garantie von deren Richtigkeit, also des Verhältnisses von methodisch Geordnetem und dem Wahrheitsgehalt dieses Geordneten drehte. Der systematisch geordnete Sachgehalt ist *nichts anderes* als die voll entwickelte systematische Methode.

theoretisch als Aufwertung der traditionell ›Topik‹ genannten Disziplin zu beschreiben: eine ›Topica universalis‹[14] sollte das ›Organon‹ so ersetzen, daß jeder beliebige Sachverhalt der Welt mit Hilfe eines einheitlichen Verfahrens, nämlich der begrifflich-argumentativen Gliederung, erfolgreich, d. h. in seinem Sachgehalt, erfaßt werden konnte. Neu ist die Forderung nach der *Uniformität* des Verfahrens: Die Rationalität, mit der der Sinn der Welt erfaßt wird, soll *durchgängig* sein – und diese Durchgängigkeit muß methodisch ausgewiesen werden können.[15]

Die Idee einer systematischen Ontologie macht es verständlich, warum man sich zu bemühen begann, auch die Tropik auf ein einheitliches Prinzip zurückzuführen. Das Bewußtsein der Neuheit dieses Unterfangens zeigt sich in der Behauptung Scaligers, er sei der erste, der sich um eine mehr als rhapsodische Einteilung der Redefiguren kümmere.[16] Zwar ist es insofern übertrieben[17], als es nach dem Zeugnis Ciceros (*De or.* III, 52, 201) und Quintilians

---

14 Vgl. insges. Schmidt-Biggemann, Wilhelm: *Topica Universalis. Eine Modellgeschichte humanistischer und barocker Wissenschaft.* Hamburg 1983 und zusammenfassend Meier-Kunz, Andreas: *Die Mutter aller Erfindungen und Entdeckungen. Ansätze zu einer neuzeitlichen Transformation der Topik in Leibniz' Ars inveniendi.* Würzburg 1996, S. 20–37.

15 Vgl. Schmidt-Biggemann, Wilhelm: »Philosophie, D. Ramismus«, in: J. Ritter et al. (Hg.): *Historisches Wörterbuch der Philosophie* (s. Anm. 7). Bd. 7. Basel 1989, Sp. 672. – Die Forderung nach methodischer Rationalität kann durch folgende drei (bzw. vier) Teilforderungen erläutert werden: 1. Es darf nur ein Gliederungsverfahren geben; 2. das Prinzip dieses einen Gliederungsverfahrens muß in jedem der Glieder klar und deutlich sein; 3. alle Glieder zusammen müssen ein vollständiges Ganzes ergeben, d. h. die Gliederung muß so geartet sein, daß kein Glied hinzukommen oder wegfallen kann. Eine vierte Forderung kommt erst später (seit Kant) hinzu und führt wohl zu Hybris und Scheitern des Systemdenkens: daß das Gliederungsverfahren selbst ein Teil des gegliederten Ganzen sein muß, es also keine Differenz zwischen Organon und System mehr geben darf.

16 »Figuras quidem ante nos ad certas species nemo deduxit: sed ut quaeque sese offerebat, ita explicarunt. quippe ignari Philosophiae usum tantum accepere, earum causas ignotas habuere. Nos igitur, quae ad Poesim nostram faciunt, in species certas redigamus, redactasque digeramus. ad quas caeteras quoque suas oratores ipsi reducere possunt.« (Julius Caesar Scaliger: *Poetices libri septem.* Lyon 1561 [Repr. Stuttgart-Bad Cannstatt 1964], lib. III, cap. 31 [p. 121 sq.])

17 Häufig genug bestand der Beginn der antiken und mittelalterlichen Tropentraktate in der Nachfolge der *Rhetorica ad Herennium* IV, 42–46 wirklich aus einfachen Listen, die dann kommentierend abgearbeitet wurden. In dieser Tradition stehen auch noch viele Rhetoriken der frühen Neuzeit, etwa Johannes Balbus de Janua: *Catholicon.* Mainz 1460, p. 113a sqq.; Gregor Reisch: *Margarita philosophica totius Philosophiae Rationalis, Naturalis & Moralis* [...]. Freiburg 1503, lib. III, tract. I, cap. 18; Melanchthon, Philip: *De rhetorica.* Köln 1523, lib.III, »De tropis ac schematibus«; ders.: *Elementa Rhetorices.* Basel 1576, lib. II, cap. 4; Petrus Mosellanus: *Tabulae de schematibus et tropis Petri Mosellani. In Rhetorica Philippi Melanchthonis. In Erasmi Rotero libellum de duplici copia.* Basel 1539; Strebaeus, Jacob Lodoicus: *De electione & oratoria collocatione verborum* [...]. Paris 1539, lib. II, cap. 17; Wilson, Thomas: *The Arte of Rhetorique.* 1533 [Repr. Gai-

(*Inst.or.* VIII, 6, 1–3) schon in der Antike und – vor allem in der von Donat[18] ausgehenden grammatischen Tradition – auch im Mittelalter Bemühungen um die Klassifikation der Schemata und Tropen gab. Aber es mangelte in der Tat an einem Prinzip, das jeder Trope einen systematisch eindeutigen, d. h. aus dem Prinzip ableitbaren Platz innerhalb der Klassifikation zuwies.[19] Es darf der rhetorischen Tradition nicht als Unvermögen oder Scheitern angelastet werden, wenn sie in ihrer Ordnung der Tropen, sowohl was ihre Reihenfolge als auch was ihre Anzahl anging, äußerst schwankend war.[20] Denn ein anderes, nämlich unsystematisches Wissenschaftsideal[21] ließ die Suche nach einem einheitlichen Prinzip ihrer Ordnung gar nicht als sinnvoll erscheinen.[22]

---

nesville, Florida 1962, eingel. v. R. H. Bowers], S. 194–199; Susenbrotus, Joannes: *Epitome troporum ac schematum*. o. O., o. J. (1540?), S. 7–12; Sherry, Richard: *A Treatise of Schemes and Tropes*. 1550 [Repr. Gainesville, Florida 1962, eingel. v. Herbert W. Hildebrandt], S. 39–46; Soarez, D. Cyprianus: *De arte rhetorica*. Salamancia 1577, cap.III,8; Peacham, Henry: *The Garden of Eloquence*. London 1577, S. Bii-Di [keine normale Paginierung].

18 *Ars grammatica* III, ed. Keil, Leipzig 1864, p. 399,12 – 402,34.

19 Vgl. zur antiken Tradition immer noch Volkmann, Richard: *Die Rhetorik der Griechen und Römer in systematischer Übersicht dargestellt*. Leipzig 1885, S. 415–442 und Lausberg, Heinrich: *Handbuch der literarischen Rhetorik. Eine Grundlegung der Literaturwissenschaft*. München ²1973, S. 282–307; für das Mittelalter gut Murphy, James J.: *Rhetoric in the Middle Ages. A history of Rhetorical Theory from Saint Augustine to the Renaissance*. Berkeley et al. 1974, v. a. S. 182–191 (er spricht 187 von einer »mélange of terms and classifications which has so far defied modern analysis«), 32–34 (Donat), 77 (Beda Venerabilis), 150 (Alexander von Villedieu), 166 (Matthäus von Vendôme), 180 (Eberhard der Deutsche); ferner Krewitt, Ulrich: *Metapher und tropische Rede in der Auffassung des Mittelalters*. Ratingen et al. 1971, v.a. S. 280–442); grundlegend Faral, Edmond : *Les arts poétiques du XIIe et du XIIIe siècle. Recherches et documents sur la technique littéraire du moyen âge*. Paris 1924, bes. S. 48–54.

20 War man konziliant, schrieb man in der neuen systematischen Rhetorik der Tradition ein Vorgehen nach dem *ordo dignitatis* zu – nicht aber ein Vorgehen nach dem *ordo naturalis* (zum Unterschied s. u. IV.), und richtete sogar teilweise die Reihenfolge der eigenen Behandlung der Tropen nach der traditionellen Ordnung aus (etwa Voss, Gerard Joannes: *Rhetorices Contractae, sive partitionum oratoriarum libri V*, Oxford ²1631, p. 391). War man es nicht, wurde die Tradition harscher Kritik unterzogen, vgl. deutlichst Petrus Ramus: *Scholae Rhetoricae seu Quaestiones Brutinae in Oratorem Ciceronis*. In: ders.: *Scholae in liberales artes*. Basel 1569 [Repr. Hildesheim 1970], pp. 368–375 [ad Quintilian, *Inst.or.* VIII.]. »Nanque tropum definit initio & partitur & dialectici methodi via scilicet aliquando sequitur. Verum si recte judicare volumus, nihil accurate definit, nihil acute partitur, nihil via & ordine disponit.« (p. 368,40 sqq.)

21 Zum Unterschied von ›Summe‹ und ›Enzyklopädie‹ bzw. ›System‹ vgl. Metz, Wilhelm: *Die Architektonik der Summa Theologiae des Thomas von Aquin. Zur Gesamtsicht des thomasischen Gedankens*. Hamburg 1998, S. 121–124, 144 f.; ders.: »Summe«. In: J. Ritter et al. (Hg.): *Historisches Wörterbuch* (s. Anm. 7). Bd. 10. Basel 1998, Spp. 587–592, hier Sp. 591.

22 So heißt es in aller Deutlichkeit noch bei J. Susenbrotus: *Epitome troporum ac schematum* (s. Anm. 17): »Illud tamen observandum, figuras certo numero omnes comprehendi non posse. Unde notiores ac ab autoribus frequentiore in usu usurpa-

Offensichtlich kann das jetzt geforderte methodische Prinzip der Disziplin, in der die Tropenlehre ihren Ort hat, also der Rhetorik, nicht so intern sein, daß es keine systematische Verbindung zu den restlichen Teilen dieser Methode hat. Ferner müssen – wenn tropisches Sprechen uns in der Distanz zum eigentlichen Sprechen vorführt, welche Ontologie diesem eigentlichen Sprechen implizit ist – die Verfahrensweisen der Tropisierung eigentlichen und der Detropisierung tropischen Sprechens[23] *dieselben* sein wie die allgemeinsten in der Logik darzustellenden Verfahrensweisen, mit denen man eigentlich über die Welt spricht. Die Tropik lehrt, wie man ein eigentliches Sprechen tropisieren kann, indem man die Verfahrensweisen benutzt, die das Tropisierte, nämlich das eigentliche Sprechen, selbst strukturieren. Gleiches gilt für die Detropisierung. Die Prinzipien der Tropisierung und Detropisierung und die Prinzipien, die dem Tropisierten zugrundeliegen, sollen nicht different, sondern dieselben sein. Kurz: Die Tropik soll wirklich eine Tropologie werden, das heißt insgesamt und durchgängig den Verfahrensweisen folgen, die in der allgemeinen Logik (Dialektik) expliziert sind.

War eine explizit ausgewiesene Verbindung zwischen Logik und Tropik bis dahin nicht hergestellt worden, so lag das an dem aristotelischen Diktum, daß in argumentierendem Sprechen als dem Paradigma eigentlichen Sprechens Tropen nicht verwendet werden dürfen – dürften sie verwendet werden, ergä-

---

tas propria hic ac certa ratione, tum exempli quoque discernere decretum est.« (p. 6) – Deshalb verfehlt Pletts – in seiner Schärfe paradigmatisches – Urteil m. E. die Pointe:»Nicht nur sind [in der Antike] die einzelnen linguistischen Ebenen [...], die kriteriologische Zuordnung von Figuren zu einzelnen Klassen [...] und die Terminologie wenig präzisiert; es mangelt auch an Konsistenz und Vollständigkeit. [...] Im Mittelalter ergibt sich keine grundlegende Änderung dieser Situation. [...] Gegenüber Antike und Mittelalter kann [für die Renaissance] von einem wirklichen Fortschritt gesprochen werden. Dieser zeigt sich etwa darin, daß man das klassische Schema der Tropen und Figuren verfeinert.« (Plett, Heinrich F.: »Die Rhetorik der Figuren. Zur Systematik, Pragmatik und Ästhetik der ›Elocutio‹«. In: ders. (Hg.): *Rhetorik. Kritische Positionen zum Stand der Forschung*. München 1977, S. 125–165, hier S. 132 f.) Cornelius Stutterheim bemerkt in seiner leider etwas in Vergessenheit geratenen materialreichen Untersuchung *Het Begrip Metaphoor. Een taalkundig en wijsgeerig onderzoek*. Amsterdam 1941, S. 497–506 richtiger, daß das Interesse an einem System der Figuren, und damit einem System der Tropen erst seit dem Humanismus feststellbar ist (S. 499). Es gibt keine Erfolgsgeschichte der Ordnung der Tropen. Der entscheidende Punkt an einer *systematischen* Behandlung der Einteilung der Tropen ist weder die binäre Struktur noch die Vollständigkeit und schon gar nicht die Überzeugungskraft ihrer Klassifikation, sondern vielmehr, daß in ihr deutlich werden muß, daß die durch die Welt vorgegebenen und in der Tradition mehr oder weniger korrekt überlieferten Sachverhalte so strukturiert sind, daß es genau diese Sachverhalte geben muß und auch nicht mehr oder weniger geben kann.

23 ›Tropisieren‹ und ›Detropisieren‹ sind katachretische Kunstworte (wenn nicht gar *pudoris causa*); ich benutze sie in Ermangelung treffenderer Worte, die den Doppelcharakter der Trope als Gewand eigentlichen Sprechens: als Verschlüsselung und Schmuck – konnotieren.

ben sich eklatante Fehlschlüsse.[24] Die Argumentationslehre gehört in den Bereich der *inventio* und *dispositio*, die Tropik aber in den Bereich der *elocutio*.[25] Während *inventio* und *dispositio* Zusammenhänge in der Welt aufspüren und argumentativ ordnen, hat die *elocutio* die Aufgabe, diese *schon gesehenen* Zusammenhänge im Hinblick auf ihre Mitteilung an andere zu ›gewanden‹. Das argumentierende Sprechen über die Welt und die elokutive Tropisierung dieses Sprechens wurden, was ihre Verfahrensweise angeht, nicht in einen expliziten Zusammenhang gebracht. Um Mißverständnisse zu vermeiden: Zwar bediente sich auch die vorangegangene Tradition logischer Termini, um die Tropen zu charakterisieren (etwa, um das schlagendste Beispiel zu nennen, wenn sie zur Charakterisierung der Synekdoche das Art-Gattungsverhältnis oder zur Charakterisierung der Ironie den Gegensatzbegriff benutzt). Aber sie tat es rhapsodisch und konnte nicht ausweisen, daß 1. die Tropik *insgesamt* auf der logischen Argumentationslehre aufbaut, und 2. jede *einzelne* Trope ein in der Logik wohldefiniertes logisch-argumentatives Verfahren benutzt.[26] Deswegen ist die Forderung nach einer systematischen Verbindung zwischen Logik und Rhetorik, speziell der Tropik, neu.[27]

---

24 *An.post.* 97b 37–39; vgl. *Top.* 123a 33–37; 139b 32 – 140a 2; *Soph.el.* 176b 24sq.; Petrus Ramus: *Institutionum Dialecticarum libri tres.* Paris 1554, p. 219–222 (»Elenchus Metaphorae«): »Sed metaphoras, id est tropos, Aristoteles quinque locis a logica disputatione, in Organo reiicit.« (p. 220)

25 Was dann spätestens seit Ramus wissenschaftsklassifikatorisch insofern entscheidend verschärft wird, als die Theorie der *inventio* und *dispositio* nicht mehr Aufgabe der Rhetorik ist und allein der Logik zugeschlagen wird, vgl. Howell, Wilbur Samuel: *Logic and Rhetoric in England, 1500–1700.* Princeton, New Jersey 1956, S. 146–166; Dixon, Peter: *Rhetoric.* London 1971, S. 46 f.; Eggs, Ekkehard: »L'actualité du débat sur les topoi dans la rhétorique et la dialectique traditionelles«. In: Plantin, Christian (Hg.) : *Lieux communs. Topoi, stéréotypes, clichés*. Paris: Kimé 1993, S. 393–409, hier S. 393–397; Langer, Ullrich: »Invention« und Elsky, Martin: »Reorganizing the encyclopedia: Vives and Ramus on Aristotle and the scholastics«. Beide in: *The Cambridge History of Literary Criticism.* Vol.3: The Renaissance. Cambridge 1999, S. 135–144, hier S. 143; S. 402–408, hier S. 406 f.

26 Unter der Forderung einer einheitlichen Methode muß eine weitere Forderung bedacht werden, nämlich die Vollständigkeitsforderung: Gegeben eine systematisch ausgewiesene Anzahl von logischen Argumentationsverfahren muß es innerhalb der Tropik *entweder genau so viele* Tropen geben wie Argumentationsverfahren *oder aber* systematisch ausgewiesen werden, warum bestimmte Argumentationsverfahren keine Tropen erzeugen *können.* Dazu s. u. Anm. 49.

27 Bei Keckermann findet sich eine programmatische Passage, die an Deutlichkeit nichts zu wünschen übrig läßt: »Quia tropus translatio dictionis ad aliud significandum, quam id, ad quod significandum adhibetur, excogitandum est, ideo semper in tropo instituitur collatio vocis cum voce, atque adeo significationis cum significatione. Et quia significationes includit, res vero optime declaratur argumentis Logicis: ideo troporum distinctio recte instituitur secundum Logica & earum ordinem. // Nam ut Logicus argumentis utitur ad suum scopum, ita quoque Rhetor iisdem argumentis ad suum scopum utitur [...]. Etenim, quia nullo modo troporum doctrina intelligi potest, nisi per argumenta causae, effecti, subiecti &c. [...], & ut ipse Ramus ac Talaeus fatentur, ideo duo manifesta consectaria inde

## III.

Die ramistische Systematisierung der Tropen beginnt mit der Unterteilung in Haupttropen (*tropi primarii*) und sekundäre Tropen (*species* oder *affectus troporum*).[28] Die Haupttropen sind Metapher, Metonymie, Synekdoche und Ironie.[29] Die nachfolgende Tropenlehre behält diese Unterteilung bei: sie findet sich im einflußreichen Rhetorik-Traktat von Dumarsais (1729) und ebenso im wohl letzten großen Traktat der klassischen Rhetorik von Fontanier (1830) – dem »Linné der Rhetorik« (Genette) –, der Dumarsais einen ausführlichen Kommentar gewidmet hat. Die These von den vier Haupttropen ist für sich genommen schon neu, entscheidend ist aber, wie sie begründet wird. Bei den beiden genannten Autoren findet sich wenig.[30] Geht man 100 Jahre zur Voss-

---

extruimus, quorum prius est, argumenta illa, sive notiones secundas non tantum ad Logicam, sed etiam ad Rhetoricam pertinere, & non tantum ad usum, ut nonnulli male interpretantur, sed etiam ad praecepta. 2. Logicam ante Rhetoricam discendam esse, quia impossibile est, aliquem intelligere doctrinam troporum fundamentaliter, qui non ex Logica affert fundamentalem notitiam argumentorum, sive notionum secundarum.« (Keckermann, Bartholomäus: *Systema Rhetoricae* (1606). In: ders.: *Opera omnia quae extant*. Vol.II. Coloniae Allobrogum 1614, lib. II, cap. 1 [p. 1457]) – Die Feststellung Ongs: »Dialectic and rhetoric have been interwined at least from the time of the Greek Sophists till our present day, and when Ramus decrees that they must be disengaged from one another once and for all in theory (but always united in practice), he engages some of the most powerful and obscure forces in intellectual history« (Ong, Walter J.: *Ramus. Method ad the Decay of Dialogue*. Cambridge, Mass. 1958, S. 270) ist unter wissenschaftsklassifikatorischen Gesichtspunkten sicher richtig, nicht aber von der Sache her: Gerade im Ramismus wird die Verbindung zwischen Dialektik und Rhetorik in einer historisch völlig neuen Weise forciert, nämlich so, daß klar wird, daß die Tropen wirklich durchgängig nach dialektischen Prinzipien bestimmt sind.

28 Deutlich Voss im 4. Buch seiner *Commentarii*. Nach der Behandlung der vier Haupttropen schließt sich cap. 10: »De primorum troporum speciebus« und cap. 11 u. 12 über Allegorie, Katachrese, Hyperbole und Emphasis als *affectus primorum troporum* an (pp. 171–256): Voss, Gerard Joannes: *Commentariorum rhetoricorum, sive oratoriarum institutionum libri sex*. II. Teil [Buch IV–VI]. Lugduni Batavorum 31630 [Repr. Kronberg 1974]. – Die These von den vier Haupttropen ist nicht zu verwechseln mit der schon in der Antike vertretenen These, die Metapher sei die Haupttrope und insofern alle anderen Tropen Spezies der Metapher (vgl. etwa Diomedes: *Ars grammatica*, in: *Grammatici latini*. Vol.1, ed. Keil, Leipzig 1857, p. 457, 2–3: »horum omnium generalis est metaphora, ceteri omnes huius species videntur«), und auch nicht zu verwechseln mit der – ebenfalls in der Antike schon gängigen – Behauptung, diese vier Tropen seien die würdigsten und insofern am meisten benutzten (*ordo dignitatis*, s. u. Anm. 52).

29 Die Reihenfolge der Aufzählung soll hier noch beliebig sein; dazu, daß sie es unter systematischem Gesichtspunkt gerade nicht ist, s. u. Anm. 57.

30 Fontanier: »Les Tropes par correspondance consistent dans la désignation d'un objet par le nom d'un autre objet qui fait comme lui un tout absolument à part, mais qui lui doit ou à qui il doit lui-même plus ou moins, ou pour son existence, ou pour sa manière d'être. On les appelle métonymies. [...] Les Tropes par connexion consistent dans la désignation d'un objet par le nom d'un autre objet avec lequel il

schen *Rhetorik* (die von Dumarsais zu Beginn seines Tropen-Kapitels zitiert wird) zurück, wird man fündig:

> Es gibt vier Haupttropen: Metapher, Metonymie, Synekdoche und Ironie. Allen diesen ist gemeinsam, daß in ihnen ein Terminus von einer Bezeichnung zu einer anderen verschoben wird, und zwar wegen der wechselseitigen Betroffenheit oder Beziehung der Dinge. Sie werden aber dadurch voneinander unterschieden und getrennt, daß dasjenige, was sich aufeinander bezieht, [A.] entweder unverbunden ist, d. h. durch kein natürliches Band verknüpft; derart ist u. a. zueinander [1.] Ähnliches und [2.] Entgegengesetztes: von jenem werden die Metaphern, von diesem die Ironien hergeleitet. [B.] Oder es ist verbunden, d. h. durch ein natürliches Band verknüpft, [3.] nicht jedoch so, daß das eine mit dem Wesen des anderen zu tun hat; und derart sind Ursache, Wirkung, Zugrundeliegendes und Beigefügtes: und dies verschiebt die Metonymie. [4.] Oder es ist intern und verhält sich so, daß das eine mit dem Wesen des anderen zu tun hat, wie Ganzes und Teil; hier setzt die Synekdoche das eine für das andere.[31]

---

forme un ensemble, un tout [...]; l'existence ou l'idée de l'un se trouvant comprise dans l'existence ou dans l'idée de l'autre. [...] Les tropes par ressemblance consistent à présenter une idée sous le signe d'une autre idée plus frappante ou plus connue, qui, d'ailleurs, ne tient à la première par aucun autre lien que celui d'une certaine conformité ou analogie.« (Fontanier, Pierre: *Les figures du discours*, ed. et introd. G. Genette. Paris 1968 [enthält: *Manuel des tropes*. Paris [4]1830; *Figures autres que tropes*. Paris 1827], S. 79, 87, 99). Die Ironie zählt Fontanier nicht zu den Haupttropen, weil er sie nicht als Einwort- sondern als Mehrworttrope charakterisiert (S. 145–148) ; sie ist keine »trope proprement dit«. – Dumarsais: »[T]outes les fois qu'il y a de la diférence dans le raport naturel qui done lieu à la signification empruntée, on peut dire que l'expression qui est fondée sur ce raport apartient à un trope particulier. [A.] [1.] C'est le raport de ressemblance qui est le fondement de la catachrèse et de la métaphore [...]. [2.] L'ironie au contraire est fondée sur un raport d'oposition, de contrariété, de diférence, et, pour ainsi dire, sur le contraste qu'il y a, ou que nous imaginons entre un objet et un autre [...]. [B.] La métonymie et la synecdoque [...] sont fondées sur quelque autre sorte de raport qui n'est ni un raport de ressemblance, ni un raport du contraire [...]; ainsi dans la métonymie et dans la synecdoque les objets ne sont considérés ni come semblables, ni come contraires, on les regarde seulement come ayant entr'eux quelque relation, quelque liaison, quelque sorte d'union: mais il y a cette diférence, que, [1.] dans la métonymie, l'union n'empêche pas qu'une chose ne subsiste indépendamment d'une autre; au lieu que, [2.] dans la synecdoque, les objets dont l'un est dit pour l'autre, ont une liaison plus dépendante [...], l'un est compris sous le nom de l'autre, ils forment un ensemble, un tout [...]. Enfin dans la synecdoque il ya plus d'union et de dépendance entre les objets dont le nom de l'un se met pour le nom de l'autre, qu'il n'y en a dans la métonymie.« (Dumarsais, César Chesneau: *Les Tropes*. In: Dumarsais, César Chesneau/Fontanier, Pierre: *Les Tropes de Dumarsais [1729], avec un commentaire raisonné [...] par M. Fontanier*. Paris 1818 [Repr. avec une introduction de G. Genette Genève 1967], S. 249–251.

31 »Sunt autem tropi primariij quatuor: Metaphora, Metonymia, Synekdoche, et Eironeia. Quibus hoc commune est, quod in omnibus vox ab una significatione mutetur in aliam, propter mutuam rerum affectionem, seu relationem. Verum hoc distinguuntur ac separantur, quod illa, quae inter se referentur, [A.] vel disiuncta sunt, ac nullo connexa naturali vinculo; cujusmodi inter alia sunt [1.] similia, [2.] et contraria: ab illis Metaphorae ducuntur, ab his Ironiae: [B.] vel conjuncta sunt, sive con-

Das einfache Schema

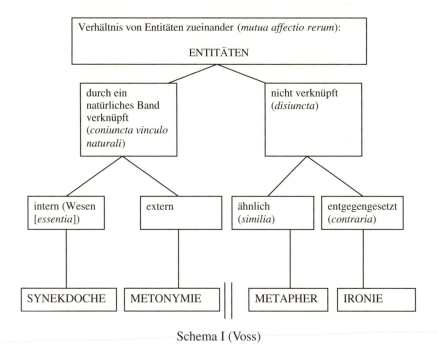

Schema I (Voss)

---

nexa vinculo naturali, [3.] non tamen ita, ut unum sit de alterius essentia; atque istiusmodi sunt caussa, et effectus, subjectum, et adiunctum; quae permutat Metonymia: [4.] vel interna sunt, atque ita se habent, ut unum sit de alterius essentia; ut totum, et pars; quorum unum pro altero substitutit Synecdoche.« (G. J. Voss: *Commentariorum rhetoricorum* [s. Anm. 28], lib.IV, cap.5 [p. 82]) Daß hier die beiden Tropen der Metonymie und Synekdoche als entweder externe oder interne *vinculo naturali conjuncta* zusammengefaßt werden müssen, ergibt sich aus p. 128: »Metonymia est, cum caussa externa ponitur pro effectu, vel subjectum pro adjuncto, aut contra.« – Vgl. ders.: *Rhetorices Contractae* (s. Anm. 20): »*Fit autem inversio significationis quadrifariam, ac pro eo quatuor etiam sunt tropi primarii, Metaphora, Metonymia Synecdoche, & Ironia.* Nam res vel arcto adeo vinculo conjunguntur, ut unum sit de alterius essentia, velut totum & pars, quae *synecdoche* commutat: vel non quidem unum de alterius essentia est, sed tamen cum essentia conjungitur; sive quia alterum alterius caussa est; sive quod unum alteri insit, aut adsit; alterumve praecedat, aut sequatur, quae invertit *Metonymia*: vel nequidem conjuncta sunt cum essentia, sed aut similia tantum, cujusmodi commutat *Metaphora*; aut etiam opposita, quorum unum pro altero ponit *Ironia*.« (lib. IV, cap. 3 [p. 390sq.]) In den *Elementa Rhetorica Oratoriis ejusdem partitionibus accomodata inque usum Scholarum Hollandiae & West-Frisiae emendatius edita.* Amsterdam 1655 fehlt die Begründung: »*Tropus* est vocis a propria significatione in aliam cum virtute immutata. Fit autem inversio significationis quadrifariam: ac pro eo quatuor etiam sunt tropi primarii; & metaphora, metonymia, synecdoche, & ironia.« (p. 15) macht deutlich, daß Voss seine systematische Ordnung der Tropen aus einer Theorie über die Grundstruktur der Welt – der Lehre von der »wechselseitigen Verknüpftheit der Dinge« (*mutua connexio rerum*) – herleitet. Das Vorhandensein oder Nichtvorhandensein eines »natürlichen Bandes« (*vinculum naturale*) regelt die Bezüge aller Dinge zueinander. Eine Reflexion auf dieses Ordnungskriterium kann damit nicht in der Rhetorik, sondern nur in der Ontologie stattfinden.

Am besten geht man von Dingen aus, die für sich bestehen können, also Substanzen: alles was ihre innere Verfaßtheit betrifft oder ihre Eigenschaften und ihre Veränderung, kann als ›natürlicher‹ Dingbezug gefaßt werden – dies sind ›Nahbezüge‹. Alles, was ihren Bezug zu anderen Dingen betrifft, der weder ihre innere Verfaßtheit noch ihre Eigenschaften und Veränderung berührt, ist ein ›nichtnatürlicher‹ Dingbezug – dies sind ›Fernbezüge‹. Was die innere Verfaßtheit von Dingen angeht, so sind sie zum einen in eine Art-Gattungsordnung (*individuum – species – genus*) eingebunden, zum anderen in reale Teile gegliedert (*totum – integrum – membrum*). Synekdochische Bezüge betreffen diese innere Verfaßtheit von Dingen. Die Eigenschaften oder die Veränderungen von Dingen werden in der klassischen Ontologie unter der Substanz-Akzidens- (*subjectum – adiunctum*) und Vier-Ursachenlehre (*causa – effectum*) beschrieben. Metonymische Bezüge betreffen diesen Bereich. Ähnlichkeit (*similitudo*) und Gegensatz (*oppositio*) sind zwar Bezüge eines Dinges zu einem anderen Ding *aufgrund* einer Eigenschaft, aber sie betreffen weder dessen innere Verfaßtheit, noch sind sie selbst eine Eigenschaft am Ding und verändern es auch nicht. Metaphorische und ironische Bezüge basieren auf diesen ›Fernbezügen‹.

Betrachtet man die Einteilung der Tropen in der frühesten[32] ramistischen *Rhetorica* von 1548[33], so findet man nicht nur die Lehre von Metapher, Meto-

---

32 Abgesehen von den Talonschen *Institutiones oratoriae* von 1545, die praktisch keine Verbreitung gefunden haben. Dort heißt es auch nur: »Formae troporum quatuor, Metonymia, Ironia, Metaphora, Synekdoche.« (*Institutiones oratoriae collectae methodicos ex institutionibus prioribus Audomari Talaei, auctore Joanne Nunnesio, Valentino*. Valentinae 1774, p. 3)

33 Audomarus Talaeus: *Rhetorica, e P. Rami regii professoris praelectionibus observata*. Antwerpen 1582. Es ist unklar, ob Ramus selbst oder Omer Talon der Autor der *Rhetorica* von 1548 ist. Zum Verhältnis dieser *Rhetorica* zu den eindeutig von Talon stammenden *Institutiones oratoriae* von 1545 vgl. Murphy, James J., »The Relation between Omer Talon's *Institutiones Oratoriae* (1545) and the *Rhetorica* (1548) attributed to him«. In: Meerhoff, Kees/Moisan, Jean-Claude (Hg.) : *Autour de Ramus. Texte, théorie, commentaire*. Québec: Nuit Blanche 1997, S. 37–52, bes. S. 47–49 (Murphy kommt zu dem Ergebnis, daß der Text von 1548 von Ramus allein geschrieben und unabhängig von Talons *Institutiones* ist). – Die weiteren Bearbeitungsstadien dieses sehr verbreiteten Textes sind äußerst kompliziert zu verfolgen, vgl. Ong, Walter J.: *Ramus and Talon Inventory*. Cambridge, Mass. 1958, S. 70–149, bes. S. 82–90. Zur Entwicklung der ramistischen Rhetorik insgesamt vgl. W. S. Howell: *Logic* (s. Anm. 25), S. 247–281; Vasoli, Cesare: *La dialettica e la retorica dell'Umanesimo*. »*Invenzione*« e »*Metodo*« nella cultura del XV e XVI secolo. Milano 1968, S. 247–601; Meerhoff, Kees : *Rhétorique et poétique au XVIe siècle en France. Du Bellay, Ramus et les autres*. Leyden 1986, S. 175–330.

nymie, Synekdoche und Ironie als den vier Haupttropen, sondern auch eine Ordnung, die *formal* der oben beschriebenen entspricht, nämlich eine Unterteilung in zwei Genera, die auch jeweils zwei Haupttropen enthalten. Aber im Unterschied zur beschriebenen Klassifikation enthält das erste Genus Metonymie und Ironie (nicht Synekdoche und Metonymie), das zweite Metapher und Synekdoche (nicht Metapher und Ironie).[34] In einer anderen Version des Textes heißt es hingegen, es gebe vier Genera der Tropen, nämlich Metonymie, Ironie, Metapher und Synekdoche.[35] Es wird beidesmal keine Auskunft über das Ordnungskriterium gegeben, immerhin aber wird bei der Behandlung der Ironie vermerkt, daß sie nach den *dissentanea* eingeteilt wird.[36] *Dissentaneum* ist ein Terminus der ramistischen Dialektik, ein genauerer Hinweis auf die Art der Verbindung findet sich hier aber nicht. Sie findet sich in aller Kürze bei Ramus selbst[37] und wird am besten von Alsted in seiner Tropenlehre ausgearbeitet.

---

34 »Troporum genera duo sunt. Primum est Metonymia & Ironia.« (cap. 3: »De metonymia causae«) »Tropi primum genus adhuc fuit in Metonymia & Ironia: secundum sequitur in Metaphora & Synecdoche.« (cap. 8: »De metaphora«) (*Audomari Talaei Rhetorica e P. Rami, regii professoris, praelectionibus observata*). Diese Version der Einteilung findet sich in den Ausgaben Frankfurt: Wechel 1581 (p. 10, 18); 1586 (p. 10, 18); 1589 (p. 14, 24–25); 1589 (p. 3, 11); 1599 (p. 7, 15); Antwerpen 1582 (p. 7, 16); London 1584 (p. 3, 11). Vgl. auch *Ramae Rhetoricae libri duo in usum scholarum*. Oxford 1597 (p. 4, 19) (dazu W. S. Howell: *Logic* [s. Anm. 25], S. 262–264) und Abraham Fraunces *The Arcadian Rhetorike* (London 1588), ed. Ethel Seaton. Oxford 1950 (zu dessen Abhängigkeit von Talon vgl. die Einl. d. Hg. S. ix ff.): »There be two kinds of tropes. The first conteineth *Metonymia*, the change of name: and *Ironia*, a scoffing or iesting speach: the second comprehendeth a *Metaphore* and *Synecdoche*.« (p. 4)
35 »Tropi genera quatuor sunt, Metonymia, Ironia, Metaphora, Synecdoche. Plura quidem traduntur a Rhetoribus, sed eorum partim Tropi non sunt, partim in haec quatuor genera recidunt [reducunt].« [Der Einleitungssatz im Kapitel über die Metapher ist gestrichen.] (*Audomari Talaei Rhetorica, ad Carolum Lotharingum Cardinalem*. Lugdini 1569, p. 6; *Audomari Talaei Rhetorica, e P. Rami professoris regii Scholis, variisque praelectionibus explicata & primis rerum notis brevi tabella comprehensis, adumbrata*. Paris 1581) Vgl. auch Fouquelin, Antoine, *La Rhétorique françoise*. Paris 1557, p. 9 (dazu W. S. Howell: *Logic* [s. Anm. 25], S. 168 f.). Interessant ist *Audomari Talaei Rhetorica, quibusdam praelectionibus & Tabulis illustrata*. Paris 1574. Hier findet sich im Text die Einteilung in zwei Genera (p. 2, 5), die Tabelle nach p. 30 repräsentiert jedoch die Einteilung in vier Genera. Diese Einteilung ist die spätere, wenn man der *Quinta et postrema editio, ex vera & recentiori authoris recognitione*. Lutetiae 1553, Glauben schenken kann.
36 »Genera ironiae (si qua sint) dissentaneis dividuntur.«
37 »Atque etiam ut intelligi certius possit, quatuor esse tantum troporum genera, metonymiam, ironiam, metaphoram, synecdochen, caussam planius & apertius ex locis dialecticae inventionis explicabo. Omnis mutatio propriae significationis ex caussis ad effecta, subjectis ad adjuncta, oppositis ad opposita, comparatis ad comparata, toto ad partem, contrave, est metonymia, ironia, metaphora, synecdoche. Metonymia enim est mutatio significationis ex caussis ad effecta, ex subjectis ad adjuncta, contrave: ironia ex oppositis ad opposita: metaphora ex comparatis ad comparata: synecdoche ex toto ad partem, contrave.« (P. Ramus: *Scholae* [s. Anm. 20], p. 375,3 sqq.)

## IV.

Alsted legt seine systematische Einteilung der vier Haupttropen zu Beginn des 5. Kapitels (»De metonymia causae et causati«) der »Rhetorik« (des 7. Buchs der *Enzyklopädie*)[38] dar: »I. Quidquid est troporum, commodissime ad quatuor capita revocatur« (376b).[39] Zunächst werden die übrigen Tropen in aller Kürze, gleichsam wegwerfend, auf diese vier Haupttropen zurückgeführt. Entscheidend ist natürlich, wie die These begründet wird, daß Metonymie, Ironie, Metapher und Synekdoche die Haupttropen seien, und zwar so begründet wird, daß einsichtig wird, daß es genau diese vier Haupttropen geben muß und auch nicht mehr als diese vier geben kann. Zunächst ganz traditionell fährt Alsted fort, die Vierzahl leite sich aus der Anzahl der möglichen Arten von Termvertauschung her.[40] Dann aber heißt es: »Aber es gibt genau vier dieser Arten. Denn entweder wird Zusammenstimmendes (*consentanea*) vertauscht, woher die Metonymie; oder nicht Zusammenstimmendes (*dissentanea*), woher die Ironie; oder Ähnliches (*similia*), woher die Metapher; oder Ganzes und Teil (*totum & pars*), woher die Synekdoche. Und daraus erhellt die natürliche Ordnung der Tropen (*ordo troporum naturalis*).«[41]

*Consentaneum, dissentaneum, simile, totum & pars* sind Eigenschaften von Paaren von Begriffen, den *argumenta*.[42, 43] Daß es sich bei dieser Systematik

---

38 Alsted, Johann Heinrich: *Encyclopaedia septem tomis distincta*. Herborn 1630 [Repr. Stuttgart-Bad Cannstatt 1989, 1990].

39 Man spürt den – auch schon bei Ramus in aller Deutlichkeit (s. o. Anm. 20) ausgedrückten – Unwillen über die Unsystematizität und Willkürlichkeit der traditionellen Einteilungen der Tropen: »Vulgo commemorant viginti tropos, e quibus decem vocant tropos unius dictionis, totidem orationis. [...] Verum in hac utraque troporum turba quatuor duntaxat sunt tropi gnesioi, videl. *metonymia, ironia, metaphora, & synecdoche*.« (376b)

40 »Caeterum tetrachotomia nostra hunc in modum probatur. Tot debent constitui summa troporum genera, quot sunt modi, quibus vox ab una significatione in aliam mutatur.« (ibid.)

41 »Atqui tales modi sunt duntaxat quatuor. Aut enim consentanea permutantur, unde metonymia: aut dissentanea, unde ironia: aut similia, unde metaphora: aut totum & pars, unde synecdoche. Atque hinc simul patet ordo troporum naturalis.« (377a)

42 Bei Alsted heißt – wie schon bei Ramus – jedes bedeutungstragende Element »argumentum«. In einem Kommentar zum Beginn der ramistischen *Dialektik*: »Argumentum est quod ad aliquid *arguendum* affectum est; quales sunt *singulae* rationes solae & per se consideratae« – heißt es: »*arguendum*«. Arguo idem est quod explico, ostendo, declaro: Hinc argumentum, quod rei propositae vim & naturam explicat. [Entsprechend in Alsteds *Enzyklopädie*: »Thema est, quod disseritur. Oratoribus dicitur propositio.« (»Logik«, 408a) »Tantum de themate. Nunc de argumento, quod arguit suum thema: unde *illud* arguens, *hoc* argutum thema.« (409b) »*Arguere est declarare, demonstrare, vel amplificare*. Vis arguendi est forma argumenti.« (410a)] *singulae*] Id est simplices rationes. Plerunque enim una vox argumenti symbolum seu nota est, aliquando tota enunciatio, ut in comparatis. Neque vero id tantum argumentum est, quod ad quaestionem dubiam concludendam adhibetur, sed omnes sententiae partes argumenta sunt: ut cum dico ›Ignis urit‹ hic duo argumenta sunt, caussa ignis, urit effectum. Quemadmodum igitur nulla est oratio,

der Haupttropen formal nicht um eine Zweiteilung in zwei Genera mit je zwei Unterklassen handeln kann, wird klar, wenn man die entsprechende – in diesem Punkt viel klarere – Passage über die Systematik der Tropen aus Alsteds *Rhetorica* heranzieht:

> [Die Argumentverknüpfung] ist entweder basal (*prima*) oder abgeleitet (*orta*). Die basale ist entweder einfach (*simplex*) oder durch Vergleich (*comparata*). Die einfache ist Zusammenstimmung (*consensio*) oder Nichtzusammenstimmung (*dissensio*). Jene erzeugt die Metonymie, in der die Benennung eines zusammenstimmenden Begriffs für die Benennung des anderen gesetzt wird; diese die Ironie, in der die Benennung eines nicht zusammenstimmenden Begriffs für die Benennung des anderen gesetzt wird. Die Verknüpfung durch Vergleich erzeugt die Metapher, in der die Benennung eines ähnlichen Begriffs für die Benennung des anderen gesetzt wird. Die abgeleitete Verknüpfung erzeugt die Synekdoche, in der die Benennung eines abgeleiteten Begriffs für die Benennung des anderen gesetzt wird.[44]

---

quin ex vocum generibus a Grammaticis constitutis oriatur: ita nulla est rei declaratio aut probatio [...] quin ex decem argumentorum generibus a P. Ramo positis profiscatur. Variis autem nominibus appellatur argumentum. Dicitur tópos, hóros, locus, terminus, categoria, categorema, praedicabile, praedicamentum, principium, medium, elementum, probatio seu fides, caussa, ratio, nota & sedes rerum [...]. Ramus cum Cicerone commodissime argumentum appellat.« (*Petri Rami Veromandui, regii professoris, Dialecticae libri duo, ex variis ipsius disputationibus, et multis Audomari Talei commentariis denuo breviter explicati, a Guilelmo Rodingo Hasso*. Frankfurt 1582) – Wenn ich im folgenden von »Termini« spreche, meine ich damit die *voces argumenti* – und zwar von *argumenta*, die einzelne Begriffe sind. – Daß der ramistische Gebrauch von *argumentum* vom normalen Sprachgebrauch abweicht, ist schon früh aufgefallen: »Arguere enim authori significat non solum veritatem alicujus affirmationis aut negationis probare seu demonstrare: qui vulgaris hujus verbi usus est; rerum etiam rei cuiuspiam naturam declarare seu explicare absque ullo syllogismo. [...] Sciendum est catachresin esse, quam natura rei argumento quopiam declarari dicitur.« (*In P. Rami Dialecticam animadversiones Joan. Piscatoris Argutinensis*. London 1581, p. 15 sq.)

43 Deshalb können die Tropen von Alsted auch als *permutatio argumentorum* definiert werden: »Tropus est [...] permutatio, qua vox unius argumenti Logici ponitur pro voce relati argumenti« (373b). Daß die hier ausgelassenen Formulierungen »quo vox a nativa significatione in aliam transfertur, *seu*, est permutatio significationis nativae & alienae: *seu*,« als gleichbedeutende (traditionelle) Definitionen und nicht als eine Trichotomie erzeugend verstanden werden müssen, zeigt die Tropendefinition aus der *Rhetorica*: »Tropus, est instrumentum elocutionis, quo vox unius argumenti Logici pro voce relati argumenti ponitur.« (Alsted, Johann Heinrich: *Rhetorica quatuor libris proponens universum ornate dicendi modum* [...]. Herborn 1616, lib. I, cap. 2, [p. 11])

44 »Ratio praecepti peritur ex definitione tropi supra proposita: ex qua colligitur, tropum esse accidens vocis ortum ex correlatione entium Logicorum; quae correlatio nihil est aliud, quam mutua affectio rerum, ob quam vox ab una significatione mutatur in aliam. Illa vero affectio est quadruplex. Est enim prima, vel orta. Prima est simplex vel comparata. Simplex est consensio, vel dissensio. Illa peperit metonymiam, in qua vox unius argumenti consentanei ponitur pro voce alterius: ista ironiam, in qua vox unius dissentanei ponitur pro voce alterius. Affectio comparata progenuit metaphoram, in qua vox unius similis ponitur pro voce alterius. Affectio orta genuit synecdochen, in qua vox unius argumenti orti ponitur pro voce alterius.« (J. H. Alsted: *Rhetorica* [s. Anm. 43], lib. I, cap. 5 [p. 63])

Die formale Grundstruktur der systematischen Einteilung der Haupttropen kann damit in folgendem Schema dargestellt werden:

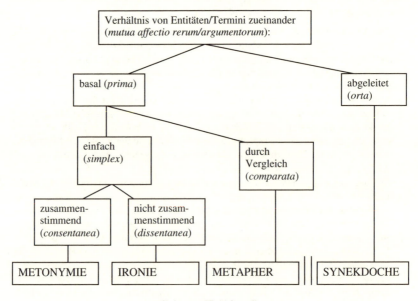

Schema II (Alsted)

Das Schema der *Enzyklopädie*, das die vollständige Einteilung der Verknüpfung von *argumenta* darstellt (428), enthält – vernachlässigt man das *argumentum inartificiale* als *argumentum* aus der Autorität (*de testimonio*)[45] – vier Hauptklassen von *argumenta*, nämlich die *argumenta consentanea, dissentanea, comparata* und *orta*. Es ist das Schema der systematischen Einteilung der *argumenta* der ramistischen *Dialektik* (erstmals erschienen 1543). Sein Thema sind nicht selbständige Dinge, sondern verknüpfbare Elemente. Es zeigt die systematisch geordnete Gesamtmenge aller möglichen Elementverknüpfungen: Innerhalb der Gesamtheit der *argumenta* ist zu unterscheiden 1. zwischen solchen, die allein aufgrund ihrer formalen Struktur oder des Gehaltes des Begriffs oder der in ihnen verwendeten Begriffe verknüpft werden können, und solchen, die nur verknüpft werden können, weil sie auf den *argumenta* des ersten Typs aufbauen, d. h. auf sie zurückgeführt werden können (*prima – orta*)[46]; 2. innerhalb des ersten Typs ist zwischen denen zu unter-

---

45 »*Summa argumentorum divisio est, quod sunt artificialia vel inartificialia. Sumuntur enim alia a natura thematis, alia peregre quasi accersuntur. Ibi major ars requiritur, quam hic. Atque hinc est nomenclatura ista, quod argumentum dicitur artificiale, vel inartificiale.*« (411a) – diese ›Vernachlässigung‹ ist vielleicht keine zufällige, s. u. Anm. 74.

46 »*Argumentum artificiale est, quod insitum est themati. Estque primum, vel ortum. Argumentum primum est suae originis.*« (411a) »*Hucusque de argumento primo:*

scheiden, die ohne Hinzufügen eines in der Argumentverknüpfung selbst nicht auftauchenden Verbindungsarguments und solchen, die nur mit einem solchen Verbindungsargument verständlich sind (*simplicia – comparata*)[47]; 3. innerhalb derjenigen, die ohne Verbindungsargument verständlich sind, wird noch einmal zwischen solchen, die zusammen wahr sein können, und solchen, die nicht zusammen wahr sein können (*consentanea – dissentanea*) unterschieden.[48] Ob diese Unterteilung einleuchtend ist, braucht hier nicht diskutiert zu werden.[49] Klar ist jedenfalls, daß die systematische Ordnung der Tropen durch die systematische Ordnung aller möglichen Verknüpfungen von *argumenta* garantiert ist.[50]

---

nunc de orto, quod vim arguendi sumit a primo.« (422a) »Sic quaedam argumenta dicuntur prima, quia licet in iis unum ab altero oriatur, v. g. effectum a causa: tamen specialis quidam primatus ibi attenditur, quo fit, ut vim arguendi non sumant aliunde, quemadmodum orta faciunt.« (411a) Der o. g. (s. o. Anm. 42) Kommentar zur ramistischen Dialektik erläutert zu Ramus' »Primum, id est suae originis«: »Cujus consideratio & cognitio non ex sequentibus dependet. Sic caussae argumenta prima dicuntur, quia illarum doctrina sine definitionis doctrina potest intelligi: doctrina vero definitionis non sine doctrina caussarum.«

47 »Estque simplex, vel comparatum. Simplex est, quod arguit suum thema citra collationem in aliquo tertio.« (411a) »Hactenus de argumento simplici: nunc de comparato, quod cum suo themate confertur in aliquo tertio. *Et hoc appellatur* tertium comparationis *ut distinguatur* a tertio argumentationis.« (419b)

48 »*Consentanea* sunt, quae possunt de se invicem affirmari: *dissentanea*, quae negantur de se invicem.« (410b)

49 Unter der systematischen Vollständigkeitsforderung (s. o. Anm. 26) ist allenfalls noch zu fragen, ob es bei Alsted genau so viele Tropen wie Verknüpfungen von *argumenta* gibt. Für die Metonymie trifft dies zu (cap. 5–7, 376a–379a). Es fehlt die *ironia e diverso* [aus dem nicht weiter bestimmt Verschiedenen] (»Ironiae species tot sunt, quot sunt species argumentorum oppositorum, cap. 8, 379b; vgl. »Logik«, 416b: »Diversa divisa non ingrediuntur syllogismum«). Es fehlen alle Metaphern *e quantitate* und auch wohl die *e dissimili* (»1. In explicatione metaphorae respiciendum est partim ad locum similium in Logica, partim ad disciplinam, unde metaphora est sumpta. 3. Metaphorarum artifex fugiet dissimilitudinem [...], cap. 9, 380b). Es fehlen die Synekdochen *e conjugato* [abstrakt-konkret], *e notatione* [Etymologie], *e definitione* und *e distributione* [Disambiguierung] (cap. 10, 381a–382b). Für letzteres findet sich (außer für die *distributio*) ein Argument schon bei Ramus: »Omnis autem tropus est mutatio propriae significationis in verbo ex caussis ad effecta, subjectis ad adjuncta, oppositis ad opposita, comparatis ad comparata, toti ad partem, contrave. Nam reliqua rerum (quae videntur significari posse dictione simplici) genera nihil habent ab illis distinctum. Nam conjugata & notatio circumstantiae sunt nominis, non rei significatae. Definitio & testimonium simplici dictione non significantur: Omnis itaque tropus est metonymia, ironia, metaphora, synecdoche.« (P. Ramus: *Scholae* [s. Anm. 20], p. 375, 19–31)

50 Dies sagt Alsted auch deutlich, wenn er über die Verbindung von Logik und Rhetorik handelt: »*Collatio Logicae cum Rhetorica, Oratoria, et Poetica, gubernatur his regulis. Ubi imprimis attendenda est collatio Logice cum Rhetorica & Oratoria. 1. In Rhetoricis attenduntur imprimis tropi, & eorum affectiones: tum etiam figurae. Et primo quidem metonymia permutat inter sese argumenta consentanea: ironia ex oppositis procedit: metaphora pertinet ad comparationem similium: synecdoche ad locum totius & partis, generis & speciei.*« (»Logik«, 444b)

Welchen Stellenwert hat nun die bei Voss zu findende in Schema I dargestellte Ordnung der Tropen? Alsted referiert sie in seiner *Rhetorica*, macht sie sich aber nicht zu eigen. In der *Enzyklopädie* unterscheidet er vier Typen von Wissensordnungen (*ordines disciplinarum*): Der *ordo inventionis* bildet, modern gesprochen, den *context of discovery* ab; der *ordo dignitatis* bildet die Wissensgegenstände nach ihrer Wertigkeit (*nobilitas*) und Häufigkeit im Gebrauch (*usus*) ab. Der *ordo doctrinae* ist zweigeteilt. Zum einen ist er als *ordo doctrinae accuratae* identisch mit dem *ordo naturae* – in seiner Tropenlehre präsentiert Alsted diesen *ordo*. Er ist der *ordo*, der das Geordnete so darstellt, wie es der natürlichen Ordnung der Welt entspricht. Zum zweiten aber repräsentiert er als *ordo doctrinae melioris* die Ordnung, die am leichtesten einzuprägen ist, führt also vom Leichteren zum Schwereren.[51] In der *Enzyklopädie* wird bei der systematischen Einteilung der Tropen nur der *ordo dignitatis* beschrieben[52] und gegen den *ordo naturalis* abgegrenzt. An der entsprechenden Stelle der *Rhetorica* hingegen wird auch der *ordo doctrinae melioris* erwähnt, und dieser ist genau der, der sich bei Voss findet.[53] Und er findet sich

---

51 »Ordo inventionis est, quo disciplinae, quo generaliores, eo posteriori loco sunt inventae. Ordo naturae est, quo disciplinae, quo simpliciores & generaliores, eo sunt priores natura. Ordo dignitatis est, quo disciplinae, quo digniora habent subjecta & fines, eo sunt priores, id est, excellentiores. Ordo doctrinae, seu cognitionis, est vel accuratae, vel melioris doctrinae. Ille est idem cum ordine naturae: hic accomodatus est ordinario captui discentium. [...] *II. Ordo naturae in disciplinis est invariabilis.* Ita enim comparatum est, ut ea, quae naturam habent, sunt immutabilia. Itaque ordo naturae, ut in omnibus rebus, sic quoque in disciplinis variare non potest. Perpetua vero hic lex obtinet: *Quo quid simplicius, eo est prius natura.* [...] *IV. Ordo accuratae, & melioris doctrinae procedit viis diversis, non vero adversis.* Nam in ordine accuratae doctrinae praemittuntur illae disciplinae, quae sunt simpliciores: in ordine doctrinae melioris praemittuntur illae disciplinae, quae sunt faciliores.« (*Encyclopaedia*, lib. II [»Technologia«], cap. 2: »De ordine disciplinarum«, p. 64a–b)

52 »Ordo dignitatis pendet ab usu, et sic habet: Maxime inter tropos usurpatur metaphora, inde metonymia, hinc synecdoche, minime omnium ironia.« (377a) Vgl. G. J. Voss: *Commentariorum rhetoricorum* (s. Anm. 28): »Hinc colligere est, si ordinem naturae respiciamus, primum locum deberi Synecdochae, alterum metonymiae tertium Metaphorae, ultimum Ironiae: verum dispar fuerit ratio, si spectemus nobilitatem atque usum. Nam maxime e tropis usurpatur Metaphora; inde metonymia; hinc Synecdoche; minime omnium Ironia; quem iccirco ordinem in eorum tractatione fere observent Rhetores.« (lib.IV, cap. 5 [p. 93]) Gegen die Identifizierung von Wertigkeit und Gebrauchshäufigkeit wendet sich interessanterweise die ramistische *Rhetorica* von 1548 (s. Anm. 33): »Atque haec de tropis: quorum si praestantia & excellentia spectetur, longe princeps erit metaphora, ironia deinde succedet, tertia erit metonymia, postrema synecdoche. Usus autem etiam frequentissime est metaphorae, deinde metonymiae, tum synecdoches: rarissimus ironiae.« (cap. 13) Vgl. A. Fraunce: *Rhetorike* (s. Anm. 34): »Thus much for Tropes, whereof the most excellent is a *Metaphore*, the next, *Ironia*, then *Metonymia*; lastlie, *Synekdoche*: The most usuall also is a *Metaphore*, then a *Metonymia*, next *Synecdoche*, lastlie, *Ironia*.« (S. 26)

53 »*Ordo troporum est alius doctrinae, alius dignitatis.* Ordo doctrinae, est methodus didascalica, quae in troporum praeceptis constituendis observari debet. Estque

bei Keckermann[54], der auch eine entsprechende Einteilung der *argumenta* vornimmt[55] – allerdings mit Ordnungskategorien, die teils aus dem ersten, teils aus dem zweiten Schema stammen (vgl. Schema III S. 26).

Offensichtlich werden hier die beiden Ordnungen der Tropen, wie sie in Schema I und II dargestellt sind, gemischt. Das Problem der ramistischen Einteilung der *argumenta* scheint zu sein, daß sie nicht genau klären kann, was ein *argumentum primum* und was ein *argumentum ortum* ist. Denn ersichtlich unterscheiden sich Schema II und III darin, daß in Schema III die – in der Terminologie der Alstedschen *Enzyklopädie* – *argumenta comparata* und *argumenta dissentanea* als *argumenta orta* erscheinen, die im Schema II gerade *argumenta prima* sind, und umgekehrt die *argumenta e toto et parte* in Schema III als *argumenta prima* erscheinen, die in Schema II die einzigen *argumenta orta* sind. Eine Harmonisierung durch die Behauptung, Schema I und III bildeten den *ordo doctrinae melioris* ab, kann nur als – systematisch unzulässiger – Systematisierungsversuch bezeichnet werden. Denn zumindest ein Ordnungsbegriff, nämlich *consentaneum*, hat in Schema I und III eine völlig andere Bedeutung als in Schema II (in Schema I und III bezeichnet er die metaphorischen, in Schema II die metonymischen Verknüpfungen), und das Ordnungspaar *primum-ortum* hat in Schema III eine völlig andere Bedeutung als in Schema II.[56] Wenn Schema I eine Substanzontologie, die vom

---

methodus tum sapientiae, tum prudentiae. Illa dicitur ordo doctrinae accuratae, item ordo naturae: ista, ordo doctrinae me-//lioris. Si spectes *ordinem doctrinae accuratae*, ille a nobis est observatus, ut patebit, si conferas commentarium ad praeceptum primum hujus capitis cum methodo argumentorum Logicorum, quae extat in Logica nostra. *Ordo doctrinae melioris*, est qui respicit illam Logicam, quam candidatus Rhetorice didicit. Et hic potest esse varius. E.g. Argumenta Logica, sunt vel conjuncta, vel disiuncta. Conjuncta, sunt quae vinculo naturali connexa sunt; suntque interna, ut totum & pars, ubi unum est de essentia alterius: vel externa, ut causa et effectum, subjectum & adjunctum; ubi usum non est de essentia alterius. Disjuncta sunt, quae nullo naturali vinculo connexa sunt, ut similia et contraria. Si in aliqua Logica haec argumentorum sive terminorum simplicium methodus observata sit, necesse est, ut tropi hoc ordine proponantur, synecdoche, metonymia, metaphora & ironia.« (J. H. Alsted: *Rhetorica* [s. Anm. 43], p. 63–64)

54 »Tropus est vel primus, vel a primo ortus. Primus est, qui constat ex argumentis primis. Estque vel Metonymia, vel Synecdoche.« (B. Keckermann: *Systema Rhetoricae* [s. Anm. 27], p. 1457) »Fuerunt hactenus tropi priores, qui magna parte versantur in argumentis primis, restant tropi posteriores, qui magna parte versantur in argumentis ortis, ut est Metaphora & Ironia.« (p. 1464) »Fuit tropus ex argumentis ortis consentaneis. Restat tropus ortus ex argumentis ortis dissentaneis. Nempe Ironia, quae est tropus, in quo vox dissentanei, id est, diversi sive dissimilis & imparis, & deinde vox oppositi ponitur pro voce alterius diversi, vel oppositi.« (p. 1466)

55 Vgl. B. Keckermann: *Systema Rhetoricae* (s. Anm. 27), p. 1399sq., 1411sq.

56 Das oben referierte Zweierschema aus der *Rhetorica* von 1548 ist unter diesem Gesichtspunkt völlig inkonsistent: von seiner logischen Struktur her kann die Reihenfolge der Tropen nur die des Schemas I: Synekdoche, Metonymie, Metapher und Ironie – sein. Die angegebene Reihenfolge ist aber in beiden Versionen die sich aus dem ramistisch-Alstedschen Schema II ergebende. – Zusammengefaßt

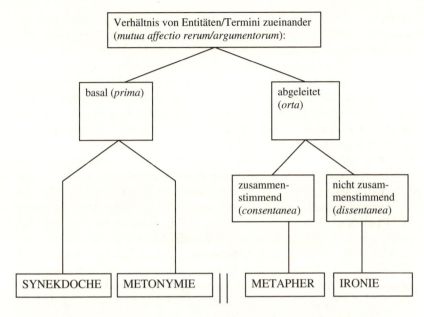

Schema III (Keckermann)[57]

selbständig existierenden Ding ausgeht, und Schema II eine Konnexontologie, die von der Verknüpfung von Elementen ausgeht, repräsentiert, wird hier die Schwierigkeit sichtbar, von der einen in die andere Ontologie zu wechseln.

V.

Unter den eben vorgeführten Systematisierungen ist eine Trope nichts anderes als eine durch die Angabe eines Terminus kodierte Verknüpfung von Termini. Die Problemstellung einer Theorie der Termverknüpfung kann abstrakt wie folgt angegeben werden: Kann, gegeben ein Terminus A, ein Terminus B aus A deshalb folgen, weil Terminus B kraft seiner Bedeutung mit Terminus A

---

kann die Ordnung der vier Haupttropen in den verschiedenen Alstedschen *ordines* wie folgt angegeben werden: *ordo dignitatis*: Metapher, Metonymie, Synekdoche, Ironie; *ordo doctrinae melioris*: Synekdoche, Metonymie, Metapher, Ironie; *ordo doctrinae accuratae/ordo naturalis*: Metonymie, Ironie, Metapher, Synekdoche.

57 Alsted vertritt andernorts übrigens selbst diese Einteilung mit der Ersetzung von *internum/externum* durch *coordinatum/subordinatum*: *Clavis artis Lullianae*, Argentorati 1633, p. 171. Dort findet sich folgende Definition des *argumentum ortum*: »Ortum argumentum sequitur, quod nascitur vel e causa & effecto, vel subjecto & adjuncto, vel toto & partibus.«

auf geregelte Weise verknüpft ist? Die Art der geregelten Verknüpfung wird in einer allgemeinen Maxime angegeben. Eine konkrete Termverknüpfung findet deshalb in drei Schritten statt: (1) A; (2) [Maxime] A steht in Verknüpfung x mit B; (3) also: A x B. Der systematische Zusammenhang zwischen Logik als Lehre von der Verknüpfung der *argumenta* und Tropologie ist dann wie folgt zu beschreiben: Wenn ein Terminus [A] ein tropisch gebrauchter Terminus ist und der für [A] in der Detropisierung einzusetzende Terminus B ist, dann muß diese Ersetzung durch eine dreischrittige Verknüpfung der eben genannten Form durchsichtig gemacht werden können. Eine Detropisierung findet dann nach folgendem Muster statt: (1') [A]; (2') [Maxime] A steht in Verknüpfung x mit B; (3') also: B.[58] Umgekehrt verhält es sich bei der Tropisierung: (1") B; (2") [Maxime] B steht in Verknüpfung x' mit A; (3") [A].[59] Was eigentlich gesagt wird, ist also mit B anzugeben. Verschwunden ist nicht nur die Trope, sondern auch die Information, in welchem Verknüpfungsverhältnis sie zum eigentlichen Terminus steht. Auch wird ausgeblendet, daß der eigentlich gesagte Terminus B selbst schon mit einem weiteren Terminus in einem Satz verknüpft ist, was heißt, daß bei einer Tropisierung oder Detropisierung immer zwei Termverknüpfungen berücksichtigt werden müssen – nämlich die, in der der eigentlich gesagte Terminus steht, und die, in der der tropisch gebrauchte mit dem eigentlich gesagten Terminus steht.[60] Zusätzlich wird unterschlagen, daß für die Detropisierung das Problem offensichtlich die Auswahl der richtigen Maxime ist; sie wird gesteuert durch das, was der Kontext, in dem der zu tropisierende oder detropisierende Terminus steht, an Informationen liefert. Die individuelle Leistung der Detropisierung liegt in der richtigen Auswahl der Maxime, d. h. der Maxime, die durch diesen Kontext nahegelegt wird. Umgekehrt ist es die individuelle Leistung der Tropisierung,

---

58 Alsted führt dies in seiner *Rhetorica* (s. Anm. 43) in aller Ausführlichkeit vor: »Locos inventionis cum nomino, intelligo primo ipsos terminos simplices, deinde maximas sive regulas, quae traduntur de connexione terminorum istorum in axiomate. Sic cum dico, *Mors est pallida*, ex primo canone de inventione tropi intelligo, locutionem esse tropicam. Qualis autem tropus sit, docet Logica istius enuntiati resolutio. Quaeritur enim, quare mors dicatur pallida? Hic respondetur, quia pallidum facit. Quis non videt effectum hic poni pro causa? Deinde canon Logicus est: *Effectum non praedicatur de causa directe*, quia nempe effectum non inest causae, sicut accidens subjecto inest. Hinc colligo, pallorem de morte proprie non posse praedicari.« (lib. I, cap. 2, p. 26)
59 Daß es zu jeder Verknüpfung x eine konverse Verknüpfung x' geben muß: Wenn A in Verknüpfung x mit B steht, dann steht B in Verknüpfung x' mit A – wird in der Beschreibung der systematischen Ordnung der Tropen einfach mit »et contra« angegeben.
60 D. h. wenn ein Satz S {A x [B]} ein Satz mit einem tropisch gebrauchten Terminus [B] ist und der für diesen in der Interpretation der Trope einzusetzende Terminus C ist, dann findet eine Detropisierung nach folgendem Muster statt: (1) S {A x [B]}; (2) [Maxime] B steht in Verknüpfung y zu C; (3) S {A x C}. Umgekehrt verhält es sich bei der Tropisierung: (1') S {A x C}; (2') [Maxime] C steht in Verknüpfung y' zu B; (3') S {A x [B]}. Die beiden relevanten Termverknüpfungen sind dann S {A x C} und S {B y C}.

die Maxime so auszuwählen, daß sie der Gewandungsabsicht des Sprechenden hinsichtlich dessen, was er eigentlich sagen will, entspricht.

Das *System* der Tropologie schließt hier nichts aus.[61] Denn die Behauptung vom Zusammenhang von Tropen und Verknüpfung der *argumenta* gilt nur für die systematisch gegliederte *Gesamtmenge* von Verknüpfung der *argumenta* und Tropen. Mit ihr ist *nicht* behauptet, daß etwa ein – um ein willkürliches Beispiel wählen – *argumentum e causa efficiente* nur durch eine Metonymie aus der *causa efficiens* tropisiert werden dürfe. Die Freiheit des tropischen Sprechens besteht darin, daß im Prinzip jede Trope für jedes *argumentum* verwendet werden darf. Gegeben einen Satz S {A x B}, ist es der Person, die B durch [C] tropisieren will, prinzipiell freigestellt, *jede beliebige* Termverknüpfung B y C für die Tropisierung zu benutzen. Und da die Pointe der Systematisierung der Verknüpfungen der *argumenta* gerade darin bestand, daß es keinen Terminus C gibt, der nicht in *irgendeiner* rational bestimmbaren Verknüpfung y' zu B stehen kann, ist unter systematischem Gesichtspunkt auch schlichtweg nicht begreiflich, wie ein tropischer Satz S {A x [C]} überhaupt verständlich sein soll. Denn [C] konnte durch jede beliebige Termverknüpfung erzeugt worden sein. Diese Beliebigkeit galt der Rhetorik von Anfang an als eine Gefahr tropischen Sprechens: Jede Trope kann ein Eigenleben gewinnen, das die Rückführungsforderung auf den eigentlichen Terminus vergessen läßt.

Eine solche Dramatisierung ist für die allermeisten tropischen Sätze nicht gerechtfertigt. Der Kontext von [C] bietet normalerweise[62] genug Informationen, um demjenigen, der eine Trope verstehen will, recht wenige Termini in den Sinn kommen zu lassen, die als Kandidaten für Terminus B, der den offenen Satz S {A x ...} vervollständigen könnte, in Frage kommen. Eine Trope ist um so schwieriger zu verstehen, je größer die Menge der Kandidaten für B, d. h. je offener der Kontext ist, in dem der tropisch gebrauchte Terminus [C] steht. Diesseits der Systematik hat die sachbezogene tropische Pragmatik hier ihren Platz: Sie ist die Lehre davon, wie [C] so ausgewählt werden kann, daß es demjenigen, der die Trope verstehen will, nicht zu schwer, aber auch nicht zu leicht gemacht wird.

Tropen geben auch nach ihrer Detropisierung immer mehr zu verstehen als das eigentlich Gesagte zu verstehen geben könnte – nämlich nicht nur, daß A mit B in Verknüpfung x steht, also S {A x B}, sondern mindestens auch noch, daß dieses B zu C in Verknüpfung y steht, also S {A x B & B y C}. Je offener aber der Kontext der Trope [C] ist, desto mehr gibt sie zu verstehen: nämlich mit welch' verschiedenen Termini (als Kandidaten für B) Terminus A verknüpft werden kann und welche verschiedenen Verknüpfungstypen zwischen

---

61 Jedenfalls auf den ersten Blick nicht. Ich habe mir bis jetzt nicht die Mühe gemacht, eine entsprechende Kombinatorik aufzustellen, d. h. zu überprüfen, ob es Fälle gibt, in denen ein Typ von Verknüpfung von *argumenta* bestimmte Typen von Tropisierung systematisch ausschließt.

62 Dieses »normalerweise« ist systematisch nicht weiter ausweisbar (s. u.); es weist auf die Pragmatik des *schon geschehenen Sprechens* hin: welche Tropisierungs- und Detropisierungsverfahren in der Vergangenheit schon vollzogen wurden.

diesen Kandidaten und [C] existieren. Tropen schmücken, weil sie sowohl Terminus A als auch Terminus B in ein Netz von Verknüpfungen einweben, das über sie mehr zu verstehen gibt als es der Faden, der im eigentlich Gesagten zwischen A und B gespannt wird, tut; immer ist der Faden ein Teil des Netzes. Tropen sind Einladungen, sich im Netz zu bewegen, ohne den Faden zu verlieren.[63] Eine Trope kann niemals das gesamte Netz von Termverknüpfungen evozieren, denn dann wäre sie unverständlich, ihr Kontext absolut offen. Wieviel sie von diesem Netz evozieren soll, ist durch die Absicht des Sprechers bestimmt; wieviel sie de facto evoziert, durch die Aktivität des Verstehenden. So ist jede Trope ein Umweg, aber ein Umweg, auf dem es viel zu sehen gibt – und manchmal auch zu viel. Niemals aber etwas, was einen sich im Netz verfangen ließe. Tropen bringen zum Nachdenken über die Strukturen der Welt, ohne starr an dem, was gesagt wird, festzuhängen. Sie laden zu einer systematischen Reise durch die Welt ein – die aber immer eine Rundreise ist und deren letzte Wendung zum Ausgangspunkt zurückführt.

## VI.[64]

Ist man unzufrieden damit, sich immer im selben Netz zu bewegen, muß man die Idee aufgeben, daß unser Wissen über die Welt systematisch strukturiert und damit eindeutig ist. Wenn die Ordnung der Tropen systematisch ist, besteht keine Hoffnung, mittels der Tropen an den Rand des Netzes (oder gar über ihn hinaus) zu gelangen. Hochtrabender formuliert ist die Sprache ›der‹ Metaphysik systematisch geschlossen und diese ›clôture‹ auch durch tropisches Sprechen nicht zu überwinden.[65] Die Heideggersche These, daß die Verknüpfung von Metapher und Metaphysik nicht nur zu einem Wortspiel taugt, sondern deren Kern benennt, nämlich die Rückführbarkeit allen Sinns auf eine Präsenz, scheint richtig zu sein.[66] Gegen sie spricht ein eklatantes Interesse an den Tropen – nicht an der Tropologie[67] – im nachsystematischen Zeit-

---

63 Vgl. Cicero: *De Or.* III, 160: »[...] sed in suorum verborum maxima copia tamen homines aliena multo magis, si sunt ratione translata, delectant. Id accidere credo vel quod ingenii specimen est quoddam transiire ante pedes posita et alia longe repetita sumere; vel quod is qui audit alio ducitur cogitatione neque tamen aberrat, quae maxima est delectatio [...].«
64 Abschn. VI. wurde auf der Tagung nicht vorgetragen. Er wurde veranlaßt durch eine Nachfrage von Rüdiger Campe und dem von Martin Stingelin zur »Rhetorik über Rhetorik« bei Nietzsche Gesagten.
65 Vgl. Derrida, Jacques: »Die Struktur, das Zeichen und das Spiel im Diskurs der Wissenschaften vom Menschen« (1966). In: ders., *Die Schrift und die Differenz.* Frankfurt/M. 1972, S. 422–442.
66 Vgl. Heidegger, Martin: *Der Satz vom Grund* (1957). Frankfurt/M. 1997 (GA I/10), S. 72 [Ende der Sechsten Stunde]: »Das Metaphorische gibt es nur innerhalb der Metaphysik.«
67 »Es entspricht aber gar nicht mehr unserer Denkgewohnheit, solche scholastischen [!] Distinktionen zu machen. Wir beruhigen uns dabei, daß allen solchen Redewendungen der psychologische Vorgang der Vergleichung zugrunde liegt; und über

alter.[68] Ich will an einem prominenten Diktum Nietzsches zeigen, wie der Tod des Systems – und damit der Tropologie – gerade durch ein bestimmtes tropisches Sprechen herbeigeführt wird, das System – und damit die Tropologie – aber dabei zum Wi(e)dergänger mutiert.

Wenn die Tropen Kodierungen eines eigentlich Gemeinten, also von Verknüpfungen von *argumenta* sind, dann dürfen die verknüpften *argumenta* nicht mit der Begrifflichkeit dieser Kodierung beschrieben werden, sonst sind sie selbst wiederum Tropen, die dekodiert werden müssen. Ab der Mitte des 18. Jahrhunderts[69] wird die Einsicht, daß unser Sprechen über die Welt sich in der Zeit verändert und daß man begreiflich machen muß, wie sich die verschiedenen Zustände dieses Sprechens zueinander verhalten, philosophisch zentral. Gefordert ist zunächst eine systematische Theorie der Sprachentwicklung. Unter Aufwertung der in der Rhetorik immer schon thematisierten sog. katachretischen Funktion der Tropen – daß das Verfahren der Tropisierung eines eigentlich Gemeinten dazu dienen kann, unsere Sprache durch einen neuen Terminus zu ergänzen, wenn es notwendig ist (*necessitatis causa*) – wird nun behauptet, daß *jeder* Terminus einer Sprache in Hinsicht auf historisch zu-

---

dieses Bedürfnis der Beruhigung hinaus braucht der Mensch nicht zu denken.« (Mauthner, Fritz: *Beiträge zu einer Kritik der Sprache*. Bd. II: Zur Sprachwissenschaft. Stuttgart 1901, S. 46) Daß hieran nichts »beruhigend« ist, zeigt Nietzsche, vgl. das Folgende.

68 Gilt ähnliches nicht von der Etymologie, die gerade bei denen, die ›die‹ Metaphysik am radikalsten verabschieden, Heidegger und Derrida (vgl. den Beitrag von Stefan Willer in diesem Band), als eine ›Ethymologie‹ (nicht als Lehre vom wahren Wort, sondern als Lehre vom Begehren nach dem wahren Wort) wieder gern benutzt wird? Seit Platons *Kratylos* ist Etymologie die Lehre vom wahren Wort und nicht die Lehre vom wahren Satz. Die Lehre vom wahren Satz als kopulativer Verknüpfung von Subjekt und Prädikat ist mit Aristoteles' Widerlegung der Theorie des Antisthenes, daß der wahre Satz eine Aneinanderreihung – eine Aneinanderreihung, *keine* Verknüpfung – von wahren Namen sei (vgl. Aristoteles, *Met.* 1043a 29 – 1044a 14), als Kerndoktrin ›der‹ Metaphysik etabliert und die Etymologie damit diskreditiert. (Deshalb gibt es wahrscheinlich auch keine Etymologisierung der Kopula und der sog. Synkategoremata, denn diese machen die Klasse von Wörtern aus, die die Möglichkeit der Verknüpfung, der Synthesis garantieren; vgl. Peirces Bemerkung: »If a logician had to construct a language *de novo* [...], he would naturally say, I shall need prepositions which express temporal relations of *before*, *after*, and *at the same time with*, I shall need prepositions which express the spatial relations of *adjoining*, *containing*, *touching*, of *in range with*, of *near to*, *far from*, of *to the left of*, *to the right of*, *above*, *below*, *before*, *behind*, and I shall need prepositions which express motions into and out of these situations. For the rest, I can manage with metaphors.« [*Short Logic* (ca. 1893) = *Collected Papers* 2.290 n.])

69 Quintilian: *Inst. or.* IX 3, 1 taugt als historischer Gegenbeleg nicht; hier geht es, wie der Kontext zeigt, nur um Kasusänderungen: »Verborum vero figurae et mutatae sunt semper et, utcumque voluit consuetudo, mutantur. Itaque, si anticum sermonem nostrum comparemus, paene iam quidquid loquimur figura est, ut ›hac re invidere‹, non, ut omnes veteres et Cicero praecipue, ›hanc rem‹, et ›incumbere illi‹, non ›in illum‹, et ›plenum vino‹, non ›vini‹, et ›huic‹, non ›hunc adulari‹ iam dicitur et mille alia, utinamque peiora vincant.«

rückliegende Zustände dieser Sprache als Trope beschrieben werden kann. Freilich kann dies allein noch keinen prinzipiellen Zweifel an der Eindeutigkeit unseres Sprechens über die Welt wachrufen. Die tropische Beschreibung einer Sprache in Hinblick auf ihre vergangenen Zustände kann nämlich noch an der Idee einer – wenn auch zeitlich weit zurückliegenden – Ursprache festhalten, die man im Prinzip erschließen kann: Jeder in der jetzigen Sprache gebrauchte Terminus muß nur geduldig detropisiert werden.[70] Irgendwann wird die Detropisierung ein Ende haben, irgendwann wird sich die Ursprache als Ergebnis der letzten Detropisierung offenbaren.

Der entscheidende Angriff auf die Idee, daß ein eigentliches Sprechen über die Welt möglich sei, ist Hamanns Kantkritik. Kants transzendentalphilosophischer Versuch, die Eigentlichkeit systematischen Sprechens durch eine allgemeine Kategorienlehre zu retten, die zwar vollständig ein Produkt des urteilenden Subjekts, jedoch die nachgewiesenermaßen einzig denkbare[71] sein soll, kann als gescheitert gelten, wenn auf die Unhintergehbarkeit der *historischen Kontingenz* der Sprache, in der diese Kategorienlehre selbst formuliert ist, hingewiesen wird.[72] Dann ist nicht nur aus prinzipiellen Gründen niemals auszuschließen, daß eine andere Sprache eine andere Kategorienlehre hervorbringt, sondern auch noch, daß diese Einsicht selbst in einer ihrer historischen Kontingenz baren, also apriorischen Sprache formulierbar wäre. Das System der Verknüpfungen von *argumenta* – und damit auch das mittels der Tropologie beschriebene System der Tropen – ist damit unhintergehbar kontingent. Wendet man diese Einsicht auf die tropische Suche nach einer eigentlichen Ursprache an, so kann diese aus prinzipiellen Gründen niemals zum gewünschten Ergebnis führen, denn das Suchmittel bleibt stets an die Kontingenz der jetzigen Sprache gebunden. Selbst wenn man am Ende der Detropisierung

---

70 Jean Pauls Diktum »Daher ist jede Sprache in Rücksicht geistiger Beziehungen ein Wörterbuch erblaßter Metaphern« (*Vorschule der Ästhetik*, § 50. Zu weiteren Belegen bei Jean Paul, Lichtenberg und Hamann vgl. C. Stutterheim: *Het Begrip Metaphoor* [s. Anm. 22], S. 147–150 und H.-H. Lieb: *Der Umfang des historischen Metaphernbegriffs* [s. Anm. 1], S. 67 f.) kann als Motto dieses Unternehmens gelten.

71 Der Nachweis dieser Einzigmöglichkeit ist das Thema der berüchtigten »Deduktion der reinen Verstandesbegriffe« in der *Kritik der reinen Vernunft* A 95–130, B 129–169. Vgl. grundlegend dazu immer noch Reich, Klaus: *Die Vollständigkeit der Kantschen Urteilstafel* (1932), Hamburg ³1986.

72 »Der *dritte* höchste und gleichsam *empirische* Purismus betrifft also noch die *Sprache*, das einzigste und letzte Organon und Kriterion der Vernunft, ohne ein ander Creditiv als *Ueberlieferung* und *Usum*. [...] Bleibt allso ja noch eine Hauptfrage: *wie das Vermögen zu denken möglich sey?* – Das Vermögen, rechts und links vor und ohne, mit und über die Erfahrung hinaus zu denken? so braucht es keiner Deduction, die genealogische Priorität der *Sprache* vor den sieben heiligen Functionen logischer Sätze und Schlüsse und ihre Heraldik zu beweisen. Nicht nur das ganze Vermögen zu denken beruht auf Sprache [...], sondern Sprache ist auch der *Mittelpunct des Misverstandes der Vernunft mit ihr selbst* [...].« (Hamann, Johann Georg: *Metakritik über den Purismum der Vernunft* (1784). In: ders.: *Schriften zur Sprache*, eingel. von J. Simon. Frankfurt/M. 1967, S. 219–227, hier S. 222, 224)

eine Ursprache fände, würde diese nur die Welt nach dem eigentlichen Sprechen und der ihm impliziten Ontologie strukturieren, auf das das benutzte System der Tropen verweist. Wir bleiben Kantianer wider Willen: Wir können die Welt immer nur nach ein und demselben Schema verstehen. Was der Stolz der frühen Tropologen war, macht uns jetzt unruhig – denn wir wissen darum, daß es andere Schemata gibt.

Soll die Hamannsche Einsicht Konsequenzen haben, muß man sich von der Suche nach einer Ursprache verabschieden – wie es in Nietzsches schon topisch gewordenem Diktum vorgeführt zu werden scheint:

> Was ist also Wahrheit? Ein bewegliches Heer von Metaphern, Metonymien, Anthropomorphismen, kurz eine Summe von menschlichen Relationen, die, poetisch und rhetorisch gesteigert, übertragen, geschmückt wurden, und die nach langem Gebrauche einem Volke fest, canonisch und verbindlich dünken: die Wahrheiten sind Illusionen, von denen man vergessen hat, dass sie welche sind, Metaphern, die abgenutzt und sinnlich kraftlos geworden sind, Münzen, die ihr Bild verloren haben und nun als Metall, nicht mehr als Münzen in Betracht kommen.[73]

*Zunächst* kann man das Diktum (hoffnungsvoll) so lesen, daß Nietzsche den traditionellen Wahrheitsbegriff zerstört. Denn er macht das, was allein wahr oder falsch sein kann, nämlich ein eigentlich Gesagtes, zum Uneigentlichen, indem er es auf das Paradigma von uneigentlich Gesagtem, auf tropisches Sprechen, zurückführt. Mit tropischem Sprechen beginnt der menschliche Weltzugang – es ist nicht von einem Eigentlichen abgeleitet. Dann wäre das System – auch das der Tropen – ›wirklich‹ gestorben.[74]

---

73 Nietzsche, Friedrich: *Ueber Wahrheit und Lüge im aussermoralischen Sinne* (1870–1873). In: *Historisch-Kritische Ausgabe*, hg. von Colli, G./Montinari, M., Bd. III,2. Berlin 1967 ff., S. 367–383, hier S. 374 f.

74 So hätte man es gerne: Weil die Trope etwas Vorläufiges ist, was auf etwas anderes hin dekodiert werden muß – hier einen historisch nicht kontingenten, eindeutigen Weltzugang, bliebe dieser selbst, wenn man ihn mittels der Tropen beschreibt, zwar als Idee im Hintergrund, würde aber gleichzeitig als unrealisierbar *durchgestrichen*. Indem Nietzsche sich der Paradigmen uneigentlichen Sprechens bediente, evozierte er ineins die Idee des eigentlichen Sprechens und zerstörte sie als Illusion: Nietzsche der virtuose Desillusionist.
Immerhin ist schon dies neu: Die Einsicht, daß »alle Wörter [...] Lautbilder und [...] in Bezug auf ihre Bedeutung an sich und von Anfang an Tropen« sind, ist eine alte Einsicht, mit der schon Nietzsches Gewährsmann Gerber seine Untersuchung umstandslos beginnt (Gerber, Gustav: *Sprache als Kunst*. 2., neubearb. Aufl. Berlin 1885, Bd. 1, S. 309, vgl. 336; mit Verweis auf Reisig, Max Müller und Jean Paul [S. 332–336]). Die Nietzscheschen desillusionierenden Konsequenzen zieht er aber gerade *nicht*: »Für den usus der Sprache, für ihren Verstand und ihre Verständlichkeit ist allerdings das Erblassen ihrer Lautbilder, so daß sie allmählich als bloße Zeichen für Begriffe fungieren, *notwendig*. Die Überzahl der Bilder würde, wenn sie alle als solche wirkten, nur verwirren und jede klarere Auffassung, wie sie die praktischen Zwecke der Gegenwart fordern, [...] *unmöglich machen*. Die Bilder *würden* außerdem einander zum Teil zerstören, indem sie die Farben ganz verschiedener Sphären zusammenfließen lassen und damit für den Verstand nur Unsinn bedeuten.« (Bd. 1, S. 360 [Hervorh. CS]; vgl. S. 312 u. Bd. 2, S. 19 die

Nietzsche sagt aber mehr: daß die Kontingenz des historisch ersten Weltzugangs im Nachhinein, in historisch späteren Zuständen unseres Sprechens über die Welt, *vergessen* wird. Sie wird deshalb vergessen, weil man diesen ersten Weltzugang der Systematik der Tropologie unterwirft, indem man ihn als metaphorisch, metonymisch etc. bezeichnet, und ihn *damit* rückführbar

---

Verharmlosung der Unterscheidung zwischen eigentlicher und uneigentlicher Bedeutung) Aber was bedeutet es, daß Gerber diesen Satz schreiben kann?

Der *usus*, der Gebrauch der Sprache soll Gerber zufolge ihre tropische Struktur *für ihre Benutzer* sekundär machen. War für die frühen Tropologen der durch Tradition gesättigte faktische Gebrauch der Sprache – und damit bestimmter Tropen – das, wogegen sie mit ihrem System stritten (s. o. Anm. 20), so restituiert schon Hamann diesen Gebrauch als dasjenige, was das Unternehmen der Systematisierung prinzipiell zum Scheitern verurteilt (s. o. Anm. 72 die Rede von »Überlieferung und usum«). Setzt man auf den Gebrauch als – letztlich opake (vgl. den Beitrag von Hartmut Winkler in diesem Band) – Kategorie, die unsere ›ordinary language‹ ›all right‹ macht, kann man – wie Gerber es tut – die These von der prinzipiellen Tropizität jedes unserer Begriffe als sprachwissenschaftlich oder gar -philosophisch interessant, aber nicht weiter beunruhigend gebrauchen: der *usus* macht die Einsicht in die prinzipielle Tropizität unserer Sprache zu einer interessanten, nicht aber zu einer desillusionierenden. Wird der Anspruch auf eine – systematisch ausgewiesene – eigentliche Bedeutung unserer Begriffe aufgegeben, verschwindet auch die Beunruhigung, die entsteht, wenn wir in die Lage geraten, sie mittels Detropisierung gewinnen zu müssen.

Der Desillusionist Nietzsche weigert sich, dem Versuch Gerbers zu folgen, die mit Hamanns Verweis auf den faktischen Sprachgebrauch einsetzende Zerstörung des Systemanspruchs durch den Verweis auf eben diesen Gebrauch zu vollenden und sich nicht mehr weiter zu beunruhigen. Er beharrt darauf, daß der Verweis auf den faktischen Gebrauch im nachsystematischen Zeitalter nicht *leichthin* dazu dienen kann, jeden Systemanspruch als ›endgültig vergangen‹ zu erklären. Deshalb unterwirft er die Kategorie des faktischen Gebrauchs dem Systemanspruch selbst: Thematisiert man diese Faktizität unter dem Konzept des Systems, so kann sie nur erträglich sein, wenn man sie unter die Kategorien der Tropologie bringt, d. h. den jeweiligen faktischen Sprachgebrauch als tropisch zu einem früheren versteht; dies aber führt in die beunruhigende Lage, den Systemanspruch selbst aufgeben zu müssen.

Daß die Kategorie des überlieferten Gebrauchs wirklich *der* Gegner aller systematischen und damit tropologischen Bemühungen ist, zeigt ein Blick zurück auf Alsteds tropologische Klassifizierung: Die *argumenta ex testimonio*, die Begriffsverknüpfungen also, die ihre Legitimation aus der Tradition gewinnen, sind diejenigen, die nicht tropisiert werden können (s. o. Anm. 45). Sie scheinen sich der Spaltung in einen eigentlichen und einen uneigentlichen Sinn zu entziehen.

Aber warum *sollte* man Nietzsche und nicht Gerber folgen? Es ist das m. E. wirklich Neue am Nietzscheschen Gedanken, daß er zeigt, daß dieses Beharren auf dem Systemanspruch ein notwendiges ist – und deshalb ist er mehr als ein virtuoser Desillusionist; dazu s. das Folgende. – Auch wenn man Nietzsches Weigerung folgt, bleibt das Desiderat einer affirmativen Kategorie des faktischen Sprachgebrauchs, die den gescheiterten Systemanspruch nicht vergessen hat, als einer Kategorie, die die Dichotomie zwischen Überlieferung und System bearbeitet und nicht entscheidet. Vgl. dazu die Ausführungen Bettine Menkes zur *fama* in diesem Band.

macht auf eine eigentliche rationale Sprache, die jetzt zur Verfügung steht – wie bei Vico beschrieben[75]:

> [D]ie ersten Dichter [mußten] den Dingen Namen geben nach den dem Besonderen am meisten verhafteten und sinnlichsten Ideen; und das sind die beiden Quellen, diese der Metonymie, jene der Synekdoche. [...] Die Synekdoche erhielt später eine übertragene Bedeutung [d. h. wurde zur Metapher], als sich das Besondere zum Allgemeinen erhob und sich Teile mit anderen zusammensetzten, um mit ihnen das zugehörige Ganze auszumachen. [...] Durch all dies ist bewiesen worden, daß alle Tropen (die sich sämtlich auf diese vier zurückführen lassen), die man bisher für geistreiche Erfindungen der Schriftsteller gehalten hat, notwendige Ausdrucksweisen aller ersten poetischen Völker gewesen sind und daß sie ursprünglich die ihnen innewohnende eigentümliche Bedeutung ganz besessen haben.[76]

Nach Vico darf nun unsere jetzige rationale Sprache *nicht* als katachretisches Produkt dieser mythischen Ursprache verstanden, es muß vielmehr ein Bruch zwischen beiden angenommen werden. Erst dann, wenn die rationale Sprache gefunden ist, können die Worte der mythischen Ursprache als Tropen bezeichnet werden.[77] Was aber, wenn es diesen Bruch zwischen mythischer Ursprache und rationaler Sprache nicht gibt? Was, wenn alle Termini unserer jetzigen Sprache nichts anderes sind als Tropisierungen der Termini der Ursprache? Dann kann man die Kontingenz des ersten Weltzugangs in der mythischen Ursprache am radikalsten dadurch vergessen, daß man ihn zu einem macht, der dazu treibt, eine systematische Sprache der Rationalität zu entwickeln, die die Kontingenz der mythischen Ursprache verschleiert, indem diese als tropisch zu dieser systematischen Sprache der Rationalität erklärt wird. Dies ist die Pointe des Nietzscheschen Diktums: Indem wir den kontingenten ersten Weltzugang mithilfe des Systems der Tropen beschreiben, sitzen wir der Illusion auf, dieser Kontingenz einen systematischen Platz in unserer Sprache zuweisen und sie damit rational erfassen zu können. ›In Wirklichkeit‹ jedoch können wir – und dies ist Nietzsches Aufklärung – nur sagen, daß der erste Weltzugang ein solcher gewesen sein muß, der sich später in seiner Kontingenz vergessen machen konnte, indem er selbst dazu trieb, ihn zu tropisieren. Fatal ist nicht, daß sich eine Ursprache als eigentliche und damit wahr- oder falschheitsfähige behauptet, denn diesem Anspruch können wir entgehen. Fatal

---

75 Es gibt keinen Hinweis darauf, daß Nietzsche Vico gelesen hat; auch Gerber zitiert Vico nicht; vgl. Behler, Ernst: »Vico and Nietzsche«, in: *New Vico Studies* 14 (1996), S. 65–79, bes. S. 65 f.

76 Vico, Giovanni Battista: *Prinzipien einer neuen Wissenschaft über die gemeinsame Natur der Völker* (1725). Hamburg 1990, Bd. 2, S. 192, 193, 195 [2.Buch, 2.Abschn., 2.Kap.]. Die Ironie nimmt insofern eine Sonderstellung ein, weil sie »sicherlich nicht vor den Zeiten der Reflexion beginnen« konnte, »weil sie kraft einer Reflexion, die die Maske der Wahrheit annimmt, aus dem Falschen gebildet ist« (S. 194).

77 »Aber als sich später, bei der größeren Entfaltung des menschlichen Geistes, die Ausdrücke fanden, die abstrakte Formen bezeichnen, also Gattungsbegriffe, die ihre Arten umfassen oder die Teile mit dem zugehörigen Ganzen verbinden, da *erhielten* solche Redensarten der ersten Völker eine übertragene Bedeutung [tai parlari delle prime Nazioni sono *divenuti* transporti].« (S. 195, Hervorh. CS)

ist, daß sie sich als uneigentliche behauptet und *damit* an ein eigentliches Sprechen, von dem aus sie tropisch zu verstehen ist, rückbindet – und wir damit genau wieder der Illusion aufsitzen, die zu zerstören wir uns mit der Tropisierung der Ursprache zur Aufgabe gemacht haben. Jeder Versuch, mittels tropischer Rede die Idee vom eindeutigen Sprachursprung zu streichen, verfängt sich im Netz der in diesem Reden impliziten Ontologie des Eigentlichen. Deshalb ist das System – auch das der Tropen – nicht gestorben, sondern wird zum Wi(e)dergänger.

Aber wenn wir nicht nur begreifen, was wir vergessen haben, nämlich die historische Kontingenz des Sprachursprungs, sondern auch begreifen, daß wir dieses Vergessen nur so thematisieren können, daß wir es wieder vergessen, nämlich in der Tropisierung dieses Ursprungs, was bleibt dann?

## VII.

Nietzsche sagt uns zweierlei: (a) Wir entkommen dem System der Tropen selbst dann nicht, wenn wir es töten wollen; es existiert als Wi(e)dergänger weiter; (b) Aber immerhin können wir aussprechen, daß wir ihm nicht entkommen.[78] Und dieses Aussprechenkönnen ist trop-ou-logisch. Aber gibt es außer dieser *pars destruens* der Tropoulogie auch eine *pars construens*? Einen affirmativen Umgang mit dem systematisch-tropischen Wi(e)dergänger? Meine abschließende Skizze beschränkt sich darauf, die drei Stellen im System der Tropologie zu benennen, aus denen drei Möglichkeiten einer affirmativen Tropoulogie erwachsen. Die erste Möglichkeit verneint (a) und (b), die zweite wendet (b), die dritte (a) affirmativ.

*1. Authentisches[79] Sprechen.* Tropische Sätze sind deshalb nicht wahrheitsfähig, weil sie auf ihrer ›wörtlichen Ebene‹ eine Absurdität produzieren; andererseits bedienen wir uns ihrer häufig, wenn wir sprechen. Vom System aller Termverknüpfungen her kann von dieser Produktion nur ex negativo – als Unsinn (gleichsam als *vitium*) – gehandelt werden, denn diese Termverknüpfungen sind durch das System gerade ausgeschlossen. Man kann nun versuchen, *mittels* dieser ›semantischen Impertinenz‹ (Ricœur)[80] etwas direkt und *nicht* verkürzt, d. h. vorläufig zu einem eigentlichen, semantisch pertinenten Sprechen, zu sagen. Ein solches Sprechen kann sich der in unserem

---

78 In Begriffen der traditionellen Rhetorik gesprochen, trennt Nietzsche dezidiert zwei modale Bestimmungen der Metapher, die diese Rhetorik immer problemlos zusammenspannte: den Gebrauch der Metapher *necessitatis causa* und den Gebrauch *delectationis causa*. Ist der eine (a) durch eine Notwendigkeit, so der andere (b) durch eine Freiheit menschlichen Sprechens bedingt.

79 Zum Konzept der Authentizität vgl. Verf.: »Trockene Rede über mögliche Ordnungen der Authentizität. Erster Versuch.« In: Berg, J./Hügel, H.-O./Kurzenberger, H. (Hg.): *Authentizität als Darstellung*. Hildesheim 1997, S. 7–17.

80 Vgl. Ricœur, Paul, *Die lebendige Metapher* [vom Autor gekürzte und im Aufbau veränderte Übersetzung von *La métaphore vive*, Paris 1975], München 1986, passim.

normalen Sprechen impliziten Ontologie entziehen, weil es in diesem Sprechen ja gerade als Unsinn ausgeschlossen ist. Das, was eine Trope sagt, liegt nicht mehr jenseits von ihr, nämlich im detropisierten Terminus, sondern *in* ihr. Die Tropen sind der einzige Ort unseres Sprechens, an dem etwas produziert wird, das durch die Regeln der Sprache, in der sich dieses Sprechen vollzieht, als semantisch fragwürdige oder unzulässige Verknüpfung ausgeschlossen wird. Genau deshalb können sie auch dazu benutzt werden, einen direkten Zugang zur Welt zu gewinnen, der der Ontologie, die mit unserem wahrheitsfähigen Sprechen verknüpft ist, entgeht. Wenn diese Ontologie jede Beziehung zwischen Elementen systematisch bestimmt, dann kann die Beziehung, die man dadurch, daß man die ›semantische Impertinenz‹ zweier Termini ernstnimmt, zwischen zwei Elementen herstellt, nicht mit den normalen Verknüpfungsbegriffen beschrieben werden; insofern ist sie irrational. Die neue Tropenlehre seit Richards[81] macht die ›semantische Impertinenz‹ zum Dreh- und Angelpunkt tropischen Sprechens; es wird seit Blacks Aufsatz von 1954[82] unter dem Titel ›emphatische Metapher‹ verhandelt. Sie sieht ihre Hauptaufgabe darin, Tropen so zu bestimmen, daß sie nicht ›ersetzbar‹ sind, d. h. nicht auf ein eigentliches wahrheitsfähiges Sprechen über die Welt zurückführen.

*2. Dekonstruktion.* Wir produzieren Tropen aus der Freiheit heraus, einen Umweg zu machen, bevor wir zu dem kommen, zu dem wir kommen wollen, nämlich zu einem wahren Sprechen über die Welt. Warum es diese Freiheit zum Umweg gibt, ist im System der Ontologie nicht darstellbar; denn die Entscheidung, einen solchen Umweg einzuschlagen, ist keine Entscheidung, die durch die vorangegangenen Verknüpfungen von *argumenta* erzwungen oder auch nur nahegelegt wäre. Es ist die Freiheit zu einer – wenn auch strikt vorläufigen – Sinnverschiebung. Diese Freiheit verschwindet und das Begehren nach einem wahren Sprechen bleibt auch dann, wenn man der Auffassung ist, daß unser Sprechen sich nicht nur immer schon und notwendigerweise auf diesem Umweg befindet, sondern auch das Begehren nach einem wahren Sprechen niemals erfüllt werden kann, die Bewegung der Detropisierung also niemals zu ihrem Ende gelangen kann.

Die Theorie der Dekonstruktion und die Haltung des Dekonstruierens bewegen sich jenseits der systematischen Ontologie, nicht indem sie sie überwinden (wie es das authentische Sprechen versucht), sondern ›verwinden‹.[83] Philosophie hat die Aufgabe zu zeigen, daß unser Begehren nach einem ›eigentlichen‹ Sprechen nicht erfüllt werden kann: Jedes als eigentlich behauptete Sprechen erweist sich als nur scheinbares eigentliches, weil gezeigt werden kann, daß es – nach den Standards dieses ›eigentlichen‹ Sprechens selbst

---

81 Richards, Ivor Armstrong, »Die Metapher« (1936). In: Haverkamp, Anselm (Hg.): *Theorie der Metapher*. Darmstadt 1983, S. 31–52.
82 Black, Max: »Die Metapher« (1954). In: A. Haverkamp (Hg.): *Theorie der Metapher* (s. Anm. 81), S. 55–79.
83 Vgl. Heidegger, Martin: »Überwindung der Metaphysik«, Abschn. IX. In: ders.: *Vorträge und Aufsätze*. Stuttgart 1954; ders., »Zur Seinsfrage«. In: ders.: *Wegmarken*. 21978, S. 399 f., 407 f., 410, 418.

– als tropisches Sprechen verstanden werden muß.[84] (Welches Begehren dadurch erfüllt wird, daß man dies zeigt, sagt uns die ›Theorie‹ der Dekonstruktion spät: das Begehren nach Gerechtigkeit.)[85] Wenn ›eigentliches‹ Sprechen nicht mehr möglich ist, bleibt uns nur die insistente Performanz der Detropisierung.

*3. Erzählung.* Auch wenn die Gesamtmenge der Tropisierungs- und Detropisierungsverfahren im System der Tropen vollständig als Kodierung und Dekodierung von Verknüpfungen von *argumenta* bestimmt ist – die Auswahl eines einzelnen Verfahrens ist es nicht (s. o. V.). Der wahrheitsfähige Satz legt vom *systematischen* Standpunkt weder ein bestimmtes Tropisierungs- oder Detropisierungsverfahren nahe noch erzwingt er es. Auch wenn Tropen als Kodierungen normaler Verknüpfungen von *argumenta* beschrieben werden müssen, gilt für sie eine Forderung nicht: die nach Anschlußfähigkeit. Während wir im normalen Sprechen darauf achten müssen, welche Verknüpfungen von *argumenta* vorangegangen sind und welche nachfolgen sollen, ist die Trope davon entbunden. Deshalb können wir uns tropische Welten erschaffen, die zwar nach denselben Verknüpfungsmustern wie das eigentliche Sprechen strukturiert, aber doch freie Parallelwelten zu diesem eigentlichen Sprechen sind. Wir entkommen dem System unserer normalen Verknüpfungen von *argumenta* nicht. Der Sinn unseres Sprechens liegt darin, dies zu akzeptieren und freie Erzählungen zu produzieren, die Mythen über den Sinn der Welt sind. Sie sind unabschließbare Tropisierungen; an ihnen haftet keine Verpflichtung zur Detropisierung mehr. Und deshalb wird es auch keine letzte Erzählung geben. Blumenbergs Versuch, die absolute Metaphorik am Grund unseres Sprechens narrativ zu bewältigen, fordert dazu auf, das tropologische Schema als das zu begreifen, als was es die Moderne nicht mehr begreifen wollte: als einen den menschlichen Bedürfnissen adäquaten Zugang zur Welt – um sich durch ihn die Höhle bewohnbar zu machen.[86]

Was es ist, was uns die systematische Tropologie verabschieden ließ, habe ich angedeutet. Was wir vergessen haben, als wir sie verabschiedeten, und es dennoch behielten – nämlich die Insistenz der Geste, die den authentischen Sinn einfordert, der durch das Gewand der Tropen ans Licht gebracht wird –

---

84 Maßgeblich ist hier Derridas früher Aufsatz zur Metapher »Die weiße Mythologie. Die Metapher im philosophischen Kontext« (1971). In: ders.: *Randgänge der Philosophie*. Wien 1988, S. 205–258; vgl. auch ders.: »Der Entzug der Metapher« (1979). In: Bohn, Volker (Hg.): *Romantik. Literatur und Philosophie*. Frankfurt/M. 1987, S. 317–355.

85 »Die Dekonstruktion ist die Gerechtigkeit.« (Derrida, Jacques: *Gesetzeskraft. Der ›mystische Grund der Autorität‹* (1990). Frankfurt/M. 1991, S. 30)

86 Blumenbergs frühe Einsicht, daß unser gesamtes Sprechen auf »absoluten Metaphern« basiert (*Paradigmen zu einer Metaphorologie* (1960). Frankfurt/M. 1998) führt ihn weder dazu, seine Anstrengung auf ein mögliches authentisches Sprechen zu richten, das jenseits dieser Metaphorik läge, noch dazu, diese Einsicht permanent vorzuführen; sie ist hinzunehmen. Erst wenn man diese Einsicht hingenommen hat, kann die Welt durch die großen Erzählungen erträglich gemacht werden.

habe ich am historischen Beginn dieser Geste zu zeigen versucht. Auch wenn uns dieses Gewand zur klirrenden Rüstung geworden ist – ›wirklich‹ glauben, daß sich darunter nur eine weitere klirrende Rüstung verbirgt, können wir wohl nicht.

# Orte, Örter, Wörter.
## Zum *locus ab etymologia* zwischen Cicero und Derrida

STEFAN WILLER (Berlin)

## I.

Wenn nach den ontologischen oder theologischen Fundamenten rhetorisch-poetischer Sprachlichkeit gefragt wird, spielt seit jeher das Konzept der Etymologie eine wichtige Rolle. Als »Lehre vom Wahren«[1], vom wahrsten Sinn des Wortes, verspricht die Etymologie ein semantisches Jenseits der Sprache; zugleich aber erscheint sie als praktiziertes Sprachdenken in Analogien und Ähnlichkeiten, in denen ein Wort nie auf seinen wesensmäßigen Grund, sondern immer nur auf andere Wörter verweisen kann. Der vorliegende Beitrag untersucht eine Strategie der Pragmatisierung des Problems: die Aufnahme der Etymologie in das topische System der Argumentation. Wenn diese Untersuchung zwei so unterschiedliche Konstellationen wie die klassische Topik einerseits, die Rhetorik der Dekonstruktion andererseits berührt, so wird damit kein historisch-genetischer Zusammenhang ›zwischen Cicero und Derrida‹ behauptet, wohl aber die Kontinuität eines rhetorischen Problems, die sich gerade über jenes weit gespreizte *Zwischen* erweist. Die Behandlung des etymologischen *locus*, so die These, führt grundsätzlich zu einer Etymologisierung des Diskurses, die den figurativen Einsatz jeglicher Topik ausstellt, das heißt, die räumlich geordnete Argumentation auf ihre Zeitlichkeit hin befragt. Umgekehrt ermöglicht der Rekurs auf eine etymologische Topik Aufschlüsse über spezifische Argumentationsstrukturen in der Schreibweise der *différance*. Am *locus ab etymologia* wird ablesbar, daß und wie *différance* und Topik aufeinander bezogen sind: Verfahren der Topik ruhen immer nur in dem Maße auf einem Fundament von Wörtlichkeit, wie dieses an und für sich in einer fortwährenden Verschiebung begriffen ist.

Schon Platons *Kratylos*, die erste systematische Auseinandersetzung der griechischen Philosophie mit Fragen der Etymologie, belegt nichts so deutlich wie diese Verschiebung. Der Katalog von Worterklärungen, mit dem Sokrates aufwartet, soll zwar die Ansicht des Kratylos stützen, »für jedes Seien-

---

[1] Kluge, Friedrich: *Etymologisches Wörterbuch der deutschen Sprache.* 23., erweiterte Auflage. Bearb. von Elmar Seebold. Berlin 1995, S. 236 (Artikel »Etymologie«). Zur Definition »Erforschung der Herkunft der Wörter« heißt es dort ergänzend, griechisch *etymología* bedeute »eigentlich ›Lehre vom Wahren‹«.

de existiere eine von Natur aus [*phýsei*] richtige Benennung«², und somit die konventionalistische Gegenthese zum Sprachursprung widerlegen, die der Dialogpartner Hermogenes vertritt; was sich hier jedoch im einzelnen vollzieht, sind keine naturalisierenden Rückführungen auf *die* Namen *der* Dinge, sondern immer weitere Verzweigungen im Inneren der Sprache, die sich als Dekompositionen und Derivationen darstellen. So heißt nach Sokrates der Mensch zu Recht *ánthropos*, »denn er ist das betrachtend (*ánathron*), was er gesehen hat (*opopé*)«³; die Sterne (*ástra*) sind nach dem Blitz (*astrapé*) benannt, dieser aber »sollte, weil er macht, daß man die Augen abwendet (*anastréphei*), eigentlich *anastropé* (Wegwendung) heißen, wird nun aber etwas hübscher *astrapé* genannt.«⁴ Die Wahrheit, *alétheia*, auf die Sokrates schließlich zu sprechen kommt, beruht dem Wort nach auf der Bewegung, sie ist »ein ›göttliches Umherschweifen‹ (*theía ále*)«; die Lüge hingegen, *pseúdos*, »ist das Gegenteil der Bewegung«, nämlich »den ›Schlafenden‹ (*katheúdousin*) nachgebildet; nur verhüllt das *ps*, das noch dazugekommen ist, den Sinn des Wortes.«⁵ Es ist nur naheliegend, daß die so erklärten Wörter auch mehrere gleichberechtigte Anschlüsse finden können. Die Luft etwa, *aér*, heißt so, »weil sie die Dinge von der Erde ›emporhebt‹ (*aírei*)«, oder auch, »weil sie immer fließt (*aeí rei*)«.⁶

Die Etymologien bewirken also kombinatorische Verknüpfungen der Wörter. Das ist bereits, wenn auch unausgesprochen, ein topisches Konzept; in ihm liegen der Witz und die Evidenz etymologischer Ableitungen ebenso begründet wie ihre philosophische Unzuverlässigkeit: »ein recht unsicheres Verfahren«⁷, wie der Skeptiker Hermogenes an einer Stelle anmerkt und wie auch Sokrates selbst abschließend betont. Die Frage nach der Richtigkeit der Benennungen bleibt jedenfalls in der Schwebe; die Kombinatorik der Wörtlichkeit erscheint fast unangebunden an den philosophischen Diskurs. Friedrich Schleiermacher empfand gerade aufgrund dieser Unentschiedenheit die Etymologien des *Kratylos* als philosophischen Skandal und als »Kreuz des Uebersezers«.⁸ Da unter dem Material der Wörter der gedankliche Gehalt geradezu verschüttet werde, so Schleiermacher, könnten die Etymologien nur als Instrument sokratischer Ironie verstanden werden. Daher komme es darauf an, dem Dialog angesichts der »Fülle des philologischen Scherzes«⁹ den Ernst der Ideenlehre wieder einzutreiben – und zwar durch eine gezielte Übersteigerung jenes »Scherzes«.

---

2   Platon: *Kratylos*. In: ders.: *Spätdialoge I*. Eingel. von Olof Gigon, übers. von Rudolf Rufener. Zürich 1965, 383a.
3   Platon: *Kratylos* (s. Anm. 2), 399c. Die in Rufeners Übersetzung zur Erläuterung beigefügten griechischen Wörter erscheinen hier und im folgenden kursiv.
4   Ebd., 409c.
5   Ebd., 421b.
6   Ebd., 410b.
7   Ebd., 414c.
8   Schleiermacher, Friedrich: »Einleitung«. In: *Platons Werke von F. Schleiermacher. Zweiten Theiles zweiter Band*. Berlin 1807, S. 5–22, hier S. 20.
9   F. Schleiermacher: »Einleitung« (s. Anm. 8), S. 21.

Schleiermacher bemüht sich deshalb um besonders abstruse Verdeutschungen der griechischen Etymologien: Der *Mensch* heißt bei ihm so, »weil er *zusammenschaut, was er gesehen hat*« (das Kompositum wird also an einer internen Wortgrenze lokalisiert: »zusam-mensch-aut«)[10]; aus der Verknüpfung *ástra-astrapé-anastropé* wird eine Erklärung der *Sterne* von ihren *Strahlen* her, die ihrerseits so heißen, »weil den *Star alle* bekommen, die immer hineinsehen wollen«[11]; die sokratische Erklärung von *alétheia* übersetzt Schleiermacher mit einem Bezug von *Wahrheit* auf »heitere Währung«.[12] Allerdings führt die parodistische Absicht nicht grundsätzlich zu einer Tilgung der semiotischen Evidenz; bisweilen sind Schleiermachers Ableitungen sogar um einiges einleuchtender als die des Originals. Um die *Lüge* auf den *Schlaf* (der Wahrheit) zu beziehen, muß Sokrates die zugrundeliegende Buchstäblichkeit fast vollständig ignorieren, während Schleiermacher von *Falsch* spricht, das ja »ganz dasselbe« ist wie der *Schlaf*, »nur, wunderlich genug, umgekehrt, um eben die Meinung des Wortes zu verbergen.«[13] Im Vorführen solch wunderlicher (und eben darin evidenter) Umkehrungs- und Verbergungsweisen zeigen die Wörter ein kaum stillzustellendes Potenzial der Verstörung ihrer ›Meinungen‹, selbst dort, wo die Etymologien ihrerseits, wie bei Schleiermacher, im Zeichen des Nicht-ernst-Gemeinten stehen sollen.

Angesichts dieser Problemlage hat die Sprachtheorie in Platons Nachfolge erhebliche Anstrengungen darauf verwandt, die Möglichkeit einer Wesenserkenntnis mittels Etymologien zu bekräftigen. So rückt die Etymologie in der an Platon anknüpfenden Sprachlehre der Stoa ins Zentrum des Interesses und wird, weit fragloser als im *Kratylos*, »ein Mittel zur philosophischen Erkenntnis und Erforschung der Wahrheit.«[14] Die *phýsei*-Deutung der Benennungen ist die genaue Entsprechung zur Lehre vom *lógos spermatikós*, dem göttlich wirkenden Wort. Auch Marcus Terentius Varro, der im ersten vorchristlichen Jahrhundert die stoischen Konzepte in die römische Sprachlehre übertrug, bestand auf einer solchen transzendenten Anbindung: Seine Schrift *De lingua Latina*, die hunderte von lateinischen Worterklärungen verzeichnet, erwähnt eine qualitative Stufung von vier »Graden« der Etymologie, deren höchster, ein »Allerheiligstes [*adytum*]«, besondere »Weihen [*initia*]« erfordert.[15] Auffällig sind dabei die Vorsichtsmaßnahmen, mit deren Hilfe die Materialität der so geheiligten Sprache kontrolliert werden soll. Die Stoiker regeln die

---

10 Zitiert nach der Ausgabe Platon: *Werke in acht Bänden.* Hg. von Gunther Eigler, übers. von Friedrich Schleiermacher. Bd. 3. Darmstadt 1974, 399c.
11 Platon/Schleiermacher (s. Anm. 10), 409c.
12 Ebd., 421b.
13 Ebd., 421b.
14 Barwick, Karl: *Probleme der stoischen Sprachlehre und Rhetorik.* Berlin 1957, S. 60. Zum Bezug der Stoiker auf Platons *Kratylos* vgl. ebd., S. 70–79.
15 Varro, Marcus Terentius: *De lingua Latina quae supersunt.* Hg. von Georg Götz und Friedrich Schöll. Leipzig 1910, 5, 8. Vgl. Schröter, Robert: *Studien zur varronischen Etymologie. Erster Teil.* Wiesbaden 1959; Pfaffel, Wilhelm: *Quartus gradus etymologiae. Untersuchungen zur Etymologie Varros in »De lingua Latina«.* Königstein/Ts. 1981.

Rekonstruktion der jeweiligen Grundwörter streng tropologisch, über metaphorische, metonymische oder antiphrastische Beziehungen.[16] Die artifiziellen Züge dieses Verfahrens zeigen sich besonders deutlich in der gleichfalls etymologisch relevanten Figurenlehre, insofern es hier darum geht, daß einzelne Buchstaben, wie die Wörter in der rhetorischen Figuration, »gegen den üblichen Sprachgebrauch hinzugesetzt, weggenommen oder umgestellt«[17] werden können. Vor allem Varro erzielt mit dieser Grammatisierung der Etymologie spektakuläre kombinatorische Ergebnisse. Keineswegs aus der Welt geschafft ist damit jedoch die potenzielle Unabschließbarkeit der etymologischen Verweise, die fortwährende Verschiebung von Wort zu Wort. Im sprachphilosophischen Bereich der Frage nach dem wesenhaften Zusammenhang von Wort und Sache markiert das eine unüberwindliche Irritation.

Die Topik hingegen versucht diese Irritation zu überwinden, indem sie die Etymologie ihrer räumlichen Verwaltung der rhetorischen Muster und Operationen zuschlägt. Schon bei den Sophisten findet sich eine solche Verwendungsweise, die einigen Abstand zu dem Wunsch nach unmittelbarem Zugriff auf Wesenserkenntnis zeigt. Die älteste bekannte Aufzeichnung zur Mnemotechnik, die sophistische *Dialexeis*, empfiehlt, so Frances Yates in ihrer Studie über *Gedächtnis und Erinnern*, zur Kapazitätssteigerung des Gedächtnisses die »etymologische Zergliederung des Wortes«[18], in der Weise, daß seine Bestandteile als Erinnerungsorte vorgestellt werden. »Z. B. du sollst den Namen *Chrysippos* lernen. So setze ihn auf *chrysós* (Gold) und *híppos* (Pferd)«[19] – eine gedankliche Verknüpfung, die mit einer substanziellen Deutung des Namens *Chrysippos* als »Goldpferd« nichts zu tun hat. (Für Yates übrigens erklärt sich Platons Sophistenkritik zum Teil aus einem solchen sprachlichen Sinnentzug, aus der bloßen »Verwendung derartiger Etymologien für das Wortgedächtnis«.[20])

Eine ganz ähnliche Pragmatisierung sprachphilosophischer Schwierigkeiten fällt auf, wenn man gegen Varros Überlegungen zum etymologischen *ádytum* die Topik seines Zeitgenossen Cicero hält. Hier, im Rahmen eines Gebrauchstextes über das Auffinden juristischer Argumente, also über die *inventio* der Gerichtsrede, findet sich die erste ausführlichere Erörterung zum argumentationslogischen Status der Etymologie. In der räumlichen und medialen Vorstellung von »Orten« oder »Stellen« – *loci*, wie Cicero den aristotelischen Begriff der *tópoi* übersetzt –, »auf denen die Argumente abholbar angesiedelt sind [*in quibus argumenta inclusa sunt*]«[21], ist die Etymologie selbst kein

---

16 Vgl. K. Barwick: *Probleme der stoischen Sprachlehre und Rhetorik* (s. Anm. 14), S. 89.
17 Ebd., S. 107.
18 Yates, Frances A.: *Gedächtnis und Erinnern. Mnemonik von Aristoteles bis Shakespeare*. Weinheim ²1991, S. 36.
19 Zit. nach F. A. Yates: *Gedächtnis und Erinnern* (s. Anm. 18), S. 36.
20 Ebd., S. 42.
21 Cicero, Marcus Tullius: *Topik*. Lateinisch-Deutsch. Hg. und übers. von Hans Günter Zekl. Hamburg 1983, 2, 8.

Argument zur sachlichen Absicherung eines Gegenstands oder Sachverhalts, sondern, ebenso wie jeder andere *locus*, nur der Aufbewahrungsort eines solchen Arguments. Gleich das erste Beispiel Ciceros für ein Argument, das »*ex vi verbi*«, aus dem Inhalt oder Sinn des Wortes, herausgeholt wird, scheint zum Zweck einer inhaltlichen Passung den Bezug der betreffenden Signifikanten gehörig zu strapazieren: »Wenn das Gesetz bestimmt, daß für einen Vollbürger nur ein Vollbürger der Rechtswahrer sein kann, dann bestimmt es auch einen Reichen für einen Reichen. So ein Vollbürger [*assiduus*] ist nämlich, wie L. Aelius das formuliert, benannt nach ›Geld-Geben‹ [*ab aere dando*].«[22] Einleuchtender wird die Verknüpfung erst, sobald man beide Terme in derselben Verbform nebeneinander stellt (*assidere* ›ansässig sein‹ und *aes dare* ›Geld geben‹); trotzdem wird an dieser Stelle deutlich, daß die Verortung der Etymologie in der *inventio* vorerst eine Distanz herstellt zu Formen rhetorischer Wörtlichkeit, die in der *elocutio* wirksam werden. Von einer evidenten »Kraft« des Wortes – auch das hieße ja *vis verbi* – ist hier jedenfalls wenig zu spüren.

Etwas anders liegt der Fall in der zweiten Erwähnung des etymologischen *locus* in Ciceros Schrift – deren eigene Topographie auf einem eigentümlich doppelten Cursus beruht, in der Weise, daß das System der *loci* in zwei, nicht wirklich deckungsgleichen Durchgängen präsentiert wird.[23] Was Cicero nun zur Etymologie sagt, kompliziert in mehrfacher Weise den ersten Eintrag. Die betreffenden Paragraphen setzen mit einer terminologischen Erörterung ein. Erst hier findet der Begriff *etymología* Verwendung, und zwar in Konkurrenz zum vorher allein erwähnten *notatio*:

> Vieles läßt sich auch der Zeichenbedeutung [*ex notatione*] entnehmen. Dieser Fall liegt dann vor, wenn aus dem Sinn eines Wortes ein Argument herausgeholt wird. Das nennen die Griechen ›etymologia‹ [*quam Graeci ετυμολογιαν appellant*], das bedeutet, wenn man es Wort für Wort herübersetzt, so viel wie ›Wahrrede‹ [*id est verbum ex verbo veriloquium*]. Ich will aber die Ungewohntheit eines auch nicht hinreichend passenden Wortes meiden und nenne diesen Komplex ›Zeichenbedeutung‹ [*genus hoc notationem appellamus*], weil doch die Worte Zeichen der Dinge sind [*quia sunt verba rerum notae*]. Und so nennt es ja auch Aristoteles ›symbolon‹, was eben lateinisch ›nota‹ (d. i. Zeichen) heißt. (Aber wenn nur verstanden ist, was gemeint wird [*cum intellegitur quid significetur*], dann braucht man sich um den Namen dafür nicht mehr so sehr anzustrengen [*minus laborandum est de nomine*].)[24]

In der Diskussion des Übersetzungsproblems reichert sich die topische Inventarisierung, die für sich ein rein sachliches Vorgehen beansprucht, mit tropologischen Problemen an. Das betrifft nicht nur das unerwünschte Übersetzungsergebnis *veriloquium* mitsamt seinem in diesem Kontext »nicht hinrei-

---

22 Ebd., 2, 10.
23 Vgl. Zekl, Hans Günter: »Einleitung«. In: Cicero (s. Anm. 21), S. VII–XXV, besonders S. X und XIX f.
24 Cicero: *Topik* (s. Anm. 21), 8, 35.

chend passenden« Rekurs auf Wahrheit, sondern überhaupt die Transformation *verbum ex verbo*: Denn diese tritt in direkte Konkurrenz zum glatten Signifikationsverhältnis, das im Konzept von *notatio* gemeint ist. Ciceros lakonische Feststellungen, daß Wörter bekanntlich Zeichen von Dingen seien und daß die Anstrengung um Namen nicht wirklich lohne, sind in ihrer Gültigkeit offenkundig beschränkt, sobald Wörter auch Zeichen von Wörtern werden, wie in jeder Übersetzung. *Laborandum est de nomine* – das gilt, wie der Fortgang des Abschnitts zeigt, auch für eine topisch gebundene Etymologie. Denn indem die argumentative Tauglichkeit der *notatio* belegt werden soll, zeigen sich vor allem die Unwägbarkeiten von Bedeutungsverhältnissen.

Es geht in dem von Cicero gewählten Beispiel um das *postliminium*, die »Wiedereinsetzung in einen alten Rechtszustand«, und zwar nicht um das *quae sint* des Begriffs (»was unter diese Wiedereinsetzung fällt«), sondern um das *quid sit* des Wortes (was es »bedeutet«). Die *vis* dieses Wortes ist nun nicht sein verfügbarer Inhalt, sondern bedarf einer eigenen Untersuchung, und zwar so, daß »das bloße Wort bezeichnet wird«.[25] In dieser passivischen Verwendung, *verbum notatur*, kompliziert sich das nur wenige Zeilen vorher behauptete »*sunt verba rerum notae*«. Cicero erwähnt nun zwei konkurrierende Erklärungen seines Beispielworts *postliminium*, deren erste nur auf das *post* Bezug nimmt und *liminium* als bedeutungsleere, d. h. argumentativ unwirksame Endung unberücksichtigt läßt, während die zweite das Wort als Kompositum aus *post* und *limen* auffaßt und daran die Vorstellung von abhanden gekommenem Besitz knüpft, der zu seinem »ursprünglichen Sitz zurück[ ]kehrt«.[26] Hier zeigt sich, daß der topische Umgang mit Etymologien sehr wohl auf eine grammatische ›Arbeit am Namen‹ angewiesen ist. Damit beginnt aber eine Überschneidung von Verfahren der *inventio* mit denen der *elocutio*, die ja zunächst aus der Betrachtung der Etymologie eher ausgeschlossen werden sollte.

Ciceros metasprachliche Erkundung der eigenen Begrifflichkeit macht hellhörig für das selbstreflexive Potenzial des ausgewählten Beispiels. Das *limen* im *postliminium* unterhält, als juristisches Argument des »Sitzes«, zumindest untergründige Beziehungen zu jenem *locus*, auf den das Argument als solches gesetzt wird. Im Begriff des *locus* wiederum zeigt sich erneut eine grammatische Verschiebung, indem die übliche Pluralform *loca* in rhetorischen Verwendungen meist zu *loci* abgeändert wird. Auf deutsch entspricht dem die Alternanz von Orten und Örtern, auch wenn diese nicht so deutlich kontextgebunden ist wie die im Lateinischen.[27] In beiden Fällen jedoch bringen die Abweichungen die Metaphorizität zur Erscheinung, der sich jede Rede von einem Raum der Argumentation verdankt. Daß es hier um Uneigentlichkeit geht, ist zu Beginn von Ciceros *Topik* deutlich ausgesprochen:

---

25 Ebd., 8, 36.
26 Ebd., 8, 36.
27 Im Grimmschen Wörterbuch wird als Unterscheidung vermerkt, »dasz jene form [Orte] mehr einen collectiven, diese [Örter] mehr einen individuellen begriff bezeichnet« (Grimm, Jacob und Wilhelm: *Deutsches Wörterbuch*. Bd. 7. Bearb. von Matthias von Lexer. Leipzig 1889, Sp. 1350).

Ebenso wie die Auffindung [*inventio*] von Dingen, die versteckt sind, dann leicht ist, wenn ihr *Ort* bezeichnet und bekannt ist [*demonstrato et notato loco*], genauso muß man, wenn man irgendein Argument auffinden [*pervestigare argumentum*] will, solche *Stellen* [*locos*] kennen. Mit diesem Namen – ›Stelle‹ – sind nämlich von Aristoteles diese, wenn man so will, ›Wohnsitze‹ [*eae quasi sedes*] bezeichnet, aus denen man sich Argumente holt. Man kann also folgendermaßen definieren: *Stelle ist der Sitz eines Arguments* [*locum esse argumenti sedem*].[28]

Der *locus* ist nicht einfach ein Ort, er ist auch eine Trope; sein Begriff verdankt sich einem metaphorischen, homonymischen oder wortspielerischen Changieren. Und so ist es bemerkenswert, daß Varros *De lingua Latina* zu diesem Changieren einen etymologischen Bezug von Ort und Rede schlechthin beisteuert: »loqui ab loco dictum«.[29] Daher kann der *locus* der Etymologie, eines unter vielen Bestandteilen topischer Argumentationslehre, zugleich als Figuration des Systems der Topik selbst gelten.

In dieser Figuration wird allerdings der Status der *inventio* als Begründung aller Rede verunsichert. Topische Verfahren sind sozusagen unterwandert von ihrer eigenen Wörtlichkeit. Bei näherem Hinsehen wird es ausgesprochen schwierig, hier noch die Unterscheidungsfunktion des *notatio*-Begriffs aufrechtzuerhalten – etwa hinsichtlich der von Cicero festgestellten Trennung zwischen dem Argument selbst und dem *locus*, der es bloß verwahrt. Wie Roland Barthes in seinem Repertorium *L'ancienne rhétorique* darlegt, neigt die Topik grundsätzlich zu einer Substanzialisierung ihrer formalistischen Bestimmung als Verfahren (»méthode«) oder Raster (»grille«) des Diskurses und macht sich zum Speicher (»réserve«) positiver Inhalte.[30] Schon in der aristotelischen *Topik*, so Lothar Bornscheuer, gehen »reine Methodenaspekte […] und semasiologische Topos-Aspekte ineinander über.«[31] In ihrer Kunst des Wörtlichnehmens tendieren topische Verfahren immer zu jenem von Cicero mit Abstand behandelten *veriloquium*, was ihrer pragmatischen Ausrichtung offenkundig entgegensteht.

Aufgrund der doppelten Funktion als Topos und als Figur ist die Etymologie in einer rhetorischen Systematik alles andere als einfach unterzubringen. So registriert Quintilians *Institutio oratoria*, die im ersten nachchristlichen Jahrhundert verfaßte Summe des Wissens der ›Alten Rhetorik‹, die Etymologie in beiden Verwendungsweisen, beurteilt aber gerade in deren Verknüpfung ihren Stellenwert als problematisch. In der grammatischen Grundlegung der *Institutio* heißt es, der Etymologie sei »ihr Platz bei den Definitionen zuzuweisen«, weil durch sie »etwas, wonach gefragt wird, erklärt werden« könne. Als

---

28 Cicero: *Topik* (s. Anm. 21), 2, 7.
29 Varro (s. Anm. 15), 6, 56.
30 Barthes, Roland: »L'ancienne rhétorique. Aide-mémoire«. In: ders.: *Œuvres complètes*. Hg. von Éric Marty. Paris 1994, Bd. 2, S. 901–959, hier S. 940–942 (B.1.18–21).
31 Bornscheuer, Lothar: *Topik. Zur Struktur der gesellschaftlichen Einbildungskraft.* Frankfurt/M. 1976, S. 32.

korrekte Latinisierung des Begriffs nennt Quintilian *originatio*.[32] Wo immer jedoch diese *originatio* auf rhetorische Figuration angewiesen ist, weil sie die Erklärung nicht einfach und durchsichtig leisten kann; wo immer also die Etymologen die Wörter »auf mannigfache und vielfältige Weise auf ihre eigentliche Bedeutung zurückführen [*ad veritatem reducunt*], indem sie entweder Buchstaben oder Silben kürzen oder dehnen, hinzufügen oder entfernen oder vertauschen«, geraten sie »mit ihrem unglücklichen Talent bis zu den abstoßendsten Albernheiten [*foedissima ludibria*].«[33] Als *locus* der Definition wird die Etymologie bei Quintilian um so deutlicher als randständig ausgewiesen. Sie sei »besonders selten«[34] oder führe überhaupt in die Irre, weil sie das je Eigentümliche des zu Definierenden immer zu verfehlen drohe.

Die Lizenz zur Bearbeitung der Wörtlichkeit, die Quintilian für die *originatio* verweigert, erteilt er ohne weiteres auf der Ebene der *elocutio*. Die in topischen Verwendungszusammenhängen störende »Albernheit« läßt sich also figurativ durchaus nutzen, vor allem hinsichtlich der Wortfiguren der Ähnlichkeit. Ohne daß hier von Etymologie ausdrücklich die Rede wäre, ist doch die Nähe zu ihren Techniken deutlich erkennbar. Besonders die Paronomasie, lateinisch *adnominatio* oder *annominatio*, also »›Wortanklang‹ (Wortspiel)«[35], ist dabei von Interesse: in Heinrich Lausbergs Definition »ein (pseudo-) etymologisches Spiel mit der Geringfügigkeit der lautlichen Änderung einerseits und der interessanten Bedeutungsspanne, die durch die lautliche Änderung hergestellt wird, andererseits.« Die »Bedeutungsspanne«, so Lausberg weiter, könne sich »bis ins Paradoxe« steigern, wobei die »so hergestellte Etymologie zwischen den beiden Wörtern [...] dem Publikum als eigene Arbeitsleistung vom Autor zugemutet« werde.[36] Bei Quintilian steht dafür etwa die Gegenüberstellung von *immori* (an etwas sterben) und *immorari* (ausharren) oder die Homonymie von *amari* (in der Doppelbedeutung als »geliebt werden« und als Genitiv von »bitter«).[37] Diese Paronomasien in ihrer Bedeutungsspanne als argumentative *loci* zu verwenden, also etwa von *amari* aus auf die Bitterkeit der Liebe zu sprechen zu kommen, stellt offenkundig nicht die geringste Schwierigkeit dar – genauso wie umgekehrt ein solcher *locus* auf der Ebene des Vortrags nicht anders denn als Wortspiel erscheinen könnte. Es bestätigt sich der oben für Cicero getroffene Befund eines kaum reduziblen Wechselverhältnisses zwischen etymologischer *inventio* und etymologischer *elocutio*.

Solange das topische Modell einer Rhetorizität der Argumente wirksam bleibt, ist der *locus ab etymologia* in dieser Weise immer auch Ort einer Selbst-

---

32 Quintilianus, Marcus Fabius: *Institutionis Oratoriae Libri XII/Ausbildung des Redners. Zwölf Bücher*. Hg. und übers. von Helmut Rahn. Darmstadt 1972, 1, 6, 28 f.
33 Quintilian: *Institutionis Oratoriae* (s. Anm. 32), 1, 6, 32.
34 Ebd., 7, 3, 25.
35 Ebd., 9, 3, 66.
36 Lausberg, Heinrich: *Handbuch der literarischen Rhetorik. Eine Grundlegung der Literaturwissenschaft*. München ²1960, S. 322 (§ 637).
37 Vgl. Quintilian: *Institutionis Oratoriae* (s. Anm. 32), 9, 3, 66–74.

thematisierung der Topik. Aus diesem Zusammenhang kann eine extreme Ausweitung der Etymologie resultieren, wie in der enzyklopädischen Topik Isidors von Sevilla, die die generalisierende Überschrift *Etymologiarum libri* trägt[38], oder in Vicos Ineinssetzung des allegorischen »*diversiloquium*« der Mythen mit dem »*veriloquium*« der Sprachen, auf die er die Poetizität seiner mythographischen Topik gründet.[39] Es kommt aber auch zu ihrer Ausgrenzung als Störfaktor, etwa in den Schulrhetoriken der Renaissance: Francis Goyet hat an Topiken des 16. Jahrhunderts gezeigt, wie der Anspruch auf Komplexitätsreduktion vom figurativen Vermögen der Etymologie gleichsam in Verlegenheit gebracht wird[40], und daraus gefolgert, daß die performative Wirksamkeit dieses Vermögens sich immer und überall gegen die Diskursivität von Argumentationen richte.[41] Hier scheint sich eine Geschichte der Etymologie als Prozeß ihrer Entpragmatisierung anzudeuten. Spätestens im Zug der Rhetoriktilgung des 18. Jahrhunderts[42], so ließe sich vermuten, müßte es mit der argumentativen Dignität der Etymologie zuende gehen; ihr bliebe demnach nur das Reservat einer im engsten Sinne literarischen Rhetorik (die als solche bereits überholt wäre), und jede ihrer Verwendungen außerhalb dieses Reservats stellte nur einen literarisierenden Ornatus dar.

In der Tat liegt der Fall anders. Der »gleichsam selbsttätige Reichtum«[43] der Etymologie begünstigt ihr Weiterwirken außerhalb topischer Systeme, hält aber zugleich das Archiv der für obsolet erklärten Topik geöffnet. So steht das große Interesse der romantischen Philologie für Fragen der Etymologie zwar vor dem Hintergrund des Konzepts einer lebenden und denkenden Sprache jenseits aller Rhetorik, es artikuliert sich aber in kombinatorischen Verknüp-

---

38 Isidor von Sevilla: *Etymologiarum libri XX*. In: Jacques-Paul Migne (Hg.): *Patrologiae cursus completus. Series prima: Patrologia latina*. Paris 1841–1890. Bd. 28, Sp. 73–728. Vgl. Engels, Joseph: »La portée de l'étymologie isidorienne«. In: *Studi Medievali* 3 (1962), S. 99–128.
39 Vico, Giovanni Battista: *Prinzipien einer neuen Wissenschaft über die gemeinsame Natur der Völker*. Übers. von Vittorio Hösle und Christoph Jermann. 2 Bde. Hamburg 1990, Bd. 2, S. 190 (Nr. 403). Zu Vicos Topik vgl. Graevenitz, Gerhart von: *Mythos. Zur Geschichte einer Denkgewohnheit*. Stuttgart 1987, S. 66–84; vgl. außerdem Battistini, Andrea: »Vico e l'etimologia mitopoetica«. In: *Lingua e stile* 9 (1974), S. 31–66.
40 Vgl. Goyet, Francis: »Le ›locus ab etymologia‹ à la Renaissance«. In: Jean-Pierre Chambon/Georges Lüdi (Hg.): *Discours étymologiques*. Tübingen 1991, S. 173–184, hier S. 174: »l'étymologie suscite un certain embarras de la part des traités et des praticiens de la topique«.
41 F. Goyet: »Le ›locus ab etymologia‹ à la Renaissance« (s. Anm. 40), S. 183: »L'étymologie, d'un point de vue rhétorique, est sans doute une bombe, mais comme telle à manier avec précautions. Car sa magie proprement oculaire s'oppose au discursif«; S. 184: »l'étymologie, elle est anti-discursive.«
42 Vgl. Campe, Rüdiger: *Affekt und Ausdruck. Zur Umwandlung der literarischen Rede im 17. und 18. Jahrhundert*. Tübingen 1990.
43 F. Goyet: »Le ›locus ab etymologia‹ à la Renaissance« (s. Anm. 40), S. 176: »cette richesse quasiment automatique du lieu *ab etymologia*«.

fungen, die durchaus einer rhetorischen Topik verpflichtet bleiben.[44] Schon der Gründungstext jenes Programms von Leben und autonomer Bildungskraft der Sprache bewahrt den *locus ab etymologia* in sich auf, und zwar bereits auf dem Titelblatt: »Vocabula sunt notae rerum. *Cic.*«, so lautet das Motto von Herders *Abhandlung über den Ursprung der Sprache*.[45] Mit diesem freien Zitat aus Ciceros *Topik* schreibt Herder der genetischen Emphase seiner Abhandlung – den Konzepten von »Geschlechterschaffung der Sprache« und »Genetalien der Rede«[46], aus denen sich in Analogie zur Genese des Menschengeschlechts die Sprache als »Ein progressives Ganze von Einem Ursprunge«[47] gebildet haben soll – von vornherein eine topologische Spur ein. Die Art, in der Herder dieses Zitat dekontextualisiert, markiert nahezu idealtypisch seine Stilisierung eines voraussetzungslosen und doch gelehrten Denkens. Was bei Cicero eine komplexe Verschränkung von lakonischer Begriffsklärung und metasprachlicher Erörterung darstellte, erscheint hier als Gemeinplatz, der alles und nichts erklärt und mit der folgenden *Abhandlung* substanziell kaum zu tun hat[48]; als Spur gelesen, initiiert das Zitat jedoch eine Gegenbewegung zum ›genetischen‹ Ursprungsbegehren: Nicht als historisches Instrument, sondern als Vorgang der *inventio* steht die Etymologie am Anfang der Sprachursprungstheorie.

## II.

An diesen Befund eines Spannungsverhältnisses von Ursprung und Etymologie scheint der Ursprungskritiker Derrida gerade *nicht* anzuschließen, wenn er in seiner Metaphern-Studie *Die weiße Mythologie* den »Etymologismus« als »klassisches Motiv« ausdrücklich auf die Vorstellung bezieht, »daß es eine Reinheit der anschaulichen Sprache am Ursprung der Sprache gegeben habe und daß das *étymon* eines einfachen Sinnes noch immer, obwohl verdeckt,

---

44 Vgl. Willer, Stefan: »›übersetzt: ohne Ende‹. Zur Rhetorik der Etymologie bei Johann Arnold Kanne«. In: Jaeger, Stephan/Willer, Stefan (Hg.): *Das Denken der Sprache und die Performanz des Literarischen um 1800*. Würzburg 2000, S. 113–129.
45 Herder, Johann Gottfried: *Abhandlung über den Ursprung der Sprache*. In: ders.: *Werke*. Bd. 1: *Frühe Schriften 1764–1772*. Hg. von Ulrich Gaier. Frankfurt/M. 1985, S. 695–810, hier S. 695.
46 J. G. Herder: *Abhandlung* (s. Anm. 45), S. 739.
47 Ebd., S. 799.
48 Daß Herder selbst die Argumente seiner Abhandlung aus Etymologien gewinnt, wie Wolfgang Proß in seinem Kommentar behauptet (vgl. die Ausgabe der Hanser Literatur-Kommentare: Herder, Johann Gottfried: *Abhandlung über den Ursprung der Sprache. Text, Materialien, Kommentar*. Hg. von Wolfgang Proß. München o. J., S. 113), trifft nicht zu: Auffällig ist vielmehr die Distanz Herders zu jeglicher Arbeit mit wörtlichen Belegen.

bestimmbar sei«.[49] Seine eigene Argumentation situiert er an dieser Stelle als »Kritik des Etymologismus«.[50] Wie ist es dann zu erklären, daß Jacques Derrida – neben und nach Heidegger – als namhaftester Exponent des etymologischen Sprachspiels im 20. Jahrhundert gelten kann? Der Fortgang der *Weißen Mythologie* liefert erste Hinweise, indem er das Konzept der Metaphorizität auf »alle sogenannten *symbolischen* oder *analogen* Figuren«[51] ausweitet und damit die Logik des Symbolischen insgesamt als rhetorische Figuration kenntlich macht. Was zunächst nur für einen der Sprecher in Anatole Frances sprachphilosophischem Dialog *Le jardin d'Épicure* gilt, auf den Derrida hier Bezug nimmt, läßt sich somit auch auf sein eigenes Verfahren übertragen: »Daraufhin nimmt er eine etymologische oder philologische Arbeit in Angriff, die alle schlummernden Figuren wecken soll.«[52]

Bei Derrida betrifft diese Arbeit grundsätzlich die gedanklichen Zentren seiner Fragestellungen. *Die weiße Mythologie* beginnt mir einer wörtlich-begrifflichen Substitution – aus *usage*, dem sprachlichen Gebrauch, wird *usure*, die sprachliche Abnutzung –, die als Substitution die semiotische Tauschbarkeit figuriert, von der hier die Rede ist.[53] In der ein Jahr später erschienenen *Dissémination* wird das Konzept des wirkenden *lógos spermatikós*[54] ebenfalls in der Wörtlichkeit des Textes, unter anderem in der Ähnlichkeit von *sperme*, *terme*, *germe* (Sperma, Ausdruck, Keim), vorgeführt.[55] Und in *Glas*, der wiederum zwei Jahre später erschienenen ›Doppelsitzung‹ mit Hegel und Genet, erhält das Erwecken »schlummernder Figuren« vollends strukturbildende Funktion: »Son nom est si étrange«[56], heißt es eingangs über Hegel, denn er ist der *aigle*, der imperiale Adler des *savoir absolu*; der *savoir absolu* wiederum wird in der durchgehend verwendeten Abkürzung *Sa* zum anagrammatischen Teil des Totengeläuts (*glas*), als das sich Derridas Schrift selbst ausweist, sowie – unter anderem – auch zur Homonymie der lacanianischen Chiffre *ça*, was für Geoffrey Hartman zur »beunruhigendsten aller Fragen in dieser Arbeit« führt (»the most haunting« question of all in this work«): »what is the *Sa* (*signifiant*/signature/›savoir absolu‹) of the *ça*?«[57] Wenn aber das Merk- und Fragwürdige in so grundlegender, nämlich buchstäblicher Weise aus der Wörtlichkeit der Begriffe gewonnen wird, stehen die selbstreflexiven Gesten dekonstruktiver Rhetorik in einer ganz offenkundigen Nähe zum topi-

---

49 Derrida, Jacques: »Die weiße Mythologie. Die Metapher im philosophischen Text«. Übers. von Mathilde Fischer und Karin Karabaczek-Schreiner. In: ders.: *Randgänge der Philosophie*. Wien 1988, S. 205–258, hier S. 206.
50 J. Derrida: »Die weiße Mythologie« (s. Anm. 49), Anm. 14 (im Anhang der *Randgänge*, S. 344).
51 Ebd., S. 210.
52 Ebd., S. 208.
53 Ebd., S. 205.
54 Vgl. Derrida, Jacques: *La dissémination*. Paris 1972, S. 58.
55 Ebd., S. 352 und 385.
56 Derrida, Jacques: *Glas*. Paris 1974, S. 7a.
57 Hartman, Geoffrey: *Saving the Text. Literature/Derrida/Philosophy*. Baltimore 1982, S. 21.

schen Umgang mit dem *locus* der Etymologie. In Derridas Texten sind die Wörter Örter, auf denen (um Cicero zu wiederholen) die Argumente abholbar angesiedelt sind.

Mit diesem Anschluß an die pragmatisierenden Absichten der antiken Topik ist für die Lektüre dekonstruktiver Buchstäblichkeit die Vorentscheidung getroffen, daß es im Derridaschen Wortspiel *argumentativ* überhaupt um etwas gehe. Diese Perspektive bedarf möglicherweise um so mehr einer ausdrücklichen Bekräftigung, als die ›Herausforderung‹ des Poststrukturalismus schon seit längerem eine historisierbare Angelegenheit geworden ist[58] – speziell jene Phase der Auseinandersetzung mit Derrida, in der sein Verfahren schlicht als Unsinn aus dem philosophischen Diskurs ausgeschlossen wurde.[59] Eingehende Derrida-Lektüren haben in der Tat schon längst gezeigt, daß die Geste des Wörtlichnehmens in seiner Schreibweise keine ästhetisierende Zugabe darstellt: »Every pun, in Derrida, is philosophically accountable«, so nochmals Geoffrey Hartman.[60] Gerade das Ernstnehmen dieser philosophischen Zurechnungsfähigkeit kann aber dazu führen, daß die Etymologie dem Diskurs wieder als jenes sichernde Fundament unterlegt wird, das sie – wie angedeutet – niemals gewesen ist. Die Texturen der Dekonstruktion sind alles andere als eindeutig in der Zurückweisung dieses Verdachts; anders formuliert: Gerade in ihrer Uneindeutigkeit begüngstigen sie eine substanzialisierende Lesart ihrer eigenen Wörtlichkeit. Demgegenüber kann der Hinweis auf die topischen Funktionen dekonstruktiver Rhetorik zeigen, in welchem Verhältnis ihre substanzialistischen Gebärden zu ihrer Argumentationsstruktur stehen.[61]

In *Glas* übernimmt die Etymologie an mehreren Stellen die Funktion, die ins Spiel gebrachten Begriffe zu situieren, sie in dieser Situierung aber zugleich auszusetzen. So wird gleich zu Beginn der *Littré* mit dem Lemma »*Catachrèse*« zitiert: »Trope par lequel un mot détourné de son sens propre est accepté dans le langage commun pour désigner une autre chose qui a quelque analogie avec l'objet qu'il exprimait d'abord«.[62] Diese Erläuterung zur sinnentstellenden, -entwendenden Tropologie von *Glas* stellt selbst eine Tropie-

---

58 Vgl. Neumann, Gerhard (Hg.): *Poststrukturalismus. Herausforderung an die Literaturwissenschaft.* Stuttgart 1997.
59 Vgl. Schumacher, Eckhard: *Die Ironie der Unverständlichkeit. Johann Georg Hamann, Friedrich Schlegel, Jacques Derrida, Paul de Man.* Frankfurt/M. 2000, S. 278–299.
60 G. Hartman: *Saving the text. Literature/Derrida/Philosophy*, (s. Anm. 57), S. 22.
61 Zum Verhältnis von Wörtlichkeit und Begrifflichkeit bei Derrida vgl. Johnson, Christopher: *System and Writing in the Philosophy of Jacques Derrida.* Cambridge 1993, besonders S. 109–141 (»The element of play«); Steinmetz, Rudy: *Les styles de Derrida.* Bruxelles 1994, besonders S. 95–120 (»Performances textuelles et compétence tautologique«); Thiel, Detlef: »Urschrift. Systematische und historische Bemerkungen zu Derridas Motiv der ›archi-écriture‹«. In: Gondek, Hans-Dieter/Waldenfels, Bernhard (Hg.): *Einsätze des Denkens. Zur Philosophie von Jacques Derrida.* Frankfurt/M. 1997, S. 60–98.
62 J. Derrida: *Glas* (s. Anm. 56), S. 8b.

rung des Erläuterns dar, indem die Folgeartikel »*Catafalque*« und »*Cataglottisme*« gleich mitzitiert werden. Im Inneren dieser Artikel ergeben sich weitere Fluchtbewegungen der Übersetzung und Etymologie, wobei auch die nicht unerhebliche Bemerkung mit einfließt, daß in der Herleitung von »*Cata-*« aus dem Lateinischen zwei konkurrierende Etymologien letztlich ununterscheidbar seien (»ces deux étymologies se confondent«).[63] Als Argument lesbar ist diese gesamte Einblendung deswegen, weil das Projekt *Glas* als solches von Doppelung und Ununterscheidbarkeit handelt, indem es, so Sarah Kofman, einerseits »einen doppelten Diskurs, eine doppelte Schrift« darstellt und andererseits »die Linien, die einen Text vom anderen trennen, annulliert und durcheinanderbringt.«[64] Der Zusammenhang lexikographischer Wörtlichkeit mit dem Programm der Ununterscheidbarkeit betrifft insbesondere die Art, in der die Etymologie des Titelworts Eingang findet. Man könnte sagen, daß *glas* als Wort eine *mise en abyme* des Buches *Glas* darstellt:

> Le glas est d'abord (*clas*, *chiasso*, *classum*, *classicum*) le signal d'un trompette destiné à *appeler* (*calare*), convoquer, rassembler en tant que telle, une *classe* du peuple romain. Il y a donc du glas dans la littérature classique, mais aussi dans la lutte des classes : classe [...] contre classe, glas des classes, ici même, ici maintenant. Sort du même nom toujours en jeu.[65]

An der hier mit einer Auslassung markierten Stelle, mitten im Satz, fügt Derrida einen zwölfseitigen Exkurs zur Etymologie ein, zum Großteil basierend auf Walther von Wartburgs *Französischem Etymologischen Wörterbuch*.[66] Die zunächst (»d'abord«) feststellbaren Bedeutungen von *glas* reichern sich mit diesem Wörterbucheintrag weiter an, etwa durch das aus »*classicus* bürger der ersten klasse (in Rom)« entlehnte *classique*, durch »*classis* abteilung« mit Ableitungen wie *classification* und *classificateur*, oder durch »*classum* lärm«, dessen altfranzösisches Derivat schon *glas* heißt.[67] Die Unterbrechung des Satzes durch die etymologische Erläuterung findet also gleichsam im Namen der Wörtlichkeit statt; am Ende dieser Erläuterung aber steht das Wort *glas* selbst als Name da, wenn es heißt, das »Schicksal« oder auch der »Zufall desselben Namens«, *sort du même nom* – oder auch das, was von dem Namen »ausgeht« (*sort*) –, sei immer mit »im Spiel« (*en jeu*) beziehungsweise der »Einsatz« (*enjeu*) des Wortspiels. Für diese Nominalisierung wird noch in

---

63 Ebd., S. 8b.
64 Kofman, Sarah: *Derrida lesen*. Wien 1987, S. 151.
65 Derrida: *Glas* (s. Anm. 56), S. 100b und 112b.
66 Vgl. Wartburg, Walther von: *Französisches Etymologisches Wörterbuch. Eine darstellung des galloromanischen sprachschatzes*. O. O. 1922 ff., Ndr. Tübingen 1948 ff. – Schon zuvor unterbricht Derrida den Genet-Diskurs mitten im Satz für eine mehrseitige etymologische Abschweifung aus dem *FEW*, dort anläßlich des in Genets *Zofen* vorkommenden Wortes *glaïeul* (Gladiole, Schwertlilie), das in, wenn nicht etymologisch, so doch alphabetisch enger Verbindung zu *glas* steht. Das Wörterbuch-Exzerpt wird angekündigt mit: »extrait du V.[ocabulaire] Wartburg, après l'article *glacées* et avant les articles *glans*, *glarea*, qu'on consultera avec profit«. J. Derrida: *Glas* (s. Anm. 56), S. 59b.
67 Zitate aus dem FEW nach Derrida: *Glas* (s. Anm. 56), S. 100b–104b.

jenem Exkurs ausgerechnet Saussure zum Gewährsmann, der in seinen Erörterungen über Onomatopoetica »wie durch Zufall« (»comme par hasard«) auch auf das Wort *glas* zu sprechen komme. Das Konzept Wörtlichkeit, das »Diesseits des Wortes« (»en-deçà du mot«), erscheint in dieser Perspektive als das schlechthin Verdrängte der Linguistik »qui, même quand elle le dénie, reste toujours du mot, voire du nom«.[68] Für die sprachtheoretischen Spannungen dieses Beim-Wort-Bleibens steht der Begriff der Nomenklatur, der einerseits die Namen zum Klingen bringe (»la *nomenclature – calare nomen –* [...] fait retentir les noms«[69]), sie aber andererseits auf generalisierende, taxonomische Funktionen verpflichte.

Diese erneute Gegenläufigkeit wirft die Frage auf, was denn konzeptuell mit der Kategorie des Namens gewonnen ist. Sieht es nicht wie eine Mystifikation aus, wenn Derrida das *wie zufällige* Vorkommen des Namen-Wortes »glas« bei Saussure zum vielsagenden Hinweis stilisiert? Wird hier nicht als Einspruch gegen das argumentative Potenzial von Wörtlichkeit ein sprachmagisches Konzept absolut wirksamer Referenzialität behauptet? Und gefällt sich dieses nicht in äußerster Selbstreferenzialität, wenn der Text *Glas* fortwährend seinen eigenen Namen nennt – möglicherweise tatsächlich nicht mehr als ›bloßes‹ Wortspiel? In jedem Fall weist die Performanz des Benennens nachdrücklich auf die naheliegendste Bezugsgröße von Derridas Konzept der Wörtlichkeit hin: auf Martin Heidegger, dessen Erwähnung als etymologischer Philosoph zum Standard der Etymologieforschung gehört.[70] Worum es dabei geht, hat Heidegger in einer Notiz zum unabgeschlossenen Vorwort seiner Gesamtausgabe skizziert: »Fragender fragen – d. h. *den Schritt zurück vollziehen*; zurück vor den Vorenthalt; zurück in das nennende Sagen (›zurück‹ als Wegcharakter des Denkens, *nicht* zeitlich-historisch).«[71] Hier ist deutlich formuliert, daß es nicht einfach um die Behauptung ursprünglicher Erkenntnis durch das Herausfinden einzelner *etýma* geht. Um so stärker ist die Emphase auf dem performativen Vermögen des »nennenden Sagens«, wie es an anderer Stelle programmatisch gefordert wird: »Die Sprache als die Sprache zur Sprache bringen«.[72] In etymologischer Hinsicht bedeutet das, daß die Wörter selbst es sind, die sprechen und auf diesem Wege Einblick in ihr Wesen erlauben. »Wo das Wort bauen noch ursprünglich spricht«, so heißt es zum Beispiel in *Bauen Wohnen Denken*, »sagt es zugleich, *wie weit* das We-

---

68 Ebd., S. 105b. Zu Derridas Saussure-Rezeption vgl. Roggenbruck, Simone: *Saussure und Derrida. Linguistik und Philosophie*. Tübingen 1998.
69 J. Derrida: *Glas* (s. Anm. 56), S. 110b.
70 Vgl. Trier, Jost: »Etymologie«. In: *Historisches Wörterbuch der Philosophie*. Bd. 2. Basel 1972, Sp. 816–818, hier Sp. 816; Bernecker, Roland: »Etymologie«. In: *Historisches Wörterbuch der Rhetorik*. Bd. 2. Darmstadt 1994, Sp. 1543–1556, hier Sp. 1554.
71 Heidegger, Martin: Aufzeichnung zur Gesamtausgabe, erscheint in: Gesamtausgabe Bd. 81, zit. nach der Verlagsbroschüre, Frankfurt/M. 1997, S. 3.
72 Heidegger, Martin: *Unterwegs zur Sprache*. Frankfurt/M. 1985 (Gesamtausgabe Bd. 12), S. 241.

sen des Wohnens reicht. [...] Das alte Wort bauen, zu dem das ›bin‹ gehört, antwortet: ›ich bin‹, ›du bist‹ besagt: ich wohne, du wohnst.«[73]

Die sowohl linguistischen wie philosophischen Einwände gegen dieses Befragen der Sprache sind zahlreich, und viele unter ihnen – von Mario Wandruszka[74] bis Henri Meschonnic[75] – haben aus der »bizarrerie«[76] einzelner Wortverbindungen eine grundsätzliche denkerische Unzulänglichkeit abgeleitet. Gegenüber einer solchen Haltung erläutert Gilles Deleuze Heideggers Schreiben in der Weise, daß dort »jedes wissenschaftliche Kriterium für eine Etymologie von vornherein zugunsten einer reinen und bloßen Dichtung zurückgewiesen« werde, so daß Heidegger dicht bei Alfred Jarry zu stehen kommt.[77] Weitgehend unabgegolten erscheint mit Deleuzes Apologie jedoch die Frage danach, was in der Rhetorizität des Heideggerschen Sprachdenkens, im Nennen und Befragen der Namen-Wörter, denn eigentlich ausgetragen wird. Einwände wie diejenigen, es handle sich um eine bloße Mythisierung des Wortspiels[78] oder Heidegger betreibe etymologische Analyse zwecks Umgehung begrifflicher Analyse[79], unterstellen eine Unmittelbarkeit der Heideggerschen Sprachgesten, die so nicht gegeben ist, und zwar gerade aufgrund der performativen Qualitäten des Namens. In der hier vorgeschlagenen argumentationstheoretischen Perspektive handelt es sich vielmehr um einen weiteren Aspekt der Topikalisierung – etwa in dem Sinne, wie Hegel in seiner *Enzyklopädie* den Namen als sprachliche Kategorie und mit ihm »das Namen *behaltende* Gedächtnis« als topologische Voraussetzung des Denkens hervorhebt: »Es ist in Namen, daß wir *denken*.«[80] Als Name verstanden, wird das Wort nicht durchsichtiger auf seine Bedeutung; es wird im Gegenteil in seiner rhetorischen Medialität betont.

Genau in dieser Weise verfährt Derrida mit Heideggers Denken. Ein Text wie *Apories*, die Auseinandersetzung mit der Heideggerschen Thanatologie aus *Sein und Zeit* (§ 50: »Der Tod ist die Möglichkeit der schlechthinnigen Daseinsunmöglichkeit«[81]), gestaltet sich als ›fragenderes Befragen‹ der Na-

---

73 Heidegger, Martin: »Bauen Wohnen Denken«, in: ders.: *Vorträge und Aufsätze*. Frankfurt/M. 2000 (Gesamtausgabe Bd. 7), S. 147–164, hier S. 149.
74 Wandruszka, Mario: »Etymologie und Philosophie«. In: Keller, Hans-Erich (Hg.): *Etymologica*. Tübingen 1958, S. 857–871.
75 Meschonnic, Henri: *Le langage Heidegger*. Paris 1990.
76 Ebd., S. 302.
77 Deleuze, Gilles: »Ein verkannter Vorläufer Heideggers: Alfred Jarry«. In: ders.: *Kritik und Klinik*. Frankfurt/M. 2000, S. 124–135, hier S. 133. Schon Erasmus Schöfer (*Die Sprache Heideggers*. Pfullingen 1962) argumentiert letztlich in diesem Verständnis, wenn er Heidegger vor allem als »Sprachschöpfer« (S. 17) betrachtet.
78 H. Meschonnic: *Le langage Heidegger* (s. Anm. 75), S. 297 f.
79 Kelkel, Arion Lothar: *La légende de l'être. Langage et poésie chez Heidegger*. Paris 1980, S. 210 (»Heidegger dès *Sein und Zeit* pratique quasi systématiquement la méthode de l'analyse étymologique en guise d'analyse conceptuelle«).
80 Hegel, Georg Wilhelm Friedrich: *Enzyklopädie der philosophischen Wissenschaften*. In: ders.: *Werke*. Hg. von Eva Moldenhauer und Karl Markus Michel. Frankfurt/M. 1970, Bd. 10, S. 278.
81 Heidegger, Martin: *Sein und Zeit*. Tübingen $^{17}$1993, S. 250.

men, mit denen Heidegger sein Denken benennt. Wenn es in *Sein und Zeit* heißt: »Das Enden von Lebendem nannten wir *Verenden*«[82], so diskutiert Derrida die Frage nach der passenden, und zwar etymologisch angemessenen Übersetzung von *Verenden* ins Französische: »Je préfère *périr* [...] parce que ce verbe garde quelque chose du *per*, du passage de la limite, de la traversée marquée en latin par le *pereo, perire* (qui veut dire exactement cela: s'en aller, disparaître, passer – de l'autre côté de la vie, *transire*).«[83] Das somit als Figuration der Grenze erläuterte *pér-ir* wirkt etymologisch auf *ver-enden* zurück, so daß auch die deutsche Vorsilbe *ver* zu einer Kennzeichnung von »passage de la limite« wird, auch wenn sie eigentlich etwas anderes bedeuten mag.[84] Es geht also nicht um sprachhistorische Befestigungen, sondern um wörtlich-begriffliche Bezüge, die den Zusammenhang von Tod, Grenze, Überschreitung erkunden. Von Anfang an steht dabei in *Apories* die Sprachlichkeit des Verfahrens selbst zur Debatte: »ce discours sur la mort comporte aussi, entre tant d'autres choses, une *rhétorique des frontières*«.[85] Diese Rhetorik ist die des Definierens und Determinierens schlechthin, indem nun auch *fin* und *terme* hinsichtlich einer Logik des Sterbens befragt werden (der Tod als »la ligne terminant toute détermination«, »la ligne finale ou définitionnelle«, »le terme d'une vie«[86]); und eben diese Rhetorik ist es, die im titelgebenden Begriff der *Aporie* jene Logik aporetisch werden läßt: »le ›je passe‹ (*peraô*) nous met ainsi, si je le puis dire, sur la voie de l'*aporos* ou de l'*aporia*«.[87]

Ein Wort führt also auf die Spur eines anderen; die Operation des Definierens wird in ihrer Operationalität ausgestellt und auf ihre eigene Wörtlichkeit befragt. Daß dabei eine dezidiert räumliche Konstellation entsteht – *rhétorique des frontières* –, ist kein Zufall. Vielmehr scheint es eine Konstante in Derridas Arbeiten zu sein, die Topik des Denkens, die der *locus ab etymologia* initiiert, mit einem grundsätzlichen Denken der Topik zu verknüpfen. Die Namen, die Derrida seinen Texten gibt, lassen sich nahezu durchgehend metatopologisch lesen. So benennt im Europa-Essay *L'autre cap* das Titelwort die Art und Weise, in der das Schreiben überhaupt thematisch wird (»Un titre toujours est un cap«, d. h. sowohl Kopf, *caput*, des Niedergeschriebenen als auch das worauf es Kurs nimmt, »fait cap«[88]), und zudem, in der Ableitung

---

82 Ebd., S. 247.
83 J. Derrida, Jacques: *Apories. Mourir – s'attendre aux »limites de la vérité«*. Paris 1996, S. 63.
84 Ebd., S. 63 (»cette valeur d'achèvement et de corruption peut-être marquée par le *ver* de *verenden*«).
85 Ebd., S. 18.
86 Ebd., S. 24 f.
87 Ebd., S. 25. Für eine analoge und auf Derrida Bezug nehmende Überblendung von wörtlicher Begriffslogik, Aporetik und Thanatologie, entwickelt am Begriff des »*Ver*stehens«, vgl. Hamacher, Werner: »Prämissen. Zur Einleitung«. In: ders.: *Entferntes Verstehen. Studien zu Philosophie und Literatur von Kant bis Celan*. Frankfurt/M. 1998, S. 7–48.
88 J. Derrida, Jacques: *L'autre cap. Suivi de La démocratie ajournée*. Paris 1991, S. 19.

*capital*, »den Weg zu jenem Punkt meines Vorhabens, der sich als besonders schwankend und bebend erweist, den Entschiedenheit und Unentschiedenheit teilen.«[89] Der »Punkt« ist eben jener Doppelsinn von *capitale* und *capital*; genauer gesagt, die doppelte Topik, die er mit sich führt: die Suche nach dem »*einen Ort*« (»*un lieu*«) europäischer Kultur[90] und die Frage nach der Verortbarkeit einer Logik der Ökonomie, die schließlich in einer »série analogique« zur Kategorie des Körpers führt als dem »Ort, an dem sich die Frage nach der Sprache, nach dem Idiom und nach dem Kap auch stellt.«[91]

Noch deutlicher wird die Koppelung von wörtlicher und gedanklicher Topik in *Mal d'Archive*, Derridas »freudianischer Impression«, deren Beschäftigung mit Konzepten des Gedächtnisses einen Anschluß an Räumlichkeit ohnehin nahelegt. Der Anfang des Textes argumentiert ganz ausdrücklich *ab etymologia*: »Ne commençons pas au commencement, ni même à l'archive./ Mais au mot ›archive‹ – et par l'archive d'un mot si familier.« Auch hier verweist die Etymologie auf einen Doppelsinn, auf eine Vervielfältigung der Ursprünge also: griechisch *arché* bedeute zugleich Beginn und Befehl, im Französischen wiederum nahezu gleichklingend »le *commencement* et le *commandement*«. Diese beiden Prinzipien (»deux principes en un«) werden ihrerseits als Orte vorgestellt: »*là où* les choses *commencent*« und »*là où* des hommes et des dieux *commandent*«; und das Problem dieser Örtlichkeit versteht sich als präzise Reformulierung der Frage nach dem Archiv: »Comment penser *là* ? Et cet *avoir lieu* ou ce *prendre place* de l'*arkhé* ?«[92] Wenn daraufhin eine weitere Zurückführung von *arché* auf *archeíon* (Amtsgebäude) unternommen wird, so steht diese zwar unter der Prämisse der Auffindbarkeit einer früheren, wenn nicht ursprünglichen Bedeutung (»*plus tôt*« und »*seul sens*« sind die Kategorien, die Derrida aufbietet[93]), jedoch verstärkt sich vor allem die Betonung des Ortes, nicht die einer historisierbaren Zeit. Das *archeíon* als Aufbewahrungsort der Dokumente und als Domizil der *Archonten* ist der Ort schlechthin von *commencement* und *commandement*, auf dessen Topik jedes Konzept des Archivs angewiesen ist und bleibt; dieser Ort ist in Derridas Argumentation aber nichts anderes als das Wort oder die etymologische Sequenz von Wörtern, die jenes Konzept aufbewahren: *archive* – *arché* – *archeíon*. Die etymologische *inventio* spürt den Archiv-Funktionen der Sprache nach. Wenn es kurz darauf heißt, das archivalische Vermögen der Archonten habe vor allem darin bestanden, die Zeichen zu versammeln (*consignatio*), dann

---

89 J. Derrida, Jacques: *Das andere Kap. Die vertagte Demokratie. Zwei Essays zu Europa.* Übers. von Alexander García Düttmann. Frankfurt/M. 1992, S. 29. Im Original (s. Anm. 88, S. 38): »ce mot ›capital‹ qui m'achemine lentement vers le point le plus hésitant, tremblant, divisé, à la fois indécidable et décidé de mon propos«.
90 J. Derrida: *Das andere Kap* (s. Anm. 89), S. 30, bzw. *L'autre cap* (s. Anm. 88), S. 38.
91 Ebd., S. 50. Im Original (s. Anm. 88, S. 66): »un des lieux incontournables du problème: par lui passe aussi la question de la langue, de l'idiome et du cap.«
92 J. Derrida, Jacques: *Mal d'Archive. Une impression freudienne.* Paris 1995, S. 11.
93 Ebd., S. 12.

liefert Derrida damit auch eine Selbstbeschreibung seines topischen Verfahrens:

> La *consignation* tend à coordonner un seul corpus, en un système ou une synchronie dans laquelle tous les éléments articulent l'unité d'une configuration idéale. Dans une archive, il ne doit pas y avoir de dissociation absolue, d'hétérogénéité ou de *secret* qui viendrait séparer (*secernere*), cloisonner, de façon absolue. Le principe archontique de l'archive est aussi un principe de consignation, c'est-à-dire de rassemblement.[94]

Ein weiteres, wiederum früheres Beispiel für die Engführung von etymologischer Topik und Rede über die Topik ist – ebenfalls im Kontext der Psychoanalyse angesiedelt – *Fors*, das Vorwort zu Nicolas Abrahams und Maria Toroks Buch über den Freudschen »Wolfsmann«.[95] Abraham und Torok führen ihrerseits einen etymologischen Diskurs: In ihrer radikalen Versprachlichung von Freuds Fallgeschichte wird diese auf ihre Wörtlichkeit zurückgeführt und in Form eines Glossars (»verbier«) ausgelegt bzw. rekonfiguriert. In dem großangelegten Wortspiel der *Cryptonymie* gibt sich die Arbeit der Psychoanalyse insgesamt als ein *labor de nomine* zu erkennen, der aufgrund der Vielsprachigkeit des Analysanden zwischen russisch, englisch, französisch und deutsch in immer neue Mehrdeutigkeiten führt. Die endlose wechselweise Übersetzbarkeit der Sprachen spricht nachhaltig gegen die Vorstellung, die sprachliche Zwangsneurose des Wolfsmanns sei durch Einsicht in ihren Ursprung, ihre Urszene, zu beenden. Es geht allerdings auch gar nicht um ein solches diachronisch gebundenes Ursprungsbegehren, sondern um die synchronische Betrachtung einer psychischen Topik, deren zentraler *locus* die »Krypta« ist: jener hermetische und paradoxale Ort des Einschlusses und der Einverleibung, der im Innersten des Subjekts, aber auch außerhalb seiner liegt: »*sauf en un moi*«, wie Derrida formuliert.[96]

Derridas Vorrede bündelt diese widersprüchliche Anlage nun schon in ihrem Titelwort *Fors*, in dem, so Werner Hamacher in seiner deutschen Übersetzung, »einige Theoreme des Essays, aber auch ihre Komplizität mit den Amphibolien der Sprache kondensieren«: namentlich die zugleich adverbiale und substantivische Verwendungsweise einer Kennzeichnung von Räumlichkeit – »außer« und »Hof«, beides anschließbar an indo-europäische Versionen von »Tür«: *fores*, *phyra*, *dvara* – sowie die sich daran anlagernden vielsprachigen Assoziationen zwischen *force* und (*méta-*)*phore*.[97] Das etymologische Spiel, das somit eröffnet ist, läßt sich ebensowenig wie das Projekt von

---

94 Ebd., S. 14.
95 Abraham, Nicolas/Torok, Maria: *Cryptonymie. Le verbier de l'homme aux loups.* Précédé de »*Fors*« par Jacques Derrida. Paris 1976 (Derridas Vorrede auf S. 7–73).
96 J. Derrida: »Fors« (s. Anm. 95), S. 13.
97 Hamachers Anmerkung findet sich in: Derrida, Jacques: »Fors. Die Winkelwörter von Nicolas Abraham und Maria Torok«. In: Nicolas Abraham/Maria Torok: *Kryptonymie. Das Verbarium des Wolfsmanns. Vorangestellt »Fors« von Jacques Derrida*. Übers. von Werner Hamacher. Frankfurt/M. 1979, S. 5–58, hier S. 6.

Abraham/Torok als Rückkehrbewegung zu einem ursprünglichen Sinn verstehen. Auch hier geht es statt dessen um eine räumlich verstandene Ordnung. Derridas Verwendung des Wortes *fors* bringt die topologische Analyse der Krypta-Struktur auf die Ebene einer rhetorischen *inventio*; das Wort motiviert die Rede von Inklusion und Exklusion, weil es selbst in vielerlei Hinsicht auf der Grenze steht. Ein Kryptonym ist es also nicht als aufzulösendes Rätselwort, sondern als Aufführung jener topologischen Komplikationen, die Struktur wie Inhalt seiner eigenen Semantik ausmachen. Genau in dieser Weise läßt sich der Einstieg in Derridas Text lesen, der die Frage nach der Definition des Begriffs – »Qu'est-ce qu'une crypte?« – sogleich durch die nach seiner Wörtlichkeit ersetzt, die auch die nach seiner Örtlichkeit sei: Angekündigt wird ein Schreiben »sur le seul titre du livre«; man befinde sich »devant un mot ou une chose, le lieu plutôt d'un mot-chose«.[98]

Die Verortung dieser Verbindung von Ort, Wort und Sache am etymologischen Topos *fors* führt in Derridas Text zu paronomastischen Engführungen wie der folgenden: »Le for le plus intérieur (la crypte comme inconscient artificiel, comme artefact du Moi) devient le *hormis* (excepté, sauf, fors), le dehors (*foris*) pour le for extérieur (Moi) qui l'inclut sans le comprendre, afin de n'y rien comprendre.«[99] Die Programmatik des »rien comprendre« ist unverkennbar – schon zuvor wird die »Anerkennung der Orte« in der »kryptologischen Interpretation« der »*Hermetik*« zugeordnet und jeglicher »Hermeneutik« entgegengesetzt.[100] Um so nachdrücklicher – befremdlich nachdrücklich – betont Derrida die substanzielle Bedeutung des Ineinander von Ort, Wort und Sache, wenn er nun in einer Fußnote anfügt: »Point de jeu, ici, sur les mots ou sur la syntaxe, point de contamination gratuite, seulement les contraintes de cette topique singulière. Celle-ci produit la nécessité de ce langage avant d'être décrite en ses tournures bizarres, ses équivoques syntaxiques, ses dehors ressemblants.«[101] Ein solches Beharren auf der Singularität der psychischen Topik und ihrer Vorsprachlichkeit bzw. Vorschriftlichkeit (»avant d'être décrite«), so irritierend es ausgerechnet für Derridas Verfahren erscheinen will, zeigt ein weiteres Mal die Komplikationen, wie sie schon bei Cicero aus der Pragmatisierung der Etymologie entstehen. Sie liegen eben im Pro-

---

98 J. Derrida: »Fors« (s. Anm. 95), S. 9.
99 Ebd., S. 21. In Hamachers Übersetzung (s. Anm. 97, S. 16 f.): »Der innerste Hof (*for*) (die Krypta als künstliches Unbewußtes, als Artefakt des ICH) wird zum Ausgenommenen (*hormis, fors*, Sichergestellten, Unversehrten), das Außen (*foris*) für den äußeren Hof (*for extérieure*), für das ICH, das es einschließt, ohne es zu erfassen, um nichts von ihm zu begreifen.«
100 J. Derrida/W. Hamacher: »Fors« (s. Anm. 97), S. 10, vgl. im Original (s. Anm. 95), S. 13.
101 J. Derrida: »Fors« (s. Anm. 95), S. 21, Anm. 2. In Hamachers Übersetzung (s. Anm. 97, S. 17, Anm. 1): »Es ist das hier kein Spiel mit Worten oder mit der Syntax, keine künstliche Kontamination; hier wirken einzig die Zwänge dieser einzigartigen Topik. Sie ist es, welche die Notwendigkeit dieser Sprache produziert noch bevor sie in ihren bizarren Wendungen, ihren syntaktischen Äquivokationen, ihren ebenbildlichen Äußerlichkeiten beschrieben wird.«

blem, sich der Wörtlichkeit für eine sachlich angemessene Argumentation zu bedienen. Denn was hiermit erneut aufgeworfen wird, ist die Frage des *Kratylos* nach der Sachhaltigkeit der als Benennungen verstandenen Wörter.

Auf diese Weise berührt sich das vermeintlich schlechthin Spekulative eines Sprachdenkens, das überall in der Sprache wirkende Namen ausmacht, mit den nüchternen Argumentationsanweisungen der Inventionslehre. Ihre Verbindung liegt im paronomastischen Potenzial des Wörtlich-Nehmens: in der Tat kein *jeu gratuit*, sondern methodologisch kontrollierbare Verfügung über »eine höchst bewegliche Technik des assoziativ-kombinatorischen Standortwechsels«[102], über ein »Unschärfe-Prinzip«[103] – so Bornscheuers Charakteristik der aristotelischen Topik, die sich nun mit einiger Berechtigung auf dekonstruktive Argumentationsweisen übertragen läßt. Die Verfahren des Wörtlich-Nehmens bewirken ein fortwährendes Wechselspiel von Verortung und Dislokation, von topischer Abrufbarkeit und figurativer Verzeitlichung. Jede begriffslogische Vereinnahmung des *locus ab etymologia* führt dieses spielerische Potenzial mit sich (selbst die Begriffsgeschichte muß wohl oder übel damit umgehen). Aus dieser Beobachtung resultiert zwar kein Dogma der Unbegrifflichkeit, wohl aber eine gewisse produktive Begriffs-Stutzigkeit.

---

102  L. Bornscheuer: *Topik* (s. Anm. 31), S. 46.
103  Ebd., S. 54.

# Topics and the Discovery of the New

WALTER F. VEIT (Melbourne)

*Dulci coniugi in bonis annis ac malis dedicatum.*

Es ist nun einmal so, daß der Mensch ganz vorwiegend in Schablonen und Formeln fertigen Gepräges denkt, also nicht wie er sich's aussucht, sondern wie es gebräuchlich ist nach der Erinnerung [...] .
(Thomas Mann, *Joseph und seine Brüder*, III,i.)

But metaphors are not merely things to be seen beyond. In fact one can see beyond them only by using other metaphors. It is as though the ability to comprehend experience through metaphor were a sense, like seeing or touching or hearing. With metaphors providing the only ways to perceive and experience much of the world. Metaphor is as much a part of our functioning as our sense of touch, and as precious.
(Lakoff & Johnson, *Metaphors we live by.* p.239.)

## I. Clearing the Ground

The problem of the discovery of the new, in whatever context, philosophical, literary or scientific, is approached candidly in the well-known passage from Plato's *Meno* (80d–e) which has remained the baseline for any discussion of the problems which emerge when we ask – or even before we ask – the question: what is this or that? Do we or do we not know it? This issue is the philosophical ground for any consideration of the question as an element in rhetoric.[1]

I suggest that in order to provide a stable foundation for our investigation into the relationship between topics and discovery or invention of the new, it is useful to first clear the philosophical ground. Such a clearing is not superfluous in spite of some attention being devoted to the issue over the last years. I should refer here to three collections of essays, *Rhetorik und Philosophie* edited by Josef Kopperschmidt und Helmut Schanze[2], Kopperschmidt's important introductions to his editions of two volumes of collected essays on

---

1   Veit, Walter F.: »Frage«. In: Ueding, Gert (ed.): *Historisches Wörterbuch der Rhetorik (HWRh),* vol. 3. Tübingen: Niemeyer 1996, p. 420–445.
2   Kopperschmidt, Josef/Schanze, Helmut (eds.): *Rhetorik und Philosophie*. München 1989.

*Rhetorik*[3], and *Topik und Rhetorik* edited by Thomas Schirren and Gert Ueding.[4] They are a good indication that the relationship between rhetoric and philosophy has become an urgent issue in a variety of contexts in which only lately topics have attracted explicit attention. In the following reflections, the stress will be on topics themselves.

The writings on rhetoric which Kopperschmidt and others draw on in their critical comments cover its history from the pre-Socratics via Plato, Vico, Kant and Nietzsche to those of more recent origin like Gadamer, Blumenberg and Habermas. They all have in common that they try to overcome the relegation which rhetoric suffered through Plato's onto-theological metaphysics and its ongoing effect, and to secure a new and central space for it with the help of a variety of new approaches based in text-linguistics, theory of argumentation, hermeneutics, and philosophical anthropology. My own efforts are more directed toward its position in traditional epistemology with the intention to let rhetoric and topics emerge as the other of demonstrative rationality, in fact as a radical critique of instrumental rationality and a challenge to human reason.

In contemporary research on rhetoric, such an effort stands in a line with other critical approaches to occidental philosophy. My considerations are not directed toward philosophy as such but rather towards a specific understanding of reason which philosophy has created in its long history. It is well known that Immanuel Kant was not the first to submit reason to a radical critique. In fact, a critique of reason as critique by reason had been the project of the early Enlightenment. Today this critique is more in the direction of instrumental rationality and its origin in onto-theological thought. Thus the critique of reason moves today between a »dialectics of enlightenment«[5], a turn toward the »truth of myth«[6], and a reassessment of the relationship between »believing and thinking.«[7] It becomes obvious that there is a search for the »other of reason«[8] which is also initiated by poetics.[9]

On the positive side, nearly every important philosopher from antiquity to the present is dragged – screaming and kicking – into the arena: from Plato

---

3   Kopperschmidt, Josef (ed.): *Rhetorik*. 2 vols: vol. 1 *Rhetorik als Texttheorie* (1990); vol. 2 *Wirkungsgeschichte der Rhetorik* (1991). Darmstadt 1990/91.

4   Schirren, Thomas/Ueding, Gerd (eds.): *Topik und Rhetorik. Ein interdisziplinäres Symposium*. (Rhetorik-Forschungen, Bd. 13) Tübingen: Niemeyer 2000; my own contribution »Rhetorik als Argumentationstheorie. Das philosophische Problem der Vorwissenschaftlichkeit am Beispiel der Rhetorik«, p. 445–458.

5   Adorno, Theodor W./Horkheimer, Max: *Die Dialektik der Aufklärung*. Amsterdam 1947.

6   Hübner, Kurt: *Die Wahrheit des Mythos*. München: Beck 1985; Blumenberg, Hans: *Arbeit am Mythos*. Frankfurt/M.: Suhrkamp 1979.

7   Hübner, Kurt: *Glauben und Denken. Dimensionen der Wirklichkeit*. Tübingen: Mohr Siebeck 2001; for the function of fides/pistis in rhetorical argumentation see Veit, Walter: »Probatio, Beweis.« In: *HWRh*. (forthcoming).

8   Bürger, Peter: »Über den Umgang mit dem Anderen der Vernunft.« In: Bohrer, Karl Heinz (ed.): *Mythos und Moderne*. Frankfurt/M.: Suhrkamp 1983, p. 41–51.

9   Frank, Manfred: »Die Dichtung als ›Neue Mythologie‹.« In: K. H. Bohrer: *Mythos und Moderne* (see Fn. 8), p. 15–40.

and Aristotle to Marx and Engels, to Nietzsche, Freud, and Heidegger. We are poised to discover a completely new Heidegger in a still to be published 1924 lecture series on rhetoric which may be the basis for a much overlooked remark in *Being and Time*. Here Heidegger suggests that Aristotle's *Rhetoric* needs to be read as »the first systematic hermeneutics of the everydayness of being-together with others.«[10] Heinrich Niehues-Pröbsting[11] has given us glimpses of it after having been given access to Ernst Tugendhat's personal transcript of the lectures.

As long as we cannot study Martin Heidegger's lectures in print, we can refer to Peter L. Oesterreich's courageous attempt to write a *Fundamental Rhetoric* on the basis of Heidegger's remark just quoted.[12] Oesterreich relates the principle categories of classical rhetoric as analogies to the existential fabric of the fore-structure of understanding in fore-having, fore-sight and fore-conception in Heidegger's *Being and Time*, who claims that already classical rhetoric saw them as »transcendental-hermeneutical conditions of its own topical heuristic.« Oesterreich argues that:

> The place of the fore-structure in the system of the art of rhetoric is the category of *memoria* in Cicero in connection with *inventio*. The *memoria* forms basically a rich reservoir of mental and linguistic ideas and possibilities of expression. ... however, it is not the artistic memory (*memoria artificialis*), but the grounding »natural« memory (*memoria naturalis*) which represents the *fore-structure of understanding* within the theory of rhetoric. It holds in his case, too, that art (*ars*) can develop, stylize and heighten only that which is present in nature at least *in nuce*.[13]

Although Oesterreich refers frequently to the fact that in comparison to Heidegger's existential analysis of the fore-structure of *Dasein's* understanding of being in the world, the explication of the world in rhetoric cannot be but secondary. But he sees a parallelism in the formation of theory which supports his scheme of analogy. With regard to the fundamental function in epistemology, however, we recognize that the theory of topics is restricted to the function of providing *copia argumentorum*. Thus the *Meno* aporia remains unresolved unless we extend rhetorical *memoria* to Plato's *anámnesis*. The problem will be overcome only if we try to find the foundation for the essential elements of *memoria* not in *anámnesis,* but in the precedence of metaphoric argumentation over rational argumentation and with it in the precedence of sense perception over rational analysis.

Anthropology, too, has entered the debate, although philosophical anthropology has always thought about human cognition and communication as

---

10 Heidegger, Martin: *Being and Time*. (transl. John Macquarrie and Edward Robinson) Oxford: Blackwell [12]1993, p. 178.
11 Niehues-Pröbsting, Heinrich: *Überredung zur Einsicht. Der Zusammenhang von Philosophie und Rhetorik bei Platon und in der Phänomenologie.* (Philosophische Abhandlungen 54) Frankfurt/M.: Vittorio Klostermann 1987, p. 243 ff.
12 Oesterreich, Peter L.: *Fundamentalrhetorik*. Untersuchung zu Person und Rede in der Öffentlichkeit. (Paradeigmata 11) Hamburg: Meiner 1990.
13 P. L. Oesterreich: *Fundamentalrhetorik* (see Fn. 12), p. 15 ff.

witnessed by the early and still used definition of a human being as *zōon lógon échon*. The Latin translation *animal rationale* took thinking about the essence of humanity in a different direction. But very rarely did philosophical anthropology include rhetoric, even less topics in its deliberations. They seem to elude exact science, at least they were not and, seemingly, could not be included in the Platonic horizon of real knowledge.

In philosophical anthropology, Hans Blumenberg has taken up the challenge in an important albeit older essay, but again in his *Work on Myth*, placing rhetoric as a whole into an anthropological framework. In it he has reduced contemporary philosophical anthropology as well as traditional rhetoric to an analogue position in an alternative: the human being is either a rich or a poor creature just as »rhetoric deals with the consequences of the possession of truth *or* with the predicaments arising from the impossibility to reach truth.«[14] Blumenberg maintains that

> It is easy to see that one can coordinate the two radical pairs of alternatives, in anthropology and in rhetoric, unambiguously with one another. Man as a rich creature exercises his disposition over the truth that he possesses with the aid of the rhetorical *ornatus*. Man as a poor creature needs rhetoric as the art of appearance, which helps him to deal with the lack of truth. The epistemological situation that Plato imputed to Sophism is radicalized, anthropologically, into the situation of the ›creature of deficiencies,‹ for whom everything becomes part of the economy of his means of survival, and who consequently cannot afford rhetoric – unless he *has* to afford it.[15]

It seems to me that Blumenberg conceptualized the situation described metaphorically in Plato's *Meno*. In Blumenberg's analysis, the alternative of rhetoric is based on its anthropological importance: in contrast to metaphysics which includes the human species into a higher order totality and then forgets about it, rhetoric directs its attention to the uniqueness of humanity, particularly to language but, he writes, »it is not that language is his specific characteristic but that language, in rhetoric, appears as a function of a specific difficulty of man's.«[16] The predicament lies in that humans have fallen out of the order of nature and have to strive to get this order back in their own way if they wish to survive. They do so through language which makes communal action possible. Therefore Blumenberg can claim: »Action compensates for the ›indeterminateness‹ of the creature man, and rhetoric is the effort to produce the accords that have to take the place of the ›substantial‹ base of regulatory processes in order to make action possible.«[17]

---

14 Blumenberg, Hans: »Anthropologische Annäherungen an die Rhetorik.« In: Blumenberg, Hans: *Wirklichkeiten, in denen wir leben*. Stuttgart: Reclam 1981, p. 104–136.
15 Hans Blumenberg: *Wirklichkeiten, in denen wir leben* (see Fn. 14), English translation in: Baynes, Kenneth/Bohman, James/McCarthy, Thomas (eds.): *After Philosophy. End or Transformation?* Cambridge. Mass.: MIT Press 1987, p. 429–458; p. 430.
16 H. Niehues-Pröbsting: *Überredung zur Einsicht* (see Fn. 11), p. 432.
17 Ibid., p. 433.

This seems to hold also for the area of science, particularly for a science which is driven by doubt. Precisely where humans have to act without ›evident‹, that is secure and necessary knowledge, rhetoric takes its place. That is reason enough for Blumenberg to formulate the ›principle of insufficient reason‹ as the fundamental principle of rhetoric. It is the principle of unattainability of a truth which humans comprehend as the ideal on the basis of which they define themselves. Through rhetoric they try to attain ›what they are not‹. How much Blumenberg's essay has initiated and influenced further considerations of the relationship between philosophy and rhetoric/topics is obvious from the most recent publications in the area.[18]

It is at this point, but perhaps already earlier in Blumenberg's conception of humanity as a deficient mode of Nature, that it becomes finally clear that rhetoric is submitted to an anthropology in which – probably against the intention of the author – deductive rationality reigns supreme postulating an *ens perfectissimum* as the principle of Nature. For only with respect to such a perfect being can the other be determined as a deficient mode. Thus here again rhetoric, or rather the discourse about what is possible or probable in the context mentioned before, is constructed negatively from the outset. However, in this fashion rhetoric will never get a sight of the other of demonstrative reason. We have now to turn to this other of demonstrative reason in the shape of rhetoric and topics in order to lay a better foundation for the discovery of the new.

## II. Recovery of an Alternative Tradition

The determination of humans as ›deficient modes‹ with respect to a determination and evaluation of all other living beings on the basis of their ›natural‹, that is instinctual adaptation, remains, ultimately, derived from a Platonic binary thought which found its apotheosis in the critical stance of the Enlightenment. It was this one-sided critical thought that already some humanist philosophers protested against, notably Gianbattista Vico, who called attention to the rich tradition of topical thought. Without repeating the well-known passages in Vico's writings, we should follow his references to the origins of topical thought.[19] In other words: I propose to understand and determine human beings not according to their deficits as beings of ›immanent deficiencies‹ but according to their ›surplus‹, as beings of abundance. Thus I am not trying to corroborate a determination of rhetoric on the basis of Blumenberg's principles of »insufficient reason« or of »unattainability of truth«, but to develop it on the foundation of the rhetorical principle of invention which is

---

18  Kopperschmidt, Josef (ed.): *Rhetorische Anthropologie*. Studien zum Homo rhetoricus. München: Fink 2000.
19  Vico, Giambattista: *De nostri temporis studiorum ratione. On the Study Methods of Our time*. Translated from the Latin, with an introduction and notes, by Elio Gianturco. Indianapolis: Bobbs-Merrill, Library of Liberal Arts, 1965.

suitable to overcome the exclusive onto-theological concept of truth which finds its most effective form in causal deduction. Here I see a possibility to do justice to the original meaning and importance of rhetoric and topics.

Put differently: how strongly Blumenberg's thinking is itself bound to the binary ideal of knowledge posited by deductive rationality emerges in the fact that in his assessment of rhetoric he refers frequently to Aristotle's »negatoric definition of rhetoric«[20] which claims that rhetoric deals with questions »for which we have no exact science.«[21] Undoubtedly, such questions include those arising in politics and ethics. I agree with Kopperschmidt that »this definition-like determination [presents] a systematic attempt at legitimation«, not only because »it certainly teaches to exhaust first of all the resources of rationality in an area which is, in principle, accessible to the epistemic demands of reason and truth«[22], but rather more importantly, because rhetoric opens and dominates in its topics the path to the principles, the *archaí* and to the axioms, the *axíoma*, not only of rhetorical argumentation but to any argumentation including the scientific. This path to the archai is ontologically determined by the possibility that the matter under discussion could also be different, »for nobody discusses that which could not be, become or behave differently.«[23] It is epistemologically determined by possibility or probability. This is precisely the reason why the onto-theological reason denies it the status of truth which wards off any possibility that matters could be different. And it is precisely the openness toward »being different« (*állōs échein*) which discloses the access to the principles without which the exact as well as the human sciences cannot exist and upon which they build.

Thus it only appears as if rhetoric and in particular topics do not have »the dignity of an epistemic reason disposed toward the recognition of truth«[24], rather both are necessary in a system of completely grounded knowledge. Both are – against all expectations and Kant's disdain for them – the transcendental condition of cognizance. Because their own claim to truth cannot be legitimated again by a grounding in certain knowledge, their power of conviction emerges »consensually on *life-world* sources of certainty«[25], denoting in the first place the evidence of pre-rational sense experiences which extends to poetic metaphorics. This matter which will be developed further now contains, nevertheless, a rejection of onto-theological theory of knowledge and an agreement with a humanist theory of world-immanent self-determination through invention and the poetic word. Through both the existing status hierarchies of necessity's priority over probability, of philosophy's priority over rhetoric and topics is radically reversed. Rhetoric becomes the other of instru-

---

20 J. Kopperschmidt (ed.): *Rhetorik* (see Fn. 3), vol. 2, p. 12.
21 Aristoteles: *Rhet*. 1357a; see also 1356a and 1391b.
22 J. Kopperschmidt (ed.): *Rhetorik* (see Fn. 3), vol. 2, p. 12.
23 H. Niehues-Pröbsting: *Überredung zur Einsicht* (see Fn. 11).
24 Ibid., p. 16.
25 V. Giambattista: *De nostri temporis studiorum ratione* (see Fn. 19).

mental rationality. While philosophy uses all available means of rhetoric in order to convince, here rhetoric becomes philosophy.

When trying to corroborate the preceding thought with reference to relevant texts from Aristotle's Rhetoric and Topics, it must not be forgotten that we are still dealing with the context of foundation which has its origin in the compulsion for laying foundations inherent in reason.

Ernesto Grassi has supported his work on the inventive word, of metaphor and, therefore, on rhetoric in the widest sense, with a close study of the philosophical foundation of classical rhetoric. In his opinion, rhetoric needs to again assume its bridging function toward pre-rational cognizance and its systematic position of the other of scientific rationality. The suppression and disappearance of the fundamental function of rhetoric as an integral part of the process of human cognizance is also part and parcel of the history of the European mind. The situation of contemporary philosophy demands the reconstruction of the original foundation after Grassi's research has rediscovered it in the writings of Italian humanists. The outline of such a reconstruction can be attempted with reference to Aristotle's critique of reason immanent in rhetoric/topics and its consequences.

It is rather easy to collect a sufficient number of voices critical of rhetoric, they come from philosophers from Plato to Kant. In fact, the history of European philosophy could be written as an ongoing critique of rhetoric by Platonic metaphysics. It is the same philosophy which has elevated reason to the height from which it has now fallen, attracting much criticism. But it is also the same reason which has directed its critical potential against itself in order to win its true self by self-limitation.

The reconstruction of the original foundation and legitimation of rhetoric and its rescue from oblivion has already succeeded in principle, but the details remain an important philological and historical project. I shall focus my attention here on the epistemological foundation and look firstly at the decisive early definition in order to elucidate the original relationship between rhetoric and philosophy and its function in the cognitive process in which rhetoric is recognized as the other of reason. For this purpose we need to return to the epistemological and rhetorical writings of Aristotle.

## III. Rhetoric as the Ground of Reason

Although Quintilian's definition of rhetoric as »*ars bene dicendi* – the art of speaking well«[26], which is usually quoted as authority in all later theories and handbooks, we need to go back nearly four hundred years in order to see that Aristotle puts rhetoric into a completely different context which, in my opinion, is still echoed faintly in Cicero's and Quintilian's writings as well as in the whole rhetorical tradition of the Renaissance, but very rarely or never in

---

26 Quintilian: *Inst. Orat.* II 17, 37.

school handbooks of rhetoric where it has been degraded to a collection of flowers of speech. On the other hand, that original context comes very gradually to the fore in the less regarded tracts on topics. Aristotle begins his own *Rhetorica* with the well-known and much commented upon definition:

> Rhetoric is the counterpart of Dialectic; for both have to do with matters that are in a manner within the cognizance of all men and not confined to any special science. Hence all men in a manner have a share of both; for all, up to a certain point, endeavour to criticize or uphold an argument, to defend themselves or accuse.[27]

This definition reminds us not only of the forensic and societal origin of rhetoric taken care of in Blumenberg's anthropological approach, but places it immediately into the context of the other of reason as far as the epistemological function is concerned. With respect to the matter to be dealt with in communications between people it becomes clear that rhetoric analyses the way we can deal with questions and problems which are common to all people and have to be answered and solved by all at one time or another. That is, these questions and problems relative to human life are not yet objects or problems of distinct sciences, and their treatment is not yet characterized by a specific deductive methodology resulting in apodictic knowledge, but still open to opinion and surmise. This is a decisive distinction which establishes rhetoric as the system of the other of scientific rationality precisely through Aristotle's efforts to demonstrate the necessity of their mutual relationship. All other definitions and elaborations of rhetoric as the system of oratory have to comply with this foundation.

Further insight into the originality and the dimension of such a determination of rhetoric is gained in the exposition of the system of oratory and Aristotle's epistemological treatise in *Topics*. Of the normally five parts of the art (*ars – téchnē*) of oratory: invention of the subject (*inventio – héuresis*), arrangement of (*dispositio – táxis*), elocution (*elocutio – léxis*), memory (*memoria – mnēmē*), and pronunciation (*actio – hypókrisis*), the analysis of the part played by invention by finding a suitable subject for any speech and apposite arguments in a dialectical syllogism, brings us further to the center of the issue. Invention itself consists usually of four parts: the introduction (*exordium – prooímion*), narrative of the matter in hand (*narratio – próthesis*), argumentation/proof (*argumentatio/probatio/confirmatio – kataskeuē/pístis*), and epilogue (*peroratio – epílogos*), or five if we insert, with Quintilian, a refutation (*refutatio – anaskeuē*) of the counter-argument after the *probatio*. For our purposes the argumentation, the presentation of proofs (*probationes – písteis*) in support of the proposition is the most important part.[28] But if we

---

27  Aristoteles: *Rhet.* 1354 a 1; transl. John Henry Freese. London: Heinemann 1967; see also the transl. and interpret. in Sieveke, Franz G.: *Aristoteles Rhetorik*. München: Fink ³1980, and in Brunschwig, Jacques: »Aristotle's Rhetoric as ›Counterpart‹ to Dialectic«. In: Rorty, Amélie Oksenberg (ed.): *Essays on Aristotle's Rhetoric*. Berkeley: University of California Press 1996.
28  Veit, Walter: »Argumentatio«. In: *HWRh,* vol. 1 (1992), p. 904–914; see also: »*probatio*«. In: *HWRh*. (see Fn. 7).

want to know exactly how Aristotle determines argumentation and probation, we need to consult that part of his tract called *Topics* in which he investigates the possibility »of finding a method which makes it possible for us to draw conclusions from probable statements on every presented problem.«[29] We follow Aristotle when recognizing that we are looking at an investigation of the methodology of how and what kinds of cognizance and knowledge are achieved in the area of probability. Aristotle states that all knowledge is gained in a syllogistic procedure: »A conclusion (*syllogismus* – *syllogismós*) is an utterance in which on certain premises something else than the presupposed follows with necessity on the ground of the presupposed.«[30]

Every argumentation is characterized with respect to the mode of necessity it obtains; here Aristotle distinguishes three forms: firstly, the »scientific argumentation« (*lógos apodeiktikós*) which is based on »true and primary premises« (*ex alēthōn kaì prōtōn*), that is on already proven premises or axioms. Only through this process necessary knowledge is obtained. In his epistemological treatises *First and Second Analytics* Aristotle has investigated this method sufficiently. In *Topics* he returns to this decisive point: »True and primary premises are those which do not command belief through something else but through themselves. For with regard to the principles (archai) of the sciences one must not ask further ›why‹, but each of these principles must be believable through itself.«[31]

Secondly, the specific rhetorical, the »dialectical« argumentation (*lógos dialektikós*) is based on »probable premises« (*ex endóxōn*) through which only probable knowledge is achieved.[32]

Thirdly, there is the eristic disputation (*lógos eristikós*) which is based on contentious not really probable premises achieving only false beliefs.[33] In addition to these forms of reasoning, Aristotle mentions a fourth, false reasoning (*lógos paralogismós*) which is based neither on axiomatic nor on probable premises.[34] The contentious and false reasoning will be left aside here. With Aristotle we return to rhetorical or dialectical argumentation which he investigates more closely in chapter 10:

> A dialectical premise (*prótasis dialektikê*) is a question which seems credible either to all or most or to the wisest and among the wise either all or most or the most notable. This is not paradoxical, for we accept what the wise hold to be true and if it does not go against the opinion of the multitude. Among the dialectical premises are counted also those which are similar to the credible, and those which refute that which seems contrary to the credible, and also all that presents views which are in accord with the discovered arts.[35]

---

29  Aristoteles: *Top.* 100 a 18.
30  Ibid., 100 a 25.
31  Ibid., 100 a 18.
32  Ibid., 100 a 29.
33  Ibid., 100 b 25.
34  Ibid., 101 a 5.
35  Ibid., 104 a 8–15.

What Aristotle clarifies here is neither more nor less than that rhetorical argumentation does not build on axioms but on opinions made convincing by the authority of the majority of those present in a debate or of those who know the most (*málista gnorismoí*) or are most respected in a society. We can therefore speak of the authority of the *communis opinio* or of individual leaders in the community. This again means that all rhetorical argumentation needs the assent of the community or of every individual. It is based on and confirms what at all times has been taken to be true in any community. It includes and goes beyond popular or folk wisdom in everyday argumentation on important issues in human life prior to scientific confirmation. In their credibility rests their argumentative power for all or for a limited number of members of that community. Rhetoric demonstrates in its analyses how this assent is achieved in convincing speech.

Aristotle calls the places where a speaker can find arguments in relation to questions on morality, nature and logic »common places« (*koinoì topoí*), shortened to »*topoi*«, a concept translated by Latin authors as »*loci communes*« and rendered in English as »commonplaces«, originally without any derogatory meaning. The concept *tópos* or *locus* soon denotes a frequently recurring argument itself dominating the outcome of a probation. The term »masterword« would be a very felicitous translation.[36] Topoi like »atom«, »gene«, »market«, »human rights« and globalization«, to name but a few, are undoubtedly master-words in contemporary scientific, economic and social debate. They become *cliché* if and when these arguments lose their argumentative power, that is there credibility. Thus Kant's »*Sapere aude!*« is at first a reaction against an argumentation which rested on worn out authority such as the *ipse dixit* with which the disciples of Pythagoras invoked the authority of the master. Although the argumentation supported by authority is soon criticized, with Kant it becomes untenable and the »Think for yourself!« becomes a new topos through which the new subjectivity claims a higher authority which has sustained its credibility to this day.

Although the function of rhetorical argumentation in relation to questions of morality, nature and logic is important enough in itself, Aristotle points beyond it into a realm of truly decisive importance for an answer to the question concerning the other of deductive rationality. In the second chapter of *Topics* Aristotle discusses the different uses of probable argumentation. He states that they are of threefold use, namely »for the training of the mind; for the exchange of ideas, and for the philosophical sciences (*prós gymnasían, prós tàs enteúxeis, prós tàs katà philosophían epistēmas*)«.[37] All three functions deserve detailed analysis, but we must restrict ourselves to two epistemological functions, one of which, amplification (*aúxēsis – amplificatio*) has gained great importance in rhetoric. The other is fundamental for this investigation.

---

36 I owe this suggestion to my colleague in the Department of Chinese, Dr. Gloria Davies.
37 Aristoteles: *Top.* 101 a 25.

Based on Aristotle's remarks in topics quoted earlier, that topoi are useful for the philosophical sciences »for when we are able to reflect on both sides of an issue, we will more easily recognize what is true and what is false on either side«, amplification of points of view is the primary cognitive function which Wilhelm Hennis[38] accords the use of topics. Their other function regarding the principles is referred to but not further investigated. For Hennis topics are »not simply a rhetorical tool«, they are a technique of problem-solving with the help of what is already known. Following Francis Bacon's understanding, which is quite representative of the understanding in cognitive theory right down to John Stuart Mill, Hennis states that »a chain of topical [i.e. dialectical, probable] argumentation seeks only to bring to light all of the already present ways of viewing problems in order to apply these to the proposed problem.«[39] Support is also gained from Vico's reassessment of topical argumentation in *De nostri temporis studiorum ratione* and his critique of Descartes' scientific methodology set out in the *Discours de la méthode*.

As important as it is in argumentation, the restriction to copiousness of views on a given case is halving Aristotle's intention. Of course, Aristotle's assertion is surprising: why should rhetorical argumentation become important for philosophy which has the task to investigate the principles (*archai*) and to build on them? Aristotle argues:

> Finally, it is also useful for the philosophical sciences (*katà philosophían epistēmas*). For when we are able to raise objections on both sides, we will recognize more easily what may be wrong here or there. But it will be useful also concerning the knowledge of what is the first of the principles of the sciences (*éti dè pròs tà prōta tōn perì hekástēn epistēmēn archōn*). It is impossible to find out about it on the basis of the particular principles of a given science because the principles (*archai*) are the first (*prota*) of everything; it is therefore necessary to get to the matter through probable propositions on the subject. This is precisely the characteristic or the most pertinent function of dialectical argumentation. For its nature is to find out, and therefore it is the path to the principles of all sciences (*exetastikē gàr oūsa pròs tàs hapasōn tōn methódōn archàs hodòn échei*).[40]

We need to go no further. It seems to me that Aristotle has posed and answered the question which is of greatest importance to us: we know the principles which guide the individual sciences and make them sciences by necessary demonstrations. But how is this fundamental First, the *archē* of every science grounded, since it cannot be found by scientific demonstration? All scientific

---

38 Hennis, Wilhelm: *Politik und praktische Philosophie. Eine Studie zur Rekonstruktion der politischen Wissenschaft.* (Politica. Abhandlungen und Texte zur politischen Wissenschaft. Bd. 14) Neuwied: Luchterhand 1963; see chapter VI »Topik und Politik«; the translation »Political Science and the Topics,« in: *Graduate Faculty Philosophy Journal*, vol. 7,1 (Spring 1978), p. 35–77. This ground-breaking article went almost unnoticed in systematic and historical research, most certainly in literary scholarship. See also Bornscheuer, Lothar: *Topik. Zur Struktur der gesellschaftlichen Einbildungskraft.* Frankfurt/M.: Suhrkamp 1976, p. 123–129.
39 W. Hennis: *Politik und praktische Philosophie* (see Fn. 38), p. 42.
40 Aristoteles: *Top.* 101 a 37 – b 4.

demonstration is dominated by logic – but how is logic grounded? How are the processes of reason grounded? Because the sciences, exact or human, cannot evaluate themselves or lay their own foundation, reason demands that there has to be another way to do precisely that.[41] Aristotle's answer is unambiguous: looking for and finding the principles of all demonstration is the essential function of probable, that is rhetorical and topical argumentation. Thus rhetoric and topics dominate the path to the foundations in the area preliminary to all necessary knowledge. This is an area in which they first find or invent and open up through conjecture and surmise, and through convincing argumentation bring to general acceptance, that which only afterwards can be scientifically, that is by method of deduction, analyzed, accepted or rejected. Aristotle's answer has another consequence: if probable argumentation is the way to the principles of demonstration, then the original ontological and epistemological position of probability ahead of reality and necessity, which probability has lost in the course of the history of European philosophy, is restored.

This insight does not mean that reason, as the capacity for ideas has been suspended from service, is turning into irrationalism, rather that philosophy's understanding of reason has been reduced for too long to analytical reason as the capacity for concepts, the *logos apodeiktikos*, apodictic rationality which can deal only deductively with objects which have previously been invented inductively by probable argumentation, the *logos dialektikos*, in processes described systematically in rhetoric and topics. In fact, this insight is very much reason's own, in which it becomes aware of its inherent dialectic of spontaneity and limitation in the pursuit of truth, its ability of vision and its need for confirmation in empirical deductive analysis. One just might see this as the completion of Enlightenment's project in the area of epistemology. It is certainly ironical that such a completion is achieved by re-reading the classics.

From the point of view of philosophy, Rhetoric and Topics are two epistemological investigations in which Aristotle elaborates and elucidates the other of deductive rationality. Although both offer a bridge, both are presently and after the reduction of reason to instrumental rationality still frequently and erroneously defamed as idle talk. Until recently, the bridge built by Aristotle in *Rhetoric* and *Topics* seemed rather neglected if not forgotten, which is not so surprising given the history of neglect from antiquity to modern times. But even today few scholars wish to use it. This is all the more astonishing as in the age of democracy the *communis opinio* on important issues like morality, civic virtues and values, and its production in public debate and in the media have moved again into the center of public scrutiny. In addition to the work of Ernesto Grassi, I should again draw attention to efforts by Wilhelm Hennis and Jürgen Habermas to see public communication in a new light. It is of utmost importance that the strongest challenge to apodictic rationality does

---

41 For a more systematic presentation see also Aristoteles: *Anal. Post.* 71 a 1–72 b 35; on the relation between first principles (archai) and intuition (nous) see 100 b 5–15.

not come from philosophy but from the sciences themselves which try to burst the shackles of their traditional principles and methodologies in recognizing reason's inventive potency.

## IV. Extensions

But after the elaboration of the original meaning of rhetoric as the other of analytical reason, we need to look at some other aspects within the foundation area in order to establish and clarify certain connections to science and, in particular, the theory of literature and literary criticism. I am referring here especially to the problem of inventive reason, the *noũs poiêtikós*, which Aristotle discusses in detail in his *Metaphysics* and in *De anima*. Especially in the latter he poses and answers the question of how pre-scientific thinking proceeds. While scientific thinking proceeds from and in defined concepts, as shown earlier, all pre-scientific thought has no clearly defined concepts at its disposal. However, there is thinking which has its origin and basis not in rational concepts but, as obvious from the metaphoric roots of all rational concepts, in images which are mainly but not exclusively visual in character. At this point creative imagination (*phantasía, imaginatio,* Einbildungskraft) becomes the focus of Aristotle's analysis turning, ultimately, into the creative power of and driving force behind cognitive processes involving the unexplained and the new.[42] It is the same phantasy which lets the poet, the maker of images, see and find the word for what has been seen, the metaphor which, in the strictest sense of the word is neither more nor less than the translation into rational language of that which creative imagination has seen. Here we could draw on Goethe's testimony by citing his reflections on *Symbols* and *Analogies*. Short as these are, Shakespeare says it all in fewer lines:

> Lovers and madmen have such seething brains,
> Such shaping fantasies, that apprehend
> More than cool reason ever comprehends.
> The lunatic, the lover and the poet
> Are of imagination all compact:
> ....
> And as imagination bodies forth
> The forms of things unknown, the poet's pen
> Turns them to shapes and gives to airy nothing
> A local habitation and a name.[43]

Scholarly etymology shows how every concept is based on a metaphor. Ernesto Grassi has extensively demonstrated this process already convincingly

---

42 Warnock, Mary: *Imagination*. London: Faber 1976; Homann, Karl »Einbildung, Einbildungskraft«. In: Ritter, Joachim (ed.): *Historisches Wörterbuch der Philosophie (HWPh)*, vol. 2. Basel: Schwabe 1972, p. 346–358; Pagnoni-Sturlese, Maria Rita: »Phantasia.« In *HWPh*, vol. 7 (1989), p. 515–535.
43 A Midsummer-Night's Dream, V, i, 3–17.

in detail in several of his books.[44] Furthermore, outlines of a theory of literature emerge which is much more strongly grounded in the ontology and epistemology of rhetoric.[45] For this purpose the usual understanding of the concept of the image in literary criticism has to be extended to include not only the original meaning of painting and sculpture, but also the poetic image in its many forms as metaphor, symbol, emblem, narrative, dramatic action and myth. It is important that all of them, including the literary genres, have to be understood and interpreted as *arguments* or *argumentations*, an understanding that Quintilian still seems to have when discussing the education of the orator:

> Finally we should give credence to the orators who draw on the poems of the ancients in order to win belief for their cause and ornaments for their oratory. (*denique credamus summis oratoribus, qui veterum poemata vel ad fidem causarum vel ad ornamentum eloquentiae adsumunt.*)

And two sentences further on he makes the point absolutely clear:

> In addition, there is a not insignificant advantage [in quoting poets], because the thoughts of the poets confirm like the testimonies of witnesses what has been proposed. (*quibus accedit non mediocris utilitas, cum sententiae eorum velut quibusdam testimoniis quae praeposuere confirment.*)[46]

Another important hint at the close relationship between rhetoric and literature is found in literature itself, in a quotation from the *Aeneid* in which Virgil describes the shield of Turnus, calling the depicted scenes a »mighty argument« (*argumentum ingens*) meaning certainly more than »a clever piece of work.«[47]

But I find my own argument amply supported by Cicero when he deals in his *Topica* extensively with the topos *ex auctoritate*:

> In addition, one does not think in this manner only about people who serve in a public office and take care of the state, but also about orators, philosophers, poets and historians. What they say and write is often used as an authority in order to create conviction. (nec solum eos censent esse talis, qui in honoribus populi reque publica versantur, sed et oratores, et philosophos et poetas et historicos, ex quorum et dictis et scriptis saepe auctoritas petitur ad faciendam fidem.)[48]

---

44 Grassi, Ernesto: *Die Macht des Bildes* – Ohnmacht der rationalen Sprache. Zur Rettung des Rhetorischen. Köln: DuMont 1970; Grassi, Ernesto: *Die Macht der Phantasie*. Zur Geschichte abendländischen Denkens. Frankfurt/M.: Athenäum 1979; Grassi, Ernesto: *Die unerhörte Metapher*. Frankfurt/M.: Hain 1992. See also Veit, Walter: »The Potency of Imagery - the Impotence of Rational Language: Ernesto Grassi's contribution to modern epistemology.« In: Philosophy and Rhetoric, 17,4 (1985), p. 221-239.
45 Veit, Walter: »E. R. Curtius' Anstösse zu einer Erneuerung der Literaturtheorie.« In Berschin, Walter/Rothe, Arnold (eds.): *Ernst Robert Curtius - Werk, Wirkung, Zukunftsperspektiven*. (Heidelberger Symposion zum hundertsten Geburtstag 1986) Heidelberg: Winter 1989, p. 273 –287.
46 Quintilian: *Inst. orat.* I, vii, 10 and 12.
47 Virgil: *Aeneid* VI, 791.
48 Cicero: *Topica*, XX, 78.

Ernst Robert Curtius could have demonstrated the relationship between rhetoric and literature referring also to *Topica* where Cicero quotes some verses, probably from tragedies, in order to give some examples of rhetorical syllogisms (*enthymems*) from contrary premises (*ex contraries*), which, he claims, appear to be the most acute (*quia videtur ea, quae ex contraries conficitur, acutissima*).[49]

Since I have treated the question of rhetorical argumentation more extensively on a different occasion, I will mention only in passing that I take, in accordance with my understanding of classical rhetoric, the function of the poetic word to be a probable and aesthetic argument. This is the basis for my suggestion to further elaborate a theory of literature as a system of aesthetic argumentation.[50] As aesthetic argumentation, literature is the other of deductive reason with regard to ontology as well as epistemology. By stressing the »aesthetic« in argumentation the preeminence of sense perception in all prescientific cognizance and the cognitive dimension of imagination comes into focus. Imagination gets a sight of the ungrounded, sighting that which shows itself to humans particularly in art as the groundless ungroundable, as origin and the first. It is on this ground that art was turned into a religion in the late 18th and early 19th centuries. But exactly here something else becomes visible: I am thinking of the curse of foundation, the compulsive explaining, which analytical-deductive science has invoked over reason or into which reason has incarcerated itself. The curse and foundation topos of scientific argumentation says: There is nothing without reason. This master-word rules the prison of total explanation. Immanuel Kant had still an understanding of the ungrounded, for when his transcendental ideas of reason indicate the groundless givens which are the principles of everything else. But we also recognize the tragedy in Kant's *Critique of Pure Reason* when the groundless is given into the power of reason. Still, to us groundlessness, the *être sans raison*, is anathema. In consequence, even what is evil as much as what is good is not without reason and thus justifiable in some way. When causality becomes the master-word, the good as well as the evil become less and less recognized as demands that requires a response from us. Irresponsibility replaces our answer. The same holds for other topoi of contemporary thought, for instance the debate about change which has deteriorated to an unconditional request for change without consideration of the value of change.

---

49  Ibid., XIII, 55.
50  W. Veit: »E. R. Curtius' Anstösse zu einer Erneuerung der Literaturtheorie« (see Fn. 45); also Veit, W.: »Frage – Quaestio – Question.« In: *HWRh*, vol. 3 (1996), p. 420–445; Veit, W.: »Deductio – Inductio.« In: *HWRh*, vol. 4 (1998), p. 351–373; also Lausberg, Heinrich: *Handbuch der literarischen Rhetorik. Eine Grundlegung der Literaturwissenschaft*. München: Hueber ³ 1990; Dyck, Joachim: *Ticht-Kunst. Deutsche Barockpoetik und rhetorische Tradition*. Bad Homburg 1969; Dyck, Joachim: »Rhetorische Argumentation und poetische Legitimation. Zur Genese und Funktion zweier Argumente in der Literaturtheorie des 17. Jahrhunderts.« In: Schanze, Helmut (ed.): *Rhetorik. Beiträge zu ihrer Geschichte vom 16.–20. Jahrhundert*. Frankfurt/M. 1974.

Returning to our discussion of aesthetic argumentation, I do not wish to remind us of the history of aesthetics and its changes. I therefore do not refer here in the first place to Baumgarten's *Aesthetica* of 1750/58, but to its origin in the Greek concept of αἰσψησιω (*aisthesis*), that is sense perception, which in Aristotle's understanding – and turning against Plato – guarantees fundamentally the truth of the specific and, together with imagination, rules the access to scientific knowledge, of the necessary general, through the unveiling probable argumentation of poetry. The German term *wahrnehmen* shows in a complex way the preeminence of the senses over analytic-deductive rationality. In this context we find also the non-verbal argumentation which is present, among others, in the poetic genre of drama. It presents itself in communicative *action*. Primary human activities are responses to the original requests of life which humans suffer as hunger, thirst, love and death. Classical Greek and Roman philosophy describes them appositely as *passiones*, passionate sufferings in all the ambiguities of the term.[51] Like nobody else, Ernesto Grassi has turned his attention to the phenomena of passions. He has won convincing insights which on their part open again the view toward the other of analytical reason.[52]

Thus a new role for the imagination emerges in our investigation into the other of analytical reason, an imagination which appears neither as an irrational power as claimed, if at all noticed, by modern cognitive theory nor, as Dietmar Kamper proposes, as a protective force against anxiety vis-à-vis reality as offered by the modern dream industry.[53] We are dealing with an imagination which creates the images which let us see reality for the first time and prior to all methodical analysis and knowledge. It is therefore important to investigate the foundation, creation and role of imagination in the cognitive process in addition to the topoi of agreement and conviction in everyday and literary as well as in scientific argumentation. We should investigate, for instance, the emergence of the topos of *progress* from a metaphor which has given so much unquestioned authority to European thought in all areas from St. Augustine to the present where it seems to be on the wane and to be replaced by some other cognition guiding images. Originating in old metaphors, the topoi of *change* and *balance* are gaining today in argumentative use and convincing strength albeit in different political camps. Something similar can be said about the historical development of the topoi *e contrariis* of *self-realization* and *renunciation*.

So far I have tried to show how Aristotle portrays rhetoric and the power of imagination in the process of aesthetic argumentation as the Other of scientif-

---

51 Hager, J.: »Aisthesis.« In: *HWPh*, vol. 1 (1971), p. 119–121; Wiegmann, H.: »Ästhetik.« In *HWRh*, vol. 1 (1992), p. 134–1154; see also very enlightening and amusing on Aristotle's dialectics Charpa, Ulrich: *Aristoteles*. Frankfurt/M. 1991.
52 Grassi, Ernesto: »Ursprung und Anspruch der Natur in der Lust.« In: Grassi, Ernesto/Schmale, Hugo (eds.): *Arbeit und Gelassenheit. Zwei Grundformen des Umgangs mit der Natur*. München: Fink 1994, p. 133–154.
53 Kamper, Dietmar: *Zur Soziologie der Imagination*. München 1980.

ic reason, particularly through the poetic image solidified first in the poetic word, then in a topos which may emerge as one of the principles on which, ultimately, scientific cognizance is built. The Other serves, at the same time, as the foundation of a critique in which Aristotle seems to anticipate Kant's *Critique of Pure Reason*. Both determine the borders of reason and its legitimate use. Two thousand years after Aristotle, Kant puts much philosophical effort again into securing the foundation of the relationship between necessary knowledge and imagination. In his *Critique of Pure Reason* the »transcendental power of imagination (*transzendentale Einbildungskraft*)« takes its place in the cognitive process between the receptivity of sense perception and the productivity of concepts after releasing it from its anticipatory, poetic function and, at the same time, evicting rhetoric and topics from the cognitive process. We have shown that Aristotle has laid the foundation for an understanding of rhetoric as the Other of instrumental rationality. After its trivialization, suppression and forgetting in early modernity, rhetoric is poised to take its rightful place in the theory of cognition again, especially in the cognition of the new.

## V. A Test Case

We are now on secure ground to present concrete examples of the function of topoi in the discovery of the new in a process which starts with the metaphoric and ends in scientific analysis.[54] There exists of course a considerable literature on metaphoric speech most of which is concerned with rhetorical ornamentation in literature. A much smaller part is combining the literary with the topical and philosophical. Only very few consider the epistemological function of metaphors in the context of topos research.[55]

My rather long but most significant example comes from the travel literature of the 18th century which combines both literary and scientific approaches in the discovery of the new in the exploration of the Pacific. I am referring to Georg Forster's *Voyage around the World*,[56] written as an account of Captain Cook's second journey to the Pacific from 1772 to 1775, accompanied by the Forsters, father Johann Reinhold and son Georg, as the officially appoint-

---

54 Holton, Gerald: *The Scientific Imagination*. Case Studies. Cambridge: University Press 1978.
55 Lakoff, George/Johnson, Mark: *Metaphors we live by*. Chicago: University of Chicago Press 1980; the best survey of the field so far in Haverkamp, Anselm (ed.): *Theorie der Metapher*. (Wege der Forschung 389) Darmstadt: Wissenschaftliche Buchgesellschaft 1983; E. Grassi: *Die unerhörte Metapher* (see Fn. 44).
56 Forster, Georg: *A Voyage around the World*. (2 vols. London: White 1777) In: Kahn, Robert L. (ed.): Georg Forsters Werke. Sämtliche Schriften, Tagebücher, Briefe. Berlin: Akademie Verlag ²1986; the extract p. 215–217; Forster's own translation in vols. 2 and 3 of the same edition: Steiner, Gerhard (ed.): *Reise um die Welt*. (2 vols. Berlin: Hause & Spener 1778/80) Berlin: Akademie Verlag 1965, p. 298–301.

ed »naturalists« on board the »Resolution.« There are a number of similar descriptions with varying details but, in my opinion, none more inclusive and penetrating in presenting the observations and reflections on the whole experience when leaving the island of Tahiti.

> [1773 September] [215,24]The breeze with which we sailed was so moderate, that we continued near the shore for the whole evening, and were able to distinguish the exuberant scenery of the plain, beautiful enough, even at this dead season of winter, to vie with the richest landscapes, which nature has lavished on different parts of the globe. Its fertile soil, and genial climate, which produces all sorts of nutritive vegetables almost spontaneously, insures the felicity of its habitants. Allowing for the imperfect state of sublunary happiness, which is comparative at best, there are not, I believe, many nations existing whose situation is so desirable. Where the means of subsistence are so easy, and the wants of the people so few, it is natural that the great purpose of human life, that of multiplying the number of rational beings, is not loaded with the miseries which are attendant upon the married state in civilized countries. The impulses of nature are therefore followed without restraint, and the consequence is a great population, in proportion to the small part of the island which is cultivated. The plains [216] and narrow vallies are now the only inhabited parts, though many of the hills are very fit for culture, and capable of supporting an infinite number of people. Perhaps, in course of time, if the population should increase considerably, the natives may have recourse to these parts, which are now in a manner useless and superfluous. The evident distinction of ranks which subsists at Taheitee, does not so materially affect the felicity of the nation, as we might have supposed. Under one general sovereign, the people are distinguished into the classes of aree, manahoùna, and towtow, which bear some distant relation to those of the feudal systems of Europe. The simplicity of their whole life contributes to soften these distinctions, and to reduce them to a level. Where the climate and the custom of the country do not absolutely require a perfect garment; where it is easy at every step to gather as many plants as form not only a decent, but likewise a customary covering; and where all the necessaries of life are within the reach of every individual, at the expense of a trifling labour, ambition and envy must in a great measure be unknown. It is true, that the higher classes of people possess some dainty articles, such as pork, fish, fowl, and cloth almost exclusively; but the desire of indulging the appetite in a few trifling luxuries, can at most render individuals, and not nations, unhappy. Absolute want occasions the miseries of the lower class in some civilized states, and is the result of the unbounded voluptuousness of their superiors. At O-Taheitee there is not, in general, that disparity between the highest and the meanest man, which subsists in England between a reputable tradesman and a labourer. The affection of the Taheitians for their chiefs, which they never failed to express upon all occasions, gave us great room to suppose that they consider themselves as one family, and respect their eldest-born in the person of their chiefs. Perhaps the origin of their government was patriarchal, and the king might only be dignified by virtue of being considered as the father of his people, till by degrees the constitution settled into its present form. There still remains much ancient simplicity in that familiarity between the sovereign and the subject. The lowest man in the nation speaks as freely with the king as with his equal, and has the pleasure of seeing him as often as he likes. This intercourse would become more difficult as soon as despotism should begin to gain ground. The king sometimes amuses himself with the occupation of his subjects, and not yet depraved by the false notions of an empty state, often paddles his own canoe, without thinking such an employment derogatory to his dignity. How long such an happy equality may last, is uncertain; [217] since the indolence of the chiefs is

already, notwithstanding the exuberant fertility of the soil, a step towards its destruction. Though cultivation is a labour scarce felt at present by the towtows, to whom it is allotted; yet by insensible degrees it will fall heavier upon them, as the number of chiefs must naturally increase in a much greater proportion, than their own class, for this obvious reason, because the chiefs are perfectly unemployed. This adddition of labour will have a bad effect on their bodies, they will grow ill-shaped, and their bones become marrowless: their greater exposure to the action of a vertical sun, will blacken their skins, and they will dwindle away to dwarfs, by the more frequent prostitution of their infant daughters, to the voluptuous pleasures of the great. That pampered race, on the contrary, will preserve all the advantages of an extraordinary size, of superior elegance of form and features, and of a purer colour, by indulging a voracious appetite, and living in absolute idleness. At last the common people will perceive these grievances, and the causes which produced them; and a proper sense of the general rights of mankind awaking in them, will bring on a revolution. This is the natural circle of human affairs; at present there is fortunately no room to suppose, that such a change will take for a long series of years to come; but how much the introduction of foreign luxuries may hasten that fatal period, cannot be too frequently repeated to Europeans. If the knowledge of a few individuals can only be acquired at such a price as the happiness of nations, it were better for the discoverer, and the discovered, that the South Sea had still remained unknown to Europe and its restless inhabitants.

In rhetorical analysis, the extract is a brilliant example of oratory and extended syllogism demonstrating the use of a number of important features of dialectical argumentation. This report and the penetrating reflection on the visual experiences are indeed a continuous dialectical argumentation on the questions: what is the good life? What are the conditions and phenomena of its existence and of its destruction? The argumentation is conducted through structural topoi of induction and deduction, comparisons and juxtapositions, and amplifications which allow Forster to display a great number of immediate and past observations and conclusions drawn from them.

The composition of this and many other parts of the journal, the *dispositio* of the material in support of the proposition which is embedded in it, is clearly recognisable. There are three main sections with their own argumentative agenda. The first opens with a view from the departing ship onto an *exuberant scenery* for the description of which Forster has recourse to the classical topoi of Arcadia in which Nature provides all: the genial climate, the fertile soil producing the necessities of life with trifling labour almost spontaneously, the simplicity of the people living there.[57] The resulting felicity of its inhabitants is contrasted *e silentio* but perceivable to the eye with the hard life on board ship and, by implication, of European civilisation which it represents. Thus the topos of Nature versus Culture shows its argumentative power. The argu-

---

57 Veit, Walter: »Sancta Simplicitas.« In: *Sensus Communis. Trends in Comparative Literature*. Festschrift for Henry H. Remak. Ed. by János Riesz et al. Stuttgart: Gunter Narr Verlag 1986, p. 369-383; Veit, Walter: »Simplicitas antipodea«. In: Veit, Walter (ed.): *Antipodische Aufklärungen - Antipodean Enlightenments*. Festschrift for Leslie Bodi. Frankfurt/M., Zürich, New York: Peter Lang 1987, p. 489-502.

mentation *e contrario* is amplified, in a number of steps, first by the juxtaposition of the unencumbered sexuality of the island's inhabitants with the miseries of married life in civilised countries where the inhabitants cannot easily fulfil the purpose of human life as ordained by Nature, that is the multiplication of rational beings; then by the absence – as yet – of a rigid class society and, further on, by contrast in government.

Invoking very old and rather new topoi, the next section elaborates the same theme on the level of social and political life, contrasting the islanders' ancient or natural simplicity with the complexity of a European class system brought about by the accumulation of possessions by some through the exploitation of others leading to the destruction of the natural social fabric. The description of the islanders' natural simplicity in the manner of Rousseau emphasises the natural and, as a consequence, happiness and equality. The argument is amplified *e contrario* by the unnatural characteristic of advanced civilisations: indulgence, indolence, accumulation of unnecessary riches and luxuries, voluptuousness on the upper social level, work, exploitation, prostitution, sickness, poverty and, thus, inequality. On the constitutional level, Tahitian egalitarian patriarchy is compared to European despotism.

In the third part, the inductive strategy of accumulating the evidence in an extended dialectical syllogism leads to a conclusion from given premises resembling a dialectical deduction: given that the natural state of happiness is the primary condition of human life, and given that Europe is in a state of unnatural misery, it must be concluded that life in Europe has fallen from its original state in later development. And given that there are very early indications of decay in Tahitian society now, it can be concluded that Tahitian society, too, will one day reach the deplorable state in which Europe exists today. It is more than probable that such a situation will be remedied by a revolution, that is a reversal to the original state, for its is the »natural circle of human affairs.« Here Georg Forster draws – long before Darwin and Marx – a startling conclusion in form of a law of nature which will be the convincing *archē/* principle for most later argumentation about the direction of political history. As much as the whole passage is, like a number of others, embedded and guided in its recognition and understanding of the new in the Pacific by much traditional topology, such as Arcadia, Golden Age, Utopia and the topoi emerging from the Biblical mythology of an earthly Paradise, which I have discussed elsewhere[58], it is also intent on finding the underlying *archē* through the reflection on the empirical observations of and in a hitherto unknown world. Undoubtedly, the image of cyclical history is itself part of classical mythology which was replaced by St. Augustine's idea, that is his vision, of sacred history as progress to salvation. Forster deals with secular history in the Enlightenment project of secularisation and historicisation. In the Pacific the new principle becomes evident to the Enlightenment scientist. In the argu-

---

58 Veit, Walter: »The Topoi of the European Imagining of the Non-European World.« In: *arcadia. Zeitschrift für Vergleichende Literaturwissenschaft* 18,3 (1983), p. 1-20.

mentation *ex contrariis* it is formulated as covering law. Thus we witness the invention of a new *archē* of history.

From this new principle, consequences can be immediately deduced: the dialectics of the presented opposites, the juxtaposition of the Pacific and the European worlds, contain the possibility of a critique of Europe which Forster uses to great effect in a variety of forms. One is the chiasm of a direct confrontation of the happiness of the uncivilised and the misery of the civilised. The other is an *e silentio* warning to Europeans: if the deterioration in the social fabric of Tahitian society progresses to the point where »the common people will perceive these grievances, and the causes which produced them,« a revolution is inevitable. On the evidence of the contrasted situation of European society presented before, Europe is at the eve of a revolution. Thus the new law of history is used to predict a necessary development which became reality only a few years after Forster had returned to Europe; it has been used ever since by others to great ideological and practical effect in later history.

This critique of European civilisation seems to have been part of an ongoing discourse among the »gentlemen« on board ship. The entries in Johann Reinhold's diaries[59] for August 25, 1773 give us a general idea of the topics of conversation of the visit to »this happy Island« whose inhabitants »must therefore be deservedly called a happy people.« He chooses »the Description of an abler Master to indemnify my reader for the view of the fine Scenery«, and inserts descriptive verses from Book VI (638 to 656) of Virgil's *Aeneid* which name all the classical topoi and place them into the mythical context. These quotations, like all the quotations throughout Georg Forsters *Voyage*, identify the intellectual dimension of the educated on the *Resolution*. But there are entries in the diaries of James Cook[60] and Joseph Banks[61] from the first journey which use the same topical argumentation to engage in exactly the same cultural criticism. Neither of them can penetrate to the root causes laid bare by Georg Forster.

Although such critique has become common in accounts of real or imagined travels into the unknown and of meetings with indigenous peoples as part of Enlightenment literature, none – as far as I can see – extends this critique to the Enlightenment project of empirical discovery and scientific description itself as Georg Forster does at the end of his description. Again he chooses to embed the indirect in the direct target: the experience in Tahiti and other places shows that the introduction of useful or only decorative foreign items in exchange for food, sex and ethnological specimens creates unfore-

---

59 Hoare, Michael (ed.): *The* Resolution *Journal of Johann Reinhold Forster 1772–1775*. 4 vols. London: The Hakluyt Society 1982; vol. II, p. 336–337.
60 Reed, Alexander Wyclif (ed.): *Captain Cook in Australia – Extracts from the Journals of Captain James Cook*. Sydney: Reed 1969, p. 136 ff. »Some Account of New Wales.« See also Beaglehole, John Cawte: *The Life of Captain James Cook*. London: The Hakluyt Society 1974.
61 Banks, Joseph: *Endeavour Journal I & II*. Ed. by John Cawte Beaglehole. Sydney: Angus & Robertson 1962, vol. I, p. 442 (November 30, 1769) and vol. II, p. 130 and p. 143 (September 3, 1770).

seen social disturbances among the natives. It also gives them impressions of human life outside their current horizon of comprehension which will infect them as they have been infected with hitherto unknown diseases. Forster put it in form of a rhetorical question because the reader is already convinced that all of this will hasten the advent of that »fatal period« in the Pacific just as the introduction of new ideas into European society is bringing it to the verge of a revolution. Forster's rhetorical strategy lays open the dialectics of enlightenment while the *Resolution* and the civilization it represents leaves the place where to the European mind the ideal of human life still exists in reality. The metaphor of the European ship leaving the shore of paradise after much scientific efforts at comprehending the unknown makes visible not only the distance of communication and understanding between both sides which the author tries to overcome in dialectical argumentation. The image also shows that it is tragically impossible for these members of an expedition of discovery to leave behind their civilization fraught with miseries and on the eve of an anticipated revolution and return to the felicity of the uncivilized inhabitants of these happy islands. The topos of the Pacific points to an unredeemed promised and an unrealized vision exploited commercially today.

# Inventio/Elocutio.
# Metaphorische Rede und
# die Formierung wissenschaftlichen Wissens

RALF KLAUSNITZER (Berlin)

Bei der Erzeugung, Darstellung und Verbreitung von Wissensansprüchen spielen metaphorische Ausdrücke eine ebenso zentrale wie problematische Rolle: Obwohl faktisch unauflöslich mit sprachlicher Kommunikation – und also auch mit dem im Medium der Sprache realisierten Diskurs der Wissenschaft – verbunden, waren und sind ihre kognitiven Qualitäten und Leistungen umstritten; und auch wenn selten ihre Verwendung überhaupt gemeint ist (und zumeist ihr unzutreffender Einsatz bzw. ihr Gebrauch zur Durchsetzung falscher Ziele kritisiert wird), reichen die Stellungnahmen zum Metapherngebrauch von vehementer Ablehnung bis zu emphatischer Affirmation. Hintergrund der kontroversen Positionen ist ein traditionsreiches Konfliktfeld, in dem sich unterschiedliche Annahmen zu Erzeugung und Darstellung, Entdeckung und Begründung sowie zu Klassifizierung und Bewertung von wissenschaftlichem Wissen überlagern: Während metaphorischer Rede und dem ihr zugrundeliegenden analogischen Schlußprinzip in Aristoteles' *Rhetorik* eine heuristische Funktion bei der Entdeckung von Erkenntnissen zugebilligt wurde und das in Metaphern formulierte Erfassen von »Ähnlichem in weit auseinanderliegenden Dingen« nicht nur in seinem Konzept der *phrónesis* – der auf Wahrscheinlichkeit zielenden Klugheit – eine Rolle spielte, schloß die Gewißheit anstrebende *epistémē* metaphorische Ausdrücke als »undeutlich« und »trügerisch« aus. Seit Platons Auseinandersetzung mit den Sophisten und der aristotelischen Klärung der Prinzipien von Begriffsbildung und Schlußverfahren fordern die Normen der Darstellung und Begründung von Wissensansprüchen wahrheitsfähige Aussagen, die als exakt, präzise, ökonomisch und eindeutig sowie durch Klarheit des Ausdrucks und Vermeidung von Redundanz transpersonale Geltung gewährleisten.[1] Uneigentlicher, figurativer Sprachgebrauch galt und gilt aufgrund seiner Ambiguität dagegen als verwerflich: Tropischer Rede sei keine Beweisführung zu entnehmen, dekretierte Thomas von Aquin im 13. Jahrhundert; »kahle Rede, die uns nicht auf den Flügeln des Gesanges erhebt, sondern zu Fusse geht«, forderte der Altphilolo-

---

1   Prägnant formuliert durch Huxley, Aldous: *Literature and Science*. London 1963, S. 41: »The aim of the scientist is to say only one thing at a time, and to say it unambiguously and with the greatest possible clarity.«

ge Ulrich von Wilamowitz-Moellendorff für die Wissenschaft im 20. Jahrhundert.[2]

Es wäre nicht sonderlich schwierig, in den Ablehnungen uneigentlichen Sprechens einen performativen Widerspruch zu entdecken und sich so den neueren Befunden von Rhetorik, Fachsprachenforschung und Wissenschaftsgeschichtsschreibung über die unabdingbar tropische Verfassung auch der wissenschaftlichen Kommunikation anzuschließen. Davon soll an dieser Stelle jedoch ebenso Abstand genommen werden wie von einem – angesichts der Fülle von Publikationen wohl kaum mehr möglichen – Überblick über die seit den 1930er Jahren intensivierten Forschungen zu Struktur, Verwendungsweisen und Interpretationsmöglichkeiten von Metaphern.[3] Vielmehr möchte ich einem besonderen Fall uneigentlichen Sprachgebrauchs nachgehen: dem Einsatz metaphorischer Rede bei der Behauptung und Diskussion von Wissensansprüchen – und zwar von Wissensansprüchen, die aufgrund ihrer Produktion und Zirkulation innerhalb der scientific community als »wissenschaftlich« gelten. Im Zentrum meiner Explorationen stehen Fragen nach den rhetorischen Strukturen und Organisationsprinzipien innerhalb eines Kommunikationszusammenhanges, der in disziplinärer Konditionierung und mit rekursiven Operationen ein »gesichertes« Wissen über spezifisch modellierte Problemlagen produziert und kommuniziert: Gibt es einen spezifischen Metapherngebrauch in den Wissenschaften, im besonderen in den textinterpretierenden Disziplinen? Wie lassen sich Metaphern in wissenschaftlichen Texten identifizieren; auf welchen Prämissen basiert die Unterscheidung von »eigentlichem« und »uneigentlichem« Sprechen bei der Produktion, Distribution und Diskussion von Wissensansprü-

---

2   Zur normativen Ächtung der Ambiguität tropischer Rede (bei gleichzeitiger Reflexion tropischer Figuren in der rhetorischen Stillehre) vgl. Schüttpelz, Erhard: *Figuren der Rede. Zur Theorie der rhetorischen Figur*. Berlin 1996 (= Philologische Studien und Quellen 136), S. 336–398; zum Metaphernverbot in der Wissenschaft u. a. Nieraad, Jürgen: *»Bildsegnet und Bildverflucht«. Forschungen zur sprachlichen Metaphorik*. Darmstadt 1977; Weinrich, Harald: »Metapher«. In: Ritter, Joachim/Gründer, Karlfried (Hg.): *Historisches Wörterbuch der Philosophie*. Bd. V. Darmstadt 1980, Sp. 1179–1186, hier Sp. 1179–1181; ders.: »Formen der Wissenschaftssprache«. In: *Jahrbuch der Akademie der Wissenschaften zu Berlin 1988*. Berlin, New York 1989, S. 132–139; ders./ Kretzenbacher, Heinz L. (Hg.): *Linguistik der Wissenschaftssprache*. Berlin, New York 1995 (= Akademie der Wissenschaften zu Berlin. Forschungsberichte 10).

3   Vgl. dazu die bibliographischen Erhebungen von Shibles, Warren A: *Metaphor. An Annotated Bibliography and History*. Whitewater 1971; Noppen, Jean-Pierre/van de Knop, Sabine/de Jongen, Renée (Hg.): *Metaphor. A Bibliography of Post-1970 Publications*. Amsterdam, Philadelphia 1985; van Noppen, Jean-Pierre/Hols, Edith (Hg.): *Metaphor II. A Classified Bibliography of Publications from 1985–1990*. Amsterdam, Philadelphia 1991; eine die internationale Diskussion einbeziehende Übersicht über die neueren Forschungsfelder bietet die Einführung von Lutz Danneberg, Andreas Graeser und Klaus Petrus in dem von ihnen herausgegebenen Sammelband: *Metapher und Innovation. Die Rolle der Metapher im Wandel von Sprache und Wissenschaft*. Bern, Stuttgart, Wien 1995 (= Berner Reihe philosophischer Studien 16), S. 9–21.

chen? Welche Rolle spielen Metaphern beim Gewinn neuen Wissens und welche Kriterien besitzen wir, um ihre Bedeutung für »produktive« oder »unproduktive« Innovationen bzw. für bloßes »Theoriedesign« zu unterscheiden?

Zur Entfaltung und Klärung dieser Fragestellungen erweist sich ein systematischer Rekurs auf die in der und gegen die Rhetorik entwickelten Problembestimmungen und Lösungsstrategien aus mehreren Gründen als hilfreich. Zum einen reflektierte die systematisierte Theorie der Redekunst seit ihren Anfängen im fünften vorchristlichen Jahrhundert stets auch die Spezifik tropischer Rede und schuf im Rahmen der *elocutio* einen Katalog, in dem der Ort der Metapher bestimmt und durch die Nachbarfiguren Metonymie, Periphrase, Synekdoche, Antonomasie, Emphase, Litotes, Hyperbel und Ironie begrenzt wurde. Zum anderen vollzogen sich die Diskussionen um Metaphern und Metapherngebrauch bei der Erzeugung und Verbreitung von Wissensansprüchen stets auch im Kontext der Auseinandersetzungen um die rhetorischen Dimensionen eines kommunikativen Systems, das im Interesse gültiger und intransitorischer Erkenntnis sprachliche Ambiguitäten und Amphibolien auszuschließen suchte. Deshalb werde ich nach einer knappen Bestimmung des zugrundegelegten Verständnisses metaphorischen Sprechens in drei Schritten vorgehen: In einem ersten Schritt sind die Annahmen zur Relevanz von Metaphern bei der Erzeugung und Darstellung von Wissensansprüchen vorzustellen, die von (normativer) Exklusion über die Einsicht in ihre Unhintergehbarkeit bis zur Bejahung als »imaginative Universalien« (G. Vico) reichen. In einem zweiten Schritt soll der kognitive Gehalt metaphorischer Rede bei der Produktion und Verbreitung wissenschaftlichen Wissens bestimmt und entlang der Funktionen der Metapher zur Schließung von Bezeichnungslücken, zur Entdeckung bzw. Erfindung von Erkenntnissen sowie zu ihrer Darstellung aufgefächert werden. Ein abschließender dritter Abschnitt diskutiert die Möglichkeiten zur Interpretation metaphorischer Ausdrücke in wissenschaftlichen Texten.

Bevor die nachfolgende Bestimmung der Metapher eine – notwendig knappe – Grundlage zu deren Identifikation und Unterscheidung von anderen Formen tropischer Rede und nicht-literaler Bedeutung liefern soll, sei auf einen scheinbar trivialen, nichtsdestoweniger zentralen Leitgedanken der nachfolgenden Überlegungen hingewiesen. Jede Diskussion metaphorischer Rede hat die Bedingungen zu berücksichtigen, unter denen Eigenschaften und Probleme tropischen bzw. rhetorischen Sprachgebrauchs reflektiert wurden. Um Metaphern und den Diskurs über Metaphern adäquat beschreiben, interpretieren und bewerten zu können, ist der Rekurs auf die historischen Wissenskontexte stets notwendig und mit der Einsicht in die konkreten Entstehungsbedingungen rhetorischer Theoriebildungen zu verbinden – wie von Christian Strub nachdrücklich betont, gibt es »das Konzept *der* Metapher einfach nicht«[4];

---

4  Strub, Christian: »Abbilden und Schaffen von Ähnlichkeiten. Systematische und historische Thesen zum Zusammenhang von Metaphorik und Ontologie«. In: L. Danneberg/A. Graeser/K. Petrus (Hg.): *Metapher und Innovation* (s. Anm. 3),

und vielfältig wie die metapherntheoretischen Explorationen erweisen sich auch die Ansätze zur Bestimmung dessen, was als »Rhetorik« zur Beschreibung und Erklärung von Effekten der Rede und den Regularien ihrer Erzeugung beitragen soll.[5]

Um dieser Forderung nachzukommen, soll im folgenden nicht eine spezifische Metaphemtheorie wie etwa die Aristoteles zugeschriebene »Substitutionstheorie«, die auf Cicero und Quintilian zurückgeführte »Vergleichstheorie« oder Max Blacks »Interaktionstheorie« zur Bestimmung metaphorischen Sprechens herangezogen werden, sondern die übergreifende Konzeptualisierung der *Abweichung*, die eine schrittweise vorgehende Bedeutungszuweisung erfordert.[6] Als »metaphorisch« werden im folgenden sprachliche Ausdrücke angesehen, deren Identifikation und Interpretation aufgrund ihrer »kalkulierten Absurdität« (Christian Strub) in mehreren Schritten erfolgen muß: Wenn eine erste Bedeutungszuweisung zu einer Unvereinbarkeit eines sprachlichen Ausdrucks mit dem um die Redesituation erweiterten kontextuellen Weltwissen führt, besteht der darauf folgende zweite Schritt in der Schlichtung dieser Unvereinbarkeit – durch die Annahme einer Bedeutung für diesen Ausdruck (oder einen Komplex von Ausdrücken), die keine wörtliche ist, so daß es sich nicht mehr um eine falsche wörtliche Bedeutungszuweisung handeln kann, und darüber hinaus im Übergang zu einer nichtwörtlichen Bedeutung. Die Pointe der zweiten Bedeutungszuweisung – und auch der Unterschied zu anderen Fomen nicht-literaler Bedeutung wie etwa der Ironie, die

---

S. 105–125, hier S. 108, Hervorhebung im Original. Dazu ders.: *Kalkulierte Absurditäten. Versuch einer historisch reflektierten sprachanalytischen Metaphorologie.* Freiburg, München 1991, S. 28 f., 280. Auch Anselm Haverkamp wies in der Einleitung zu dem von ihm herausgegebenen Sammelband *Theorie der Metapher* darauf hin, daß es »keine einheitliche Metaphernforschung und eine Theorie der Metapher nur als Sammelnamen konkurrierender Ansätze« gibt; *Theorie der Metapher.* Darmstadt 1983, S. 1–27, hier S. 2.

5 Zentrale Punkte der Diskussion um die Rhetorik als »facultas« (Gabe), »scientia« (Wissenschaft) oder »ars« (Kunst) wie auch die Frage nach der ethischen Bewertung der »persuasio« (Überredung) finden sich bereits bei Marcus Fabius Quintilianus: *Ausbildung des Redners. Institutionis Oratoriae libri XII.* Übersetzt und hg. von Helmut Rahn. 2 Bde. Darmstadt 1972/75, II 15. Eine Übersicht über den Wandel der Auffassungen von der Entstehung der Rhetorik als einer systematisch geordneten und terminologisierten Theorie der Redekunst im 5. vorchristlichen Jahrhundert bis zu strukturalistischen und dekonstruktiven Aufnahmen, die das rhetorische System als Instrumentarium zu Textbeschreibung – und -analyse bzw. als Mittel der Reflexion unhintergehbarer Sprachlichkeit nutzen, gibt Torra, Elias: »Rhetorik«. In: Pechlivanos, Miltos/Rieger, Stefan/Struck, Wolfgang/Weitz, Michael (Hg.): *Einführung in die Literaturwissenschaft.* Stuttgart, Weimar 1995, S. 97–111.

6 Auf die Diskussion um die Etikettierungen »Substitutionstheorie«, »Vergleichstheorie«, »Interaktionstheorie« und ihre unterschiedlichen historischen Rückführungen kann nicht näher eingegangen werden; in sprachphilosophischer Perspektive vgl. Scheffler, Israel: *Beyond the Letter. A Philosophical Inquiry into Ambiguity, Vagueness and Metaphor in Language.* London 1979, S. 79–130; zur rhetorischen Tradition jetzt umfänglich Eggs, Ekkehard: »Metapher«. In: Ueding, Gerd (Hg.): *Historisches Wörterbuch der Rhetorik.* Bd. 5. Tübingen 2001, Sp. 1099–1183.

ebenfalls von der Differenz zwischen ›Gesagtem‹ und ›Gemeintem‹ lebt, als Propositionstrope jedoch keine Lexikoneinträge bilden kann – besteht in der Feststellung einer Similaritätsbeziehung zwischen den als inkonsistent empfundenen Komponenten eines Ausdrucks.[7] Mit dem so erzwungenen Übergang zur Bedeutungszuweisung im Hinblick auf Ähnlichkeit (oder auch Unähnlichkeit) verbunden ist ein Umstand, der sich mit Rüdiger Zymner als »konzise Unschärfe uneigentlichen Sprechens« bezeichnen läßt: Daß die durch ein »Initialsignal der Uneigentlichkeit« ausgelöste neue Kohärenzbildung zwar auf einen »dominierenden semantischen Bereich des Bedeutungspotentials« gelenkt, nicht jedoch »fixiert« wird.[8] Wenn etwa der Text als ein Netz bezeichnet wird, dessen Maschen die Wörter sind, kann als dominierende semantische Komponente das Bergen eines bestimmten Gutes ermittelt werden; gleichwohl läßt der Wortlaut die semantische Komponente der vergeblichen Bemühung zu: Die Maschen/Wörter können sich als zu grob erweisen, das Netz/Wortgeflecht kann reißen, statt der begehrten Beute kommt es eventuell zu einem anderen, nicht intendierten Fang... Diese »konzise Unschärfe« metaphorischer Rede, deren Verständnis weniger eine Wörterbuchdefinition als vielmehr eine Enzyklopädie zur Ermittlung der assoziierten und stets kulturell bestimmten Vorstellungen erfordert[9], berührt zugleich eine Eigenschaft der Metapher, die als ihr »struktureller Mehrwert«[10] gilt und in der neueren,

---

7 Vgl. Kubczak, Hartmut: »Begriffliche Inkompatibilität als konstitutives Prinzip der Metapher und Präzisierungen des Konzeptes ›Metapherninterpretation‹«. In: *Sprachwissenschaft* 19 (1994), S. 22–39, hier S. 25: Wenn »von einem (singularischen oder pluralischen) Gegenstand im weitesten Sinn vermittels von Sprachzeichenbedeutungen eine erste und eine zweite Qualifizierung gegeben werden, die sich in irgendwelchen begrifflichen Komponenten widersprechen«, liegt eine »Sinninkonsistenz« vor, »die es nach dem Prinzip der kooperativen Interaktion zu überwinden gilt. [...] Die Überwindung der wahrgenommenen Inkonsistenz geschieht, indem die Struktur ›A ist B‹ in den gerichteten Vergleich ›A ist (ähnlich) wie B‹ umgedeutet wird, indem also auf ein bestimmtes, jedem Sprachteilhaber geläufiges Umdeutungsmuster zurückgegriffen wird.«
8 Zymner, Rüdiger: »Metaphorische Erotik. Zur konzisen Unschärfe uneigentlichen Sprechens«. In: L. Danneberg et al. (Hg.): *Metapher und Innovation* (s. Anm. 3), S. 158–171, Zitat S. 163. Zu den Unterschieden zwischen ironischem und metaphorischem Sprachgebrauch vgl. Berg, Wolfgang: *Uneigentliches Sprechen. Zur Pragmatik und Semantik von Metapher, Metonymie, Ironie, Litotes und rhetorischer Frage.* Tübingen 1978; Searle, John R.: »Metapher« [Metaphor; 1979]. In: ders.: *Ausdruck und Bedeutung.* Frankfurt/M. 1982, S. 98–138.
9 Vgl. Black, Max: »Metapher« [Metaphor; 1954]. In: A. Haverkamp (Hg.): *Theorie der Metapher* (s. Anm. 4), S. 55–79, hier S.70 f., demzufolge der Leser angesichts der Metapher »Der Mensch ist ein Wolf« weniger eine Wörterbuchdefinition von »Wolf« als vielmehr ein »System miteinander assoziierter Gemeinplätze [system of associated commonplaces]« benötigt. Zur kulturellen Dimension dieser enzyklopädischen Kenntnisse beim Nachvollzug metaphorischer Aussagen vgl. Eco, Umberto: *Der Streit der Interpretationen.* München, Wien 1992, S. 194–200.
10 Birus, Hendrik/Fuchs, Anna: »Ein terminologisches Grundinventar für die Analyse von Metaphern«. In: Wagenknecht, Christian (Hg.): *Zur Terminologie der Literaturwissenschaft.* Stuttgart 1986, S. 157–174, hier S. 163.

seit Ivor Armstrong Richards Rhetorik-Vorlesungen aus dem Jahre 1936 geführten Diskussion im Mittelpunkt steht: Daß die Metapher als eigenständiges Sprachelement und Erkenntnismittel überraschende und neue Zusammenhänge entdeckt, die durch wörtlichen Sprachgebrauch nicht zu formulieren sind. Metaphorische Rede gilt als Artikulation von Einsichten und Erkenntnissen, die nur durch sie gewonnen und formuliert werden können – mithin als in literaler Rede »unübersetzbar« und nicht variabel. Wollte man metaphorische Ausdrücke in »normaler Sprache« angeben, so Max Black 1954, so könne es »bis zu einem gewissen Punkt gelingen, eine Reihe von relevanten Zusammenhängen zwischen den beiden Gegenständen festzustellen« – aber »die Reihe wörtlicher Aussagen, die man so erhält, besitzt nicht dieselbe mitteilende und aufklärende Kraft wie das Original. [...] Die wörtliche Paraphrase sagt unweigerlich zu viel – und mit der falschen Betonung. Einer der Gesichtspunkte, auf die ich den größten Wert lege, ist der, daß der Verlust in solchen Fällen ein Verlust an kognitivem Gehalt ist; die relevante Schwäche der wörtlichen Paraphrase ist nicht darin zu suchen, daß sie bis zur Ermüdung umständlich oder bis zur Langeweile explizit sein kann (oder auch stilistisch mangelhaft); als Übersetzung ist sie deshalb ein Fehlschlag, weil sie nicht dieselbe Einsicht vermittelt wie die Metapher.«[11]

Auf die historischen Bedingungen dieser Metaphernkonzeption, die die Unübersetzbarkeit und Unparaphrasierbarkeit metaphorischen Sprechens in den Mittelpunkt stellt, soll an dieser Stelle nicht näher eingegangen werden.[12] Hinzuweisen ist jedoch auf einen Wandel im Verhältnis zur klassischen Rhetorik, der sich seit der Zentrierung der Aufmerksamkeit auf die *emphatische* Metapher beobachten läßt: Mit Max Blacks bahnbrechendem, durch I. A. Richards inspirierten Aufsatz *Metaphor* aus dem Jahre 1954 begann eine Phase intensiver sprachphilosophischer Überlegungen, die bis zum Ende der 1970er Jahre reichte und in der bestimmte Errungenschaften der »alten Rhetorik« wie etwa die Klassifikationsstandards tropischer Rede vernachlässigt wurden.[13]

---

11 M. Black: »Metapher« (s. Anm. 9), S. 78 f.
12 Die *historischen* Bedingungen der emphatischen Metaphernkonzeption hat Christian Strub gezeigt: Während die Substitutionstheorie in konsistenter Weise eine auf dem Analogie-Prinzip basierende Metaphernauffassung konstruiere [Metapher 1], generiere die Unersetzbarkeitstheorie eine davon unterschiedene Vorstellung [Metapher 2], die unter den Bedingungen der Moderne die Kontingenz sprachlicher Kategorien reflektiert.
13 Vgl. C. Strub: *Kalkulierte Absurditäten* (s. Anm. 4), S. 48, der als Indiz für das »recht genau« datierbare Ende der sprachphilosophischen Metaphernforschung die letzten Wortmeldungen von Max Black (»How Metaphors Work: A Reply to Donald Davidson«. In: Sacks, Sheldon (Hg.): *On Metaphor*. Chicago 1979, S. 181–192) und Monroe C. Beardsley (»Metaphorical Senses«. In: *Nous* 12 (1978), S. 3–16) ansieht. Dagegen betonen Hendrik Birus und Anna Fuchs, daß der oftmals als »Bruch in der Geschichte der Metapherntheorie« interpretierte Einsatz der Forschungen seit I. A. Richards und M. Black eine Fortführung der traditionellen, durch Aristoteles bestimmten Metaphernauffassung sei; vgl. H. Birus/A. Fuchs: »Ein terminologisches Grundinventar für die Analyse von Metaphern« (s. Anm. 10), S. 160: »[W]as gern als Paradigmawechsel in der Metapherntheorie stilisiert

Die seit Beginn der 1980er Jahre verfolgten, durch Ricœur und Black vorbereiteten und mit der 1986 gegründeten Zeitschrift *Metaphor and Symbolic Activity* auch institutionell gebündelten Recherchen zur Metapher konzentrierten sich dann weniger auf sprachphilosophische Klärungen als vielmehr auf erkenntnistheoretische, psychologische und kognitionswissenschaftliche Fragestellungen.[14] Im Zuge dieser Forschungen kam es zwar zu einer verstärkten Sensibilität hinsichtlich der Einflüsse und Wirkungen von metaphorisch-analogischen Prinzipien bei Begriffsbildung und Regel-Anwendung in der Alltagssprache und im wissenschaftlichen Diskurs; nicht zu übersehen aber

---

worden ist, läuft in Wahrheit lediglich auf Modifikationen des traditionellen Metaphernbegriffs hinaus, hinter die man allerdings nicht mehr zurückfallen sollte. Sie bestehen zum einen in der Erkenntnis der Wichtigkeit des Kontexts für die Identifikation und Interpretation von Metaphern, wie sie zuvor nie hinreichend thematisiert worden ist; zum anderen in der Konzentration nicht allein auf die ›semantischen Merkmale‹ im Sinn einer Komponentensemantik (wie sie noch dem transformationsgrammatischen Metaphernverständnis zugrunde lag), sondern auch auf die in einer Kultur (Subkultur, Gruppe, Epoche, Diskursart etc.) gängigen ›Assoziationen‹ im Sinne von Annahmen und wertenden Einstellungen zu den mit dem metaphorischen Ausdruck bezeichneten Gegenständen und Sachverhalten.«

14 Hierzu zählen insbesondere die Forschungen von Mark Johnson und George Lakoff zur körpergebundenen Strukturierung von Erkenntnis, in deren Rahmen der Metapher eine zentrale Rolle zugeschrieben wird; u. a. in Lakoff, G./Johnson, M.: *Metaphors We Live By*. Chicago, London 1980; dies.: »The Metaphorical Structure of the Human Conceptual System«. In: *Cognitive Science* 4 (1980), S. 195–208; dies.: *Metaphor and Communication*. Trier 1982; Johnson, Mark: *The Body in the Mind. The Bodily Basis of Meaning, Imagination, and Reason*. Chicago, London 1987; Lakoff, George: *Women, Fire, and Dangerous Things*. Chicago 1987. Aufgenommen und weitergeführt wurden diese Ansätze durch Mulaik, Stanley A.: »The Metaphoric Origins of Objectivity, Subjectivity, and Consciousness in the Direct Perception of Reality«. In: *Philosophy of Science* 62 (1995), S. 283–303; Stelter, Reinhard: »The Transformation of Body Experience into Language«. In: *Journal of Phenomenological Psychology* 31 (2000), S. 63–77; eine Anwendung von Lakoffs und Johnsons Theorie metaphorischer Begriffe (»metaphorical concepts«) auf die Korrespondenztheorie der Wahrheit findet sich bei Orilia, Francesco: »Metaphor and Truth-Makers«. In: *Journal of Philosophical Research* 26 (2001), S. 103–129. – Breiteren Einfluß gewann auch Johnsons Verbindung kognitionswissenschaftlicher und moralphilosophischer Fragestellungen auf der Basis seiner Metapherntheorie, niedergelegt in Johnson, Mark: »Imagination in Moral Judgement«. In: *Philosophy and Phenomenological Research* 46 (1985), S. 265–280, wo der »imaginative metaphorical process of understanding« als notwendige Bedingung zur Anwendung moralischer Regeln auf konkrete Fälle beschrieben wird; ders.: *Moral Imagination. Implication of Cognitive Science for Ethics*. Chicago 1993, wo »moral concepts« als »defined by systems of metaphors« (S. IX) gelten. Eine Fortsetzung finden diese Überlegungen etwa in Nordgren, Anders: »Ethics and Imagination: Implications of Cognitive Semantics for Medical Ethics«. In: *Theoretical Medicine* 19 (1998), S. 117–141; hier werden Metaphern und Imagination eine deutlich größere Bedeutung für moralische Entscheidungen als definierte Begriffe und Deduktionsregeln eingeräumt und eine »imaginative casuistry« gegenüber einem sog. »Principlism« und anderen Formen der Kasuistik präferiert.

ist ein Defizit an Differenzierungsbereitschaft zwischen den Einzeltropen[15] und ein Mangel an historischer Reflexion, die zu einer Relativierung der behaupteten Novität beitragen könnte.[16] Dem Bedeutungsverlust der klassischen Rhetorik und ihrer Differenzierungsleistungen für die neueren Metaphern-Forschungen psychologisch-kognitionswissenschaftlicher Provenienz gegenüber erweisen sich historische Explorationen zum Metapherngebrauch als oft auch rhetorikgeschichtlich gut informierte Rekonstruktionen von Veränderungen, deren Signifikanz umso deutlicher nachgewiesen werden kann, je umfassender und präziser ihr Bezugssystem – also die spezifische Metapherntradition bzw. die Konstanz bestimmter Topoi – rekonstruiert wird.[17] Eine Fol-

---

15 Vor allem die als Pioniere einer kognitionswissenschaftlichen Metaphernforschung geltenden Lakoff und Johnson verwenden einen sehr weiten (und nur unzureichend definierten) Metaphern-Begriff, unter den alle faktisch alle Formen der Mehrdeutigkeit subsumiert werden; in der 1980 veröffentlichten Untersuchung *Metaphors We Live By* wurde neben der Metapher nur noch die Metonymie unterschieden. Kritik an dieser Ausweitung des Metaphernbegriffs und der unklaren Differenzierung zwischen basalen Erfahrungen und metaphorischer Erfassung kam u. a. von Kennedy, John M./Vervaeke, John: »Metaphor and Knowledge attained via the Body«. In: *Philosophical Psychology* 6 (1993), S. 407–412; Baldauf, Christa J.: *Metapher und Kognition. Grundlagen einer Theorie der Alltagsmetapher.* Frankfurt/M. 1997; Tsur, Reuven: »Lakoff's Roads Not Taken«. In: *Pragmatics and Cognition* 7 (1999); S. 339–359. Gegen den Vorwurf des Reduktionismus verteidigte sich Johnson, Mark: »Conceptual Metaphor and Embodied Structures of Meaning: A Reply to Kennedy and Vervaeke«. In: *Philosophical Psychology* 6 (1993), S. 413–422.

16 So wurde etwa die Auffassung von der durchgängigen Übertragung philosophischer Ausdrücke *a sensibilus ad intelligentia* schon im 17. Jahrhundert diskutiert und prägnant formuliert in John Lockes 1689 veröffentlichtem *Essay Concerning Human Understanding*, Buch III, Kap. I, § 5: »Vielleicht führt es uns dem Ursprung aller unserer Begriffe und Erkenntnisse ein wenig näher, wenn wir beachten, wie groß die Abhängigkeit unserer Wörter von bekannten sinnlich wahrnehmbaren Ideen ist und wie diejenigen Wörter, die Handlungen und Begriffe bezeichnen, welche von der Sinneswahrnehmung weit entfernt sind, doch ihren Ausgangspunkt darin haben. Sie werden von sinnlich deutlich wahrnehmbaren Ideen auf abstruse Bedeutungen übertragen und müssen nun Ideen vertreten, die unserer Sinneswahrnehmung unzugänglich sind.« Auch Giambattista Vico belegte in seinen erstmals 1725 veröffentlichten *Principi di scienza nuova* mit einer Fülle von Beispielen, daß »in allen Sprachen der größte Teil der Ausdrücke für unbeseelte Dinge auf sie übertragen worden ist vom menschlichen Körper und seinen Teilen, von den menschlichen Sinnen und den menschlichen Leidenschaften.« Vico, Giambattista: *Prinzipien einer neuen Wissenschaft über die gemeinsame Natur der Völker.* Hamburg 1990. Teilbd. 2, S. 191.

17 Das Spektrum reicht dabei von der Untersuchung spezifischer Einzelmetaphern (etwa Blumenberg, Hans: »Licht als Metapher der Wahrheit. Im Vorfeld der philosophischen Begriffsbildung«. In: *Studium Generale* 10 (1957), S. 432–447; Barthes, Roland: »Die Augenmetapher«. In: Gallas, Helga (Hg.): *Strukturalismus als interpretatives Verfahren.* Darmstadt, Neuwied 1972, S. 25–34; Bandy, Gerhard J.: »Metaphorik der Erfüllung. Nahrung als Hintergrundsmodell in der griechischen Ethik bis Epikur«. In: *Archiv für Begriffsgeschichte* 25 (1981), S. 7–69; Nugel, Bernfried: »Architekturmetaphern und Gesamtplankonzeption in der englischen

gerung für die hier vorgelegten (wie auch für spätere) Überlegungen kann deshalb in der Einsicht bestehen, in der Erforschung der kognitiven Dimensionen wie auch der historischen Wandlungen metaphorischen Sprachgebrauchs die erreichten Standards rhetorischer Theoriebildung nicht preiszugeben. Was wie ein Truismus klingt, wird sich als Herausforderung erweisen – geht es doch nicht um eine ahistorische Modernisierung vorgängiger Auffassungen von den Erkenntnis- und Syntheseleistungen der Metapher, sondern um eine Rekonstruktion der stets historisch gebundenen Modellierungen des Verhältnisses von wissenschaftlicher Wissensproduktion und ihrer Rhetorik, die zur genaueren Bestimmung der Rolle metaphorischer Rede bei der Erzeugung neuen Wissens beitragen kann.

## I. Zur Relevanz von Metaphern bei der Erzeugung und Darstellung von Wissensansprüchen

Wenn im folgenden die Annahmen zur Relevanz von Metaphern bei der Erzeugung und Darstellung von Wissensansprüchen umrissen und systematisiert vorgestellt werden sollen, sind Einschränkungen unabdingbar. Eine detaillierte Dokumentation selbst ausgewählter Positionen ist an dieser Stelle ebenso wenig zu leisten wie eine Klärung der Frage, welche Bedeutung die Argumente für bzw. gegen metaphorischen Sprachgebrauch innerhalb der erkenntnis- und wissenschaftstheoretischen Auffassungen eines hier in Rede stehenden Autors haben. Vielmehr geht es um die Auszeichnung von zentralen Positionen im Verhältnis zum Metapherneinsatz bei der Wissenserzeugung und -vermittlung, die stets vor dem Hintergrund der Annahmen zur Bezie-

---

Literaturkritik des 17. Jahrhunderts«. In: *Zeitschrift für Literaturwissenschaft und Linguistik* 8 (1978), S. 48–70) über die Rekonstruktion größerer Bildfelder (etwa Curtius, Ernst Robert: *Europäische Literatur und lateinisches Mittelalter*. Bern, München ⁴1963, S. 138–154; Weinrich, Harald: »Münze und Wort. Untersuchungen an einem Bildfeld« [1958]. In: ders.: *Sprache in Texten*. Stuttgart 1976, S. 276–290; ders.: »Metaphora memoriae«. Ebd., S. 291–294; Meyer, Ahlrich: »Mechanische und organische Metaphorik politischer Philosophie«. In: *Archiv für Begriffsgeschichte* 13 (1969), S. 128–199; Demandt, Alexander: »Denkbilder des europäischen Epochenbewußtseins«. In: *Archiv für Begriffsgeschichte* 23 (1979), S. 129–147; Stierle, Karlheinz: »Der Maulwurf im Bildfeld. Versuch zu einer Metapherngeschichte«. In: *Archiv für Begriffsgeschichte* 26 (1982), S. 101–143; Stanford Friedman, Susan: »Creativity and the Childbirth Metaphor. Gender Difference in Literary Discourse«. In: *Feminist Studies* 13, 1 (1987), S. 49–82) bis hin zu sytematischen Metaphorologien (wie etwa Blumenberg, Hans: »Paradigmen zu einer Metaphorologie«. In: *Archiv für Begriffsgeschichte* 6 (1960), Teilabdruck in: A. Haverkamp (Hg.): *Theorie der Metapher* (s. Anm. 4), S. 285–315; ders.: *Schiffbruch mit Zuschauer. Paradigmen einer Daseinsmetapher*. Frankfurt/M. 1979; Demandt, Alexander: *Metaphern für Geschichte. Sprachbilder und Gleichnisse im historisch-politischen Denken*. München 1978; Mayr, Otto: *Uhrwerk und Waage: Autorität, Freiheit und technisches System in der Frühen Neuzeit* [Autority, Liberty and Automatic Machinery in Early Modern Europe, 1986]. München 1987).

hung von Logik und Rhetorik wissenschaftlichen Wissens zu betrachten sind: (a) um die Ablehnung von Metaphern, deren Varianten von ihrer Einstufung als »undeutlich« (Aristoteles) bis zu ihrer Zurückweisung als »Irrlichter« (Thomas Hobbes) und »vollkommener Betrug« (John Locke) reichen; (b) um die Akzeptanz von Metaphern, die als »imaginative Universalien« (Giambattista Vico) emphatisch affirmiert oder aber als zur Selbsterhaltung notwendige »Verpflichtung nach einer festen Convention zu lügen« (Friedrich Nietzsche) zugestanden wurden.

(a) Folgt man gängigen philosophie-, rhetorik- und wissenschaftsgeschichtlichen Darstellungen, vollzieht sich die Ausgrenzung metaphorischen Sprechens bei der Produktion und Kommunikation von Wissensansprüchen aufgrund von Normen, die Wissenschaft als rationale Sachkommunikation bestimmen und den Geltungsanspruch wissenschaftlicher Aussagen an begriffliche Eindeutigkeit, Ökonomie und Redundanzfreiheit binden: Seit Platons Auseinandersetzung mit der sophistischen Eristik gelten als wahrheitsfähige Sätze nur jene propositional verfaßten Aussagen, die aus einem argumentativen Zusammenhang hervorgingen und Behauptungen durch deiktische bzw. erklärende Handlungen einlösten.[18] Die auf die Einbildungskraft wirkenden Figuren einer als Überredungskunst verstandenen Rhetorik verwirrten dagegen die Argumentation und müßten aufgrund ihres an das sprechende Subjekt gebundenen Charakters zurückgewiesen werden. Mit der Festlegung des Erkenntnisprozesses auf den Gebrauch klar definierter Begriffe und die Anwendung logischer Schlußprinzipien – festgeschrieben im aristotelischen *Organon* und den Aristoteles-Kommentaren – schien für die Wissenschaft transpersonale Geltung gewonnen; das Pathos der rhetorischen Rede schied als mehrdeutig und subjektgebunden aus den Bemühungen um verläßliches und notwendiges Wissen aus. Wenn rhetorische Bestandteile innerhalb des wissenschaftlichen Sprechens anerkannt wurden, so hauptsächlich in der den Dualismus von Inhalt und Form fortschreibenden Auffassung, ästhetische Prinzipien und Faktoren leisteten einen nicht zu verachtenden Beitrag bei der »Darstellung« wissenschaftlicher Erkenntnisse, sie seien »Form« und »Einfassung« der mit rationaler Methodik gewonnenen Wissensansprüche.[19]

---

18 Vgl. Platon: *Protagoras*; ders.: *Phaidros* 267a; ders.: *Gorgias* 449a–458c, 463–465c.

19 Fundiert und gestützt wird diese Auffassung nicht zuletzt durch die Gliederung des aristotelischen *Organon*, das bis in das 16. Jahrhundert traditionsbildend wirkte: Das erste Buch behandelt die Kategorien (Arten des Seienden), ihm folgen die Analytiken (*Analytica priora* von den Schlüssen; *Analytica posteriora* vom Beweis, der Definition und den Einteilungen) und die Interpretationsschrift (*De interpretatione* vom Satz und Urteil). Die *Topik* (von den dialektischen oder Wahrscheinlichkeitsschlüssen) steht als fünftes Buch vor den *Sophistischen Trugschlüssen*. Als es aufgrund der (nicht zuletzt durch die Dialektiken Agricolas, Sturms und Ramus' verbreiteten) ciceronisch-rhetorischen Tradition mit der Unterscheidung zwischen *inventio* und *iudicium* zu einem Zusammentreffen der am *Organon* orientierten Logik und der an der Rhetorik-Tradition orientierten Dialektik kommt, bilden sich unterschiedliche Optionen heraus; vgl. dazu Danneberg, Lutz: »Erfah-

Hintergrund und Movens der Ausgrenzung metaphorischen Sprechens ist also eine Spannung, die aus der Konfrontation von normativen Annahmen zur Erzeugung und Verbreitung wissenschaftlichen Wissens und der faktischen Verfassung dieser Kommunikationsverhältnisse erwächst. Die Orientierung an unkörperlichen »Ideen« und unveränderlichen »Formen«, die den Erkenntnisprozeß auf die Ermittlung »reiner Bedeutung« festlegte und die natürlichen und historischen Aspekte der Sprache als akzidentiell zurückstellte, disqualifizierte metaphorische Redeweise als »undeutlich« und »doppeldeutig«[20]; »reine Wissenschaft«, wie sie sich – trotz Wiederbelebung der antiken Rhetorik im frühneuzeitlichen Humanismus – mit Descartes und Galilei durchsetzte, verfolgte ein am Vorbild der Mathematik ausgerichtetes Erkenntnisideal, das die Vorstellungen über die Erzeugung und Repräsentation von Wissen bis in die Gegenwart dominierte.[21]

Schon ein kurzer Blick in die Texte der hier angeführten Philosophen aber belehrt über die zahlreichen und keinesfalls nur zu Schmuckzwecken eingesetzten Verwendungsweisen metaphorisch-uneigentlichen Sprechens und die zahlreichen Reflexionen dieses Sprachgebrauchs. Obzwar Platons Ideenlehre einen Gewinn von Wissen nur jenseits vieldeutig-übertragener Rede verspricht und den Einsatz figurativer Sprache generell verbietet, setzen die platonischen Dialoge immer wieder Formen bildlicher, vergleichender und metaphorischer Rede ein.[22] Aristoteles, der metaphorische Rede aus der Logik – der apodiktischen Erkenntnis des Unveränderlichen und Notwendigen – aufgrund ihrer

---

rung und Theorie als Problem moderner Wissenschaftsphilosophie in historischer Perspektive«. In: Freudiger, Jörg et al. (Hg.): *Der Begriff der Erfahrung in der Philosophie des 20. Jahrhunderts*. München 1996, S. 12–41, hier S. 17–22.

20 Vgl. Aristoteles: *Topik* 139b, hier und im folgenden zitiert nach der Übersetzung von Eugen Rolfes, Hamburg 1992 (= Philosophische Bibliothek 12): »Jede Metapher ist undeutlich.«, 158b: »Von allen Definitionen sind aber diejenigen am schwersten anzugreifen, die solche Bezeichnungen verwenden, von denen man einmal nicht weiß, ob sie eines oder vieles bedeuten, und dann nicht, ob der Urheber der Definition sie im eigentlichen oder im übertragenen Sinne versteht. Weil die Bezeichnungen nicht deutlich sind, bieten sie keine Anhaltspunkte zum Angriff, und weil man ungewiß ist, ob ihre Undeutlichkeit auf der metaphorischen Redeweise beruht, rechtfertigen sie keinen Tadel.«

21 Vgl. Borsche, Tilman: »Einleitung«. In: ders. (Hg.): *Klassiker der Sprachphilosophie. Von Platon bis Noam Chomsky*. München 1996, 7–13.

22 Die Differenz zwischen einem theoretisch formulierten Bildverbot und einer »praktischen« Verwendung bildlich-uneigentlicher Sprache zur Formulierung von Wissensansprüchen reflektierte Platon durch terminologische Differenzierung selbst: Für bildhafte Ausdrücke, die nicht zu geistiger Klarheit, sondern zu Verwechslung und Verwirrung führten und also dem Schein verhaftet blieben, verwendete er den Begriff *eídolon*; angemessene bildliche Ausdrücke und Vergleiche – wie etwa das eigene Höhlengleichnis – wurden als *eikónes* bezeichnet; vgl. Willms, Hans: *EIKΩN. Eine begriffsgeschichtliche Untersuchung zum Platonismus*. Münster 1935; zu den illustrativen und epistemischen Funktionen von Metaphern bei Platon auch Pender, Elizabeth: *Images of Persons Unseen: Plato's Metaphors for the Gods and the Soul*. Sankt Augustin 2000 (= International Plato studies 11); Vonessen, Franz: *Metapher als Methode. Studien zu Platon*. Würzburg 2001.

Undeutlichkeit und Doppeldeutigkeit ausschloß, behandelte sie eingehend als Medium poetischer bzw. rhetorisch-praktischer Erkenntnis: in der *Poetik* als das wichtigste ästhetische Mittel zur Veredelung der dichterischen Rede durch uneigentlichen Wortgebrauch; in der *Rhetorik* als Mittel zur Überzeugung durch Veranschaulichung, Vergegenwärtigung und Verlebendigung. Zum Bestandteil jeder sprachlichen Kommunikation erklärt[23], war metaphorische Rede für Aristoteles zugleich rhetorisches Stil- wie auch erkenntnisförderndes Mittel: Ihr Prinzip der Übertragung liegt den rhetorischen Tropen Synekdoche, Metonymie und Vergleich zugrunde; das zum Bilden wie zum Verstehen von Metaphern erforderliche Vermögen, »Ähnlichkeiten zu erkennen«[24], fundiert eine mimetisch vermittelte Sinnstiftung in der Dichtkunst sowie die Durchsetzung praktischer Rationalität bei der diskursiven Ermittlung politischer und ethischer Entscheidungen.[25]

Ohne bereits an dieser Stelle detailliert auf die von Aristoteles vorgenommene Bestimmung der kognitiven Gehalte metaphorischen Sprechens einzugehen, sei kurz auf die Verbindungslinien zur Topik als dem Programm einer umfassenden argumentativen Gegenstandskonstitution hingewiesen: Wenn Rhetorik die methodische Anleitung für die von »allen Menschen« gepflegte Praxis bereitstellen soll, »ein Argument einerseits zu hinterfragen, andererseits zu begründen, einerseits zu verteidigen, andererseits zu erschüttern«[26], um so »durch Rede und Gegenrede zu einer möglichst sachgerechten Lösung der je anstehenden Probleme zu gelangen«[27], benötigt man neben einem Katalog von Gemeinplätzen und heuristischen Aspekten eine spezifisch topische Logik, deren Schlußprinzip im Einleitungsteil der aristotelischen *Rhetorik* vorgestellt wird – das Enthymem. Vom Syllogismus als dem Prinzip der logischen Argumentation unterscheide sich das Enthymem durch seine Unvollständigkeit und die Wahrscheinlichkeit seiner Folgerung, weshalb es auch als »Wahrscheinlichkeitsschluß« bezeichnet wird. »[G]efolgert aus wenigen und

---

23 Aristoteles: *Rhetorik* 1404b 34, hier und im folgenden zitiert nach der Übersetzung von Gernot Krapinger, Stuttgart 1999: »Alle Leute unterhalten sich nämlich, indem sie metaphorische, gemeinübliche und wörtliche Ausdrücke verwenden.«
24 Vgl. Aristoteles: *Poetik* 1459a 9, hier und im folgenden zitiert nach der Übersetzung von Manfred Fuhrmann, Stuttgart 1982: »Denn gute Metaphern zu bilden bedeutet, daß man Ähnlichkeiten zu erkennen vermag.«
25 Zur Funktion der Metapher, im Rahmen der mimetisch konstruierten Tragödie und mit dem Prinzip der Ähnlichkeit »Menschen als handelnde« und »Dinge als wirkende« darzustellen, vgl. Ricœur, Paul: *Die lebendige Metapher.* München 1991 (= Übergänge. Texte und Studien zu Handlung, Sprache und Lebenswelt 12), S. 44–55, Zitat hier S. 55; zur Rolle metaphorischer Rede innerhalb der Rhetorik als einer »praktischen Klugheitslehre« zur »diskursiven Ermittlung der praktischen Wahrheit durch das (Er-)Finden von einleuchtenden Beweisen« vgl. Debatin, Bernhard: *Die Rationalität der Metapher. Eine sprachphilosophische und kommunikationstheoretische Untersuchung.* Berlin, New York 1995 (= Grundlagen der Kommunikation und Kognition), S. 20–22, Zitat S. 20.
26 Vgl. Aristoteles: *Rhetorik,* 1354a.
27 Fuhrmann, Manfred: *Rhetorik und öffentliche Rede. Über die Ursachen des Verfalls der Rhetorik im ausgehenden 18. Jahrhundert.* Konstanz 1983, S. 11.

oft spärlicheren Prämissen als diejenigen des ersten Schlusses« setzt das Enthymem die Bereitschaft und kognitive Mitarbeit des Hörers bzw. Lesers voraus und in Bewegung: »denn wenn etwas bekannt ist, muß man es nicht nennen, der Zuhörer fügt es doch von selbst hinzu.«[28] Zwei Umstände wirken dabei entscheidend auf das Gelingen der rhetorischen Argumentation: Zum einen die herangezogenen *Topoi*, die als vorhandene, dem Redner und dem Rezipienten gemeinsame *loci communes* die Abkürzung der Argumentation und die Erlangung wahrscheinlicher Erkenntnis ermöglichen; zum anderen die figurative Gestaltung der Rede, um die Evidenz der impliziten Prämisse hervorzuheben und zu verdeutlichen. Als »Enthymem in nuce« kommt der Metapher dabei besondere Bedeutung zu: Sie verbindet zwei eigentlich getrennte Dinge und setzt damit stillschweigend die Prämisse, daß diese Dinge bzw. ihr Verhältnis in einem bestimmten Aspekt ähnlich sind.[29] Die dabei angewandte Ähnlichkeitsregel, abgeleitet aus einer topischen Ordnung der Dinge und der Geltung von Allgemeinplätzen, begründet die unmittelbare Evidenz gelungener Metaphern und setzt mit der Entfaltung des verborgenen Syllogismus im Zuge einer gelingenden Interpretation zugleich eine kognitive Befriedigung frei – die Wirkung philosophischer Rätsel wie auch guter Witze zehrt von dieser Eigenschaft metaphorischer Rede.[30]

Der mehrfach dimensionierten, später noch genauer zu beleuchtenden Reflexion metaphorischen Sprechens bei der Erzeugung und Darstellung von Wissen durch den Stagiriten hat sich die nachfolgende rhetorische Theoriebildung nicht angeschlossen. Im Gegenteil: Der Funktionswandel der Rhetorik in der nacharistotelischen Zeit, markiert durch die Aufwertung suggestiv-persuasiver Funktionen im »gesteigerten Drang nach öffentlicher Geltung und politischem Führungsanspruch«[31], führte zu einer Reduzierung der Metapher auf einen *ornatus* im Katalog der Tropen. Als »verkürzter Vergleich« sollte die Metapher einer Rede nun vor allem Anmut verleihen und eine Sache anschaulicher und klarer machen[32]; ihre Instrumentalisierung im Rahmen einer »am-

---

28 Aristoteles: *Rhetorik*, 1357a 16 ff.
29 Vgl. Danto, Arthur C.: *Die Verklärung des Gewöhnlichen*. Frankfurt/M. 1984, S. 260 f.; Pielenz, Michael: *Argumentation und Metapher*. Tübingen 1993, S. 147 ff.
30 Vgl. Aristoteles: *Rhetorik* 1412a 24 f.: »Aus demselben Grund ist, was trefflich in Form eines Rätsels gesagt ist, vergnüglich, denn es bedeutet einen Wissensgewinn und ist in einer Metapher formuliert.« Auf die in der »Erfindungskunst« im 18. Jahrhundert kulminierende Verknüpfung von Ähnlichkeit und konstruktivem Witz kann nur hingewiesen werden; so formuliert etwa Novalis im *Allgemeinen Brouillon* 1798/99: »Der Witz ist schöpferisch – er *macht* Ähnlichkeiten.« (*Werke, Tagebücher und Briefe Friedrich von Hardenbergs*. Hg. von Hans-Joachim Mähl und Richard Samuel, 3 Bde., München, Wien 1978. Bd. II, S. 649, Hervorhebung im Original.)
31 Bornscheuer, Lothar: *Topik. Zur Struktur der gesellschaftlichen Einbildungskraft*. Frankfurt/M. 1976, S. 90.
32 Vgl. Marcus Tullius Cicero: *Über den Redner. De Oratore* III, 157 mit der Bestimmung der Metapher als die »auf ein einziges Wort zusammengezogene Kurzform eines Gleichnisses«, die dann gelungen sei, wenn sie eine Sache anschaulicher und klarer (*clarior*) mache (hier und im folgenden zitiert nach der Übersetzung von

plifikatorischen Überwältigungsrhetorik« (Lothar Bornscheuer) trug zur Auflösung der noch bei Aristoteles bestehenden Verbindung zwischen Philosophie und Rhetorik, zwischen theoretischem Wissen und handlungsleitender Überzeugung bei.[33] Auf die so vorgenommene Ausblendung der kognitiv-erkenntnistheoretischen Dimensionen der Metaphern reagierten die Produzenten wissenschaftlichen Wissens mit einer Exklusionsstrategie, die sich auf Aristoteles' durchaus ambivalentes Verhältnis zu mehrdeutigen Ausdrücken zurückführen läßt: In der Logik – hier verstanden als apodiktische bzw. demonstrative Analytik, die sich von der Dialektik als Logik des Wahrscheinlichen, dem Gegenstand der Topik, unterschied[34] – wurden Metaphern als nicht wahrheitsfähig abgelehnt[35], während man sie in der Bibel und ihrer Exegese als (notwendige) sprachliche Tropen und allegorische Bilder zur *repraesentatio* spiritueller Bedeutung akzeptierte.[36] Weitere, hier nur knapp zu benennende Zwischenschrit-

---

Harald Merklin. Stuttgart ²1981); ähnlich Quintilian: *Institutio Oratoria*, VIII, 3, 57–61, der die Metapher im Zusammenhang mit dem Wortschmuck behandelt, vor der kühnen (»zu unähnlichen«) Metapher warnt und sie gegen die Klarheit des Begriffs (*perspicuitas*) zurückstellt: »corrupta oratia in verbis maxime inpropriis, redundantibus, comprensione obscura, compositione fracta, vocum similium aut ambiguarum puerili captatione consistit.« (»Verdorbene Rede beruht vor allem auf Worten, die in uneigentlicher Bedeutung gebraucht oder überflüssig sind, auf dunkler Gedankenfolge, weichlicher Wortfügung und der kindischen Jagd nach ähnlichen oder doppeldeutigen Worten.«)

33 Vgl. L. Bornscheuer: *Topik* (s. Anm. 31), S. 72 f.: »Cicero löst das – durch die Argumentationstopik gegebene – Band, mit dem Aristoteles die Rhetorik an die Dialektik geknüpft und beide in den Dienst der Erkenntnisgewinnung gestellt hatte, auf und begründet ein Rhetorikideal, durch das die Sprache gewissermaßen in ein »unmittelbares« Verhältnis zur Sache gesetzt wird.«

34 Nicht gemeint ist eine seit dem 12. Jahrhundert ebenfalls übliche Auffassung der Logik als *scientia sermocinalis*, die die drei Fächer des Triviums Grammatik, Dialektik (Logik) und Rhetorik umfaßte und in deren Rahmen Dialektik und Rhetorik die *scientia rationalis* bildeten. Hintergrund der doppeldeutigen Verwendung – nach der »Logik« zum einen als umfassender Begriff zur Bezeichnung der drei Fächer des Triviums, zum anderen als Bezeichnung eines seiner Fächer auftrat – ist die Doppeldeutigkeit des griechischen Wortes *lógos*, das als *sermo* oder *ratio* aufgefaßt wurde; vgl. dazu Danneberg, Lutz: »Logik und Hermeneutik: Die *Analysis Logica* in den ramistischen Dialektiken«. In: Scheffler, Uwe/Wuttich, Klaus (Hg.): *Terminigebrauch und Folgebeziehung. Festband zu Ehren von Professor Horst Wessel*. Berlin 1998, S. 129–157, hier S. 130 f.

35 Thomas von Aquin: *Expositio super Librum Boethii de Trinitate, quaestio II, art. 3*, hier zitiert nach der Ausgabe von Bruno Decker. Leiden 1955 (= Studien und Texte zur Geistesgeschichte des Mittelalters IV), S. 96: »[...] ex tropicis locutionibus non est sumenda argumentatio [...]« (»Tropischen Reden ist keine Beweisführung zu entnehmen.«)

36 Thomas von Aquin: *Summa Theologiae* I, 1, 9, hier zitiert nach der vollständigen, ungekürzten dt.-lat. Ausgabe hg. vom katholischen Akademikerverband. Salzburg, Leipzig 1934. Bd. 1, S. 28: »Est autem naturale homini ut per sensibilia ad intelligibilia veniat: quia omnis nostra cognitio a sensu initium habet. Unde convenienter in sacra Scriptura traduntur nobis spiritualia sub metaphoris corporalium« (»Es ist dem Menschen durchaus natürlich, daß er durch die Sinnendinge zu den geisti-

te auf dem Weg des fortschreitenden Bedeutungsverlustes waren die Dichtungslehren des 13. Jahrhunderts (*Poetriae Novae*) mit ihrer marginalisierten Traktierung der Metapher sowie die gegen Cicero und Quintilian gerichteten Schriften des Petrus Ramus, der *inventio* und *argumentatio* als Bestandteile der Dialektik von den Rhetorik-Teilen *elocutio* und *pronuntatio* trennte und damit die Ent-Logisierung der Rhetorik vorantrieb.[37] Während Rudolf Agricola in seinen Bemühungen um eine Erneuerung der Dialektik der »similitudo« gewisse Potenzen zur »Erläuterung und Erhellung« zusprach[38], verbreiteten die ramistischen Rhetoriken des 16. und 17. Jahrhunderts mit ihrer Zurechnung der Metapher zur Sprache und der Zurechnung der Analogie zur Logik die Differenz zwischen sprachlich-rhetorischem und logisch-philosophischem Wissen weiter. Mit der frühneuzeitlichen Fixierung des rationalistischen Erkenntnisideals schien die Ausgrenzung von gelehrter Rhetorik und Metaphorik aus dem Bereich eines als »clair & distincte« postulierten Diskurses festgeschrieben: Wer »den schärfsten Verstand hat und seine Gedanken am besten zu ordnen versteht, um sie klar und verständlich zu machen, kann die Leute am besten von dem, was er vorträgt, überzeugen, selbst wenn er nur niederbretonisch spräche und niemals Rhetorik studiert hätte«, postulierte der *Discours de la méthode*, der lehren will, »richtig zu denken und Wahrheit in den Wissenschaf-

---

gen geführt wird, denn alle unsere Erkenntnis geht von den Sinnen aus. So ist es ganz entsprechend, wenn die Heilige Schrift uns die geistigen Dinge unter Metaphern vom Dinglich-Konkreten verständlich macht.«) Die im Anschluß geführte Diskussion um die Zweckbestimmung und den Herkunftsbereich der in der Hl. Schrift verwendeten Metaphern schränkt die Bedeutung figurativen Sprechens allerdings ein.

37 Vgl. Ong, Walter J.: *Ramus, Method, and the Decay of Dialogue. From the art of discourse to the art of reason*. Cambridge 1958.

38 Agricola, Rudolf: *Drei Bücher über die Inventio dialectica. De Inventione Dialectica libri tres*. Auf der Grundlage der Edition von Alardus von Amsterdam (1539) kritisch hg., übersetzt und kommentiert von Lothar Mundt. Tübingen 1992, 1. Buch, 25. Kapitel (S. 153). Nachdem hier der Einsatz der similitudo »von Rednern und öfter noch von Dichtern zum Zweck der Erläuterung und Erhellung« festgestellt wurde, erhielt sie weitergehende Bedeutung zugeschrieben: »Trotzdem bietet die similitudo sehr oft das Erscheinungsbild eines Beweismittels, und zwar ebendeshalb, weil sie die Beschaffenheit einer Sache anzeigt.« Wenn es allerdings im Fortgang heißt, Übertragungen und Vergleiche seien »ergiebig und bestens geeignet für Denkweise und Auffassungsvermögen der breiten Masse«, korrespondiert das der Intention Agricolas, auf die Lothar Mundt in seiner Einleitung nachdrücklich hingewiesen hat: daß mit der Zurückgewinnung der *inventio* in den Bereich der für sie allein zuständigen Dialektik der Rhetorik als eigenständiges Betätigungsfeld nur noch die *elocutio* blieb – also die stilistisch-ornamentale Ausgestaltung von Argumentationsgängen. Diesem Geltungsverlust entspricht die abfällige Bewertung in den letzten Sätzen des Kapitels (ebd., S. 163): »Stumpfe Geister nämlich, die unfähig sind, in das Innere der Dinge selbst einzudringen, um durchschauen zu können, wie die Beschaffenheit eines jeden ist, lassen sich zu dem, was wir verstehen geben wollen, durch nichts bequemer als durch ein Sinnbild oder eine figürliche Darstellung aus dem Bereich gut bekannter anderer Dinge hinführen.«

ten zu suchen«.[39] Doch auch wenn die vom Ideal zweifelsfreier Gewißheit ausgehende Forderung nach klarer und deutlicher Erkenntnis die Relevanz von Rhetorik und metaphorischem Sprachgebrauch nachhaltig zu dementieren scheint[40], liegen die Dinge bei genauerer Beobachtung komplizierter: In den Schriften des René Descartes, dem oftmals als Radikalaufklärer präsentierten Begründer eines klaren und distinkten Vernunftgebrauchs, finden sich zahlreiche und von der Forschung bis heute als Problem empfundene Rückgriffe auf Metaphern und Vergleiche.[41] Thomas Hobbes, der nach eigenem Bekunden kein größeres Mißtrauen als gegenüber der eigenen Rhetorik hatte[42], Meta-

---

39 Descartes, René: »Abhandlung über die Methode, richtig zu denken und Wahrheit in den Wissenschaften zu suchen« [Discours de la méthode pour bien conduire sa raison et chercher la vérité dans les sciences; 1637]. In: ders.: *Philosophische Schriften in einem Band.* Hamburg 1996, S. 13. Unmittelbar zuvor hatte Descartes über seine Beziehung zu Rhetorik und Poesie erklärt: »Die Beredsamkeit schätzte ich sehr und war in die Poesie verliebt; aber ich dachte mir, daß beides eher Geistesgaben sind als Früchte des Studiums.«

40 Von der »schwerwiegendsten Erschütterung, welche die Rhetorik im Verlauf ihres Bestehens erlebt hat«, spricht Villwock, Jörg: *Metapher und Bewegung.* Frankfurt/M., Bern 1983, S. 19: »Die strenge Evidenzforderung bedeutete eine radikale Einschränkung des Sinnes argumentativer Bemühungen um intersubjektive Anerkennung.«

41 Nach der stilanalytischen Behandlung durch Thomas Hensch (*Über den Stil in Descartes' Discours de la méthode.* Zürich 1949), der in den Bildern von Descartes' Hauptschrift prägende Ereignisse des eigenen Lebens gestaltet sah, wurde eine auf die Persönlichkeit des Autors zurückgehende Bestimmung des Metapherngebrauchs unternommen durch Edelman, Nathan: »The mixed metaphor in Descartes«. In: *The Romanic Review* 41 (1950), S. 167–178. Eine bildhafte Verarbeitung frühkindlicher Erschütterungen erkannte Weber, Jean-Paul: »Les medidations de Descartes considérées en tant qu'ouvre d'art«. In: *Revue d' ésthetique* 9 (1956), S. 249–281; eine überzeugende Widerlegung dieser psychographischen Deutungen lieferte Cahné, Pierre-Alain: *Un autre Descartes. Le Philosophe et son langage.* Paris 1980. Die hier vorgenommene Konzentration auf eine bewußte Schriftkonzeption gab Impulse für den Entwurf einer cartesianischen Rhetorik durch Carr, Thomas M.: *Descartes and the Resilience of Rhetoric. Varieties of Cartesian rhetorical theory.* Carbondale 1990; zu den Einflüssen des barocken Zeitgeistes, der neue philosophische *propositiones* bei entsprechender Gestaltung tolerierte, vgl. Cavaillé, Jean-Pierre: *Descartes. La Fable du Monde.* Paris 1991. Aufschlußreich auch Galison, Peter: »Descartes' Comparisons: From the Invisible to the Visible«. In: *ISIS* 75 (1984), S. 325–339; Schildknecht, Christiane: *Philosophische Masken. Studien zur literarischen Form der Philosophie bei Platon, Descartes, Wolff und Lichtenberg.* Stuttgart 1990; dies.: »Erleuchtung und Tarnung. Überlegungen zur literarischen Form bei René Descartes«. In: Gabriel, Gottfried/Schildknecht, Christiane (Hg.): *Literarische Formen der Philosophie.* Stuttgart 1990, S. 92–120. Zum Verhältnis von Visualität und optischen Metaphern bei Descartes, Malebranche und Leibniz vgl. Wilson, Catherine: »Discourses of Vision in Seventeenth-Century Metaphysics«. In: Levin, David Michael (Hg.): *Sites of Vision. The Discoursive Construction of Sight in the History of Philosophy.* Cambridge/Mass., London 1997, S. 117–138.

42 Hobbes, Thomas: *Leviathan oder Materie, Form und Gewalt eines kirchlichen und staatlichen Gemeinwesens.* [Leviathan or the Matter, Form and Power of a

phern in einer von übertragenen Ausdrücken strotzenden Passage als »ignes fatui«[43] bezeichnete und sie aufgrund ihrer »schwankenden Bedeutung« zu den Ursachen »absurder Schlußfolgerungen« in der Wissenschaft rechnete[44], verwendete bildliche Ausdrücke in nahezu exzessiver Weise und bemühte sich zugleich um eine Neubearbeitung der aristotelischen Rhetorik.[45] John Locke, der die öffentlich gelehrte Beredsamkeit als das »mächtige Werkzeug des Irrtums und Betrugs« verurteilte und den Einsatz von Metaphern allein Reden zugestand, »von denen man nur Vergnügen und Genuss, aber keine Belehrung und Bereicherung des Wissens verlangt«,[46] gebrauchte zur Darstellung seiner

---

Common-Wealth Ecclesiastical and Civil; 1651]. Hamburg 1996 (= Philosophische Bibliothek 491), S. 597. Im englischen Original heißt es allerdings »There is nothing I distrust more than my elocution.« (*The Collected Works of Thomas Hobbes.* Edited by Sir William Molesworth. London 1994. Vol. 3, T. 2, S. 711) und zielt wohl auf den Teil der Rhetorik, der als *elocutio* die angemessene Einkleidung der Gedanken in Worte behandelte.

43 Ebd., T. 1, Kap. V (Of Reason and Science) hier zitiert nach der deutschen Ausgabe, S. 38 f., Hervorhebungen im Original: »Das Licht des menschlichen Verstandes besteht in deutlichen Worten, die aber zuerst durch Definitionen zurechtgestutzt und von Ambiguitäten gereinigt werden müssen; *Vernunft* ist die *Gangart*, Vermehrung der *Wissenschaft* der *Weg* und das Wohl der Menschheit das *Ziel*. Und im Gegensatz dazu sind Metaphern und sinnlose und doppeldeutige Worte wie Trugbilder [im Original: »ignes fatui«; Anm. R. K.]; und auf ihrer Grundlage Beweisführungen anstellen heißt zwischen unzähligen Widersinnigkeiten umherirren; und ihr Ergebnis ist Streit und Aufruhr oder Schmach.«

44 Ebd., S. 37 (deutsche Ausgabe), T. I, S. 34 (englische Ausgabe).

45 Zu Wertung und Einsatz rhetorischer Mittel bei Hobbes vgl. u. a. Cantalupo, Charles: »Hobbes's Use of Metaphor«. In: *Restoration* 12 (1988), S. 20–32; ders.: »Hobbes's Style. Origins, Developments, Contexts«. In: *Language and Style* 19 (1986), S. 99–117; Barnouw, Jeffrey: »Persuasion in Hobbes's Leviathan«. In: *Hobbes Studies* 1 (1988), S. 3–25; Johnston, David: *The Rhetoric of Leviathan. Thomas Hobbes and the Politics of Cultural Transformations.* Princeton 1986; Kahn, Victoria: »Hobbes: a Rhetoric of Logic«. In: dies.: *Rhetoric: Prudence and Skepticism in the Renaissance.* Ithaca 1985, S. 152–181; Mathie, William: »Reason and Rhetoric in Hobbes's Leviathan«. In: *Interpretation. A Journal of Political Philosophy* 14 (1986), S. 281–298; Prokhovnik, Raia: *Rhetoric and Philosophy in Hobbes's Leviathan.* London 1990; Sacksteder, William: »Hobbes: Philosophical and Rhetorical Artifice«. In: *Philosophy and Rhetoric* 17 (1984), S. 30–46; Metzger, Hans-Dieter: »Die Bedeutung des Leviathan: Politischer Mythos oder politischer Begriff?« In: *Hobbes-Studies* 5 (1992), S. 23–52; Skinner, Quentin: *Rhetoric in the Philosophy of Hobbes.* Cambridge 1996; Wilson-Quayle, James: »Resolving Hobbes's Metaphorical Contradiction: The Role of the Image in the Language of Politics«. In: *Philosophy and Rhetoric* 29 (1996), S. 15–32; Zappen, James P.: »Aristotelian and Ramist Rhetoric in Thomas Hobbe's Leviathan«. In: *Rhetorica* 1 (1983), S. 65–91. Hobbes' *Briefe of the the Art of Rhetorick* behandeln Harwood, John T. (Hg.): *The Rhetorics of Thomas Hobbes and Bernard Lamy.* Carbondale 1986; Sorell, Tom: »Hobbes' Un-Aristotelian Rhetoric«. In: *Philosophy and Rhetoric* 23 (1990). S. 96–108; Rayner, Jeremy: »Hobbes and the Rhetoricians«. In: *Hobbes Studies* 4 (1991), S. 76–95.

46 Locke, John: *Versuch über den menschlichen Verstand.* [An essay concerning human understanding; 1690]. 3. Buch, 10. Kapitel, § 34. In diesem Zusammenhang

Sprachauffassung figurative Ausdrücke in einer Weise, daß man mit Paul de Man fragen muß, »ob die Metaphern eine Erkenntnis illustrieren oder ob Erkenntnis nicht vielleicht von Metaphern strukturiert wird«.[47] Nur ein Jahr nach dem ersten Erscheinen des *Essay concerning human understanding* erlaubte Christian Thomasius in seiner *Ausübung der Vernunftlehre* einen differenzierten Gebrauch figürlicher Rede[48]; Gottfried Wilhelm Leibniz räumte in seinen Locke respondierenden *Neuen Abhandlungen über den menschlichen Verstand* dem metaphorischen Sprechen eine zentrale Rolle für die exoterische, d. h. populäre Vermittlung von Wissensansprüchen ein: Es würden »die urteilsvollsten Leute, wenn sie für gewöhnliche Leser schreiben, sich dessen, was ihrem Ausdruck Reiz und Kraft verleiht, berauben, sofern sie sich an feste Bedeutungen der Ausdrücke strenge halten wollten. Sie müssen sich nur in acht nehmen, daß ihre Abwechslung keinen Irrtum und keine falsche Gedankenverknüpfung hervorbringe.«[49]

---

    bezeichnete Locke die Wirkung metaphorischer Ausdrücke als »perfect cheat«: Wolle man »von den Dingen, wie sie wirklich sind, sprechen, so muss man gestehen, dass alle rhetorischen Künste, die über die Ordnung und Klarheit hinausgehen, sowie jeder künstliche und bildliche Gebrauch der Worte, welche die Beredsamkeit erfunden hat, nur dazu dienen, unrichtige Vorstellungen unterzuschieben, die Leidenschaften zu wecken, dadurch das Urtheil irrezuführen und also reinen Betrug zu verüben.« Daß Locke wie vor ihm schon Thomas Hobbes vor allem den zu Konflikten und konfessionellen Kriegen führenden Sprachmißbrauch seiner Zeit vor Augen hatte, betonen Brandt, Reinhard/Klemme, Heiner F.: »John Locke«. In: Borsche, T. (Hg.): *Klassiker der Sprachphilosophie* (s. Anm. 21), S. 133–146, hier S. 143.

47  de Man, Paul: »Epistemologie der Metapher« [The Epistemology of Metaphor; 1978], hier zitiert nach dem Abdruck in A. Haverkamp (Hg.): *Theorie der Metapher* (s. Anm. 4), S. 414–437, S. 417. Den Metapherngebrauch von John Locke behandeln auch Meinel, Christoph: »›Das letzte Blatt im Buch der Natur‹«. In: *Studia Leibnitiana* 20 (1988), S. 1–18; Vogt, Philip: »Seascape with Fog: Metaphor in Locke's ›Essay‹«. In: *Journal of the History of Ideas* 54 (1993), S. 1–18; Brown, Vivienne: »On Theological Discourse in Locke's ›Essay‹«. In: *Locke Newsletter* 29 (1998), S. 39–57; dies.: »The ›Figure‹ of God and the Limits to Liberalism: A Rereading of Locke's ›Essay‹ and ›Two Treatises‹. In: *Journal of the History of Ideas* 60 (1999), S. 83–100; Clark, S. H.: »›The Whole Internal World His Own‹: Locke and Metaphor Reconsidered«. In: *Journal of the History of Ideas* 59 (1998), S. 241–265.

48  Thomasius, Christian: *Ausübung der Vernunftlehre* [1691]. Neudruck Hildesheim 1968, S. 89 f.: »[H]üte dich/daß du nicht vieldeutige Worte brauchst/wo du eindeutige haben kanst/nicht figürliche/wo du die Sache mit eigenen geben kanst; es wäre denn/daß man aus andern Worten alsbald sehen könte/welche Bedeutung du im Sinne habest/oder die Sache könte nicht anders als durch figürliche Worte ausgedrückt werden.« Dazu umfassend Danneberg, Lutz: »Die Auslegungslehre des Christian Thomasius in der Tradition von Logik und Hermeneutik«. In: Vollhardt, Friedrich (Hg.): *Christian Thomasius (1655–1728). Neue Forschungen im Kontext der Frühaufklärung*. Tübingen 1997, S. 253–316.

49  Leibniz, Gottfried Wilhelm: *Neue Abhandlungen über den menschlichen Verstand*. Leipzig ²1904, S. 256. Dagegen sei »für die mit der Entdeckung der Wahrheit Beschäftigten« die »acroamatische Schreibweise« möglich, wenn auch nicht im-

Deutlich dürfte geworden sein, daß ein auf den Metapherngebrauch bezogener Ikonoklasmus sich selten gegen metaphorischen Sprachgebrauch generell richtet: Zumeist geht es um die Abweisung bestimmter Metaphern – seien es schlechte, unwirksame Metaphern oder Metaphern zur Durchsetzung falscher Wissensansprüche bzw. ungerechtfertigter Normen. Fragt man nach den Ursachen für diese spezifizierte Tabuisierung von Metaphern bei gleichzeitigem und z.T. vielfältigem Einsatz metaphorischer Rede, läßt sich in erster Linie die Forderung nach der *Verständlichkeit* von Wissensansprüchen anführen, die sowohl die *Zugänglichkeit* wie auch die *Nachvollziehbarkeit* von Forschungsleistungen sichern sollte und für die Differenzierung des neuzeitlichen Wissenschaftssystems von nicht zu unterschätzender Bedeutung war.[50] Der verlangte »plain style«[51] in der Darstellung von gewonnenen Einsichten korrespondierte einem Verständnis von Wissen und seiner Vermittlung, das Logik und Rhetorik radikal voneinander separiert hatte: »[F]or the proofs and demonstrations of logic are toward all men indifferent and the same; but the proofs and persuasions of Rhetoric ought to differ according to

---

mer zum Ziel führend: »Und wenn jemand in der Metaphysik oder in der Moral als Mathematiker schreiben wollte, so würde ihn nichts hindern, dies mit aller Strenge zu tun. Manche haben sich dies zur Aufgabe gemacht und uns mathematische Beweise außerhalb der Mathematik vorgelegt, aber es ist nur sehr selten geglückt.«

50 So beginnt mit der Kritik an der ›mystischen‹ und ›allegorischen‹ Sprache (etwa in den hermetischen Reden der Paracelsisten) seit dem 16. Jahrhundert die Trennung der Chemie von der Alchemie; vgl. Crosland, Maurice P.: *Historical Studies in the Language of Chemistry*. London 1962, Kap. I, II; Goltz, Dietlinde: »Versuch einer Grenzziehung zwischen ›Chemie‹ und ›Alchemie‹«. In: *Sudhoffs Archiv* 52 (1968/69), S. 30–47; Hannaway, Owen: *The Chemists and the Word: The Didactic Origin of Chemistry*. Baltimore 1975; Vickers, Brian: »Alchemie als verbale Kunst: die Anfänge«. In: Mittelstraß, Jürgen/Stock, Günter (Hg.): *Chemie und Geisteswissenschaften. Versuch einer Annäherung*. Berlin 1992, S. 17–34. Zum Gesamtzusammenhang Vickers, Brian: »Analogy versus Identity: the Rejection of Occult Symbolism, 1580–1680«. In: ders. (Hg.): *Occult and Scientific Mentalities in the Renaissance*. Cambridge 1984, S. 95–163. Insbesondere die Forschungen von Brian Vickers präzisieren das von Michel Foucault entworfene Szenario einer Wissenschaftsentwicklung, in dem ein ungezügelter Diskurs der Ähnlichkeit mit metaphorisch-analogischen Verknüpfungen durch einen rationalistischen Diskurs mit dem Prinzip der Identität und des Unterschieds »diszipliniert« und normiert wurde.
51 Explizit gefordert etwa durch Thomas Sprat in seiner *History Of the Royal-Society of London* aus dem Jahre 1667, in der angesichts »this vicious abundance, this trick of Metaphors, this voluibility of Tongue, which makes so great noise in the world« Eindeutigkeit durch »mathematicall plainness« erreicht werden sollte; hier zitiert nach Danneberg, Lutz/Schönert, Jörg: »Zur Transnationalität und Internationalisierung von Wissenschaft«. In: Danneberg, Lutz/Vollhardt, Friedrich (Hg.): *Wie international ist die Literaturwissenschaft? Methoden- und Theoriediskussion in den Literaturwissenschaften: kulturelle Besonderheiten und interkultureller Austausch am Beispiel des Interpretationsproblems (1950–1990)*. Stuttgart, Weimar 1995, S. 7–85, S. 31.

the auditors.«[52] Auf eine weitere Funktion des von zahlreichen Forschungen als inkonsistent nachgewiesenen[53] Metapherntabus hat Jacques Derrida aufmerksam gemacht: Wenn metaphorisches Sprechen demonstrativ disqualifiziert, bestimmte basale Metaphoriken (wie etwa die Lichtmetapher) zugleich aber in selbstverständlicher Weise verwendet wurden, invisibilisierte diese Praxis die rhetorische Verfaßtheit eines Diskurses, der sich über die Abgrenzung von der »uneigentlichen« und »trügerischen« Rede der Umgangssprache oder der persuasiven Gewalt einer *ars oratoria* definierte.[54]

(b) Explizite Anerkennung fand die Metapher in wissenschaftlichen Zusammenhängen erst im Zuge eines umfassenden denkgeschichtlichen Wandels, bei dem das Ideal einer allgemeinen und sprachfrei konzipierten Erkenntnis zugunsten einer Perspektivierung intersubjektiver Verständigung durchbrochen wurde. Seit Giambattista Vicos Versuch, das Denken von der gemeinschaftsbildenden Funktion der Sprache her zu deuten, konnten Sprechen nicht mehr nur als Ausdruck allgemeiner Gedanken und Denken nicht länger allein als Erfassung natürlicher Sachverhalte verstanden werden, deren wissenschaftliche Darstellung und Erklärung durch eindeutige Begriffe oder besser noch

---

52 Bacon, Francis: »Of the Advancement of learning« [1605]. In: *The Works of Francis Bacon.* Faksimile-Neudruck der Ausgabe von James Spedding, Leslie Ellis und Douglas Denon Heath, London 1857–1874. Stuttgart-Bad Cannstatt 1989. Bd. 3, S. 411.

53 U. a. Nieraad, J.: »*Bildgesegnet und Bildverflucht*« (s. Anm. 2), S. 88 ff.; P. de Man,: »Epistemologie der Metapher« (s. Anm. 47); Perelman, Chaïm: *Das Reich der Rhetorik. Rhetorik und Argumentation.* München 1980, S. 126 f.

54 Vgl. Derrida, Jacques: »Die weiße Mythologie. Die Metapher im philosophischen Text«. In: ders.: *Randgänge der Philosophie.* Wien 1988, S. 205–258, hier S. 254, der in den Texten von Descartes »unterhalb der Schicht von Metaphern mit didaktischem Anschein« eine »andere Schichtung« erkannte, »die weniger sichtbar, aber ebenso systematisch angeordnet wäre«: »Die Grammatik dieser Metaphern wiederherzustellen hieße, deren Logik mit einem Diskurs zu verbinden, der sich als nicht-metaphorisch ausgibt – was man hier philosophisches System, Sinn der Begriffe und Ordnung der Ursachen nennt.« Ähnlich Renate Schlesier: »Der bittersüße Eros. Ein Beitrag zur Geschichte und Kritik des Metaphernbegriffs«. In: *Archiv für Begriffsgeschichte* 30 (1986/87), S. 70–83, S. 79: »Das metaphysische Denken beruht auf Metaphern, die unsichtbar gemacht wurden und als solche nicht mehr erkennbar sind.« Bernhard Debatin (*Die Rationalität der Metapher* [s. Anm. 25] S. 219 f.) geht in der Rekonstruktion einer »epistemisch-metaphysischen Tiefenmetaphorik der Wissenschaftssprache« noch weiter: Für ihn diente die »Ab- und Ausgrenzungsstrategie gegenüber der Metapher dazu, eine *differenzbildende Schutzschicht* zu erzeugen, durch die der rationalistische Diskurs seine scheinbar wörtliche Eigentlichkeit erst gewinnt«. Das so entstandene »dichotome Schema paralleler Polaritäten, das bis heute für den wissenschaftlichen Diskurs wirksam geblieben ist« [!] mit den Antipoden »wörtlich/metaphorisch« – »rational/irrational« – »Wissenschaftssprache (Philosophie)/Umgangssprache (Rhetorik/Poetik)« sei »um eine weitere Dichotomie, nämlich *männlich/weiblich* zu ergänzen: dies nicht nur, weil die Wissenschaft traditionell als Domäne männlicher Tätigkeit entstanden ist, sondern auch weil der Diskurs über die Metapher, ihre Gefährlichkeit, ihre Verlokkungen und ihre Falschheit auf frappante Weise dem Diskurs über ›die‹ Frau gleicht«. (Hervorhebungen im Original.)

durch Zahlen und Symbole zu leisten seien. Wenn Wissensgewinn und -repräsentation nunmehr als prozessuale Akte der Verständigung zwischen Individuen erfassbar und beschreibbar waren, mußten Erkenntnis und Wahrheit nicht mehr im Spannungsverhältnis zwischen Subjekt und Objekt fixiert werden. Die Auffassung einer sich zwischen Individuen ausbildenden Konstitution von Welt bzw. perspektivischer »Weltansichten« (Wilhelm von Humboldt) setzte die Sprache als unhintergehbare Instanz dieser Konstitutionsleistungen ein und wies der Reflexion ihrer Organisations- und Funktionsprinzipien neue, zentrale Bedeutung zu.

Die Auffassung von einer sprachlich verfaßten Wirklichkeit der Welt und ihrer stets sprachgebundenen Erkenntnis führte auch zu einer neuen Sicht auf die rhetorischen Bestandteile der Sprache, im besonderen zu einer Neubewertung der metaphorischen Rede. Für den französischen Grammatiker César DuMarsais und seinen *Traité des tropes* von 1730 lag der Reichtum der Sprachen in den Tropen, und er vermutete, es gebe vielleicht überhaupt kein Wort, das nicht in irgendeinem Sinne übertragen verwendet werde. Der Italiener Vico erklärte die sich zeitlich nacheinander herausbildenden Tropen Metapher, Metonymie, Synekdoche und Ironie zur Basis des Denkens und der Sprache; sie seien nicht »geistreiche Erfindungen« von Dichtern, sondern »notwendige Ausdrucksmodi der ersten poetischen Nationen«.[55] Zugleich erkannte er in metaphorischen Ausdrücken das synthetische Prinzip, um »Auseinanderliegendes rasch, passend und glücklich zu vereinigen«[56], also neue Erkenntnisse erst möglich und darstellbar zu machen.[57] Ohne bereits näher auf die Bestimmung der kognitiven Aspekte metaphorischer Rede durch den neapolitanischen Professor der Beredsamkeit einzugehen, sei auf zwei zentrale Konsequenzen für das Verständnis der Rhetorik hingewiesen: Wenn Vico die Metapher als zentrales Prinzip der schöpferisch-imaginativen Welterschließung

---

55 G. Vico: *Prinzipien einer neuen Wissenschaft* (s. Anm. 16), Teilbd. 2, S. 195.
56 Vico, Giambattista: *Vom Wesen und Weg der geistigen Bildung. De nostri temporis studiorum Ratione*. Dt./lat. Ausgabe in der Übertragung von Walter F. Otto. Darmstadt 1963, S. 73.
57 Vgl. die starke Bewertung bei Verene, Donald Phillip: *Vicos Wissenschaft der Imagination. Theorie und Reflexion der Barbarei*. München 1987, S. 71: »Vicos Entdeckung der imaginativen Universalien ist die Entdeckung eines Identitätsprinzips, das mit dem Begriff der Metapher als fundamentalem epistemologischem Element verbunden ist. Die Metapher ist dasjenige Moment, durch das im Wahrnehmung auf ursprüngliche Weise Identität gewonnen wird. Sie ist die Form, in der sich Wahrnehmung am unmittelbarsten ausdrückt. Die Metapher ist die grundlegende geistige Operation beim Wissensakt.« Dazu auch Schaeffer, John D.: »From Wit to Narration: Vico's Theory of Metaphor in Its Rhetorical Context«. In: *New Vico Studies* 2 (1984), pp. 59–73; Bryan, Ferald J.: »Vico on Metaphor, Implications for Rhetorical Criticism«. In: *Philosophy and Rhetoric* 19 (1986), S. 255–265; di Donatella, Cesare: »Sul Concetto di Metafora in G. B. Vico«. In: *Bollettino del Centro di Studi Vichiani* (16) 1986, pp. 325–334; Haskell, Robert E.: »Giambattista Vico and the Discovery of Metaphoric Cognition«. In: ders.: *Cognition and Symbolic Structures. The Psychology of Metaphoric Transformation*. Norwood 1987, S. 67–82.

und zugleich als Prinzip der kognitiv-theoretischen Welterkenntnis erfaßt, wird auch die Topik zu einem Resultat der poetischen, von Metaphern getragenen Konstruktionsleistungen des Menschen[58]; mit der Auszeichnung ihrer synthetischen Potentiale gilt die Metapher nicht länger nur als Element der *elocutio*, sondern als integraler Bestandteil praktisch-rhetorischer wie theoretisch-wissenschaftlicher Tätigkeit.[59]

Seit Vicos fundamentaler, doch nur zögerlich rezipierter Aufwertung der Metapher hat sich die Auffassung eines omnipräsenten metaphorischen Sprechens in unterschiedlicher Weise verbreitet und durchgesetzt. Eine tropische Ursprache vermuteten Jean-Jacques Rousseau, Johann Georg Hamann und Johann Gottfried Herder; die Notwendigkeit symbolischer Hypotyposen für Begriffe, denen »vielleicht nie eine Anschauung direkt korrespondieren kann«[60], betonte Immanuel Kant in der *Kritik der Urteilskraft* und folgte damit einem bereits von Johann Heinrich Lambert 1764 formulierten Gedanken.[61] An die schließlich von Friedrich Nietzsche fixierte Auffassung, der »Trieb zur Metaphernbildung« sei als »Fundamentaltrieb des Menschen« quasi anthropologisch verankert und Wahrheit nur ein »bewegliches Heer von Metaphern, Metonymien, Anthropomorphismen«[62], schloß sich eine Fülle von me-

---

58   Vgl. D. P. Verene: *Vicos Wissenschaft der Imagination* (s. Anm. 57), S. 163: »Erst durch sie [die Metapher] wird ein Topos ursprünglich gebildet. Sie ist das zugrundeliegende Bild, von dem aus der Mensch erst zu sprechen beginnen kann.« Daß nach Vicos Theorie der Sprachentstehung Metaphern die eigentliche Bedeutung der Ausdrücke bildeten, die erst in retrospektiver Sicht als metaphorischer Sprachgebrauch erschienen, betonen auch Levin, Samuel: »Vico and the Language of the ›First Poets‹«. In: ders.: *Metaphoric Worlds: Conceptions of a Romantic Nature*. New Haven, London 1988, S. 106–130 sowie Trabant, Jürgen: *Neue Wissenschaft von alten Zeichen: Vicos Sematologie*. Frankfurt/M. 1994.

59   Vgl. B. Debatin: *Die Rationalität der Metapher* (s. Anm. 25), S. 39; in übergreifender Perspektive Danesi, Marcel: *G. Vico and the Cognitive Science Enterprise*. New York 1995; ders.: »Sentido, concepto, metafora en Vico: una optica interpretativa de las investigaciones scientificas sobre la metafora«. In: Cuadernos Sobre Vico 11/12 (2000), pp. 107–127.

60   Kant, Immanuel: *Kritik der Urteilskraft*, § 59, hier zitiert nach der Ausgabe der Werke in zwölf Bänden, hg. von Wilhelm Weischedel. Frankfurt/M. 1977. Bd. 10, S. 296.

61   Vgl. Lambert, Johann Heinrich: *Neues Organon oder Gedanken über die Erforschung und Bezeichnung des Wahren und dessen Unterscheidung vom Irrtuhm und Schein*. Leipzig 1764. Teil 3: Semiotik, § 192, wo die Metapher bestimmt wird als Mittel der Sprache, »unbekanntere und auch gar nicht in die Sinne fallende Dinge durch bekanntere vorstellig zu machen [...]: Auf diese Weise drücken wir alles, was zur Intellektualwelt gehört, durch Wörter aus, die nach ihrem buchstäblichen Verstande sinnliche Dinge vorstellen, und es ist wohl auch nicht möglich, die abstrakten Begriffe anders als auf diese Art bei andern zu erwecken.« Zitiert nach dem reprographischen Nachdruck in Lambert, J. J.: *Philosophische Schriften*, hg. von Hans-Werner Arndt. Hildesheim 1965. Bd. II, S. 112.

62   Nietzsche, Friedrich: *Über Wahrheit und Lüge im außermoralischen Sinne* [1873]. In: ders.: Werke, hg. von Karl Schlechta. München 1954. Bd. 3, S. 309–322, hier S. 314. Daß Nietzsche in seinen Reflexionen zur Sprache und Metaphern zumin-

tapherntheoretischen Untersuchungen unterschiedlicher Autoren an, die nun die Omnipräsenz von Metaphern im täglichen Sprachgebrauch oder im Diskurs der Wissenschaften nachzuweisen suchten. Die Liste erkenntnistheoretischer, philosophiegeschichtlicher und kognitionspsychologischer Explorationen, deren unterschiedliche Ausgangs- und Zielpunkte hier nicht näher thematisiert werden können, reicht – um hier nur einige zentrale Vertreter herauszugreifen – von Fritz Mauthners *Beiträgen zu einer Kritik der Sprache* bis zu George Lakoffs und Mark Johnsons *Metaphors We Live By* und wird jährlich durch neue Beiträge ergänzt.[63]

Festzuhalten für den hier behandelten Zusammenhang sind zwei miteinander verbundene Aspekte des in unterschiedlicher Stärke vertretenen »metaphorischen Universalismus«: Zum einen die Identifizierung des gesamten konzeptuellen Apparats als »fundamentally metaphorical in nature«[64]; zum anderen die Perspektivierung einer derivativen Beziehung zwischen Begriff und Metapher auf der Basis der Annahme, daß bereits die Anwendung jedes allgemeinen Ausdruckes als »Gleichsetzen des Nichtgleichen« auf der Wahrnehmung von Ähnlichkeiten beruhe.[65]

---

dest anfänglich stark durch Gustav Gerber geprägt wurde, belegt die Zusammenstellung von Meijers, Anthonie/Stingelin, Martin: »Konkordanz zu den wörtlichen Abschriften und Übernahmen von Beispielen und Zitaten aus Gustav Gerber *Die Sprache als Kunst* (Bromberg 1871) in Nietzsches Rhetorik-Vorlesung und in ›Ueber Wahrheit und Lüge im aussermoralischen Sinne‹«. In: *Nietzsche-Studien* 17 (1988), S. 350–368; dazu auch Meijers, Anthonie: »Gustav Gerber und Friedrich Nietzsche«. Ebd., S. 369–390.

63 Dabei ist der Grundgedanke wesentlich älter und bis zu Quintilians *Institutio Oratoria* IX, 3, 1 zurückverfolgbar. Die Aussage »paene iam quidquid loquimur figura est« findet sich denn auch als Motto über der Dissertation von Erhard Schüttpelz (s. Anm. 2); vollständig lautet die Sentenz: »Verborum vero figurae et mutatae sunt semper et, utcumque valuit consuetudo, mutantur. itaque, si antiquum sermonem nostro comparemus, paene iam quidquid loquimur figura est [...]« (»Die Wortfiguren haben sich immer verändert und werden es auch weiterhin je nach der geltenden Gewohnheit. Deshalb ist, wenn wir die Sprache der Alten mit der unseren vergleichen, schon fast alles, was wir reden, Figur, [...]«)

64 G. Lakoff/M. Johnson: *Metaphors We Live By* (s. Anm. 14), S. 3. In der deutschen Übersetzung (*Leben in Metaphern. Konstruktion und Gebrauch von Sprachbildern*. Heidelberg 1998) heißt es: »Unser alltägliches Konzeptsystem, nach dem wir sowohl denken als auch handeln, ist im Kern und grundsätzlich metaphorisch« (S. 11); auf S. 14 wird dann die grundlegende These aufgestellt, »daß die menschlichen Denkprozesse weitgehend metaphorisch ablaufen«.

65 So schon bei Friedrich Nietzsche: *Über Wahrheit und Lüge im außermoralischen Sinne* (s. Anm. 62), S. 314 f., nach dem der menschliche Erkenntnisprozeß auf der Abstraktionsleistung beruht, »die anschaulichen Metaphern zu einem Schema zu verflüchtigen, also ein Bild in einem Begriff aufzulösen.« Seine Aufnahme und Fortführung findet dieser Gedanke u. a. in der kritischen Theorie (so bei Adorno, Theodor W.: *Negative Dialektik*. Frankfurt/M. 1966, S. 164 ff.), in der Wissenschaftstheorie (etwa bei Körner, Stephan: *Conceptual Thinking. A Logical Inquiry*. New York 1955; ders.: *Erfahrung und Theorie. Ein wissenschaftstheoretischer*

Ohne weiter auf die problematischen Seiten dieser *starken* Auszeichnungen einzugehen, die eine Unterscheidung von begrifflichem und metaphorischem Sprachgebrauch erschweren oder sogar unmöglich machen[66], bleibt der Gewinn einer zentralen Einsicht zu verbuchen: Die Formulierung von Wissensansprüchen (auch theoretischer Art) ist stets an *Texte* gebunden[67], die als sprachliche Artefakte kaum ohne die Verwendung metaphorischer Ausdrücke zu denken sind. Die Einsicht in die Omnipräsenz von Metaphern auch innerhalb wissenschaftlicher Texte bedeutet jedoch nicht, daß metaphorischer Rede ohne weiteres auch ein besonderer kognitiver Gehalt zugebilligt wird: Wie etwa Donald Davidsons vielfältig diskutierte Position belegt, kann bei einer Akzeptanz der Metapher als konstitutivem und auch erkenntniserweiterndem Bestandteil unserer Sprache zugleich eine rekonstruierbare kognitive Bedeutung bestritten werden: »Witz, Traum oder Metapher können uns zwar – ebenso wie ein Bild oder eine Beule am Kopf – dazu veranlassen, eine bestimmte Tatsache zu erkennen – aber nicht, indem sie diese Tatsache bezeichnen oder sie zum Ausdruck bringen.«[68]

---

*Versuch* [1966]. Frankfurt/M. 1970; Hesse, Mary B.: »Tropical Talk: The Myth of the Literal«. In: *Proceedings of the Aristotelian Society*. Suppl. Vol. 61 (1987), S. 297–311) und nicht zuletzt im Poststrukturalismus (so bei de Man, Paul: *Allegorien des Lesens*. Frankfurt/M. 1988, insbes. S. 154; ders.: »Metapher«. In: ders.: *Die Ideologie des Ästhetischen*. Frankfurt/M. 1993, S. 231–262, hier S. 242: »Eine Bildung von Allgemeinbegriffen, die als Austausch oder Ersetzung von Eigenschaften auf der Grundlage von Ähnlichkeiten aufgefaßt wird, entspricht haargenau dem klassischen Verständnis der Metapher, wie sie in den Theorien der Rhetorik von Aristoteles bis Roman Jakobson definiert ist.«)

66 Wenn Metapher und Begriff als anthropomorphe Projektionen auf Basis des Identitätsprinzips gleichgesetzt werden und der Sprachgebrauch zu jeder Zeit als metaphorisch gilt, dann läßt diese Beschreibung offenkundig keine Abgrenzungen mehr zu – als Unterscheidungstermini ist »Metapher« dann überflüssig. Prägnant Wellberry, David E.: »Retrait/Re-entry. Zur poststrukturalistischen Metapherndiskussion«. In: Neumann, Gerhard (Hg.): *Poststrukturalismus: Herausforderung an die Literaturwissenschaft*. Stuttgart, Weimar 1997 (= Germanistische Symposien. Berichtsbände 18), S. 194–207, hier S. 198: »Wenn alles Sprachliche metaphorisch wäre, dann hätte der Metaphernbegriff keinen innersprachlichen Kontrastbegriff und damit keine sortierende Kraft. [..] In der metaphorischen Nacht, die diese These heraufruft, ist die Metapher selber, wie jede andere Sprachkuh, schwarz; die These löscht sich selber aus.« Gleichwohl gesteht er der Auffassung von der omnipräsenten Metaphorik eine »gleichsam gestische Wahrheit« zu und versucht, der Unhintergehbarkeit metaphorischer Rede mit dem Aufweis der »paradoxen Logik eines jeden Bestimmungsversuchs« (S. 200) beizukommen.

67 Vgl. L. Danneberg: *Erfahrung und Theorie als Problem moderner Wissenschaftsphilosophie* (s. Anm. 19), S. 14: »Wird von Theorien (etwa der Mechanik Newtons oder der Theorie Einsteins) gesprochen und versucht man, der Kette von Verweisungen nachzugehen, um eine *bestimmte* Theorie zu identifizieren, so führt dies am Ende immer wieder zu *Texten*. Zwar wird über Theorien zumeist wie über abstrakte Entitäten geredet. Doch worin Theorien bestehen, läßt sich nur lehren oder lesen – letztlich also über Texte ›erfahren‹.« (Hervorhebungen im Original.)

68 Davidson, Donald: »Was Metaphern bedeuten« [What Metaphors mean, 1978]. In: ders.: *Wahrheit und Interpretation*. Frankfurt/M. 1990, S. 343–371, hier S. 368.

## II. Zum kognitiven Gehalt von Metaphern bei der Erzeugung und Darstellung von Wissen

Davidsons Statement ermöglicht die Überleitung zum zweiten Abschnitt meiner Überlegungen – zur Klärung der Frage, welche Erkenntnisfunktionen und -leistungen metaphorischer Rede bei der Erzeugung und Darstellung wissenschaftlichen Wissens zugesprochen werden kann. Ist die Relevanz von Metaphern im Prozeß der Produktion und Verbreitung von Wissensansprüchen kaum mehr umstritten, wird ihr kognitiver Gehalt noch immer kontrovers diskutiert: Während D. Davidson und R. Rorty die Auffassung vertreten, Metaphern trügen zwar als »surprising noises« bzw. »unfamiliar noises« zu einer Erweiterung unseres Wissens bei, seien aber selbst ohne Bedeutung[69], schrieben nicht nur Max Black und Mary Brenda Hesse der Metapher starke Erkenntnisleistungen und eigene Bedeutung zu: Metaphorische Ausdrücke fundierten die Ausbildung von distinkten Kategorien und logischen Klassen, indem sie semantische Felder nach Kriterien der Familienähnlichkeit schaffen und diese über Ähnlichkeit und Differenz miteinander kombinieren würden.[70] In einer als »Netzwerk« beschriebenen Sprache knüpften Metaphern neue Beziehun-

---

69 Vgl. ebd., S. 367: »Was ich bestreite, ist, daß die Metapher ihre Aufgabe dadurch erfüllt, daß sie eine spezielle Bedeutung hat, einen spezifischen kognitiven Gehalt.« – Hintergrund von Davidsons Position ist die Trennung zwischen einer wörtlichen Bedeutung (*meaning*) und dem jeweiligen Gebrauch (*use*) von Worten in spezifischen Kontexten: Da metaphorische Ausdrücke nach Davidson in die Sphäre des Gebrauchs gehören und allein der wörtlichen Bedeutung genuine Erklärungskraft zukommt, besäßen Metaphern prinzipiell keinen kognitiven Gehalt. Die wichtige Rolle, die Metaphern für Erweiterung und Neugewinn von Wissen spielen, wird analog zur Wirkung überraschender Geräusche (»surprising noises«) erklärt: »like a bump on a head« kanalisierten sie die Aufmerksamkeit auf das Neue und Ungewohnte, riefen gehaltvolle Gedanken hervor, seien aber selbst gehaltlos. – Eine ähnliche Auffassung vertritt Rorty, Richard: *Kontingenz, Ironie und Solidarität.* Frankfurt/M. 1989, S. 44 ff.: Da es Bedeutung nur in etablierten Sprachspielen gebe, Metaphern als neuartiger Wortgebrauch aber noch keinen festen Platz in diesen eingeführten Sprachspielen hätten, könnten sie keine eigenständige Bedeutung tragen. Als Störungen oder Irritationen eines Sprachspiels produzierten sie »Überraschungseffekte« und lenkten so die Wahrnehmung auf etwas Neues, übermittelten aber keine Bedeutung. Wie Davidson vertritt auch Rorty die Ansicht, Sprache sei grundsätzlich metaphorisch: Ein historisch entstandener Satz von usuellen, verfestigten Metaphern fundiere den wörtlichen Sprachgebrauch, während neue, d. h. noch nicht verfestigte Metaphern die konventionalisierten Sprachregelungen in Frage stellten und so »neue Perspektiven« eröffneten. Als notwendige psychologische Stimuli für Kognitionsleistungen sind neue, »lebendige« Metaphern für Rorty bedeutungslose »unfamiliar noises«, die in einem Prozeß der Trivialisierung und pragmatischen Überzeugungsfestigung zu Begründungen werden; dazu auch ders.: »Unfamiliar Noises: Hesse and Davidson on Metaphor«. In: *Proceedings of the Aristotelian Society.* Suppl. Vol. 61 (1987), S. 283–296.

70 Siehe Black, Max: *Models and Metaphors. Studies in Language and Philosophy.* Ithaca/New York 1962; Hesse, Mary: *Models and Analogies in Science.* Notre Dame (Quebec) 1966. Bekräftigung erfuhr diese These in späteren Arbeiten Hesses, so

gen, führten neue Ideen und Modelle ein oder lieferten Erklärungen in Form »metaphorischer Neubeschreibungen« von Gegenständen oder Sachverhalten.[71]

Ohne die kontroversen Stellungnahmen an dieser Stelle zu rekonstruieren, soll den Fragen nach Funktion und Gehalt metaphorischer Rede in den Prozessen von Wissensproduktion und -vermittlung nachgegangen werden. Hilfestellung kann der Rückgriff auf Positionen der »alten Rhetorik« leisten, wurden doch bereits hier zentrale Aspekte des Problemkomplexes thematisiert: Schon Aristoteles erkannte in metaphorischen Ausdrücken die Möglichkeit zur Schließung von Bezeichnungslücken und beschrieb ihre heuristischen, auf analogischen Schlußprinzipien beruhenden Leistungen bei der Auffindung von Erkenntnissen. In der Fähigkeit, nicht präsente, komplexe oder unanschauliche Zusammenhänge vergegenwärtigen und vor Augen stellen zu können, ermittelte die antike Rhetorik schließlich zentrale Momente eines Potentials, das auch in sprachlich ausformulierten Theorien eine Rolle spielt. Das Problem der Klassifikation von Wissensansprüchen vernachlässigend, das in der Antike durch die Unterscheidung von *phrónesis* und *epistéme* reflektiert wur-

---

in: *The Structure of Scientific Inference*. Berkeley, Los Angeles 1974; »Theories, Family Resemblances and Analogy«. In: Helman, David H. (Hg.): *Analogical Reasoning. Perspektive of Artificial Intelligence, Cogntive Science, and Philosophy*. Dordrecht 1988, S. 317–340; explizit gegen Davidson und Rorty dies.: »Tropical Talk: The Myth of the Literal« (s. Anm. 55). Eine Übersicht über die Kontroverse gibt Gal, Ofer: »Hesse and Rorty on Metaphor: Rhetoric in Contemporary Philosophy«. In: *Journal of Speculative Philosophy* 9 (1995), S. 125–146. – Fundiert werden diese Bestimmungen durch die Auffassung Quines, nach der »die Gesamtheit unseres sogenannten Wissens oder Glaubens […] ein von Menschen geflochtenes Netz (ist), das nur an seinen Rändern mit der Erfahrung in Berührung steht«; Quine, Williard van Orman: »Zwei Dogmen des Empirismus«. In: ders.: *Von einem logischen Standpunkt*. Frankfurt/M., Berlin, Wien 1979, S. 27–50, hier S. 47. Die Bedeutung von Ausdrücken und ihre Anwendung hängen von ihrer Position in diesem Netzwerk und damit von ihrer Bestimmung als unterschiedlich bzw. ähnlich ab; als Bestandteile eines Netzwerks stehen sie zugleich in einem wechselseitigen Interaktionsverhältnis, vgl. ebd.: »Wenn wir eine Aussage neu bewertet haben, müssen wir einige andere neu bewerten, die entweder mit der ersten verknüpft sind oder selbst Aussagen logischer Zusammenhänge sind.« Die von M. Hesse vorgetragene Metaphernauffassung zieht daraus die Konsequenz; vgl. dies.: »Die kognitiven Ansprüche der Metapher«. In: van Noppen, Jean-Pierre (Hg.): *Erinnern um Neues zu sagen*. Frankfurt/M. 1988, S. 128–148, hier S. 130: »Die Bedeutungserweiterungen, die durch Ähnlichkeiten und Unterschiede in Metaphern auftreten, sind im Grunde nur besonders augenfällige Beispiele dessen, was in dem sich verändernden, ganzheitlichen Netzwerk, das die Sprache ausmacht, unablässig vor sich geht.«

71 M. Hesse: *Models and Analogies in Science* (s. Anm. 70), S. 157. Eine an Hesse anschließende starke Auffassung von den kognitiven Gehalten metaphorischen Sprechens vertritt auch Bernhard Debatin: *Die Rationalität der Metapher* (s. Anm. 25): Für ihn hat die Metapher die Funktion eines »rationalen Vorgriffs«, der als »kreativ-kognitiv«, »orientierend-welterschließend« und »kommunikativ-evokativ« konstitutiv für wissenschaftliches wie Alltagshandeln sei.

de, sind deshalb im Anschluß an erreichte Einsichten die kognitiven Gehalte von Metaphern zu bestimmen: (a) in ihrer Funktion zur Schließung von Bezeichnungslücken; (b) in ihrer heuristischen Funktion bei der Entdeckung und Formulierung neuen Wissens; (c) in ihrer Funktion zur Darstellung und Begründung von Wissensansprüchen.

(a) Die Funktionen metaphorischen Sprachgebrauchs zur Schließung von Bezeichnungslücken gehört zu den visiblen, von der neueren Fachsprachenforschung mehrfach thematisierten Parametern bei der Generierung von Wissensansprüchen: Physiker nehmen anthropomorphe Bedeutungsübertragungen vor, wenn sie bei Beobachtungen in Teilchenlabors davon sprechen, daß der Detektor »etwas wahrnimmt«, »sich verhält«, »nicht kooperiert« oder gar als autonomer »Agent« den beobachtenden Wissenschaftler über Ergebnisse der Observation »täuscht«.[72] Biologen arbeiten bei der »Entzifferung« des »genetischen Codes« mit Ausdrücken wie »message«, »transmitter«, »messenger«; Kognitionspsychologen nutzen zur Bezeichnung mentaler Prozesse computertechnische Termini wie »Langzeitspeicher« und »Kurzzeitspeicher«, »zentrale Verarbeitungseinheit« und »Repräsentation« (nachdem vorher die Funktionsweise eines Computers in Analogie zur Tätigkeit des menschlichen Bewußtseins beschrieben wurde).[73] Philologen lassen Texte »sprechen« oder lesen sie »gegen den Strich«, widmen sich dem »Textkörper« oder dem Text als einem »Gewebe von Zitaten«. Ohne metaphorische Ausdrücke, so hat die Untersuchung der Laborsprache von Physikern durch Karin Knorr Cetina gezeigt, ließen sich bestimmte Beobachtungen nicht verbalisieren; Physiker, Mathematiker und Kybernetiker, die nach dem Ende des Zweiten Weltkriegs in die Biologie wechselten, übernahmen – wie Lily E. Kay nachweist – ihnen vertraute Begriffe wie »Information«, »Botschaft«, »Codierung« zur Beschreibung und Erklärung von Lebensprozessen und vermittelten mit Metaphern wie »Buch des Lebens«, »Sprache des Lebens« oder »genetischer Text« zugleich ein fragwürdiges Bild von den Eigenschaften der DNA.[74] Die von Ari-

---

72 Knorr Cetina, Karin: »Metaphors in the Scientific Laboratory: Why Are They There and What Do They Do?« In: Radman, Zdravko (Hg.): *From a Metaphorical Point of View. A Multidisciplinary Approach to the Cognitive Content of Metaphor.* Berlin, New York 1995, S. 329–350.
73 Vgl. Kolers, Paul A./Roediger, Henry L.: »Procedures of Mind«. In: *Journal of Verbal Learning and Verbal Behaviour* 23 (1984), S. 425–449; Earl R. MacCormac: *A Cognitive Theory of Metaphor.* Cambridge/Mass. 1985; Boden, Margaret A.: *Computer Models of Mind: Computational Approaches in Theoretical Psychology.* Cambridge 1988; van Besien, Fred: »Metaphors in Scientific Language«. In: *Communication and Cognition* 22 (1989), S. 5–22, hier S. 11–14; West, David M./Travis, Larry E.: »The Computational Metaphor and Artificial Intelligence. A Reflective Examination of a Theoretical Falsework«. In: *AI Magazine* 12, 1 (1991), S. 64–79; dies.: »From Society to Landscape. Alternative Metaphors for Artificial Intelligence«. In: *AI Magazine* 12, 2 (1991), S. 69–83.
74 Vgl. Kay, Lily E.: *Who Wrote the Book of Life? A History of the Genetic Code.* Stanford 2000. Laut Kay stellt ein Code einen Zusammenhang zwischen einem Kryptogramm und einem (sprachlichen) Text dar; als Korrelationstabelle zwischen 64 Kodonen und 20 Aminosäuren aber sei die DNA eher mit dem Periodensystem

stoteles formulierte und seitdem formelhaft wiederholte Einsicht, daß Metaphern notwendig seien, wenn sich für eine bestimmte Sache kein eigenes Wort findet[75], kann also mit Blick auf Ergebnisse der Wissenschaftsforschung präzisiert werden: Die Belegung von Gegenständen und Sachverhalten mit einem ›uneigentlichen‹ Ausdruck erweist sich im Prozeß der Hervorbringung und Vermittlung wissenschaftlichen Wissens als notwendig, um Beobachtungen neuer, bislang unbekannter Phänomene unter Rückgriff auf bekannte Wahrnehmungen und Kategorisierungen *benennen* zu können. Der beobachtbare Wandel von Ausgangs- und Zielbereich bei der Nutzung von Ausdrücken aus anderen Wissensgebieten dokumentiert zugleich die Dynamik des wissenschaftlichen Erkenntnisprozesses: Wenn der Computer zunächst als Elektronengehirn beschrieben wurde, um später das Funktionieren des menschlichen Gehirns mit Termini der Computersprache zu belegen, zeigt dieser Austausch der Positionen, daß die Wissensbestände über die Computertechnik

---

    der Elemente in der Chemie zu vergleichen als mit einer Sprache. Eine zentrale Rolle für die Herausbildung der Reden über das Genom als »Baustein«, »Code« bzw. »Sprache des Lebens« spielten deshalb wissenschaftsgeschichtliche Zusammenhänge, die bei der Beschreibung und Bewertung dieses (nicht zuletzt auf Reputations- und Bedeutungsgewinn zielenden) Metapherngebrauchs zu berücksichtigen seien: Die Übertragung von Termini aus der von Norbert Wiener, John von Neumann und Claude Shannon geprägten Informationstheorie auf die biologische Erforschung des Lebens vollzogen vor allem jene Physiker und Mathematiker, die bis 1945 in der militärischen Forschung beschäftigt waren, danach das Fach wechselten und ihre Metaphorik mitführten: Für sie war die Biologie des Lebens ein strategisches Problem, das wie ein verschlüsselter Code zu dechiffrieren gewesen sei. Dementsprechend wurde die DNA als »Informationssystem« beschrieben und erforscht. Doch während »Information« in der Elektronik als ein binär codierter, stochastischer Prozess mit Sender, Kanal, Empfänger mathematisch ausgedrückt und in Bits gemessen werden kann, sind komplexe Vorgänge des Lebens nicht vollständig formalisierbar und zu berechnen: Proteine, deren chemische Struktur durch die DNA verschlüsselt wird, haben zusätzlich zu ihren chemischen Eigenschaften auch eine bestimmte dreidimensionale Gestalt, die für das in Zellen gültige Schlüssel-Schloss-Prinzip entscheidend ist. Diese räumliche Gestalt der Proteine wird, so Kay, in der Zelle gebildet und nicht im Zellkern, wo die Erbinfomation abgerufen wird. Weil also zelluläre Vorgänge eine Rolle spielten, sei der Schluss von der Aminosäuresequenz auf das fertige Protein nicht allein durch die Kenntnis des zugrunde liegenden Genoms möglich.

75 Vgl. Aristoteles: *Poetik* 1457b 25 ff.; *Auctor ad Herennium* IV, 34, 35 mit dem Hinweis, durch Metapherngebrauch obszöne Ausdrücke vermeiden zu können; Cicero: *Orator* 27, 92 mit der Definition der Metaphern als Stilfiguren, die »aufgrund einer Ähnlichkeit auf eine andere Sache, entweder um der Rede Anmut zu verleihen oder aus Mangel [aut inopiae causa] übertragen werden«. Seit dem Auctor ad Herennium und Tryphon (»Perí trópōn« 192, 14. In: Donat: *Ars maior* III, 6) gelten Metaphern und Tropen, die in Ermangelung eines Wortes gebildet werden müssen, als Katachresen (abusio). Quintilian verwendet den Terminus Katachrese zur Bezeichnung des Tropus, »quae non habentibus nomen suum accomodat, quod in proximo est« (»der die Bezeichnung für Dinge, die keine eigene Benennung haben, dem anpaßt, was dem Gemeinten am nächsten liegt«; Institutio Oratoria VIII, 6, 34).

offenbar rascher gewachsen sind – denn in der Regel wird vertrauteres Wissen zum Ausgangsbereich der Metaphorisierung, Analogisierung oder Modellierung. Wie die Rekonstruktion des Metapherngebrauchs von Biologen durch Lily E. Kay aber auch zeigt, ist die Übertragung von Ausdrücken zur Schließung von Bezeichnungslücken in neu zu etablierenden Forschungsgebieten stets von der Gefahr begleitet, Verschiedenes als Gleiches wahrzunehmen und mit der Vernachlässigung einer Reflexion der Bedeutungsübertragung in eine Form magischer Hybris abzudriften: So verführen die Metaphern vom dechiffrierten »genetischen Code« und dem entzifferten »Buch des Lebens« nicht nur dazu, eine Beziehung zu Gott und seinen Büchern herzustellen, sondern suggerieren zugleich auch die Möglichkeit, diesen »Text« »lesen« und »bearbeiten« zu können.

(b) Metaphorische Ausdrücke erlauben jedoch nicht nur eine Benennung von Entitäten und Vorgängen, für die es »keine spezielle Bezeichnung gibt« (Aristoteles). Die Bedeutungsübertragung »gemäß der Analogie«, von der aus auch die Metapher »von der Art zur Art« gedacht ist, übernahm schon für den Stagiriten eine Funktion bei der Erzeugung von (neuer) Erkenntnis – denn beide Formen der Übertragung können nur gebildet und verstanden werden, indem Dinge aus heterogenen Erfahrungsbereichen als ähnlich, d. h. in bestimmten Aspekten identisch erkannt worden sind. Die Verbindung unterschiedlicher Seinsbereiche aufgrund ihrer ad hoc nicht einsichtigen Similarität setzt einen Zugewinn an Wissen frei: »Wenn der Dichter das Alter Stoppel nennt, dann belehrt er uns und bewirkt mittels der Gattung eine Erkenntnis – beide sind nämlich Abgeblühtes.«[76] Wie auch in dem von Aristoteles angeführten, seitdem in wohl keiner Abhandlung zur Metapher mehr fehlenden Löwe-Achill-Beispiel weist die Übertragung mehrere Aspekte auf: (i) die Gleichrangigkeit der verglichenen Begriffe und Sachen; (ii) die Heterogenität der Bereiche, in denen analoge Dinge und Vorgänge verglichen werden; (iii) der relationale Charakter von Ähnlichkeiten, die als Identität von Relationen in bestimmten Aspekten zu begreifen sind. Im Verstehen der metaphorischen Rede vollziehen wir diese Aspekte nach und nehmen eine indirekte Induktion vor, die sich mit einer mehr oder weniger expliziten Begriffsbildung verbindet.[77] Unmittelbar deutlich wird diese kognitive Funktion in metaphorischen Rätseln: Um

---

76 Aristoteles: *Rhetorik* 1410b 14.
77 Vgl. Bremer, Dieter: »Aristoteles, Empedokles und die Erkenntnisleistung der Metapher«. In: *Poetica* 12 (1980), S. 350–376, hier S. 356, der an der aristotelischen Konzeption die »synthetisierende Kraft« der Metapher, »verschiedene Sachen oder Sachverhalte durch Ähnlichkeiten zusammenzuschauen und als bezeichnete Sachverhalte erkennbar zu machen« als »kreative« und »unableitbare«, d. h. ingeniös-unlernbare »Fähigkeit zur sprachlichen Innovation« hervorhebt; ähnlich Levin, Samuel R.: »Aristotle's Theory of Metaphor«. In: *Philosophy and Rhetoric* 15 (1982), S. 24–46. Zur heuristischen Funktion von Analogien vgl. u. a. Fiedler, Wilfried: *Analogiemodelle bei Aristoteles. Untersuchungen zu den Vergleichen zwischen den einzelnen Wissenschaften und Künsten*. Amsterdam 1978; Loeck, Gisela: »Aristotle's Technical Simulation and Its Logic of Causal Relation«. In: *History and Philosophy of Life Sciences* 13 (1991), S. 3–32.

die Sentenz »Ein Richter und ein Altar sind dasselbe« zu verstehen, müssen die Bestandteile der Analogie als zugleich gleichrangig und heterogen erfaßt sein sowie ihre Identität in einem bestimmten Aspekt – »zu beiden sucht man Zuflucht, wenn man Unrecht erleidet«[78] – zumindest diffus erkannt worden sein.[79]

Diese Erkenntnisleistung metaphorischer Rede ist für Aristoteles jedoch nicht auf die regelgeleitete Beredsamkeit und den Bereich der *phrónesis* beschränkt: In der *Rhetorik* betont er die Bedeutung des Erkennens von Ähnlichkeiten »in weit auseinanderliegenden Dingen« für die Philosophie[80]; in der *Topik* fordert er dazu auf, das Schauen des Ähnlichen »bei Begriffen und Sachen, die weit auseinander liegen« zu üben, um induktive Schlüsse ziehen zu können.[81] Wie in der *Topik* werden Analogien auch in der *Metaphysik* als Formen der Begriffsbestimmung anerkannt: »Was wir unter enérgeia (Aktualität) verstehen wollen, kann durch Epagoge (Induktion), die sich auf Einzelfälle stützt, klargemacht werden; man muß nämlich nicht immer eine Definition suchen, man kann auch das Analoge zusammensehen [...]«[82] Die Anwendung analogischer Schlußverfahren findet aber – so Aristoteles in seiner Kritik an der von Empedokles formulierten Metapher vom Meer als dem »Schweiß der Erde« – seine Grenze in einer unangemessenen, weil ohne Bewußtsein der Übertragung vollzogenen Gleichsetzung von Erfahrungsbereichen.[83]

Die hier gegebenen Hinweise zu den Leistungen der analogischen Auffindung und metaphorischen Formulierung von (neuem) Wissen hat die klassische Rhetorik nicht aufgenommen. Die von Aristoteles vorgenommene kognitive und erkenntnistheoretische Fundierung der Metapher aber wirkte, nicht zuletzt unterstützt durch die Besinnung auf die Potentiale metaphorischer Rede seit dem 17. Jahrhundert, in zweifacher Weise fort: zum einen in den Bemühungen um Rationalisierung dessen, was die Wissenschaftsforschung im An-

---

78 Aristoteles: *Rhetorik* 1412a 14.
79 Zu metaphorischen *Aenigma* übersichtlich Gabriel, Gottfried: »Rätsel. Zur Logik und Rhetorik des Erkennens«. In: L. Danneberg/A. Graeser/K. Petrus (Hg.): *Metapher und Innovation* (s. Anm. 3), S. 172–195.
80 Aristoteles: *Rhetorik* 1412a, 11. Vollständig heißt es: »Metaphern sollen, wie oben gesagt, aus verwandten, nicht offenkundigen Dingen gebildet werden, wie es ja auch in der Philosophie Scharfsinn verrät, Ähnliches auch in weit auseinanderliegenden Dingen zu erkennen.«
81 Aristoteles: *Topik* 108a, 9. Das Üben sei notwendig, denn »es ist ja nicht leicht, induktiv zu schließen, wenn man das Übereinstimmende nicht kennt.« (Ebd., 108 b 12)
82 Aristoteles: *Metaphysik* 1048a 35.
83 Vgl. Aristoteles: *Meteorologie* 357 a 24 f., hier zitiert nach der Übersetzung von Hans Strohm in Aristoteles: Werke. Bd. 12. Berlin 1970, S. 48: »Ebenso lächerlich ist es, wollte es jemand für eine klare Aussage halten, wenn er, wie Empedokles, das Meer ›Schweiß der Erde‹ nennt. Poetischen Zwecken mag dieser Ausdruck ja wohl entsprechen (die Metapher gehört bekanntlich zu den dichterischen Mitteln), aber der Aufgabe eines Naturforschers ist er nicht gemäß. Denn auch hier (beim organischen Körper) ist es nicht (von vornherein) klar, wie die süße flüssige Nahrung den salzigen Schweiß hervorbringt [...].«

schluß an Hans Reichenbach als »Entdeckungszusammenhang« (context of discovery) bei der Wissensproduktion und -verbreitung beschreibt; zum anderen in der Erklärung von Aufbau und Wirkungsweise theoretischer Modelle. Dabei sind die Bemühungen um eine »Entdeckungslogik« keineswegs erst im 20. Jahrhundert entstanden. Eine »Findungslehre« (heúresis/inventio) mit einer systematisierten Anleitung zur Auffindung der Orte (tópoi/loci) von Argumenten kannte schon die klassische Rhetorik; als »entschlossen vorwissenschaftlich« aber wurden Topik und topisches Denken bereits durch Aristoteles von der *apódeixis*, dem Zwang philosophischer Demonstration, abgegrenzt.[84] In der Renaissance bildete die *inventio* als »Auffindung von Vorfindlichem« das Ziel der *experientia*: Innerhalb eines Sinnkontinuums, »durch die Weisheit Gottes grundgelegt und in die ›Realität‹, das ist ins Gedanken-Sein oder in das äußere Sein entlassen = geschaffen«[85], hatte der Experte (»der Erfahrene«) in den Topoi identifizierbare »Rast- und Aussichtsplätze« zu ermitteln, von denen aus das Vorgefundene theoretisch erkannt und zugleich als Argument praktisch verwendet werden konnte.[86] Die unhinterfragte, glaubend vorausgesetzte Ordnung der Vernunft- und Weltstrukturen teilt sich in den »Metaphern des Inventionsrepertoires« mit: Das Buch (als Buch der Offenbarung, Buch der Natur, Buch der heidnischen und christlichen Weisheit) zeigt den Logos des göttlichen Vaters, der mit Vernunft aufzufassen und zu begreifen sei; das Theatrum Rerum stellt emblematisch und ohne Zeitindex die Herrlichkeit der Schöpfung und der Welt zur Schau; die Schatzkammer versammelt die göttlich offenbarten und menschlich invenierten Weisheiten.[87] – Eine

---

84 Vgl. Aristoteles: *Topik* 100a, 14 f. Den »entschlossen vorwissenschaftlichen« Status topischen Denkens betont Hebekus, Uwe: »Topik/Inventio«. In: M. Pechlivanos et al. (Hg.): *Einführung in die Literaturwissenschaft* (s. Anm. 5), S. 82–96, hier S. 83.
85 Schmidt-Biggemann, Wilhelm: »Über die Leistungsfähigkeit topischer Kategorien – unter ständiger Rücksichtnahme auf Renaissance-Philosophie«. In: Plett, Heinrich F. (Hg.): *Renaissance-Rhetorik*. Berlin, New York 1993, S. 179–195, hier S. 188.
86 Vgl. ebd., S. 189. Weil das Ziel der topischen Argumentation »nicht Erkenntnis, sondern Benutzung« sei und die »Erkenntnisse der topischen Invention als Argumente aufgefaßt werden, also zweckgerichtet sind«, blieben die fundierenden Begriffe unproblematisiert: »Für logisch-metaphysische Konstitutionsbegriffe sind die invenierten Inhalte blind.« Von daher erklärt sich auch die Kompatibiltät dieser Topik mit Offenbarungstheologie, *philosophia perennis* und *philosophia mosaica*: »Die topische *philosophia perennis* geht nicht von den Konstitutionsbegriffen von Welt aus, sie geht nicht von den *extremi actus intellectus* aus, nicht davon, was die Vernunft- und Weltstrukturen sind, sondern setzt diese Ordnung ungefragt, glaubend voraus und disponiert sie fürs Lernen.« (Hervorhebungen im Original.)
87 Ebd., S. 180–183. Zur mnemonisch-inventionsorientierten Heuristik der frühen Neuzeit umfassend Schmidt-Biggemann, Wilhelm: *Topica universalis. Eine Modellgeschichte humanistischer und barocker Wissenschaft*. Hamburg 1983; die Vorstellung einer Topik als einer eigenständigen und neben der Logik bestehenden *ars inveniendi* wird in der Gegenwart wieder aufgenommen bei Durbin, Paul T.: »Is the Case for a Logic of Discovery Closed?« In: *The New Scholasticism* 51

Heuristik zum Gewinn wissenschaftlichen Wissens, die explizit auch die Potenzen metaphorischer Rede zur Erzeugung und Darstellung *neuen* Wissens nutzt, findet sich schließlich in den Bemühungen Francis Bacons um »Methode«: Als Wechselspiel induktiver und deduktiver Komponenten konzipiert, soll das Erkennen natürlicher Formen von »Fällen der Vereinzelung« (instantia solitaria) ausgehen und auf induktiv-hypothetischem Weg zu Axiomen aufsteigen, wobei die deduzierten Aussagen ihrerseits der experimentellen Verifikation unterliegen. Das so durch Antizipation und Interpretation gewonnene Wissen als ein hypothetisches, unabgeschlossenes, noch nicht systematisiertes oder prinzipiell nicht systematisierbares Wissen sei, so Bacon, durch »writing in Aphorisms«, d. h. in aphoristischer Form zu fixieren.[88] In dieser von Christiane Schildknecht als »janus-gesichtig« bezeichneten Methode, die einerseits systematisch auf den Gewinn von Wissen ausgerichtet ist, andererseits stets fragmentarisch und exemplarisch bleibt[89], kommt der Metapher eine

---

(1977), S. 396–403; Wolters, Gereon: »Topik der Forschung. Zur wissenschaftlichen Funktion der Heuristik bei Ernst Mach«. In: Burrichter, Clemens (Hg.): *Technische Rationalität und rationale Heuristik*. München, Wien, Zürich 1986, S. 123–154.

88 Dabei entspricht Bacons Darstellungsform dem heutigen Verständnis des Aphorismus nicht. Im Anschluß an die von Hippokrates geprägte Tradition bot er im *Novum Organon* vielmehr systematisch aneinandergereihte Lehrsätze, die häufig syntaktisch (durch Junktionen und Pro-Formen), zumeist aber semantisch verknüpft waren. Die hier dennoch anzutreffenden »Züge einer aphoristischen Form« belegt Christiane Schildknecht: »›Ideen-Körner ausstreuen‹. Überlegungen zum Verhältnis von Metapher und Methode bei Bacon und Lichtenberg«. In: L. Danneberg/A. Graeser/K. Petrus (Hg.): *Metapher und Innovation* (s. Anm. 3), S. 196–215, hier S. 199; dies.: »Experiments with Metaphors: On the Connection Between Scientific Method and Literary Form in Francis Bacon«. In: Z. Radman (Hg.): *From a Metaphorical Point of View* (s. Anm. 72), S. 27–50. Zur Darstellungsform instruktiv auch Clucas, Stephen: »›A Knowledge Broken‹: Francis Bacon's Aphoristic Style and the Crisis of Scholastic and Humanist Knowledge-systems«. In: Rhodes, Neil (Hg.): *English Renaissance Prose: History, Language, and Problems*. Temple 1997, S. 147–172. Auf den Umstand, daß »gerade durch seine formale Aufnahme der hippokratischen Lehrsatz-Tradition Bacons ›Novum Organon‹ aber zu einem grundlegenden Lehrbuch der gesamten modernen, experimentellen Naturwissenschaft und der ihr zugewandten empiristischen Philosophie werden (konnte)«, verweist Fricke, Harald: *Aphorismus*. Stuttgart 1984, S. 28. – Zu Bacons Metapherngebrauch vgl. u. a. Jardine, Lisa: *Francis Bacon, Discovery and the Art of Discourse*. Cambridge 1974, Kap. VII; Park, Katherine: »Bacon's *Enchanted Glass*«. In: *Isis* 74 (1984), S. 290–302; Vickers, Brian: »Bacon's Use of Theatrical Imagery«. In: Sessions, William A. (Hg.): *Francis Bacon's Legacy of Texts*. New York 1990, S. 171–213; Konersmann, Ralf: »Francis Bacon und die ›Große simple Linie‹. Zur Vorgeschichte der perspektivistischen Metaphorik«. In: Gerhardt, Volker/Herold, Norbert (Hg.): *Perspektiven des Perspektivismus*. Würzburg 1992, S. 33–57. Gegen die in feministischen Zirkeln gepflegte, auf fragmentierter Zitation und falscher Interpretation gestützte »Analyse« der angeblich sexistischen Metaphorik Bacons wendet sich Landau, Iddo: »Feminist Criticisms of Metaphors in Bacon's Philosophy of Science«. In: *Philosophy* 73 (1998), S. 47–61.

89 C. Schildknecht: »Ideen-Körner ausstreuen« (s. Anm. 88), S. 197.

besondere Bedeutung zu. Sie exemplifiziert den Prozeß experimentell verifizierten Wissensgewinns und akzentuiert zugleich den offenen, unabgeschlossenen Charakter dieses Wissens selbst. Während die tradierte Gelehrsamkeit sich aus dem fortwährenden Rekurs auf ein abgeschlossenes, aus autoritativen Texten entnommenes und fortgesponnenes Wissens speise (»the reasoners resemble spiders, who make cobwebs out of their own substance«) und die »men of experiment« ameisengleich bei bloßer Akkumulation von Beobachtungen verblieben (»like the ant: they only collect and use«), müsse zur wechselseitigen Ergänzung von Sammlung *und* Verarbeitung fortgeschritten werden, als dessen Vorbild wiederum ein Insekt bemüht wird: »But the Bee takes the middle course: it gathers its material from the flowers of the garden and of the field, but transforms and digests it by a power of its own.«[90] Wie auch Descartes, der sich ebenfalls um die Fundamentierung einer Methode zum Gewinn sicheren Wissens bemühte, übernahm Bacon Termini aus der Architektur und Topographie zur Erklärung des von ihm projektierten Prozesses der Wissensproduktion: Notwendig für den »new *way* for the understanding« sei der »guide to point out the *road*«; der »new and certain *path* for the mind« müsse »*guided* at every step«, d. h. begleitet und kontrolliert bleiben.[91] Die methodisch angeleitete Produktion von Wissensansprüchen wird zum Ausgangspunkt und zugleich zum Kriterium einer Unterscheidung von ›alter‹ Wissenschaft: Statt plan- und ziellos umherzuschweifen (»wandering and straying .. with no settled *course*«[92]) gelte es, »with the aid of rule or compass«[93] den »true *way* for the interpretation of nature«[94] zu verfolgen, der von sinnlicher Anschauung zu allgemeinen Axiomen aufsteige.[95] Die Pointe der von Bacon genutzten Weg-Metaphorik aber besteht in der Möglichkeit, einen »*course* of invention« als Entdeckungslogik *neuen* Wissens darstellen zu können: »From the new light of axioms, which having been educed from those particulars by a certain method and rule, shall in their turn point out the *way* again to new particulars, greater things may be looked for. For our *road* does not lie in a level, but ascends and descends; first ascending to axioms, then

---

90 Bacon, Francis: *Novum Organon* I, XCV, hier zitiert nach dem Faksimile-Neudruck der Werk-Ausgabe durch James Spedding, Leslie Ellis und Douglas Denon Heath. Bd. IV: Translations of the Philosophical Works. Stuttgart-Bad Cannstatt 1986, S. 93.
91 Ebd., Preface (S. 40f).
92 Ebd., I, LXX (S. 70).
93 Ebd., I, LXI (S. 63).
94 Ebd., I, LXIX (S. 70).
95 Dazu führt der Aphorismus LXIX vier Schritte auf. Der Wechsel der Metaphorik beim Übergang zu einem stärker ausdifferenzierten Methodenbegriff ist an dieser Stelle nicht näher zu thematisieren; Hinweise auf die anstelle von »way« (als allgemeine Richtungsangabe möglicherweise irrig oder nicht begehbar) nun präferierten Metaphern »road« und »course« als positiv konnotierte Bezeichnungen der geordneten und experimentell verarbeiteten Erfahrung gibt Christiane Schildknecht: »Ideen-Körner ausstreuen« (s. Anm. 88), S. 204 f.

descending to works.«[96] Die so projektierte »true road for discovering and cultivating sciences«, für die bislang verfolgte Wege (»ways hitherto trodden«) verlassen werden sollten[97], sei jedoch nur im Rückgriff auf ›alte‹ Wissensbestände zu beschreiben: Ein großer Teil der Entdeckungen neuen Wissens basiere auf dem Übertragen (»transferring«), Vergleichen (»comparing«) und Anwenden (»applying«) von bereits bekannten Operationen und wirke durch die Herstellung von Analogien in besonders überzeugender Weise.[98]

Die von Bacon vorangetriebene Prämierung *neuen* Wissens, mit der die Auslegung und Geltung autoritativer Texte zugunsten methodisch-systematischer Beobachtungen und Schlußfolgerungen zurückgedrängt wurde[99], bedeutete einen Schritt auf dem Weg zur Formulierung einer »Entdeckungslogik«, an den weitere, hier nur stichpunktartig zu benennende Einsätze anschlossen: Bereits im 18. Jahrhundert diskutierte man jene Art des erkenntnisproduzierenden Schlußverfahrens, dem Charles Sanders Peirce dann den Namen Abduktion verlieh[100] und dessen Prinzipien – als wissenserweiternder Schluß vom Resultat unter der vorausgesetzten Geltung einer Regel auf den Fall, als neues Wissen produzierender Schluß auf den Fall und die zugrundeliegende Regel – Giambattista Vico in der Funktionsweise der Metapher verwirklicht sah.[101] Im 19. Jahrhundert laborierten nicht nur John Stuart Mill und

---

96 Bacon, Francis: *Novum Organon* I, CIII. Faksimile-Neudruck der Werk-Ausgabe, Bd. IV, S. 96.
97 Ebd., I, XCIV. (S. 92).
98 Ebd., I, CX. (S. 101); vgl. ebd., I, XLVII (S. 56): »The human understanding is moved by those things most which strike and enter the mind simultaneously and suddenly, and so fill the imagination; and then it feigns and supposes all other things to be somehow [...] similar to those few things by which it is surrounding.«
99 Wie schwierig und komplikationsreich dieser Prozeß war, zeigen Episoden aus der Geschichte der Naturforschung: Johannes Kepler glaubte noch 1596, sich vor dem Vorwurf der Neuerungssucht gegenüber seiner Schrift *Mysterium cosmographicum* mit dem Hinweis auf die bereits vorhandenen Kenntnisse antiker Vorläufer schützen zu müssen, und erntete dafür den Vorwurf, seine Zeit zu vergeuden; seine Darstellung der von ihm entdeckten Gesetze der Planetenbewegung veröffentlichte er 1609 unter den Titel *Astronomia Nova*. Auch Isaak Newton plante eine Vorrede für die zweite Auflage seiner *Philosophiae Naturalis Principia Mathematica*, in der er die Kenntnis des hier niedergelegten Wissens in der Antike beweisen wollte, stellte die Arbeiten dazu aber ein; vgl. L. Danneberg/J. Schönert: »Zur Transnationalität und Internationalisierung von Wissenschaft« (s. Anm. 51), S. 30.
100 Vgl. Danneberg, Lutz: »Peirces Abduktionskonzeption als Entdeckungslogik. Eine philosophiehistorische und rezeptionskritische Untersuchung«. In: *Archiv für Geschichte der Philosophie* 70 (1988), S. 305–326.
101 Vgl. G. Vico: *Vom Wesen und Weg der geistigen Bildung* (s. Anm. 56), Kap. III. Die besondere Qualität der Metapher, auch als die »lichtvollste, notwendigste und häufigste« der Tropen bezeichnet (Principi di una scienza nuova, s. Anm. 16, Teilbd. 2, S. 191), besteht laut Vico im Gewinn von Einsichten, die von begrifflich eindeutigen Verfahren nicht zu erbringen seien. Sowohl das Er-Finden von Prämissen wie die ursprüngliche, rational nicht ableitbare Anschauung der Bezüge zwischen ihnen wären nicht durch deduktive Schlußprinzipien möglich, son-

der erwähnte Peirce an einer Beschreibung und Rationalisierung der Entstehung neuen Wissens; zu Beginn des 20. Jahrhunderts entwarf Ernst Mach mit einer Sammlung von Abhandlungen u. d. T. *Erkenntnis und Irrtum* eine einflußreiche »Psychologie der Forschung« (und würdigte im Beitrag *Die Ähnlichkeit und die Analogie als Leitmotiv der Forschung* in Anlehnung an eine aristotelische Formel über die Metapher die Fähigkeit von Wissenschaftlern, »in weit Abliegendem noch Gemeinsames zu entdecken«.[102]) Als mit der zur gleichen Zeit verstärkten theoretischen und historischen Selbstreflexion der disziplinär ausdifferenzierten Wissensproduktion auch die Darstellungsformen und -normen der Wissenschaften in den Blick gerieten, gewann die Beschreibung und Bewertung der kognitiven Gehalte metaphorischen Sprachgebrauchs neue Relevanz: Während etwa Pierre Duhem Analogien, Metaphern und Modellen einen heuristischen Nutzen bei der Wissensproduktion einräumte, ihre Anwesenheit bei der Ausformulierung von Wissensansprüchen jedoch als Manko ansah[103], bestimmte Norman Campbell sie als integrale Bestandteile jeder Phase wissenschaftlichen Erkenntnisgewinns, da sie eine Verbindung zwischen abstrakten theoretischen Strukturen und dem intendierten empirischen Bereich ermöglichten[104]. In ähnlicher Weise argumentierten die seit den

---

dern allein durch den Entwurf von Schemata und Bildern, die auf die Anschauungs- und Einbildungskraft wirkten. Somit mache erst die Fähigkeit der *prudentia* und der *inventio* die menschliche Rede reich, fruchtbar und versetzten sie in die Lage, Neues zu entdecken. Mit dieser Prämierung der Innovation und der Rehabilitierung entdeckenden Sprechens in rhetorischen Figuren vollzieht sich eine Umkehr im Verständnis der Topik. Sie ist nicht mehr nur eine Sammlung vorhandener Argumente, die sich auf jeweilige Situationen anwenden lassen, sondern philosophische Lehre der »inventio« und in ihrem Wahrheitsgehalt zugunsten einer inhärenten ›Fruchtbarkeit‹ eingeschränkt.

102 Mach, Ernst: »Die Ähnlichkeit und die Analogie als Leitmotiv der Forschung«. In: *Erkenntnis und Irrtum. Skizzen zur Psychologie der Forschung*. Leipzig ³1917, S. 220–231, hier S. 224. Explizit wies Mach dem analogischen Verfahren – selbst bei Enttäuschung der Erwartung – entdeckende Funktionen zu: »ob wir die Merkmale d, e an dem Objekt N in Übereinstimmung mit M finden oder nicht, in *beiden* Fällen hat sich unsere Kenntnis des Objektes erweitert, indem sich eine neue Übereinstimmung oder ein neuer Unterschied gegen M ergeben hat. Beide Fälle sind gleich wichtig, beide schließen eine *Entdeckung* ein.« (S. 226, Hervorhebungen im Original.)

103 Vgl. Duhem, Pierre: *Ziel und Struktur der physikalischen Theorien* [La théorie physique, son objet et sa structure; 1906]. Hamburg 1978, S. 79 ff. Duhem lehnte Modelle und Analogien nicht nur ab, sondern verknüpfte ihre Prämierung oder Abweisung weitergehend mit nationalen Wissenschafts- und Denkstilen: Während der »esprit français« einheitliche, formalisierte und auf wenigen Prinzipien beruhende Theorien produziere, bringe der »esprit anglais« eher ein Aggregat von Gesetzen hervor, die durch anschauliche Modellvorstellungen konkretisiert und zusammengebunden wären.

104 Vgl. Campbell, Norman: *Foundations of Science. The Philosophy of Theory and Experiment* [1920]. New York 1957, hier S. 129 die Klassifizierung von Analogie als »utterly essential part of theories«. Zur Rolle von Analogien und Modellen in den Wissenschaften umfassend und mit reichen Literaturhinweisen Danneberg, Lutz: *Methodologien: Struktur, Aufbau und Evaluation*. Berlin 1989, S. 45–55.

1950er Jahren die Metaphern-Diskussion prägenden Max Black und Mary Hesse: Black beschrieb den wissenschaftlichen Prozeß als Weg, der mit Metaphern beginne und mit der formalisierten Modellierung eines Gegenstandsbereichs ende, wobei das Modell als systematisierte und dauerhaft fixierte Metapher zu begreifen sei[105]; im direkten Anschluß an die Interaktionstheorie der Metapher bestimmte Mary Hesse jede theoretische Erklärung als »metaphoric redescription« eines zu erklärenden Phänomens, bei der eine mittels Metapher vollzogene Bedeutungsübertragung nicht einfach eine Ähnlichkeit abbilde, sondern konstituiere und durch die Verbindung eines sekundären (zur Erklärung herangezogenen) Systems mit einem primären (zu erklärenden) System das »Sehen« und Beschreiben eines neuen Phänomens im Licht bekannter Einsichten erlaube.[106]

(c) Die zuletzt erwähnten Stellungnahmen zur Bedeutung metaphorischer Ausdrücke im Rahmen der Darstellung und Begründung von Wissensansprüchen betreffen einen noch immer umstrittenen Aspekt des Metapherngebrauchs in der Wissenschaft: Werden die heuristischen Leistungen von Metaphern und Analogien bei der Erzeugung von Wissensansprüchen kaum in Frage gestellt, herrscht über die Frage nach ihrem Status in ausformulierten Theorien und deren »Begründungszusammenhang« weiterhin Unklarheit. Hinweise auf die Funktionen metaphorischer Ausdrücke bei der *Veranschaulichung* an sich unanschaulicher Zusammenhänge sowie bei der *Plausibilisierung* und *Stabilisierung* neuer Wissensansprüche sollen dieses Problemfeld konturieren.

In Bezug auf die Funktion von Metaphern zur *Veranschaulichung* an sich unanschaulicher Zusammenhänge scheint Konsens zu herrschen: Schon Aristoteles sah die Bedeutung eines metaphorischen Ausdrucks in einer Rede darin, daß er »das Gemeinte vor Augen führt« und so »Augenscheinlichkeit« bewirkt[107]; der Auctor ad Herennium übernahm diese Bestimmung des »Vor-Augen-Führens« (ante oculos ponere) als ein zentrales Moment der Meta-

---

105 Vgl. Black, Max: »Models and Archetyps«. In: ders.: *Models and Metaphor. Studies in Language and Philosophy*. Ithaca/New York 1962, S. 219–243, hier S. 242: »Perhaps every science must start with metaphor and end with algebra; and perhaps without metaphor there would never had been any algebra.« In einer späteren Wortmeldung (»More about Metaphor«. In: *Dialectica* 31 (1977), S. 431–457; »Mehr über die Metapher«. In: A. Haverkamp (Hg.): *Theorie der Metapher* (s. Anm. 4), S. 379–413, hier S. 396) heißt es dann: »[J]ede Metapher ist die Spitze eines untergetauchten Modells.« Zu Blacks Typologie von Modellen siehe Paul Ricœur: *Die lebendige Metapher* (s. Anm. 25), S. 227–238; Bernhard Debatin: *Die Rationalität der Metapher* (s. Anm. 25), S. 139–143; Rothbart, Daniel: *Explaining the Growth of Scientific Knowledge: Metaphors, Models, and Meanings*. Lewiston, Queenston, Lampeter 1997 (= Problems in Contemporary Philosophy 37).
106 Siehe Arbib, Michael A./Hesse, Mary B.: *The Construction of Reality*. Cambridge 1986, S. 156: »Metaphor causes us to ›see‹ the phenomena differently and causes the meanings of terms that are relatively observational and literal in the original system to shift toward the metaphoric meaning.«
107 Aristoteles: *Rhetorik* 1410b, 33; 1411b 22.

pher.[108] Für Cicero – der Aristoteles' »pro ommáton poieín« als »subiectio ante oculos« bzw. »subiectio sub oculos« übersetzte[109] – bestand die Qualität eines Analogievergleichs darin, eine Sache anschaulicher und deutlicher zu machen.[110] Im Anschluß an Cicero behandelte Quintilian die Hypotypose als rhetorische Figur des »Unmittelbar-Vor-Augen-Stellens«[111], die als Verfahren zur Erzeugung von Evidenz in zweifacher Weise präzisiert war: Zum einen durch die bereits von Aristoteles ausgesprochene Bestimmung, statt zukünftiger Abläufe ein Geschehen als gegenwärtig darzustellen[112]; zum anderen in Quintilians Forderung nach der Substitution des Faktums, daß etwas geschehen sei, durch die Art und Weise eines aktuell Geschehenden.[113]

Obzwar eher selten in expliziter Weise reflektiert, bestimmen diese Einsichten die Verfassung wissenschaftlicher Texte in kaum zu unterschätzender Weise: Sowohl in der fachwissenschaftlichen, d. h. an Mitglieder einer wissenschaftlichen Gemeinschaft adressierten Darstellung *neuer* Wissensansprüche wie auch in der populären Vermittlung *gesicherten* Wissens an eine breitere, nicht durch bestimmte Zugangsschranken begrenzte Öffentlichkeit werden Metaphern und Analogien eingesetzt, um komplexe und an sich unanschauliche Zusammenhänge durch den Rückgriff auf bekannte und imaginativ mobilisierbare Wissensbestände anschaulich, verständlich und nachvollziehbar zu machen. Bei der Präsentation *neuer* Wissensansprüche illustrieren Metaphern Einsichten, die in dieser Form noch nicht formuliert waren und stellen im Idealfall eine erste Möglichkeit zur Beschreibung dieser Einsichten bereit[114]; im Rahmen populärwissenschaftlicher Bemühungen dienen Meta-

---

108 *Auctor ad Herennium* IV, 34, 45.
109 Cicero: *De Oratore* III, 53, 202.
110 Ebd., III, 157.
111 Quintilian: *Institutio Oratoria* VIII, 6, 34–36; IX, 2, 40–44.
112 Aristoteles: *Rhetorik* 1410b 34.
113 Quintilian: *Institutio oratoria* IX 2, 40: »Illa vero, ut ait Cicero, sub oculos subiectio tum fieri solet, cum res non gesta indicatur, sed ut sit gesta ostenditur, nec universa, sed per partis [...]« (»Die Figur, die Cicero als Unmittelbar-vor-Augen-Stellen bezeichnet, pflegt dann einzutreten, wenn ein Vorgang nicht als geschehen angegeben, sondern so, wie er geschehen ist, vorgeführt wird, und nicht im Ganzen, sondern in seinen Abschnitten.« Zum Komplex instruktiv Campe, Rüdiger: »Vor Augen Stellen. Über den Rahmen rhetorischer Bildgebung«. In: G. Neumann (Hg.): *Poststrukturalismus* (s. Anm. 66), S. 208–225.
114 Zu denken ist hier etwa an den Ausdruck »struggle for life«, den Darwin aus Thomas Robert Malthus' *An Essay on the Principle of Population* entlehnte und nach eigener Aussage »in einem weiten und metaphorischen Sinne« einsetzte, um »sowohl die Abhängigkeit der Wesen von einander, als auch, was wichtiger ist, nicht allein das Leben des Individuums, sondern auch Erfolg in Bezug auf das Hinterlassen von Nachkommenschaft« beschreiben zu können; Darwin, Charles: *Über die Entstehung der Arten durch natürliche Zuchtwahl oder die Erhaltung der begünstigten Rassen im Kampfe ums Dasein* [On the origin of species by means of natural selection, or the preservation of favoured races in the struggle for life; 1859]. Stuttgart 1884, S. 82. Die in der Evolutionsbiologie verwendete Metaphorik wie auch die Übertragungen von Begriffen aus dem biologischen in den sozialen Bereich sind relativ gut erforscht; siehe etwa Young, Robert M.:

phern, Vergleiche, Analogie und Beispiele der »Übersetzung« fachwissenschaftlicher Erkenntnisse in die einem nicht spezifisch vorgebildeten Publikum verständliche »Umgangssprache«.[115] Ein zentrales, sowohl von aktiv agierenden Wissenschaftlern als auch von retrospektiv beobachtenden Wissenschaftshistorikern wahrgenommenes Problem besteht dabei in der Frage, was unter »Veranschaulichung« und »Anschaulichkeit« zu verstehen ist – in den Naturwissenschaften mit besonderer Heftigkeit nicht zufällig in der Zeit diskutiert, als Relativitätstheorie und Quantenmechanik die Ablösung von Modellvorstellungen durch mathematisierte und formalisierte Darstellungsprinzipien einleiteten.[116] Der Prager Physiker Philipp Frank, der im Zusammen-

---

»Darwin's Metaphor: Does Nature Select?« In: *The Monist* 55 (1971), S. 442–503; Rogers, James Allen: »Darwinism and Social Darwinism«. In: *Journal of the History of Ideas 33* (1972), S. 265–280; Fellmann, Ferdinand: »Darwins Metaphern«. In: *Archiv für Begriffsgeschichte* 21 (1977), S. 285–297; Gruber, Howard E.: »Darwin's ›tree of nature‹ and Other Images of Wide Scope«. In: Wechsler, Judith (Hg.): *On Aesthetics in Science.* Cambridge 1978, S. 121–140; ders.: »The Evolving System Approach to Creative Scientific Work«. In: Nickles, Thomas (Hg.): *Scientific Discovery: Case Studies.* Boston 1980, S. 113–130; Pörksen, Uwe: »Die Metaphorik Darwins und Freuds – Überlegungen zu ihrer möglichen Wirkung«. In: ders.: *Deutsche Naturwissenschaftssprachen. Historische und kritische Studien.* Tübingen 1986 (= Forum für Fachsprachenforschung 2), S. 126–149; Ruse, Michael: *Taking Darwin Seriously. A Naturalistic Approach To Philosophy.* Oxford 1986; ders.: »Metaphor in Evolutionary Biology«. In: *Revue Internationale de Philosophie* 54 (2000), S. 593–619. Hinweise auf die – im deutschen Sprachraum etwa durch Ernst Haeckel geübte – Kritik an Darwins Terminologie und die damit verbundenen Mißverständnisse gibt Petrus, Klaus: »Metapher, Verständlichkeit und Wissenschaft«. In: L. Danneberg/A. Graeser/K. Petrus (Hg.): *Metapher und Innovation* (s. Anm. 3), S. 299–314, hier S. 309 f.

115 Zum Problem einer Bestimmung von »Umgangssprache«, die die Gesamtheit des Wortschatzes und die Formationsregeln umfaßt, die Sprechern verschiedener Bildungsschichten einer bestimmten Sprachgemeinschaft geläufig sind, vgl. K. Petrus: »Metapher, Verständlichkeit und Wissenschaft« (s. Anm. 114), S. 303 f.

116 Vgl. etwa die zeitgenössischen Stellungnahmen von Heisenberg, Werner: »Über den anschaulichen Inhalt der quantentheoretischen Kinematik und Mechanik«. In: *Zeitschrift für moderne Physik* 43 (1927), S. 172–198; Frank, Philipp: »Über die ›Anschaulichkeit‹ physikalischer Theorien«. In: *Die Naturwissenschaften* 16 (1928), S. 121–128. Wissenschaftshistorische Explorationen zu diesem Zusammenhang und provokante Thesen über die Wirkungen der geistigen Situation nach dem Ersten Weltkrieg auf die inhaltliche Ausgestaltung der Quantenmechanik kamen von Kuhns Schüler Paul Forman: »Weimar culture, causality, and quantum theory: adaption by German physicists and mathematicians to a hostile intellectual environment«. In: *Historical Studies in the Physical Sciences* 3 (1971), S. 1–115; ders.: »Kausalität, Anschaulichkeit und Individualität. Oder: Wie Wesen und Thesen, die der Quantenmechanik zugeschrieben, durch kulturelle Werte vorgeschrieben wurden«. In: Stehr, Nico/Meja, Volker (Hg.): *Wissenssoziologie.* Opladen 1981 (= Kölner Zeitschrift für Soziologie und Sozialpsychologie Sonderheft 22), S. 393–406; beide Beiträge wieder in Meyenn, Karl von (Hg.): *Quantenmechanik und Weimarer Republik.* Braunschweig 1994, S. 61–179; 181–200. Zu Zusammenhang auch Miller, Arthur I.: »Visualization Lost and Regained:

hang der Diskussionen um die »Anschaulichkeit« der modernen Physik in den 1920er Jahren darauf insistierte, daß »unter den wirklich ausgearbeiteten Theorien eine Unterscheidung zwischen anschaulichen und nichtanschaulichen nur in sehr eingeschränktem Sinn gemacht werden kann«[117], gab gleichwohl zwei wichtige Hinweise, die für die Bestimmung der »veranschaulichenden« Leistungen metaphorischer Rede zu berücksichtigen sind: Zum einen betonte er, »daß hinter dem Wunsch nach Anschaulichkeit nur der nach Einfachheit steckt«[118]; zum anderen markierte er eine – stets historische – »Vertrautheit« und »Gewöhnung« als Grundlage der Empfindung, bestimmte theoretische Erklärungen seien »anschaulich«[119]. Wenn dementsprechend »Einfachheit« und »Vertrautheit« als Parameter der »Anschaulichkeit« wissenschaftlicher Darstellungen benannt werden können, läßt sich die Funktion von metaphorischen Ausdrücken und Analogievergleichen präziser angeben: Als nicht-definitorische Bezugnahmen führen sie im Rekurs auf lebensweltlich oder wissenschaftshistorisch vertraute Zusammenhänge Begrifflichkeiten ein, die auf komplexe und noch nicht näher strukturierte Gegenstände und Sachverhalte referieren – wobei der Umfang metaphorischen Sprachgebrauchs mit wachsender kognitiver Reife des Forschungsgebiets und entsprechender Entwicklung seiner Fachsprache abzunehmen scheint.[120] In dieser komplexitäts-

---

The Genesis of the Quantum Theory in the Period of 1913–1927«. In: J. Wechsler (Hg.): *On Asthetics in Science* (s. Anm. 114), S. 73–102; ders.: *Imagery in Scientific Thought: Creating 20th Century Physics*. Boston, Basel, Stuttgart 1984.

117 P. Frank.: »Über die ›Anschaulichkeit‹ physikalischer Theorien« (s. Anm. 116), S. 122.
118 Ebd.
119 Ebd., S. 123: »Wenn wir das alles bedenken, so bleibt nichts mehr übrig, als anzunehmen, die ›Anschaulichkeit‹ der Erklärung [von Elektronenbewegungen] durch Kohäsionskräfte bestehe in der Analogie zu dem historisch überkommenen Bild der materiellen Punkte, zwischen denen Anziehungs- und Abstoßungskräfte wirken. Man glaubt sich in diese Newtonsche Welt besonders gut hineinleben zu können, und jede Ähnlichkeit zu ihr empfindet man als Anschaulichkeit. Dabei darf man allerdings nicht vergessen, daß zu Newtons Zeit gerade diese Kräfte als ganz unanschaulich gegolten haben und nur Stoßwirkungen auf das Prädikat ›anschaulich‹ Anspruch erheben durften.« Das Bohrsche Atommodell mit den um einen Kern kreisenden Elektronen gelte als »anschaulich«, weil es an die Planetenbahnen erinnere und so eine Assoziation hervorrufe, die »durch die Erfahrung oder besser gesagt: durch die geschichtliche Entwicklung der Physik, vertraut ist.«
120 Zum Metaphernreichtum »junger« Fachsprachen vgl. Gipper, Helmut: »Zur Problematik der Fachsprachen. Ein Beitrag aus sprachwissenschaftlicher Sicht«. In: Engel, U./Grebe, P./Rupp, H. (Hg.): *FS Hugo Moser*. Düsseldorf 1969, S. 66–81, hier S. 70 ff.. Den besonders intensiven Gebrauch von Metaphern »at the growing edges of science« betont van Orman Quine, Williard: »A Postscript on Metaphor«. In: Sacks, Sheldon (Hg.): *On Metaphor*. Chicago 1979, S. 159–160, hier S. 159. Daß Metaphern allein in der Anfangsphase der Bearbeitung eines Forschungsgebiets erforderlich sind, betont Frauchiger, Michael: »Der metaphorische Raum im Kontext«. In: L. Danneberg/A. Graeser/K. Petrus (Hg.): *Metapher und Innovation* (s. Anm. 3), S. 225–245, hier S. 244: »Den Molekularbiologen dienten bei der Ausgestaltung der Theorie des genetischen Codes Metaphern wie

reduzierenden Eigenschaft erweisen sich Metaphern also sowohl für die Präsentation neuen Wissens im Rahmen von Expertenkulturen wie bei der populären oder didaktischen Vermittlung und Erklärung von anerkannten Theorien als nützlich und finden entsprechende Anerkennung.[121]

Die von Max Black betonte Unentbehrlichkeit von »Interaktionsmetaphern«, die ohne Sinnverlust nicht in »normale Sprache« zu übersetzen seien[122], befruchtete dagegen weitergehende Auffassungen, nach denen Metaphern auch innerhalb einer ausformulierten wissenschaftlichen Theorie eine unersetzliche Rolle spielten: Als sog. »theoriekonstitutive Metaphern« stünden sie am Beginn neuer Konzeptualisierungen, in dem sie eine neue Perspektive als »Grundlage« einführten, die dann im vorgegebenen »Rahmen« entfaltet und weiterentwickelt werde.[123] Die Verbindungslinien zwischen sog. »theoriekon-

---

›Der genetische Code ist der Übersetzungsschlüssel, der angibt, wie die in der Nukleinsäuregeheimschrift verschlüsselten Baupläne für die verschiedenen Enzyme in Proteinsprache übersetzt werden‹ als Regeln für die Koordination ihrer Anstrengungen [...] Nachdem aber die ausgearbeitete Theorie vorgelegt worden ist, besitzen die betreffenden Sätze in diesem Kontext keine kognitive Bedeutung mehr (sie werden als Orientierungshilfe nicht mehr gebraucht). Im stabilisierten Kontext der Genetik läßt sich der korrekte Gebrauch der theoretischen Terme durch explizite Verwendungsregeln der Form ›Der Term ›Genetischer Code‹ ist so zu verwenden, daß die folgenden (ihn enthaltenden) Sätze ›–GC–‹, ›–GC–‹ wahr werden‹ bestimmen, die keine aus einem sekundären Kontext übernommenen Prädikate wie ›Übersetzungsschlüssel‹, sondern nur noch kontexteigene Terme wie ›Nukleotid‹ oder ›Aminosäure‹ enthalten. In stabilisierten wissenschaftlichen Kontexten sind normative Metaphern überflüssig geworden und von keinem intersubjektiven Nutzen mehr.«

121 Vgl. etwa Mill, John Stuart: *System der deduktiven und induktiven Logik. Eine Darlegung der Principien wissenschaftlicher Forschung, insbesondere der Naturforschung* [A system of logic, ratiocinative and inductiv, beeing a connected view of the principles and the methods of scientific investigation; 1843]. Buch V, Kap. V, § 7. Braunschweig 1868. Bd. 2, S. 394, wo als der Nutzen metaphorischer Ausdrücke bestimmt wird, »das Verständnis zu erleichtern, klar und lebhaft verstehen zu lassen, was derjenige, welcher die Metapher gebraucht, sagen will, und manchmal auch, durch welche Mittel er dies thun will. Denn eine geschickte Metapher, obgleich sie nichts beweist, giebt oft den Beweis an die Hand.« Wird metaphorischen Ausdrücken also eine didaktische Nützlichkeit zugesprochen, heißt es über ihre Eignung als Argument: »Eine Metapher ist daher zu betrachten nicht als ein Argument, sondern als eine Behauptung, dass ein Argument existiert, dass eine Gleichheit zwischen dem Falle, woraus die Metapher gezogen ist, und demjenigen existiert, auf den sie angewendet wird.« (Ebd., S. 395) Die pädagogisch-didaktische Funktion von Metaphern betont auch Boyd, Richard: »Metaphor and Theory Change. What is ›Metaphor‹ a Metaphor for?« In: Ortony, Andrew (Hg.): *Metaphor and Thought*. Cambridge 1979, S. 356–408, der zugleich aber die Unersetzbarkeit von Metaphern betont, »which scientists use in expressing theoretical claims for which no adaequate literal paraphrase is known« (S. 360).
122 Vgl. M. Black: »Metapher« (s. Anm. 9), S. 78 f.
123 So etwa B. Debatin: *Die Rationalität der Metapher* (s. Anm. 25), S. 144: »Theoriekonstitutive Metaphern stehen deshalb meist am Anfang neuer Theorien, sie bilden die *Grundlage* für die Theorie und den *Rahmen*, innerhalb dessen dann die

stitutiven Metaphern« und dem von Thomas Kuhn in die Wissenschaftsforschung eingebrachten Begriff des »Paradigmas« (das als »disziplinäre Matrix« die Summe aller Gruppenfestlegungen in einer wissenschaftlichen Gemeinschaft, im besonderen auch symbolische Verallgemeinerungen, Modelle und Musterbeispiele enthalte) führte dazu, wissenschaftliche Innovationen und Entdeckungen aufgrund der in ihnen zu beobachtenden »Konzeptverschiebung« (Michael Mulkay) als Ergebnis von Metaphern-Transfers anzusehen und umfassende Umwälzungen in der Wissenschaft auch als »metaphorische Revolutionen« zu bezeichnen.[124] Wurden zur Benennung von Ähnlichkeitsverhältnissen der Terminus *epiphor* und zur Bezeichnung der Neuschöpfung von Bedeutungen durch die Nebeneinanderstellung nicht ähnlicher Dinge der Terminus *diaphor* verwendet[125], erhielten die als »theoriekonstitutiv« bezeichneten Metaphern den Namen *paraphors*.[126] Die Problematik einer so vorgenommenen Prämierung »theoriekonstitutiver Metaphern« wird angesichts der weiten, nicht immer hinreichend genau definierten Leistungszuweisungen deutlich: Attestiert man »paradigmatischen Basismetaphern« einerseits einen »vorreflexiven« Status und »Weltbildcharakter«[127], gelten sie andererseits als »Denkmodelle«[128] oder gar als »Erklärungsmodell«[129] und avancieren zu einem »epistemischen Zugang zu Phänomenen, die (noch) nicht besser oder anders beschrieben werden können.«[130]

---

konkrete Forschungsarbeit abläuft.« (Hervorhebungen im Original.) – Ähnlich Shibles, Warren: »Die metaphorische Methode«. In: *DVjs* 48 (1974), S. 1–9, hier S. 1 und 6: »Durch anscheinend unvereinbare Gegenüberstellung wird neues Wissen erworben und werden aufschlußreiche Hypothesen angeregt«, wobei die Metapher als »Grundhypothese« dienen und »in eine Weltanschauung, Philosophie oder Theorie erweitert werden« könne.

124 Mulkay, Michael: »Conceptual Displacement and Migration in Science: A Prefatory Paper«. In: *Science Studies* 4 (1974), S. 205–234; die These »scientific revolutions are, in fact, metaphoric revolutions« findet sich bei Arbib, Michael A./Hesse, Mary: The Construction of Reality. Cambridge 1986, S. 156. Kuhn selbst besprach den Zusammenhang zwischen »Paradigmenwechsel« und Metaphern in seinem Beitrag: »Metaphor in Science«. In: A. Ortony (Hg.): *Metaphor and Thought* (s. Anm. 121), S. 409–419.

125 In dieser Form eingeführt durch Wheelwright, Philip: *Semantik und Ontologie* [Semantics and Ontolgy, 1960]. In: A. Haverkamp (Hg.): *Theorie der Metapher* (s. Anm. 4), S. 106–119, hier S. 113; ausführlicher ders.: *Metaphor and Reality*. Bloomington 1962, Kap. IV. Vgl. auch Botha, Elaine: »Framework for a Taxonomy of Scientific Metaphor«. In: *Philosophia Reformata* (53) 1988; S. 143–170.

126 Geprägt von West, David M./Travis, Larry E.: »The Computational Metaphor and Artificial Intelligence«. In: *AI Magazine* 12 (1991), S. 64–79.

127 B. Debatin: *Die Rationalität der Metapher* (s. Anm. 25), S. 149.

128 H. Weinrich: »Metaphora memoriae« (s. Anm. 17), S. 294.

129 Bühl, Walter L.: *Die Ordnung des Wissens*. Berlin 1984, S. 145. Die Behauptung mag stimmen, wenn der Terminus »Erklärungsmodell« selbst metaphorisch gemeint ist – ansonsten gilt, daß aus mehrdeutigen und metaphorischen Reden keine konsistenten Schlüsse gezogen werden können und mit Metaphern nicht zu argumentieren ist, auch wenn Metaphern in Argumenten vorkommen können.

130 So B. Debatin: *Die Rationalität der Metapher* (s. Anm. 25), S. 149, der die Be-

Vor diesem Hintergrund erweist sich eine Limitierung und Präzisierung der Zuschreibungen als sinnvoll. Im Rahmen der Darstellung und Begründung von Theorien *plausibilisieren* Metaphern neue Wissensansprüche, in dem sie einzuführende Begriffe illustrieren, veranschaulichen und gleichsam »versinnlichen«; zugleich *stabilisieren* sie die oftmals als ungewohnt und schockierend empfundene Novität durch den Rekurs auf vertraute, d. h. eingeführte Bilder und Vergleiche.[131] Wenn metaphorischen Ausdrücken in theoretischen Zusammenhängen ein darüber hinausgehender Gehalt zugeschrieben werden kann, dann allenfalls in der vorsichtigen Formulierung, die Kant im § 59 seiner *Kritik der Urteilskraft* gebrauchte, in dem er die als Beispiel für eine »symbolische Hypotypose« herangezogene Vorstellung eines absolut regierten Staates als einer »Handmühle« analysierte. Während eine »schematische Hypotypose« einen Begriff durch Veranschaulichung direkt darstellen könne, gebe eine analogisch vorgehende »symbolische Hypotypose« die »Regel« bzw. die »Form der Reflexion« vor: »Denn, zwischen einem despotischen Staate und einer Handmühle ist zwar keine Ähnlichkeit, wohl aber zwischen der Regel, über beide und ihre Kausalität zu reflektieren.«[132] Metaphorische Ausdrücke regulieren die Form, in der die Urteilskraft den gemeinten Begriff erschließen muß; sie übertragen die »Reflexion über einen Gegenstand der Anschauung auf einen ganz andern Begriff, dem vielleicht nie eine Anschauung direkt korrespondieren kann.«[133]

---

griffskombination »epistemischer Zugang« übernimmt von Feder Kittay, Eva: *Metaphor. Its Cognitive Force and Its Linguistic Structure*. Oxford 1987, S. 313.

131 Zur Nutzung bildlich-uneigentlicher Rede als Möglichkeit, die in begrifflicher Sprache unmittelbar schockierenden Inhalte *apertius dicere* ausdrücken, publizieren und öffentlich diskutieren zu können vgl. France, Peter: *Rhetoric and Truth in France. Descartes to Diderot*. Oxford 1972. Der Einsatz von Metaphern hat zudem leserlenkende Funktionen: »Everything is done to make the reader feel that he is in safe hands« (S. 59).

132 I. Kant: *Kritik der Urteilskraft* (s. Anm. 60), S. 296.

133 Ebd. Auf die tiefgehende Skepsis des Textes gegenüber der epistemologischen Unzuverlässigkeit symbolischer Hypotyposen, die im Wort »vielleicht« und der im Folgesatz behandelten »bloß symbolischen« Erkenntnis von Gott ihren Ausdruck findet, hat Paul de Man aufmerksam gemacht: »Wenn die Unterscheidung zwischen apriorischen und symbolischen Urteilen einzig mit Mitteln der Metapher, die selber der symbolischen Ordnung angehören, getroffen werden kann, dann sind Lockes und Condillacs Schwierigkeiten nicht überwunden. Nicht bloß unsere Erkenntnis von Gott, [...] , sondern auch die Erkenntnis der Erkenntnis selbst ist unter solchen Bedingungen auf den Bereich bloßer Symbolik eingeschränkt. Wer sie als schematisch auffaßt und ihr die Attribute der Bestimmbarkeit und der transzendentalen Autorität beilegt, die der objektiven Realität von durch Sprache unvermittelten Wesenheiten zukommen sollen, macht sich der Verdinglichung [...] schuldig, und wer glaubt, daß das Symbolische als statische Eigenschaft der Sprache angesehen werden könne, daß Sprache, mit anderen Worten, rein symbolisch und nichts außerdem sei, macht sich des Ästhetizismus schuldig – ›wodurch überall nichts, auch nicht in praktischer Absicht, erkannt wird.‹« P. de Man: »Epistemologie der Metapher« (s. Anm. 47), S. 432. Daß mit der Setzung des Hypotypose-Begriffs im § 59 der *Kritik der Urteilskraft* die Traditionen der traditionellen Rhetorik aufgelöst werden und einem »radikal amimeti-

## III. Zur Interpretation metaphorischer Ausdrücke in wissenschaftlichen Texten

Die Explorationen zum kognitiven Gehalt metaphorischer Rede haben die Leistungen von Bedeutungsübertragungen im Prozeß der Erzeugung und Vermittlung von Wissensansprüchen limitiert und präzisiert: Metaphern tragen zur Schließung von Bezeichnungslücken bei, ermöglichen innerhalb des »Entdeckungszusammenhangs« die Formulierung neuer Einsichten und übernehmen bei der Darstellung und im »Begründungszusammenhang« illustrierende, plausibilisierende und stabilisierende Funktionen. Eine zentrale Frage aber bleibt noch zu klären: Wie identifizieren und interpretieren wir Metaphern in wissenschaftlichen Texten? Berührt ist damit eine größere Anzahl an Problemstellungen, die von einer Klassifikation der spezifizierten Textsorte über die (erst in Ansätzen geklärten) Prinzipien einer Auslegung dieser Texte bis zu den kontrovers diskutierten Annahmen hinsichtlich der Regelhaftigkeit – und damit auch des Nachvollzugs – metaphorisch behaupteter Geltungsansprüche reichen. Mit welchen Schwierigkeiten eine Bestimmung und Interpretation metaphorischer Rede in Texten der Wissenschaft zu kämpfen hat, werden Hinweise belegen; die daran anschließenden Überlegungen verstehen sich als Markierungen eines noch weiter zu strukturierenden Feldes.

Verstehen wir wissenschaftliche Texte als sprachlich verfaßte Zeichensysteme, mit denen die in disziplinärer Konditionierung und rekursiver Operationsweise gewonnenen Wissensansprüche fixiert und verbreitet werden, sollte eine Auszeichnung ihrer formalen Prinzipien keine größeren Komplikationen bereiten: Als *Behauptungen* zur Beschreibung und Lösung von Problemen formuliert, folgen sowohl die Art der Aufstellung von Geltungsansprüchen wie auch die Weisen ihrer Einlösung bestimmten Normen, die den Nachvollzug der behaupteten Aussagen, ihre Diskussionsmöglichkeit innerhalb einer Kommunikationsgemeinschaft und ihre Anschlußfähigkeit für weitergehende Explorationen sichern sollen.[134] Trotz dieser Normen bleibt die Interpretation

---

schen Zug in der Darstellung« weichen, betont Rüdiger Campe: »Vor Augen Stellen« (s. Anm. 113), S. 212: »Abgelöst von der Lebendigkeit tritt Anschauung als vorweggenommene Zugabe vor die metaphorische Analogie, der sie traditionell eingeordnet war.«

134 Umfassende Beschreibungen der stets historischen und an spezifizierte Darstellungsformen gebundenen Normen, die nicht nur die adäquate Wiedergabe von Wissensansprüchen, sondern auch die Berechtigung der mit ihnen verbundenen Geltungsansprüche garantieren sollen, sind in den Philologien noch immer ein Desiderat; einen Anfang für die germanistische Literaturwissenschaft macht der Sammelband von Brenner, Peter (Hg.): *Geist, Geld und Wissenschaft. Arbeits- und Darstellungsformen von Literaturwissenschaft*. Frankfurt/M. 1993 (mit Explorationen zu Monographie, Literaturgeschichte, Lehrbuch, Edition, Bibliographie und Rezension); in disziplinenübergreifender Perspektive auch Danneberg, Lutz/Niedhäuser, Jürg (Hg.): *Darstellungsformen der Wissenschaften im Kontrast: Aspekte der Methodik, Theorie und Empirie*. Tübingen 1998 (= Forum für Fachsprachen-Forschung 39).

wissenschaftlicher Texte – für aktive Wissenschaftler wie für retrospektive Beobachter – ein herausforderndes Geschäft.[135] Dabei führen nicht zuletzt die scheinbaren wie die tatsächlich vorliegenden Abweichungen vom Imperativ der Eigentlichkeit zu Problemen: Parodien können in wissenschaftlichen Texten ebenso schwer zu erkennen sein wie literale Verwendungsweisen eines scheinbar metaphorischen Ausdrucks.[136] Letzteres lässt sich an zwei Beispielen zeigen. Die als metaphorisch lesbare Aussage, der Mensch sei eine Maschine, wird bei Descartes und bei La Mettrie in einer Weise eingeführt, daß eine terminologische Verwendung wohl nicht in Frage steht. Für die ebenfalls intuitiv als Metapher auffaßbare Behauptung, die Welt verhalte sich »nicht anders als wie ein Uhrwerk«, lieferte Christian Wolff eine einschränkende Explikation: »Denn das Wesen der Welt bestehet in der Art ihrer Zusammensetzung; das Wesen einer Uhr gleichfals. Die Veränderungen, die sich in der Welt ereignen, sind in der Art ihrer Zusammensetzung gegründet; die Bewegungen in der Uhr haben gleichfals keinen anderen Grund als die Art der Zusammensetzung, die man in der Uhr findet. Und also sind die Welt und eine Uhr in diesem Stücke ähnlich. Keine weitere Ähnlichkeit, als hier erwiesen wird, muß man annehmen.«[137] Auch wenn die Aussagen von der Welt als »Uhr-

---

135 Zu den Schwierigkeiten einer hermeneutischen Rekonstruktion apophantischer Texte vgl. Mittelstraß, Jürgen: »Rationale Rekonstruktionen der Wissenschaftsgeschichte«. In: Janich, Peter (Hg.): *Wissenschaftstheorie und Wissenschaftsforschung*. München 1981, S. 89–111, hier S. 99 ff.; zur bislang nur postulierten »hermeneutischen« Lektüre von Texten der Wissenschaftsgeschichte Danneberg, Lutz/Schönert, Jörg: »Belehrt und verführt durch Wissenschaftsgeschichte«. In: Boden, Petra/Dainat, Holger (Hg.): *Atta Troll tanzt noch. Selbstbesichtigungen der literaturwissenschaftlichen Germanistik im 20. Jahrhundert*. Berlin 1997, S. 13–58, hier S. 32 ff.

136 Die Schwierigkeiten im Umgang mit parodistischer Sprachverwendung in der Wissenschaft demonstrierte jene Episode der neueren Wissenschaftsgeschichte, die nach ihrem Urheber als »Sokals Hoax« bekannt wurde und eine Fülle divergierender Stellungnahmen und Ausdeutungen hervorrief. Ein Beispiel aus dem Jahre 1931 analysiert Weigert, Stefan: »Wissenschaftliche Darstellungsformen und Uneigentliches Sprechen. Analyse einer Parodie aus der Theoretischen Physik«. In: L. Danneberg/J. Niederhäuser (Hg.): *Darstellungsformen der Wissenschaften* (s. Anm. 134), S. 131–156.

137 Wolff, Christian: *Vernünfftige Gedancken von Gott, der Welt und der Seele des Menschen, auch allen Dingen überhaupt* [1719]. Gesammelte Werke. I. Abt., 2. Bd. Hildesheim, Zürich, New York 1983, § 556, S. 335 f., Orthographie im Original. Im nachfolgenden § 557 traf Wolff dann die ebenfalls metaphorisch lesbare Aussage, daß die Welt eine »Maschine« sei und lieferte folgende Begriffsbestimmung: »Eine Maschine ist ein zusammengesetztes Werck, dessen Bewegungen in der Art der Zusammensetzung gegründet sind. Die Welt ist gleichfals ein zusammengesetztes Ding, dessen Veränderungen in der Art der Zusammensetzung gegründet sind. Und demnach ist die Welt eine Maschine.« Daß Wolff auch in diesem Fall den Ausdruck »Maschine« wörtlich meinte, verdeutlicht seine »Anmerckung« zu diesem Paragraphen: »Allein da ich gewohnt bin, kein Wort, absonderlich kein Kunst-Wort, zu gebrauchen, dessen Bedeutung ich nicht in seine genaue Schrancken eingeschlossen hätte; so habe ich auch hier das Wort Maschi-

werk« und »Maschine« vor Wolff metaphorisch eingesetzt wurden und nach ihm entsprechenden Einsatz fanden, dürfte klar sein, daß ihr Gebrauch im vorliegenden Fall *nicht metaphorisch* ist; sie haben vielmehr die Bedeutung angenommen, die ihnen ihr Benutzer durch explizite Bestimmungen zuschrieb.[138]

Der Umstand, daß neben der terminologisierten Verwendung auch bei Wolff metaphorische Gebrauchsformen der Ausdrücke »Uhrwerk« und »Maschine« vorkamen, markiert noch einmal die Notwendigkeit, stets den spezifizischen Kontext des Gebrauchs zu berücksichtigen. Dieser Gebrauchskontext ist in wissenschaftlichen Texten primär durch Argumentationszusammenhänge bestimmt. Daher muß sich die Aufmerksamkeit bei der Identifikation und Interpretation metaphorischer Ausdrücke in erster Linie auf diese richten – weder für den produzierenden Fachwissenschaftler und seinen rezipierenden Kollegen noch für den retrospektiv vorgehenden Wissenschaftshistoriker kann es Metaphern als solche geben, sondern allein die Weisen ihrer Verwendung in Argumenten.[139]

Gehört das Wissen um die hochgradige Ko- und Kontextabhängigkeit von Metaphern und ihre damit notwendig kontextsensitive Identifizierung zum *common sense*, gibt es auf die Frage nach dem Verstehen und Interpretieren metaphorischer Ausdrücke konträre Antworten: Während etwa Donald Davidson sowohl regelgeleitete Generierung wie regelgeleitete Interpretation verneinte[140], stellte Umberto Eco zwar die Erkenntnis ihrer Produktionsmechanismen in Frage, nicht aber die Einsicht in ihre regelfolgende Interpretation.[141] Ohne der bereits von Aristoteles abschlägig beantworteten Frage nach Regeln zur Erzeugung von Metaphern nachzugehen[142], sollen an dieser Stelle

---

ne in seine gehörige Schrancken gebracht, damit es der Wahrheit ohne Nachtheil in solchen Fällen gebraucht werden kan, wo man es zu gebrauchen pflegt.« Wolff, Christian: *Der Vernünfftigen Gedancken [...] anderer Theil, bestehend in ausführlichen Anmerckungen*. Gesammelte Werke. I. Abt., 3. Bd. Hildesheim, Zürich, New York 1983, § 183, S. 301.

138 Der Abwehr unzulässiger Folgerungen diente auch die Rechtfertigung des Vergleichs von Welt und Uhr; ebd., S. 297: »Ich habe es gezeiget, wozu ich es brauche: weiter muß man nicht gehen, denn sonst weichet man von meiner Meynung ab, und gehet mich nichts an, was man widriges daraus schliesset.«

139 So formuliert in Abwandlung eines Diktums von Skinner, Quentin: »A Reply to My Critics«. In: Tully, James (Hg.): *Meaning and Context. Quentin Skinner and His Critics*. Cambridge 1988, S. 283: »There can be no histories of concepts as such; there can only be histories of their uses in argument.«

140 Vgl. D. Davidson: »Was Metaphern bedeuten« (s. Anm. 68), S. 343: »Es gibt keine Vorschriften für das Bilden von Metaphern; es gibt kein Handbuch zur Bestimmung dessen, was eine Metapher ›bedeutet‹ oder ›besagt‹; es gibt keine Metaphernprobe, die nicht Geschmack verlangt.«

141 Vgl. U. Eco: *Der Streit der Interpretationen* (s. Anm. 9), S. 191: »Der Mechanismus des Erfindens [von Metaphern] bleibt uns weitgehend unbekannt [...] Sinnvoller ist es wohl, den Mechanismus zu untersuchen, aufgrund dessen die Metaphern *interpretiert* werden.« (Hervorhebung im Original)

142 Aristoteles *Poetik* 1459a 5: »Bei weitem das wichtigste ist es, daß man Metaphern zu bilden vermag. Allein dieses kann man nicht von keinem anderen lernen. Es ist vielmehr ein Hinweis auf eine treffliche Natur.«

knappe Hinweise auf die Interpretation metaphorischer Ausdrücke in wissenschaftlichen Texten gegeben werden. Dazu ist noch einmal an das zugrundegelegte Verständnis von Metaphern als semantische Abweichung zu erinnern: Metaphorische Ausdrücke, so wurde eingangs formuliert, erfordern aufgrund ihrer »kalkulierten Absurdität« (Christian Strub) eine Schrittfolge des Identifizierens und Verstehens: Eine *erste* Bedeutungszuweisung führt zu einer Unvereinbarkeit eines sprachlichen Ausdrucks mit dem um die Redesituation erweiterten kontextuellen Weltwissen; der darauf folgende zweite Schritt schlichtet diese Unvereinbarkeit durch die Annahme einer Bedeutung, die *keine wörtliche* ist, so daß es sich nicht mehr um eine *falsche* wörtliche Bedeutungszuweisung handeln kann, und durch den Übergang zu einer *nichtwörtlichen* Bedeutung. Laut Vergleichstheorie ist diese *nichtwörtliche* Bedeutung über eine Similaritätsbeziehung zwischen den Komponenten des als metaphorisch identifizierten Ausdrucks zu ermitteln – und zwar durch die Bildung einer Variablen, die als tertium comparationis mittels indirekter Induktion erschlossen wird. Die Einsetzung dieses tertiums, bei dem es sich um eine bestimmte Eigenschaft oder um ein Bündel von Eigenschaften handeln kann, ist stets mit einer mehr oder weniger expliziten Begriffsbildung verbunden und stellt den ersten (und für die Vergleichstheorie der Metapher zentralen) Schritt der Metapherninterpretation dar.[143] Folgt man aber Christian Strubs »Unähnlichkeitstheorie der Metapher«, besteht der erste Schritt bei der Interpretation metaphorischer Ausdrücke in der Bildung eines »Parallelismusprädikats«, dessen Eigentümlichkeit darin besteht, »daß es dem durch das Subjekt spezifizierten topic nicht zwei getrennte Eigenschaften zuschreibt, die dann in irgendeiner Weise als verknüpfbar dargestellt werden (dann wäre man wieder beim tertium comparationis), sondern eine Eigenschaft zuschreibt, die als Element zwei Eigenschaften hat, die gerade als unter den Bedingungen der faktischen Erfahrung des Sprechers oder irgendeiner Erfahrung überhaupt als nicht verknüpfbar dargestellt werden.«[144] Im zweiten Schritt werden für die beiden vorerst gleichberechtigten Teile des »Parallelismusprädikats« in getrennter Weise die Bedeutungsstrukturen entwickelt (durch Auflistung der Bedeutungskerne, Denotationen, Konnotationen und Assoziationen sowie durch Explikation der Bezüge, d. h. der inneren Struktur zwischen diesen Bedeutungsteilen). Die im dritten Schritt daran anschließende Paraphrasierung der Metaphernelemente setzt die Bedeutungsstrukturen der beiden Termini zueinander in Beziehung, wobei laut Strub die »Strukturdiskrepanzen und nicht die Strukturgleichheiten wichtig sind«.[145] In einem vierten Schritt wird diese Paraphrase

---

143 Vgl. H. Kubczak: »Begriffliche Inkompatibilität als konstitutives Prinzip der Metapher« (s. Anm. 7), S. 35.
144 C. Strub: *Kalkulierte Absurditäten* (s. Anm. 4), S. 424. Ein Beispiel für ein solches »Parallelismusprädikat«, das die Inkompatibilität der Begriffe bewahren und ihr Aufgehen in einem Vergleich oder einer Analogie verhindern soll, wäre etwa die Umformung des Satzes »Ein Text ist ein Laboratorium sozialer Bedeutung« in »Ein Text ist texthaft//laboratorienhaft«.
145 Ebd., S. 426.

zur Erläuterung der Metapher verwendet, indem der Interpret ein neues und erweitertes »Parallelismusprädikat« erstellt; im fünften Schritt wird das erläuterte Prädikat zur Indikation einer (problematisierten) Eigenschaftszuschreibung genutzt. In diesem Zusammenhang kommt eine Spezifik metaphorischer Rede ins Spiel, die bereits angedeutet wurde: Daß die übertragene Verwendung eines Terminus zumeist Ausdrücke aus dem Bereich konkreter und vertrauter Erfahrungen nutzt, um weniger konkrete bzw. nur vage bestimmbare Bereiche benennen und beschreiben zu können.[146] Verstehen wir also einen metaphorischen Ausdruck als Erläuterung eines vagen und unanschaulichen Strukturteils durch einen weniger vagen, anschaulicheren Bestandteil, ergeben sich zwei Optionen: Der Erläuterungsteil kann zum einen einen unterdeterminierten Strukturteil ›anreichern‹, d. h. anschaulicher und komplexer machen sowie zusätzliche Strukturteile zur Erläuterung anbieten (»Erweiterungsmetapher«), zum anderen überdeterminierte Strukturteile durch einen ›ärmeren‹ Erläuterungsterminus klarer strukturieren (»Vertiefungsmetapher«). Den sechsten Schritt der Metapherninterpretation bildet eine sprachliche Explikation, mit der die aufgefundenen »Lücken« geschlossen werden – im Falle der »Erweiterungsmetapher« durch eine auf den Herkunftsbereich des Erläuterungsteils rekurrierende ›Anreicherung‹ von Begriffen und Strukturen, die eine Formulierung von Erkenntnissen in dieser Sprache erlaubt; im Falle der »Vertiefungsmetapher« durch eine komplexitätsreduzierende Begrifflichkeit, deren (einfachere) Strukturen dann ebenfalls in der Sprache des Erläuterungsteils verhandelt werden können.

Diese prozeduralen Schritte kennzeichnen die Interpretation von metaphorischen Ausdrücken in *allen* Textsorten. Denn auch wenn sich Unterschiede zwischen philosophischen, wissenschaftlichen oder literarischen Metaphern beobachten lassen, beruhen diese doch wohl eher auf den Formen ihrer Verwendung als auf intrinsischen Eigenschaften.[147] Sowohl die induktive Erschlie-

---

146 So schon zu finden bei Quintilian: *Institutio Oratoria*, VIII, 3, 73: »Quo in genere id est praecipue custodiendum, ne id, quod similitudinis gratia adscivimus, aut obscurum sit aut ignotum: debet enim quod inlustrandae alterius rei gratia adsumitur, ipsum esse clarius eo, quod inluminat.« (»Bei den Gleichnissen muß man sich vor allem davor hüten, daß das, was wir um der Ähnlichkeit willen herangezogen haben, nicht unklar sei oder unbekannt; denn es muß, was zur Erklärung einer anderen Erscheinung dienen soll, selbst klarer sein als das, was es erhellt.«)

147 Vgl. etwa die Differenzierung zwischen literarischen und wissenschaftlichen Metaphern bei Richard Boyd: »Metaphor and Theory Change« (s. Anm. 121), S. 357–364: Während Metaphern in literarischen Texten eine starke Bindung an ihren Text und ihren Autor aufwiesen und ihre metaphorische Kraft bei zu häufigem Gebrauch verlieren könnten, würden erfolgreiche wissenschaftliche Metaphern innerhalb der Gemeinschaft variiert und extensiv verwendet, solange ihr forschungsanregender Gehalt noch nicht ausgeschöpft sei. Im Bereich der Literatur könnten Metaphern unübersetzt bleiben; Produzenten von Wissensansprüchen hätten ihre Metaphern zu explizieren. Da es im Zuge des wissenschaftlichen Fortschritts zu einer vollständigen Explikation metaphorischer Ausdrücke kommen könne, sei die Unersetzbarkeit von Metaphern im Wissenschaftssystem zeitlich befristet. Letztlich, so Boyd, unterschieden sich Metaphern in Literatur und Wis-

ßung eines tertiums comparationis und das Bilden eines »Parallelismusprädikates« als auch die Formen der sprachlichen Entfaltung sind gleichartig. So kann ein Redner bzw. Autor das metaphorisch Ausgesagte explizit machen – in der Alltagssprache etwa durch die Satzkombination »Richard ist ein Löwe. Seinen Mut kennt jeder«; in der Wissenschaftssprache durch transphrastische Strukturen wie »Die moderne Metapher chiffriert nichts mehr. Sie schwimmt wie eine Blume ohne Stiel auf der Oberfläche des Gedichts. Sie ist ihres trivialen Eigentlichkeitsgrundes beraubt und zu einer neuen Eigentlichkeit umfunktioniert.«[148] Expliziert der Sprecher bzw. Autor die metaphorische Aussage sprachlich nicht, ist es Aufgabe des – aufgrund von Konversationsmaximen kooperativen[149] – Hörers bzw. Lesers, das intendierte tertium zu finden und einzusetzen. Er hat dann die »begrifflichen Inkompatibilitäten« in Ausdrücken wie »Richard ist ein Löwe« oder »Dieser Text ist ein Labyrinth« durch ein Abarbeiten der oben aufgelisteten Schrittfolge zu überwinden – wobei eine der zentralen (und noch nicht hinreichend geklärten) Fragen ist, von welchen Vorstellungen sich der Hörer bzw. Leser bei der Entwicklung von Bedeutungsstrukturen leiten läßt.[150] Sicher ist, daß die prozedurale Interpretation metaphorischer Ausdrücke und deren Versprachlichung eine komplexe

---

senschaft durch unterschiedliche Weisen der »Abgeschlossenheit«: Literarische Metaphern seien aufgrund ihrer »conceptual open-endedness« an Vorvorstehen und »associated commonplaces« gebunden; wissenschaftliche Metaphern würden aufgrund ihrer »inductive open-endedness« auf noch nicht explizierte Analogien und Ähnlichkeiten hinweisen und so neue Perspektiven eröffnen, die im Forschungsprozeß weiterzuverfolgen seien.

148 Neumann, Gerhard: »Die ›absolute Metapher‹. Ein Abgrenzungsversuch am Beispiel von Stéphane Mallarmé und Paul Celan«. In: *Poetica* 3 (1970), S. 188–225, hier S. 195. Eine ähnliche Explikationsleistung findet sich auch am Beginn von Donald Davidsons Aufsatz »Was Metaphern bedeuten« (s. Anm. 68, hier S. 343), wo es heißt: »Metaphern sind die Traumarbeit der Sprache, und ihre Deutung sagt – wie bei aller Traumarbeit – durch Spiegelung über den Deutenden genausoviel aus wie über den Urheber. Die Traumdeutung verlangt Zusammenarbeit zwischen einem Träumenden und einem Wachenden, seien sie auch dieselbe Person; und die Ausführung der Deutung ist selbst eine Leistung der Vorstellungskraft. Auch das Verstehen einer Metapher ist ebensosehr schöpferisches Bemühen wie das Hervorbringen einer Metapher, und es ist ebensowenig von Regeln geleitet.«

149 Zu den am Kooperationsprinzip orientierten Maximen der Konversation vgl. Grice, H. Paul: »Logik und Konversation« [1975]. In: Meggle, Georg (Hg.): *Handlung, Kommunikation, Bedeutung*. Frankfurt/M. 1979, S. 243–265; Rekurse auf die von Grice formulierten Maximen finden sich bei Wolfgang Berg: *Uneigentliches Sprechen* (s. Anm. 8); Künne, Wolfgang: »›Im übertragenen Sinn‹. Zur Theorie der Metapher«. In: *Conceptus* 17 (1983), S. 181–200; Scholz, Oliver R.: »Some Issues in the Theory of Metaphor«. In: Petöfi, Janos S. (Hg.): *Text and Discourse Constitution: Empirical Aspects, Theoretical Approaches*. Berlin 1988, S. 269–288.

150 Daß die Frage nach der Orientierung bei der hypothetischen Interpretation metaphorischer Ausdrücke »in der Fachliteratur bislang sträflich vernachlässigt« wurde, konstatiert Hartmut Kubczak: »Begriffliche Inkompatibilität als konstitutives Prinzip der Metapher« (s. Anm. 7), S. 35.

Leistung darstellt und von Angaben auf der Basis von Einzelworten bis zu syntagmatisch aufwendigen Konstruktionen reichen kann. In diesem Zusammenhang gewinnt die von Richard Boyd markierte und auf unterschiedliche Formen von »Unabgeschlossenheit« (»open-endedness«) zurückgeführte Differenz in der Metaphernverwendung in literarischen und wissenschaftlichen Texten Bedeutung für die Interpretation: Während die prinzipiell unabgeschlossene Metapher in Literatur (bei entsprechender Kreativität) eine gleichsam unendliche und die semantischen Innovationen nicht ausschöpfende Paraphrase nach sich zieht, zielt der Einsatz metaphorischer Rede bei der Erhebung von Wissensansprüchen auf die Eröffnung neuer Perspektiven im Rahmen eines Problembeschreibungs- oder Problemlösungsvorschlags und muß durch explikative Erläuterungen auf eine mehr oder weniger bestimmte Bedeutung ausgerichtet werden.[151] Die Orientierung an dieser Funktion zur Beschreibung oder Lösung eines Problems wie auch die mehr oder weniger entfaltete Explikation der Terminologie kann eine Interpretation leiten, unterstützen und so zur kooperativen Klärung eines Problemzusammenhanges beitragen – wenn sich denn ein wissenschaftlicher Text als Beitrag zu Beschreibung und Lösung von Problemen versteht.

Mit dieser Erinnerung an die limitierten, doch darum nicht zu unterschätzenden Leistungen metaphorischer Ausdrücke komme ich zum Schluß. Metaphern schaffen keine empirisch verifizierbaren Kenntnisse und bilden keinen Bestandteil unkontroverser Nullsätze, die statistisch überprüfbar wären; sie weisen vielmehr auf Lücken in der bisherigen Begriffsbildung und damit im Erfahrungsbereich hin und tragen zu deren Schließung bei. »Diagnostisch« wirken metaphorische Ausdrücke, indem sie bisherige Formen der Erfassung und Bestimmung eines Sachverhalts problematisieren; heuristisch, indem sie noch nicht explizierte Analogien formulieren, die im Forschungsprozeß weiterzuverfolgen sind. In der Darstellung ausformulierter Wissensansprüche tragen ihre veranschaulichenden Fähigkeiten zu einer für die Vermittlung neuer Behauptungen unabdingbaren Komplexitätsreduktion bei und verhelfen dem unvertrauten durch Rekurs auf vertrautes Wissen zum Durchbruch. Doch sind Metaphern nicht nur »Vorstufe« oder »Basis« der Begriffsbildung, sondern – so hat es nicht zuletzt Hans Blumenberg betont – verhindern diese auch und verleiten sie in Richtung ihrer Suggestionen.[152] Eine »historische Rhetorik der Kultur«, die sich der Figuration und Wirkung von Äußerungen im Zusam-

---

151 Daß ein metaphorischer Gebrauch eine bestimmte Bedeutung meinen kann, betont auch Bergman, Merrie: »Metaphorical Assertions«. In: *Philosophical Review* 91 (1982), S. 229–245, hier S. 231: »The fact that metaphors ›generate‹ further and further readings does not, however, conflict with the claim that an author can successfully use a metaphor to convey a fairly specific cognitive content. For a person who uses a metaphor to make an assertion typically does not intend to assert everything that we can ›read into‹ the metaphor. Nor does the audience typically attribute all of those readings to the author.«
152 Blumenberg, Hans: »Beobachtungen an Metaphern«. In: *Archiv für Begriffsgeschichte* 15 (1971), S. 161–214, hier S. 212.

menhang mit den historischen und medialen Voraussetzungen zur Genese gerade *dieser* Formen widmet und dabei auch die Entstehung und den Wandel von Wissensansprüchen untersucht, wird auf eine weitergehende Reflexion metaphorischer Rede wie auf ihren Einsatz nicht verzichten können.

# »In jenem elastischen Medium«.
## Der Topos ›Prozessualität‹ in der Rhetorik der Wissenschaften seit 1800 (Novalis, Goethe, Bernard)

NICOLAS PETHES (Stanford/Bonn)

## I. Enzyklopädie 1800: Verzeitlichung der Topik oder Topik der Verzeitlichung?

Am 7. November 1798 sendet Friedrich von Hardenberg eine Notiz an Friedrich Schlegel, in welcher er emphatisch von der »innern Symorganisation und Symevolution« ihrer Arbeit berichtet. Schlegel hatte Novalis sein »Bibelproject« mitgeteilt, und Novalis sieht in jenem »*Ideal*[...] *jedweden* Buchs« eine frappierende Nähe zu seinem eigenen Projekt, eine universale Zusammenschau aller Wissensbereiche in Gestalt einer Enzyklopädie – und damit als »scientifische Bibel« – zu unternehmen. »Dies soll nichts anders, als eine Kritik des Bibelprojects – ein Versuch einer Universalmethode des Biblisirens – die Einleitung zu einer ächten Enzyklopaedistik werden.«[1]

Die Parallelisierung von Bibel und Enzyklopädie ist so überraschend wie plausibel. Jede ist auf ihre Weise ein ›Buch der Bücher‹ – das Wort Gottes als unhinterfragte Wissenssumme des Abendlandes bis ins 17. Jahrhundert hinein und das lexikographische Großprojekt der französischen Aufklärer, das denselben Anspruch in säkularisierter Form für die Moderne reformuliert. Novalis' Anschluß an Diderot und d'Alembert ist aber zugleich als Abgrenzung zu lesen: eine »ächte[...] Enzyklopaedistik« werde das Werk sein, für das sein

---

1   Novalis an Friedrich Schlegel, in: *Werke, Tagebücher und Briefe Friedrich von Hardenbergs*, hg. von Hans-Joachim Mähl und Richard Samuel, München 1978, Bd. 2, S. 672–674 (»scientifische Bibel« ebd., Bd. 2, S. 599). Zitate aus dieser Ausgabe werden im folgenden unter Angabe der römischen Band- und der arabischen Seitenzahl in Klammern nach dem Zitat im laufenden Text nachgewiesen. Für die Forschung zu Novalis' Enzyklopädieprojekt verweise ich auf die Diskussion der Forschungsliteratur in Uerlings, Herbert: *Friedrich von Hardenberg, genannt Novalis*, Stuttgart 1991; für den engeren naturwissenschaftlichen Zusammenhang auf Daiber, Jürgen: *Experimentalphysik des Geistes. Novalis und das romantische Experiment*. Göttingen 2001, zum Forschungsstand S. 33–39, zum Enzyklopädie-Projekt S. 115–122. Friedrich Schlegel hatte seine Idee vom »unendlichen« und »absoluten Buch« in Anschluß an Lessing eine ›Bibel‹ genannt. Novalis kommentierte in seiner Randbemerkung zu Schlegels *Ideen:* »Eine Bibel schreiben zu wollen – ist ein Hang zur Tollheit, wie ihn jeder tüchtige Mensch haben muß, um vollständig zu seyn.« (II 726)

*Allgemeines Brouillon* »Materialien«, wie der Untertitel der Fragmentsammlung ankündigt, zur Verfügung stellt. Ein größerer Unterschied als der zwischen dem 28-bändigen Monumentalwerk der *Encyclopédie, ou dictionnaire raisonné des sciences, des arts et des métiers* (1751–1772)[2] und Novalis' unter dem gleichen Obertitel auftretender losen Aneinanderreihung von Exzerpten, Einfällen und Aphorismen ist kaum denkbar, und so wird man den Anspruch der »ächten Enzyklopaedistik« weniger als tatsächliches Konkurrenzprojekt denn als Kritik der (›falschen‹) Enzyklopädie auf der Ebene der Darstellbarkeit von Wissen verstehen müssen.

Es ist nicht der umfassende Anspruch der *Encyclopédie*, gegen den sich Novalis wendet. Auch seine ›echte‹ Enzyklopädie soll »[u]niversale Poëtik« und »absolute Totalitaet« sein (II 505). Was an Diderots und d'Alemberts Projekt fragwürdig scheint, ist vielmehr das klassifikatorische Prinzip, mit dessen Hilfe das verfügbare Wissen unter Oberbegriffe subsumiert und dann durch deren alphabetische Anordnung universell abrufbar gemacht wird. »Hier fehlts – wo hat er ein Princip der Nothwendigkeit so und nicht anders zu klassifizieren – wo ein Princip der Vollständigkeit« (II 595), fragt Novalis angesichts der »oryktogonischen Classifikation« der Gesteinssorten seines Freiberger Lehrers Abraham Gottlob Werner.

Novalis' Kritik an der Klassifikation bei gleichzeitiger Beibehaltung des Totalitätsanspruchs legt nahe, daß sein Buch der Bücher einen eigenständigen Vorschlag für eine ›neue‹ Form der Wissensorganisation machen wird. Dieser Vorschlag scheint sich gegen alle jene Systematisierungsversuche zu richten, die Wissensdaten topisch zu- und statisch anordnen. Er richtet sich gegen Ramus' topographische Schemata ebenso wie gegen Diderot/d'Alemberts Alphabet und damit gegen diejenige Form der Wissensorganisation, die Michel Foucault mit der Metapher des *tableau* als prägend für das französische *âge classique* des 17. und 18. Jahrhunderts herausgestellt hat.[3] Novalis plant dagegen, in seiner Enzyklopädie die zeitliche Dimension des Wissens zu be-

---

2 Als Sinnbild der ›Topikalität‹ des Unternehmens der *Encyclopédie* vgl. die ganzseitige Übersichttafel *Systême figuré des conoissances humaines* auf S. 22 von Band I des Werks. In Form eines Wissensbaums werden hier sämtliche Wissensbereiche in einem systematischen Zusammenhang abzubilden versucht. Man kann angesichts solcher letztlich aporetischer Systematisierungsversuche freilich bereits in dem Unternehmen, das verstreute Wissen der Zeit enzyklopädisch noch einmal zusammenzuführen, selbst ein Krisenphänomen sehen. Vgl. dazu Gumbrecht, Hans Ulrich: *Production of Presence. About the Silence Side of Meaning*. Stanford 2004 (forthcoming), Kapitel 2, wo u. a. am Beispiel der *Encyclopédie* die epistemologisch entscheidende Umstellung von einer Beobachtung erster Ordnung auf eine Beobachtung zweiter Ordnung, die um die Kontingenz der eigenen Wissensorganisation und -deutung weiß, nachgezeichnet wird. Zum Gesamtprojekt der *Encyclopédie* nach wie vor unübertroffen: Darnton, Robert: *The Business of Enlightenment. A Publishing History of the* Encyclopédie *1775–1800*. Cambridge MA, London 1979.

3 Foucault, Michel: *Die Ordnung der Dinge. Eine Archäologie der Humanwissenschaften* [1966]. Frankfurt/M. 1971, S. 252–260.

rücksichtigen: »Der Kronologie steht die Lehre von der Ortsbestimmung im Raum gegenüber – die allgemeine Topologie.« (II 576)

In diesem Zitat klingt die Alternative zu räumlich-topischen Wissensordnungen programmatisch an, und Novalis' fragmentarische Einwände gegen statische Wissensmodelle scheinen auf den ersten Blick tatsächlich nur ein weiterer Beleg für die vielgestaltige These zu sein, der Epochenumbruch ›um 1800‹ sei mit einer Temporalisierung des Wissens, der Semantik und der Gesellschaftsordnung einhergegangen.[4] Damit wird Novalis' Projekt als paradoxes Unterfangen kenntlich: Zum einen plant er eine universale Enzyklopädie. Zum anderen aber hinterfragt er deren genuine Grundlage, die stabile räumliche Topik der Rhetorik, insofern gilt: »Das Ziel von Topik ist enzyklopädische Ressourcenbildung [...]. Diese Memorialkunst ist die Voraussetzung aller wissenschaftlichen Enzyklopädik.«[5] Wenn Novalis eine ›verzeitlichte‹ Enzyklopädie entwirft, dann scheint er dieser nicht nur den Boden zu entziehen, auf dem sie steht, sondern eine Krise der rhetorischen Topik an sich einzuläuten. Es ist eine Krise, die beide Spielarten des Topik-Konzeptes betrifft: Nicht nur die logische Anordnung argumentativer Kategorien und Verknüpfungsregeln (Aristoteles), auch die Techniken der Stofffindung und seiner anschaulichen, räumlichen Ausgestaltung in *loci communes* (Cicero) stehen als gleichermaßen ahistorisches und statisches Gerüst in Frage.

Die Bedeutung der Topik für die Rhetorik der Wissenschaften hatte in der Nähe zwischen (rhetorischer) *inventio* und (wissenschaftlicher) *invention* gelegen.[6] Man könnte die Topik als Gelenkstelle zwischen einer ›neuen‹ Entdeckung und den ›alten‹ Strategien der Darstellung ansehen: Das festgelegte Set von Argumentationstopoi und Gemeinplätzen kompensiert die Unvertrautheit neuen Wissens dadurch, daß es dieses im altbekannten Gewand präsentiert. Es gibt also nichts wirklich radikal Neues, insofern die Repräsentation des Wissens stets der alten Topik folgt. Letztere ist dabei nicht zuletzt deshalb räumlich konzipiert, weil dem Raum alle Vergänglichkeit und Entwicklung fremd zu sein scheint. Gerade diese Suggestion einer Freiheit von der Zeit zeigt aber am deutlichsten, daß auch die Topik unter demjenigen ›Zeitdruck‹

---

4   Vgl. aus diskurshistorischer Sicht M. Foucault: *Die Ordnung der Dinge* (s. Anm. 3), S. 269 ff.; mit einem begriffsgeschichtlichen Ansatz Koselleck, Reinhart: »Das achtzehnte Jahrhundert als Beginn der Neuzeit«. In: Herzog, Reinhart/Koselleck, Reinhart (Hg.): *Epochenschwelle und Epochenbewußtsein*. München 1987, S. 269–282; sowie aus systemtheoretischer Perspektive Luhmann, Niklas: »Temporalisierung von Komplexität: Zur Semantik neuzeitlicher Zeitbegriffe«. In: ders.: *Gesellschaftsstruktur und Semantik. Studien zur Wissenssoziologie der modernen Gesellschaft Band 1*. Frankfurt/M. 1980, S. 235–300.

5   Schmidt-Biggemann, Wilhelm: »Was ist eine probable Argumentation?« In: Kopperschmidt, Josef (Hg.): *Rhetorische Anthropologie. Studien zum Homo Rhetoricus*. München 2000, S. 383–397, hier S. 389.

6   »From the rhetorical point of view, scientific discovery is properly described as invention.« Gross, Alan G.: *The Rhetoric of Science*. Cambridge MA, London 1990, S. 7.

entsteht, der nach Hans Blumenberg eine der grundlegenden Motivationen für die Rhetorik darstellt.[7]

Topik erfüllt als »argumentative Verwaltung von Wissensfülle«[8] eine gedächtnisökonomische Funktion. Sie stellt eine Struktur für reine Wissenssammlungen zur Verfügung – der Universalgeschichte, der Enzyklopädie und des Lexikons. Sie garantiert aber darüber hinaus den disziplinenspezifischen und argumentativen Einsatz des Wissens nach dem Prinzip der Analogie und der Suche nach Verwandtem oder Passendem. Neben Anordnen und Auffinden tritt also – zum ersten Mal explizit in Leibniz' *ars combinatoria*, die von bloßer Wissensspeicherung auf Wissensverwaltung umstellt – das Kombinieren als dritte topische Operation hinzu, und mit ihr ein temporalisiertes Schema: An die Stelle ahistorischer Verbindungsregeln tritt das *Stiften* von Analogien, die als gestiftete potentiell wieder aufhebbar, also vergänglich sind.[9] Argumentationen sind eine Praxis *in der* und *für eine* bestimmte Zeit. Der Topos als stabiles Rückgrat der Wissenschaftsrhetorik wird schwankend angesichts des Oxymorons eines ›neuen Topos‹.[10]

Novalis' programmatische Notizen scheinen diese Tendenz zur Krise weiterzutreiben und sich dabei geradezu paradigmatisch in den generellen Trend zur Verzeitlichung um 1800 einzureihen. Ich möchte diesen allzu evidenten Eindruck im folgenden ein wenig differenzieren und fragen, ob die programmatisch verkündete Verzeitlichung des Wissens bei Novalis und anderen tatsächlich zwangsläufig das ›Ende der Topik‹ – wenn nicht gar der Rhetorik überhaupt[11] – nach sich zieht. Wer mit dem Epochenkennzeichen ›um 1800‹ das Ende aller statischen Raumordnungen des Wissens behauptet, ist selbst auf nur einer Seite derjenigen Unterscheidung befangen, die er zu beobachten vorgibt. Vollzieht man hingegen die Perspektive des frühen 19. Jahrhunderts

---

7 Blumenberg, Hans: »Anthropologische Annäherung an die Rhetorik«. In: ders.: *Wirklichkeiten in denen wir leben. Aufsätze und eine Rede*. Stuttgart 1981, S.104–136.
8 W. Schmidt-Biggemann: »Was ist eine probable Argumentation?« (s. Anm. 5), S. 384.
9 Hierzu, wie zum topischen Zusammenspiel von ›Finden‹ und ›Erfinden‹, vgl. Schmidt-Biggemann, Wilhelm: *Topica Universalis. Eine Modellgeschichte humanistischer und barocker Wissenschaft*. Hamburg 1983.
10 Vgl. zu den generellen Aporien der Erfindung des Neuen den Beitrag von Ralf Klausnitzer in diesem Band sowie am Beispiel des Kunstsystems Groys, Boris: *Über das Neue. Versuch einer Kulturökonomie*. Frankfurt/M. 1999. Ich habe Torsten Hahn für diesen Hinweis sowie eine kritische Diskussion des vorliegenden Textes zu danken.
11 Vgl. Bender, John/Wellbery, David E. (Hg.): *The Ends of Rhetoric: History, Theory, Practice*. Stanford 1990, sowie den Beitrag von Friedrich Balke in diesem Band. Zur »Rhetoriktilgung« vgl. Campe, Rüdiger: *Affekt und Ausdruck. Zur Umwandlung der literarischen Rede im 17. und 18. Jahrhundert*. Tübingen 1990, S. 515 ff. Daß es sich dabei nicht selten um eine *rhetorica contra rhetoricam* handelt, zeigt Geitner, Ursula: *Die Sprache der Verstellung. Studien zum rhetorischen und anthropologischen Wissen im 17. und 18. Jahrhundert*. Tübingen 1992, S. 181.

auf Mobilität und Zukunftsgerichtetheit nicht einfach nach, sondern versucht sie zu beobachten, dann wird deutlich, daß auch die emphatische Betonung des temporalen Prinzips von Leben, Wissen und Denken einer, wiewohl invisibilisierten, Unterscheidung geschuldet ist. Novalis' Aufzeichnungen selbst geben ihr Kontur: Die »Eintheilung der Mechanik in Statik und *Bewegungslehre*« wird hier als »universell wissenschaftliche Eintheilung« (II 501) bezeichnet, also als Unterscheidung, mit deren Hilfe sich alle Wissensbereiche beobachten lassen.

Anstatt also die Unterscheidung zwischen Statik und Bewegung bereits entscheiden zu wollen, hat sich eine rhetorikgeschichtliche Rekonstruktion an das Problem zu halten, dessen Lösung die fragliche Umstellung dienen soll.[12] Dieses Problem ist nicht die Topik selbst, sondern die ihr korrespondierende Funktion: die Darstellung von Wissen. Wählt man diese Perspektive, dann erscheint die Bedrohung der rhetorisch-topischen Statik durch die moderne Dynamik geradezu als *Herausforderung* an die Rhetorik der Wissenschaften. Angesichts eines Darstellungsproblems scheint sie viel weniger ausgedient zu haben, als noch einmal in ihrer genuinen Funktion aufgerufen zu werden: Wissen zu vermitteln.

Anstelle die Verzeitlichung der Topik als ihr Ende zu betrachten, soll im folgenden daher der spezifische Umgang der Topik mit dem Programm der Verzeitlichung rekonstruiert werden. Im Zuge dieser Rekonstruktion hoffe ich außerdem, das allgemeine und abstrakte Theorem von der ›Temporalisierung‹ in mehrfacher Hinsicht veranschaulichen und hinsichtlich seiner konkreten Rolle in Wissensdiskursen konkretisieren zu können: Zum einen werde ich fragen, welche Beweggründe überhaupt für das Phänomen angegeben werden können, daß jahrhundertelang eingespielte Wissenssysteme mit einem Mal temporalisiert werden (II.). Zum anderen werde ich exemplarisch Novalis' Strategien nachzeichnen, mit deren Hilfe ›Zeitlichkeit‹ konkret in die Repräsentation von Wissen integriert werden kann (III.). Eine vergleichende Lektüre der Nachwirkung dieser Repräsentationsformen verzeitlichten Wissens von Goethes metereologische Studien (1821) bis zur modernen experimentellen Medizin bei Claude Bernard (1865) wird schließlich einen kursorischen Überblick über rhetorische Mittel erlauben, mit denen die Naturwissenschaften des 19. Jahrhunderts versuchen, ihre neuen Gegenstände unter Vermeidung der ›alten‹ Starre der Topik zu fassen (IV.).

Sind hierzu andere Topoi denkbar, die der neu gewonnenen Einsicht in die Zeitlichkeit allen Wissens angemessener sind als die herkömmlichen Bilder, indem sie deren Tendenz zur klischeeartigen Erstarrung vermeiden? Wenn Novalis seine »Enzyklopaedistik« in einem als »Liquidostatik und Liquidomechanik der Zukunft« (II 506) bestimmt, dann scheint hier ein solches neues

---

12 Rüdiger Campe hat diesen methodische Vorschlag dankenswerterweise auf den hier verhandelten Gegenstand zurückbezogen und mich darauf hingewiesen, daß die Unterscheidung zwischen Statik und Bewegung immer auch als Unterscheidung zwischen *Unterscheidung* und *Unterscheiden* zu betrachten ist.

Bildfeld vorzuliegen. Die Dichotomie von Statik und Dynamik wird umgriffen von der Metapher des ›Fließens‹, das im folgenden als exemplarische Metapher für die Untersuchung der Wissensorganisation einer »ächten Enzyklopaedistik« dienen wird. Wenn dabei gezeigt werden kann, daß die Verzeitlichung der Topik in eine neue *Topik der Verzeitlichung* mündet[13], so soll doch stets im Blick bleiben, daß die Unterscheidung von Statik und Bewegung oder von Ende und Kontinuität der Topik innerhalb der Wissensrepräsentation nicht ein für alle Mal entschieden werden kann, sondern gerade in dieser – immer auch rhetorisch generierten Spannung – die Organisation des Wissens sicherstellt.

## II. Medientheorie der Rhetorik: Der Wunsch nach lebendiger Analogie

Warum wird um 1800 gerade der Modus der Verzeitlichung so attraktiv? Die erwähnten theoretischen Modelle für die Umbruchzeit um 1800 führen eine Reihe von strukturellen Gründen für die Tendenz dieses Umbruchs zur Verzeitlichung der Wissensorganisation an: den Auftritt eines Subjekts des Wissens, das dieses kontingent und historisch werden läßt (Michel Foucault); die Umstellung der politischen Semantik auf »Erwartungsbegriffe«, die nicht mehr in gottgewollten politischen Ordnungen fundiert sind, sondern von den politisch Handelnden allererst umgesetzt werden müssen (Reinhart Koselleck); und die Notwendigkeit, angesichts der im Zeitalter des Buchdrucks ohne absehbares Ende anwachsenden Wissensbestände eine zusätzliche Dimension der Organisation dieses Wissens, die Zeitachse, bereitzustellen (Niklas Luhmann). Diese Gründe sind alle plausibel und lassen sich auch – mit Abstrichen – sinnvoll untereinander verbinden. Sie sind aber auch relativ formal und beschreiben das Phänomen der Temporalisierung um 1800 auf der allgemeinen Stufe der ›Episteme‹, der ›Gesellschaft‹ oder des ›Systems‹. Aus einer rhetorikgeschichtlichen Perspektive hingegen stellt sich die Frage nach den Ursachen und Konsequenzen der Verzeitlichung als konkretes Repräsentationsproblem: Welche Gegenstände der wissenschaftlichen Darstellung sind von

---

13 Die Beobachtung einer solchen *neuen* Topik darf jedoch nicht mit der Annahme einer *Kontinuität* des topischen Modells verwechselt werden. Obwohl gerade die *Rhetoric and Science*-Studies beanspruchen, mit dem Objektivitätspostulat des Wissens zu brechen, gehen sie dennoch von einer gleichsam objektiven Existenz und Persistenz des rhetorischen Modells selbst aus. Vgl. Prelli, Lawrence: *A Rhetoric of Science: Inventing Scientific Discourse*. Columbia 1989; A. G. Gross: »The Rhetoric of Science« (s. Anm. 6), S. 33–53; Harris, Randy Allen (Hg.): *Landmark Essays on Rhetoric of Science: Case Studies*. Mahwah 1997. Im Gegensatz dazu möchte ich zeigen, wie der Bruch mit der Vorstellung einer räumlichen Organisation die Topik selbst zu signifikanten Umstellungen zwingt, die weder mit ihrem Ende noch mit ihrer schlichten Kontinuität zu verwechseln sind. Vgl. zu diesem Vorgang einer ›Retopikalisierung‹ auch den Beitrag von Uwe Hebekus in diesem Band.

der Tendenz zur Temporalisierung betroffen und welche Modi der Darstellung dieser Gegenstände können den neuen Anforderungen gerecht werden?

Zunächst zur Frage, warum das statische System der Topik für die Darstellung des Wissens als unzulänglich erkannt wird. Wenden wir uns noch einmal Novalis zu, so finden wir hier ein Korrelat zur Suche nach Alternativen zu statischen Repräsentationsformen auf der Seite der Gegenstände des Wissens. Novalis benennt es, wenn er die Untersuchungsfelder und -methoden seiner Enzyklopädistik zusammenfaßt: »Wenn es eine Philosophie des Lebens gibt, so kann man auch nach einer Philologie, Mathematik – Poëtik, und Historie des Leben fragen.« (II 492) Als universelle Wissenschaftslehre versammelt die Enzyklopädistik das Wissen vom ›Leben‹, das seinerseits zur Referenz aller Wissensdisziplinen – auch vermeintlich anderweitig beschäftigter wie der Mathematik – wird. Und genau weil das enzyklopädische Wissen Wissen vom Leben – als dem Prinzip, das alle Phänomene umfaßt – sein soll, hat die Darstellung dieses Wissens – die Rhetorik der Wissenschaft vom Leben – sich an der Charakteristik ihres Gegenstandes zu orientieren. Das Leben ist als »Lebensproceß« (II 569) zu begreifen, als nicht in seine mechanischen Bestandteile zerlegbarer, »ununterbrochener Strom« (II 365). Entsprechend ist die Enzyklopädistik als »*Beobachtung der Zeitenergie* der Seele und des Körpers« eine »[p]hysiologische und psychologische *Zeitlehre*« (II 505).

Die Suche nach dem Lebensprinzip führt Novalis zufolge alle Wissenschaftsfelder dazu, ihr Wissensideal in beweglichen Modellen und Metaphern zu fassen: »So lebt eigentlich die Mechanik vom Perpetuo mobili [...]. So die Chymie mit dem Menstruo universali [...]. Der Mediziner [sucht] ein Lebenselexier.« (II 530) Das Paradigma dieser ›dynamischen‹ Perspektive auf das Wissen bezieht Novalis dabei aus der Chemie, der Lehre von den »Stoffmischungen – und *Stoffbewegungen*« (II 479). Die moderne Chemie, die gerade erst von Lavoisier in Frankreich zur experimentellen Wissenschaft entwickelt worden war, hatte das Vermögen der Alchimie, neue Stoffe hervorzubringen, bewahrt, es allerdings auf beobachtbare und reproduzierbare Regelmäßigkeiten zurückgeführt. Die Wechselwirkung zwischen Stoffen ist nun als ›Prozeß‹ begreifbar, als nach geradezu juristischer Gesetzmäßigkeit verlaufende Abfolge von Aggregats- und Mischungszuständen. Die Natur selbst erscheint in der Folge nicht mehr als ein Ensemble von statisch Seiendem, sondern im steten Werden begriffen. Und genau hierin gleicht es dem menschlichen Bewußtsein, das sich – Fichte zufolge – in der Folge seiner Akte stets auf's Neue selbst setzt. Das Leben als organische Autopoiese, die chemische Oxydation und der philosophisch-poetische Reflexionsvorgang können in der Frühromantik als Artikulationen *eines* fortwährend im Fluß befindlichen Ablaufs verstanden werden.

Daß das Wissen um 1800 nicht mehr in statischen Tableaus organisiert wird, scheint also zumindest auch daran zu liegen, daß eine solche statische Anordnung der Dynamik des Lebens, das zunehmend in den Fokus der Wissenschaften tritt, nicht zu entsprechen scheint. Damit ist eine erste Veranschaulichung des Verzeitlichungstheorems möglich: In der Rhetorik der Wissenschaften um 1800 wird eine Darstellungsform gesucht, die der Auffassung des Vitalen korrespondiert. Die Lebensvorgänge entziehen sich einer nach Kategorien geordneten Repräsentation und verlangen nach Abbildungen, die den stufenlosen Übergängen und »*gleitenden* Skalen«[14] des Lebens angemessen erscheinen. Dieser Gedanke hält im 19. Jahrhundert Einzug in philosophische Entwürfe und begleitet noch heute die Debatte um analoge und digitale Codierung: Während die eine die tatsächlichen Übergänge in der Natur bewahrt, unterteilt die andere diese durch unlautere Segmentierungen. Das leitet unmittelbar über zur zweiten Veranschaulichung des Verzeitlichungstheorems: Um 1800 entsteht ein neues Interesse, die Techniken der Repräsentation so umzustellen, daß die Repräsentation selbst Prozeßcharakter erhält.

Die Vorstellung eines solchen ›Interesses‹ an der Repräsentation liegt Hartmut Winklers Modell einer Mediengeschichte zugrunde, das ich hier in einem kurzen Exkurs heranziehen möchte. Winkler untersucht, wie die Hierarchiebildung verschiedener Medien von »Wunschkonstellationen« abhängt, die auf den Ausgleich eines bestimmten Defizits von Medien abzielt: die Arbitrarität ihres Zeichenmaterials.[15] Winkler beschreibt die Medienevolution als Krisengeschichte digitaler Medien, denen immer wieder analoge Modelle entgegengesetzt werden, die solange in Kraft sind, bis auch ihre Digitalität wieder eingesehen wird. Die Sprachkrise um 1900 sei ein Beispiel für die Einsicht in die »grundsätzliche Arbitrarität von Sprache«, die den Wunsch nach einer »Realaufzeichnung« bzw. nach einem »Sprechen ohne Sprache« wecke.[16]

> Am Grund der neuen medientechnischen Anordnung also liegt [...] das tiefverwurzelte Grauen vor der Arbitrarität. Als ein konstantes Motiv verbindet dieses Grauen die Sprachkrise mit der Kette ihrer medientechnischen Lösungen, und die Mediengeschichte insgesamt erscheint als eine Abfolge von Versuchen, auf das Problem der Arbitrarität eine technische Antwort zu finden.[17]

Mediengeschichte ist damit der Zyklus aus (1) der Etablierung eines neuen Mediums zur Überwindung der Arbitrariät des vorigen, (2) seiner Konventionalisierung und (3) der erneuten Einsicht in die Arbitrarität auch dieses Mediums. Winkler geht es dabei um die Konstante des Diskurses der Krise (nämlich Arbitrarität); hier soll die Konstante der programmatischen *Reaktion* auf diese Krise im Mittelpunkt stehen, die damit zugleich immer auch die diskursiv unterstellte Struktur des neuen Mediensets ist: dem Fluß des Lebens analog zu sein.[18]

---

14 Diesen Begriff hat Dietz Bering vorgeschlagen, um Nietzsches allen »durchweg stufig, also: ›digital‹ veschlüsselt[en]« Codierungen der Sprache entgegengesetztes Ideal des rhythmisch-tonalen Ausdrucks mit »*indivuelle[n] Feinnuancierungen*« beschreiben zu können. Bering, Dietz: »Nietzsches Rettung der Sprache aus dem Geiste der Musik«. In: *Deutsche Akademie für Sprache und Dichtung. Jahrbuch* (2001), S. 44–70, hier S. 60 bzw. S. 63.
15 Winkler, Hartmut: *Docuverse. Zur Medientheorie der Computer.* München 1997, S. 187 ff.
16 H. Winkler: *Docuverse* (s. Anm. 15), S. 200 ff.
17 H. Winkler: *Docuverse* (s. Anm. 15), S. 214.
18 Dieser Begriff ist hier nicht im Sinne Foucaults gemeint, für den Analogie das Prinzip der Wissensselektion vor dem klassischen Zeitalter darstellt, sondern im

Dieser Wunsch nach ›Analogie‹ verbindet die beiden erwähnten Veranschaulichungen des Verzeitlichungstheorems, die Prozessualität des Lebens und die seiner Repräsentation. Allerdings sind Zweifel an Winklers nahezu idealtypischer Unterscheidung zwischen der faktischen Arbitrarität und der imaginierten Differenzlosigkeit von Medienzeichen sowie ihrer trennscharfen Ablösung möglich. Es sind immer auch *medienimmanente* Lösungen für die Krisenerfahrung der Arbitrarität denkbar, etwa, um bei Winklers Beispiel zu bleiben, im Falle der durchaus ›beredten‹ Sprachkrise bei Hugo von Hofmannsthal.[19] Die Krise des Arbiträren und Statischen sowie der Wunsch nach Analogie und Zeitlichkeit implizieren also nicht notwendig einen Medienwechsel, sondern können durch Medienreflexion relativiert bzw. umgesetzt werden. Entsprechend mündet die Krise der statischen Topik nicht zwangsläufig in die ›Entrhetorisierung‹, sondern vermag, betrachtet man sie als Repräsentationsproblem, eine genuine »Rhetorik der Zeitlichkeit« zu entwickeln.[20] Sie allein

---

Sinne einer repräsentationslogischen Differenz zwischen digitaler (stufenweise segmentierender) und analoger (skalar einheitlicher) Codierung. Zum Analogiedenken bei Novalis vgl. J. Daiber: *Experimentalphysik des Geistes* (s. Anm. 1), S. 122–125.

19 Zeitlichkeit kann darüber hinaus auch als immanente Struktur des Zeichens betrachtet werden, insofern es immer den Umweg über das ›andere‹ des Dargestellten erfordert, also den Aufschub der unmittelbaren Präsenz des Dargestellten in allen Vermittlungsprozessen: Vgl. Derrida, Jacques: »Die différance« [1968]. In: ders.: *Randgänge der Philosophie*. Wien 1988, S. 29–52, hier bes. S. 39. Vgl. hierzu auch Wetzel, Michael: »Verweisungen. Der semiologische Bruch im 19. Jahrhundert«. In: Tholen, Georg C./Kittler, Friedrich A. (Hg.): *Arsenale der Seele*, München 1989, S. 71–96.Vgl. auch Luhmann, Niklas: »Zeichen als Form«, in: Bäcker, Dirk (Hg.): *Probleme der Form*. Frankfurt/M. 1993, S. 45–69. Daß die Kommunikation in der Romantik verzeitlicht wird, weil sich erst jetzt die Konsequenzen der Schriftkultur – die räumliche wie zeitliche Distanz zwischen den Interaktionspartnern – durchsetzen, behauptet Luhmann in *Die Gesellschaft der Gesellschaft*. Frankfurt/M. 1997, S. 300 f., entsprechend ders.: *Die Kunst der Gesellschaft*. Frankfurt/M. 1995, S. 461.

20 Überblicksartig lassen sich für die Frühromantik drei Strategien unterscheiden, mit deren Hilfe die Integration von Zeitlichkeit in ehemals topisch-statische Repräsentationsverhältnisse denkbar wird. Erstens die Figur der »Perfektibilität«, derzufolge Wissen nicht mehr im Rückgriff auf ein Arsenal abzurufender Positivitäten und Verknüpfungsregeln produziert, sondern als ›unerreichbar‹ und bloß ›aufgegeben‹ konzeptualisiert wird. Vgl. hierzu Frank, Manfred: *Das Problem Zeit in der deutschen Romantik. Zeitbewußtsein und Bewußtsein von Zeitlichkeit in der frühromantischen Philosophie und in Tiecks Dichtung*. Paderborn u. a. 1990, S. 19: »Wird das ›Leben‹ als ein ›Durch alles durchgehen und nichts *seyn*, nämlich nichts so seyn, daß es nicht auch anders seyn könnte‹ [Schelling] erfahren, so muß die Darstellung von Leben, in der Philosophie durch ihre genetische Methode, in der Kunst durch die Verzeitlichung des Stils und der Materie, dem Rechnung tragen.« Zweitens die Allegorie, mittels derer an die Stelle der klassischen Argumentationstopoi (Kausalität, Vergleich, Definition etc.) eine Sprache tritt, die gerade im Vermeiden einer direkten Repräsentation (*állon agoreín*) etwas jenseits des logisch-kausalen Erklärungshorizonts Liegendes anzudeuten vermag. Vgl. de Man, Paul, »Rhetorik der Zeitlichkeit«, in: ders.: *Die Ideologie des Ästhetischen*. Frank-

scheint dem ›Wunsch‹ nach einer dem Fluß des Lebens analogen Darstellung dieses Lebens gerecht zu werden.

## III. Analoge Allegorien: Novalis' elastisches Medium der Prozessualität

> Auf alles, was der Mensch vornimmt, muß er seine *ungetheilte* Aufmerksamkeit oder sein Ich richten, sagte endlich der Eine, und wenn er dies gethan hat, so entstehn bald Gedanken, oder eine neue Art von Wahrnehmungen, die nichts als zarte Bewegungen eines färbenden oder klappernden Stifts, oder wunderliche Zusammenziehungen und Figurationen einer elastischen Flüssigkeit zu seyn scheinen, auf eine wunderbare Weise in ihm. Sie verbreiten sich von dem Punkte, wo er den Eindruck fest stach, nach allen Seiten mit lebendiger Beweglichkeit, und nehmen sein Ich mit fort. Er kann dieses Spiel oft gleich wieder vernichten, indem er seine Aufmerksamkeit wieder theilt oder nach Willkühr herumschweifen lässt, denn sie scheinen nichts als Strahlen und Wirkungen, die jenes Ich nach allen Seiten zu in jenem elastischen Medium erregt, oder seine Brechungen in demselben, oder überhaupt ein seltsames Spiel der Wellen dieses Meers mit der starren Aufmerksamkeit zu seyn. (I 219 f.)[21]

In dieser Passage aus Novalis' Roman *Die Lehrlinge zu Saïs* artikuliert sich die Utopie einer ganzheitlichen Erkenntnisweise, die den Vermittlungsprozeß zwischen dem Akt der Wahrnehmung und seiner Transformation in Wissen als einen unteilbaren Vorgang präsentiert: Sinnesdaten werden im ›elastischen Medium‹ der Seele nicht kategorial zugeordnet, sondern so mannigfach untereinander bezogen, wie dies im ›Fluß‹ der Natur, der sie entstammen, ebenfalls der Fall ist. ›Elastizität‹ ist dabei weniger eine unscharfe Metapher als eine direkte Referenz auf den naturwissenschaftlichen Diskurs: In seinem *Traité*

---

furt/M. 1993, S. 83–130, der den temporalisierenden Einsatz der Allegorie gegenüber der Einheitssuggestion des Symbols in der englischen Romantik beschreibt. Drittens ein Kunst- und Wissenschaftsideal, das versucht an die Stelle feststehender ästhetischer Gattungen bzw. Disziplinen ein Programm der Übergänge – »Universalpoesie,« »Symphilosophie« – treten zu lassen. Die Schriften Schellings und Novalis' sind Beispiele für die Anknüpfung an naturphilosophische und organologische Denkmodelle, die die Evolutionsdynamik und Verschmelzungstendenz organischer Prozesse nicht nur als philosophische und ästhetische Modelle benutzen, sondern vielmehr Denken und Kunst in eben derselben organischen Prozessualität verfaßt sehen. Die Metapher vom Prozeß als naturwissenschaftlicher, juristischer und produktionsästhetischer Kategorie des ›Verfahrens‹ fungiert dabei geradezu als interdisziplinäre Drehscheibe (s. Anm. 25). Dieses Moment der Vermittlung zwischen Wissenschaften hat selbst den grenzüberschreitenden Gestus, den das Analogiepostulat einfordert: Anstatt ›kategorisch‹ innerhalb der eigenen Disziplin zu verharren, scheint es dem prozessualen Charakter des Lebens angemessener zu sein, die Übergänge zwischen den Kategorien und Disziplinen zu markieren und nachzuvollziehen.

21 Vgl. zum Bild der Natur als fluktuierendem Ganzen den Beginn des Kapitels, I 205 ff.

*élémentaire du chimie* von 1789 hatte Lavoisier die Elastizität als Aggregatzustand zwischen flüssig und fest eingeführt und ihr dabei genau diejenige Systemstelle des Übergangs zugesprochen, die Novalis für sein Naturverständnis fruchtbar zu machen bemüht ist.[22]

Entsprechend findet sich die zitierte Passage unter der Überschrift »Die Natur«, deren steter Wandlungsprozeß sich Novalis zufolge jeder Kategorisierung widersetzt:

> Ueberall scheint die Natur ganz gegenwärtig. In der Flamme eines Lichts sind alle Naturkräfte thätig, und so repräsentirt und verwandelt sie sich überall und unaufhörlich, treibt Blätter, Blüten und Früchte zusammen, und ist mitten in der Zeit gegenwärtig, vergangen und zukünftig zugleich. (I 225)

Dieser immanenten Wandelbarkeit der Natur hat eine entsprechende Haltung des Naturbeobachter zu entsprechen. Novalis nennt zwei mögliche Zugangsweisen, die genau den beiden eingangs unterschiedenen Modi der Wissensorganisation – Topographie und Chronologie – entsprechen:

> Glaubst du nicht, daß es gerade die gut ausgeführten Systeme seyn werden, aus denen der künftige Geograph der Natur die Data zu einer großen Naturkarte nimmt? Sie wird er vergleichen, und diese Vergleichung wird uns das sonderbare Land erst kennen lehren. Die Erkenntniß der Natur wird aber noch himmelweit von ihrer Auslegung verschieden seyn. Der eigentliche Chiffrirer wird vielleicht dahin kommen, mehrere Naturkräfte zugleich zu Hervorbringung herrlicher und nützlicher Erscheinungen in Bewegung zu setzten, er wird auf der Natur, wie auf einem großen Instrument fantasiren können, und doch wird er die Natur nicht verstehn. Dies ist die Gabe des Naturhistorikers, des Zeitensehers, der vertraut mit der Geschichte der Natur, und bekannt mit der Welt, diesem höchsten Schauplatz der Naturgeschichte, ihre Bedeutung wahrnimmt und weißagend verkündigt. (I 222)

Anstelle der topographischen Karte ist es die Projektion der Natur auf eine Zeitachse, die ihre Wesenheit erschließt.[23] Nur als »Zeitenseher[...]« gelingt dem Naturforscher die Einsicht in die Prozessualität natürlicher Vorgänge.

An dieser Stelle kristallisiert sich in der Rhetorik der Wissenschaften von der Natur eine neue Topik heraus, die der Verzeitlichungstendenz gerecht

---

22 Lavoisier, Antoine Laurent: *Traité élémantaire du chimie, présenté dans un ordre nouveau et d'après les découvertes modernes* (= Annales de chimie, Bd. 1). Paris 1789, Bd. 1, Kap. I.1. Lavoisier war es auch gewesen, der 1779 als erster die chemische Substanz Wasser gespalten und Wasserstoff isoliert hatte. Caroline Welsh hat Novalis' »elastische Flüssigkeit« zudem mit Samuel Thomas Soemmerings Annahme einer Hirnflüssigkeit, die als Seelenorgan zwischen Körper und Geist vermittle, in Verbindung gebracht: Welsh, Caroline: »Die Physiologie der Einbildungskraft um 1800. Zum Verhältnis zwischen Physiologie und Autonomieästhetik bei Tieck und Novalis«. In: Bergengrün, Maximilian/Borgards, Roland/Lehmann, Johannes Friedrich (Hg.): *Die Grenzen des Menschen. Anthropologie und Ästhetik um 1800*. Würzburg 2001, S. 113–134, hier bes. S. 125.
23 Entsprechend wird auch bei M. Foucault: *Die Ordnung der Dinge* (s. Anm. 3), S. 279–287 die Naturgeschichte (Linné, Buffon, Lamarck) zu einem der paradigmatischen Felder, auf denen die Grenzen der taxinomischen Klassifikation deutlich werden. Die Problematik der Darstellung von Übergängen diskutiert Foucault am Beispiel der ›Monstren‹ (ebd., S. 195–203).

werden kann. Die Rede von der lebendigen Natur erfordert eine argumentative Figur und ein begriffliches Inventar, das diese Lebendigkeit abzubilden vermag. Diese argumentativen Kategorien sind die des ›Übergangs‹ und der ›Historizität‹. Existiert nun auch ein Vorrat an Bildern, der dieses Argumentationsschema zu veranschaulichen vermag? Die zentrale Metapher innerhalb des Topos von der lebendigen Natur geschichtlicher Übergänge ist bei Novalis das Wasser:

> Nicht unwahr haben alte Weise im Wasser den Ursprung der Dinge gesucht, und wahrlich sie haben von einem höhern Wasser, als dem Meer- und Quellwasser gesprochen. In jenem offenbaret sich nur das Urflüssige [...]. Wie wenige haben sich noch in die Geheimnisse des Flüssigen vertieft und manchem ist diese Ahndung des höchsten Genusses und Lebens wohl nie in der trunkenen Seele aufgegangen. Im Durste offenbaret sich diese Weltseele, diese gewaltige Sehnsucht nach dem Zerfließen. Die Berauschten fühlen nur zu gut diese überirdische Wonne des Flüssigen, und am Ende sind alle angenehme Empfindungen in uns mannichfache Zerfließungen, Regungen jener Urgewässer in uns. (I 228)

Den ›Fluß‹ des Lebens durch Wasser-Metaphern abzubilden ist keine Erfindung von Novalis, und das Modell kann hier auch nicht in Gänze ausdifferenziert werden.[24] Worum es im vorliegenden Zusammenhang geht, ist exemplarisch vorzuführen, wie die temporalisierte Wahrnehmung der Welt hier in einen neuen Topos mündet, der dieser Verzeitlichung gerecht zu werden beansprucht, dabei aber auch weitaus konkretere rhetorische Figuren und semantische Assoziationen enthält, als das allgemeine Verzeitlichungs-Konzept. ›Wasser‹ und ›Flüssigkeit‹ sind nicht nur Metaphern, sondern zugleich tatsächliche chemische Moleküle bzw. Aggregatzustände. Novalis betont die »Beziehung der Chymie auf *Flüssigkeit*« (II 667), auf der der zentrale Vorgang der Chemie, die Verbrennung, beruht. Er bezeichnet das Wasser sowohl als »Resultat einer Verbrennung« (II 453) wie auch selbst als »*nasse Flamme*« (II 703), insofern es katalytische Wirkung auf chemische Reaktionen hat. Flamme und Wasser sind die Basiskomponenten der Naturvorgänge »Assimilationsproceß – Verbindungs – Generationsproceß« (II 453). Dieser Prozeß-Begriff ist es, der bei Novalis zur zentralen Gelenkstelle und in der Folge zum zentralen Topos einer Wissenschaftsrhetorik wird, die um die Notwendigkeit einer »[e]lastische[n] Art zu denken« weiß.

›Prozeß‹ ist zum einen selbst eine Metapher, die den ›Fluß‹ der Natur – als »universellen Lebensproceß« – und des individuellen Lebens beschreibt: »Alles Leben ist ein überschwänglicher Erneuerungsproceß« (II 345). Zum anderen veranschaulicht der Begriff ›Proceß‹ die ›fließenden‹ Übergänge zwischen den unterschiedlichen Wissensfeldern[25], die alle in das Projekt einer transka-

---

24 Vgl. zum Grundsatz »*corpora non agunt nisi fluida*« J. Daiber: *Experimentalphysik des Geistes* (s. Anm. 1), S. 247, zur »Fluidität« im späten 18. Jahrhundert außerdem Koschorke, Albrecht: *Körperströme und Schriftverkehr. Mediologie des 18. Jahrhunderts.* München 1999, hier mit weiteren Nachweisen bes. S. 133.

25 Vgl. die umfassende Rekonstruktion des Begriffsfeldes bei Röttgers, Kurt: Artikel »Prozeß«, in: *Historisches Wörterbuch der Philosophie*, Bd. 8, S. 1543–1558. Vgl.

tegorialen romantischen ›Symphilosophie‹ gehören: ›Prozeß‹ ist ein juristischer (als »*Generationsprocess des Urtheils*«, II 507; vgl. II 784) und historischer (»Der Process der Geschichte ist ein Verbrennen«, II 506) Begriff, der zugleich die Vorgänge in der Natur aus der Perspektive der Chemie (»Electricitaet, Magnetism, Galvanism scheinen mir jezt allerdings gleichsam allgemeine, abstracte Formeln der mannichfaltigen chemischen Processe der Natur zu seyn«, II 844) kennzeichnet und schließlich als »Lebensproceß« (II 569) auf die Biologie übertragbar wird. Die Natur ist ein chemisch-organischer Großversuch, ein steter Verlauf ohne Kategorien und Haltepunkte: »Jeder chymische, oder mathematische oder mechanische oder philosophische Prozess ist aus mehreren Processen zusammengesetzt.« (II 669)

Die Rede von der Natur und vom Leben provoziert bei Novalis ebensosehr eine Kritik topischer Wissensorganisation, wie sie einen neuen Topos – die Prozessualität aller Naturvorgänge – etabliert, den sie mit Hilfe von Wasser- und Flußmetaphern ausgestaltet. Auf diese Weise wird ›Verzeitlichung‹ thematisch in Texten auffindbar. Die Frage – und gleichzeitig auch das Forschungsprojekt der Lehrlinge – ist nun jedoch, ob diese prozessuale Seinsweise der Natur selbst zur Textform werden kann. Eine Naturwissenschaft, die der Wahrnehmung der Natur als »Steinwelt« (I 224) entgegenwirken will, muß selbst ›fließend‹, prozessual und integrativ verfaßt sein. Die Lehrlinge sind auf der Suche nach einer »heilige[n] Sprache« (II 230), die anders als die gegenwärtige unmittelbare Kunde vom Naturprozeß zu geben vermag. Diese Sprache darf ihrerseits nicht segmentierend verfahren. Sie muß, wie die Sprache des »Urvolkes«, »Gesang« sein, weil es dessen Modulationen eignet, dem Strom des Lebens zu entsprechen.

---

zum prozeßhaften Übergang als Paradigma von Novalis' Experimenbegriff J. Daiber: *Experimentalphysik des Geistes* (s. Anm. 1), S. 136f sowie II 478: »Die Chymie ist die Stoffkunst/Unisono /, die Mechanik die Bewegungskunst/Dissono /. Die *Physik*/Synthesis./die verbündete Chymie und Mechanik (Harmonie) die Lebenskunst«. Im weiteren Verlauf des 19. Jahrhunderts heften sich an die Prozeß-Figur zunehmend Authentizitätspostulate, die nicht zuletzt an die Bewegung des Körpers gebunden werden. Dieses Modell, authentische Kommunikation an den ›Schwung‹ der Körpergestik zu heften, macht dann in lebensphilosophischen Konzepten bei Nietzsche und Bergson Karriere. Im Anschluß daran hat sich wissenschaftssprachlich der Prozeß-Term durch Alfred N. Whiteheads kosmologischen Entwurf *Process and Reality* (1929) etabliert, der den physisch-organischen »Fluß der Dinge« (*Prozeß und Realität. Entwurf einer Kosmologie*. Frankfurt/M. 1979, S. 386), ihr zukunftsgerichtetes Wirklich-Werden, an die Stelle eines logischen Erfassens ihres ›Seins‹ setzt. Whiteheads Denken der Komplementarität von singulärem Ereignis und prozessualen Strömen hat auch auf Gilles Deleuzes Philosophie gewirkt. Als vergleichsweise aktuelles Beispiel für einen Diskurs, der dichterische und naturwissenschaftliche ›Prozesse‹ engführt, vgl. Richartz, Walter E.: »Literatur-Chemie, Versuch Nr. 1«. In: ders.: *Vorwärts ins Paradies. Aufsätze zur Literatur und Wissenschaft*. Zürich 1979, S. 194–211, hier bes. S. 198: »Chemie und Literatur als das Prozeßhafte, immer oszillierend, nie zufrieden, fortwährende Disproportionierungen, Umlagerungen, Metathesen, vielleicht mehrfach geänderte Manuskripte.«

Zu dieser für die Sprachursprungsdebatten der Zeit üblichen rückwärtsgewandten Utopie einer reinen Sprache nennt Novalis ein zeitgenössisches Analogon. »Nur Dichter sollten mit dem Flüssigen umgehn«, heißt es in den *Lehrlingen* (II 228 f.), und an August Wilhelm Schlegel schreibt Novalis im Jahr ihrer Entstehung entsprechend:

> Sie [sc. die zur Poesie erweiterte Prosa] tritt reich geschmückt und mit Überfluß auf – und das höhere Feuer, was sie durchdringt, verräth sich durch die *fließende* Cohaesion ihrer Glieder – Sie ist *ein Strom.* [Absatz] Anders die Poesie. Sie ist von Natur Flüssig – allbildsam – und unbeschränkt – Jeder Reitz bewegt sie nach allen Seiten – Sie ist Element des Geistes – ein ewig stilles Meer, das sich nur auf der Oberfläche in tausend willkürliche Wellen bricht. [...] Sie wird gleichsam ein organisches Wesen – dessen ganzer Bau seine Entstehung aus dem Flüssigen, seine ursprünglich elastische Natur, seine Unbeschränktheit, seine Allfähigkeit verräth. (I 656 f.)

Die Frage, vermittels welchen Vermögens die menschliche Seele die Natur in sich aufzunehmen vermag, ist hier beantwortet: Das ›elastische Medium‹ der Naturwahrnehmung ist die Poesie selbst, ein Vermögen der Sprache, sich unabhängig von semiotischen Fixierungen und oberflächlichen Segmentierungen eine allgemeine Beziehbarkeit und Ganzheitlichkeit zu bewahren und damit das Wesen der Natur – ihr Fließendes – zumindest strukturell abbilden zu können.[26]

»Nichts ist *poëtischer*, als alle *Übergänge* und heterogène Mischungen.« (II 784)[27] Diese scheinbar kunstautonome frühromantische Maxime wurzelt auf genuin naturwissenschaftlichen Einsichten und Topiken. Ihre Umsetzung in Poesie ist auf ein Medium der Repräsentation angewiesen, das selbst so prozessual ist wie die Natur, deren Evokation es dient:

> Die *idealischen repraesentativen Elemente* sind die *Zeichen* – die Zeichen sind also ebenfalls *Materiell.* Die Ordnung der Zeichen muß also der Ordnung der Elementarthätigkeiten – so wie die Zeichen diesen Elementen selbst – *analogice* (allegorisch) entsprechen. Die Urthätigkeit wird durch *einen Begriff von sich selbst* elementarisirt. (II 469)

Das ist ein sprechender Beleg dafür, daß die Reflexion auf die Materialität der Sprachzeichen auch im *Aufschreibesystem 1800* stattfindet, dabei aber keineswegs dem Unmittelbarkeitsbestreben der Zeit widersprechen muß. Im Gegenteil: Unmittelbar analoge Repräsentation gelingt gerade, *wenn* man die materielle Beschaffenheit eines ganz und gar arbiträren – allegorischen – Zeichens reflektiert. Allegorische Zeichenmaterialität und analoge »Selbstabbildung« (I 205) des Flüssigen der Natur schließen einander nicht aus. Die »ächte Enzyklopaedistik« ist in letzter Konsequenz: »*Analogistik*« (II 556).

---

26 Vgl. zu diesem grundsätzlichen Lösungsversuch der Frühromantik Hamacher, Werner: »Der Satz der Gattung. Friedrich Schlegels poetologische Umsetzung von Fichtes unbedingtem Grundsatz«. In: *Modern Language Notes* 95 (1980), S. 1115–1180.

27 Vgl. auch die Rhetorik von Trope, Mischung und Übergang II 654, II 671 oder II 678.

## IV. Wolken und Wasser: Die Topik lebendiger Übergänge

Die Analyse der Strategien zur Vermittlung eines lebendigen Naturbildes bei Novalis rückt die Frage, ob eine derartige Rhetorik des Lebens als Ende der Rhetorik zu betrachten ist, in ein neues Licht. Es ist deutlich geworden, daß diese Frage nicht von außen an die Rhetorik herangetragen werden kann, sondern sich im Innern der Rhetorik selbst stellt: Denn mit wie viel Recht man behaupten kann, die unmittelbare Dynamik des Lebens entziehe sich der formalisierten Schematik eines präskriptiven Regelwerks, so sehr ist auch zu beachten, daß die genuinen Epitheta dieser Lebensdynamik – die Affekte, das Pathos und die physiologische Erregung – selbst rhetorisch evozierte Phänomene sind. Ist die Rhetorik also das *Ende* oder die *Möglichkeitsbedingung* emphatischen Ausdrucks? Gelingt die Repräsentation der prozessualen Übergänge von Natur und Leben *gerade mit* oder *nur ohne* Rhetorik? Man wird das Unsichtbarwerden der Rhetorik nach 1800 auch auf ihre zunehmende Verinnerlichung zurückführen müssen, durch die sie zur Organisation noch des emphatisch als rhetorikunabhängig bezeichneten Lebens werden kann.[28]

Im Zuge dieser Verinnerlichung der Rhetorik kann sich auch diejenige neue Topik ausbilden, die durch den epistemologischen Trend der Verzeitlichung weniger aufgelöst wird, als daß sie vielmehr selbst die Topik eben dieser Verzeitlichung darstellt. Die These, die ich bislang an Novalis entwickelt habe und die ich abschließend noch mit Hilfe zumindest zweier weiterer kurzer Beispiele aus der Wissenschaftsgeschichte des 19. Jahrhunderts festigen möchte, um sie immerhin ansatzweise generalisieren zu können, lautet: Wer seit dem Ende des 18. Jahrhunderts Wissen von der Natur im allgemeinen und vom Leben im besonderen darzustellen beabsichtigt, bedient den Topos der Prozessualität, insofern er das Argumentationsschema des ›Übergangs‹ und das Bildfeld des ›Wassers‹ aufruft. Anstatt also im Angriff der Temporalisierung unterzugehen, vermag das topische System – verstanden als Organisationsstruktur und -konvention von Kommunikation – selbst auf die neue epistemologische Situation zu reagieren. Daß es sich dabei in das Paradox der ›Ordnung des Ordnungsfliehenden‹, der ›Systematik des Systemlosen‹, wenn nicht der ›Verräumlichung der Enträumlichung‹ verwickelt, ist weniger Gegenbeleg, als genuines Programm der frühromantischen Revolution des wissenschaftlichen Denkens.

Diesen revolutionären Anspruch hat die Frühromantik bekanntlich nicht durchsetzen können. Wohl aber steht sie am Anfang der vollständigen Umstellung von ›Sein‹ auf ›Werden‹, wie man sie im Diskurs der Wissenschaften vom Leben im Laufe des 19. Jahrhunderts weiterverfolgen kann. Darwins Evolutionstheorie bildet so etwas wie den epistemologischen Gipfel dieser Umstellung, und nicht etwa zufällig, sondern rhetorisch konsistent führt sie

---

28 Vgl. hierzu sehr überzeugend Stingelin, Martin/Thüring, Hubert: »Poetik und Rhetorik der Affekte. Lichtenberg – Leopardi – Nietzsche«. In: *Colloquium Helveticum* 30 (1999): »Poetik & Rhetorik«, hg. von Christina Vogel und Roger W. Müller Farguell, Bern 1999, S. 127–174, hier bes. S. 162.

die Entstehung des Lebens, das nun eben *entsteht* und nicht mehr ›Geschöpf‹ ist, auf das Wasser – und nicht mehr auf den transzendentalen Topos, Gott – zurück. So, wie man vormals erklären mußte, wie etwas in der stabilen Ordnung des Seins ›werden‹ könne, wird es fortan zunehmend zum epistemologischen Problem zu erklären, wie etwas überhaupt jenseits seines steten Werdens als ›Sein‹ verstanden werden kann.[29]

Es kommt aber darauf an, diese Unterscheidung stets als Unterscheidung weiterzubetrachten. Nur vor der Folie des kategorialen Denkens macht die Propagierung des Topos ›Prozessualität‹ überhaupt Sinn. Das verdeutlicht mein erstes Beispiel: 1820 stellt Johann Wolfgang Goethe in Karlsbad Witterungsstudien an und stützt sich in diesem bisher so ungewissen Wissensfeld auf die Wolkenlehre des englischen Meteorologen Luke Howard. Dieser hatte 1803 eine Schrift mit dem Titel *On the Modification of Clouds, and on the Principles of their Production, Suspension and Destruction* veröffentlicht, die Goethe 1815 kennenlernte.[30] Was Goethe so sehr an Howards Arbeit faszinierte, war, daß dieser die scheinbar diffuse und willkürliche Gestalt der verschiedenen Wolkenformationen in ein Klassifikationssystem gebracht hatte. Goethe widmet »Howard's Ehrengedächtnis« vier Gedichte, die den Namen der vier Hauptformen – »*Stratus*«, »*Kumulus*«, »*Zirrus*«, »*Nimbus*« – tragen, und stellt ihnen ein weiteres mit dem Titel »Atmosphäre« voran, das wie folgt schließt:

> Dich im Unendlichen zu finden
> Mußt unterscheiden und dann verbinden
> Drum danket mein beflügelt Lied
> Dem Manne der Wolken unterschied.[31]

Daß es Goethe nicht nur um die Übernahme eines starren Kategoriensystems geht, klingt hier an. Die Dialektik von »unterscheiden und dann verbinden« erinnert daran, daß die Klassifizierungsversuche immer auf ein dynamisches, ›unendliches‹ Ganzes der Natur angewandt werden und diesem nach Möglichkeit zu entsprechen haben. In der Folge hält sich Goethe in seiner eigenen

---

29 Zur Narrativität von *The Origin of Species* vgl. Beer, Gilian: *Darwin's Plots. Evolutionary Narrative in Darwin, George Eliot and Nineteenth-Century Fiction*, London 1983; zur rhetorischen Anlage von Darwins Argumentation A. G. Gross: *The Rhetoric of Science* (s. Anm. 6), S. 144–159.
30 Vgl. den Herausgeberbericht in Goethe, Johann Wolfgang: *Schriften zur allgemeinen Naturlehre, Geologie und Mineralogie*, hg. von Wolf von Engelhard und Manfred Wenzel (= *Sämtliche Werke, Briefe, Tagebücher und Gespräche*, I. Abteilung, Bd. 25), Frankfurt/M. 1989, S. 1021 ff. Zu Goethes Wolkenlehre vgl. Schöne, Albrecht: »Über Goethes Wolkenlehre«. In: Borck, Karl Heinz/Henss, Rudolf (Hg.): *Der Berliner Germanistentag 1968: Vorträge und Berichte*. Heidelberg 1970, S. 24–41; zu den entsprechenden Gedichten Keller, Werner: »›Die antwortenden Gegenbilder‹. Eine Studie zu Goethes Wolkendichtung.« In: *Jahrbuch des freien deutschen Hochstift* 1968, S. 191–236. Zu Howard vgl. jetzt aktuell: Hamblyn, Richard: *»Die Erfindung der Wolken«. Wie ein englischer Apotheker die moderne Wettervorhersage begründete*. Frankfurt/M. 2001.
31 Goethe, Johann Wolfgang: »Atmosphäre«, in ders.: *Schriften zur allgemeinen Naturlehre* (s. Anm. 30), S. 237.

empirischen Studie »Wolkengestalt nach Howard« von 1820 auch nur zum Teil an Howards Systematik. Der Text ist der Bericht einer experimentellen »Anwendung« von Howards Kategorien auf seine eigene »fünfwöchentliche Beobachtung«[32] der Witterung in Karlsbad. Er folgt Howard in der Zuordnung der Wolkentypen zu den »drei Luft-Regionen, die obere, mittlere und untere, welcher man die vierte, die unterste noch hinzufügen kann«, und beschreibt ihre Formung als Resultat der Relation aus Luftfeuchtigkeit und Temperatur in jeder dieser Schichten.[33] Zugleich betont er jedoch einleitend:

> Ich mußte daher bei meiner alten Art verbleiben, die mich nötigt alle Naturphänomene in einer gewissen Folge der Entwickelung zu betrachten und die Übergänge vor und rückwärts aufmerksam zu begleiten. Denn dadurch gelangte ich ganz allein zur lebendigen Übersicht, aus welcher ein Begriff sich bildet, der sodann in aufsteigender Linie der Idee begegnen wird. (GW 216)

Insofern es ihm um eine »lebendige Übersicht« geht, stellt Goethe den Kategorien die Markierung der Übergänge *zwischen* ihnen an die Seite:

> Steigt nun der Kumulus, so wird er von der obern Luft ergriffen, die ihn auflöst und in die Region des Zirrus überführt, senkt er sich, so wird er schwerer, grauer, unempfänglicher dem Lichte, er ruht auf einer horizontalen, gestreckten Wolkenbase und verwandelt sich unten in Stratus. (GW 220)

Howard hatte solche »Zwischen-Erscheinungen« einfach durch Kombination seiner Klassifikationsnamen angedeutet (Kumulus-Zirrus, Kumulus-Stratus etc.). Für Goethe hingegen stellt sich hier das entscheidende Problem wissenschaftlicher Terminologie. So sehr er die ökonomische und kommunikative Leistung einer »entschiedene[n] lakonische[n] Terminologie, wodurch die Gegenstande gestempelt werden« schätzt, so wenig glaubt er damit ein Bild der lebendigen Natur geben zu können,

> weil die Mannigfaltigkeit so groß ist daß solche zu bestimmen keine Terminologie vermag und nur die Einbildungskraft mehr verwirrt als ihr nachzuhelfen. Wie man das gar oft bei meteorologischen Tabellen fühlt, bei denen eine Kolumne für die Wolkengestaltung angebracht ist. Der Einsichtige, dem es um Anschauung und nicht um Worte zu tun ist, wird die Schwierigkeit in der Praxis selbst gar leicht entdecken. (GW 233)

---

32 Goethe an Herzog Carl August am 13. August 1820; zitiert nach Goethe: *Schriften zur allgemeinen Naturlehre* (s. Anm. 30), S. 1046. Goethes Konzept des Experiments, das er in seinem Aufsatz »Der Versuch als Vermittler von Objekt und Subjekt« von 1793 (ebd., S. 26–36) niedergelegt hat, ist hierbei insofern von Interesse, als er als Charakteristikum des naturwissenschaftlichen Versuchs neben der Wiederholbarkeit besonders die »Vermannigfaltigung« (S. 33), das heißt die Probe auf alle ›Nachbarphänomene‹, betont. Gegen »*isolierte Versuche*« (S. 35) und mit Blick auf die Übergänge der Versuchsergebnisse in benachbarte Bereiche betont Goethe die Bedeutung des Subjektiven für die Versuchsanordnung und -auswertung.
33 Goethe, Johann Wolfgang: »Wolkengestalt nach Howard«. In: ders.: *Schriften zur allgemeinen Naturlehre* (s. Anm. 30), S. 214–234, hier S. 231. Alle Zitate aus diesem Text werden im folgenden im laufenden Text unter Angabe der Sigle GW und der Seitenzahl nachgewiesen

Der Versuch, lebendige Natur in Begriffe zu fassen, orientiert sich auch hier am Bildfeld des ›fließenden‹ Übergangs. Wolken sind als kondensiertes Wasser ein Paradebeispiel – und damit auch eine poetische Metapher – für den dauernden Übergang, Fluß und die Unbestimmbarkeit der Natur. Ihre sprichwörtliche Formlosigkeit macht sie zum idealen Beispielfall für das Dilemma zwischen der Notwendigkeit topischer Kategorien und ihrer Auflösung in der Zeit.

Ich kann hier nur andeuten, daß dieses Dilemma die Wissenschaftsrhetorik bis weit ins 20. Jahrhundert hinein umtreibt und vor allem in Anschluß an Nietzsches emphatisch auf das ›Werden‹ setzender Lebensphilosophie und Bergsons nicht minder emphatischer Absage an die Gültigkeit kategorialer Rasterungen angesichts des *élan* des Lebens zu prozessualen kosmologischen Modellen (Alfred N. Whitehead), Entrationalisierungsversuchen des Wissenschaftsdiskurses (Paul Feyerabend) und Konzeptualisierungen transversaler schizoider ›Ströme‹ (Gilles Deleuze/Félix Guattari) geführt hat. Was ich dagegen abschließend demonstrieren will, ist, wie die Topik der Verzeitlichung noch eine scheinbar sowohl ›nachromantische‹ wie ›außerrhetorische‹ Wissenschaftstradition affiziert, den Positivismus nämlich, wenn dieser sich denn dem Phänomen des Lebens widmet.

Ein Beispiel für diesen Sachverhalt stellt Claude Bernards *Introduction à l'étude de la médicine expérimentale* von 1865 dar. Bernard bezieht in dieser für die moderne, ›wissenschaftliche‹ Medizin bahnbrechenden Schrift Position zwischen einem emphatischen Vitalismus, der die Meinung vertritt, Lebensphänomene entzögen sich durch ihre konstitutive Unregelmäßigkeit und Spontaneität jeglicher begrifflicher Bestimmung, und einem dogmatischen Mechanismus, der die rationale Berechenbarkeit aller, auch der organischen Prozesse behauptet.[34] Bernard stellt die Frage nach der Koppelbarkeit von Le-

---

34 Bernard, Claude: *Einführung in das Studium der experimentellen Medizin* (Paris 1865), deutsch von Paul Szendrö, Leipzig 1961. Alle Zitate aus dieser Ausgabe werden im folgenden im laufenden Text unter Angabe der Sigle BE und der Seitenzahl nachgewiesen. Vgl. für den vorliegenden Argumentationszusammenhang sehr informativ: Canguilhem, Georges: »Theorie und Technik des Experiments bei Claude Bernard«. In: ders.: *Wissenschaftsgeschichte und Epistemologie. Gesammelte Aufsätze*, hg. von Wolf Lepenies, Frankfurt/M. 1979, S. 75–88, hier bes. S. 81: »Der Newton des lebenden Organismus ist Claude Bernard, der erkannte, daß die Möglichkeitsbedingung der experimentellen Wissenschaft vom Lebenden nicht beim Wissenschaftler, sondern beim Lebenden selber zu suchen sind, daß das Lebende durch seine Struktur und seine Funktionen den Schlüssel zu seiner Entzifferung liefert. Indem er Mechanismus und Vitalismus gleichermaßen verwarf, konnte Claude Bernard die Technik des Experimentierens in der Biologie der Eigenart ihres Gegenstandes anpassen.« Ich verdanke Martin Stingelin den Hinweis, daß der medizinhistorische Übergang vom statischen Protonormalismus zum flexiblen Normalismus bei Bernard überdies unmittelbar auf Nietzsches bereits mehrfach erwähntes Prozeß-Denken gewirkt hat: Vgl. Stingelin, Martin: »Friedrich Nietzsches Psychophysiologie der Philosophie«. Preprint 120 des Max-Planck-Instituts für Wissenschaftsgeschichte, Berlin 1999, S. 34. Stingelin nennt wiederum Georges Canguilhem sowie Henning Ritter als Gewährsleute für die Überlieferung des fraglichen, allerdings nicht nachgewiesenen, Bernard-Zitats in Nietzsches Nachlaß-Fragment *décad<ence>* von 1888.

bensphänomenen und einer ›harten‹ Wissenschaft noch einmal als Problem: Die »Untersuchungsmethode der Lebensvorgänge« (BE 31) ist keine bloße Fortsetzung der Physik mit anderen Mitteln. Sie bedarf einer »Kunst der wissenschaftlichen Forschung« (BE 30) und nimmt ihren Ausgang von einer »experimentelle[n] Idee«, die zunächst auf schierem »*Gefühl*« (BE 49) beruht.

Wie sind dann aber die absolut deterministischen Naturgesetze für Lebensprozesse, die allein der Physiologie wahren Wissenschaftsstatus zu verleihen vermögen, auffindbar? Die angebliche Transzendenz »einer Art inneren Kraft« (BE 90) von Lebewesen nennt Bernard bloß scheinbar: Der Eindruck der Spontaneität des Lebens entsteht nur, weil wir die zugrundeliegenden Naturgesetze nicht so leicht einsehen können wie in der unbelebten Natur. Das liegt daran, daß Lebewesen durch ein schwer zu beobachtendes »inneres Milieu« determiniert werden, nicht durch die deutlich sichtbare Kausalität von Außeneinflüssen.[35] Das einzige Problem für die Wissenschaften vom Leben stellt daher die größere Komplexität des Lebens gegenüber der unbelebten Natur dar, nicht ihre vollständige Wesensverschiedenheit.

Was aber macht nun die kategorial so schwer zu fassende Komplexität des Lebens aus? Bernard nennt drei Modi organischer Prozesse: Erstens die Flüssigkeit. »Alle im Organismus kreisenden Säfte, die Blutflüssigkeiten und die intra-organischen Säfte, bilden dieses innere Milieu.« (BE 97) Zweitens die Beweglichkeit und Wandelbarkeit. »Die Vorgänge in lebenden Körpern weisen eine ungeheure Vielfalt auf, darüber hinaus lassen sie sich wegen der Wandlungsfähigkeit der vitalen Eigenschaften viel schwerer fassen und determinieren.« (BE 107) Drittens die Flüchtigkeit. »Die Anwendung der physikalisch-chemischen Wissenschaften und ihrer Verfahren in der Physiologie als Werkzeuge zur Analyse der Lebensvorgänge bietet eine große Reihe von Schwierigkeiten, die in der bereits erwähnten Wandlungsfähigkeit und Flüchtigkeit der Lebensvorgänge begründet sind.« (BE 139). Alle drei sind wiederum zurückzuführen auf eine Grundlage des Lebens, die – wiewohl sie im vorliegenden Zusammenhang im chemisch-realen Sinne gemeint ist – als argumentativer Einsatz dennoch einen mittlerweile vertrauten Topos aufruft[36]:

> Das *Wasser* ist die erste, unentbehrliche Bedingung für jeden Lebensvorgang wie auch für jeden physikalisch-chemischen. Man kann im äußeren kosmischen Milieu Wasser- und Lufttiere unterscheiden, aber dieser Unterschied erstreckt sich nicht auf die histologischen Bausteine; eingehüllt in das innere Milieu sind sie in allen Fällen Bewohner des Wassers, d. h. sie leben in Organsäften, die große Mengen Wasser enthalten. [...] Der vollständige Entzug von Wasser bei Lebewesen führt bei größeren Organismen mit empfindlichen histologischen Bausteinen unabänderlich zum Tode. (BE 171)

---

35 »Aber die Lebensvorgänge des Menschen und der höheren Tiere können sich ändern ohne wahrnehmbare Veränderung der Außenwelt«. (BE 140).
36 Es geht hier also keineswegs darum, naturwissenschaftliche Entdeckungen als rhetorische Effekte zu entlarven, sondern lediglich darum zu zeigen, wie die *Darstellung* solcher Neuentdeckungen eingespielte Bildfelder aufruft.

Das Wasser ist der Ort des Lebens, und das innere Milieu dieser Säfte ist es, das die Komplexität des Lebens ausmacht, welche schließlich für alle vitalistischen Hypostasierungen seiner ›Kategorienjenseitigkeit‹ verantwortlich ist. Bernard leugnet also keinesfalls die Besonderheit des Lebens, was er hingegen verurteilt ist die »unwissenschaftlich[e]« Rhetorik, die das Leben als »›Ausnahme‹« zu kennzeichnen versucht. Solches führe zu einer – bei Goethe ebenfalls beklagten – bloßen »Fata Morgana von Worten wie ›Leben‹« oder »›Vitalität‹« (BE 260). Bernard weist sie nicht ohne eigene rhetorische Wucht zurück:

> Wenn in der Medizin ein unerklärlicher oder unverständlicher Vorgang auftaucht, so sagt man nicht: ›Ich weiß es nicht‹, wie es jeder Forscher tun sollte, sondern die Ärzte sind gewohnt zu sagen: ›Das ist das Leben‹, ohne daß sie auch nur zu ahnen scheinen, daß sie damit etwas Unverständliches durch etwas noch Unverständlicheres erklären wollen. [...] ›[D]as Leben‹ ist nur ein Wort und ein Ausdruck des Nichtwissens, und wenn wir einen Vorgang ›vital‹ nennen, so ist das gleichbedeutend mit der Aussage, es sei ein Vorgang, dessen nächste Ursache oder dessen Bedingungen wir nicht kennen. (BE 281)

Und bei aller Ablehnung dieses vitalistischen Aberglaubens bzw. der Annäherung der Wissenschaft an Darstellungsformen der Kunst (vgl. BE 202, 284) schließt Bernard seine Programmschrift über die neuen Wissenschaften vom Leben doch mit einem deutlichen Aufgreifen des Topos Prozessualität:

> Eines der größten Hindernisse bei dem allgemeinen und freudigen Fortschritt der menschlichen Erkenntnis bildet der Hang, die verschiedenen Erkenntnisse in Systeme zu individualisieren. Das ist nicht in der Sache begründet, denn in der Natur steht alles im Zusammenhang, und nichts sollte für sich allein oder im Rahmen eines Systems betrachtet werden [...]. Eine Wissenschaft, die in einem System verharrt, verfällt dem Stillstand und der Absonderung, denn die Systembildung ist eine wahre Abkapselung von der Wissenschaft, und jeder abgekapselte Teil eines Organismus hört auf, an seinem allgemeinen Leben teilzunehmen. (BE 311)

Die Rhetorik der Wissenschaft vom Leben erklärt sich selbst zu jenem lebendigen und rätselhaften Organismus, den sie zu beschreiben trachtet. Wer vom flüssigen, wandelbaren und flüchtigen Naturphänomen des Lebens spricht, der kann das nicht in einem starren Denksystem tun. Bei Bernard wird der Topos des Lebensstromes damit zur Methodik seiner eigenen Erkenntnis: Die Topik der Naturwissenschaften soll so lebendig werden wie ihr Gegenstand selbst, die Theorie des Lebens ist ›flüssig‹ zu denken.

Das Spannungsverhältnis zwischen wissenschaftlicher Kategorisierung und dem transkategorialen Überschuß von Leben und Natur ist virulent bis in die Biotechnologiedebatten unserer Tage. Sie bleiben geprägt von einer Semantik des natürlichen Lebens, die in Gestalt der mit ihr einhergehenden Metaphern des Übergangs und Flusses selbst zum grundlegenden Topos der Rhetorik des Wissenschaften vom Leben geworden ist. Daß es dabei nicht darum gehen kann, sich für einen der beiden Modi, topische Kategorisierung oder prozessuale Verflüssigung, zu entscheiden, sondern die Unterscheidung immer als Unterscheidung im Blick gehalten werden muß, hat Goethe gewußt, und seinen *Howard*-Gedichten als – durchaus topische – Mahnung »Wohl zu merken« hintangestellt:

> Und wenn wir unterschieden haben,
> Dann müssen wir lebendige Gaben
> Dem Abgesonderten wieder verleihen
> Und uns eines Folge-Lebens erfreuen.
>
> So wenn der Maler, der Poet,
> Mit Howards Sondrung wohl vertraut,
> Des Morgens früh, am Abend spät,
> Die Atmosphäre prüfend schaut,
>
> Da läßt er den Charakter gelten;
> Doch ihm erteilen luftige Welten
> Das Übergängliche, das Milde,
> Daß er es fasse, fühle, bilde.[37]

---

37 Goethe, Johann Wolfgang: »Wohl zu merken«, in: ders.: *Schriften zur allgemeinen Naturlehre* (s. Anm. 30), S. 244. Mit Dank an Dietz Bering.

# Geschichte als Ort und Figur.
## Retopikalisierungen historischen Wissens im Historismus

UWE HEBEKUS (Konstanz)

»›Wer nur ein bißchen findig ist, kann Bücher leisten wie Ranke.‹«
(Theodor Fontane, *Irrungen, Wirrungen*)

### I.

Die geläufige Antwort auf die Frage nach der Ökonomie der Unterscheidung ›Topik und Verzeitlichung‹ kann man den Arbeiten Reinhart Kosellecks entnehmen. Seine schon klassische Studie über den *historia magistra vitae*-Topos (1967) eröffnet mit einer historischen Anekdote.[1] 1811 führt Friedrich von Raumer, Sekretär Hardenbergs und Historiograph, gegenüber dem Sektionschef im preußischen Finanzministerium, der eine gesteigerte Emission von Papiergeld zur Behebung der aktuellen Finanzkrise anempfiehlt, mit bewußtem Anachronismus ein fingiertes *exemplum* aus der griechischen Antike ins Feld, woraufhin der Sektionschef seine Empfehlung zurückzieht: Schon Thukydides habe nachdrücklich vor den politischen Übeln gewarnt, die im Gefolge einer solchen Emission entstünden. Die Ironie, mit der Raumer den Topos ›historia magistra vitae‹ operationalisiert, zeigt ihn nach Koselleck auf der Höhe seiner eigenen Zeit als einer Zeit der Verzeitlichung von Geschichte. Anders als der naive Sektionschef, der, wiewohl unberufen, weil ungebildet, noch immer an die alte topische Konzeptualisierbarkeit von Geschichte glaubt, hat er die moderne Lektion gelernt, daß historische Ereignisse sich niemals wiederholen und deshalb die im Gedächtnis bewahrte Vergangenheit keine Optionen auf ein Handeln in der Gegenwart bereitstellt.

Kosellecks Handhabung der Anekdote offenbart ein Problem: In ihrer Linie ist die Unterscheidung ›Topik und Verzeitlichung‹ asymmetrisch, weil das ›und‹ dieser Unterscheidung selber eine historische Abfolge, eine verzeitlichte Relation des Unterschiedenen anzeigen soll, die irreversibel ist. ›Topik‹ ist hier, unterscheidungslogisch gesehen, der schwächere Term.[2] Das zeigt sich

---

1   Zur Anekdote und ihrem Einsatz vgl. Koselleck, Reinhart: »Historia Magistra Vitae. Über die Auflösung des Topos im Horizont neuzeitlich bewegter Geschichte«. In: ders.: *Vergangene Zukunft. Zur Semantik geschichtlicher Zeiten*. Frankfurt/M. 1989, S. 38–66, hier S. 38 f.
2   Die Asymmetrie im Verhältnis von Topik und Verzeitlichung, die seine Handhabung der Unterscheidung hervortreibt, hätte Koselleck registrieren können, wenn er gesehen hätte, daß diese Handhabung genau jener Distinktionslogik folgt, die er in seinem – mit Reverenz vor Carl Schmitt verfaßten – Aufsatz »Zur historisch-

nachdrücklich daran, daß die Asymmetrie bei Koselleck unterlegt ist mit Rudimenten idealistischer Geschichtsphilosophie. Der Zugewinn an Reflexivität in der Auffassung von Geschichte – kenntlich an der Ironie Raumers – markiert die Vertreibung des Menschen aus naturalen Zusammenhängen: Der Geschichte als einer verzeitlichenden Kraft innezuwerden, heißt, sie wahrzunehmen als ein »Agens, das die Menschen durchherrscht und ihre natürliche Identität zerbricht«.³

Verzeitlichung führt nach Koselleck zur Auflassung der memorialen Räume mit ihrem Inventar an stets fungiblem erinnerbarem Wissen und besiegelt darin die Unbrauchbarkeit des *historia magistra vitae*-Topos – man kann ergänzen: der Topik insgesamt.⁴ Wo zuvor der ›Erfahrungsraum‹ in sich alle Möglichkeiten der Zukunft einbeschlossen hatte, dort treten nun »die Grenzen des Erfahrungsraumes und der Horizont der Erwartung [...] auseinan-

---

-politischen Semantik asymmetrischer Gegenbegriffe«, in: ders.: *Vergangene Zukunft. Zur Semantik geschichtlicher Zeiten* (s. Anm. 1), S. 211–259, selber beschrieben hat. Kennzeichen einer solchen Semantik ist es dort, daß erstens im Falle asymmetrischer Gegenbegriffe deren »Gegensatz [...] auf ungleiche Weise konträr« (S. 213) ist und deshalb die »Gegenposition« zum starken Term der Unterscheidung »nur negiert werden kann« (S. 215). Kennzeichen ist es weiter, daß die Selbstverortung von politischen und kulturellen Einheiten über den starken Term asymmetrischer Unterscheidungen notwendig die Tendenz freisetzt, »mögliche Allgemeinbegriffe zur Singularität hochzustilisieren« (S. 212). Ich behaupte darum: Kosellecks Asymmetrisierung der Gegenbegriffe ›Topik‹ und ›Verzeitlichung‹ stellt deren Unterscheidung hinsichtlich ihrer Logik in *ein* Register mit den Unterscheidungen von »Hellenen und Barbaren«, »Christen und Heiden«, »Übermensch und Untermensch« (S. 213), die als Beispiele in seinem Aufsatz figurieren.

3   R. Koselleck: *Vergangene Zukunft. Zur Semantik geschichtlicher Zeiten* (s. Anm. 1), S. 50.

4   Man kann dies ergänzen, weil Koselleck die – durch Verzeitlichung dann ausradierte – Operationalisierbarkeit des *historia magistra vitae*-Topos in einer historisch vergangenen Auffassung vom Menschen und in einer ebenso vergangenen ›Realität‹ des Menschen begründet sieht, die – herkömmlicher Meinung gemäß – auch das Funktionieren von Topik insgesamt garantiert hatten; vgl. R. Koselleck: *Vergangene Zukunft. Zur Semantik geschichtlicher Zeiten* (s. Anm. 1), S. 40: »Welche Lehre auch immer unsere Formel [sc. der *historia magistra vitae*-Topos] nahelegt, eines indiziert ihr Gebrauch in jedem Fall. Er verweist auf ein durchgängiges Vorverständnis menschlicher Möglichkeiten in einem durchgängigen Geschichtskontinuum. Die Historie kann die Mit- oder Nachlebenden klüger oder relativ besser zu werden anleiten, das aber nur, wenn und solange die Voraussetzungen dazu sich grundsätzlich gleich sind. Bis zum 18. Jahrhundert bleibt die Verwendung unseres Ausdrucks ein untrügliches Indiz für die hingenommene Stetigkeit der menschlichen Natur, deren Geschichten sich zu wiederholbaren Beweismitteln moralischer, theologischer, juristischer oder politischer Lehren eignen. Aber ebenso beruhte die Tradierbarkeit unseres Topos auf einer tatsächlichen Konstanz jener Vorgegebenheiten, die eine potentielle Ähnlichkeit irdischer Ereignisse zuließen. Und wenn ein sozialer Wandel stattfand, dann so langsam und so langfristig, daß die Nützlichkeit vergangener Beispiele erhalten blieb. Die Temporalstruktur der vergangenen Geschichte begrenzte einen kontinuierlichen Raum möglicher Erfahrbarkeit.«

der«.⁵ Im Raum zwischen beiden siedelt sich eine Gegenwart, eine Jetztzeit im emphatischen Sinne an, die einerseits fortwährend den Erfahrungsraum als eine mit Makulatur angefüllte Rumpelkammer distanziert und sich einer andrängenden, aber unberechenbaren Zukunft gegenübersieht, die andererseits stets Geburtsstätte eines Neuen, Inkommensurablen und Überraschenden ist. Hans Ulrich Gumbrecht hat jüngst noch einmal diese Signatur der Gegenwart, die für ihn längst schon wieder »klassisch« ist, auf den Begriff gebracht: »Zwischen einer umschriebenen Vergangenheit und einer offenen Zukunft erschien die Gegenwart als der Übergangsaugenblick – von mitunter gar nicht mehr wahrnehmbarer Kürze –, in dem die menschlichen Handlungen im Sinne einer Wahl zwischen verschiedenen möglichen Zukunftsszenarios stattfanden.«[6]

Die Beförderung der Geschichte zum Subjekt, zur Schöpferin des Neuen, die mit ihrer Verzeitlichung einhergeht, ist, so kann man vermuten, eine Abschattung des theoretischen Umbaus poetischer Invention, wie er sich in der zweiten Hälfte des 18. Jahrhunderts vollzogen hatte und dessen Ergebnis gleichermaßen ein Verblassen der Topik gewesen war. Noch bei Vico war poetische Invention wie Invention überhaupt reguliert durch das Dreiecksverhältnis von *memoria*, *phantasia* und *ingenium*, das den Titel ›Topik‹ trug.[7] Nach Kant dagegen soll poetische Invention Topik ignorieren und stets ein Unvordenkliches generieren, weil nur dies die Autonomie des Ästhetischen – etwa gegenüber dem Wissen – sichert. »Darin ist jedermann einig«, heißt es in der *Kritik der Urteilskraft*, »daß Genie dem *Nachahmungsgeiste* gänzlich entgegen zu setzen sei«; denn

> kein Homer […] oder Wieland [kann] anzeigen […], wie sich seine phantasiereichen und doch zugleich gedankenvollen Ideen in seinem Kopfe hervor und zusammen finden, darum weil er es selbst nicht weiß, und es also auch keinen andern lehren kann. Im Wissenschaftlichen also ist der größte Erfinder vom mühseligsten Nachahmer und Lehrlinge nur dem Grade nach, dagegen von dem, welchen die Natur für die schöne Kunst begabt hat, spezifisch unterschieden.[8]

---

5 Kosselleck, Reinhart: »›Erfahrungsraum‹ und ›Erwartungshorizont‹ – zwei historische Kategorien«. In: ders.: *Vergangene Zukunft. Zur Semantik geschichtlicher Zeiten* (s. Anm. 1), S. 349–375, hier S. 364.
6 Gumbrecht, Hans Ulrich: *1926. Ein Jahr am Rand der Zeit.* Übers. von Joachim Schulte. Frankfurt/M. 2001, S. 457 f.
7 Vgl. Vico, Giovanni Battista: *Prinzipien einer neuen Wissenschaft über die gemeinsame Natur der Völker.* Übers. von Vittorio Hösle und Christoph Jermann. 2 Bde. Hamburg 1990, Bd. 2, S. 398: »Doch die Phantasie ist nichts anderes als ein Wiederhervorspringen von Erinnerungen, und das Genie ist nichts anderes als eine Tätigkeit an den Dingen, deren man sich erinnert«; »alle drei [sc. Vermögen: Gedächtnis, Phantasie, Genie] gehören zu der […] Tätigkeit des Geistes, deren regelnde Kunst die Topik ist«. Die Übersetzung von »ingegno« im Originaltext mit »Genie« ist irreführend, mindestens ungeschickt, weil sie Prämissen goethezeitlich-idealistischer Ästhetik in Vicos Fortschreibung der rhetorischen Tradition der Topik hineinträgt.
8 Kant, Immanuel: *Werkausgabe.* Hg. von Wilhelm Weischedel. Bd. X: *Kritik der Urteilskraft.* Frankfurt/M. 1974, S. 243 f. (Hervorheb. im Orig.).

Dem Modell einer modernen Verzeitlichung von Geschichte, ob nun bei Koselleck selbst oder seinen historischen Zeugen, sind, so scheint es, zu deutlich Markierungen aus dem ausdifferenzierten Sektor des seinerseits modernen Ästhetischen einbeschrieben, als daß man unbesehen von seiner irreversiblen und vor allem universalen kulturellen Prägekraft für das 19. Jahrhundert, das ›Jahrhundert der Geschichte‹, ausgehen sollte.

Schlägt man den *historia magistra vitae*-Topos an seinem *locus classicus*, nämlich bei Cicero nach,[9] dann zeigt er noch ganz andere Valenzen als bei Koselleck. Die *historia* fungiert auch als Lieferantin jener *copia rerum et verborum*, mit der der Redner die Rede ausstatten muß, wenn sie wirken soll.[10] Topik war immer schon Verwalterin von Wissensfülle[11] – von Wissen nicht in der Form von *epistéme*, sondern von *dóxa* –, verstand sich als Aktivierung der sozial geteilten Überzeugungen. Topische Invention betrieb aber zugleich die Variierung, Anreicherung und Ausfaltung (*excogitatio*) der Elemente ›gesellschaftlicher Einbildungskraft‹ (Lothar Bornscheuer), überführte das kollektive Imaginäre in einen Zustand der Artikuliertheit und produzierte darin eine *amplificatio* dieses Imaginären. In dieser Funktion wirkt Topik gerade auch im Zeitalter der Französischen Revolution, dem Präzedenzfall von Verzeitlichung, im Zeitalter der »Ereigniskatarakte«[12] ganz ungebrochen fort, und zwar bezogen auf die *öffentliche* Apperzeption und Repräsentation von Geschichte. Dafür ein Beispiel.[13] Nachdem Napoleon 1798 auf seiner Ägypten-Expedition in Alexandria gelandet ist, wird er in der zeitgenössischen Presse sogleich zum Helden der Geschichte aufgebaut, über eine Plünderung des Schatzhauses der *historia*, eine Plünderung, die sich topischer Verfahrensweisen bedient. Sehr schnell entspinnen sich in der öffentlichen Meinung Spekulationen, das wahre Ziel von Napoleons militärischem Unternehmen sei Ostindien, mit dem Zweck, England an einer der Quellen seiner ökonomischen Prosperität zu treffen. Dies eröffnet ein

---

9 Vgl. Cicero: *De oratore. Über den Redner*. Lateinisch/Deutsch. Übers. und hg. von Harald Merklin. Stuttgart ²1991, S. 299: »›Und die Geschichte vollends, die vom Gang der Zeiten Zeugnis gibt, das Licht der Wahrheit, die lebendige Erinnerung, Lehrmeisterin des Lebens, Künderin von alten Zeiten, durch welche Stimmen, wenn nicht die des Redners, gelangt sie zur Unsterblichkeit?‹«
10 Dies ergibt sich bei Cicero aus der Engführung des Topos mit folgender Bestimmung der *oratio*, die ihm unmittelbar vorangeht; vgl. Cicero: *De oratore* (s. Anm. 9), S. 227: »›Was aber ist bestechender als eine Fülle treffender Gedanken? Was bewundernswerter, als eine Sache durch den Glanz der Formulierung ins rechte Licht zu setzen? Was wirkt reicher als die Mannigfaltigkeit stofflicher Fülle einer Rede?‹«
11 Vgl. Schmidt-Biggemann, Wilhelm: »Was ist eine probable Argumentation?«. In: Schirren, Thomas/Ueding, Gert: *Topik und Rhetorik. Ein interdisziplinäres Symposium*. Tübingen 2000, S. 243–256, S. 244 f.
12 R. Koselleck: *Vergangene Zukunft. Zur Semantik geschichtlicher Zeiten* (s. Anm. 5), S. 367.
13 Die Materialien zu diesem entnehme ich dem Abschnitt »Bonapartes Ägyptenfeldzug in der ›Journalistischen Wahrnehmung‹« in: Graevenitz, Gerhart von: *Mythos. Zur Geschichte einer Denkgewohnheit*. Stuttgart 1987, S. 171–196.

ganzes Register des geschichtsmythologischen Vergleichs: Napoleon als ein neuer Alexander der Große, Napoleon als neuer ›indischer‹ Dionysos und als neuerliche Variante von dessen Postfiguration: Christus. Das geographische *setting* von Napoleons Richtung gegen England holt aus dem historischen Gedächtnis zudem die Erinnerung an die antike Konfrontation von Rom und Karthago hervor und läßt Napoleon nun auch noch als einen neuen Scipio erscheinen. »[O]hne jeden wirklich deutenden Bezug«, so Gerhart von Graevenitz, »ohne jede historisch-hermeneutische Perspektive wird auf den aktuellen Helden das mythologische Repertoire eines Lokals gehäuft.«[14] Der konkrete, der materialisierte geographische Ort – das Küstengebiet Nordafrikas – setzt tropologisch den *medius terminus* frei, mit dem all diese topischen Vergleiche operieren. Mit der Hilfe topischer Invention wird Napoleon eingestellt in eine räumlich verfaßte *historia*, die hier immer noch ein Schatzhaus der Geschichte ist.

Mit Koselleck müßte man das Aufeinanderprallen von rhetorisch-topischer Figuration Napoleons und der Raumer-Anekdote im etwa identischen historischen Zeitraum in eine ›Gleichzeitigkeit des Ungleichzeitigen‹ eintragen. Gedacht gemäß der kulturellen Logik des Historismus, wie sie hier entfaltet werden soll, würden dagegen die Beschaffenheiten beider Beispiele gleichberechtigte Reflexionsgrößen von dessen Selbstverortung markieren, insofern er einerseits an einer öffentlichen Wahrnehmbarkeit von Geschichte interessiert ist, sich andererseits mit und gegen Geschichtsphilosophie orientiert, in der ihrerseits Verzeitlichung als Treibsatz wirkt. ›Verräumlichung der Zeit‹ lautet eines der Stichworte, in das man den historistischen Umgang mit Verzeitlichung gefaßt hat. »Bereits der reine Anblick der versammelten Vergangenheit«, schreiben Hannelore und Heinz Schlaffer, »zählt für Burckhardt und Dilthey als höchster Gewinn. [...] Der Historismus wendet die zeitliche Struktur des Verhältnisses von Gegenwart und Vergangenheit ins Räumliche. [...] Die Frage nach dem historischen Sinn hat eine ästhetische Antwort gefunden.«[15] Verräumlichung wirkt in dieser Sicht bloß als Narkotikum. Zu aufwendig sind aber die Anstrengungen, mit denen der Historismus auf eine Entzeitlichung der Geschichte zielt, zu komplex die aus ihnen hervorgehenden Modelle einer Verlangsamung, gar eines Endes von Geschichte, als daß man bei dieser Diagnose schon stehenbleiben könnte. Retopikalisierung der Geschichte *unter den reflektierten Bedingungen* von Verzeitlichung ist vielmehr die Strategie des Historismus. Sie läßt sich nicht nur an Koryphäen der historistischen Historiographie (III. [Johann Gustav Droysen], IV. [Leopold von Ranke]), sondern schon an Beispielen der öffentlichen Inszenierung von Geschichte, der ›Geschichtskultur‹ des 19. Jahrhunderts beobachten (II.).[16] Im Falle der Ko-

---

14 G. v. Graevenitz: *Mythos. Zur Geschichte einer Denkgewohnheit* (s. Anm. 13), S. 191.
15 Schlaffer, Hannelore/Schlaffer, Heinz: »Einleitung«. In: dies.: *Studien zum ästhetischen Historismus*. Frankfurt/M. 1975, S. 7–22, hier S. 13.
16 Die folgenden Abschnitte knüpfen zum Teil an Überlegungen an, die ich auch in meiner Dissertation (*Klios Medien. Die Geschichtskultur des 19. Jahrhunderts in der historistischen Historie und bei Theodor Fontane*, Tübingen 2003) entfaltet habe.

ryphäen läßt sich dabei eine Konjunktion von Topik und geschichtstheologischen Denkfiguren ausmachen. Insgesamt aber spielt bei der Retopikalisierung der Historie Topik nicht die Rolle einer flexibilisierenden, einer sozusagen ›liberalen‹ Alternative zum ›Methodenzwang‹ im Gefolge Descartes', eine Rolle, die ihr in philosophischer oder philosophiehistorischer Perspektive zumeist zugeschrieben wird: Sie speist vielmehr Geschichte in die Produktion von Ideologie ein, Ideologie im Sinne einer ›Darstellungspraxis‹ für die eigene Gegenwart.

## II.

Die ›Geschichtskultur‹ des 19. Jahrhunderts hat Pierre Nora als vorübergehende Außerkraftsetzung jener strikten Opposition von *mémoire* und *histoire* beschrieben, wie sie von Maurice Halbwachs formuliert worden war.[17] Die *histoire*, die Historie als Wissenschaft, führt, auch und gerade in ihrer positivistischen Form, zu einer Verbreiterung und Elaboriertheit der *mémoire*, insofern ihre Ergebnisse stets in die öffentliche Kommunikation einfließen, etwa über das moderne Massenmedium der Presse. Aber die verwissenschaftlichte Historie versteht sich schon für sich selbst als *mémoire*. Am Beispiel der monumentalen *Histoire de France* von Ernest Lavisse konstatiert Nora: »Ein Schmelztiegel, in dem zwei Wahrheiten für einen Augenblick miteinander verschmolzen, die uns heute ohne Zusammenhang scheinen, welche die Epoche jedoch zu unauflöslich komplementären Elementen gemacht hatte: die allgemeine Wahrheit des Archivs und die besondere Wahrheit der Nation.«[18] Der historistische Historiker – halb »Priester«, halb »Soldat«[19] – fungiert als »ein möglichst feiner Bindestrich zwischen der rohen Materialität der Dokumente und der Eintragung ins Gedächtnis«.[20] Nichts anderes betreibt im 19. Jahrhundert die *histoire* – das ist ein Gegenmodell zu Nietzsches Historismuskritik – als die Anreicherung der kollektiven Geschichtserinnerung, des kollektiven ›Funktionsgedächtnisses‹.

Solche Überblendung von *mémoire* und *histoire* konkretisiert sich im ›Jahrhundert der Geschichte‹ vor allem zur Instituierung von ›Gedächtnisorten‹: Denkmälern, Geschichtsfesten, historisch-politischen Symbolkomplexen. Nora hat, unter Rekurs auf Frances A. Yates' *The Art of Memory*, den Begriff des

---

17 Die Opposition bei Halbwachs: »Das bedeutet, daß die Geschichte im allgemeinen an dem Punkt beginnt, an dem die Tradition aufhört – in einem Augenblick, in dem das soziale Gedächtnis erlischt und sich zersetzt« (Halbwachs, Maurice: *Das kollektive Gedächtnis*. Übers. von Holde Lhost-Offermann. Frankfurt/M. 1985, S. 66).
18 Nora, Pierre: »Die ›Histoire de France‹ von Ernest Lavisse. Pietas erga patriam«. In: ders.: *Zwischen Geschichte und Gedächtnis*. Hg. von Ulrich Raulff. Übers. von Wolfgang Kaiser. Berlin 1990, S. 34–72, S. 46 f.
19 Nora, Pierre: »Zwischen Geschichte und Gedächtnis: die Gedächtnisorte«. In: ders.: *Zwischen Geschichte und Gedächtnis* (s. Anm. 18), S. 11–33, hier S. 15.
20 P. Nora: *Zwischen Geschichte und Gedächtnis* (s. Anm. 19), S. 25.

›lieu de mémoire‹ aus der antiken Mnemotechnik mit ihrer räumlichen Anordnung der Erinnerungsstücke abgeleitet: *lieux de mémoire – loci memoriae*.[21] Jedoch sind die *lieux de mémoire* bei ihm nicht nur Notate, sondern zugleich Medien des Gedächtnisses. Ihren kultursemiotischen Status hat er so beschrieben:

> Im Unterschied zu allen Gegenständen der Geschichte haben die Gedächtnisorte keine ›Referenten‹ in der Wirklichkeit. Besser gesagt, sie sind selbst ihr eigener Referent, sind Zeichen, die nur auf sich selbst verweisen, Zeichen im Reinzustand. Nicht, daß sie ohne Inhalt wären, ohne physische Präsenz und ohne Geschichte, ganz im Gegenteil. Aber just das, was aus ihnen Gedächtnisorte macht, bewirkt, daß sie sich der Geschichte entziehen. *Templum*: aus der Unbestimmtheit des Profanen wird nach Raum oder Zeit, Raum und Zeit ein Feld herausgetrennt, ein Kreis, innerhalb dessen alles Symbol ist und Bedeutung hat. In diesem Sinn ist der Gedächtnisort ein Doppelort, ein Ort des Überschusses, der sich abschließt, sich auf seine Identität versammelt und auf seinen Namen gründet, aber beständig offen ist für die ganze Weite seiner Bedeutungen.[22]

In diesen Zuschreibungen lassen sich unschwer die Merkmale wiedererkennen, die Bornscheuer dem Topos generell zugeordnet hat, vor allem das der Potentialität und das der Symbolizität – die Potentialität: »allgemeine, polyvalente Bedeutungshaltigkeit«[23]; die Symbolizität: »ein gewisser Elementarcharakter, der nicht weiter ableitbar ist«, eine Doppelstellung als »grundlegendes Interpretandum« wie auch als »zentrales Interpretament«.[24] Jedoch rückt Noras Beschreibung Potentialität und Symbolizität sehr viel stärker in eine Kontrastbeziehung, aus der eine komplementäre Funktion beider hervorgeht. Als Name, als Zeichen im Reinzustand ohne Referent trägt der Gedächtnisort für sich selbst keine Bedeutung, bildet er keinen ›Oberbegriff‹, unter den sich die – durchaus heterogenen – Bedeutungen subsumieren ließen, die er in sich einschließt. In seiner Symbolizität – man müßte, bezogen auf Nora, eher sagen: in seiner rein materiellen Visualität – markiert er vielmehr eine Grenze oder besser: einen Horizont des Sagbaren, der selbst nicht semantisierbar ist. Nur im Bezug auf den Namen, nicht auf eine Art semantische Schnittmenge ergibt sich eine Affinität, eine Äquivalenzbeziehung der einzelnen Ausdeutungen des Gedächtnisortes. Die doppelte Funktion des *templum* als Topos – prägnante Konturierung eines Horizonts des Sagbaren in eins mit der Produktion eines Überschusses an Bedeutungen – soll im 19. Jahrhundert eine bestimmte Struktur politischer Einheit ermöglichen: Soziale Gruppierungen schließen sich zur politischen Gemeinschaft zusammen, nicht in-

---

21 Vgl. Nora, Pierre: »Vorwort«. In: P. Nora: *Zwischen Geschichte und Gedächtnis* (s. Anm. 18), S. 7 ff., S. 7.
22 P. Nora: *Zwischen Geschichte und Gedächtnis* (s. Anm. 19), S. 32.
23 Bornscheuer, Lothar: *Topik. Zur Struktur der gesellschaftlichen Einbildungskraft*. Frankfurt/M. 1976, S. 98.
24 L. Bornscheuer: *Topik* (s. Anm. 23), S. 103 f. Vgl. dort (S. 103) auch: »Topoi haben zuweilen eine ans Magische grenzende Faszinationskraft, sie können sich zu regelrechten Beschwörungsformeln eines bestimmten Selbstverständnisses verdinglichen [...].«

dem sie diese semantisch festschreiben, sondern indem sie sich jeweils durch den – auch und gerade agonalen – Bezug auf einen identischen Gedächtnisort, einen *locus* der Geschichte – oder auf ein ›Netz‹ solcher *loci* – deuten. Denn gleichgültig, wie im einzelnen gedeutet wird, allein durch den gemeinsamen Rekurs auf den *locus*/die *loci* der Geschichte soll sich politische Einheit realisieren, und zwar in der Form einer *Deutungs*gemeinschaft.

Mit diesen Bestimmungen wird das symbolpolitische Funktionieren bestimmter Denkmalsprojekte des Historismus faßbar. Paradigmatisch einstehen dafür kann das Hermannsdenkmal im Teutoburger Wald.[25] Anläßlich seiner Einweihung 1875 entspinnen sich Diskurse seiner Deutung, die paradoxerweise gerade durch ihre gegenstrebige Fügung die historische Figur Hermanns des Cheruskers zum Symbol der deutschen Nation aufbauen. Für die politischen Kräfte des nationalkonservativen Lagers figuriert, unter den Bedingungen des Kulturkampfes, dasjenige Rom, über das Arminius gesiegt hatte, als das Rom, das nun in der eigenen Gegenwart Ausstrahlungspunkt des Katholizismus ist, wodurch sich wiederum ein *medius terminus* ergibt, der Hermann den Cherusker und Luther topisch aneinanderbindet. Im Bewußtsein der Liberalen werden demgegenüber die drastischen politischen und militärischen Maßnahmen, die Arminius im Zusammenhang der Varusschlacht ergriffen hatte und die für das 19. Jahrhundert Kleists *Hermannsschlacht* ›vergrößert‹ und präsent hält, zum *exemplum* innerhalb der Legitimation ihrer eigenen Konversion von der ›Ideal-‹ zur ›Realpolitik‹, für die ihrerseits Bismarcks Politik von ›Blut und Eisen‹ den Bezugspunkt abgibt. Für die Sozialisten verbirgt sich in der Gestalt Hermanns das ausgebeutete ›Volk‹ als Trägersubstanz des Politischen, das sich immer gegen politische Usurpatoren, gleich welcher Observanz, zur Wehr gesetzt hat und setzen wird. Im Blick des politischen Katholizismus schließlich ist Hermann Anmahnung einer überkonfessionellen deutschen Nation, was strategisch gegen die aktuelle kleindeutsche Verfaßtheit des Reiches ins Feld geführt wird. Die symbolpolitische Funktion des Hermannsdenkmals setzt in alldem eine Doppelbewegung frei. Gerade durch die Überfülle seiner deutenden Inanspruchnahmen wird es, für sich selbst genommen, gewissermaßen semantisch entleert. Anderseits stiftet es genau durch diese Leere einen Indifferenzpunkt und eine Äquivalenzbeziehung der heterogenen Parteiungen, die sich durch die ihnen gemeinsame Bezugnahme auf es konstellieren. Mit dem Topos Hermann wird die symbolische Linie beschrieben, über die die deutsche Nation sich von den anderen Nationen abgrenzen kann. Der politische Dissens kann sich so *innerhalb* dieses umgrenzten Raums abspielen, läßt aber die symbolische Linie selbst unangetastet und führt nicht zu ihrer Perforation. Als ›leerer Signifikant‹ (Ernesto Laclau) ›näht‹ so die historisch-mythologische Figur Hermanns die auseinanderstrebenden Kräfte zu einer imaginären Einheit zusammen. Gegenüber den sozialen und politischen Sprengsätzen, die in diesen Kräften schlum-

---

25 Zu dessen Entstehungs- und Deutungsgeschichte vgl. Dörner, Andreas: *Politischer Mythos und symbolische Politik. Der Hermannmythos: zur Entstehung des Nationalbewußtseins der Deutschen.* Reinbek bei Hamburg 1996.

mern und die nach dem Ersten Weltkrieg erneut ›Ereigniskatarakte‹ hervorschießen lassen werden, wirkt diese Figur als Palliativ.

### III.

In Droysens *Historik* ist Geschichte das Unbewußte des Präsenten. Das Hervorholen dieses Unbewußten, das ein Latentes ist, zielt auf Verbreiterung der punktualisierten, der ›geschrumpften‹ Gegenwart, die auch bei Droysen als bedrohliches Resultat von Verzeitlichung erscheint, auch wenn er dieses unter dem Gewand eines anthropologischen Arguments zur Sprache bringt:

> Jede Gegenwart schwindet uns sofort, vergeht; nach unserer endlichen Art haben wir nur den flüchtigen Moment, aber ihn auch mit allem, was in ihm noch da ist, mit allen Überbleibseln vergangener Gegenwarten, mit allen Verinnerlichungen. Um mehr [...] als nur dies Hier und Jetzt zu haben, können wir menschlicherweise nicht anders, als [...] diese Erinnerungen beleben, und in ihnen das, was war, vergegenwärtigen; der endliche Geist, und nur er, hat die Fähigkeit, erinnernd [...] dem flüchtigen Augenblick eine Weite zu geben, die ein Abbild der Ewigkeit Gottes ist; von dem Moment aus werfen wir diese Scheine unseres innersten Lebens [...] in das Dunkel [...] hinter uns [...].[26]

Schon diese Lagerung von Gegenwärtigkeit und Geschichte als deren Unbewußtes lehnt Droysens Konstruktion von Historie an die Topologie der topischen Invention an. »Die Metaphern, die den Ort (*Topos*) umschreiben«, merkt Roland Barthes zu dieser Topologie an, »weisen deutlich darauf hin: die Argumente sind *verborgen*, in Regionen, Tiefen und Schichten *verkrochen*, aus denen man sie hervorrufen, zum Leben wiedererwecken muß: die Topik ist die Geburtshelferin des *Latenten*: eine Form, die Inhalte artikuliert und dadurch Sinnfragmente, intelligible Einheiten hervorbringt.«[27]

Droysen selbst hat den Topik-Begriff in die späten Fassungen seiner *Historik* plaziert, allerdings auf sehr änigmatische Weise, indem dieser dort den Begriff der ›Apodeixis‹ ersetzt, ›Apodeixis‹ in den frühen Fassungen aber gerade nicht eine ›Lehre vom Beweis‹ bezeichnete, sondern die Übersicht über die vier Darstellungsformen der Historiographie.[28] Topik prägt jedoch

---

26 Droysen, Johann Gustav: *Historik. Die Vorlesungen von 1857 (Rekonstruktion der ersten vollständigen Fassung aus den Handschriften)*. In: ders.: *Historik. Rekonstruktion der ersten vollständigen Fassung der Vorlesungen (1857), Grundriß der Historik in der ersten handschriftlichen (1857/58) und in der letzten gedruckten Fassung (1882)*. Textausgabe von Peter Leyh. Stuttgart-Bad Cannstatt 1977, S. 1–393, hier S. 10.
27 Barthes, Roland: »Die alte Rhetorik«. In: ders.: *Das semiologische Abenteuer*. Übers. von Dieter Hornig. Frankfurt/M. 1988, S. 15–101, S. 69 (Hervorheb. im Orig.).
28 Zum Rätselraten über diese Plazierung vgl.: Schieder, Theodor: *Geschichte als Wissenschaft. Eine Einführung*. München, Wien 1965, S. 132; Schiffer, Werner: *Theorien der Geschichtsschreibung und ihre erzähltheoretische Relevanz. Danto, Habermas, Baumgartner, Droysen*. Stuttgart 1980, S. 94 f.; Pandel, Hans-Jürgen: *Mimesis und Apodeixis*. Hagen 1990, S. 86; Schanze, Helmut: »Transformationen

die Strategie von Droysens Theorie der Geschichte und deren Erkenntnis auf eine sehr grundsätzliche Weise. Er benennt den Zielpunkt historischen Wissens in wünschenswerter Deutlichkeit: die Etablierung und Bekräftigung von »Gemeinüberzeugung«.[29] Übersetzt man diesen Begriff mit dem traditionellen Terminus aus der Systemgeschichte der Rhetorik, so ergibt sich als Bezugspunkt historischen Wissens bei Droysen immer noch der alte topische *sensus communis*. Topisch ist auch Droysens Theorie der Inventionspraxis historischer Forschung. Mit seiner Theorie der »sittlichen Mächte«[30] transformiert er die idealistische Geschichtsphilosophie in eine Topik der Historie. Die Aktanten dieser Geschichtsphilosophie verwandeln sich nämlich in, wie es in der von Rudolf Hübner edierten späteren Fassung der *Historik* heißt, »Gesichtspunkte«[31], über die der Historiker seine Invention betreibt. Die sittlichen Mächte, die »sittlichen Gemeinsamkeiten«[32]: Familie, Volk, das Heilige, Wohlfahrt, Recht, Staat etc. bilden nunmehr Topoi der historischen Forschung. Ihre inventorische Funktion umschreibt Droysen ganz direkt mit Begriffen, die der Topik entstammen. Der Zusammenhang der Topoi bildet ein »*Netz*, mit dem wir den unberechenbaren Kombinationen der geschichtlichen Welt gleichsam nachzukommen versuchen können«.[33] Und dieses Netz gibt das Grundgerüst der historistischen Invention: »In jenem Schema der sittlichen Sphären und Ideen haben wir sozusagen die Fragenreihe, die wir auf den je vorliegenden Tatbestand anwenden dürfen.«[34] Das Aggregat der sittlichen Mächte bildet so das ›formale‹ Raster, gleichsam den Toposkatalog des Historisten, mit dem die ›materialen‹ Topoi, welche in der Geschichte verborgen sind, aufgespürt werden können.

Die Präsenz von Topik bei Droysen zeigt sich allerdings auf eine nochmals fundamentalere Weise. Hayden White hat in seinem kapitalen Droysen-Essay an der *Historik* einen eigentümlichen Präsentismus hervorgehoben: Ihr zufolge »kann jede vermeintliche Untersuchung der Vergangenheit nur eine Reflexion über jenen Teil der Gegenwart sein, der im Grunde entweder eine Spur oder eine Sublimierung irgendeines Teils der Vergangenheit ist«.[35] Solchen

---

der Topik im 19. Jh.: Novalis, Droysen, Nietzsche, Fontane«. In: T. Schirren/G. Ueding: *Topik und Rhetorik* (s. Anm. 11), S. 367–376, hier S. 372.
29 J. G. Droysen: *Historik. Die Vorlesungen von 1857* (s. Anm. 26), S. 220.
30 Zur Ausfaltung dieser Theorie vgl. J. G. Droysen: *Historik. Die Vorlesungen von 1857* (s. Anm. 26), S. 201–216, S. 290–362.
31 Droysen, Johann Gustav: »Enzyklopädie und Methodologie der Geschichte«. In: ders.: *Historik. Vorlesungen über Enzyklopädie und Methodologie der Geschichte*. Hg. von Rudolf Hübner. Darmstadt ⁴1960, S. 270.
32 J. G. Droysen: *Historik. Die Vorlesungen von 1857* (s. Anm. 26), S. 288.
33 Ebd., S. 207 (meine Hervorheb.). Zur topischen Metaphorik des ›Netzes‹ vgl. Barthes, Roland: *S/Z*. Übers. von Jürgen Hoch. Frankfurt/M. 1987, S. 25 f.; vgl. auch R. Barthes: *Das semiologische Abenteuer* (s. Anm. 27), S. 68 f.
34 J. G. Droysen: *Historik. Die Vorlesungen von 1857* (s. Anm. 26), S. 207.
35 White, Hayden: »Droysens Historik: Geschichtsschreibung als bürgerliche Wissenschaft«. In: ders.: *Die Bedeutung der Form. Erzählstrukturen in der Geschichtsschreibung*. Übers. von Margit Smuda. Frankfurt/M. 1990, S. 108–131, hier S. 118.

Präsentismus hat Droysen selber ganz direkt zum Ausgangspunkt seiner Geschichtstheorie erklärt:

> [...] das Wesen der Forschung ist, in dem Punkt der Gegenwart, den sie erfaßt, die erloschenen Züge, die latenten Spuren wieder aufleben, einen Lichtkegel in die Nacht der Vergessenheit rückwärts strahlen zu lassen. [...] Er [sc. der Mensch] umleuchtet seine Gegenwart mit einer Welt von Erinnerungen, nicht beliebigen, willkürlichen, sondern solchen, die die Entfaltung, die Ausdeutung dessen sind, was er um sich her und in sich als Ergebnis der Vergangenheiten hat; er hat diese Momente zunächst unmittelbar, ohne Reflexion, ohne Bewußtsein, er hat sie, als habe er sie nicht, erst indem er sie betrachtet und zum Bewußtsein bringt, erkennt er, was er an ihnen hat, nämlich das Verständnis seiner selbst und seiner zunächst unmittelbaren Bedingtheit und Bestimmtheit: Er wäre nichts ohne sie, sein Geist wäre [...] ein leeres Blatt [...].[36]

Und in einer weiteren Formulierung: Der Präsentismus setzt historische Alterität als die eigene Gegenwart »in verhüllender oder verhüllter Gestalt«.[37]

Droysens Präsentismus, der Vergangenheit als Latenz des Gegenwärtigen begreift, wird aber zudem enggeführt mit einer rhetorischen Figur von/für Geschichte, die selber Latenz und Enthüllung temporal korreliert. Droysen zielt, so meine These, auf die Konstruktion einer *Indifferenz* zwischen einer bestimmten Art verzeitlichter Geschichte, deren historischen Ursprung ihrerseits er vorführen will, und der Rhetorik der Darstellung solcher verzeitlichten Geschichte, die er aus dem genau gleichen historischen Ursprung hervorgehen sieht. Diese Rhetorik ist fundiert in der rhetorischen Figur der Typologie, die für Droysen in der Geschichte selbst Geschichte allererst denk- und darstellbar gemacht hat und macht. Typologie als rhetorische Figur weist aber zudem eine starke Affinität zu Denkmustern der topischen Tradition auf. Anders formuliert: Bei Droysen ist Geschichte topische *historia cum figura*.

Nach Droysen ist »die Theodicee« die »höchste Aufgabe unserer Wissenschaft«.[38] Zu sagen, »daß auch die Geschichte eine Bibel sei«[39], schließt bei ihm die Prämisse ein, Geschichte als Offenbarung *per historiam* so zu lesen, wie in der Heiligen Schrift selber und durch die institutionalisierten Formen ihrer Exegese gemäß der Lehre vom mehrfachen Schriftsinn Geschichte, der Bezug zwischen Altem und Neuem Testament, gelesen wurde, nämlich über das Verfahren der Typologese, das Vergangenheit setzt als Präfiguration – *týpos* – der Gegenwart (und der Zukunft), die Gegenwart (und die Zukunft) als gesteigerte Erfüllung – *antítypos* – der Vergangenheit. Droysen hat die typologi-

---

Zur Differenzierung von ›Spur‹ und ›Sublimierung‹ bei Droysen vgl. Droysen: *Historik. Die Vorlesungen von 1857* (s. Anm. 26), S. 71–87. Droysens Präsentismus wird auch in der oben (S. 160) bereits angeführten Passage schon in Ansätzen kenntlich.

36 J. G. Droysen: *Historik. Die Vorlesungen von 1857* (s. Anm. 26), S. 10.
37 Ebd., S. 202.
38 Droysen, Johann Gustav: »Theologie der Geschichte. Vorwort zur Geschichte des Hellenismus II«. In: ders.: *Historik. Vorlesungen über Enzyklopädie und Methodologie der Geschichte* (s. Anm. 31), S. 369–385, hier S. 371.
39 J. G. Droysen: *Historik. Die Vorlesungen von 1857* (s. Anm. 26), S. 253.

sche Signatur der Vergangenheit als eines Zeichens für den in dieser Vergangenheit noch verhüllten Sinn der späteren Gegenwart in methodologischen Reflexionen, die entscheidend sind für die materiale Durchführung seiner historiographischen Arbeiten, zur Voraussetzung seiner eigenen Geschichtsbetrachtung erklärt:

> Die Geschichte hält fest an dem Glauben an eine weise und gütige Weltordnung Gottes, die [...] das ganze Menschengeschlecht [...] umfaßt; und darin, daß sie diesem Glauben [...] nachringt mit dem Erkennen, daß sie den unendlichen Inhalt dieses Glaubens in endlich menschlicher Weise, in den Kategorien des Denkens und Begreifens immer von neuem, in immer engerer Umzirkelung auszusprechen versucht, darin und nur darin weiß sie sich als Wissenschaft. Sie beruft sich auf das große Wort des Heidenapostels: ›als die Zeit erfüllt war‹, zum Zeugnis, daß die Stiftung des Christentums nicht ein willkürlicher und zusammenhangsloser Gnadenakt göttlichen Beliebens war, sondern Gottes ewiger Ratschluß von Anbeginn zu diesem Punkte hin die Völker, Juden wie Heiden, geleitet, erzogen und geweiht hat.[40]

Die Denkfigur, daß Gegenwart als erfüllte Zeit Resultat einer vergangenen ›Erziehung‹ auf diese Gegenwart hin ist, daß weiter Vergangenheit die Ankündigung der Gegenwart ist, ein Zeichen dieser Gegenwart, das aber allererst aus deren Perspektive vollends lesbar wird, schließt ein, daß die typologische Konstruktion von Geschichte ein eigenes Temporalitätsmodell enthält. Ich skizziere kurz dieses Modell im allgemeinen.

Typologese zielt auf die »Gliederung von Zeit als Heilsgeschichte«.[41] Typologie als Denkform ist Konstituens einer bestimmten Form geschichtlicher Zeit. In ihr verschränken sich zwei Verhältnisse, ein rhetorisches und ein temporales, verschränken sich die Verhältnisse von Verhüllung und Aufdeckung (des Sinns) und von Unabgeschlossenheit und Abgeschlossenheit (der Zeit). Typologische Zeit ist deshalb geschichtliche Zeit mit einer ihr eigenen Rhetorizität. Das metaphorische Register, mit dem das *týpos-antítypos*-Verhältnis beschrieben wird – etwa ›Schatten (*umbra*)‹ vs. ›Gestalt (*imago*)‹ – kennzeichnet die Typologese als eine spezifische Form der Allegorese, bestimmt sie »als eine auf *Geschichte* gerichtete Art der Allegorese«.[42] Typologie ist eine rhetorische Synkrisis, die Temporalität rhetorisch erzeugt und diese zugleich zu ihrer Ermöglichungsbedingung, zu ihrem Sinn geradezu erklärt, »ist

---

40 J. G. Droysen: »Theologie der Geschichte« (s. Anm. 38), S. 373. Ähnlich und noch etwas grundsätzlicher, weil deutlicher in universalhistorischer Perspektive, J. G. Droysen: *Historik* (s. Anm. 26), S. 253: »Ich meine, [...] in diesem Zusammenhang tritt die Bedeutung des Christentums hervor, in dem die jüdische und hellenische Weltanschauung versöhnt und zu einer ganz neuen Form entfaltet werden. Erst da wird offenbar, daß die Geschichte der Menschheit bis dahin eine Erziehung auf Christus war, daß er gekommen, als die Zeit erfüllt war, und daß alle fernere Geschichte an ihm ihren Ausgangspunkt hat.«
41 Hansen, Olaf/Villwock, Jörg: »Einleitung«. In: Bohn, Volker (Hg.): *Poetik. Internationale Beiträge*. Bd. 2: *Typologie*. Frankfurt/M. 1988, S. 7–21, hier S. 7.
42 Ohly, Friedrich: »Typologie als Denkform der Geschichtsbetrachtung«. In: V. Bohn: *Poetik* (s. Anm. 41), S. 22–63, hier S. 24 (Hervorheb. im Orig.).

eine rhetorische Figur, die sich in der Zeit bewegt«.[43] Weil typologische Bezüge als (Text-)Figuren eine aus notwendig zeitlicher Abfolge sich ergebende Relation von Verhüllung und Aufdeckung implizieren, läßt ein *týpos* niemals für sich genommen sichtbar werden, daß er in einem *antítypos* implementiert werden wird, daß er eine eigene ›Zukunft‹ hat, die sich in der Betrachtung *ex post* als gesteigerte Erfüllung bereits eingelöst haben wird. Die exegetische Gültigkeit der typologischen Figur setzt damit voraus, daß die Allegorese von einem Standpunkt aus vollzogen wird, den erst der Abschluß der geschichtlichen Zeit in der Erfüllung bieten kann. »Typologie weist auf zukünftige Ereignisse, die häufig als die Zeit transzendierend vorgestellt werden, so daß sie sowohl eine vertikale Bewegung nach oben als auch eine horizontale nach vorn einschließen. Der metaphorische Kern dieser Vorstellung ist die Erfahrung des Erwachens aus einem Traum [...].«[44] Typologese setzt darum die eigene Gegenwart als *éschaton*; man könnte zugespitzt sagen: Sie tilgt die Eigenzeit der Vergangenheit, indem sie sie in die Geschichte ihrer eigenen Gegenwart uminterpretiert, um so dieser Gegenwart zu dem Schein einer ›überzeitlichen‹ Dauer zu verhelfen.

Droysen beruft sich auf Friedrich Schlegels Bestimmung des Historikers als eines »rückwärts gewandten Propheten«.[45] Historische *anámnesis* in seiner Fassung konfrontiert die »Zuständlichkeit« der Vergangenheit mit ihrem gegenwärtigen »Gegenbild« – ihrem *antítypos* –, das die Vergangenheit nachträglich zu »eine[m] Besseren, eine[m] Idealen [...] zu erheben hat«.[46] Hayden White hat, ohne auf die Figur der Typologie zu sprechen zu kommen, deren Funktion bei Droysen, die für diesen auch auf eine *amplificatio* der eigenen kulturellen Gegenwart hinauslaufe, indirekt markiert, wenn er hervorhebt, daß nach Droysen »die Hauptaufgabe des Historikers nicht einfach in der Wiedererweckung vergangener Zeiten bestehen kann, sondern vielmehr im *Erschließen* der Vergangenheit durch *Enthüllung* und *Erhebung* der Gegenwart, die in ihr verborgen war, oder, anders gewendet, eine[r] *Bereicherung* der Gegenwart durch *Erschließung* und *Aufklärung* der in ihr beschlossenen Vergangenheit«.[47] Eine Verschränkung von Kontinuität und Steigerung ist es darum, die nach Droysen das typologische Bewegungsgesetz von Geschichte ausmacht: »Es ist eine Kontinuität, in der jedes Frühere sich in dem Späteren fortsetzt, ergänzt, erweitert [...], jedes Spätere sich als Ergebnis, Erfüllung des Späteren darstellt. [...] In diesem [...] Nacheinander, in dieser sich in sich selbst steigernden Kontinuität gewinnt die allgemeine Vorstellung Zeit ihren diskreten Inhalt, der von uns mit dem Ausdruck *Geschichte* zusammengefaßt wird.«[48]

---

43 Frye, Northrop: »Typologie als Denkweise und rhetorische Figur«. In: V. Bohn: *Poetik* (s. Anm. 41), S. 64–96, hier S. 67.
44 N. Frye: »Typologie als Denkweise und rhetorische Figur« (s. Anm. 43), S. 69.
45 J. G. Droysen: *Historik. Die Vorlesungen von 1857* (s. Anm. 26), S. 57.
46 Ebd., S. 389.
47 H. White: »Droysens Historik« (s. Anm. 35), S. 121 (Hervorheb. im Orig.).
48 Droysen, Johann Gustav: »Natur und Geschichte«. In: ders.: *Historik* (s. Anm. 26), S. 470–479, hier S. 475 (Hervorheb. im Orig.).

Droysen hat, unter Abkehr von der normativen Ausrichtung der zeitgenössischen Altphilologie an der klassischen Antike, erstmals die Zeit zwischen Alexander und Augustus zu einer historischen Epoche eigener Dignität erklärt, zum, so der von ihm neugeschaffene Terminus, ›Hellenismus‹. Diese Konstruktion leitet sich deutlich ab aus dem Wunsch, der eigenen jüngsten Geschichte des 18. und 19. Jahrhunderts zu einem historischen Analogon zu verhelfen: Der Hellenismus ist »die *moderne Zeit des Altertums*«.[49] Der analogische Bezug ergibt sich dabei nicht zuletzt daraus, daß der »moderne Geist« des »historischen Sammeln[s]« in der Alexandrinischen Bibliothek seine Vor-, in der neuen Museumskultur und in der prosperierenden Geschichtswissenschaft des 19. Jahrhunderts seine Ausprägung findet.[50] Bereits der Hellenismus setzt jenes historische Bewußtsein frei[51], das in gesteigerter Form im Historismus der eigenen Gegenwart Droysens wiederkehrt. Die Möglichkeit der Herstellung dieser historischen Analogie verdankt sich sichtlich den tropologischen Basisoperationen des topischen Vergleichs, in dem die Tropen Metonymie und Synekdoche ineinander spielen. Droysen löst aus den verglichenen historischen Epochen des Hellenismus und der neuesten Geschichte metonymisch jeweils ein Element – das historische Bewußtsein – heraus, das den Punkt abgibt, aus dem die analogische Beziehung hervorgeht. In ihrer Vergleichbarkeit aber bilden die beiden historischen Epochen eine Synekdoche, die wiederum für das Ganze der Geschichte, nämlich für deren typologische Struktur steht. Typologie entpuppt sich damit als in Geschichte gewendete Topik, und diese Wendung ist Droysens Antwort auf das Problem einer modernen Verzeitlichung von Geschichte im Sinne Kosellecks.

Auch Droysens Konstruktion einer Universalgeschichte, die er allerdings in keinem seiner Texte material entfaltet hat, die man vielmehr aus seinen einzelnen historiographischen Arbeiten zusammenlesen muß, kennt freilich eine Verzeitlichung im Sinne eines Bruchs geschichtlicher Kontinuität. Aber sie hat nur einmal stattgefunden, und zwar in ferner, archaischer Zeit. Droysen bezieht sich auf einen Text Peter Feddersen Stuhrs[52], wenn er den Hellenismus als Resultat einer »Durchreißung [...] aller natürlich erwachsenen Verhältnisse«[53] begreift. Auch Droysen beruft sich damit bei seiner Konstruktion einer spezifisch geschichtlichen Zeit auf eine radikale Diskontinuität. Der Bruch ist aber als Moment von Kontingenz kein immanentes Bestimmungsmerkmal von Geschichte selber, sondern er ist identisch mit der Schwelle zwischen Natur und Geschichte, nach deren Überschreitung Geschichte sich sogleich

---

49  J. G. Droysen: »Theologie der Geschichte« (s. Anm. 38), S. 384 (Hervorheb. im Orig.).
50  J. G. Droysen: *Historik. Die Vorlesungen von 1857* (s. Anm. 26), S. 73 ff.
51  Vgl. Droysen, Johann Gustav: *Geschichte des Hellenismus*. Tl. 1: *Geschichte Alexanders des Großen*. Hg. von Erich Bayer. Tübingen 1952, S. 441.
52  Eggo, Feodor [Stuhr, Peter Feddersen]: *Vom Untergang der Naturstaaten, dargestellt in Briefen über Niebuhr's Römische Geschichte*. Berlin 1812. Vgl. zu Droysens Anlehnung an Stuhr u. a. J. G. Droysen: *Historik* (s. Anm. 26), S. 300.
53  Droysen, Johann Gustav: *Geschichte des Hellenismus*. Tl. 3: *Geschichte der Epigonen*. Hg. von Erich Bayer. Tübingen 1953, S. 185.

nach dem Bewegungsgesetz der Typologie strukturiert. So zeigt sich in der Perspektive Droysens der Übergang zu geschichtlicher Zeit zwar einerseits als Ereignis, das sich nicht selbst als Fall dieses Bewegungsgesetzes fassen läßt, das jedoch andererseits Kontingenz für immer aus dem Lauf der Geschichte zu vertreiben versprochen hat.

Droysens *Geschichte des Hellenismus* ist nichts anderem als der Demonstration gewidmet, daß die Verlaufsform dieser historischen Epoche dem Gesetz der Typologie gehorcht, daß aber zugleich im Hellenismus Typologie als Weise der Apperzeption und Darstellung von Geschichte geboren wird. In seiner Universalhistorie soll dann Typologie den Gang der Geschichte insgesamt prägen, und zwar von den Verheißungen des Hellenismus bis zur erfüllten Zeit des preußisch-deutschen Nationalstaates, die Ertrag ist von Preußens »Beruf für das Ganze«.[54] Typologese fungiert dabei – anders oder auch radikaler als in der traditionellen christlichen Exegesepraxis – als flexibles Instrument des Nachweises von Analogien zwischen historischen Epochen.

Die Herausbildung von *typologisch* verzeitlichter Geschichte vollzieht sich für Droysens Blick im Hellenismus über drei Schritte und durch Reflexe der klassischen griechischen Philosophie. Der Untergang der mythisch-naturalen Ordnung der archaischen griechischen Polis, die Austreibung der Subjekte aus der sie »umgebende[n] Heimatlichkeit«[55], war durch die Sophistik vorweg auf dem Feld der Theorie begründet worden.[56] Erst Sokrates/Platon und Aristoteles aber stellten einen neuen Zurechnungspunkt kulturellen und politischen Handelns bereit, der nun nicht mehr dem Boden naturaler »Heimatlichkeit« verhaftet war, sondern sich auf die Abstraktionshöhe theoretischer, auf das Allgemeine, auf Ideen (»des Rechten und [...] des Guten«[57]) zielender Reflexion verschoben hatte. Und es ist nun der historischen Epoche seit Alexander aufgegeben, den ehemals engen Raum des Politischen durch den weiten geopolitischen Horizont des aus der philosophischen Reflexion gewonnenen Allgemeinen, der Ideen zu ersetzen und diesen Ideen einen angemessenen politischen Körper zu verschaffen, um einen »neue[n] Aggregatzustand der Menschheit«[58] herbeizuführen.[59] Zuerst in dem im Entstehen begriffenen Christentum wird jedoch die typologische Zeitlichkeit von Geschichte vollends als Gesetz sichtbar, für das Christentum selbst jedoch auch schon zur Form, in der Geschichte sich buchstäblich anschauen läßt. Droysen konstruiert – darin ganz den oben angedeuteten Vergleichsstrategien der Typologese folgend –

---

54 Droysen, Johann Gustav: *Geschichte der Preußischen Politik*. Tl. 1: *Die Gründung*. Berlin 1855, S. 4.
55 J. G. Droysen: *Geschichte des Hellenismus* (s. Anm. 53), S. 6.
56 Vgl. Droysen, Johann Gustav: »Zur griechischen Litteratur«. In: ders.: *Kleine Schriften zur alten Geschichte*. Leipzig 1894, Bd. 2, S. 62–74, hier S. 65 f.
57 Droysen, Johann Gustav: »Einleitung« [zu Droysens Übersetzung von Aristophanes' *Die Wolken*]. In: *Des Aristophanes Werke*. Berlin 1838, Bd. 3, S. 4–22, hier S. 11.
58 J. G. Droysen: *Geschichte des Hellenismus* (s. Anm. 53), S. 418.
59 Vgl. Droysen, Johann Gustav: *Geschichte Alexanders des Großen*. Berlin 1833, S. 582 f.

eine doppelte typologische Bezugnahme des frühen Christentums: zur jüdischen Religion und zum Heidentum der Hellenen. Beide waren auf ihre Weise defiziente Vorprägungen dessen, was mit dem Christentum in die Welt gekommen ist. Es ist der jüdische Messianismus, der nach Droysen erstmals die Vorstellung einer – freilich bloß jenseitigen – erfüllten Zeit bereitstellt. Die Jenseitigkeit von Erfüllung, diese Negativität, verhindert aber, daß Geschichte, der Aktionsort der Arbeit des »Menschen« nach seinem »Gattungsbegriff«[60], zum Ort dieser Erfüllung zu werden vermag. Die Negativität entzweit zwischen dem Jenseits der Versöhnung und dem Bereich geschichtlicher Arbeit, den die historische Entwicklung seit Alexander zum Feld der Realisierung des Allgemeinen bestimmt hatte. Erst durch das Christentum – dem »Angelpunkt ihrer [sc. der Menschheit] Geschichte«[61] – werden der *týpos* des hellenischen Heidentums und der *týpos* des jüdischen Messianismus vereint, wächst dem Lauf der Geschichte selber das typologische Ziel der erfüllten Zeit in einem Reich Gottes auf Erden zu:

> Sie [sc. die Jehovalehre] hat das unmittelbar und als Ausgangspunkt, was jenen [sc. den heidnischen Völkern] als Resultat ihrer Entwicklung und eben darum so völlig anders aufzugehen beginnt, – während sie selbst das entbehrt oder als Abfall und Entartung und doch vergebens verdammt [sc. die Geschichte als Ort der Realisierung des Allgemeinen], worin jene ihre Kraft und Berechtigung hatten. Nun endlich tritt dieser letzte und tiefste Gegensatz der Alten Geschichte Stirn an Stirn widereinander; es beginnt die letzte, die entscheidende Arbeit des sich erfüllenden Altertums; es vollendet sich, ›als die Zeit erfüllet war‹, in der Erscheinung des menschgewordenen Gottes, in der Lehre des Neuen Bundes, in dem jener letzte und tiefste Gegensatz überwunden sein, in dem Juden und Heiden, die Völker aller Welt, in ihrer ethnischen Kraft gebrochen und auf den Tod erschöpft, endlich, *wie die Propheten verhießen, die Weisen geahnt, die Sibyllen, der Völker Mund, laut und lauter gerufen*, Trost und Ruhe und für die verlorene Heimat hienieden eine höhere, geistige, die in dem Reiche Gottes, finden sollten.[62]

Das Christentum begreift sich selbst – in seiner Abkünftigkeit vom heidnischen Hellenentum und vom Judentum – als *antítypos*. In letzter Konsequenz ist also die Epoche des Hellenismus deshalb die Geburtsstunde von Geschichte, weil sich in ihr durch die Entstehung des Christentums das *týpos-antítypos*-Schema als *master trope* der Betrachtung ebendieser Geschichte durchgesetzt und zugleich als Gesetz der geschichtlichen Bewegung entpuppt hat.

Droysen rückt den typologisch konstruierten Hellenismus, in dem die Typologie als rhetorische Figur von Geschichte geboren wird, in eine ihrerseits typologische Entsprechung zur eigenen Gegenwart; der Hellenismus wird selbst zum *týpos*. In seinem *Zeitalter der Freiheitskriege* läßt Droysen die eigene Gegenwart, die sich nach ihm in der frühen Neuzeit, in der Reformation ankündigt und in der Bewegung vom Amerikanischen Unabhängigkeitskrieg zur ›preußischen Befreiung‹ kondensiert, als Analogon des Hellenismus erschei-

---

60 J. G. Droysen: *Historik. Die Vorlesungen von 1857* (s. Anm. 26), S. 17.
61 J. G. Droysen: »Theologie der Geschichte« (s. Anm. 38), S. 371.
62 J. G. Droysen: *Geschichte des Hellenismus* (s. Anm. 53), S. 424 (meine Hervorheb.).

nen. Seiner Sicht zufolge hat die französische Aufklärung des 18. Jahrhunderts als Auslöser der Französischen Revolution auf ihre Weise die Entfremdungsbewegung wiederholt, die ehedem zum Untergang der griechischen Polis geführt hatte.[63] Die Versöhnung dieser Entzweiung aber vollzieht sich in der immer wieder unterbrochenen Konstitution der deutschen Nation im 19. Jahrhundert, in der wiederum die Tradition der deutschen Reformation beerbt wird. Diese Tradition schon hatte den antiken »Charakter des Christentums, eine geschichtliche Tatsache zu sein«[64], restituiert, war zum wahren Geist des Christentums, zur »Geschichte des Heilands und der ersten Kirche«[65] zurückgekehrt, hatte aber durch ihre »hochgesteigerte nationale Empfindung«[66] diesen wahren Geist um den Begriff der Nation erweitert. Es ist diese Idee der Nation, die sich in Preußen-Deutschland erstmals in ihrer endgültigen Gestalt zu erkennen gibt. In der Bewegung, die in den Befreiungskriegen anhebt, beginnt sie sich die ihr angemessene politische und kulturelle Verkörperung zu schaffen. Mit dieser Verkörperung erst wird die »falsche[ ] Alternative des Diesseits und Jenseits«, welche auch im frühen Christentum noch immer wieder aufgebrochen war, vollends verabschiedet, weil der »Mensch« nach seinem »Gattungsbegriff« in der preußisch-deutschen »Welt sittlicher Kräfte und Zwecke [...] ein Dasein [erlangt hat], in dem es wahr wurde, daß [er] [...] nach Gottes Ebenbild geschaffen wurde«.[67] Zugleich versteht sich solche ›borussianische‹ Geschichtstheologie aber auch als eine Theorie der Moderne. Droysen hat seinen Begriff von Geschichte in eine intrinsische Beziehung zur Kategorie der ›Arbeit‹ gerückt. So zeigt sich die Bedeutung der christlichen Religion für die Konstitution von Geschichte nicht zuletzt in ihrer »sittlichen Anerkennung der Arbeit«[68], auch wenn es wiederum der Reformation – als *týpos* der eigenen Gegenwart – bedurft hat, »um die Arbeit zu ihrer Ehre zu erheben, sie zu emanzipieren«.[69] Es bleibt aber der aktuellen technischen und ökonomischen Moderne überlassen, die Arbeit mit ihrer höchsten geschichtstheologischen Weihe zu versehen: »Wie gebunden war die Arbeit, solange sie nur an die Kraft und die Organe des Menschen geknüpft war. [...]

---

63 Vgl. J. G. Droysen: *Geschichte des Hellenismus* (s. Anm. 53), S. 416 f.
64 J. G. Droysen: *Historik. Die Vorlesungen von 1857* (s. Anm. 26), S. 374.
65 Ebd., S. 42.
66 Ebd., S. 100.
67 J. G. Droysen: *Geschichte der Preußischen Politik* (s. Anm. 54). Tl. 2: *Die territoriale Zeit*. 1. Abtl. Berlin 1857, S. 11.
68 J. G. Droysen: »Enzyklopädie und Methodologie der Geschichte« (s. Anm. 31), S. 248. Diese Anerkennung hatte ihrerseits eine Vorprägung. Getreu seiner typologischen Konstruktion des Hellenismus zeigt sich für Droysen schon unter Alexander eine Tendenz zu stetig sich steigernder merkantiler Akkulturation; vgl. zu diesem hellenistischen Merkantilismus bei Droysen Harth, Dietrich: »Biographie als Weltgeschichte. Die theoretische und ästhetische Konstruktion der historischen Handlung in Droysens ›Alexander‹ und Rankes ›Wallenstein‹«. In: *DVjs* 54 (1980), S. 58–104, hier S. 70.
69 J. G. Droysen: »Enzyklopädie und Methodologie der Geschichte« (s. Anm. 31), S. 248.

Die nach tausend Millionen zu messenden Pferdekräfte der Dampfmaschinen, die jetzt in den Kulturländern der Welt arbeiten, sind ein Maßstab für die große geschichtliche Bewegung in diesen Gebieten [...].« Die Emergenz der modernen Kapitalwirtschaft verhilft in diesem Sinne den ›sittlichen Mächten‹, die eben nicht zuletzt auch »wirtschaftliche Gemeinsamkeiten« sind, zu ihrer reinsten Ausprägung:

> Schon die Familie ist eine solche [sc. wirtschaftliche Gemeinsamkeit] und ist es in natürlichster Weise. Der weitere Fortgang führt zu Gemeinden, ländlichen, städtischen; weiter zu Einigungen der gleichen Interessen in Zünften, Städtebünden, Aktiengesellschaften usw. Schon in der Reihe dieser Beziehungen sieht man, wie je weiter, desto reiner der wirtschaftliche Charakter sich herauslöst. [...] [Es] versteht [...] sich von selbst, daß alle jene Gestaltungen im Güterleben ihre Geschichte haben, recht eigentlich durch ihren geschichtlichen Verlauf und dessen Ergebnisse bedingt sind. In diesem Bereich sind Kapitalien Ausdruck durchlebter Geschichte.[70]

Allein in Preußen-Deutschland findet jedoch diese Moderne den ihr angemessenen kulturellen Kontext vor, denn allererst jene historische ›Bildung‹ und jenes historische Bewußtsein, wie sie dort ihre kulturelle Leitfunktion ausüben, führen nach Droysen zum adäquaten Verständnis der eigenen Moderne als Resultat und Ziel von Geschichte. Preußen-Deutschland ist in solch geschichtstheologischer Perspektive der Gottesstaat des Kapitalismus.

Droysen hat so insgesamt die Typologie als Bewegungsgesetz, als Form der Apperzeption und als Rhetorik der Darstellung von Geschichte ihrerseits historisch verankert. Die Geburt der typologischen Geschichte aus dem Geist des Hellenismus erzeugt in eins die Prinzipien ihrer Erkenn- und Darstellbarkeit, die seitdem die Rede über Geschichte solange bestimmen, wie es Geschichte gibt. Es gibt sie aber nach Droysen genau so lange, wie die Vorstellung herrscht, die eigene Gegenwart der Moderne als *antítypos* dieser Geburtsphase beschreiben zu können.

## IV.

In einem Brief an Dilthey markiert Paul Yorck v. Wartenburg den formativen Status einer bestimmten Art von Visualismus bei Ranke: »Ranke war eben Aesthetiker [...]: Auch seine kritischen Grundsätze sind okularer Natur und Provenienz. Der Geschichtsstoff [...] ist ihm eine Fluktuation von Gestalt annehmenden Kräften. [...] Ranke ist ganz Auge als Historiker [...]. Ranke ist ein großes Okular.«[71] Solcher Okularismus prägt drei Ebenen von Rankes Historie: erstens die *aísthesis* der historischen Quellen; zweitens die Praktiken der historiographischen Darstellung; drittens, darauf gehe ich abschließend ein, die nicht eben zahlreichen, aber für die historistische Historiographie immer wieder als paradigmatisch zitierten geschichtstheoretischen Reflexionen.

---

70 Ebd., S. 250.
71 *Briefwechsel zwischen Wilhelm Dilthey und dem Grafen Paul Yorck v. Wartenburg 1877–1897.* Halle (Saale) 1923, S. 59 f.

Rankes *aísthesis* der Quellen verdankt sich einer Konjunktion von »Historismus und Tourismus«.[72] Seine berühmte dreieinhalbjährige Archivreise, die ihn von Wien nach Venedig, Rom und Florenz und zurück nach Venedig führt und die im 19. Jahrhundert sehr schnell zum Topos der disziplinären Selbstlegitimation der Geschichtswissenschaft avanciert[73], etabliert für ihn die Kategorie des Raums zur primären Bezugsgröße von Geschichte: Die geographische Distribution der Archive, der Quellen der Quellen gewissermaßen, die Resultat einer ›Verschriftlichung‹ des Politischen in der Renaissance gewesen war, und die kommunikative Vernetzung der politischen Mächte dieser Zeit, wie sie durch die in den Archiven aufbewahrten Materialien dokumentiert wird, läßt vor Rankes Blick das versunkene Europa der Renaissance als Gestalt eines einheitlichen geopolitischen Raums erstehen. Geschichtliche Bewegung war in diesen Raum gleichsam eingestellt.

Bilder des Raums eröffnen auch sehr häufig die historiographischen Texte Rankes. Raum konkretisiert sich dabei zur Landschaft, deren Antlitz als sedimentierte Geschichte lesbar wird. So heißt es ganz zu Beginn der *Englischen Geschichte vornehmlich im siebzehnten Jahrhundert*:

> Wie im Gezimmer der Erde vor allem die Bodenerhebungen, in deren Aufbau die den wirksamen Urstoffen inwohnende Macht sich kundgegeben hat, jene Massengebirge, von denen die mit den Ansiedlungen der Menschen bedeckten Tiefländer beherrscht werden, die Aufmerksamkeit anziehen, so giebt es in der Völkergeschichte Begebenheiten, in welchen die elementaren Kräfte, auf deren Zusammenwirken oder auch gemäßigtem Gegensatz die Staaten und Reiche beruhen, sich in plötzlichem Kampfe gegen einander erheben und in dem Wogen getümmelvoller Verwirrung neue Bildungen hervortreiben, von welchen die folgenden Zeitalter ihr Gepräge empfangen.[74]

Mit Hilfe des ›Okulars‹, das der Historiker zwischen sich und die Geschichte schaltet, wird geschichtliche Temporalität übersetzt in die ganz andere Zeitordnung des Geologischen. Werden vergangene ›Ereigniskatarakte‹ bei Ranke als geologische Formationsprozesse von Landschaften verbildlicht, so rücken sie in eine ferne Zeit. Das ist seine Abweisung der Vorstellung einer modernen verzeitlichten Geschichte, die als Beschleunigung erfahrbar wäre. Zumindest der Historiker weiß sich aus dem Bannkreis dieser Vorstellung herausgenommen und kann deshalb diejenigen panoramatischen Blicke auf Geschichte werfen, wie sie in Rankes Texten eigens reflektiert werden.[75]

---

72 Traeger, Jörg: *Der Weg nach Walhalla. Denkmallandschaft und Bildungsreise im 19. Jahrhundert*. Regensburg 1987, S. 16.
73 Vgl. dazu das Kapitel »A Window on the Past« in Pemble, John: *Venice Rediscovered*. Oxford 1995, S. 73–86.
74 *Leopold von Ranke's Sämmtliche Werke*. Bd. 14–22: *Englische Geschichte vornehmlich im siebzehnten Jahrhundert*. Leipzig ²u. ³1870 ff., Bd. 14, S. IX. Vgl. ein ähnliches Bild auch am Beginn von Rankes *Serbien und die Türkei im neunzehnten Jahrhundert* (*Sämmtliche Werke*. Bd. 43/44. Leipzig 1879, S. 2).
75 Vgl. etwa die folgende Passage aus der *Englischen Geschichte* ([s. Anm. 74], Bd. 22, S. 40): »Meine Arbeit würde mich selbst nicht befriedigt haben, hätte ich nicht […] auch noch die […] letzte Höhe zu ersteigen unternommen, von welcher aus

Retopikalisierung nun ergibt sich bei Ranke durch die Engführung seiner Topologie der Geschichte mit der Gestaltung historischer Figuren zu Geschichtstopoi. Diese bilden gleichsam die Binnenstruktur der verräumlichten Geschichte. Am deutlichsten läßt sich das anhand seiner *Deutschen Geschichte im Zeitalter der Reformation* beobachten, die insofern selber schon einen denkmalspolitischen Ursprung hat, als sie als Projekt aus Rankes Ärger über die lauen Darbietungen zum Luther-Jahr 1817 entsprungen war.[76] Ich lese im folgenden das Kapitel »Ursprung der religiösen Opposition«[77], in dem die Figur Luthers erstmals in historiographischer Animation auftritt und mit dem Ranke den ansonsten an der Chronologie ausgerichteten Erzählfluß seiner Reformationsgeschichte unterbricht und ein buchstäbliches Panorama der politischen, kulturellen und religiösen Zustände um 1500 gibt.

Das Kapitel ist zunächst geprägt durch eine topologisch strukturierte Schreibweise. Ranke zieht um das Zentrum der frühen Reformation, die neugegründete Wittenberger Universität mit dem ihr angeschlossenen Augustinerkonvent, konzentrische Kreise, deren Abfolge in der Darstellung sich diesem Zentrum kontinuierlich annähert. Er beginnt dabei mit einer Schilderung des Zustands der »indischen Religionen und de[s] Islam« (174) und markiert so das Außen und die Grenze des Raums, der den Gegenstand seines Textes bildet, schwenkt sodann zur inneren Verfassung des Papsttums und der »lateinische[n] Christenheit« (177), danach zu den diversen deutschen Oppositionen gegen das katholische Rom und schließlich zur ›Luther-Topographie‹ im engeren Sinne, in die Luther als Geschichtstopos hineingestellt wird. Schon der allererste Satz des Kapitels ordnet Luther in eine typologische Reihe der Steigerung und Erfüllung ein: »Jesaias hat im Geiste alle Völker der Welt kommen sehen, um Jehova anzubeten: Paulus hat dem Menschengeschlecht den allgemeinen Gott verkündigt« (173). Die eigentliche Topikalisierung Luthers aber ergibt sich über einen topographischen Bezug: »Das Geschlecht dem Luther angehört, ist in Möhra zu Hause, einem Dorfe unmittelbar an der Höhe des Thüringer Waldes, unfern den Gegenden, an die sich das Andenken der ersten Verkündigungen des Christenthums durch Bonifacius knüpft« (224). Bonifatius ist in der öffentlichen Geschichtskultur des 19. Jahrhunderts topische Repräsentation der gleichermaßen topischen Vorstellung von der ›vorkonfessionellen‹, der *einen* Christenheit. Diese topische Denkfigur bringt beispielsweise auch das Ruhmesprogramm der Walhalla zum Ausdruck: Dort, im Innern des Geschichtstempels, wacht auf dem Fries über dem Zugang zum Opisthodom Bonifatius über die überkonfessionellen Kriterien für die Auswahl der Heroen, die Eingang ins Pantheon der deutschen Geschichte finden

---

    sich die volle Ansicht der vergangenen und der folgenden Zeiten, das Woher und das Wohin erwarten ließ.«
76  Vgl. Ranke, Leopold von: *Zur eigenen Lebensgeschichte*. Hg. von Alfred Dove. Leipzig 1890, S. 31.
77  Ranke, Leopold von: *Deutsche Geschichte im Zeitalter der Reformation*. 5 Bde. Berlin ³1852, Bd. 1, S. 173–247; Verweise auf Stellen aus diesem Kapitel durch Angabe der Seitenzahl in Klammern.

sollen.[78] Mit der Vorstellung der versunkenen einen Christenheit hatte auch Novalis seine ›Rede‹ »Die Christenheit oder Europa«, die als Intertext des Kapitels aus Rankes Reformationsgeschichte gelesen werden muß, anheben lassen: »Es waren schöne glänzende Zeiten, wo Europa ein christliches Land war, wo *Eine* Christenheit diesen menschlich gestalteten Welttheil bewohnte; *Ein* großes gemeinschaftliches Interesse verband die entlegensten Provinzen dieses weiten geistlichen Reichs.«[79] Als Zerstörer und Auflöser dieses Reichs, dessen Grenzen durch die einheitlichen rituellen Kultpraktiken abgesteckt worden waren, tritt nun bei Novalis Luther auf, und zwar nicht primär deshalb, weil er als Verursacher der konfessionellen Spaltung gesehen wird, sondern weil er Agent einer ›Verschriftlichung‹ von Kultur ist, die die Grenzen kultureller Räume ignoriert und die Idee der einen universalistischen ›Menschheit‹ instituiert – in diesem Sinne ist Luther der Inaugurator einer Bewegung, die mit der Reformation beginnt und in der Aufklärung des 18. Jahrhunderts gipfelt: »[…] Luther behandelte das Christenthum überhaupt willkürlich, verkannte seinen Geist, und führte einen andern Buchstaben und eine andere Religion ein, nemlich die heilige Allgemeingültigkeit der Bibel, und damit wurde leider eine andere höchst fremde irdische Wissenschaft in die Religionsangelegenheit gemischt – die Philologie – deren auszehrender Einfluß von da an unverkennbar wird.«[80] Ranke dagegen wendet Novalis' Konstruktion um, und zwar über Verfahren des topischen Vergleichs. Über den formalen *locus a contrario* und den materialen *medius terminus* ›grenzauflösendes Medium‹ stellt er einen Kontrast zwischen Novalis' und seiner eigenen Luther-Figur her. In seiner Sicht unterbindet Luther den grenzenlosen Strom des Geldes, der in der Epoche der Reformation anzuheben begonnen hatte. Ranke erreicht dies, indem er das Thema der Reformation mit dem Thema der Entdeckung der Neuen Welt verknüpft. Die juristische und politisch-theologische Begleitung dieser Entdeckung und Eroberung durch die römische Kurie ist Höllendienst, weil sie unter dem Vorzeichen des Mammon vonstatten geht und damit einem diesseitigen Universalismus verfällt. In einer suggestiven Montage verbindet Ranke die vermeintlichen Intentionen dieser illegitimen Weltpolitik mit der Ablaßpolitik Leos X. und ihrem Sachwalter in Sachsen. Inmitten der Darstellung des sich anbahnenden Ablaßstreits und ohne weitere diegetische Vorbereitung läßt nämlich Ranke ausgerechnet Kolumbus als verkappten Ablaßprediger sprechen: »In diesem Sinne ist es daß schon Columbus einmal den Werth des Goldes preist: ›wer es besitzt‹, sagt er gleichsam im Ernst, ›vermag sogar die Seelen ins Paradies zu führen‹« (238). Wenn Ranke Luther mit dem Thesenanschlag genau dagegen sich erheben läßt, dann figuriert dieser als Grenzhüter Alteuropas, als Aufhalter eines monetaristischen Universalismus.

---

78 Vgl. J. Traeger: *Der Weg nach Walhalla* (s. Anm. 72), S. 198 ff.
79 Novalis: »Die Christenheit oder Europa. Ein Fragment«. In: ders.: *Werke, Tagebücher und Briefe Friedrich von Hardenbergs*. Hg. von Hans-Joachim Mähl und Richard Samuel. Bd. 2: *Das philosophisch-theoretische Werk*. Hg. von Hans-Joachim Mähl. München, Wien 1978, S. 732–750, hier S. 732 (Hervorheb. im Orig.).
80 Novalis: »Die Christenheit oder Europa. Ein Fragment« (s. Anm. 79), S. 737.

Fundiert ist Rankes Engführung von Topologie und Topik der Historie aber letztlich erst in einer geschichtstheologischen Denkfigur. Schon in der *Deutschen Geschichte im Zeitalter der Reformation* selbst heißt es: »Wir dürfen vielleicht sagen: eben darum folgen die Zeiten auf einander, damit in allen geschehe was in keiner einzelnen möglich ist, damit die ganze Fülle des dem menschlichen Geschlechte von der Gottheit eingehauchten geistigen Lebens in der Reihe der Jahrhunderte zu Tage komme.«[81] Diese Formulierung ist ein Vorschein von Rankes wohl bekanntester geschichtstheoretischer Reflexion, die die Verräumlichungstendenz seiner Historie auf die Spitze treibt:

> Wollte man [...] im Widerspruch mit der hier geäußerten Ansicht annehmen, [...] [der] Fortschritt bestehe darin, daß in jeder Epoche das Leben der Menschheit sich höher potenzirt, [...] so würde das eine Ungerechtigkeit der Gottheit sein. Eine solche gleichsam mediatisirte Generation würde an sich und für sich eine Bedeutung nicht haben; sie würde nur insofern etwas bedeuten, als sie die Stufe der nachfolgenden Generation wäre, und würde nicht in unmittelbarem Bezug zum Göttlichen stehen. Ich aber behaupte: jede Epoche ist unmittelbar zu Gott, und ihr Werth beruht gar nicht auf dem, was aus ihr hervorgeht, sondern in ihrer Existenz selbst, in ihrem eigenen Selbst. [...] Die Gottheit [...] denke ich mir so, daß sie, da ja keine Zeit vor ihr liegt, die ganze historische Menschheit in ihrer Gesamtheit überschaut und überall gleich werth findet. [...] vor Gott erscheinen alle Generationen der Menschheit als gleichberechtigt, und so muß auch der Historiker die Sache ansehen.[82]

Nicht nur distanziert Ranke mit dieser Reflexion das aufklärerische Fortschritts- und das – vermeintlich – historistische Entwicklungsparadigma. Der Historiker soll die Geschichte sehen wie Gott, nämlich, wie es die zitierte Passage explizit macht und wie es Rankes Historie ihrer Struktur nach einzulösen sucht, in zeitenthobener panoramatischer Überschau, die den Werth der einzelnen Epochen/Generationen sichtet. Das impliziert eine Überwindung, ein Ende, ein Vorübergehen einer modern verzeitlichten Geschichte. In Rankes Argumentation ist eine geschichtstheologische Denkfigur der neuplatonisch-patristischen Tradition hineingespielt[83]: die Lehre von der *apokatástasis* mitsamt ihrer dunklen Kehrseite, der Lehre vom ›Gipfelpunkt des Bösen‹. Mit der *apokatástasis*-Figur hatte die patristische Theologie auf die Lösung des Theodizee-Problems gezielt. *Apokatástasis* meinte die Erneuerung der Schöpfung am Ende der Zeiten, die »Wiederherstellung [...] für diejenigen, die in Knechtschaft geraten waren« (Gregor von Nyssa).[84] ›Gipfelpunkt des Bösen‹ meinte

---

81 L. v. Ranke: *Deutsche Geschichte im Zeitalter der Reformation* (s. Anm. 77), Bd. 4, S. 3.
82 Ranke, Leopold von: *Ueber die Epochen der neueren Geschichte. Vorträge dem Könige Maximilian II. von Bayern im Herbst 1854 zu Berchtesgaden gehalten.* Hg. von Alfred Dove. Leipzig 1888, S. 4 ff.
83 Über Rankes Kenntnis dieser Tradition informiert noch immer am ausführlichsten Hinrichs, Carl: *Ranke und die Geschichtstheologie der Goethezeit.* Göttingen, Frankfurt/M., Berlin 1954.
84 Zit. nach Daniélou, Jean: »Gipfelpunkt des Bösen und Apokatastasis bei Gregor von Nyssa«. In: V. Bohn (s. Anm. 41), S. 114–125, hier S. 121.

einerseits – quantitativ – das Anwachsen des Bösen bis zu einem nicht mehr übertreffbaren Maß, andererseits eine ›Phänomenologie‹ des Bösen, will heißen eine Ausfaltung sämtlicher Möglichkeiten des Menschengeschlechts, sich von seinem Schöpfungsursprung zu entfernen. Rankes Reflexion folgt den Spuren dieser geschichtstheologischen Spekulation ziemlich genau. Jede Epoche/Generation repräsentiert die Gottheit, aber keine repräsentiert sie ganz. Die Partialität der Repräsentationen ist begründet durch das jeweils unterschiedlich sich konkretisierende Böse. ›Gipfelpunkt des Bösen‹, im quantitativen Sinne wie auch als letzte Gestalt, ist für Ranke – selbstverständlich – die Französische Revolution. Bezogen auf die Geschichte der europäischen Nationen heißt es in diesem Sinne: »Wenn es das Ereignis der letzten hundert Jahre vor der Französischen Revolution war, daß die großen Staaten sich erhoben, um die Unabhängigkeit von Europa zu verfechten, so ist es das Ereignis der seitdem verflossenen Periode, daß die Nationalitäten sich selbst verjüngt, erfrischt und neu entwickelt haben.«[85] Im Werk des historistischen Historikers können nach Überschreitung dieses Gipfelpunkts die Epochen und Gestalten der Vergangenheit ihre Läuterung und ihre *resurrectio* erfahren, insofern ihre Darstellung auf dessen eigene Gegenwart hin orientiert wird. Der Standpunkt des Historikers ist nämlich nach Ranke repräsentativ für den Zustand der eigenen Gegenwart des 19. Jahrhunderts; sie selbst, nicht nur die Historiographie, ist Ort der *apokatástasis*. Deshalb ist in Rankes Blick der topisch konstruierte Luther, der Heger Europas als eines umschlossenen geopolitischen Raums, nun wieder gegenwärtig, aber in geläuterter Form, in der der historische Luther von allen Schlacken befreit worden ist. Denn Ranke sieht das Europa seiner Zeit als eine Art stabiles Fließgleichgewicht, als Planetensystem der Nationen. »So viel gesonderte, irdisch-geistige Gemeinschaften«, schreibt er, »von Genius und moralischer Energie hervorgerufen, […] mitten in den Verwirrungen der Welt durch inneren Trieb nach dem Ideal fortschreitend, eine jede auf ihre Weise. Schaue sie an, diese Gestirne, in ihren Bahnen, ihrer Wechselwirkung, ihrem Systeme!«[86] Die Gegenwart ist so für Ranke ein geläuterter geopolitischer Raum. Mit ihm ist die Geschichte an ihr nicht nur vorläufiges Ende gekommen.

## V.

Bei beiden, bei Ranke wie bei Droysen, figuriert Retopikalisierung als Remedium gegen eine modern verzeitlichte Geschichte. Konstruiert wird eine Gegenwart, die in sich den Schatz der Vergangenheit birgt und aufhebt und die jeden Raum jenseits des nunmehr wieder fixierten Erwartungshorizonts unmarkiert und unbeschrieben lassen kann, weil sie in Vorstellungen eines mo-

---

85 Ranke, Leopold von: *Die großen Mächte*. Hg. von Friedrich Meinecke. Leipzig o.J., S. 57.
86 Ranke, Leopold von: *Politisches Gespräch*. München, Leipzig 1924, S. 50.

dernen – und nicht etwa postmodernen – Abschlusses historischer Bewegung, eines Endes der Geschichte eingelassen wird. Möglich war das nur, weil diese Konstruktion ihrerseits durch geschichtstheologische Denkfiguren gehalten und/oder gerahmt wurde. Dies war der Preis, wenn es denn ein Preis war, den die auf Entzeitlichung zielenden Anstrengungen des Historismus zu zahlen hatten. Allerdings kam im 19. Jahrhundert nahezu keine übergreifende Konstruktion von Geschichte ohne solche geschichtstheologischen Denkfiguren oder zumindest ohne Rudimente davon aus. Überall dort, wo über die Ebene des Ereignishaften hinaus von Geschichte gesprochen werden sollte oder mußte, setzte sogleich ein *allegoreín* von der Geschichte, ein *troping* ein, in das sich unabweisbar die Theologie wieder einschlich: ob im Falle von Konstruktionen historischen Fortschritts oder geschichtlicher Entwicklung, ob im Falle idealistischer und marxistischer Entwürfe von Geschichtsphilosophie. Selbst noch der Geschichtsbegriff Walter Benjamins wird mit demjenigen Rankes in der Denkfigur der *apokatástasis* konvergieren[87], wenn auch über eine weniger affirmative Aktualisierung dieser Figur. Aber was heißt schon affirmativ? Und vielleicht ist auch Kosellecks Verzeitlichungstheorem, jedenfalls in seiner radikalsten Ausprägung, in der es auf eine Punktualisierung der Gegenwart hinausläuft, nichts anderes als eine Art negative Theologie der Geschichte.

---

87 Vgl. dazu Kittsteiner, Heinz D.: »Walter Benjamins Historismus«. In: Bolz, Norbert/Witte, Bernd (Hg.): *Passagen. Walter Benjamins Urgeschichte des 19. Jahrhunderts*. München 1984, S. 163–197.

# Diskussionsbericht

Sebastian Lalla (Berlin)

Ein Schwerpunkt der Diskussion des Beitrages von C. Strub lag auf der Frage einer systematisch begründbaren Vollständigkeit der Tropen-Klassifikation. Angesprochen wurde die Frage einer internen Taxonomie (Mersch), auch hinsichtlich der Möglichkeit einer vollständigen Ordnung der Tropen sowie die Zuordnung von Katachrese und Ironie zu dem Bereich der Tropologie. (Schüttpelz) Hierbei ist indirekt die Notwendigkeit und Freiheit der Tropenbenutzung mit angesprochen, die ausgehend von der Beobachtung, daß es kein nichtfiguratives Sprechen und Schreiben gebe, gerade das Scheitern des Verstehens aufgrund beliebiger Verknüpfbarkeit eröffne. (Willer) Daß sich Logik und Tropologie zwar nicht gegenseitig garantieren können, zumal in einer systematischen Ordnung des Zugangs zur Welt nicht alles vorab erfaßt werden kann, bedeutet gleichwohl nicht die Unverständlichkeit tropologischer Rede. (Strub/Hamacher) Die kategorial vollständige Prädisposition des Wirklichen im Möglichen solle vielmehr die Möglichkeit wahrer Sätze und die Stabilität der Korrespondenzstruktur der Wahrheit sichern. (Hamacher) Problematisch werde der Anspruch, die Sprachontologie würde durch Temporalisierung aufgelöst, wenn gleichzeitig gefordert werde, daß in der Entschlüsselung der Konstruktionen das System der Verschlüsselung nicht verschwinden dürfe. (Hamacher unter Verweis auf A. Breton)

Die von Strub vertretene These einer Abbildbarkeit der tropischen Systeme auf die der Logik – als Plan einer Tropologie zwischen dem 16. und 19. Jahrhundert – wurde mit der klassischen Aufgabe der Topik konfrontiert (Campe), wobei die Ordnung der Tropen als das »Neue der Rhetorikgeschichte« dann bedeutete, daß mit der Verlagerung der Topik zur Tropologie in der Rhetorik auch eine Verschiebung des ontologischen Hintergrundes zu einer logischen Fundierung des gesamten Bereiches geführt haben muß.

Diese generelle Verschiebung von Topik zu Tropologie sei, so Strub, allerdings ein zu großer Maßstab, vielmehr gehe es auch um Verfahren der (De-) Tropisierung als Zusatz zu einer Tropologie, die sich dann an die Klassifikation der Argumente anbinden lasse, so daß aus der Topik nicht unumgänglich, wie von Schmidt-Biggemann angemerkt, eine nominalistische Theorie der Tropenlehre folge. Auf die Verbindlichkeit einer Ontologie als Grundlage der Systematik von Tropen wies auch Stetter hin, wenngleich dies nicht die aristotelische Klassifikation sein kann. Alternativ ließe sich etwa eine Diskussion in Ausgang an Max Black denken, dessen Theorie der Neuordnung von Intensionen beispielsweise auch poetische Funktionen der Metapher als Möglichkeit eines neuen Erkenntnisgewinns eröffnet (und nicht nur die Bezugnahme auf bestehende Klassen). Strub verwies in diesem Zusammenhang auf das ungeachtet aller Ansätze zur Neuordnung nach wie vor bestehende Bedürfnis hin, an das zu gelangen, »was die Welt ist« – eine Option, die in der Vernachlässigung der Tropologie moderner Metapherntheorien etwa schwierig zu realisieren sei. Insofern sei es kaum möglich – und eben auch nicht sinnvoll – die Tropologie zu umgehen, um so der paradoxalen Schleife (Fohrmann) zu entkommen, in der Systematisierung einer Variante von Tropologie immer schon eine nicht-explizite Tropologie im Hintergrund der Differenzen annehmen zu müssen, die den Ordnungsrahmen der expliziten vorgibt.

Insofern die Tropologie nicht nur praktisch erscheint, sondern auch notwendig ist, kann sie Aufschluß darüber geben, was die Welt erträglich mache – nicht welche Erzählung dies erkläre, sondern das Projekt des Erzählens (Schmidt-Biggemann) selber sei relevant und Begründung für nach wie vor topische und tropologische Systematisierungsversuche. (Strub)

Willers Ansatz einer Etymologisierung des Diskurses, der von einer analogen Problemstellung bei Cicero und Derrida ausging, um zu einer Verbindung von Topik und Verzeitlichung zu gelangen, wurde in der Diskussion vor allem hinsichtlich des Status der Etymologisierung konturiert. Grundlegender Art war das Problem, ob sich zwischen etymologischen und paronomatischen Verfahren überhaupt klare Distinktionen treffen ließen (Strowick) und somit die Gefahr einer Destabilisierung der Begriffsinterpretierbarkeit durch die Kontingenz-Betonung umgangen werden könne. Hamacher wies in diesem Zusammenhang darauf hin, daß die Namen bei Derrida nicht nur Wörter, sondern mehrdeutige Syntagmata sein können; infolge des speziellen Verständnisses von »Einschluß ohne Begreifen« – also einem nicht-begrifflichen Verstehen – sei auch die *Selbst*thematisierung der Topik bei Derrida weder in den Formen der Reflexions- noch in denen der Begriffslogik möglich. Wenn aber die Identifizierung als »selbst« nicht gelinge, wie sei dann die von Willer ins Spiel gebrachte Leistung der Etymologie, den »wahrsten Sinn der Wörter« zu zeitigen, zu erreichen?

Um die Frage nach der Wahrheit im Verhältnis zweier »strategischer Richtungen« in der Verwendung von Etymologien ging es Hebekus. Der Lehre vom Wahren stehe der engere Sinn des Topischen entgegen, kein Jenseits der Sprache zu akzeptieren. Verfügt auch die dekonstruktive Argumentation eine der topischen Strategie ähnliche Begrifflichkeit (in Form der »dóxa«), mit der eine unmittelbare Verifikation ausgeblendet werden kann? Dies ist anscheinend Voraussetzung dafür, daß gewisse »Albernheiten« der etymologischen Interpretation umgangen werden und so der Ertrag des Verfahrens nicht durch Exzesse in Frage gestellt werden muß – eine Möglichkeit des Scheiterns, die Willer in der Spannung zwischen Begriff und Vorgehen der Etymologie selbst begründet sieht (und »Albernheiten« als klassischen topischen Vorwurf gegen falsche Etymologien setzt). Alternativ zu der Lehre vom Wahren sei eine Interpretation möglich (so Geulen), bei der der performative Aspekt des Fortdauerns eines wirkkräftigen Topos stärker berücksichtigt werde. Wenn Etymologien performative Relevanz besitzen, trete der Performanz-Begriff an die Stelle, die vorher von der Lehre des Wahren ausgefüllt worden sei.

Daß der emphatischen Verwendungsweise von Etymologien eine pragmatische entgegengestellt werden könne (Winkler), bei der die Verwendungsweise von Begriffen, nicht aber ihr Ursprung und ihre Wahrheit untersucht werden, wäre Voraussetzung, um die Verdichtung von »Sprachfläche« aufzulösen und so einem weiteren Aspekt näher zu kommen, dem Problem der Argumentation über Etymologien. Während Lembke die diachrone Einheitlichkeit einer Argumentation mit Etymologien keinesfalls für gegeben hält, stellte Strub als das eigentliche Ziel solcher Argumentationsmuster dar, eine Sprache frei von synkategorematischen Begriffen zu erreichen. Dabei sei es eben interessant, ob es so etwas wie »etymologieresistente« Elemente der Sprache gebe. Wenn hingegen die These der nicht etymologisierbaren Rede darauf hinauslaufe, daß Narration als Argumentationsmuster dienen kann (Tang), müsse dann nicht vielmehr von einer Figuration als Narration (im Sinne der Verzeitlichung) gesprochen werden? Willers Position, Verzeitlichung nicht narrativ, sondern technisch zu verstehen, bleibt in der Schwierigkeit, dann die Grenze zwischen einer Etymologie und einer Pseudo-Etymologie (Menke) nicht hinreichend darzustellen.

Ein abschließender Kernpunkt der Diskussion war die Rolle der Philosophie Heideggers im Licht der von Willer präsentierten Sprachdeutung. Während Schmidt-Biggemann die grundsätzliche Problematik der späten Philosophie Heideggers skizzierte, daß sich die Etymologie im Ereignis verschwindend gerade zeige und somit das Dilemma der Beschreibung besteht, daß sich etwas öffne und zugleich in einer Doppeldeutigkeit der Sprache aufgehoben werde, vermutete Lorenzer in der Insistenz auf Modi des Nicht-Sprechens eine strikte Grenze des etymologischen Zugangs. »Sprache als Sprache zur Sprache zu bringen«, sei jedoch (Willer) bei Heidegger auch in der Entzugsbewegung noch Bestandteil des Sprechens, wenn das Nicht-Sprachlich-Faßbare sich scheinbar dem Bereich des Etymologischen entziehe.

Die These von W. Veit, die Topik sei eine Anwendung von Gewußtem mit der Zielsetzung einer enzyklopädischen Ressourcenbildung, fand vor allem Resonanz in der Frage nach dem Verhältnis von Neuem und zeitlicher Struktur in dessen Aneignung. Dabei sei es insbesondere klärungsbedürftig, ob in der Gegenüberstellung von Topik und Verzeitlichung eine Alternative oder eine Ergänzung vorliege (Hebekus), so daß man entweder von einer stärker singulär akzentuierten Prozessualität der Topik (Fohrmann/Mersch) ausgehen kann, bei der die unmittelbare Umsetzung der einzelnen Form Vorrang gegenüber dem allgemeinen Fall besitzt, oder die systematische Komponente der Topik im Verlauf der Findung und Erfindung von Argumenten stärker gewichtet ist – letztere Variante orientiert sich an einem Metaphysikkonzept, das selbst stabile Bedingungen einfordert, um die Frage nach dem Neuen begrifflich überhaupt klären zu können. (Schmidt-Biggemann) Auf die Ambivalenz des Begriffes »Topos« weisen Hamacher und Stetter hin, insofern die argumentative

Funktion der Topik, dem Philosophen eine materielle Argumentationsgrundlage bereitzustellen, mit der untopischen Verwendung – nämlich im referentiellen Gebrauch – kollidiert. Diese Uneindeutigkeit wird bei Aristoteles in einer unterschiedlichen Darstellung der Topik in den Schriften zur »Topik« und zur »Poetik« manifest: In den poetischen Überlegungen ist die Topik stark an die *phýsis* gebunden und somit als Autotechnik der Natur ganz unmittelbar in der Nähe zu den *archaí*, deren Eröffnung sie garantieren soll.

Spannungen treten bei diesem Ansatz der Wissenschaftskritik (Teil I des Vortrages von Veit) dann auf, wenn im zweiten Teil die Literatur theoretisch als Testfall fungieren soll, faktisch aber marginalisiert (Winkler) dies gar nicht leisten kann. Der Ausweg, wissenschaftliches Sprechen gerade hier auf seine Metaphorik zu untersuchen, erweist sich darin problematisch, daß er mit einem Wahrheitsmodell arbeiten muß, das nicht-metaphorisch basiert ist – dieses aber gerade durch die Metaphernverwendung in Frage gestellt wird. In diesem Zusammenhang erscheint auch die »Vereinnahmung der Ästhetik« durch die Topik (Tang) als eine Schwierigkeit, wenn damit gemeint sei, daß rhetorische Poetik verabschiedet werde. Hieran knüpfen erneut die Überlegungen an, wie die aristotelischen Begriffe – und insgesamt die antiken Denkansätze – für die modernere Literatur wieder fruchtbar gemacht werden können (Veit), wobei es philosophisch entscheidend sei, den Vorrang der Möglichkeit vor der Wirklichkeit zu betonen und zugleich die Sinne in der Erfassung des Neuen vor der Rationalität zu behaupten.

Der Komplex der Zeitlichkeit spielte eine entscheidende Rolle in der Diskussion, die zum einen die Möglichkeit der Selbstreferentialität zeitlicher Strukturen zur Erwägung brachte, zum anderen die semantische Komponente einer sinnstiftenden Rede von Prinzipien des Anfangens (*archaí*) in die Überlegung mit einbezog. Während der erste Aspekt von Hamacher in Richtung der Differenz zwischen einer These Oesterreichs, Zeitlichkeit fundiere in etwas Unzeitlichem, und der These Heideggers, Zeitlichkeit gründe sich im Entwurf, thematisiert wurde, kam mit der Frage, ob Geschichtlichkeit selbst geschichtlich sei (Schmidt-Biggemann), das Verhältnis einer Topik, die sich in der Auffindung ihrer eigenen Strukturen material selbst einholen könnte, zu der Form, in der Topik gerade auf die Durchdringung ihrer eigenen Grundlage verzichtet (so daß Verzeitlichung nur ein Phänomen an der Oberfläche, nicht aber in der topischen Struktur selbst sei) in den Blick. Die zweite Perspektive konzentrierte sich eher auf die kohärente Anwendbarkeit eines Programms, das auf der Suche nach der Zeitlichkeit zwar die unzeitlichen Prinzipien zum Ziel hat, selbst aber in seinem Vorgehen zeitlichen Veränderungen unterworfen ist (Strub) und so womöglich das ausschließe, was mit den *archaí* intendiert gewesen sei.

Wenn hier nach der *master trope* gefragt werde (Veit), dann dürfe nicht außer Acht gelassen werden, daß mit der Suche nach dem Anfang (in seiner jeweils modalen oder nicht-modalen Form) die Verzeitlichung in die Diskussion gebracht werde, die nach Fohrmann gegenüber dem Denken der Singularität sekundär ist und die Erkenntnis des Neuen nur als die Anwendung einer Regel auf bereits irgendwie Bekanntes vorstelle.

Ein dritter Schwerpunkt der Auseinandersetzung lag in der Gegensätzlichkeit von Auffindung und Erfindung, wobei *inventio* in den einschlägigen Lehrbüchern ersteres bedeute (Hamacher), die Topik sich aber mitunter als beides darstellen lasse, wenn etwa Unveränderliches zeitlich aufeinander folge. (Veit) Daß in der Begegnung mit anderen und Anderem die Verwendung figurativer Kompositionen gerade als eine Kompensation des Unanschaulichen, mit dem das konstruierende Subjekt konfrontiert wird, gesehen werden kann, betonte abschließend Mersch. Während die Findung einer Konsistenz in den Naturwissenschaften vorherrsche – begründet durch ein Wahrheitsmodell der Richtigkeit, etwa in der Mathematik – sei es für die metaphysische Perspektive der Erfindung des Neuen, begrifflich bislang nicht zum Inventar der Topik Gehörenden, entscheidend, daß dieses sich auf die semantische Struktur des Diskurses selbst erstrecke. Jedoch bleibe es fraglich, ob es – bei Findung wie bei Erfindung – überhaupt eine Weise der Rede geben könne, die sich nicht als aporetisch erweise.

Klausnitzers These, die Schließung von Bezeichnungslücken sei ein Ziel der Wissenschaft, bildete ein Zentrum der Diskussion. Während auf der einen Seite die Dimension der (Un-) Eigentlichkeit von Jäger ausgeblendet wurde – insofern das Wörtliche als Fundament der Eigentlichkeit in die Irre führe, Metaphern somit eher spezifische Strategien des Paraphrasierens darstellten als Instrumente zur Schließung von Bezeichnungslücken –, betonte Fohrmann die distinkte Rolle der Uneigentlichkeit, die als schwach normativer Wert in Eigentlichkeit zu überführen sei. Gerade hierin lasse sich eine Differenzierung des präsentierten Modells gegenüber einer reinen Rekonstruktion metaphorischen Gebrauchs oder der Konstruktion paradigmatischer Verwendungen ausmachen. Unklar sei dabei nur, ob der präskriptiven Interpretation dieser Ableitung zum Eigentlichen mehr als heuristischer Wert (Fohrmann) zuzusprechen sei. Im Spannungsfeld dieser Überlegung ist auch die Möglichkeit einer widersprüchlichen Akzentsetzung von Metaphern als den Prädikationen zur Konstituierung von Sachverhalten einerseits und der denotativen Kraft der Lexikalisierung von Konzepten (in der Funktion der Schließung von Bezeichnungslücken) angemerkt worden. (Harras) Daß die heuristische Kraft der Metaphern nach Klausnitzer zeige, wie Konzeptualisierungen verwendet werden, werde deutlich an der Differenz literarischer und wissenschaftlicher Texte – auf deren unterschiedliches Verhältnis Menke mit der Frage aufmerksam machte, ob beiden Arten von Produkten einer divergenten Schriftlichkeit eine intrinsische Verschiedenheit (Metaphern in der Literatur unabgeschlossen, in der Wissenschaft abgeschlossen) eigne oder – wie Klausnitzer betonte – nur durch die Weise der Verwendung zu klassifizieren seien.

Auf die Homonymie des Wortes Metapher verwies Stetter, da sowohl in Bezug auf die Verwendungsweise von Metaphern gesprochen werde, als auch die Verwendungsweise selbst metaphorisch sein kann. Deshalb sei es nötig zu klären, auf welcher Ebene die Schließung der Bezeichnungslücken erfolge (Hebekus), denn relevanter als das Eröffnen eines neuen Wissensfeldes sei die Anbindung speziellen Wissens an das kollektiv Imaginäre (mithin der Einsatz von Metaphern eher geeignet, die Relevanz des eigenen Vollzuges darzustellen als eine disziplinäre Inventionslogik abzugeben). Anders fokussiert gehe es darum, Wissen zu Wissenschaft zu inspirieren (Balke), ohne dabei den Kontext, aus dem die Stiftung dieser Wissenschaftlichkeit hervorgeht, aus den Augen zu verlieren.

In einem zweiten Zugang standen die Möglichkeit einer Bestimmung von Metapher und die Grenze ihrer Leistungsfähigkeit im Vordergrund. Problematisch gestaltet sich dabei die Abgrenzung nach unten, was etwa die Grundbegriffe (gehen, sprechen, auf, neben, etc.) angeht (Schmidt-Biggemann), die im klassischen Sinne nicht als eigentlich oder als Metaphern gelten können, mitunter aber so gesehen werden, etwa von C. S. Peirce (Strub) oder in der Kognitiven Linguistik. (Linz) Daß bei einer so weiten Auslegung des Metaphernbegriffes letztlich alles Sprechen Metaphernverwendung sei und Wissenschaft dann als Sprachverhaltens-Historik betrieben werden müsse (Schüttpelz), wobei ein wesentliches Moment des Sprechens über Wissenschaft, nämlich daß Wissenschaft ein Autorisierungsmuster sei (Lembke) verloren gehe: Dies zeige die Notwendigkeit, die Notwendigkeit des Metapherngebrauchs nicht überzubetonen. Denn funktional stehe auf der anderen Seite das Problem einer Engführung auf die Terminologie, wenn wissenschaftliche Texte heuristisch primär über Metaphern erschlossen würden. Mersch plädierte deshalb für die Auflösung des Metaphernbegriffes in den der Figuralität. Nur so könne man der eher konstituierenden Rolle von sprachlichen Figuren (denn der substituierenden des Metaphernmodells) gerecht werden, insofern die einzig haltbare Unterscheidung in der Differenzierung von literarischen und wissenschaftlichen Texten die des Gegensatzes von Regel/Algorithmus und von Figur sei. Daß der hier vorgestellte Entwurf einer Metapherntheorie an anderer Stelle erweiterungsfähig sei, legte Winkler nahe, wenn man berücksichtige, daß die Projektion von Ordnungssystemen auf Wissensinhalte (Funktion der Metapher) sich bereits in ihr selbst darstelle – insofern wäre die Metapher durch die Pluralität ihrer Bedeutungen und Bedeutsamkeiten selbst ein Bild und die Abstraktion dieses Bildes in einem, mithin nicht nur regulierendes, sondern konstitutives Ordnungsmodell der Erkenntnis.

Der Gegensatz von Topik und Verzeitlichung als bestimmendes Klassifizierungsmerkmal der Interpretation rhetorischer Prozesse kann im Anschluß an Pethes' Ausführungen nicht fraglos angenommen werden. Für künstlich hält Martyn diesen Antagonismus, dessen prominente Formulierung einer Ablösung der Topik durch Verzeitlichung auf Koselleck zurückgehe und letztlich das Paradigma des Historismus (früher gültig, jetzt nicht mehr) darstelle. Da man auf der Ebene der Metapherntheorie zudem den nur durch einander ausdrückbaren Gegensatz von Raum und Zeit habe, sei das Muster Topik – Verzeitlichung lediglich eine Erfindung des Europas des 18. Jahrhunderts, um sich mit der Metapher der »Geschichte« in den Mittelpunkt einer so konstruierten Geschichtsphilosophie zu stellen. Gegen diesen »Mythos des 18. Jahrhunderts« (Balke) als zentraler Epoche des Umschlags in die Verzeitlichung nach dem Modell vorher-nachher wendet sich auch Schüttpelz, der, wenn überhaupt, eine Tendenz zur »Verzeitlichung« ausmachen will.

Fohrmann präzisiert die These dahingehend, daß die alte Topik nicht allein abgelöst werde, sondern auch eine neue Form der Instituierung von *tópoi* auftrete: Das in medialer Unverfügbarkeit erscheinende Sprechen (»durch mich« spricht das Leben, die Natur) kann nicht mehr in einer kohärenten Theorie demonstriert werden, sondern nur noch in Form von Metaphern zur Präsentation gelangen. Da von den neuen Begriffen nur analogisch geredet werden kann, füge sich keine Topik mehr zusammen – Verzeitlichung sei daher vielmehr die Bildung einer Kette von Metaphernbildern als die explizite Aufhebung einer Topik durch die Installation einer neuen Topik.

Dagegen sieht Hebekus in dem von Pethes vertretenen Ansatz gerade die Aufhebung eines Versuches universeller Gültigkeit und damit die Möglichkeit, den alten Anspruch auf enzyklopädische Vollständigkeit in einer Realisation auf historische Konstruktionen erneut zu vitalisieren – wobei etwa die Interdiskursivität als Fortsetzung der Topik betrachtet werden könne (als Antwort auf die Frage, warum »Prozessualität« selbst ein Topos sei).

Für zumindest unzureichend hält Mersch den Gegensatz von Topik und Verzeitlichung, zumal das prozessuale Denken keineswegs marginalisiert gewesen sei (mathematische Differenzialrechung); die These, es handele sich beim Wissen des 17./18. Jahrhunderts aufgrund seiner Tableau-Struktur um eine Verräumlichung der Wissensorganisation, sei mithin schwierig, auch das Verhältnis von Raum und Zeit (Struktur und Zeitlichkeit) sei nicht eindeutig. Für die Frühromantik könne nicht im eigentlichen Sinne von Verzeitlichung gesprochen werden, weil es auch eine starke Komponente der nicht räumlich faßbaren oder darstellbaren Zeit in den theoretischen Entwürfen gebe – als Bruch des Systems und Entzug von Zeitlichkeit.

Am Beispiel Novalis' verdeutlichten einige Diskussionsbeiträge die Problematik, die hier sichtbar wird. Tang verwies auf die Verschiebung des Raumbegriffes gegenüber der Topik, was etwa die Theorie der Geographie berühre, die wiederum für das Theorem der Verzeitlichung berücksichtigt werden müsse. Für das Konzept von der Rhetorik des Wissens scheint eine Grundannahme über das Gewusste bereits vorzuliegen (Willer), wobei eben fraglich sei, ob diese Organisation des Wissens bei Novalis zwangsläufig durch das Leben vollzogen werden müsse. Auch für Menke ist das Wechselverhältnis von Figurationen und Übergängen ein wichtiger Aspekt, der eben die Darstellungsstrategie bei Novalis insofern herausfordere, weil es in der Spezifik des Verzeitlichungsbegriffes zu einer Differenz zum Historisieren komme: Sein schließe Erkenntnis aus, da diese an das Werden gebunden sei. Auch die Funktion der Räumlichkeit sei für Novalis noch nicht hinreichend geklärt.

Am Thema des Beitrags, Übergang und Verwandlung, lasse sich – so Geulen – auch klar erkennen, daß es im Bereich der Metaphern durchaus eine Differenzierung gebe, nämlich in solche Übergänge, die auf Dauer angelegt seien und solche, die nur Übergänge in Krisen sind. Damit ist aber die Struktur einer prozessual eindeutigen und homogenen Verzeitlichung schwieriger zu vertreten geworden. Daß in dieser Unterteilung die Unterscheidung von Statik und Bewegung noch gar nicht zum Abschluß gekommen sei (Campe), deute vielmehr darauf hin, daß es sich bei der These einer Ablösung topischer Modelle durch verzeitlichende Ansätze eher oder allenfalls um ein Projekt handeln kann, daß noch auf verschiedenen Repertoires weitergeführt werden könne (oder müsse).

Im Mittelpunkt der Diskussion von Hebekus' Ausführungen stand der Bezug auf die Apokatastasis. Fohrmanns Einwand, es sei unklar, wieso ein solches Modell auf eine Apokatastasis hinauslaufe, wenn doch die Typologie eines geschlossenen Systems die Ermöglichung eines Narrationsmodells sei, löste Hebekus durch die Präzisierung, die Apokatastasis beziehe sich nicht auf die Typologie. Zumal bei Ranke die Frage nach dem Ende der Geschichte und der Gerechtigkeit zwei unterschiedliche Aspekte seien. Für Menke blieb trotzdem fraglich, ob der Apokatastasis-Begriff sich bei Ranke aufdränge – beziehungsweise ob die Reformulierung das treffe, was der Begriff ursprünglich impliziere. Wenn Gerechtigkeit darin besteht, daß sich eine Apokatastasis vollziehe, dann habe sich vielmehr der Begriff von Gerechtigkeit geändert. Entscheidender sei dann aber, daß mit dem Modell der Exemplarizität möglicherweise auch die Topik insgesamt abgelöst werde.

Die theologischen Implikationen der Apokatastasis-Theorie brachte Schmidt-Biggemann in die Diskussion: Ausgehend von dem origenistischen Modell einer Allversöhnung (»omnia in omnibus«) sei das Ende der Geschichte hier in eine Typologisierung aufgelöst, die insofern dialektischer Natur sei, daß sie zwar einerseits eine Übertragung von geistlicher auf weltliche Geschichte statuiere, daß man andererseits aber auch nicht mehr ohne sie auskomme, weil ansonsten mit dem Verzicht auf Typologisierung auch die Verstehenskonzepte aufgehoben würden. Es sei aber nicht ausgemacht, ob man im Historismus nicht die Geschichte wieder festgestellt habe – mithin sei über das Ende der Geschichte, via Typologisierung oder ohne – noch nichts endgültig geurteilt. Hebekus verwies in seiner Replik auf das Problem, daß mit der Aufhebung des Archetypus in einer Typologie die eigentliche Spannung nicht aufrecht erhalten werde – mithin aber die Typologie auch nicht den eigenen Wert, sondern nur die eigene Zeit der Vergangenheit tilge. Diese Aufnahme von Vergangenem in das Präsentische sei auch das Anliegen Droysens gewesen, dessen Programm, Geschichte durch das Erzählen von Geschichten zu konstruieren (Harras), das Thema der Verzeitlichung auf eine breite Basis von Quellen gelagert, mit zu einem zentralen Moment des Bereiches Erinnerung und Geschichtlichkeit gemacht habe.

Das Moment der Erinnerung griff Balke für die Interpretation der Forderungen Kosellecks auf, bei aller Betonung der Verzeitlichung und der Beschleunigung im Historischen doch ein »nostalgisches« Verhältnis zu bewahren. Deutlich werde dies etwa im Hinblick auf die Denkmal-Theorie einer Erinnerungskultur, die eine Differenz zwischen der »historia magistra vitae-Lehre« und einer Symbolpraxis des unzeitlich Präsenten sichtbar werden lasse. Nicht zuletzt sei diese Spannung daran abzulesen, daß mitunter – wenn es darum gehe, an die Stelle des Lehrbaren einen Erlebniswert zu setzen –, diesen Erinnerungsdenkmälern eine Mobilisierungsfunktion eigne, als deren Resultat genau die Verzeitlichung befördert werde, gegen deren Tendenz die Denkmäler eigentlich aufgestellt worden seien. Der These Schüttpelz', bei der Verzeitlichung handele es sich möglicherweise eher um eine Kommunikation über die Prioritäten in der Bewertung historischer Ereignisse, hielt Hebekus entgegen, daß Kosellecks Studien keine Rücknahme älterer Ansätze, sondern eine

Fortführung seien, mithin die Verzeitlichung selbst Ereignishaftigkeit hat und ihre Interpretation als Erinnerung des Ereignisses diene (nicht als präsentische Auseinandersetzung um den Stellenwert der Interpretation selbst).

In der Schlußdiskussion ging es noch einmal um die generelle Frage nach der Legitimation des Sektionsthemas und der prinzipiellen Gegenüberstellung von Topik und Verzeitlichung. Bei beiden zentralen Begriffen lassen sich mehrdeutige Verwendungsweisen aufzeigen (Schmidt-Biggemann), wobei für die Zeitlichkeit entscheidend sei, daß es sich hier um den Verzicht – oder den Verlust – einer heilsgeschichtlich relevanten Kategorie handele. Mit der Verabschiedung eines weltgeschichtlichen Konzepts jüdisch-christlichen Musters um 1750 sei nicht nur der Anfang von Geschichte, sondern auch das Ende – und damit die Zielgerichtetheit einer Prozessualität des ereignishaft Verwaltbaren – in eine Historisierung aufgelöst worden, deren spiegelbildliche Entwicklung in der Verlagerung topischer Argumentation (von der barocken Vorstellung einer Wissensstruktur-Systematisierung mit Anspruch auf Vollständigkeit hin zu einer Verwaltung von Argumentationsmustern) nachvollzogen werden könne. Daß es nicht notwendig zu einem Verlust von Weltgeschichte kommen muß, wenn man Sprachursprungsgeschichte betreibe (Strub), scheint nur dann gültig, wenn man gleichzeitig die Semantik theologisch absichern kann – genau diese Option fällt nach Schmidt-Biggemann jedoch weg, wenn die Garantie einer göttlichen Ordnung der Semantik (und damit die einer verbürgten Geschichtlichkeit) mit einer historisierten Sprache nicht mehr gehalten werden kann. Die These vom Aufbrechen der Semantik fand Bestätigung durch die starke Rolle der Nationalsprachen (Jäger), deren forciertes Auftreten die Einheitlichkeit von Wirklichkeit in eine pluralistisch gedeutete Realität überführt habe. Fohrmann wies darauf hin, daß sich zwei Ebenen des Diskurses differenzieren lassen müßten: Von der Rekonstruktion der Modelle topischer Systeme (deren interne Dynamisierung als Zeitlichkeit beschreibbar sei) müsse die Beschreibung dieser Modelle selbst getrennt werden – auf die Zeitlichkeit nicht als eine interne Abwechslung, sondern als Störung des Systems selbst appliziere. In diesem Sinne argumentiert auch Menke, daß genau untersucht werden müsse, was verzeitlicht werde, insofern man es bei der Topik gerade mit keinem abgeschlossenen System (das heißt: keinem Gesamtzusammenhang) zu tun habe.

Generellen Widerspruch gegen die Verzeitlichungsthese erhob Hamacher, der die Prämisse eines Verschwindens heilsgeschichtlicher Bedeutung für die Geschichtsphilosophie mit der Begründung ablehnte, daß auch nach 1750 (Kant und Hegel) und eigentlich immer danach Philosophie auch heilsgeschichtlich argumentiert habe. Das von Schmidt-Biggemann vertretene Modell einer Erzählung als Strukturierung von geschichtlichen Prozessen sei dann eher als »grand récit« selbst eine existentielle Notwendigkeit – und nicht in historisierbaren Entwicklungen zu verabschieden. Damit ist Geschichte auch prinzipiell nicht beendbar. (Hamacher)

In welchem Sinne es hier nicht um das Ende der Geschichte, sondern um ein Ende als Verwaltung eines theologischen Modells gehe, suchte abschließend noch einmal Schmidt-Biggemann zu verdeutlichen. Für das Modell einer Auflösung von geschichtsphilosophischen Gesamtstrukturen sei entscheidend, daß die Zeit selbst verzeitlicht werde und somit aus der Perspektivik, mit der Zeit modellhaft Prozessualität beschreiben konnte, ein Verständnis von Zeit als absolutem Begriff werde, der nun selbst die Modellhaftigkeit darstelle – damit aber die interne Verfügbarkeit aufgegeben habe, die ihr zuvor aufgrund der externen (nämlich theologisch motivierten) Unverfügbarkeit möglich gewesen sei.

# II.
# Regel-Adresse

# Einleitung

LUDWIG JÄGER (Köln/Aachen)

## I.

Der Theoriediskurs der neueren Sprachwissenschaft ist – seit ihrer disziplinären Konstitution zu Beginn des 19. Jahrhunderts über den Strukturalismus bis hin zu ihrer kognitivistischen Ausprägung im Chomsky-Paradigma – durch einen anti-rhetorischen Gestus bestimmt: Wenn man ein wesentliches Moment des Rhetorischen im diskursiven Zum-Erscheinen-Bringen von Regelwissen, in seiner situativen Adressierung, sehen möchte, so ließe sich der linguistische Anti-Rhetorizismus als ein Programm beschreiben, das Sprache als unadressierbare kognitive Form konzeptualisiert. Sprache als Struktur, System oder kognitives Modul zieht sich in ein mentales Jenseits zurück, für das sich kein diesseitiger Raum diskursiver Adressierung öffnet. Spätestens die kognitivistische Wende[1] – und nicht erst sie – verschiebt den Fokus der Sprachtheorie von der Performativität diskursiver Adressierung auf die Kognitivität adressenlosen Wissens. Es kann als eine Paradoxie der Beziehung von Mediengeschichte und Geschichte der Sprachwissenschaft angesehen werden, daß diese sich in just jenem Moment, in dem die Komplexitätszunahme kommunikativer Verhältnisse die Unwahrscheinlichkeit gelingender Verständigung dramatisch erhöhte, in dem sich – wie Schleiermacher diagnostiziert – »das Mißverstehen von selbst ergibt und das Verstehen auf jedem Punkt [...] gewollt und gesucht werden [muß]«[2], anschickt, den performativen Horizont des Rhetorischen in den Prozessen der Theoriebildung aus den Augen zu verlieren. Je tiefer sich – spätestens seit dem 18. Jahrhundert – Dispersionsverhältnisse in die Homogenität des vormodernen Wissens einzunisten beginnen und je unübersichtlicher die Adressenordnungen und damit die Voraussetzungen gelingender kommunikativer Adressierung wurden[3], um so entschiedener zog sich

---

1 Jäger, Ludwig: »Die Linguistik des Innern. Historische Anmerkungen zu den zeichen- und erkenntnistheoretischen Grundlagen der kognitivistischen Sprachwissenschaft.« In: ders./Switalla, Bernd (Hg.): *Germanistik in der Mediengesellschaft*. München 1994, S. 291–326.
2 Schleiermacher, Friedrich Daniel Ernst: *Hermeneutik*. Hg. von Heinz Kimmerle. Heidelberg 1959, S. 86.
3 Vgl. hierzu etwa Stichweh, Rudolf: »Adresse und Lokalisierung in einem globalen Kommunikationssystem«. In: Andriopoulos, Stefan/Schabacher, Gabriele et

die Sprachwissenschaft in ihren theoretischen Modellierungen aus dem Feld des Diskursiven, der Rede, der Parole, der Performanz zurück – ein dezidierter Rückzug, der für den junggrammatischen Positivismus ebenso wie für den Strukturalismus und den rezenten Mainstream-Kognitivismus charakteristisch ist.[4] Dieser Rückzug bestimmt das Bild einer Sprachwissenschaft, für deren Theoriebildung die diskursiven Erscheinungsformate der Sprache jegliche theoretische Relevanz verloren haben. Es ist dieser Antirhetorizismus, der die Linguistik in das Feld der Kognitionswissenschaften hat auswandern lassen (in dem sie freilich ein peripheres Dasein fristet) und dem sie ihre durchgängige Ausbürgerung aus den Diskursen der Kultur- und Medienwissenschaften verdankt.

## II.

Das Sprachmodell des Antirhetorizismus, seine Konzeptualisierung sprachproduktiver und -rezeptiver Prozesse, ließe sich etwa wie folgt skizzieren: Der Grundgedanke besteht in der Annahme, daß die Sprecher im normalen Sprachproduktionsprozess ihre Äußerungen auf der Grundlage eines inneren kognitiven Modells der späteren Äußerung, also auf der Grundlage einer präverbalen Rede-Intention planen, sie innerlich einzelsprachlich vorbereiten, um sie dann in einer realisierten Äußerung an Rezipienten zu richten. Theorien, die sprachliche Verständigung so modellieren, konzeptualisieren Sprachsubjekte als autonome mentale Quellen ihrer sprachlichen Planungsprozesse, die erst im Realisierungsmodus, d. h. auf der Äußerungsebene, den Raum der Intersubjektivität betreten.[5] Die zentrale Annahme dieses Konzepts besteht also in der These, daß jedem Sprachplanungsprozeß ein präverbales kognitives Modell der späteren Äußerung zugrunde liegt. Dieses kognitive Modell enthält mindestens folgende Elemente: (a) den ›illokutionären Witz‹, d. h. den intentionalen Zustand, der im Vollzug der späteren Äußerung ausgedrückt werden soll, (b) die propositionale Struktur der späteren Äußerung, (c) die Kooperationsmaximen (Grice) sowie schließlich (d) das Schema mit den für die Situationsadäquatheit der Äußerung notwendigen Voraussetzungen – wie etwa die geeignete soziale Rolle für den Sprecher oder die für Sprecher und Rezipi-

---

    al. (Hg.): *Die Adresse des Mediums*. Köln 2001, S. 25–33; ebenso Fuchs, Peter: »Adressabilität als Grundbegriff der soziologischen Systemtheorie«. In: *Soziale Systeme. Zeitschrift für Soziologische Theorie* 3 (1997), Heft 1, S. 57–79.
4  Vgl. hierzu ausführlich Jäger, Ludwig: »Die Internationalisierung der Linguistik und der strukturalistische Purismus der Sprache. Ein Plädoyer für eine hermeneutisch-semiologische Erneuerung der Sprachwissenschaft«. In: Danneberg, Lutz et al. (Hg.): *Wie international ist die Literaturwissenschaft?* Stuttgart, Weimar 1996, S. 243–282.
5  Vgl. etwa Levelt, Willem J. M.: »The architecture of normal spoken language use«. In: Blanken, Gerhard et al. (Hg.): *Linguistic Disorders and Pathologies*. Handbücher zur Sprach- und Kommunikationswissenschaft. Steger, Hugo/Wiegand, Herbert Ernst (Hg.), Bd. 8. Berlin 1993, S. 1–15, hier: S. 6 f.

ent relevanten Wissensressourcen. Alle internen und externen Versprachlichungsprozesse operieren mittels dieses Modells, das die nachgeschalteten Prozesse der Redeplanung sowie der inneren und äußeren verbalen Realisierung steuert. Da also die Sprachsubjekte autonome Produzenten der jeweiligen präverbalen kognitiven Modelle und ihrer verbalen Realisierungen sind, beschränkt sich die Rolle der Rezipienten jeweils auf die Entdeckung dessen, was die Sprecher zu sagen intendieren. Adressierungsleistungen sind nicht notwendig, weil die kommunizierenden Systeme mental konvergent ausgestattet sind. Dem Sprecher ist bereits vor Redebeginn transparent, was er durch die Rede dem Adressaten offenlegt. Das Adressieren – und damit das Verstehen – der Äußerung gelingt notwendig aufgrund der prinzipiellen Selbst- und Fremdtransparenz der Äußerung und der intersubjektiv kurzgeschlossenen Modelle kognitiv-sprachlicher Verarbeitung. Die Kommunikanten sind, sofern die Kommunikation nicht pathologisiert oder in anderer Form gestört wird, in einer Art adresselosen Wohlverstehens in einem gemeinsamen Horizont kognitiv und/oder neurobiologisch prästabilierter semantischer Harmonie verschaltet.

## III.

Vor dem Hintergrund einer solchen Sprachidee, die – wie man frei nach Genette formulieren könnte – das Figurativ/Performative definiert als das peripher Andere des Eigentlichen, der Kompetenz – und die das Eigentliche, die Kompetenz, die kognitive Form, definiert als das wesentlich Andere des Figurativ/Performativen, versuchen die Beiträge der Sektion »Regel – Adresse« die Frage nach dem Eigentlichen der Rede, nach Zentrum und Peripherie, aufzuwerfen und gleichsam den sprachwissenschaftlichen durch einen kultur- und medienwissenschaftlichen Diskurs unter Spannung zu setzen. *Martin Stingelin*, der den Stellenwert von Nietzsches Rhetorik-Rezeption für dessen sprachkritische Metaphysikkritik freilegt, entdeckt uns so einen sprachtheoretischen Nietzsche, der die linguistische Ordnung von Zentrum und Peripherie entschieden irritiert: »Eigentlich ist alles Figuration, was man gewöhnlich Rede nennt« formuliert Nietzsche am Anschluß an Gustav Gerbers *Die Sprache der Kunst* und: »Ebensowenig wie zwischen den eigentlichen Wörtern und den Tropen ein Unterschied ist, gibt es einen zwischen der regelrechten Rede und den sogenannten rhetorischen Figuren.«[6] Es sind die Konsequenzen dieser Nietzscheschen Figurationsthese, die in verschiedenen Beiträgen ausgefaltet werden. *Hartmut Winkler* befreit den kommunikationstheoretischen Begriff der »Übertragung« von seiner landläufigen Situierung in Sender-Empfänger-Modellen der Kommunikation und macht ihn im Anschluß an Derridas gegen Searle gerichtete Vertauschung von Wörtlichem und Parasitären für seine Metapherntheorie fruchtbar: Im metaphorischen Prozeß haben wir jene

---

6  Vgl. Martin Stingelin in diesem Band.

»Übertragung« von einer semantischen Sphäre in eine andere vor uns, die nicht nur den Mikromechanismus natürlicher Sprachen, sondern allgemeiner die mediale Maschine des Semiotischen antreibt.[7] Auch der Beitrag von *Erika Linz* setzt metaphorologische Überlegungen ein, um die Austreibung des Rhetorischen aus der kognitivistischen Linguistik kritisch vorzuführen: Sie zeigt, wie gründlich die zweite Generation der linguistischen ›cognitive science‹ bei ihrem Versuch, rhetorische Figuren als sprachvorgängige Konzeptualisierungsprinzipien der Kognition freizulegen, die vorgängige Sprachlichkeit des Rhetorischen verfehlt.[8] Gegen Nietzsches Figurationspostulat argumentiert *Gisela Harras* im Horizont linguistischer Sprechhandlungstheorie und der sprachanalytischen Philosophie für die klassische Hierarchie von Zentrum und Peripherie, von Direktheit und Indirektheit der Rede, von Wörtlichem und Metaphorischem und bezieht so Stellung hinter den durchaus eindrucksvollen Barrikaden der alten Ordnung.[9] *Christa Heilmann* nimmt das Verhältnis von Sprache und Rhetorizität aus der Perspektive einer semiotischen Konzeptualisierung der Körpersprache in den Blick. Sie versucht – wobei sie sich auf Peirce bezieht – die These zu fundieren, daß körperliche Ausdrucksbewegungen, indem sie Zeichenbedingungen erfüllen, in ein – für die rhetorische Wirksamkeit der Rede – konstitutives Spannungsverhältnis zur verbalen Sprache treten. Die Sektion eröffnet ein Beitrag von *Christian Stetter*, der das eingangs skizzierte wissenschaftshistorische Szenario der Entwicklung linguistischen Denkens seit dem frühen 19. Jahrhundert als die doppelte Entfremdung der Linguistik von Rhetorik und Philologie entfaltet und im Anschluß an Goodman für eine symboltheoretisch fundierte Linguistik argumentiert: diese – so Stetter – hätte ihren Ausgang zu nehmen von einer Phänomenologie des Oralen im Interesse einer Re-Rhetorisierung der Sprachtheorie.[10]

---

7 Vgl. Hartmut Winkler in diesem Band.
8 Vgl. Erika Linz in diesem Band.
9 Vgl. Gisela Harras in diesem Band.
10 Vgl. Christian Stetter in diesem Band.

# Nach Chomsky.
# Überlegungen zu einer symboltheoretisch fundierten Linguistik

CHRISTIAN STETTER (Aachen)

## I. Am Ende des Chomsky-Paradigmas

Die theoretische Gestalt, die die Sprachwissenschaft im 20. Jahrhundert gewonnen hat, ist Resultat einer Entwicklung, die man durchaus zurecht unter dem Titel einer Entrhetorisierung der Geisteswissenschaften subsumieren kann. Schon bei F. de Saussure und im frühen Strukturalismus, dezidert dann bei Noam Chomsky ist eine Vernachlässigung der Performanz als theoretischen Gegenstandes der Disziplin zu konstatieren.[1] Wie immer dies begründet sein mochte – diese Entwicklung hat die Linguistik nicht nur von der Philologie emanzipiert, sie hat sie jedem rhetorischen Verständnis von Sprache entfremdet. Denn die Performanz steht im Zentrum, ist Gegenstand einer jeden Rhetorik. Darstellung, so die Quintessenz der Symboltheorie Nelson Goodmans, ist an Performanz gebunden.[2] Von dieser Ebene – in Saussures Terminologie der parole – hat sich die Linguistik mit der von Chomsky eingeleiteten Wende der Disziplin hin zu einer Kognitionswissenschaft so weit entfernt, daß die sprachliche Performanz aus dem Kreis möglicher Gegenstände der Sprachtheorie gänzlich ausgeschlossen scheint. Die Metaphysik dieses Paradigmas folgt gänzlich dem von Ryle beschriebenen Mythos vom Geist in der Maschine.

Wäre dieser Weg unstrittig und erfolgversprechend, so bestünde kaum ein Grund, über eine Revision des Ansatzes nachzudenken. Aber das chomsky-

---

1   Zwar spricht Saussure auch von einer linguistique de la parole, doch diese Überlegungen gewinnen kaum an Kontur gegenüber denen, die auf den systematischen Charakter der langue zielen.
2   Vgl. Goodman, Nelson: *Sprachen der Kunst. Entwurf einer Symboltheorie*. Übersetzt von Bernd Philippi. Frankfurt/M. 1997, S. 140: »Prinzipiell ist Erfüllung [eines gegebenen Symbolschemas, Ch. St.] mit einer Inskription verbunden«, d. h. mit der performativen Instantiierung eines Charakters. Goodmans Symboltheorie setze ich im folgenden voraus, ohne sie hier explizit einzuführen. Als knappe Orientierung sei verwiesen auf Goodmans Beitrag »Re-repräsentierte Repräsentation« in Goodman, Nelson/Elgin, Catherine Z.: *Revisionen: Philosophie und andere Künste und Wissenschaften*. Frankfurt/M. 1989. Zu den Begriffen Symbolschema und Symbolsystem vgl. N. Goodman: *Sprachen der Kunst*, S. 128 ff.; N. Goodman/C. Elgin: *Revisionen*, S. 165 ff.

sche Paradigma hat sich spätestens mit dem Minimalistischen Programm so unübersehbar in Aporien verstrickt, die unlösbar scheinen, daß in der Tat Anlaß besteht, über Alternativen nachzudenken.[3] Eine dieser Aporien sei hier genauer betrachtet. Sie ist, im Zentrum der chomskyschen Theorie angesiedelt, logischer Natur: die Käfer-in-der-Schachtel-Aporie.[4]

Auch und gerade als eine Theorie über den sogenannten universalgrammatischen Kern der dem Menschen angeborenen Sprachkompetenz bleibt die Theorie der Universalgrammatik (UG) eine empirische Theorie. Ihre Gültigkeit hat sich – dem eigenen Anspruch zufolge – an bestimmten Versuchskriterien zu bewähren, in denen zu zeigen ist, daß die theoretischen Annahmen imstande sind, bestimmte regelmäßige Phänomene sprachlicher »Oberflächen« zu erklären, und zwar im Sinne des Erklärens-warum. So soll etwa der Skopus von Quantifizierungen und Anaphern durch die Annahme von Prinzipien der Universalgrammatik erklärt werden, die die Reichweite einer derartigen Referentialisierung auf den Bereich einer bestimmten Anzahl von Satzgrenzen beschränkt. Eine bestimmte Eigenschaft E der mentalen Organisation von UG wird hypothetisch als Ursache für Erscheinungen der Oberfläche angesetzt, die man zwar effektiv als intensionale Phänomene behandelt – dieses x bezieht sich auf jenes y –, die nun jedoch rein extensional auf Ursachen einer anderen kategorialen Ordnung zurückgeführt werden, die uns als solche unzugänglich bleibt und nur anhand ihrer Oberflächenwirkungen zu erschließen ist.[5] Die Frage ist, wie man derartige Hypothesen stützen kann. Das empirische Design der generativen Theorie baut wesentlich auf der Arbeit mit Beispielsätzen auf. Das braucht hier nicht in extenso ausgeführt zu werden.[6] Man pflegt die Annahme von UG-Kategorien, mithin die Plausibilität einer entsprechenden Theorie über diese, im Rahmen der künstlichen Erzeugung von Beispielsätzen zu bestätigen, deren Wohlgeformtheit oder Agrammatikalität in der jeweiligen »Versuchsanordnung« auf diese oder jene UG-Kategorie, dieses oder jenes Prinzip der UG zurückgeführt wird.[7]

---

3 Vgl. hierzu Stetter, Christian: »Am Ende des Chomsky-Paradigmas – zurück zu Saussure?« In: *Cahiers Ferdinand de Saussure* 54 (2001), S. 219–267.

4 Vgl. hierzu Stetter, Christian: »Der Käfer in der Schachtel: Das Privatsprachenproblem und die Universalgrammatik«. In: *Lili* 29 (1999), Heft 115, S. 37–66.

5 In der generativen Schule hat sich für diesen Angang der Name »galileischer Stil« herausgebildet. Ob diese Selbstcharakterisierung angebracht ist, sei hier dahingestellt.

6 Vgl. hierzu grundlegend schon Simon, Josef: *Philosophie und linguistische Theorie*. Berlin, New York 1971; darauf aufbauend Stetter, Christian: *Schrift und Sprache*. Frankfurt/M. 1997, Kap. 5.

7 Diesen Anspruch der generativen Theorie hat sehr klar Grewendorf in einer Arbeit verdeutlicht, die zu der hier diskutierten Käfer-in-der-Schachtel-Aporie in engem thematischem Bezug steht. Vgl. Grewendorf, Günther: *Sprache als Organ – Sprache als Lebensform*. Anhang: Interview mit Noam Chomsky: Über Linguistik und Politik. Frankfurt/M. 1995, S. 60 ff., dazu meine Diskussion der Interpretation, die Grewendorf dort dem Privatsprachenproblem gibt, in C. Stetter: »Der Käfer in der Schachtel« (s. Anm. 4). Ich kann hier die logische Problematik dieser Methodologie nicht weiter diskutieren. Im Kern läuft sie darauf hinaus, daß sie aus verschie-

Soweit das bekannte Design der generativen Theorie. Gemäß dem von Chomsky bereits in den frühen *Aspekten der Syntax-Theorie* praktizierten doppeldeutigen Gebrauch des Begriffs »Grammatik« – das mentale Organ und dessen schriftliches Modell – werden, und dies ist die zweite Besonderheit, die Chomsky in die linguistische Theorie eingeführt hat, syntaktische Kategorien im Rahmen einer Phrasenstrukturgrammatik extensional definiert.[8] Dies geschieht mit Hilfe von Phrasenstrukturregeln, die die Form von Ersetzungsanweisungen haben:

A → B + C: Ersetze das Symbol A durch die Folge »B + C« bzw. in nichttechnischer Lesart: A ist B + C.

Das Anfangssymbol einer solchen Grammatik[9] wird in n Expansionen bis zu einer ›terminalen‹ Kette von Symbolen U + V + ... + W entwickelt. Diese werden ihrerseits durch sogenannte Lexikonregeln wiederum extensional interpretiert: U {*der, die, das,* ...}, V {*geb_, lauf_, schlaf_,* ...} usw.[10] U etwa wäre hier eine Menge von Ausdrücken wie *der, die, das* und ähnlichen, die ein grammatisch gebildeter Muttersprachler des Deutschen in geeigneten Kontexten als Artikel oder Relativpronomen erkennen kann.

Ob eine in dieser Grammatik beschriebene Struktur

(1) A
(2) B + C
(3) E + F + G + H
...
(n – 1) U + ... + V + W + ... + Y + Z

›deskriptiv adäquat‹ ist, entscheidet sich somit erst durch die Interpretation der terminalen Kette (n – 1) durch Lexikonregeln. Diese Interpretation (n) – z. B. *der Hans liebt die Inge* – ist aber qua geordnete Folge von Wörtern nun

---

denen Gründen die Falsifikation einer hypothetisch angenommenen UG-Eigenschaft so gut wie ausschließt: Je komplexer die theoretischen Vorannahmen eines »Experiments« werden, desto schwieriger wird zu entscheiden, worauf ein negativer Ausgang zurückzuführen ist. *Belegen* läßt sich eine theoretische Annahme durch Beispielsätze ohnehin nicht. Daß dies ein Trugschluß ist, hat schon Aristoteles gezeigt, vgl. Aristoteles: *Rhetorik.* II, 20, 1394a.

8 Das Problem der Transformationsregeln vernachlässige ich hier. Es ist für das Argument belanglos.

9 Hier sind insbesondere zwei Metaregeln zu beachten, die die Logik einer Phrasenstrukturgrammatik regeln:
1. Links vom Ersetzungspfeil »→« darf ein Symbol (»A«, »B«, »C«, »...«) erst erscheinen, nachdem es zuvor rechts vom Ersetzungspfeil eingeführt wurde.
2. Links vom Ersetzungspfeil steht genau ein Symbol.

10 Lexikonregeln sind im strikten logischen Sinne keine Regeln. Der Ausdruck »V {*geb_, lauf_, schlaf_,* ...}« besagt – im Unterschied zu Ersetzungsregeln – nicht, durch welches der in der Klammer aufgeführten Ausdrücke das Symbol V zu ersetzen wäre. Er ist somit zu lesen als: *geb_* ist V oder *lauf_* ist V oder *schlaf_* ist V ..., und dies eine Alternation kategorischer Prädikationen, kein generalisiertes Konditional.

kein Element eines wie immer gearteten Systems mehr, sondern Element der parole, mithin eine Performanzerscheinung, hier ein bestimmter Satz der deutschen Schriftsprache. Dies folgt aus dem logischen Status der Lexikonregel. Die geordnete Folge von Wörtern *kann* selbst kein Systemelement sein, da aus der Lexikonregel ja nicht hervorgeht, durch welches Element der betreffenden Lexemmenge das Kategoriensymbol zu ersetzen ist.[11] Der ganze Ausdruck ist also nicht *nach* Regeln gebildet, bestenfalls *gemäß* bestimmten Regeln – ein wesentlicher Unterschied.[12]

Der Übergang von der mittels einer Phrasenstrukturregel erzeugten terminalen Kette einer Satzderivation, die aus Wortmengen bezeichnenden Kategoriensymbolen besteht, zu der folgenden Verkettung von Lexikoneinheiten markiert also in *jeder* grammatischen Darstellung den Übergang von der Beschreibungsebene der Kompetenz bzw. des Systems zu der der Performanz bzw. der parole. Der jeweils gemäß einer wie auch immer gearteten Regelfolge (1) bis (n – 1) erzeugte Ausdruck (n), der Beispielsatz also, kann selbst nicht mehr als »Satz im Kopf« und damit als Element des Systems – oder der Kompetenz – interpretiert werden, weil der Zweck der Darstellung ja genau darin besteht, anhand des so erzeugten Ausdrucks dessen Wohlgeformtheit und damit die Korrektheit der »zugrunde gelegten« syntaktischen Struktur beurteilen zu können. Der Beispielsatz gilt der Theorie als Beispiel mithin für das, was insgesamt als ›wohlgeformter‹ Ausdruck in dieser oder jener Sprache gilt, und ist insofern *per se* Element einer Menge von Ausdrücken, die extensional betrachtet das bilden, was man eine ›öffentliche‹ Sprache nennt – *érgon* im Sinne W. von Humboldts.

Beispielsätze gelten der linguistischen Dogmatik – der eben dargelegten Logik der Lexikonregel zum Trotz – als Exempel »gelungener« Anwendung von Regeln, Belegfälle einer »hinter« der öffentlichen Bühne wirkenden Kompetenz. Diese Vorstellung verdankt sich, wie schon Ryle gezeigt hat[13], einem mythischen Denken, das sich noumenale Phänomene, mit Popper zu sprechen Phänomene der Welt 3[14], nicht anders als nach dem Modell der Mechanik zu erklären vermag: in die Jahre gekommene Metaphysik. Daß der Beispielsatz in diesem Sinne ein ihm zugrunde liegendes Verfahren ›repräsentiert‹, kann man glauben oder nicht. Zum Verständnis dessen, was sich in dem Sprachspiel »Beispielsätze bilden« tatsächlich vollzieht, trägt dies nichts bei, denn das Problem liegt in einer anderen kategorialen Ordnung. Tatsächlich exemplifiziert – in Termen der Symboltheorie Goodmans – jeder Beispielsatz eine gelungene oder mißlungene *Performanz*: Das ›gelungen‹ oder ›mißlungen‹,

---

11 Zurecht hat daher Saussure den Satz als Element der parole begriffen. Vgl. de Saussure, Ferdinand: *Cours de linguistique générale. Édition critique préparée par Tullio de Mauro.* Paris 1974, S. 172, im folgenden: CLG.
12 Vgl. hierzu C. Stetter: *Schrift und Sprache* (s. Anm. 6), S. 79 f.
13 Vgl. Ryle, Gilbert: *The Concept of Mind.* London 1963. (Dt.: *Der Begriff des Geistes.* Stuttgart 1969), Kap. 1.
14 Vgl. Popper, Karl R./Eccles, John C.: *Das Ich und sein Gehirn.* München, Zürich [8]1989, S. 64 ff.

bezüglich dessen das Beispiel je nur Beispiel ist, sind insgesamt Eigenschaften, Kriterien, die Geltung im öffentlichen Diskurs dieser oder jener bestimmten Sprache haben, im langage also, und *nur dort.*[15]

Aus dieser Konstellation resultiert die Käfer-in-der-Schachtel-Aporie: Der generativen Theorie zufolge besteht jede Grammatik aus einem Kern, der Elemente der UG umfaßt, und einer ›Peripherie‹, deren Elemente einzelsprachliche Besonderheiten repräsentieren. Der Theorie nach sind die Symbole, von denen in einer Phrasenstrukturgrammatik Gebrauch gemacht wird, daher zugleich Namen von Systemkategorien. Ihnen wird durch diese Interpretation, die aus Chomskys doppeldeutigem Gebrauch des Wortes »Grammatik« resultiert, eine zweite, gänzlich andersartige Extension zugeordnet. Sie referieren nun nicht mehr qua Ersetzungsregel auf die ihnen in dieser zugewiesene Expansion[16], sondern auf mentale Zustände wie »Satz«, »Subjekt-von«, »VP-von« usw. Mindestens die erste Stufe der Expansion eines Anfangssymbols muß daher ein Element der UG sein. Nun ist aber die Beantwortung der Frage, ob das Symbol zutreffend angesetzt ist, *allein* abhängig davon, wie es – wie gezeigt – im weiteren expandiert und in einen von einem Muttersprachler interpretierbaren Performanzausdruck überführt wird.

Daher kürzt sich die zweite, mentale Extension der Kategoriensymbole im Verfahren der Erzeugung von Beispielsätzen weg wie Wittgensteins Käfer in der Schachtel.[17] Was bleibt, ist eine mißverstandene Praxis: Beispielsätze können eine Kompetenztheorie weder verifizieren noch falsifizieren. Beides ist – wie oben schon angedeutet – logisch unmöglich. Tatsächlich gibt der Grammatiker mit dem Erfinden von ›wohlgeformten‹ und ›abweichenden‹ Paradigmen Proben seines Talents, sinnvolle sprachliche Ausdrücke zu bilden, die in bestimmten Hinsichten geeignet sind, etwas zu exemplifizieren. Und wenn er gegen das ›wohlgeformte‹ Paradigma

Peter schenkt dem Bruder zu Weihnachten ein Buch

die ›abweichenden‹ Paradigmen

*Peter schenkt zu Weihnachten ein Buch dem Bruder
*Dem Bruder schenkt ein Buch zu Weihnachten Peter
*Es schenkt Peter dem Bruder zu Weihnachten

setzt und das Abweichen mit einem Asterisken markiert, so kann dieses zusätzliche Zeichen doch nicht verhindern, daß diese Sätze als Beispiele gerade nicht miß- sondern *ge*lungen sind und somit offenbar tatsächlich ganz andere

---

15 Vgl. hierzu C. Stetter: *Schrift und Sprache* (s. Anm. 6), Kap. 5, wo ich das Problem linguistischer Beispielsätze allerdings noch nicht symboltheoretisch behandelt habe.
16 In einer Ersetzungsregel X → Y + Z erfüllt das Zeichen »→« ja nicht nur die Funktion, dem Symbol »X« den Ausdruck »Y + Z« als seine Expansion zuzuordnen. Gleichzeitig weist es Y + Z als Extension von X aus, X damit als Namen für Y + Z. Symboltheoretisch betrachtet ist Y + Z somit eine Exemplifikation dessen, was X darstellt.
17 Dieses Argument habe ich in C. Stetter: »Der Käfer in der Schachtel« (s. Anm. 4) genauer ausgeführt.

Eigenschaften einer wie auch immer gearteten Kompetenz exemplifizieren[18], als dieser in der Theorie zugeschrieben werden, nämlich die zur analogischen Bildung neuer Formen in neuen Kontexten – als Feed-back-Phänomen also, etwas, das im theoretischen Design der generativen Linguistik chomskyscher Prägung keinen Ort hat.

Dies mag hier als Einführung in die Problemlage genügen.[19] Im Akt der Abspaltung einer idealisierten Kompetenz von einer vorgeblich defektiven Performanz bleibt ironischerweise – der technischen Modellierung des Regelkonzepts geschuldet – die Kompetenz auf der Strecke. Eine Revision des Paradigmas ist unvermeidlich, daran kann wohl kaum ein Zweifel sein.

## II. Stationen

Eine solche Revision tut gut daran, die wichtigsten Stationen der Entwicklung zu betrachten, die die Linguistik an diesen Punkt gebracht hat. In ihr hat sich ein bestimmtes Bild der Sprache ausgeprägt. Am Beginn steht die Digitalisierung der Sprache, die mit der Evolution des Alphabets geleistet worden ist. Dies hat in unserer Tradition jeden späteren Begriff von Sprache geprägt. Gängigen Mythen über das Alphabet zum Trotz funktioniert dieses, betrachtet man es als Symbolschema[20], keineswegs so, daß seine Charaktere (die Figuren A, B, C, ...) als Namen für entsprechende Elemente der oralen Sprache dienten. Denn deren elementare Charaktere, die Wörter[21], sind kontinuierlich modulierte »Laute«, die ihrerseits in Weisen miteinander verbunden werden, die nicht in eine Regel gefaßt, sondern nur extensional aufgezählt werden können. Die Unverzichtbarkeit von Alternationsregeln in einer ein syntaktisches System darstellenden Phrasenstrukturgrammatik liefert hierfür – paradoxerweise – den formalen Beweis.[22] Vor jeder theoretischen Reflexion

---

18 Vgl. zum Begriff der Exemplifikation N. Goodman: *Sprachen der Kunst* (s. Anm. 2), Kap. 2 und passim.
19 Zu einer ausführlicheren Darstellung der Aporien dieses Paradigmas vgl. C. Stetter: *Schrift und Sprache* (s. Anm. 6), Kap. 6 und ders.: »Am Ende des Chomsky-Paradigmas« (s. Anm. 3).
20 Den Begriff Symbolschema verwende ich in dem von Goodman präzisierten Sinn. Vgl. N. Goodman: *Sprachen der Kunst* (s. Anm. 2), Kap. 4, und N. Goodman/C. Elgin: *Revisionen* (s. Anm. 2), S. 162 ff. Inwiefern das Alphabet als Symbolschema in diesem Sinne aufzufassen ist, habe ich in einer anderen, neueren Arbeit gezeigt. Vgl. hierzu Stetter, Christian: *Puzzle ohne Vorlage. Über die Schwierigkeiten, die Alphabetschrift zu erlernen* [erscheint].
21 Die Morphologie vernachlässige ich hier der Einfachheit halber.
22 Das »paradoxerweise« hat folgenden Grund: In einer Alternationsregel A [B/C/D] wird ja dargelegt, daß eine Kategorie A entweder als A oder als B oder als C interpretiert, d. h. in unterschiedlicher Weise weiter expandiert werden kann. Dies stützt den Schein, daß alle diese Möglichkeiten übersichtlich sind, das gesamte System mithin digital. Aber es kann niemals ausgeschlossen werden, daß neben oder zwischen die Möglichkeiten B, C, D eine weitere E tritt und wo im System sie auftritt, so wenig wie in einem digital organisierten Wörterbuch ausgeschlossen werden

über die Schrift hat die besondere Form des Alphabets die spätere Sprachtheorie, die sich in ihrem Bereich entwickelt hat, mit der Hypothek der Zweideutigkeit von Digitalität versus Analogie belastet.[23]

Die klassische Phonologie konstruiert das Phonem als die kleinste distinktive Einheit der oralen Sprache. Doch lohnt es sich, die Doktrin genau zu lesen: Das Phonemsystem einer jeden Sprache baut sich nach dem Prinzip des maximalen Kontrasts auf.[24] Der maximale Kontrast ›vokalisch‹ : ›konsonantisch‹ wird realisiert in Artikulationen, die traditionell durch die Merkmale [+ Öffnung] und [+ Sonorität] beziehungsweise [+ Hemmung] und [– Sonorität] beschrieben werden. Doch die gewohnte Lesart, die diese Ausdrücke als Merkmale liest, als Eigenschaften von Einheiten, verdankt sich auch hier der Unterscheidung von System und Performanz. Letztere ist Bewegung, und somit beschreibt das Merkmalbündel [+ Öffnung, + Sonorität] die Erzeugung von Öffnung und von Sonorität und das Merkmalbündel [+ Hemmung, – Sonorität] die Erzeugung von Hemmung bei fehlender Sonorität. Das Phonem ist, so betrachtet, das Schema einer Artikulationsveränderung, in der die Extreme kontinuierlich ineinander übergehen.[25]

Diesen kontinuierlichen Artikulationsfluß bildet der Gebrauch des Alphabets auf Folgen diskreter Elemente ab. Selbst wo diese in Kursivschriften miteinander verbunden werden, repräsentieren die einzelnen Inskriptionen Folgen effektiv differenzierbarer Elemente.[26] In der Praxis dieser Abbildung wird

---

kann – so vollständig es auch immer sein mag –, daß zwischen zwei aufeinanderfolgende Lemmata ein, zwei oder beliebig viele Lemmata neu eingefügt werden können. So läßt sich zwar – im Artikulationssystem des Alphabets – jeder alphabetisch verschriftete Wortschatz eindeutig, also digital ordnen, das Worterzeugungsverfahren selbst ist jedoch nicht digital organisiert. Dasselbe gilt für jede Kategorie jedes sprachlichen Artikulationsschemas.

23 Den klassischen Beleg liefert Platons *Theaitetos* mit dem sokratischen Mythos von den einfachen, nichts mehr bedeutenden Urelementen. Vgl. Platon: *Theaitetos*. In: ders.: *Werke in 8 Bänden*. Griechisch und Deutsch. Hg. von Gunther Eigler. Darmstadt 1990, 201e ff.
24 Vgl. hierzu Jakobson, Roman: *Kindersprache, Aphasie und allgemeine Lautgesetze*. Frankfurt/M. 1969.
25 Vgl. hierzu Stetter, Christian: »Linguistische Ästhetik: Zum mimetischen und logischen Gebrauch der Schrift«. In: Borsò, Vittoria et al. (Hg): *Schriftgedächtnis – Schriftkulturen*. Stuttgart, Weimar 2002, S. 219–237. Im Sinne der Goodmanschen Notationstheorie ist die parole als Lautereignis syntaktisch ›dicht‹. Vgl. N. Goodman: *Sprachen der Kunst* (s. Anm. 2), S. 128 ff.
26 Bei einer kursiven Verbindung etwa von *m* und *e* mag die Grenze zwischen beiden Elementen nicht genau anzugeben sein. Doch irgendwo in einem bestimmten Intervall hört das erste auf und beginnt das zweite, und es liegt *kein drittes* zwischen ihnen. Die effektive Differenzierung wird hier also dadurch geleistet, daß jede Inskription, d. h. jedes geschriebene Wort Artikulationseinheit für Artikulationseinheit auf das Alphabet, die geordnete Figurenmenge {a, b, c, ..., A, ..., Z} abgebildet wird und Fall für Fall entschieden werden kann, ob das betreffende Inskriptionssegment a und nicht b oder b und nicht a oder b und nicht c und ... usw. ist. Hieraus resultiert i. ü. der wahre Begriff des Alphabets: es ist das digitale Artikulationsschema der Buchstabenschrift – und *sonst nichts*. Entsprechend sind in Al-

der Begriff der *phoné* grammatisch gefaßt und diese damit der Sache nach als Menge digitaler Schemata konzipiert, auch wenn Theorie wie Praxis der Grammatik diesen Begriff bis in die Neuzeit hinein nicht kennen. Und an dieser Stelle ist festzuhalten, daß sich weder die strukturale noch gar die generative Linguistik des 20. Jahrhunderts jemals Rechenschaft über diese schriftinduzierte Präformation ihres Sprachbildes abgelegt hat.[27]

Die *téchne grammatiké* liefert Platon das Modell für die Konzeption einer formal wie diese verfahrenden *téchne dialektiké*, welche – das ist für unser Revisionsprojekt von Bedeutung – der Rhetorik entgegengesetzt wird.[28] Überzeugen kann ein Argument in philosophischer Hinsicht nur dann, wenn es widerspruchsfrei verteidigt werden kann. Alle anderen Überzeugungsmittel, zumal solche, die nicht an den Verstand appellieren, sondern an Sinnlichkeit oder Gefühl des angesprochenen Publikums, werden aus dem Sprachspiel der Philosophie verbannt. Die Problematik dieser Diskreditierung der Rhetorik braucht hier nicht weiter erörtert zu werden. Das Faktum steht ebenso außer Zweifel wie die philosophische Rehabilitation, die die Rhetorik bei Aristoteles erfährt. Dies allerdings nun auf der Basis eines logischen Verständnisses philosophischer Dialektik.[29]

Formal verfährt die neue Kunst, die Logik, insofern, als sie der Repräsentation, die die Sprache in Gestalt der Schrift erfährt, den Gedanken der Aufspaltung des vorher untrennbaren Zusammenhangs von Gedanke und *lógos* in Symbole entnimmt, die etwas bedeuten allein insofern, als sie Namen für anderes sind.[30] Genau dieses leistet der vielzitierte erste Satz aus Aristoteles' *Perì hermeneías* und die daraus entwickelten Definitionen von *ónoma* und *rhéma*. Der etwas von etwas behauptende Satz besteht qua Verknüpfung dieser beiden Elemente, und er ist wahr genau dann, wenn das *ónoma* etwas bezeichnet – *semaínei ti*[31] – und wenn dieses so Bezeichnete, die erste Substanz, unter die Extension des *rhéma* fällt[32], das dergestalt auch als (fregescher) Name behandelt wird.

---

    phabetschrift organisierte Wörterbücher das digitale Artikulationsschema für einen gegebenen, begrenzten Wortschatz. Aber, wie man weiß, verändert der sich wenn auch langsam, so doch sicher. Vgl. hierzu N. Goodman: *Sprachen der Kunst* (s. Anm. 2), S. 128 ff. und N. Goodman/C. Elgin: *Revisionen* (s. Anm. 2), S. 166 ff.

27 In der Sprachphilosophie Herders und W. von Humboldts finden sich dagegen durchaus schon Reflexionen, wo dieser Tatbestand berührt wird. Vgl. Humboldt, Wilhelm von: »Ueber die Buchstabenschrift«. In: ders.: *Werke in fünf Bänden*. Hg. von Andreas Flitner und Klaus Giel. Bd. III. Darmstadt 1960 ff., S. 89 ff. (im folgenden: WW III)

28 Vgl. hierzu im einzelnen C. Stetter: *Schrift und Sprache* (s. Anm. 6), Kap. 8 und 9.

29 Ebd., S. 360 ff.

30 Geleistet ist diese Protologik im *Kratylos*. Vgl. hierzu Lorenz, Kuno/Mittelstraß, Jürgen:»On Rational Philosophy of Language: The Programme in Plato's Cratylus Reconsidered«. In: *Mind* 76, No. 301 (1967), S. 1–20 und C. Stetter: *Schrift und Sprache* (s. Anm. 6), S. 322 ff.

31 Vgl. *Peri hermeneias* I, 16a 18, II 16b 21 und passim.

32 Die Eingangsdefinition von *Perì hermeneías* 16a hat also den schlichten logischen Zweck, den allgemeinen Begriff von Extension zu formulieren, den Aristoteles für

Es ist diese extensionale Semantik, die Aristoteles die Behandlung von *lógoi* als Symbol*schémata* in Goodmans Sinne ermöglicht, denn unter der Voraussetzung, daß nur (quantifizierte) Namen und Prädikate in Satzschemata vorkommen, kann man formale, vom Sinn der jeweiligen Sätze und ihrer Verknüpfungen abstrahierende Logik betreiben.[33] Dieses logische Fundament gibt der späteren Grammatik ihre interne Gestalt. Seither besteht der Satz aus den nunmehr grammatischen Formen Subjekt und Prädikat – Begriffe, die in der neuen Umgebung auch einen neuen Sinn erhalten: nicht mehr Namen für ontologische Entitäten, sondern für sprachliche Formen.

Mit diesem logischen Ursprung der Grammatik ist gleich in zweifacher Weise eine, wenn man so will, Entrhetorisierung ihres Begriffsrepertoires verbunden.[34] Zum ersten, unmittelbar, blendet der extensional begründete Wahrheitsbegriff, der der platonisch-aristotelischen Logik zugrunde liegt[35], den kommunikativen Rahmen aus, innerhalb dessen darum gestritten wird, ob die Verwendung der Namen jeweils sinnvoll, weil den logischen Spielregeln gemäß ist. Das Sprachspiel, das nunmehr gespielt wird, setzt den für die Philosophie gewonnenen Kratylos oder Phaidros bereits voraus. Jetzt geht es nur noch um die Sache. Zum zweiten, subtiler, wird von Aristoteles mit den Mitteln der neuen *téchne* die Rhetorik selbst als Kunst überzeugenden, weil logischen Argumentierens neu begründet, aus der aller rhetorische Schmuck verbannt wird mit Ausnahme der Metapher. Die wird ihrerseits wiederum mit Hilfe einer extensionalen Semantik erklärt.[36] Die Norm, unter der sich allmählich in der literalen Praxis ein formales Bild von Sprache ausbildet, sind die Gelingensbedingungen der nichtmetaphorischen, behauptenden, an einen anonymen Verstand adressierten Rede. Daß die in der Methodologie der modernen Grammatiktheorie üblichen Beispielsätze, die wir oben schon in anderem Zusammenhang berührt hatten, gleichsam als Zeichen professioneller Se-

---

    seine logische Semantik braucht, die eine Klassenlogik ist. Das *páthema tes psychés*, das in der christlichen Tradition dann zum conceptus mutiert (vgl. Ockham, Wilhelm von: *Summa Logica*, In: ders.: *Texte zur Theorie der Erkenntnis und der Wissenschaft*. Lateinisch/Deutsch. Herausgegeben, übersetzt und kommentiert von Ruedi Imbach. Stuttgart 1984, I, 1, 2 f.), ist bei Aristoteles nichts als die Extension des sprachlichen Namens. In den Kategorien, Kap. III, ist dies bereits vorausgesetzt. Ohne diese Voraussetzung wäre die im IV. Kapitel der *Kategorien* getroffene Auszeichnung der ersten *ousía* als eines Seienden, das niemals selbst ausgesagt werden kann, sondern von dem nur etwas ausgesagt werden kann, undenkbar.

33  Technisch drückt sich dies bei Aristoteles darin aus, daß er als erster (in unserer Tradition) Buchstaben als Variablen für sprachliche Ausdrücke verwendet. Vgl. hierzu: »The History and Kinds of Logic«. In: *The New Encyclopaedia Britannica. 15th Edition*. Vol 23, 1998, S. 225–282 (hier: S. 261 ff.).

34  Der Begriff der Entrhetorisierung faßt freilich den Vorgang nur aus einer Perspektive, von der nicht ausgemacht ist, daß es die zentrale ist. Ich verwende ihn nicht in systematischer Absicht.

35  Formal ist dieser extensionale Wahrheitsbegriff erstmals in *Perì hermeneías* dargestellt, aufbauend auf der Definition des *ónoma* (Kap. II), des *rhéma* (Kap. III), und der der einfachen, unverbundenen Behauptung (*katáphasis*, Kap. IV ff.).

36  Vgl. Platon: *Poetik*. In: ders.: *Werke* (s. Anm. 23), (hier: Kap. 21, 1457 b).

riosität von chronischer Stupidität sind[37], hängt mit dieser Herkunft der Grammatik zusammen, der mit dem rhetorischen auch das ästhetische Moment ausgetrieben wurde.

Für unseren Zusammenhang genügt es – die drastischen Abkürzungen seien der Systematik zuliebe gestattet –, zum Beleg der These auf Wilhelm von Humboldts Unterscheidung zweier Sprachkonzeptionen zurückzugehen: die einer Nominalansicht und einer Pronominalansicht der Sprache.[38] Erstmals in unserer Tradition werden hier in einer Philosophie der Grammatik Besonderheit und Beschränktheit des tradierten grammatischen Bildes der Sprache nicht nur gesehen[39], sondern einer neuen Ansicht auf sie entgegengesetzt.

Humboldt revidiert die aristotelischen Grundlagen der Grammatik gleich an beiden archimedischen Punkten der tradierten Nominalansicht: Die für das Gelingen des Sprechakts basale, alle weiteren kognitiven Akte fundierende Referenzfunktion der Rede wird vom Nomen auf das Pronomen verlagert. Grundlage, das jeweils Gemeinte ›verständlich‹ zu artikulieren, ist in erster Instanz nicht die Bezugnahme auf die Objekte, um die es geht, sondern die Identifikation von Sprecher und Adressaten der Rede.[40] Erste und zweite Person gehen systematisch der dritten voraus. Damit ist die kommunikative Einbettung der Rede in ihren sozialen Kontext, ihre jeweilige Adressierung an jemanden, kategorial dem theoretischen Bild von Sprache wiedergewonnen.

Zum zweiten wird an die Stelle des *rhéma*, des Prädikats, das Verb gesetzt: Zwar erkennt Humboldt die in der Nominalansicht der Sprache geleistete Parallelführung von logischen und grammatischen Kategorien insoweit an, als seinem Hauptsatz zufolge, der in der Sprache das den Gedanken bildende Organ sieht, jeder Satz als solcher zugleich logische Form sein muß.[41] Doch sieht er in dieser Parallelführung auch die Differenzen: Die Logik betrachtet den Sachverhalt abstrakt, im »Gebiete«, so Humboldt, »des absoluten

---

37 Vgl. hierzu C. Stetter: *Schrift und Sprache* (s. Anm. 6), Kap. 5.
38 Grundlegend der *Dualis* und die *Verschiedenheiten des menschlichen Sprachbaus*. Vgl. hierzu Borsche, Tilman: *Sprachansichten. Der Begriff der menschlichen Rede in der Sprachphilosophie Wilhelm von Humboldts*. Stuttgart 1981, S. 277 ff.; Di Cesare, Donatella: »Wilhelm von Humboldt«. In: Borsche, Tilman (Hg.): *Klassiker der Sprachphilosophie. Von Platon bis Noam Chomsky*. München 1996. S. 275–289 und C. Stetter: *Schrift und Sprache* (s. Anm. 6), S. 491 ff.
39 Dies ist zweifellos schon bei Herder der Fall. Man vgl. etwa Teil I, 3 seiner *Abhandlung über den Ursprung der Sprache* (Herder, Johann G.: *Frühe Schriften 1764–1772*. Hg. von Ulrich Gaier. Frankfurt/M 1985 (= *Werke in zehn Bänden*, hg. von Martin Bollacher et al., Bd. 1), S. 733 ff.
40 Der Pronominalansicht liegt somit die erstmals im *Dualis* als ›Urtypus‹ aller Sprachen beschriebene dialogische Anlage der Rede zugrunde. Vgl. Humboldt, Wilhelm von: »Dualis«. In: ders.: *Werke in fünf Bänden* (s. Anm 27), Bd. III S. 138 ff. und ders.: »Verschiedenheiten«. In: ders.: *Werke in fünf Bänden* (s. Anm 27), III, S. 200 ff.
41 Vgl. Humboldt, Wilhelm von: »Grammatischer Bau«. In: ders.: *Gesammelte Schriften*. 17 Bde. Hg. von Albert Leitzmann et al. Berlin 1903 ff. Photomech. Nachdr. Berlin 1968, Bd. VI, S. 346 ff.; dazu C. Stetter: *Schrift und Sprache* (s. Anm. 6), S. 491 ff.

Seyns«.[42] Das Prädikat drückt daher in logischer Hinsicht nicht mehr aus, als daß dieses oder jenes Objekt x unter den vom Prädikat dargestellten Begriff y fällt – dies kategorisch, ohne jede zeitliche oder modale Relativierung. Das Verb, das in diesem Zusammenhang namentlich als Zeitform relevant wird, leistet demgegenüber etwas ganz anderes: Dadurch, daß es in der verbalen Performanz aktualiter gesetzt wird, schließt es die verschiedenen referentiellen oder prädikativen Ausdrücke zu einem Ganzen zusammen, zu einem einheitlichen Symbolschema, und bezieht dieses auf seinen spezifischen Erfüllungsgegenstand – die aktuelle Redesituation, die ihrerseits in der Pronominalstruktur des Satzschemas angedeutet ist. Daher die ›grammatische‹ Kategorie des Tempus, die in den Verbsystemen des Griechischen oder Lateinischen in besonders hohem Maße formal ausdifferenziert war und die von daher Humboldt das Paradigma seiner Theorie an die Hand gegeben hat.

Die Performanz der Zeit- oder Situationsreferenz kann der Sache nach erst geleistet werden, wenn der Sachverhalt, der in Rede steht, hinreichend deutlich konzipiert ist. Das macht aus dem Verb die hierarchisch höchste Konstituente der Syntax natürlicher Sprachen. Es verdient mehr als nur historisches Interesse, daß Humboldt in diesem Zusammenhang erstmals eine explizite Theorie der Syntax, der »Redeverbindung«[43], entwickelt, in der die Aspekte der Konstituenz und Dependenz systematisch zusammengeführt sind.[44]

In der Redeverbindung[45] sind alle Konstituenten der ›Periode‹ zu einem Gestaltschema zusammengefaßt.[46] Dieses verortet Humboldt der scholastischen Psychologie gemäß, die Kants Transzendentalismus zugrunde liegt, im Bewußtsein des Sprechers.[47] Doch faßt das Schema als solches eben auch die konkrete Äußerung zu einer Gestalt zusammen, und Humboldt wäre nicht durch die Schule der *Kritik der Urteilskraft* gegangen, um nicht die ästhetische Dimension zu erkennen, die in diesem Sachverhalt liegt. Als Äußerung ist die Gestalt *érgon*, damit nicht nur dem rezipierenden Verstand als Objekt gegeben, sondern auch der damit einhergehenden Einbildungskraft. Diese Gestalt wird nun den Verstandesformen, die dem Gesagten inhärent sind, adäquat sein oder auch nicht. Dementsprechend wird die Einbildungskraft, so sie mit Geschmack gepaart ist, diese bestimmte Redeverbindung als mehr oder weniger gelungen beurteilen. Auf diesem Wege gelangt Humboldt zu einem Begriff der symbolischen Funktion grammatischer Formen, der nun in der Tat völlig quer steht zur logischen Tradition der Grammatik.[48] Symbolisch wirkt

---

42  W. v. Humboldt: *Gesammelte Schriften* (s. Anm. 42), VI, S. 346.
43  Vgl. Humboldt, Wilhelm von: »Grundzüge«. In: ders.: *Gesammelte Schriften* (s. Anm. 42), V, S. 445 ff.
44  Vgl. hierzu C. Stetter: *Schrift und Sprache* (s. Anm. 6), S. 497 ff.
45  Vgl. Humboldt, Wilhelm von: »Grundzüge«. In: ders.: *Gesammelte Schriften* (s. Anm. 42), V, S. 445 ff.
46  Vgl. Humboldt, Wilhelm von: »Grammatischer Bau«. In: ders.: *Gesammelte Schriften* (s. Anm. 42), VI, S. 348.
47  Vgl. Humboldt, Wilhelm von: »Grundzüge«. In: ders.: *Gesammelte Schriften* (s. Anm. 42), V, S. 454.
48  Vgl. hierzu C. Stetter: *Schrift und Sprache* (s. Anm. 6), S. 502 ff.

die grammatische Form deswegen, weil sie in der konkreten Anschauung von Formen dem sprechenden wie rezipierenden Geist Winke gibt, sich mehr bei ihr zu denken, als sie »wörtlich« ausdrücken kann.[49] So kann ein gelungener grammatischer Bau einer Sprache – hier denkt Humboldt natürlich an das klassische Griechisch – die Phantasie der diese Sprache Sprechenden beflügeln.[50] Für einen Moment ist auch die Ästhetik wieder mit dem ›grammatischen‹ Sprachbild versöhnt.

Die Sprachwissenschaft des 19. Jahrhunderts geht an dieser in ihrer Zeit singulären Konzeption vorbei, tut sie als Spekulation ab[51] und wirft sich auf die Erforschung der Diachronie, die ihr in tausend Einzelfakten zerfällt. Die Gründe dafür können hier nicht erörtert werden. Sprache als Symbolschema oder, in linguistischer Terminologie, als System gerät damit aus dem Blick. Eine Revision dieser Perspektive auf den Gegenstand wird erst durch F. de Saussure geleistet, ausgehend vom frühen *Mémoire*, in dem Saussure gegen die junggrammatische Dogmatik der Linguistik die Morphologie als genuinen Gegenstandsbereich zurückgewinnt[52], damit die systematische und zugleich semiologische Perspektive auf die Sache.[53] Die Skizzen gebliebenen Arbeiten der 90er Jahre und die späten *cours de linguistique générale* der Jahre 1906 ff. führen diese Gedanken weiter. Vor allem in diesen späten Vorlesungen, deren Sprengkraft weniger dem Text ihrer Nachschriften als dessen Wirkungsgeschichte ablesbar ist, die ja bis heute anhält, hat Saussure eine Axiomatik der Linguistik skizziert, die die Gestalt der Sprachtheorie des 20. Jahrhunderts in wesentlichen Zügen geprägt hat.

---

49 Dies wird bei Humboldt folgendermaßen begründet: Wäre eine grammatische Form X nicht mehr als Index der Verknüpfung zweier Ausdrücke A + B, so würde dies, wie er sagt, »zu einem endlosen Einschachtelungssystem führen« (Humboldt, Wilhelm von: »Grammatischer Bau«. In: ders.: *Gesammelte Schriften* (s. Anm. 42), VI, S. 362), da in dem Ausdruck A + X + B ja nun zwei weitere Verknüpfungsindizes erforderlich wären, um die synthetische Einheit von A + X bzw. X + B auszudrücken usw. ad inf. Die grammatische Form ist also als reines »Verknüpfungszeichen« mißverstanden. Sie symbolisiert über diese Funktion hinaus die Einheit der Rede als Gestalt. Mit Goodman wäre hier von Exemplifikation zu sprechen. Es würde zu weit führen, den in der Tat schwierigen Gedanken Humboldts von einer symbolischen Funktion der Grammatik in diesem Sinne weiter auszuführen. Dieses Problem führt zum Kern einer Philosophie der Grammatik. Vgl. hierzu auch C. Stetter: *Schrift und Sprache* (s. Anm. 6), S. 508 ff.
50 Vgl. hierzu C. Stetter: *Schrift und Sprache* (s. Anm. 6), S. 502 ff.
51 So schon Jacob Grimm, der mit seinem völligen Theorieverzicht dem späteren Positivismus der diachronischen Linguistik des 19. Jahrhunderts zweifellos Vorschub geleistet hat.
52 Vgl. hierzu Stetter, Christian: »Ferdinand de Saussure«. In: Dascal, Marcelo/Gerhardus, Dietfried/Lorenz, Kuno/Meggle, Georg (Hg.): *Sprachphilosophie. Ein internationales Handbuch zeitgenössischer Forschung*. 1. Halbbd. Berlin, New York 1992, S. 510–523 (hier: S. 511 ff.).
53 Das Morphem ist für Saussure Zeichen: »Le vrai nom de morphologie serait: La theorie des signes – et non des formes ...« (de Saussure, Ferdinand: *Cours de linguistique générale*. Édition critique par Rudolf Engler. Wiesbaden 1967 ff., N 7, fasc. 4, S. 17).

Leitend sind dabei eine Reihe von Unterscheidungen gewesen, die den logischen Raum umreißen, in der diese Gestalt nunmehr neu situiert wird. Die erste ist die Unterscheidung von Synchronie und Diachronie, Resultat der Sprachwissenschaft des 19. Jahrhunderts. Die zweite ist die von Schrift und Sprache, mit der die Linguistik sich aus der Philologie emanzipiert. Die dritte schließlich ist die von langue und parole, von System und – mit Humboldt zu sprechen – »jedesmaliger Rede«. Als zentraler Gegenstand der Sprachwissenschaft schält sich in der Rezeption der saussureschen Doktrin mehr und mehr das Studium des Systems heraus. Paradigma einer ›strukturalen‹ Sprachansicht ist die Phonologie der Prager Schule geworden. Sie hält – eindrucksvoll im Werk Roman Jakobsons bezeugt – an Saussures Grundbegriff des signe linguistique fest. Die sprachliche Einheit ist, was sie ist, qua Zeichen: Einheit von signifiant und signifié. Sie vernachlässigt andererseits in der Konzentration auf das System den korrelativen Aspekt der parole, der Performanz. Und gleichermaßen gerät über der Konzentration auf das Studium allgemeiner Eigenschaften von Sprache nach und nach, wenngleich noch nicht programmatisch, dasjenige aus dem Blick, was das Zentrum der Sprachphilosophie Herders und Humboldts ausgemacht hatte: der Aspekt der Verschiedenheit menschlicher Sprachen als eines wesentlichen Charakteristikums menschlicher Sprache. Im Gegensatz zur atomistischen Linguistik der Junggrammatiker konzentriert sich der Blick der Prager Schule ganz auf universelle Aspekte der Sprache. Jakobsons mittlerweile klassische Studie über *Kindersprache, Aphasie und allgemeine Lautgesetze*[54] ist bis heute das vielleicht schönste Dokument dieses Denkansatzes.

Zugrunde liegt diesem die schon bei Saussure eingeleitete Psychologisierung der Sprachtheorie. Von hier aus führt ein direkter Weg zum Mentalismus Chomskys, der sich allerdings in der konzeptionellen Ausgestaltung dieses Modells radikal von Saussures Sprachbegriff wie von dem des frühen Strukturalismus unterscheidet.[55] Nicht mehr das Sprachsystem ist für ihn Gegenstand der Linguistik, sondern die Grammatik, genauer: die Syntax. Und diese nicht mehr als Symbol- oder Zeichenschema, sondern als im Genom angelegtes Modul.[56] Hier geht nun die klassische Schulgrammatik mit einer in Chomskys Arbeiten immer deutlicher zutage tretenden biologischen Konzeption von Sprache einen in der Tat einzigartigen Synkretismus ein: Die höchste Form, die das Syntaxmodul zu generieren imstande ist, ist der Satz, eine Ausdrucksform, die Saussure aus Gründen, die wir oben bereits betrachtet hatten, der parole zugeordnet hatte.[57] Seine Hauptkonstituenten – wenn man von den

---

54 Vgl. R. Jakobson: »Kindersprache« (s. Anm. 24).
55 Diesen Paradigmenwechsel habe ich in C. Stetter: *Schrift und Sprache* (s. Anm. 6), S. 229 ff., genauer beschrieben.
56 Vgl. zur wissenschaftstheoretischen Charakterisierung dieses Modells i. e. Schneider, Hans J.: *Phantasie und Kalkül. Über die Polarität von Handlung und Struktur in der Sprache.* Frankfurt/M. 1992, S. 41 ff.
57 Vgl. F. de Saussure: *Cours de linguistique générale.* Édition critique préparée par Tullio de Mauro (s. Anm 11), S. 172 f.

technischen Details einmal absieht – sind Subjekt und Prädikat. Alle logischen wie literalen Voraussetzungen, die – historisch rekonstruierbar – diesem Begriff des Satzes zugrunde liegen, werden mit einer schlichten Setzung als solche gestrichen, ohne daß dies, meines Wissens, in der Theorie der generativen Linguistik auch nur ein einziges Mal thematisiert worden wäre. Die Linguistik – will man das Resultat dieser Entwicklung polemisch auf den Punkt bringen – ist in diesem Projekt als empirische Disziplin auf der Strecke geblieben. Unschwer ist zu sehen, wie dies mit der Vernachlässigung der Performanz als eines theoretisch relevanten Bereichs der Sprachwissenschaft zusammenhängt[58], mit der hiatischen Trennung von Kompetenz und Performanz, die für den mentalistischen und funktionalistischen Ansatz der generativen Linguistik[59] konstitutiv ist.

## III. Zwischenbilanz

Bei all seinen problematischen Aspekten hat dieser Ansatz doch das große Verdienst, die Sprachtheorie zu einem Punkt gebracht zu haben, wo der kategoriale Raum deutlich wird, in dem eine nach-chomskysche Sprachtheorie anzusiedeln ist.

Hinter die Auffassung, daß allen sprachlichen Performanzen, all dem, was immer man in empirischem Sinn als »menschliche Sprache« bezeichnet, eine den Menschen charakterisierende Sprachfähigkeit zugrunde liegt und daß dieser Gesichtspunkt in der Gestalt der Sprachtheorie angemessen zur Geltung zu bringen ist, wird man kaum zurück können. Doch ist ein Mentalismus chomskyscher Prägung, nämlich als nativistische Konzeption von Sprachfähigkeit, zweifellos kein gangbarer Weg. Zu dieser Konsequenz zwingt – neben vielen weiteren Argumenten – insbesondere die oben beschriebene Käfer-in-der-Schachtel-Aporie. Chomskys Nativismus läuft auf die Konstruktion einer privatsprachlichen Kompetenz hinaus, und diese Konstruktion ist in einer öffentlichen Sprache schlechterdings nicht *darstellbar*, so wenig wie eine farblose Gestalt in einem farbigen Medium.[60]

Die *faculté du langage* hat man logisch als distributives Allgemeines zu konstruieren: Sie ist zur genomischen Ausstattung jedes menschlichen Individuums zu rechnen. Ihre Beschreibung fällt damit in den Bereich der Neurobiologie.[61] Doch ebenso eindeutig hat man sich die Sprachfähigkeit als Fähigkeit der Ausbildung von Sprachen qua Zeichen- oder Symbolsystemen zu den-

---

58 Vgl. hierzu die in Krämer und König (Krämer, Sybille/König, Ekkehard (Hg.): *Gibt es eine Sprache hinter dem Sprechen?* Frankfurt/M. 2002) versammelten Beiträge.

59 Vgl. hierzu auch Putnam, Hilary: *Repräsentation und Realität*. Übersetzt von Joachim Schulte. Frankfurt/M. 1991.

60 Vgl. hierzu i. e. C. Stetter: »Der Käfer in der Schachtel« (s. Anm. 4).

61 Vgl. hierzu etwa Spitzer, Manfred: *Geist im Netz. Modelle für Lernen, Denken und Handeln*. Darmstadt 1996.

ken, und die einzig uns zugänglichen natürlichsprachlichen Symbolsysteme sind eben Sprachen, nicht *die* Sprache. Gerade wenn man in der *faculté du langage* die eine, jeder Erscheinungsform menschlicher Sprache zugrunde liegende Basis erkennt, so schließt man damit *eo ipso* universalsprachliche oder universalgrammatische Konstrukte als Erklärungsgrundlage der Vielfalt empirischer sprachlicher Formen aus. Alle solche Konstrukte können – aus rein logischen Gründen – nie etwas anderes sein als ungedeckte Hochrechnungen aus besonderen einzelsprachlichen Sprachverwendungen. Chomsky hat – in seinem systematisch doppeldeutigen Gebrauch des Wortes »Grammatik« – Namen für Elemente einer Universalgrammatik dadurch gebildet und damit ein logisches Verständnis der Rede über diese Gegenstände ermöglicht, daß er die Extension bestimmter, uns aus *unserer* grammatischen Tradition geläufiger Namen programmatisch verdoppelt, aus dieser Verdoppelung aber gleichzeitig das Besondere gestrichen und das so gewonnene Konstrukt als empirisch gegeben vorausgesetzt hat: Dieser Ausdruck hier *der Hans* ist Subjekt dieses Satzes *der Hans liebt die Inge* und gleichzeitig soll doch der Name »Subjekt« Bezeichnung einer Form der Universalgrammatik sein. Doch damit wird dem Namen »Subjekt« im zweiten Glied dieser unschuldigen Konjunktion ein, mit Frege zu sprechen, anderer Sinn gegeben als in der Verwendung des ersten Gliedes, ein Sinn, der in keiner Sprache durch ein Beispiel auch nur angedeutet werden könnte.[62] Indem Chomsky die Grammatik als privatsprachliches Konstrukt konzipiert hat, hat er nolens volens gezeigt, daß diese Konzeption unhaltbar ist.[63] Jede Sprachtheorie muß – dies ist die philosophische Lehre, die aus den vielfältigen internen Wandlungen des Chomsky-Paradigmas zu ziehen sind – Sprache als ›öffentliche‹ Sprache rekonstruieren.

Die Ausdrücke öffentlicher Sprachen nun sind Zeichen- oder Symbolschemata – wie immer man Sprache ansonsten theoretisch fassen wird. Dieses Verständnis von Sprache geht jeder Sprachtheorie voraus – auch der chomskyschen, die ja in der Architektur ihres Modells selbst auf der Ebene des Syntax-Moduls nicht vollständig davon abstrahieren kann, daß irgendwie und -wo den dort beschriebenen Formen eine wie auch immer geartete Bedeutung »zuzuordnen« ist.[64] Damit kommt neben der Neurobiologie als zweite mit dem Gegenstand Sprache befaßte Disziplin nun die Psychologie ins Spiel, denn Bedeutung welcher Art auch immer – ob wir von Wort-, Satz- oder Ausdrucks-

---

62 In jedem beliebigen Beispiel würde ja der Ausdruck »Subjekt-von« nach Bedingungen, die völlig unabhängig von jeder Theorie einer Universalgrammatik sind, auf einen einzelsprachlichen Ausdruck als seine ihn exemplifizierende Extension bezogen werden müssen, und dann hängt es eben *nur* von dem jeweiligen besonderen Verständnis von Grammatik und von der jeweiligen Sprache ab, ob dieser bestimmte Ausdruck zu Recht als Subjekt dieses bestimmten Satzes aufgefaßt wurde.
63 Vgl. hierzu i. e. C. Stetter: »Der Käfer in der Schachtel« (s. Anm. 4).
64 Daher ist die oben erwähnte Unterscheidung von »galileischem« und »analytischem« Stil (vgl. G. Grewendorf: *Sprache als Organ* (s. Anm. 7), S. 60 ff.) zur Charakteristik des generativen Ansatzes eher irreführend: In der generativen Theorie gibt es viel mehr »analytische« Versatzstücke, als ihre Anhänger ahnen.

bedeutung sprechen – ist stets Resultat eines Prozesses, in dem aktualiter *uno actu* Zeichen- oder Symbolketten gebildet und, mit Goodman zu sprechen, auf Bezugnahmegebiete bezogen werden. Zum Symbol oder – in linguistischer Terminologie – zum Zeichen wird der Ausdruck erst dadurch, daß er als Einheit begriffen *und* referentialisiert wird. Diese Einheit kann – das hat in der gesamten Tradition der Sprachtheorie am klarsten wohl W. von Humboldt gesehen – nur eine »gedachte«, in moderner Terminologie eine kognitiv erzeugte sein.

Selbst dies noch kann man der formalen Gestalt abgewinnen, die Chomsky der Sprachtheorie gegeben hat. Liest man eine Phrasenstrukturgrammatik als Beschreibung eines Satzgenerierungsprozesses, so hat die Abfolge von Ersetzungsregeln genau den Sinn, daß eine Einheit in Konstituenten zerlegt oder, umgekehrt betrachtet, aus ihnen aufgebaut wird. Zerlegen kann man aber – in saussurescher Terminologie – nur den *signifiant*, nie den *signifié*, denn dieser hat in buchstäblichem Sinn keine Extension, weder Anfang noch Mitte noch Ende. Er ist eben gedachter Natur. Man zerlegt nicht das Wort »in«, indem man es in Teile »i« und »n« zerlegt, sondern dann zerlegt man den Ausdruck. Das Wort selbst ist als Einheit von *signifiant* und *signifié* weder in diese noch in andere Konstituenten teilbar.[65] Analoges gilt für jeden komplexen sprachlichen Ausdruck, dem wir ›einen‹ bestimmten Sinn zusprechen.[66] Morphologie und Syntax natürlicher Sprachen müssen in diesem Sinn als Artikulationssysteme von Sinneinheiten aufgefaßt werden.[67]

Als dritter Kernpunkt, der aus der oben skizzenhaft durchgeführten Revision der Geschichte der Sprachtheorie festzuhalten ist, bleibt schließlich das Verhältnis von Sprache und Schrift festzuhalten, damit die Frage von analo-

---

65 Die Paradoxien, die sich hieraus für ein philosophisches Verständnis von Sprachtheorie ergeben, habe ich am Fall des saussureschen Arbitraritätsprinzips in C. Stetter: *Schrift und Sprache* (s. Anm. 6), Kap. 4, diskutiert.

66 Eine entsprechende semiologische oder semiotische Interpretation der Ersetzungsregel habe ich in C. Stetter: »Am Ende des Chomsky-Paradigmas« (s. Anm. 3) entwickelt.

67 Chomskys Konzept einer ›autonomen‹ Syntax ist – wenn man es seiner mentalistischen Programmatik entkleidet – am Modell symbolischer bzw. maschineller Sprachen entwickelt worden. Dort hat es zweifellos seinen guten Sinn. Eine Philosophie der Sprachtheorie muß aber in diesem Punkt darauf insistieren, daß diese Analogie irreführend ist, wenn sie der »Architektur« dieser Theorie als einer Theorie natürlicher Sprachen zugrunde gelegt wird. Es ist ja auch unschwer zu sehen, daß die Rede von syntaktischen ›Formativen‹, die von einer anderen Ebene her semantisch oder phonologisch interpretiert werden, hinfällig wird, sobald man sie wörtlich nimmt. Nehmen wir ein beliebiges Syntax-Formativ XYZ. Es soll phonologisch interpretiert, d. h. in eine phonematisch artikulierte morphematische Gestalt überführt werden. In welche aber, wenn man nicht weiß, was sie bedeutet? Und woher weiß man, was sie bedeutet, wenn die Morphemgestalt nicht als in irgendeiner natürlichen Sprache artikulierte von anderen unterschieden werden kann: Ist z. B. dieses *wa* hier als Themapartikel des Japanischen zu nehmen oder als Partikel des rheinischen Dialekts? Die theoretische Crux der Theorie Chomskys ergibt sich aus der faktischen *Informalität* der Theorie.

ger und digitaler Gestaltung der sprachlichen Performanz. Dies ist eine historische wie systematische Frage. Die moderne Sprachtheorie kann nicht – wie dies in der generativen Linguistik bis heute der Fall ist – das Faktum vernachlässigen, daß zu den Voraussetzungen von Sprachtheorie konstitutiv gehört, daß uns Sprachen als orale wie als literale wie – so wäre hinzuzufügen – als Gebärdensprachen »gegeben« ist. Alle drei Formen sind Produkte der Evolution und als solche Produkte der menschlichen *faculté du langage*. Als wissenschaftlicher Gegenstand wird Sprache jedoch nur über den Weg der Verschriftung erfahrbar.[68] Somit stellen sich die Fragen einer analog oder digital angelegten Phonologie, Graphematik, Morphologie, Syntax und Semantik schon auf dieser ersten Ebene einer linguistischen Phänomenologie.

## IV. Konsequenzen: die Natur des sprachlichen Zeichens

Als erste Konsequenz ergibt sich aus dieser Bestandsaufnahme, daß der Gegenstand Sprache ein interdisziplinärer Gegenstand ist. In dem hier betrachteten Zusammenhang ist die Grenzziehung zwischen den Nachbardisziplinen Linguistik und Psychologie von besonderem Interesse. Zweifellos stehen sie im Zentrum eines Forschungszusammenhangs, der die Brücke von der Ebene der *faculté du langage* bis hin zu dem des Studiums der Formen bestimmter sprachlicher Erscheinungsformen zu schlagen hat.

Was beide Disziplinen zusammenbringt, ist die Auffassung, daß sprachliche Einheiten Symbolschemata in dem von Goodman beschriebenen Sinne sind. Saussures Begriff des *signe linguistique* als Einheit von *signifiant* und *signifié* war unzureichend in genau dem Punkt, daß in ihm von der Referenz abgesehen war.[69] So verständlich dieser Ansatz bei Saussure auch in seiner Wendung gegen Auffassungen gewesen ist, die in der Sprache nichts anderes sahen als eine Nomenklatur[70] – er hat den Begriff des sprachlichen Zeichens doch mit einer Hypothek belastet, die die theoretische Vernachlässigung der Performanz zur Folge gehabt hat. Das aus Saussures Semiologie resultierende Konzept des Wertes, den ein sprachlicher Term im Systemzusammenhang repräsentiert, muß indessen für die Sprachtheorie grundlegend bleiben oder, genauer, ihr wieder zugrunde gelegt werden.[71] Aus ihm folgt das systematische Argument gegen die Aufteilung einer wie auch immer gearteten mentalen Grammatik in Kern und Peripherie: Jedes Element im System ist, was es ist, je nur in Korrelation zu ähnlichen und unähnlichen im gesamten System. Deswegen ist es *unlogisch*, beispielsweise – im System des Lateinischen –

---

68 Vgl. hierzu C. Stetter: *Schrift und Sprache* (s. Anm. 6), Kap. 3.
69 Vgl. hierzu C. Stetter: *Schrift und Sprache* (s. Anm. 6), S. 214 ff.
70 Vgl. hierzu die frühen notes N 12 und vor allem die notes item N 15, (F. de Saussure: *Cours de linguistique générale*. Édition critique par Rudolf Engler [s. Anm. 53], fasc. 4, S. 35 ff.).
71 Ich verzichte hier darauf, Saussures Argumente im einzelnen zu rekapitulieren. Zur Systematik vgl. C. Stetter: *Schrift und Sprache* (s. Anm. 6), S. 208 ff.

den Akkusativ als universellen Kasus gegenüber dem Ablativ als peripherem auszuzeichnen. Beide gehören als Kasus zu *einem* artikulatorischen Subsystem, und der Lateiner hat, wenn er *vino fruor* sagte, dies auch so gedacht, nicht »eigentlich« *vinum* ...[72] und aufgrund dieser besonderen Korrelation hat der Akkusativ im Latein einen anderen Wert als der im Griechischen, weil letzteres weniger Kasus hat als das Latein, dort sich die Funktionen eben anders auf die Systemelemente verteilen.[73]

Jedes sprachliche System muß daher erstens als in sich homogenes und zweitens als ein Ganzes begriffen werden. Wiederum hat dies wohl am klarsten W. von Humboldt gesehen, wenn er in den *Grundzügen des allgemeinen Sprachtypus* von ›dem‹ Verfahren der Sprache spricht, qua Artikulation von Wörtern und »Perioden« die Rede zu bilden.[74] Auf jeder Ebene bilden deren Einheiten homogene Systeme, und für die Syntax als das hierarchisch höchste dieser Systeme muß das in gleicher Weise gelten. Insofern ist jede individuelle *faculté du langage* als Fähigkeit zu begreifen, eine Sprache als ein solches ganzheitliches, homogenes System auszubilden. Erklären können wird man – soweit Erklären-warum hier überhaupt möglich ist – diese Fähigkeit nur im Verbund mit Psychologie und Neurobiologie. Für die Linguistik als Spezialdisziplin ist die Forderung explanativer Adäquatheit zweifellos nicht einlösbar. Hier ist – jedenfalls in erster Instanz – zunächst einmal empirisch triftige Phänomenologie gefordert.

Eine sprachliche Einheit gewinnt Bedeutung erst im Gebrauch. Auch hinter diese Einsicht wird eine nach-chomskysche Linguistik nicht zurückgehen können. Versuche funktionalistischer Deutung bestimmter grammatischer Formen sind andererseits immer wieder gescheitert. Insofern bleibt nur der Weg, auf jegliche intensionale Charakterisierung der Weisen zu verzichten, in denen die Verwendung sprachlicher Ausdrücke deren Bedeutung prägt, und es extensional bei dem puren Faktum der Bezugnahme von sprachlichen Schemata auf etwas zu belassen. Eben dieser Gedanke zeichnet die Symboltheorie Goodmans aus.

---

72 Die Absurdität solcher »Erklärungsversuche« liegt darin, daß sie, um den Schaden zu heilen, metasprachlich von eben der Form Gebrauch machen müssen, die sie als Oberflächenphänomen aus dem Gebiet ›der‹ Sprache eskamotieren, nämlich um den *Ort* der Transformation in einer linearen Abfolge von Schemata $S_1 + S_2 + \ldots + S_n$ zu bezeichnen. Der ist nun ganz in Analogie zur linearen Ordnung der Oberfläche gedacht. Was aber berechtigt zu einer solchen Analogie?

73 Unlogisch ist die Rede von universellen Elementen im Unterschied zu peripheren, weil sie auf einer Homonymie beruht. Man macht sich nicht klar, daß in solcher Redeweise das Symbolschema »Kasus« auf verschiedene Bezugnahmegebiete angewandt wird, wo zudem die Verifikationsbedingungen hinsichtlich der Frage, was in diesem nun Erfüllungsgegenstand des Schemas ist, unvergleichbar sind. Also wird das Schema äquivok verwendet.

74 Sein Terminus für Syntax ist daher auch »Redeverbindung«, vgl. Humboldt, Wilhelm von: »Grundzüge«. In: ders.: *Gesammelte Schriften* (s. Anm. 42), V, S. 445 ff., §§ 127 ff.; vgl. zum Gesamtzusammenhang Humboldt, Wilhelm von: »Grundzüge«. In: ders.: *Gesammelte Schriften* (s. Anm. 42), V, S. 400 ff., §§ 56 ff.

Was einem Symbolschema – Wort, Phrase, Satz, … – Bedeutung gibt, ist danach zweierlei: erstens sind es die syntaktischen Bezüge, in die es in der Performanz gestellt wird, zweitens, semantisch, die Zuordnung von Erfüllungsgegenständen zu den entsprechenden Schemata, die durch die Verknüpfung von indexikalischen und prädikativen Subschemata geleistet wird.[75] Was – um hier nur den einfachsten Fall zu nehmen – dem Wort im Satzzusammenhang Bedeutung gibt, ist also erstens seine Verknüpfung mit dem syntaktischen Kontext, der insofern das erste Bezugnahmegebiet der effektiven Erzeugung eines jeden Wortes, allgemeiner gesprochen: eines jeden Elements eines Syntagmas bildet, und zweitens die Referenz auf das nichtsprachliche Bezugnahmegebiet: die Performanzsituation, die Adressierung, die Objekte, über die gesprochen wird, usw. Diese Bezugnahmen sind kognitive Leistungen. Auch das, was Saussure als den Wert eines Terms im Rahmen des Sprachsystems bezeichnet hat, kann nur mit Hilfe derartiger Bezugnahmeleistungen rekonstruiert werden.[76] Erfüllungsgegenstände der Abbildung eines Verbs auf die Menge koexistierender Terme wären dann in syntaktischer Hinsicht etwa Kasusmerkmale, in semantischer Hinsicht z. B. semantische Implikationen, die mit Lexemen verbunden sind usw. Was also den syntaktischen wie semantischen Wert eines sprachlichen Symbolschemas, z. B. eines Wortes, ausmachte, wäre danach eine bestimmte Menge von syntaktischen und semantischen Bezugnahmeleistungen $\{B_{syn1}, B_{syn2}, …, B_{synm}; N_{sem1}, B_{sem2}, …, B_{semn}\}$, die assoziativ mit dem jeweiligen Wortschema verbunden sind, die psychische Matrix des Wortes. Die saussuresche Formel, nach der das *signe linguistique* als Einheit von *signifiant* und *signifié* zu begreifen ist, wäre also zu ersetzen durch das Konzept eines sprachlichen Symbolschemas, in dem ein sprachlicher *signifiant* aufgefaßt wird als Resultat psychischer Prozesse, durch die er erzeugt und mit einer derartigen Matrix verknüpft wird.

Linguistik und Psychologie betrachten, nimmt man es genau, die sprachliche Performanz von zwei Seiten: die Linguistik von der des ephemeren Resultats, die Psychologie von der des mentalen Erzeugungsprozesses.[77] Was

---

75 Ich belasse es hier bei diesen zwei Hauptkategorien. Jede empirische Grammatik weist besondere Mischformen auf. Dies ist eine Frage, die zu diskutieren ist, wenn es darum geht, ob sprachliche Schemata in syntaktischer und semantischer Hinsicht digital oder analog organisiert sind.

76 Erfüllungsgegenstände des Terms A eines Systems S sind jeweils bestimmte Terme B, C, …, I desselben Systems oder – umgekehrt betrachtet – das Sprachsystem ist genau hierin eines, daß seine Terme wechselseitig die Funktionen von Schemata und Erfüllungsgegenständen ausüben. Bei der üblichen Darstellung von syntagmatischen oder paradigmatischen Relationen macht man de facto davon Gebrauch, wobei aber die Suggestion der schriftlichen Darstellung verhindert hat, daß man derartige Repräsentationen ihrerseits symboltheoretisch interpretiert hätte. Alle, selbst die in der formalen Linguistik entwickelten Repräsentationssysteme sind bis heute in dieser Hinsicht logisches Niemandsland.

77 Der psychische Prozeß, der die Sprachproduktion leitet, ruht seinerseits auf neurobiologischen Grundlagen auf. Diesen Aspekt verfolge ich hier nicht weiter, obwohl auch die Erhellung dieser Zusammenhänge zweifellos mit zum Gesamtkomplex dessen gehört, was der Begriff der Sprachfähigkeit umfaßt.

die letztere beschreibt, ist *noch nicht* sprachlicher Ausdruck, und was die erstere beschreibt, ist *nicht mehr* kognitiver Prozeß. Der kategoriale Apparat beider Disziplinen muß daher verschieden sein. Das *próton pseúdos*, das die Vorstellung von der Linguistik als kognitiver Disziplin beherrscht hat, ist rückblickend also genau der doppeldeutige Gebrauch des Wortes »Grammatik« gewesen, mit dem Chomsky in den *Aspects* die kognitive Wende der Linguistik eingeleitet hat.

Die erste Aufgabe der Linguistik muß daher die genauestmögliche Beschreibung dieses ephemeren Resultats sein, und eine Phänomenologie dieses primären linguistischen Objekts hat die von der generativen Linguistik sträflich vernachlässigte Performanz zu rehabilitieren. Denn dieses Objekt ist ein Performanzphänomen. Die zweite Revision des aktuellen linguistischen Paradigmas, die überfällig ist, wird darin bestehen müssen, von Anfang an verschiedene mediale Ausprägungen von Sprache als Sprachformen gleichen Rechts anzuerkennen, auch wenn phylo- wie ontogenetisch der oralen und der Gebärdensprache zweifellos Priorität vor der Schriftsprache zukommt. Umgekehrt ist diese – erkenntnistheoretisch betrachtet – ebenso zweifellos dasjenige Medium, in dem die anderen beiden medialen Sprachformen repräsentiert sein müssen, um überhaupt linguistischer Gegenstand werden zu können.[78] Zudem gewinnt jedes Schriftsystem, je länger es in Kohabitation mit oralen Dialekten lebt, desto größere Autonomie diesen gegenüber. Die Umrisse der Evolution von Schriften, die hieraus erwächst, sind ja von A. Leroi-Gourhan eindrucksvoll beschrieben worden.[79]

In diesem Zusammenhang ist nun in buchstäblichem Sinn von einer Re-Rhetorisierung der Sprachtheorie zu reden: Der erste linguistische Gegenstand ist sich bewegende Rede oder Geste. Die Performanz ist ihr ausschließlicher Seinsmodus. Demgegenüber ist die schriftliche Sprache ebenso ausschließlich starres Resultat einer wie auch immer vermittelten Bewegung.[80] Das orale Wort existiert solange und nur solange, wie es gesprochen wird. Das schriftliche beginnt zu existieren, wenn es geschrieben ist. Bei aller Schriftkritik Saussures ist das Bild der langue, des Sprachsystems, das die Linguistik des 20. Jahrhunderts entwirft, doch schon bei Saussure selbst ein eher der Schrift gleichendes: die im Moment der Synchronie stillgestellte Fluktuanz. Die generative Linguistik hat schon von ihrer Methodologie her ein durch und durch schriftgeprägtes Bild der Sprache gezeichnet.[81] Die Theorie der Universalgrammatik ist eigentlich nichts anderes als die Hypertrophie dieses von einem digitalen Schriftsystem her entworfenen Sprachbildes. Dieses Bild ist genau darin eine Fiktion, daß es die eigenen Konstitutionsbedingungen nicht in Rechnung stellt. Selbst die psychische Matrix noch, die schriftliche Wörter oder

---

78  Vgl. hierzu C. Stetter: *Schrift und Sprache* (s. Anm. 6), Kap. 3.
79  Vgl. Leroi-Gourhan, André: *Hand und Wort. Die Evolution von Technik, Sprache und Kunst.* Frankfurt/M. ²1984.
80  Vgl. hierzu C. Stetter: »Linguistische Ästhetik« (s. Anm. 25).
81  Vgl. hierzu C. Stetter: *Schrift und Sprache* (s. Anm. 6), S. 260 ff.

Texte erzeugt, ist eine solche, die Bewegung produziert, nicht Starre. Der Text *wird*, die Textur *ist* geschrieben.[82]

Also müssen schon die Erzeugungsmodi des oralen von dem des geschriebenen Textes kategorial verschieden sein. Die syntaktischen Bezugnahmen beim Verfertigen der oralen oder der Gebärdenrede beziehen sich stets auf Vergangenes, nur zu Erinnerndes. Die, die das Schreiben lenken, auf zugleich visuell Präsentes. Im Gegensatz dazu ist der Bezugnahmerahmen der oralen Rede die je präsente Situation, die in der Regel dialogisch ist. Der des Schreibens ist die monologische Situation, in der man sich, wenn überhaupt, an einen imaginierten Adressaten wendet, also aufs Gedächtnis zugreift, nicht auf die Wahrnehmung, und wo die Objekte, auf die man sich bezieht, entweder im Text bereits angelegt, also symbolisch repräsentiert sind, oder aber wiederum durch Gedächtnisleitungen erzeugte. Die logischen Formen, die aus derart unterschiedlichen Produktionsbedingungen resultieren, müssen grundverschieden sein. Dies ist eines der unbezweifelbaren Resultate der wittgensteinschen Diskussion des Privatsprachenproblems.[83] Also muß die Ebene der Konstitution logischer Formen von der sprachlicher Formen unterschieden werden. Das macht die Liaison, die die generative Linguistik mit der Tradition des Satz-Begriffs eingegangen ist, unhaltbar.

## V. Essentials einer nach-chomskyschen Sprachtheorie

Zu den Kernpunkten einer Revision der Sprachtheorie gehört darum auch der Abschied von dem Dogma, daß der Satz die höchste Kategorie der Syntax sei. Von den Metaregeln einer Phrasenstrukturgrammatik her betrachtet war der dogmatische Charakter dieser Annahme von Anfang an klar.[84] An die Stelle der Theorie, die – wie Chomsky zurecht bemerkt hat – das Anfangssymbol zu liefern hätte, ist die dem Bereich symbolischer Sprachen entlehnte Annahme gesetzt worden, daß eine Grammatik als ein Entscheidungsverfahren über der Menge wohlgeformter Sätze aufzufassen sei. Hier tritt die Alphabetinduziertheit des gesamten Ansatzes in besonderer Deutlichkeit zutage. Denn diese Konzeption setzt ja ein digitales Medium voraus, in dem gewährleistet ist, daß die Mengen von Erfüllungsgegenständen, die je zwei verschiedene gleichrangige Kategoriensymbole A und B definieren, welche durch eine Ersetzungsregel X → A + B gegeben sind, die von Goodman beschriebenen semantischen Erfordernisse der Disjunktheit und effektiven Differenzierung genügen.[85]

---

82  Vgl. ebd., Kap. 7.
83  Vgl. Wittgenstein, Ludwig: *Philosophische Untersuchungen*. In: ders.: *Werkausgabe in acht Bänden*. Bd.I, Frankfurt/M. 1984, 243 ff., C. Stetter: *Schrift und Sprache* (s. Anm. 6), S. 571 ff.
84  Der ersten Metaregel zufolge ist die linke Stelle der ersten Ersetzungsregel ja leer.
85  Auf den engen Zusammenhang von effektiver Differenzierung eines Symbolschemas und dessen digitaler Qualität hat Goodman verschiedentlich hingewiesen. Vgl. etwa N. Goodman/C. Elgin: *Revisionen* (s. Anm. 2), S. 168.

Anders wäre das Verfahren kein Entscheidungsverfahren. Doch damit wird der Blick auf das Phänomen verstellt. In jeder Morphologie etwa wird die Unterscheidung von ein- und zweisilbigen Wörtern eine Rolle spielen. Nun nehme man das englische Wort *little* und suche zu entscheiden, ob es ein- oder zweisilbig ist. Und unter semantischem Gesichtspunkt wird es in jedem natürlichsprachlichen System echte Kopien voneinander geben, z. B. *auf Grund* und *aufgrund*, die in syntaktischer Hinsicht keine Kopien voneinander sind. Auf jeder linguistischen Beschreibungsebene wird man Phänomene finden, wo beide Kriterien verletzt werden. Dies liegt am Fluktuanz-Charakter der Sprache[86], der doch etwas damit zu tun haben muß, daß nicht nur die Performanz, sondern das System selbst *als ein ständig in Bewegung sich befindendes* begriffen werden muß. Der Wert eines jeden Terms muß – wie wir gesehen haben – durch Bezugnahmehandlungen aufgebaut werden, in denen die Terme des Systems wechselseitig als Schemata und als Erfüllungsgegenstände fungieren. Dies ist ein Prozeß, der anhält, solange sich ein Sprecher seiner Sprache noch irgend bedient.

Letztlich muß dann für jede beliebige sprachliche Kategorie gelten, daß ihre Grenzen fließend sind. Insofern wäre hier durchaus Saussure in seiner Schriftkritik zu folgen. Die Sprachtheorie muß von einer Phänomenologie des Oralen oder auch der Gebärdensprache ausgehen, d. h. vom Studium entsprechender Performanzen. In erster Instanz muß so Sprachkompetenz als die Fähigkeit zur Erzeugung bewegter Symbolschemata gefaßt werden, die im Fall der oralen Sprache vom Ohr, im Fall der Gebärdensprache vom Auge kontrolliert wird.[87] Erst in zweiter Instanz wird man dagegen an eine Beschreibung von literaler Sprachkompetenz gehen können. Zusammengenommen mit den Überlegungen zur Natur des sprachlichen Zeichens heißt dies, daß die Annahme einer syntaktischen Tiefenstruktur als Kernbestand der Sprachkompetenz ebenso aufgegeben werden muß wie die Annahme einer Universalgrammatik. Jedes Kompetenz-Modell wird auf einer Theorie der ›konkreten‹ Einheiten der Sprache aufbauen müssen. Dies heißt wiederum, daß diese Theorie nicht medienneutral konzipiert werden kann. Die natürliche Sprache existiert in ihren fluktuierenden einzelsprachlichen Ausdifferenzierungen, die bis auf die Ebene von lokalen Dialekten und Idiolekten hinuntergehen. Die logische Grundanforderung an die Sprachtheorie wird folglich darin bestehen, daß sie zu zeigen hat, wie dies unter der Annahme der Universalität der *faculté du langage* möglich ist.

Geht man dergestalt von der Performanz aus, so lautet die zentrale Frage, die dann zu beantworten ist: Wo ist hier beim Studium sprachlicher Phänomene die Grenze zu ziehen zwischen dem, was in der Performanz genuin sprachlicher Natur ist und dem, was auf mentalen bzw. kognitiven Leistungen anderer Art beruht?

---

86 Vgl. hierzu C. Stetter: *Schrift und Sprache* (s. Anm. 6), S. 126 ff.
87 Die Gebärdensprache muß hier aus systematischen Gründen berücksichtigt werden. Weiter gehe ich im folgenden nicht auf sie ein.

Diese Frage zielt im wesentlichen auf das Kategorieninventar der Syntax. Niemand zweifelt daran, daß die Beherrschung der Regularitäten der Wortbildung einer Sprache und die Fähigkeit zu Veränderungen im Wortbestand selbst, wie etwa Neubildungen, zum Kernbestand jeder ›natürlichen‹ Sprachkompetenz zählen. Auch auf der Ebene der Syntax wird es in jeder Sprache eine Fülle von Regularitäten geben, die man zu diesem Kernbestand rechnen wird.

Nicht einmal auf den Bereich der Bildung von – in Goodman'schen Termen – Symbolschemata, also auf den Bereich der Syntax, wird man diesen Bestand beschränken können. Denn zweifellos zählt mit zur Sprachkompetenz auch die Fähigkeit, Spracheinheiten in Situationen anwenden zu können. Die Frage lautet also, wo die Grenze zu ziehen ist zwischen dem, was als allgemeine sprachliche Regularität in sprachlichen Performanzen auszumachen ist, und dem, was darin als Resultat besonderer kognitiver Leistungen anzusprechen ist, die auf das Konto von logischer, rhetorischer oder ästhetischer Kompetenz zu buchen sind.[88]

Paradigmatisch mag es hier genügen, die Frage darauf zu beschränken, ob die Kategorie ›Satz‹ zu Recht als hierarchisch höchste Kategorie der Syntax gehandelt wird. Die Frage ist eben nicht, ob das, was man – aus welchen Gründen auch immer – als Satz bezeichnet, eine sprachliche Grundform darstellt. Sie lautet umgekehrt, ob alles, was überhaupt als syntaktische Grundform beschrieben ist, in letzter Instanz auf eine Kategorie Satz reduzierbar ist, oder ob an die Stelle des Fragezeichens, das »zunächst« stets auf der linken Seite der ersten Ersetzungsregel einer Phrasenstrukturgrammatik anzusetzen ist, vielleicht nicht besser ein Platzhalter für die Elemente einer offenen Menge von Kategoriensymbolen zu setzen wäre, die wir mit dem allgemeinen Namen der Phrase charakterisieren könnten – das Material, in Humboldts Terminologie das *érgon*, das der Einbildungskraft oder Phantasie oder Kreativität als endlicher Bestand gegeben ist, damit sie davon »unendlichen«, will sagen nicht in einem Algorithmus zu fassenden Gebrauch macht.

In dieser Hinsicht ließe sich an eine reiche Forschung anknüpfen, in der allgemeine Eigenschaften von Phrasen beschrieben worden sind. Als die zentrale gilt die von ›Kopf‹ und ›Mitspieler‹, wobei allerdings die Definitionskriterien durchaus umstritten sind. Als relativ unstrittige Beispiele für derart hierarchisch organisierte Phrasen gelten – zumindest für indoeuropäische Sprachen – Verbal-, Nominal-, Präpositional- und Adjektivphrase. In diesem Begriff der Phrase werden die Prinzipien der Konstituenz und Dependenz zusammengeführt. Dies sind allgemeine Prinzipien jeder Syntax. Von Syntax kann man jedoch nur reden, wo faktische Verbindungen von Wörtern zu um-

---

88 Diese Grenzziehung hat viele Ähnlichkeiten mit der bekannten Unterscheidung von sprachlichem und Weltwissen. Ich greife diese jedoch nicht auf, weil sie mit dem Begriff des Wissens eine hier nicht angemessene und darum vieldeutige Kategorie ins Spiel bringt. Sprachkompetenz ist nur dann als Wissen anzusprechen, wenn man aus diesem Begriff alle die Konnotationen streicht, die Wissen zu Wissen machen. Vgl. hierzu grundlegend H. Schneider: *Phantasie und Kalkül* (s. Anm. 56), S. 64 ff.

fassenderen Einheiten vorliegen. Also bezeichnet der Begriff der Phrase ein jeder Performanz inhärentes Artikulationsverfahren, dessen Rekonstruktion die spezifische symbolische Weise professioneller Darstellung dessen ist, was der Laie Regularitäten der Sprache nennt.[89]

Daß dagegen die hierarchisch höchste Phrase einer natürlichen Sprache stets aus Subjekt und Prädikat bestehen muß, ist weder aus dem Begriff der Konstituenz noch dem der Dependenz abzuleiten. Dies folgt erst aus besonderen Gelingensbedingungen für bestimmte Phrasen, und die sind klarerweise *logischer* Natur. Allgemein bezeichnet die Illokution in Austins Sinn diejenige Ebene, wo – wie Austin dies beschreibt – von Einheiten der *langue* ein bestimmter Gebrauch gemacht wird, so daß sich daraus diese oder jene Äußerung ergibt, die dann eben nicht nur ›wohlgeformt‹ in der Hinsicht ist, daß man sie als Beispiel für bestimmte grammatische Besonderheiten der Sprache X nehmen kann – wie dieser Satz als ein Beispiel für die Möglichkeiten genommen werden kann, im Deutschen eine ungeahnte Anzahl von Nebensätzen aneinanderzureihen – sondern auch in der Hinsicht, daß die betreffende grammatische Fügung auch in logischer oder rhetorischer Hinsicht als ›gelungen‹ gelten kann. Daß jeder Subjekt-Prädikat-Satz derartige zusätzliche logische Bedingungen erfüllt, ist unschwer zu sehen. Wie sollte es bei der historisch rekonstruierbaren Tradition dieses Konzepts auch anders sein.[90] Jeder Satz ist eine Phrase, und zwar eine Verbalphrase, doch nicht alle Phrasen sind Konstituenten von Sätzen.

Diese Unterscheidung markiert die Grenze zwischen dem, was man im engeren Sinn als Produktionen von Sprachkompetenz ansehen kann, und dem, was logischer, rhetorischer oder ästhetischer Kompetenz zuzuschreiben ist. Die somit abschließend noch zu behandelnde Frage lautet, ob diese Grenze – wie Chomsky dies angenommen hatte – eine strikte ist, so daß sie in einer Phrasenstrukturgrammatik dargestellt werden könnte, deren Kategorienbestand die oben beschriebenen syntaktischen und semantischen Eigenschaften der Disjunktheit und effektiven Differenziertheit aufweist, oder ob sie fließend ist.[91] Weisen syntaktische Kategorien diese Eigenschaften nicht auf, so kann die Grenzziehung nicht strikt sein.

Unter den Phrasen nimmt traditionell die Verbalphrase eine Sonderrolle ein. Sie beruht darauf, daß das finite Verb selbst nie zu einer Phrase expandiert werden kann. Als nicht phrasenbildend gelten andererseits die Personalpro-

---

89 Daß mit dem Begriff der Phrase in der Tat schon ein Performanz-Bereich angesprochen ist, ergibt sich aus der logischen Natur der Dependenz. Diese ist ja so geartet, daß stets mit einer bestimmten sprachlichen Einheit, z.B. einem bestimmten Verb wie *schenken*, bestimmte allgemeine Charakteristika verbunden werden, in diesem Fall, daß das Verb ›schenken‹ regelmäßig mit drei Ergänzungen im Nominativ, Dativ und Akkusativ verbunden wird. Also setzt Dependenz stets die Wahl eines bestimmten Elements voraus. Vgl. zur genaueren Analyse dieses Problems C. Stetter: »Am Ende des Chomsky-Paradigmas« (s. Anm. 3), S. 258 ff.
90 Vgl. hierzu C. Stetter: *Schrift und Sprache* (s. Anm. 6), S. 382 ff.
91 Logisch gilt – wie oben bereits bemerkt –, daß die Frage der Universalgrammatik mit dieser Unterscheidung steht und fällt.

nomen, die jedoch Hauptkonstituenten von Sätzen bzw. Verbalphrasen sein können. Man hat also bereits an der zweithöchsten syntaktischen Hierarchieebene[92] den »Skandal« zu notieren, daß ein und dieselbe Kategorie – Subjekt- oder Objektergänzung z. B. – phrasenfähig und nicht phrasenfähig sein kann und damit in sich dieselbe Spannweite an verschiedenartigen Erscheinungsformen aufweist wie die Syntax *insgesamt*. Für die Endelemente der Syntax gilt dies nicht. Je hierarchisch höherrangig, so muß man folgern, eine Syntaxkategorie ist, desto unähnlicher sind sich diejenigen Syntagmen, die die Elemente dieser Kategorie bilden. Das scheint paradox, doch es stimmt mit der bekannten Tatsache überein, daß man ganze Sätze in Konstituenten einbetten kann, die ihrerseits in der Regel als Konstituenten von Sätzen auftreten.

Dasjenige, was eine syntaktische Kategorie zu einer solchen macht, kann also kein homogenes Prinzip der Mengenbildung sein. Vielmehr muß es auf Ähnlichkeiten beruhen, und Ähnlichkeit ist keine transitive Relation. Nimmt man es extensional, so heißt dies, daß syntaktische Kategorien nicht durchgängig disjunkt sein *können*. Es muß also grundsätzlich möglich sein, daß eine Konstituente nicht eindeutig einer syntaktischen Kategorie zugeordnet werden kann. Der empirischen Syntax-Forschung ist dies ein vertrautes Phänomen. Es spiegelt sich in den bekannten Schwankungen der Orthographie. Dann aber ist das von Goodman beschriebene Flottieren von Erfüllungsgegenständen zwischen Schemata im Bereich der Syntax grundsätzlich an jeder Stelle möglich[93], und über Zwischenschritte vermittelt wird dann auch zwischen den extremsten syntaktischen Gegensätzen keine strikte Grenze bestehen. Nomina können zu Verben werden und umgekehrt. Die diachronische Sprachbeschreibung erhält in dieser Perspektive einen präzisen empirischen Sinn: Hierbei handelt es sich ja in der Regel um langfristige Prozesse.[94]

Was man allgemein als den Fluktuanz-Charakter der Sprache beschreiben kann, muß also in der Beschreibung einzelner Sprachformen so eingelöst werden, daß dieser Charakter an der Beschreibung der Elemente jeder einzelnen Form sichtbar gemacht werden kann. Damit ist man aber letztlich auf die Ebene der kognitiven Prozesse verwiesen, die aus einer Menge »nur« ähnlicher Elemente eine Kategorie zu machen vermögen.

Von der Linguistik erfordert dies erstens eine völlig neuartige Empirie, die nur im Zusammenspiel mit der Psychologie zu erreichen ist. Denn die Homogenität einer Sprachkategorie kann dann nur noch in den Verarbeitungsprozessen liegen, die aus dem heterogenen Material ein Ganzes machen. Mit der Rekonstruktion des ›Wertes‹ einer sprachlichen Einheit – zentrales Konzept der saussureschen Linguistik – kommt daher, so paradox dies klingen mag, die Linguistik an ihre Grenze. Sie wird ihn exemplifizieren können, an ausgewählten Beispielen erläutern, seinen Ort im jeweiligen Sprachsystem bezeich-

---

92 Ich gehe hier – aus einsichtigen Gründen – von einer »Oberflächensyntax« aus. Tiefenstrukturkonstrukte wie eine Auxiliarkategorie berücksichtige ich hier nicht.
93 Vgl. N. Goodman: *Sprachen der Kunst* (s. Anm. 2), S. 146 f.
94 Ein Modellfall wäre hier etwa die Herausbildung der Endstellung des Finitums im Deutschen.

nen. Doch seine allgemeine theoretische Modellierung fällt in das angestammte Gebiet der Psychologie.[95]

Die zweite Anforderung an die Linguistik, die diese erfüllen muß, um überhaupt mit der Nachbardisziplin ins interdisziplinäre Gespräch eintreten zu können, bestünde dann darin, sich über die implizite Logik der in der eigenen Disziplin gebräuchlichen Repräsentationsapparate Klarheit zu verschaffen. In dieser Hinsicht ist es der nach-chomskyschen Linguistik aufgegeben, eine formale Disziplin zu werden.

---

95 Dies dürfte der Sinn der Überlegungen gewesen sein, in denen Saussure die Linguistik als eine semiologische Disziplin generell der Psychologie zugerechnet hat; vgl. F. de Saussure: *Cours de linguistique générale*. Édition critique par Rudolf Engler (s. Anm. 53), fasc. 1, S. 47 ff.

# Auf dem Weg zu einer einheitlichen Theorie der Indirektheit des Sprechens

GISELA HARRAS (Mannheim)

## I. Ist Indirektheit ein sprachlicher Sonderfall?

In den späten sechziger Jahren des 20. Jahrhunderts gab es in Harvard im Speisesaal einiger Colleges das Hinweisschild: »Mitglieder des Lehrkörpers werden gebeten, während des Essens Jackett und Krawatte zu tragen«. Eines Abends erschienen ein paar junge Männer mit Jackett und Krawatte, aber ohne Hemd, zum Abendessen. Sie beriefen sich darauf, daß das Hinweisschild nichts über das Tragen von Hemden sage, gaben aber zu, daß ihr Auftreten als provozierender Scherz gemeint war.[1] Wir haben es hier also mit einer Situation zu tun, auf die die folgende – etwas inkonsistente – Beschreibung zutrifft:

(1) Das Schild enthält keinen expliziten Hinweis darauf, daß Hemden getragen werden müssen.
(2) Das Erscheinen der jungen Männer ohne Hemd entspricht keinem normalen Verhaltensmuster.

Kann man nun daraus schließen, daß mit dem Schild irgendwie ›implizit‹ oder ›indirekt‹ gemeint ist, daß die Herren Hemden zu tragen haben? Und wie kommt eine Theorie des Gebrauchs von Äußerungen einer natürlichen Sprache mit solchen Fällen zurecht?

Bevor wir uns einer Antwort auf diese Frage zuwenden, betrachten wir noch das folgende Beispiel: Die Interpretation der Äußerung

(1) Der blaue Zylinder ist auf dem roten Würfel

ist wohl am angemessensten durch Bild 1 wiedergegeben, während Bild 2 oder 3 eher außergewöhnliche oder marginale Fälle der Interpretation darstellen (vgl. Abbildung 1):

Das heißt: Die erste Interpretation ist die allgemein bevorzugte. Allerdings bedeutet dies nicht, daß sie die einzig mögliche ist. Auch wenn Interpretation 2 oder 3 zuträfe, könnte der geäußerte Satz (1) wahr sein.

---

1 Vgl. Cavell, Stanley: *Die andere Stimme*. Aus dem Amerikanischen von Antje Korsmeier. Berlin 2002.

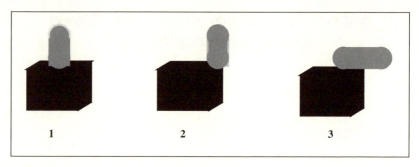

Abbildung 1

Solche Beispiele, die sich leicht vermehren ließen, zeigen, daß die Ausdrücke natürlicher Sprachen, besonders lexikalische Ausdrücke, hinsichtlich der Äußerungen, in denen sie vorkommen, in einem beträchtlichen Maß unterspezifiziert sind. In der Linguistik gibt es drei Strategien, mit denen dieser Umstand berücksichtigt werden soll:

(1) die Strategie der Zwei-Ebenen-Semantik, wie sie von Bierwisch und Lang vertreten wird[2];
(2) die Strategie der Typ/Sorten-Restriktion, wie sie von Pustejevsky (1995) vertreten wird;
(3) die Strategie der Theorie von der sprachlichen Arbeitsteilung zwischen Semantik und Pragmatik, die zuerst von Paul Grice entwickelt und von Horn[3], Atlas[4], Levinson[5], Blutner[6] und anderen modifiziert und ausgebaut wurde.

(1) Im Rahmen der sogenannten Zwei-Ebenen-Semantik wird die Bedeutung sprachlicher Äußerungen betrachtet als zusammengesetzt aus dem semantischen Gehalt einerseits und dem konzeptuellen Gehalt andererseits. Der semantische Gehalt bestimmt die Bedeutung (des Typs) eines Satzes, der konzeptuelle Gehalt ist durch kontextuelle Anreicherung, speziell Typ/Sorten-Beschränkungen und anderes Hintergrundwissen über die Welt definiert und bestimmt die konkrete Äußerungsbedeutung, ist also auf tokens bezogen. Innerhalb dieser Sichtweise der Kompositionalität semantischer und konzeptueller Bestandteile von Äußerungsbedeutungen gibt es nun keine Möglichkeit zu erklären, warum im Fall von Äußerung (1) die erste Interpretation lediglich die bevorzugte (Default-) Interpretation darstellt. Mit anderen Worten: Es gibt

---

2 Vgl. Bierwisch, Manfred/Lang, Ewald: *Dimensional Adjectives. Grammatical structure and conceptual interpretation*. Heidelberg 1989; Lang, Ewald: »Semantische vs. konzeptuelle Struktur«. In: Schwarz, Monika (Hg.): *Kognitive Semantik*. Tübingen 1994, S. 25–40.
3 Vgl. Horn, Laurence: *A natural history of negation*. Chicago 1989.
4 Vgl. Atlas, Jey D.: *Philosophy without ambiguity*. Oxford 1989.
5 Vgl. Levinson, Stephen: *Presumptive Meanings*. Cambridge 2000, S. 13.
6 Vgl. Blutner, Reinhard: *Pragmatics and the Lexicon*. Ms. www.blutner.de 2001.

keine Möglichkeit der Erklärung für die Nicht-Monotonizität der Interpretation für (1) als Äußerungstyp.

(2) In der Sichtweise der Typ/Sorten-Restriktion, »coercion«-Theorie, von Pustejovsky sind sprachliche Ausdrücke, speziell lexikalische Einheiten, durch eine primäre konzeptuelle Variante bestimmt, die ihre wörtliche Bedeutung ausmacht. Das kombinatorische System der Sprache legt fest, wie die lexikalischen Einheiten zu größeren Einheiten wie Phrasen und Sätzen zusammengesetzt werden können. Ein System von Typ/Sorten-Restriktionen, »type/sort coercion«, bestimmt, ob die komplexen Strukturen wohlgeformt sind. Wie die Zwei-Ebenen-Semantik ist auch die »coercion«-Theorie nicht in der Lage, die Nicht-Monotonizität bevorzugter Interpretationen zu erklären, vor allem weil die Bestimmung von Äußerungsbedeutungen viel zu stark an ontologischen Kategorien bzw. daraus entwickelten Beschränkungen orientiert ist.

(3) Die Sichtweise der sprachlichen Arbeitsteilung zwischen Semantik und Pragmatik ist bekanntlich von Paul Grice in seinem Aufsatz »Logik und Konversation«[7] begründet worden. Hinsichtlich der Gesamtbedeutung einer natürlichsprachlichen Äußerung unterscheidet er zwischen dem, was gesagt ist (»what is said«), und dem, was gemeint ist (»what is meant«). Das Gesagte umfasst neben dem, was ›wirklich‹ (»really«) gesagt ist, alle Arten von semantischen Inferenzen (»entailments«): Wenn ich etwas über eine Rose sage, dann sage ich auch etwas über eine Pflanze und eine Blume; wenn ich etwas über ein Versprechen sage, dann sage ich auch etwas über eine sprachliche Handlung usw.

Das Gemeinte (und nicht Gesagte) besteht aus dem Präsupponierten und dem – wie Grice es nennt – Implikatierten (»what is implicated«), den Implikaturen (»implicatures«). Präsuppositionen tragen zum Wahrheitswert von Äußerungen bei, Implikaturen tun dies nicht. Es gibt zwei Arten von Präsuppositionen, existenzielle und lexikalische. In dem bekannten Beispiel von Russell:

(2) Der König von Frankreich ist kahlköpfig

ist die Nominalphrase *der König von Frankreich* die Existenzpräsupposition, grob repräsentiert durch die Proposition ›Es gibt einen König von Frankreich‹, die wahr sein muß, damit der gesamten Äußerung ein Wahrheitswert zugeordnet werden kann. Ein Beispiel für eine lexikalische Präsupposition ist:

(3) Hans hat aufgehört, Bier zu trinken

Die Proposition ›Hans hat bis zu einem bestimmten Zeitpunkt vor der Produktion der Äußerung (3) (gewohnheitsmäßig) Bier getrunken‹ muß wahr sein, damit für die Gesamtäußerung ein Wahrheitswert bestimmt werden kann.

Implikaturen können generalisiert (»generalized«) oder partikular sein. Der Unterschied kann durch das folgende Beispiel verdeutlicht werden:

---

[7] Vgl. Grice, H. Paul: »Logik und Konversation«. In: Meggle, Georg (Hg.): *Handlung, Kommunikation, Bedeutung*. Frankfurt/M. 1979, S. 243–265.

Angenommen, Anton kommt zu spät zu einer Party, auf der er seinen Freund Heinrich treffen wollte. Er fragt einen der anwesenden Gäste:

(4) Ist Heinrich noch hier?

Der Adressat antwortet:

(5) Einige Gäste sind bereits gegangen

Äußerung (5) implikatiert unabhängig von der Situation, in der sie gemacht wird:

(6) Nicht alle Gäste sind gegangen

Darüber hinaus kann (5) situationsabhängig eine Interpretation implikatieren, die als direkte Antwort auf Antons konkrete Frage aufgefaßt werden kann, in etwa:

(7) (Vielleicht) ist Heinrich schon gegangen
(8) (Vielleicht) ist Heinrich noch da

Welche dieser möglichen Alternativen zutreffend ist, hängt von weiteren Umständen der Situation sowie von Antons Kenntnissen der Partygewohnheiten Heinrichs ab. Das heißt: Die Implikatur ›Nicht alle Gäste sind gegangen‹ ist eine generalisierte Implikatur, die auf einen Äußerungstyp bezogen ist: Immer wenn jemand eine Äußerung des Typs »Einige X sind Y« macht, ist er auf die Implikatur ›Nicht alle X sind Y‹ festgelegt. Die Implikaturen ›Heinrich ist schon gegangen‹, ›Heinrich ist noch da‹ sind partikulare Implikaturen, bezogen auf ein bestimmtes Äußerungsexemplar: Aus einer Äußerung wie (5) kann man situationsunabhängig wohl kaum zur Interpretation ›Heinrich ist noch da‹ kommen!

Man könnte jetzt einwenden, daß die generalisierte Implikatur ›nicht alle‹ aus *einige* eine lexikalische Inferenz (entailment) darstellt, d. h. ein Teil der Bedeutung von *einige* ist. Im Unterschied zu lexikalischen Inferenzen können Implikaturen jedoch getilgt oder verstärkt werden, vgl.:

(9) Einige, aber nicht alle Gäste sind schon gegangen
(10) Einige, wenn nicht alle Gäste sind schon gegangen

Und schließlich gibt es Kontextbeschränkungen für den Gebrauch von *nicht alle* anstelle von *einige*. In einer Ankündigung wie der folgenden:

(11) Der Kindergarten bleibt heute geschlossen, weil einige Kinder an Masern erkrankt sind

kann *einige* nicht durch *nicht alle* ersetzt werden, vgl.:

(12) *Der Kindergarten bleibt heute geschlossen, weil nicht alle Kinder an Masern erkrankt sind

Dies bedeutet allerdings nicht, daß es nicht eine Situation oder einen Kontext gäbe, in dem (12) korrekt sein könnte.

Insgesamt ergibt sich für die Unterscheidung Gesagtes-Gemeintes das folgende Bild[8]:

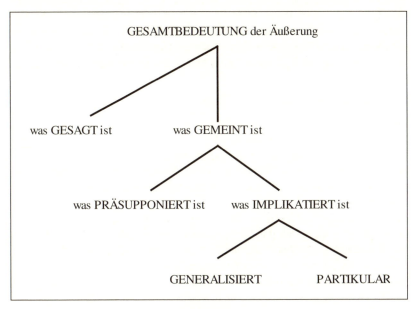

Abbildung 2

Die Eigenschaften der einzelnen Komponenten sind zusammengefaßt die folgenden:
- Die Gesamtbedeutung einer Äußerung ist zusammengesetzt aus dem, was gesagt und inferiert ist, und aus dem, was gemeint ist. Die Unterschiede zwischen den drei Komponenten des Gemeinten sind die folgenden:
- Präsuppositionen tragen zum Wahrheitswert der Äußerung bei, sie sind auf Äußerungstypen bezogen, und sie können nicht getilgt werden.
- Generalisierte Implikaturen tragen nicht zum Wahrheitswert der Äußerung bei, sie sind auf Äußerungstypen bezogen und sie können getilgt werden.
- Partikulare Implikaturen tragen nicht zum Wahrheitswert der Äußerung bei, sie sind auf Äußerungsexemplare bezogen und sie können getilgt werden.

Wenn unsere bisherigen Überlegungen zutreffend sind, wofür einiges spricht, dann müssen wir die Frage, ob Indirektheit einen sprachlichen Sonderfall darstellt, verneinen. Aus der fundamentalen Tatsache, daß die Bedeutung natürlichsprachlicher Ausdrücke in einem beträchtlichen Maß unterspezifiziert ist, folgt, daß wir das, was wir meinen, in den meisten Fällen nicht ›direkt‹ sagen (können). Man könnte nun gegen diese Begründung einwenden, daß der Be-

---

8 Vgl. S. Levinson: *Presumptive Meanings* (s. Anm. 5), S. 13.

griff der Bedeutung sprachlicher Zeichen zu eng gefaßt sei, oder mit anderen Worten, daß die verschiedenen möglichen Verwendungsweisen sprachlicher Ausdrücke mit zu ihrer Bedeutung gehörten. Meines Erachtens wäre dieser Standpunkt einem heillosen Mißverständnis einer Gebrauchstheorie der Bedeutung zu verdanken. Stellen wir uns einmal folgendes vor: Bei einem spontan veranstaltetem Picknick im Hinterhof einer Getränkefirma sitzen zwei Leute auf Sprudelkisten und lassen es sich schmecken. Ein Kollege kommt und bemerkt:

(13) Ihr sitzt aber auf unbequemen Stühlen

Die Äußerung kann mühelos so verstanden werden, daß sich der Sprecher mit der Nominalphrase *unbequeme Stühle* auf die Sprudelkisten bezieht. Aber in keinem Wörterbuch der Welt würden wir unter dem Stichwort »Stuhl« – und den entsprechenden Äquivalenten in anderen Sprachen – eine Paraphrase ›umgekippte Sprudelkiste‹ oder ähnliches finden, ebensowenig wie ein kompetenter Sprecher des Deutschen, mit der Frage konfrontiert, was das Wort *Stuhl* bedeutet, auf die Idee käme zu sagen, *Stuhl* bezeichnet Sprudelkiste, sondern er würde antworten, daß das Wort so etwas wie ›Sitzmöbel auf vier Beinen mit Rückenlehne‹ bedeutet, das heißt, er würde sich auf bestimmte Kontexte beziehen, die als normal oder usuell gelten.[9] Wittgenstein bemerkt in seinen gesammelten Papieren »Über Gewißheit«: »Sich in der Muttersprache über die Bezeichnung gewisser Dinge nicht irren können, ist einfach der gewöhnliche Fall.«

Soviel zum grundsätzlichen bedeutungstheoretischen Problem, das sich aus der Annahme der Unterspezifiziertheit sprachlicher Ausdrücke zu ergeben scheint. Mehr muß dazu für unsere Zwecke auch nicht gesagt werden. Mehr muß allerdings dazu gesagt werden, wie es dazu kommt, daß wir uns in den meisten Fällen mit einer derart unterspezifizierten Sprache mühelos verständigen können.

## II. Kommunizieren als eine rationale Form menschlichen Handelns

### II.1 Das intentionale Fundament des Kommunizierens

Der Umstand, daß wir uns mit unterspezifizierten sprachlichen Ausdrücken in den meisten Fällen mühelos verständigen können, ist durch zwei Charakteristika menschlicher Kommunikation erklärbar: einmal durch die Intentionalität und zum andern durch die Kooperativität kommunikativen Handelns. Für beide Begriffe hat bekanntlich Grice elaborierte Modelle geliefert.

---

9 Vgl. Wiegand, Herbert E.: »Mit Wittgenstein über die Wortbedeutung nachdenken«. In: ders. (Hg.): *Sprache und Sprachen in den Wissenschaften*. Berlin 1999, S. 404–461.

Auf dem Weg zu einer einheitlichen Theorie der Indirektheit des Sprechens   225

Zunächst zur Intentionalität kommunikativen Handelns: Stellen wir uns zur Einstimmung folgende Szene vor[10]:

Wir sehen, wie ein Mann A mit dem Kopf und den Armen zuerst in ein Erdloch fällt, während ein anderer Mann B mit seinen Beinen im Geäst fest hängt, die Augen auf uns richtet und heftig seinen Kopf hin und her schüttelt.

Die wenigsten Beobachter dieser Szene würden es vermutlich bei dieser mageren Schilderung belassen; die meisten würden wohl versuchen, den beiden Männern (besonders B) bestimmte mentale Zustände wie Glauben, Wünschen oder Absichten, die ihr Verhalten erklären könnten, zuzuschreiben. Sie würden das Kopfschütteln von B nicht als irgendeinen unwillkürlichen Tick bei unserem Anblick auffassen, sondern vielmehr als eine Bewegung, die uns deutlich machen soll, daß er unsere Aufmerksamkeit auf sich lenken und uns etwas zu verstehen geben will. Man würde sogar so weit gehen, die Botschaft als so etwas wie »Wir wollen Hilfe« zu interpretieren. Mit einem Wort: Man würde das Verhalten von B als einen Akt des Kommunizierens verstehen. Wenn wir die einzelnen Aspekte zusammenfassen, erhalten wir folgendes Bild: Bs Verhalten gilt als ein Akt des Kommunizierens unter den folgenden Bedingungen:

– Bs Verhalten ist intentional;
– die Intention ist auf eine Zuhörerschaft (uns) gerichtet;
– die Intention enthält eine Botschaft der Art, daß B beabsichtigt, daß wir erkennen, daß er uns zu kommunizieren beabsichtigt, daß er von uns Hilfe haben will.

Grice charakterisiert diese Form des intentionalen Verhaltens als einen Fall des nicht-natürlichen Meinens (*meaning*) im Unterschied zum natürlichen Meinen oder zur natürlichen Bedeutung. Die beiden Arten werden folgendermaßen unterschieden[11]:

– natürliche Bedeutung (*natural meaning*) liegt dann vor, wenn man von einem Zustand oder Ereignis auf einen andern, von diesem verschiedenen Zustand (oder Ereignis) mit Hilfe der Beziehung der Kausalität schließen kann. Klassische Beispiele hierfür sind: Rauch bedeutet Feuer, schwarze Wolken Regen oder rote Flecken Masern;
– nicht-natürliche Bedeutung (*non-natural meaning*) liegt dann vor, wenn wir menschliches Verhalten als einen Versuch interpretieren, etwas zu verstehen zu geben. Klassische Beispiele hierfür sind: Das Winken des Schwimmers bedeutet, daß er Hilfe benötigt, dreimaliges Läuten des Busschaffners bedeutet, daß der Bus voll ist, oder As Äußerung »Jetzt raus hier« bedeutet, daß B den Raum verlassen soll.

---

10  Vgl. Carston, Robyn: »The semantics/pragmatics distinction«. In: Turner, Ken (Hg.): *The semantics-pragmatics interface from different points of view*. Oxford 1999, S. 85–126.
11  Vgl. Grice, H. Paul: »Meaning«. In: ders.: *Studies in the way of words*. Cambridge 1989, S. 213–223.

Für die Erklärung der nicht-natürlichen Bedeutung braucht man also mehr als die Verknüpfung zweier Ereignisse oder Zustände durch eine Kausalitätsbeziehung. Wie wir bereits in unserem Einstimmungsbeispiel gesehen haben, machen wir dann, wenn wir das Verhalten von Menschen als kommunikatives Handeln interpretieren, von mentalen oder psychischen Prädikaten Gebrauch. Wir sagen, daß jemand dann mit uns kommuniziert, wenn er entsprechende Absichten hat. Grice definiert drei miteinander zusammenhängende Absichten[12]:

Ein Sprecher S meint nicht-natürlich mit einer Handlung A etwas genau dann, wenn:

(1) S will, daß der Hörer H eine bestimmte Reaktion r zeigt
(2) S will, daß H (1) erkennt
(3) S will, daß H aufgrund der Erkenntnis von (2) r zeigt

Diese Definition macht dreierlei deutlich:

– Nicht-natürliches Meinen wird als Versuch aufgefaßt, einen jeweiligen Hörer zu beeinflussen;
– Nicht-natürliches Meinen ist als Versuch eines Sprechers zu deuten, mit einem ganz bestimmten Hörer zu kommunizieren[13];
– Es gibt eine Hierarchie von Sprecherabsichten: (1) ist die primäre Handlungsabsicht, (2) und (3) sind die kommunikativen Absichten, in denen S etwas tut/sagt. Der Witz der Griceschen Definition besteht darin, das, was jeweils getan/gesagt wird, in einem systematischen Zusammenhang mit kommunikativen Absichten zu explizieren. Die Reaktion r als primäres Handlungsziel kann in zwei Hinsichten näher bestimmt werden:
 (a) H tut etwas
 (b) H glaubt etwas
 (b) kann man bezüglich dessen, was H glauben soll, differenzieren als:
 (b1) H glaubt, daß ein bestimmter Sachverhalt in der (externen) Welt besteht
 (b2) H glaubt, daß sich S in einem bestimmten mentalen Zustand befindet

Das Gricesche Modell eines Kommunikationsversuchs impliziert, daß alle Absichten eines Sprechers in seinem Tun offenbart werden und damit für den Adressaten vollkommen durchsichtig sind: Sprecherabsichten müssen offen kommuniziert werden. Diese Forderung hat ganze Heerscharen von Philosophen auf den Plan gerufen, die sich verwickelte Geschichten ausgedacht haben, in denen ein Sprecher immer noch eine letzte Absicht hat, die vom Hörer

---

12 Vgl. P. Grice:»Meaning« (s. Anm. 11); ders.: »Utterer's meaning and intention«. In: ders.: *Studies in the way of words*. Cambridge 1989, S. 86–116; ders.: »Meaning revisited«. In: ders.: *Studies in the way of words*, S. 283–303.
13 Vgl. Meggle, Georg: »Wittgenstein ein Instrumentalist?«. In: Birnbacher, Dieter/ Burkhardt, Armin (Hg.): *Sprachspiel und Methode*. Berlin 1983, 71–88.; ders.: »Intentionalistische Semantik. Ein paar grundsätzliche Missverständnisse und Klärungen«. In: Forum für Philosophie Bad Homburg (Hg.): Intentionalität und Verstehen. Frankfurt/M. 1990, S. 109–126.

nicht erkannt werden soll, oder Geschichten, in denen der Hörer komplexere Absichten unterstellt als der Sprecher – der jeweiligen Geschichte nach – tatsächlich hat.[14] So interessant diese Diskussion auch sein mag, für unsere bedeutungstheoretischen Zwecke reicht es, die postulierte Offenheit von Sprecherabsichten als rationales Fundament – oder wenn man will: als Bedingung der Möglichkeit – des Kommunizierens anzuerkennen. Unsere Kommunikation würde zusammenbrechen, wenn wir uns ständig komplizierte Absichten unterstellen würden, die wir nicht erkennen (können).[15] Sofern dies tatsächlich einmal der Fall sein sollte, werden die vermuteten Absichten selbst Thema der Kommunikation, wie z. B. bei der Aufklärung von Motiven für kriminelle Handlungen.

Man könnte nun gegen den Griceschen Kommunikationsbegriff einwenden, daß er für den Fall sprachlicher Handlungen viel zu überfrachtet ist, und mit der Konventionalität sprachlicher Zeichen argumentieren. Dieser Einwand ist jedoch in dieser Weise aus zwei Gründen fehl am Platz:

(1) Die Gricesche Explikation versteht sich als eine begriffliche. Mit ihr soll, unabhängig von den jeweils eingesetzten Handlungsmitteln, definiert werden, wie kommunikatives Handeln überhaupt erst möglich wird. Das heißt auch, daß es ohne den Begriff des nicht-natürlichen Meinens, des Kommunizierens, keinen Begriff des symbolischen Zeichens geben kann. Die Menschen könnten gar keine Zeichen verwenden, wenn sie nicht über einen Begriff des intentionalen Meinens verfügten. Es ist eine Angelegenheit der Ökonomie kommunikativer Praktiken, daß sich im Lauf der Evolution die Zeichen selbst zu – wenn man so will – kondensierten Meinungsakten entwickelt haben.[16]

(2) Der zweite Einwand bezieht sich auf die bedeutungstheoretische Position, die Grice vertritt, und hängt eng mit dem ersten Einwand zusammen. Für Grice ist ›Bedeutung haben‹ oder ›die Bedeutung x haben‹ keine Eigenschaft von Zeichen, sondern eine Eigenschaft von kommunikativen Akten und damit natürlich auch eine Eigenschaft oder Disposition kommunikativ handelnder Subjekte. Konventionalität ist nicht der springende Punkt einer Bedeutungstheorie natürlicher Sprachen.[17]

---

14 Vgl. Davis, William: »Speaker Meaning«. In: *Linguistics and Philosophy* 15 (1992), S. 223–253; G. Meggle: »Intentionalistische Semantik« (s. Anm. 13); ders.: *Grundbegriffe der Kommunikation*. Berlin 1981; Schiffer, Stephen: *Meaning*. Oxford 1972; Stampe, David W.: »Towards a grammar of meaning«. In: *The Philosophical Review* 77 (1968), S. 137–174; Strawson, Peter F.: »Intention and convention in speech acts«. In: ders.: *Logico-linguistic papers*. London 1974, S. 56–82.
15 Vgl. Bennett, Jonathan: *Linguistic Behaviour*. Cambridge 1976; Kemmerling, Andreas: »Was Grice mit <Meinen> meint«. In: Grewendorf, Günter (Hg.): *Sprechakttheorie und Semantik*. Frankfurt/M. 1979, S. 67–118; S. Schiffer: *Meaning* (s. Anm. 14); ders.: *Remnants of Meaning*. Cambridge 1987.
16 Vgl. Keller, Rudi: *Zeichentheorie*. Tübingen 1995.
17 Vgl. Harras, Gisela: »Sprachproduktion als kommunikatives Handeln: sprachphilosophische Grundlagen«. In: Herrmann, T./Grabowski, J. (Hg.): *Sprachproduktion*. Frankfurt/M. 2002, S. 899–930; Kemmerling, Andreas: »Der bedeutungstheo-

## II.2 Das kooperative Fundament des Kommunizierens

Kommunikation ist nicht nur durch sprecherseitige Intentionalität, sondern ebenso durch Kooperativität zwischen Sprecher und Hörer bestimmt, und damit sind wir beim zweiten (zum ersten komplementären) Teil der Griceschen Kommunikationstheorie angelangt. Kooperativität wird durch ein allgemeines Kooperationsprinzip und vier spezielle Maximen expliziert. Die philosophischen und linguistischen Leser/innen dieses Beitrags kennen das alles natürlich, trotzdem werde ich es im folgenden aus mnemotechnischen Gründen nochmals wiedergeben: Nach Grice[18] ist jede Konversation, das heißt: jeder Kommunikationsverlauf, durch einen Zweck oder eine Richtung bestimmt, der bzw. die von den Teilnehmern wechselseitig akzeptiert ist, indem sie das folgende Kooperationsprinzip beachten:

*Kooperationsprinzip* (KP): Mache deinen Gesprächsbeitrag jeweils so, wie es von dem akzeptierten Zweck oder der akzeptierten Richtung des Gesprächs, an dem du teilnimmst, gerade verlangt wird.

Mit diesem Prinzip ist zunächst nur gesagt, daß sich Gesprächsteilnehmer wechselseitig unterstellen müssen, daß sie sich situationsangemessen verhalten. Nicht ausgedrückt ist mit ihm, was jeweils für die einzelnen Gesprächsteilnehmer als angemessen gilt.

Grice formuliert vier Maximen als formale Kriterien für angemessenes Verhalten:

(I) MAXIME DER QUANTITÄT:
  (a) mache deinen Beitrag so informativ, wie für die gegebenen Zwecke nötig
  (b) mache deinen Beitrag nicht informativer als nötig

(II) MAXIME DER QUALITÄT
  (a) versuche, deinen Beitrag so zu machen, daß er wahr ist
  (b) sage nichts, was du für falsch hältst
  (c) sage nichts, wofür dir angemessene Gründe fehlen

(III) MAXIME DER RELATION
  (a) sei relevant

(IV) MAXIME DER MODALITÄT (ART UND WEISE)
  (a) vermeide Dunkelheit des Ausdrucks
  (b) vermeide Mehrdeutigkeiten
  (c) sei kurz (vermeide unnötige Weitschweifigkeiten)
  (d) der Reihe nach (sei folgerichtig)

---

retische springende Punkt sprachlicher Verständigung«. In: Lueken, Geert-Lueke (Hg.): *Kommunikationsversuche. Theorien der Kommunikation.* Leipzig 1997, S. 60–108; Plüss, Helen: *Bedeutungstheorie und philosophische Psychologie bei Paul Grice.* Bern 2001.

18 Vgl. P. Grice: »Logik und Konversation« (s. Anm. 7).

Mit diesen Maximen wird imperativisch formuliert, was die Gesprächsteilnehmer tun können, damit ihr Verhalten als angemessen gelten kann. Keineswegs müssen sie sich jedoch immer so und nicht anders verhalten. Es müssen auch nicht immer sämtliche Maximen gleichermaßen befolgt werden, und genau dies ist der springende Punkt, der erklärt, wie es zu Implikaturen kommen kann. Bevor ich darauf komme, soll aber noch wenigstens kurz etwas über den Status des Griceschen KP und der Implikaturen gesagt werden, weil sie – zumindest in der Linguistik – zu allerlei Mißverständnissen Anlaß gegeben haben.

Kooperation ist für Grice – dies dürfte auch bereits deutlich geworden sein – keine Angelegenheit der Übereinstimmung von Meinungen der Gesprächsteilnehmer, sondern ein Prinzip des rationalen Handelns. Rationales Handeln besteht zu einem Großteil darin, von der grundsätzlichen Erreichbarkeit der angestrebten Ziele auszugehen, bzw. nicht von Vornherein das Gegenteil anzunehmen. Die Mißachtung des KP und der Maximen würde in erster Linie den Gewinn eines Sprechers minimieren.[19]

Das Gricesche KP und die Maximen haben den Status eines allgemeinen Prinzips menschlicher Kommunikation: Wenn überhaupt kommuniziert wird, dann diesem Prinzip gemäß. Es ist eine anthropologische Konstante, die Variablen wie ›wahr‹, ›relevant‹, ›deutlich‹ usw. enthält. Diese Variablen werden in jeder Sprach- und Kulturgemeinschaft anders gedeutet. Was bei uns als ›relevant‹ gilt, muß dies bei anderen Kulturen noch lange nicht. Als kategoriale Aspekte der Kommunikation gelten sie in jeder Kommunikation, ganz gleich in welcher Sprache.

Das Kooperationsprinzip und die Maximen sind aus der Perspektive eines jeweiligen Sprechers formuliert, d. h. sie regeln die Produktion von Äußerungen im Rahmen von (rationaler) Kommunikation. Ihre Befolgung erhöht, ihre Verletzung senkt das Maß an konversationaler Rationalität. Wie Scholz[20] im Anschluß an Ullmann-Margalit[21] feststellt, können die Griceschen Prinzipien auch als Prinzipien des Verstehens, als »hermeneutische Präsumtionsregeln«[22] rekonstruiert werden; z. B. kann das allgemeine Kooperationsprinzip als Präsumtionsregel folgendermaßen formuliert werden (mit PrR als Präsumtionsregel und KOOP als konversationale Kooperativität):

(PrR-KOOP) Wenn dein Gesprächspartner eine Äußerung in einem gemeinsamen Gespräch getan hat, dann interpretiere sie als einen im Hinblick auf den wechselseitig akzeptierten Zweck oder die wechselseitig akzeptierte Richtung des Gesprächs angemessenen Beitrag zu diesem Gespräch, solange bis du zureichende Gründe für die gegenteilige Annahme hast.[23]

---

19 Vgl. P. Grice: »Logik und Konversation« (s. Anm. 7); Scholz, Oliver: *Verstehen und Rationalität*. Frankfurt/M. 1999.
20 O. Scholz: *Verstehen und Rationalität* (s. Anm. 19).
21 Vgl. Ullmann-Margalit, Edna: »On Presumption«. In: *The Journal of Philosophy* 80 (1983), S. 143–163.
22 O. Scholz: *Verstehen und Rationalität* (s. Anm. 19), S. 166.
23 Vgl. ebd.

Diese Regel berücksichtigt den Status der Widerlegbarkeit von Präsumtionen im Sinn der Leibnizschen Definition: »Praesumtio est, quod pro vero habetur donec contrarium probetur.« (Eine Präsumtion ist, was für wahr gehalten wird, bis das Gegenteil erwiesen ist).

Auch für die Maximen lassen sich Präsumtionsregeln formulieren; stellvertretend sei hier die Relevanzpräsumtion aufgeführt:

(PrR-REL) Wenn dein Gesprächspartner eine Äußerung a in einem gemeinsamen Gespräch getan hat, dann interpretiere a als eine (für den Gesprächsverlauf) relevante Äußerung, solange bis du zureichende Gründe für die gegenteilige Annahme hast.

Sowohl die Griceschen sprecherbezogenen Prinzipien als auch die daraus rekonstruierbaren Präsumtionsregeln spielen eine zentrale Rolle für die Theorie der Implikaturen. Wie wir bereits gesehen haben, kann man zwischen Präsuppositionen, generalisierten und partikularen Implikaturen unterscheiden. Für das Verständnis von Präsuppositionen (bei Grice »konventionale Implikaturen«) reicht das Sprachwissen eines kompetenten Sprechers, während für das Verständnis von konversationalen Implikaturen, von generalisierten und besonders natürlich von partikularen, kommunikatives Wissen eine Rolle spielt, das nicht nur auf die wörtliche Bedeutung des Satzes und seiner Bestandteile bezogen ist. Eine konversationale Implikatur kommt unter den folgenden Umständen zustande: Ein Sprecher macht eine Äußerung, die auf der Ebene des Gesagten offensichtlich gegen eine der Maximen verstößt. Wenn man davon ausgehen kann, daß der Sprecher die Maxime hätte befolgen können, und wenn man davon ausgeht, daß der Sprecher nicht einfach aus der Konversation aussteigt (das allgemeine Kooperationsprinzip ausschaltet), ergibt sich für den Hörer ein Interpretationsproblem, das Grice so formuliert: »How can his saying be reconciled with the supposition that he is observing the overall cooperative principle?«[24]

Dem Hörer bleibt unter den genannten Voraussetzungen nur die Alternative, daß er eine Interpretation wählt, die mit der Annahme verträglich ist, daß der Sprecher das Kooperationsprinzip nicht verletzt hat und gegen die Maxime nur auf der Ebene des wörtlich Gesagten, aber nicht auf der Ebene des Gemeinten verstoßen hat. Der Inhalt der Implikatur, das Implikat, ist zutreffend (die entsprechende Proposition ist wahr), solange bis sich das Gegenteil erweist. Die Ausbeutung von Maximen, wie Grice sagt, führt immer zu solchen Implikaturen, und zwar führt die Ausbeutung der Quantitäts- und Modalitätsmaxime wesentlich zu generalisierten, die Ausbeutung der Qualitäts- und Relevanzmaxime wesentlich zu partikularen Implikaturen.[25]

Ich werde mich im folgenden zunächst den generalisierten Implikaturen zuwenden und damit auch eine Antwort auf die eingangs gestellte Frage geben,

---

24 P. Grice: »Utterer's meaning and intention« (s. Anm. 12), S. 30.
25 Vgl. Sperber, Dan/Wilson, Deidre: *Relevance. Communication and cognition*. Oxford 1986.

wie Standardinterpretationen von unterspezifizierten sprachlichen Ausdrücken im Rahmen der Theorie von Implikaturen erklärt werden können.

## III. Generalisierte Implikaturen

Für generalisierte Implikaturen spielen – neben dem allgemeinen Kooperationsprinzip – die Quantitäts- und Modalitätsmaxime eine wesentliche Rolle. Die Quantitätsmaxime enthält die beiden Untermaximen:

Q1: Mache deinen Beitrag so informativ wie nötig
Die Einhaltung dieser Maxime minimiert die Kosten des Hörers.
Q2: Mache deinen Beitrag nicht informativer als nötig
Die Einhaltung dieser Maxime minimiert die Kosten des Sprechers. (Zu Kosten-Nutzenrechnungen[26]).

Die Maxime der Modalität enthält die Untermaximen:

M1: Vermeide Dunkelheit des Ausdrucks
M2: Vermeide Mehrdeutigkeiten
M3: Sei kurz
M4: Sei folgerichtig

Wie Horn, Atlas und Levinson gezeigt haben, können die Maximen als heuristische Prinzipien zur Erzeugung von generalisierten Implikaturen rekonstruiert werden[27]:

*Prinzip 1*: Was nicht gesagt ist, ist nicht
Das Prinzip bezieht sich auf die erste Quantitätsmaxime Q1. Im Fall unseres Satzes

(1) Der blaue Zylinder ist auf dem roten Würfel

lizensiert das Prinzip Implikaturen wie die folgenden:
– Auf dem roten Würfel ist keine Pyramide
– Auf dem roten Würfel ist kein roter Zylinder

Für die Äußerung von:

(2) Die Fahne ist rot

lizensiert das Prinzip die Implikatur:
– Die Fahne ist nicht blau (hat keine blauen Tupfen, Sterne oder dergleichen)

Alle genannten Implikaturen sind präsumtive Interpretationen, d. h. sie gelten als wahr, solange bis das Gegenteil erwiesen ist. Das Prinzip schaltet die Annahme einer Reihe von möglichen Weltzuständen aus, es erhöht also das in-

---

26 Vgl. Brandom, Robert B.: *Expressive Vernunft*. Übersetzt von Eva Gilmer und Herrmann Vetter. Frankfurt/M. 2000.
27 Vgl. S. Levinson: *Presumptive Meanings* (s. Anm. 5), S. 30 ff.

formative Gewicht dessen, was gesagt ist, in einem beträchtlichen Maß. Im Fall von skalaren Implikaturen wie *einige* < *nicht alle* wird durch Prinzip 1 die Restriktion von salienten Alternativen berücksichtigt. Für den Fall des skalaren Kontrasts *alle/einige* erzeugt das Prinzip für die Äußerung von

(3) Einige Gäste sind schon gegangen

die Implikatur, daß der Sprecher den stärkeren Ausdruck *alle* gewählt hätte, wenn er dazu imstande gewesen wäre. Prinzip 1 operiert also auch über mögliche Ausdrucksalternativen eines Sprechers und signalisiert dessen Kenntnisstand.

*Prinzip 2*: Was einfach gesagt ist, ist stereotypisch repräsentiert
Dieses Prinzip bezieht sich auf die zweite Quantitätsmaxime Q2. Die Idee, die dahinter steckt, ist, daß man nicht sagen muß, was man für selbstverständlich hält. Das Prinzip lizensiert für unseren Satz (1) u. a. die folgenden Interpretationen:
– der Zylinder ist in der Mitte der Würfeloberfläche plaziert
– der Zylinder ist in einer kanonischen Position

*Prinzip 3*: Was in einer nicht normalen Weise gesagt ist, ist nicht normal
Markierte Ausdrücke indizieren markierte Situationen
Das Prinzip bezieht sich auf die Modalitätsmaximen. Für einen Satz wie:

(4) Ein blaues zylinderartiges Objekt wird von einem roten Würfel gestützt

erzeugt es Implikaturen wie:
– das blaue Objekt ist kein richtiger Zylinder
– das Objekt ist nicht direkt auf dem Würfel

Zwischen Prinzip 2 und Prinzip 3 besteht eine implizite Opposition: Was einfach, kurz und in unmarkierter Weise gesagt ist, erhält die stereotypische Interpretation; ein markierter Ausdruck indiziert, daß die stereotypische Interpretation vermieden werden soll. Ein gutes Beispiel hierfür sind die pragmatischen Effekte der doppelten Negation. Die Äußerung von:

(5) Es ist möglich, daß der Zug Verspätung hat

hat aufgrund von Prinzip 2 die Implikatur:
– wahrscheinlich im Bereich der stereotypischen Wahrscheinlichkeit

Dagegen hat die Äußerung von:

(6) Es ist nicht unmöglich, daß der Zug Verspätung hat

aufgrund von Prinzip 3 die Implikatur:
– weniger wahrscheinlich als im Bereich stereotypischer Wahrscheinlichkeit

Negation in natürlichen Sprachen ist eine reiche Quelle für generalisierte Implikaturen, die negative Verstärkungen darstellen und bei graduierbaren Adjektiven auftreten, die Antonymenpaare darstellen wie *(gut, schlecht)*, *(lang, kurz)* oder *(glücklich, unglücklich)*. Semantisch gesehen sind die Elemente dieser Paare konträr zueinander, d. h. sie sind miteinander unverträglich, aber füllen nicht das ganze Spektrum aus, sondern erlauben einen nicht leeren Zwischenraum. Die pragmatischen Effekte der Negation graduierbarer Adjektive sollen im folgenden am Beispiel des Antonymenpaars *glücklich/unglücklich* näher betrachtet werden.[28]

Gegeben seien zunächst die folgenden Glückszustände:
glücklich ☺
unglücklich ☹
weder glücklich noch unglücklich, indifferent 😐

Der folgende Satz mit der Negation des positiven Adjektivs

(7) Ich bin nicht glücklich

kann paraphrasiert werden durch:

(7a) Es ist nicht der Fall, daß ich glücklich bin

mit der Implikation ☹ oder 😐

Die Transformation der Satznegation in die lexikalische Negation ergibt die Implikatur von (7):

(7b) Ich bin unglücklich

Daß (7b) eine echte Implikatur von (7) darstellt, kann durch die Möglichkeit ihrer Tilgung gezeigt werden, vgl.:

(7c) Ich bin nicht glücklich und nicht unglücklich

Man kann den Effekt der negativen Verstärkung folgendermaßen verdeutlichen[29]:

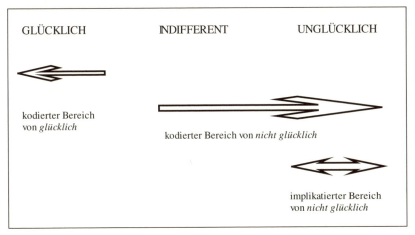

Abbildung 3

---

28 Vgl. S. Levinson: *Presumptive Meanings* (s. Anm. 5); R. Blutner: *Pragmatics and the Lexicon* (s. Anm. 6).
29 Vgl. R. Blutner: *Pragmatics and the Lexicon* (s. Anm. 6).

Der erstaunliche Effekt der negativen Verstärkung verneinter positiver Adjektive besteht offensichtlich darin, das aus Kontradiktorischem Konträres entsteht.

Wenn wir adjektivische Ausdrücke mit inkorporierter Negation negieren, erhalten wir doppelte Negationen, Litotes:

(8) Ich bin nicht unglücklich

ist paraphrasierbar durch:

(8a) Es ist nicht der Fall, daß ich unglücklich bin

und impliziert: ☺ oder ☹

(8b) Ich bin weder glücklich noch unglücklich

hat die Implikatur: ☹

(8c) Ich bin eher glücklich (aber nicht ganz so glücklich wie der Ausdruck *glücklich* anzeigen würde)

Ausdrücke mit doppelter Negation sind markiert, sie indizieren markierte Situationen. (8c) ist die eigentliche Implikatur, die, wie das folgende Beispiel zeigt, durch Verstärkung getilgt werden kann:

(8d) Ich bin nicht unglücklich, in Wirklichkeit bin ich sogar glücklich

Für die doppelte Negation müssen wir also auf der Glücksskala einen Zustand zwischen Glücklich und Indifferent einführen:

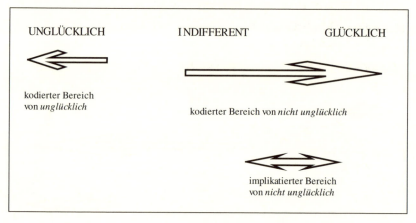

Abbildung 4

Ich denke, daß durch die Diskussion dieser unscheinbaren Beispiele bereits deutlich geworden ist, in welchem Maß semantische Regeln (Sprachkonventionen) und pragmatische Prinzipien der Kommunikation miteinander interagieren. Eine einheitliche Theorie der Indirektheit des Sprechens sollte sich diese Einsicht zunutze machen und die einzelnen Typen der Indirektheit nach Maßgabe der Interaktion von Semantik und Pragmatik bestimmen. Bislang haben wir uns lediglich mit generalisierten Implikaturen, die für Äußerungstypen gelten, befaßt. Es ist nun erwartbar, daß wir bei partikularen Implikaturen, d. h. solchen, die für Äußerungsexemplare gelten, mit einem größeren Interaktionsanteil von pragmatischen Prinzipien zu rechnen haben. Damit unsere Überlegungen nicht im Bereich beliebiger individueller Äußerungen bleiben, lege ich das Folgende fest: Die unterschiedlichen Typen von Indirektheit wie Tautologie, Metapher, Ironie und kontextgebundene Äußerungen wie »vorm Aldi steht ein roter Volvo« als Antwort auf die Frage, wo sich eine bestimmte Person aufhält, werden nicht aus der Perspektive von Äußerungsprodukten, sondern aus der Perspektive von Sprecher- und Hörerstrategien charakterisiert. Es geht also nicht darum zu bestimmen, was die Merkmale einer x-beliebigen tautologischen, metaphorischen oder ironischen Äußerung sind, sondern es geht darum zu bestimmen, was die Merkmale des Tautologisierens, des Metaphorisierens oder des Ironisierens sind – sowohl in bezug auf das Produzieren als auch in bezug auf das Verstehen.

Bevor wir uns jetzt solchen Strategien zuwenden, soll noch ein Wort zur Unterscheidung von sprachlichen Konventionen und pragmatischen (kooperativen) Prinzipien gesagt werden: Konventionen konstituieren, wie es Lewis formuliert hat, eine Gruppe in ihrer Eigenschaft als Gruppe – ihre Mitglieder gleichen einander wie ein Ei dem anderen. Kooperative Festlegungen hingegen eröffnen Spielräume, die individuell je nach Sprecherintentionen gestaltet werden können. Unter der Bedingung der Kooperationsunterstellung der jeweiligen Kommunikationspartner können primär nicht-konventionell geregelte Meinens- und Verstehensfundamente aufgebaut werden, die innerhalb der Gruppe spezifische Kommunikationsgemeinschaften begründen. Wir werden das sofort am Beispiel des Tautologisierens sehen.

## IV. Partikulare Implikaturen

## IV.1 Das Tautologisieren

Ich werde mich auf die gängigsten Produkte des Tautologisierens, die equitativen Tautologien, beschränken wie z. B.:

(1) Krieg ist Krieg
(2) Kinder sind Kinder
(3) Die Ehre ist die Ehre (Lessing: »Minna von Barnhelm«)

Urteile der Form »a ist a« werden aus logischer Sicht als uninformativ, aber sinnvoll angesehen. Sinnvoll sind sie deshalb, weil sie notwendigerweise immer wahr sind und weil sie die Relation ausdrücken, in der ein Gegenstand allein zu sich selbst und zu keinem anderen Gegenstand steht.[30] Nun gibt es zunächst drei semantische Eigenschaften, die im Widerspruch zu ihren logischen Bestimmungen als uninformativ und notwendig wahr zu stehen scheinen:

(1) Aus der Uninformativität müßte folgen, daß man einen der beiden nominalen Ausdrücke durch ein Synonym ersetzen könnte, ohne den Wahrheitswert des gesamten Satzes zu ändern. Wenn man nun aber in einem Satz wie:

(4) Ein Krankenhaus ist ein Krankenhaus

den Ausdruck *Krankenhaus* in der ersten Nominalphrase durch das Synonym *Hospital* ersetzen würde:

(5) Ein Hospital ist ein Krankenhaus

würde die Äußerung ihre Tautologiehaftigkeit verlieren und statt dessen eher als eine Art Worterklärung interpretiert werden.

(2) Wenn tautologische Äußerungen zugleich uninformativ und notwendig wahr sind, müssten alle tautologischen Äußerungen synonym sein, d. h. sie müßten zumindest in einigen Kontexten austauschbar sein. Es gibt aber wohl kaum einen denkbaren Kontext, in dem man die Aussage

(6) Krieg ist Krieg

durch die Aussage

(7) Paris ist Paris

*salva veritate* ersetzen könnte.

(3) Tautologische Äußerungen sind der Logik zufolge notwendig wahr, nur Toren oder Menschen, die der Sprache oder ihrer Sinne nicht mächtig sind, würden sie bestreiten. Nun kommen in der natürlichen Sprache auch Äußerungen wie die folgenden vor:

(8) Heute bin ich nicht ich
(9) Mein Vater ist nicht mein Vater
(10) Wein ist nicht Wein
usw.

Man kann sich leicht Situationen vorstellen, in denen solche Äußerungen durchaus passend gemacht werden können.

Die Beispiele zeigen, daß natürlichsprachliche tautologische Äußerungen offensichtlich doch noch einen Rest an Informativität enthalten. Trotzdem wird man wohl zustimmen müssen, daß uns eine semantische Analyse der Aus-

---

30 Vgl. Tugendhat, Ernst: *Vorlesungen zur Einführung in die analytische Philosophie*. Frankfurt/M. 1976; Tugendhat, Ernst/Wolf, Ursula: *Logisch-semantische Propädeutik*. Stuttgart 1983.

drücke nicht viel helfen wird, um herauszufinden, was ein Sprecher im Griceschen Sinn meint, wenn er tautologisiert. Zweifelsohne stellt das Äußern von equitativen Tautologien einen offenen Verstoß gegen beide Quantitätsmaximen auf der Ebene des Gesagten dar. Wenn man davon ausgeht, daß der Sprecher rational handelt, sich also an das Kooperationsprinzip hält, kommt man zu dem Schluß, daß Tautologisieren darin besteht, »Offenkundiges« oder Selbstverständlichkeiten zu verstehen zu geben.[31] Dies stünde nun aber im eklatanten Widerspruch zum Informationsprinzip, demzufolge man über Selbstverständliches nicht spricht. Der Verstoß dagegen würde zudem die Kosten eines Sprechers immens erhöhen, er würde Gefahr laufen, als logoritischer Quassler abgestempelt zu werden.

Fraser[32] hat den folgenden Vorschlag zur Rettung eines semantischen Rests tautologischer Äußerungen gemacht:

Mit einer tautologischen Äußerung gibt ein Sprecher zu verstehen, daß er beabsichtigt, daß der Adressat erkennt:

(i) daß der Sprecher eine spezielle Sichtweise gegenüber den Objekten, auf die mit der NP referiert wird, einnimmt;
(ii) daß der Sprecher glaubt, daß der Hörer diese spezielle Sichtweise erkennen kann;
(iii) daß diese Sichtweise für die Kommunikation relevant ist.[33]

Mit dieser Bestimmung wird nicht spezifiziert, welche Sichtweise ein Sprecher jeweils einnimmt, vielmehr wird lediglich betont, daß ein Sprecher mit einer tautologischen Äußerung einen bestimmten Glauben zu verstehen zu geben beabsichtigt, nämlich den Glauben, daß der Adressat eine spezielle Sichtweise des Referenten der NP mit ihm teilt. Die illokutionäre Rolle einer solchen Äußerung ist die einer Feststellung: der Sprecher beabsichtigt, diesen Glauben in das Bewußtsein des Adressaten zu bringen. Welche spezielle Sichtweise jeweils eingenommen wird, ist Sache des situativen Kontextes der Äußerung. Auch hier haben wir den merkwürdigen Fall der Beschreibung von Äußerungen, in der wir sagen, *daß* mit tautologischen Äußerungen Informationen mitgeteilt werden, aber nicht sagen können, *welche* Informationen das sind. Es ist wohl das Beste, wenn wir die Idee des semantischen Rests ganz aufgeben und eine radikal pragmatische Lösung à la Levinson[34] anstreben. Ward und Hirschberg schlagen für die Interpretation tautologischer Äußerungen die folgende Beschreibung vor[35]:

---

31 Vgl. Rolf, Eckhard: *Sagen und Meinen*. Opladen 1994.
32 Vgl. Fraser, Bruce: »Motor oil is motor oil«. In: *Journal of Pragmatics* 12 (1988), S. 214–220.
33 Vgl. ebd., S. 217 f.
34 Vgl. Levinson, Stephen: *Pragmatics*. Cambridge 1983.
35 Vgl.: Ward, Gregory/Hirschberg, Julia: »A pragmatic analysis of tautological utterances«. In: *Journal of Pragmatics* 15 (1991), S. 507–520, hier 515 f.

Angenommen ein Sprecher S hat eine tautologische Äußerung einem Hörer H gegenüber gemacht, etwa der Art *Krieg ist Krieg*, dann kann H folgendermaßen räsonieren:

(i) S hat eine tautologische Äußerung der Form *a ist a* gemacht, die nichts zu unserem gemeinsamen Wissen im Allgemeinen und nichts zu unserem besonderen Wissen über a hinzufügt;
(ii) es gibt keinen Grund anzunehmen, daß S gegen das Kooperationsprinzip verstößt, und aufgrund der Maximen der Qualität und der Relevanz hat S soviel über a gesagt, wie er wahrheitsgemäß sagen kann;
(iii) S hätte auch eine Aussage der ähnlichen Form, etwas *a ist b* machen können, wo *a* und *b* verschiedene Ausdrücke sind, was etwas zu unserem gemeinsamen Wissen hinzugefügt hätte;
(iv) S hat solche Alternativen nicht gewählt;
(v) daher implikatiert S, daß diese Alternativen nicht relevant für die Zwecke unserer Kommunikation sind.

Bevor wir aus dieser Beschreibung die Strategie des Tautologisierens rekonstruieren, möchte ich noch auf einen naheliegenden Einwand gegen solche Räsonnements eingehen: Ein solcher Einwand könnte lauten: Kein Mensch stellt beim Verstehen oder Produzieren sprachlicher Äußerungen dergleichen Überlegungen an. Nun sind solche Rekonstruktionen gerade nicht als Beschreibung eines psychischen Prozesses zu verstehen, sondern als »rationale Rekonstruktionen«[36] der Voraussetzungen des rezeptiven und produktiven Umgangs mit Sprache. Und manchmal möchten wir ja auch wissen, ob wir das, was wir so tagtäglich tun, als rational darstellen können!

Wenn wir nun die Beschreibung des Verstehens tautologischer Äußerungen auf die Strategie des Tautologisierens übertragen, erhalten wir das folgende Bild: Der Sprecher gibt durch eine tautologische Äußerung zu verstehen, daß es in diesem besonderen Konversationszusammenhang nicht auf spezielle Charakterisierungen, dies wären die Alternativen, ankommt, daß diese nicht gefragt, daß sie irrelevant sind. Irrelevant sind die speziellen Charakterisierungen in ihrer Eigenschaft als Informationen über die Beschaffenheit eines Gegenstands, auf den in der ersten Nominalphrase Bezug genommen wird, deshalb, weil sie in der entsprechenden Situation vom jeweiligen Sprecher als Elemente des mit dem Hörer geteilten Gegenstandswissen (voraus)gesetzt werden: Über Sachverhalte, die man als vom Adressaten gekannt und für wahr gehalten zugleich einschätzt, spricht man nicht, es sei denn, man will den Befund des geteilten Wissens für sich selbst und den Adressaten in einer bestimmten Situation in Erinnerung bringen oder im wahrsten Sinn des Wortes ›vergegenwärtigen‹. Tautologisieren hat also einen besonderen metakommunikativen Anstrich und könnte bestimmt werden als eine Art augenzwinkernde Anspielung auf das, was wir, die Gesprächspartner, beide ›schon immer‹

---

36 Vgl. O. Scholz: *Verstehen und Rationalität* (s. Anm. 19).

wissen, sowie darauf, daß wir beide wissen, daß wir dies voneinander wissen.[37] Ein solcher Appell an gemeinsames Wissen kann als Etablierung einer speziellen Kommunikations- und Wissensgemeinschaft jenseits von sprachlichen Konventionen verstanden werden. Feilke spricht von einer »kommunikationssemantischen, die phatische Gemeinschaft konfirmierenden Funktion« von tautologischen Äußerungen.[38] Miki bestimmt Tautologien als Formen der Selbstidentifikation[39], mit denen sich ein Sprecher auf geteiltes Wissen bezieht und dieses durch »evocation«, d. h. eine Art Appell in das Bewusstsein des Adressaten bringt: »this whole process may be viewed as a reaffirmation or reestablishment of shared beliefs«[40].

Eine andere Art von Indirektheit, nämlich rhetorisches Fragen, kann in gleicher Weise exemplifiziert werden. Mit Fragen wie »Bin ich Krösus?« oder »Wer wüßte nicht, daß Stoiber der bessere Kanzlerkandidat ist?« appelliert ein Sprecher an das von ihm und seinem Adressaten geteilte Wissen bezüglich der für sie selbstverständlichen Antwort »nein« resp. »nicht wir beide/wir sind die Wisser«.[41] Die Strategie des rhetorischen Fragens besteht – wie die des Tautologisierens – ebenfalls darin, spezielle Wissens- und Kommunikationsgemeinschaften jenseits von sprachlichen Konventionen zu etablieren.

## IV.2 Das Ironisieren

Im Folgenden geht es um den prototypischen Fall des Ironisierens, der durch das von Grice stammende Beispiel exemplifiziert werden soll:

Eine Person A hat entdeckt, daß B, den A bis vor kurzem für einen guten Freund gehalten hat, ihn als Geschäftsrivale heimtückisch hintergangen hat. A ist mit einem Adressaten C zusammen, der dies ebenfalls weiß. A sagt zu C:
»B ist ein feiner Freund«
C kann nun in folgender Weise räsonieren:

(1) Was A gesagt hat, glaubt er nicht.
(2) A weiß, daß ich weiß, daß er nicht nicht glaubt, daß B wirklich ein feiner Freund ist.
(3) As Äußerung verstößt also gegen die Maxime der Qualität (»sage nichts, was du für falsch hältst«).
(4) Ich gehe davon aus, daß A sich rational verhält, d. h. das Kooperationsprinzip beachtet und einen angemessenen Gesprächsbeitrag leisten will.

---

37 Vgl. Harras, Gisela: »Jenseits von semantischen Konventionen – zum Beispiel: tautologische Äußerungen«. In: *Zeitschrift für germanistische Linguistik* 27 (1999), S. 1–12.
38 Vgl. Feilke, Helmuth: *Sprache als soziale Gestalt*. Frankfurt/M. 1996, S. 309.
39 Vgl. Miki, Etsuzo: »Evocations and tautologies«. In: *Journal of Pragmatics* 25 (1996), S. 635–648.
40 Ebd., S. 64.
41 Vgl. auch Meibauer, Jörg: *Rhetorische Fragen*. Tübingen 1987.

240  Gisela Harras

Angesichts dieses Befundes kann C die folgenden Annahmen machen:

(a) A ist nicht rational.
(b) A ist nicht kooperativ.
(c) A hat gegen die Qualitätsmaxime verstoßen, verhält sich aber grundsätzlich kooperativ.
(d) A hat nur auf der Ebene des wörtlich Gesagten gegen die Qualitätsmaxime verstoßen, aber nicht auf der Ebene des Gemeinten. Er beutet die Qualitätsmaxime aus, um so etwas anderes zu verstehen zu geben als das, was er wortwörtlich gesagt hat.

Die Annahmen (a) bis (d) sind bezüglich der interaktiven Kosten des Sprechers hierarchisch geordnet. Man müßte stärkere Gründe für die Aufgabe von Annahme (c) anführen als für die von (d). Die »Beweislast«[42] für die Aufgabe von (b) oder gar (a) würde enorm sein, denn wem würde man schon mit welchen Gründen öffentlich anlasten wollen, daß er nicht mehr zur Spezies der vernunftbegabten Wesen gehört? Für die Favorisierung von (d) ist es nötig, daß sich eine Proposition finden läßt, die salient ist, das heißt, in einer semantischen Beziehung zum wörtlich Gesagten steht oder durch Elemente der Situation nahe gelegt wird. Am besten erfüllt diese Bedingung das Gegenteil dessen, was der Sprecher wörtlich gesagt hat. Es steht in einer semantischen Beziehung zum Gesagten, und es ist etwas, das A glaubt. Das heißt, auf der Ebene der Implikatur ist die Qualitätsmaxime befolgt. Der praktische Schluß ist also: A hat mir zu verstehen gegeben, daß B ein schlechter Freund ist.

Die rationale Rekonstruktion des Tautologisierens und Ironisierens hat gezeigt, daß Rationalitäts- bzw. Kooperationsprinzipien wichtige Kostenindikatoren darstellen, und sie hat auch gezeigt, daß Maximenverletzung auf der Ebene des wörtlich Gesagten auf der Ebene des Gemeinten ›aufgehoben‹ wird. Wir können jetzt für alle bisher erörterten Fälle von Indirektheit das folgende Zwischenfazit ziehen:

(1) Indirektheit (besonders die Fälle der partikularen Implikaturen) ist in dem hohen Kostenfaktor der Aufgabe des Kooperationsprinzips begründet.
(2) Indirektheit ist in einem dialektischen Verhältnis von Gesagtem und Gemeintem begründet: Was auf der Ebene des Gesagten gilt, wird auf der Ebene des Gemeinten aufgehoben.

## IV.3 Das Metaphorisieren

Da auf diesem Symposion mehrere Beiträge zum Thema Metapher vorliegen, werde ich mich auf das für meinen Zusammenhang Wesentliche beschränken. Nehmen wir als Ausgangsbeispiel das folgende: Peter sagt eines Morgens beim Frühstück gutgelaunt zu seiner Freundin:

---

42  O. Scholz: *Verstehen und Rationalität* (s. Anm. 19), S. 171.

(1) Du bist das Sahnehäubchen auf meinem Kaffee

Auf der Ebene des Gesagten ist das in (1) Geäußerte falsch, und zwar offenkundig falsch, so daß der Sprecher davon ausgehen kann, daß der Adressat weiß, daß es falsch ist. Der Sprecher hat also gegen die Qualitätsmaxime »sage nichts, was du für falsch hältst« verstoßen und dies so offensichtlich, daß sich Zweifel an der Möglichkeit der Unterstellung des rationalen, kooperativen Handelns erheben. Die Äußerung (1) ist eine Behauptung. Behauptungen sind Kommunikationsversuche, mit denen der Sprecher die primäre Absicht verfolgt, den Hörer etwas glauben zu machen, im Fall von (1) zumindest, daß der Sprecher, Peter, glaubt, daß seine Freundin das Sahnehäubchen auf seinem Kaffee ist. Da die Äußerung in ihrem wörtlichen Verständnis ganz offensichtlich falsch ist, kann sie auch kein geeignetes Mittel sein, um diesen Glauben beim Adressaten zu erzeugen. Die Offenkundigkeit der Falschheit der Äußerung einerseits und die Offenkundigkeit der fehlenden Eignung der Äußerung andererseits sind Auslöser, um den Adressaten zu motivieren, nach einer Interpretation von (1) als wahr und angemessen zu suchen.[43] Der Adressat könnte die Äußerung als prototypisch ironisch verstehen, d.h. er könnte sie interpretieren als:

(2) Du bist nicht das Sahnehäubchen auf meinem Kaffee

Wörtlich genommen wäre diese Äußerung wenigstens wahr, aber dies nun auch wieder so offenkundig, daß ihre Eignung als Kommunikationsversuch der Behauptung, daß nicht p (›es ist nicht der Fall, daß die Freundin das Sahnehäubchen auf Peters Kaffee ist‹) aufgrund des Quantitätsprinzips »sage nichts, was du für selbstverständlich hältst« für hinfällig gehalten werden muß. Der Adressat wird schließlich zum metaphorischen Verständnis von (1) der Art gelangen: ›du bist für mich etwas ganz Besonderes‹. Das jeweilige Produkt des Metaphorisierens ist in vielfältiger Weise, wie Searle gezeigt hat[44], vom kulturellen Wissen der Kommunikationspartner abhängig.

Zusammenfassend kann man die Strategie des Metaphorisierens folgendermaßen veranschaulichen (vgl. Abbildung 5).

Natürlich sind nicht alle metaphorischen Äußerungen bei wörtlichem Verständnis offenkundig falsch; sie können auch offenkundig wahr sein wie z.B. die Negation von (1) in ihrer wörtlichen Interpretation. Das heißt: Metaphorisches Verstehen und dessen Antizipation durch den Sprecher können durch Ausbeutung verschiedener Maximen motiviert sein.[45]

Aus der Betrachtung der Metaphorisierung können wir die Lehre ziehen, daß Verstöße auf der Ebene des Gesagten absolut offenkundig sein müssen. Die Offenkundigkeit kann entweder durch das wörtlich Gesagte selbst ange-

---

43 Vgl. O. Scholz: *Verstehen und Rationalität* (s. Anm. 19).
44 Vgl. Searle, John R.: *Expression and Meaning*. Cambridge 1979.
45 Vgl. Scholz, Oliver: »Some issues in the theory of metaphor«. In: Petöfi, Janos S. (Hg.): *Text and Discourse Constitution*. Berlin, New York 1988, S. 269–282.

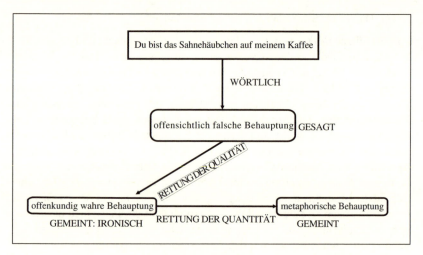

Abbildung 5

zeigt sein oder aber – wie im Fall der Ironie – durch das außer Frage stehende, von Sprecher und Hörer geteilte Wissen begründet sein.

## IV.4 Gricesches Reden

Die bisher erörterten Fälle von Indirektheit – also Standardisierung von Interpretationen, Tautologisieren, rhetorisches Fragen, Ironisieren und Metaphorisieren, hatten alle gemeinsam, daß sie durch die Ausbeutung nur einer der Griceschen Maximen motiviert waren. Äußerungen wie die eingangs zitierte »Einige Gäste sind schon gegangen« als direkte Antwort auf die Frage nach Heinrichs Verbleib stellen eine Art Restkategorie dar, die in sich uneinheitlich ist; sie sind partikulare Implikaturen par excellence. Ich nenne die Kategorie »gricesches Reden«. Die meisten von ihnen können nicht auf die Ausbeutung einer einzigen Maxime zurückgeführt werden. Versuchen wir noch ein letztes Mal eine rationale Rekonstruktion der (antizipierten) Interpretation eines Äußerungsexemplars dieser Restkategorie:

A: Wo ist Heinrich?
B: Vor der Post steht ein roter Mercedes

Das Räsonnement kann in fünf Stufen rekonstruiert werden.

Die erste Stufe:
Auf der Ebene des Gesagten hat mir B etwas, p, mitgeteilt. Ich gehe davon aus, daß B rational handelt. Gemäß den Regeln der deutschen Sprache hat B gesagt, daß sich an einem bestimmten Ort – vor einer bestimmten Post – ein Fahrzeug eines bestimmten Typs – Mercedes – befindet.

Die zweite Stufe:
Die Annahme, daß B mich lediglich wissen lassen wollte, daß p, ist zwar mit dem verträglich, was er gesagt hat, steht aber in keiner Beziehung zu meiner Frage. B hat also offenkundig mit dem, was er gesagt hat, gegen das Relevanzprinzip verstoßen, wobei ich auch weiterhin keinen Grund habe, anzunehmen, B verhielte sich nicht kooperativ.

Die dritte Stufe:
Sowohl B als auch ich wissen (und wir beide wissen, daß wir dies wissen), daß Heinrich einen roten Mercedes fährt. Ich nehme an, daß B will, daß ich dieses gemeinsame Wissen nutze, um zur präsumtiven Annahme zu kommen, daß Heinrich in der Post ist.

Die vierte Stufe:
B hätte auch einfach sagen können »Heinrich ist in der Post«, aber dafür fehlen ihm hinreichende Gründe; er weiß lediglich, daß vor der Post ein roter Mercedes steht. Wenn B einfach gesagt hätte »Heinrich ist in der Post«, hätte er gegen die Qualitätsmaxime »sage nichts, wofür dir angemessene Gründe fehlen« verstoßen.

Die fünfte Stufe:
B scheint die Absicht zu haben, mich wissen zu lassen, daß Heinrich in der Post ist, aber er ist sich nicht ganz sicher (er weiß es nicht, er glaubt es nur), und er will auch nicht die Verantwortung für die Wahrheit dessen, was er glaubt, übernehmen. Also: B hat mir auf der Ebene des Gemeinten mitgeteilt, daß er glaubt, daß Heinrich in der Post ist.

Das Räsonnement hat also die folgende Struktur (vgl. Abbildung 6).

Das Interpretationsresultat ist, wie die Standardinterpretationen bei generalisierten Implikaturen, nicht das notwendigerweise plausibelste: Der vor der Post geparkte Mercedes könnte auch darauf hinweisen, daß Heinrich im nahe gelegenen Supermarkt oder im Buchladen ist, weil er immer sein Auto vor der Post parkt usw.
Welche in einer gegebenen Situation die plausibelste Interpretation ist, hängt von zwei weiteren situativen und kontextuellen Faktoren ab:

(1) Die plausibelste Interpretation einer Äußerung ist diejenigen, die vor dem Hintergrund des gemeinsamen Sprecher-Hörer-Wissens am leichtesten (ohne große Kosten) verfügbar ist.
(2) Die Proposition der plausibelsten Interpretation ist diejenige, die die meisten Gemeinsamkeiten mit der Proposition der Ausgangsäußerung aufweist.

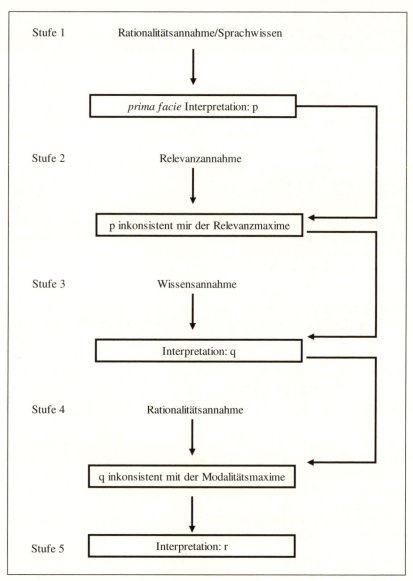

Abbildung 6

## V. Ein kurzes Fazit und ein paar Sorgenkinder

Die Strategien aller Arten des indirekten Sprechens lassen sich durch die folgenden drei Merkmale charakterisieren:

(1) Das Aufgeben von Rationalitäts- und Kooperationsprinzipien ist einfach zu kostspielig, um tatsächlich von Sprecherseite praktiziert und von Hörerseite unterstellt werden zu können.
(2) Unter dieser Voraussetzung wird das, was auf der Ebene des Gesagten gilt, auf der Ebene des Gemeinten aufgehoben.
(3) Verstöße gegen die Maximen werden mit dem, was gesagt ist, absolut offen angezeigt.

Zum Schluß bleiben noch ein paar Sorgenkinder, nämlich die sog. indirekten Sprechakte. Diese zeichnen sich bekanntlich dadurch aus, daß sie auf der Ebene des Gesagten einen anderen illokutionären Modus aufweisen als auf der Ebene des Gemeinten, vgl.:

(1) Kannst du mir mal das Salz geben? (als Aufforderung, das Salz zu geben)
(2) Ich hätte gerne, daß du pünktlich erscheinst (als Aufforderung, pünktlich zu erscheinen)
(3) Hier ist es kalt (als Aufforderung, Türen/Fenster zu schließen)
(4) Man hält das Messer in der rechten Hand (als Aufforderung, das Messer in der rechten Hand zu halten)

Wie Gordon & Lakoff gezeigt haben[46], lassen sich alle Sprechaktbedingungen à la Searle – bis auf die wesentliche Bedingung natürlich – im assertorischen oder fragenden Modus thematisieren. Für das Deutsche gilt nun, daß Fragen in der beabsichtigten Funktion von Aufforderungen häufig modale Elemente wie *mal, mal eben* enthalten wie z. B. (1). Solche Äußerungen werden wohl in allen Situationen und Kontexten als Aufforderungen bzw. Bitten aufgefaßt, so daß man von Standardinterpretationen im Sinn von äußerungstypbezogenen generalisierten Implikaturen sprechen kann. Die Interpretationen von allen anderen Fällen indirekter Sprechakte sind partikulare Implikaturen von jeweiligen Äußerungsexemplaren.

---

46 Gordon, David/Lakoff, George: »Conversational Postulates«. In: Cole, Peter/Morgan, Jerry (Hg.): *Syntax and Semantics*. Volume 3: Speech Acts. New York, San Francisco, London 1975, S. 83–106.

# Sprachlose Metaphern.
# Zur Rhetorizität der Kognition und ihrer Modellierung in der kognitiven Linguistik

ERIKA LINZ (Köln)

## I. Einleitung

Paul de Man beendet seinen Aufsatz »The epistemology of metaphor« mit der Frage, »whether the entire semantic, semiological, and performative field of language can be said to be covered by tropological models«.[1] Diese für de Man offene und ›schwierige‹ Frage hat inzwischen sogar die Kognitionswissenschaften erreicht. Nach Jahrzehnten der Dominanz einer formal-strukturellen Forschungsausrichtung hat sich hier unter dem Begriff der ›Kognitiven Linguistik‹[2] eine Schule formiert, die die Untersuchung der figurativen Dimension von Sprache und Kognition zum Programm erhoben hat. Angetreten mit dem programmatischen Selbstverständnis, eine Gegenbewegung zum Chomsky-Paradigma zu etablieren, gewinnt die ursprünglich an der Schnittstelle von Sprach- und Literaturwissenschaft entstandene Strömung um Lakoff, Johnson und Turner auch in angrenzenden Disziplinen zunehmend an Einfluß. Klassische Gegenstände der Rhetorik erhalten damit Einzug in Forschungsbereiche, die traditionell der szientischen und formal-logischen Modellierung vorbehalten waren.

Folgt man den Arbeiten im Umkreis dieser Schule, so kann an der Antwort auf die von de Man noch in die Zukunft projizierten Frage bereits jetzt kaum noch ein Zweifel bestehen: Trotz der teilweisen Heterogenität ihrer Ansätze ließe sich hier ein einhelliges ja vernehmen, gefolgt von dem ergänzenden Zusatz: Aber nicht nur das Feld der Sprache, sondern das gesamte Feld der kognitiven Strukturen sei tropologisch durchdrungen. Die Kognitiven Linguisten wenden sich nicht nur gegen die Reduktion rhetorischer Figuren auf eine diskursive Funktion als »Redeschmuck«, sondern allgemein gegen ihre Einengung auf eine rein sprachliche Wirkungsweise. Bei allen Differenzen zwischen den einzelnen Arbeiten besteht Einigkeit darüber, daß den in der klassi-

---

1 de Man, Paul: »The epistemology of metaphor«. In: *Critical Inquiry* 5 (1978), S. 13–30, hier S. 30.
2 Da die Schule selbst durch Besetzung des allgemeinen disziplinären Begriffs das entsprechende Forschungsfeld zu vereinnahmen versucht, wird hier zur Unterscheidung der Schule von der linguistischen Teildisziplin die Großschreibung verwendet.

schen Rhetoriktradition als Tropen klassifizierten figurativen Verfahren eine weit über die Sprache hinausreichende kognitive Relevanz beizumessen ist: »metaphor, metonymy, and other figurative processes [...] are constitutive of our experience and understanding. In this sense they are *ontologically* basic dimensions of our being«.[3] In Abgrenzung zu der in der Rhetorik vorherrschenden Definition der Tropen als Regelabweichung versuchen sie den Nachweis von der Systematizität tropologischer Strukturen zu führen. Figuralität läßt sich nicht auf den Bereich der sprachlichen Performanz beschränken – so die zentrale These –, sondern schlägt sich auch auf der Ebene kognitiver Systeme nieder. Es ist weniger die sprachliche als vielmehr diese kognitive Dimension rhetorischer Figuren, die das Erkenntnisinteresse der Kognitiven Linguistik bestimmt.

Die Beschäftigung mit der Rhetorik erwächst hier aus dem größeren Kontext eines generellen Forschungsprogramms, das die Suche nach allgemeinen Prinzipien der Kategorisierung und die damit verbundene Frage nach den Genesebedingungen semantischer Strukturen in den Mittelpunkt stellt. Gegen nativistische und objektivistische (realistische) Bedeutungsauffassungen versuchen die Kognitiven Linguisten ein Erkenntnismodell durchzusetzen, das die Begriffsbildung als erfahrungsabhängigen und kulturgeleiteten Prozeß ausweist. Angesichts der kognitiven Relevanz, die zum einen der Rhetorizität und zum anderen der Interaktion mit der Umwelt für die Ausdifferenzierung konzeptueller Strukturen beigemessen wird, ist es um so erstaunlicher, daß die Rolle der Sprache in diesem Prozeß weitgehend unreflektiert bleibt. Die Fokussierung auf die kognitive Strukturierungsfunktion führt vielmehr dazu, daß die rhetorischen Figuren aus ihrem sprachlichen Kontext herausgelöst und gar nicht mehr in ihrer Funktion als sprachliche Figuren wahrgenommen werden. Unter den Kognitiven Linguisten verlieren insbesondere die Tropen ihr diskursives Moment und werden zu sprachvorgängigen Konzeptualisierungsprinzipien erklärt.

Im aktuellen Gewand kognitiver Modellbildung wird hier ein generelles Problem der Rhetorik sichtbar, das sich in ähnlicher Weise bereits in der antiken Tradition finden läßt, nämlich die Spaltung von Sprache und Kognition, wie sie sich dort etwa in der Differenzierung von Wort- und Gedankenfigur manifestiert. Die von den Kognitiven Linguisten vollzogene Transformation der Rhetorik in ein diskurs- und adressenloses Wissen ist letztlich Ausdruck desselben Problemzusammenhangs, der auch die rhetorische Debatte um die Definitionen der Tropen als abweichenden Sprachgebrauch kennzeichnet. In beiden Fällen läßt sich eine stillschweigend vorausgesetzte Sprachauffassung ausmachen, die Sprache auf einen nachträglichen Bezeichnungsakt reduziert, während die Ebene der Bedeutungsgenerierung in einen der Sprachverwendung vorausliegenden Semantisierungsprozeß verlagert wird. Am Beispiel der Metaphernkonzeption von Lakoff und Johnson, zwei der führenden Protago-

---

3 Johnson, Mark: »Philosophical implications of cognitive semantics«. In: *Cognitive Linguistics* 3 (1992), S. 345–366, hier S. 350.

nisten der Schule, soll deshalb der Frage nach den Rückwirkungen eines nomenklatorischen Sprachbegriffs auf das Rhetorizitätsverständnis nachgegangen werden. Wie zu zeigen sein wird, legen die methodologischen und erkenntnistheoretischen Probleme, die Lakoffs und Johnsons Ansatz eines »experientalism«[4] aufwerfen, deutlicher noch als andere kognitive Sprachtheorien die Notwendigkeit einer Reintegration der sprachlichen Performanz in die linguistische Theoriebildung frei. Aus performanzorientierter Sicht wiederum lassen sich die Befunde zur Figuralität begrifflichen Wissens – so die hier vertretene These – entgegen ihrer Deutung durch die Kognitiven Linguisten geradezu als Bestätigung für die Sprachabhängigkeit semantischer Strukturen lesen. Eine repräsentationskritische Wendung der Annahmen eröffnet nicht nur die Möglichkeit einer Rückbindung der Rhetorizität an die Sprache, sondern weist zugleich auf das Desiderat hin, die Diskursivität und die Adressierungsabhängigkeit von Semantisierungsprozessen anders als bislang üblich zu einem integralen Bestandteil kognitiver Modellbildung zu erheben.

## II. Die kognitive Ubiquität der Metapher

Innerhalb der Kognitiven Linguistik rückt die Frage nach der epistemischen Dimension von Tropen und rhetorischen Figuren in den Vordergrund. Anders als in vielen traditionellen Erklärungsansätzen richtet sich der Fokus jedoch weniger auf die Frage nach den kognitiven Prozessen, die das jeweilige Verstehen der einzelnen Figuren ermöglichen, als vielmehr auf die Untersuchung ihres Einflusses auf die Begriffsbildung.[5] Im Zentrum steht dabei einmal mehr die Metapher, die ebenso wie die Metonymie – wobei die Metonymie in vielen Arbeiten mit unter den Begriff der Metapher subsumiert wird – in den Stand eines universalen kognitiven Prinzips erhoben wird, das sowohl Denken und Ratio als auch die Ausdifferenzierung begrifflicher Strukturen leitet: »in fact not only our language, but our cognition and hence our language operates metaphorically«[6]. Wie bereits in Richards' einflußreichem metapherntheoretischen Entwurf wird die Metaphorizität der Sprache auch im Kontext der Kognitiven Linguistik als Ausdruck einer dahinterliegenden Metaphorizität des Denkens betrachtet[7]: »The metaphor is not just a matter of language, but of thought and

---

4  Vgl. Lakoff, George/Johnson, Mark: *Metaphors we live by*. Chicago, London 1980, S. 226 ff.; dies.: *Philosophy in the flesh. The embodied mind and its challenge to western thought*. New York 1999, S. 508 f. sowie Lakoff, George: *Women, fire, and dangerous things. What categories reveal about the mind*. Chicago, London 1987, S. 157 ff. und S. 265 f.
5  Dem üblichen Sprachgebrauch der Kognitionswissenschaften folgend werden zur Bezeichnung kognitiver Entitäten wie ›Begriff‹ und ›begrifflichen Strukturen‹ etc. im folgenden die Ausdrücke ›Konzept‹, ›konzeptuelle Strukturen‹ etc. verwendet.
6  Sweetser, Eve: *From etymology to pragmatics. Metaphorical and cultural aspects of semantic structure*. Cambridge, New York et al. 1990, S. 8.
7  Bei Richards heißt es: »Denken ist metaphorisch und verfährt vergleichend; daraus leiten sich die Metaphern der Sprache her«; Richards, Ivor Armstrong: »Die

reason. The language is a reflection of the mapping«.[8] Die erkenntnistheoretische Dimension der Metapher beschränkt sich dabei nicht auf eine »Sichtbarmachung« verborgener Ähnlichkeiten durch den Vergleich, also nicht auf die Explizierung impliziten Wissens. Das Metaphernverständnis der Kognitiven Linguisten schließt vielmehr an metapherntheoretische Versuche an, die die Metapher als produktives Verfahren der Sinnerzeugung begreifen, das über die aktuale Bedeutungsgenese in der Sprachverwendung hinaus auch für die Genese semantischer Strukturen von Relevanz ist.[9] Metaphern werden zu einem wesentlichen Verfahren der Weltaneignung, dessen Grundfunktion darin gesehen wird, Wissen aus alltäglichen Erfahrungskontexten zur Konzeptualisierung abstrakterer Wissensbereiche heranzuziehen. Ein wesentlicher Unterschied zu Richards' Metaphernbegriff besteht deshalb darin, das metaphorische Verfahren nicht als Vergleich, sondern als Übertragungsmechanismus zu betrachten, mittels dessen sich nicht nur Strukturen, sondern auch Inferenzmuster und Bewertungsverfahren aus bereits vertrauten Konzeptbereichen in andere, weniger differenzierte Bereiche ›importieren‹ lassen. Im Kontext der Kognitiven Linguistik wird die epistemische »Modellfunktion«[10] der Metapher, wie sie insbesondere für den Wissenschaftsdiskurs vielfach hervorgehoben wurde, auf eine generelle kategorienkonstituierende Funktion ausgedehnt, die auf allen Ebenen der Konzeptbildung greift. Diese Ausdehnung des Geltungsanspruchs auf ein grundlegendes konzeptuelles Strukturierungsverfahren geht allerdings mit einer Verallgemeinerung des Metaphernbegriffs einher. In der einschlägigen Definition von Lakoff und Johnson wird aus der Metapher eine allgemeine Abbildungsfunktion, die strukturelle und inferentielle Aspekte aus einer kognitiven Domäne auf eine andere überträgt: »The metaphor can be understood as a mapping (in the mathematical sense) from a source domain [...] to a target domain«.[11] Als sol-

---

Metapher«. In: Haverkamp, Anselm (Hg.): *Theorie der Metapher*. 2., um ein Nachw. u. einen bibliogr. Nachtr. erg. Aufl., Darmstadt 1996, S. 31–52, hier S. 35.

8   Lakoff, George: »The metaphorical conception of events and causes: some implications of cognitive science for philosophy«. In: Arrazola, Xabier (Ed.): *Discourse, interaction and communication*. Proceedings of the Fourth International colloquium on Cognitive Science (ICCS-95). Dordrecht et al. 1998, S. 49–83, hier S. 56. Trotz offensichtlicher Bezüge zu Richards' Theorie der Metapher wird diese Verbindung aber nicht thematisiert.

9   Vgl. dazu u. a. Jäkel, Olaf: »Kant, Blumenberg, Weinrich. Some Forgotten Contributions To The Cognitive Theory Of Metaphor«. In: Gibbs, Raymond W./Steen, Gerard J. (Hg.): *Metaphor In Cognitive Linguistics*. Selected Papers From The Fifth International Cognitive Linguistics Conference. Amsterdam, Philadelphia 1997. Jäkel ist einer der wenigen, die den ahistorischen Ansatz der Kognitiven Linguistik durch theoriegeschichtliche Bezüge zu ergänzen versuchen.

10  Vgl. Blumenberg, Hans: »Paradigmen zu einer Metaphorologie«. In: *Archiv für Begriffsgeschichte* 6 (1960), S. 5–142 und S. 301–305, hier S. 80.

11  Lakoff, George: »The Invariance Hypothesis: is abstract reason based on imageschemas?« In: *Cognitive Linguistics* 1 (1990), S. 39–74, hier S. 47 f. Vgl. auch G. Lakoff/M. Johnson: *Philosophy in the flesh* (s. Anm. 4), S. 58 sowie Fauconniers analoge, genauso mathematisch orientierte Definition von »mapping« in: Fauconnier, Gilles: *Mappings in thought and language*. Cambridge 1997, S. 1.

cherart von der konkreten sprachlichen Verwendungssituation abstrahiertes Verfahren wird die Metapher zum elementaren Prinzip der Konzeptualisierung erhoben, das von frühen Stufen der Ontogenese an wirksam sein soll.

Zur Begründung für die Ausweitung des Metaphernbegriffs verweisen Lakoff und Turner auf die Parallelität zwischen den bei einer kreativen Neuschöpfung von Metaphern wirksamen Prozessen und den grundlegenden Verfahren der Kategorienformierung.[12] Ihrer These nach sind einerseits dieselben Prozesse, die die singuläre Verwendung originärer Metaphern leiten, auch an der Ausdifferenzierung semantischer Wissensstrukturen beteiligt. Andererseits folgt selbst die performative Bildung neuer Metaphern weit häufiger generalisierbaren Mustern, als es gerade im poetologischen Kontext den Anschein haben mag. Die metaphorologischen Analysen der Kognitiven Linguisten zielen darauf, gerade diese systematischen Bezüge zwischen den Einzelfällen originären Metapherngebrauchs und der Durchdringung des Wortschatzes mit lexikalisierten Metaphern freizulegen und daraus allgemeine Prinzipien der kognitiven Strukturierung abzuleiten.

Systematische Bezüge dieser Art offenbaren sich besonders dann, wenn man nicht, wie in der rhetorischen Tradition üblich, von Einzelwörtern bzw. Begriffen oder Aussagen ausgeht, sondern als Basis metaphorischer Übertragungen komplexere Schemata zugrundelegt. Eine, wenn nicht die Pointe des Ansatzes von Lakoff und Johnson besteht darin, sowohl auf Seiten der Ausgangsdomäne als auch auf Seiten der Zieldomäne metaphorischer Projektionen sogenannte ›kognitive Modelle‹ anzunehmen. Metaphern sind demnach weder Übertragungen von singulären Worten noch von Aussagen, sondern grundsätzlich partielle Abbildungen kognitiver Modelle. Mit Lakoffs Konzept der ›idealisierten kognitiven Modelle (ICMs)‹, schließen Lakoff und Johnson an die schemabasierten Wissensmodelle der Kognitionspsychologie und der Linguistik an, wie sie von Fillmore, Minsky oder Schank und Abelson entwickelt wurden.[13] Lakoff übernimmt die dort entfaltete Annahme, daß das deklarative Wissen in Form komplexer strukturierter Wisseneinheiten organisiert ist, geht aber insofern über die ›Frame‹-Idee hinaus, als er sie nicht auf propositionale Aspekte beschränkt, sondern um imaginative Gestaltstrukturen und das Moment einer ideal- und prototypischen Modellorientierung entlang von Stereotypen etc. ergänzt. Kognitive Modelle im Lakoffschen Sinne sind keine mentalen Abbildungen einer objektiven Außenwelt, sondern idealisierte kulturabhängige ›Theorien‹, die eine sinnstiftende Funktion bei der

---

12 Vgl. G. Lakoff/M. Johnson: *Philosophy in the flesh* (s. Anm. 4), S. 69 f. und Lakoff, George/Turner, Mark: *More than cool reason. A field guide to poetic metaphor.* Chicago, London 1989.

13 Vgl. etwa Fillmore, Charles: »Frame semantics«. In: *Linguistics in the morning calm.* Ed. by the Linguistic Society of Korea. Seoul 1982, S. 111–138; Minsky, Marvin: »A framework for representing knowledge«. In: Winston, Patrick H. (Ed.): *The psychology of computer vision.* New York et al. 1975, S. 211–277; Schank, Roger C./Abelson, Robert P.: *Script, plans, goals and understanding. An inquiry into human knowledge structures.* Hillsdale 1977.

Orientierung in den verschiedenen Lebenswelten übernehmen: »an idealized cognitive model [...] provides a conventionalized way of comprehending experience in an oversimplified manner. It may fit real experience well or it may not.«[14] Als »a complex structured whole, a gestalt« umfassen kognitive Modelle auch bildhafte und figurative Strukturmomente, die mit rein analytisch-kombinatorischen Beschreibungsprinzipien nicht zu erfassen sind.[15] Vor allem aber beinhalten sie – was für die Explikation des Metaphernverständnisses von besonderem Gewicht ist – grundsätzlich inferentielle sowie meist auch emotive und evaluative Muster.

Für die Metaphernkonzeption liefert das Konzept der idealisierten kognitiven Modelle eine Möglichkeit, die bei Black bereits angelegten Überlegungen zu einem »system of associative commonplaces«[16], das bei der Verwendung von Metaphern relevant wird, zu systematisieren. Metaphern sind demnach keine Übertragungen isolierter Begriffe oder Prädikate, sondern komplexe strukturelle Abbildungen von Ausschnitten kognitiver Modelle, die sowohl die Projektion von synthetischen Gestaltaspekten als auch von Inferenz- und Bewertungsmustern einschließen. Stärker noch als Black heben Lakoff und Johnson dabei insbesondere auf die Funktion der Übertragung von Bewertungskriterien und Schlußfolgerungsmustern ab.

Die unübersehbaren – wenn auch nicht kenntlich gemachten – Anleihen bei Richards und Black[17] enden für Lakoff und Johnson jedoch bei der Frage der Wirkungsrichtung der Metapher. Während Black und Richards mit ihrer interaktiven Metaphernkonzeption gerade die Rückwirkung des metaphorischen Gebrauchs auch auf die Ausgangsdomäne, der die Metapher entlehnt ist, betonen, beharren Lakoff und Johnson auf der Einseitigkeit der Projektion.[18]

---

14  G. Lakoff: *Women, fire, and dangerous things* (s. Anm. 4), S. 126.
15  Ebd., S. 68. Vgl. dazu auch G. Lakoff/M. Turner: *More than cool reason.* (s. Anm. 12), S. 61 f. sowie Linz, Erika: *Indiskrete Semantik. Kognitive Linguistik und neurowissenschaftliche Theoriebildung.* München 2002, S. 106 ff. und 119 ff.
16  Black, Max: »Die Metapher«. In: Haverkamp, Anselm (Hg.): *Theorie der Metapher.* Darmstadt 1996, S. 55–79, hier S. 70 f. Vgl. zur Aktualität der Blackschen Metapherndefinition gerade vor dem Hintergrund der aktuellen Renaissance der Metaphernforschung in der Kognitiven Linguistik auch Buss, Mareike/Jost, Jörg: »Rethinking the Connection of Metaphor and Topos«. In: *Interlingüística* 13/I (2002), S. 275–292.
17  Das Fehlen jeglichen Verweises auf Black und Richards ist um so ärgerlicher, als die eindeutigen Bezugnahmen bis zur Übernahme der Blackschen Beispiele reichen, die eigene Position aber mit einem bisweilen geradezu aufdringlichen Gestus des revolutionären Neubeginns verknüpft wird; vgl. zum Rückgriff auf Black insbesondere G. Lakoff/M. Turner: *More than cool reason* (s. Anm. 12), zum revolutionären Gestus G. Lakoff/M. Johnson: *Philosophy in the flesh* (s. Anm. 4).
18  Hier unterscheidet sich der Lakoffsche Ansatz allerdings grundlegend von der Theorie »mentaler Räume«, auch »conceptual integration theory« genannt, die, zunächst von Fauconnier eingebracht, in jüngster Zeit innerhalb der Kognitiven Linguistik sehr an Einfluß gewonnen hat und inzwischen von namhaften Vertretern der Schule wie Turner und Sweetser aufgegriffen und fortentwickelt worden ist.

Ihr Festhalten an der Unidirektionalität läßt sich vor allem aus ihrem erkenntnistheoretischen Primärinteresse erklären, die Metapher zur Begründung einer sensomotorischen Verankerung der Kognition heranzuziehen. Motivation für die Kernthese von der Metaphorizität kognitiver Strukturen ist nämlich nicht nur die Ubiquität der Metapher, sondern darüber hinaus die Beobachtung, daß eine Unzahl von Abstrakta Bezüge zu primären sensomotorischen Interaktionen mit der Umwelt erkennen lassen. So zeugen etwa Wortschatz und Rede bezüglich mentaler und emotiver Prozesse oder bezüglich relationaler Verhältnisse deutlich von metaphorischen Verbindungen zum Bereich sensomotorischer Grunderfahrungen. Auch zur Erklärung und Systematisierung dieser sensomotorischen Bezüge greifen Lakoff und Johnson auf die Idee kognitiver Modelle zurück. Als Grundform kognitiver Modelle nehmen sie elementare topologische Modelle an, sogenannte »image schematic models«, die auf gestaltpsychologischen Schemata und motorischen Handlungsprogrammen basieren, wie z. B. das ›Innen-/Außen-Schema‹ oder das ›Weg-Ziel-Schema‹ als Schema einer gerichteten Bewegung.[19] Topologische Basismodelle verfügen – so ihre These – wie alle andere kognitiven Modelle nicht nur über eine interne Gestaltstruktur, bei der die einzelnen Elemente und Relationen erst über das ganze Schema definiert sind (so sind Innen und Außen nur über eine Grenze und diese wiederum nur über Innen und Außen definierbar), sondern auch über eine implizite räumliche bzw. operationale Logik. In das Innen/Außen-Schema etwa soll das logische Prinzip ›entweder p oder nicht p‹ allein qua der Gestaltstruktur als unmittelbar sinnhaftes Moment eingeschrieben sein.[20]

Der Metapher kommt nun in Lakoffs und Johnsons Theorie die Funktion zu, die Allgegenwärtigkeit dieser topologischen Basismodelle auch in hochabstrakten Wissensdomänen zu erklären. Bereits auf frühen Stufen der Ontogenese bildet die Metapher das Verfahren, mittels dessen solche sensomotorischen Grundschemata in abstraktere konzeptuelle Strukturen überführt werden. Dabei unterscheiden Lakoff und Johnson zwischen sogenannten primären Metaphern und komplexen konzeptuellen Metaphern. Unter primären Metaphern fassen sie direkte Übertragungen von topologischen Modellstrukturen, die auf elementaren, meist frühkindlichen Erfahrungen beruhen, auf abstraktere Wissensdomänen, wie z. B. das metaphorische Muster »MORE IS

---

19 Vgl. etwa G. Lakoff: *Women, fire, and dangerous things* (s. Anm. 4), S. 113 f. In G. Lakoff/M. Johnson: *Philosophy in the flesh* (s. Anm. 4), S. 30 ff. werden diese Modelle unter dem Begriff der »spatial relations concepts« behandelt.

20 Vgl. zur Kritik an der erkenntnistheoretisch problematischen Annahme einer inhärenten, ontologisch anmutenden Logik der Basismodelle insbesondere May, Michaela: »Diagrammatisches Denken: Zur Deutung logischer Diagramme als Vorstellungsschemata bei Lakoff und Peirce«. In: *Zeitschrift für Semiotik* 17 (1995), S. 285–305 sowie E. Linz: *Indiskrete Semantik* (Anm. 15), Kap. 3. May zeigt unter Rekurs auf Peirces Analyse des diagrammatischen Denkens überzeugend auf, inwiefern Lakoff »eine ›ikonistische Reduktion‹ mathematischen Denkens vollzogen hat« (S. 298) und »die intentionalen Anteile des ikonischen Repräsentierens« (S. 286) zu wenig berücksichtigt hat.

UP«, mit dem über die räumliche Dimension der Vertikalität eine Konzeptualisierung von Quantität erfolgt, die sich z. B. in Sätzen wie »Die Preise sind gestiegen« manifestiert. In dieselbe Gruppe fallen aber auch Metaphern wie »TIME IS MOTION«, »KNOWING IS SEEING« oder die Metapher »PURPOSES ARE DESTINATIONS«, nach der Handlungsabsichten über das topologische Weg-Ziel-Schema verstanden werden. Da bei jeder Metapher auch die logischen Inferenzmuster mit auf die Zieldomäne übertragen werden, wird die Metapher zu dem zentralen Verfahren für die Transformation der räumlich-operationalen Logik topologischer Modelle in abstrakt-logische Strukturen: »Spatial inferences, under metaphorical mappings, become abstract inferences.«[21]

Auch die Bildung sogenannter komplexer Metaphern (z. B. »DIE LIEBE IST EINE REISE«[22]) basiert nach Lakoff und Johnson auf solchen primären Metaphern und folgt grundsätzlich dem Prinzip, zur Konzeptualisierung abstrakterer und weniger vertrauter Bereiche auf Alltagserfahrungen zurückzugreifen. Wie eine Vielzahl einzelsprachlicher und sprachvergleichender Studien aus dem Kontext der Kognitiven Linguisten gezeigt hat, lassen sich auch hier metaphorische Muster teils kulturübergreifender, teils kulturspezifischer Natur isolieren, die nicht nur ganze Wortfelder prägen können, sondern auch die diachronische Generierung immer neuer Metaphern motivieren.[23]

Lakoff und Johnson sind also nicht an Einzelfällen eines metaphorischen Gebrauchs interessiert, sondern versuchen vielmehr nachzuweisen, daß die metaphorische Übertragung konkreter sensomotorischer Grunderfahrungen auf abstraktere Bereiche das Basisprinzip unseres kategoriellen Strukturaufbaus bildet, das sich auch auf allen Ebenen der Sprachverwendung und des Lexikons nachweisen läßt. Sie widersprechen damit all den Positionen, die den metaphorischen Rückgriffen auf visuelle und somatische Wahrnehmungen, auf konkrete Formen der Objektmanipulation und Bewegungsmuster primär eine didaktische Veranschaulichungsfunktion beimessen. Gegen die Annahme präexistenter Begriffe, die einer nachträglichen Veranschaulichung bedürfen, setzen sie die These einer unhintergehbaren sensomotorischen Durchdringung selbst hoch-abstrakter Konzeptstrukturen.

Pointiert formuliert kann die metaphorologische These von Lakoff und Johnson dahingehend zusammengefaßt werden, daß es sich bei der Kreierung neuer Metaphern um nichts anderes als um immer neue Variationen einer begrenzten Anzahl von topologisch basierten Grundmustern handelt, die auf ele-

---

21 Lakoff, George: »Some empirical results about the nature of concepts«. In: *Mind and Language* 4 (1989), S. 103–129, hier S. 114. Zu den hier genannten Beispielen vgl. näher etwa Tabelle 4.1 in G. Lakoff/M. Johnson: *Philosophy in the flesh* (s. Anm. 4), S. 50 f.
22 Vgl. etwa G. Lakoff/M. Johnson: *Philosophy in the flesh* (s. Anm. 4), S. 63 ff.
23 Vgl. etwa E. Sweetser: *From etymology to pragmatics* (s. Anm. 6); Jäkel, Olaf: *Metaphern in abstrakten Diskurs-Domänen. Eine kognitiv-linguistische Untersuchung anhand der Bereiche Geistestätigkeit, Wirtschaft und Wissenschaft*. Frankfurt/M., Berlin et al. 1997; Panther, Klaus-Uwe/Radden, Günter (Ed.): *Metonymy in Language and Thought*. Amsterdam, Philadelphia 1999; Gibbs, Raymond W./ Steen, Gerard J.: *Metaphor in Cognitive Linguistics* (s. Anm. 9).

mentareren oder elaborierteren Stufen ontogenetisch erworbener kognitiver Modelle aufbauen können. Aus ihrer Perspektive sind deshalb auch lexikalisierte Metaphern, die häufig mit dem metaphorischen Attribut des Todes belegt werden, keine ›toten‹, sondern höchst ›lebendige‹ Metaphern, insofern sie über die Prägung weiter Bereiche des Wortschatzes hinaus die Orientierungsmarken für die kontinuierliche Bildung neuer metaphorischer Verwendungen bleiben.

## III. Die Entsprachlichung der rhetorischen Figuralität

Nun ist die These von der Ubiquität der Metapher, und allgemeiner von der Ubiquität rhetorischer Figuren nicht ganz neu. Der Gestus der revolutionären Erneuerung, den die Kognitive Linguistik für sich in Anspruch nimmt, wird bereits mit Blick auf die rhetorische Tradition der Antike zweifelhaft, findet sich doch schon hier eine Vielzahl von Belegen, die die Figuralität der Sprache hervorheben wie etwa Quintilians vielzitierter Satz: »Deshalb ist, wenn wir die Sprache der Alten mit der unseren vergleichen, schon fast alles, was wir reden, Figur«.[24] Spätestens aber mit dem dekonstruktivistischen Diskurs ist die Unhintergehbarkeit der sprachlichen Metaphorizität zu einem der prägenden Theoreme des literaturwissenschaftlichen und philosophischen Diskurses geworden. Die Thesen der Kognitiven Linguistik zur Figuralität und speziell zur Metaphorizität der Erkenntnis lassen sich – überspitzt formuliert – teilweise geradezu wie kognitionswissenschaftliche Transkriptionen dekonstruktivistischer Positionen lesen. Umso befremdlicher muß die Selbstverständlichkeit wirken, mit der etwa Lakoff und Johnson das Ende von 2000 Jahren abendländischer Philosophiegeschichte ausrufen zu können glauben und sich gar zu der Behauptung versteigen, daß nach den Entdeckungen der Kognitiven Linguistik »philosophy can never be the same again.«[25] Erklärbar wird solch eine Verkündung höchstens dann, wenn man die Einseitigkeit ihrer eigenen Forschungsorientierung in Rechnung stellt. Die Fokussierung auf den kognitionswissenschaftlichen ›Gegner‹ ist so bestimmend, daß andere Forschungstraditionen als das konkurrierende kognitivistische Paradigma und die damit in Verbindung stehende analytische Philosophie kaum ernsthaft in den Blick genommen werden.[26] Wie die Eigenzuschreibung als »second generation cognitive science« unterstreicht, richtet sich die Kritik der Kognitiven Linguisten primär gegen die jahrzehntelange Dominanz des Computationalismus in den kognitiven Disziplinen, d. h. gegen die Besetzung des kognitionswis-

---

24 Quintilian IX, 3, 1: »itaque, si antiquum sermonem nostro comparemus, paene iam quidquid loquimur figura est«; zitiert nach Quintilianus, Marcus Fabius: *Ausbildung des Redners*. Hg. u. übers. v. Helmut Rahn. Zweiter Teil, Buch VII–XII. Darmstadt 1975, hier S. 316–319.
25 G. Lakoff/M. Johnson: *Philosophy in the flesh* (s. Anm. 4), S. 3.
26 Vgl. etwa G. Lakoff/M. Johnson: *Philosophy in the flesh* (s. Anm. 4), S. 75 f. und G. Lakoff, »The metaphorical conception of events and causes« (s. Anm. 8), S. 49.

senschaftlichen Forschungsfeldes durch »the Cognitive Science of the Disembodied and Unimaginative Mind«[27]. Selbst hier konzentrieren sich die Argumentationen aber vor allem auf die funktionalistische Annahme, kognitive Fähigkeiten und Prozesse als mentale Repräsentationen in Form von formallogischen Symbolberechnungen aufzufassen. Andere, sicherlich ebenso folgenreiche Implikationen des kognitivistischen Paradigmas bleiben hingegen unangetastet oder werden teilweise gar übernommen.

Insbesondere im Hinblick auf die Sprachauffassung der Kognitiven Linguisten lassen sich jedoch weit mehr Kontinuitäten zum generativen Paradigma ausmachen, als das die heftigen und teils polemischen Abgrenzungsbewegungen vermuten lassen. Trotz der grundlegenden Kritik an der formal-computationalen und syntax-zentrierten Sprachmodellierung bleiben die Kognitiven Linguisten mehrheitlich aber der generativen Bestimmung des linguistischen Forschungsgegenstandes treu und betrachten die Sprache ganz analog zum generativen Begriff der sogenannten ›I-Sprache‹ nur aus dem Blickwinkel einer individuellen Sprachkenntnis im Sinne eines internalisierten kognitiven Systems, wie in Langackers Sprachdefinition besonders deutlich zu erkennen ist: »A language is thus a psychological entity residing in the minds of individual speakers. [...] It does not reside in the ›collective consciousness‹ of a speech community.«[28] Verbunden mit diesem reduzierten Sprachbegriff ist zum einen die Fortschreibung einer strukturorientierten Forschungsperspektive sowie zum zweiten das weitgehende Festhalten an der Chomskyschen Kompetenz-Performanz-Dichotomie.[29] Die kognitive Ausrichtung scheint auch bei den Kognitiven Linguisten immer noch gleichbedeutend mit dem Ausschluß der kommunikativen Funktion aus der Sprachbetrachtung zu sein.

In der weitgehend unreflektierten Übernahme generativer Grundpostulate mag einer der wesentlichen Gründe dafür zu suchen sein, warum die Aufwertung klassischer Reflexionsgegenstände der Rhetorik durch die Kognitiven Linguisten nur sehr bedingt in eine Entkräftung des Anti-Rhetorizismus der kognitivistisch geprägten Linguistik mündet. Neu am Ansatz der Kognitiven Linguisten ist weniger die These von der Ubiquität der Metapher – neu ist jedoch die Radikalität, mit der hier insbesondere den Tropen ihre Diskursivität entzogen wird. Nicht nur Metapher und Metonymie, sondern auch andere rhetorische Figuren erhalten zwar ebenso wie etwa die rhetorische Einheit von Darstellungs- und Ausdrucksfunktion der Sprache[30] wieder Einzug in die linguistische Theoriebildung und sind nicht länger, wie im generativen Paradigma, als Performanzphänomene aus dem Untersuchungsbereich ausgegrenzt.

---

27 G. Lakoff: »The metaphorical conception of events and causes« (s. Anm. 8), S. 49.
28 Langacker, Ronald W.: *Foundations of Cognitive Grammar. Vol. II: Descriptive application.* Stanford 1991, S. 511.
29 Vgl. dazu näher E. Linz: *Indiskrete Semantik* (s. Anm. 15), S. 140 ff.
30 Dieser Aspekt findet insbesondere unter den Annahmen zur perspektivierenden Funktion der Sprache Eingang in die Kognitive Linguistik; vgl. dazu etwa Casad, Eugene H. (Hg.): *Cognitive Linguistics in the redwoods. The expansion of a new paradigm in linguistics.* Berlin, New York 1996.

Statt dessen aber wird den rhetorischen Figuren einschließlich der Tropen nun in einer umgekehrten Bewegung ihre performative Dimension genommen. Metapher und Metonymie als Elemente des sprachlichen Diskurses erfahren eine Transformation zu sprachvorgängigen Konzeptualisierungsprinzipien, die sich dann im metaphorischen bzw. metonymischen Sprachgebrauch niederschlagen. Sprachliche Metaphern sind demnach immer nur sekundäre Realisierungen zugrundeliegender konzeptueller Metaphernprojektionen. Zu welch paradoxen Konstruktionen solch eine Entsprachlichung der Metapher führt, sei an einem Beispiel illustriert, in dem Lakoff den konzeptuellen Status der Metapher »LOVE IS A JOURNEY« erläutert:

> What constitutes the LOVE-AS-JOURNEY metaphor is not any particular word or expression. It is the ontological mapping across conceptual domains, from the source domain of journey to the target domain of love. [...] The language is secondary. The mapping is primary, in that it sanctions the use of the source domain language and inference patterns for target domain concepts. The mapping is conventional, that is, it is a fixed part of our conceptual system, one of our conventionalized ways of conceptualizing love relationships.[31]

In diesen wenigen erläuternden Worten offenbart sich die traditionelle kognitivistische Kompetenz-Performanz-Unterscheidung, bei der die Kompetenz als vorgängige interne Struktur betrachtet wird und die Performanz auf nachträgliche Veräußerungen mentaler Programme reduziert wird. Insbesondere Lakoffs Verwendungsweise von ›Konventionalität‹ weist dabei bereits auf die Widersprüchlichkeiten eines theoretischen Konzeptes hin, bei dem einerseits die sprachliche Performanz unverändert ein Schattendasein als bloß sekundärer Ausführungsmodus zugrundeliegender kognitiver Strukturen führt, andererseits aber die Genese kognitiver Systeme nicht nativistisch gedeutet, sondern als erfahrungsbasierter und interaktiver Prozeß deklariert wird. Der mit dem Begriff der ›Konventionalität‹ intendierte Verweis auf die Kulturabhängigkeit konzeptueller Metaphern läßt die Frage unbeantwortet, woraus denn solch eine ›Konventionalität‹ resultieren könnte, wenn sie ausdrücklich als nicht-sprachlich charakterisiert ist, und wie konventionalisierte Metaphern als Teil des konzeptuellen Systems erworben werden, wenn der sprachliche Bezeichnungsprozeß explizit als sekundär klassifiziert wird.[32] Obwohl Lakoff und Johnson mit dem von ihnen geprägten Begriff des »experientalism«[33] gerade die Handlungsbasiertheit sowie die kulturelle Bedingtheit von Konzeptualisierungsprozessen gegen das generative Paradigma anführen, reicht die Marginalisierung der sprachlichen Performanz so weit, daß sie selbst unter den Aspekten von Interaktion und Kultur keine Berücksichtigung findet. Folge solch einer interaktional ausgelegten Theorie, die zugleich die Sprache in

---

31 G. Lakoff: »The metaphorical conception of events and causes« (s. Anm. 8), S. 56.
32 Vgl. zum Begriff der konventionalisierten Metapher auch G. Lakoff/M. Turner: *More than cool reason* (s. Anm. 12), S. 104 und 112.
33 Vgl. G. Lakoff: *Women, fire, and dangerous things* (s. Anm. 4), hier S. 265; G. Lakoff/M. Johnson: *Philosophy in the flesh* (s. Anm. 4), hier S. 133 und 508 f.

ihrer kommunikativen Funktion ausblendet, ist das aporetische Konzept einer nicht-diskursiven Konventionalität.

Die Marginalisierung der sprachlichen Performanz ist ihrerseits wiederum Ausdruck einer weiteren Prämisse, die die Kognitiven Linguisten unhinterfragt vom kognitivistischen Paradigma übernehmen. Während sie dem Repräsentationalismus in Bezug auf die Bedeutungskonzeption, d. h. bezüglich einer Definition von Konzepten als Repräsentationen außenweltlicher Objekte, entschieden entgegentreten, bleiben sie aber hinsichtlich der Sprachidee dem Abbildtheorem verhaftet. Ganz im Sinne einer – wie Lyons sie nennt – ideationalen Bedeutungstheorie sind die Ansätze der Kognitiven Linguisten fast durchgängig von einer repräsentationalen Zeichenidee geprägt, bei der die Bedeutung eines Zeichens gleichgesetzt wird mit dem Konzept, das durch das Zeichen symbolisiert wird.[34] Sprachliche Zeichen werden auf Signifikanten, also auf Ausdrucksmittel zur Bezeichnung sprachunabhängig gewonnener konzeptueller Strukturen reduziert: »Words are sound sequences that conventionally express concepts«.[35]

Vor dem Hintergrund der »Signifikanten-Reduktion des sprachlichen Zeichens«[36], ist auch die Transformation der Metapher in eine sprachfreie konzeptuelle Figur zu sehen. Eben weil der Metapher eine wesentliche semantische Funktion zugesprochen wird, kann es sich, so die Argumentation der Kognitiven Linguisten, nicht um sprachliche Phänomene, also um »mere words«[37] handeln. Daß eine vergleichbare Reduktion des Sprachzeichens auf seine Ausdrucksgestalt schon die Rhetoriken der Antike prägt, illustrieren auch die auffallenden argumentativen Parallelen, die sich zwischen der klassischen rhetorischen Einteilung in Wort- und Gedankenfiguren und Lakoffs Begründung der konzeptuellen Natur von Metapher und Metonymie ausmachen lassen. Zur Abgrenzung zwischen Wort- und Gedankenfigur heißt es etwa bei Cicero: »Doch zwischen den Figuren des Ausdrucks und denen des Gedankens besteht ein Unterschied insofern, als man Figuren des Ausdrucks zerstört, wenn man die Worte ändert, während die des Gedankens bestehen bleiben, welcher Worte man sich auch bedient.«[38] Ganz analog begründet Lakoff

---

34 Vgl. zum Begriff der ideationalen Bedeutungstheorie bzw. der Ideationstheorie Lyons, John: »Bedeutungstheorien«. In: Stechow, Armin von/Wunderlich, Dieter (Hg.): *Semantik. Semantics. Ein internationales Handbuch der zeitgenössischen Forschung*. Berlin, New York 1991, S. 1–24, hier S. 11 ff. Langacker weist unter Rekurs auf Lyons explizit darauf hin, daß er »a form of the ›conceptual‹ or ›ideational‹ theory of meaning« vertritt; Langacker, Ronald W.: »A view of linguistic semantics«. In: Rudzka-Ostyn, Brygida (Hg.): *Topics in cognitive linguistics*. Amsterdam, Philadelphia 1988, S. 49–90, hier S. 50.
35 G. Lakoff/M. Turner: *More than cool reason* (s. Anm. 12), S. 109; vgl. auch S. 107 f.
36 Vgl. Jäger, Ludwig: »›Language, what ever that may be.‹ Die Geschichte der Sprachwissenschaft als Erosionsgeschichte ihres Gegenstandes«. In: *Zeitschrift für Sprachwissenschaft* 12,1 (1993), S. 77–106, hier S. 81.
37 Vgl. G. Lakoff: *Women, fire, and dangerous things* (s. Anm. 4), S. 109 f.
38 »[...] sed inter conformationem verborum et sententiarum hoc interest, quod verborum tollitur si verba mutaris, sententiarum permanet quibuscumque verbis uti

seine These, daß Metapher und Metonymie – wie sich in Abwandlung der antiken Klassifikation formulieren ließe – als ›Gedankenfiguren‹ und nicht als ›Wortfiguren‹ zu betrachten sind, mit dem Hinweis, daß verschiedene sprachliche Ausdrücke, die auf dasselbe Metaphernfeld zurückgreifen, im Falle einer sprachlichen Definition der Metapher nicht unter eine einzige Metapher subsumiert werden dürften: »If metaphors were just linguistic expressions, we would expect different linguistic expressions to be different metaphors.«[39] Wären Metaphern sprachliche Zeichen, so ließen sich Lakoff zufolge z. B. die systematischen Zusammenhänge der Sätze *sie hat es weit gebracht* und *sie ist am Ziel ihrer Träume angekommen* nicht erfassen, weil sie als zwei Metaphern zu behandeln wären und nicht beide einer einzigen Metapher, der ›konzeptuellen‹ Metapher »DAS LEBEN IST EINE REISE«[40], zugeordnet werden könnten.

Die Selbstverständlichkeit, mit der hier das Sprachzeichen auf den Signifikanten verkürzt und eine einfache Abbildungsrelation zwischen kognitivem Konzept und Sprachzeichen vorausgesetzt wird, manifestiert sich auch auf methodischer Ebene. Interessanterweise wird zur Stützung der These vom sprachunabhängigen konzeptuellen Status der Metapher und der Metonymie nicht auf andere mediale Formate zurückgegriffen, an denen sich die Gültigkeit der im einzelnen postulierten Figuren überprüfen ließe. Empirische Analysegrundlage bildet vielmehr allein das Corpus sprachlicher Äußerungen. Anwendungsfelder der Theorie außerhalb der Linguistik beschränken sich bislang auf Rechtsprechung, Psycholinguistik und den für die Metaphernforschung einschlägigen Untersuchungsbereich der wissenschaftlichen Modellbildung, also ausschließlich auf sprachliche Exemplifikationen. Eine medienvergleichende Perspektive, die den Universalitätsanspruch topologischer Modelle oder die übersprachliche Relevanz und Gültigkeit konzeptueller Metaphern untermauern könnten, sucht man hingegen vergeblich.[41]

Die Sprache wiederum findet vorrangig als Untersuchungsmaterial zur Erforschung sprachunabhängiger kognitiver Prinzipien und zur Stützung der Allgemeingültigkeit der postulierten Prinzipien Beachtung. Aufgrund der mangelnden zeichentheoretischen Reflexion wird weder die Bestimmung der Sprache als sekundäres Repräsentationsmedium noch die damit einhergehende methodische Prämisse, die Sprache als Spiegel kognitiver Strukturen heranzuziehen, hinterfragt: »language is [...] for the linguist and cognitive scien-

---

velis.« (De or. 3, 200) Cicero, Marcus Tullius: *De oratore. Über den Redner.* Übers. u. hg. v. Harald Merklin. 3., bibl. erg. Aufl. Stuttgart 1997, S. 272 f.

39 Lakoff, George: »The Invariance Hypothesis: is abstract reason based on imageschemas?« In: *Cognitive Linguistics* 1 (1990), S. 39–74, hier S. 49.

40 Vgl. zur Diskussion dieser Metapher »LIFE IS A JOURNEY« insbesondere G. Lakoff/ M. Turner: *More than cool reason.* (s. Anm. 12), Kap. 1 und G. Lakoff, »The metaphorical conception of events and causes« (s. Anm. 8), S. 56 f.

41 Eine Ausnahme bilden allein die Arbeiten von Forceville, der denselben Mangel beklagt; vgl. Forceville, Charles: »The identification of target and source in pictorial metaphors«. In: *Journal of Pragmatics* 34 (2002), S. 1–14.

tist a window into the mind«⁴², so faßt Fauconnier die gemeinsame Auffassung der Kognitiven Linguisten zusammen. Aus einer sprachlichen Analyse wird deshalb auf kognitive Strukturen rückgeschlossen. Daß sich dabei zwangsläufig Übereinstimmungen zwischen den aus der Sprachanalyse gewonnenen Annahmen über kognitiven Kategorien und Prinzipien einerseits und den beobachteten sprachlichen Strukturen andererseits ergeben, liegt auf der Hand. Von den Kognitiven Linguisten werden aber eben diese Kongruenzen wiederum als Bestätigung ihrer methodischen Vorannahme gewertet, die Sprache in ihrer Funktion als ›Fenster zum Geist‹ nutzen zu können.⁴³

In Bezug auf die Sprachauffassung werden Lakoff und Johnson damit zum Exempel ihrer eigenen These von der ›automatischen‹ und ›unbewußten‹ Wirkungsweise der Metapher.⁴⁴ Denn eines ihrer vielfach angeführten Beispiele für die epistemische Leitfunktion der Metapher ist die von Reddy als »conduit-metaphor« beschriebene ›Leitungsmetapher‹ der Sprache, also nichts anderes als die nomenklatorische Sprachidee. Diesem – wie Lakoff und Johnson unter Berufung auf Reddy zurecht hervorheben – dominanten Sprachmodell zufolge werden Wörter als »Behälter« konzeptualisiert, die mit Objekten in Form von Ideen oder Konzepten gefüllt und versendet werden.⁴⁵ Obwohl beide die Wirkungsmacht der »LINGUISTIC EXPRESSIONS ARE CONTAINERS OF MEANINGS«-Metapher⁴⁶ hervorheben, machen gerade die obige Argumentation bezüglich der primär konzeptuellen und nicht-sprachlichen Natur der Metapher sowie der methodische Zirkel in ihrem Vorgehen deutlich, inwiefern sie selber der unreflektierten Übernahme dieser Metapher und den daraus resultierenden Schußfolgerungen zum Opfer fallen.⁴⁷

---

42 Fauconnier, Gilles: »Methods and generalizations«. In: Janssen, Theo/Redeker, Gisela (Hg.): *Cognitive linguistics: foundations, scope, and methodology*. Berlin, New York 1999, S. 95–127, hier S. 96.
43 Ein besonders eindrucksvolles Beispiel für diese zirkuläre Argumentation liefert G. Lakoff: *Women, fire, and dangerous things* (s. Anm. 4), S. 58 und die Schlußfolgerung auf S. 68, sowie seine Erläuterungen zur vielsagenden Frage »Categories of Mind or Mere Words«, ebd., S. 109.
44 Vgl. zu dieser These näher G. Lakoff/M. Turner: *More than cool reason*. (s. Anm. 12), S. 62 und S. 112.
45 Vgl. Reddy, Michael J.: »The conduit metaphor: A case of frame conflict in our language about language«. In: Ortony, Andrew (Hg.): *Metaphor and Thought*. Cambridge 1979 und G. Lakoff/M. Johnson: *Metaphors we live by* (s. Anm. 4), S. 10 f.
46 G. Lakoff/M. Johnson: *Metaphors we live by* (s. Anm. 4), S. 11.
47 Es kann deshalb als besondere Ironie in Lakoffs Argumentation angesehen werden, daß er gerade die fehlende Reflexion der theoretischen und methodischen Vorannahmen gegen die generative Linguistik ins Feld führt: »[...] I would like to make the discussion of philosophical foundations and initial commitments a part of this enterprise [i.e. cognitive linguistics, E.L.] from the outset. It is my opinion that much of the acrimonious bickering that has characterized generative linguistics throughout its history has been due to a failure to engage in such discussions [of philosophical and initial commitments, E.L.]«; G. Lakoff: »The Invariance Hypothesis« (s. Anm. 39), S. 40.

## IV. Zur Performativität und Rhetorizität der Kognition

Aufgrund der rein strukturellen Ausrichtung des Forschungsinteresses und eines weitgehend statischen Strukturbegriffs bleibt bei Lakoff und Johnson die Frage nach den Genesebedingungen und -prozessen konzeptueller Strukturen ausgeblendet. Obwohl beide wie die Kognitiven Linguisten insgesamt gegen den Nativismus der generativen Linguistik gerade darauf insistieren, daß sich kognitive Strukturen erst in der Interaktion mit der Umwelt ausbilden, wird dieser Prozeß selbst nicht in den Blick genommen. So ist zu erklären, warum die Frage, wie sich kulturell vermittelte metaphorische Strukturen als Teil der internen kognitiven Struktur ausbilden können, gar nicht als Frage erkannt wird. Wodurch aber könnte eine metaphorische Konzeptualisierung der Art, wie sie Lakoff und Johnson etwa mit den metaphorischen Mustern »KNOWING IS SEEING« oder »LOVE IS A JOURNEY« postulieren, initiiert werden, wenn nicht durch sprachliche Diskurse? Wie könnten Metaphern anders als durch sprachliche Verwendungen eine ›Konventionalisierung‹ erfahren, und wie sollten Metaphern unabhängig von sprachlichen Diskursen die Funktion übernehmen können, den Aufbau komplexer kognitiver Modelle zu leiten?

Es ist die auch in der Kognitiven Linguistik weiter wirkende Spaltung zwischen innerem kognitiven System und äußerer performativer Handlungsebene, die den Blick auf die mögliche Relevanz der sprachlichen Performanz für die Ausdifferenzierung semantischer Strukturen verstellt. Durch die mit der repräsentationalen Sprachidee verbundene Grundannahme vom konzeptuellen Primat wird die Frage der Sinngenerierung aus dem Bereich der Sprache auf das Gebiet des sprachunabhängig gedachten konzeptuellen Systems verlagert. Die These vorsprachlich konstituierter konzeptueller Inhalte zwingt in erkenntnistheoretischer Hinsicht dazu, die Ausbildung konzeptueller Strukturen als kommunikationsunabhängigen Prozeß autonomer Subjekte zu erklären. Auch der von Lakoff und Johnson beschworene ›Experientialismus‹ bleibt bezüglich der sprachlichen Interaktion somit noch der Idee eines vorgängigen mentalen Innenraums und einer davon separierten, sekundären Sphäre der Außenwelt, in der das monologische Subjekt agiert, verhaftet. Für die Kognitiven Linguisten gilt damit die gleiche solipsistische Prämisse, wie Jäger sie für die generative Sprachauffassung formuliert hat, daß nämlich das Subjekt »als eine *erkenntnisautonome Monade* konzipiert [wird], die der *sprachzeichenvermittelten Interaktion* mit anderen Subjekten nicht bedarf, um die *Inhalte* ihrer Erkenntnis und sich *selbst* als den ›Geist‹, der sie hat, zu konstituieren.«[48]

Wird aber der repräsentationale Sprachbegriff der Kognitiven Linguisten durch eine anti-nomenklatorische Zeichenkonzeption ersetzt, wie sie Peirce und Saussure entwickelt haben, so läßt sich das Paradoxon einer sprachfreien

---

48 Jäger, Ludwig: »Die Linguistik des Innern. Historische Anmerkungen zu den zeichen- und erkenntnistheoretischen Grundlagen der kognitivistischen Sprachwissenschaft«. In: ders./Switalla, Bernd (Hg.): *Germanistik in der Mediengesellschaft*. München 1994, S. 291–326, hier S. 299.

Umwelt auflösen und der experientialistische Ansatz von Lakoff und Johnson auch auf die Sphäre der sprachlichen Kommunikation ausdehnen. Wenn die Sprache nicht mehr auf eine Zuordnungsfunktion von Signifikanten zu vorgängigen semantischen Gehalten verkürzt wird, rücken neben sensomotorischen Interaktionen, die Lakoff und Johnson als Basis von Kategorisierungen annehmen, auch sprachliche Interaktionen als mögliche Einflußfaktoren auf Konzeptualisierungsprozesse in den Vordergrund. Aus repräsentationskritischer Perspektive beschränkt sich die Relevanz der sprachlichen Performanz nicht mehr allein auf den Aspekt aktualer Semantisierungsprozesse in der Sprachverwendung, sondern schließt auch strukturelle Rückwirkungen sprachlicher Diskurse auf die Konzeptgenese ein.[49] Zugleich erfährt damit die Frage eine Wendung, wie konventionalisierte metaphorische Muster Teil der Konzeptstruktur zu werden vermögen. Denn die Befunde zur konzeptuellen Relevanz der Metapher zwingen dann nicht mehr dazu, ihren sprachlichen Charakter zu negieren, sondern lassen sich vielmehr als Beleg für den Einfluß der Sprache auf die Formierung konzeptueller Strukturen deuten.

Die Metapher ist dabei in besonderer Weise geeignet, die Funktion der sprachlichen Performanz für die Formierung kognitiver Strukturen zu verdeutlichen, weil sich in ihr in nuce das generelle Verfahren der Semantisierung von Zeichen analysieren läßt.[50] Nicht zufällig müssen Lakoff und Johnson eine Antwort auf die Frage nach der Funktionsweise der Metapher deshalb schuldig bleiben, weil sie die Metapher gar nicht mehr in ihrer Eigenschaft als Sprachzeichen wahrnehmen. Eines der zentralen Defizite ihrer Theorie besteht nämlich in der mit der Entsprachlichung der Metapher einhergehenden Ausblendung des sprachlichen Kontextes aus der metaphorologischen Analyse. Dieser Ausschluß des Zeichenkontextes ist um so folgenreicher, als dadurch selbst die wesentliche Tatsache verborgen bleibt, daß Metaphern – wie andere Tropen auch – allererst durch die Beziehung zum syntagmatischen Kontext als Metaphern identifiziert zu werden vermögen. Nicht das sprachliche Zeichen selbst, sondern erst seine Verwendung in spezifischen Kontexten läßt ein Zeichen zu einer Metapher werden.[51] Daß diese Kontextgebundenheit

---

49 Aus zeichentheoretischer Sicht ist die konstitutive Funktion der sprachlichen Performanz für die Ausbildung konzeptueller Strukturen insbesondere von Saussure entfaltet worden. Vgl. dazu insbesondere die einschlägigen Arbeiten von Ludwig Jäger zu einer historischen Rekonstruktion der »authentischen« Sprachidee Saussures, etwa Jäger, Ludwig: »F. de Saussures semiologische Begründung der Sprachtheorie«. In: *Zeitschrift für Germanistische Linguistik* 6.1 (1978), S. 18–30; ders. »Linearität und Zeichensynthesis«. In: *Fugen. Deutsch-französisches Jahrbuch für Textanalytik 1980*. Olten, Freiburg 1980, S. 187–192 sowie ders./Stetter, Christian (Hg.): *Zeichen und Verstehen. Akten des Aachener Saussure-Kolloquiums 1983*. Aachen 1986.

50 Eine solche auf die Metapher bezogene Analyse hat bereits Winkler anhand einer Umdeutung des Begriffs der »Konnotation« vorgenommen. Vgl. Winkler, Hartmut: »Metapher, Kontext, Diskurs, System«. In: *Kodikas/Code* 12 (1989), S. 21–40.

51 Darauf hat schon Weinrich hingewiesen: »Eine Metapher, und das ist im Grunde die einzig mögliche Metaphendefinition, ist ein Wort in einem Kontext, durch den

der Metapher selbst für Lakoff und Johnson nicht zu hintergehen ist, zeigt sich allein darin, daß auch bei ihnen die sogenannten ›konzeptuellen Metaphern‹ immer als Syntagmen der schematisierten Form »A IS B« dargestellt werden. Über Metaphern läßt sich grundsätzlich nur im Kontext syntagmatischer Verkettungen sprechen, und sei es in der kleinsten Form von Kompositabildungen. Gerade die besondere Abhängigkeit der Metapher vom syntagmatischen Kontext macht die Metapher in weit geringerem Maße dekontextualisierbar als andere Zeichen. Denn es ist nichts anderes als der Prozeß der Dekontextualisierung, durch den Metaphern ihren metaphorischen Charakter verlieren. In dieser Eigentümlichkeit der Metapher, an das Moment ihrer konkreten sprachlichen Verwendungssituation gebunden zu sein, ist zugleich der wesentliche Grund für die Aporie eines Metaphernkonzeptes zu sehen, aus dem jedes performative und diskursive Moment getilgt ist.

Eben diese am Beispiel der Metapher sichtbar werdende Relevanz des syntagmatischen Kontextes zeichnet auch in kognitiver Hinsicht das semiologische Verfahren aus, mittels dessen sich allererst semantische, d. h. im vorliegenden Kontext, konzeptuelle Strukturen ausbilden, die dann die erneute Deutung eines Zeichens erlauben. Unter Rückgriff auf Saussures systemische Zeichenkonzeption und einen dynamischen Netzwerkbegriff, wie er sich in den Neurowissenschaften immer mehr durchsetzt, läßt sich dieser Prozeß vereinfacht als ein Prozeß der Relationsbildung durch die Protokollierung des gemeinsamen Auftretens verschiedener Zeichen fassen. Die zunächst sehr schwachen und instabilen Verbindungen werden primär durch das wiederholte gemeinsame Vorkommen stabilisiert.[52] Dem Sprachzeichen kommt somit die Funktion zu, durch die wiederholte Situierung eines Zeichens in unterschiedlichen Kontexten die Generierung, Etablierung und Aufrechterhaltung von Vernetzungen zu steuern und damit als zentrales Medium für die Ausdifferenzierung der Netzstrukturen zu dienen. Da die Relationsbildung keine *creatio ex nihilo* darstellt, sondern immer an eine Geschichte vergangener Relationsbildungen anschließt, findet eine stetige Überschreibung und weitere Ausdifferenzierung des relationalen Netzwerkes statt, aus dem sich eine komplexe Struktur überlagernder und überlappender Verbindungen entwickelt. Entscheidend für den hier zugrundegelegten neurowissenschaftlich motivierten Netzbegriff ist dabei, daß die Relationen nicht mehr als starre Verbindungen,

---

    es so determiniert wird, daß es etwas anderes meint, als es bedeutet.« (Weinrich, Harald: *Sprache in Texten*. Stuttgart 1976, S. 311). Aus der Beobachtung, »daß Metaphern, im Unterschied zu Normalwörtern, unter keinen Umständen von den Kontextbedingungen entbunden werden können«, leitet er die methodische Folgerung ab, daß die Metapher nur in einer die »Wortsemantik« überschreitenden »Textsemantik« adäquat behandelt werden kann, denn »Wort und Kontext machen zusammen die Metapher.« (Ebd., S. 319)

52 Vgl. dazu Fehrmann, Gisela: *Verzeichnung des Wissens. Überlegungen zu einer neurosemiologischen Theorie der sprachgeleiteten Konzeptgenese*. Diss. Aachen 1999; E. Linz: *Indiskrete Semantik* (s. Anm. 15), Kap. 4 und 5 sowie H. Winkler: »Metapher, Kontext, Diskurs, System« (s. Anm.50).

sondern als wahrscheinlichkeitsgeleitete Reaktivierungsdispositionen begriffen werden. Außerhalb der Präsenz ihrer situativen Reaktualisierung existieren konzeptuelle Strukturen nur als virtuelle Dispositive, die das Moment der Veränderlichkeit in sich tragen, weil ihre Reaktualisierung in konkreten Deutungsakten aufgrund paralleler netzinterner Aktivierungen und netzexterner Kontexteinflüsse hochgradig variabel bleiben.[53] Es ist vor allem, um mit Winkler zu sprechen, eine Frage der ›statistischen Akkumulation‹[54], inwieweit sich diese neuen Verbindungen etablieren und dadurch eine größere Wahrscheinlichkeit erlangen, gemeinsam aktiviert zu werden. Über diesen, primär sprachlich gesteuerten Prozeß entsteht in der Folge eine Stabilisierung spezifischer Vernetzungsmuster, die sich in semiologischer Hinsicht als Dekontextualisierung von Zeichen beschreiben läßt. Die Ausbildung von Konzeptstrukturen ist somit im Grundzug nichts anderes als ein Prozeß der Zeichendekontextualisierung, der sich in kognitiver Hinsicht in der steigenden Wahrscheinlichkeit manifestiert, daß bestimmte Bedeutungsaspekte bei der Aktivierung eines Zeichens unabhängig vom Kontext, in dem ein Zeichen auftritt, koaktiviert werden, während weniger stabile Verbindungen zu ihrer Aktivierung eher auf eine zusätzliche kontextuelle Unterstützung angewiesen sind.

Das hier skizzierte dynamische Netzwerkmodell führt zum einen die Bildung konzeptueller Einheiten auf die sprachliche Performanz zurück. Zum anderen impliziert es eine Abkehr von der Vorstellung fester mentaler Repräsentationen in Form von diskreten Konzepten und führt statt dessen zu einer Fragmentierung der Konzeptstrukturen, die als distribuierte – wie Fehrmann es genannt hat – »›Virtueme‹, i.e. semiologische Erinnerungsfiguren der einem Sprachzeichen in diskursiven Äußerungen je beigemessenen Bedeutungen«[55] gespeichert sind. Auf struktureller Ebene kann Bedeutung deshalb mit Winkler vorrangig »als ein Wiederholungsphänomen, ein statistischer Effekt über der unübersehbaren Menge parallel laufender Diskurse«[56] angesehen werden, wobei hinzugefügt werden muß, daß Bedeutungen als depräsente Netzstrukturen grundsätzlich im virtuellen Modus einer Anwendungsdisposition verbleiben. Auf performativer Ebene lassen sich die Semantisierungsprozesse als kontextabhängige Reaktualisierungen dispositioneller Netzstrukturen verstehen. Aktuale Semantisierungen in performativen Verwendungssituationen beschränken sich somit nicht auf die Selektion eines bestimmten Ausschnittes aus einem fest strukturierten konzeptuellen System. Vielmehr handelt es sich dabei um partielle Reaktivierungen früherer Koaktivierungsmuster; ein Prozeß, der aufgrund der relationalen und fragmentierten Konzeptstruktur am ehesten als kontextgeleitetes – wie sich mit

---

53  Vgl. E. Linz: *Indiskrete Semantik*, Kap. 4 (s. Anm. 15) und dies.: »›The warehouse theory of memory is wrong‹. Zur Performativität semantischer Wissensstrukturen.« In: Pompe, Hedwig/Scholz, Leander (Hg.): *Archivprozesse*. Köln 2002, S. 282–296.
54  Vgl. H. Winkler: »Metapher, Kontext, Diskurs, System« (s. Anm. 50), S. 27.
55  G. Fehrmann: *Verzeichnung des Wissens* (s. Anm. 52), hier S. 191.
56  H. Winkler: »Metapher, Kontext, Diskurs, System« (s. Anm. 50), S. 28.

Jäger formulieren ließe – »semantisches Mäandern«[57] im Netz gefaßt werden kann.

Im Hinblick auf die Konzeption der Metapher erlaubt solch eine Modellierung dynamischer Semantisierungsprozeduren die Rückbindung der Metapher an ihre performative Verwendung ohne Vernachlässigung ihres strukturellen Einflusses. Wenn Metaphern nicht als Übertragungen oder Substitutionen von hinter der Sprache liegenden Bedeutungen angesehen werden, sondern als sprachliche Prozesse und damit als Prozesse zwischen sprachlichen Zeichen, dann stellt sich das Problem der Wirkungsweise der Metapher als Frage, in welcher Weise die Metapher auf das System differentieller Relationen einwirkt.

Die metaphorische Verwendung eines Zeichens läßt sich unter Rekurs auf solch ein Modell dahingehend präzisieren, daß hier durch die spezifische syntagmatische Situierung des Zeichens eine Verschiebung im Hinblick auf die Geschichte früherer Zeichenverwendungen erfolgt, die – um eine Differenzierung von Schütz heranzuziehen – die »Weise des passiven oder automatischen habituellen Wissens als Routineerfahrung«[58] verläßt und dadurch einen Wechsel aus dem ›Modus der Vertrautheit‹ in den ›Modus der Relevanz‹ initiiert. D. h., eine Semantisierung kann nicht allein über die Aktualisierung stabilisierter Verbindungsroutinen vollzogen werden, sondern bedarf – in höherem Grade als bei ›regulären‹ Zeichenverwendungen – einer zusätzlichen Aktivierung weniger etablierter Verbindungen. Auf der Ebene performativer Semantisierungsprozesse macht es der durch die metaphorische Verwendung eines Zeichens ausgelöste Wechsel in den Modus der Relevanz erforderlich, »durch *semantisches Mäandern* Wege durch parasemische Netze zu suchen«, die es erlauben, »in semantisch *vertraute* parasemische Areale auszuweichen«.[59]

Auf struktureller Ebene führt dieser Prozeß des ›semantischen Mäanderns‹ zur Stiftung neuer Vernetzungen, die sich bei wiederholter Aktivierung zu stabilen Verbindungsrouten ausbilden können. Solch eine prozedural orientierte Perspektive verlangt nicht nur eine grundlegende Dynamisierung des bei Lakoff und Johnson noch weitgehend statisch konzipierten metaphorischen Verfahrens als Übertragungsfunktion zwischen zwei separaten Domänen, sondern hat auch die Abkehr von gängigen Theoremen zu semantischen Feldern zur Folge.[60]

---

57 Jäger, Ludwig: »Zeichen/Spuren. Skizze zum Problem der Sprachzeichenmedialität«. In: Stanitzek, Georg/Voßkamp, Wilhelm (Hg.): *Schnittstelle. Medien und kulturelle Kommunikation*. Köln 2001, S. 17–31, hier S. 23.
58 Schütz, Alfred: *Das Problem der Relevanz*. Frankfurt/M. 1971, S. 54.
59 Ludwig Jäger: »Zeichen/Spuren« (s. Anm. 57), S. 23.
60 Vgl. zur strukturalistischen Theorie semantischer Felder in der Tradition von Coseriu und Geckeler sowie zur klassischen Wortfeldtheorie nach Trier und Porzig etwa den Überblick in Lyons, John: *Semantik*, Bd. I. München: Beck, S. 242 ff. Eine modifizierte, als kognitive Theorie verstandene Version der Wortfeldtheorie vertritt Lutzeier; vgl. u. a. Lutzeier, Rolf Peter: »Lexikalische Felder – was sie waren, was sie sind und was sie sein könnten«. In: Harras, Gisela (Hg.): *Die Ordnung der Wörter. Kognitive und lexikalische Strukturen*. Jahrbuch 1993 des Instituts für Deutsche Sprache. Berlin, New York 1995, S. 4–29.

Lakoff und Johnson zeigen mit ihrem Metaphernbegriff ein Strukturbildungsprinzip auf, mittels dessen semantische Domänen partiell, oder wie im Fall der Abstrakta, mehr oder weniger vollständig über semantische Strukturen anderer Domänen konstituiert werden. Obwohl sie selber damit auf strukturelle Abhängigkeiten zwischen verschiedenen Feldern und auf deren vielschichtige Vernetzungen aufmerksam machen, bleiben sie jedoch der Annahme abgrenzbarer Domänen und statischer Relationen verpflichtet, die in der Idee mathematisch definierter Abbildungsrelationen zum Ausdruck kommt.[61] Im Kontext hochgradig überlappender und überlagernder dispositioneller Netzstrukturen könnte Lakoffs und Johnsons Annahme, daß Abstrakta über komplexe metaphorische Abbildungen aus topologisch fundierten Konkreta gebildet werden, dahingehend reformuliert werden, daß abstrakte Konzepte durch einen strukturellen Überformungsprozeß aus konkreten Konzeptstrukturen entstehen und relational in die Vernetzungsstrukturen von Konkreta eingebettet sind. Konzeptuelles Wissen über Abstrakta wird demzufolge nicht über separate Felder konstituiert, sondern mittels neu generierter Verknüpfungen als integraler Bestandteil in die Netzrelationen von Konkreta eingeschrieben. Die Systematizität der Metapher manifestiert sich dabei in stabilisierten Vernetzungen zwischen konkreten und abstrakten Bedeutungsaspekten, die insbesondere über diskursive Verwendungen konventionalisierter und lexikalisierter Metaphern ontogenetisch erworben werden und selber wiederum ›Bahnungsfunktion‹ für die Generierung neuer metaphorischer Verwendungsweisen übernehmen. Unter Einbeziehung der weiteren These von Lakoff, daß Konzepte in der Regel nicht über einzelne, sondern simultan über verschiedene konzeptuelle Metaphern definiert sind[62], läßt sich daraus eine komplexe Netzstruktur vielschichtiger Verbindungsmuster ableiten, die weder mit einer an klassischen konzeptuellen Kategorien orientierten Gliederung des Wortschatzes, wie sie etwa auch Weinrichs Begriff des Bildfeldes noch aufweist, zu vereinbaren ist noch mit der Postulierung separierbarer struktureller Domänen im Lakoffschen Sinne.

Vor dem Hintergrund eines semiologisch basierten Netzbegriffs der skizzierten Art können die Befunde der Kognitiven Linguistik zur tropologischen Durchdringung konzeptueller Strukturen – dies läßt sich abschließend festhalten – auf ihren diskursiven Ursprung rückbezogen werden. Die kognitive Funktion der Tropen muß hier nicht mehr, wie bei Lakoff und Johnson, ihrer kommunikativen Funktion entgegengesetzt werden. Sowohl in kognitiver als auch in diskursiver Hinsicht kommt den Tropen deshalb eine zentrale Bedeutung zu, weil es sich dabei – so die hier vertretene These – um generelle se-

---

61 Vgl. Lakoff, George: »The contemporary theory of metaphor«. In: Ortony, Andrew (Ed.): *Metaphor and Thought*. Cambridge 1993, S. 202–251, hier S. 245: »Each [metaphorical, E.L.] mapping is a fixed set of ontological correspondences between entities in a source domain and entities in a target domain. [...] Conventional mappings are static correspondences«. Vgl. auch ebd., S. 215.
62 Vgl. etwa G. Lakoff/M. Turner: *More than cool reason* (s. Anm. 12), S. 86 ff.

miologische Vernetzungsverfahren handelt. Metapher, Metonymie, Epitheton oder Synonymie sind nicht nur Verfahren der elaborierten Redeausschmückung, sondern genuine Muster der Zeichenverwendung, die auch die Ausdifferenzierung konzeptueller Strukturen leiten. Solange aber der sowohl in der Rhetorikforschung als auch in der Kognitiven Linguistik fortwirkende sprachliche Repräsentationalismus und die damit verbundene Spaltung zwischen mentaler konzeptueller Struktur und sprachlicher Performanz nicht aufgegeben wird, bleibt die Tragweite der epistemischen Dimension tropologischer Verfahren weiter unerkannt. »Rhetoric, however, is not in itself a historical but an epistemological discipline«[63] – diese Einsicht de Mans gilt es auch nach den Arbeiten der Kognitiven Linguistik für die Kognitionswissenschaften noch zu entdecken.

---

63 P. de Man: »The epistemology of metaphor« (s. Anm. 1), S. 30.

# Das Konzept Körper in der Rhetorik aus semiotischer Sicht

CHRISTA M. HEILMANN (Marburg)

## I. Vorbemerkung

Körperkonzepte sind in der Rhetorik dezidiert bereits aus der Antike bekannt. In diesem Zusammenhang bedürfen besonders die Abhandlungen von Cicero in *Orator* oder *De oratore* zur körperlichen Beredsamkeit (corporis eloquentia) bzw. der Körpersprache (sermo corporis) und Quintilians Chironomie einer ausdrücklichen Erwähnung.[1]

Die Neuzeit kennt gleichermaßen Darstellungen einzelner Körperbewegungen wie z. B. Gesten, Beinstellungen oder Kopfhaltungen, denen in kontextlosen Situationen Bedeutungen zugeordnet werden. Da ist die große Zahl an Ratgeberliteratur hinzuzurechnen, aber auch Bücher wie *Körpersprache* von Samy Molcho[2] oder das Körpersprache›lexikon‹ von Desmond Morris[3].

Publikationen dieser Art gehen von der Überlegung aus, daß eine einzelne Geste eine erkennbare Zeichenfunktion erfüllt, als konventionalisiertes Zeichen kommunizieren kann, unabhängig von der Redesituation, den Beteiligten und thematischen Bezügen.

Körper-Sprache so zu verstehen heißt, ihr in der konkreten Prozeßhaftigkeit als Ausdruck eines individuellen Leibes das Diktum einer Lesbarkeit zuzuschreiben: Ein Körper in seiner Materialität artikuliert sich für andere und zu anderen.

Definitorische Klarheit besteht im dargestellten Kontext nur insoweit, als präsumiert wird, daß die einzelnen Körperteile in einer für sie spezifischen Weise bewegt werden können und Ausdruck an Veränderung gebunden ist, deren Grenzfall das Innehalten bzw. die Fixierung von Positionen darstellt. D. h. das körperliche Ausdruckspotential entsteht in und durch Bewegungsveränderungen »[...] im Bereich des Gesichts (Mimik), der oberen Extremitäten (Gestik) und der Gesamtmotorik (Kinesik) im Raum (Proxemik), die in Prozesse mündlicher Kommunikation eingebettet sind«.[4] Sie wirken sprech-

---

1 Vgl. Kalverkämper, Hartwig: »Lexikonartikel: Körpersprache«. In: Ueding, Gert (Hg.): *Historisches Wörterbuch der Rhetorik*, Bd. 4. Tübingen 1988, Sp. 1344.
2 Molcho, Samy: *Körpersprache*. München 1983.
3 Morris, Desmond: *Bodytalk. Körpersprache, Gesten und Gebärden*. München 1995.
4 Geißner, Hellmut: *Sprecherziehung*. Frankfurt/M. ²1986, S. 84.

begleitend und sprachbezogen, werden jedoch im Gegensatz zu stimmlichen Ausdrucksmerkmalen nicht über Sprache und Sprechen vermittelt. Klaus Scherer und Harald G. Wallbott[5] bezeichnen diese Phänomene daher als nonverbal-nonvokale Aspekte der Kommunikation, um die Losgelöstheit vom eigentlichen Sprachprodukt zu markieren. Diese Bestimmung ex negativo lehnt Hartwig Kalverkämper[6] unter dem Hinweis ab, daß das Nonverbale nicht die Negation des Verbalen sei und präferiert den Begriff Körpersprache. Inwieweit eine derartige Bezeichnung über Metaphorisches hinausgeht und die Verwendung des Terminus Sprache wahrhaftig an einer arbiträren, konventionalisierten Bedeutungszuweisung orientiert ist, bedarf der Klärung durch eine semiotische Analyse. Festzuhalten gilt es zunächst, daß nur diejenigen körperlichen Ausdrucksbewegungen betrachtet werden sollen, die in der prozessualen Wechselseitigkeit des Sprechens beeinflußbar und veränderbar sind, d. h. sog. Phänomene der ›Körperdekoration‹ wie Kleidung, Make-up etc.[7] bleiben hier unberücksichtigt.

## II. Der Zeichencharakter der körperlichen Ausdrucksbewegungen

Zur Klärung der Frage, ob es sich bei den visuell wahrnehmbaren Aspekten der Motorik der an einem Sprechprozeß beteiligten Personen um unspezifische mimische, gestische oder körperliche Bewegungsveränderungen handelt oder um spezifische Ausdrucksbewegungen mit Zeichencharakter, sind zunächst die Bedingungen zu erörtern, die erfüllt sein müssen, damit etwas als (sprachliches) Zeichen charakterisiert werden kann.[8]

Die erste Minimalbedingung besteht in der Grundvoraussetzung, daß ein Zeichen für etwas anderes steht, für etwas Be-zeichnetes, und ein Zeichen nicht aus sich selbst heraus auf etwas anderes verweist, sondern die Zeichenhaftigkeit durch das Wahrnehmen dieses Verweisens durch ein Gegenüber zustande kommt.

Die zweite Minimalbedingung besteht darin, daß ein Code vorhanden sein muß, um einem sinnlich wahrnehmbaren Phänomen durch einen Empfänger einen Zeichencharakter zuzuordnen, damit der Bezug zwischen Zeichen und Be-zeichnetem über die Konventionalisierung vom Zeichenbenutzer aufgebaut werden kann.

---

5   Scherer, Klaus R./Wallbott, Harald G. (Hg): *Nonverbale Kommunikation: Forschungsberichte zum Interaktionsverhalten*. Weinheim 1979.
6   H. Kalverkämper: »Körpersprache« (s. Anm. 1), Sp. 1342.
7   Vgl. Helfrich, Hede/Wallbott, Harald G.: Art. »Theorie der nonverbalen Kommunikation«. In: Althaus, Hans Peter/Henne, Helmut/Wiegand Herbert Ernst (Hg.): *Lexikon der Germanistischen Linguistik*. Tübingen 1980, S. 268.
8   Vgl. Hübler, Axel: Das Konzept ›Körper‹ in den Sprach- und Kommunikationswissenschaften. Tübingen 2001.

Wenn, diesen Minimalbedingungen folgend, alles sinnlich Wahrnehmbare als Zeichen fungieren kann, vorausgesetzt, es steht stellvertretend für etwas anderes, ist konventionalisiert und wird vom Empfänger als solches aufgefaßt, dann können auch leibhafte Ausdrucksformen Zeichencharakter tragen. Diese Hypothese soll im folgenden anhand einer semiotischen Differenzierung erörtert werden.

## II.1. Das semiotische Dreieck

Das semiotische Dreieck ist ein dynamisches Zeichenmodell, das den Zusammenhang von Signifikant, Signifikat und Interpretant herstellt, entwickelt aus dem eingeschränkteren bilateralen Modell von de Saussure[9], der die Verknüpfung von Signifikat, dem Zeicheninhalt oder der Vorstellung, und dem Signifikant, dem Lautbild oder Zeichenausdruck, als reziproke Evokation zwischen Inhalt und Ausdruck darstellte, das Referenzobjekt jedoch unberücksichtigt ließ. Das semiotische Dreieck verbindet die oben genannten Minimalbedingungen des Zeichens, daß es für etwas anderes steht und prozessual wahrgenommen wird. Genauer formuliert handelt es sich um ein Bezeichnungsmodell, denn der Prozeß der Verknüpfung der drei Aspekte des semiotischen Dreiecks muß vom Zeichenbenutzer zeichenextern geleistet werden, die Bedeutung des Zeichens ist nur erfaßbar, wenn es vom Zeichenbenutzer verwendet wird, um damit auf einen Gegenstand der außersprachlichen Bezugswelt hinzuweisen. Nach heutigem Verständnis wird damit das statische Modell von de Saussure, der eine unlösbare Verbindung zwischen Inhaltsvorstellung und Zeichenform postulierte, dynamisiert, indem der Zeichenbenutzer die jeweilige Bedeutungskonstitution herstellt. Am konkreten Beispiel des Kopfschüttelns läßt sich dieser Prozeß auch für körperliche Bewegungen belegen: Eine bestimmte drehende Bewegung des Kopfes erhielt in einigen Kulturkreisen die innerhalb einer Sprachgemeinschaft konventionalisierte Bedeutung der Verneinung, gewann Ausdruckscharakter. Zur Wirkung kann diese Bedeutung jedoch erst dann kommen, wenn die Bewegung in einen interaktionalen Vorgang einfließt, intentional für die anderen Beteiligten eingesetzt und von diesen auch wahrgenommen und verstanden wird.

## II.2. Zeichentrichotomien

Der Entstehungsprozeß des semiotischen Dreiecks ist eng verbunden mit dem Namen Charles S. Peirce, der von einer sog. Zeichentriade ausging, in welcher alle drei Aspekte über eine Mitte kommunizieren, was eine Reduzierung des Dreiecks auf drei gleichwertige Dyaden verhindert.

---

9 de Saussure, Ferdinand: *Grundfragen der allgemeinen Sprachwissenschaft*. Berlin ²1967, S. 78.

Mit dem Namen Peirce ist noch eine weitere Differenzierung verknüpft, eine Kategorisierung der Zeichen in eine Ebene der Erstheit, der Möglichkeit, der Zweitheit, der realen Existenz, und in eine Ebene der Drittheit, der Gesetzhaftigkeit.[10] Gemeint sind die Relationen der Objekte zum Zeichenträger und dem Interpretanten. Nachdem es Peirce auch gelang, die kategorialen Aspekte der Relata zu beschreiben, entstand das System der Trichotomien. Diese Ausdifferenzierung ist, wie im Folgenden zu zeigen sein wird, hilfreich für die Klärung der Ausgangsfrage, inwieweit körperliche Ausdrucksbewegungen als Körper-›Sprache‹ bezeichnet werden können. Daher sollen zunächst die zentralen Gedanken von Peirce bezüglich seines Kategoriensystems knapp skizziert werden.

Die erste Trichotomie beschreibt das Zeichen selbst, die zweite die Relation des Zeichens in seiner Beziehung zum Objekt, und in der dritten Trichotomie werden die Ebenen des Zeichens im Bezug zum Interpretanten dargestellt.

Aufgenommen in die Trichotomie des Repräsentamens, des Zeichenträgers, sind das Qualizeichen (als einer Qualität, die ein Zeichen sein kann, die aber der Realisierung im Prozeß der Semiose bedarf), das Sinzeichen (als singuläres Zeichen, das als Materialisierung des Qualizeichens konkret in Raum und Zeit existiert) und das Legizeichen, das als Verallgemeinerung einer vielfachen Konkretheit verstanden werden kann, als Gesetzmäßigkeit, als allgemeiner Typus, von dem die Übereinkunft besteht, daß er eine Bedeutung hat.

Die Ebene der Zweitheit schließt diejenige der Erstheit mit ein, die Ebene der Drittheit umfaßt beide vorangegangenen Ebenen.

In Tab. 1 sind die wechselseitigen Bezüge im Überblick dargestellt.

| Trichotomie / Kategorie | I des Repräsentamens | II der Objektrelation | III des Interpretantenbezugs |
|---|---|---|---|
| Erstheit (Möglichkeit) | Qualizeichen | Ikon | Unmittelbarer Interpretant *Rhema (Term)* |
| Zweitheit (Existenz) | Sinzeichen | Index | Dynamischer Interpretant *Dicent (Proposition)* |
| Drittheit (»Gesetz«) | Legizeichen | Symbol | Finaler Interpretant *Argument* |

Tabelle 1: Zeichentrichotomien nach Charles S. Peirce

---

10 Peirce, Charles Sanders: *Semiotische Schriften*. 3 Bde. Frankfurt/M. 1986–1993.

Die zweite Trichotomie, die Darstellung der Relation zwischen Zeichenträger und Objekt, beinhaltet das Ikon, den Index und das Symbol. Während unter einem Ikon ein Zeichen verstanden wird, das auf das bezeichnete Objekt aufgrund von ihm eigenen Eigenschaften verweist (z. B. Piktogramme), bezeichnet der Index ein von seinem Objekt durch raum-zeitliche Kontiguitäts- oder Kausalitätsbeziehung abhängiges Zeichen (z. B. Thermometeranzeige). Ein Symbol dagegen verbindet das Zeichen mit dem Objekt (z. B. ein Logo).

Die dritte Trichotomie umschreibt die Möglichkeiten des Zeichens in seinem Bezug zum Interpretanten, eine Aussage über den Grad der semantischen Offenheit bzw. Bestimmtheit wird getroffen. Diese Trichotomie umfaßt das Rhema, den Dicent und das Argument.

Das Rhema (oder der Term) bezieht sich auf einen Klassen- oder Eigennamen, ist demnach ein Zeichen, das weder richtig noch falsch ist, sondern ein mögliches, kein konkretes Objekt. Der Term »Hund« z. B. läßt sowohl Konkretisierungen in Hinsicht auf »Schoßhündchen« zu, als er auch Assoziationen mit »Wachhund« ermöglicht.

Der Dicent oder die Proposition dagegen ist ein in seinem Objektbezug bereits bestimmtes, im Interpretantenbezug aber noch offenes Zeichen. Es ist informativ, kann wahr oder falsch sein, benennt aber noch keine Gründe dafür. Ein komplexes Zeichen, dessen Elemente (Term und Proposition) von allgemeinen Regeln bestimmt sind (z. B. eine logische Schlußfigur), das den Übergang von Prämissen zu Schlußfolgerungen ermöglicht, wird als Argument bezeichnet.

Peirce, dessen Überlegungen dieser Klassifikation zugrunde liegen, beschreibt, daß mit dem Prozeß, in welchem mehrere Rhemata sich zu Dicents verbinden und diese wiederum Argumente ermöglichen, gleichzeitig einhergeht, daß die Offenheit des Interpretanten immer stärker eingeschränkt wird. Die wachsende Komplexheit und Konkretheit des Zeichens führen andererseits logischerweise zu einer Reduzierung von Vieldeutigkeit.

Der Zeichencharakter von Sprache im Sinne einer arbiträren, konventionalisierten Übereinkunft wird demzufolge am konsequentesten in der Ebene der Drittheit eingelöst.

## II.3. Zeichentrichotomien der körperlichen Ausdrucksbewegungen

Zur Klärung des Zeichencharakters körperlicher Ausdrucksphänomene erscheint es sinnvoll, die Gültigkeit der Trichotomien nach Peirce in Bezug auf Extralinguales zu überprüfen. Nur wenn sich ähnliche Kategorisierungen wie für die sprachlichen Zeichen belegen lassen, kann von einer Parallelität der Zeichensysteme gesprochen werden.

Für die Trichotomie des Repräsentamens, des Zeichenträgers, ermöglicht die Differenzierung in drei Kategorien ein neues Verständnis für Gestik, Mimik und Körperbewegung im Raum und erhellt zugleich Ursachen vielfacher Mißverständnisse bzw. Fehldeutungen: Auf der Ebene der Erstheit, der Möglichkeit einer Zeichenentstehung, existiert der Wechsel von Muskelspannung und -lösung als Voraussetzung für eine Muskelbewegung als Qualizeichen. Das Sinzeichen auf der Ebene der Zweitheit, der Ebene der konkreten Existenz, wird repräsentiert durch abgrenzbare, konkret erkennbare Einzelbewegungen. Konventionalisierte Bewegungsveränderungen nach wiederholbaren Grundmustern bestehen als Legizeichen auf der Ebene der Drittheit, der Gesetzmäßigkeiten.

In Tab. 2 wurden von der Autorin den Trichotomien von Peirce die entsprechenden körperlichen Ausdrucksbewegungen zugeordnet.

Auch für die zweite Trichotomie, das Verhältnis des Zeichenträgers zur Objektrelation, sind alle Kategorien besetzt: Als Ikon stehen stilisierte, nicht arbiträre Bewegungsbilder, die einen direkten Verweis auf Eigenschaften des von der Bewegung bezeichneten Objekts haben, so z. B. das heute übliche Spreizen von Daumen und kleinem Finger am Ohr zur Kennzeichnung des Telephonhörers und der Konnotation, man möge miteinander telephonieren.

| Trichotomie / Kategorie | I des Repräsentamens | II der Objektrelation | III des Interpretantenbezugs |
|---|---|---|---|
| **Erstheit** (Möglichkeit) | Qualizeichen *Muskelspannung/-lösung Muskelbewegung* | Ikon *stilisierte, nicht arbiträre Bewegungsbilder* | Unmittelbarer Interpretant *sprechbegleitende Bewegungsveränderung (idiosynkratisch)* |
| **Zweitheit** (Existenz) | Sinzeichen *abgrenzbare konkrete Bewegungen* | Index *Bewegungsveränderungen als Anzeichen von (u.a.) körperl./psych. Zuständen* | Dynamischer Interpretant *konkrete Ausdrucksmuster (informativ)* |
| **Drittheit** (»Gesetz«) | Legizeichen *konventionalisierte Bewegungsveränderung* | Symbol *Bewegungsveränderung mit arbiträrer, konventionalisierter Bedeutungszuweisung* | Finaler Interpretant *intentionale logische Verknüpfung von Einzelbewegungen zu einer Bewegungsabfolge* |

Tabelle 2: Zeichentrichotomien der körperlichen Ausdrucksbewegungen

Indexikalisch erscheinen Bewegungen dann, wenn sie als Anzeichen für etwas oder Hinweis auf etwas gelten können. So ist denkbar, daß eine sehr zusammengezogene enge Sitzweise einer Person als Hinweis auf zu niedrige Temperaturen im Raum aufzufassen ist.

Bei einem Symbol dagegen sprechen wir von einer Bewegungsveränderung mit arbiträrer, konventionalisierter Bedeutungszuweisung. Im Gegensatz zum Wahrscheinlichkeitscharakter des Index besteht Gewißheit über seine Bedeutung, denken wir z. B. an das Zusammenschlagen beider Hände als Klatschen.

Das Verhältnis des Repräsentamens zum Interpretanten hat für die mimisch-gestisch-körperliche Ebene besondere Bedeutung. Die Kategorien dieser Trichotomie differenzieren das verwobene Geflecht sichtbarer Sprechausdrucksmittel, sie ermöglichen gleichsam die Schwierigkeit zu erhellen, zwischen zufälligen Bewegungen, individuellen Bewegungsmustern, diffuser Sprechbegleitung und bedeutungstragenden Sequenzen zu unterscheiden: Auf der Ebene der Erstheit, der angelegten Möglichkeiten, begegnet uns eine sprechbegleitende Bewegungsveränderung als eine Wahrnehmungsqualität, d. h. wir können im Sprechprozeß körperliche Bewegungen im Bereich von Mimik, Gestik und Körperpositionen wahrnehmen, im Sinne eines geringeren oder intensiveren Ausprägungsgrades, mit der Option, daraus Ausdruckscharakter zu entwickeln.

Konkrete Ausdrucksmuster mit informativem Charakter, die auch kommunikativ aufgeladen werden können, begründen die Kategorie der Zweitheit, der realen Existenz abgrenzbarer Formen. Die intentionale logische Verknüpfung von Einzelbewegungen zu einer konsekutiven Bewegungsabfolge entsteht als finaler Interpretant auf der Ebene der Drittheit, der wiederholbaren Muster, der eigentlichen kommunikativen Leistung.

Ausgehend von der Grundüberlegung, daß immer die jeweils höhere Ebene die Elemente der vorangegangenen niedrigeren Ebenen einschließt, entwickelte Peirce Zeichenkategorien, die den Hauptklassen seiner Trichotomien entsprachen, sofern eine Verknüpfung der Ebenen der Erstheit, Zweitheit und Drittheit angenommen werden kann. Im Einzelnen beschrieb er zehn Hauptklassenzeichen[11]:

I   1. Rhematisch ikonisches Qualizeichen
       (Gefühl von »rot«)

II  2. Rhematisch ikonisches Sinzeichen
       (Fieberkurve: könnte Fieberkurve aber auch Bergsilhouette sein)
    3. Rhematisch indexikalisches Sinzeichen
       (spontaner Schrei)
    4. Dicentisch indexikalisches Sinzeichen
       (Spuren)

III 5. Rhematisch ikonisches Legizeichen
       (Diagramm, unabhängig von seiner konkreten Realisierung)
    6. Rhematisch indexikalisches Legizeichen
       (Demonstrativpronomen)
    7. Dicentisch indexikalisches Legizeichen
       (imperativer Befehl, Verkehrszeichen)

---

11 Peirce, Charles Sanders: *Collected Papers*. Cambridge 1931–1958, Bd. 2, S. 254–263.

8. Rhematisch symbolisches Legizeichen
   (Gattungsname, z. B. Substantiv)
9. Dicentisches symbolisches Legizeichen
   (gewöhnliche Proposition)
10. Argumentisch symbolisches Legizeichen
    (Syllogismus)

Spätestens an dieser präzisen Ausdifferenzierung von Hauptklassenzeichen wird deutlich, übertragen auf das körperliche Ausdruckspotential, wie im Folgenden zu zeigen versucht werden soll, warum ein unspezifisches Deuten von Bewegungen und Bewegungsabläufen in kommunikativen Prozessen, das die drei Grundkategorien unberücksichtigt läßt und die Verknüpfung der Ebenen vernachlässigt, der Komplexheit an Möglichkeiten nicht gerecht wird.

Die Autorin hat den von Peirce auf die Sprache bezogenen Hauptklassenzeichen Beispiele aus dem Bereich der körperlichen Bewegungen hinzugefügt. Diese Vorgehensweise belegt erneut, daß auch die extralingualen Parameter des Sprechens in gleicher Weise kategorisiert werden können und ihr differenzierter stufenweiser Zeichencharakter deutlich wird:

I   1. Rhematisch ikonisches Qualizeichen
       (Gefühl von »rot«)
       *Körperbewegungen als Begleitphänomen (komitativ)*

II  2. Rhematisch ikonisches Sinzeichen
       (Fieberkurve: könnte Fieberkurve aber auch Bergsilhouette sein)
       *Flügelarme*
    3. Rhematisch indexikalisches Sinzeichen
       (spontaner Schrei)
       *Spontan in die Luft geworfene Arme*
    4. Dicentisch indexikalisches Sinzeichen
       (Spuren)
       *Hochgezogene Schultern*

III 5. Rhematisch ikonisches Legizeichen
       (Diagramm, unabhängig von seiner konkreten Realisierung)
       *Telephon-Handzeichen*
    6. Rhematisch indexikalisches Legizeichen
       (Demonstrativpronomen)
       *Deiktische Gesten*
    7. Dicentisch indexikalisches Legizeichen
       (imperativer Befehl, Verkehrszeichen)
       *Gestische Aufsteh-Aufforderung (sakral)*
    8. Rhematisch symbolisches Legizeichen
       (Gattungsname, z. B. Substantiv)
       *Begrüßungsgesten*

9. Dicentisches symbolisches Legizeichen
    (gewöhnliche Proposition)
    *Erhobener Daumen*
10. Argumentisch symbolisches Legizeichen
    (Syllogismus)
    *Wohl nicht vorhanden (eventuell: Blickkontakt aufnehmen – vorbeugen – Hand ausstrecken)*

Fraglich bleibt in dieser Zusammenstellung jedoch, ob im Zusammenhang mit körperlichen Ausdrucksbewegungen tatsächlich von einem Syllogismus gesprochen werden kann, einer intentionalen logischen Verknüpfung von Bewegungen, deren Deutungsspielraum in der 10. Hauptklasse als argumentisch symbolisches Legizeichen auf eine konventionalisierte, gesetzmäßige Eindeutigkeit zielt. Alle anderen Klassen konnten belegt werden.

## II.4. Bestimmtheitsgrade

Die Differenzierung körperlicher Ausdrucksbewegungen nach den Kategorien der Erstheit, Zweitheit und Drittheit führt im Verständnis der Funktion des Extralingualen in sprechsprachlichen Kommunikationsprozessen zu weitreichenden Konsequenzen: In der Ebene der Erstheit können Körperbewegungen als Begleitphänomene betrachtet werden, sie wirken komitativ, wie Konrad Ehlich und Jochen Rehbein 1982[12] das bloße Vorhandensein extralingualer Anteile neben der lingualen Ebene bezeichnen, im Gegensatz zu selbständigen außersprachlichen Elementen mit eigener Funktion. Es handelt sich um Wahrnehmungsqualitäten im Bereich der *adaptors* und *illustrators*[13], sie sind idiosynkratisch und anthropologisch bedingt und kaum konventionalisiert, so daß ihnen kein direkter kommunikativer Wert zukommt. Lediglich über die Abbildung von Eigenschaften eines Objekts können sie kommunikativ aufgeladen werden.

Diese sprechbegleitenden, vor allem gestischen Bewegungen wirken stark rhythmisierend; de Ruiter bezeichnet sie daher als »beats«[14].

Die Ebene der Zweitheit trägt einerseits affektiven[15] und andererseits auffordernden bzw. hinweisenden Charakter. So ist sie sowohl gekennzeichnet durch klar bestimmte, abgegrenzte Bewegungen, wie sie deiktische Gesten[16]

---

12 Ehlich, Konrad/Rehbein, Jochen: *Augenkommunikation. Methodenreflexion und Beispielanalyse.* Amsterdam 1982, S. 7.
13 Terminologie nach: Ekman, Paul/Friesen, Wallace W.: »The Repertoire of Nonverbal Behavior: Categories, Origins, Usage and Coding«. In: *Semiotica* I, 1969, S. 49–98.
14 de Ruiter, Jan-Peter: *Gesture and speech production.* MPI-Series in Psycholinguistics, Bd. 6, Wageningen 1998.
15 Sog. Affect Displays nach P. Ekman und W. W. Friesen: »Repertoire« (s. Anm. 13).
16 Ausführlich dargestellt bei J.-P. de Ruiter: *Gesture* (s. Anm. 14).

darstellen, als auch durch Ausdrucks- und Appellphänomene. Alle besitzen Informationswert oder diagnostische Bedeutung und können kommunikativ aufgeladen werden. Bezüglich der deiktischen Gesten hat auch eine bedingte Konventionalisierung stattgefunden, das Hinweisen mit dem Zeigefinger auf einen Gegenstand oder eine Person vollzieht den Übergang vom Sinzeichen zum Legizeichen.

Die Ausdrucksphänomene dagegen bleiben im indexikalischen Kontext des dynamischen Interpretanten, sie haben informativen Charakter, ermöglichen diagnostische Aussagen oder heischen Appellatives, dennoch bleibt ein weiter Interpretationsspielraum, begründete Aussageklarheit kann nicht hergestellt werden.

Das sozusagen öffentliche Mißverständnis der körperlichen Ausdrucksbewegungen in der Ebene der Zweiheit, die Annahme bzw. Versuche, Bewegungswahrnehmungen dieser Kategorie aus individuellem bzw. Kulturwissen heraus als finalen Interpretantenbezug und nicht als dynamischen verstehen zu wollen, ihnen also eine nicht vorhandene Eindeutigkeit zuzuschreiben, führt zu eklatanten Fehldeutungen und falschen Interpretationen.

Das Verständnis von Figurationen der Körperrhetorik stellt sich als doppelt ambivalent dar, weil in der Ebene der Zweiheit durch vielfach wiederkehrende und damit wiedererkennbare Bewegungsabläufe in konkreten situationalen Kontexten der Deutungsspielraum auch von eigentlich Nicht-Konventionalisiertem eingeengt wird, die Kommunikativität sich erhöht.

Erst die Ebene der Drittheit, der Konventionalisierung von Bewegungsveränderungen, also einer intrakulturell verbindlichen Vereinbarung über einen spezifischen Bewegungsablauf (im mimischen, gestischen oder Körperbewegungsbereich) und dessen kommunikative Funktion führt zu einer allgemeingültigen Bedeutungszuweisung, wobei im Vergleich mit der lingualen Ebene immer noch eine hohe Verstehensambivalenz bestehen bleibt. Körperliche Ausdrucksphänomene ermöglichen in Relation zur Sprache einen geringeren Kodifizierungsgrad, es herrscht eine probabilistische Beziehung. Die Elemente der Ebene der Drittheit wirken kommunikativ (*illustrators*) und interaktiv (*regulators*)[17], de Ruiter nennt sie »pantomische Gesten«[18]. Sie zählen zur selbständigen Kommunikation und sind aufgrund ihres hohen Konventionalisierungsgrades (beliebig) wiederholbar.

Der Versuch einer semiotischen Analyse von Kategorien körperlicher Ausdrucksbewegungen, wie ihn die Autorin vorstellt, zeigt einerseits, daß die sog. Körper-›Sprache‹ wesentlich differenzierter zu betrachten ist, als es die Literatur bisher dargestellt hat, andererseits wird auch deutlich, daß die Semiose ein geeignetes Instrumentarium darstellt, um dem Phänomen adäquat zu begegnen.

In der dritten Ebene der Trichotomie der Objektrelation, dem Symbol, deuten sich erstmals Zusammenhänge an, die auf einen sprachlichen Charakter

---

17 Terminologie nach P. Ekman/W. W. Friesen: »Repertoire« ( s. Anm. 13).
18 J.-P. de Ruiter: *Gesture* ( s. Anm. 14).

der Bewegungsveränderungen hinweisen: Es handelt sich um Bewegungen mit arbiträrer, konventionalisierter Bedeutungszuweisung. Noch klarer entsteht der Zusammenhang eigentlich beim Interpretantenbezug in der Kategorie der Drittheit, der syllogistischen Verknüpfung von Bewegungselementen, jedoch müssen Zweifel bestehen bleiben, ob Zuschreibungen im Sinne einer derartigen Engführung auf extralingualer Ebene überhaupt möglich sind.

Nachdem der Zeichencharakter körperlicher Ausdrucksbewegungen deutlich werden konnte, ist im nächsten Abschnitt noch der Frage nachzugehen, inwiefern es sich tatsächlich um Körper-›Sprache‹ handelt.

## III. Körperliche Ausdrucksbewegungen als Sprache

Die vorangegangene Darstellung hat belegt, daß körperliche Ausdrucksbewegungen durchaus Zeichencharakter tragen können. Sie vermögen auf etwas außerhalb von ihnen Bestehendes zu verweisen, stehen für etwas anderes, etwas Bezeichnetes, und es bedarf eines Kodes, den Zusammenhang zu entschlüsseln. Auch wurde deutlich, daß die Bewegungsveränderungen erst Bedeutung erlangen, wenn bei den Betrachtenden ein Verstehensprozeß stattfindet. Weitgehend ungeklärt ist noch die Frage, ob es sich um ein spezifisches Zeichensystem handelt oder ob Parallelen zum sprachlichen Zeichensystem bestehen.

### III.1. Vergleichbarkeit beider Zeichensysteme

Das Zeichensystem Sprache ist durch fünf Grundparameter gekennzeichnet: Arbitrarität, Konventionalität, Dialogizität, Syntaktizität und Konkretheit. Es soll nachfolgend versucht werden, die einzelnen Merkmale für Bewegungsveränderungen und für die Sprache in Relation zueinander zu setzen.

Unter Sprache ist ein ausgeprägtes System von zunächst frei geschaffenen, arbiträren Zeichen zu verstehen, das in der jeweiligen Einzelsprache tradiert und konventionalisiert, gemeinsam mit Kombinationsregeln und Anwendungsvorschriften über Generationen hinweg im aktualisierten Gebrauch weiterentwickelt wird. Auch für das körperliche Ausdruckspotential besteht ein Inventar an Bewegungsmöglichkeiten, *konventionalisiert* ist sein Gebrauch jedoch erst auf der Ebene der Legizeichen, und auch dann noch mit wesentlich höherer Verstehensambivalenz, mit größerer Ambiguitätstendenz als bei den Sprachzeichen.

Auf der Ebene der Ikone und teilweise auch noch der Indizes besteht ein enger Zusammenhang mit Eigenschaften des bezeichneten Objekts, so daß die Ausdrucksbewegungen auf dieser Stufe nicht dem Gesetz der *Arbitrarität* gehorchen.

Unter Sprache ist weiterhin ein auf kognitiven Prozessen basierendes Mittel zum Ausdruck und Austausch von Gedanken, Ideen, Vorstellungen, Wünschen und Erfahrungen, Wissen und Können zu verstehen. D. h., die zentrale Eigenschaft der Sprache besteht in der Potentialität, kommunikativ auf Gesprächsbeteiligte oder Lesende ausgerichtet zu sein, in der *Dialogizität*. Eine derartige Mittlerrolle können auch die körperlichen Ausdrucksbewegungen übernehmen, namentlich auf der Ebene der Drittheit, aber teilweise auch bereits auf der Ebene der Zweitheit.

Unter der Annahme, daß Konventionalität nicht nur über arbiträr kodierte Zeichen entsteht, sondern auch über das wiederkehrende Erkennen wiederholter Bewegungsabläufe im Bereich der Symptome und der Ikone, entsteht eine veränderte Durchlässigkeit von der Ebene der Zweitheit zur Ebene der Drittheit, die neue kommunikativ-interpretative Räume öffnet.

Es gilt jedoch nachdrücklich zu betonen, daß extralinguale Zeichenelemente erst über die Aufnahme und das Verstehen durch ein Gegenüber ihren Zeichencharakter, das Bezeichnen von etwas, erfüllen können.

Der Parameter der *Syntaktizität* beruht auf einem Inventar von Grundelementen, die kleinere und größere Einheiten bilden können und bei denen einer bestimmte Abfolge eine spezifische Bedeutung zugemessen wird.

Dem Phonem, der kleinsten bedeutungsdifferenzierenden sprachlichen Einheit, kann das Kinem zur Seite gestellt werden, das ebenfalls die Bedeutung einer komplexeren Bewegung (Kinemorph) zu differenzieren vermag. So gehören z. B. zum freudigen Begrüßen einer gut bekannten Person neben ausgestreckten Armen auch ein zugewendeter Kopf und Blickkontakt. Dieser Bewegungskomplex trägt eine Bedeutung, könnte daher als Kinemorph bezeichnet werden. Würde die begrüßende Person in dieser Situation den Kopf wegdrehen, also einen Bewegungsteil (ein Kinem) der Gesamtgestik verändern, entstünde eine Bedeutungsdifferenzierung zumindest im Sinne einer Verunsicherung. Bewegungsveränderungen jedoch, die keine Bedeutungsveränderung hervorrufen, wären – in Parallelität zum Allophon – als Allokine zu bezeichnen.

Auf Satzebene existiert insofern keine Entsprechung, als das lineare Nacheinander der Satzkonstruktion auf extralingualer Ebene so nicht besteht. Zweifelsohne begleiten körperliche Ausdrucksbewegungen den Satzentstehungsprozeß, fraglich ist aber, ob in der zeitlichen Reihung von Kinemen eine komplexere Bedeutung entsteht. Es ist vielmehr anzunehmen, daß sich im simultanen Miteinander unterschiedlicher Kineme bzw. Kinemorphe die komplexe Aussage konstituiert. Eine freudige Begrüßung z. B. bedarf des zugewandten Körpers mit gleichzeitigem Blickkontakt, also auch zum Gegenüber gedrehtem Kopf, freundlicher Mimik und partnergerichteter Gestik. Die Komplexität der Aussage dieses Beispiels entsteht durch das simultane Zusammenspiel von Kinemorphen aller Ebenen körperlicher Ausdrucksphänomene. Der von Heike für kontinuierliche suprasegmentale prosodische Einheiten mit Konventionalisierung eingeführte Terminus »Expressem«[19] ließe sich auch auf die extralinguale Ebene übertragen.

---

19 Heike, Georg: *Suprasegmentale Analyse*. Marburg 1969, S. 38.

Somit zeigt sich, daß im Zeichensystem der körperlichen Ausdrucksbewegungen ebenfalls unterschiedliche Ebenen vorhanden sind und jeweils kleinere Einheiten zu größeren zusammengefaßt, Relationen eingegangen werden können. Das Merkmal Syntaktizität des lingualen Zeichensystems trifft daher gleichermaßen auf das extralinguale Zeichensystem zu.

Das letzte Kriterium des Sprachsystems ist die *Konkretheit*, d. h. die Eigenschaft der Unmittelbarkeit. Sprechen ist eine individuelle Tätigkeit, ein konkreter Vorgang, der auf dem Sprachsystem mit seinen spezifischen Parametern basiert, damit jedoch nicht hinreichend beschrieben ist. Sprechsprachliche Kommunikationsprozesse finden in definierten Situationen statt, unter vergesellschafteten Individuen, die ihr Rollenverständnis und ihr Weltwissen, ihre politischen, religiösen, epistemologischen Haltungen und Einstellungen mit einbringen. Die jeweilige Kommunikationssituation ist ferner Teil eines komplexeren Ganzen, so daß alle Elemente des Sprechprozesses nur unter diesen konkret-historischen Konstellationen Gültigkeit besitzen. Auf die körperlichen Sprechausdrucksmerkmale bezogen bedeutet diese Überlegung, daß es keine Bewegungsabläufe geben kann, die losgelöst von der Konkretheit der Situation deutbar sind. Verstehensprozesse auf dieser Ebene bedürfen des situativen Kontextes.

Da, wie gezeigt werden konnte, das System körperlicher Ausdrucksbewegungen in den konstituierenden Grundparametern – Arbitrarität, Konventionalität, Dialogizität, Syntaktizität und Konkretheit – mit dem Sprachsystem in bestimmten Kategorien (z.T. in der Ebene der Zweitheit und vollständig in der Ebene der Drittheit) korrespondiert, hat der Terminus ›Körpersprache‹ seine Berechtigung. Hartwig Kalverkämper[20] faßt diese Parallelität folgendermaßen zusammen:

(a) Wie das Sprachsystem mit seinen lexikalischen Einheiten (Wörtern) hat auch die Körpersprache zeichenwertige Grundeinheiten mit Ausdrucksform (signifiant) und Ausdrucksbedeutung (signifié), also ein Lexikon oder Vokabular; – (b) und wie die Sprache diese Einheiten als System geordnet hat, hat die Körpersprache ihre Ausdruckselemente als Ausdrucksrepertoire strukturiert.– (c) Auch die Körpersprache verknüpft ihre Elemente zu Abläufen, Sequenzen, Kontinua und entspricht darin der Syntax der Sprache; – (d) und sie vollzieht dies nach bestimmten Regeln des Einsatzes (Stiftung von Relationen), ganz vergleichbar mit der Grammatik der Sprache. – (e) Auch läßt sie diese Manifestationen zu einer ganzheitlichen (ganzkörperlichen) Kohärenz zusammenkommen, zu einer Orchestrierung des körperlichen Ausdrucksverhaltens, wie in der Sprache beim Text. – (f) Diese Körpertexte sind, analog zu den Textsorten oder Gattungen der Sprache auch ihrerseits typisierbar: als körperliche Ausdrucksverhalten [...].

Im Umkehrschluß bleibt festzuhalten, daß es sich in den Konstellationen, da die Parameter Arbitrarität (Ebene der Erstheit und einige Hauptklassen der Ebene der Zweitheit), Konventionalität (Ebene der Erstheit, mit Ausnahme der Ikone, und z.T. Ebene der Zweitheit) und/oder Konkretheit (Ebene der

---

20 H. Kalverkämper: »Körpersprache« (s. Anm. 1).

Erstheit, mit Ausnahme der Ikone) nicht erfüllt sind, bei den jeweiligen körperlichen Ausdrucksbewegungen auch *nicht* um Körper-Sprache handelt. Körpersprache im strengen Sinne gilt nur dann als gegeben, wenn alle konstituierenden Parameter belegt sind. Diese systematische Differenzierung wird auf den umgangssprachlichen Gebrauch des Begriffs wenig Einfluß haben, fachsprachlich erscheint eine präzise Unterscheidung zwischen den unterschiedlichen semiotischen Kategorien körperlichen Ausdruckspotentials jedoch als paradigmatisch zentral.

## III.2. Beziehungsrelation zwischen Sprache und körperlichen Ausdrucksbewegungen

Wenn bestimmte Bewegungsveränderungen als Körpersprache bezeichnet werden können, als »[...] eine zweite Botschaft, die sich mit der normalen Botschaft verbindet und die sogar mit anderen Mitteln codiert wird [...]«[21], dann ist auch anzunehmen, daß die Dimensionen von Sprachzeichen in der Semiose durch körperliche Ausdrucksbewegungen erfüllt werden können. Charles William Morris[22] hat die semantische, syntaktische und pragmatische Dimension von Sprachzeichen dargestellt, Scherer[23] erweiterte die Darstellung noch um die dialogische Dimension.

Unterstützt die Körpersprache die ursprüngliche Aussage, sprechen wir von Amplifikation, im Gegensatz zur Kontradiktion, die einen Gegensatz zwischen sprachlicher und körpersprachlicher Bedeutung konstituiert. Die körperlichen Ausdrucksbewegungen vermögen das primär Gemeinte leicht zu verändern (Modifikation) oder im Extremfall – dann ist die Symbiose beider Ebenen aufgelöst – zu substituieren. Alle vier Möglichkeiten der semantischen Dimension bedürfen hochgradiger Konventionalität, um das differenzierte Verhältnis zwischen erster und zweiter Botschaft im Verstehensprozeß transparent werden zu lassen.

Eine syntaktische Dimension erfüllen körperliche Ausdrucksphänomene über eine Segmentation des Sprachflusses, die Verbindung kleinerer Einheiten zu größeren oder auch durch die Synchronisation unterschiedlicher Kanäle. Diese Funktionen sind eher sprechbegleitend zu verstehen, noch in der Ebene der Erstheit mit einem geringen Konventionalisierungsgrad.

Intentionalität des Sprechens, seine Ausdrucks- und Appellfunktion, die Affektbezogenheit werden über die pragmatische Dimension der Sprachzeichen in der Semiose vermittelt. Während die Intentionalität im Sinne eines finalen Interpretanten in der Ebene der Drittheit angesiedelt ist, bestimmen

---

21 Eco, Umberto: *Einführung in die Semiotik.* München 1972, S. 218.
22 Morris, Charles William: *Grundlagen der Zeichentheorie. Ästhetik und Zeichentheorie.* München 1972, S. 94.
23 Scherer, Klaus R.: »Die Funktion des nonverbalen Verhaltens im Gespräch«. In: Wegner, Dirk (Hg.): *Gesprächsanalysen.* Hamburg 1976, S. 279.

Affektbezogenheit und Ausdrucksfunktion die Ebene der Zweiheit. Körperliche Ausdrucksbewegungen dieser Kategorie können kommunikativ aufgeladen werden, sind informativ, möglicherweise auch individuell diagnostisch aussagekräftig, die Konventionalisierung jedoch ist sehr vage.

Die dialogische Dimension wird über Regulatoren erfüllt, die das Turn-Taking-System zwischen den Interaktionspartnern steuern. Je weniger konventionalisierte körperliche Ausdrucksbewegungen eingesetzt werden, desto unklarer bleibt z. B. ein Turn-Übernahmebegehren. Der Einsatz von dicentisch indexikalischen Legizeichen (Hauptklasse sieben in der Ebene der Drittheit) dagegen ermöglicht unmißverständliche Regulationen.

Daraus folgt, daß die Dimensionen von Sprachzeichen in der Semiose von bestimmten körperlichen Ausdrucksbewegungen erfüllt werden können, im Sinne von konventionalisierten Einheiten jedoch unterschiedlich stringent.

## IV. Zusammenfassung

Die Ausgangshypothese unserer Überlegungen bestand in der Annahme, daß spezifische körperliche Ausdrucksbewegungen Zeichencharakter tragen, sprachliche Dimensionen erfüllen können und daher als Körpersprache bezeichnet werden dürfen.

Anhand der Systematik von Peirce mit den Kategorien der Erstheit, der Zweiheit und der Drittheit und deren relationalen Verknüpfungen in unterschiedlichen Trichotomien konnte eine differenzierte Antwort auf die Frage nach dem Zeichencharakter des Extralingualen gefunden werden: In der Ebene der Erstheit gründen die körperlichen Ausdrucksbewegungen die Potentialität für nachfolgende Deutungsmuster, tragen aber selbst keinen Zeichencharakter. In der Ebene der Zweiheit sind Bewegungsveränderungen kommunikativ aufladbar, diagnostisch und informativ, genügen aber nur teilweise den Bedingungen von Sprachzeichen. Eine ganz klare Zeichenhaftigkeit dagegen liegt in der Ebene der Drittheit vor. Hier finden wir eine arbiträre Konventionalität, die körperlichen Ausdrucksbewegungen sind intentional kommunikativ und diskurssteuernd und tragen Sprachzeichencharakter, weshalb sie als Körpersprache bezeichnet werden dürfen. Unter diesen Bedingungen haben die körperlichen Ausdrucksbewegungen einen so hohen Verallgemeinerungsgrad, daß eine überindividuelle Verstehensleistung möglich ist. Als Entscheidungskriterien dienten die Parameter Arbitrarität, Konventionalität, Dialogizität, Syntaktizität und Konkretheit, wobei Systemhaftigkeit vorauszusetzen war. Dennoch bleibt anzumerken, daß der Körpersprache trotz ihrer Kodifizierungsmöglichkeit eine deutliche Mehrdimensionalität und damit eine hohe Verstehensambivalenz anhaftet.

Abschließend bleibt nochmals nachdrücklich darauf hinzuweisen, daß die hier vorgestellte Fokussierung auf die Relationalität zwischen Sprache und Körper-Sprache nur ein Ansatz sein kann, sich dem Phänomen der Körpersprache zu nähern. Weitere kategoriale Fragestellungen bleiben unberücksichtigt, insbesondere die interaktiv-reziproke Konstituierung körpersprachlicher Bedeutungszuschreibungen und die Klärung des Verhältnisses von sprechendem Körper als leiblicher Materialität und Körperrhetorik.

# Übertragen –
# Post, Transport, Metapher

HARTMUT WINKLER (Paderborn)

## I.

Von den Urszenen der Post bis hin zum Sender-Empfänger-Modell, und von Telegraph, Telephon und Nachrichtentechnik bis zum Filetransfer – im Mittelpunkt zumindest unserer Alltagsvorstellung der Medien stehen *Übertragung* und *Bote*. Medien übertragen Botschaften, Medien sind Medien der Übertragung; und Medienwissenschaft beginnt dort, wo sich die Aufmerksamkeit von der Botschaft ab- und der Übertragung selbst zuwendet.

Evidenzen aber sind trügerisch, dies hat die fundierte Kritik am Sender-Empfänger-Modell gezeigt. Gemessen an einem komplexen Medienkonzept erscheint die Vorstellung, mediale Vorgänge funktionierten nach dem Versandprinzip, technizistisch und in naiver Weise auf materielle Vorgänge eingegrenzt. In ihrer Grundannahme rettungslos bilateral droht sie fast alles zu verfehlen, was an den Medien tatsächlich interessant ist: die Ausbildung komplexer Netzstrukturen, den Beitrag der Medien zur Vergesellschaftung, die Herausbildung von Wissensordnungen, jede Überlegung zu Code und Semantik usf. Kann man eine Diskothek sinnvoll als den Ort einer ›übertragenen Botschaft‹ beschreiben?

Vielleicht aber läßt sich das Konzept der Übertragung dennoch verwenden. Und mehr: Der Begriff könnte möglicherweise leisten, was auf andere Weise kaum zu haben ist; wenn Medien nicht der ›Kommunikation‹ dienen oder zumindest meist nicht der Kommunikation ›Anwesender‹, wenn sehr viel typischer die Überwindung geographischer Distanzen ist, die Zeitversetzung zwischen Produktion und Rezeption, der Aspekt des *Archivs* und der Bezug auf die Technik – wenn all diese irritierenden Bestimmungen nicht ihrerseits in technizistisch-reduzierte Konzepte münden sollen, dann könnte die ›Übertragung‹ weiterhelfen.

Allerdings eine erweiterte Übertragung. Auszunutzen wäre die Tatsache, daß der Begriff schillert. Er tritt auf, wie gesagt, in der Post- und Nachrichtentechnik, wo es um Adressen, Laufzeiten und Störgrößen geht; daneben in der Ökonomic, etwa wenn im Tausch Eigentum übertragen wird[1], und ebenso in

---

1   Debray, Régis: *Transmitting Culture.* New York, Chichester (West Sussex) 2000, S. 1 (OA., frz.: 1997).

der Psychoanalyse; dort bezeichnet ›Übertragung‹ den Kern der analytischen Kur, die Übertragung des psychischen Konflikts in die aktuelle Situation zwischen Arzt und Patient. Man kann Krankheiten übertragen und physische Kräfte.[2] Vor allem aber tritt er auf in der Theorie der *Metapher*, die den Hinweis – metaphérein heißt übertragen – bereits im Namen trägt. Und die Metapher, dies sei im Vorgriff gesagt, ist ein Mechanismus, der tief in die Struktur semantischer Probleme führt.[3]

Wenn dergleichen Polysemie nicht in die Irre geht, dann scheint eine Möglichkeit auf, Medienaspekte, die bis dahin strikt getrennt erschienen, in Kontakt zu bringen. Denn wer hätte gedacht, daß physischer Transport und z. B. die Signifikatbildung überhaupt miteinander zu tun hätten, daß es möglich sei, sie in anschlußfähigen Termen zu diskutieren? Wir sind es gewöhnt, die Debatte um die Medien sauber in ›Ebenen‹ zu trennen; die Ebene des Institutionellen verweisen wir an die Soziologie, die Ebene der Bedeutung an die Semiotik.[4] Nur wenn man mit dieser Lösung unzufrieden ist, wird man sich für alternative Ansätze überhaupt interessieren. Die Ebenen der Medienwissenschaft sind Konstrukte. So etabliert sie sind, in so klarer Weise verstellen sie den Blick auf jene Interdependenz *zwischen* den Medienaspekten, die den Gegenstand aller avancierteren Medientheorien bildet. Medien sind nicht einerseits Hardware und ›gleichzeitig‹ Handlungsraum, Träger von Bedeutung und ›daneben‹ Wirtschaftsgut. Sie sind all dies tatsächlich in einem. Und die Theorie, denke ich, muß den Raum zwischen den Ebenen zu beschreiben versuchen.

## II.

*»Im Anfang, im Prinzip war die Post,*
*und darüber werde ich niemals hinwegkommen.«*
(Derrida, Postkarte, S. 39)

Beginnen wir mit der Post. Bernhard Siegert ist es gelungen, diese Institution einer reduziert institutionengeschichtlichen Betrachtung zu entreißen und sie für die Theorie zurückzugewinnen. In seinem Buch *Relais*, das 1993 erschien[5],

---

2   R. Debray: *Transmitting Culture* (s. Anm. 1), S. 7, S. 1.
3   Dank an Geoffrey Winthrop-Young, dessen brillanter Text »Going Postal to Deliver Subjects: Remarks on a German Postal Apriori« Ausgangspunkt meiner Überlegung ist (erscheint in: *Angelaki. Journal of the Theoretical Humanities* (2003)); für den Gang meines Arguments allerdings trifft W.-Y. keine Verantwortung.
4   »The edifice of signs divides into the three levels of the physical (the technological), semantic and political. […] Its study has been up to the present day partitioned into air-tight disciplines«; »we are quite ill-prepared to deal with crossings and composites.« (Debray, Régis: *Media Manifestos. On the technological transmission of cultural forms*. London, NY 1996, S. 17 [OA., frz.: 1994)]).
5   Siegert, Bernhard: *Relais. Geschicke der Literatur als Epoche der Post.* Berlin 1993.

kann er zeigen, daß die Post als eine gesellschaftliche Implementierung nicht eigentlich Kommunikationsnetze bereitstellt oder Kommunikationsakte ›vermittelt‹. Durch eine aktive Postpolitik vielmehr, und insbesondere durch eine gezielte, drastische Verminderung des Portos um 1840 wurden überhaupt erst jene Verkehrsfrequenzen *erzeugt*, die für einen wirtschaftlichen Betrieb des Systems nötig sind[6]; der Staat selbst also, dies belegt Siegert mit einer Vielzahl von Materialien, war an der Steigerung des Verkehrs interessiert; mit den Postwegen entstand das erste jener medialen Adernetze, die für eine gesellschaftliche Integration zunächst auf nationaler und dann auf internationaler Ebene sorgen.

Der zweite wirklich schlagende Punkt bei Siegert ist, daß mit dem Postsystem die Position der kommunizierenden Subjekte auf neue Weise definiert wird. Um für den Postboten erreichbar zu sein, müssen die Subjekte über eine Adresse verfügen; das Postsystem fixiert die Subjekte an bestimmten Orten und macht sie auffindbar, was Siegert mit den Disziplinierungs- und Anti-Vagabondagestrategien, die Foucault untersucht hat, in Verbindung bringt. Die Entwicklung des Postsystems geht mit derjenigen des polizeilichen Meldewesens Hand in Hand, wobei die Besonderheit wäre, daß das Postsystem nicht mit repressiven Mitteln durchgesetzt werden muß, weil es auf die Kommunikationsbedürfnisse der Betroffenen selbst sich stützen kann. Dennoch war der Eingriff als Eingriff fühlbar:

> Vom Marquis von Londonderry erhielt der Postmaster-General [...] die indignierte Anfrage zurück, ob der PGM tatsächlich erwarte, daß er, der Marquis, einen Schlitz in seine Mahagony-Tür säge.[7]

Hintergrund bei Siegert ist die Geschichtsauffassung Foucaults. Foucault hat in verschiedenen seiner Texte die Tatsache beschrieben, daß die Ausübung von Herrschaft das Mittel direkter Repression hinter sich läßt und auf eine Ebene struktureller, fast möchte man sagen: infrastruktureller Anordnungen wechselt. Mit dem Regime der Disziplinen und dann der Gouvernementalität[8] dringt die Macht in die Alltagsvollzüge und die Subjektstrukturen vor; Teilhabe am gesellschaftlichen Prozeß bedeutet zunehmend, an die Systeme der gesellschaftlichen Zirkulation angeschlossen zu sein; und gleichzeitig eben sind es die Netze selbst, summiert Siegert, die den Ort angeben, »an dem allein die durch ihre Funktion im Diskurs bezeichneten Subjekte ex-sistieren.«[9]

Was bei Foucault Geschichts-, Gesellschafts- und Kulturtheorie ist, deutet Siegert im engeren Sinn medientechnisch und medienhistorisch aus, mit der Konsequenz, auch hier den Anschein einer freiwilligen Teilhabe zu demontieren. In der jeweils konkreten historischen Medienlage sieht er den Rahmen

---

6 Ebd., S. 110 ff.
7 Ebd., S. 125 f.
8 Foucault, Michel: »Die ›Gouvernementalität‹«. In: Bröckling, Ulrich et al. (Hg.): *Gouvernementalität der Gegenwart*. Frankfurt/M. 2000, S. 41–67 (OA., frz.: 1978).
9 B. Siegert: *Relais* (s. Anm. 5), S. 84.

nicht nur für die Projekte der Literatur, die bereits sein Untertitel polemisch auf eine ›Epoche der Post‹ reduziert, sondern für Kommunikation, und weitergehend die gesellschaftlichen Prozesse insgesamt. Dies ist der Grund für Siegert, von einem postalisch-historischen ›Apriori‹ zu sprechen.[10]

## III.

> »Du begreifst, im Inneren jedes Zeichens [...]
> gibt es die Entfernung, die Post«.
> (Derrida, Postkarte, S. 39)

Doch Aufmerksamkeit verdient die Post noch aus einem zweiten, andersgearteten Grund: Derrida nämlich hat in verschiedenen seiner Texte und am deutlichsten wohl in »Signatur, Ereignis, Kontext«[11] den Gedanken vertreten, *daß das Zeichen selbst sich seiner Verschickung verdankt*. Derrida sieht das Zeichen dadurch bestimmt, daß es seinen Kontext wechseln kann – und wechseln können muß –, will es als Zeichen funktionieren. Die These bezieht sich zunächst auf das schriftliche Zeichen; hier sind bereits Produktion und Rezeption zeitlich und räumlich entkoppelt, das Zeichen muß in der Lage sein, diese Kluft zu überbrücken:

> Ein schriftliches Zeichen (signe) im geläufigen Sinne dieses Wortes ist also ein Zeichen (marque), das bestehen bleibt, das sich nicht in der Gegenwart seiner Einschreibung erschöpft und die Gelegenheit zu einer Iteration bietet, auch in Abwesenheit des empirisch festlegbaren Subjekts, das es in einem gegebenen Kontext hervorgebracht oder produziert hat und über seine Anwesenheit hinaus.[12]

Da Produktions- und Rezeptionskontext auseinanderfallen, muß das Zeichen von der Situation und vom Kontext sich in gewissem Maße ablösen.

> Gleichzeitig enthält ein schriftliches Zeichen die Kraft eines Bruches mit seinem Kontext, das heißt mit der Gesamtheit von Anwesenheiten, die das Moment seiner Einschreibung organisieren.[13]

Zweite basale Bestimmung des Zeichens ist seine Wiederholbarkeit. Dies bedeutet ebenfalls, daß das Zeichen in unterschiedliche Kontexte eintritt:

> was nun den semiotischen und internen Kontext betrifft, so ist die Kraft des Bruchs keineswegs geringer: aufgrund seiner wesentlichen Iterierbarkeit kann man ein schriftliches Syntagma aus der Verkettung, in der es gegeben oder eingefaßt ist, immer herauslösen, ohne daß ihm dabei alle Möglichkeiten des Funktionierens, wenn nicht eben alle Möglichkeiten von ›Kommunikation‹, verlorengehen. [...] Kein Kontext kann es einschließen. Auch kein Code, wobei der Code hier zugleich

---

10 Ebd., S. 10; dieses ›Apriori‹ vor allem greift Winthrop-Young in seinem Text an.
11 Derrida, Jacques: »Signatur Ereignis Kontext«. In: ders.: *Randgänge der Philosophie*. Wien 1988, S. 291–314 (OA., frz.: 1972).
12 Ebd., S. 300.
13 Ebd.

die Möglichkeit und die Unmöglichkeit der Schrift, ihrer wesentlichen Iterierbarkeit (Wiederholung, Andersheit) ist.[14]

Der enge Rahmen von Sender und Empfänger ist damit überschritten; beide sind nur Teil einer unendlichen Kette von Wiederholungsakten, die sie nicht überschauen oder kontrollieren können; Zeichen werden von Kontext zu Kontext verschickt oder übertragen, Zeichen sind insofern immer Telekommunikation. Daß sie auf Kontexte verweisen, die im Moment ihrer Aktualisierung nicht zur Verfügung stehen, macht ihren eigentümlich fremden Charakter aus.

## IV.

> *»Denn schließlich, man müßte recht zutraulich sein zu diesem Wert der ›Metapher‹ und zu ihrem ganzen Bereich [...], um auf diese Weise die Figur der Post zu behandeln.«*
> *(Derrida, Postkarte, S. 82)*

In der Metapher nun, so könnte man sagen, kommt dieser Mechanismus zu sich selbst. Wenn das Alltagsbewußtsein von einer ›übertragenen‹ Bedeutung spricht, wäre zunächst zu klären, was wohin übertragen wird und in welchem Sinne. Handelt es sich, wenn man die Bedeutung hier ›übertragen‹ nennt, selbst um eine Metapher? Oder läßt sich ein Bezug zurück auf materielle Mechanismen, auf Post, Transport und Kontextwechsel zeigen?

Innerhalb der Metapherntheorie hat es eine Entwicklung gegeben, die die Metapher Schritt für Schritt von Invention und Intuition abgelöst, und zunehmend kühl als einen Mechanismus, eine materielle Operation im Material der Sprache, beschrieben hat. Eine wichtige Zwischenstation auf diesem Weg war der berühmte Text Max Blacks von 1954.[15] Black geht aus von der Erfahrung, daß die Metapher eine Art Zusammenprall inszeniert. Wo die traditionellen Ansätze behaupteten, die Metapher beinhalte einen Vergleich bzw. der metaphorische Ausdruck substituiere einen eigentlichen, wörtlichen Ausdruck im Text[16], schlägt Black vor, die Metapher als eine ›Interaktion‹ neu zu beschreiben.[17] Die Tatsache, daß das metaphorische Element semantisch nicht in seinen Kontext paßt, zwingt dazu, das Element mit seinem Kontext abzuglei-

---

14 Ebd.
15 Black, Max: »Die Metapher«. In: Haverkamp, Anselm (Hg.): *Theorie der Metapher*. Darmstadt 1983, S. 55-79.
16 »Metapher [...]. Sie steht zu dem von ihr ersetzten eigentlichen Ausdruck nicht, wie die Synekdoche, in einer Teil-Ganzes-Relation und auch nicht, wie die Metonymie, in einer realen Beziehung qualitativer Art, sondern beruht auf einer Abbild- oder Ähnlichkeitsrelation; die Rhetorik der Antike hat deshalb die M. als verkürzten Vergleich aufgefaßt, neuere M.-theorien bieten andere Erklärungen.« (*Metzler Lexikon Literatur und Kulturtheorie*. Stuttgart, Weimar 1998, S. 363).
17 Der Grundgedanke der Interaktionstheorie geht auf I. A. Richards zurück (ebd., S. 364).

chen; Metapher und Kontext ›interagieren‹; nur auf diese Weise kann das Rätsel gelöst und die Metapher verstanden werden.

Unmittelbarer Vorteil dieser Sichtweise ist, daß sowohl die Metapher als auch ihr Kontext materiell – de Saussure würde sagen: ›in praesentia‹ – vorhanden sind. Damit geht die Aufmerksamkeit von der Ebene der Inhalte auf die Ebene des Textes selbst über; es geht um die semantische Beziehung zweier syntagmatisch gereihter Elemente, und nicht wie in der Substitutionsthese um ein Element, das, eben weil substituiert, selbst abwesend ist und über das letztlich nur spekuliert werden kann.[18]

In welchem Sinne aber kann man in dieser Perspektive von einer ›Übertragung‹ sprechen?

Wenn die Metapher ›übertragen‹ wird, dann ja nicht innerhalb des Textes, sondern von einer semantischen Sphäre in die andere, bzw. genauer: von der semantischen Sphäre, in die der benutzte Ausdruck normalerweise gehört[19], in einen Kontext, der dieser Sphäre mehr oder minder fremd ist. Die Gliederung des Wortschatzes in semantische Sphären aber wäre gerade nicht Teil des materiell anwesenden Textes. Sie wäre Teil der Sprachkompetenz und insofern – Saussure sagt: ›in absentia‹ – ins Dunkel der sprachkompetenten Köpfe verbannt.

Will man also beides haben, Blacks materielle ›Interaktion‹ und eine möglichst materiell gedeutete ›Übertragung‹ mit den Konnotationen von Post und Transport, wären meines Erachtens zwei Schritte nötig: zunächst der Rückgriff auf Derrida, der das Zeichen grundsätzlich über den materiellen Prozeß seiner Einsetzung in Kontexte bestimmt.

Und zweitens eine Theorie, die zumindest skizziert, was ›semantische Sphären‹ in Termen einer materialistischen Sprachtheorie sein könnten. Ich habe hierzu an anderer Stelle den Vorschlag gemacht, das semantische System als einen kumulierten Abzug über der unendlich großen Menge vergangener Sprachereignisse zu begreifen.[20] Sprachereignisse (Äußerungen, Texte) nähren das System der semantischen Verweise; Diskurs schlägt um in Struktur, und syntagmatische Nähe, dies ist der Kern meiner These, schlägt in paradigmatische Nähe um.

In der Folge wird man zwei Ebenen unterscheiden müssen: neben der Ebene der materiellen Texte ist eine zweite, nicht weniger materielle Ebene anzunehmen: die Ebene der semantischen Kompetenz, des *Codes*, lokalisiert im Gedächtnis der Sprachbenutzer, die an vergangenen Äußerungsereignissen teilgenommen haben. Auf diese Weise entsteht ein verändertes Bild von der Übertragung. ›Übertragen‹ würde tatsächlich jeder Begriff, er wird dem Code entnommen und eingestellt in einen jeweils aktuellen (und grundsätzlich ›fremden‹) Kontext. Und dies im Falle des wörtlichen wie des metaphorischen Ge-

---

18 Gegen die Substitutionstheorie sind auch andere Einwände möglich (siehe ebd.).
19 Man denke etwa an die Wortfelder Triers.
20 Winkler, Hartmut: *Docuverse. Zur Medientheorie der Computer*. München 1997, S. 143–172.

brauchs. Als Besonderheit der Metapher bliebe übrig, daß der Kontext noch ein Stück fremder als im Normalfall ist.

## V.

Die Vorstellung ist von Derrida ausgegangen und kommt auch bei Derrida wieder an: ging doch der Streit mit Searle gerade darum, ob zwischen dem wörtlichen Sprachgebrauch und dem ›parasitären‹ der Metapher überhaupt unterschieden werden kann [21]; Derrida hatte dies zu Searles Verblüffung verneint; er hatte sich über den Begriff des Parasitären lustig gemacht und die Metapher nicht als sekundär und ›abgeleitet‹, sondern als den basalen Mechanismus der Sprache überhaupt modelliert.

Die Instanz des Codes allerdings wird bei Derrida ausgespart, ja mehr noch: sie wird gezielt vermieden.[22] Derrida *polemisiert* gegen den Code, und setzt *statt dessen* auf die Wiederholung, um die Behauptung seiner Stabilität und seiner scheinbaren Unabhängigkeit vom Diskurs zu unterminieren:

> Eine vielleicht paradoxe Konsequenz dieses Rekurses auf die Iteration und auf den Code: letzten Endes die Ausschaltung der Autorität des Codes als geschlossenes System von Regeln; gleichzeitig die radikale Zerstörung eines jeden Kontextes als Protokoll des Codes. […] Dies setzt nicht voraus, dass das Zeichen (marque) außerhalb von Kontext gilt, sondern im Gegenteil, dass es *nur Kontexte ohne absolutes Verankerungszentrum* gibt.[23]

So plausibel dieser Vorbehalt ist, ich halte die Aussparung des Codes für eine Verkürzung und für korrekturbedürftig. Zunächst, weil auch die Wiederholung auf einen Ort der Niederlegung angewiesen ist, was Derrida zugesteht.[24] Zum zweiten und wichtiger aber, weil es m.E. gerade darum ginge, den Begriff des Codes, so »unsicher er erscheint«, an material-beschreibbare Mechanismen der Sprache zurückzubinden. Und drittens schließlich wäre von dem Archiv in den Köpfen (dem Code) eine Verbindung herzustellen zu jenen materiellen Archiven, die mit der Schrift entstehen, und die, wie Derrida beschreibt, eine Wiederbegegnung mit dem material-monumentalisierten Dokument erlauben.[25] Da diese Wiederbegegnung sich von anderen Typen der Wiederholung signifikant unterscheidet, erscheint es mir sinnvoll, weder Code noch Archiv auf Wiederholung zu reduzieren.

---

21 J. Derrida: »Signatur« (s. Anm. 11).
22 »[…] doch ziehe ich es vor, den Begriff des Codes, der mir unsicher erscheint, hier nicht zu sehr zu beanspruchen.« Ebd., S. 301.
23 Ebd., S. 298 f., 304 (Hervorh. H.W.).
24 »Sagen wir, dass eine gewisse Selbstidentität dieses Elements (Marke, Zeichen usw.) seine Erkennbarkeit und seine Wiederholung gestatten muß.« (Ebd.); ich habe die Konsequenzen dieses Zugeständnisses diskutiert in H. Winkler: *Docuverse* (s. Anm. 20), S. 281 ff.
25 J. Derrida: »Signatur« (s. Anm. 11), S. 298.

Was allerdings die Übertragung betrifft, eröffnet die Betonung der Wiederholung eine zusätzliche Perspektive: Nun wird deutlich, daß die Übertragung eine Übertragung von der Vergangenheit in die Gegenwart (und perspektivisch: die Zukunft) ist. Zumindest u. a. ist die Übertragung eine Maschine der Traditionsbildung[26]; und in diesem Aspekt weniger Post als Flaschenpost...

## VI.

> *»Wenn ich im Gegenteil das Postalische [...] denke ausgehend [...] von der Sprache und nicht umgekehrt [...], dann ist die Post nicht mehr eine bloße Metapher, sie ist sogar, als Ort aller Übertragungen und aller Korrespondenzen, die ›eigene‹ Möglichkeit jeder möglichen Rhetorik.«*
> (Derrida, Postkarte, S. 83)

Kehren wir zur Metapher zurück, so wäre nun zu prüfen, ob Blacks Begriff der ›Interaktion‹ zumindest abstrakt-modellhaft näher bestimmt werden kann. Behauptung war, daß zwei Segmente der syntagmatischen Kette – das metaphorische Element und sein Kontext, Black sagt: Focus und Frame – interagieren; die Auskunft, daß diese Interaktion im Kopf des Rezipienten stattfindet, wäre zunächst wenig befriedigend; möglicherweise aber hilft auch hier der Begriff der Übertragung weiter.

Meine These ist, daß Post-ähnliche Mechanismen auch innerhalb der syntagmatischen Kette selbst gezeigt werden können. Nun allerdings ist die Ebene zu wechseln; wenn Frame und Focus nämlich interagieren, dann nicht auf der Ebene der Begriffe selbst, sondern auf der Ebene ihrer *Bedeutungskomponenten*. Auf welche Weise man diese Komponenten faßt, ob als ›Merkmale‹, ›Seme‹ oder ›Konnotationen‹, ist umstritten, und zwar innerhalb der Metapherntheorie wie der allgemeinen Semantik[27]; klar aber ist, daß die Metapher die Aufmerksamkeit dazu zwingt, auf die Ebene der Bedeutungskomponenten zu wechseln und diese mit dem Kontext abzugleichen: Bezeichnet man einen Menschen als einen ›Wolf‹, werden einzelne Bestimmungen des Wolfes in Anspruch genommen – etwa Macht, Rücksichtslosigkeit, Raub –, andere, und zwar gerade sehr zentrale Bestimmungen wie Tier, Vierbeiner, grau usf. aber werden ausgeblendet. Die Metapher ist durch diesen Mechanismus gekennzeichnet: Während der wörtliche Gebrauch eine relative Harmonie/Übereinstimmung solch zentraler Komponenten verlangt, lebt die Metapher vom

---

26 Dies ist der hauptsächliche Punkt in Debrays Begriff der Transmission.
27 Lyons, John: *Semantik.* Bd. I, München 1980, S. 327–345; innerhalb der Metapherntheorie scheint mir der Ansatz von Beardsley besonders weitreichend zu sein, der sich für den Begriff der Konnotationen entscheidet (Beardsley, Monroe C.: »Die metaphorische Verdrehung.« In: Haverkamp, Anselm (Hg.): *Theorie der Metapher.* Darmstadt 1983, S. 120-141); detailliert diskutiert habe ich diese Frage in: Winkler, Hartmut: »Metapher, Kontext, Diskurs, System.« In: *Kodikas/Code. Ars Semeiotika. An International Journal of Semiotics.* Vol. 12, Nr. 1/2 (1989), S. 21–40 (www.uni-paderborn.de/~winkler/metapher.html).

Zusammenprall; ja mehr noch: Erst die Entdeckung einer Unvereinbarkeit auf der Ebene semantischer Komponenten löst überhaupt den Reflex aus, daß es sich, da ein wörtliches Verständnis nicht möglich ist, offensichtlich um eine Metapher handelt.

Auf der Ebene der Bedeutungskomponenten also wird tatsächlich etwas ›übertragen‹. Allein die syntagmatische Reihung sorgt dafür, daß die gereihten Elemente auf ihre Komponenten hin geprüft und abgeglichen werden; die Komponenten werden hin- und herprojiziert, und ihre Konstellationen fungieren, wie Black sagt, wechselseitig als ›Filter‹, bis der Prozeß des Verstehens zu einem pragmatischen Abschluß kommt. Verstehen also ist keineswegs ein Vorgang, der sich jeder Modellierung entzieht, auch wenn es bislang nicht gelungen ist, semantische Mechanismen in Computermodellen plausibel abzubilden.

Und dieselbe Komponenteninteraktion und -übertragung gilt selbstverständlich auch im normalen ›wörtlichen‹ Sprachgebrauch, nur im Fall der Metapher allerdings wird sie unabweisbar deutlich. Dies ist der Grund, warum vor allem die Metapher an die Wurzeln der Semantik führt.

## VII.

Der Begriff des Codes ist nun zu spezifizieren. Grundhypothese wäre, daß der Komponentenabgleich in jedem Einzelfall in den Code zurückschreibt, daß jede einzelne Zeichenverwendung also Macht – eine sehr begrenzte Macht – über den Code hat. In den Code allerdings wird nur eingehen, was nicht in einem einzelnen, sondern in sehr vielen Kontexten als eine Komponentenkonstellation sich vorfindet. Von Kontext zu Kontext also läuft ein *Typisierungsprozeß,* der den Code von den einzelnen Äußerungsereignissen (Type von Token) signifikant unterscheidet.

Derrida also hat Recht und Unrecht zugleich: Immer färbt der Kontext die syntagmatisch gereihten Elemente ein, und niemals wird der Kontext vollständig gleich sein oder ausgeschöpft werden können; da das Zurückschreiben in den Code aber quasi-statistisch kumulativ verläuft, bleibt es sinnvoll, über die Wiederholung hinaus auf den Code als ein Moment der Beharrung zu verweisen. Und dies gerade dann, wenn man das Interesse Derridas teilt, die »Autorität des Codes als eines [statisch-] geschlossenen Systems von Regeln« zu demontieren.

›Übertragen‹ ist die Bedeutung der Metapher also aus drei Gründen: zum einen, weil jede Bedeutung ›übertragen‹ ist, aus vorangegangenen Wiederholungsereignissen, aus dem Code und aus der Vergangenheit, die sich im dynamischen Speicher des Codes akkumuliert. Zum zweiten, weil im Code selbst sich Nähe- und Entfernungsrelationen ausbilden, jene semantischen ›Sphären‹ eben, deren Grenzen die Metapher überspringt. Zum dritten auf der Ebene der Komponenten, insofern syntagmatisch gereihte Elemente in Interaktion treten und ihre Komponenten hin- und herprojizieren. In jedem Fall wäre sie Grenzfall der ›normalen‹, unauffälligen Kontextapplikation.

Was wir als ›Signifikat‹ ansprechen, wäre das unmittelbare Resultat solcher Übertragung. Angereichert/aufgeladen durch die Bestimmungen, die die Kontexte an das Element herantragen und gleichzeitig eine Abstraktion und Summenbildung über diesen Kontexten; Verschickung (Kontextwechsel), das Gesetz der großen Zahl (Statistik) und Abstraktion/Generalisierung also hängen auf regelhafte Weise zusammen.

## VIII.

Der Weg der Argumentation also hat von der Post tief in semantische Probleme geführt. Dies aber kollidiert mit einem Hauptpunkt der ausgangs zitierten Texte: hatte doch Siegert gerade darauf abgehoben, daß inhaltlich-semantische Probleme zunehmend irrelevant würden, weil die Mechanismen der Macht auf die technisch-organisatorischen Strukturvorgaben der postalischen Zustellung selbst übergegangen seien. Fällt der Verweis auf die Semantik also hinter diese These zurück?

Das Argument selbst hat einiges für sich. Sein Hintergrund ist, daß die Medienentwicklung die Sprache ja offensichtlich marginalisiert oder hinter sich gelassen hat. In einem ersten Schritt um 1900, als die technischen Bilder (Photographie und Film) in klarer Polemik gegen die Sprache zum Leitmedium wurden[28], und in einem zweiten Schritt in der Gegenwart, indem die Computer, exakt parallel dazu, die Formalsprachen gegen die ›natürliche Sprache‹ setzen. Macht es also überhaupt Sinn, den Begriff der Übertragung bis in die Mikromechanismen der Sprache hinein zu verfolgen?

Meine Behauptung ist, daß der Verweis allein auf die technisch-strukturell-organisatorische Ebene seinen Gegenstand, die Medien, nicht ausschöpfen kann. Selbst wenn man sich entscheidet, sich für die Medien-Inhalte nachhaltig nicht mehr zu interessieren, weil das Medium und eben nicht die Botschaft die Botschaft ist, bleibt das Rätsel, auf welche Weise die *Praxen* in die Struktur der Medien sich einschreiben und ob veränderte Praxen die Chance haben, in einer veränderten Medienstruktur sich niederzuschlagen.

Mein Vorschlag ist deshalb, die Mikro-Mechanismen im Feld der Sprache zum Ausgangspunkt zu wählen für die Entwicklung eines abstrakteren Modells, das dann auch außerhalb von Sprache und Semantik, im Feld der anderen Medien, Gültigkeit beanspruchen kann.

Wenn Äußerungsakt und Code zwei Instanzen sind, die, zyklisch miteinander verbunden, die Maschine des Semiotischen bilden, so wird man fragen müssen, was im Feld der anderen Medien diesen beiden Instanzen entspricht. Und ebenso wäre die Wechselbeziehung zwischen Verschickung (Kontextwechsel) und Abstraktion/Signifikatbildung zu klären. Kann auch im Fall von Bildmedien und Computer gezeigt werden, daß die Praxen in den Code zurückschreiben?

---

28 H. Winkler: *Docuverse* (s. Anm. 20), S. 185 ff.

Das Problem liegt ein weiteres Mal auf der Seite des Codes: Bereits die technischen Bilder (Photographie und Film) dementieren die Existenz eines Codes – der Filmtheoretiker Metz hatte dies auf die prekäre Formel einer ›langage sans langue‹ gebracht; sie behaupten, in ihrer ikonisch-indexikalischen Grundanordnung ohne Code auszukommen und die problematische Interaktion von Code, Kontext und Praxen/Geschichte vermeiden zu können.[29] Im Fall der Computer scheint der Code in Gestalt der Formalsprache immer schon vorvereinbart, und – eben weil formal – von den Äußerungsakten/Praxen/›Anwendungen‹ weitgehend unabhängig zu sein. In beiden Fällen scheint die Dialektik zwischen Äußerung und Code unterbrochen; der Code scheint gegen den Einspruch der symbolischen Praxen gesichert. Und wiederum ähnlich im Fall der Siegertschen Post-Infrastruktur. Auch sie kommt nicht deshalb in die Welt, weil die Post-Benutzung kumulativ die Kanäle bahnt, sondern weil eine clevere Obrigkeit die Chance der Portoverbilligung erkennt; einmal in die Welt gebracht und technisch-organisatorisch implementiert, fungiert sie als ›Apriori‹, sie schreibt in die Praxen sich ein, ohne umgekehrt von den Praxen tatsächlich berührt werden zu können.

Diese Deutungen sind deshalb so suggestiv, weil sie den monologischen Charakter der Medien so plausibel beschreiben; verbarrikadiert in Technik, Institutionen und Expertenkulturen, in der strikt organisatorischen Trennung zwischen professionalisierten Enunziatoren und Freizeit-Rezeption, avancierte Produktions- und sehr schlichte Consumertechnik, scheinen die Medienstrukturen tatsächlich weitgehend unberührbar zu sein. Der Begriff des ›Codes‹ erscheint deshalb gleichzeitig zu hart und zu weich: zu hart im Licht der genannten Dementis und zu weich, um die deterministische Kraft der in Hardware oder Institutionen niedergelegten Strukturen plausibel zu fassen.

Dennoch, denke ich, sind die Deutungen falsch. Von der Semantik ist zu lernen, daß der Code sich grundsätzlich armiert. Zunächst im Gesetz der Statistik, das dem einzelnen machtlosen Äußerungsakt das Eigengewicht der gesamten im Code kumulierten vergangenen Äußerungsakte entgegensetzt, und dann in seiner spezifischen Opazität, die exakt diesen Mechanismus weitgehend unsichtbar macht.

Nach dem Muster des Codes wären deshalb auch Institutionen und Technik zu dekonstruieren. Aufzuweisen wäre ihre Abhängigkeit von den Praxen ihrer ›Nutzung‹[30], die ihrer die Nutzungen prägenden Kraft, ihrem ›Apriori‹-Charakter, entgegensteht; aufzuweisen wäre die Abhängigkeit der Abstraktion von Abstraktionsprozessen, die selbst Resultat von Verschickung und Kontextwechsel sind. Und gleichzeitig eben wäre ihre Stabilität – als ein Effekt von Stabilisierungsmechanismen – ernst zu nehmen.

Die Aufmerksamkeit für die Übertragung verschiebt die Gewichte. Die Tatsache, daß Medien Medien der ›Übertragung‹ sind und *Akte* der Übertragung (Kontextwechsel) das Granulat für eine kumulative Strukturbildung lie-

---

29 Ebd.
30 Der Begriff des ›Users‹ ist einer der chimärischsten Begriffe im Computerdiskurs…

fern, verschiebt das Augenmerk von der Macht auf die Mechanismen ihrer Reproduktion. In gewisser Weise wäre diese Vorstellung Siegerts Bezugspunkt, Foucault, sogar näher als Siegert selbst; geht es Foucault doch gerade darum, den *Automatismus* im Funktionieren der Disziplinen zu zeigen, den Übergang von obrigkeitsstaatlicher Intervention zu einer Selbstregulierung der gesellschaftlichen Apparatur wie der Subjekte, die dieses ›Selbst-‹ allererst hervorbringt und keineswegs weniger machtgesättigt als die Ausgangskonstellation ist. Siegerts Argument zur Post, dies wäre mein Einwand, bleibt zumindest nach einer Seite hin dem intervenierenden Staat verhaftet. Zu zeigen eben wäre nicht allein, daß die staatliche Post die Adressierbarkeit der Subjekte verlangt, sondern daß und warum die Subjekte ›selbst‹ Briefkastenschlitze in ihre Mahagonitüren sägen.

*Solange übertragen wird, entstehen Signifikate* – oder signifikatäquivalente Strukturen – *als Output,* insofern das Signifikat nur der Sonderfall eines allgemeinen Mechanismus der Strukturbildung ist. Die Frage ist, wo die Strukturen sich akkumulieren; ob in den Köpfen der Teilnehmer am Diskurs (als Signifikate oder Stereotypen), in Texten, die immer die ›Aufhebung‹ aller vorangegangenen Texte sind, in der Technik, die alle vorangegangenen Techniken in sich aufhebt oder verdrängt, in Institutionen oder in Algorithmen, die ihrem formalen Charakter zum Trotz mit ihren weltgebundenen ›Anwendungen‹ grundsätzlich interagieren. Gegeben sind Kontexte; was die Kontexte miteinander verbindet, nennen wir ›medial‹.

# Nietzsches Rhetorik: Figuration und Performanz

Martin Stingelin (Basel)

›Figuration‹ und ›Performanz‹ verkörpern jenen unauflöslichen Doppelaspekt der Rhetorik, der in Friedrich Nietzsches Werk als zusehends ambivalentere Spannung zum Ausdruck kommt (I.), bedient sich dieses doch der Rhetorik, gelegentlich im selben Zug, als spielerisches Mittel zur poet(olog)ischen Autoreflexion der eigenen Schreibszene und ihrer Voraussetzungen (II.) wie als überwältigendes Mittel zur ›eigentlichen‹ – im Fin de siècle des 19. Jahrhunderts befangenen – ›philosophischen Aufgabe‹, den Gesellschaftskörper zu gestalten (III.). Hier wie dort sind sowohl die sprach- und erkenntniskritische, Vorbehalte gegenüber der eigenen Überwältigungskraft übende wie die mitreißende Qualität der Rhetorik engagiert.

## I. Nietzsches Begegnung mit der Rhetorik (Forschungsbericht)

Die rhetorische, von Philippe Lacoue-Labarthe sorgfältig als ›Umweg‹ nachgezeichnete Wendung in Friedrich Nietzsches Philosophie[1] setzt ein mit der Begegnung seiner an *Georg Christoph Lichtenberg's Vermischten Schriften*[2] geschulten Sprach- und Erkenntniskritik[3] mit der originellsten Darstellung

---

1  Vgl. Lacoue-Labarthe, Philippe: »Der Umweg« (1971, 1979). Aus dem Französischen übersetzt von Thomas Schestag. In: Hamacher, Werner (Hg.): *Nietzsche aus Frankreich*. Frankfurt/M., Berlin 1986, S. 75–110. Lacoue-Labarthe kommt allerdings zum Schluß: »Von 1875 an ist die Rhetorik kein privilegiertes Instrument mehr. Man könnte fast sagen, daß Nietzsche ihr sämtliche Rechte entzieht, daß sie praktisch aufhört, ein Problem zu sein« (S. 78). Im Gegensatz zu dieser richtungsweisenden Studie, die, begleitet von einer Dokumentation der Rhetorik-Vorlesung in französischer Übersetzung – Nietzsche, Friedrich: »Cours sur la rhétorique«. Traduit, présenté et annoté par Philippe Lacoue-Labarthe et Jean-Luc Nancy. In: *Poétique* 5 (1971), S. 104–130 –, zum erstenmal nachdrücklich auf Nietzsches Gerber-Rezeption aufmerksam gemacht hat, gehe ich davon aus, daß die Aktualität der Rhetorik in Nietzsches Werk unter dem hier zur Diskussion gestellten Doppelaspekt ›Figuration und Performanz‹ bis Januar 1889 anhält.
2  8 Bde. Göttingen: Verlag der Dieterich'schen Buchhandlung 1867.
3  Vgl. Stingelin, Martin: »*Unsere ganze Philosophie ist Berichtigung des Sprachgebrauchs*«. *Friedrich Nietzsches Lichtenberg-Rezeption im Spannungsfeld zwischen Sprachkritik (Rhetorik) und historischer Kritik (Genealogie)*. München 1996.

der Rhetorik im ausgehenden 19. Jahrhundert: Gustav Gerbers zweibändigem Werk über *Die Sprache als Kunst*[4], das die Tradition der spätaufklärerischen und romantischen Sprachphilosophie erneuerte, indem es die Tropen- und Figurenlehre der klassischen Rhetorik sprachkritisch gewendet hat. Beredtestes Zeugnis dieser Begegnung[5] ist Nietzsches Basler Rhetorik-Vorlesung, die dieser im Wintersemester 1872/73, also kurz nach dem altphilologischen Skandal um seine Erstlingsschrift *Die Geburt der Tragödie aus dem Geiste der Musik*, dreimal in der Woche bei sich zu Hause vor nur zwei Zuhörern aus einer Kladde vorgetragen hat, einem Juristen, Louis Kelterborn, und einem Germanisten mit Namen Stückelberger, bei einem kühlen Bier – »Culmbacher« –, wie Kelterborn sich später erinnerte[6]: »Der sprachbildende Mensch faßt nicht Dinge oder Vorgänge auf, sondern Reize: er giebt nicht Empfindungen wieder, sondern sogar nur Abbildungen von Empfindungen. […] Als wichtigstes Kunstmittel der Rhetorik gelten die Tropen, die uneigentlichen Bezeichnungen. Alle Wörter aber sind an sich u. von Anfang <an>, in Bezug auf ihre Bedeutungen Tropen. […] Ebensowenig wie zwischen den eigentl. Wörtern und den Tropen ein Unterschied ist, giebt es einen zwischen der regelrechten Rede und den sogenannten rhetorischen Figuren. Eigentlich ist alles Figuration, was man gewöhnliche Rede nennt«[7], notierte sich Nietzsche bei Gerber[8]

---

4   Gerber, Gustav: *Die Sprache als Kunst*. Bromberg 1871; die beiden folgenden Teilbände, 1873/74, scheint Nietzsche nicht mehr zur Kenntnis genommen zu haben; im folgenden wird jeweils nur der erste Band zitiert.

5   Vgl. Meijers, Anthonie: »Gustav Gerber und Friedrich Nietzsche. Zum historischen Hintergrund der sprachphilosophischen Auffassungen des frühen Nietzsche«. In: *Nietzsche-Studien. Internationales Jahrbuch für die Nietzsche-Forschung* 17 (1988), S. 369–390. Thalken, Michael: *Ein bewegliches Heer von Metaphern. Sprachkritisches Sprechen bei Friedrich Nietzsche, Gustav Gerber, Fritz Mauthner und Karl Kraus*. Frankfurt/M. 1999, unternimmt den Versuch »anhand der sprachkritischen Philosophie Gustav Gerbers eine Gegenposition zur Sprachkritik Nietzsches zu entwerfen« (S. 128).

6   Vgl. Kelterborn, Louis: »Erinnerungen« (1901). In: Gilman, Sander L. (Hg.): *Begegnungen mit Nietzsche*. Bonn 1985, S. 103–123, hier S. 111. Die Datierung dieser Rhetorik-Vorlesung ist nicht unumstritten; der Herausgeber ihrer kritischen Edition hat sich auf 1874 festgelegt, vgl. Bornmann, Fritz: »Zur Chronologie und zum Text der Aufzeichnungen von Nietzsches Rhetorikvorlesungen«. In: *Nietzsche-Studien* 26 (1997), S. 491–500. Hier genügt es festzuhalten, daß Nietzsche sich den ersten Band von Gustav Gerbers *Die Sprache als Kunst* am 28. September 1872 aus der Basler Universitätsbibliothek entliehen hat; vgl. Crescenzi, Luca: »Verzeichnis der von Nietzsche aus der Universitätsbibliothek in Basel entliehenen Bücher (1869–1879)«. In: *Nietzsche-Studien* 23 (1994), S. 388–442, hier S. 418.

7   Nietzsche, Friedrich: »<Darstellung der antiken Rhetorik> *[SS 1874]*«. In: ders.: *Werke. Kritische Gesamtausgabe*. Begründet von Giorgio Colli und Mazzino Montinari, weitergeführt von Wolfgang Müller-Lauter und Karl Pestalozzi (= KGW, Abteilung und Band), hier KGW II 4: Vorlesungsaufzeichnungen (WS 1871/72–WS 1874/75). Herausgegeben von Fritz Bornmann, bearbeitet von Fritz Bornmann und Mario Carpitella. Berlin, New York, S. 413–520, hier S. 426–427.

8   Vgl. G. Gerber: *Die Sprache als Kunst* (s. Anm. 4), S. 159: »Wir fassen also nicht

etwa, zusammen mit einer ganzen Reihe von Beispielen für den Umstand, daß die Sprache als mnemotechnischer Abkürzungsprozeß niemals etwas vollständig ausdrückt, sondern jeweils nur dasjenige Merkmal perspektivisch hervorhebt, das sich der Empfindung am eindrücklichsten eingeprägt hat und im Zug der Sprachentwicklung hervorgehoben worden ist, wie: »– Eine dritte Figur [nach Synekdoche und Metapher] ist die Metonymie Vertauschung von Ursach u. Wirkung; wenn z.b. der Rhetor ›Schweiß‹ für ›Arbeit‹ sagt, Zunge statt ›Sprache‹. Wir sagen ›der Trank ist bitter‹ statt ›er erregt in uns eine Empfindung der Art‹; ›der Stein ist hart‹ als ob hart etwas anderes wäre als ein Urtheil von uns. ›die Blätter sind grün‹.«[9] Gerbers Beispiele finden sich in »Ueber Wahrheit und Lüge im aussermoralischen Sinne«[10], zum Teil auch noch in *Menschliches, Allzumenschliches*[11] wieder. Auch die weiteren Quellen von Nietzsches Rhetorik-Vorlesung, allen voran Richard Volkmanns *Die Rhetorik der Griechen und Römer in systematischer Übersicht*[12] und Leonhard Spengels Artikel »Die Definition und Eintheilung der Rhetorik bei den Alten«[13], sind gut dokumentiert.[14] Die Frage nach der Quellenabhängig-

---

Dinge auf, oder Vorgänge, sondern Reize; wir geben nicht Empfindungen wieder, sondern Bilder von Empfindungen.« Auch die weiteren Sätze sind nahezu wörtliche Gerber-Zitate, vgl. ebd., S. 333 und S. 391–392; die Nachweise führen im einzelnen Meijers, Anthonie/Stingelin, Martin: »Konkordanz zu den wörtlichen Abschriften und Übernahmen von Beispielen und Zitaten aus Gustav Gerber: *Die Sprache als Kunst* (Bromberg 1871) in Nietzsches Rhetorik-Vorlesung und in ›Ueber Wahrheit und Lüge im aussermoralischen Sinne‹«. In: *Nietzsche-Studien* 17 (1988), S. 350–368.

9 F. Nietzsche: »<Darstellung der antiken Rhetorik>« (s. Anm. 7), S. 427; vgl. G. Gerber: *Die Sprache als Kunst* (s. Anm. 4), S. 382–384.

10 Nietzsches Schriften werden, wenn nicht anders angegeben, zitiert nach Nietzsche, Friedrich: *Kritische Studienausgabe in 15 Bänden*. Herausgegeben von Giorgio Colli und Mazzino Montinari. München, Berlin, New York: 1980 (= KSA); vgl. Nietzsche, Friedrich: »Ueber Wahrheit und Lüge im aussermoralischen Sinne«, KSA 1, S. 873–890, hier S. 878–879. Die Forschungslage zu dieser nachgelassenen Schrift dokumentiert und reflektiert Hödl, Hans Gerald: *Nietzsches frühe Sprachkritik. Lektüren zu »Ueber Wahrheit und Lüge im aussermoralischen Sinne« (1873)*. Wien 1997.

11 Vgl. Nietzsche, Friedrich: *Menschliches, Allzumenschliches I* (1878, 1886), Nr. 39, KSA 2, S. 62–64, hier S. 62.

12 Volkmann, Richard: *Die Rhetorik der Griechen und Römer in systematischer Übersicht*. Berlin 1872; vgl. dazu die akribische Konkordanz zwischen »§. 16. Über memoria und actio« von Nietzsches Rhetorik-Vorlesung und Volkmann im Anhang zu Thüring, Hubert: *Geschichte des Gedächtnisses. Friedrich Nietzsche und das 19. Jahrhundert*. München 2001, S. 344–353.

13 Vgl. Spengel, Leonhard: »Die Definition und Eintheilung der Rhetorik bei den Alten«. In: *Rheinisches Museum für Philologie* 18 (1863), S. 481–526.

14 Vgl. Most, Glenn/Fries, Thomas: »<«>: Die Quellen von Nietzsches Rhetorik-Vorlesung«, In: Kopperschmidt, Josef/Schanze, Helmut (Hg.): *Nietzsche oder »Die Sprache ist Rhetorik«*. München 1994, S. 17–38 und S. 251–258 (Quellenanhang); zur Problematik der Konjektur von Anführungszeichen, die der Titel der Studie von Most und Fries in spitzen Klammern anzeigt, vgl. den Beitrag von David Martyn in diesem Band.

keit von Nietzsches ›Begriff‹ der Rhetorik ist nicht so unerheblich, wie Anselm Haverkamp sie abtun wollte, um im selben Zug – mit gutem Recht – das bis heute Unabgegoltene in Gustav Gerbers sprachkritischer Wendung der Rhetorik herauszustreichen[15], zählt das von Nietzsche im Umgang mit der Rhetorik ebenso wie im Umgang mit Georg Christoph Lichtenberg früh geübte, nur beiläufig im ›Nachlaß‹[16] explizit thematisierte Verschweigen von Zitaten – »Denen, welche nur eine gelehrte Befriedigung dabei empfinden wollen, habe ich es nicht leicht gemacht, weil ich auf sie zuletzt gar nicht rechnete. Die Citate fehlen«[17] – doch zu jenen Strategien der Leserselektion in Nietzsches »Schule des Verdachts«[18], der gegenüber sich nur die emanzipiertesten unter ihnen als selbständige, jeden vermeintlich ›ursprünglichen‹ Befund in Zweifel ziehende Genealogen behaupten können sollten.[19]

---

15 Vgl. Haverkamp, Anselm: »FIGURA CRYPTICA. Paul de Man und die Poetik nach Nietzsche«. In: J. Kopperschmidt/H. Schanze (Hg.): *Nietzsche oder »Die Sprache ist Rhetorik«* (s. Anm. 14), S. 241–247, in modifizierter Form wiederabgedruckt unter dem Titel »Figura cryptica. Die Dekonstruktion der Rhetorik«. In: Haverkamp, Anselm: *Figura cryptica. Theorie der literarischen Latenz*. Frankfurt/M. 2002, S. 23–34, hier S. 31, Anm. 15: »Die alberne ›philologische‹ Diskussion um die Abhängigkeit Nietzsches von diesem und anderen rhetorischen Werken der Zeit, die bis zum Vorwurf des Plagiats reicht, ist kaum der Erwähnung wert. An Nietzsches Gerber-Lektüre zeigt sich, wie genau er die historische Pointe Gerbers, die durchaus keine gängige ist, von dessen romantischer Verarbeitung zu trennen wußte. Was historisch bahnbrechend ist in der Darstellung Gerbers, ist dagegen bis heute nicht recht gewürdigt.« G. Most/T. Fries: »<«>: Die Quellen von Nietzsches Rhetorik-Vorlesung« (s. Anm. 14) unterscheiden allerdings durchaus philologisch zwischen Zitat, Paraphrase, Plagiat, Exzerpt, Notiz, Anregung, Reminiszenz und Anspielung (vgl. G. Most/T. Fries: »<«>: Die Quellen von Nietzsches Rhetorik-Vorlesung«, S. 26–27).
16 Zur – fragwürdigen – Unterscheidung zwischen ›Nachgelassenen Fragmenten‹ und ›Vorstufen‹ in der Nietzsche-Philologie und den editorischen Konsequenzen, die sich daraus ergeben, vgl. Groddeck, Wolfram: »›Vorstufe‹ und ›Fragment‹. Zur Problematik einer traditionellen textkritischen Unterscheidung in der Nietzsche-Philologie«. In: Stern, Martin (Hg.): *Textkonstitution bei mündlicher und bei schriftlicher Überlieferung*. Tübingen 1991, S. 165–175 und Kohlenbach, Michael/Groddeck, Wolfram: »Zwischenüberlegungen zur Edition von Nietzsches Nachlaß«. In: *Text. Kritische Beiträge* 1 (1995), S. 21–39.
17 Nietzsche, Friedrich: ›Nachgelassene Fragmente‹ Sommer 1872–Anfang 1873: 19[55], KSA 7, S. 437.
18 Nietzsche, Friedrich: *Menschliches, Allzumenschliches* (1878), Vorrede 1, KSA 2, S. 13–15, S. 13.
19 Vgl. Sommer, Andreas Urs: »Vom Nutzen und Nachteil kritischer Quellenforschung. Einige Überlegungen zum Fall Nietzsches«. In: *Nietzsche-Studien* 29 (2000), S. 302–316, insbes. S. 312–314: »Der scheinbare Antiquarismus der Quellenforschung entpuppt sich demnach als praktizierte und an Entschiedenheit kaum überbietbare *Kritik*. […] Quellenforschung ist *exemplarische Genealogie*. Die Positionierung des von Nietzsche Geschriebenen in seinem Entstehungskontext stellt nicht allein eine Kontextualisierungsleistung, sondern ebenso eine *Distanzierungsleistung* dar.« Zu Nietzsches – letztlich semiotischen – Strategien der Leserselektion vgl. auch Stegmaier, Werner: »Nietzsches Zeichen«. In: *Nietzsche-Studien* 29 (2000), S. 41–69, insbes. S. 47–48 und S. 69.

Einerseits erschließt sich Nietzsche bei Gerber mit der Tropen- und Figurenlehre also ein reichhaltiges Inventar sprachkritischer Instrumente zur Analyse der figuralen Voraussetzungen, die unserer Sprache mit der Rhetorik, aus der sie in Nietzsches Augen hervorgegangen ist, einverleibt sind. Paul de Man, der im Gegensatz zu Philippe Lacoue-Labarthe »Implikationen dieser frühen Spekulationen über Rhetorik in späteren Schriften«[20] Nietzsches entwickelt und gezeigt hat, »daß der Schlüssel zu Nietzsches Kritik der Metaphysik [...] im rhetorischen Modell der Trope liegt«[21], genauer in der Metonymie, die Nietzsche in der für die Metaphysik konstitutiven Vertauschung von Ursache und Wirkung wiedererkennt und als Verführung durch die »Logik« der Sprache kritisiert, gibt der Rhetorik bei Nietzsche diese wenn auch praktische, so doch ausschließlich sprachkritische Wendung. Diese forschungsgeschichtlich wichtige Pointierung vernachlässigt allerdings das der Rhetorik eigene Spannungsfeld zwischen Sprachform/-stilistik und Anthropologie[22], in dem Nietzsche die Rhetorik in seiner Vorlesung vom Wintersemester 1872/73 erörtert. Allein schon mit der sprachkritischen Wendung der rhetorischen Tropen- und Figurenlehre, die Nietzsche mit Gerber teilt, stellen beide durchaus mehr dar als eine bloße Etappe in der von Gérard Genette skizzierten Geistesgeschichte einer ›restringierten Rhetorik‹[23], zumal Nietzsche auch die *memoria* auf originelle Art und Weise aktualisiert hat[24], indem er das Gedächtnis als Schauplatz jenes semiotischen Abkürzungsprozesses bestimmte, die in Nietzsches

---

20 de Man, Paul: »Rhetorik der Tropen (*Nietzsche*)« (1974). In: ders.: *Allegorien des Lesens* (1979). Aus dem Amerikanischen übersetzt von Werner Hamacher und Peter Kruppe. Frankfurt/M. 1988, S. 146–163, hier S. 149.
21 P. de Man: »Rhetorik der Tropen« (s. Anm. 20), S. 152.
22 Vgl. zu diesem Spannungsfeld Campe, Rüdiger: *Affekt und Ausdruck. Zur Umwandlung der literarischen Rede im 17. und 18. Jahrhundert*. Tübingen 1990; ders.: »Die zwei Perioden des Stils«. In: *Comparatio. Revue Internationale de Littérature Comparée* 2/3 (1991), S. 73–101 (zu Nietzsche insbes. S. 98–99), und ders.: »Rhetorik-Forschungen (und Rhetorik)«. In: *Modern Language Notes* 109 (1994), S. 519–537.
23 Vgl. Genette, Gérard: »Die restringierte Rhetorik« (1970, 1972). Aus dem Französischen übersetzt von Wolfgang Eitel. In: Haverkamp, Anselm (Hg.): *Theorie der Metapher*. Darmstadt 1983, S. 229–252. Genette skizziert in einem weitgespannten historischen Bogen den Prozeß, wie die Architektur des rhetorischen Lehrgebäudes auf das Zwei-Achsen-Modell von Roman Jakobson als seinen vermeintlichen Grundriß reduziert worden ist, die paradigmatische Achse nach dem Similaritätsprinzip der Metapher und die syntagmatische Achse nach dem Kontiguitätsprinzip der Metonymie. Die wichtigste Etappe in diesem historischen Prozeß stellt für Genette der – auch bei Gustav Gerber und Friedrich Nietzsche zu beobachtende – Umstand dar, »daß die Rhetorik zu einer Reflexion über den figürlichen Ausdruck wird, zur Drehscheibe der Figur (definiert als das ›Andere‹ des Eigentlichen) und des Eigentlichen (definiert als das ›Andere‹ der Figur)« (ebd., S. 232).
24 Vgl. grundsätzlich H. Thüring: *Geschichte des Gedächtnisses* (s. Anm. 12), insbes. S. 282–307.

Augen für die wirkungsmächtige Evidenz der Rhetorik, ihre eigenen Voraussetzungen als unbewußte vergessen zu machen, charakteristisch ist.[25]

Andrerseits zeichnet sich darüber hinaus schon in Nietzsches grundsätzlicher Bestimmung der Rhetorik, die an die von ihm zum Teil ins Deutsche übersetzte *Rhetorik* von Aristoteles angelehnt ist, jenes performative Moment der Überwältigung ab, dessen sich das Spätwerk der Rhetorik bewußt zu bedienen versuchen wird:

> Es ist aber nicht schwer zu beweisen, daß was man, als Mittel bewußter Kunst ›rhetorisch‹ nennt, als Mittel unbewußter Kunst in der Sprache u. deren Werden thätig waren, ja daß die Rhetorik eine Fortbildung der in der Sprache gelegenen Kunstmittel ist, am hellen Lichte des Verstandes. Es giebt gar keine unrhetorische ›Natürlichkeit‹ der Sprache, an die man appelliren könnte: die Sprache selbst ist das Resultat von lauter rhetorischen Künsten die Kraft, welche Arist. Rhetorik nennt, an jedem Dinge das heraus zu finden u. geltend zu machen was wirkt u. Eindruck macht, ist zugl. das Wesen der Sprache: diese bezieht sich, ebensowenig wie die Rhetorik, auf das Wahre, auf das Wesen der Dinge, sie will nicht belehren, sondern eine subjektive Erregung u. Annahme auf andere übertragen.[26]

Nietzsche übersetzt hier »*dynamis*« in der aristotelischen Bestimmung der Rhetorik – »rhetoriké dynamis peri hechaston tou theoresai tò eudechomenon pitanón«[27] – durch »Kraft«[28], nicht durch ›Vermögen‹, weil sie gleichzeitig das rhetorische »Wesen der Sprache« sein soll, der sich das Subjekt im Erkenntnisakt bedienen muß, weil nur die Kraft der Sprache es überhaupt mit

---

25 Vgl. Nietzsche, Friedrich: ›Nachgelassene Fragmente‹ April–Juni 1885: 34[249], S. 505: »Erfahrung ist nur möglich mit Hülfe von Gedächtniss: Gedächtniß ist nur möglich vermöge einer Abkürzung eines geistigen Vorgangs zum Zeichen.«

26 F. Nietzsche: »<Darstellung der antiken Rhetorik>« (s. Anm. 7), S. 425–426.

27 Zit. nach P. Lacoue-Labarthe: »Der Umweg« (s. Anm. 1), S. 88, der an dieser Stelle auf Nietzsches Übersetzung aufmerksam gemacht hat. Vgl. F. Nietzsche: »<Darstellung der antiken Rhetorik>« (s. Anm. 7), S. 419: »»alles mögliche Wahrscheinliche und Überzeugende««; dagegen ders.: »Aristoteles Rhetorik. I. Drittes Buch der Rhetorik *[WS 1874–1875; SS 1875; WS 1877–1878 (?)]*«. In: KGW II 4 (s. Anm. 7), S. 529–611, hier S. 540: »So sei denn Rhetorik das Vermögen, an jedem Ding alles das zu sehen, wodurch es glaublich wird, so weit dies überhaupt möglich ist.« Vgl. etwa auch Aristoteles: *Rhetorik*. Übersetzt, mit einer Bibliographie, Erläuterungen und einem Nachwort von Franz G. Sieveke. München 1980, S. 12: »Die Rhetorik stelle also das Vermögen dar, bei jedem Gegenstand das möglicherweise Glaubenerweckende zu erkennen«, und Aristoteles: *Rhetorik*. Übersetzt und herausgegeben von Gernot Krapinger. Stuttgart 1999, S. 11: »Die Rhetorik sei also als Fähigkeit definiert, das Überzeugende, das jeder Sache innewohnt, zu erkennen.«

28 Zum philosophischen Problem, das Nietzsches Begriff der ›Kraft‹ aufwirft und das hier nicht erörtert werden kann, vgl. etwa Deleuze, Gilles: *Nietzsche und die Philosophie* (1962). Aus dem Französischen übersetzt von Bernd Schwibs. Frankfurt/M. 1985, insbes. S. 7–15 und passim, und Müller-Lauter, Wolfgang: »Nietzsches Lehre vom Willen zur Macht«. In: *Nietzsche-Studien* 3 (1974), S. 1–60, insbes. S. 15–18. Diese Dynamik der Rhetorik will das Pathos von Nietzsches Spätwerk zusehends bewußter wahrnehmen.

Erkenntnisvermögen begabt hat.[29] Richtet sich dieser Akt auf die Sprache selbst, fallen die Voraussetzungen des Erkennens und das zu Erkennende zusammen, eine von Nietzsche selbst später als erkenntniskritische Unmöglichkeit problematisierte Implikation: »Ein Werkzeug kann nicht seine eigene Tauglichkeit k r i t i s i r e n : der Intellekt kann nicht selber seine Grenze, auch nicht seine Wohlgerathensein oder sein Mißrathensein bestimmen.«[30]

Auf dem Spiel steht hier also mit der Frage nach der (Un-)Unterscheidbarkeit von Objekt- und Metasprache[31] die Frage nach dem – sprach-, erkenntnis-, ideologiekritischen und stilistischen – Status von Nietzsches Basler »<Darstellung der antiken Rhetorik>«. Es handelt sich in zweifacher Hinsicht um eine Rhetorik zweiter Ordnung, um Rhetorik über Rhetorik: 1. Sie ist, wie sich gezeigt hat, weitgehend zitiert, vorab aus Gustav Gerbers Monographie über *Die Sprache als Kunst*. Dies gilt insbesondere für »§. 3. V e r h ä l t n i ß d e s  R h e t o r i s c h e n  z u r  S p r a c h e «, in dem Nietzsche nicht nur den Katalog sprachkritisch gewendeter Tropen und Figuren vollständig von Gerber übernimmt, sondern auch einen Teil der sprachkritischen Schlußfolgerungen, worauf das Vorlesungsmanuskript selbst nur ganz marginal hinweist. 2. Gleichzeitig prägt Nietzsche im Anschluß an Gerber – gleichsam in einer Selbstanwendung seiner sprachkritischen ›Erkenntnis‹, daß alle Wörter Tropen sind – auf die Rhetorik selbst einen rhetorischen ›Begriff‹ der Rhetorik, indem er ein ihm »hervorstechend scheinendes Merkmal« aus der Rhetorik hervorhebt, und zwar durch eine eigenwillige ›Übersetzung‹ oder ›Übertragung‹ ihrer Bestimmung durch Aristoteles: »die Kraft, welche Arist. Rhetorik nennt, an jedem Dinge das heraus zu finden u. geltend zu machen was wirkt u. Eindruck macht, ist zugl. das Wesen der Sprache: diese bezieht sich, ebensowenig wie die Rhetorik, auf das Wahre, auf das Wesen der Dinge, sie will nicht belehren, sondern eine subjektive Erregung u. Annahme auf andere übertragen.« Die Frage nach dem Status von Nietzsches Basler Rhetorik-Vorlesung und ihrem ›Begriff‹ der Rhetorik stellt sich um so nachdrücklicher angesichts der erstaunlich prominenten Wirkungsgeschichte, die sie in den letzten dreißig Jahren bei der sprachphilosophischen Einhegung von Nietzsches Philosophie gespielt hat.

---

29 Vgl. Nietzsche, Friedrich: ›Nachgelassene Fragmente‹ Sommer 1886–Herbst 1887: 5[22], KSA 12, S. 193–194: »w i r  h ö r e n  a u f  z u  d e n k e n ,  w e n n  w i r  e s  n i c h t i n  d e m  s p r a c h l i c h e n  Z w a n g e  t h u n  w o l l e n ,  w i r  l a n g e n  g e r a d e  n o c h  b e i  d e m  Z w e i f e l  a n ,  h i e r  e i n e  G r e n z e  a l s  G r e n z e  z u  s e h n .  D a s  v e r n ü n f t i g e  D e n k e n  i s t  e i n  I n t e r p r e t i r e n  n a c h  e i n e m  S c h e m a ,  w e l c h e s  w i r  n i c h t  a b w e r f e n  k ö n n e n .«
30 Nietzsche, Friedrich: ›Nachgelassene Fragmente‹ Herbst 1885–Herbst 1886: 2[132], KSA 12, S. 133; es handelt sich um eine ›Vorstufe‹ zum dritten Abschnitt der neuen Vorrede von *Morgenröthe. Gedanken über die moralischen Vorurtheile* (1881, 1887), KSA 3, S. 12–15, hier S. 13; vgl. auch Nietzsche, Friedrich: ›Nachgelassene Fragmente‹ Herbst 1885–Herbst 1886: 2[161], KSA 12, S. 143–144, hier S. 143.
31 Zu dieser Unterscheidung vgl. insbes. Schüttpelz, Erhard: »›Objekt- und Metasprache«. In: Fohrmann, Jürgen/Müller, Harro (Hg.): *Literaturwissenschaft*. München 1995, S. 179–216.

Gerade Nietzsches an der Rhetorik sprachkritisch geschultes Bewußtsein wird ihm einen spielerischen Umgang mit der Frage nach der (Un-)Unterscheidbarkeit von Objekt- und Metasprache gestatten, die seine Rhetorik-Vorlesung aufwirft.[32]

## II. Figuration: Die Schreibszene als rhetorischer Ort poet(olog)ischer Autoreflexion

Schreiben (und Lesen) lernt heute jeder in der Schule, ohne gleichzeitig darüber unterrichtet zu werden, daß das Schreiben selbst viele Gesichter und eine wechselvolle Geschichte hat.[33] Im engeren Sinn der literarischen Tätigkeit betont der Begriff ›Schreiben‹ das produktionsästhetische Moment des schöpferischen Arbeitsprozesses, der vom Einfall, der Organisation, der Formulierung, der Aufzeichnung, der Überarbeitung und der Korrektur bis zur Veröffentlichung verschiedene Phasen umfaßt. Dieser Arbeitsprozeß dokumentiert sich in handschriftlichen oder typographischen Spuren wie Vorarbeiten (Exzerpten, Notizen und Fragmenten, Plänen), Entwürfen, verschiedenen Fassungen, Arbeitshandschriften, Druckmanuskripten und Korrekturfahnen und kann in den vier rhetorischen Änderungskategorien des Hinzufügens, Streichens, Ersetzens und Umstellens systematisiert werden. Von den zu Gebote stehenden Schreibwerkzeugen (in der Regel Papier, Feder und Tinte, Bleistift, Kugelschreiber, Schreibmaschine oder Computer), den Schreibgewohnheiten (Anlaß, Ort, Zeitpunkt, Dauer), den Stimulantien und Surrogaten der Inspiration zur Überwindung der oft beklagten Schreibblockaden bis hin zur sozia-

---

32 Zu Nietzsches (›Begriff‹ der) Rhetorik vgl. neben den bereits genannten Titeln u. a. auch Villwock, Jörg: »Die Reflexion der Rhetorik in der Philosophie Friedrich Nietzsches«. In: *Philosophisches Jahrbuch* 89 (1982), S. 39–55; Fietz, Rudolf: *Medienphilosophie. Musik, Sprache und Schrift bei Friedrich Nietzsche.* Würzburg 1992, insbes. S. 130–143; Gasser, Peter: *Rhetorische Philosophie. Leseversuche zum metaphorischen Diskurs in Nietzschs »Also sprach Zarathustra«.* Bern et al. 1992; Kremer-Marietti, Angèle: *Nietzsche et la rhétorique.* Paris 1992; Kaiser, Stefan: »Über Wahrheit und Klarheit. Aspekte des Rhetorischen in ›Ueber Wahrheit und Lüge im aussermoralischen Sinne‹«. In: *Nietzsche-Studien* 23 (1994), S. 65–78; Porter, James I.: »Nietzsche's Rhetoric: Theory and Strategy«. In: *Philosophy and Rhetoric* 27 (1994), S. 218–244; Behler, Ernst: »Nietzsche's Study of Greek Rhetoric«. In: *Research in Phenomenology* 25 (1995), S. 3–26; ders.: »Nietzsches Sprachtheorie und der Aussagecharakter seiner Schriften«. In: *Nietzsche-Studien* 25 (1996), S. 64–86; ders.: »Nietzsches Studium der griechischen Rhetorik nach der KGW«. In: *Nietzsche-Studien* 27 (1998), S. 1–12, und Thomas, Douglas: *Reading Nietzsche Rhetorically.* New York, London 1999.
33 Vgl. zum Folgenden mit zahlreichen weiterführenden, hier nicht zu wiederholenden bibliographischen Hinweisen, insbesondere auch zur linguistischen Schreibprozeßforschung, Stingelin, Martin: »›UNSER SCHREIBZEUG ARBEITET MIT AN UNSEREN GEDANKEN‹. Die poetologische Reflexion der Schreibwerkzeuge bei Georg Christoph Lichtenberg und Friedrich Nietzsche«. In: *Lichtenberg-Jahrbuch 1999* [2000], S. 81–98.

len Situation, zur biographischen Lebenslage und zum ästhetischen und politischen Selbstverständnis umfaßt das Schreiben eine Reihe von *Begleitumständen*, um den gerade in seiner Beiläufigkeit schönen Titel der Frankfurter Poetik-Vorlesung von Uwe Johnson zu zitieren.[34]

Doch wie schreibt Friedrich Nietzsche über das Schreiben? Um diese Frage beantworten zu können, müssen wir uns um einen Begriff des ›Schreibens‹ bemühen, der sich nicht in der bloßen Aufzählung aller Elemente erschöpft, die im alltagspraktischen Gebrauch unter diesem Wort zusammengefaßt werden, sondern diese Elemente in einem Modell integriert, das wenigstens die typologische Bestimmung erlauben soll, wo jeweils der Hauptakzent von Nietzsches Schreiben über das Schreiben liegt.

Die aufgezählten ›Begleitumstände‹ des Schreibens lassen sich im wesentlichen in drei – untereinander heterogenen, aber sich gegenseitig bedingenden und in der literarischen Tätigkeit des Schreibens nicht unabhängig voneinander denkbaren – Faktoren bündeln, aus denen sich bei jedem Autor, Dichter oder Schriftsteller die sowohl historisch wie individuell letztlich singuläre ›Schreibszene‹ zusammensetzt: Jedes literarische Schreiben bedient sich einer Semantik (Sprache), die nur durch die Benützung eines Schreibwerkzeugs (Instrumentalität) zeichenhaft zum Ausdruck gebracht werden kann, und zwar durch eine spezifische Körperlichkeit des Schreibakts (Geste), die sich vom eigenhändigen Kratzen mit der Feder über das Hämmern mit der Schreibmaschine bis hin zur Flüchtigkeit der Stimme beim Diktieren erstrecken kann. Rüdiger Campe hat gerade für das unauflösliche Ensemble dieser heterogenen Faktoren den Begriff der »Schreibszene« geprägt: »Auch und gerade wenn ›die Schreib-Szene‹ keine selbstevidente Rahmung der Szene, sondern ein nicht-stabiles Ensemble von Sprache, Instrumentalität und Geste bezeichnet, kann sie dennoch das Unternehmen der Literatur als dieses problematische Ensemble, diese schwierige Rahmung genau kennzeichnen.«[35] In diesem Sinn kann die Praxis des Schreibens, zumal als literarische Tätigkeit, nicht allgemein definiert, sondern nur historisch und philologisch im Einzelfall rekonstruiert werden.

Wo Schriftsteller wie Friedrich Nietzsche eine Choreographie der eigenen Schreibszene skizzieren, werfen sie eine Reihe von Problemen auf, die ich im folgenden wenigstens benennen möchte. Nietzsche steht am Anfang einer Tradition von Schriftstellern, die einen emphatischen Begriff des ›Schreibens‹ pflegen, der noch ihre Existenz umfaßt: »An diesen [Nietzsches eigenen ›Werken‹, M. St.] ist etwas, das immer und immer meine Scham beleidigt: sie sind Abbilder eines leidenden unvollständigen, der nöthigsten Organe kaum mächtigen Geschöpfes – ich selber als Ganzes komme mir so oft wie der Krikelkrakel vor, den eine unbekannte Macht über's Papier zieht, um eine n e u e F e d e r

---

34 Vgl. Johnson, Uwe: *Begleitumstände. Frankfurter Vorlesungen.* Frankfurt/M. 1980.
35 Campe, Rüdiger: »Die Schreibszene. Schreiben«. In: Gumbrecht, Hans Ulrich/Pfeiffer, K. Ludwig (Hg.): *Paradoxien, Dissonanzen, Zusammenbrüche. Situationen offener Epistemologie.* Frankfurt/M. 1991, S. 759–772, hier S. 760.

zu probiren.«[36] Als Spiegel der Entwicklung auktorialen Selbstbewußtseins setzt die Geschichte dieses emphatischen Begriffs von ›Schreiben‹ erst in der literarischen Moderne ein und erreicht ihren frühen Höhepunkt im deutschsprachigen Raum bei Franz Kafka: »Ich glaube, Du hast es nicht genug begriffen, daß Schreiben meine einzige innere Daseinsmöglichkeit ist«[37], so Franz Kafka in einem Brief vom 20. April 1913 an Felice Bauer. Diese Anverwandlung der Schriftsteller-Existenz an die literarische Tätigkeit ist Ausdruck der Intransivierung des Schreibens[38]; das heißt, das Schreiben steht nicht länger im Dienst der Mitteilung von etwas, das außerhalb seiner selbst liegt – das wäre ›Schreiben‹ im Sinne eines transitiven Verbs –, sondern es beginnt, sich autoreferentiell, ja autoreflexiv auf sich selbst zu beziehen und die eigene Materialität und Performativität zu akzentuieren, also – um mit Roman Jakobson zu sprechen – die »Spürbarkeit«[39] der beim Schreiben benützten Zeichen im Schreiben nicht nur mitzuteilen, sondern ihre Materialität als Bedingung der eigenen Möglichkeit gleichzeitig zu thematisieren und zu reflektieren, wenigstens versuchsweise. Mit dieser Feststellung sind drei Probleme aufgeworfen, die ich hier vergegenwärtigen möchte: 1. Was bedeutet die *Intransivierung* des Schreibens, das heißt ein Schreiben, das nicht mehr das Schreiben von etwas ist, sondern sich auf sich selbst zurückbezieht und nur noch sich selbst, das Schreiben zum Ausdruck bringt, ein Schreiben gewissermaßen, das sich gänzlich aufs Schreiben des Schreibens beschränkt? 2. Wie verhalten sich bei diesem Rückbezug des Schreibens auf sich selbst *Autoreferentialität*, also die Mitteilung der eigenen Materialität, die »Spürbarkeit der Zeichen«, und *Autoreflexivität*, also der Versuch einer expliziten Thematisierung der eigenen Voraussetzungen, der Bedingungen der eigenen Möglichkeit, zueinander? 3. Wie verhalten sich in diesem Wechselspiel zwischen im-

---

36 Friedrich Nietzsche an Heinrich Köselitz in Venedig, Sils-Maria, Ende August 1881; Nietzsches Briefe werden zitiert nach Nietzsche, Friedrich: *Sämtliche Briefe. Kritische Studienausgabe in 8 Bänden*. Herausgegeben von Giorgio Colli und Mazzino Montinari. München, Berlin, New York 1986 (= KSB), hier KSB 6, Nr. 143, S. 121–123, hier S. 121–122.
37 Kafka, Franz: *Briefe an Felice und andere Korrespondenz aus der Verlobungszeit*. Herausgegeben von Erich Heller und Jürgen Born. Frankfurt/M. 1976, 1982, S. 367. Vgl. dazu etwa Müller-Seidel, Walter: »Kafkas Begriff des Schreibens und die moderne Literatur«. In: *LiLi. Zeitschrift für Literaturwissenschaft und Linguistik* 17 (1987), »Literarische Schreibprozesse«, S. 104–121.
38 Vgl. Barthes, Roland: »Écrire, verbe intransitif?« (1970). In: ders.: *Le bruissement de la langue. Essais critiques IV*. Paris 1984, S. 21–31.
39 Jakobson, Roman: »Linguistik und Poetik« (1960). Aus dem Englischen übersetzt von Tarcisius Schelbert. In: ders.: *Poetik. Ausgewählte Aufsätze 1921–1971*. Herausgegeben von Elmar Holenstein und Tarcisius Schelbert. Frankfurt/M. 1979, S. 83–121, hier S. 92–93: »Die poetische Funktion stellt nicht die einzige Funktion der Wortkunst dar, sondern nur eine vorherrschende und strukturbestimmende und spielt in allen andern sprachlichen Tätigkeiten eine untergeordnete, zusätzliche, konstitutive Rolle. Indem sie das Augenmerk auf die Spürbarkeit der Zeichen richtet, vertieft diese Funktion die fundamentale Dichotomie der Zeichen und Objekte.«

pliziter Poetik und dem Versuch ihrer expliziten Reflexion Objektsprache und Metasprache zueinander?

Wenn Schriftsteller über das Schreiben schreiben, kann der Hauptakzent auf allen drei Faktoren liegen, aus denen sich die Schreibszene zusammensetzt. Es gibt Schriftsteller, die beim Schreiben über das Schreiben die Instrumentalität der benützten Schreibwerkzeuge betonen wie Georg Christoph Lichtenberg, der sich unablässig bei Feder, Tinte und Papier aufhält.[40] Andere Schriftsteller wie Roland Barthes, der »in einer Art von Wiederaufstieg zum Körper« zu Beginn der 1970er Jahre seinen metaphorischen Begriff des Schreibens im Sinne von ›écriture‹ verlassen hat, rücken die körperliche Geste des Schreibens in den Vordergrund: »Es ist die ›Skription‹ (der muskuläre Akt des Schreibens, des Buchstabenziehens), der mich interessiert: diese Geste, mit der die Hand ein Schreibwerkzeug ergreift (Stichel, Schilfrohr, Feder), es auf eine Oberfläche drückt, darauf vorrückt, indem sie es bedrängt oder umschmeichelt und regelmäßige, wiederkehrende, rhythmisierte Formen zieht«.[41] Die meisten Schriftsteller jedoch versuchen beim Schreiben über das Schreiben die sprachlichen Eingebungen zu ergründen, aus der sie ihre Texte schöpfen. Ebenso wie in der literarischen Tätigkeit des Schreibens die Faktoren Sprache, Instrumentalität und Geste sich zueinander zwar heterogen verhalten, aber sich gegenseitig bedingen und nicht unabhängig voneinander gedacht werden können, ebenso schließt beim Schreiben über das Schreiben die Betonung eines Moments die anderen nicht aus, wie ein Blick in das »Vorspiel in deutschen Reimen« zu *Die fröhliche Wissenschaft* und seine Genese zeigt.

Nietzsche kündigt seinem Verleger Ernst Schmeitzner am 8. Mai 1882 aus Basel an: »Für den Herbst können Sie ein M<anu>s<kript> von mir haben: Titel ›Die fröhliche Wissenschaft‹ (mit vielen Epigrammen in Versen!!!)«.[42] Das von Nietzsche geschätzte rhetorische Moment des Epigramms[43] ist mit

---

40 Vgl. Joost, Ulrich: *Lichtenberg – der Briefschreiber*. Göttingen 1993, insbes. S. 113–133, »›Es ist aber auch ein Geschreibe‹: Reflexivität«.
41 Barthes, Roland: »Variations sur l'écriture« ([1973], unpubl.). In: ders., *Œuvres complètes*. Tome II: 1966–1973. Édition établie et présentée par Éric Marty. Paris 1994, S. 1535–1574, S. 1535 (meine Übers., M. St.): »Aujourd'hui, vingt ans plus tard, par une sorte de remontée vers le corps, c'est au sens manuel du mot que je voudrais aller, c'est la ›scription‹ (l'acte musculaire d'écrire, de tracer des lettres) qui m'intérèsse: ce geste par lequel la main prend un outil (poinçon, roseau, plume), l'appuie sur une surface, y avance en pesant ou en caressant et trace des formes régulières, récurrentes, rhythmées (il ne faut pas in dire plus: ne parlons pas forcément de ›signes‹).« Flusser, Vilém: »Die Geste des Schreibens«. In: ders.: *Gesten. Versuch einer Phänomenologie*. Düsseldorf, Bensheim 1991, S. 39–49, hat der phänomenologischen Analyse dieser Geste ein eigenes Kapitel gewidmet.
42 Nietzsche an Ernst Schmeitzner in Chemnitz (Postkarte), [Basel, 8. Mai 1882], KSB 6, Nr. 224, S. 191–192, hier S. 191.
43 Zum Epigramm im allgemeinen vgl. etwa Verweyen, Theodor/Witting, Gunther: »Epigramm«. In: *Reallexikon der deutschen Literaturwissenschaft*. Gemeinsam mit Harald Fricke, Klaus Grubmüller und Jan-Dirk Müller herausgegeben von Klaus Weimar. Bd. I: A–G. Berlin-New York 1997, S. 459–461; zum Epigramm bei Nietz-

der *brevitas* und der gebundenen Rede in Versform seine Einprägsamkeit; daher rührt ausdrücklich sein »Sinn für Stil, für das Epigramm als Stil«[44]. Die Gedichtsammlung[45] »Scherz, List und Rache« ist aber noch in verschiedenen weiteren Hinsichten aufschlußreich für das Verhältnis zwischen Schreiben und Rhetorik bei Nietzsche. Mehrere der Epigramme verstehen sich als ›Sinngedichte‹ im buchstäblichen Wortsinn, das heißt als Gedichte, in denen die Entstehung von (Un-)Sinn dargestellt und seine Interpretation reflektiert wird, etwa das 56. Epigramm über

> Dichter-Eitelkeit.
> Gebt mir Leim nur: denn zum Leime
> Find' ich selber mir schon Holz!
> Sinn in vier unsinn'ge Reime
> Legen – ist kein kleiner Stolz![46]

im Widerspiel mit dem 23. Epigramm über

> Interpretation.
> Leg ich mich aus, so leg ich mich hinein:
> Ich kann nicht selbst mein Interprete sein.
> Doch wer nur steigt auf seiner eignen Bahn,
> Trägt auch mein Bild zu hellerm Licht hinan.[47]

Die Entstehung der Epigramme selbst fällt in eine Zeit, in der Nietzsche mit einem neuen Schreibwerkzeug experimentiert: der Schreibkugel von Hans Rasmus Johan Malling Hansen.[48] Tatsächlich thematisieren verschiedene ›Sinngedichte‹ und ihre Vorstufen explizit die Schreibszene, aus der sie hervorgegangen sind, allen voran das 52. und das 59. Epigramm unter dem Titel

> Mit dem Fusse schreiben.
> Ich schreib nicht mir der Hand allein:
> Der Fuss will stets mit Schreiber sein.
> Fest, frei und tapfer läuft er mir
> Bald durch das Feld, bald durchs Papier.[49]

---

sche im besonderen vgl. Riedel, Manfred: *Freilichtgedanken. Nietzsches dichterische Welterfahrung*. Stuttgart 1998, insbes. S. 13–15 und S. 45–52.

44 Nietzsche, Friedrich: *Götzen-Dämmerung oder Wie man mit dem Hammer philosophirt* (1889), Was ich den Alten verdanke 1, KSA 6, S. 154–155, hier S. 154.

45 Zur Editionsproblematik im Fall von Nietzsches Gedichten vgl. Groddeck, Wolfram: »›Gedichte und Sprüche‹. Überlegung zur Problematik einer vollständigen, textkritischen Ausgabe von Nietzsches Gedichten«. In: Martens, Gunter/Woesler, Winfried (Hg.): *Edition als Wissenschaft. Festschrift für Hans Zeller*. Tübingen 1991, S. 169–180.

46 Nietzsche, Friedrich: *Die fröhliche Wissenschaft* (1882, 1887), »Scherz, List und Rache« 56, KSA 3, S. 365–366.

47 Ebd., 23, KSA 3, S. 357.

48 Vgl. Stingelin, Martin: »Kugeläußerungen. Nietzsches Spiel auf der Schreibmaschine«. In: Gumbrecht, Hans Ulrich/Pfeiffer, K. Ludwig (Hg.): *Materialität der Kommunikation*. Frankfurt/M. 1988, S. 327–341.

49 Nietzsche, Friedrich: *Die fröhliche Wissenschaft* (1882, 1887), »Scherz, List und Rache« 52, KSA 3, S. 365.

und

Die Feder kritzelt.
Die Feder kritzelt: Hölle das!
Bin ich verdammt zum Kritzeln-Müssen? –
So greif' ich kühn zum Tintenfass
Und schreib' mit dicken Tintenflüssen.
Wie läuft das hin, so voll, so breit!
Wie glückt mir Alles, wie ich's treibe!
Zwar fehlt der Schrift die Deutlichkeit –
Was thut's? Wer liest denn, was ich schreibe?[50]

Das 52. Epigramm, »Mit dem Fusse schreiben«, nimmt nicht nur eine Maxime aus Nietzsches Autobiographie *Ecce homo* vorweg, die sein ganzes Schreiben nach der Entlassung aus dem Basler Universitätsdienst trägt – »So wenig als möglich sitzen; keinem Gedanken Glauben schenken, der nicht im Freien geboren ist und bei freier Bewegung, – in dem nicht auch die Muskeln ein Fest feiern«[51] –; es akzentuiert mit seiner stampfenden Metrik[52] gleichzeitig, daß hier die Katachrese des ›Versfußes‹ wörtlich genommen und auf ihre metonymischen Voraussetzungen zurückgeführt wird, daß der Fuß den Takt angibt, mithin also auf die Körperlichkeit der Schreibgeste. Bemerkenswert ist zudem die ironische Brechung dieser Schreibszene, die sich aus dem Umstand ergibt, daß dieses Epigramm in zwei Vorstufen tatsächlich nicht »mit der Hand allein« geschrieben ist, sondern mit der Schreibkugel.[53] Das 59. Epigramm, »Die Feder kritzelt«, faßt im siebten und achten Vers zwei leidgeprüfte Erfahrungen Nietzsches zusammen: die oft beklagte Echolosigkeit auf seine Schriften – »Was thut's? Wer liest denn, was ich schreibe?« – und die durch seine Kurzsichtigkeit bedingte ›Unausstehlichkeit‹ seiner Handschrift[54] – »Zwar fehlt der Schrift die Deutlichkeit«. Tatsächlich hielt Nietz-

---

50 Ebd., 59, KSA 3, S. 366.
51 Nietzsche, Friedrich: *Ecce homo. Wie man wird, was man ist* (1889), Warum ich so klug bin 1, KSA 6, S. 278–281, hier S. 281.
52 Zu Nietzsches Metrik-Studien, die hier ihre Anwendung finden, vgl. Bornmann, Fritz: »Nietzsches metrische Studien«. In: *Nietzsche-Studien* 18 (1989), S. 472–489, zur Lehre von den ›Versfüßen‹ insbes. S. 481–485.
53 Vgl. Mp XVIII 3, S. 29 und S. 39; die Signatur dieser im Goethe- und Schiller-Archiv der Nationalen Forschungs- und Gedenkstätten der klassischen deutschen Literatur in Weimar aufbewahrten Mappe folgt Mette, Hans Joachim: »Der handschriftliche Nachlaß, seine Geschichte und seine editoriale Auswertung«. In: Nietzsche, Friedrich: *Werke und Briefe. Historisch-kritische Gesamtausgabe.* München 1933–1940. Fotomechanischer Nachdruck. München 1994. Bd. 1: Jugendschriften 1854–1861, S. XXXI–CXXVI, hier S. XCVIII. Nietzsches Typoskripte sind seit jüngstem in faksimilierter Form vollständig ediert, vgl. Nietzsche, Friedrich: *Schreibmaschinentexte. Vollständige Edition, Faksimiles und kritischer Kommentar.* Aus dem Nachlaß herausgegeben von Stephan Günzel und Rüdiger Schmidt-Grépály. Weimar 2002, hier S. 71 und S. 83.
54 Vgl. Nietzsche an Carl von Gersdorff in Göttingen, Bonn am Tage der Himmelfahrt [25. Mai] 1865, KSB 2, Nr. 467, S. 54–57, hier S. 57: »Verzeihe mir meine unausstehliche Schrift und meinen Mißmuth darüber, Du weißt, wie sehr ich mich darüber ärgere, und wie meine Gedanken dabei aufhören.«

sche seine Manuskripte für »›unedirbar‹«: »Das kommt von dem Princip des ›mihi ipsi scribo‹«, wie er Paul Rée gegenüber am 29. Mai und am 10. Juni 1882 bekannte.[55] Die Pointe beider Epigramme besteht im sprachkritischen figuralen Spiel mit der metonymischen Umkehrbarkeit der beiden rhetorischen Wendungen, ob der Schriftsteller mit der Hand beziehungsweise mit der Feder schreibt oder diese selbst. Mit der sprachkritisch reflektierten ›Umkehrung‹ der metonymischen Vertauschung von ›Ursache‹ und ›Wirkung‹ führen die körperlichen Voraussetzungen der Schreibgeste (»Hand« beziehungsweise »Fuss«) und die instrumentellen Voraussetzungen der Schreibwerkzeuge (»Die Feder kritzelt«) den Gedankengang des Autors und nicht ›umgekehrt‹; seine Eingebung aber hat die Rhetorik gestiftet.

## III. Performanz: Die rhetorische Überwältigung des Gesellschaftskörpers

Spätestens seit Nietzsches Abhandlung »Ueber Wahrheit und Lüge im aussermoralischen Sinne« vom Sommer 1873 ist die – auch in den Epigrammen 52 und 59 von »Scherz, List und Rache« deutlich ablesbare – »physiologische Kritik«, wie ich die Problematisierung der organischen Bedingungen der Möglichkeit von Erkenntnis hier nennen möchte, das Gelenk, das Nietzsches Sprachkritik und Nietzsches historische Kritik miteinander verbindet.[56] »Wahrheit« nennt Nietzsche in »Ueber Wahrheit und Lüge im aussermoralischen Sinne« soziale Konventionen des Sprachgebrauchs, die ›ursprünglich‹ von subjektiven körperlichen Reizen herrühren, deren physiologische Bedingtheit im Verlaufe der phylo- und ontogenetischen Sprachentwicklungsgeschichte des Menschen aber durch eine dreifach potenzierte metaphorische Übertragung vergessen gegangen ist. Ein Großteil der unbestreitbaren Aporien von Nietzsches Philosophie entspringt seinem zeitlebens vergeblichen Versuch, ein Integrationsmodell zu finden, das diese drei unablässig miteinander um die Vor-

---

55 Nietzsche an Paul Rée in Stibbe, [Naumburg, 29. Mai 1882], KSB 6, Nr. 235, S. 198–199, hier S. 199, und Nietzsche an Paul Rée in Stibbe, [Naumburg, vermutlich 10. Juni 1882], KSB 6, Nr. 238, S. 201–202, hier S. 202.

56 Zwei dieser drei Achsen, die Sprachkritik und die physiologische Kritik, hat Kalb, Christof: *Desintegration. Studien zu Friedrich Nietzsches Leib- und Sprachphilosophie*. Frankfurt/M. 2000, unter dem Vorzeichen der »Selbstbildung« aufeinander bezogen. Überzeugend hat er dabei den Übergang vom Frühwerk zum mittleren und Spätwerk als sprachtheoretische Transformation dargestellt: Während das Frühwerk im Anschluß an Arthur Schopenhauers Willensmetaphysik im Individuum noch die unmittelbare Selbstvergegenwärtigung suchte, unterwerfen sowohl die Sprachkritik wie die physiologische Kritik Nietzsches das Subjekt zwei seiner Kontrolle schmerzlich entzogenen Kräften: Es gebietet über seine Ausdrucksmöglichkeiten letztlich sowenig wie über die Kräfte seines Körpers. Entlang dieser beiden Achsen rekonstruiert Kalb anthropologisch Nietzsches Menschenbild als Bild von der Form- und Interpretierbarkeit, ja Interpretationsbedürftigkeit der menschlichen Natur.

herrschaft ringenden Formen der Erkenntniskritik vermittelt. Dominiert im Frühwerk die Sprachkritik, so dominiert in der mittleren Phase die historische Kritik, auf deren Amboß Michel Foucault die Werkzeuge seiner Archäologie und Genealogie geschmiedet hat, während das Spätwerk zusehends mehr unter dem Vorzeichen der physiologischen Kritik steht, an der sich das Fin de siècle berauschte. Nie aber kann man diese drei Formen der Erkenntniskritik in Nietzsches Werk unabhängig voneinander denken, ohne die Zahl der Aporien dadurch unnötig zu vermehren.

Ich möchte hier nur die in der Philosophiegeschichte selten genug physiologisch akzentuierte Schlüsselstelle aus dem ersten Abschnitt von »Ueber Wahrheit und Lüge im aussermoralischen Sinne« in Erinnerung rufen: »Ein Nervenreiz zuerst übertragen in ein Bild! erste Metapher. Das Bild wieder nachgeformt in einem Laut! Zweite Metapher. Und jedesmal vollständiges Uebersprigen der Sphäre, mitten hinein in eine ganz andere und neue.«[57] Der Begriff ist nach Nietzsche also die habitualisierte Metapher der Metapher einer Metapher[58], ein ausdrücklich »physiologischer Prozeß«, den Nietzsche in einem nachgelassenen Fragment aus der Zeit zwischen Sommer 1872 und Anfang 1873 sowohl aus der Perspektive der historischen Kritik wie der Sprachkritik und der physiologischen Kritik noch genauer reflektiert: »Die Natur hat den Menschen in lauter Illusionen gebettet. – Das ist sein eigentliches Element. Formen sieht er, Reize empfindet er statt der Wahrheiten. [...] Nur das Ähnliche percipirt das Ähnliche: ein physiologischer Prozeß.«[59] Die Erkenntnis verwechselt also ihre vermeintlichen Gegenstände mit den – von Nietzsche als physiologische Entsprechung gedachten – Bedingungen ihrer Möglichkeit. Um ein bereits mehrfach thematisiertes Beispiel zu geben: Der kausallogische Zusammenhang von Ursache und Wirkung, Grund und Erscheinung verdankt sich der metonymischen Kontiguitätsmechanik des Perzeptions- und Apperzeptionsapparates, dessen Form der Wahrnehmung dasjenige privilegiert, was sich mit ihm berührt, was ihn reizt, was ihm in die Augen fällt, der diese durch seinen eigenen physiologischen Bau bedingte Wirkung aber im Zug der Sprachentwicklungsgeschichte gleichzeitig mit ihrer Ursache verwechselt, wenn er etwa glaubt, von den *eíde*, der bildlichen Gestalt, auf die *idéai*, die Ideen, schließen zu können:

> Jene Begriffe, die lediglich unserer Empfindung ihr Entstehen verdanken, werden als das innere Wesen der Dinge vorausgesetzt: wir schieben den Erscheinungen als Grund unter, was doch nur Folge ist. Die Abstrakta erregen die Täuschung als

---

57 Nietzsche, Friedrich: »Ueber Wahrheit und Lüge im aussermoralischen Sinne«, KSA 1, S. 879; vgl. F. Nietzsche: »<Darstellung der antiken Rhetorik>« (s. Anm. 7), S. 426, und G. Gerber: *Die Sprache als Kunst* (s. Anm. 4), S. 159, S. 174, S. 279 und S. 297.
58 Zu Nietzsches ›Begriff‹ der Metapher vgl. grundsätzlich Kofman, Sarah: *Nietzsche et la métaphore*. Paris 1972, 1983 (deuxième édition revue et corrigée) und Tebartz-van Elst, Anne: *Ästhetik der Metapher. Zum Streit zwischen Philosophie und Rhetorik bei Friedrich Nietzsche*. Freiburg i.Br., München 1994.
59 Nietzsche, Friedrich: ›Nachgelassene Fragmente‹ Sommer 1872–Anfang 1873: 19[179], KSA 7, S. 475–476.

seien sie jenes Wesen, welche die Eigenschaften bewirkt, während sie nur in Folge jener Eigenschaften von uns bildliches Dasein erhalten. Sehr lehrreich der Übergang der eidh in ideai bei Plato: hier ist die Metonymie, Vertauschung von Ursache und Wirkung vollständig.[60]

Hier ereignet sich mehr als nur Metaphysikkritik in Form von Metonymiekritik, was, wie Paul de Man gezeigt hat, an sich schon ungewöhnlich genug ist. Tatsächlich zerlegt Nietzsche in seinen Schriften von 1872/73 mit dem von Gustav Gerbers *Die Sprache als Kunst* gewonnenen analytischen Werkzeug der antiken Terminologie die physiologisch bedingte Mechanik des menschlichen Perzeptions- und Apperzeptionsapparates in seine rhetorischen Einzelteile. Nietzsches Basler Rhetorik-Vorlesung vom Wintersemester 1872/73 liest sich unter diesen Vorzeichen wie eine Blaupause, ein Bauplan des Räderwerks menschlicher Seelenregungen, deren mechanische Schaltstellen Namen tragen wie »Metapher, Synecdoche Metonymie, Antonomasie, Onomatopoiie Katachrese Metalepsis Epitheton Allegorie Ironie Periphrasis Hyperbaton Anastrophe Parenthesis Hyperbel«[61], Pleonasmus – Epanalepsis, Perissologia, Periphrasis – Ellipse – Aposiopese, Zeugma –, Enallage und Annominatio[62], um nur die wichtigsten zu nennen, und man hätte sich neben dem Juristen Kelterborn und dem Germanisten Stückelberger, den beiden einzigen Besuchern der Rhetorik-Vorlesung, auch einen Ingenieur der Seele wie Sigmund Freud, den psychoanalytischen Konstrukteur des psychischen Apparats, unter ihren Hörern gewünscht.[63] Damit kann aber gleichzeitig die Idee entstehen, als Remedium für die in den Spätschriften beklagte »décadence«

---

60 F. Nietzsche: »<Darstellung der antiken Rhetorik>« (s. Anm. 7), S. 446; vgl. etwa auch KSA 7, ›Nachgelassene Fragmente‹ Sommer–Anfang 1873: 19[242], S. 495–496.
61 F. Nietzsche: »<Darstellung der antiken Rhetorik>« (s. Anm. 7), S. 443.
62 Vgl. ebd., S. 449–457 (»§. 8. Die rhetorischen Figuren«).
63 Zur Bedeutung der (aristotelischen) Rhetorik als Brücke zwischen Friedrich Nietzsche und Sigmund Freud vgl. Mainberger, Gonsalv L.: »Rhetorische Techne (Nietzsche) in der psychoanalytischen Technik (Freud). Prologomena zur Rationalität der Psychoanalyse«. In: Figl, Johann (Hg.): *Von Nietzsche zu Freud. Übereinstimmungen und Differenzen von Denkmotiven*. Wien 1996, S. 68–95. Jacques Lacan wird schließlich die rhetorisch analysierbare Figuralität der unbewußten Affektregungen ohne das bei Nietzsche stets mitgedachte physiologische Substrat reformulieren; vgl. ders.: »Das Drängen des Buchstabens im Unbewußten oder die Vernunft seit Freud« (1957). Aus dem Französischen übersetzt von Norbert Haas. In: ders.: *Schriften II*. Ausgewählt und herausgegeben von Norbert Haas. Olten, Freiburg i.Br. 1975, S. 15–55, S. 47, wo Lacan die Abwehrmechanismen als »die Kehrseite dessen« bezeichnet, »wovon die Mechanismen des Unbewußten die Vorderseite darstellen: Periphrase, Hyperbaton, Ellipse, Suspension, Antizipation, Retractatio, Verneinung, Exkurs, Ironie sind die Stilfiguren (Quintilians *figurae sententiarum*); Katachrese, Litotes, Antonomasie, Hypotyposis die Tropen, die als Begriffe sich am besten dazu eignen, diese Mechanismen zu bezeichnen. Genügt es, in ihnen nur simple Redeweisen zu sehen, wo sie doch die Figuren darstellen, die in der Rhetorik des Diskurses wirksam werden, der effektiv vom Analysierten gesprochen wird?«

des individuellen und des kollektiven Körpers[64] die isolierten Einzelteile neu zusammenzusetzen und einen anderen, Neuen Menschen aus ihnen hervorgehen zu lassen. Hier wird Rhetorik historisch zur physiologischen Wunschmaschine, bestimmt Nietzsche doch in *Jenseits von Gut und Böse* als ›eigentliche philosophische Aufgabe‹ die Setzung neuer Werte, die dem Gesellschaftskörper eine andere Form vorgeben.[65] Das »Herrenrecht, Namen zu geben«, das in Nietzsches Augen so weit geht, »dass man sich erlauben sollte, den Ursprung der Sprache selbst als Machtäusserung der Herrschenden zu fassen«[66], ist der Versuch, mit der Rhetorik das »Mittel unbewußter Kunst in der Sprache u. deren Werden« in den Dienst der Interpretation, das heißt dieser ›eigentlichen philosophischen Aufgabe‹ zu stellen, zu der die genealogische Geschichtsschreibung nur eine Vorübung darstellt.[67] Hier versucht Nietzsche die von ihm sprachkritisch analysierte Dynamik der Rhetorik performativ zu wenden; dieser Versuch erklärt den zunehmend pathetischeren Ton in den Werken nach der Streitschrift *Zur Genealogie der Moral*. Die rhetorische ›Gewalt‹, die sie ausüben, zielt auf eine Erhöhung ihrer Merkbarkeit: »›Man brennt Etwas ein, damit es im Gedächtniss bleibt: nur was nicht aufhört, weh zu thun, bleibt im Gedächtniss‹ – das ist ein Hauptsatz aus der allerältesten (leider auch allerlängsten) Psychologie auf Erden.«[68] Indem man sich seine Schriften buchstäblich merken sollte, wollte Nietzsche den Gesellschaftskörper interpretieren. Letztlich ist auch Nietzsches pathetische Poesie/Rhetorik davon getragen, »eine subjektive Erregung u. Annahme auf andere« zu »übertragen«, sei es als Interpretation, sei es als Moment spielerischer Freiheit. In den *Diony-*

---

64 Vgl. Stingelin, Martin: »Nietzsche, die Rhetorik, die *décadence*«. In: *Sprache und Literatur in Wissenschaft und Unterricht* 26 (1995), Heft 75/76 (1./2. Halbjahr) [1996], S. 27–44.

65 Vgl. Nietzsche, Friedrich: *Jenseits von Gut und Böse. Vorspiel einer Philosophie der Zukunft* (1886), Sechstes Hauptstück: wir Gelehrten 211, KSA 5, S. 144–145. Zur philosophischen Kritik dieser ›faschistischen‹ Option, die ein ›Künstler-Philosoph‹ wahrnehmen kann, vgl. Vuarnet, Jean-Noël: *Der Künstler-Philosoph* (1977). Aus dem Französischen übersetzt von Brunhilde Wehinger. Berlin 1986, S. 22; zur historischen Kritik vgl. Foucault, Michel: *In Verteidigung der Gesellschaft. Vorlesungen am Collège de France (1975–76)* (1996). Aus dem Französischen übersetzt von Michaela Ott. Frankfurt/M. 1999, S. 282–319.

66 Nietzsche, Friedrich: *Zur Genealogie der Moral. Eine Streitschrift* (1887), KSA 5, S. 245–412, hier S. 260.

67 Vgl. Hamacher, Werner: »Das Versprechen der Auslegung. Überlegungen zum hermeneutischen Imperativ bei Kant und Nietzsche«. In: Bolz, Norbert W./Hübener, Wolfgang (Hg.): *Spiegel und Gleichnis. Festschrift für Jacob Taubes*. Würzburg 1983, S. 252–273, hier S. 264: »Die Geschichtsschreibung steht unter dem Imperativ, selber Geschichte zu machen. [...] Geschichtsschreibung, die sich selber performativ versteht und an der Erzeugung eines souveränen, gesetzgebenden Willens mitzuwirken sucht, kann die Kontingenz, der er sich zu entwinden hat, nicht verleugnen, sondern muß sie durch Affirmation zu bannen suchen. Sie ist dazu auf ein Verfahren angewiesen, das Nietzsche als Interpretation bezeichnet, das aber mit ebenso gutem und besserem Recht als Umdeutung, Erdichtung und Verfälschung charakterisiert werden kann.«

68 Nietzsche, Friedrich: *Zur Genealogie der Moral*, KSA 5, S. 295.

*sos-Dithyramben* entfaltet Nietzsches Poetik, Gedichte aus der poet(olog)ischen Reflexion ihrer rhetorischen Voraussetzungen zu schöpfen, ihre ganze Virtuosität[69], während seine Rhetorik in *Der Antichrist* gleichzeitig ihre verletzendste Aggressivität entfaltet. Beide Momente bleiben bei Nietzsche in einer sich gegenseitig zuspitzenden Ambivalenz miteinander verknüpft.

---

69 Vgl. Groddeck, Wolfram: *Friedrich Nietzsche – »Dionysos-Dithyramben«*. Berlin, New York 1991. Bd. 1: *Textgenetische Edition der Vorstufen und Reinschriften*. Bd. 2: *Die »Dionysos-Dithyramben« – Bedeutung und Entstehung von Nietzsches letztem Werk*. Exemplarisch weist Groddeck, Wolfram: »Nietzsches Gedicht: ›Die Sonne sinkt‹. Eine philologische Lektüre des sechsten ›Dionysos-Dithyrambus‹«. In: *Nietzsche-Studien* 16 (1987), S. 21–46, nach, daß dieses Gedicht eine poetologische Reflexion des aristotelischen Metaphern-›Begriffs‹ und seiner Voraussetzungen darstellt: »Eine ›Metapher nach der Analogie‹, im Sinne des Aristoteles, ist nur dann konstruierbar, wenn die Ausgangspaare, also die Proportionen ›Tag : Abend‹ und ›Leben : Alter‹, selber metonymisch sind […]. Der Vorgang der Übertragung, die Metapher, besteht aus der Vertauschung der einzelnen Glieder der Grundoperationen und stellt sozusagen eine Hypallage des ursprünglichen Vergleichs dar. Das Ergebnis sind zwei Metaphern, die sich durch das reziproke Verhältnis von eigentlicher und übertragener Aussage unterscheiden« (S. 35).

# Diskussionsbericht

MAREIKE BUSS (Aachen)

In der Diskussion zum ersten Beitrag wurde zunächst Christian Stetters methodische Kritik an einer Linguistik Chomskyscher Prägung thematisiert. Es bestand weitgehend Konsens darüber, daß dieses linguistische Paradigma durch seine ausschließliche Konzentration auf den Begriff der Kompetenz in unauflösbare theoretische und methodische Aporien geraten ist. So sind linguistische Beispiel*sätze* notwendig fiktionale Konstrukte, die weder der Sprachkompetenz eines idealen Sprecher-Hörers angehören noch in sprachlichen Performanzen vorzufinden sind, weil es ›in der Welt‹ allein *Äußerungen* gibt, die durch Intentionalität und eine bestimmte illokutionäre Kraft charakterisiert sind. (Harras) Tatsächlich haben sich viele theoretische Debatten innerhalb der neueren Linguistik an dem starren algorithmischen Regelbegriff der generativen Grammatik entzündet, den Chomsky in Auseinandersetzung mit der Mathematik und den frühen Turing-Maschinen entwickelt hat. (Mersch) Eine Re-Rhetorisierung der Linguistik im Sinne einer methodischen Orientierung am rhetorischen Begriff der *téchnē* könnte diesen Debatten möglicherweise den Boden dadurch entziehen, daß nicht mehr postuliert wird, daß wir *nach* angeborenen Regeln sprechen, sondern *gemäß* Regeln. (Schüttpelz)

Das Spannungsfeld von Regel und Adresse rückte mit der Diskussion des Verhältnisses von Kompetenz und Performanz grundsätzlicher in den Blick. Während weitgehende Klarheit hinsichtlich des ›klassischen‹ Kompetenzbegriffs der modernen Linguistik bestand, waren die von Stetter geforderte ›Linguistik der Performanz‹ sowie ihr Untersuchungsgegenstand unklar oder strittig. (Balke/Pethes) Ebenfalls fraglich schien, ob die Linguistik überhaupt einen Beitrag zur Beschreibung der Genese von Performanzphänomenen leisten kann. (Balke) Dagegen betonte Stetter, daß die Linguistik, zusätzlich zur Beschreibung der historischen sowie ontogenetischen Entstehung sprachlicher Formen, auch eine phänomenologische Beschreibung der verschiedenen medialen Ausprägungen leisten müsse und könne. Jäger zufolge liegt Stetters Überlegungen zum Verhältnis von geschriebener und gesprochener Sprache eine ›skriptizistische Fluktuanzthese des Oralen‹ zugrunde, die in letzter Konsequenz die Abwesenheit von Types in der Mündlichkeit impliziert. Man kann aber keine Phänomenologie sprachlicher Erscheinungen unter Verzicht auf Konzepte wie ›Regularität‹, ›Type‹ und selbst ›Kompetenz‹ betreiben, weil die Beobachtung empirischer Daten in wissenschaftlicher Perspektive notwendig zur Klassifizierung der beobachteten Phänomene führt, und man somit in letzter Konsequenz zumindest Regularitäten beschreibt. (Winkler) Außerdem müssen Kompetenz und Performanz nicht notwendig als dichotome Begriffe gefaßt, sondern ihr Verhältnis kann vielmehr als zyklisch beschrieben werden: Regularitäten entstehen in Performanzprozessen, umgekehrt wirken Kompetenzstrukturen auch auf Performanzphänomene zurück. Stetter präzisierte daraufhin, daß er zwar für eine Rückkehr der Linguistik zur sprachlichen Oberfläche, d. h. für eine Phänomenologie der sprachlichen Erscheinungen plädiert, damit aber nicht grundsätzlich die Existenz von kognitiven oder neuronalen Strukturen leugnet, die den Performanzphänomenen zugrunde liegen. Allerdings fällt die Beschreibung solcher Kompetenzstrukturen nicht mehr in das Gebiet der Linguistik, sondern ist Aufgabe der Psychologie.

Diese Bemerkung war schließlich der Auslöser für eine kontroverse Diskussion um die Arbeitsteilung zwischen Linguistik und Psychologie, in der zunächst Fohrmann in Zweifel zog, daß die Psychologie die geeignete Disziplin ist, an die die Linguistik die Beschreibung der Kompetenzstrukturen abgeben sollte. So scheint etwa die Soziologie geeigneter zu sein, einen Beitrag zur Beschreibung der Sprache als ›öffentliches Allgemeines‹ und als Performanzphänomen zu leisten. Die vorgeschlagene Arbeitsteilung zwischen Linguistik und Psychologie läuft hingegen Gefahr, die Dichotomie von Form und Inhalt zu restituieren. (Linz) Außerdem führt sie letztlich zu einem medientheoretischen Problem, weil die Oberfläche sprachlicher Performanzen zunächst nichts mit psychischen Prozessen zu tun hat. (Jäger)

Weitgehend kontrovers wurden zwei zentrale Theoreme der Vorlage von Gisela Harras diskutiert: die Gricesche Unterscheidung zwischen Sagen und Meinen auf der einen sowie das Konzept der semantischen Unterspezifiziertheit sprachlicher Ausdrücke auf der anderen Seite. So wurde grundsätzlich in Zweifel gezogen, daß ein direktes Sagen nach dem Griceschen Modell überhaupt möglich ist. Damit wird aber die behauptete Unterscheidung zwischen direktem Sagen und indirektem Meinen vollkommen ad absurdum geführt. (Hamacher/Martyn/Mersch) Auf die Frage nach dem kategorialen Status des Sagen-Könnens (Campe) führte Harras aus, daß sich die Unterscheidung zwischen Sagen und Meinen vor dem Hintergrund der Unterspezifiziertheit sprachlicher Bedeutungen legitimiert und modellhaft eine Antwort auf die Frage zu geben versucht, wie sprachliche Bedeutung im Diskurs aus solchen unterspezifizierten Einheiten entsteht. In diesem Zusammenhang wurde kritisch angemerkt, daß die ›semantische Unterspezifiziertheit‹ sprachlicher Ausdrücke als defizitär im Verhältnis zu einem – allerdings nur unterstellten – Normalfall der semantischen Spezifiziertheit konzeptualisiert wird (Jäger), der offenbar als theoretisches Konstrukt aus einem äußerst engen Kommunikations- und Wahrheitsbegriff resultiert. (Stetter) Auf diese Art wird zudem eine Dichotomie von Zentrum und Peripherie suggeriert, die die Unterscheidung zwischen Sagen und Meinen noch weiter verstärkt. Dabei ist die sogenannte Unterspezifiziertheit oder Indirektheit ganz im Gegenteil ein Beleg für die Ökonomie der Sprache, während Explizitheit hingegen häufig unsinnig wirkt. (Jäger)

In der Folge rückte die Frage ins Zentrum der Diskussion, inwieweit das Gricesche Modell grundsätzlich geeignet ist, menschliche Kommunikation zu beschreiben. Grice hat letztlich dadurch einen stark normativen Kommunikationsbegriff entwickelt, daß als Kommunikation nur gilt, was dem Kooperationsprinzip und den Griceschen Maximen entspricht. Insbesondere vor dem Hintergrund, daß beispielsweise Sub- oder Popkulturen den expliziten Verstoß gegen diese Maximen zum Programm erheben und demnach nicht als Formen der Kommunikation gelten könnten, ist die Frage zu stellen, ob eine solche Grenze zwischen Kommunikation (Sagen) und Nicht-Kommunikation (Meinen) überhaupt sinnvoll gezogen werden kann. (Fohrmann) Verstöße gegen die Maximen auf der Ebene des Gesagten – und dies ist auch bei Subkulturen der Fall – führen allerdings nicht dazu, daß Äußerungen nicht mehr als Kommunikation angesehen werden (Harras). Denn gemäß dem Griceschen Modell der Indirektheit wird nur prima facie, d. h. auf der Ebene des Gesagten, gegen die Maximen verstoßen, nicht aber auf der Ebene des Gemeinten. Gegen eine ontologisierende Redeweise von ›der‹ Kommunikation oder ›dem‹ Kommunikationsakt wurde schließlich vorgeschlagen, die Differenz zwischen Sagen und Meinen als Kommunikationsmodi unterschiedlich ›temperierter‹ Kommunikationsgemeinschaften – ›warme‹ *Gemeinschaften* vs. ›kalte‹ *Gesellschaften* – zu fassen. (Strub)

Abschließend wurde diskutiert, ob bzw. inwieweit eine Theorie des indirekten Sprechens auch solche Phänomene wie das Mißverstehen und die Lüge behandeln muß. Angesprochen wurden der Status von Kommunikationsverweigerung und Mißverstehen (Geulen), aber auch die Intention zu lügen oder irrezuführen. (Martyn) Während die ersteren – wie Perlokutionen – *Folgen* kommunikativer Handlungen sind und daher im strengen Sinne nicht zum Kommunizieren gehören, könnten die letzteren nicht im Rahmen des Griceschen Modells behandelt werden, weil dieses allein ›aufrichtiges‹ Kommunizieren erklärt. Innerhalb eines weiteren handlungtheoretischen Rahmens kann das Lügen oder Irreführen aber als strategisches Handeln im Gegensatz zum offenen bzw. aufrichtigen Handeln gedeutet werden. (Harras)

Die Diskussion des Beitrags von Erika Linz kreiste zunächst um die Frage, inwieweit die klassische dichotomische Konzeptualisierung von Kompetenz und Performanz im Zuge einer Re-Rhetorisierung der Linguistik irritiert oder sogar nachhaltig erschüttert wird. Da Kompetenzstrukturen in der kognitiv orientierten Linguistik stets nachträglich als solche konstruiert werden, z. B. sprachliche Metaphern als sekundäre Repräsentationen metaphorischer Konzepte oder auch Sprechakte als schlichte Realisationen einer vorgängigen Kommunikationsintention, stellt sich das Problem, im Rahmen einer kognitiven Metapherntheorie aus einer solchen Nachträglichkeit auszubrechen. (Schüttpelz) Nach dem vorgestellten Modell entstehen Kompetenzstrukturen in zyklisch verlaufenden Kumulationsprozessen, an denen das Individuum immer gleichermaßen produktiv und rezeptiv beteiligt ist. Damit wird einerseits der Tatsache Rechnung getragen, daß Kompetenzstrukturen stets nur in enger Anbindung an sprachliche Performanzen und damit an Materialität ausgebildet werden, andererseits wird darüber nicht vernachlässigt, daß die Performanzen umgekehrt auf solchen Kompetenzstrukturen beruhen. Die Fokussierung der nachträglichen oder vorträglichen Aspekte dieses Zyklus ist also allein das Ergebnis der theoretischen Perspektive, aus der heraus man die Kumulationsprozesse betrachtet. (Winkler)

Anschließend wurde – ähnlich wie in der Diskussion zur Vorlage von Stetter – reflektiert, inwieweit die skizzierten theoretischen Neuerungen auch Konsequenzen für das disziplinäre Selbstverständnis der Linguistik zeitigen könnten. Da in der von Linz skizzierten Perspektive psychologische, soziologische, aber auch neurologische Faktoren der Entstehung von Kompetenzstrukturen berücksichtigt werden müßten, ist grundsätzlich zu fragen, inwieweit es sich überhaupt noch um eine genuin linguistische Perspektive handelt. (Balke) Umgekehrt stellt sich die Frage, ob die Forderung, die Adressierungsabhängigkeit von Sprache als integralen Bestandteil in die kognitive Modellbildung aufzunehmen, letztlich nicht darauf hinausläuft, die Differenz zwischen kognitiven und adressatenabhängigen Aspekten, also zwischen Linguistik und Rhetorik, gänzlich zu tilgen. (Campe)

In der Folge wurde der figurative Aspekt einer Re-Rhetorisierung der Linguistik in den Blick genommen. Die Unterscheidung zwischen ›metaphorisch‹ und ›nicht-metaphorisch‹ ist auch nach dem vorgestellten Modell stets eine Kategorisierung zweiter Ordnung, weil die als Metaphorisierungen bezeichneten Prozesse auf der neurologischen Ebene gar nicht als solche nachgewiesen werden können. (Fohrmann) Allerdings trifft dies nicht nur für die Unterscheidung zwischen ›metaphorisch‹ und ›nicht-metaphorisch‹ zu, sondern gilt ebenfalls für die Differenzierung zwischen ›normalen‹ Lexemen, lexikalisierten Metaphern und innovativen Metaphern. Grundlage für diese Unterscheidungen, die wir in der kommunikativen Praxis gleichwohl treffen, bildet möglicherweise – mit Alfred Schütz – das Spannungsfeld von Vertrautheit und Relevanz. (Linz) Es stellt sich auch hier die Frage, ob man zwischen Vertrautheit und Relevanz tatsächlich klare Grenzen ziehen kann, und weiter, ob diese Grenzen mit der Unterscheidung zwischen dem Metaphorischen und dem Nicht-Metaphorischen korrelieren. (Martyn) Aus neurologischer Perspektive kann Vertrautheit als der Kommunikationsmodus beschrieben werden, in dem automatisch, d. h. ohne bewußte Reflexion, auf bestehende semantische Routinen zurückgegriffen wird. Im Rahmen einer dynamischen Modellierung des Kompetenzbegriffs etablieren sich solche Routinen durch die Wiederholung ähnlicher sprachlicher Verwendungsweisen. Kommunikative Störungen – zu denen man im weiteren Sinne auch die Tropen zählen kann – irritieren diesen Modus und führen dazu, daß unter Rückgriff auf Bekanntes neue Sinnhypothesen generiert werden. (Linz)

Abschließend rückte die Frage in den Mittelpunkt, ob die Re-Rhetorisierung der Linguistik nicht letztlich insbesondere dadurch zu einer verarmten Konzeption des Tropologischen führt, daß in linguistischen Untersuchungen allein die Metapher fokussiert wird. So stellt sich die Frage, ob neben der Metapher auch anderen rhetorischen Figuren eine Funktion im Zusammenhang mit der Genese sprachlicher Bedeutung zugesprochen werden kann. (Gretz/Strowick) Tatsächlich wird durch die Reduktion des Tropischen auf die Metapher die Chance verpaßt, auch andere rhetorische Verfahren und deren je spezifische epistemologische Produktivität in den Blick zu nehmen. (Menke)

In der Diskussion der Vorlage von Christa Heilmann wurde zunächst der Begriff der Körper*sprache*, dessen nicht unumstrittenen Charakter Heilmann selbst schon betont hatte, kritisch beleuchtet. Die These, daß Körperzeichen sich offensichtlich nicht über Differenzen als Werte im Saussureschen Sinne konstituieren (Martyn), wies Heilmann unter Hinweis auf körpersprachliche Minimalpaare wie Kopfnicken bzw. -schütteln zurück. Linz führte das Beispiel der Gebärdensprachen an, um zu verdeutlichen, daß Zeichenhaftigkeit tatsächlich nicht per se von spezifischen Medien abhängt und Differentialität somit nicht notwendig an die lineare Artikulation der gesprochenen Sprache gebunden ist. Problematischer sei hingegen, daß es sich bei den sprachbegleitenden Körperzeichen um singuläre Zeichen handelt, die keinen systematischen Charakter aufweisen. Präzisiert wurde die vorgebrachte Kritik dahingehend, daß eine Sprache per definitionem aus einer endlichen Menge von Oppositionen bestehen und das Prinzip der doppelten Artikulation aufweisen muß. Da die körperlichen Ausdrucksbewegungen aber beide Charakteristika nicht aufweisen, kann der Begriff der Körpersprache nur metaphorisch, nicht aber systematisch verwendet werden. (Stetter) Im Zusammenhang mit der Frage der Konventionalisierung wurde der Prozeß der ›Einschreibung‹ von Körperzeichen in das Individuum durch Sozialisierung (›Dressur‹, ›Abrichtung‹) thematisiert. (Mersch) Außerdem müsse die Unterscheidung zwischen Sagen und Zeigen berücksichtigt werden, da der Körper selbst eigentlich nur etwas zeigen, aber nichts im strengen Sinne sagen kann.

Einen weiteren Schwerpunkt der Diskussion bildete die Frage, ob man die ›Körpersprache‹ als autonomes Ausdrucksregister auffassen kann oder ob sie immer nur in Kombination mit der Lautsprache funktioniert. Schon die – mit Barthes zu sprechen – ›alte Rhetorik‹ der Antike ist im Kern eine literale Kunst der Überzeugung gewesen, in der Gestik und Körperhaltung des Redners nur insofern behandelt werden, als sie – in Kombination mit einem semantischen System wie der gesprochenen Sprache – etwas über das *ethos* des Redners aussagen. (Stetter) Tatsächlich zeigt sich in der Ablösung von Stimme und Handschrift von der Körperlichkeit ein grundlegendes Mißverständnis der ›alten Rhetorik‹ (Fohrmann): Man muß vielmehr hervorheben, daß letztlich alle Sprachen *Körper*sprachen sind und gleichsam in einem wechselseitigen Kommentarverhältnis zueinander stehen. Diese Einsicht ist dadurch verdrängt worden, daß einerseits eine klare Opposition zwischen Lautsprache und Körpersprache postuliert und andererseits gleichzeitig die Lautsprache zum ›Master-Medium‹ der Körperlichkeit hypostasiert worden ist. Aufschlußreich könnte es sein, beide Perspektiven einzunehmen, d. h. die verschiedenen ›Sprachen‹ einerseits als korrelative, andererseits als autonome Phänomene zu betrachten. Selbst der Begriff der ›sprachbegleitenden Ausdrucksbewegung‹, auf den sich körpersprachliche Äußerungen gewiß nicht reduzieren lassen, kann – so Hamacher – zu einem Erkenntnishindernis werden, weil er suggeriert, daß der Körper als bloß passives Instrument einer Intention fungiert, gleichgültig, ob diese Intention bewußt, bewußtseinsfähig oder unbewußt ist. Körper – und dazu gehören Stimmen so gut wie graphische Markierungen und mimische Bewegungen – sind aber keine transparenten Medien, sondern setzen den Impulsen, die durch sie hindurchgehen sollen, immer auch Widerstände entgegen. Wenn dieser Medienwiderstand die sogenannte Motivation von Zeichen und auch die Zeichen- und Begriffsdifferenzierung betrifft, dann könne Körpersprache wie jede andere Sprache nur diesseits der rationalistischen Opposition von Motiviertheit und Arbitrarität untersucht werden. Heilmann wies darauf hin, daß die Vorschläge von Fohrmann und Hamacher jeweils letztlich die systematische Zielsetzung ihrer Überlegungen verfehlen: Denn ihr Ziel ist die Untersuchung und Klassifikation von extralingualen, d. h. sprachbegleitenden körperlichen Ausdrucksbewegungen, die intentional zu bestimmten Zwecken eingesetzt werden können, und nicht die Beschreibung der paralingualen körperlichen Bewegungen, die unbewußt ablaufen und notwendige Voraussetzung jedes Sprechens sind.

Um den Begriff des Codes, den Hartmut Winkler als alternatives Konzept zu einem statischen Kompetenzmodell verstanden wissen möchte, kreiste der erste Teil der Diskussion seines Beitrags. Der Code ist – nach Winkler – das Kumulat von Diskursereignissen, letztlich eine Art statistischer Effekt, der auch als Resultat von Konventionalisierungsprozessen bezeichnet werden kann. Diese Konzeption wurde aus unterschiedlichen Perspektiven kritisiert. So wandte Stetter ein, daß ein Code ein Mittel zum Zweck, aber kein Medium ist, wie Winkler hingegen in seinen Ausführungen unterstellt. Kritisiert wurde auch Winklers gleichsam genealogische Herleitung der Begriffe des Codes und der Konvention, mit der er dem problematischen Charakter der beiden Begriffe letztlich ausweiche: Der erstere wird als das Kumulat von Codierungen beschrieben, während die letztere das Ergebnis von Konventionalisierungsprozessen sei. Anstatt Codes bzw. Konventionen lediglich als Resultate von Prozessen zu fassen, müßte in der Beschreibung ihrer Strukturen deutlich gemacht werden, was an den Codes offenbleibt und an den Konventionen die Möglichkeit bietet, sie zu transformieren. (Hamacher) Auch wenn die Gegenüberstellung von System und Verzeitlichung, von Topik und Diskurs grundsätzlich einleuchtet, handelt es sich dabei letztlich um zwei Perspektiven auf denselben Gegenstand, die zwar beide legitim, jedoch nicht in einem einheitlichen Modell zusammenzubringen sind. (Fohrmann) Winkler zufolge können die Aspekte der Niederlegung und der Fluktuanz jedoch mittels des Begriffs der Wiederholung, der notwendig Zyklizität und Monumentalität impliziert, in einem Modell zusammengeführt werden. Damit weist sein Modell der Kompetenz als Code einerseits Archiv- bzw. Monumentcharakter auf, andererseits handelt es sich um eine eigenartige Monumentalität, die stetigen Veränderungen unterliegt. Menke bezweifelte, daß es sinnvoll ist, der Metapher nicht nur den Primat vor allen anderen Tropen zuzuweisen, sondern sie grundsätzlicher noch als allgemeinen Mechanismus der Bedeutungsgenese anzusehen. Winkler hielt dagegen, daß die Ebene des aktualen Diskursereignisses, auf der wir z. B. metaphorische und nicht-metaphorische Verwendungsweisen vorfinden, von der Ebene des Codes unterschieden werden muß, auf der die verschiedenen Kontextualisierungen von Ausdrücken kumuliert, immer weiter konnotativ angereichert und verändert werden. Bedeutung ist nämlich, so betonte er noch einmal, das Kumulat der vielfältigen Gebrauchsweisen von Wörtern in einer unendlichen Vielzahl von Kontexten, die allesamt in den Code zurückschreiben und damit Bedeutung als gleichsam statistischen Effekt generieren.

In der Folge wurde der Begriff der Wiederholung diskutiert, den Winkler ausgehend von Derridas Überlegungen zum Begriff der Iterabilität in einer materialistischen Perspektive entfaltet. In der Diskussion erwies sich insbesondere die materialistische Wendung des Begriffs als strittig. So wurde zunächst bezweifelt, daß Derrida Iteration oder Wiederholung in einen theoretischen Zusammenhang mit dem Begriff der Materialität stellen würde, da Materialität immer auch metaphysische Idealität impliziere (Martyn/Menke). Weiter noch: Iterabilität als un-entscheidbare Möglichkeitsbedingung von Zeichen könne schlechterdings keine explanative Funktion im Rahmen einer Theorie der Sinngenese übernehmen. (Lorenzer) Ein materialistisch fundiertes Wiederholungskonzept verfehle insbesondere insofern die Pointe von Derridas Begriff der Iteration, als Iteration immer Alteration impliziere und daher keine einfache Reproduktion materialer Diskursereignisse sei. (Hamacher) Dagegen führte Winkler aus, daß von Wiederholung sinnvoll nur auf der Ebene des Beobachtbaren, mithin des Materialen die Rede sein kann. Außerdem werden mit der Akzentuierung der Materialität mögliche psychologistische Mißdeutungen seines Vorhabens vermieden. Abschließend regte Wirth an, das dekonstruktive Konzept der ›Aufpfropfung‹ im Zusammenhang mit der Frage fruchtbar zu machen, inwieweit die Materialität von Zeichen für die Bildung von Codes als Kumulaten von Bedeutung ist.

Im Anschluß an Martin Stingelins Ausführungen, Nietzsche bestimme die Rhetorik mit Hilfe des rhetorischen Begriffs der Kraft als ein performatives Mittel zur ›Überwältigung des Gesellschaftskörpers‹, stellte sich für Hebekus die Frage, inwieweit Nietzsche tatsächlich das differenzierte tropologische Instrumentarium, das er ja als eine Art Bauplan der Seelenregungen auffaßt, dazu verwendet hat, um den menschlichen ›Seelenapparat‹ neuzukonstruieren und damit einen Neuen Menschen zu schaffen. Stingelin verwies darauf, daß Nietzsche aus der Diagnose der Dekadenz das doppelte Projekt ableitet, einerseits die Geschichte des Verfalls des Gesellschaftskörpers nachzuzeichnen und damit andererseits ein Remedium gegen den Verfall zu schaffen. Denn die Historiographie habe die Aufgabe, die Leser mit Hilfe wirkungsmächtiger Metaphern aufzurühren und gleichsam über sich hinauszutragen. Hier zeige sich der Zusammenhang von Figuralität und Manipulation der ›seelischen Feinmechanik‹, d. h. die unmittelbare Wirkungsabsicht von Nietzsches Rhetorik. Des weiteren sei zu fragen, ob Nietzsche die metaphorologische Differenziertheit des ›Gesellschaftskörpers‹ für die Idee der Erneuerung der Gesellschaft nutzbar zu machen versucht. (Hebekus) Als Beispiel dafür wurde das metaphorische Konzept der Herde angeführt, das Nietzsche zu einer Gesellschaftstheorie in politisch-praktischer Absicht ausgearbeitet habe. (Balke) Gegen die These, daß Nietzsches Konzeption der Rhetorik als Psychagogie weniger auf seine Beschäftigung mit Gustav Gerber zurückgeführt werden könne, als vielmehr auf seine Auseinandersetzung mit der Tragödientheorie des 17. und 18. Jahrhunderts (Schüttpelz), argumentierte Stingelin, daß es sich bei Nietzsches Gerber-Rezeption um eine gleichsam angewandte Rhetorik in einem zweifachen Sinne handele: So lassen sich einerseits viele Gedichte Nietzsches, in denen er mit rhetorischen Figuren spielt, auf Beispiele von Gerber zurückführen, andererseits ist die sprachkritische Reflexion der grundlegenden Figuralität von Sprache ebenfalls von Gerber inspiriert. Allerdings verkehrt Nietzsche mit seinen Überlegungen zur fundamentalen Figuralität der Sprache – so Strub – letztlich die klassische Lehre der Tropen als Lehre von der Freiheit des Sprechens in ihr Gegenteil, nämlich eine Lehre vom Zwang, immer schon figurativ sprechen zu müssen. Stingelin stimmte Strubs Einwand zwar zu, hielt aber dagegen, daß Nietzsche in seiner ›Rhetorik über Rhetorik‹ auch einen – wenngleich aporetischen – Freiheitsbegriff entwickelt hat. Hierin zeige sich ein Leiden an der Heteronomie, daß dem Sprechen immer schon die Figuralität vorausliegt und daß der Mensch damit letztlich von der Sprache beherrscht ist. Umgekehrt folge daraus, daß man Herr über die Sprache werden muß, wenn man sich der Rhetorik als eines performativen Mittels zur ›Überwältigung des Gesellschaftskörpers‹ bedienen will. Diese Spannung zwischen sprachkritischer ›Aufklärung der Aufklärung‹ und dem Versuch der praktischen Anwendung sei ein ganz zentrales Moment in Nietzsches gesamten Werk. Dagegen wurde die These formuliert, in Nietzsches Spätwerk habe sich der Fokus von der Rhetorik als der Kunst des Über-redens hin zu biopolitischen Fragen des Über-lebens verschoben, so daß sich die Rhetorikreflexion allein auf das Frühwerk konzentriert. (Pethes) Gegen eine rein philosophiehistorische Deutung von Nietzsches Versuch, der Rhetorik eine erkenntnistheoretische Relevanz zuzuerkennen und sie damit in die Philosophie zurückzuholen (Nietzsche als ›Antiplatoniker‹ oder als ›wiedergekehrter Sophist‹) plädierte Balke dafür, deutlicher herauszuarbeiten, wie in Nietzsches Rhetorik der ›Erhalt der Gattung‹ zusammen mit der Tropisierung der Sprache gedacht wird. Stingelin wies abschließend darauf hin, daß die Umkehrung des Verhältnisses von Sprache und Rhetorik, gemäß der die Rhetorik der Sprache immer zuvorgekommen sein wird, das grundlegend Neue an Nietzsches Konzeption der Rhetorik ist.

# III.
# Writing Culture

# Einleitung

JÜRGEN FOHRMANN (Bonn)

Zwar kann man an der Korrelation von Getreidepreisschwankungen und Geburtenrate für die Strukturen einer longue durée vormoderner Zeit vieles ablesen, und einem solchen Blick scheint die Frage nach der Form, in der sowohl die Gegenstände zur Erscheinung kommen als auch die Untersuchungsergebnisse Gestalt gewinnen, im wesentlichen als ornatus tieferliegender Determinanten. Der ›cultural turn‹, der zugleich ein ›rhetorical turn‹ ist und der auch die Historischen Wissenschaften nicht unberührt gelassen hat, ist einer solchen Auffassung eher eine geistesgeschichtliche Reprise, die man mit den 1970er Jahren endgültig losgeworden zu sein scheint. Die Hardware ›Ökonomie‹ und mit ihr verbunden die Hardware ›Sozialstruktur‹ schlagen allemal die Software ›Text‹ – oder wie die vermaledeite Ideengeschichte heutzutage noch heißen mag.

Zumal, wenn diese, wie etwa am Beispiel Hayden Whites zu sehen, ein tropologisches Arsenal versammelt, das, mit ›mastertropes‹ operierend, alles auf *eine* Art des Sprechens herunterbrechen will und dies zugleich als Verfahren anbietet, das eigene historiographische Geschäft in solcher Einsinnigkeit zu beobachten. Zu einfach, dabei zu homogenisierend, wird man sagen, zu spekulativ. Schließlich haben wir ja die Quellen und eine eigene, noch philologisch inspirierte Quellenkunde.

*Diesen* Blick überzeugt auch nicht die ethnologische Diskussion nach und um Clifford Geertz oder um James Clifford, die den Versuch macht, die Nicht-Unschuld ethnographischer Arbeit zu erweisen, indem sie die Darstellung als Effekt von Figuration sowohl proklamiert als auch in Einzelstudien nachzuweisen sucht. »Dichte Beschreibung« ist ihr ein Programm, das ebensowenig selbstevident erscheint wie die Kontextkontiguität, die der New Historicism als Methode zu praktizieren versucht.

Mag man solche Skepsis auch nicht teilen, mag man die Einsichten der ›writing culture-Debatte‹ also sowohl in der Gegenstandsbeobachtung als auch im Darstellungsverfahren für unhintergehbar halten, so bleiben doch Fragen, denen es sich in dieser Sektion näher zuzuwenden galt. Ich möchte sie auf drei Fragen reduzieren:

Das ist erstens die Frage nach der Einmaligkeit ›rhetorischer Analyse‹. Geht es um Singularisierung, derart, daß jede ›Lektüre‹ einen dann einmaligen ›Text im Kontext‹ ›aufschließt‹; wie aber ist dann die ›formalisierende Kraft‹ der

Figur zu sehen, ihre Möglichkeit, sich zu reduplizieren und damit ihre Effekte zu wiederholen? Gäbe es eine solche Reduplikation, dann wäre auch eine Tropologie denkbar. Verneint man diese Möglichkeit – und dafür gibt es viele Gründe – dann stellt sich die Frage nach dem Status der Kategorien, mit denen die ›rhetorische Kraft des Textes‹ beschrieben wird; natürlich ist es eine Heuristik, aber eine, bei der nicht nur die Applizierbarkeit der Kategorien in Frage steht, sondern bei der auch die Reihe der Kategorien selbst offen ist. Unter den Bedingungen solcher Singularisierung gälte im strikten Sinne sowohl auf der Objekt- als auch auf der Metaebene ein historisches Apriori, und es gäbe eine stete performative Kraft, aber keine rhetorische Grammatik der Kultur.

Verknüpft ist damit zweitens – ich sage dies, ohne unnötig szientifisch auftreten zu wollen – die Frage nach der Methodisierbarkeit einer solcher Lektüre, und dies ist nicht nur eine Frage von Formalisierung, also nicht nur jene Frage nach ›ästhetischer Erziehung‹, die Paul de Man in seinem Marionettentheater-Aufsatz diskutiert hat. Es ist auch die Frage, ob es gelingt, eine ›Textbewegung‹ zu rekonstruieren, die nicht nur aus der Verabsolutierung des Bewegungsschemas besteht, das mit *einer* Figur (etwa dem Chiasmus) verbunden, von einer Figur gar erzwungen sein mag.

Und drittens die Frage nach dem Umgang mit Texten, die vor oder hinter *jener Schwelle* liegen, die in den meisten Beiträgen ex- oder implizit eine Rolle spielt; man könnte sie die Schwelle der ›alten Rhetorik‹ nennen.

In der Tat ist signifikant, daß diese Schwelle zwei sehr unterschiedliche Umgangsweisen mit Texten nahelegt; die erste Weise bemüht sich, die rhetorische Verfaßtheit von Texten gemäß des rhetorischen Programms, dem diese Texte zu folgen versuchen, nachzuweisen. Dies etwa ist sehr gut erkennbar in *Sven Lembkes* Vorlage zu Sigmunds von Herberstein russischer Reisebeschreibung, die als Ausfüllung eines Programms, das im Rahmen von Topik gegeben ist, verstanden wird und für das Rudolf Agricolas Werk im 16. Jahrhundert von herausragender Bedeutung war.

Alle weiteren Beiträge der Sektion versuchen Texte zu beschreiben, die in oder nach dieser Schwelle sprechen; auch diese Beiträge rücken i. d. R. weniger eine konkrete Figur in den Mittelpunkt, sondern sie versuchen die ›transzendentale‹ Bedingung, die die Topik für das ethnographische oder historische Schreiben bedeutete, zu ersetzen durch eine Reflexion auf das Bewegungsmoment, das nun die Texte bestimmt. Entscheidend scheint mir, daß dieses Bewegungsmoment fast immer selbstreferentiell gedacht wird, d. h. daß es auch oder gerade das thematisiert, was sowohl den eigenen Text als auch den beobachteten Text strukturell bestimmt.

So geht es bei *Erhard Schüttpelz* um ›Heischebräuche‹ und um eine Reziprozität, die als eine Form historischer Gerechtigkeit nun die ethnographische Schreibstunde von Claude Lévi-Strauss bestimmt und die nicht nur ein wissenschaftliches Credo zur Notwendigkeit von Ausgleich, sondern auch dessen Rekonstruktion im Kontakt mit indigenen Gesellschaften zum Inhalt hat. Es läßt sich hier zugleich, ohne Verlust, politisch gewendet, sagen, daß dabei ein Schelm den anderen erkennt, daß aber auch die List dann zunichte wird, wenn sie die prinzipiellen Ausgleichsgesetze zu mißachten versucht. Schelmenroman und Demokratie müssen zur Deckung gebracht werden.

Dabei läßt sich ein Chiasmus beobachten, der ebenso die Darstellungsverfahren des Ethnographen prägt wie er auch für die Sozialität indigener Gesellschaften selbst als konstitutiv erachtet wird. Diese ›Spiegelbildlichkeit mit Seitenwechsel‹ wird dann – terminologisch allerdings anders gefaßt – von *David Martyn* als prinzipielles Verfahren zu bestimmen versucht, mit dessen Hilfe überhaupt erst ›Kultur‹ zustandekommt: als je zitierendes Grenzziehen zwischen eigener und einer fremder Rede, deren ›Fremdheit‹ als ›Fehler‹ fingiert werden muß, damit die Unterscheidung zwischen Eigenem und Fremdem funktioniert.

Man könnte auch sagen, daß diese Fehlermarkierungen eine Art Übersetzung leisten; sind sie zusammenzudenken mit jener Übersetzung, die im Text von *Chenxi Tang* als Erbnehmerin der Topik verstanden und nun als konstitutiv für die Praxis einer Kulturbeschreibung gesehen wird? Die Wiederherstellung einer neuen, emphatisch vertretenen Mündlichkeitsfiktion – unter dem Regime des Buchdrucks – korreliert mit einer Rhetorik, die sich in der Charakteristik ›fremder Kulturen‹ entfaltet und die daher als ständige Übersetzungsbewegung gefaßt werden muß, weil sie auf kein Drittes wirklich abgebildet werden kann. Auch hier taucht die Idee des Ausgleichs wieder auf, diesmal in der Figur der Nemesis, die auch uns Wissenschaftlern natürlich die liebste aller Figuren ist, obwaltet sie doch der gerechten Zuteilung.

Daß dieses Modell des Ausgleichs nicht in eine sentimentalische Idylle, den Schillerschen Traum, einmünden muß, macht uns *Friedrich Balkes* Text deutlich. Auch hier geht es um Zuteilung, aber schon im Sinne des Steigerungsimperativs, den Adam Müllers Idee vollkommener Überwältigung auszulösen vermag. Man könnte vielleicht sagen, daß die Rhetorik nach ihrem Ende zum eigentlichen Partisanen wird und nun das Modell absoluter Feindschaft in eine Vorstellung »höherer«, absoluter Rhetorik überträgt. Denn nichts ist schlimmer, als ›ganz Ohr‹ sein zu müssen.

Damit wird aber bei allen Vorlagen ein Punkt getroffen, der als zentral für die mögliche Fortsetzung einer ›writing culture-Debatte‹ angesehen werden kann – der Versuch nämlich, die Figuration des Politischen freizulegen als eine Politik der Figuration.

# Die Grenzen des Selbstverständlichen in der *Moscovia* Sigmunds von Herberstein. Fassungskraft und Nutzen der alten Topik

SVEN LEMBKE (Freiburg/Br.)

»Groß sind der Menschen Unterschiede und Abweichungen voneinander, dies gilt für alle ihre Tätigkeiten, besonders aber für ihre Methoden der Kriegsführung.«[1] Das konstatiert Sigmund von Herberstein in der *Moscovia,* der maßgeblichen Ethnographie zum zaristischen Reich im 16. Jahrhundert.[2] Seine Feststellung, die er bezüglich der Pluralität kultureller Institutionen trifft, mündet nicht, wie man aus heutiger Erfahrung vielleicht vermuten möchte, in eine Klage darüber, wie schwierig es sei, komplexe gesellschaftliche Phänomene angemessen zu behandeln. Den eingangs zitierten Worten folgt vielmehr ohne weitere Umschweife eine längere Schilderung der moskowitischen, tartarischen und türkischen Militärorganisation. Weder unterschiedliche soziale Regelungen auf den Begriff von Kriegsführung zu bringen noch eine Typologie verschiedener militärischer Systeme zu entwickeln, stellen sich als intellektuelle Herausforderungen dar. Die konzeptionelle Ordnung des Autors integriert souverän kulturelle Diskrepanzen in ihr System. Von militärischen Fakten wird ohne langwierige Begriffsbestimmung einfach nur erzählt.

Auf die Fülle militärischer und sonstiger menschlicher Organisationsformen weist Herberstein lediglich hin, um die Länge seiner Ausführungen zu rechtfertigen. Kulturelle Unterschiede zwischen den Völkern fügen sich in

---

1 Herberstein, Sigmund von: *Rerum Moscoviticarum commentarij Siegmundij Liberi Baronis in Herberstain, Neyperg, & Guettenhag*, Oporinus: Basel 1571, S. 50 C: »Magna est hominum, ut in aliis negotiis, ita in bello gerendo hominum, diversitas ac varietas.« Die Seitenangabe gibt die originale Paginierung wieder, die parallel laufende Lagenzählung wird im Regelfall ignoriert. Die Wiedergabe des lateinischen Textes – abgesehen von der Titelangabe – folgt der normalisierten Orthographie, wie sie die deutsche Altertumswissenschaft praktiziert. Zu früheren Ausgaben, vgl. Leitsch, Walter: »Herbersteins Ergänzungen zur Moscovia in späteren Auflagen und die beiden zeitgenössischen Übersetzungen ins Deutsche«. In: *Forschungen zur osteuropäischen Geschichte* 27 (1980), S. 177–194.
2 Zu Autor, Rezeption und Überlieferung der »Moscovia« und zur Reise selbst vgl. Paravicini, Werner: *Europäische Reiseberichte des späten Mittelalters. Eine analytische Bibliographie*, Teil 1: *Deutsche Reiseberichte*, bearb. v. Christian Halm (= Kieler Werkstücke Reihe D, Bd. 5), Frankfurt/M. 2001, Nr. 125 und Nr. 128. Einen Forschungsüberblick bietet Leitsch, Walter: »Herbersteiniana«. In: *Jahrbücher für Geschichte Osteuropas* 56, N. F. 38 (1990), S. 548–564.

den ethnograhischen Bericht, ohne beim Autor das Verständnis von Kultur und ihren Institutionen in ihrer Eindeutigkeit zu gefährden. Vergegenwärtigt man sich die konzeptionelle Herausforderung an den Ethnographen, dann muß eine solche Selbstverständlichkeit, mit der fremde Konventionen und Sitten[3] narrativ bewältigt werden, immerhin überraschen. Fremde Wirklichkeiten müssen durch Beobachtung erst aus ihren originären Handlungsbezügen gelöst und dann zu ethnographischen Fakten verwandelt werden. Diese Verwandlung der empirischen Eindrücke zu ethnographisch relevanten Informationen beruht auf einem Vorgang der kulturanthropologischen Abstraktion. Der Betrachter setzt prinzipiell voraus, in jedem sozialen Akt ein Muster kulturspezifischen Handelns ausgedrückt sehen zu können. Sobald dieses von ihm identifiziert ist, wird er von nun an jede gleichartige Beobachtung darauf reduzieren.[4] Besonderes Interesse verdienen im Kontext der Reduktion die Kategorien, mit denen diese Abstraktionsvorgänge koordiniert sind.[5]

---

3   Weber, Max: *Wirtschaft und Gesellschaft. Grundriß der verstehenden Soziologie*, hg. v. Johannes Winckelmann, Tübingen [5]1972, S. 15: »Sitte« soll uns eine im Gegensatz zu »Konvention« und »Recht« nicht äußerlich garantierte Regel heißen, an welche sich der Handelnde freiwillig, sei es einfach »gedankenlos« oder aus »Bequemlichkeit« oder aus welchen Gründen immer, tatsächlich hält und deren wahrscheinliche Innehaltung er von anderen diesem Menschenkreis Angehörigen aus diesen Gründen gewärtigen kann.« Zu Konvention und Recht vgl. ebd., S. 17.

4   Diesen Weg der Abstraktion von Wahrnehmung zur typisierenden Darstellung bemerkt sofort, wer Herbersteins Reisebericht (s. Anm. 1, S. 117 ff.) in dem Kapitel »Navigatio per mare glaciale« (Schiffsreise übers Eismeer) mit den Kapiteln der geographischen oder auf das Brauchtum zielenden Ethnographie vergleicht. Der gleichsam autobiographische Erzähler verbindet persönliche Erfahrungen in diplomatischer Mission zu einer Geschichte, deren darstellerisches Prinzip die chronologische Reihenfolge ist. Die ethnographischen Kapitel dagegen gestalten ihren Stoff nach einem typisierenden Darstellungsschema, das kulturelle Normen, nicht singuläre Begebenheiten auf einer Zeitachse in den Vordergrund stellt.
    Die Abstraktion vom Phänomen zur Typik gehört zum Methodenrepertoire, damit ist überhaupt erst deren Reflektion möglich, vgl. Agricola, Rudolf: *De inventione dialectica libri tres – Drei Bücher über die Inventio dialectica*. Auf der Grundlage der Edition von Alardus von Amsterdam (1539) kritisch hg., übers. u. komm. v. Lothar Mundt. Tübingen 1992, S. 234: »Prima initia à sensuum observatione profecta sunt: ut cum viderent homines aliquid iterum tertiove saepius itidem fieri, experimento sumpto, ausi sunt tandem affirmare, prorsus sic se rem in omnibus habere.«

5   Cassirer, Ernst: *Philosophie der symbolischen Formen. Dritter Teil: Phänomenologie der Erkenntnis*. 10., unveränd. Aufl. (reprografischer Nachdruck der 2. Aufl. Darmstadt 1954) Darmstadt 1994, S. 330 f.: »Die primäre Aufgabe, die der wissenschaftliche Begriff zu erfüllen hat, scheint freilich keine andere zu sein, als daß er eine Regel der Bestimmung aufstellt, die sich am Anschaulichen zu bewähren und im Kreise des Anschaulichen zu erfüllen hat. Aber eben weil und sofern diese Regel für die Welt der Anschauung gelten soll, gehört sie ihr nicht mehr einfach als bloßer Bestand, als Element ihrer selbst, an. Sie bedeutet ihr gegenüber ein Eigenartiges und Selbständiges, wenngleich dieser ihr selbständiger Sinn sich zunächst nirgends anders als an der Materie des Anschaulichen bekunden und bezeugen kann.«

Im Falle Herbersteins verdanken sie sich nicht einer fachspezifischen Lehre, die als eigenständige Kulturanthropologie konzipiert wäre, sondern sie sind Teil einer impliziten ›Grammatik der Kulturtatsachen‹, mit der sich gleichermaßen die eigene wie die fremde Lebenswirklichkeit anschaulich schildern läßt.

Kategorien des eingangs zitierten Axioms wie Kriegsführung, Volk oder Tätigkeit werden vom Autor als evident vorausgesetzt. Sie vermitteln sich dem Gebildeten durch seine bloße Lebenserfahrung oder sie ergeben sich aus dem eigenen Bildungsgang. In Hinsicht auf die ethnographisch beschriebene Kultur bedeutet eine solche Nähe zwischen Lebenswirklichkeit und gelehrter Analyse: ethnozentristischen Erfahrungen der Gelehrten – sie seien Leser oder Autoren – kommt anthropologische Gültigkeit zu. Solche Ethnographie bleibt unspezialisiert und unterwirft sich nur generellen Anforderungen des intellektuell ausgezeichneten Sprechens; sobald diese erfüllt sind, kann Anspruch auf seriöse Gelehrsamkeit erhoben werden. Eine privilegierte Theorie von Kultur, die von Moral und Theologie oder anderen Daseinsmächten unterschieden und ausdifferenziert wäre, hat dagegen keinen Platz. Die implizite Grammatik der Kulturtatsachen verarbeitet keine Argumente einer fachspezifischen Kulturanthropologie, sondern verknüpft ethnographische Wahrnehmungen und Deutungen nach den Regeln der zeitgenössischen Topik.

Auf der Basis von Herbersteins sogenannter *Moscovia* und zeitgenössischen Aussagen zur gelehrten Wissensorganisation durch die Topik, die ohne thematische Beschränkung das überzeugende Reden schlechthin lehrt, möchte ich mich mit der Frage beschäftigen, wie ein Autor im 16. Jahrhundert Kulturen als Gegenstand gelehrter Forschung begreiflich machen kann. Ethnographie steht einerseits in der Renaissance vor dem Problem, fremde Lebenswelten vorstellen zu wollen, kann aber andererseits nicht Kategorien einer abstrakt-analytischen Kulturanthropologie verwenden, welche die Existenz verschiedener kultureller Eigenlogiken in Konzepten wie System oder Struktur aufhebt. Kategorien der Lebenswelt und gelehrter Rationalität verschränken sich miteinander.[6] Während in dieser Zeit Schriften der Theologie und Politik von moralischer Anschaulichkeit und Nachvollziehbarkeit profitieren, besteht dieser Vorteil für Ethnographie so nicht, weil ihr Gegenstand sich gerade durch die Abweichung von der Normalitätserwartung definiert. Da alle kulturanthropologischen Kategorien dieser Zeit normativ geladen, also nicht neutral und lediglich deskriptiv gemeint sind, wird es für die ethnographische Schilderung schwieriger als sonst in der gelehrten Rede üblich, wo sich die Gegenstände fraglos den Kategorien fügen, Evidenz herzustellen. Der Ethnograph muß unter Umständen den ethnozentristischen Vorbehalt, daß allein die eigene Kultur die moralisch geglückte ist, reduzieren. Wenn die moralische Deklassierung der betrachteten Kultur ganz anders als im Fall der mittelalterlichen Fantasiereisenden und Sittenprediger nicht das zentrale Medium zwi-

---

6   Zu den Eigenarten solcher Rationalitätsmuster vgl. Habermas, Jürgen: *Theorie des kommunikativen Handelns. Bd. 1, Handlungsrationalität und gesellschaftliche Rationalisierung.* Frankfurt/M. 1981, S. 101 ff.

schen Autor und Publikum bietet, dann stellt sich die Frage, auf welche Verständigungsebene dann die Reduktion zurückgreift, um fremde Lebenswelten in Begriffe zu überführen, die für Autor und Publikum gleichermaßen plausibel sind. Der Weg zur konkreten ethnographischen Information kann nicht durch ein sozialwissenschaftliches Abstraktum von Kultur vorformuliert und konzeptionalisiert sein; sozialwissenschaftliche Theorie, wie gesagt, bringt keine Phänomene im rhetorischen System zur Erscheinung.

Die kulturanthropologischen Argumente eines ethnographischen Textes sind mit der eigenen Lebenswelt nur noch mittelbar verbunden. Wie kann ein Text wie die *Moscovia* von vertrauten Lebenswirklichkeiten abstrahieren und dennoch ohne eine explizite Kulturanthropologie auskommen? Warum können Kulturen fremd sein, ohne daß Kultur als solche fremd und zum konzeptionellen Problem wird, sondern sich vielmehr in allgemeine Beschreibungsregeln von Topik und Rhetorik fügt?

Für viele Autoren im 16. Jahrhundert erläutert Rudolf Agricola in seiner *De inventione dialectica*[7] mustergültig argumentative Möglichkeiten und Zusammenhänge einer rhetorisch fundierten Wissenschaft.[8] Der Anspruch seiner rhetorischen Logik, in jeder Lage und zum Verständnis jeglichen Sachverhalts als konzeptionelles Instrument funktionieren zu können, muß das Interesse wecken, wenn es um das Verständnis ethnographischer Begriffsstrategien geht. Zudem weist eine umfassende Rezeption des Textes auf seine zeitgenössische Bedeutung.[9]

Herberstein hat seinen ethnographischen Bericht wohl in mehreren Arbeitsphasen nach dem Jahr 1527 verfaßt.[10] Grundlage des Berichts sind Erfahrungen gewesen, die er im Verlauf zweier Gesandtschaftsreisen im Auftrag der

---

7 R. Agricola: *De inventione* (s. Anm. 4), S. 8: »Quod si est signum rerum, quas is, qui dicit, animo complectitur, oratio: liquet hoc esse proprium opus ipsius, ut ostendat id atque explicet, cui significando destinatur.« Vgl. grundsätzlich Ilg, Klaus M.: *Das topisch-dialektische System der Sprache. Rudolf Agricola, De inventione dialectica. Liber I. Interpretation und Übersetzung.* Diss. München 1984.

8 R. Agricola: *De inventione* (s. Anm. 4) S. XV ff. Die Statuten der Universität Cambridge verpflichten seit dem Jahr 1535 ihre Studenten zur Lektüre der »De inventione dialectica«. Philipp Melanchthon propagiert an der Wittenberger Universität Agricolas Ideen als pädagogische Leitsätze.

9 R. Agricola: *De inventione* (s. Anm. 4), S. XIII–XXI. Publiziert wurde *De inventione dialectica* erst 1511, d. h. einige Jahre nach dem Tod Agricolas im Jahr 1485. Durch die Publikation einer Kurzfassung (zuerst im Jahr 1530), einer sogenannten *Epitome*, durch den weltläufigen Gelehrten Bartholomäus Latomus, beschleunigte sich die intellektuelle Anerkennung. Wesentliche Elemente der *De inventione dialectica* sind von nun an als Schulstoff kanonisiert; vgl. Latomus, Bartholomäus: *Epitome commentariorum Dialecticae inventionis Rodolphi Agricolae.* Köln: Johannes Gymnicus 1530.

10 Harrauer, Christine: »Die zeitgenössischen lateinischen Drucke der *Moscovia* Herbersteins und ihre Entstehungsgeschichte. (Ein Beitrag zur Editionstechnik im 16. Jh.)«. In: *Humanistica Lovaniensia. Journal of Neo-Latin Studies* 31 (1982), S. 141–163. Harrauer (S. 147) geht davon aus, daß ein redigiertes handschriftliches Exemplar im Jahr 1537 vorlag.

habsburgischen Kaiser (1517/18 und 1526/27) gesammelt hatte. Als Buch erscheint die *Moscovia* erst viele Jahre später; 1549 zuerst auf Latein, danach in mehreren Auflagen in verschiedenen anderen europäischen Sprachen.[11] Andere sogenannte rußlandkundliche Literatur aus dieser und früherer Zeit wird in der Traditionsbildung in den nächsten Jahrzehnten nie an ihn heranreichen; sie wird hier auch nur ausnahmsweise zum Vergleich herangezogen.[12] Untersuchungen, die verschiedene Versionen des ethnographischen Rußlandbildes systematisch vergleichen, brauchen nicht angestellt werden; sie liegen vor. Ihre Diagnosen, inwieweit ältere Texte aus jüngeren abzuleiten seien, gehen von einer Wirkung der Texte selbst aus.[13] Die Ableitung solcher Einflüsse aus der ethnographischen Tradition gibt keinen Aufschluß über intellektuelle Strukturzwänge, die sich für den Autor scheinbar von selbst ergeben. Solche Denkgewohnheiten scheinen sich mir nicht nur in den Texten selbst niedergeschlagen zu haben, sondern werden in der zeitgenössischen Topik als einer Lehre argumentativer Organisation selbst behandelt.

Angesichts der Frage nach den begrifflichen Erfassungsmöglichkeiten fremder Kulturen kann eine Inhaltsangabe der *Moscovia* summarisch ausfallen. Herberstein beschreibt im weitesten Sinne den Wirkungskreis der zaristischen Herrschaft. Da Herrschaft erst als verstanden gilt, wenn ihre politische und dynastische Geschichte erzählt ist, stellt der Autor die Wechselfälle zaristischer Herrschaft von ihren Anfängen bis zur Gegenwart ausführlich dar. Beiläufig kommen konkrete herrschaftliche Institutionen wie Postwesen und Münze zur Sprache. Eigenarten einer fremden Kultur zeigen sich vor allem in symbolisch signifikanten Akten wie religiösen Riten oder herrschaftlichen Zeremonien. Diese Geschichts- und Symbolinteressen überwölben auch die ausführliche und systematische Darstellung der orthodoxen Kirche.[14]

In einem zweiten Teil stellt sich Herberstein den eigentlichen Erfordernissen einer Landesbeschreibung. Eine Vielzahl von Orten und Flecken wird mit knapp formulierten Charakteristika in die erzählte Landkarte zaristischer Herrschaft eingefügt. In diese geographische Darstellung sind längere ethnographische Exkurse über die Tartaren und die Einwohner von Samagithia (Sa-

---

11 Vgl. zur Editionslage die Übersicht in Herberstein, Siegmund: *Zapiski o Moscovii*, hg v. V[alentin] L[avrent'evic] Janin. Moskau 1988, S. 389–392 u. W. Leitsch, *Herbersteiniana* (s. Anm. 2), S. 549 ff.

12 Zur Materialerschließung vgl. Kudrjavecz, O. F. (Hg.): *Rossija v pervoj polovine XVI v.: vzgljad iz Evropy*, Moskau 1997. (Titel lautet übersetzt: Rußland in der ersten Hälfte des 16. Jahrhunderts: Der Blick aus Europa) Darin finden sich auch Editionen der lateinischen Texte dieser Zeit. Vgl. auch die kurze Rezension in den *Hansischen Geschichtsblättern* von Sabine Dumschat; vgl. *HGBll* 116 (1998) S. 319 f.

13 Poe, Marshall: *The Use of Foreign Descriptions of Russia as Sources for Muscovite History: A Methodological Guide* soll demnächst in den *Forschungen zur osteuropäischen Geschichte* erscheinen. Zur allgemeinen Übersicht vgl. Poe, Marshall: *Foreign descriptions of Muscovy. An analytic biography of primary and secondary sources*, Columbus/Ohio 1995, bes. S. 11 ff.

14 S. v. Herberstein: *Commentarij* (s. Anm.1), S. 27 ff.

maiten nennt sie eine moderne deutsche Übersetzung[15]) in Litauen eingeschaltet. Dieser Bericht über selbst schon sonderbare Völker im Zarenreich verbindet sich mit Nachrichten über andere Merkwürdigkeiten. Herberstein beschreibt in einem eigenen Kapitel wilde Tiere dieser Region.[16] Das Werk schließt mit dem Bericht konkreter Reiseerfahrungen, die der Diplomat Herberstein in kaiserlicher Mission zwischen Eismeer, Hofzeremoniell und konkreter Routenplanung im Zarenreich sammelte.

Da die Forschung zu Reiseberichten und Ethnographien in der Frühen Neuzeit[17] zumeist die Neigung zur Empirie oder das Verfallensein in fremdenfeindliche Stereotypen thematisiert, scheint es mir gerechtfertigt, eigens zu betonen, daß ich mich an der kriminalistischen Suche nach den Stereotypen des Autors nicht beteilige. Die Frage, was Herbersteins Blick auf Rußland und seine Einwohner womöglich verdunkelte, stelle ich mir nicht. Denn Untersuchungen, die mit Wonne den Grad an Realitätssättigung[18] oder wie in jüngerer Zeit in diesen Texten vor allem einen exemplarischen Ausdruck des ›Umgangs mit dem Fremden‹[19] sehen, laufen Gefahr, zuerst als Affirmation der eigenen politischen Kultur der Forschenden wahrgenommen zu werden. Reiseberichte und Ethnographie der Frühen Neuzeit qualifizieren sich in diesem Forschungskontext zu Quellen einer Vorgeschichte unserer höchst eige-

---

15  Sigmund von Herberstain: *Moskowia*. Bearbeitet, eingeleitet u. hg. v. Friedemann Berger, Weimar o.J., z. B. S. 139. Vgl. S. v. Herberstein: *Commentarij* (s. Anm. 1), S. 113.

16  S. v. Herberstein: *Commentarij* (s. Anm. 1), S. 109 ff. Um Auskünfte über dieses zoologische Fragen zu erhalten, tritt Herberstein nicht anders als in der Frage des Pflanzenschafs Boranetz (s.u.) in gelehrte Kommunikation ein; vgl. Ch. Harrauer, »Die zeitgenössischen lateinischen Drucke« (s. Anm. 10), S. 143 f.

17  Stagl, Justin: »Das Reisen als Kunst und als Wissenschaft (16. bis 18. Jahrhundert)«. In: *Zeitschrift für Ethnologie* 108 (1983), S. 15–34. Gerade die Systematisierung des Reisens, wie sie sich mit Theodor Zwingers *Methodus apodemica* (Basel 1577) zeigt, führt zu Reisenberichten, die dennoch nicht durchweg als Ethnographie gemeint sind.

18  Moritsch, Andreas: »Geographisches in Herbersteins Moscovia«. In: Pferschy, Gerhard (Hg.), *Siegmund von Herberstein. Kaiserlicher Gesandter und Begründer der Rußlandkunde und die europäische Diplomatie*. Graz 1989 (= Veröffentlichungen des Steiermärkischen Landesarchives Bd. 17), S.135–146, hier S. 144. Dort ist das Urteil formuliert, daß Herberstein »ernst zu nehmen ist«, weil er sich von »Fabeln« kritisch distanziere. Im Grunde drückt sich hierin eine Deutung aus, mit der sich schon Jakob Burckhardt den Renaissance-Gelehrten genähert hatte (s.u. Anm. 41).

19  Vgl. dazu die kritischen Ausführungen bei Höfert, Almut: »The Order of Things and the Discourse of the Turkish Threat: The Conceptualisation of Islam in the Rise of Occidental Anthropology in the Fifteenth and Sixteenth Centuries.« In: dies./Salvatore, Armando (Hg.): *Between Europe and Islam. Shaping Modernity in a Transcultural Space*. Brüssel, Bern et al. 2000, S. 39–69, hier S. 42. Als Beispiel vgl. Scheidegger, Gabriele: »Das eigene im Bild vom Anderen. Quellenkritische Überlegungen zur russisch-abendländischen Begegnung im 16. und 17. Jahrhundert«. In: *Jahrbücher für Geschichte Osteuropas* 35 (1987), S. 339–355.

nen Formen von Wirklichkeitsdeutung.[20] Getreu der neuzeitlichen Wissenschaftstradition[21] erhält nun bessere Noten, wer seine Aussagen mit Autopsie legitimiert, anstatt diese im Zusammenhang mit alten würdevollen Geschichten zu referieren. Oder in moralischer Hinsicht brilliert ein Schreiben, dem idealiter alles fremd und egal – im Sinne von kulturell gleichwertig – wäre, ohne mit fremdenfeindlichen Aversionen belastet zu sein.

Hier soll es nicht um Kritik an den Denkgewohnheiten frühneuzeitlicher Ethnographie gehen. Die Produktivität von Stereotypen in diesen Texten dient eher als Hinweis auf die Argumentationsformen der Topik. Auch die Hinwendung zur Autopsie wird im Kontext rhetorischer Techniken verstanden und nicht als Königsweg zur kulturunabhängigen Wirklichkeitswahrnehmung; der Hinweis auf Autopsie ist als Teil eines spezifischen Legitimationsverfahren zu verstehen. Land und Volk sind Konstrukte, die ethnographische Aussagen steuern, und nicht etwa unhintergehbare Fakten. Deswegen können Beobachtungen wie die, daß Herberstein 132 Flüsse benennen kann, während alle Vorgänger zusammen nur auf 31 kamen, vernachlässigt werden.[22] Was der Text sagt, resultiert aus gedanklichen Mustern, die helfen, Wirklichkeiten konzeptionell zu bewältigen, nicht aus diesen Wirklichkeiten selbst.

Zurück zum ethnographischen Fassungsvermögen: Was ein Ethnograph als gelehrter Autor im 16. Jahrhundert konzeptionell wissen muß, erarbeitet er sich weder durch das Studium einer spezifisch fachlichen Theorie noch durch die Teilnahme an einer disziplinären Schulung. Fluchtpunkte seiner Wahrnehmung resultieren aus Kategorien, die im Gedankengebäude der Topik eingeschlossen sind. Topik organisiert Gesichtspunkte, die sich scheinbar von selbst anbieten. Als *loci communes* oder – zu deutsch – Gemeinplätze fordern sie den Redner oder schlechthin denjenigen auf, der sachverständig werden will, systematisch alle Fragen, die sich aus dem kulturellen Vorverständnis der Sache ergeben können, zu beantworten. Diese *loci communes* formulieren Fragen nach dem definitorischen Was, dem örtlichen Wo, dem zeitlichen Wann, dem Wozu, dem Warum, den Konsequenzen, dem Gegenteil des definierten Gegenstandes und nach anderen Merkmalen. Alles dies sind Fragen, die nicht den fraglichen Gegenstand an sich aus analytischen Prinzipien rekonstruieren, sondern sie bringen solche Merkmale und Bezüge zur Erscheinung, die sich zeigen, sooft dieses Phänomen gesehen oder imaginiert wird. Moderne philosophische Untersuchungen klassifizieren solche Ordnungsmuster als

---

20 Stagl, Justin: »Ars apodemica: Bildungsreise und Reisemethodik von 1560 bis 1600«. In: Ertzdorff, Xenja von/Neukirch, Dieter (Hg.): *Reisen und Reiseliteratur im Mittelalter und in der Frühen Neuzeit*. Amsterdam, Atlanta 1992 (= Chloe. Beihefte zum Daphnis Bd. 13), S. 173 spricht geradezu von »der Vorform der modernen Ethno- und Anthropologie«.
21 Shapin, Steven: *A Social History of Truth. Civility and Science in Seventeenth-Century England*. Chigaco, London 1994, S. 201 ff.
22 A. Moritsch: *Geographisches* (s. Anm. 18), S. 137.

Repertoire der Alltagslogik[23], wohl deshalb, weil der Bezug auf ein selbstreferentielles Kategoriensystem fehlt.

Argumentative Verknüpfungen problematisiert der Gelehrte im 16. Jahrhundert aus dem Kontext der auf Überzeugung ausgerichteten Redesituation. Hilfe dabei bietet ihm das Instrumentarium der Topik. Topik meint erst einmal nicht eine Sammlung von Klischees oder gängiger Vorstellungsmuster[24], sondern eine Methode. Konkret bietet sie ein Verfahren, das die Sammlung von Informationen aus Tradition und Empirie systematisiert, um das Verständnis jeglichen Objektes in darstellender Rede sicherzustellen. Wovon das Bündel dieser Eigenschaften, das sich im Objekt manifestieren soll, selbst konstituiert wird, bleibt unproblematisch.[25] Prinzipien der Wirklichkeit sind sichtbar, sie sind nicht durch spezifische Theorien erst nachzuweisen. Wenn Agricola eine komprimierte Systematik dieser Suchformeln ausarbeitet, dann dienen ihm bei der Unterscheidung von »loci externi« und »loci interni« Nähe oder Ferne zum offenbar selbstverständlichen Gegenstand als Ordnungsgrößen.[26] Alle *loci*, in denen argumentative Kraft »sitzt«[27], verfügen – nah oder fern zum Gegenstand, mehr oder weniger – über ein gemeinsames Substrat. Es ist das vorausgesetzte Verständnis vom Objekt an sich. Damit ist jene morphologische Identität jeglichen Faktums mit allen anderen Sachverhalten postuliert, die es der Topik erlaubt, den Bauplan einer überzeugenden und vertrauenserweckenden Rede detailliert zu beschreiben, ohne fachwissenschaftlich gebildet zu sein.[28]

---

23 Kienpoitner, Manfred: *Alltagslogik. Struktur und Funktion von Argumentationsmustern.* Stuttgart-Bad Cannstatt 1992, S. 43 ff.

24 In diesem Sinne spricht über Topoi und Topik mit großem Einfluß die klassische Arbeit von Ernst Robert Curtius; vgl. Curtius, Ernst Robert: *Europäische Literatur und lateinisches Mittelalter.* Bern ²1954, S. 92.

25 R. Agricola: *De inventione* (s. Anm. 4), S. 30 im Kapitel »Divisio locorum«.

26 Ebd., S. 37. »Dies ist also die Gesamtzahl der loci, nämlich die loci interni, die i n der Substanz (definitio, genus, species, proprium, totum, partes, coniugata) sowie b e i der Substanz (adiacentia, actus, subiectum) sind; die loci externi: die sogenannten cognata (efficiens, finis, effecta, destinata), die applicita (locus, tempus, connexa), die accidentia (contingentia, pronunciata, nomen, comparata, similia) und die repugnantia (opposita, distantia).« Der eigentliche Text auf S. 36: »Haec est ergo locorum summa, ut sint interni, qui in substantia definitio, genus, species, proprium, totum, partes, coniugata. Qui circa substantiam sunt, adiacentia, actus, subiectum. Externi autem, quae cognata dicuntur, efficiens, finis, effecta, destinata. Quae applicita, locus, tempus, connexa. Quae accidunt, contingentia, pronunciata, nomen, comparata, similia. Quae repugnant, opposita, distantia.«

27 Diese Formulierung greift die nachgerade klassische Formulierung Ciceros zu den *loci* als »argumentorum sedes« auf; vgl. Cicero, *De oratore* II, 166. Ähnlich, aber eindringlicher die Formulierung in seinen *Topica* 2, 8 »quasi sedes e quibus argumenta promuntur«. Von dort aus weiter in der Tradition Quintilian *Inst. or.* 5, 10, 22.

28 R. Agricola: *De inventione* (s. Anm. 4), S. 18: »Haec igitur communia, quia perinde ut quicquid dici ulla de re potest, ita argumenta omnia intra se continent, idcirco locos vocaverunt, quòd in eis velut receptu et thesauro quodam, omnia faciendae fidei instrumenta sint reposita. Non ergo aliud est locus, quàm commnunis quae-

Der rhetorisch versierte Autor findet seinen Ausgangspunkt zum adäquaten Verständnis eines Gegenstandes mit der *inventio*, dem Finden von Merkmalen, die zu sehen ihn die *loci communes* lehren.[29] Dieses Verfahren sieht Erkenntnis in der konkreten und unmittelbaren Manifestation selbst begründet, da die Eigenschaften eines Gegenstandes als evident und leicht auffindbar gelten. Der Redner ist unmittelbar beim Ding an sich. Gerade diese Methode, den ›informativen‹ Reichtum konkret gegebener Phänomene durch standardisierte Fragen abzuschöpfen, erlaubt komplementär zum bloß empirischen Verständnis eine eingängige Darstellungsweise – keine umständliche Theorie versperrt den Weg zur Darlegung der Phänomene – und wirbt Vertrauen für die Verläßlichkeit der Aussagen ein.[30]

Die ethnographische Schilderung im Stil der empirischen Tatsache oder im argumentativen Rekurs auf das natürliche Leben müssen als Figurationen der gelehrten Kommunikation wahrgenommen werden. Natürlichkeit und empirische Tatsächlichkeit entfalten ihre argumentative Kraft und dienen als legitime Merkmale gelehrten Redens, weil sie sich aus Lehren der Topik ableiten lassen. Die übergeordnete Stellung verdankt Topik sich nicht selbst; Topik als Vehikel fachlich undifferenzierter Welterschließung bewährt sich nur im Zusammenhang mit einem gesellschaftlich bedingten Kommunikationsmodell, das die soziale Rolle des literarisch geschulten und weithin gebildeten Gelehrten ermöglicht.

Meine Ausführungen zur Frage, wie ohne ethnologische Fachsprache fremde Lebenswelten als funktionierende soziale Ordnungen im ethnographischen Bericht verstanden und erzählt werden können, gliedern sich in mehrere Abschnitte. Zuerst untersuche ich, woraus sich für Herberstein Kultur als Betrachtungseinheit zusammensetzt oder anders gesagt, worin er den spezifischen Gegenstand seiner ethnographischen Schilderung sieht (I.). In welches Bedeutungsgefüge sich dieser Gegenstand in den Text integrieren muß, um sich als ethnographisches Faktum reklamieren zu können, soll eine ausführliche Charakterisierung des Darstellungsstils verdeutlichen. Daß dieser Darstellungsstil als legitimatorische Praxis funktioniert und diskursspezifische Effekte – hier den der empirischen Gültigkeit – erzielen soll, behandele ich dabei in einem Exkurs (II.). Danach überprüfe ich, ob Herbersteins Text so argumentiert, daß er als Ausdruck zeitgenössischer Topik verstanden werden kann. Konkret soll die suggerierte Natürlichkeit kultureller Ordnungen im ethnographischen Bericht als konsequente Anwendung allgemeiner Postulate der Topik vorgestellt werden (III.). Die Universalität von Evidenz, wie sie Lehren der *loci communes* behaupten, versteht sich nicht von selbst, sie muß aus sozialen Bedingungen gelehrten Sprechens abzuleiten sein. Die Universalität einer kohärenten gelehrten Sprache ist Indiz für eine Gelehrsamkeit, die sich

---

dam rei nota, cuius admonitu, quid in quaque re probabile sit, potest inveniri. Sit ergo nobis locus hoc pacto definitus.«

29  Ebd., S. 14 ff.
30  Ebd., S. 30.

selbst als integrative soziale Gruppe organisieren kann (IV.). Es liegt in der Konsequenz solcher Vergemeinschaftungsbedingungen, daß das Substrat ethnographischer Darstellung statt spezifischer ethnologischer Konzepte den *sensus communis* mobilisiert. Er bietet die Begriffsbasis für die Erfassung der eigenen und der fremden Kultur. Seine Anwendung verhindert die Ausbildung kulturanthropologischer Abstrakta, welche Vergesellschaftungsprozesse nur fachsprachlich und damit nur für eigens geschulte Personen verständlich mitteilen. Wie funktioniert der Bezug auf *sensus communis*, wenn der Ethnograph kulturelle Manifestationen wahrnimmt, die nicht mehr durch eigene konventionelle Erfahrungen einzuholen sind, also angesichts von Irregularitäten und Wundern (V.)?

Topik setzt sich nicht selbst als intellektuellen Standard. Die Rezeption der »Moscovia« gibt Hinweise darauf, unter welchen sozialen Bedingungen Topik das gelehrte Sprechen regieren kann. Das Milieu der Gelehrten ist dabei genauso relevant wie die Anerkennung der Herrschaftsträger (VI.). Eine Gegenüberstellung von Argumentationsmustern topischer Ethnographie und moderner struktureller Anthropologien soll den Zusammenhang zwischen Systemen gelehrter Informationsverarbeitungen und gesellschaftlichen Bedingungen deutlicher vor Augen stellen. Leitwerte der modernen Wissenschaft wie Objektivität und disziplinäres theoriebasiertes Sprechen reagieren nicht bloß auf intellektuelle Anforderungen.[31] Sie gehören selbst auch zu einer spezifischen Institutionalisierung gelehrten Wissens nicht anders als die Kriterien der »Topica universalis« in der Frühen Neuzeit.[32]

Die soziale Rolle von Experten und Expertinnen in modernen ausdifferenzierten Wissenschaftssystemen verbindet sich mit disziplinärer Spezialisierung und der systematischen Stillegung von Rhetorik. Autoren in einer *res publica litteraria* dagegen profilieren sich als Mitglieder einer Gemeinde aller Gelehrten und Gebildeten, deren Deutungs- und Erklärungskompetenz weder kategorisch noch disziplinär auf einen Bereich wie Kultur, Geist oder Natur zu beschränken wäre. Sie benötigen dafür ein System, das Evidenz ohne hermetischen Theoriekult scheinbar unmittelbar herstellt, kurz: ihre Spezialisierung darf nicht weiter reichen, als die Topik lehrt. Die Bewegung zur gelehrten Spezialisierung endet, bevor ein Grad sozialer und intellektueller Ausdifferenzierung erreicht ist, der das selbstreferentielle wissenschaftliche Reden[33] produzieren würde (VII.). Der Hinweis auf die Organisation moderner Wissenschaft und Ausbildung einer spezifischen Fachsprache sollte nicht als Exkurs verstanden werden. Sein Sinn liegt darin, zu verdeutlichen, daß die

---

31 Daston, Lorraine: »Die Kultur der wissenschaftlichen Objektivität«. In: Oexle, Otto Gerhard (Hg.): *Naturwissenschaft, Geisteswissenschaft, Kulturwissenschaft: Einheit – Gegensatz – Komplementarität?* Göttingen 1998 (= Göttinger Gespräche zur Geschichtswissenschaft 6), S. 11–39.
32 Schmidt-Biggemann, Wilhelm: *Topica universalis. Eine Modellgeschichte humanistischer und barocker Wissenschaft.* Hamburg 1983, S. 96ff u. S. 293 ff.
33 Luhmann, Niklas: »Selbststeuerung der Wissenschaft«. In: Ders., *Soziologische Aufklärung.* Opladen 1970, S. 232–252.

Beziehungen zwischen Wissensproduktion, sozialer Kontrolle und gesellschaftlicher Macht historisch so weit zu spezifizieren sind, daß der gelehrte Autor in der Frühen Neuzeit als gesellschaftsgebundene soziale Figur zu verstehen ist, die als solche den Nutzen von Topik gleichsam erst produziert. Die Gelehrten profilieren sich nicht durch ein spezifisches analytisches Instrumentarium, sondern bedürfen der unmittelbaren Akzeptanz durch Herrschaftsträger, so daß die Grenzen für Theoriekonstrukte sich aus dem Verständnishorizont der gebildeten oder bildungsfreundlichen Herrschaftsträger ergeben. Die Praxis konzeptioneller Selbstverständlichkeit stiftet einen stillen Konsens zwischen dem kundigen Gelehrten und dem interessierten Herrscher oder Höfling (jedenfalls einer durch Machtmöglichkeiten, nicht durch Gelehrsamkeit allein qualifizierten Person).

## I. Gegenstand der Ethnographie Herbersteins

Kulturelle Vorannahmen stehen gleichsam schon vor dem ersten Wort, das der Ethnograph niederschreibt. Sie entscheiden darüber, was überhaupt darzustellen ist. In dieser Hinsicht kann man sich auf Agricolas Rat zur methodisch strukturierten Rede verlassen: die Festlegung des Sujets, des »subiectum«, bestimmt den Anfang der Darstellung.[34]

Worin sieht Herberstein den eigentlichen Gegenstand seiner Darstellung?[35] Von einem Staat, einem Land oder einer Kultur spricht er nicht. Auch was Herberstein als »regio« bezeichnet[36], meint nicht ein präzises geographisches Territorium, sondern einen kulturellen Verband, den eine herrschaftliche Ordnung zusammenschließt. Es treten Sitten, Kult, Herrschaft und Sprache als diejenigen signifikanten Merkmale einer Gesellschaft hervor, die der ethnographische Autor wahrnimmt. Gegenstand der Herbersteinschen Ethnographie sind – aus einer höfisch-herrschaftlichen Perspektive geurteilt – sinnlich eindrückliche und zuweilen pittoreske Lebensordnungen, die sich in auffälligen Akten äußern.[37]

---

34 R. Agricola: *De inventione* (s. Anm. 4), S. 82.
35 Ebd., S. 105. Zur Notwendigkeit genauer Abgrenzung.
36 S. v. Herberstein: *Commentarij* (s. Anm. 1), f. A iir »quae regio inter eas quae initijs sacrosancti baptismatis tinctae sunt, moribus, institutis, religione, ac disciplina militari à nobis non mediocriter differt.« Vgl. die Kategorien des italienischen Humanisten Giovio (1483–1542/43): Giovio, Paolo: »Libellus de legatione Basilii magni principis Moscoviae ad Clementem VII. In: *Rossija* Kudrjavecz (s. Anm. 12), S. 230 »gentis mores, opre religionem militiaeque instituta«.
37 S. v. Herberstein: *Commentarij* (s. Anm. 1), f. a iir. Herberstein erinnert in seiner Widmung an König Ferdinand, daß die römischen Gesandten der Antike in »*commentarii*« »mores, instituta, totamque vivendi rationem« des besuchten Volkes geschildert haben. Kultur als Betrachtungsgegenstand bedarf in den Augen Herbersteins keiner Definition. Sie konkretisiert sich selbstverständlich in den Kategorien Sitte, Kult, herrschaftliche und militärische Organisation, nämlich »moribus, institutis, religione, ac disciplina militari«.
Dieses ethnographische und weniger geographische Interesse überdeckt der Titel *Moscovia*. Dieser heute übliche Titel geht auf die erste deutsche Fassung von 1557

Besonders hervorgehoben sind unter ihnen solche, die entweder im zeremoniell relevanten Umkreis von Herrschaft stattfinden oder aufgrund ihrer besonderen Abnormität merkwürdig sind.

Sitten, Kult, Herrschaft und Sprache, das sind Kategorien aus der eigenen Lebenswelt, die in der Narration darzustellen und dem Anschein nach unmittelbar abzubilden sind. Konstrukte der modernen Gesellschaftswissenschaften wie ›Strukturen‹ oder ›Systeme‹, in denen kulturelle Differenzen in einem analytisch hergestellten Raum kategorischer Bewältigung aufgehoben würden, reagieren offenbar auf einen sozialen Kontext, der qualitativ anders beschaffen ist.[38] Der ethnographische Bericht Herbersteins ist verschont vom Problem, sich Lebensabläufe als etwas vorzustellen, das nicht im eigenen Erleben einzuholen wäre. Von den Lebenspraktiken, über die der Autor informieren will, über Völker, über ihre Fürsten und den Zaren als ihren höchsten und übergeordneten Herrscher spricht er konsequent stets so, als repräsentierten sie Sachverhalte, die sich in ihrer gesellschaftlichen Struktur – das meint nicht: in ihrer Ausprägung – von selbst verstünden. Die Leistung des Autors besteht in einer narrativen Subsumtion unter die anscheinend vom Gegenstand selbst diktierten Kategorien. Was beispielsweise unter einer Audienz zu verstehen ist, kann er voraussetzen, wie diese vom russischen Zaren ausgestaltet wird, muß er schildern.[39] Der Zar ist ein Herrscher und nicht ein Struktureffekt. Die Schilderung des sichtbaren und kommunikativ gemeinten Handelns stellt sich als allgemein gültig und plausibel dar. Sie bedient sich dabei solcher Deutungsmuster, die wir prinzipiell aus den Diskursen höfischer Gelehrsamkeit kennen.[40]

## II. Rhetorik der realistischen Erzählung

Eine Darstellung nach Regeln der Topik, die sich auf konkrete Objekte und sichtbares Tun bezieht und lebensweltliche Kategorien formuliert, vermittelt Angehörigen bestimmter Milieus zur Zeit der Publikation der *Moscovia* das konzeptionelle Verständnis allein durch die eigene Lebenspraxis. Selbst auf uns wirkt sie besonders im Vergleich zu älteren Texten als ›realistisch‹ und lebensnah. Einen Eindruck, den Burckhardt so meisterlich formuliert hatte, als er vom Verwehen eines Schleiers kindlicher Phantasie sprach und nun im

---

    in Wien zurück. Die Übersetzung, die Heinrich Pantaleon 1563 in Basel publiziert, akzentuiert wieder anders und trägt den Titel *Moscoviter wunderbare Historien*.

38  Zur Kontextabhängigkeit von Forschungsstrategie auch in der modernen Wissenschaft, vgl. prinzipiell Knorr-Cetina, Karin: *Die Fabrikation von Erkenntnis. Zur Anthropologie der Naturwissenschaft*. Frankfurt/.M. 1991, besonders S. 28 ff.

39  S. v. Herberstein: *Commentarij* (s. Anm. 1), S. 127 f. Hier beschreibt Herberstein ohne nähere Erläuterung das fremde Hofzeremoniell mit konventionellen Ausdrücken z. B. »salutatio«, »prandii apparatu« oder »minister« und »dapifer«.

40  Müller, Jan-Dirk: »Einleitung«. In: ders. (Hg.): *Wissen für den Hof. Der spätmittelalterliche Verschriftungsprozeß am Beispiel Heidelberg im 15. Jahrhundert*. München 1994, S. 18 ff. (= Münstersche Mittelalter-Schriften).

Zeitalter der Renaissance für den Einzelnen eine Welterfahrung ermöglicht sah, das Subjektive des Individuums und das Objektive des Staates zu erblicken. Burckhardts Voraussetzung, daß sich mit der Epochenwende der Anschluß an eine überzeitlich verfügbare reale Welt vollziehe[41], dürfte allerdings, sobald wir auch unsere Wirklichkeitswahrnehmung als gesellschaftsbedingtes Konstrukt verstehen, nicht mehr der Argumentation zur Verfügung stehen.[42] Folglich kann hier der anschaulich beschreibende Wahrnehmungsstil der Renaissanceethnographie nicht mehr als Erkenntnis gefeiert, sondern muß als Denk- und Deutungsform erläutert werden.

Der Gegenstand, den sich der gelehrte Autor zum Thema seiner Untersuchungen wählt, ist dem gebildeten Menschen *sensu communi* in seinen Konturen immer schon sichtbar.[43] Inwiefern sich Herbersteins Inszenierung der Schilderung als unmittelbare Wirklichkeitswiedergabe aus den kategorischen Grundregeln eines gelehrten Schreibens ergibt, das statt auf deduktive Argumentationen zu setzen, eine an Anschauung orientierte Informationsverarbeitung praktiziert, wie die Topik sie lehrt, soll eine Probe der Herbersteinschen Erzählweise demonstrieren. Untersucht werden soll der Stil der Darstellung am Beispiel einer Jagdschilderung am Hof des Zaren.

Natürlich ist die Jagd unter Adligen keine Nebensache, sondern ein von vielen aristokratischen Ansprüchen und Bedürfnissen durchwirktes Vergnügen und zugleich Ort der Inszenierung des eigenen Status. Nachdem Herberstein die im höfischen Zeremoniell nicht minder wichtigen Tischsitten anschaulich vorgestellt hat, berichtet er davon, wie in der Nähe Moskaus eine Anlage eingehegt sei, die es den Adligen ermögliche, mit Hilfe von Jägern in

---

41 Burckhardt, Jacob: *Die Kultur der Renaissance in Italien*. Frankfurt, Leipzig 1997, S. 137: »Im Mittelalter lagen die beiden Seiten des Bewußtseins – nach der Welt hin und nach dem Innern des Menschen selbst – wie unter einem gemeinsamen Schleier träumend oder halbwach. Der Schleier war gewoben aus Glauben, Kindheitsbefangenheit und Wahn; durch ihn hindurchgesehen erschienen Welt und Geschichte nur wundersam gefärbt […]. In Italien zuerst verweht dieser Schleier in die Lüfte; es erwacht eine *objektive* Betrachtung und Behandlung des Staates und der sämtlichen Dinge dieser Welt überhaupt; daneben aber erhebt sich mit voller Macht das *Subjektive*; der Mensch wird geistiges *Individuum* und erkennt sich als solches.«

42 Berger, Peter L./Luckmann, Thomas: *Die gesellschaftliche Konstruktion der Wirklichkeit. Eine Theorie der Wissenssoziologie*. Frankfurt/M. [5]1980 [zuerst 1966].

43 R. Agricola: *De inventione* (s. Anm. 4), S. 404 f. In diesem Kapitel heißt es unter dem Titel »Ratio cuiuslibet rei per omnes locos describendae. Cap. XXVIII« »Materiam nobis is, quem communem vocamus sensum rerum humanarum, suppeditabit. Qui noverit autem rem, quam descripturus est, omnemque eius vim naturae perviderit, illi promptum est expeditumque reperire omnes in ea locos, et videre etiam, qui loci quibus rebus conveniant aut non conveniant.« »Den Stoff wird uns das liefern, was wir den gesunden Menschenverstand nennen. Wer aber mit dem Gegenstand, den zu beschreiben er sich anschickt, gut vertraut ist und vollen Einblick in den Kern seines Wesens hat, für den ist es leicht und bequem, in ihm alle loci aufzufinden und auch zu prüfen, welche loci zu welchen Gegenständen passen oder auch nicht passen.«

kurzer Zeit etliche Hasen zur Strecke zu bringen. Der Autor verliert mit dieser Mitteilung keineswegs das bisherige Thema, wie nämlich die Etikette die Kommunikation bei Hofe regiert, aus den Augen. Der Zar betritt das Jagdrevier, dann sendet er »einige Räte und Hofleute oder Ritter zu den Botschaftern und läßt sie zu sich geleiten.« Herberstein erinnert sich zeremoniell präzise daran, wie, in welcher Haltung und in wessen Begleitung man sich dem Monarchen zu nähern habe.[44]

Die Aufmerksamkeit für dramaturgische Elemente der Etikette schärft sicherlich den Blick für konkrete Details. Das in manchen Zügen akribische Situationsgemälde wird allerdings mit Einzelheiten komplettiert, ohne daß eine spezifische Funktion dieser ›realistischen‹ Informationen für eine ethnographische Systematik oder gar kulturanthropologische Analyse deutlich wäre. Auffällig ist vor allem eine Ausgestaltung optischer Eindrücke. Auf der Jagd trägt der Zar, so heißt es, »einen Hut mit Kettchen, die waren hinten und vorn mit Goldplättchen wie Federn besetzt, die auf- und abnickten, wenn er sich bewegte.«[45] Nur wenige Zeilen zuvor hat der Leser erfahren, daß der Zar die Handschuhe zur Begrüßung ablegt hatte und ein »glänzendes Kleidungsstück« trug. Dazu, mit solcher Tiefenschärfe das konkret Faßbare zu schildern, leitet die Etikette, da ihr Inszenierung wesentlich ist, sicherlich sehr gut an. Der Realismus beschränkt sich aber nicht auf die Bedürfnisse nach pragmatisch relevanten Informationen, die andere Gesandte später verwenden könnten. Die Beobachtung, wie der Zierat am Hut beim Ausritt des Zaren in der Luft auf- und niederwippt, dient diesem Zweck nicht, sondern zielt auf stimmungshafte Effekte. Was sich bei der Lektüre als atmosphärische Dichte darstellt, suggeriert, daß die Lektüre als Wiederbelebung einer unmittelbarer Erfahrung Autor und Leser verbindet. Scheinbar agiert hier der Autor so, als würde er nach dem Worte Burckhardts von »Glauben, Kindsbefangenheit und Wahn« befreit eine universal zugängliche Empirie nacherzählen. Tatsächlich wird ein auf Anschaulichkeit orientiertes Beobachtungsmuster verwirklicht.

Das Thema allein, der Herrscher auf der Jagd, zwingt die Darstellung nicht in die gerade geschilderte Form. Das Bunte und Auffällige fehlt, wenn ein Chronist wie Rahewin (gestorben wohl um 1177) in De gestis Friderici auf die Jagd des Monarchen zu sprechen kommt. Dort schreibt der Fortsetzer des Werkes, das Otto von Freising über Friedrich Barbarossa begonnen hatte, über die Charakteristik des staufischen Kaiser folgendes: »Wenn er die Jagd ausübt, steht er keinem darin nach, Rosse, Hunde, Falken und ähnliche Vögel abzurichten, zu prüfen und anzuwenden. Auf der Pirsch spannt er selbst den Bogen, nimmt die Pfeile, legt sie auf und schießt ab.«[46] Diese Schilderung

---

44 S. v. Herberstein: *Commentarij* (s. Anm. 1), S. 131.
45 S. v. Herberstein: *Commentarij* (s. Anm. 1), S. 131.
46 Otto von Freising und Rahewin: *De gestis Friderici seu rectius Cronica* (FSGA Bd. 17), übers. v. Adolf Schmidt u. hg. v. Franz-Josef Schmale. Darmstadt 1965, S. 710. Das Zitat lautet im lateinischen Original: »Si venationibus exercetur, in equis, in canibus, accipitribus ceterisque eius generis avibus instituendis, spectandis, circumferendis nulli secundus. In birsando ipsemet arcum tendit, spicula capit, implet, expellit.«

regiert ein ganz anderer Wahrnehmungsstil als bei Herbersteins *Moscovia*. Statt seinen Blick auf die sinnlich wahrnehmbare Dimension der herrschaftlichen Selbstinszenierung zu heften, beschreibt Rahewin den Kaiser aus einer gleichsam ›funktionalistischen‹ Perspektive. Seine Wiedergabe sozialer Wirklichkeit konzentriert sich auf die Benennung von Rangverhältnissen. Es geht vor allem um die korrekte statusmäßige Einordnung und Benennung von Taten und Gesten; stimmungshafte Attribute fehlen. Der Monarch stellt sich in Beziehungen zu anderen dar, seine konkrete Erscheinung verschwindet hinter kommunikativen Ritualen[47]; in der Schilderung dominieren seine herausragende Qualität im Kreis der Adligen und seine Selbstdarstellung als Jäger und als viriler Monarch, der weit entfernt von jeder despotischen Allüre seinen Hof nicht zu niederen Diensten hinabetikettiert. Es ist mithin nicht die waidmännische Wirklichkeit an sich, die Herberstein zu seiner optisch und dramaturgisch nuancierten Ausgestaltung der zaristischen Jagd nötigt. Der Eindruck, daß vom Autor eine Abschilderung des Faktischen vorgenommen wird, resultiert aus methodischen Voraussetzungen, die den Überzeugungstechniken der Topik geschuldet sind.

Herbersteins Gestus der natürlichen Narration gehört zum Baukasten expliziter Rhetorik. In seiner Systematik der Rhetorik spricht Quintilian einmal von der *narratio* als der Erzählung des faktisch Vorgefallenen oder desjenigen faktisch Vorgefallenen, das es erlaubt, Glaubwürdigkeit herzustellen.[48] Diesen Aspekt, daß Fakten nicht für sich selbst sprechen, sondern erst durch eine zielgerichtete Auswahl zu Mitteln der Glaubwürdigkeit werden, ignoriert Herberstein.[49] Seine Erzählung überzeugt, indem sie sich mit Merkmalen anreichert, die jeder dem Phänomen ansehen oder abmerken kann, ohne daß das Auswahlkriterium des Faktischen problematisiert werden müßte.[50] Nur weil sich die geschilderten Eindrücke aus der Lebenswelt und den Denkkonventionen ihres Publikums herleiten lassen, vermitteln sie den Eindruck unmittelba-

---

47 Althoff, Gerd: »Empörung, Tränen, Zerknirschung. ›Emotionen‹ in der öffentlichen Kommunikation des Mittelalters«. In: *Frühmittelalterliche Studien* 30 (1996), S. 60–79.
48 Das Moment der inszenierten Faktizität wird bei den römischen Lehrern der Beredsamkeit eigens benannt. Cic. *Inv.* 1,19,27: »narratio est rerum gestarum aut ut gestarum expositio«. Quintilian, I*nst. or.* 4,2,31: »narratio est rei factae aut ut factae utilis ad persuadendum expositio«.
49 Vgl. Lausberg, Heinrich: *Handbuch der literarischen Rhetorik. Eine Grundlegung der Literaturwissenschaft.* München 1960, S. 163 ff. Lausberg zitiert im Zuge der Begriffsbestimmung von *narratio* (S. 164; § 289) Réné Bary, der eher noch in der Reichweite von Herbersteins Epoche liegt, mit einem Satz aus seiner »La Rhétorique françoise« (Paris 1659), in welcher der Konstruktcharakters von Erzählung leichthin unterschlagen werden kann: *La narratio consiste en l'exposition du fait*.
50 Schmidt-Biggemann, Wilhelm: »Sinnfülle, Einsicht, System. Bemerkungen zur topischen Arbeitsweise im Humanismus«, in: Schröder, Jan (Hg.): *Entwicklung der Methodenlehre in Rechtswissenschaft und Philosophie vom 16. bis zum 18. Jahrhundert. Beiträge zu einem interdisziplinären Symposion in Tübingen, 18.–20. April 1996.* Stuttgart 1998, S. 27–46, hier S. 35.

rer Evidenz, und kann Herberstein umgekehrt sein Tun als »describere«[51] (beschreiben) klassifizieren.

Dieser Gestus des Objektiven[52] läßt sich jetzt mit Blick auf die Topik als gleichsam unbeabsichtigte Suggestion verstehen. Denn Sachtreue gehört sicherlich zu den Gesichtspunkten der Topik, nicht aber ihre Verabsolutierung in der Fiktion reiner Objektivität. Den Gegenstand vorauszusetzen und lediglich seine Merkmale zu notieren, wie die Frageformeln der *loci communes* zu sehen lehren, gehört zu ihrer Methode. Die Abwesenheit konstruierter analytischer Kategorien, die ja im Wissenschaftssystem der Scholastik durchaus gängig waren, ist Programm. Sie findet sich in hunderten antischolastischen Spottreden dieser Zeit.[53] Objektivität allerdings im epistemologischen Sinne ist aber keine Qualität, welche die Topik zu erreichen lehrt, denn die gelehrte Rede weiß sich nicht einer Sachenwelt an sich verpflichtet, sondern im Gegenteil der Aufmerksamkeit und den Einstellungen ihres Publikums. Herbersteins Realismus basiert auf sozialen Konventionen ihres Publikums, nicht auf theoretischer Deduktion empirischer Wahrnehmungen.

## III. Figurationen der Topik in der ethnographischen Darstellung

Ist es konventionell, was Herberstein sagt, so hat es doch Methode. Über die Prinzipien ihrer gelehrten Argumentation klärt die *Moscovia* selbst nicht auf. Dies unternimmt dagegen ein Werk, das allgemeine Kompositionsregeln argumentativer Bezüge festlegen will, wie Rudolf Agricolas Schrift *De inventione dialectica*.[54] Sie kann zeigen, wie Herberstein durch die Handhabung der *loci communes* einen ethnographischen Wahrnehmungshorizont gewinnt.

Die Gemeinplätze, die *loci communes*, problematisieren den Standort von Wissen, sie sehen konzeptionelle Verknüpfungen vor allem dort, wo sich das Phänomen selbst zeigt. Während sich Wissenschaft als Sprech- und Denksystem seit der *scientific revolution*[55] methodisch von der Alltagswahrnehmung dadurch abgrenzen will, daß sie das von ihr zu untersuchende Objekt isoliert, welches sie dann rein und objektiv beschreiben will, exponiert sich der betrachtete Gegenstand selbst im Rahmen der Topik durch allgemein zugängliche und sichtbar auftretende Charakteristika. Das Objekt des Wissens darf nicht isoliert werden, sondern muß der gelehrten Lektüre dadurch zugänglich werden, daß es im möglichst weiten Ausmaß in einen tradierten kulturellen

---

51 S. v. Herberstein: *Commentarij* (s. Anm. 1), S. 87: »Qui Tartaros describere velit, multas nationes describat necesse est.«
52 J. Burckhardt (s. Anm. 41) sah die Autoren der Renaissance als seine Zeitgenossen: »es erwacht eine *objektive* Betrachtung und Behandlung des Staates und der sämtlichen Dinge dieser Welt überhaupt«.
53 Rummel, Erika: *The humanist-scholastic debate in the Renaissance & Reformation.* Cambridge/Mass. 1995 (= Harvard historical studies; 120), S. 153 ff.
54 R. Agricola: *De inventione* (s. Anm. 4), S. 238.
55 L. Daston: *Die Kultur der wissenschaftlichen Objektivität* (s. Anm. 31), S. 17 ff.

Kontext gestellt wird. Fragen jeweils ganz unterschiedlicher analytischer Klassen wie etwa die nach der Definition des Gegenstandes, seiner sprachgeschichtlichen Bezeichnung, seiner Effekte und seines Gegenteils sind in ein ›realistisches‹ Bild von ihm zu integrieren, um so ein abgerundetes Verständnis zu garantieren. Das Erkenntnisinteresse richtet sich während der Untersuchung gleichsam solange vom Gegenstand weg, bis es möglichst viele Verknüpfungen mit dem Bekannten hergestellt hat. Verstehen heißt Wiedererkennen. Was beispielsweise der Vogel für ein Tier ist, weiß jeder, ihn korrekt zu definieren, ist nur eine Frage der methodischen Strenge, nicht der analytischen Kompetenz.[56] Es bedarf keiner biologischen Vergewisserung über spezifische organische oder physiologische Merkmale. Die Natur der Gegenstände erweist sich als eine gleichsam noch unerkannte Region des eigenen kulturellen Bewußtseins. In diesem Sinne wollen Definitionen nichts anderes sein als eine überlegte Beschreibung des eigenen Vorverständnisses; wobei dieses Vorverständnis, wie Agricola schreibt, als natürlich gelten kann.[57]

Wer als Autor sich die Fragen der *loci communes* stellt und sie beantwortet, findet eine ganze Reihe von Merkmalen, die sich am konkreten Phänomen äußern: zeitliche und örtliche Begleitumstände, aber auch Wirkung oder Ziel und Absicht.[58] Selbst die Erinnerung an vergleichbare, ähnliche oder gegensätzliche Phänomene eröffnet den Weg zu relevanten Aussagen. Das Phänomen scheint sich nur in einem Gespinst von semantischen Bezügen zu konkretisieren, die der gründliche Forscher und Gelehrte alle und unter Umständen der Reihe nach wahrzunehmen und aufzulisten hat. Welche von diesen Gesichtspunkten der Forscher in seiner Schilderung heraushebt, bleibt allein seiner rhetorischen Absicht vorbehalten und hängt damit von seinem Verhältnis zum gebildeten Publikum ab.[59]

Spezifische fachliche, z. B. soziologische Anforderungen an eine gesellschaftsbetrachtende Berichterstattung fehlen. Rudolf Agricola unterscheidet die dichterische Erzählweise von der historischen lediglich dadurch, daß die dichterische Erzählung in Hinsicht auf den Effekt dramatisiere und deswegen die logische oder chronologische Reihenfolge der Ereignisse vernachlässigen könne. Im Gegensatz dazu erlange die Geschichtsschreibung Autorität nur

---

56  R. Agricola: *De inventione* (s. Anm. 4), S. 48.
57  Ebd., S. 40: »Neque enim aliud videtur esse definire, quàm rem intra fines naturae suae conclusam explicare.«
58  Ebd., S. 34 ff.
59  Ebd., S. 242: »Ut finem ergo faciam: si (quemadmodum prius ostendere conati sumus) dialectices officium est, probabiliter dicere, ut de quoque certissima et percepta maxime dicentur, licet ex mediis deducta sint artibus, ita maxime ex dialectices instituto iureque fiet.« »Materiam igitur dialectices sciamus omne id esse, de quo probabiliter est disserere, hoc est, quod proposuimus, quaestio omnis, quaecunque demum ea sit, dum tamen meminerimus res, et de quibus et per quas disserimus, ex singulis cuiusque artibus sumi, disserendi qutem ordinem rationemque ad dialecticen pertinere.« Die *artes* behalten eine spezifische Kompetenz, aber ihr argumentatives Zusammenspiel wird von der Dialektik organisiert. Vgl. besonders S. 481.

dann, wenn sie dem *ordo naturalis* folge. Damit wird von Agricola zugleich gesagt, daß Handlungsverläufe in der sozialen Realität durch sich selbst evident würden und lediglich in ihrer empirischen Form ›natürlich‹ geschildert werden müßten.

Diese begriffliche Eindeutigkeit ergibt sich aus der postulierten Zugehörigkeit sozialer Phänomene zum Bereich des *ordo naturalis* oder zum *sensus communis*. Konvention konzipiert, Gelehrsamkeit erzählt detailliert und kunstvoll.[60] Die Verbindung von speziellen Kenntnissen und natürlichem Wirklichkeitsverständnis reflektiert die gesellschaftliche Position gelehrter Weltauslegung; sie bleibt einerseits einverleibt kollektiven herrschaftlichen Ansprüchen von Adel und Hof, die Gelehrsamkeit protegieren, kultiviert aber andererseits Wissen und Stilistik, die sich aus einer eigenen Schulung ergeben und später dem kollegialen Urteil standhalten müssen. Den Ethnographen erwartet dafür Anerkennung durch alle Gebildeten, Ruhm oder Häme, wie es ihm die Gelehrten zumessen.

## IV. Herbersteins Ethnographie – sein Vorgehen

Es war bereits die Rede davon, daß signifikante soziale Praktiken – Sprechen, höfisches Gebaren, Herrschen, Zelebrieren des Kults – als zentrale Inhalte der ethnographischen Rede behandelt werden. Wie werden solche Themen im ethnographischen Werk zur Geltung gebracht und als ethnographische Gegenstände profiliert? Keine dramatische Episode, kein atmosphärisches Stimmungsbild eröffnen die *Moscovia*; Herberstein beginnt wie andere auch[61] mit einer Einordnung seines Gegenstandes in die gelehrte Tradition. Der erste Satz seiner *Moscovia* lautet: »Russia unde nomen habeat, variae extant opiniones.« Diese Meinungen, alles natürlich nur Meinungen derjenigen, die das Spiel der auskunftsfreudigen Etymologie dieser Zeit spielen können, stellen »Russia« als Objekt der gelehrten Rede sicher. Die Vielfalt der Meinungen referiert der Autor respektvoll. Die Menge an guten Erklärungen mit Blick auf die eine wahre Erklärung zu reduzieren, ist offenbar nicht nötig. Das lesende Publikum erfährt, daß für die einen der Landesname auf »Russus«, einen Urfürsten der Ruthenen, verweise, und wird mit der Deutung konfrontiert, daß eine fremde Kultur aus der fürstlichen Herrschaft abzuleiten sein könnte. Andere behaupten, daß mit dem Namen die Stadt »Russus« (oder »Russum«) unweit Nowgorods zu verbinden sei. Wiederum andere sähen laut Herberstein den Grund für die Bezeichnung »Russia« in einer physiognomischen Eigenschaft der Einwohner, nämlich in ihrer Hautfarbe (»a fusco eius gentis colore«). Die Moskowiter selbst behaupteten dagegen, alle diese Deutungen seien falsch. Die Landesbezeichnung gehe vielmehr auf »Rosseia« zurück und dieses Wort bezeichne in ihrer Sprache zerstreutes oder uneinheitlich ausgesätes Volk. Und

---

60 Ebd., S. 347 (zum historischen Darstellungsstil).
61 S. v. Herberstein: *Commentarij* (s. Anm. 1), S. 1.

tatsächlich seien unter die Einwohner Rußlands verschiedene Völker durchgemischt.[62] Herberstein führt noch weitere Herleitungen an, die sich auf die griechische oder »chaldäische« Etymologie stützten, aber ihrer Bedeutung nach genauso auf die Zerstreuung von Völkern im russischen Reich hinweisen. Schließlich, resümiert er, sei russisch so zu einem Sammelbegriff für diejenigen Völker innerhalb einer assimilierenden Völkergemeinschaft geworden, die slawisch sprechen und den griechisch-orthodoxen Kult praktizieren.[63]

Inhaltlich stellt sich die Frage, warum solche unbestimmten etymologischen Spekulationen zur Einführung in die Ethnographie des russischen Reichs genügen können. Laut Agricola liegt in der Entfaltung von Bezeichnungen und im Ablauschen ihrer Bedeutungen eine gewisse argumentative Kraft, aber sie sei gering.[64] In seinem Kapitel »De nomine rei« erklärt er, daß zwar die etymologische Erforschung einer Benennung Licht über den behandelten Gegenstand werfen könne, doch würden sich darin die Eigenschaften des behandelten Gegenstandes nur »akzidentiell« zeigen, weil ein Name nun einmal nicht substantiell mit dem Gegenstand zusammenhänge.[65] Dennoch wählt Herberstein etymologische Spekulationen als Ausgangspunkt seiner Darstellung. Die Aufzählung der verschiedenen Interpretationen ermöglicht es ihm, alle bedeutungstragenden Sujets seiner ethnographischen Darstellung einzuführen, so hier fürstliche Herrschaft, Volk, Geschichte, Gebärden des Volkes in Sprache und Ritus. Etymologische Traditionen erweisen sich selbst als Wissensspeicher kollektiver Gelehrsamkeit. Die etymologischen Erwägungen ohne strikte analytische Sortierung signalisieren, daß sowohl für Herberstein als auch für seine Vorgänger »Russia« vornehmlich als Gegenstand der gelehrten Rede gegeben ist. Auch andere Objekte seiner Rede (z. B. seine Ethnographie der Tartaren) profilieren sich zuerst nicht als Phänomene der Erlebnis- und Gegenstandswelt, sondern manifestieren sich als Phänomene der gelehrten Rede und Kommunikation. Kultur ergibt sich damit implizit aus dem Wahrnehmungshorizont von autorisierten Gelehrten.

Formal fällt auf, daß statt eines analytischen Vorgangs, der defizitäre Deutungen definitiv ausschließt, Herberstein dem Leser eine Vorstellung verschiedener plausibler Interpretationen zur Semantik bietet. In dieser integrativen Aufarbeitung verschiedener gelehrter Traditionen durch den Autor spricht sich eine konzeptionelle Neigung zum Wahrscheinlichen und Plausiblen statt zum kategorischen Wahren aus. Diese Einstellung ermöglicht es offenbar, die ästhetischen und sozialen Normen der damaligen Gelehrsamkeit besser zu

---

62 Ebd.: »quod verum esse, varii populi incolis etiamnum permixti, & diversae provinciae Russiae passim intermixtae ac interiacentes, aperte testantur.«
63 Ebd.: »ut omnes intermedias gentes aut expulerint, aut in suum vivendi morem pertraxerint«.
64 R. Agricola: *De inventione* (s. Anm. 4), S. 132 ff. In der systematischen Rangfolge ist es das 22. Kapitel.
65 Ebd., S. 136. Agricola sieht klar, daß faktisch wohl eher erst die Interpretation des Gegenstandes die Bedeutung der etymologischen Analyse hervorbringt: »nomen in diversas flectatur significationes«, die Bezeichnung wird zur gewünschten Bedeutung hingebogen.

berücksichtigen.⁶⁶ Die Aufzählung bewahrt Alternativen, privilegiert nicht eine Interpretation. Der Autor muß nicht das Wahre vom Wahrscheinlichen vertilgen lassen. So könnte man zumindest in der Terminologie Giambattista Vicos (1668–1774) sagen, der in seiner *De studii nostri temporis ratione* fast zweihundert Jahre später rhetorisch modelliertes Wissen vor der Überwältigung durch analytisches, auf Wirkursachen reduzierende Welterklärungen retten wollte. Vico hat vom durch Topik organisierten Wissen behauptet, daß es eine ausdrucksstarke Beredsamkeit fördere, und zwar gerade weil es sich nicht durch die Fixierung auf Wahrheit oder das »primum verum« zum Gebrauch eines abstrakten amoralischen Begriffssystems herabwürdigen müsse.

Nach Agricola erringt der Redner durch die Mobilisierung der Tradition im besonderen Maße Vertrauen. Das Nebeneinandersetzen verschiedener Deutungen oder Kommentare gehört deswegen zu den rhetorischen Praktiken, welche die *loci communes* eigens empfehlen.⁶⁷ Die Integration solcher Meinungen in die Darstellung sei sogar mit Sachkenntnis, z. B. der Wirkungsanalyse (den *effecta rerum*⁶⁸), selbst insofern vergleichbar, als beide Gesichtspunkte ähnlich das Publikum bewegen würden. Agricolas Diagnose der Qualität spezieller argumentativer Verknüpfungen stellt explizit fest, daß der behandelte Gegenstand nicht abstrakt und objektiv erscheinen soll. Die kulturellen Überlieferungen – die Geschichte – verhalten sich zu den Gegenständen des Wissens nicht wie etwas Äußeres und Hinzugekommenes, sondern geben ihnen ihre spezifische Qualität. Zwar führt Agricola eigens aus, daß die Repe-

---

66 Ebd., S. 236: »Dialectice enim in commune ostendit ea, quibus inspectis et animo pertractatis, promptum sit invenire fidem de eo, quod quaerimus.« Solche Überzeugung ist nur notwendig in Fragen des bloß Wahrscheinlichen. »Dialectice disserendi probabiliter rationem tradit, hoc est, instrumentum tantum veri falsique discernendi, cuius usu ministerioque expeditius cunti artifices, quid veri aut falsi sit in rebus sibi propositis, explorent.«
67 Ebd., S. 138. Das Kapitel ist mit »De pronunciatis« überschrieben, traditionell ist sonst gerne die Rede vom *locus ab auctoritate*.
68 Ebd., S. 138: »Si quis igitur testimonia, id est, quaecunque aliquis ea de re, de qua disserimus, dixit, sic accipiat, ut inter disserendum tractantur à nobis, fideique parandae sunt instrumentum, non video quî minus ita contineantur arte, quàm reliqua cuncta, quae vel effecta sunt rerum, vel contingentia, è quibus argumenta sumuntur.« »Wenn also jemand Zeugnisse (testimonia), d. h. alles mögliche, was irgendwer zu dem das Thema unserer Rede bildenden Gegenstand gesagt hat, so aufnimmt wie von uns in der Kontext einer Rede eben gehandhabt wird, und sie somit ein Werkzeug zur Erzeugung von Glaubwürdigkeit darstellen, dann sehe ich nicht ein, warum dergleichen weniger Bestandteil der Kunstlehre sein sollte als alles übrige, woraus man Beweisführungen ableitet, also die effecta oder die contingentia.« Zu dieser Verwobenheit von gelehrter Überlieferung und ihren Gegenständen im 16. Jahrhundert vgl. Foucault, Michel: *Die Ordnung der Dinge. Eine Archäologie der Humanwissenschaften*. Frankfurt/M. 1974, S. 74: »Der Kommentar ähnelt unbegrenzt dem, was er kommentiert, und kann es nie äußern. [...] ebenso versichert sich die unendliche Aufgabe des Kommentars durch das Versprechen eines wirklich geschriebenen Textes, den die Interpretation eines Tages in seinem vollen Umfang enthüllen wird.«

tition von Meinungen und Kommentaren kein Beweis aus sich selbst sei, aber er zeigt zugleich, worin Nutzen und Autorität dieser rhetorischen Praktik liegen. Einen faktischen Nachweis wie Folter, ausgestellte Urkunden oder verabschiedete Gesetze lieferten Zitate nicht[69], sie zeigten aber »die Mühe derer, die in den Schulen Gelehrsamkeit vermitteln oder sich in der Öffentlichkeit über Angelegenheiten des bürgerlichen Lebens auseinandersetzen.« Deswegen muß also der Autor keine strikte Selektion gelehrter Meinungen praktizieren. Er überliefert den kontroversen Gegenstand mit all den Akzenten, mit denen die Tradition ihn angereichert hat. Mit anderen Worten die Genese seiner gelehrten Deutung gehört zum Gegenstand der Rede dazu. Ein ethnologisches Prinzip dagegen, das kraft seiner Gültigkeit ältere Forschungsgeschichte diskreditieren würde, hätte die Entwertung von gelehrten Wissensschätzen zur Folge. Abkehr von der Tradition wäre Verarmung. Wie Natürlichkeit und Evidenz als zentrale Qualitäten bei der Darstellung so läßt sich auch die Haltung, Wissen zu akkumulieren, anstatt es zu sortieren und auszuscheiden, aus der sozialen Konstitution von Gelehrsamkeit überhaupt ableiten.[70] Gelehrsamkeit verwirklicht sich in einer Gemeinschaft, die Wissen als gemeinsamen Schatz anhäuft. Wenn die »pronunciata« ihrer Mitglieder, der historischen Vorbilder und zeitgenössischen Kollegen, erinnert werden, weil sie zum Wissen um den Gegenstand gehören, dann drückt sich darin zugleich ein Verständis von Gelehrsamkeit aus, das von einer umfassenden kollegialen Integration ausgeht.

Geschichtliche Überlieferungen bieten sich unter dem Gesichtspunkt eines gruppenspezifischen kulturellen Gedächtnisses als Bestände aus dem Arsenal der Wahrheit an. Nichts ist, was es als solches ist, sondern es ist, was in ihm gesehen wird. Diese Feststellung erweckt nur solange den Eindruck eines subjektivistischen Wahrheitsbegriffs, wie man ignoriert, daß die Interpretation von Wirklichkeit auch unter Gelehrten von Konformitätserwartungen geprägt ist. Die soziale Bezugsgruppe gehört zum Phänomen dazu. Es müßte deswegen heißen: Nichts ist, was es objektiv sein könnte, sondern was von ihm unter Gelehrten verstanden werden kann. Der programmatisch gewollte soziale Bezug der Topik offenbart sich allein schon in der Zielbestimmung als einer *dictio probabilis*, die auf allgemeine Zustimmung der literarisch Gebildeten und nicht nur die des Fachpublikums zielt. Er konkretisiert sich überdies in methodischen Ratschlägen, welche die Kommensurabilität jedweder gelehrten Weltwahrnehmung behaupten.

---

69 R. Agricola: *De inventione* (s. Anm. 4), S. 141: »Sic tormenta, chirographa, sic leges, sic plebiscita, quae ad rem pertinent, non oratoris expectant vocem, sed ipsi sibi iudices oculis auribusque faciunt fidem.«

70 Ebd., S. 104: »Equidem inveniendorum locorum hanc unam mihi persuadeo fuisse causam, ut quaecunque vel in rebus sunt, vel attingunt ipsas, vel quae undecunque accita ac ipsas, aliqua parte ad faciendam de illis fidem prosint, ea in certum conclusumque redigeremus ordinem, pro cuiusque qualitate, quam habent, propositae rei comparata. Sic enim facillime posse animum certa et non fallente via, quaecunque de re quaque dicenda sint, eruere, si quàm minimo errore perplexa et suae quaequereddita naturae intuenda sibi darentur.«

Um zu überprüfen, ob Herberstein auch bei anderen Gelegenheiten Kulturen oder Völker als Emanationen der (gelehrten) Tradition begreift, wende ich mich seinem bekannten Tartarenkapitel zu. Nach der Bekanntschaft mit dem Anfang der *Moscovia* verwundert es inzwischen nicht mehr, daß nicht ein Bild wilder Reiterkrieger diesen Exkurs einleitet. »Über die Tartaren und ihren Ursprung findet sich vieles in den polnischen Chroniken und in dem Büchlein von den beiden Sarmatien, und auch sonst haben viele darüber geschrieben [...]«.[71] Wiederum gewinnt eine Kultur zuerst Kontur durch die Erinnerung ihres Bildes in der gelehrten Tradition. Die Perspektive, daß Völker sich in der Geschichte entwickeln, motiviert wiederum einen längeren historischen Exkurs, der im 13. Jahrhundert mit König Bathi einsetzt. Auch der Name spielt wiederum eine Rolle[72]; der Name gilt sogar als das eigentlich definierende Element.[73] Denn offenbar ist es allein der Name, wodurch die Tartaren als Einheit und als ein Volk in seiner Perspektive erscheinen[74], obwohl sie sich regional in Aussehen, Ernährung, Behandlung der Pferde, Militärwesen, Kleidung und Gerichtswesen deutlich von einander unterscheiden.[75] Ja, Herberstein nimmt sogar eine Kulturgrenze wahr. In der Gegend von Kasan nähern sich die Tartaren nämlich an das für Herberstein normale Gesellschaftsmodell an (»cultiores hi Tartari reliquis sunt«): »Die Tartaren von dort sind kultivierter als die andern, bewohnen Häuser, bebauen die Äcker, treiben Handel.« Der größte Teil der Kulturschilderung könnte den Begriff eines einheitlichen Volkes nach unseren Vorstellungen gefährden. Für Herberstein bleibt die Einheit des Volkes als eines tartarischen durch Benennung und eine historische Überlieferung, die er bis in seine Zeitgeschichte reichen läßt, gesichert.[76] Das Sichtbare triumphiert nicht unbedingt. Zuerst bewährt sich der empirische Eindruck, wenn er in der systematischen Synthese gelehrter ethnographischer Traditionen einen Platz findet. Der ethnische Name bewahrt die Ordnung des Gelehrten und damit eine spezifische kulturelle Tradition.

---

71 S. v. Herberstein: *Commentarij* (s. Anm. 1), S. 86.
72 Ebd., S. 60 C. Selbst in der für Herberstein musterhaften topographischen Landesbeschreibung Moskaus, wo eine ganze Reihe von beschreibenden Aussagen zur landschaftlichen Morphologie oder zu klimatischen Bedingungen, aber auch zum Gebäude des Kremls getroffen werden, setzt der Autor mit der Erörterung des Namens Moskwa ein.
73 Ebd., S. 87: »Nam ex sola secta hoc nomen habent: & diversae nationes sunt, longe ab invicem distantes.«
74 Ebd., S. 89.
75 Ebd.
76 Ebd., S. 91B.

## V. Grenzerfahrungen? Das Wunderbare in der *Moscovia*

Die implizite Kulturanthropologie zieht die moralischen Grenzen des Natürlichen und Unnatürlichen mit den Mitteln des eigenen Alltags der eigenen kollektiven Kultur, wie sich beispielsweise an der Kulturgrenze zwischen »kultivierten« und weniger »kultivierten« Tartaren zeigt.

Wunder gehören in der Frühen Neuzeit nicht nur in den Alltag, sondern besetzen auch einen etablierten Platz in und nicht außerhalb der Wissenschaften dieser Zeit.[77] Trotz dieser Fassungskraft der gelehrten Weltdeutung muß allerdings auch in ihrem Rahmen das Wunder als Wunder exponiert werden. Wie kann nun vor dem Hintergrund eines argumentativen Systems, das Phänomenen ihre Existenz im Sinnhorizont einer historisch tradierten Sprache zuschreibt[78], das wunderbare Phänomen beschrieben werden, für das dem Betrachter doch eigentlich die Worte fehlen, da er sich nicht im Deutungsraum der eigenen Kultur und damit außerhalb der Reichweite des *sensus communis* bewegt?

Ich beginne diesen Abschnitt mit einem Wunder, das die Kohärenz der eigenen kategorischen Beschreibungsmittel auf die Probe stellt[79] und das nicht aus dem Speicher der eigenen kulturhistorischen Erfahrung abgerufen werden kann.[80] Danach beschäftige ich mich mit Phänomenen, die im Text Herbersteins terminologisch als Wunder gekennzeichnet werden. Schließlich versuche ich zu resümieren, wie Herberstein mit Phänomenen umgeht, die auf oder jenseits der Grenzen seiner eigenen Erfahrungen liegen.

Die bekannteste Wundererzählung bei Herberstein ist die über das sogenannte Pflanzenschaf (Herberstein nennt es Boranetz[81]).[82] Sie geht in die literarische Tradition ein; selbst Grimmelshausen läßt seinen Simplizissimus »von dem lieblichen Wundergewächs Borametze in der Tartarei«[83] essen.

---

77  Daston, Lorraine: *Wunder, Beweise und Tatsachen. Zur Geschichte der Rationalität.* Frankfurt/M. 2001, S. 29 ff.
78  Schmidt-Biggemann, Wilhelm: *Sinn-Welten, Welten-Sinn. Eine philosophische Topik.* Frankfurt/M. 1992, S. 17, zielt auf die Erfahrung in der Rede im Zusammenhang mit der Topik.
79  Was diese *loci* auszeichnet, ist nach dem Worte Agricolas eine bestimmte Kohärenz (cohaerentia). »omnia, quae vel pro re quaque vel contra dicuntur, cohaerere et esse cum ea quadam (ut ita dicam) naturae societate coniuncta.« Vgl. R. Agricola: *De inventione* (s. Anm. 4), S. 18.
80  W. Schmidt-Biggemann: *Sinn-Welten* (s. Anm. 78), S. 22: »*Sensus communis* ist die Voraussetzung für den Locus communis. Das Zusammendenken aller Dinge, das Denken der Begriffsgegend und die Möglichkeit der Kommunikation machen den ganzen Begriff. Gemeinsamkeit, Gegend ist die Voraussetzung für die Rückassoziation, für das Erinnern.«
81  S. v. Herberstein: *Commentarij* (s. Anm. 1), S. 99 C.
82  Brandtner, Andreas: »Intertextualität und Diskursintegration. Die Fiktionalisierung der Pflanzenschafsequenz der *Moscovia* Herbersteins in *Florian von der Fleschen.*« In: Kühlmann, Wilhelm/Neuber, Wolfgang (Hg.): *Intertextualität in der Frühen Neuzeit. Studien zu ihren theoretischen und praktischen Perspektiven.* Frankfurt/M. et al., S. 391–422; für Herberstein vgl. S. 403 ff.
83  Grimmelshausen, Hans Jacob Christoffel von: *Werke.* Bd. I/I: *Der abentheurliche*

Das Schaf, das wie eine Pflanze aus einem Samen in der Erde erwächst, sich aber durch Abweiden umliegender Gräser ernährt, scheint in sich Lebensgesetze der Fauna und Flora zu kreuzen und die Grenze zwischen dem Wirklichen und dem Unwirklichen aufzuheben.[84] Herberstein schildert das wunderliche Erdgewächs, indem er über den Samen informiert. So ist die Erzählung auch im Index der Ausgabe von 1571 verbucht (»miraculum de semine quodam«). Herberstein spricht von dem Samen als einer historischen Tatsache, die ihm durch Erzählung übermittelt werde. Wie der Fruchtsamen aussieht, nämlich »etwas größer und runder als ein Melonensamen«, charakterisiert ihn zuerst. Nach der optischen Analyse folgt die etymologische: Boranetz bedeute in der Sprache des dort ansässigen Volkes Lämmchen. Erst danach kommt mit der morphologischen Frage, inwieweit das Wesen einem Lamm gleiche und worin es noch Pflanze sei – es wächst an festem Stamm – eine Überprüfung an den eigenen naturkundlichen Kategorien zum Zuge, die zur Entscheidung über Existenz oder Nichtexistenz oder auch über Wunder oder Ordnung führen könnten. In diesem außergewöhnlichen Fall problematisiert Herberstein die Glaubwürdigkeit seiner Information.[85] Als Belege gelten ihm Felle dieses Schafes, von denen der berühmte zeitgenössische Arzt Postel erfahren haben will und der deswegen die Möglichkeit eines solchen Phänomens bestätigt.[86] Ein Minimum an erzählter Empirie stützt überlieferte Nachrichten in ihrer Gültigkeit, sobald ein Gelehrter sein positives Votum abgegeben hat.

Während die moderne Rezeption in einem solchen Fall gerne über Autopsie oder suggerierte Autopsie und ihren Grad an moderner Realitätssättigung spekuliert, fällt vor dem Hintergrund der Topik auf, wie konsequent Fragen ausbleiben, die sich auf eine kategorische Einordnung dieser Lebensform richten. Die prinzipielle Existenzmöglichkeit bleibt an sinnliche Erfahrungsmöglichkeiten gebunden, nicht an Übereinstimmung mit Theorie. Es existiert keine Biologie des Tierischen, die durch solche hybride Formen zwischen Pflanze oder Tier in ihren Axiomen herausgefordert wäre und demnach entweder die Korrektheit der eigenen Kategorien oder die Existenz eines solche Phänomens anzweifeln müßte. Was sich in den exklusiven Bereich gelehrter Tradi-

---

*Simplicissimus Teutsch. Continuato des abentheurlichen Simplicissimi.* Frankfurt/M. 1989 (= Bibliothek deutscher Klassiker, 44: Bibliothek der Frühen Neuzeit, 4/1), S. 541.

84 Brandtner, Andreas: »Das Pflanzenschaf. Beiträge zu einer Geschichte des Imaginären in der Frühen Neuzeit.« In: *Cardanus. Jahrbuch für Wissenschaftsgeschichte* 1 (2000), S. 117–128.

85 A. Brandtner: »Das Pflanzenschaf« (s. Anm. 34), S. 120, interpretiert darin den Sinn dieser Episode, daß vor dem Hintergrund dieser skeptischen Behandlung dieses außergewöhnlichen Phänomens die übrigen Mitteilungen als glaubwürdig erscheinen sollen.

86 Postels Kenntnis der *Moscovia* zeigt auch sein Brief an Johann Georg Paumgartner, vgl. Secret, François: »Notes sur Guillaume Postel. La correspondance de Guillaume Postel. 9. Une lettre au Baron Paumgartner«. In: *Bibliothèque d'Humanisme et Renaissance* 25 (1963), S. 212–215, hier S. 213.

tion hineinbewegt hat, besitzt erst einmal allein deswegen eine Existenzmöglichkeit. Dies gilt auch, wenn das Wesen soweit den eigenen naturkundlichen Grundannahmen widerspricht, daß es als kaum glaublich und in diesem Sinne als wunderbar gilt.[87] Im Grunde ist damit nur der Anblick oder die Mitteilung darüber ungewohnt, worin der Skandal einer botan-bestialischen Kreatur besteht, bleibt unausgeführt. Glaubwürdigkeit hängt am Schein unmittelbarer Evidenz. Das Insistieren auf die Inexistenz dieser hybriden Lebensform etabliert sich vollständig erst im 18. Jahrhundert aufgrund konzeptioneller naturwissenschaftlicher Zwänge. Jetzt heißt es auch in Nachschlagewerken, daß solche Pflanzenschafe »wahrhafte pure Pflanzen« oder »real plants« sein müßten; hier kann nicht sein, was nicht sein darf, sobald unter dem Diktat eines universalen wissenschaftlichen Anspruchs, der nicht mit Abweichungen in den verschiedenen konkreten Wirklichkeiten kalkulieren darf, natürliche Wirklichkeit intellektuell organisiert wird.[88]

Ein weiteres Beispiel: In seiner Ethnographie der Samaiten schildert Herberstein diese als Menschen von hoher Statur. In steter Regelmäßigkeit würden die Männer neben den gewöhnlichen großen Menschen allerdings auch »kleinwüchsige Menschen, fast Zwerge« zeugen.[89] Solche Phänomene als wirkliche zu akzeptieren, verbietet ihm keine universale Anthropologie; bei den Samaiten kann biologische Realität sein, was im eigenen Lande noch nicht einmal denkbar ist. Weder ethnologisch noch biologisch kennt Herberstein nicht den Menschen als solchen und kann in diesem Fall sogar von Zwergen berichten, ohne deren Existenz als erklärungsbedürftig zu charakterisieren. Integriert ist dieses humanbiologische Wunder ohne besondere Hervorhebung nach Darstellung der herrschaftlichen Organisation in Bemerkungen zu den körperlichen Merkmalen und der Schilderung von Bekleidung, Hausformen und Alltagssitten. Die biologische Unterdeterminiertheit gilt nicht nur für Tiere, sondern auch für Menschen.

Nachdem ich von Ereignissen gesprochen habe, die sich in meiner Lektüre des ethnographischen Textes als wunderbar und irregulär präsentieren, beschäftige ich mich mit Vorkommnissen, die im Index der Ausgabe von 1571 ausdrücklich als Wunder klassifiziert werden.[90] Das »miraculum de semine quodam«, die Erzählung vom Pflanzenschaf, führt der Index als erstes an.

---

87 S. v. Herberstein: *Commentarij* (s. Anm. 1), S. 99 C. Dieses Wunder ist als Geschichte »vix credibilis«, kaum glaublich.
88 A. Brandtner: »Das Pflanzenschaf« (s. Anm. 84), S. 127. Erster Beleg aus Nicolas Lémerys »Vollständiges Materialien-Lexicon« von 1721, der zweite aus einem Ausstellungskatalog des British Museum aus dem Jahr 1778; Brandter sieht in diesen Urteilen Rationalität verwirklicht.
89 S. v. Herberstein: *Commentarij* (s. Anm. 1), S. 113 A. Ähnlich berichtet Giovio über »Pygmäen« im äußersten Norden des russischen Reiches; vgl. P. Giovio: *Libellus* (s. Anm. 36), S. 238.
90 Der Index der verwendeten Ausgabe zählt auf: »miraculum de semine quodam 99 c; miraculum divae Virginis 88 b; miraculum insgens; miraculum Nicolai in Tartarum 42 a«. Unter »historia« findet sich dann noch eine »historia mirabilis« S. 48 C.

Danach folgt das »miraculum divae Virginis«.[91] Damit wird ein kultisch wichtiges, aber konventionell verfügbares Marienwunder geschildert, das einem russischen Fürsten Schlachtenglück schenkte. Der Ethnograph kennzeichnet übrigens dieses Wunder terminologisch nicht anders als das der Existenz eines Pflanzenschafes. Nur daß seine Glaubwürdigkeit anders als bei Naturphänomenen nicht in Frage steht. Schließlich gibt es noch von einem ungeheuren Wunder (»miraculum ingens«)[92] zu erzählen: Herberstein schildert den Reitunfall seines lettischen Burschen, der zusammen mit seinem Pferd, ohne sich zu verletzten, einen Salto gemacht habe. Was wenig spektakulär in fünf Zeilen erzählt wird, gilt dem Index als großes Wunder. Das Wunder kann sich in den Alltag einmischen, es bedeutet nichts Jenseitiges. Ungerührt bleibt der Autor dem auch *sensu communi* denkbaren Einbruch des Wunderbaren in die ordinäre Wirklichkeitswelt verpflichtet.

Eine letzte Erzählung über das Wunder an einem Tartaren durch den heiligen Nikolaus[93] klingt wie eine besondere, fast verschmitzte Heiligengeschichte, obwohl sie prinzipiell durchaus noch in den Rahmen der konventionellen Hagiographie paßt.[94] Es wird erzählt, daß ein christlicher moskowitischer Adliger in einer Schlacht einen Tartaren verfolgte. Als ihm dieser zu entwischen drohte, rief der Adlige: »Heiliger Nikolaus, hilf mir diesen Hund von einem Tartaren zu fangen!« Darauf fiel der scharfsinnige Tartar in diese Gebetsrede ein. Er rief dem Heiligen zu, daß er mehr Ehre erwerbe und ein größeres Wunder tue, wenn er ihm, einem Ungläubigen, statt diesem Christen seine Unterstützung gewähre und ihm die Rettung ermögliche. Das sah der heilige Nikolaus offenbar ein; dem Tartaren glückte die Flucht.

Schließlich führt der Index unter »historia« dann noch eine »historia mirabilis«.[95] Dort schildert Herberstein mit innerer Distanz und zivilisatorischem Entsetzen, wie eine deutsch-russische Ehe in die Krise geraten sei, weil der deutsche Ehemann im Gegensatz zu den Landessitten seine Ehefrau nicht nur nicht regelmäßig, sondern gar nicht geschlagen habe, so daß die Frau an der Liebe ihres Mannes zweifelte. Eine Welt, welche die zivilisatorischen Zwänge der Selbstbändigung und der Gewaltzügelung ignoriert, wirkt unglaublich und ist in diesem Sinne wunderbar. Der deutsche Schmied muß nach dem Worte Herbersteins »crudelissime« schlagen, damit die eheliche Harmonie hergestellt ist, weil der Ehefrau Schläge als Zeichen der Liebe (»signa amoris«) gelten würden. Die Erzählung erscheint Herberstein offenbar verläßlich. Solche Episoden konnten von ihm zwar moralisch diskriminiert werden, aber als gelebtes Leben gehorchte der soziale Vorgang einer Eigenlogik, die verwundert, nicht aber erklärt werden muß; eine gleichsam unterkulturelle Lebensmöglichkeit ist ein Defizit oder negatives Wunder, wirft aber

---

91 S. v. Herberstein: Commentarij (s. Anm. 1), S. 88 b.
92 Ebd., S. 140 b.
93 Ebd., S. 42 a.
94 Ebd., S. 41 f.
95 Ebd., S. 48 C.

nicht kulturanthropologische Fragen auf, warum Wirklichkeit so sein könne.[96]

Wunderbare Phänomene widerlegen keine Kategorien der analytischen Wahrnehmung. Da die Argumentation nicht einer universalen Anthropologie oder Naturlehre untersteht, werfen Irregularitäten keine Interpretationsprobleme auf. Das Wunder ergänzt lediglich die eigenen konventionellen Annahmen über Natur und Unnatur, über sichtbare und unsichtbare Welt. Statt einer universalen theoretisch begründeten Kulturanthropologie regiert die Äußerungen vielmehr eine Anthropologie des gelebten Lebens und damit eines Lebens, in dem zwar die natürliche Erklärungsweise dominiert, das Wunder aber kategorisch als Möglichkeit zugelassen ist. Was den Erfahrungshorizont des Ethnographen überschreitet, klingt ihm zwar unglaublich, kann aber in der gleichen Manier wie ein erwartbares Phänomen in seinen manifesten Eigenschaften beschrieben werden.

## VI. Unmittelbare Rezeption. Nachweis des Nutzens der *Moscovia*

Formen des Wissen können nur dauerhaft bestehen, wenn sie einen spezifischen Nutzen erzeugen. Für sein Werk hat Herberstein in Anspruch genommen, daß bei erfolgreicher Rezeption seiner und anderer ethnographischer Kenntnisse es mehr Licht in der Gelehrsamkeit und weniger aufgeblasene Leere gäbe.[97] *Commentarii*[98], wie es sie früher gegeben habe und die er jetzt über die »Moskauer Sachen« verfaßt habe, besäßen einen dauerhaften informativen Nutzen »ad instituendam posteritatem«[99]. Natürlich hätte Herberstein auch von seinen anderen Reisen, vor allem türkischen, berichten können, so daß sich mehr »Licht« und »Unterweisung« gebracht hätten, aber diese seien bekannt durch andere Autoren oder lägen »in oculis ac quotidiano conspectu Europae«. Mit diesen Worten qualifiziert sich der Autor zum bloß informati-

---

96 Unaufgeregt diskreditiert Herberstein mit der Etikettierung »Götzendienst« Riten und Gottesvorstellungen bei den Samaiten und markiert damit eine zentrale kulturelle Differenz zwischen dem eigenen und dem fremden Kultsystem. Die moralische Abwertung enthält übrigens eigenen informativen Wert, sie ist nicht sachfremder Zusatz; sie kann es nicht sein, weil sich die Beobachtungstatsachen im eigenen moralischen Horizont entfalten. Es heißt: Manche der Samaiten hätten ihre Götter in den eigenen Häusern, »das sind Schlangen mit vier kurzen Füßen wie die Eidechsen, aber größer, schwarz und dick, nicht länger als drei Handbreit«. Vgl. S. v. Herberstein: *Commentarij* (s. Anm. 1), S. 113 C.
97 S. v. Herberstein: Commentarij (s. Anm. 1), aii$^r$: »fortasse plus lucis in historia, certe minus vanitatis haberemus«.
98 Zur Tradition der von römischen Magistraten angefertigten *commentarii*, auf die sich Herberstein explizit bezieht, vgl. Lippold, Adolf: Artikel »Commentarii«. In: *Der Kleine Pauly. Lexikon der Antike*. Bd. 1, München 1979, Sp. 1257–1259.
99 S. v. Herberstein: *Commentarij* (s. Anm. 1), f. a ii$^r$ und fast wörtlich f. a ii$^v$ zur Bezeichnung der Absicht des Autors.

ven Berichterstatter, der eigentlich nur die Autopsie jedes beliebigen Beobachters ersetzen hilft. Der Zutat eines eigenen analytischen Verstandes bedarf es offenbar nicht. Allerdings schreibt Herberstein sich zu, daß »cogitatio« und »studium« notwendig gewesen seien. Nur dienen diese Aktivitäten wohl eher zur Verfertigung des gelehrten Kleides, in dem die ethnographischen Informationen sich präsentieren. Der Reiz ethnographischer Informationen liegt für den Leser in der bloßen Vergrößerung bekannter Lebensmöglichkeiten, nicht der analytischen Umgestaltung seiner Erfahrungsmöglichkeiten.

In seiner sogenannten »Selbstbiographie«[100] resümiert Herberstein nach einer ausführlichen Schilderung seiner Mission, daß ihm diese Reise sehr nützlich gewesen sei, weil er nicht nur Kontakt zum wichtigen habsburgischen Hofmann Matthäus Lang, Bischof von Gurk, sondern auch beim Kaiser Maximilian großes Gefallen und infolgedessen Huld gefunden habe, denn sein »ausrichtung vnnd anzaigen der frembden Nation sitten, wesen vnnd Ceremonien waren dem Khaiser angenämb«. Das ethnographische Wissen verwirklicht sich im Gespräch mit dem Herrscher, nicht als Theorie. Es unterhält, indem es Neugierde oder gelehrte Interessen befriedigt, und es informiert – wir erinnern uns an die Präzision, mit der Herberstein zeremonielle Vorgänge im Rahmen der Herrschaft beschreibt – so, daß durch unmittelbares Nachahmen oder die Reproduktion von Verhaltensmustern die Bewältigung von zwar fremden, aber nun gleichsam verdolmetschten Lebenswelten ermöglicht wird. Die Nacherzählung seiner Reisen, die einen sehr großen Teil in der im weitesten Sinn sittlich gemeinten »Selbstbiographie« ausmachen[101], in der über die Mission in das Reich der Moskowiter berichtet wird[102], zielen anders als die *Moscovia* nicht auf höfische Distinktion, sondern offenbar ganz und gar lebenspraktisch auf die Vermittlung konkreter Informationen.[103]

---

100 Karajan, Th. G.: »Selbst-Biographie Siegmunds Freiherrn von Herberstein 1486–1553«. In: *Fontes rerum Austriacarum. Österreichische Geschichts-Quellen*, hg. von der Historischen Commission der Kaiserlichen Akademie der Wissenschaften in Wien. Erste Abtheilung: Scriptores, I. Bd. Joh. Tichtel – S. v. Herberstein – J. Cuspinian – G. Kirchmair. Wien 1855, S. 132. Ähnlich Paolo Giovio in seiner Einleitung; vgl. P. Giovio: *Libellus* (s. Anm. 36), S. 229.
101 S. v. Herberstein: »Selbst-Biographie« (s. Anm. 100), S. 69.
102 Ebd., S. 103–133.
103 Ebd., (s. Anm. 100), S. 103–133. In dieser Selbstbiographie werden Themen der Etikette ausführlich dargestellt. So berichtet Herberstein davon, wie eine Jagd abläuft und macht vor allem darauf aufmerksam, daß der integre Mann für gewöhnlich Hunde nicht mit der Hand anfassen dürfe (S. 126). Ausführlich schildert er (S. 123 ff.), wie er sich korrekt gegenüber dem Zaren benahm, wie er mit ihm das Brot teilte, der Zar bei Tische sprach und wie der Gruß ihm gegenüber laute. In der Kenntnis kultureller Regeln als Drehbuch und Dramaturgie liegt wohl ein tatsächliches Verwertungsinteresse; alles andere, was nicht mehr vergnüglich und hübsch zu lesen wäre, bleibt beiseite und dem gelehrten Entwurf vorbehalten. Im ungelehrten Darstellungsstil gehalten ist auch Staden, Heinrich von: *Aufzeichnungen über den Moskauer Staat*. Nach der Handschrift des Preußischen Staatsarchivs in Hannover hg. v. Fritz T. Epstein. Hamburg ²1964 (= Abhandlungen aus dem Gebiet der Auslandskunde, Bd. 34. Reihe A. Rechts- und Staatswissenschaften Bd. 5), S. 1: »Aufs kürzest und einfeltigst in eile aufs papir gebracht«.

Erst lange nachdem der Kaiser gestorben ist und Herberstein seine Geschichten erzählt hat, wird diese Schrift im Kontext der gelehrten Kommunikation publiziert. Hier gilt sogar chronologisch, was sonst nur soziologisch zu bemerken ist: gelehrtes Wissen verwirklicht sich zuerst in einer herrschaftlichen Situation, orientiert sich aber in stilistischen Belangen an den Bedürfnissen einer allgemeinen gelehrten Kulturgemeinschaft.

Wie freundlich die *Moscovia* unter den Gebildeten aufgenommen wurde, belegt ihre erfolgreiche Druckgeschichte. Mit welchen Qualitäten die Eingemeindung von Werk und Autor in die *res publica litteraria* vorgenommen wurde, dokumentieren beispielhaft Begleitgedichte der Publikation von 1571. Während Johannes Ludwig Brassican in einem ausführlichen Gedicht vor allem den treuen Diener und Gesandten Herberstein, also das Mitglied der herrschaftlichen Administration auszeichnet, sieht Johannes Alexander Brassican eine Einheit von »goldenem Adel« und einer Lehre, die überall einen klaren Weg zeigt.[104] Johannes Rosinus schließlich sichert der *Moscovia* und ihrem Autor zu, daß aufgrund der Autopsie und der Anschaulichkeit das literarische und gelehrte Urteil über ihn unbedingt positiv ausfallen müsse. In der hier verwendeten Ausgabe erscheint ein Auszug aus Glareans *Annotationes* zu Quintus Curtius Rufus. Darin heißt es zum Ruhme Herbersteins, daß er, wie seine Schrift belege, eine Reihe von Orten gesehen habe, die sonst nur durch Aussagen der antiken griechischen und römischen Schreiber bekannt waren. Korrektur und Überprüfung antiker geographischer Überlieferung seien nur durch Herbersteins Aussagen möglich.[105] Der Nutzen der Lektüre ist demnach ein philologischer. Die antike Geographie kann aufgrund der Autopsie Herbersteins neu nachbuchstabiert werden. Daß antike Autoren wie Curtius Rufus, Ptolomäus und Herodot tendenziell das Richtige getroffen haben, ist dabei selbstverständlich vorausgesetzt. Das aktuelle Wissen und die aufmerksame Autopsie des modernen Autors dienen lediglich dazu, die antike Literatur und ihre Informationen richtig zu interpretieren, nicht im Tatsächlichen zu entdecken. Sie reichern die antike Überlieferung an.

## VII. Fazit: Topik als Instrumentarium einer Wissenschaft aller Gelehrten

Die konzeptionelle Einheit zwischen Lebenswelt der Gebildeten und gelehrter Weltbeschreibung ergibt sich nicht zufällig. Die Kohärenz aller Kategorien und ihre semantische Identität in allen Diskursen – gerade so, als wenn die Energie im Werbespot für Schokoladenriegel das gleiche meinte wie die, mit der die universitäre Physik ihr Bild der Welt konstruiert – gehört zu den Vor-

---

104 S. v. Herberstein: *Commentarij* (s. Anm. 1), f. a v$^v$.
105 Ebd., f.a vi$^r$: »duo iusta uolumina edidit, plena omnis eruditionis, dignissimum opus lectu, quod omnes qui Geographica amant, amplectantur, multum lucis accepturi, plurimorum cùm in Latinis, tum in Graecis authoribus locorum, antea à nemine rectè traditorum.«

aussetzungen einer Rhetorik, die sich als Gelehrsamkeit und Wissenschaft präsentiert und zugleich einen umfassenden gesellschaftlich Kommunikationsanspruch vertritt. Was sie zum Verständnis von Sachverhalten wissen muß, ist durch *sensus communis* gegeben und in einer Lehre namens Topik methodisch zusammengefaßt. Was aus der Perspektive der selbstreferentiellen Wissenschaft der gelehrten Rede an Abstraktheit gegenüber dem Gegenstand fehlt, beweist sich gegenüber dem Publikum positiv als das Vermögen zu sozialer und moralischer Relevanz. Kaiser Maximilian freut sich, wenn der Gelehrte ihm über fremde Kulturen berichtet.

Die kategorische Erfassung und Darstellung jedweden kognitiven Objekts gehorcht einer kategorischen Struktur, die allen Gebildeten zugänglich ist.[106] Ein Spezialist wie Herberstein weiß wohl mehr von den Eigenarten eines fremden Landes, wie aber Land, Herrschaft, Religion oder Sprache prinzipiell aufzufassen sind, fällt in die Kompetenz jedes geschulten Redners.[107] Herbersteins methodische Schulung drückt sich in einem Gestus der natürlichen Rede aus; wie er zur phänomenologischen Betrachtung kommt, durch die er die Merkmale wahrnimmt, die er zu einer Ethnographie vereint, lehren ihn die Frageformeln der *loci communes*.

Statt Topik als vorwissenschaftliche Alltagslogik abzuqualifizieren, lohnt es sich, nach ihrer Effizienz zu fragen: Auf der Basis seines konventionellen Verständnisses kann der Ethograph mit ihrer Hilfe definierte, einfach zugängliche Fragen[108] an sein Verständnis des beobachteten Volkes richten, Fragen wie diese: was zeichnet dieses Volk in seiner spezifischen Eigenart aus (»proprium«) oder mit welchen Qualitäten tritt es auf (»adiacentia«), gilt es als klug oder verschlagen?[109] Rasch und ohne Umstände eröffnet sich für den

---

106 R. Agricola: *De inventione* (s. Anm. 4), S. 404: »Necesse est autem, quisquis volet rem aliquem describere, ut omnem eius naturam proprietatemque exacte perspectam habeat. Quantumque distabit à notitia rei, tantum à facultate aberit eius describendae et proinde apte commodeque de ea disserendi. Quemadmodum enim saepe iam diximus, dialectice solam inveniendi docet, rationem, res ex penitorib<us> artium petendae sunt penetralibus. Illae materiam praebent inventioni, dialectice viam omnium positae, notiores sunt, quàm ut sint discendae praeceptione, quae usu quotidie teruntur in manibus. Quoniam apertae sunt enim, sola prope ad disserendum de eis suffecerit dialectice. Materiam nobis is, quem communem vocamus sensum rerum humanarum, suppeditabit. Qui noverit autem rem, quam descripturus est, omnemque eius vim naturae perviderit, illi promptum est expeditumque reperire omnes in ea locos, et videre etiam, qui loci quibus rebus conveniant aut non conveniant.«
107 Ebd., S. 43 u. S. 74.
108 Kienpointer, Manfred: *Vernünftig argumentieren. Regeln und Techniken der Diskussion.* Hamburg 1996, S. 81 f. spricht von 9 Großgruppen, zu denen sich die etwa 30 Fragen aufteilen lassen. Seine Meinung nach konstituiert sich mit diesen argumentativen Aspekten »Alltagslogik«; vgl. generell seine Habilitationsschrift zu diesem Thema (s. Anm. 22).
109 R. Agricola: *De inventione* (s. Anm. 4), S. 72 ff. Dort reflektiert Agricola im Kapitel »De adiacentibus« über »habitus« und »mores« als Gegenstände dieses *locus*.

Ethnographen Herberstein die Möglichkeit, auch über die Herkunft des Namens Rußland zu spekulieren; verschiedene Erklärungsmöglichkeiten stellt er nebeneinander. Das historische Schicksal der Völker, die schließlich im russischen Reich versammelt sind, führt er an, aber auch Sachverhalte wie Physiognomie oder Fürstennamen, die sich etymologisch mit dem Terminuas »Russia« verbinden lassen (ohne konzeptionelle Barrieren einer soziologischen oder linguistischen Disziplin überwinden zu müssen).[110] »Russia« ist kein unmittelbares Objekt, sondern der jeweilige Schlußpunkt einer sich fortzeugenden gelehrten Tradition. Russias Geschichte und die ihrer Beschreibungen verbinden sich zu einem einheitlichen Gegenstand der gelehrten Rede.

Die Rede wirkt unmittelbar und ergibt sich gleichsam *sensu communi*, tatsächlich verwirklicht sich dieses Allgemeinheitspostulat allerdings nur für die Angehörigen der sozialen Gruppen, die an gelehrter Kommunikation teilnehmen. Ihnen stellen sich gelehrte Aussagen als nützliche Informationen dar. Herbersteins Text wirkt informativ, er kann in verschiedenen Diskursen immer wieder verwendet werden, weil er sowohl systematische Bezüge anbietet als auch direkt landeskundliche. Während sich die modernste Rußlandgeschichte von den Aussagen Herbersteins als verwertbarer Darstellung abkehrt, belegen die Werke von Autoren wie Fletcher, Olearius und Križanić, daß die Informationen der *Moscovia* in verschiedenen Kontexten und Diskursen frei konvertibel und nützlich waren.[111]

Welches ist der gesellschaftliche Nutzen, der in einer solchen auf Topik orientierten Architektur der gelehrten Rede liegt? Man kann sagen: In dem Maße wie Topik den ›*sensus communis*‹ mobilisiert, garantiert sie ihre zumindest prinzipielle politische und herrschaftliche Verwendbarkeit. Mögen einzelne Gelehrte auch in humanistischen Spezialkenntnissen getränkt und mit philologischen Spitzfindigkeiten gespickt sein und dementsprechend ihre Traktate und Reden gestalten, dennoch erlauben es ihre Begriffe, daß sich Entscheidungen und Interessen anderer sozialer Gruppen, z. B. herrschaftlich qualifizierter Personen einmischen lassen.[112] Der Umstand, daß Topik überhaupt als Strukturformel für wissenschaftliches Argumentieren taugt, gibt allein schon Auskunft darüber, wie Wissenschaft situiert ist oder in welchem Verhältnis gelehrte Kommunikation zu gesellschaftlichen Ansprüchen ihrer Umwelt steht. Der sozialgeschichtlich gesicherte Sachverhalt, daß die Gelehrsamkeit des 16. Jahrhunderts ohne Scheu mit herrschaftlicher Patronage und Inanspruch-

---

110 Ebd., S. 16.
111 Baron, Samuel H.: »Herberstein's Image of Russia and its Transmission through Later Writers«. In: Pferschy, Gerhard (Hg.): *Siegmund von Herberstein. Kaiserlicher Gesandter und Begründer der Rußlandkunde und die europäische Diplomatie*. Graz 1989 (= Veröffentlichungen des Steiermärkischen Landesarchives Bd. 17), S. 245–273. Ausführlich ist darüber gehandelt, wie der Text der *Moscovia* durch Fletcher, Olearius und Križanić verwendet worden ist, wobei der Kroate in der Mitte des 17. Jahrhundert eine *Politika* schrieb, Fletcher einen Reisebericht und Olearius eine gelehrte Abhandlung.
112 Bourdieu, Pierre: *Zur Soziologie der symbolischen Formen*, Frankfurt/M. 1974, S. 79.

nahme koaliert, muß also nicht durch die Wertung individueller Aussagen verifiziert werden, – lobt oder tadelt Herberstein seinen Kaiser? – sondern liegt als strukturelle Möglichkeit in der Topik selbst. Solche Inanspruchnahme durch wissenschaftlich nicht qualifizierte Herren, welche als Autoritäten auftreten, signalisiert, anders als das illusionäre Objektivitätsdogma moderner Wissenschaften urteilen lehrt[113], nicht einfach Instrumentalisierung, vielmehr zeigt sich eine Einheit von Relevanz und Nutzen von Gelehrsamkeit auf einer Bühne offenen Interessenausgleichs mit organisierten sozialen Mächten. Die sozial bedingte Heteronomie gelehrten Sprechens disqualifiziert den Autor nicht, er kann darüber offen Auskunft geben, weil er damit den sozialen Nutzen gelehrter Weltauslegung dokumentieren kann.

In analytischen Regeln und Methoden steckt neben intellektuellen Idealen stets auch ein Programm sozialer Ordnung. Darauf hat Giambattista Vico in seiner Schrift *De nostri temporis studiorum ratione* hingewiesen, als er an der Wende vom 17. zum 18. Jahrhundert klar die gesellschaftlichen Folgen vor Augen stellt, die aus der Verdrängung der Topik durch einen abstrakten und gleichsam totalitären Wahrheitskult resultieren. Er diagnostiziert eine Entkoppelung des Wahren vom politisch Richtigen und gesellschaftlich Relevanten. Nunmehr stehe allein die Wahrheit als absolut gesetzte Größe im Zentrum der intellektuellen Bemühungen, bemerkt er, und so gerate die Klugheit, die Kompetenz mithin, zwischen verschiedenen bloß wahrscheinlichen Ausgängen und Möglichkeiten abzuwägen, völlig in den Hintergrund. Die studierenden jungen Menschen verlören die Fähigkeit, mit ausreichender Klugheit eine »vita civilis« zu führen.[114] Diese Entkoppelung, wie sie Vico eindringlich beschrieben hat, als solche wahrzunehmen, ist im Zusammenhang mit der Betrachtung der Ethnographie des 16. Jahrhunderts wichtig, weil damit in der Sprache von moralischen Normen die Verbindung von Wissenschaft und Lebenswelt formuliert wird.

Auch Herbersteins Terminologie argumentiert nicht hermetisch, sondern wirkt alltagssprachlich und durch sich selbst evident. In seinen Kategorien des Sozialen wie »mores« oder »cultus« gehören die unmittelbar anschauliche Ausdrucksfunktion und die Empfänglichkeit für moralische Konnotationen oder Urteile zusammen. Solche Verfahren der Einheit von Wissenschaft und Lebenswelt als naiv oder ethnozentristisch abzutun, geht vom Vorurteil einer besonderen wissenschaftlichen Objektivität aus und damit einer Beschreibungsnorm, deren Bedeutung in diesen Berichten kategorisch überhaupt nicht angelegt war. Herbersteins Realismus liegt in seiner Anschaulichkeit, nicht in

---

113 Daniel, Ute: *Kompendium Kulturgeschichte. Theorien, Praxis, Schlüsselwörter.* Frankfurt/M. ³2002, S. 380–389.
114 Veneziani, Marco: *De nostri temporis studiorum ratione* di Giambattista Vico. Prima redazione inedita dal ms. XIII B 55 della Bibl. Naz. di Napoli. Indici e ristampa anastatica dell'edizione Napoli 1709 (= Lessico intellettuale europeo, LXXXII; Lessico filosofico dei secoli XVII e XVIII strumenti critici, 6). Florenz 2000, S. 400 (zitierter Text nach der Ausgabe 1709).

einer objektiven Sichtweise begründet, die mit modernen Wissenschaftsidealen kompatibel wäre.

Gerade die Anschlußfähigkeit der gelehrten Rede an allgemeine Deutungshorizonte oder gängige Moral- und Herrschaftsvorstellungen verbietet es, in der ›empiristischen‹ Renaissanceethnographie eine Produzentin moderner Fakten zu sehen. Denn moderne Fakten sind Beobachtungen, die durch einen spezifischen theoriegestützten und innerhalb der jeweiligen Wissenschaft selbstreferentiellen Prozeß als Daten und spezifische Denkeinheiten (»epistemological units«[115]) konstruiert werden. Anders gesagt: Tatsachen entstehen in der neuzeitlichen Wissenschaftskultur erst dann, wenn es eine theoretische Legitimation gibt, diese Sachverhalte wahrzunehmen und als Tatsachen zu etikettieren. Hier werden also Theorien – soziologisch wohl als der Deutungskonsens wissenschaftlicher ›professionals‹ zu fassen – zum Grund von Wirklichkeit, während in der Topik der ›*sensus communis*‹ verschiedener sozialer Gruppen Wirklichkeiten ›abbilden‹ kann. Anders als Herbersteins Ethnographie, die unterhält, wie uns der Bischof von Gurk wissen läßt, und die mehr Licht geben soll, baut sich die moderne Ethnologie statt einer Brücke zu den konventionellen Kategorien verschiedener Lebenswelten dann auch ihren eigenen Beschreibungsraum. In den Worten von Claude Lévy-Strauss: »Das Grundprinzip ist, daß der Begriff der sozialen Struktur sich nicht auf die empirische Wirklichkeit, sondern auf die nach jener Wirklichkeit konstruierten Modelle bezieht.«[116]

Die Rede in anthropologischen Abstrakta wie z. B. Struktur, Feld oder System, wie sie den heutigen ethnographischen oder sozialwissenschaftlichen Diskurs kennzeichnen, geschieht nicht einfach so und aus sich heraus, sondern folgt selbst aus einer neuen Profilierungsstrategie von Experten. Der Typus des Experten bildet sich im Zusammenhang mit gesellschaftlichen Prozessen aus, die gesonderte wissenschaftliche Beschreibungssysteme und im Zuge hochgradiger gesellschaftlichen Arbeitsteilung ein selbstreferentielles Wissenschaftssystem hervorbringen.[117] Sein Streben nach Objektivität als Ziel und Programm

---

115 Poovey, Mary: *A history of the modern fact. Problems of Knowledge in the Sciences of Wealth and Society*. Chicago-London 1998, S. 9. Poovey übernimmt Peter Dears Unterscheidung zwischen »an evident particular and a particular that constitutes evidence«.

116 Lévy-Strauss, Claude: *Strukturale Anthropologie I*. Frankfurt/M. 1977, S. 301. Auch wird in der Gegenüberstellung deutlich, was es heißt, daß sich der ethnologische Strukturalismus aus einer grammatikalischen Logik und nicht wie die topische Rhetorik aus der lebendigen Sprache speist.

117 Dieser Übergang im Kategoriensystem von Alltags- zur Wissenschaftssprache hat Nipperdey klar noch bei Burckhardt angesichts seiner Begriffe wie z. B. »Krise« oder »Staat als Kunstwerk« diagnostiziert. Vgl. Nipperdey, Thomas: »Die anthropologische Dimension der Geschichtswissenschaft«. In: ders.: *Gesellschaft, Kultur, Theorie. Gesammelte Aufsätze zur neueren Geschichte*. Göttingen 1976 (= Kritische Studien zur Geschichtswissenschaft Bd. 18), S. 33–58, dort S. 39: »Aber diese Strukturen bleiben der Anschauung nahe, ihr Zusammenhang wird nicht durch analytisch-begriffliche Durchdringung eines Begründungs- und Interdependenzverhältnisses hergestellt, sondern ergibt sich aus der Summierung zum Bild, zur Vorstellung. Insofern behält die Anschauung ihren Vorrang.«

ist im gewissen Sinne nichts anderes als ein Effekt der Institutionalisierung eines solchen selbstreferentiellen Wissenschaftssystems, das sich von externen sozialen Anforderungen wie z. B. moralischen Imperativen abkoppeln will.[118]

Herbersteins Kulturanthropologie greift nicht auf solche Abstrakta zur Beschreibung der sozialen Kommunikation zurück, sie resultiert kategorisch aus gelebter Kultur. Allein mit Blick auf die verwendeten Kategorien erweist sie sich als vergleichsweise freundliche Wissenschaft, die Gelehrte und Publikum über Gegenstände gemeinsamen Interesses ohne Umstände ins Gespräch setzt. Was sich von ihnen gemeinsam traktieren läßt, kann als natürlich verstanden werden; jenseits dieser Normen der Natur liegen Wunder, die als Ausnahmen nicht das eigene Begriffssystem disqualifizieren. Ethnographisch sind sie solange zu beschreiben, wie sie sich narrativ und idealerweise optisch unter den eigenen eingelebten Kategorien subsumieren lassen.

Während die wissenschaftliche Darstellung nunmehr in dem von ihr selbst definierten Kontext funktioniert, genießt die topische Ethnographie das Vermögen, unmittelbar das Gespräch zwischen Gelehrten, Herren und Publikum zu kultivieren. Moderne Deutungsmuster wie Sozialstrukturen und soziale Felder kommen für Herberstein nicht in Frage, wenn er eine fremde Wirklichkeit verständlich machen will. Ihm fehlt die konzeptionelle Bevormundung durch eine übergeordnete sozialwissenschaftliche Ethnologie.[119] Nur diese steht unter dem Zwang, sich ihre Gegenstände, fremde d. h. vom Betrachter aus als signifikant verschieden wahrgenommene Lebenspraktiken[120], dadurch anzueignen, daß sie diese nur durch Theorie zu ›erkannten‹ und begrifflich zu fassenden Manifestationen erklärt. In der wissenschaftlichen Anthropologie sind die anthropologischen Merkmale von aller konkreten Kultur entkoppelt, und selbstverständlich ist ihr nichts.[121] Jeder und jede, die nicht in der Sprache

---

118 N. Luhmann: *Wissenschaft* (s. Anm. 33), S. 239 ff.
119 Dieser Wandel zu einer rein theoretischen und fachspezifischen Argumentation ließe sich auch anhand der veränderten Anforderungen darstellen, durch deren Bewältigung sich ein ethnographischer Autor qualifiziert. Während Herberstein seine Beobachtungen und Erkundigungen systematisiert, die er als Gesandter auf seinen Reisen für Kaiser Maximilian I. 1517/18 und 1525/27 für Kaiser Karl V. gesammelt hat, ist der moderne Ethnograph akademisch geschult und mit einer fachlichen Perspektive auf der Suche nach deutungsrelevanten Daten. Daß Herberstein laut seiner Autobiographie (s. Anm. 100, S. 71) zur Zeit seines Wiener Schulbesuchs und Studiums als »Doctor, Waclaureum, Vossn, Schreiber, Schueler« beschimpft wurde, deutet auf den noch elementaren Grad der intellektuellen Arbeitsteilung. Herberstein disqualifiziert sich in den Augen anderer Adliger aufgrund seiner literarischen, nicht einer spezifisch fachlichen Schulung.
120 Cl. Lévy-Strauss: *Strukturale Anthropologie I* (s. Anm. 116), S. 320.
121 Natürlich ist die Entkoppelung, die sich so gut mit dem Objektivitätsanspruch der modernen Wissenschaft verbindet, nur illusorisch. Die moderne Ethnologie ist hierin in ihrer institutionellen und intellektuellen Genese natürlich gesellschaftsgebunden. Vgl. auch Giddens, Anthony: »Leben in einer posttraditionalen Gesellschaft.« In: Beck, Ulrich/Giddens, Anthony/Lash, Scott: *Reflexive Modernisierung. Eine Kontroverse.* Frankfurt/M. 1996, S. 113–194. Darin für die Enteignung der Ethnologie von ihrer angestammten Beobachterposition, vgl. S. 178 f.

dieser Wissenschaft sprechen, sind fremd. Ein scharfsinniger Kopf wie Erich Auerbach sieht es als maximalen Erfolg der modernen Wissenschaftslehre an, daß alles zur Fremde werden könne[122]; er formulierte damit die gleichsam verinnerlichte Maxime einer Kulturanthropologie, die sich lediglich in disziplinärer Terminologie kommunizieren läßt und die Kultur nur noch sehen, aber nicht leben kann. Die Topik und die alte Rhetorik verbünden fremde Lebensformen mit der Tradition und ermöglichen den Gelehrten mit ihrer Methode, das Fremde sich so anzuzeigen, daß es relevant für das Erleben wird. Der Beschreibungsmodus setzt sich aus einer kollektiven Kulturvorstellung der Gebildeten zusammen, die von verschiedenen konkreten Institutionen, bestimmten Formen des Kultes oder des höfischen Zeremoniells absehen kann, weil sie dahinter unhinterfragbare Lebenseinstellungen vermutet, die sich ihr als natürliche darstellen. Selbst was jenseits der Normen des natürlichen Lebens liegt, kann als Wunder oder Perversion verstanden werden, ohne die eigenen Normalitätserwartungen als Verständigungsbasis aufgeben zu müssen. Was der Ethnograph erzählt, ist merkwürdig und nützlich zugleich, weil er es in einer Weise aufzufassen versteht, daß es selbstverständlich aussieht.

---

122 McGrane, Bernard: *Beyond Anthropology. Society and the Other*. New York 1989, S. 129. Dort findet sich das Zitat und auf den Seiten zuvor (S. 123 ff.) ein Kommentar einer solchen objektivierenden Sichtweise. Für die Ethnologie ergeben sich aus der »Fremdheit als methodischem Prinzip« sogar »die Grundlagen für eine allgemeine Theorie der Kultur« vgl. Kohl, Karl-Heinz: *Ethnologie – die Wissenschaft vom kulturell Fremden. Eine Einführung*. München 1993, S. 94.

# Heischebräuche.
## Der ›supplementäre symbolische Inhalt‹ der *Schreibstunde* von Claude Lévi-Strauss

ERHARD SCHÜTTPELZ (Konstanz)

Es läßt sich denken, daß die Nambikwara nicht schreiben können; aber sie zeichnen auch nicht, mit Ausnahme einiger punktierter oder Zickzacklinien auf ihren Kürbisbehältern. Wie bei den Caduveo verteilte ich trotzdem Papier und Bleistifte, mit denen zuerst niemand etwas anzufangen wußte; doch eines Tages sah ich sie alle damit beschäftigt, horizontale Wellenlinien auf das Papier zu zeichnen. Was hatten sie vor? Schließlich mußte ich mich von den Tatsachen überzeugen lassen: sie schrieben, oder genauer, sie versuchten, ihren Bleistift in derselben Weise zu benutzen wie ich, also der einzigen, die sie sich vorstellen konnten, denn ich hatte noch nicht versucht, sie mit meinen Zeichnungen zu unterhalten. Die meisten ließen es bei diesem Bemühen bewenden; aber der Häuptling sah weiter. Wahrscheinlich hatte er als einziger die Funktion der Schrift begriffen. So hat er mich um einen Notizblock gebeten, und wenn wir nun zusammen arbeiten, sind wir gleichartig ausgerüstet. Er gibt mir die Informationen, um die ich ihn bitte, nicht mündlich, sondern zeichnet Wellenlinien auf sein Papier, die er mir dann vorzeigt, so als fordere er mich auf, seine Antwort zu lesen. Halb fällt er selbst auf seine Komödie herein; jedesmal, wenn seine Hand eine Linie zu Ende zieht, prüft er sie ängstlich, als müsse ihre Bedeutung sofort daraus hervorspringen, und auf seinem Gesicht malt sich immer wieder die gleiche Enttäuschung. Aber das will er nicht wahrhaben, und zwischen uns besteht die stille Übereinkunft, daß seine Kritzeleien einen Sinn haben, den zu entziffern ich vortäusche; der mündliche Kommentar folgt immer so prompt, daß ich nicht um nähere Erläuterungen zu bitten brauche.
Kaum hatte er nun seine Leute versammelt, als er aus seiner Kiepe ein Papier mit verschnörkelten Linien hervorholte, das er zu lesen vorgab und auf dem er, mit gespieltem Zögern, nach der Liste der Gegenstände suchte, die ich im Austausch gegen die angebotenen Geschenke geben sollte: dem einen, gegen Pfeil und Bogen, ein Buschmesser! dem anderen Perlen für seine Halsketten!... Diese Komödie zog sich zwei Stunden hin. Was versprach er sich davon? Vielleicht wollte er sich selbst täuschen; wahrscheinlicher aber seinen Gefährten imponieren, sie davon überzeugen, daß er den Austausch der Waren vermittelte, daß er bei dem Weißen gut angeschrieben und in seine Geheimnisse eingeweiht war. Wir hatten es eilig, fortzukommen, denn der gefährlichste Augenblick war natürlich jener, da sich alle mitgebrachten Wunderdinge in anderen Händen befinden würden. Deshalb versuchte ich nicht, diesem Zwischenfall auf den Grund zu gehen, und wir machten uns, noch immer unter Führung der Indianer, auf den Heimweg.[1] (*L1*, S. 290 f.)

---

[1] Der Einfachheit halber werden die zitierten Schriften von Claude Lévi-Strauss an dieser Stelle aufgelistet und im Text mit Kürzeln und Seitenzahl vermerkt: (*L1*) *Traurige Tropen*. Frankfurt/M. 1978; (*L2*) *Tristes Tropiques*. Paris 1955; (*L3*) »The

## I. In der Reiseliteratur

Dieser ›außergewöhnliche Zwischenfall‹, der sich 1938 im Nordwesten Brasiliens zwischen Erzähler und Häuptling, Ethnograph und Informant, Claude Lévi-Strauss und »Wakletoçu« zugetragen hat, ist der Kern der »Schreibstunde«, eines Kapitels in den *Traurigen Tropen* von Claude Lévi-Strauss. Der Zwischenfall besteht weniger in einer Nachahmung des Schreibens durch die Nambikwara als in der Vortäuschung des Lesens und Vorlesens durch Ethnograph und Häuptling, der sich mit Hilfe dieser Handlungsweise zum Vermittler, zum Makler zwischen seinem Stamm und der Außenwelt macht. Und nur von dieser Monopolbildung des Häuptlings wird gesagt, er habe »als einziger die Funktion der Schrift begriffen.« Die »Leçon« der Schrift oder des Schreibens, der »Leçon d'écriture« – so der Titel des Originals – hat daher von Beginn an mehrere Lesarten: zweifelsohne eine *Schreibstunde* und *Lektion*, die dem Ethnographen und Anthropologen erteilt wird und die er wiederum erteilt, die Lektion einer *Unterrichtsstunde*[2] und eine *Vorschrift*, eine *Weisung*

---

social and psychological aspects of chieftainship in a primitive tribe: The Nambikwara of Northwestern Mato-Grosso« (Orig. 1944). In: Cohen, Ronald/Middleton, John (Hg.): *Comparative Political Systems*. New York 1967, S. 45–62; (*L4*) »Reciprocity and Hierarchy«. In: *American Anthropologist* 46 (1944), S. 266–268; (*L5*) »The name of the Nambikwara«. In: *American Anthropologist* 48 (1946), S. 139–140; (*L6*) *La Vie familiale et sociale des Indiens Nambikwara*. Paris 1948; (*L7*) *Die elementaren Strukturen der Verwandtschaft* (Orig. 1949). Frankfurt/M. 1981; (*L8*) »Le sorcier et sa magie«. In: *Les temps modernes* 4 (1949), S. 3–24; dt. Übs. (*L9*) »Der Zauberer und seine Magie«. In: *Strukturale Anthropologie I*. Frankfurt/M. 1967, S. 183–203; (*L10*) »Introduction à l'œuvre de Marcel Mauss«. In: Mauss, Marcel: *Sociologie et anthropologie*. Paris 1950, S. IX–LII; dt. Übs. (*L11*) »Einleitung in das Werk von Marcel Mauss«. In: Mauss, Marcel: *Soziologie und Anthropologie. Band 1*. S. 7–41; (*L12*) *Race et histoire*. Paris 1952; dt. Übs. (*L13*) *Rasse und Geschichte*. Frankfurt/M. 1972; (*L14*) »Le Père Noël supplicié«. In: *Les Temps Modernes* 7 (1952), S. 1572–1590; dt. Übs. (*L15*) »Der hingerichtete Weihnachtsmann«. In: *Der Komet. Almanach der Anderen Bibliothek auf das Jahr 1991*. Frankfurt/M. 1990, S. 162–190; (*L16*) »Diogène couché«. In: *Les Temps Modernes* 10 (1955), S. 1187–1220; (*L17*) *Strukturale Anthropologie I* (Orig. 1958). Frankfurt/M. 1967; (*L18*) »Passage Rites«. In: *Encyclopedia Britannica*. Vol. XVII (1959). S. 433b–434a; (*L19*) »Die Geschichte von Asdiwal« (Orig. 1959). In: *Strukturale Anthropologie II*. Frankfurt/M. 1975, S. 169–224; (*L20*) »Das Feld der Anthropologie« (Orig. 1960). In: *Strukturale Anthropologie II*. Frankfurt/M. 1975, S. 11–44. – Außerdem folgende Radiogespräche von 1959: Charbonnier, Georges: *Entretiens avec Claude Lévi-Strauss*. Paris 1961, dt. Übs. unter dem Titel: *Claude Lévi-Strauss: ›Primitive‹ und ›Zivilisierte‹. Nach Gesprächen aufgezeichnet von Georges Charbonnier*. Zürich 1972. – Der Text wurde gegenüber dem DFG-Symposion nicht revidiert.

2  So die Lesart von Derrida, Jacques: *De la grammatologie*. Paris 1967, im Kapitel: »de la violence de la lettre: de Lévi-Strauss à Rousseau«, S. 149–202, insb. S. 178. – Der vorliegende Kommentar zur »Schreibstunde« ging u. a. von Überlegungen zur Lektüre dieser Passage Derridas aus und sollte zu ihnen zurückführen. Allerdings stellte sich im Verlauf der Lektüre heraus, daß einige Voraussetzungen für eine Beurteilung der Lektüre Derridas erst in einer genaueren Lektüre der »Schreib-

und *Warnung*, aber auch eine *Lektüre* des Geschriebenen, und im Falle des Häuptlings ganz offensichtlich ein *Lesen* und Vorlesen, eine *Vorlesung*, deren Schwierigkeiten der Häuptling eigens »mit gespieltem Zögern« betont. Und außerdem ist *Lesart* eine der Lesarten der »Leçon«.

Es hilft daher wenig, sich auf eine einzige Lesart der »Leçon« zu versteifen, bis man sich auf eine genauere Lektüre des Textes und seiner Wellenlinien eingelassen hat. Ich werde im folgenden – weniger mit einem gespielten als einem unvermeidlichen Zögern – versuchen, den Lesarten dieses Textes nachzugehen, bis sich so etwas wie eine Struktur aus allen diesen Lesarten der »Leçon« herauskristallisiert hat. Es geht erst einmal um Lévi-Strauss selbst und jene längst vergangene Zeit, die in diesen Text eingemündet ist, von der Expedition zu den Nambikwara bis zur Veröffentlichung der *Traurigen Tropen*, von den südamerikanischen über die nordamerikanischen Jahre bis zur Rückkehr nach Frankreich mit ihren ersten Hoffnungen und Enttäuschungen (1938–1955); es geht allerdings in eben jenen Texten zugleich um die gesamte Menschheitsepoche seit der europäischen Unterwerfung Amerikas und seit der neolithischen Revolution.

Zur Lektüre also, aber nicht, ohne die Vorsichtsmaßnahmen einer entsprechenden Zeitreise und ihrer Literatur zu treffen – denn gerade die Episoden der »Schreibstunde« haben die frappierende Eigenschaft, daß sie die Reise des Erzählers selbst als eine mobile Lektüre von Reiseliteratur darstellen, und zwar als eine Lektüre, die das erzählte Subjekt ständig zum Narren hält. Reiseliteratur, daran läßt Lévi-Strauss auf den ersten Seiten der *Traurigen Tropen* keinen Zweifel, ist Schundliteratur (*L1*, S. 9 ff.); und die einzige Immunisierung gegen dieses Faktum besteht darin, diese Eigenschaft in immer tiefere Selbstentzweiungen zu führen, und auch den Schundcharakter durch bestimmte Verfahren noch zu forcieren. Ein solches Verfahren liegt in der »Schreibstunde« in der Selbstverspottung des Erzählers, und dieses Verfahren schließt die Szene jener »Komödie« zwischen Erzähler und Häuptling ein. Wenn man den Ablauf der Erzählung in Episoden gliedert, ist die ›Komödie des Häuptlings‹ nur der mittlere Teil eines komischen Geschehens, das den Erzähler in absteigender Linie in verschiedenen niederen Genres zeigt: vom sich umsonst ängstigenden Expeditionsleiter über das Opfer der Komödie des Geschenkaustauschs zum Clown, der seinem Maulesel hinterherläuft, bis er von seiner Reisegruppe gerettet wird. Erst dann erfolgt die erhabene Gegenwendung,

---

stunde« von Lévi-Strauss zu finden sind, als sie vorausgesetzt werden kann: *lectio difficilior*. – Die Stellung der »Schreibstunde« von Claude Lévi-Strauss (und ihrer Fortschreibung durch philosophische und literarische Kommentare) in der kolonialen und postkolonialen Reiseliteratur wurde insbesondere durch die Schriften Michael Harbsmeiers umfassend historisiert, deren Würdigung hier leider auf einen kurzen Verweis beschränkt bleiben muß: Harbsmeier, Michael: »Writing and the Other: Travellers' Literacy, or Towards an Archaeology of Orality«. In: Schoesboe, Karen/Larsen, Mogens Trolle (Hg.): *Literacy and Society*. Kopenhagen 1989, S. 197–228. Zur Verbindung von Lévi-Strauss, Derrida und südamerikanischen ›Schreibstunden‹: S. 199–201. – An dieser Stelle Dank an Michael Harbsmeier (*il miglior fabbro*), und an Heike Behrend und Iris Därmann.

und der Erzähler schwingt sich durch Zeit und Raum zu einer Betrachtung der Menschheitsgeschichte auf, mit der er seine anthropologische Kompetenz – und zwar durch einen bewußten Anachronismus, der das Jahr 1938 übersteigt – wieder herstellt. Aber das Vorzeichen dieser Betrachtung sind eben jene ›niederen Genres‹, in denen sich der Erzähler kurz zuvor getummelt hat, und diese sind allesamt Lektüren: eine Rückkopplung der Reiseliteratur wie *Traurige Tropen* selbst.

»Diese ziemlich riskante Reise erscheint mir heute als eine groteske Episode.« (*L1*, S. 289) Zuerst der sich ängstigende Expeditionsleiter: »nur Männer begleiteten uns, mit Pfeil und Bogen bewaffnet. In der Reiseliteratur lassen solche Umstände auf einen unmittelbar bevorstehenden Angriff schließen.« (*L1*, S. 289) Aber die Reiseliteratur trügt, Frauen und Kinder finden sich ein; das Mißtrauen bleibt allerdings weiterhin bestehen und führt zu einer unruhigen Nacht. – Daraufhin der Geschenkaustausch mit seiner Komödie des Vorlesens, die den trügerischen und betrügerischen Charakter der Schrift betont – der Makler kann sich sehr schnell und auch in diesem Fall als ein »Wucherer« (*L1*, S. 293) herausstellen, der seine Eigeninteressen gegenüber allen Beteiligten durchsetzen will. – Dann der Heimweg des Ethnographen, den sein Maultier aber in die Irre führt: »Ohne daß ich es merkte, befand ich mich plötzlich im Busch und hatte jede Orientierung verloren.

Was tun? In den Büchern steht, daß man die anderen durch einen Gewehrschuß alarmieren soll. Also steige ich von meinem Tier herunter und schieße. Nichts. Beim zweiten Schuß glaube ich, eine Antwort zu hören. Ich gebe einen dritten Schuß ab, der nur die Folge hat, daß mein Maultier erschrickt; es trabt davon und bleibt in einiger Entfernung stehen.« (*L1*, S. 291) Was darauf folgt, ist nur noch als Slapstick zu bezeichnen, man kann sich die entsprechende Stummfilmszene ausmalen – wie der Erzähler dies dann genüßlich tut. Und gerade diese Selbstverspottung als Clown, »cet incident ridicule« (*L2*, S. 341), ist einerseits ein immer tieferes Abrutschen in die Angst der Reiseliteratur, wird auf seinem Höhepunkt zu einer veritablen Rezitation aus einem imaginären Groschenroman oder »dictionnaire des idées reçues«: »Die Sonne näherte sich bereits dem Horizont, ich hatte keine Waffe mehr und erwartete jeden Augenblick einen Hagel von Pfeilen. Vielleicht war ich nicht der erste, der sich in dieser feindseligen Gegend herumtrieb; jedenfalls waren meine Vorgänger nie wieder zurückgekehrt.« (*L1*, S. 292) Und andererseits verstreut der Erzähler bereits die theoretischen Schlüsselwörter dieses Textes – »Geschenk«, »Eroberung«, »Frieden« oder »Pax« – unter die groteske Auseinandersetzung mit seinem Maultier, im Versuch, diesen störrischen animalischen Knecht zu bezwingen: »J'en tire un troisième, qui a *le don* d'effrayer le mulet [...] Je cours alors à *la conquête* du mulet que j'entrevois, dans de *paisables* dispositions.« (*L2*, S. 341)

Die Verzweiflung des Verirrten findet ein Ende, eine Gruppe der Nambikwara folgte seinen Spuren und bringt ihn zum Lager. Und jetzt erst, in der zweiten schlaflosen Nacht, wendet sich das Mißtrauen nicht mehr gegen die Gruppe, deren Gast der Erzähler geworden ist, sondern gegen die Schrift selbst, die ihn dreimal hintereinander zum Narren gehalten hat. Es handelt sich daher um eine leicht zu überlesende, aber um so wirkungsvollere Einkleidung der ›Meditation zur Funktion der Schrift in der Menschheitsgeschichte‹. Es herrscht eine gewisse Gegenseitigkeit. Die Selbstliebe des erzählten Subjekts, des reisenden Lesers von Reiseliteratur, wird geradezu grotesk gebrochen, auch und gerade durch sein Vertrauen auf die Schriftkultur, der er angehört; jetzt ist es Zeit an ihm, die Selbstliebe der Schriftkultur zu brechen. Aber man wird davon ausgehen können, daß auch diese Brechung, die Meditation zur Funktion der Schrift, sich bei aller Erhabenheit der Perspektive innerhalb der ›niederen Genres‹ bewegen wird, in denen sich der Erzähler gerade noch aufhielt. Ist das nicht der Mensch, der gerade noch am Schwanz seines Maulesels durch die Büsche geschleift wurde? »Noch verwirrt von diesem lächerlichen Zwischenfall, konnte ich nicht schlafen und vertrieb mir die Zeit damit, mir die Szene des Geschenkaustauschs nochmals vor Augen zu führen.« (*L1*, S. 292) Und so kann man die nächtliche ›Meditation zur Funktion der Schrift‹ auch als eine Fortsetzung der drei komischen Episoden des Kapitels mit anderen Mitteln lesen (wie es die über den Weg des Maultiers verstreuten Schlüsselwörter ankündigen): es geht weiterhin um Tauschen und Täuschen, um Geschenke, Eroberung und Frieden, um »Schrift und Betrug« (*L1*, S. 295) und vor allem: um den innerliterarischen Selbstbetrug des lesenden Subjekts.

## II. Zwischen den Zügen

1952 erschien ein von Claude Lévi-Strauss im Auftrag der UNESCO verfaßtes Buch, vom Umfang her eine Broschüre: *Rasse und Geschichte*. Der Auftrag der UNESCO war explizit: den Rassismus wissenschaftlich zu widerlegen; der Titel der Schriftenreihe hieß *La question raciale devant la science moderne*. Innerhalb dieser Zielsetzung richten sich die Ausführungen von Lévi-Strauss allerdings auf zwei verwandte Themen: wie universal ist der »Ethnozentrismus«? (*L13*, S. 16 ff.) Und wie analysiert man den Ethnozentrismus der europäischen Kulturen und ihrer globalen Fortsetzung, der sich seit dem 18. Jahrhundert in der geschichtsphilosophischen »Idee des Fortschritts« kondensiert? (*L13*, S. 31 ff.) Zur Beurteilung dieser Fragen entwickelt Lévi-Strauss ein ganzes Set von Gedanken, das auch später – allerdings oft in stark geschrumpfter Form – zum Einsatz kommt. Die nächtliche ›Meditation zur Funktion der Schrift in der Menschheitsgeschichte‹ ist eine Variation einiger dieser Gedanken; ein popularisiertes Endstadium erreichen sie 1960 mit der didaktischen Zweiteilung der Menschheit in ›heiße‹ und ›kalte‹ Gesellschaften (*L20*). Aber alle diese späteren Überlegungen, in denen die Schrift nur in der erinnerten Meditation von 1938/1955 im Zentrum der Betrachtung steht, bleiben eingeklammert von den grundsätzlichen Überlegungen, die den ›Fortschritt‹ und seine Kriterien 1952 wissenschaftlich zur Disposition gestellt haben. Und die wichtigste Einklammerung bleibt eine Überlegung, die sich fragt, auf welche Weise es überhaupt dazu kommt, daß eine Gesellschaft an einer ihr fremden Gesellschaft ›Fortschritt‹ wahrnimmt. Warum gibt es die Attribution eines ›Fortschritts‹ und warum gibt es sie vielmehr selten oder nicht? Wie phänomenalisiert man ein ›Ereignis‹ innerhalb einer Fortschrittsgeschichte, insbesondere die Wahrnehmung oder das ›Auftreten‹ einer Erfindung? Z. B. die »Schreibstunde«:

> Die Geschichtlichkeit oder, besser noch, der *Ereignisreichtum* einer Kultur oder eines kulturellen Prozesses ist [...] eine Funktion, nicht ihrer objektiven Eigenschaften, sondern ihres Standorts, an dem wir uns ihnen gegenüber befinden, und der Zahl und Verschiedenheiten der Interessen, die wir mit ihnen verknüpfen.
> Der Gegensatz zwischen progressiven und unbeweglichen Kulturen scheint sich also zunächst aus einer unterschiedlichen Scharfeinstellung zu ergeben. Für den Beobachter am Mikroskop, der sich auf einen bestimmten meßbaren Abstand von diesem Objekt eingestellt hat, erscheinen die Körper diesseits oder jenseits dieses Abstands, und sei es nur um einige Hundertstel Millimeter, unklar und verschwommen, oder er sieht sie sogar überhaupt nicht: er sieht über sie hinweg. Ein anderer Vergleich verdeutlicht die gleiche Täuschung. Mit diesem Vergleich verdeutlicht man meist die ersten Bruchstücke der Relativitätstheorie. Um zu zeigen, daß Ausmaß und Geschwindigkeit bei der Fortbewegung von Körpern keine absoluten Werte, sondern Funktionen des Standorts des Beobachters sind, erinnert man daran, daß für einen Reisenden, der am Fenster eines Zuges sitzt, Geschwindigkeit und Länge der anderen Züge variieren, je nachdem, ob diese sich in der gleichen oder in entgegengesetzter Richtung bewegen. [...] Für den Beobachter der physikalischen Welt erscheinen (wie das Beispiel des Reisenden zeigt) die Systeme, die sich in der gleichen Richtung bewegen wie das eigene, als immobil, während die schnellsten diejenigen sind, die sich in andere Richtungen bewegen. Bei den Kulturen ist es genau umgekehrt, weil diese uns um so aktiver erscheinen, je mehr sie sich in der gleichen Richtung wie unsere eigene entwickeln, und stationär, wenn ihre Entwicklungsrichtung von der unseren abweicht. [...] Wir wissen, daß man viel mehr Informationen über einen sich parallel zu uns mit ähnlicher Geschwindigkeit fortbewegenden Zug sammeln kann (zum Beispiel die sichtbaren Reisenden zählen) als über einen Zug, der in großer Geschwindigkeit an uns vorbeifährt oder an dem wir vorbeifahren, oder der uns um so kürzer erscheint, als er sich in eine andere Richtung fortbewegt. Im äußersten Fall fährt er so schnell an uns vorbei, daß wir nur einen verschwommenen Eindruck von ihm erhalten, in dem nicht einmal Zeichen der Geschwindigkeit aufgenommen werden; er reduziert sich auf eine vorübergehende Störung des Gesichtsfeldes: das ist gar kein Zug mehr, er *bedeutet* nichts mehr. Es scheint also eine Relation zu bestehen zwischen dem physikalischen Begriff einer *scheinbaren Bewegung* und einem zweiten Begriff, mit dem sowohl in der Physik als auch in der Psychologie und Soziologie gearbeitet wird, dem Begriff der *Informationsmenge*, die zwischen zwei Individuen oder Gruppen ›hin und her wechseln‹ kann in bezug auf die mehr oder weniger große Verschiedenheit ihrer jeweiligen Kulturen. (*L13*, S. 38–41)

Auch diese Ausführungen sind nicht ohne Humor, etwa wenn Lévi-Strauss im gleichen Zug eine zukünftige »allgemeine Relativitätstheorie«[3] postuliert, die

---

3   Eine direkte Quelle für diese Überlegungen – die sich nicht umsonst auf Kybernetik und Informationstheorie berufen – findet man in der Fragestellung Norbert Wieners, wie Beobachter Ereignisse in jeweils umgekehrter Zeitrichtung wahrnehmen würden. Wiener, Norbert: *Kybernetik. Regelung und Nachrichtenübertragung in Lebewesen und Maschine* (Orig. 1948). Reinbek 1968, S. 57 f. – Literarische und wissenschaftliche Veranschaulichungen einer solchen Beobachtung inverser Zeit sind allerdings älter und gehören in die Geschichte der ›Verkehrten

alle diese Wissenschaften und ihre Theoreme eines Tages – »den wir schon von ferne herankommen sehen« (*L13*, S. 40) – integriert haben wird. Zweifelsohne glaubte Lévi-Strauss ebenso an die scherzhafte Vorwegnahme wissenschaftlicher Fundamentaltheoreme wie an die empirische Durchführbarkeit abgeknickter Vergleiche, etwa der hier skizzierten Zugreise. Die Funktion bleibt klar: eine Warnung, daß jeder Beobachter die ›Ereignisse‹ und die ›Ereignisdichte‹ einer anderen Gesellschaft und ihrer Geschichte schlicht verpassen kann: »das ist gar kein Zug mehr« – und daß im Gegenzug das, was in den eigenen Augen als »ein außergewöhnlicher Zwischenfall« (*L1*, S. 290) erscheint – wie etwa die »Schreibstunde« zwischen Ethnograph und Häuptling –, aus der Perspektive einer fremden Gesellschaft vielleicht nicht einmal ein Ereignis war, sondern nur »eine vorübergehende Störung des Gesichtsfeldes« und vielleicht nicht einmal das. Weil man über diese mikroskopische Eigenschaft hinwegsehen wird. Und diese Vertauschbarkeit der Perspektiven behält für die »Schreibstunde« recht, also innerhalb einer westlichen Fortschrittsgeschichte *und* außerhalb ihrer phänomenologischen Einklammerung durch eine »scheinbare Bewegung«.

Zum einen gelingt es Ethnograph und Informant, so in Austausch miteinander zu treten, daß eine wechselseitige Anerkennung möglich wird. Die »Information« der Schrift wechselt durch Vorlesen hin und her, ein Schelm erkennt den anderen, und die Fortschrittsgeschichte der Schrift kann sich in ihrer Vortäuschung spiegeln. Die Formulierung dieser Anerkennung scheint vielleicht abschätzig – »Sie hatten ihr Symbol entlehnt, während ihre Realität ihnen fremd blieb.« (*L1*, S. 292) Aber gerade diese scheinbare Abschätzigkeit verbirgt bei genauerem Lesen die größte Wertschätzung, die der Theoretiker Lévi-Strauss Anfang der 50er Jahre zu vergeben hatte. Der Signifikant geht dem Signifikat voraus und bestimmt es; die Sphäre des Prestiges ist vom ›gleitenden Signifikanten‹ bestimmt; das Symbolsystem einer Gesellschaft enthält einen ›ursprünglichen Überschuß‹, »la nécessité d'un contenu symbolique supplémentaire à celui qui charge déjà le signifié« (*L10*, S. L), ein Supplement, das in den Außenbeziehungen einer Gesellschaft und ihren strukturellen Lücken und Widersprüchen zum Tragen kommt; und nur durch diesen ›ursprünglichen Überschuß‹ jedes Symbolsystems bleibt die Priorität des Signifikanten und sein Gleiten möglich, und bleibt Gesellschaft möglich. Alle diese Theoreme wurden 1950 auf einen Schlag von Lévi-Strauss in seiner eigenartig überdrehten und experimentellen *Einleitung in das Werk von Marcel Mauss* aufgestellt, und zwar ziemlich plakativ: sie sollen für das Symbolsystem jeder Gesellschaft und für alle ihre einzelnen Symbolsysteme (Sprache, Kunst, Mythos, Verwandtschaft) gelten. Die ersten Worte der nächtlichen Meditation sind eine Variante dieser Theoreme, und ihre Erkenntnis wird den Nambikwara und insbesondere ihrem Häuptling und dessen Schrift zugesprochen:

---

Welt‹. Vgl. etwa Fechner, Gustav Theodor (Dr. Mises): »Verkehrte Welt«. In: ders.: *Kleine Schriften*. Leipzig ²1913, S. 227–229.

> Die Schrift hatte also bei den Nambikwara ihren Einzug gehalten; aber nicht, wie man hätte annehmen können, am Ende eines mühsamen Lehrgangs. Sie hatten ihr Symbol entlehnt, während ihre Realität ihnen fremd blieb. Und zwar eher im Hinblick auf ein soziologisches als auf ein intellektuelles Ziel. Es ging nicht darum, etwas zu wissen, zu behalten oder zu verstehen, sondern darum, Prestige und Autorität eines Individuums – oder einer Funktion – auf Kosten der anderen zu vermehren. Ein Eingeborener, der noch dem Steinzeitalter anzugehören schien, hatte erraten, daß das große Verständigungsmittel, auch wenn er es nicht verstand, anderen Zwecken dienen konnte. (*L1*, S. 292 f.)

Wenn man diese Sätze mit der *Einleitung in das Werk von Marcel Mauss* liest, erweist sich gerade die ›fremde Fremderfahrung‹ des Häuptlings als eine Erkenntnis, die das strukturalistische Credo praktiziert: »die Symbole sind realer als das, was sie symbolisieren, der Signifikant geht dem Signifikat voraus und bestimmt es« (*L11*, S. 26). Und der Satz »Sie hatten ihr Symbol entlehnt, während ihre Realität ihnen fremd blieb« (*L1*, S. 292), der auf den ersten Blick und zwischen den Zügen abschätzig wirken kann, faßt eher zusammen, was in der gesamten Meditation als Erkenntnisziel zum Tragen kommen soll, und einem Angehörigen der allgemeinen Schulpflicht nur noch durch Selbstdistanzierung und eine forcierte Verfremdung ihrer Erscheinung gelingt: »Son symbole avait été emprunté tandis que sa réalité demeurait étrangère. […] C'est une étrange chose que l'écriture. Il semblait que son apparition […]«. (*L2*, 341 f.) Es ist daher nur konsequent, daß ein Kommunikationsmittel, dessen erste Funktion nicht das Verstehen, sondern die Vermehrung von Prestige ist, vom Häuptling eben nicht verstanden, sondern ›erraten‹ oder ›diviniert‹ wird (»deviné«), durch eine praktische Vermehrung seines eigenen Prestiges. Auch diese Formulierung erweist sich als ein Lob, denn das Verstehen hätte in der Schrift vermutlich nur das Verstehen verstanden, also ihre sekundäre Verwendung zu »intellektueller und ästhetischer Befriedigung« (*L1*, S. 294); und wissenschaftliche Erkenntnis selbst bleibt auf das Erraten von Beziehungen (von Beziehungen), auf Divinationstechniken, wie gerade Lévi-Strauss sie zu entwickeln versuchte, angewiesen.

Die Erkenntnis des Häuptlings wird daher – in trügerischen Worten, aber durchaus unmißverständlich – anerkannt. Ihre Lektion, die dem Ethnographen erteilt wurde, geht leicht verschoben als Gegenlektion zum Leser über, dessen schriftliche Selbstverliebtheit sie in Frage stellt: die Erfindung der Schrift ist in der Fortschrittsgeschichte ein Epiphänomen. Diese Einschätzung setzt die mehrfache Einklammerung der Fortschrittsgeschichte in *Rasse und Geschichte* voraus: zwischen einander fremden Kulturen muß erst einmal genügend ›Information‹ hin und her wechseln, bis sie sich gegenseitig als Angehörige einer einzigen ›akkumulierenden Geschichte‹ erkennen können. Im Bereich der Verwandtschaft und ihrer Terminologie etwa würden fast alle anderen Gesellschaften unsere Gesellschaft als eine Lebensweise erkennen, die einem Prozeß fortlaufender Schrumpfung ausgesetzt ist. (*L13*, S. 44 f.) Auch der Fortschritt selbst ist bereits stark geschrumpft: die Erkenntnis des ›Fortschritts‹ reduziert sich seit dem 19. Jahrhundert zunehmend auf die Akkumulation von technischen Erfindungen, die einander voraussetzen, um sich akkumulieren zu können. Die Anerkennung einer solchen gemeinsamen ›akkumulierenden Geschichte‹ kann auf ganz praktischem Wege erfolgen, etwa indem Europäer seit 1492 die verschiedensten Ergebnisse der amerikanischen Pflanzenzucht übernahmen; Europa und Amerika waren daher Teil einer einzigen ›akkumulierenden Geschichte‹. (*L13*, S. 34 ff.) Die Verallgemeinerung solcher praktischen Anerkennungen und Übernahmen – Lévi-Strauss nennt sie ›Allianzen‹ – kann zu einer theoretischen Einschätzung von Menschheitsepochen führen, indem sie fragt, in welcher Zeitperiode die wichtigsten Erfindungen gemacht wurden, die auch heute noch (und in diesem Sinne ›akkumulierend‹) weltweit genutzt werden. Ackerbau und Viehzucht entstehen im Neolithikum; es handelt sich zweifelsohne um den größten Sprung in der Geschichte der ›Akkumulation‹ solcher Erfindungen – bis zur industriellen Revolution. (*L13*, S. 52 ff.) Die Schrift spielt in der ›neolithischen Revolution‹ keine Rolle; ebensowenig wie sie unmittelbar zur zweiten revolutionären Epoche führt, denn ihre Verbreitung konnte technische Erfindungen ebenso behindern wie fördern. (*L1*, S. 293 f.)

Für eine ›akkumulierende Geschichte‹ kann Schrift daher nicht als ein zentrales Phänomen angesetzt werden – zumindest nicht für eine Beschleunigung oder Zusammendrängung dieser Akkumulation in einer kurzen Periode. Und hier ergibt sich eine trickreiche Frage: gibt es eine ›akkumulierende Geschichte‹ außerhalb des überschaubaren Bereichs der technischen Erfindungen (in den man Körpertechniken durchaus aufnehmen kann)? Man kann dies verneinen, denn die meisten sozialen Einrichtungen und Erfindungen akkumulieren sich nicht wechselseitig, sondern sind geneigt, einander bei ihrer Durchsetzung zu zerstören. Wenn Lévi-Strauss – und zwar historisch bis heute unangefochten[4] – feststellt, daß die Erfindung der Schrift nur mit einer einzigen sozialen Umwälzung in Verbindung gebracht werden kann, die mit dieser Erfindung und Durchsetzung eine »Korrelation« herstellt (»corrélation«, *L2*, S. 343), nämlich mit einer Einrichtung sozialer Ungleichheit, die segmentäre Gesellschaften nicht kennen: der Herrschaftsform von Kasten und Klassen, kann man daher fragen, ob dies die Schrift nicht endgültig aus dem Begriff einer Fortschrittsgeschichte hinauskatapultiert.

Aber dies tut Lévi-Strauss nicht. Schrift bleibt Teil einer ›akkumulierenden Menschheitsgeschichte‹, und zwar an ihrer zweischneidigsten Stelle: »zu behaupten, sie sei eine zweischneidige Waffe, ist kein Zeichen für Primitivität; die modernen Kybernetiker haben diese Wahrheit wiederentdeckt.« (*L1*, S. 386)[5] Um diese Einschätzung zu verstehen – oder zu erraten –, ist es sinnvoll, die Texte von 1952 und 1955 zu kombinieren. *Wenn* man zugesteht, daß ›Information‹ zwischen Kulturen hin und her wechseln muß, damit sie sich

---

4 Vgl. Diamond, Jared: *Arm und Reich. Die Schicksale menschlicher Gemeinschaften.* Frankfurt/M. 1999, S. 283 (Verweis auf die »Schreibstunde«). – Man kann Diamonds Buch als aktuelle Fassung der von Lévi-Strauss skizzierten ›akkumulierenden Menschheitsgeschichte‹ lesen; allerdings muß man dann die betreffenden ›Einklammerungen‹ selbst vornehmen.
5 Auch hier bezieht sich der Verweis auf »die modernen Kybernetiker« auf Norbert Wiener: *Kybernetik* (s. Anm. 3); vgl. *L17*, S. 392.

›in Bewegung‹ erkennen, *wenn* man sich also in der Perspektive eines solcherart trügenden Bewußtseins bewegen will; und *wenn* man als Selbstverständnis des Westens eine Geschichte ›akkumulierender Erfindungen‹ annimmt, das die Menschheit seit dem Neolithikum vereint und trennt, gelangt man zu folgender Überlegung, die ›geschichtsphilosophisch‹ genannt werden muß, weil sie die Kriterien des 19. Jahrhunderts übernimmt, aber mit Hintergedanken, die das Vorzeichen des ›Vermehrens‹ und ›Verlierens‹ für alle Beteiligten – also alle Menschen – vertauscht. In der Menschheitsgeschichte herrscht Reziprozität: endgültiger Gewinn ist endgültiger Verlust, ein ständiges Schlingern zwischen Gewinn und Verlust verliert nichts. Die Geschichte der irreversiblen Vermehrung von Erfindungen: ihrer ›Akkumulation‹ ist die Geschichte eines irreversiblen Verlusts (oder seiner drohenden Gefahr); die Geschichte jener Gesellschaften (1960 heißen sie dann ›kalte Gesellschaften‹), die eine solche Vermehrung und ihre Irreversibilität ständig verlieren, sind von ihm nicht bedroht. Und die Nambikwara sind (1938) solche Gesellschaften, denn es gelingt ihnen (noch) ohne weiteres, die ›Erfindung der Schrift‹ mitsamt dem Häuptling, der sie gemacht hat, abzuschütteln: ein Verlust, der nichts verliert.

Es sind ziemlich einfache Spielzüge einer ›Spieltheorie‹, die Lévi-Strauss benötigt, um zu diesem Ergebnis zu kommen, und sie führen, wie gesagt, zu einer durchaus positiven – oder zumindest zweischneidigen – Wertschätzung der Schrift, die man in den *Traurigen Tropen* leicht überliest. Der ursprüngliche Reichtum der Menschheit – ihre *Substanz*, könnte man sagen – ist ihre soziale und kulturelle ›Diversität‹; der gegenseitige Austausch von Erfindungen ist nur durch ›Allianzen‹ möglich, die diese ›Diversität‹ ständig herabmindern; daher führt die ›akkumulierende Geschichte‹ – oder ihr *Kapital*, könnte man sagen – in einen ständigen und ebenso irreversiblen Verlust an ›Diversität‹ und in die Gefahr, daß der sich akkumulierende Fortschritt einen Grenzwert erreicht, von dem ab einzig der Ruin des Gesamtsystems einsetzt. Und auch der Fortschritt selbst wird an diesem Grenzwert entlang schrumpfen (was sich *vielleicht bereits jetzt* an der Geschichte seines Begriffs ablesen läßt).

Ein Vokabular, das Lévi-Strauss in diesen (mehrfach codierten) Überlegungen voraussetzt, ist das der Kybernetik: ›Information‹ oder ›Zunahme an Entropie‹. Und dieses Vokabular führt ihn zu der Frage, wie ein (Welt-) System, das permanent an Vielfalt verliert, also einem entropischen Verlust ausgesetzt ist, auf seine Regeneration hinwirken kann. Besser wäre es, nicht in eine akkumulierende Geschichte hinein geboren zu sein; wenn sich ein System aber schon in ihr befindet, greift es zu den einzigen Mitteln, die ihm bleiben, bevor es sich ›in the long run‹ dennoch ruiniert: es erzeugt eine ›Umwelt‹, die eine neuartige (vor dem Neolithikum nicht bestehene) ›Diversität‹ erzeugt, und zwar (seit dem Neolithikum) als eine *innere Umwelt* durch soziale Ungleichheit, durch Kasten und Klassen, Sklaverei und Rangbildungen, Reichtum und Armut, und seit der Renaissance durch eine *äußere Einverleibung* fremder Diversität, durch Kolonialismus und Imperialismus. (*L13*, S. 76 f.) Die Schrift spielt daher durchaus eine Rolle in der Geschichte des

Fortschritts, und zwar die einzige noch verbleibende positive Rolle: die *Rolle des Vorzeichenwechsels*, des Korrektivs einer *sich* verlierenden Differenz. Sie ist eine Variante der ›Information‹ innerhalb von Mechanismen einer ›negativen Rückkopplung‹, die neue Ressourcen der ›Diversität‹ bereitstellen, ohne die ein nachneolithisches Gesellschaftssystem zusammenbrechen würde – um es einmal so kybernetisch auszudrücken, wie es durch Lévi-Strauss gedacht war. Die Durchsetzung der Schrift ist ein symbolisches Korrelat und eine symbolische Form der negativen Rückkopplung. »Das einzige Phänomen, das sie immer begleitet hat, ist die Gründung von Städten und Reichen, das heißt die Integration einer großen Zahl von Individuen in ein politisches System sowie ihre Hierarchisierung in Kasten und Klassen.« (*L1*, S. 294)[6]

Die *Traurigen Tropen*, die hier bereist werden, zwischen den Zügen, von einem Ethnographen, der sich in der Rolle und dem Gegenüber eines nachneolithischen Schreibers gleich doppelt erkennen muß: als Schreiber und als ›Informant‹ fremder Diversität, sind die der Entropie und Negentropie. »Statt Anthropologie sollte es ›Entropologie‹ heißen, der Name einer Disziplin, die sich damit beschäftigt, den Prozeß der Desintegration in seinen ausgeprägtesten Erscheinungsformen zu untersuchen.« (*L1*, S. 411) Aber nur wenn man sich in der trügerischen und ausschnittweisen Phänomenalisierung einer Fortschrittsgeschichte bewegt, im Blick von Fenster zu Fenster, vielleicht sogar nur in der Spiegelung des Zugfensters: auf der Reise durch das eigene Abteil. Denn vom anderen Zug aus – der so langsam ist, daß man ihn nicht mehr als Zug wahrnehmen würde, und nicht einmal als Störung des Gesichtsfeldes – könnte gelten: »Nichts ist verspielt; wir können alles von vorn anfangen. Was getan wurde und gescheitert ist, kann noch einmal versucht werden: ›Das Goldene Zeitalter, das ein brüderlicher Aberglaube vor (oder nach)[7] uns ansetzte, ist *in uns*.‹« (*L1*, S. 389)

---

6   Erst in den Radiogesprächen von 1959 mit Georges Charbonnier (s. Anm. 1) wird die Schrift selbst zur wesentlichen Voraussetzung der ›akkumulierenden Geschichte‹ Europas erklärt: »eine wesentliche Errungenschaft […], die die Voraussetzung für jene Anhäufung von Wissen und jene Auswertung von Erfahrungen der Vergangenheit ist, von der wir mehr oder weniger intuitiv spüren, daß sie der Ursprung unserer Zivilisation war. Diese kulturelle Errungenschaft, die einer Eroberung gleichkommt, ist die Schrift.« – G. Charbonnier (s. Anm. 1), S. 25. – Aber auch hier mit der neolithischen Einschränkung: »Wenn wir die Schrift vorhin als Voraussetzung für den Fortschritt ansahen, so müssen wir doch bedenken, daß einige wesentliche Fortschritte, vielleicht die wesentlichsten Fortschritte der Menschheit überhaupt, ohne die Erfindung der Schrift zustandegekommen sind.« (S. 27) – Und mit der pointierten ›Zweischneidigkeit‹ jeder schriftlichen Akkumulation und ihres ›Fortschritts‹ (S. 28 f.). – (Allerdings gelingt es Lévi-Strauss trotz aller didaktischen Verzögerungen in den Radiogesprächen nicht mehr, das gesamte Set der Einklammerungen von *Rasse und Geschichte* (*L12*) einzulösen.)

7   Einfügung von Lévi-Strauss »(oder nach)« in ein Zitat von Rousseau.

## III. Die Göttlichkeit des Papiers

Eine Fortschrittsgeschichte, welche Wahrheit sie auch für sich beansprucht, wird eine Erzählung sein – wie könnten Fortschritt, Verlust und Vermehrung anders Gestalt annehmen? Sie wird andere Geschichten fortsetzen und weitererzählen, auch solche, die sie nicht mehr kennt. In den Jahrhunderten der europäischen Besiedlung Amerikas war die durch Schrift bewirkte koloniale Überlegenheit zuerst weniger Gegenstand eines theoretischen Postulats als eine praktische Erfahrung der kolonialen Verwaltung, die sich unter anderem in Gestalt einer Anekdote erzählen ließ, die auch spätere weltweite Reiseberichte und schrifttheoretische Grundlagenwerke bis heute durchwandert. Es handelt sich um eine »Szene der (medien-) technischen Überlegenheit« zwischen Herr und Knecht, Kolonist und Indianer. John Wilkins, der englische Konstrukteur von Universalsprachen und Kryptographien, erzählt die betreffende Geschichte etwa folgendermaßen:

> There is a pretty Relation to this purpose concerning an Indian Slave, who being sent by his master, with a Basket of Figs and a Letter, did by the way eat up a great part of his Carriage, conveying the remainder unto the Person to whom he was directed, who when he read the Letter, and not finding the quantity of Figs answerable to what was there spoken of, he accuses the Slave of eating them, telling him what the letter laid against him. But the Indian (notwithstanding this proof) did confidently abjure the Fact, cursing the Paper, as being a false and lying Witness. After this, being sent again with the like Carriage, and a Letter expressing the just number of Figs that were to be delivered, he did again, according to his former Practice, devour a great part of them by the way; but before he medled ‹sic› with any, (to prevent all following Accusations) he first took the Letter, and hid that under a great Stone, assuring himself, that if it did not see him eat the Figs, it could never tell of him; but being now more strongly accused than before, he confesses the Fault, admiring the Divinity of the Paper, and for the future does promise his best Fidelity in every imployment.[8]

Diese Anekdote ersetzt jede Sozialtheorie, die einen solchen narrativen Platzhalter nur noch umständlich zerlegen könnte. Vor der Schrift ist im Angesicht der Schrift, die ›Göttlichkeit‹ der Schrift ruft in säkularer Umschrift den Garten Eden und seine Krise auf: Wo warst Du, Sklave? Die Überlegenheit der europäischen Medientechnik besteht darin, den Analphabeten zum Narren zu halten, und ihn in eine Komödie zu verwickeln, die ihn als Lügner und Dieb entlarvt und zum Geständnis zwingt. Das beschriebene Papier ist in der Tat ein Zeuge, der die Komödie auslöst und ihre Szenen der Verwechslung und Wiedererkennung beglaubigt: in der Abwesenheit des Herrn, der es beschrieben hat. Und die profane Schrift wird zumindest vorübergehend in einen reli-

---

8   Wilkins, John: *Mercury: or the Secret and Swift Messenger*. London ²1694. Zit. nach Harris, Roy: *Signs of Writing*. London 1995, S. 25 f. – Harris schreibt hierzu: »This passage may well be the ultimate source of similar anecdotes reported by E. B. Tylor, Anthropology (London: Macmillan, 1881), Ch. VII and I. J. Gelb, A Study of Writing (Chicago: University of Chicago Press, 1952; rev. edn. 1963), Ch. IX.«

giösen Status versetzt: in den Augen dessen, der die Schrift nicht durchschaut, und der in einem Duell von Blicken und Worten, Versteckspielen und Enthüllungen unterliegt.

Die Herkunft dieser Anekdote ist weiterhin unklar – die bisherige Forschung deutet allerdings darauf hin, daß es sich um eine typische Wanderanekdote handelt, die vermutlich aus spanischen Quellen in die verschiedensten weltweiten Reiseberichte und europäischen Theorien übernommen wurde.[9] Man könnte diese Anekdote daher als eine bloße Erfindung und als ›imaginäre Ethnographie‹ abtun. Und gerade weil es sich zumindest in dieser klassischen Form vermutlich um eine fiktive Anekdote handelt, verspricht sie einen unverzichtbaren Aufschluß zum Selbstverständnis der Reisenden, die sich aufgrund ganz unterschiedlicher Erfahrungen in dem Ablauf dieser Anekdote wiedererkennen konnten oder mußten. Offensichtlich ist die von Claude Lévi-Strauss erzählte »Schreibstunde« – Michael Harbsmeier hat darauf hingewiesen[10] – eine Kontrafaktur der Wanderanekdoten von der schriftlichen Überlegenheit europäischer Reisender und Kolonisten, eine Version und Inversion der »Szene der (medien-) technischen Überlegenheit« und ihrer theoretischen Verallgemeinerung, wie sie sich zuerst in der spanischen Ethnologie des späten 16. Jahrhunderts vollzieht. Alle Elemente kommen noch einmal ins Spiel, doch ihre Vorzeichen haben sich verkehrt: nicht der Indianer transportiert die Güter, die seinem Herrn gehören, sondern er begleitet einen Transport, der ohnehin ihm und seiner Gruppe ›gehört‹ (als Geschenk oder Gegengabe); der Reisende befindet sich in vollständiger Abhängigkeit von seinem Gegenüber, ist dessen Gruppe auf Gedeih und Verderb ausgeliefert, seine Versuche, der Situation (oder seines Maultiers) Herr zu werden, scheitern kläglich; die List des Herrn ist eine List des Indianers geworden, der von seiner Liste abliest, wieviele und welche Gegenstände die Seiten wechseln; doch als Häuptling führt ihn diese List, die der des Herrn entspricht, in den Ruin: auch er ist nichts ohne seine Gruppe, die ihn verläßt. Die Lektion, die dem Indianer durch die schriftliche Anzahl der Gegenstände erteilt wurde, geht nun von ihm aus, bis auch er ihr wieder in einer ›Gegenlektion zur Schrift‹ unterliegt.

Könnte es eine genauere Travestie und Demontage jener weltweiten ›Szene der (medien-) technischen Überlegenheit‹ geben? Durch drei aufeinander bezogene Schritte geht sie dazu über, den ungleichen Tausch der Schrift auszugleichen: der Häuptling behauptet im Vorlesen eine Symmetrie und Überlegenheit seiner eigenen Schrift; die Gruppe verläßt den Häuptling und beweist ihm hierdurch ihre Überlegenheit im Angesicht drohender Monopolbildungen; und der Text gleicht den geschehenen ungleichen Tausch aus, indem er Häuptling und Gruppe ihre jeweilige Überlegenheit zugesteht und die überführte Schrift selbst zu einem Geständnis zwingt, das endlich jenes unaufhör-

---

9 Vgl. Wenzel, Horst: »Das Verstummen der alten Götter. Oder: Die Einführung der Alphabet-Schrift in der Neuen Welt«. In: ders. (Hg.): *Gutenberg und die Neue Welt*. München 1994, S. 263–284. – Dort auch weitere grammatologische Quellen und Senken dieser Wanderanekdote: S. 270, Anm. 23.
10 M. Harbsmeier: »Writing and the Other« (s. Anm. 2).

liche Geständnis des überführten Sklaven auszugleichen vermag: »he confesses the Fault«.

Die ›Szene der (medien-) technischen Überlegenheit‹ trägt hier einen weitgehend profanen Charakter. Allerdings besitzt sie in den *Traurigen Tropen* bereits eine magische Doppelgängerin, deren Terminus auch am Ende des Kapitels der »Schreibstunde« noch einmal herbeizitiert wird, um anzudeuten, daß die betrügerische ›Göttlichkeit‹ des beschriebenen Papiers keineswegs vergessen wurde: der Ethnograph hatte zur Belustigung der Namibkwara einige »Ballons aus buntem Seidenpapier« mit kleinen Fackeln versehen, die sie zum Aufsteigen brachten. Der erste Ballon fängt Feuer und verursacht lebhaftes Vergnügen.

> Der zweite dagegen funktionierte nur allzu gut: schnell erhob er sich in die Luft und stieg so hoch, daß seine Flamme mit den Sternen verschmolz, lange über unseren Köpfen schwirrte und schließlich verschwand. Doch die anfängliche Heiterkeit hatte anderen Gefühlen Platz gemacht; die Männer starrten mich aufmerksam und feindselig an, und die Frauen verbargen voller Entsetzen ihr Gesicht in den Armen und drängten sich aneinander. Immer wieder hörte man das Wort *nandé*. Am anderen Morgen suchte mich eine Abordnung von Männern auf, die meinen Vorrat an Ballons untersuchen wollten, um festzustellen, ob ›sie nicht *nandé* enthalten‹. (*L1*, S. 287 f.)

Was ist ›nandé‹? Die Erklärung bleibt eine Paraphrase von Gift und Gefahr: »ob es sich nun um wirkliche Gifte oder um magische Substanzen handelt, die Nambikwara bezeichnen sie alle mit demselben Terminus *nandé*. Dieses Wort sprengt also die enge Bedeutung, die bei uns das Wort Gift hat. Es konnotiert jede Art von bedrohlichen Handlungen sowie alle Produkte und Gegenstände, die zur Ausführung solcher Handlungen dienen können.« (*L1*, S. 285) In der *Einleitung in das Werk von Marcel Mauss* greift Lévi-Strauss zu einer semiotischen Umschrift der unbestimmten Allgemeinheit solcher ›magischen‹ Termini, deren Merkmal es ist, gerade das Unbekannte einer noch uneingeordneten Fremderfahrung abzudecken, sei es in bedrohlicher Hinsicht, wie sie im »nandé« zweifelsohne gedacht ist und auf eine Hexerei-Anklage hinauslaufen könnte, sei es in positiver Wertung wie im nordamerikanischen »wakan« der Lakota-Sprachen, oder im »manitu« der Algonkin, zu dem Mauss Pater Thavenet zitiert hatte: »Des näheren bezeichnet er jedes Wesen, das noch keinen Gattungsnamen hat, das nicht vertraut ist: von einem Salamander, vor dem sie Angst hatte, sagte eine Frau, daß es ein *manitu* sei; man macht sich über sie lustig, indem man ihr den Namen sagt. Die Perlen der Händler sind die Schuppen eines *manitu* und die Fahne, dieses wunderbare Ding, ist die Haut eines *manitu*.« (*L11*, S. 34) Die Erklärung von Lévi-Strauss ist vielleicht ebenso magisch oder manisch wie das[11], was sie zu erklären versucht:

---

11 Der III. Teil der *Einleitung in das Werk von Marcel Mauss* gestaltet sich als ein offener ›Zauberer-Wettstreit‹, in dem Lévi-Strauss versucht, eines der großen esoterischen Hauptwörter der Durkheim-Schule – eben jenes *Mana* und seine ›Magie‹ – der Interpretation durch den Lehrer zu entreißen, und hierdurch auch die Maussche Interpretation der *Gabe* herabzustufen (*L11*, S. 30). Eine Übersetzung und terminologische Aneignung dessen, was bereits in der Interpretation von Mauss

unverändert besteht auch für uns eine Grundsituation fort, die mit der menschlichen Kondition zusammenhängt, daß nämlich der Mensch von seinem Ursprung her über eine Gesamtheit von Signifikanten verfügt, das er nur mit Mühe einem, wenn auch gegebenen, so doch nicht erkannten Signifikat zuordnen kann. [...] In seinem Bemühen, die Welt zu verstehen, verfügt der Mensch also immer über einen Überschuß an Sinn [...]. Diese Verteilung einer – wenn man so sagen darf – supplementären Ration ist absolut notwendig, damit aufs Ganze gesehen der verfügbare Signifikant und das erkannte Signifikat in dem Verhältnis der Komplementarität bleiben, das die Bedingung der Tätigkeit des symbolischen Denkens ist.

Wir glauben, daß die Begriffe vom Typus *mana*, so verschieden sie sein können, in ihrer allgemeinsten Funktion betrachtet (die, wie wir gesehen haben, auch in unserer Mentalität und in unserer Gesellschaftsform nicht verschwindet), eben diesen *flottierenden Signifikanten* repräsentieren, der die Last alles endlichen Denkens (aber auch die Bedingung aller Kunst, aller Poesie, aller mythischen und ästhetischen Erfindung) ist und den die wissenschaftliche Erkenntnis zwar nicht stillzustellen, wohl aber partiell zu disziplinieren vermag. (*L11*, S. 39)

Kann die Schrift an diesem Typus von Ausdrücken wie »mana« partizipieren, deren ›ursprünglicher Überschuß‹ in jedem Symbolsystem existieren muß[12],

---

eine Figur der gefährlichen ›Aneignung‹ kollektiver Kräfte war: ›Magie‹. – In einem wahren Showdown zieht Lévi-Strauss alle Register: er benutzt Tricks und nennt sie sogar »truc« (*L11*, S. 35); er entzaubert und »profaniert« (*L11*, S.34) die ›Zauber‹-Interpretation der Durkheim-Schule; er beendet den Wettstreit mit einer ultimativen Steigerung »zu null« – durch den »symbolischen Nullwert« (*L11*, S. 40) und dessen ›ursprünglichen Überschuß‹; und die erste Andeutung dieses ›Nullwerts‹ ist ein Sprung zu den Nacirema und ihrem Geschlechtsleben der Wilden: »Gewiß sagen wir nicht von einem Gegenstand, daß er *truc* oder *machin* habe, aber wir sagen von einer Person, sie habe ›etwas‹, und wenn der amerikanische Slang einer Frau ein *oomph* zuschreibt, so ist nicht sicher, daß wir sehr weit von dem Sinn des *mana* entfernt sind, wenn man nur an die heilige und von Tabus durchtränkte Atmosphäre denkt, die in Amerika mehr noch als anderswo das Sexualleben umgibt.« (*L11*, S. 35)

12 Aus dem ›Zauberer-Wettstreit‹ von Lévi-Strauss mit seinem Lehrer entsteht übrigens eine ebenso bizarre wie schlüssige Philosophiegeschichte. Denn (*1.*) gerade die Begründung des *Mana* durch Marcel Mauss zeichnet ein ganz besonderer philosophischer Hokuspokus aus, in dem die elementaren (neukantianischen) Einteilungen der synthetischen und analytischen Urteile/des Apriorischen und Aposteriorischen in einen alchemistischen Schmelztiegel geworfen werden (Mauss, Marcel [recte: Hubert, Henri/Mauss, Marcel]: *Entwurf einer allgemeinen Theorie der Magie.* In: (*L11*). S. 43–179, hier S. 158 f.). – Und (*2.*) gegen diesen ursprünglichen Maussschen Hokuspokus (den er gar nicht überlesen konnte) setzte Lévi-Strauss seine neue strukturalistische Symbolordnung, allerdings nicht ohne sie durch seine eigene Übersetzung des *Mana* in den symbolischen ›Überschuß‹ des ›Nullzeichens‹ abzuschließen, so daß in seiner Darlegung – durchaus in einer gewissen Analogie zu Mauss – Mangel und Überfluß/des Signifikanten und des Signifikats ineinander übergehen. – Woraufhin (*3.*) Jacques Derrida die entsprechende ›supplementäre Ration‹ in seiner Auseinandersetzung mit Lévi-Strauss dieser Textstelle entnahm (Derrida, Jacques: »Die Struktur, das Zeichen und das Spiel im Diskurs der Wissenschaften vom Menschen«. In: Lepenies, Wolf/Ritter, Hanns Henning (Hg.): *Orte des wilden Denkens. Zur Anthropologie von Claude Lévi-Strauss*. Frankfurt/M. 1970, S. 387–412, hier S. 406). Wie der Übersetzer (Rodolphe

damit der Signifikant dem Signifikat vorausgeht, also an jenem »Zeichen, das die Notwendigkeit eines supplementären symbolischen Inhalts markiert, der zu dem bereits auf dem Signifikat[13] liegenden Inhalt hinzutritt« (*L11*, S. 40)? Die Allianz des Ethnographen mit seinem Informanten, dem Häuptling, zumindest sie richtete sich auf die Errichtung eines solchen Zeichens, das sich zu bewahrheiten versuchte, indem der Signifikant dem Signifikat vorausging und es bestimmte: »et il est tacitement entendu entre nous que son grimoire possède un sens que je feins de déchiffrer« (L2, S. 340). Und zumindest in dieser Entzifferung, in der Lektion des Vorlesens, besitzt die Schrift einen überschüssigen Sinn, der sie dem »mana« und dem »manitu« der fremden Perlen gleichstellt. Der »grimoire«, das Zauberbuch, ein Wort, das aus einer Abwandlung des Wortes »grammaire« hervorgegangen ist, der Grammatik oder Schreiblehre, die den Litteratus des Mittelalters vom religiösen und kulturellen Laien unterschied; vermutlich kaum etwas anderes als das »mana« des mittelalterlichen Schriftkundigen, das dazu führte, daß nicht nur das Buch seiner Grundausbildung zum ›Zauberbuch‹ wurde, sondern aus dem nämlichen Wort auch noch ein anderer Wort des Zaubers entstand, der ›Glamour‹ der Schrift.

---

Gasché) anmerkt (S. 406, Anm. 14), geschah auch hier eine Übersetzung, die ähnlich tiefgreifend ist wie die des Maussschen *Mana* in ein (Jakobsonsches) ›Null-Zeichen‹: die ›supplementäre Ration‹ ist bei Lévi-Strauss (eine notwendige) »Voraussetzung der Betätigung des symbolischen Denkens« (so Gaschés Übersetzung, Anm. 14) und wird bei Derrida »die eigentliche Voraussetzung des symbolischen Denkens« (S. 406), mit dem Kommentar Derridas: »(Man könnte zweifelsos zeigen, daß diese *supplementäre Ration* an Bezeichnungen der Ursprung der Ratio selbst ist.)« – Wenn man (*4.*) bedenkt, daß diese »supplementäre Ration« Derridas (ungelesen) über den Wettstreit von Lévi-Strauss mit Mauss aus dem pazifischen »Mana« hervorgegangen ist, also aus einem Wort für soziale Prestige-Abstufungen und Prestigekämpfe, in die europäische Reisende seit dem 18. Jahrhundert zuerst praktisch, dann terminologisch hineingezogen wurden, kann man nur sagen: ›etwas‹ von den pazifischen Ausgangsverwendungen des *Mana* blieb in der Serie aller dieser Texte, Kommentare und Termini (*Mana, Nullzeichen, Supplement*) wirksam. – »For the Polynesians there was no fundamental distinction between the various processes of increasing power. They regarded the growth of power as a natural thing, so much so that, unless told otherwise, they assumed power to be the greater the longer it had been exercised. [...] Now power in its growth constantly begets subsidiary power by the shedding of functions. The subsidiary functions which were divided [...] were very clearly defined; the power which was retained had no such clear definition. It did not need it, for the chief aspect under which people were permanently aware of the nature of this personal and official power was the ritual one; this the Polynesians called *mana*. Mana, unless restrained, keeps on growing.« – Steiner, Franz B.: *Taboo*. Harmondsworth 1956, S. 38, und insgesamt S. 36–40 zum polynesischen Gebrauch von *mana* und *tabu*. (Steiner faßt hier Forschungen Friedrich Rudolf Lehmanns zusammen.)

13 Berichtigung der vorliegenden deutschen Übersetzung, denn dort steht: »Signifikant«. (Offensichtlich ist das »n« an dieser Stelle ein ›Nullzeichen‹.)

## IV. Die wiederhergestellte Reziprozität

Was dem Erzähler zuerst als »ein außergewöhnlicher Zwischenfall« (*L1*, S. 290) erscheint, ist in anderer Perspektive kein besonderes Ereignis, nicht einmal »eine vorübergehende Störung des Gesichtsfeldes« der Nambikwara, sondern einfach ›business as usual‹ der instabilen, aber reziproken Beziehungen zwischen Gruppen und Gruppen, und zwischen Gruppen und ihren Häuptlingen. Der Aufbau der »Schreibstunde« und des darauffolgenden Kapitels »Männer, Frauen, Häuptlinge«, die zusammen den Nambikwara-Teil der *Traurigen Tropen* abschließen, läuft darauf hinaus, das Außergewöhnliche und Bizarre der Begegnung zwischen Ethnograph und Informant schrittweise zurückzunehmen, bis sich alle diese Eindrücke und Phänomenalisierungen im Wechselspiel der sozialen Beziehungen aufgelöst haben wie Salz in Wasser – ohne zu verschwinden.

Es ist ein didaktischer Text, eine Lektion und eine Hommage. In vier Teilen, die vermutlich nicht aus Zufall so geschrieben werden können, wie es spätere Mythenformeln des Strukturalisten Lévi-Strauss für alle anderen vormachten (vgl. *L19*, S. 198):

$$x : y :: x' : y'$$

So gelesen, könnte man daher sagen, daß die »Schreibstunde« eingebettet ist in eine versteckte aber bewußte, eine innerliterarische »Re-Oralisierung« ihrer Beziehungen: ein Stück ›orale Literatur‹ oder eine Zweckentfremdung ihrer Kunst. Um es so knapp wie möglich zu paraphrasieren: das Kapitel der »Schreibstunde« besteht aus zwei Teilen, die beide von den *außenpolitischen Grenzen* der Nambikwara handeln, einer Zone zwischen Krieg und Frieden: von der Berührung mit der Schriftkultur in Gestalt der Freundschaft von Häuptling und Ethnograph, und von der Versöhnung zweier autonomer Nambikwara-Gruppen durch eine ›rituelle Inspektion‹ und ihren Geschenkaustausch. Beide Teile der »Schreibstunde« handeln daher vom ›Gabentausch‹ – die »Leçon« ist ja nichts anderes als »die Szene des Geschenkaustauschs« (L1, S. 292) und ihre Reflexion –, aber der erste ›Gabentausch‹ bleibt trügerisch und wendet sich schließlich zu Ungunsten des Häuptlings, der ihn überstrapaziert hat; während der zweite Geschenkaustausch mit seiner Dramatisierung es tatsächlich vermag, Krieg in Frieden zu verwandeln und ganze Gruppen miteinander zu vereinen. Aber beide ›Szenen‹ sind Varianten der Gegenseitigkeit – der ›Reziprozität‹ –, denn wie es von den Nambikwara in den *Elementaren Strukturen der Verwandtschaft* heißt: »Die Tauschhandlungen sind friedlich beigelegte Kriege, die Kriege sind das Ergebnis unglücklicher Transaktionen.« (*L7*, S. 177)

Das Kapitel »Männer, Frauen, Häuptlinge« schließt von der Gegenseite an dieses Thema an: dort wird zu Beginn geschildert, wie zwei Gruppen, die sich bereits vereint haben und durch die Klassifizierung in eine ›Dualorganisation‹ potentieller Heiratspartner weiter vereint werden sollen, eine *innenpolitische Krise* durchmachen, durch die sie wieder auseinanderbrechen könnten. Einer ihrer beiden Häuptlinge hat sich (einem Gerücht nach) mit einer feindlichen

Gruppe getroffen, um die Möglichkeiten einer solchen Spaltung zu erörtern, aber er redet sich mit einer ›Spaltung seiner Person‹ heraus: einer Entführung durch magische Mächte. – Der zweite Teil des Kapitels handelt ganz allgemein von den Tauschbeziehungen zwischen Häuptling und Gruppe, also von den innenpolitischen Faktoren der Stabilität und Selbstauflösung aller Nambikwara-Gruppen. Dieser Teil ist nichts anderes als ein amerikanischer Aufsatz von 1944, der mit einigen Umstellungen, Streichungen und Zusätzen in die *Traurigen Tropen* übernommen wurde. (*L3*) Sein Tenor blieb erhalten: die Nambikwara verzichten auf eine bruchlose Zahlengleichheit potentieller männlicher und weiblicher Heiratspartner, also auf ein glattes Aufgehen der verwandtschaftlichen und sexuellen ›Gegenseitigkeit‹, indem sie ihrem Häuptling mehrere heiratsfähige Mädchen als Geliebte und Assistentinnen zugestehen. Die Folge ist Frauenmangel und allgemein akzeptierte Homo-Erotik der jungen Männer hier, und ein gegengeschlechtlicher erotischer Überfluß dort – der in den *Traurigen Tropen* bis in die Fotografien der Nambikwara von Claude Lévi-Strauss durchschlägt; auch diese Erotik ist eine offene Reprise der alten kolonialen ›Reiseliteratur‹, mit anderer Ausrichtung.

Durch diese Beziehung von Häuptling und Gruppe kommt daher nicht nur *Hierarchie*, sondern auch ein Wechselspiel von *Knappheit und Überfluß* ins Spiel, das so gesehen ›gar nicht sein müßte‹; aber zugleich wird die entstehende Hierarchie eingebunden in eine neue Beziehung der Gegenseitigkeit: »the chief-commoners' relationship, as every relationship in primitive society, is based on reciprocity« (*L3*, S. 59) Die Bezeichnungen sind trügerisch, wie sie ja auch jahrhundertelang zur Verwirrung der verschiedensten Kolonialbeamten und Theoretiker beigetragen haben. Der ›Chef‹ einer Wildbeutergruppe ist nichts anderes als ihr ›Mädchen-für-alles‹: er kann weder Befehle geben noch etwas delegieren, sondern muß für das Wohlergehen, die gute Laune und die äußere Sicherheit der Gruppe selbst sorgen, und er muß sie durch das unaufhörliche Erschließen neuer Ressourcen ständig beschenken. »Wenn ein Individuum, eine Familie oder die ganze Gruppe einen Wunsch oder ein Bedürfnis empfindet, wenden sie sich an den Häuptling, der ihn befriedigen soll. So ist Großzügigkeit die wesentliche Eigenschaft, die man von einem neuen Häuptling erwartet.« (*L1*, S. 307) »Der Einfallsreichtum ist die intellektuelle Form der Großzügigkeit.« (*L1*, S. 308) Die erotische Großzügigkeit ist daher nur ein mageres Gegengeschenk für das, was der ›Chef‹ unaufhörlich der Gruppe schenken muß: Erfindungsreichtum und Großzügigkeit selbst; ebenso wichtig wie die erotische Steigerung ist, daß er mit ihrer Hilfe Assistentinnen bekommt, die ihm helfen können.

Alle diese Beziehungen sind bereits in der »Schreibstunde« durchgespielt worden, denn dort wurde gezeigt, wie der ›Chef‹ mit seinen Assistentinnen für die Nahrung sorgen mußte, und wie er eine Laut gewordene Schrift erfand, um für mehr Geschenke für alle zu sorgen. Und so wie der Ethnograph in drei Episoden in immer tiefere ›niedere Genres‹ hinabrutschte (Klischees der Reiseliteratur; Komödie der Schrift; Slapstick mit Maulesel), so wurde auch der Häuptling dreimal vom Geschehen verwarnt, daß er die Regeln der demokratischen Verfassung der Nambikwara-Gesellschaft zunehmend verletzte: es herrscht am ersten Tag »un mécontentement général« (*L2*, S. 339), bis er selbst für das Essen sorgt; aber auch bei der Ankunft im Lager herrscht wieder gegenseitiges Mißtrauen, und verschiedene Symptome deuten darauf hin, daß der gesamte Besuch des Ethnographen übers Knie gebrochen wurde; so daß der Versuch, mithilfe der Schrift zu beweisen, »qu'il avait obtenu l'alliance du blanc et qu'il participait à ses secrets« (*L2*, S. 340), nur als ein eklatanter Vertrauensbruch und vor allem als ein Versuch, ›Großzügigkeit‹ selbst umzuwidmen, gewertet werden konnte. Kein Wunder daher, sondern eben ›business as usual‹, daß die Gruppe sich später von einem Häuptling trennt, den der Erzähler etwas später wie folgt charakterisiert: »c'est un organisateur de valeur, seul responsable des destinées de son groupe qu'il conduit avec compétence, bien que dans un esprit un peu spéculateur.« (*L2*, S. 354) Die Spekulation mit der Knappheit der Schrift, die Spiegelung von Ethnograph und Informant war – so wird es zumindest hier erzählt – sein ökonomischer Ruin; die Demokratie der Nambikwara ließ sich, wie in Wildbeutergruppen üblich, durch eine einfache Abwahl retten.

Die Parallelen der beiden Kapitel und ihrer jeweiligen Teile haben sich durch eine solche Paraphrase noch vertieft, die ›orale Lesart‹ der »Schreibstunde« gewinnt an Fahrt. (x) Die »Leçon« schafft Mißtrauen und eine Rebellion der Gruppe gegen ihren Häuptling : (y) ein Geschenkaustausch schafft – auf der Schwelle zwischen Krieg und Frieden – Vertrauen und vereint zwei Gruppen. (x') Ein Mißtrauen entsteht (und wird ›magisch‹ behoben), das eine Gruppe entzwei spalten und sie bis an die Schwelle zwischen Krieg und Frieden führen könnte: (y') die erotische Großzügigkeit unterwirft den Häuptling der Gruppe, und seine hierarchische Position der allgemeinen Reziprozität: das Nambikwara-Wort für ›Häuptling‹ ist der ›Vereiner‹, »*Uilikandé* heißt ungefähr ›derjenige, der vereint‹ oder ›derjenige, der zusammenfügt‹.« (*L1*, S. 306) Alle betroffenen Sozialbeziehungen sind daher Variationen über ein Thema, sind *Varianten der Reziprozität*: der durch Mißtrauen verweigerten oder bedrohten, und der durch Vertrauen und Zustimmung hergestellten. Und zwar einer Reziprozität, die auch Hierarchie – die unerwünschte Überlegenheit der Außenwelt und die erwünschte Überlegenheit des Häuptlings – wieder in Beziehungen der Gegenseitigkeit einbindet, auch und gerade, indem sie auf oft gewalttätige Weise Beziehungen abbricht und zerstört.

Reziprozität ist daher zumindest in dieser Erzählung kein Phänomen oder Ding, das jeder Beschädigung vorausliegt und sie wieder einfängt, sie besteht eher in den Reparaturmechanismen und Beschädigungen selbst, durch die ziemlich zerbrechliche und locker gefügte Gruppen von Wildbeutern einander befehden und vereinen, sich entzweien und zusammenfügen. Aber auch Familien und Individuen entzweien sich von ihren Gruppen, werden von ihnen verlassen oder verlassen sie, und die Anfangsteile der beiden Kapitel zeigen außerdem in einer bestimmten Korrelation, wie sich Individuen ›selbst-entzweien‹ können, indem sie sich von ihrer Gruppe entzweien. Häuptling und Ethnograph entzweien sich durch ihre Komplizenschaft und gemeinsame ›Komödie‹ sozusagen ›überkreuz‹ von den Werten ihrer jeweiligen Gruppe, was dazu führt, daß die Nambikwara-Gruppe den ersteren verläßt, und der zweitere seine Gruppe nicht nur physisch verläßt (was bereits durch seine Feldfoschung geschehen ist), sondern sich auch theoretisch und ›mental‹ von seinem eigenen Auftrag und dessen Technik – dem Schreiben und Aufschreiben – distanziert, die ihn vor Ort mit der zuhause gelassenen Gruppe verbinden. Diese Selbstentzweiung, die den Ethnographen in seiner nächtlichen Meditation durch den gesamten Kosmos der Menschheit führt, vom Neolithikum bis in die Jahre der Entkolonisierung (mit deutlichen politischen Anachronismen, die sich nicht mehr 1938 datieren lassen, sondern nur noch 1955), spiegelt daher – und zwar im Schreiben dieser Selbstentzweiung des Schreibens, also in einer innerliterarischen ›Technik der Selbstentzweiung‹ – die schamanistische Selbstentzweiung, ihren ›Seelenflug‹ und dessen Kompatibilität von politischem Kalkül und magischer Ohnmacht:

x (List im Medium der Schrift: ihre Hierarchie negiert Reziprozität)
(und ›Selbstentzweiung in der Nacht‹ I)

: y (Feindschaft wird Frieden, durch einen Gabentausch)

::

x' (List im Medium der Magie: sie negiert Reziprozität/läßt sie neu entstehen)
(›Selbstentzweiung in der Nacht‹ II)

: y' (Hierarchie wird Reziprozität, durch einen Gabentausch)

Alle erzählten Vorgänge bleiben und werden in ihrer Durchführung Varianten der ›Reziprozität‹, in einer äußerst fragilen und fluktuierenden Wildbeutergesellschaft. Und ›Reziprozität‹ verwirklicht sich – zumindest in diesem Text und bei den Nambikwara – vor allem durch Techniken und Erfahrungen der Selbst-Entzweiung: durch Trance und List, illegitime persönliche Anmaßungen und legitime Selbstzweifel, durch Befehdung und Friedensschluß[14], und durch die Erkenntnis von guten Gründen für Mißtrauen, sei es gegenüber der eigenen Gruppe und den Mitteln ihrer Herrschaftsform, sei es gegenüber dem eigenen Häuptling oder Zauberer.

## V. Überfluß und Mangel

Wenn man diese erzählerischen Schritte nachvollzieht, gewinnt man eine strukturalistische Erzählung, deren Thema nicht nur jene ›Reziprozität‹ ist, die Lévi-Strauss von Mauss und Malinowski übernahm (*L3*, S. 59), sondern auch der jeweilige Tausch, der sie erst verwirklicht, mit dem anderen Wort, das Lévi-

---

14 Ein gelungener Friedensschluß, so zeigt es die Schilderung der Nambikwara, setzt Techniken der Selbsterniedrigung und Selbstentzweiung voraus, ein rituelles Oszillieren zwischen Zorn und Sympathie, Freundschaft und Streit (*L1*, S. 297), Erhöhung und Erniedrigung der eigenen Gaben: »sie befühlten die Ohrringe, die Armbänder aus Baumwolle, den kleinen Federschmuck und murmelten schnelle Worte: ›Gib..., gib..., schau..., das hier... das ist hübsch!‹, während der Besitzer protestierte: ›Es ist häßlich,..., alt..., kaputt!« (*L1*, S. 298)

Strauss gegen Ende des Nambikwara-Teils zweckentfremdet: der jeweilige »Gesellschaftsvertrag« – nicht einer, sondern eher ein ganzer Cluster von solchen ›Verträgen‹ – die den Tausch in Gang setzen, die ihn befrieden, aber auch, wenn sie verletzt werden, in offene Entzweiung und Gewalt umschlagen können, ohne ihre Verbindlichkeit zu verlieren. Ich werde diesen Cluster im folgenden erst einmal auseinander nehmen, und ihn dann wieder für die »Schreibstunde« zusammensetzen.

Das ökonomische Schema, in dem Lévi-Strauss die Natur der gesellschaftlichen ›Verträge‹ untersuchte, war in den frühen strukturalistischen Jahren vor allem ein Schema von *Überfluß und Mangel*. Und das ›ursprüngliche Supplement‹ eines jeden Symbolsystems, das Lévi-Strauss vom ›Gleiten des Signifikanten‹ Saussures zu einem Zeichen dieses Gleitens kommen ließ, war nur eine Variante dieses ökonomischen Schemas, das sich in den verschiedensten Schriften von Lévi-Strauss zwischen 1943 und 1955 niederschlug. Ein Lieblingswerkzeug des großen Bastlers, vermutlich auch deshalb, weil es gestattete, juridische Beziehungen (das angestammte Korpus der Sozialanthropologie) in eine immer wieder vertraut anmutende und immer wieder überraschende Ökonomie zu übersetzen. Statt der juridischen Sprache des Vertrages: der Tausch von ›Überfluß und Mangel‹. Und Lévi-Strauss arbeitete sehr oft mit einem bestimmten Dreh, der bewirkte, daß die Paarung von ›Überfluß und Mangel‹ sich nicht mehr durch das täuschend ähnliche und allzu billige Schema von ›Angebot und Nachfrage‹ entzaubern läßt, sondern sich als ein vorderhand unwahrscheinlicher *Ausgleich von ›Überfluß und Überfluß‹* darstellt. Ein doppelter und überkreuzter Überfluß, der wie von selbst danach drängt, daß es an der Stelle der Überkreuzung zum Ausgleich kommt, aber auch bewirkt, daß an der Stelle der jeweiligen Überkreuzung eine ganze Kaskade neuer Schemata entsteht, ein unvorhersehbarer Überschuß von überkreuzten Schemata, ein Überfluß des Signifikanten, der gelungene Wurf der Kreuztabellen, durch deren Raster in der Nacht ein Tier gelaufen ist. Eine entsprechende Kaskade findet sich in den *Elementaren Strukturen der Verwandtschaft*:

> Die Natur wirkt schon durch sich selbst gemäß dem doppelten Rhythmus des Nehmens und Gebens, der sich im Gegensatz von Heirat und Deszendenz ausdrückt. Aber auch wenn dieser sowohl in der Natur wie in der Kultur vorhandene Rhythmus ihnen in gewisser Weise eine gemeinsame Form verleiht, so erscheint er in beiden Fällen doch nicht unter demselben Aspekt. Der Bereich der Natur ist dadurch gekennzeichnet, daß man hier nur gibt, was man erhält. Das Phänomen der Vererbung bringt diese Stetigkeit und Kontinuität zum Ausdruck. Im Bereich der Kultur dagegen erhält das Individuum stets mehr, als es gibt, und gleichzeitig gibt es mehr, als es erhält. Dieses doppelte Ungleichgewicht kommt in den Prozessen der *Erziehung* und der *Erfindung* zum Ausdruck, die einander entgegenstehen und beide mit dem Prozeß der Vererbung kontrastieren. (*L7*, S. 78)

Erziehung und Erfindung, der Überfluß des Nehmens (mehr nehmen, als man gibt) und der Überfluß des Gebens (mehr geben, als man nimmt) werden einander überkreuzen: das »doppelte Ungleichgewicht« kommt nicht zu einem endgültigen Ausgleich – es bleibt erhalten, solange das Schema besteht und Gesellschaft besteht –, aber zu einem Tausch, zu einer Überkreuzung und zu einer Zyklisierung. Soweit die Grundvorstellung dieses Schemas für den Bereich der ›Kultur‹ und eine Theorie dessen, was oft mit ›Kultur‹ gleichgesetzt wurde: Tradition, Überlieferung, Erfindung. Wie manifestiert sich dieses Schema in der »Schreibstunde« und für die Gesellschaft der Nambikwara? Auch hier kann man analoge Schemata bilden, sie zu Diagrammen und Kreuztabellen kristallisieren und dann wieder in der Flüssigkeit der Erzählung auflösen; und um die ›Schreibstunde‹ selbst und ihre »Leçon« zu erschließen, gehe ich diesmal rückwärts vor (Häupling/Gruppe; Zauberer/Gruppe; Dualität einer Gruppe):

Die Beziehung zwischen Häuptling und Gruppe gestaltet sich, wie bereits zusammengefaßt, als ein Tausch zwischen Hierarchie und Reziprozität, und zwischen der Gabe unaufhörlicher ›Erfindungen‹ und der Nahme polygamer ›Heiraten‹. Der Häuptling verkörpert einen *Überfluß des Gebens*, der ›Großzügigkeit‹ und der ›Erfindung‹: »Le premier et le principal instrument du pouvoir consiste dans sa générosité.« (*L2*, S. 357) »L'ingéniosité est la forme intellectuelle de la générosité.« (*L2*, S. 358) Die Haltung der Gruppe stellt sich demgegenüber als ein *exzessives Nehmen* dar: »la passivité de la bande fait un singulier contraste avec le dynamisme de son conducteur.« (*L2*, S. 359) Wie kann es zwischen diesen beiden Haltungen und ihren ›Überflüssen‹ zu einem Ausgleich kommen? Indem die Gruppe dem Häuptling gibt, was sie im Überfluß besitzt – und hierdurch einen eigenen ›*Mangel des Nehmens*‹ erzeugt; und indem der Häuptling durch diesen Tausch in die Lage versetzt wird, daß selbst seine ständige Großzügigkeit noch ein ›*Mangel des Gebens*‹ als dessen ständiges Risiko begleiten wird. D. h. (wie von Lévi-Strauss analysiert) die Gruppe gibt dem Häuptling mehr Frauen als den anderen, erzeugt auf diese Weise einen im Häuptling kondensierten *erotischen Überfluß* und Frauenmangel der Gruppe (mit einem daraus resultierenden *öffentlichen Ungleichgewicht* von erotischem Mangel und Überfluß – die erotischen Neckereien der Assistentinnen und die homoerotischen Spiele der Jugendlichen finden unter aller Augen statt). Der Häuptling hingegen findet sich durch den Vergleich mit anderen Gruppen trotz seiner Großzügigkeit in der ständigen (und ebenso *öffentlichen*) Gefahr, daß ihm dieses Privileg aufgrund einer relativen Knappheit wieder entzogen wird: »Bien que la bande vive pratiquement isolée pendant la période nomade, elle n'oublie pas l'existence des groupes voisins. Le chef ne doit pas seulement bien faire; il doit essayer – et son groupe compte sur lui pour cela – de faire mieux que les autres.« (*L2*, S. 357) –

Wie gestaltet sich dieses Schema von Überfluß und Mangel, und genauer sogar: ›Überfluß und Überfluß‹ für den Zauberer, das magische Pendant des Häuptlings bei den Nambikwara? Mehrere Aufsätze von Claude Lévi-Strauss kreisen um dieses Thema, und das ›ursprüngliche Supplement‹ des Signifikanten ist aus ihnen entstanden: aus der Magie des Zauberers und aus der Magie des Linguisten (Roman Jakobson). Der Locus Classicus der Übersetzung beider ineinander findet sich in *Der Zauberer und seine Magie*:

> Angesichts einer Welt, die es begierig erfassen möchte, deren Mechanismus zu beherrschen ihm aber nicht gelingt, fragt das normale Denken immer von neuem nach dem Sinn der Dinge, die ihn indessen verweigern; das als pathologisch be-

zeichnete Denken dagegen strömt über von Interpretationen und affektiven Tönen, mit denen es immer eine weit ärmlichere Wirklichkeit zu überladen bereit ist. Für das eine gibt es experimentell nicht Nachprüfbares, also Dinge, die man nicht fordern kann, für das andere Erfahrungen ohne Objekt, also Verfügbares. In der Sprache der Linguisten könnten wir sagen, das normale Denken leide immer an einem Mangel an Signifikat, das sogenannte pathologische Denken verfüge (wenigstens in einigen seiner Äußerungen) über einen Überfluß an Signifikantem.[15] Durch die kollektive Zusammenarbeit bei dem Heilverfahren des Schamanen stellt sich immer ein Ausgleich zwischen diesen beiden sich ergänzenden Situationen her. Bei dem Problem der Krankheit, die das normale Denken nicht begreift, wird der Psychopath von der Gruppe aufgefordert, einen gefühlsmäßigen Reichtum zu investieren, der durch sich selbst ohne Nutzwert ist. Es entsteht ein Gleichgewicht zwischen dem, was auf psychischer Ebene wirklich ein Angebot und eine Nachfrage ist, aber unter zwei Bedingungen: durch eine Zusammenarbeit zwischen der kollektiven Tradition und der individuellen Erfindung muß sich fortlaufend eine Struktur herausarbeiten und sich modifizieren [...]. Und wie der Kranke und der Zauberer muß die Öffentlichkeit wenigstens bis zu einem gewissen Grade an der Abreaktion teilhaben [...]. Wenn jede experimentelle Kontrolle fehlt, [...] kann einzig diese Erfahrung und ihr relativer Reichtum im einzelnen Fall die Wahl zwischen mehreren verfügbaren Systemen ermöglichen und die Zustimmung zu dieser Schule oder jenem Praktiker nach sich ziehen. (*L9*, S. 199 f.)

Dieser Text läßt sich nicht weiter komprimieren, daher folgt hier nur eine parallele Umschrift zwischen ›Häuptling und Gruppe‹ und ›Zauberer und Gruppe‹. Der Zauberer verfügt über einen *Überfluß an Signifikanten* (und am *Geben*: an der Erfindung von Signifikanten); die ›normale Gruppe‹ hingegen über einen entsprechenden *Mangel an Signifikat*. Einzelne Individuen dieser Gruppe verfügen hingegen sehr wohl über einen ständigen *Überfluß an Signifikaten*, und zwar im Fall der (physischen oder psychosomatischen) Krankheit, denn jeder Patient verfügt über einen Überschuß an Erfahrungen (und einem *Überfluß des Nehmens*: des Erleidens von Signifikaten), die von ihm und der Gruppe weder angemessen bekämpft noch schematisiert werden können. Das ›pathologische Denken‹ des Psychopathen, des Zauberers hingegen steht immer in Gefahr, in einem *Mangel an Signifikaten* unterzugehen – und hierzu gehört auch, wie von Lévi-Strauss überzeugend dargestellt, die gesamte Sphäre des Trügerischen der von Schamanen ausgeübten Techniken, der ihnen ständig nachgesagten ›Simulation‹ und des ›Betrugs‹.[16] In der Heilung – und vor allem in ihrer Veröffentlichung durch ›eine ›öffentliche Meinung‹, die zwischen verschiedenen Zauberern und ihren Techniken vergleicht und sie bewertet – kommt es zu einem »Ausgleich« dieser beiden Beziehungen von ›Überfluß und Mangel‹ oder besser: ›Überfluß und Überfluß‹: an Signifi-

---

15 »Empruntant le langage des linguistes, nous dirons que la pensée normale souffre toujours d'un déficit de signifié, tandis que la pensée pathologique (au moins dans certaines de ses manifestations) dispose d'une pléthore de signifiant.« (*L8*, S. 402)
16 Denn der Simulationsverdacht – von außen gesehen: die ›Simulation‹, die ›Vortäuschung‹ von Abläufen, von innen hingegen: die Fähigkeit des ›Halluzinierens‹, des Sehens ›unsichtbarer Bilder‹ – bestätigt auf seine Weise die ständige Zusammenfügung von magischen Signifikanten, die jedem Signifikat vorausgehen und es bestimmen.

kanten, an Signifikaten. Aber nur »auf psychischer Ebene« zwischen Heiler und Patient, in der Homöopathie und »Abreaktion« der Heilverfahren, handelt es sich wirklich um »Angebot und Nachfrage«, denn strukturell und soziologisch bleibt das »doppelte Ungleichgewicht« zwischen normalem und pathologischem Denken, Gesundheit und Krankheit im Dreieck zwischen Heiler, Patient und öffentlicher Meinung immer erhalten.

Die *Einleitung in das Werk von Marcel Mauss* hat dieses Schema – den wahren Entfesselungstrick *Des Zauberers und seiner Magie* –, noch einmal modifiziert, so daß auch die Theorie der Gesamtgesellschaft, des ›fait social total‹, unter das Zeichen dieser Ökonomie gestellt wird. Jede Gesellschaft enthält miteinander inkompatible Symbolsysteme und verändert sich zugleich, daher entstehen nowendige strukturelle Lücken und Widersprüche zwischen den Symbolsystemen, die nicht nur von Kranken, sondern von jedem Angehörigen einer Gesellschaft als ein *Mangel an Signifikanten* und als ein *Überschuß von* (unsymbolisierten) *Signifikaten* erfahren werden: zu Recht, aber ohne Möglichkeit der Verständigung. Gegenüber diesen notwendigen Lücken, Widersprüchen und Erfahrungen ist (wie es Lévi-Strauss von Lacan übernimmt) gerade der ›geistig Gesunde‹ »derjenige, der sich entfremdet, weil er bereit ist, in einer Welt zu leben, die allein durch das Verhältnis von Ich und Anderem definiert werden kann.« (*L11*, S. 15) Und hier ist ein pathologischer *Überschuß an Signifikanten* gefordert, der erst jenen »Ausgleich« und seine Zyklen (*L9*, S. 197) in Gang setzen kann, durch den Symbolisierung und Heilung möglich werden: durch magische Praktiken und durch Trancetechniken – denn sonst »liefe das Gesamtsystem Gefahr, sich in seine lokalen Systeme zu desintegrieren«. (*L11*, S. 16) Der ›geistig Gesunde‹ und »das Verhältnis von Ich und Anderem«[17] verkörpern – für sich genommen – keineswegs die

---

17 Man kann daher sagen, daß diese Sicht der Symbolsysteme und ihrer Gesellschaft einen diametralen Widerspruch bildet zu jenem anderen Wunsch von Lévi-Strauss, das Prinzip der ›Reziprozität‹ zu definieren durch einen »Begriff der Gegenseitigkeit, die man als eine Form ansieht, die die Möglichkeit bietet, unmittelbar den Gegensatz von Ich und Du zu integrieren«. (*L17*, S. 37) Trotzdem sah Lévi-Strauss (1949/50) in dieser Spannung zwischen einem Begriff der gekonnten (›schamanistischen‹) Selbstentzweiung, die nicht nur ihre eigene Heilung, sondern (als einzige) auch die Heilung der Symbolsysteme bewirken kann, und einer Gegenseitigkeit, die Ich und Du integriert, aber sich aus einer solchen Sicht wiederum nur als vollständige ›Selbstentfremdung‹ darstellt, vermutlich keinen Widerspruch. Schließlich strebte er in der *Einleitung in das Werk von Marcel Mauss* danach, beide – durch Zyklisierung – in ein Verhältnis der Komplementarität zu zwingen. Und darin – mehr als in allen später so oft zitierten Credos und Hommagen – erweist sich Claude Lévi-Strauss als ein wirklicher ›Bruder‹ des Strukturalisten Roman Jakobson. Denn auch Jakobsons sprachtheoretische Entwürfe der amerikanischen Zeit bis zu »Linguistics and Poetics« (1960) versuchen weniger, ständig die Vorgängigkeit einer ›Struktur‹ zu beweisen (was für sich genommen nur das Funktionieren bestimmter Arbeitstechniken beweist), als eine notwendige antinomische Gleichung zwischen maximaler (poetischer) »Äquivalenz« (bzw. »Reziprozität«) und maximaler »Ambiguität« (bzw. »Magie«) aufzustellen – eine Antinomie eben jenes ›gleitenden Signifikanten‹, der auch für Lévi-Strauss »die Bedingung aller

Integration des Gesamtsystems, sondern eher jene ständige Gefahr der Desintegration, die nur durch Techniken der Selbstentzweiung geheilt werden kann. –
Wie steht es in dieser Hinsicht mit dem fundamentalen Tausch, durch den zwei Gruppen (wie die der Nambikwara) sich vereinen und zu einer ›Dualorganisation‹ werden? Zumindest bei einer Gelegenheit hat Lévi-Strauss versucht, auch dieser Situation einen anderen ›Dreh‹ zu geben – für aktuelle Zeitungsmeldungen aus Frankreich, für das Heidentum Europas, die Katchinas der Hopi und die Welt –, durch den sie sich als eine ganz analoge Variante der Überkreuzung von *Überfluß und Überfluß* darstellt. Es ist eine der heimlicheren Stellen im Werk von Lévi-Strauss, schon deshalb weil der betreffende Text niemals in einen der kanonischen Sammelbände aufgenommen wurde, und weil dieser Text vom ›Unheimlichen im Gabentausch‹ handelt. Und gerade weil dieser Text später – wenn überhaupt – nur noch in heimlichen und bereits zu ideologischem Trug erklärten Varianten wiedererscheint[18], kann man vermuten, daß er ein Denkmodell anbietet, das Lévi-Strauss nie verleugnet hat; eine Interpretation, die sich »auf alle Gelegenheiten ausdehnen läßt, bei denen sich die Gesellschaft in zwei Gruppen teilt«. (*L15*, S. 178) Das nie verleugnete, weil niemals weiter verfochtene Denkmodell, eine Maske unter allen Doppelmasken und Motiven der Verdoppelung, denen Lévi-Strauss sich später widmete, und eine Theorie der Maske selbst.

Es handelt sich bei *Le Père Noël supplicié* um eine schwungvolle und daher auch ziemlich saloppe Untersuchung der Heischebräuche europäischer Winterfeste, in denen Kinder einerseits verkleidet und maskiert durch die Straßen ziehen, um Gaben einzufordern, und andererseits (wie an Weihnachten oder Nikolaus) von verkleideten und verleugneten Erwachsenen beschenkt werden. Warum sind einmal die Kinder selbst verkleidet und maskiert und ein andermal die sie Beschenkenden? Die Theorie dieser Verkleidungen und Geschenkforderungen findet Lévi-Strauss in den Katchinas der Hopi, deren Maskierungen ganz analog zu Nikolaus und Knecht Ruprecht dazu da sind, Kinder zu beschenken und mit einer Rute zu bestrafen. Und wie im Falle der ›Macht des Nambikwara-Häuptlings‹ und der ›Magie des Zauberers‹ kann man die zentrale Stelle dieser Theorie als einen wahren Entfesselungstrick

---

Kunst, aller Poesie, aller mythischen und ästhetischen Erfindung« (*L11*, S. 39) darstellte. Die beiden großen antinomischen Entwürfe (von 1950 und 1960) behalten etwas Ruinöses, das durch keine späteren Behandlungen mehr eingeholt, aufgelöst oder geheilt werden konnte. Knapp gefaßt: beide Texte gehen davon aus, daß eine Zyklisierung die Antinomie zur Gleichung vollenden wird, aber der Kreis kann nicht geschlossen werden, schon deshalb, weil die Stelle der Zyklisierung als »Lücke« und »Spaltung« gekennzeichnet bleibt. (*L11*, S. 15) Bleibt die Antinomie daher bestehen, oder muß man nicht vielmehr sagen, sie käme nicht einmal zustande? – Vgl. Jakobson, Roman: »Closing Statement: Linguistics and Poetics«. In: Sebeok, Thomas A. (Hg.): *Style in Language*. Cambridge Mass. 1960, S. 350–377, insb. S. 370 f.

18 So etwa in den *Traurigen Tropen*, und zwar unmittelbar vor dem Nambikwara-Teil des Buches, und damit als eine Art Leseanleitung für das folgende Kapitel (*L1*, S. 222–224).

genießen oder als ein unangenehmes Überrumpelungsmanöver empfinden, Zaubertrick N°3:

> Wenn die Kinder vom Geheimnis der *katchina* ausgeschlossen werden, so geschieht das also nicht in erster Linie, um sie einzuschüchtern. Ich neige sogar dazu zu sagen, aus dem umgekehrten Grund: weil nämlich in Wahrheit sie die *katchina sind*. Sie werden aus der Mystifikation herausgehalten, weil sie die Wirklichkeit repräsentieren, mit der die Mystifikation eine Art Kompromiß schließt. Ihr Platz ist anderswo: nicht bei den Masken und den Lebenden, sondern bei den Göttern und den Toten; bei den Göttern, die die Toten sind. Und die Toten sind die Kinder.
> Wir glauben nun, daß diese Interpretation sich auf alle Initiationsriten und sogar auf alle Gelegenheiten ausdehnen läßt, bei denen sich die Gesellschaft in zwei Gruppen teilt. Die ›Nicht-Initiierung‹ ist kein reiner Mangelzustand, der durch Nichtwissen, Illusion oder andere negative Konnotationen definiert wird. Die Beziehung zwischen Initiierten und Nicht-Initiierten hat einen positiven Inhalt. Es ist eine komplementäre Beziehung zwischen zwei Gruppen, deren eine die Toten und deren andere die Lebenden repräsentiert. Im Verlauf des Rituals selbst werden die Rollen übrigens getauscht, und zwar mehrfach, denn die Dualität erzeugt eine Wechselseitigkeit der Perspektiven, die sich, wie im Falle einander gegenüberstehender Spiegel, bis ins Unendliche wiederholen kann: Wenn die Nicht-Initiierten die Toten sind, sind sie auch Über-Initiierte; und wenn, wie das ebenfalls häufig vorkommt, es die Initiierten sind, die die Geister der Toten personifizieren, um die Novizen in Schrecken zu versetzen, sind diese es dann, denen in einem späteren Stadium des Rituals die Aufgabe zufällt, sie in alle Winde zu zerstreuen und ihre Wiederkehr zu verhindern. (*L15*, S. 178)

Es ist beschämend, statt all die Konsequenzen dieser Überlegungen auszubuchstabieren – zwölf enzyklopädische Bände dürften genügen –, sie auf ein bereits bekanntes Schema zu reduzieren, aber ich werde dies tun. Die Machart bleibt ungefähr die gleiche: Überfluß und Mangel sind vielmehr Überfluß und Überfluß, beide werden einander überkreuzen, ein ›Ausgleich‹ wird stattfinden, der ›psychologisch‹ sogar als ›Angebot und Nachfrage‹ wirken kann, aber soziologisch oder strukturell als ein »doppeltes Ungleichgewicht« bestehen bleibt. Die Teilung einer Gesellschaft in zwei Hälften und deren ›Reziprozität‹ spielt – hinter allen Kulissen, durch alle Maskierungen hindurch – zwischen den Lebenden und den Toten; Initiation ist der Ort des Gabentauschs zwischen Lebenden und Toten, und jeder offensichtliche rituelle Gabentausch zwischen Lebenden und Toten wird ein Initiationsvorgang sein. Zuerst einmal scheint es so, als verkörperten nur die Toten einen *Überfluß an Initiiertsein* – schließlich haben sie bereits alle gesellschaftlichen Einweihungen durchlaufen, alle Passagen (Geburt, Mannbarkeit, Heirat, Tod, Bestattung usw.), durch die sie ›Ahnen‹ geworden sind. Und die Kinder verkörpern so gesehen – in einer bestimmten Schicht dieser Phänomenalisierung – einen *Mangel an Initiiertsein*. Aber das ist nur ein Aspekt der Dualität von Toten und Lebenden, denn aufgrund einer anderen Teilung können nur die Nicht-Initiierten die Toten verkörpern, also jene, die nicht mehr *oder noch nicht* am diesseitigen Leben (am alltäglichen und institutionellen Leben von ›Verantwortungsträgern‹ der Körperschaften) teilnehmen können. Außerhalb der Körperschaft:

> Wer aber vermag in einer Gesellschaft von Lebenden die Toten zu verkörpern, es sei denn alle diejenigen, die auf diese oder jene Weise unvollständig in die Gruppe

einbezogen sind, das heißt an jener *Andersheit* teilhaben, die das eigentliche Zeichen des obersten Dualismus ist: dem von Toten und Lebenden? Geraten wir also nicht in Erstaunen, wenn wir die Sklaven, die Fremden und die Kinder zu den Hauptnutznießern des Festes werden sehen. Die Geringerwertigkeit des politischen oder sozialen Status und die Ungleichheit der Altersstufen liefern in dieser Hinsicht gleichrangige Kriterien. (*L15*, S. 186 f.)

Der *Überfluß an Initiiertsein* (mehr geben, als man nimmt) und der *Mangel an Initiiertsein* (mehr nehmen, als man gibt) schlagen daher in den Kindern ineinander um: »Die Beziehung zwischen Initiierten und Nicht-Initiierten hat einen positiven Inhalt.« Und zwischen den Erwachsenen und den Kindern werden (wie in den europäischen Heischebräuchen) die Rollen von ›Lebenden‹ und ›Toten‹ mehrfach getauscht, schon deshalb, weil die Kinder gegenüber den Erwachsenen als den zukünftig Toten (und schon Initiierten) die zukünftig Lebenden (und zugleich die ›über-initiierten‹ Toten) sind (und darstellen), also einen *Überfluß an Leben*; anderseits die Erwachsenen gegenüber beiden Gruppen, den Kindern und den Toten, die Welt der Initiierten Lebenden, der lebenden Körperschaften darstellen und sind. Erst durch diesen mehrfachen Tausch, und d. h. durch eine rituelle Überkreuzung der Rollen des ›Überflusses‹ (an zukünftigem Leben, an Initiiertsein) kann ein psychologischer »Ausgleich« stattfinden, eine »Abreaktion« nach »Angebot und Nachfrage«, die aber soziologisch und strukturell als »doppeltes Ungleichgewicht« bestehen bleibt: »Im Verlauf des Rituals selbst werden die Rollen übrigens getauscht, und zwar mehrfach, denn die Dualität erzeugt eine Wechselseitigkeit der Perspektiven, die sich, wie im Falle einander gegenüberstehender Spiegel, bis ins Unendliche wiederholen kann«.[19]

---

19 Das Bild der unendlichen Spiegelungen übernimmt Lévi-Strauss von Marcel Mauss, so daß diese Textstelle einer Begründung der ›Reziprozität‹ zwischen Lebenden und Toten und ihrer symbolischen ›Spiegelung‹ vielleicht als die wahre Hommage an Mauss verstanden werden muß, eine symbolische Steigerung und Verschränkung beider Motive des (toten) Lehrers – im Gegensatz zur *Einleitung in das Werk von Marcel Mauss* (*L11*), die den strukturalistischen Bruch (mit dem noch Lebenden) inszenierte. Vgl.:
»Die Worte, die Begrüßungen, die feierlich ausgetauschten, empfangen und unter Strafe des Kriegs obligatorisch erwiderten Geschenke, was sind sie anderes als Symbole? Und was, wenn nicht Symbole, sind die Überzeugungen, die zum Glauben verleiten, die inspirieren, sowie die Vermischungen bestimmter Dinge untereinander und die Verbote, welche die Dinge voneinander trennen?
Kommen wir nun zu jenem gigantischen Aufwachsen des sozialen Lebens selbst, dieser Welt symbolischer Beziehungen, die wir zu unseren Nachbarn haben. Können sie nicht unmittelbar mit dem mythischen Bild verglichen werden und sind sie nicht wie dieses eine Spiegelung ihrer selbst ins Unendliche?
Es sind uns nämlich, vor allem in der Mythologie, Fälle zugänglich, die ich als ›mentale Spiegelung‹ bezeichne, wo das Bild sich sozusagen ohne Ende vervielfältigt. So die Arme Vishnus, deren jeder Träger eines Attributes ist. So der Federkopfschmuck des Priestergottes der Atzteken, wo jede Feder eine verschiedene Parzelle der Seele des Gottes ist. Denn hier haben wir es mit einem Sachverhalt zu tun, der grundlegend ist zugleich für das soziale Leben und das Leben des individuellen Bewußtseins: das Symbol – zur Erscheinung gebrachter Geist – hat sein

Der symbolische ›Überfluß‹, den die Toten verkörpern – die alle Lebenden beschenken werden, und die auch ihrerseits beschenkt werden müssen, damit die Toten das diesseitige Leben in Ruhe lassen – besteht daher vor allem in jenen rituellen Nahtstellen, an denen diese »Wechselseitigkeit der Perspektiven« und mit ihr die unendliche Flucht der Spiegelungen eingerichtet wird. Das ›ursprüngliche Supplement‹ der Heischebräuche und aller jener Gelegenheiten, »bei denen sich die Gesellschaft in zwei Gruppen teilt« – und sei es die Teilung der Weltgesellschaft in ›heiße‹ und ›kalte Gesellschaften‹ – ist die Teilung in Lebende und Tote und ihre Durchkreuzung im Gabentausch mit ›Nicht-Initiierten‹, mit Kindern, Sklaven und Fremden. Schwindelerregende Ritualordnung, schwindelerregendes Wissen.

## VI. Heischebräuche

Die vier Teile der zwei Kapitel, die den Nambikwara-Teil der *Traurigen Tropen* abschließen, sind, wie bereits gezeigt, Variationen über das Thema der ›Reziprozität‹, vier Varianten eines Motivs, des Grundmotivs der Auseinandersetzung von Claude Lévi-Strauss mit seinem Lehrer Marcel Mauss. Aber sie sind auch Varianten zum Motiv dieses unaufhörlichen Umschlagens von Mangel in Überfluß, der sich durch genaueres Nachdenken als eine Überkreuzung von ›Überfluß mit Überfluß‹ entpuppen wird. Und der deutlichste Hinweis für diese etwas andere Ökonomie der sozialen Beziehungen, die auch den ›Überfluß des Signifikanten‹ speist, läßt sich finden, indem man die Anekdote der »Schreibstunde« als eine Transformation der anderen drei Teile und ihrer Beziehungen liest.

Angenommen, ein Strukturalist habe die »Schreibstunde« geschrieben oder gelesen. »Nachdem wir die Codes unterschieden haben, haben wir die Struktur der Botschaft analysiert. Nunmehr müssen wir deren Sinn entziffern.« (*L19*, S. 190) Es geht um eine Revolution (und deren Lektion), eine Heilung (und deren Lektüre), und eine Initiation (und deren Lesart). Ich bleibe aus didaktischen Gründen bei der bereits verwendeten umgekehrten Perspektive und ihrer Reihenfolge.

Die *politische Lesart* der »Schreibstunde« scheint die offensichtlichste, auch weil sie mit einer doppelten *Lektion* endet: einer Belehrung des Ethnographen und seines Lesers, was den menschheitsgeschichtlichen Status der Schrift angeht, und einer Belehrung des Häuptlings, den seine Gruppe verläßt. Allerdings läßt Lévi-Strauss – aber ein solches Manöver wird zwischen seinen Schriften geradezu methodisch ausgeübt – genau jene Passage aus seinen Nambikwara-Studien aus, die eigentlich erst erklärt, was der Häuptling (vermutlich) mit der Schrift vorhatte. In *La Vie familiale et sociale des Indiens Nambikwara* findet sich nämlich folgende Passage zur »Schreibstunde« und ihrem

---

Eigenleben; es handelt und reproduziert sich unbegrenzt.« – Mauss, Marcel: *Soziologie und Anthropologie*. Band 2. München 1974, S. 163.

Häuptling (dem Informanten *A1*), eingebettet in Sätze, die allesamt im zweiten Teil von »Männer, Frauen, Häuptlinge« erscheinen (die Großzügigkeit des Chefs; die ständige Gefahr der Knappheit; die Vertrauensfrage stellen: »Jetzt ist Schluß mit Schenken! Soll jemand anders großzügig sein und Chef werden!«; der ständige Vergleich mit anderen Gruppen):

> Nous-mêmes avons eu l'impression d'être utilisés à des fins politiques; nous avons raconté précédemment quelles étaient les réactions de *A1* vis-à-vis de l'écriture. Il voulut, sur cette base, tenter une vaste opération, et réunit, dans le but de nous rencontrer, plusieurs bandes apparentées, en nous priant, sans explication, de différer les échanges d'objets avec les indigènes; cette attitude énigmatique dura jusqu'au jour où, assemblant tous ses hôtes en cercle, il exhiba une feuille de papier couverte de lignes sinueuses, et feignit, pour chaque individu, de lire dans la prétendue liste la nature et l'importance du présent que j'étais censé remettre à chacun. Tout cela avec ma complicité, évidemment stupéfaite et immédiatement acquise. Plus impressionnés encore étaient les indigènes. Le plan, tel que nous avons pu le comprendre, consistait à fortifier son pouvoir en se présentant comme l'introducteur et le protecteur du visiteur blanc, dont il était en même temps censé connaître les secrets. Mais la carte de la civilisation, ainsi jouée, s'est avérée vaine. Six mois plus tard, nous avons retrouvé *A1* à la tête d'un groupe sévèrement réduit, et sans illusion sur l'échec de ses vastes projets; il nous vit partir avec une réelle tristesse, comme s'il perdait, avec nous, le dernier gage de son prestige. (*L6*, S. 89)

Ein Mann mit großen Plänen, die allerdings scheitern mußten, da sie der Gesellschaftsverfassung der Nambikwara nicht entsprachen, zweifelsohne ein Revolutionär, denn seine Rolle war nicht vorgesehen. Dem entspricht auch die persönliche Charakterisierung, die Lévi-Strauss an seinen Informanten vornimmt, und die für den Informanten *A1* u. a. – im ethnographischen Präsens, aus dem auch die Passage der »Schreibstunde« wörtlich übernommen wurde (*L6*, S. 40 f.) – feststellt:

> *A1* est remarquablement intelligent, conscient de ses responsabilités, actif, entreprenant et ingénieux. […] Son attitude vis-à-vis de l'écriture est très révélatrice. Il a immédiatement compris son rôle de signe, et la supériorité qu'elle confère […]. D'une façon générale, son attitude traduit une logique, une continuité dans les desseins, très exceptionnelle chez les Nambikwara, souvent instables et fantasques. Placé dans d'autres conditions, et avec d'autres moyens, il pourrait être un organisateur de valeur. C'est ce qu'il est, d'ailleurs, seul responsable des destinées de son groupe qu'il conduit avec compétence, bien que dans un esprit parfois utopique. (*L6*, S. 40 f.)

Unter anderen Bedingungen hätte er/er hatte das Zeichen der Schrift begriffen. Lévi-Strauss hat die letzten Sätze zur Charakterisierung von *A1* in die *Traurigen Tropen* übernommen, aber »un esprit utopique« wurde ersetzt durch »un esprit un peu spéculateur«. (*L2*, S. 354) Warum? Die politische Utopie von *A1* blieb nur in der Monographie erhalten; in den *Traurigen Tropen* geht es zum Ende des Nambikwara-Teils eher um die politische Utopie des Erzählers, deren explizit politische Passagen aus dem Zweiten Weltkrieg stammen: aus dem Versuch, in einer archaischen Demokratie die Grundlagen der modernen Demokratie (Gabentausch und Sozialversicherung, Zustimmung und Abwahl) nachzuweisen. (*L3*, S. 58 ff.) (Wie es bereits Mauss in *Le Don* unternommen hatte.) Die Stelle der Utopie ist hier vom Beobachter und seiner literarischen Suche oder ›philosophischen Reise‹ besetzt:

> Hinter dem Schleier der allzu weisen Gesetze der Caduveo und der Bororo hatte ich meine Suche nach einem Zustand fortgesetzt, der – wie Rousseau sagte – ›nicht mehr existiert, vielleicht nie existiert hat und wahrscheinlich auch nie existieren wird und von dem wir dennoch richtige Vorstellungen haben müssen, um unseren gegenwärtigen Zustand beurteilen zu können‹. Glücklicher als er, glaubte ich, diesen Zustand bei einer im Sterben liegenden Gesellschaft entdeckt zu haben, bei der jedoch die Frage sinnlos war, ob sie ein Überbleibsel der Vergangenheit darstellt oder nicht: traditionell oder degeneriert, sie brachte mich in Berührung mit einer der armseligsten Formen sozialer und politischer Organisation, die sich überhaupt denken läßt. Ich brauchte mich nicht auf die besondere Geschichte zu berufen, welche sie in diesem elementaren Zustand verharren ließ oder, was wahrscheinlicher ist, in ihn zurückgeworfen hatte. Es genügte die soziologische Erfahrung, die ich vor Augen hatte.
> Doch sie war es, die sich mir entzog. Ich hatte eine auf ihren einfachsten Ausdruck reduzierte Gesellschaft gesucht. Die der Nambikwara war so einfach, daß ich in ihr nur Menschen[20] traf. (*L1*, S. 314)

---

20 Wiederaufnahme eines Motivs, mit dem diese Reise in den *Traurigen Tropen* angekündigt wurde: »Ohne vorhersehen zu können, daß das Ergebnis meiner Absicht zuwiderlaufen würde, da ich mehr daran interessiert war, Amerika zu verstehen, als anhand eines Sonderfalls die Kenntnisse über die menschliche Natur zu vertiefen [...]«. (*L1*, S. 240) – Auch hier, forciert pointiert, die trügerische Figur eines Umschlagens von Mangel in Überfluß: die sozialen Formen der Nambikwara sind derart »armselig«, daß in ihrer Betrachtung auch die soziologische Erfahrung sich nicht mehr bildet, sondern auflöst; und erst diese Erfahrung dessen, was sich der soziologischen Erfahrung entzieht, läßt sie zu einer ›sozialanthropologischen‹ werden, in diesem Fall zur Einsicht, wie ›Hierarchie‹ und ›Reziprozität‹ einander ergänzen können, ohne letztere zu zerstören, nämlich durch eine ›allgemeine Zustimmung‹ und deren immer mögliche Zurücknahme (durch ›Abwahl‹) (vgl. *L3* und *L4*; vgl. *L20*, S. 40). Also durch ein soziales »Organisationsprinzip« (allgemeine Zustimmung und deren Zurücknahme), das in den Wildbeutergesellschaften immer (also im Überfluß) vorhanden ist (vgl. *L8*), und daher – ebenso wie das »Organisationsprinzip« der Teilung einer Gesellschaft in zwei Hälften (vgl. *L7*, S. 136) – keine feste Form oder Benennung braucht, um sich zu verwirklichen oder zu ›kristallisieren‹. – Man kann daher für die Periode nach 1942 zwei große Interessen von Lévi-Strauss unterscheiden: die Gewinnung fundamentaler anthropologischer »Organisationsprinzipien«, durch die sich soziale Beziehungen auch und gerade bei jeglicher Zerstörung des Gesellschaftsaufbaus wieder (neu) ›strukturieren‹, »die nicht kristallisierten Formen des gesellschaftlichen Lebens« (*L7*, S. 117), »die spontanen Gemeinschaften, die sich bei zufälligen Ereignissen bilden (bei Bombenangriffen, Erdbeben, in Konzentrationslagern, in Kinderbanden usw.)« (*L7*, S. 94); und die Untersuchung bereits kristallisierter Strukturen, wie etwa der Verwandtschaftsterminologien (*L7*). Diese beiden Interessen widersprachen sich für Lévi-Strauss in den *Elementaren Strukturen* keineswegs, denn beide Male ging es um die (positive) Kristallisation von ›Strukturen‹; das Ende des Nambikwara-Teils der *Traurigen Tropen* hingegen deutet an, daß diese Gleichsinnigkeit auf einer (notwendigen) Illusion beruht: anthropologische und soziologische Erfahrung heben einander auf. – Ein verwandtes epistemologisches Motiv entwickelt das Kapitel »Die archaische Illusion« in den *Elementaren Strukturen* (*L7*, Ch. VII).

Das von Lévi-Strauss gestrichene Wort »utopique« durchkreuzt diese Passage: was sich in der »Schreibstunde« der Nambikwara zwischen Ethnograph und Informant ereignete, war nicht eine einseitige, sondern eine überkreuzte und doppelte Utopie und ihre Unmöglichkeit; und in der »Schreibstunde« ereignete sich außerdem eine überkreuzte Selbstentzweiung der beiden beteiligten (zu einem Duo von Komplizen gewordenen) Personen, durch die sie sich – utopisch, politisch – der eigenen Gesellschaft entfremdeten und der jeweils fremden Gesellschaft zuwandten, durch das Gegenüber hindurch: der Häuptling als monopolhafter Machthaber (der er nur dem Projekt nach sein konnte), und der Schreiber als Ankläger der Schrift (der er nur schriftlich, also als Apologet der Schrift werden konnte).[21]

Die ›Utopie‹ dieser beiden überkreuzten Selbstentzweiungen, die Stelle der Überkreuzung ließe sich daher kennzeichnen als jene unmögliche Stelle, an der *Gabentausch und Schrift* ineinander aufgehen. Von Seiten des Häuptlings aus wäre diese Stelle zu bestimmen als jener utopische »Augenblick«, »da es erlaubt war zu glauben, man könne das Gesetz des Tauschs überlisten, man könne gewinnen, ohne zu verlieren, genießen, ohne zu teilen« (*L7*, S. 663), ein flüchtig vorgespiegelter und vorgespielter Moment, in dem der Gabentausch der Geschenkverteilung und sein neuer Monopolanspruch zusammenfallen und die ewige Knappheit der Ressourcen des Häuptlings beenden würden: durch eine neue (›nach-neolithische‹) Regierungsform. Von Seiten des Ethnographen hingegen als jene unmögliche (›neolithische‹) Stelle, an der er sich schriftlich auf die Seite der Schriftlosen und ihres Gabentauschs stellen könnte – was an Figuren der Selbstentzweiung gebunden bleibt, die nicht in einer solchen Identifizierung aufgehen können.

Denn der Gabentausch und die Schrift fallen nur in solchen trügerischen und utopischen Momenten zusammen – dies wäre die ›Lektion‹ der »Schreibstunde«: »Placé dans d'autres conditions«… Das ›Gesetz des Tausches‹ läßt sich nicht überlisten: der *Überfluß an Großzügigkeit*, den der Gabentausch von seinen Beteiligten fordert, und das *Übermaß an Macht*, das Schrift den sie Kontrollierenden bereitet, bleiben inkompatibel; der Rest ist Selbstentzweiung oder Selbstbetrug.

– Oder gibt es eine andere Schrift, eine ›homöopathische‹ Schrift, die diesem Gesetz zwar nicht entkommen, aber seinen bereits geschehenen Schaden erkennen und sogar heilen könnte? Die Szene der »Schreibstunde« stellt diese Frage, schon deshalb, weil im Ablauf der beiden Kapitel die erste nächtliche

---

21 »Wir haben nicht die Absicht, uns dem Paradox auszuliefern und die ungeheure Revolution, die durch die Erfindung der Schrift eingeleitet worden ist, negativ zu beurteilen. Aber es ist unerläßlich, sich darüber klar zu werden, daß sie der Menschheit etwas Wesentliches entzogen hat in der gleichen Zeit, in der sie ihr so viele Wohltaten brachte.« (*L17*, S. 392) – Das literarische Manöver der ›Meditation zur Funktion der Schrift‹ in der »Schreibstunde« besteht darin, den Text ganz bewußt »dem Paradox auszuliefern«: »sans illusion sur l'échec«, könnte man sagen, beziehungsweise unter der Voraussetzung, daß der Protest der Leser sich auf die ›Akkumulation‹ eines Fortschritts berufen wird, oder auf die ›Akkumulation‹ einer Schrift.

Szene der ›Meditation zur Funktion der Schrift‹ der zweiten nächtlichen Szene der ›Entführung durch den Donner‹ entspricht: zwei Mächte, zwei Entführungen, zwei politische Manöver. Wie ›*schamanistisch*‹ ist die »Schreibstunde« (geschrieben)? Die Antwort, so meine Konjektur, liegt in jenen seltsamen komischen Szenen, die der Schreibstunde vorausgehen:

Der Häuptling hat das »Zeichen« der Schrift erkannt: »Il a immédiatement compris son rôle de signe.« (*L6*, S. 40) D. h. er besitzt einen plötzlichen *Überschuß des Signifikanten der Schrift*, und dieser Überschuß besteht eben darin, daß er den Aufschub des Geschenkaustauschs organisiert, »en nous priant, sans explication, de différer les échanges d'objets avec les indigènes«. (*L6*, S. 89) Der Erzähler hingegen, der sich in absteigender Linie durch die komischen Genres der Reiseliteratur bewegte, leidet – und zwar zunehmend, muß man sagen, denn am Ende bewegt er sich nur noch in »idées reçues«, in einem Wörterbuch aus Klischees – an einem *Überschuß des von der Schrift Bezeichneten*, und er kann diesen Überschuß, bis ihn die Gruppe findet und der Häuptling frappiert, nicht loswerden: ein komischer Dämon, der wohl auch jenen Maulesel reitet, der ihn durch die Wildnis schleift. Erst in der Nacht und durch die Übernahme des ›Signifikanten der Schrift‹ vom Häuptling, dem der Erzähler im großen Stil Recht gibt, vereinen sich der Überfluß des Signifikanten mit dem Überfluß des Signifikats, es kommt zu einer psychologischen »Abreaktion« der Schrift und des Schreibens, die aber ein weiterhin bestehendes soziales und strukturelles »doppeltes Ungleichgewicht« nicht außer Kraft setzen kann: denn weiterhin bleibt er (und bleibt sein Leser) in der Reiseliteratur, und in der Schrift mit ihren kolonialen und postkolonialen Hierarchien.

Trotzdem – und die Parallelisierung mit dem nächtlichen Ausflug des Zauberers läßt daran keinen Zweifel – handelt es sich hier um eine authentische Therapie: der Ethnograph, der einem Überfluß an ungeordneten und unkontrollierten (schriftlichen) Signifikaten ausgesetzt war, die ihn zum Narren hielten, wird geheilt durch eine komödienhafte ›Séance der Schrift‹, er wird zum Patienten eines Häuptlings/Zauberers (mit »Zauberbuch«, »grimoire«), dem das Bezeichnete der Schrift fehlt, der ›nur den Signifikanten‹ und dessen Überfluß und Priorität besitzt. Eine strukturalistische Komödie, mit ihrer komischen Katharsis: das Lächerliche durch das Lächerliche auszutreiben; aber auch eine bewußte Travestie der schamanistischen Heilverfahren – und niemand anders als Lévi-Strauss hatte in *Der Zauberer und seine Magie* nachgewiesen, daß auch und gerade die Initiation in den wirklichen Schamanismus und seine Heilkraft *durch Travestie und Entzauberung*, durch alle jene Wünsche einer Entlarvung des ›Priestertrugs‹ der Zauberer zustande kommen kann, Wünsche, von denen der aufgeklärte Mitteleuropäer besessen bleibt, ob er will oder nicht.[22] Man kommt daher nicht umhin, die *Séance der Schrift* (*in*

---

22 Vielleicht niemand hat in einer derartigen Präzision die Klischees des Exotismus (und zwar nicht nur des Exotismus von Europäern) so demontiert und zugleich in ihrer Reversibilität durchschaut und bejaht, wie Claude Lévi-Strauss in den Jahren zwischen 1944 und 1955: ›die Primitiven, die Kinder, die Geisteskranken‹ oder »Die archaische Illusion« (*L7*, S. 148 ff.); der ›Priestertrug‹ der Zauberer und sei-

*dieser Lektüre* einer Serie von Texten, die sich gegenseitig aufblättern) gerade aufgrund ihrer Travestie zu einer echten schamanistischen Séance zu erklären. Ein anderer ›Priestertrug‹ wird entlarvt – der Priestertrug der Schrift –, aber auch hier sieht sich der ihn Entlarvende (der Häuptling, der Erzähler, der Leser) gezwungen – und zwar durch den ›doppelten Überschuß‹ von Signifikat und Signifikant, in den er hineingezogen wird – die Wahrheit der Heilung anzuerkennen: eine innerliterarische Heilung der Schrift und des Schriftgläubigen, durch Schrift und ihre skeptische Beglaubigung.[23]

Die ›Séance der Schrift‹ zeigt, wie der Patient zum Schamanen wird: nicht indem er die Komödienfigur, die er geworden ist, wieder abschüttelt, sondern indem er ihre tragische Verwicklung akzeptiert.[24] Der komischen Katharsis entspricht in der ›Meditation zur Funktion der Schrift in der Menschheitsgeschichte‹ eine andere Katharsis, die zu jener (maximalen) Entropie führt, von der bereits die Rede war, aber auch in jene »réelle tristesse«, mit der sich der Häuptling von seinem Ethnographen verabschiedet: nie wieder. Traurige Tropen, die Trauer dieser Tropen ist immer auch eine Trauer um die Toten, ein Totenkult. Und wenn Lévi-Strauss (1952) von den Heischebräuchen schrieb,

---

ne Wahrheit (*L8*); die Verwandtschaft im ›Seelenleben der Wilden und Neurotiker‹, die sich als Verwandtschaft der Psychoanalytiker mit ihren ›Wilden‹ herausstellte (*L8*, S. 399 ff.)); ›Fortschrittliche und Zurückgebliebene‹ (*L12*); die ›authentische Reise‹ und die ›Lügen des Reisenden‹ (*L1*); das in der Moderne ›überlebende Heidentum‹ (*L14*); *Mana* oder *oomph* (*L11*); ›die Barbaren und die Barbarei‹ (*L12*, S. 19); u. a. – Wenn man die Spur dieser Schriften und Stellen aufnimmt, stößt man auf eine andere und fremdere ›Anthropologie der Reziprozität‹ als die der *Elementaren Strukturen* (*L7*), eine ganze Landschaft von Variationen über das Thema von ›Tauschen und Täuschen‹.

23 Die politische und die magische Lesart des Textes zusammengenommen besagen daher: Politisch ist keine Heilung der Schrift möglich (Schrift und Reziprozität bleiben inkompatibel), literarisch hingegen schon: als (reiseliterarischer) Patient einer (ethnographischen) Schrift, die vom mündlichen ›Überschuß des Signifikanten‹ gebildet wird. Und worin sonst bestand die große mythologische Anstrengung, der sich Lévi-Strauss seit den frühen 50er Jahren unterwarf? ›Oralliteratur‹ oder das Versprechen, den ungleichen Tausch der Schrift literaturwissenschaftlich (und durch die Divinationskraft von Diagrammen) zu heilen.

24 Und dies ist auch die Geschichte von Qesalid in *Der Zauberer und seine Magie*: er beginnt als Entzauberer des ›Priestertrugs‹ der Schamanen, wird Opfer und Intrigant einer Komödie, lernt in der Konkurrenz der Schamanen zu bestehen, bis er einen seiner Widersacher in den Tod treibt und diese tragische Verwicklung, die ihn hinfort in Gefahr bringen wird, akzeptiert: auf einer unentscheidbaren Kippe zwischen Skepsis und Glaube (*L9*, S. 192–196). Zu Recht ist darauf hingewiesen worden, daß ›Qesalid‹ niemand anders war als der Hauptinformant von Franz Boas bei den Kwakiutl, George Hunt, und daß George Hunt nicht eine, sondern drei Versionen seiner Berufung zum Schamanen geschrieben hat. Aber gerade diese ›Enthüllung‹ des Informanten, der im Falle von George Hunt zweifelsohne zum Ethnographen seiner eigenen Gesellschaft geworden war, macht diese Geschichte zu einer anderen »Schreibstunde«, nicht nur des Schamanismus und seiner Wahrheit, sondern auch der ethnographischen Übersetzung und ihrer Person. »Und Qesalid machte Karriere, geheimnisbeladen, die Betrüger entlarvend, voller Mißtrauen gegen den Beruf«. (*L9*, S. 196)

»daß diese Interpretation sich auf alle Initiationsriten und sogar auf alle Gelegenheiten ausdehnen läßt, bei denen sich die Gesellschaft in zwei Gruppen teilt« (*L15*, S. 178) – wie hätte er dann seine eigenen Zweiteilungen ausnehmen können, und vor allem jene, in denen er die Menschheit und ihre Geschichte (1952) in zwei Hälften und Gruppen teilte?

Wie kann zwischen diesen beiden Hälften ein Tausch stattfinden, wie kann sich die Menschheit in zwei Hälften teilen, die einander beschenken (müssen), bis sie sich um eine Achse drehen, an der Leben und Tod die Plätze tauschen? Die spätere Einteilung der Welt in ›heiße‹ und ›kalte Gesellschaften‹ verwendete (1960) eine ziemlich einfache und schlagende Figur, um diesen Tausch der Positionen vorzunehmen:

> Die Tragweite dieser Unterscheidung ist vor allem theoretischer Natur, denn es gibt wahrscheinlich keine konkrete Gesellschaft, die in ihrer Gesamtheit wie in jedem ihrer Teile genau dem einen oder dem anderen Typus entspricht. Und auch in einem anderen Sinn bleibt die Unterscheidung relativ, wenn es stimmt, wie wir glauben, daß die Sozialanthropologie einer doppelten Motivation gehorcht: einer retrospektiven, denn die primitiven Lebensweisen sind im Verschwinden begriffen, und wir müssen uns beeilen, ihre Lehren zu sammeln; und einer prospektiven, insofern wir, indem wir uns einer Evolution bewußt werden, deren Rhythmus sich beschleunigt, uns schon als die ›Primitiven‹ unserer Urenkel fühlen und uns selbst zu validieren suchen, indem wir uns denen nähern, die so gewesen sind – und für einen kurzen Augenblick noch sind –, wie ein Teil von uns noch fortbesteht. (*L20*, S. 40)

Die Teilung der Menschheit in zwei Hälften ist »vor allem theoretischer Natur«, es handelt sich um eine jener trügerischen Phänomenalisierungen ›zwischen den Zügen‹. Sie hätte ihren Sinn, wenn es *uns* gelänge, nicht nur die lebenden ›kalten Gesellschaften‹ als die Zukünftig und Vergangenen Toten wahrzunehmen, sondern auch uns selbst als ihre Verwandten, als Teil einer Verwandtschaft, die uns mit ihnen vereint und mit uns verschwindet – was aber nichts anderes heißt: auch uns als die Zukünftig Toten zu erfahren. ›Wir sind die »Primitiven« unserer Urenkel‹[25]: ein Euphemismus für »Wir sind die Toten.« Aber Initiationsriten lassen einen nichts anderes erfahren, alle Initiationsriten spielen das symbolische Sterben durch (*L18*), und worin sonst soll die symbolische Verfassung der ›Selbstrekrutierung‹ einer Gesellschaft bestehen als in der Erfahrung dieser Relativität und ihres Gabentauschs?

---

25 Hier eine einfache Stichprobe für die Reversibilität einer solchen ›Urenkel‹-Beziehung. Meine Urgroßväter, wie auch die weitaus meisten meiner (und aller europäischen) Vorfahren lebten von Techniken, deren Erfindung auf das Neolithikum zurückgeht (Ackerbau und Viehzucht); andererseits waren zumindest zwei meiner Urgroßväter passionierte Leser und Büchersammler. Welcher dieser beiden Aspekte für meine Urenkel archaischer wirken wird, bleibt ihnen überlassen. – Allerdings kann es durchaus sein, daß jene noch ungeborenen Urenkel unsere Generation mitsamt allen bisherigen Generationen als ›Naturvölker‹ und ›Unzivilisierte‹ apostrophieren werden, einfach deshalb, weil sie uns (unterschiedslos) als ›Naturbelassene‹ empfinden, und in diesem Sinne vielleicht sogar als Teil der vor-neolithischen Fauna wahrnehmen werden.

Allerdings entsteht erst in der unwahrscheinlichen Identifizierung der Nicht-Initiierten mit den ›Über-Initiierten‹ jenes theoretische und praktische Glück, das die Heischebräuche versprechen – denn sonst (wie auch in dieser Unterscheidung zwischen ›heißen‹ und ›kalten Gesellschaften‹) ordnen sich ›retrospektive‹ und ›prospektive‹ Motivation auf einem einzigen Zeitpfeil – die Erfahrung bleibt relativ und sie bleibt gültig, doch sie verspricht keine Regeneration, sondern nur die Zunahme an Entropie. Aber auch das ist vielleicht nur Schein (einer weiteren Phänomenalisierung), denn man kann die entsprechenden Ausführungen in *Rasse und Geschichte* und der »Schreibstunde« auch ganz anders lesen, als eine weitere *Lesart* der Menschheitsgeschichte, die eben jene ›Achse‹ zwischen Lebenden und Toten einrichtet, eine Weltenachse zwischen Optimum und Pessimum, um die herum die Lebenden und die Toten ihre Plätze tauschen können, so daß eben jener große Mummenschanz von Spiegelungen entstehen kann, durch den sich die Nicht-Initiierten und die Über-Initiierten an den Händen fassen…

Denn eine andere Version der Teilung der Menschheit in zwei Hälften könnte folgendermaßen lauten, und sie entspricht den Bedingungen der »Schreibstunde« und von *Rasse und Geschichte*: Die ›heißen Gesellschaften‹ sind die Lebenden, die ›kalten Gesellschaften‹ verschwinden, liegen, wie es am Ende des Nambikwara-Teils heißt, »im Sterben« (*L1*, S. 314). Aber das Prinzip der ›heißen Gesellschaften‹, von dem sie leben (müssen), ist das Prinzip, durch das sie zugrunde gehen, ›sie tragen den Tod in sich‹ – durch jenen tragischen Widerspruch der Akkumulation von Erfindungen, die durch *expandierende Allianzen* zustande kam und zustande kommt, mit der *Diversität*, von deren Substanz sie zehrt und die sie aufzehrt. In diesem Sinne sind die heißen Gesellschaften bereits jetzt dem Tode geweiht, und die kalten Gesellschaften könnten ewig leben. Im Modus der Potentialität sind die irreversibel Lebenden die dem Tode Geweihten, und die Toten die einem schlingernden, aber deshalb unbegrenzten Fortleben Ausgesetzten. Und sind wir nicht immer beides zugleich, irreversibel Sterbende und ahnenhaft Fortlebende? Die Kenntnis der Menschheitsgeschichte (*L12*) ist die Einweihung in dieses bittere Geheimnis und seinen Tausch von Diversität und Akkumulation; und soweit es uns gelingt, die Verwandtschaft mit den ›kalten Gesellschaften‹ zu erfahren – wir sind die Toten, wir sind die ›Primitiven‹ unserer Urenkel –, soweit werden wir auch jene glückliche Spiegelung und deren symbolischen Überfluß erfahren können, »eine Wechselseitigkeit der Perspektiven, die sich, wie im Falle einander gegenüberstehender Spiegel, bis ins Unendliche wiederholen kann«. (*Wenn* diese Spiegelung etwas anderes darstellt als das Gesicht im Zugfenster.)

Politische Negation, symbolische Heilung, esoterische Initiation in eine Welt der Reversibilität von Lebenden und Toten, in einen Garten aus Kristallen, in »jene regelmäßige und gleichsam kristallinische Struktur […], die, wie die am besten erhaltenen Gesellschaften uns lehren, nicht in Widerspruch zur Menschheit steht« (*L20*, S. 41). Nichts ist verspielt; wir können alles von vorn anfangen. Was getan wurde und gescheitert ist, kann noch einmal versucht werden: Das Goldene Zeitalter, das ein brüderlicher Aberglaube vor oder nach uns ansetzte, ist *in uns*.

## VII. Am Zaun

»Die Nambikwara… sind mürrisch und unhöflich bis zur Grobheit. Wenn ich Julio in seinem Lager besuchte, fand ich ihn häufig am Feuer ausgestreckt; aber wenn er mich kommen sah, kehrte er mir den Rücken zu und erklärte, daß er nicht mit mir sprechen wolle. Die Missionare haben mir erzählt, daß ein Nambikwara zwar mehrere Male um einen Gegenstand bitten, aber wenn man ihn nicht freiwillig hergibt, versuchen wird, ihn zu stehlen. Um die Indianer am Eintreten in die Mission zu hindern, ließen sie zuweilen die Blätterwand herunter, die als Tür diente; aber wenn ein Nambikwara eindringen wollte, riß er diesen Zaun einfach nieder, um sich einen Weg zu bahnen.« – K. Oberg: *Indian Tribes of Northern Mato Grosso, Brazil*. Washington 1955, S. 84 f. (*L1*, S. 287)

" "

DAVID MARTYN (Minneapolis)

Wie schafft man es, eine Rede zu halten, die allen im Gedächtnis bleibt? Auf die man immer wieder zurückkommt? Die in einem fort erwähnt, zitiert, plagiiert oder parodiert wird und so von Mund zu Mund geht – oder gar fliegt? Wie entsteht ein 'geflügeltes Wort'?

> Es gibt im Moment in diese Mannschaft, oh, einige Spieler vergessen ihnen Profi was sie sind. Ich lese nicht sehr viele Zeitungen, aber ich habe gehört viele Situationen:
> 1. Wir haben nicht offensiv gespielt. Es gibt keine deutsche Mannschaft spielt offensiv und die Namen offensiv wie Bayern. Letzte Spiel hatten wir in Platz drei Spitzen: Elber, Jancker und dann Zickler. Wir mussen nicht vergessen Zickler. Zickler ist eine Spitzen mehr Mehmet e mehr Basler.
> Ist klar diese Wörter, ist möglich verstehen, was ich hab' gesagt? Danke. Offensiv, offensiv ist wie machen in Platz.
> 2. Ich habe erklärt mit diese zwei Spieler: Nach Dortmund brauchen vielleicht Halbzeit Pause. Ich habe auch andere Mannschaften gesehen in Europa nach diese Mittwoch. Ich habe gesehen auch zwei Tage de Training. Ein Trainer ist nicht ein Idiot! Ein Trainer sehen, was passieren in Platz. In diese Spiel es waren zwei, drei oder vier Spieler, die waren schwach wie eine Flasche leer!
> Haben Sie gesehen Mittwoch, welche Mannschaft hat gespielt Mittwoch? Hat gespielt Mehmet, oder gespielt Basler, oder gespielt Trapattoni? Diese Spieler beklagen mehr als spielen! Wissen Sie, warum die Italien-Mannschaften kaufen nicht diese Spieler? Weil wir haben gesehen viele Male solche Spiel. Haben gesagt, sind nicht Spieler für die italienische Meisters.
> Strunz! Strunz ist zwei Jahre hier, hat gespielt zehn Spiele, ist immer verletzt. Was erlauben Strunz? Letzte Jahre Meister geworden mit Hamann eh... Nerlinger. Diese Spieler waren Spieler und waren Meister geworden. Ist immer verletzt! Hat gespielt 25 Spiele in diese Mannschaft, in diese Verein! Muß respektieren die andere Kollegen! Haben viel nette Kollegen, stellen sie die Kollegen in Frage! Haben keinen Mut an Worten, aber ich weiß, was denken über diese Spieler!
> Mussen zeigen jetzt, ich will, Samstag, diese Spieler mussen zeigen mich e seine Fans, mussen alleine die Spiel gewinnen. Muß allein die Spiel gewinnen. Ich bin müde jetzt Vater diese Spieler, eh, verteidige immer diese Spieler!! Ich habe immer die Schulde über diese Spieler. Einer ist Mario, einer, ein anderer ist Mehmet! Strunz dagegen, egal, hat nur gespielt 25 Prozent diese Spiel!
> (Pause)
> Ich habe fertig.[1]

---

1 Trapattoni, Giovanni: "Ein Trainer ist nicht ein Idiot. Dokumentation." In: *taz*, 14.03.98, S. 3.

"Ich habe fertig." Diese Worte äußerte Giovanni Trapattoni, Trainer des FC Bayern München, am 10. März 1998. Er tat dies im Kontext einer Pressekonferenz – 'Wutrede', wie es später hieß – , in der er seinem Unmut über drei seiner Spieler freien Lauf ließ. Sie hatten ihn kurz zuvor nach einer entscheidenden Niederlage gegen Schalke 04 wegen seiner Mannschaftsaufstellung öffentlich kritisiert. "Ich habe fertig": Dieser – wie Videoaufnahmen belegen – im Vergleich zum Rest der 'Konferenz' eher deutlich, leise und gelassen ausgesprochene Satz wurde aus der Rede herausgenommen und als feststehende Wendung so oft zitiert, daß er in kürzester Zeit 'sprichwörtlich' wurde. Die Wiesbadener Gesellschaft für deutsche Sprache zählte ihn zu den zwölf "Wörter[n] des Jahres 1998": "Wörter und Ausdrücke, die die öffentliche Diskussion des betreffenden Jahres besonders bestimmt haben, die für wichtige Themen stehen oder sonst als charakteristisch erscheinen ('verbale Leitfossilien' eines Jahres). Es geht nicht um Worthäufigkeiten. Auch ist mit der Auswahl keine Wertung bzw. Empfehlung verbunden."[2] Und noch heute scheint es wenige in der Bundesrepublik lebende Deutschsprachige zu geben, die diese Worte nicht erkennen: die nicht eine mehr oder weniger genaue Vorstellung davon haben, wo und wann und von wem sie gesagt wurden. "Die gesamte Republik wirkt merklich verändert. Selten hat ein Ereignis die Deutschen zuletzt so berührt wie die Ansprache eines italienischen Fußballtrainers. […] Der Bundespräsident Richard von Weizsäcker hat sich einst angeblich in die Herzen der Deutschen geredet. Daß er bloß über die Kapitulation als Befreiung sprach, wer weiß es noch? […] Nachfolger Herzog hatte sich in seiner 'Berliner Rede' als Volkspädagoge inszeniert. Ähnlich wie nun Trapattoni hatte er eine Wertedebatte angeregt. […] Aber: Von Herzogs Rede ist dem Volk bloß das eine Wort 'Ruck' in Erinnerung geblieben. Trapattonis Ansprache hingegen haben viele Deutsche mittlerweile auswendig gelernt."[3] Journalistische Übertreibung, vielleicht; aber es gibt tatsächlich Hinweise dafür, darüber wird noch zu berichten sein, daß von Trapattonis Rede mehr im Gedächtnis der Deutschsprachigen geblieben ist als von irgendeiner anderen Rede der letzten Jahrzehnte.

Wie läßt sich dieser außerordentliche rhetorische Erfolg erklären? Auf diese Frage könnte die Rhetorik unter Hinweis auf die Kategorie der 'Fremdartigkeit' antworten: "[D]ie Abweichung vom Gewöhnlichen läßt den Stil erhabener erscheinen. Die Menschen erleben ja hinsichtlich des sprachlichen Ausdrucks dasselbe wie im Umgang mit Freunden und Mitbürgern. Daher ist es nötig, der Sprache einen fremden Ton zu geben, denn man bewundert das, was entfernt ist".[4] Das rhetorische Sprechen ist "fremdartig" (*xenikón*); es weicht von dem gewöhnlichen Gebrauch ab. Und genau dies trifft, wie es scheint, auf Trapattonis Rede zu. Gewiß, diese Erklärung wirft mehr Fragen auf, als sie beantwortet: Nicht alles 'Fremdartige' gelangt zu solchem Ruhm;

---

2 http://www.gfds.de/woerter.html, eingesehen am 30.03.02.
3 Unfried, Peter: "Der Mann des Jahres." In: *taz*, 14.03.98, S. 3.
4 Aristoteles: *Rhetorik*, übers. und hg. v. Gernot Krapinger. Stuttgart 1999, S. 155 (1404b).

ein 'fremder Ton' reicht offensichtlich nicht aus, um überall zitiert zu werden. Nichtsdestoweniger macht die Wirkung von Trapattonis Rede auf einen Konnex aufmerksam, der, soweit ich sehe, noch nirgends adäquat analysiert wurde: den Konnex zwischen 'fremd' und 'Zitat'. Ein Zitat – so vielleicht die gängigste Auffassung – ist die Rede eines anderen in der eigenen; es ist 'fremde Rede', die als solche markiert, angeführt und verwendet wird. In diesem Sinne ist jedes Zitat fremd. Weniger geläufig dürfte die These sein, daß dies auch umgekehrt gelten kann: daß das Fremde selber – der fremde Mensch, die fremde Sprache, die fremde 'Kultur' – immer schon das Produkt einer Zitierpraxis ist. Dies hat, wie ich zeigen möchte, interessante Folgen für den Begriff der 'Kultur', wie er in der Ethnographie und in der kulturwissenschaftlich ausgerichteten Literaturwissenschaft verwendet wird.

## I. Kultur

"Language [...] can be used to make a distinction between one's own words and those of another."[5] Daß es prinzipiell möglich ist, fremde Rede in der eigenen zu erwähnen, gilt in der Linguistik als gegeben; und auch die Ethnographie hält dies für selbstverständlich. Es ist eine Annahme, die gleichermaßen von den Vertretern einer nunmehr 'klassischen' hermeneutischen Ethnographie als auch von ihren Kritikern in der sogenannten Writing Culture-Debatte geteilt wird.

Gingen hermeneutisch arbeitende Ethnographen wie Clifford Geertz[6] von dem Postulat aus, daß 'Kulturen' als Gegenstand der Interpretation prinzipiell beschreibbar sind, so betonen die Vertreter der Writing Culture-Debatte die Rhetorizität aller Ethnographie, die, wie jedes Schreiben, ihren Gegenstand nicht einfach abbildet, sondern gemäß den eigenen poetischen oder rhetorischen Formen selbst konstruiert.

> Ethnographic writings can properly be called fictions in the sense of 'something made or fashioned,' the principal burden of the word's Latin root, *fingere*. But it is important to preserve the meaning not merely of making, but also of making up, of inventing things not actually real. [...] [T]he maker [...] of ethnographic texts cannot avoid expressive tropes, figures, and allegories that select and impose meaning as they translate it. In this view, more Nietzschean than realist or hermeneutic, all constructed truths are made possible by powerful 'lies' of exclusion and rhetoric.[7]

---

5   Coulmas, Florian: "Reported Speech." In: Asher, R.E./Simpson, J.M.Y. (Hg.): *The Encyclopedia of Language and Linguistics*, Bd. 7. New York, Seoul, Tokyo 1994, S. 3552–3554, hier S. 3552.

6   So zumindest die Charakterisierung von Geertz' Ansatz durch James Clifford. Vgl. Clifford, James: *The Predicament of Culture*. Cambridge (Mass.) 1988, S. 38.

7   Clifford, James: "Introduction." In: ders./Marcus, George E. (Hg.): *Writing Culture. The Poetics and Politics of Ethnography*. Berkeley, Los Angeles, London 1986, S. 1–26, hier S. 6–7.

Eine besondere Rolle in dieser Debatte spielt die Frage der 'fremden Rede'. Unter den möglichen Formen der Wiedergabe fremder Rede – Paraphrase, indirekte Rede, direkte Rede oder 'Zitat', erlebte Rede – wird laut Clifford von hermeneutisch verfahrenden Ethnographen das Zitat bevorzugt. Er führt dies darauf zurück, daß Zitate anders als Paraphrasen den Anschein der Objektivität vermitteln, wie diese aber letztlich manipulierbar sind: "Zitate werden immer vom Zitierenden arrangiert und dienen nicht selten als bloße Beispiele oder beweiskräftige Zeugnisse."[8] Strategisch ausgewählt, um die eigene Interpretation zu stützen, gehen Zitate in die vereinheitlichende Stimme des Ethnographen auf; die zitierten Stimmen – etwa der 'Einheimischen' – verlieren dabei ihre Eigenständigkeit und tragen zur Fiktionalisierung ihrer eigenen Kultur bei. Will man die "monophone Autorität" des Ethnographen aufbrechen, empfiehlt sich ein "radikalerer" Umgang mit fremder Rede: "Jenseits des Zitierens könnte man sich eine radikalere Vielstimmigkeit vorstellen, die 'die Eingeborenen und die Ethnographen in verschiedenen Stimmen zu Wort kommen ließe'."[9] Auch wenn eine solche 'vielstimmige' Form das Problem der ethnographischen Autorität nicht lösen würde – sie umginge nicht "die virtuose Orchestrierung aller Diskurse im Text durch einen individuellen Autor"[10] –, sie käme in gewisser Hinsicht der Realität der Kultur näher. Denn 'Kultur' ist für Clifford immer schon vielstimmig. Hierbei beruft sich Clifford auf Michail Bachtins Studie über die Rede im Roman, in der der Begriff der Sprachenvielfalt oder der "Heteroglossie" gewissermaßen universalisiert wird: "[A]t any given moment of its historical existence, language is heteroglot from top to bottom [...]. Therefore languages do not *exclude* each other, but rather intersect with each other in many different ways (the Ukrainian language, the language of the epic poem, of early Symbolism, of the student, of a particular generation of children, of the run-of-the-mill intellectual, of the Nietzschean and so on). It might even seem that the very word 'language' loses all meaning in this process – for apparently there is no single plane on which all these 'languages' might be juxtaposed to one another".[11] Clifford fügt hinzu: "What is said of languages applies equally to 'cultures' and 'subcultures'."[12] Das Paradigma für 'Kultur' ist 'Sprache' – und zwar insofern, als eine jede Sprache bereits in sich heteroglott, d. h. durch und durch mit 'fremder Rede' durchsetzt ist.

Die konzeptuellen Schwierigkeiten einer solchen Auffassung von 'Kultur' liegen auf der Hand. (Clifford selbst gesteht dies auch unumwunden ein: "Cul-

---

8  Clifford, James: "Über ethnographische Autorität," übers. v. Werner Petermann. In: Berg, Eberhard/Fuchs, Martin: *Kultur, soziale Praxis, Text. Die Krise der ethnographischen Repräsentation.* Frankfurt/M. 1993, S. 109–157, hier S. 147.
9  J. Clifford: "Über ethnographische Autorität" (s. Anm. 8).
10 Ebd.
11 Bakhtin, Mikhail: "Discourse in the Novel." In: ders.: *The Dialogic Imagination. Four Essays*, hg. v. Michael Holquist, übers. v. Caryl Emerson und Michael Holquist. Austin (Texas) 1981, S. 259–422, hier S. 291. Ich zitiere die englische Übersetzung, die mir gelungener zu sein scheint als die deutsche.
12 J. Clifford: *Predicament* (s. Anm. 6), S. 23; Dt.: "Autorität" (s. Anm. 8), S. 111.

ture is a deeply compromised idea I cannot yet do without."¹³) Wenn 'Heteroglossie' bedeutet, daß alle Sprachen aus anderen 'Sprachen' bestehen, dann sind diese anderen 'Sprachen' entweder in sich heteroglott, oder nicht. Sind sie es nicht, dann gibt es homogene Einheiten, die linguistisch korrekt beschrieben werden könnten: die 'Sprache' der Ukraine, die 'Sprache' des epischen Gedichts usw. So verstand im übrigen Bachtin selbst den Begriff der Heteroglossie: "[A]ll languages of heteroglossia, whatever the principle underlying them and making each unique, are specific points of view on the world, forms for conceptualizing the world in words, specific world views, each characterized by its *own* objects, meanings and values."¹⁴ Ist Bachtins "Heteroglossie" das Paradigma für 'Kultur', dann müßte die Aufgabe der Ethnographie durch eine Art Mikrolokalisierung, wie sie von Geertz praktiziert wird¹⁵, prinzipiell lösbar sein; es käme nur darauf an, die kleinsten Einheiten – die einzelnen 'Sprachen' der Heteroglossie – herauszulösen und adäquat darzustellen. Auch wenn man Bachtin dahingehend auffaßt, daß die einzelnen 'Sprachen' nie unvermischt in Erscheinung treten, da jede konkrete Äußerung in sich heteroglott ist, so bleiben diese einzelnen 'Sprachen' trotzdem als identifizierbare Größen wirksam, und als solche wären sie prinzipiell als Identitäten analysierbar.

Um seine Kritik aufrechtzuerhalten, bleibt Clifford folglich nichts anderes übrig als zu behaupten, daß auch die einzelnen 'Sprachen' der Heteroglossie in sich heteroglott sind – wobei er sich, meines Erachtens zu Unrecht, ebenfalls auf Bachtin beruft.¹⁶ Aber wenn die verschiedenen 'Sprachen' der Heteroglossie in sich heteroglott sind, dann ist alles überall heteroglott – und daher einsprachig. Absolute Heteroglossie ist von absoluter Homoglossie nicht zu unterscheiden; wenn alles 'fremde Rede' ist, dann gibt es keine fremde Rede. Wer die Heterogenität verallgemeinern will, endet immer wieder da, wo er nicht sein wollte.

Dies ist eine Aporie, die in kulturwissenschaftlichen Arbeiten immer wieder begegnet und zu grundlegenden konzeptuellen Schwierigkeiten führt. Zwei Beispiele aus den Bereichen der 'cultural studies' und der 'interkulturellen Germanistik' können das Ausmaß des Problems verdeutlichen. In einem 1998 erschienenen Aufsatz über einen auf Deutsch geschriebenen Roman von Salim Alafenisch, einem im Alter von 25 Jahren aus Palästina in die Bundesrepublik eingewanderten Autor, führt Nina Berman den Begriff der 'Germanophonie' ein. 'Germanophon' versteht sie nach Analogie mit den Begriffen *francophone* und *anglophone*, die in der Romanistik und Anglistik jeweils für die

---

13 Ebd., S. 10.
14 M. Bakhtin: "Discourse in the Novel" (s. Anm. 11), S. 291–92, Hvh. D.M.
15 Vgl. etwa Geertz, Clifford: "'Deep Play'. Bemerkungen zum balinesischen Hahnenkampf". In: ders.: *Dichte Beschreibung. Beiträge zum Verstehen kultureller Systeme*, übers. v. Brigitte Luchesi u. Rolf Bindemann. Frankfurt/M. 1987, S. 202–260.
16 "Für Bachtin [...] gibt es keine geschlossenen Kulturwelten oder -sprachen." J. Clifford: "Autorität" (s. Anm. 8), S. 142. Ein Belegzitat wird hier bezeichnenderweise nicht angeführt.

französisch- und englischsprachige Literatur der ehemaligen Kolonien verwendet werden. "I suggest that the term *germanophone* could be used in a similar vein, as a helpful tool aptly suited to describe texts written in German by people of diverse backgrounds. [...] It allows for the potential coexistence of different cultural backgrounds within a text written in the German language." Konkret sind hierbei Texte von "bicultural German-speaking authors" gemeint. Als Kriterium für 'germanophon' aber taugt "bicultural" offensichtlich nicht, vermutlich weil "bicultural" die Homogenität der beiden Komponentenkulturen implizieren würde. Gerade um solche problematischen "notions of cultural homogeneity" zu umgehen, schlägt Berman die folgende Definition von 'germanophon' vor: "*Germanophone* literature is literature written in German by authors with or without a German passport, living within or outside of Germany."[17] Spätestens hier wird die Widersprüchlichkeit der Position offensichtlich: Nach dieser Definition wäre nämlich auch etwa Martin Walser 'germanophon'. Die Verabsolutierung von Heterogenität fällt mit der (problematischen) Setzung einer Homogenität zusammen.

Dasselbe Problem begegnet auch in den Publikationen der 1984 von Alois Wierlacher gegründeten Gesellschaft für Interkulturelle Germanistik (GIG), die von einigen Vertretern eines 'cultural studies'-Ansatzes zuweilen für ihre problematischen Annahmen über die Homogenität einzelner Kulturen kritisiert werden. Die GIG, so die Kritik, fasse 'Interkulturalität' unreflektiert als die Begegnung einzelner, in sich homogener Kulturen auf und übersehe die prinzipielle Hybridität einer jeden Kultur.[18] Zumindest auf programmatischer Ebene erweist sich dieser Vorwurf als unbegründet. In ihrer Einführung zum 2. Kongreßband der GIG warnen Bernd Thum und Gonthier-Louis Fink ausdrücklich davor, " 'Eigenes' und 'Fremdes' als statische Wesenheiten auseinanderzuhalten statt ihre vielfältigen und vielschichtigen Interferenzen und Integrationen erkennen zu lernen", um dann axiomatisch zu verkünden: "*Keine Kultur, Sprache, Literatur ist monokulturell*".[19] Angesichts der Widersprüchlichkeit dieser Formulierung könnte man sich fast wünschen, die GIG wäre bei dem homogenen Kulturbegriff geblieben, den ihr die Vertreter der 'cultural studies' vorwerfen. Denn: wenn keine Kultur monokulturell ist, was heißt überhaupt 'Kultur'? Und worin läge die Spezifität eines "interkulturellen Blickwinkels"?[20] Es liegt mir fern, diese konzeptuelle Schwierigkeit als einen ver-

---

17 Berman, Nina: "German and Middle Eastern Literary Traditions in a Novel by Salim Alafenisch. Thoughts on a Germanophone Beduin Author from the Negev". In: *German Quarterly* 71 (1998), S. 271–283, hier S. 271.
18 Vgl. etwa Adelson, Leslie A.: "Streit der Oppositionen: türkisch-deutsche Fragen, die deutsche Gegenwartskultur betreffend", übers. v. Barbara Mennel. In: *Sirene* 14 (1995), S. 5–38, besonders S. 5–7.
19 Thum, Bernd/Fink, Gonthier-Louis: "Einführung". In: dies. (Hg.): *Praxis interkultureller Germanistik. Forschung – Bildung – Politik. Beiträge zum II. Internationalen Kongreß der Gesellschaft für Interkulturelle Germanistik Straßburg 1991*. München 1993, S. xix–xxxviii, hier S. xxiii, xxx.
20 Vgl. Wierlacher, Alois: "Einführung." In: ders./Stötzel, Georg (Hg.): *Blickwinkel. Kulturelle Optik und interkulturelle Gegenstandskonstitution. Akten des III. Inter-*

meidbaren Irrtum zurückzuweisen. Der Begriff von diskreten kulturellen 'Identitäten' scheint mir ebenso unumgänglich wie unhaltbar; das gleiche gilt für die Verabsolutierung kultureller Hybridität. Auch scheinen mir paradoxe Formulierungen wie die Umschreibung der Kultur als Multikultur eine durchaus produktive Art und Weise zu sein, festgefahrene oder 'zugeschüttete' Begriffe wie die der 'Kultur' zu 'desedimentieren'.[21] Gleichwohl können Begriffe wie Hybridität oder Heteroglossie ihr Provokationspotenzial verlieren oder selbst zu unbeweglichen Gebilden werden.

Eine Möglichkeit, die Arbeit der Desedimentierung fortzusetzen, läge vielleicht in der Analyse der Möglichkeitsbedingungen der 'fremden Rede'. Clifford kritisiert zwar den 'hermeneutischen' Umgang mit fremder Rede, auch denkt er über alternative Formen des Umgangs mit ihr nach; er fragt aber nicht, wann und warum zwischen fremder und eigener Rede überhaupt unterschieden werden kann. Genau das aber müßte man fragen, wenn man wie Clifford 'Kulturen' mit 'Sprachen' vergleicht. Sind Kulturen wie Sprachen, so ist die 'Abgrenzung' einer Kultur von anderen Kulturen vergleichbar mit der Abgrenzung eigener von fremder oder zitierter Rede. Die Bestimmung des Kulturbegriffs sollte demnach an der Bestimmung des Zitatbegriffs ansetzen.

## II. Zitat

"Was ist ein 'Zitat'?"[22] Und was ist *kein* Zitat? Geht man davon aus, ein Zitat sei eine Form der Wiederholung – obwohl dies zur Etymologie des Begriffs, in der es um das gerichtliche 'Vorladen' geht[23], gerade nicht gehört –, so wäre das Zitat zunächst von anderen, nicht wiederholenden, spontanen, erstmaligen oder 'ursprünglichen' Formen der Rede abzugrenzen. Es gäbe einerseits Äußerungen – datierbare, einmalige Ereignisse –, und andererseits Zitate dieser Äußerungen, ihre Wiederholung zu einem späteren Zeitpunkt oder an einem anderen Ort.

Derridas Analyse der "Iterabilität" widerlegt dieses Konzept. Da jeder Sprechakt – auch der "lokutionäre" Akt, der darin besteht, "eine ganz beliebige Äußerung [zu] tun"[24] – *als* lokutionärer Akt, und das heißt: gemäß einem codierten, erkennbaren, und daher iterablen Vorbild identifizierbar sein muß,

---

*nationalen Kongresses der Gesellschaft für Interkulturelle Germanistik Düsseldorf 1994.* München 1996, S. 13–22.
21  Vgl. Derrida, Jacques: *De la grammatologie.* Paris 1967, S. 21.
22  Schüttpelz, Erhard: *Figuren der Rede. Zur Theorie der rhetorischen Figur.* Berlin 1996, S. 228. Die Lektüre dieser Studie gab den entscheidenden Anstoß zu dem vorliegenden Beitrag, der insgesamt, "auch wo dies nicht eigens kenntlich gemacht ist" (ebd., S. 67), als Anschluß an und Auseinandersetzung mit ihr verstanden werden kann und soll.
23  Vgl. dazu und allgemein Benninghof-Lühl, Sibylle: *Figuren des Zitats. Eine Untersuchung zur Funktionsweise übertragener Rede.* Stuttgart 1998.
24  Austin, J. L.: *Zur Theorie der Sprechakte (How to do things with Words),* deutsche Bearbeitung v. Eike v. Savigny. Stuttgart ²1979, S. 110.

ist jede Äußerung gewissermaßen als 'Zitat' identifizierbar.[25] "Un énoncé performatif pourrait-il réussir si sa formulation ne répétait pas un énoncé 'codé' ou itérable, autrement dit si la formule que je prononce pour ouvrir une séance, lancer un bateau ou un mariage n'était pas identifiable comme *conforme* à un modèle itérable, si donc elle n'était pas identifiable en quelque sorte comme 'citation'?"[26] Auch das 'erste Mal' hat Zitatcharakter, wäre *als* 'erstes' Mal gar nicht identifizierbar, wenn es nicht als Zitat erkannt werden könnte. "[L]e temps et le lieu de l'*autre fois (the other time)* travaillent et altèrent déjà, *at once,* aussi sec, la *première fois,* le premier coup et l'*at once*."[27] Das Zitat ist nicht die Wiederholung eines ursprünglich Gesagten, sondern alles Gesagte ist Wiederholung, Iteration, Zitat.

Anstatt das Zitat vom Nicht-Zitat abzugrenzen, gälte es daher, Zitate typologisch aufzugliedern: "Il faut donc moins opposer la citation ou l'itération à la non-itération d'un événement que construire une typologie différentielle de formes d'itération, à supposer que ce projet soit tenable".[28] Aber läßt sich eine solche Typologie überhaupt aufstellen? Kaum schlägt Derrida das Projekt vor, stellt er es in Frage; auch hat er es selber nie versucht. Wie denn auch? Wenn das 'erste Mal' immer schon auch ein 'anderes Mal' ist, dann ist nichts einmalig – oder auch alles; zwischen 'alles' und 'nichts' gibt es anscheinend keine Zwischenstufen. Es macht aber schon einen Unterschied, welche Seite des Paradoxons man besetzt. Man kann den Wiederholungscharakter eines jeden 'Einmaligen' aufzeigen; man kann es aber auch vorziehen, den Einmaligkeitscharakter einer jeden Wiederholung hervorzuheben. Denn wenn die Zeit und der Ort des 'anderen' Mals im 'ersten' Mal immer schon am Werk sind, so bedeutet dies auch: Jedes 'andere' oder 'zweite' Mal ist auch ein 'erstes' Mal. "[L]a répétition altère"[29], die Wiederholung verändert; also ist jede Wiederholung einmalig, ist ein nie ganz wiederholbares Ereignis. Und auch wenn dieses Einmalige auf konstitutioneller Ebene immer auch Wiederholung ist: Lassen sich nicht Unterschiede in den Einmaligkeits*effekten* verschiedener Iterationen feststellen? Gibt es vielleicht auf der Ebene der 'Wirkung' Gradationen zwischen alles und nichts – Äußerungen, die, obwohl sie als Iterationen erkennbar sind, *eher* den Effekt der Andersheit, der Erstmaligkeit oder der Fremdheit produzieren als andere? Auch *oder gerade dann,* wenn sie 'zitiert' werden?

Man könnte zum Beispiel versuchen, das 'geflügelte Wort' als einen besonderen Typus des Zitats zu definieren, der sich einerseits vom Sprichwort, andererseits vom literarischen Zitat unterscheidet. Wie das Sprichwort und wie das literarische Zitat wäre das geflügelte Wort eine wiederholbare Ein-

---

25 Vgl. Derrida, Jacques: "signature événement contexte". In: ders.: *Marges. De la philosophie*. Paris 1972, S. 365–393, hier S. 383.
26 Ebd., S. 388 f.
27 Derrida, Jacques: *Limited Inc*, présentation et traductions par Elisabeth Weber. Paris 1990, S. 120 f.
28 J. Derrida: "signature" (s. Anm. 25), S. 389.
29 J. Derrida: *Limited Inc* (s. Anm. 27), S. 125.

heit, die als Ganzes in die verschiedensten Kontexte 'eingesetzt', in ihnen 'erwähnt' und/oder 'gebraucht' werden kann. Im Gegensatz zum Sprichwort aber hätte es eine nachweisbare Quelle. Es wäre die Wiederholung einer Äußerung, die von einer bestimmten Person und zu einer bestimmten Zeit 'zuerst' produziert wurde und trüge somit die Spur oder die Signatur einer bestimmten Ursprungs*situation* in sich, die man nennen und datieren kann. Diese Eigenschaft hätte es mit dem literarischen Zitat gemein. Aber während dieses immer auf eine Äußerung zurückgeht, die im Augenblick ihres Entstehens ihre spätere Wiederholung bereits antizipiert – alles Geschriebene soll ja zu einem anderen Zeitpunkt oder an einem anderen Ort gelesen werden, sonst schriebe man es nicht auf –, wäre das geflügelte Wort die Wiederholung einer Äußerung, die ursprünglich nur für die Anwesenden produziert und erst im Nachhinein, gewissermaßen unversehens, aufgegriffen und wiederverwendet wurde. Das 'geflügelte Wort' wäre, darin läge seine Besonderheit, das Zitat eines *datierbaren* und *spontanen* lokutionären Akts.[30]

Gibt es solche Zitate überhaupt? In der Zeit vom 20. März bis 15. April 2002 führte ich eine Umfrage durch, in der ich neun Freunde bat, mir bis zu 15 geflügelte Worte aufzuschreiben, die ihnen spontan einfielen. Ich fügte die obige Definition von 'geflügeltes Wort' hinzu. Die Antworten, die ich bekam, erwiesen sich bei näherem Hinsehen alle als ungeeignet. Viele der Vorschläge hatten keine datierbare Entstehungssituation: "Lieber einen Spatz in der Hand als eine Taube auf dem Dach"; "Rette sich wer kann"; "Morgen ist auch noch ein Tag". Andere waren eindeutig literarischen Ursprungs: "The medium is the message" (Marshall McLuhan); "Es gibt kein außerhalb des Textes" (Jacques Derrida). Andere wiederum erinnerten zwar an einen bestimmten und datierbaren lokutionären Akt; dieser aber erwies sich in den meisten Fällen als schriftlich oder mündlich vorbereitet und somit als die Wiederholung eines noch früheren lokutionären Akts, der bereits im Entstehen seine spätere Wiederholung antizipierte. Der Satz "Ich bin ein Berliner" erinnert zwar, und dies jedesmal, wenn er 'zitiert' wird, an den bestimmten Tag und den bestimmten Ort, an dem John F. Kennedy ihn sagte. Auch wenn man das Datum nicht nennen kann, weiß man – oder zumindest wissen sehr viele –, *daß* es diesen Tag gab. Was aber an diesem Tag eigentlich geschah, war nicht die Entstehung dieses Satzes, sondern nur seine Verlesung. Die Vorlage – die übrigens nicht

---

30 'Geflügeltes Wort' wird selten lemmatisiert in linguistischen Bibliographien und Nachschlagewerken; wenn doch, dann unter Hinweis auf die im 'Büchmann' befindlichen Definitionen (vgl. "Geflügelte Worte". In: Glück, Helmut (Hg.): *Metzler Lexikon Sprache*. Stuttgart, Weimar ²2000). Büchmanns Definition lautet wie folgt: "Ein geflügeltes Wort ist ein in weiteren Kreisen des Vaterlandes dauernd angeführter Ausspruch, Ausdruck oder Name, gleichviel, welcher Sprache, dessen historischer Urheber oder dessen literarischer Ursprung nachweisbar ist." (*Geflügelte Worte. Der klassische Zitatenschatz*, gesammelt und erläutert von Georg Büchmann, fortgesetzt von Walter Robert-Tornow et al., neu bearbeitet von Winfried Hofmann. München ⁴²2001, S. viii.) Das Kriterium der Spontaneität zur Abgrenzung vom literarischen Zitat dient hier lediglich als heuristisches Prinzip.

von Kennedy allein stammte[31] – existierte bereits und entstand selber im Hinblick auf ihre spätere Wiederholung (oder 'performance').

Am ehesten entsprachen den Kriterien die folgenden 'Äußerungen', die ich hier jeweils mit den von den Befragten selber angegebenen 'Quellen' wiedergebe:

> Der Ball ist rund. (Sepp Herberger)
> Flaschen leer. (Giovanni Trapattoni)
> Ich bin schwul, und das ist gut so. (Bürgermeister von Berlin)
> Ich habe fertig. (Giovanni Trapattoni)
> I didn't inhale. (Bill Clinton)
> Ich habe keinen Gott da oben gesehen. (Juri Gagarin)
> Sehr geehrte Damen und Herren, liebe Neger! (Lübke bei einer Ansprache)

Ich treffe die Auswahl, ohne die genauen Umstände der jeweiligen 'Entstehung' recherchiert zu haben. Es könnte zum Beispiel sein, daß Gagarins Äußerung vorbereitet, also schriftlich oder mündlich zu einem früheren Zeitpunkt 'verfaßt' worden war, so daß sie unter die Kategorie des 'literarischen Zitats' fällt. Neil Armstongs "One small step for man, one giant leap for mankind" habe ich ebenfalls ohne nachzuforschen ausgeschlossen, da die Vorhersehbarkeit des Anlasses und die 'Poetizität' der Äußerung eine vorherige Ausarbeitung nahelegen; auch hier könnte ich mich irren. Die Liste ist also alles andere als stringent. Aber es kommt auch nicht so sehr darauf an, denn auch diese 'Zitate' erfüllen letztlich nicht die Kriterien meiner Definition des geflügelten Worts. Sie sind nämlich alle im Hinblick auf ihre Reproduktion oder Wiederholung zu einer anderen Zeit oder an einem anderen Ort 'entstanden': zum Beispiel weil sie per Funk übertragen oder aufgenommen oder vor Reportern geäußert wurden, die anwesend waren, um sie aufzuschreiben und eventuell später zu zitieren. Auch wenn eine Äußerung aus plötzlicher Eingebung und nur für die Ohren eines einzigen Zuhörers, ja nur für die eigenen 'Ohren' 'bestimmt' wäre, bewiese dieser eine Zeuge, indem er sie wiederholte, daß die Äußerung im Hinblick auf ihre eventuelle Wiederholung, sozusagen im 'Medium' der Wiederholbarkeit, 'ursprünglich' entstanden ist. "Un signe n'est jamais un événement si événement veut dire unicité empirique irremplaçable et irréversible. Un signe qui n'aurait lieu qu''une fois' ne serait pas un signe."[32] Definiert man das 'geflügelte Wort' als das Zitat eines einmaligen Sprachereignisses, dann gibt es keine geflügelten Worte.

Aber dennoch: Manche Äußerungen erwecken eher den *Anschein* eines einmaligen, spontanen und datierbaren Ursprungs als andere; und manche dieser Äußerungen werden häufiger zitiert – oder werden von einer größeren Anzahl von Personen 'erkannt' – als andere. Aus den 87 von den Befragten genannten geflügelten Worten wählte ich 28 aus, die der Definition am ehesten zu entsprechen schienen, legte sie den Befragten erneut vor, und bat sie,

---

31 Vgl. Eichhoff, Jürgen: "Ich bin ein Berliner. A History and a Linguistic Clarification". In: *Monatshefte* 85 (1993), S. 71–80.
32 Derrida, Jacques: *La voix et le phénomène. Introduction au problème du signe dans la phénoménologie de Husserl.* Paris ⁴1983, S. 55.

für jedes der 'Worte' drei Fragen zu beantworten: Ob sie es kannten; woher es ihrer Meinung nach stamme; und ob es im grammatischen Sinne 'wohlgeformt' sei. Nur drei der 28 waren allen bekannt: "Alle reden vom Wetter. Wir nicht" (1968er Polit-Diskussion und Reklamespruch der Deutschen Bahn); "Da lachen ja die Hühner" (Deutscher Bundestag, 50er od. 60er Jahre-Wortwechsel, an dem m.W. Konrad Adenauer [oder Kurt Schumacher?] beteiligt war)[33]; und "Ich habe fertig". Auf die Frage nach der 'Quelle' wurde "Ich habe fertig" am häufigsten mit einem Personennamen in Verbindung gebracht: acht von neun Befragten konnten diesen Satz namentlich Trapattoni zuordnen. (Die nächsten beiden Gewinner in dieser Kategorie waren "Flaschen leer" – ebenfalls Trapattoni – und "Ich bin schwul, und das ist gut so" (Klaus Wowereit). Sie wurden jeweils von sechs der neun Befragten den entsprechenden Personen zugeschrieben.) Es läßt sich also empirisch feststellen, daß manche zitierten Äußerungen eher den *Effekt* der Einmaligkeit und der Spontaneität erzielen. Ich nenne diesen Effekt die Signatur-Funktion eines Zitats in Anlehnung an Derridas Bestimmung der Signatur als "la réproductibilité pure d'un événement pur".[34] Zitate mit diesem Effekt tragen eine Art Signatur in sich: Sie scheinen bei jeder Wiederholung an einen bestimmten lokutionären Akt zu erinnern, der mit einem Namen belegt ist. Es sind Worte, die man selber sagen und beliebig oft wiederholen kann, und die trotzdem jedes Mal das 'Wort des anderen' zu bleiben scheinen: das Wort, das ein bestimmter anderer zu einer bestimmten Zeit an einem bestimmten Ort gesagt hat und das seine spezifische und unverwechselbare 'Signatur' trägt.

Daß dieser Effekt trügerisch oder 'fiktiv' ist, wie Derridas Analyse der Iterierbarkeit zeigt, macht ihn für unsere Fragestellung um so relevanter. Die Signatur-Funktion eines Zitats ist keine analysierbare Eigenschaft des Zitats selbst; jede Äußerung ist sozusagen 'an sich' gleichermaßen Signatur und Nicht-Signatur. Aber nur dank der Tatsache, daß bestimmte 'Worte' eher den Anschein einer Signatur heraufbeschwören als andere, ist es überhaupt möglich, ein Wort zu verwenden oder zu erwähnen, ohne daß es aufhört, das Wort des anderen zu sein. Die Signatur-Funktion des zitierten Worts ermöglicht die Grenzziehung zwischen eigener und fremder Rede – zwischen 'Eigenem' und 'Fremdem' überhaupt. Sie wäre die für eine Kultur konstitutive Fiktion. 'Kultur' wäre das Ergebnis einer bestimmten Art des Zitierens, des fiktiverweise als 'fremd' angesehenen und gebrauchten Worts.

"Ich habe fertig" hat, meiner Befragung zufolge, eine ungewöhnlich ausgeprägte Signatur-Funktion. Es bietet somit einen geeigneten Ansatzpunkt für den Nachweis einer solchen These. "Ich habe fertig": Warum mutet das 'fremd' an, egal, wie oft man es sagt? Warum beeinträchtigt seine Wiederholung nicht das Gefühl seiner Einmaligkeit? Warum verfestigt es mit jedem Gebrauch und

---

33 Nach anderen Quellen ein Sprichwort (vgl. Röhrich, Lutz: Das große Lexikon der sprichwörtlichen Redensarten, Bd. 2, Freiburg, Basel, Wien 1992, S. 752). Es geht nicht um die Richtigkeit der Quellenangaben, sondern um das Vorhandensein der 'Quellen' im Sprachbewußtsein der Befragten.
34 J. Derrida: "signature" (s. Anm. 25), S. 391.

jeder Erwähnung die (Vorstellung einer) Grenze zwischen Eigenem und Fremdem, obwohl es längst zu einem festen Bestandteil des 'Eigenen' geworden ist? Wenn es das nicht immer schon war?

## III. Fehler

"Ich habe fertig": Das ist das Zitat dessen, was man einen 'Fehler' nennt – eines *zitierbaren* Fehlers also. Was bedeutet es, wenn ein Fehler zitiert werden kann? Können alle Fehler zitiert werden? Was ist überhaupt ein Fehler?

Die Frage, was ein Fehler sei, ist ein Hauptanliegen von Erhard Schüttpelz' ironisch titulierter Studie: *Figuren der Rede. Zur Theorie der rhetorischen Figur.* Ironisch ist dieser Titel deshalb, weil das Buch auf mehr als 500 Seiten den äußerst überzeugenden Nachweis liefert, daß es keine Theorie der rhetorischen Figur geben kann – kein Kriterium und keinen Kriterienkatalog, der jemals imstande wäre, Figur von Nichtfigur zuverlässig zu unterscheiden, 'Figur' als Untersuchungsgegenstand überhaupt erst zu konstituieren. Fazit nach 515 Seiten: "Wenn dies Niederlagen einer Theorie der Figuren sind, so handelt es sich um vernünftige Niederlagen. '*Reculer pour mieux sauter* is not to retreat', klein beigeben kann sinnvoll sein."[35]

Die Unzulänglichkeit einer jeden Figurentheorie weist Schüttpelz an der Unmöglichkeit nach, auf theoretischer Basis zwischen 'Figuren' und 'Fehlern' zu unterscheiden. Beide werden seit der Antike als Formen der *Abweichung von einer Norm* angesehen, wobei die gleichen Kategorien zur Beschreibung von Figuren wie zur Beschreibung von Fehlern verwendet werden. Die 'quadripertita ratio', eine Kategorisierung, die sich von der antiken Grammatik und Rhetorik über Heinrich Lausberg bis hin zu der *Rhétorique générale* der Lütticher Gruppe[36] einer einflußreichen Karriere erfreut, ist hierfür paradigmatisch.[37] Es handelt sich dabei um die vier sogenannten Änderungskategorien, in die sich alle Veränderungen linearer Ketten logisch einteilen lassen: Hinzufügung, Wegnahme, Umstellung und Ersetzung. Rhetorische Figuren scheinen sich dieser Kategorisierung auch bequem zu fügen. So lassen sich etwa die geminatio oder Epanalepse als Hinzufügung, das Zeugma als Weglassung, das Hysteron-Proteron als Umstellung, und die Metapher als Ersetzung beschreiben. Doch auch wenn sich alle 'Figuren' auf diese Weise einteilen ließen – was Schüttpelz überzeugend bestreitet –, so resultierte daraus, daß 'Figuren' genau die gleichen formalen Eigenschaften aufweisen würden wie 'Fehler'. Auf formaler Ebene wären sie von Fehlern nicht zu unterschei-

---

35 E. Schüttpelz: *Figuren der Rede* (s. Anm. 22); zitiert wird J. L. Austin: *Philosophical Papers.* Oxford ³1979, S. 285.

36 Vgl. Dubois, Jacques/Edeline, Francis/Klinkenberg, Jean-Marie/Minguet, Philippe/Pire, François/Trinon, Hedelin: *Rhétorique générale.* Paris 1970.

37 Zum folgenden vgl. E. Schüttpelz *Figuren der Rede* (s. Anm. 22), S. 41–53, und Ax, Wolfram: "Quadripertita Ratio. Bemerkungen zur Geschichte eines aktuellen Kategoriensystems". In: *Historiographia Linguistica* 13 (1986), S. 191–214.

den. "[W]as unterscheidet die fehlerhafte Umstellung von Phonemen, Worten, Satzteilen, und erzählten Ereignissen von der figuralen 'Umstellung'? [...] Sicher: die einen Sprachvorgänge *sind* Figuren, die anderen Fehler, doch äußerlich – also so, wie sie in der 'quadripertita ratio' klassifiziert sind – sind beide nicht auseinander zu halten. Nichts an den 'Änderungskategorien', und an den 'Abweichungen', die sie von einer 'Normalität' unterstellen, verhindert, daß diese 'Abweichungen' keine bloßen Fehler sein könnten."[38] "Die Quadripertita Ratio beweist die formale Ununterscheidbarkeit von Fehler und Figur; sie hat es in der Antike getan, und sie tut es auch heute."[39]

*Formale* Ununterscheidbarkeit, wohlgemerkt. Der Unterschied an und für sich wird von Schüttpelz nie in Frage gestellt. Ununterscheidbar sind sie nur aus der Sicht einer formalen – grammatischen oder rhetorischen – Beschreibung, die die Figur, oder auch irgendeine andere sprachliche Erscheinung, als 'Abweichung' oder 'Devianz' von einer 'normalen' oder 'natürlichen' Sprache aufzufassen versucht. "Natürlich kann jeder 'Devianz'-Theoretiker zwischen Fehlern und Figuren [...] unterscheiden, aber da er kein formales *Kriterium* aufstellen kann, durch das nicht pausenlos Fehler und Figuren [...] gleichgesetzt würden, gibt es – in einem strengen Sinne, und nur ein solcher zählt in der Grammatik – keine 'Devianz'-Theorie der Figuren."[40] Der Theoretiker kann unterscheiden, die Theorie nicht. Die einzelnen Fälle, d. h. die sich 'natürlich' ereignenden Fälle, sind alle entscheidbar – "*Natürlich* kann jeder 'Devianz'-Theoretiker [...] unterscheiden" –; nur ist diese 'Natur', so Schüttpelz, nie ganz gegeben, sie läßt sich nicht als Ganzes erfassen. Womit Schüttpelz seinen Leser schließlich entläßt, ist keine Antwort, auch keine Theorie, sondern ein "entweder/oder": entweder Entscheidbarkeit oder Unvollständigkeit. "Die Kriterien versagen: sie erfassen ihren Gegenstandsbereich nur unvollständig, oder sie führen zur Unentscheidbarkeit."[41] "Jede *Entscheidbarkeit* wird mit *Unvollständigkeit* erkauft, und dieser Konnex läßt sich nicht aufheben."[42]

Aber was heißt hier 'erkauft'? Kann man sich etwa für die Entscheidbarkeit entscheiden? Dann wäre diese letzte Entscheidung ein Rahmen, in dem Unentscheidbarkeit und Vollständigkeit nebeneinander Platz finden. "Jede *Entscheidbarkeit* wird mit *Unvollständigkeit* erkauft": Die Ökonomie dieses Kaufs ist ein Gesetz – eine Öko-nomie oder ein 'Hausgesetz' –, das die Unentscheidbarkeit entscheidet, sie gleichsam domestiziert. Die 'Unvollständigkeit', der man auf diese Weise einen Platz in einem übergeordneten Entweder/Oder-Rahmen zuweisen will, ist keine. Dies ist insbesondere auch dann der Fall, wenn Schüttpelz selbst die Unvollständigkeit seines eigenen Buchs beteuert.[43] Unvollständig könnte sein Buch nur dann sein, wenn er selber nicht entscheiden könnte, ob es das ist. "If we could be sure of the difference bet-

---

38 E. Schüttpelz: *Figuren der Rede* (s. Anm. 22), S. 50.
39 Ebd., S. 52.
40 Ebd., S. 219.
41 Ebd., S. 221.
42 Ebd., S. 512.
43 Vgl. ebd., S. 515.

ween the determinable and the undeterminable, the undeterminable would be comprehended within the determinable. What is undecidable is whether a thing is decidable or not."[44]

Fragen wir konkreter: Warum sollte es möglich sein, auch nur in einem einzigen Fall 'Fehler' von 'Figur' zu unterscheiden? Was sind die Bedingungen einer solchen Unterscheidung?

Damit ein Fehler als Fehler nachgewiesen werden kann, muß er zitiert werden. Er muß aus seinem 'ursprünglichen' Kontext herausgelöst und in einem anderen Kontext *als Fehler* identifiziert werden können. Oder genauer: Er muß *in jedem möglichen Kontext* als Fehler identifiziert werden können. Die Silbenfolge 'ich-ha-be-fer-tig' z. B. ist deshalb kein Fehler, weil es Kontexte gibt – etwa 'Das Projekt, das ich habe fertigstellen wollen, ist unabschließbar' –, in denen sie nicht unbedingt als Fehler erscheinen muß. Um Trapattonis Fehler feststellen zu können, muß man aus dem 'Ursprungskontext' einen Ausschnitt herausschneiden, der in *jedem* Kontext fehlerhaft ist. Man muß z. B. den Punkt mitzitieren: "Ich habe fertig.". Wenn diese Einheit ein Fehler ist, dann deshalb, weil sie in keinen Kontext grammatikalisch richtig eingefügt oder 'gepfropft'[45] werden kann. Oder anders gesagt: weil sie in *jeden* Kontext *als Fehler* gepfropft werden kann. Weil sie überall die gleiche (zusätzliche) Bedeutung hat: 'Beispiel für Ungrammatikalität'. Ein Fehler ist eine Einheit, die in jedem Kontext das gleiche bedeutet; die ihre Bedeutung oder einen Teil ihrer Bedeutung behält, wo auch immer sie wiederholt wird.

Ist eine solche Einheit überhaupt möglich? Erinnern wir uns an Saussures Begriff der Wiederholbarkeit. Laut Saussure ist die Wiederholung grundsätzlich nur möglich im Kontext eines Systems "von bloßen Werten", "de pures valeurs".[46] Die Identität eines Zeichens – das "Gefühl der Gleichheit", wenn man etwa "bei einem Vortrag mehrmals das Wort *Messieurs!* wiederholen hört"[47] – beruht weder auf einer "materiellen Identität" noch auf der "Gleichheit des Sinns"[48], sondern allein auf seinem Wert, seiner Differenz zu allen anderen Zeichen des gleichen Systems. Ich schreibe 'a' und nochmals 'a'; ich erkenne das zweite 'a' als die Wiederholung des ersten, als *denselben* Buchstaben; diese Identifizierung beruht aber nicht auf einer sinnlichen oder gegebenen Ähnlichkeit der beiden Buchstaben selbst. Ein 'a' ist nicht ein 'a', weil es so aussieht – tatsächlich sieht jedes einzelne a, auch gedruckt, etwas anders aus, schauen Sie genau hin –, sondern weil es einen differenziellen Wert hat im 'System' des Alphabets: weil es weder b noch c ... noch z ist. Saussure:

---

44 Johnson, Barbara: *The Critical Difference. Essays in the Contemporary Rhetoric of Reading.* Baltimore, London 1980, S. 146.
45 Zum Begriff des Pfropfens vgl. J. Derrida: "signature" (s. Anm. 25), S. 381, und *Limited Inc* (s. Anm. 27), S. 154.
46 Saussure, Ferdinand de: *Cours de linguistique générale*, hg. v. Charles Bally und Albert Séchehaye unter Mitarbeit von Albert Riedlinger, kritische Edition vorbereitet von Tullio de Mauro. Paris 1995, S. 116; Dt.: *Grundfragen der allgemeinen Sprachwissenschaft*, übers. v. Herman Lommel. Berlin ²1967, S. 95.
47 F. Saussure : *Cours de linguistique générale* (s. Anm. 46), S. 151, Dt. S. 128.
48 Ebd., S. 152, Dt. S. 130, Übersetzung geändert.

"Der Wert der Buchstaben ist lediglich negativ und differentiell; so kann ein und derselbe Mensch das *t* mit Abweichungen schreiben [...]. Das einzig Wesentliche ist, daß dieses Zeichen in seiner Handschrift nicht mit denjenigen von *l, d* usw. zusammenfließt."[49] Schüttpelz: "Ähnlichkeit genügt nicht, um die Gleichheit von Lettern zu erklären; und das ist nur ein besonderer Fall der Regel, *daß sich Gleichheit nicht aus Ähnlichkeit erschließen läßt.*"[50] 'Wiederholbarkeit' heißt Identität, und 'Identität' ist immer 'Wert' – "Man sieht also, daß [...] der Begriff der Identität mit dem des Wertes zusammenfließt und umgekehrt"[51] – in einem *gegebenen* differenziellen System. "[S]ein Inhalt ist richtig bestimmt nur durch die Mitwirkung dessen, was außerhalb seiner [*en dehors de lui*] vorhanden ist"[52], durch "das, was in Gestalt der andern Zeichen um dieses herum [*autour de lui*] gelagert ist".[53]

'Gegeben' heißt aber: als Ganzes gegeben, als 'Vollständigkeit'. Wenn Saussure als Beispiel für den Begriff des Systems die alphabetische Schrift wählt, dann unter anderem auch deshalb, weil dieses System feste und geschlossene Grenzen hat: "In der Schrift hat etwas Geltung – also Wert – nur dadurch, daß es andern Werten *innerhalb eines bestimmten Systems* gegenübersteht, das durch *eine bestimmte Anzahl* von Buchstaben gebildet wird. [...] Da das graphische Zeichen beliebig ist, so liegt nicht viel an seiner Form, oder vielmehr ist diese nur *innerhalb der von dem System gezogenen Grenzen* von Bedeutung."[54] Daß 'System' immer geschlossenes System bedeutet, geht auch daraus hervor, daß auch die kleinste Änderung an ihm – an dem, was 'um das Zeichen herum' ist – die 'Identität' des Zeichens selbst affiziert: "Der Beweis dafür ist, daß der Wert eines Gliedes verändert werden kann, ohne daß sein Sinn oder seine Laute in Mitleidenschaft gezogen würden, einzig und allein durch den Umstand, daß irgendein benachbartes Glied eine Umgestaltung erfahren hat."[55] Worauf der berühmte Hinweis auf das englische 'sheep' folgt, das zwar dieselbe "Bedeutung" habe wie das französische 'mouton', aber nicht denselben Wert, "weil, wenn von einem Stück Fleisch die Rede ist, das zubereitet und auf den Tisch gebracht wird, der Engländer *mutton* und nicht *sheep* sagt."[56]

Die Identität und Wiederholbarkeit eines jeden Zeichens – und nur Zeichen sind identisch und wiederholbar – hängt somit von einer anderen, übergeordneten Identität ab, nämlich von der Identität und Vollständigkeit des Systems,

---

49 Ebd., S. 165, Dt. S. 143.
50 E. Schüttpelz: *Figuren der Rede* (s. Anm. 22), S. 68, Herv. D. M. Diese "Regel" stellt vielleicht die wichtigste theoretische Grundlage für die vorliegende Argumentation dar. Der Sachverhalt wird am überzeugendsten in Derridas Husserllektüre demonstriert; vgl. *La voix et le phénomène* (s. Anm. 32), S. 55–56.
51 F. Saussure: *Cours de linguistique générale* (s. Anm. 46), S. 154, Dt. S. 131, Übersetzung geändert.
52 Ebd., S. 160, Dt. S. 138.
53 Ebd., S. 166, Dt. S. 144.
54 Ebd., S. 165, Dt. S. 143, Herv. D. M.
55 Ebd., S. 166, Dt. S. 144.
56 Ebd., S. 160, Dt. S. 138.

zu dem es gehört. Ich schreibe 'a' und nochmals 'a'; beide scheinen zunächst 'an und für sich' identisch zu sein; wenn aber das erste 'a' im Kontext eines 'deutschen' Satzes auftritt und das zweite in einem 'englischen' Kontext, dann sind sie es nicht, weil das deutsche 'a' auch z. B. den zusätzlichen Negativwert 'nicht 'ä'' hat, was beim englischen 'a' nicht der Fall ist. (Es sei denn, man ißt gerade ein Häagen-Dasz-Eis.) Die 'Identität' von 'a' und 'a' ist nur dann gesichert, wenn der jeweilige Kontext der beiden 'a' identisch, z. B. in beiden Fällen 'deutsches Alphabet' ist. Und diese Identität wiederum ist nur dann gegeben, wenn sie irgendwo als differenzieller Wert in einem anderen, wiederum übergeordneten systemischen Kontext auftritt. Die Identität des 'deutschen' Alphabets besteht nicht in seinen materiellen Eigenschaften, sondern in seinem "bloße[n] Wert" im System aller Alphabete: All das ist 'deutsches' Alphabet, was weder 'englisches' noch 'französisches' ... noch 'kyrillisches' Alphabet ist. Und all das ist 'alphabetische' Schrift, was weder 'hieroglyphische' noch 'ideographische' ... noch Keilschrift ist. Und all das ist 'Schrift', was ... : "il n'y a pas de hors-texte".[57] Wiederholbarkeit und Identität – die Begriffe sind gleichbedeutend – setzen immer die Vollständigkeit eines Kontextes voraus, die es realiter nie gibt, da jede Vollständigkeit eine übergeordnete Vollständigkeit voraussetzt *ad indefinitum.*

So daß man sagen muß: Ob es Wiederholbarkeit gibt, bleibt dahingestellt; das empirisch festzustellende und von Saussure in Anspruch genommene "Gefühl der Gleichheit" aber impliziert immer eine geschlossene Vollständigkeit, und wenn es diese nicht gibt, wird sie hergestellt. Damit "Ich habe fertig." als Fehler zitierbar sein kann, oder genauer: damit ich, wenn ich dies sage, das Gefühl haben kann, es handele sich um den 'gleichen' Fehler, was wiederum die Voraussetzung für das Gefühl ist, es handele sich überhaupt um einen Fehler; also: damit es "Ich habe fertig." als Fehler überhaupt geben kann, muß der Fehler als Wert im Kontext eines geschlossenen, vollständigen 'Systems' fungieren oder zumindest zu fungieren scheinen. Mit Saussure: im Kontext einer 'Sprache' (*langue*). Mit Clifford: im Kontext einer 'Kultur'. Einer identifizierbaren, eingegrenzten 'Kultur'. Und wenn es diese 'realiter' nicht gibt, wie Clifford beteuert, dann muß der 'Fehler' diese 'Kultur' 'fingieren'. "Ich habe fertig." – in seiner Rolle als zitiertem Fehler – wäre dann ein Beispiel für die Produktion von 'Kultur', für ihre Entstehung als Fiktion.

## IV. Kultur als zitierter Fehler

Trapattonis "Ich habe fertig." stellt einen Modellfall dar, anhand dessen sich diese Fiktion analysieren läßt. Sie besteht aus mehreren Teilen – mehreren miteinander verbundenen Teilfiktionen –, die sich gegenseitig bedingen und sich trotzdem deutlich voneinander unterscheiden lassen.

---

57 J. Derrida: *Grammatologie* (s. Anm. 21), S. 227.

Erste Fiktion: "Ich habe fertig." ist ein Fehler. Vermutlich rührt diese Vorstellung von der Auffassung her, es handele sich um die fehlerhafte Abweichung von 'ich bin fertig'. Hinter oder unterhalb der Äußerung läge eine tiefere Struktur, eine vor- oder außersprachliche Intention, deren 'grammatische' Realisierung 'ich bin fertig' lautet. Das ist es, was der Redner sagen wollte oder hätte sagen müssen, um das zum Ausdruck zu bringen, was er 'meinte'. Aber woher weiß man das? Woher weiß man, daß "habe" für 'bin' steht? Sein (fehlerhafter) Ersatz ist? Abgesehen davon, daß solche Argumente nie aufgehen – es läßt sich prinzipiell nie zeigen, daß ein gegebener Sprachvorgang der 'Ersatz' oder die 'Abweichung' von einem anderen, 'eigentlichen' oder 'eigentlicheren' Sprachvorgang ist, wie Schüttpelz nachweist[58] –, läßt sich diese Auffassung in diesem Fall durch den Hinweis zurückweisen, daß die Verbindung von 'fertig' mit dem Verb 'haben' im Deutschen durchaus gebräuchlich ist. Peter Härtling schreibt an eine Schulklasse, die ihm zuvor eine Liste von Fragen über seine schriftstellerischen Arbeitsgewohnheiten zugeschickt hatte: "Ihr fragt, was mit mir geschieht, wenn ich ein Buch fertig habe?" (Gefragt hatte man: "Was ist, wenn das Buch fertig ist?")[59] Die Überschrift einer Tageszeitung lautet: "Schneider bald vor Gericht. Staatsanwaltschaft hat die Anklage fertig und jetzt beim Gericht eingereicht."[60] Das Fehlerhafte von "Ich habe fertig." läge demnach nicht im Gebrauch von 'haben', sondern allenfalls im Fehlen einer notwendigen Ergänzung im Akkusativ. "Ich habe fertig." wäre demnach ein Verstoß gegen die 'Valenz' des Verbs 'fertighaben', das ein Akkusativobjekt verlangt: '*etwas* fertighaben' und nicht 'fertighaben'.

Nur, daß auch beim Gebrauch von Verben, die eine solche Valenz haben oder zu haben scheinen, das Akkusativobjekt weggelassen werden kann und auch weggelassen wird.[61] So z. B. im Falle des Verbs 'nehmen'. Hier wird ein Akkusativobjekt als obligatorisch angesehen:[62] 'ich nehme das Geld' aber nicht *'ich nehme'. Diese 'Regel' ist aber keine, zumindest nicht im Sinne einer wissenschaftlichen – und das heißt immer deskriptiven – Grammatik. Denn wie will der Autor dieser Regel folgendes erklären: "AZDAK *setzt sich*: Ich nehme. *Der Wirt gibt ihm seufzend Geld.*"[63] Als Fehler? Dann stellt dieser Fehler eine Norm dar, begegnet er doch mindestens zwei Mal im gleichen Text.[64] Als Figur? Aber warum nicht einfach als Sprache (womit freilich die 'Regel' hinfällig würde)? Am 23. März 2002 hörte ich im Postamt Endenich

---

58 Vgl. E. Schüttpelz: *Figuren der Rede* (s. Anm. 22), S. 13–66 und passim.
59 http://www7.studentlitteratur.se/appia/tyska/hartling/autor.htm, eingesehen am 30.03.02.
60 *taz*, 4.1.97, S. 6.
61 Vgl. Schüttpelz zu dem von Uriel Weinreich als "deviant on grammatical grounds" aufgeführten Beispiel "*He puts.": "[P]ragmatisch u.U. korrekt: 'Does he put it or not?' – 'He puts.'", *Figuren der Rede* (s. Anm. 22), S. 508.
62 Helbig, Gerhard/Schenkel, Wolfgang: Wörterbuch zur Valenz und Distribution deutscher Verben, Leipzig 1978, S. 317–319.
63 Brecht, Bertolt: Der kaukasische Kreidekreis, in: ders.: Ausgewählte Werke in sechs Bänden. Jubiläumsausgabe zum 100. Geburtstag, Frankfurt/M. 1997, S. 649.
64 Vgl. B. Brecht: Der kaukasische Kreidekreis (s. Anm. 63), S. 646.

bei Bonn, wie die Postangestellte am Schalter an einen Kunden, der rechts neben mir stand und drei große Pakete zum Absenden fertigmachte, die Frage richtete: "Haben Sie fertig?" Das 'obligatorische' Akkusativobjekt war in diesem Fall nicht nötig – es verstand sich von selbst, sein Referent lag beiden Sprechern vor Augen. Wäre die Antwort auf diese Frage nicht möglicherweise: 'Ja, ich habe fertig'?

Und wenn man nicht geneigt ist, diesen Sprachvorgang als möglich anzusehen, *warum* ist man es nicht? Weil die Äußerung 'an sich' – d. h. losgelöst oder abgesehen vom jeweiligen Kontext – ungrammatikalisch ist? Oder vielmehr weil sie sich von *einem* Kontext gar nicht lösen kann, der ihr ein für allemal den Status des 'falschen' verliehen hat – der 'Pressekonferenz' von Giovanni Trapattoni? Hat vielleicht das stetige Zitieren des immer wieder als 'falsch' abgestempelten Satzes uns für die Möglichkeit taub gemacht, daß er in einigen Kontexten nicht unbedingt als 'falsch' erscheinen müßte? (Das wäre allerdings der beste Beleg für die unvergeßliche, unauslöschliche Besonderheit von Trapattonis Äußerung, für ihre unverwechselbare 'Signatur'. Sie hätte die deutsche Sprache nachhaltig verändert – und zwar nicht, wie behauptet wurde, 'bereichert'[65], sondern vielmehr beraubt. Denn sie hätte eine syntaktische Möglichkeit, die immer schon gegeben war, als 'falsch' oder 'fremd' markiert und so bis auf absehbare Zeit der deutschen Sprache entzogen.) An sich, losgelöst vom Kontext der Pressekonferenz, ist die wiederholbare sprachliche Einheit 'Ich habe fertig.' nicht ohne weiteres als 'falsch' oder 'richtig' erkennbar. Die Unentscheidbarkeit betrifft nicht nur, oder vielmehr gar nicht, das Projekt einer Theorie der 'Figur' im Unterschied zum 'Fehler', sondern auch, oder vielmehr nur, den Einzelfall. Es bleibt fraglich, ob 'Ich habe fertig.' immer und überall, *in allen möglichen Kontexten*, ein Fehler ist. Genau dies aber ist die Bedingung dafür, daß "Ich habe fertig." überhaupt, *in irgendeinem Kontext*, als Fehler erkannt werden kann.

Zweite Fiktion: "Ich habe fertig" kommt von 'ho finito'. Die zweite Fiktion bedingt die erste, die sonst nicht zu erklären wäre, und stellt, wie mir scheint, den Hauptgrund dafür dar, daß "ich habe fertig" zu einem so weit verbreiteten geflügelten Wort wurde. Läge es nur an der tatsächlichen oder imaginierten Ungrammatikalität des Satzes, so würde man nicht erklären können, warum z. B. die anderen, in ihrer Grammatikalität ebenso fragwürdigen Sätze Trapattonis nicht ebenfalls 'Flügel' bekamen.[66] Es ist auch so, daß jeder, der irgendeine geläufigere Fremdsprache auch nur ein wenig kann, weiß oder zu wissen meint, daß 'haben' dort stehen kann, wo im Deutschen 'sein' steht: 'j'ai fini', 'ho finito', 'I've finished'. Indem man Trapattoni unterstellt, er habe einfältigerweise seine italienische 'Muttersprache' 'wörtlich' oder 'Wort für Wort'

---

65 Trapattoni sei gelungen, "was 100 Rechtschreibreformen nicht schaffen, nämlich 'Grammatik und Wortschatz' hierzulande 'nachhaltig zu bereichern'." Wolter, Brigitte: "Verwählt", in: Die Zeit, 22.10.1998.
66 Zwar werden andere Äußerungen aus der Rede – "wie eine Flasche leer" – auch häufig zitiert, sie scheinen aber der Umfrage zufolge nicht so bekannt zu sein wie "ich habe fertig".

'übersetzt', behauptet man a) daß er kein Deutsch kann und b) daß man selber Italienisch kann, und zwar besser als er Deutsch. Wie dem auch sei: Die Vorstellung, "ich habe fertig" sei die 'Übersetzung' von 'ho finito', läßt sich durch keine mögliche Beobachtung bestätigen. Sie ist nichts als eine psychologisierende Konstruktion, ein Stück 'othering', eine Vereinnahmung des anderen, den man besser zu verstehen behauptet, als er sich selbst versteht. Es *mag zwar sein*, daß, wenn man spricht, oder sagen wir vorläufig: wenn ein 'Ausländer' 'Deutsch' spricht, die sogenannte Muttersprache des Sprechers sich in irgendeiner Weise auf sein Sprechen auswirkt. Wir können diese Möglichkeit vorläufig einräumen, obwohl sie, hierauf wird zurückzukommen sein, von sehr problematischen Annahmen über die Identität der einzelnen 'Sprachen' (etwa: Deutsch, Italienisch, etc.) ausgeht. Aber auch wenn es eine solche Interferenz zwischen zwei 'Sprachen' geben sollte, heißt das noch lange nicht, daß der 'Fehler' *in diesem Fall* von der 'Präsenz' oder 'Halbpräsenz' des 'Italienischen' in Trapattonis "Gehirn" (um Saussures Gebrauch dieses Worts zu zitieren[67]) herrührt. Diese Behauptung bleibt eine Vermutung, und nichts, auch eine Bestätigung von Trapattoni, könnte sie je belegen.

Wenn wir aber ohnehin schon beim Vermuten sind, scheint es mir mehr als wahrscheinlich, daß die Gründe für Trapattonis Verbwahl einzig in der deutschen Sprache zu finden sind. Der Ton seiner Rede ist zunächst emotional aufgeladen und wird bald sehr laut; am dynamischen Höhepunkt der Rede angelangt, schlägt Trapattoni mehrfach mit der Hand auf das Pult.[68] Der abschließende Satz "Ich habe fertig." wirkt dagegen regelrecht zahm. Er heißt vielleicht: 'Ich habe mich ausgetobt, meine Wutrede fertiggestellt, und bin jetzt wieder gefaßt'. Wenn dies die Absicht des Sprechers war, dann hätte der Satz 'Ich bin fertig' äußerst unpassende Konnotationen gehabt, etwa: 'Ich bin mit meinen Nerven fertig', 'ich bin (von der Anstrengung meiner Rede) erschöpft', oder auch: 'Sie sehen doch: Strunz, Basler und Scholl haben mich fertig *gemacht*, so daß ich jetzt (vollkommen) fertig *bin*'. Überhaupt hat der Satz 'Ich bin fertig' unkontrollierbare und gegensätzliche Bedeutungen. 'Ich bin schon fix und fertig' kann je nach Kontext und Tonfall 'wir können jetzt gehen'[69] oder 'ich bin kaputt' bedeuten, oder auch beides. Demgegenüber sind die Konnotationen von 'ich habe fertig' – etwa als 'Ellipse' für 'ich habe fertig*gesprochen*' – der Situation eher angemessen. Schließlich war nicht *er* fertig, sondern nur seine Rede.

Dritte Fiktion: Deutsch und Italienisch sind zwei verschiedene Sprachen. Die zur Aufklärung dieses Irrtums notwendigen Nachweise liefert Schüttpelz' Studie[70]; hier kann ich nur auf einige wenige Punkte eingehen, ausgehend vom Begriff des Dialekts. Tatsächlich weist jede Sprache – ganz deutlich im

---

67 F. Saussure: *Cours de linguistique générale* (s. Anm. 46), S. 28, Dt. S. 14.
68 Vgl. Fajga, Uwe: *Lächeln mit den Bayern. 111 lustige Geschichten über den berühmtesten Verein Deutschlands*. Pfaffenweiler 2001, S. 46.
69 "er ist schon fix und fertig <umg.> (zum Weggehen, zur Abfahrt)". Wahrig Deutsches Wörterbuch, Gütersloh 1979, Sp. 1282 (Artikel "fertig").
70 E. Schüttpelz: *Figuren der Rede* (s. Anm. 22), vor allem S. 206–227.

Falle des 'Deutschen' – eine innere Heterogenität auf; sie besteht gleichsam aus mehreren kleineren Sprachen. Man kann versuchen, die Identität des Deutschen als die Summe aller deutschen Dialekte zu definieren (als einen 'Überdialekt'), – was zu dem Ergebnis führt, daß es unmöglich ist, Deutsch zu sprechen, weil die dialektalen Unterschiede sich in vielen Punkten gegenseitig ausschließen. Man kann dann die Identität der Sprache an einem ausgewählten Standarddialekt (etwa dem Hannoverschen) festzumachen versuchen, oder aber die Idee von verschiedenen Sprachen zugunsten der Realität der Dialekte ganz aufgeben. So oder so kommt man mit Saussure zu dem Schluß, daß "zwischen Dialekten und Sprachen nur ein Unterschied des Grades, nicht ein Unterschied des Wesens besteht".[71] Die Frage nach der Verschiedenheit der Sprachen läuft somit auf die Frage nach den Dialekten hinaus. Die Dialekte erscheinen als die kleinsten natürlich gegebenen Einheiten, die aller Verschiedenheit der Sprachen zugrunde liegen.

Fragt man nun nach der Identität der Dialekte, so stellt man bald mit Saussure fest: "[E]s gibt unter natürlichen Verhältnissen [...] keine natürlichen Dialekte; oder was auf dasselbe hinausläuft, es gibt so viele Dialekte wie Orte."[72] Denn die Identität eines Dialekts hängt gänzlich davon ab, nach welchen Eigentümlichkeiten gefragt wird. Fragt man nach bestimmten Eigenschaften – etwa, ob man 'Samstag' oder 'Sonnabend', 'Fleischer' oder 'Schlachter' sagt –, so wird man zwar "einen Flächenraum erhalten, über den sich die Geltung und Ausbreitung der in Rede stehenden Sprachtatsachen erstreckt". Aber: "es ist kaum nötig zu bemerken, daß das ein künstliches Verfahren ist, und daß die so gezogenen Grenzen keinen wirklichen Dialekt darstellen."[73] Denn je nach Eigentümlichkeit (oder "Glossem"[74]) wird man einen anderen Flächenraum erhalten. Würde man alle Eigentümlichkeiten berücksichtigen, die Sprache aufweist (vorausgesetzt, dies wäre möglich), so würde man feststellen, daß Sprache überall, das heißt: an jedem Punkt anders ist; "es gibt so viele Dialekte wie Orte". Dialektgrenzen sind allgegenwärtig.

Verschiedene 'Sprachen' oder 'Dialekte' ließen sich folglich nur dann feststellen, wenn manche dieser Grenzen 'einschneidender' wären als andere. Wenn Deutsch und Italienisch zwei verschiedene Sprachen sind, dann nur deshalb, weil z. B. die Spracheigentümlichkeiten, die man in Innsbruck und Verona beobachten kann, 'differenter' sind als die, die man in den etwa gleich weit entfernten Städten Innsbruck und Stuttgart beobachten kann. Aber was heißt 'differenter'? Je nach dem, welche Eigenschaften als Glosseme angesehen werden, wird man mehr oder weniger Differenzen feststellen. Es ließen sich Kategorien definieren – etwa der Intonation, der Dynamik, der Redegeschwindigkeit o.ä. –, die Eigenschaften bezeichnen, die man in Verona und Innsbruck, aber nicht in Stuttgart beobachten kann. Will man diese Eigenschaften

---

71 F. Saussure: *Cours de linguistique générale* (s. Anm. 46), S. 264, Dt. S. 231.
72 Ebd., S. 276, Dt. S. 241. Vgl. E. Schüttpelz: *Figuren der Rede* (s. Anm. 22), S. 214: "Die natürliche Sprache hat keinen natürlichen Ort."
73 F. Saussure: *Cours de linguistique générale* (s. Anm. 46), S. 276, Dt. S. 242.
74 Ebd., S. 277, Dt. S. 242.

als 'nicht zum Kerngebiet der Sprache gehörig' oder 'weniger signifikant' marginalisieren, dann stellt man eine *Hierarchie der Signifikanz* auf, die keine allgemeine Gültigkeit für sich beanspruchen kann. In Verona mißt man vielleicht bestimmten Nuancen der Gestik einen Grad an 'Signifikanz' bei, der denjenigen übertrifft, den man in Stuttgart vergleichbaren Nuancen der Semantik oder der Syntax beimißt. Von Verona aus würde man dann u. U. andere Sprachgrenzen als 'einschneidend' oder konstitutiv ansehen als von Stuttgart aus bzw. die relative Wichtigkeit verschiedener sprachlicher Grenzen anders einschätzen. Die Grenzen, die man als 'sprachlich' ansieht, sind nicht objektiv vorhanden, sondern sie werden durch eine Vorentscheidung über die Form der Signifikanz – darüber, was als 'Sprache' zu gelten hat – bestimmt.

Vierte Fiktion: "Ich habe fertig" war etwas Neues. Die Widerlegung dieser irrigen Annahme geht aus der Widerlegung der ersten und dritten Fiktion hervor, betrifft aber deutlicher als diese das Moment der Zeit.[75] Trapattonis 'Neuerung' scheint in der Schaffung einer neuen Valenz für das Verb 'fertighaben' zu liegen, das seit seiner Rede, und erst seitdem, auch 'absolut', d. h. ohne Ergänzung gebraucht werden konnte: "Schily hat fertig"[76], "Berlin hat fertig"[77] usw. Man könnte mit Saussure von einer "Erneuerung durch Analogie" sprechen: Nach dem Muster von 'beginnen', das sowohl mit als auch ohne Akkusativobjekt auftreten kann – 'ich beginne die Rede' oder 'ich beginne' –, tritt nun auch 'fertighaben' absolut auf: 'ich habe die Rede fertig' oder 'ich habe fertig'.[78] Aber auch hier drängt sich das Problem der Abgrenzung auf. Wie unterscheidet man zwischen der systemischen Änderung einer Sprache und einer – vielleicht 'erstmaligen' – Realisierung der an sich unendlichen formalen Möglichkeiten dieser Sprache?[79] Zwischen veränderter *langue* und einfacher *parole*? Jeder Sprachvorgang ist in gewissen Hinsichten – und sei es nur phonetischen – 'erstmalig'; 'Erstmaligkeit' sagt also nichts darüber aus, ob ein Sprachvorgang im systemischen Sinne oder nur im Sinne der *parole* als 'neu' anzusehen ist. Auch wenn Trapattoni der erste war, der 'fertighaben' ohne Akkusativobjekt gebrauchte, kann dieser Gebrauch als latente Möglichkeit immer schon im System der deutschen Sprache angelegt gewesen sein. (Gerade die Analogie, in der Saussure ein "Prinzip der Erneuerung *und der Erhaltung*"[80] sehen

---

75 Vgl. dazu E. Schüttpelz: *Figuren der Rede* (s. Anm. 22), S. 174–205.
76 *taz*, 14.7.98, S. 5.
77 *taz*, 16.7.99, S. 19.
78 Vgl. F. Saussure: *Cours de linguistique générale* (s. Anm. 46), "L'analogie principe des créations de la langue", S. 226–230, Dt. S. 197–201.
79 Auch das empirische Projekt einer "probabilistischen" Grammatik scheint auf diese Frage keine Antwort zu haben: "Es können keine Unterscheidungen zwischen anormalen Ketten getroffen werden, die von Zeit zu Zeit auftreten, und denen, die schon zur Sprache gehören (vgl. das 'geflügelte Wort' *ich habe fertig* [...])." Motschmann, Uta: "Probabilistische kontextfreie Grammatiken". http://www.inf.fu-berlin.de/~froetsch/linguistik/ausarbeitungen/html/motschmann/, eingesehen am 20.03.02.
80 F. Saussure: *Cours de linguistique générale* (s. Anm. 46), S. 235, Dt. S. 205; Herv. D. M.

will, liefert kein zuverlässiges Kriterium für systemische 'Neuheit'.) Mit den zeitlichen Abgrenzungen verhält es sich wie mit den räumlichen oder dialektalen: Ihr Vorhandensein hängt davon ab, welche Signifikanz man welchen Spracheigentümlichkeiten zuspricht. Zuzeiten scheint eine 'Abweichung' in der Valenz eines Verbs gar nicht aufzufallen – wie etwa in der Frage der Postangestellten an den Kunden, der seine Paketzettel gerade fertig hatte. Ob das erste Auftreten eines Verbs ohne Akkusativobjekt überhaupt als 'Abweichung' wahrgenommen wird, hängt gänzlich davon ab, welche Differenzen als signifikant im Sinne der Sprachänderung angesehen werden; und diese Hierarchie der Signifikanz ist selbst der zeitlichen Verschiebung unterworfen, die sie zu erklären vorgibt.

Die vier Fiktionen produzieren Entscheidbarkeiten, wo keine sind. Damit "ich habe fertig" als Fehler zitiert werden kann, müssen gewisse Dinge als selbstverständlich gelten: daß die Wortfolge 'ich habe fertig' in allen Kontexten ein Fehler ist, nicht zur deutschen Syntax gehören kann, von keinem 'Muttersprachler' je gesagt werden könnte usw. Aber diese Entscheidbarkeiten, die dem Zitieren von Trapattonis Äußerung zugrunde liegen, treffen alle auf das Zitierte – die 'ursprüngliche' Äußerung Trapattonis – nicht zu. Denn Trapattonis Äußerung war alles andere als entscheidbar: Sie war eben (vielleicht) kein Fehler, (vielleicht) keine Übersetzung aus dem Italienischen, (vielleicht) keine 'Erneuerung' oder 'Bereicherung' der deutschen Syntax. Das Zitieren des 'Fehlers' ändert das Zitierte, indem es ihm eine Entscheidbarkeit verleiht, die in der 'ursprünglichen' Redesituation nicht vorhanden war, die vielleicht sogar nie vorhanden ist. Während man sonst, auch als 'Muttersprachler', immer wieder 'Zweifelsfällen' begegnet, bei denen man sich fragen kann, ob ein Satz korrekt ist oder nicht – 'Kann man das so sagen?', 'Sagt man das so?' –, gibt es beim Zitieren von "ich habe fertig" keinen Zweifel. In dem Moment, in dem man dieses Stück 'fremder Rede' zitiert, ist man sich seiner eigenen Sprache sicher. Zumindest dann weiß man, daß man eine Sprache hat, deren Grenzen und Möglichkeiten feststehen. Man weiß es dann wie vielleicht sonst nie.

## V. Schluß

"Language is heteroglot from top to bottom"[81], "*Keine Kultur [...] ist monokulturell*"[82]. Auf diese paradoxen Thesen läßt sich antworten: prinzipiell ja, effektiv nein.

Einerseits habe ich zu zeigen versucht, daß die Identität einer 'Kultur' oder einer 'Sprache' nie gegeben ist, sondern erst durch eine Beschreibung 'von außen' erzeugt wird; diese Beschreibung wiederum ist nur möglich innerhalb einer (anderen) 'Sprache', deren Identität auch nie gegeben ist, sondern eben-

---

81 Vgl. Anm. 11.
82 Vgl. Anm. 19.

falls nur durch eine Beschreibung von 'außen' erzeugt werden kann. Die 'Identität' einer Sprache ist immer eine (fragliche) Fremdreferenz. Das 'logische' Verhältnis zwischen 'Zweit-' und 'Erstsprache' kehrt sich somit um; wenn eine Sprache erst über die Fremdreferenz zu ihrer eigenen Identität gelangt, dann ist die Zweitsprache die 'Erstsprache'. Damit man überhaupt sprechen kann, muß man erst eine 'andere' Sprache (nach)sprechen, die einem die Identität der eigenen Worte garantieren kann. Das Paradigma des Sprechens überhaupt ist das (Aus)sprechen der Sprache des 'anderen', oder, was auf dasselbe hinausläuft: das Zitieren fremder Rede. "'Je n'ai qu'une langue, ce n'est pas la mienne.'"[83] Damit ein Wort überhaupt ein Wort sein kann, als Einheit wiederholbar sein kann, muß es als Zitat, als 'fremde Rede' markiert sein. Alle Sprache ist Fremdsprache, die Grenze zwischen Eigenem und Fremdem verläuft überall.

Andererseits aber ist diese Grenze effektiv stets lokalisierbar. "Schily hat fertig". Diese Wortgruppe ist auf *bestimmte* Weise mehrstimmig. Nach dem ersten Wort, und genau dort, hört man einen Schnitt: "Schily 'hat fertig'". Der unsichtbare aber hörbare Anführungsstrich innerhalb des Satzes zieht eine Grenze zwischen eigener und fremder Rede, zwischen Eigenem und Fremdem überhaupt. Der konstitutive Mechanismus kultureller Identität ist ein Anführungsstrich, der dasjenige als fremd abgrenzt, was *vielleicht* nur Eigenes immer schon war oder hätte sein können. Dieser Effekt, so illegitim er sein mag, ist notwendig. Ohne die Fiktion, daß manche Rede fremder sei als andere, gäbe es nicht nur keine Sprachen, sondern keine Sprache. Anstatt immer wieder die Heterogenität jeder Sprache oder Kultur zu beschwören, wäre es vielleicht an der Zeit anzuerkennen, daß es tatsächlich 'Eigenes' gibt; und dieses Eigene ist der Anführungsstrich. Der 'Deutsche' z. B. ist nie so deutsch wie in dem Moment, wo er 'falsches' 'Deutsch' spricht – als 'Zitat'. "Ich habe fertig" war vielleicht Deutsch, vielleicht auch nicht, aber "'ich habe fertig'" ist es allemal.

---

83 Derrida, Jacques: *Le monolinguisme de l'autre ou la prothèse d'origine*. Paris 1996, S. 13.

# Rhetorik mit Akzent:
# Mündlichkeit, Schriftlichkeit und Rhetorik
# der Kulturbeschreibung bei Herder

CHENXI TANG (Chicago)

*Chommoda* dicebat, si quando *commoda* vellet
dicere, et *insidias* Arrius *hinsidias*,
et tum mirifice sperabat se esse locutum,
cum quantum poterat dixerat *hinsidias*.
credo, sic mater, sic Liber avunculus eius,
sic maternus avus dixerat atque avia.
Hoc misso in Syriam requierant omnibus aures:
audibant eadem haec leniter et leviter,
nec sibi postilla metuebant talia verba,
cum subito affertur nuntius horribilis,
Ionios fluctus, postquam illuc Arrius isset,
iam non *Ionios* esse, sed *Hionios*. (Catullus LXXXIV)

So wenig als es zween Menschen ganz von einerlei Gestalt und Gesichtszüge: so wenig kann es zwo Sprachen, auch nur *der Aussprache nach*, im Munde zweener Menschen geben, die doch nur eine Sprache wären. Jedes Geschlecht wird in seiner Sprache *Haus- und Familienton* bringen: das wird, der Aussprache nach, verschiedene Mundart.[1]

Daß Arrius den vom Mund seiner Mutter und Großmutter in seinen eigenen Mund eingeflossenen Akzent nicht loswerden kann, ist Grund genug, daß er der Lächerlichkeit preisgegeben wird. Achtzehn Jahrhunderte nach Catullus erfährt der Akzent eine radikale Umwertung. In Herders Sprachtheorie macht gerade der »Haus- und Familienton« das Wesen der menschlichen Sprache aus. Der dem Mund der Mutter innewohnende Tonfall wird ans Kind weitergegeben und manifestiert sich in Familien-, Stammes- und Nationalakzenten. Der Akzent ist somit das wesentlichste Kennzeichen der Muttersprache, das Schibboleth, an dem die sprachliche Identität eines Einzelnen erkennbar wird. Der Kontrast zwischen Catullus' Verhöhnung und Herders Zelebrierung des Akzents ist symptomatisch für eine tiefgreifende Umwandlung der rhetori-

---

1 Herder, Johann Gottfried: *Abhandlung über den Ursprung der Sprache. Werke in zehn Bänden*, Bd. 1. Frankfurt/M. 1985, S. 792. Herders Kursivierung. Im vorliegenden Beitrag wird Herder durchgehend nach der neuen Frankfurter Ausgabe *Werke in zehn Bänden* (1985–2000) zitiert. Im folgenden abgekürzt als *Werke*. Die nicht in dieser Ausgabe aufgenommenen Texte werden nach der Suphan-Ausgabe zitiert.

schen Kultur Europas im späten achtzehnten Jahrhundert, die vielfach als das Ende der Rhetorik beschrieben worden ist.[2] Der vorliegende Beitrag setzt sich das Ziel, diese Umwandlung am Beispiel des Herderschen Denkens erneut nachzuzeichnen, wobei die These vertreten wird, daß das Ende der monokulturell geprägten alten Rhetorik zugleich eine neue rhetorische Praxis hervorruft, die der Pluralität der Kulturen in einer global erschlossenen Welt Rechnung trägt, und zwar dadurch, daß der Nexus von Mündlichkeit und Schriftlichkeit neu konfiguriert wird.

## I.

Die von Catullus scherzhaft thematisierte Problematik des Akzents findet in der Systematik der *ars rhetorica* durchaus Beachtung.[3] In Ciceros *De Oratore* belustigen sich Crassus und sein Gesprächspartner über einen nicht unähnlichen Fall.[4] In der urbanen Kultur Roms wirkt jedwede Eigenheit in der Aussprache unvermeidlich komisch. Deshalb schlägt Crassus vor, eine reine und standardisierte Aussprache zu pflegen: »Quare cum sit quaedam certa vox Romani generis urbisque propria, in qua nihil offendi, nihil displicere, nihil animadverti possit, nihil sonare aut olere peregrinum, hanc sequamur, neque solum rusticam asperitatem sed etiam peregrinam insolentiam fugere discamus«.[5] Dieser Vorschlag wird im Rahmen der Diskussionen über *puritas* als die erste der vier Tugenden der sprachlichen Darstellung gemacht. Die Forderung nach einer reinen, d. h. akzentfreien Aussprache ist gemeinhin ein Bestandteil der *puritas*-Lehre.

Nun darf man der *puritas*-Lehre einen ungewöhnlichen Stellenwert in der Systematik der Rhetorik zuschreiben, denn wie kaum ein anderes Konzept gibt sie Aufschluß über den kulturellen Funktionsanspruch des ganzen rhetorischen Unternehmens. Wie alle anderen Tugenden der *elocutio* wird *puritas*

---

2 Darüber, daß im späten 18. Jahrhundert ein tiefgreifender Einschnitt in der rhetorischen Kultur Europas zu beobachten ist, herrscht in der Forschung weitgehend Konsens. Einen Überblick über diesen Einschnitt bietet: Bender, John/Wellbery, David: »Rhetoricality: On the Modernist Return of Rhetoric«. In: dies. (Hg.): *The Ends of Rhetoric*. Stanford 1990, S. 3–39.
3 Das eingangs zitierte Gedicht von Catullus wird von Quintilian beim Erläutern von Barbarismen in der Aussprache als Beispiel herangezogen. Die Abweichung in Arrius' Aussprache besteht darin, den Hauchlaut *h*, der hätte stumm bleiben sollen, zu aspirieren, was strenggenommen kein Problem des Akzents im Sinne der *prosodíai* darstellt. Zu verschiedenen Arten von Barbarismen in der Aussprache siehe Quintilian: *Institutio Oratoria*. 1. 5. 17–33. Im vorliegenden Beitrag wird der Akzent nicht ausschließlich technisch als *prosodíai* oder Betonung, sondern im weiteren Sinne als die Eigentümlichkeit der Aussprache im allgemeinen aufgefaßt.
4 »Cotta noster, cuius tu illa lata, Sulpici, nonnunquam imitaris ut iota litteram tollas et E plenissimum dicas, non mihi oratores antiquos sed messores videtur imitari«. Cicero: *De Oratore*. III. xii. 46.
5 Cicero: *De Oratore* (s. Anm. 4), III. xii. 44.

als eine Norm bestimmt, die mit möglichen Verstößen in einem dynamischen Verhältnis steht. Die Verstöße, gegen die *puritas* das rechte Maß zu halten hat, heißen bekanntlich Barbarismus und Solözismus. Als eine Anforderung an den Redner, seine eigene Sprache bewußt zu pflegen, indem er sich gegen Barbaren abgrenzt und sich davor hütet, so zu sprechen wie die der Sprachverwirrung und -hybridisierung hoffnungslos verfallenen Bewohner von Soloi, zielt *puritas* einerseits auf die Reinhaltung der eigenen Sprache, andererseits aber deutet sie auf die Existenz anderer Sprachen hin, vor denen es sich zu schützen gilt. Damit erfüllt *puritas* eine einzigartige Doppelfunktion. Als ein Element innerhalb des Systems der Rhetorik dient sie als das unentbehrliche Fundament der wirkungsvollen Rede, denn ohne die von ihr geforderte Richtigkeit der Sprachverwendung wären andere Stilqualitäten bloß unnütze Luftschlösser. Daher siedelt Quintilian *puritas* in der Domäne der dem Rhetorikstudium vorausgehenden Grammatikausbildung an. Unbeschadet ihrer festen Einbindung in das Regelgebäude der Rhetorik ermöglicht *puritas* aber auch eine Außenperspektive auf das Regelgebäude als ein Ganzes, verweist sie doch auf eine bedrohliche, wenn auch leicht bezwingbare Außenwelt. *Puritas* soll für die Abwehr der aus der Außenwelt stammenden barbarischen Invasion oder solözistischen Kontaminierung der eigenen, rhetorisch zu kultivierenden Sprache sorgen. Damit fungiert sie nicht nur als das Fundament, sondern auch als das streng bewachte, unpassierbare Tor des Gebäudes. In dieser letzten Funktion gibt *puritas* den Blick auf die kulturelle Funktionsbestimmung der Rhetorik frei, die sich besonders gut an Quintilians Klassifikation der Barbarismen ablesen läßt. Als den ersten auf seiner Liste von Barbarismen nennt er den Einbruch von ethnischen Wörtern, etwa den afrikanischen oder hispanischen, ins gute Latein. An zweiter Stelle folgt allerlei sozial unzulässiger Sprachgebrauch, etwa der Gebrauch von unverschämten, drohenden oder grausamen Worten. Zuletzt werden verschiedene fahrlässige Sprachverhalten genannt wie das Hinzufügen, Weglassen, Austauschen und Verlegen von Buchstaben und Silben.[6] Die erste Kategorie der Barbarismen bringt zum Vorschein, daß Rhetorik ein kulturstiftendes Unternehmen darstellt, das auf der Ausgrenzung des Fremden fußt[7], ist es doch offensichtlich, daß der Barbarismus-Begriff eine asymmetrisch gesetzte Selbst- und Fremdbestimmung impliziert, die die wechselseitige Anerkennung des Eigenen und des Fremden ausschließt.[8] Die zweite Kategorie rückt die die Gesellschaftlichkeit fördernde und festigende Funktion der Rhetorik ins Licht und die

---

6 Quintilian: *Institutio Oratoria* (s. Anm. 3), 1. 5. 8–10.
7 Daß Reinheitsgebot und Kulturstiftung miteinander Hand in Hand gehen, ist ein ethnographischer Gemeinplatz. Über Reinheitsregel und Kulturstiftung im archaischen Griechenland vgl. Redfield, James: *Nature and Culture in the* Iliad: *The Tragedy of Hector*. Durham, London 1994, S. 160–223.
8 Die im Begriff ›Barbarismus‹ enthaltenen Anklänge an das asymmetrische Begriffspaar Griechen-Barbaren sind wohl nicht zu überhören. Vgl. Koselleck, Reinhart: »Zur historisch-politischen Semantik asymmetrischer Gegenbegriffe«. In: ders.: *Vergangene Zukunft*. Frankfurt/M. 1979, S. 211–259.

letzte unterstreicht die Wichtigkeit der Sprachpflege. Von besonderem Interesse in unserem Kontext ist die an der ersten Kategorie ablesbare Funktion der Rhetorik, eine bestimmte Sprache unter Ausgrenzung (einschließlich ironischer Unschädlichmachung) der anderen Sprachen zu verfeinern und zu normieren. Diese Funktion macht den einsprachig-monokulturellen Charakter der alten Rhetorik aus. Die Tatsache, daß die *puritas*-Lehre nicht nur die Vermeidung ausländischer, sondern auch regionaler Abweichungen (nämlich Provinzialismen) vorschreibt, hebt diesen monokulturellen Charakter nur noch mehr hervor.[9] Selbstbehauptung gegenüber dem Außen geht mit Selbstkonsolidierung im Inneren einher.

Der einsprachig-monokulturelle Charakter der Rhetorik, der jedwede Abweichung – hinsichtlich der Aussprache, also jedweden ausländischen oder regionalen Akzent – untersagt, beruht auf ihrer fundamentalen Schriftlichkeit. Zwar gibt es in einer oralen Kultur auch große Redner wie Nestor oder Odysseus. Aber eine *ars rhetorica* wird erst möglich in einer Schriftkultur, tritt sie doch von vornherein als eine Kunst auf, die bestrebt ist, mündliche Kommunikation durch die Schrift zu manipulieren und zu normieren.[10] Schon Platon hat die schriftliche Grundlage der Rhetorik erkannt. Deshalb geht seine Polemik gegen sophistische Rhetorik Hand in Hand mit seiner Schriftkritik. Was die sophistische Rede auszeichnet, ist die geschickte Ausbeutung der Distanz zwischen schriftlicher Planung und mündlicher Ausführung, die »produktive Entkoppelung von schriftgestützter Rede-Komposition und (meist) im Medium des Mündlichen erfolgender Rede-Rezeption«.[11] Es ist diese Entkoppelung von Schrift und mündlicher Rede, die den Sophisten zur überwältigenden Wirkung verhilft, die sie gleichzeitig aber auch, Platons Ansicht nach,

---

9 Vgl. dazu Härle, Gerhard: *Reinheit der Sprache, des Herzens und des Leibes. Zur Wirkungsgeschichte des rhetorischen Begriffs* puritas *in Deutschland von der Reformation bis zur Aufklärung*. Tübingen 1996, bes. S. 155 f.

10 Walter Ong stellt fest:»Homeric and the pre-Homeric Greeks, like oral peoples generally, practiced public speaking with great skill long before their skills were reduced to an ›art‹, that is, to a body of sequentially organized, scientific principles which explained and abetted what verbal persuasion consisted in. [...] Oral cultures, as has been seen, can have no ›arts‹ of this scientifically organized sort. No one could or can simply recite extempore a treatise such as Aristotle's *Art of Rhetoric*, as someone in an oral culture would have to do if this sort of understanding were to be implemented. Lengthy productions follow more agglomerative, less analytic, patterns. This ›art‹ of rhetoric, though concerned with oral speech, was, like other ›arts‹, the product of writing«. *Orality and Literacy: The Technologizing of the Word*. London, New York 1982, S. 109. Zur Schriftlichkeit der Rhetorik siehe auch Bohn, Cornelia: *Schriftlichkeit und Gesellschaft. Kommunikation und Sozialität der Neuzeit*. Opladen 1999, S. 166 f.

11 Bader, Eugen: *Rede-Rhetorik, Schreib-Rhetorik, Konversationsrhetorik. Eine historisch-systematische Analyse*. Tübingen 1994, S. 10. Zu sophistischer Rhetorik und Schriftlichkeit siehe auch Friemann, Sylvia: »Überlegungen zu Alkidamas' Rede über die Sophisten«. In: Kullmann, Wolfgang/Reichel, Michael (Hg.): *Der Übergang von der Mündlichkeit zur Literatur bei den Griechen*. Tübingen 1990, S. 301–315.

von der Wahrheit abbringt. Spätestens seit Ciceros berühmtem Diktum, »Stilus optimus et praestantissimus dicendi effector ac magister«[12], weiß jeder, daß der oratorische Vortrag immer schon ein Vortrag des Geschriebenen ist, und daß sogar eine Stegreifrede im Schatten des geschriebenen Wortes steht.[13] Infolge der gegenseitigen Annäherung der Rhetorik und Poetik in der hellenistisch-römischen Welt wird die Rhetorik zum Kodex der schriftlichen Textproduktion, der bis zum 18. Jahrhundert als verbindlich gilt. Die alte Rhetorik, die im Humanismus eine ›Renaissance‹ erlebte, war im Grunde genommen eine Schreibrhetorik.[14] Seit der Erfindung der Buchdruckerkunst bemüht man sich, »den Sinn und Wert der Rhetorik ganz allgemein in der neuen Wendung auf das Lesen hin [...] zu rechtfertigen«, und ineins mit der Transformation der klassischen *ars bene dicendi* zur *ars bene legendi* wird die Kunst des Schreibens auch zur Hauptaufgabe der Rhetorik.[15] Der Vorrang der Schriftlichkeit liegt dem einsprachig-monokulturellen Charakter der Rhetorik zugrunde. Die Schrift löst die Sprache von der Flüchtigkeit und Ereignishaftigkeit der oralen Rede ab und verleiht ihr eine Solidität, Genauigkeit und Dauerhaftigkeit, die zum einen die Voraussetzungen für die Selbstkonstitution und -konsolidierung einer Sprachgemeinschaft schafft und zum anderen die Abwehr fremder Einflüsse erleichtert. Im allgemeinen erfüllt die Schrift die wichtige Funktion, kulturelles Gedächtnis zu speichern und damit die Grundlagen für kollektive Identitätsbildung zu schaffen.[16] Im besonderen Kontext der Rhetorik manifestiert sich ihre Funktion, kulturelle Identität zu bilden und zu festigen, vornehmlich in der Ermöglichung der *puritas*. Nach Quintilian hat *puritas* vier Kriterien: *ratio, vetustas, auctoritas, consuetudo*. Der Begriff *ratio* oder Sprachgesetz weist auf grammatische Regeln hin, aber grammatische Regeln können nur in Schriftsprache ihren Sinn haben. Die Begriffe *vetustas* and *auctoritas* setzen ihrerseits eine kanonisierte schriftliche Überlieferung voraus. Als die wichtigste Instanz ist die *consuetudo* auch notwendigerweise schriftlich verbürgt, denn sie zielt auf die Sprache, »die auf dem *consensus eruditorium*, der übereinstimmenden Meinungen der Gebildeten, beruht«.[17] Im großen und ganzen kann der *puritas* nur unter der Bedingung der hoch entwickelten Schriftlichkeit Genüge getan werden. Erst die Schrift verschafft der Sprache eine feste, distinktive Gestalt, die einerseits zur kulturellen Identifikation einlädt und andererseits barbarische oder solözistische Infiltration unterbindet.

---

12 Cicero: *De Oratore* (s. Anm. 4), I. xxxiii. 150.
13 Dazu ebd., I. xxxiii. 152.
14 Zur Erweiterung der Rederhetorik um Schreibrhetorik und ihrer gegenseitigen Durchdringung, vgl. E. Bader: *Rede-Rhetorik, Schreib-Rhetorik, Konversationsrhetorik* (s. Anm. 11), bes. S. 35 f.
15 Gadamer, Hans-Georg: »Rhetorik und Hermeneutik«. In: ders.: *Gesammelte Werke*, Bd. 2. Tübingen 1986, S. 276–291, hier S. 282.
16 Vgl. dazu Assmann, Jan: *Das kulturelle Gedächtnis. Schrift, Erinnerung und politische Identität in frühen Hochkulturen*. München 1992.
17 Fuhrmann, Manfred: *Die antike Rhetorik*. München, Zürich ³1990, S. 115.

Die enge Verquickung vom Primat der Schriftlichkeit und dem monokulturellen Geltungsanspruch der Rhetorik bedeutet, daß, sobald einer unter Beschuß gerät, der andere auch gleich in Mitleidenschaft gezogen wird. Eine wichtige Dimension der Rhetorikkritik in der zweiten Hälfte des 18. Jahrhunderts ist das Unbehagen an ihrer Schriftversessenheit. Bei Herder läßt es sich besonders gut beobachten, daß die Ablehnung der »toten Buchstaben«, die Hinwendung zum Primat der Stimme und die Entdeckung der Sprach- und Kulturvielfalt ein und derselbe Vorgang sind.

## II.

Im Zentrum von Herders theoretischer Exploration des Primats der Stimme stehen »Ton« und »Akzent«. Beide Begriffe entstammen der Rhetorik.[18] Aber Herder kümmert sich weder um die Richtigkeit der Aussprache (d. h. den »grammatischen Akzent«) noch um die mündliche Performanz, in der die schriftliche Bearbeitung der Rede ihr Endziel findet (d. h. den »oratorischen Akzent«). Ihm geht es um die ursprüngliche Gestalt der Sprache, die jeder schriftlichen Redebearbeitung vorausgeht und durch schriftliche Bearbeitung unvermeidlich verunziert wird. Hierin folgt Herder Condilliac, der die Sprache als stimmliche und gestische »langage d'action« entstehen läßt.[19] Aber gleichzeitig geht er über Condilliac hinaus, indem er nicht nur die performative Äußerung von Empfindungen betont, sondern der Sprache auch eine kognitive Dimension angedeihen läßt.

Herder hebt zwei Funktionen der Sprache gleichermaßen hervor: die expressive und die semantische. Umspült von Empfindungsströmen stößt der Mensch unartikulierte Laute aus, die einerseits seine Empfindungen ausdrücken und andererseits »das sympathetische Geschöpf in denselben Ton versetzen«.[20] Diese ursprünglichen Lautäußerungen des Menschen erscheinen als

---

18 In der Rhetorik werden »Akzent« und »Ton« unter der Rubrik der *elocutio* abgehandelt, wenn es sich um den »grammatischen Akzent« oder um den Ton der Rede »in Rücksicht auf die Bedeutung, auf die Wortfügung, und die Wahl des Ausdrucks« handelt. Wenn es aber um den oratorischen und pathetischen Akzent bzw. um den Ton der Stimme geht, fallen beide eindeutig unter die Rubrik der *pronuntiatio*. Siehe Sulzer, Johann Georg: Artikel »Accent (Redende Künste)«, *Allgemeine Theorie der schönen Künste*, erster Theil. Leipzig ²1792, S. 16–18 bzw. Artikel »Ton (Redende Künste)«, *Allgemeine Theorie der schönen Künste*, vierter Theil. Leipzig ²1794, S. 537–540. Die Zitate stehen jeweils auf S. 16 und S. 539. Zu den Theorien des Akzents und Tons bei den Rhetorikern des 18. Jahrhunderts vgl. Winkler, Christian: *Elemente der Rede. Die Geschichte ihrer Theorie in Deutschland von 1750–1850*. Halle an der Saale 1931, S. 16–60. Zur Stimme in der Rhetorik siehe Göttert, Karl-Heinz: »*Vox* – ein vernachlässigtes Kapitel der Rhetorik«. In: Plett, Heinrich (Hg.): *Die Aktualität der Rhetorik*. München 1996.
19 Condilliac, Etienne Bonnot de: *Essai sur l'origine des connaissances humaines*. Paris 1973, S. 194 f.
20 J. G. Herder: *Abhandlung* (s. Anm. 1), S. 707.

»wilde Töne freier Organe«[21] und »unregelmäßige, kühne, gewaltsame Akzente«[22], vermutlich begleitet von der Gestik und Mimik des Tanzmäßigen. Herder verschmäht also nicht die expressiven Töne der Empfindungen[23], den »cri des passions«. Dennoch hätte »aus den bloßen Tönen der Empfindung die menschliche Sprache nie entstehen« können[24], denn was die Menschlichkeit der Sprache, das Wesenhafte an der menschlichen Sprache ausmacht, ist zuallererst ihre kognitive, semantische Dimension[25], nämlich das, was den Weltbezug des Menschen ausdrückt. Im Vergleich zum Tier kann der Mensch in dem ganzen Ozean von Empfindungen ein Merkmal absondern, mit dem er einen bestimmten Gegenstand in der Welt benennt. Dieses Merkmal ist ein Ton, der vom Ohr wahrgenommen wird (das berühmte Blöken!), und bei den Gegenständen, die nicht tönen, werden nichtakustische Wahrnehmungen durch die Analogie der Sinne, mittels Verschiebungen und Verdichtungen, Zusammensetzungen und Ersetzungen der Gefühlsarten mit spezifischen Lauten in Verbindung gebracht und damit zum hörbaren Merkmal verdeutlicht. Die Absonderung eines Merkmals, die »immer andre Gefühle unterdrücken, gleichsam vernichten, und immer den Unterschied von zween durch ein drittes erkennen muß«[26], ist im Grunde genommen eine semantische Operation, stellt sie doch einen Akt der Unterscheidung dar, der eine Idee, einen Sinn erzeugt.[27] Gerade in diesem Akt der Unterscheidung als einer semantischen Operation besteht das Wesen des Menschen, nämlich seine Besonnenheit.[28]

Nun ist das durch den »Mittelsinn« Gehör abgesonderte Merkmal nur »*Merkwort* für mich«, zeichentheoretisch gesehen nichts weiter als ein mentales Ikon. Um kommunikativ, d. h. genuin sprachlich als »*Mitteilungswort* für andre«[29] zu wirken, muß es eine Lautentsprechung »innerhalb der natürlichen Tonleiter der menschlichen Stimme«[30] finden und zu einem Symbol werden, das das

---

21 Ebd., S. 705.
22 J. G. Herder: *Viertes Kritisches Wäldchen*. In: ders.: *Werke*, Bd. 2, S. 363.
23 Eine nuancierte Darstellung der Herderschen Vorstellung des Tons der Empfindung bietet Gaier, Ulrich: *Herders Sprachphilosophie und Erkenntniskritik*. Stuttgart-Bad Cannstatt 1988, S. 87 f.
24 J. G. Herder: *Abhandlung* (s. Anm. 1), S. 741.
25 Zur kognitiven Dimension der Sprache bei Herder vgl. Trabant, Jürgen: »Vom Ohr zur Stimme. Bemerkungen zum Phonozentrismus zwischen 1770–1830«. In: Gumbrecht, Hans U./Pfeiffer, K. Ludwig (Hg.): *Materialität der Kommunikation*. Frankfurt/M. 1988, S. 63–79; ders.: »Inner Bleating. Cognition and Communication in the Language Origin Discussion«. In: *Herder Jahrbuch 2000*, S. 1–19.
26 J. G. Herder: *Abhandlung* (s. Anm. 1), S. 723 f.
27 Hierin folge ich Gregory Bateson: »There is a difference between the color of this desk and the color of this pad. But that difference is not in the pad, it is not in the desk, and I cannot pinch it between them. The difference is not in the space between them. In a word, *a difference is an idea*.« *Steps to an Ecology of the Mind*. Chicago 2000, S. 489 (Batesons Kursivierung).
28 Vgl. Menges, Karl: »›Sinn‹ und ›Besonnenheit‹. The Meaning of ›Meaning‹ in Herder«. In: *Herder Jahrbuch 1998*, S. 157–175.
29 J. G. Herder: *Abhandlung* (s. Anm. 1), S. 733.
30 Ebd., S. 742.

Repräsentationsverhältnis zwischen dem mentalen Ikon und dem ihm entsprechenden Gegenstand ausdrückt.[31] Bekanntlich benötigt ein Symbol einen Interpretanten, also eine dritte Figur, die es mit einem Objekt in Beziehung setzt, um funktionsfähig zu werden und zu bleiben. Bei Herder fungiert die Muttersprache als der Horizont, innerhalb dessen der finale Interpretant formuliert werden kann.[32] »Unsre Muttersprache war ja zugleich die erste Welt, die wir sahen, die ersten Empfindungen, die wir fühlten, die erste Würksamkeit und Freude, die wir genossen!«[33] Der Begriff der Muttersprache reichert die semantische Dimension der Sprache um eine pragmatische an, ohne die Herders Sprachtheorie wohl eine Theorie der sprachförmigen Kognition, nicht aber eine vollendete Theorie der sprachlichen Kommunikation wäre.

Der Begriff der Muttersprache hängt eng mit dem Primat der Stimme zusammen. Die Sprache, die das Kind »an den Brüsten der Mutter, an den Knien seines Vaters«[34] erlernt, ist eine mündlich ausgesprochene. Tatsächlich ist das die Kognition anzeigende Merkwort ein vom Ohr vernommener Ton und das Mitteilungswort gewissermaßen eine stimmliche Nachbildung desselben. Die expressive Dimension der Sprache, die sich in wilden Tönen und starken Akzenten kundtut, ist erst recht als mündlich-performativ zu begreifen. Gleichwohl dient der Begriff der Muttersprache auch dazu, eine Theorie der Schriftlichkeit zu entwerfen. Es ist eine Theorie, die auf die Kontinuität zwischen Mündlichkeit und Schriftlichkeit abzielt. Das kognitive Mitteilungswort ist ein Symbol, oder – in der Terminologie der Semiotik des 18. Jahrhunderts – ein willkürliches Zeichen. Beim symbolischen oder willkürlichen Zeichen ist aber die sinnliche Qualität unmaßgeblich. Das akustische Zeichen läßt sich ohne weiteres durch ein optisches ersetzen, solange der Interpretant gleich bleibt. Problematischer wird es erst im Fall der mündlichen Expression von Empfindungen, denn »Empfindungen durch eine gemalte Sprache in Büchern [auszudrücken] ist schwer, ja an sich unmöglich. Im Auge, im Antlitz, durch den Ton, durch die Zeichensprache des Körpers – so spricht die Empfindung eigentlich, und überläßt den toten Gedanken das Gebiet der toten Sprache«.[35]

---

31 »A symbol is a sign naturally fit to declare that the set of objects, which is denoted by whatever set of indices may be in certain ways attached to it, is represented by an icon associated with it.« Peirce, Charles Sanders: *The Essential Peirce: Selected Philosophical Writings*, Bd. 2. Bloomington (Indiana) 1998, S. 17.
32 Bekanntlich unterscheidet Peirce drei Arten von Interpretanten: der Unmittelbare, der Dynamische und der Finale. Der Finale Interpretant ist »that which *would* finally be decided to be the true interpretation if consideration of the matter were carried so far that an ultimate opinion were reached.« Vgl. C. S. Peirce: *The Essential Peirce* (s. Anm. 31), S. 496. Im vorliegenden Beitrag benutze ich den Begriff »Interpretant« im Sinne des Finalen Interpretanten. Vgl. Eco, Umberto: »L'interpretante è ciò che garantisce la validità del segno anche in assenza dell'interprete«. *Trattato di Semiotica Generale*. Mailand 1975, S. 101.
33 J. G. Herder: *Abhandlung* (s. Anm. 1), S. 787.
34 Ebd., S. 786.
35 Herder, Johann Gottfried: *Über die neuere deutsche Literatur. Fragmente. Dritte Sammlung*. In: ders.: *Werke*, Bd. 1, S. 402.

Angesichts dieses Problems entwickelt Herder eine Theorie des dichterischen Ausdrucks, die zwar die Unfähigkeit der einzelnen Worte, die Empfindung auszudrücken, einräumt, gleichzeitig aber im dichterischen Werk als einem Ganzen den vollendeten Ausdruck sieht. Nicht mehr das einzelne Wort, sondern das vollendete Werk nimmt den Charakter des Symbols an. Herder nennt das dichterische Werk auch »ein Sinnbild, in dem sich [das Bildnis der Empfindung] abdrucket«.[36] Dieses Symbol benötigt auch einen Interpretanten, und für Herder steht von vornherein fest, daß dieser Interpretant innerhalb der Muttersprache anzusiedeln ist. »Ein Originalautor [...] ist [...] beständig ein Nationalautor«.[37] Die Willkürlichkeit der schriftlichen Zeichen und die daraus sich ergebende Problematik des Interpretanten haben der semiotischen Ästhetik und Poetik des 18. Jahrhunderts bekanntlich viel Kopfzerbrechen bereitet. Bis zu Lessings *Laokoon* wird die Funktion des finalen Interpretanten temporalisiert und in die Utopie der Umwandlung der willkürlichen in natürliche Zeichen durch den Dichter überführt.[38] Bei Herder stellt sich die Muttersprache als das Funktionsäquivalent zur utopischen Wiederherstellung der natürlichen Zeichen dar. Das heißt, in der muttersprachlichen Dichtung tönt »schreibend die lebendige Sprache«.[39] Anstatt zu erlöschen, erklingen lebendige Töne und Akzente. Mit der Muttersprache als Bezugsgröße löst sich das Problem der doppelten Kodierung der Sprache durch die Schrift, nämlich die Differenz mündlich/schriftlich[40], grundsätzlich auf.

Derweil sollte der Unterschied zwischen dem Primat der Schrift in der Rhetorik und dem Primat der Stimme bei Herder klar geworden sein. In jenem Fall geht es darum, die Mündlichkeit der normierenden, vereinheitlichenden Schriftlichkeit zu unterwerfen, und in diesem darum, die Schrift wieder erklingen zu lassen. Zugegebenermaßen legt die Rhetorik auch großen Wert auf die Stimme, stellt doch der Vortrag eigentlich das Telos der Rede dar. Dem

---

36 J. G. Herder: *Über die neuere deutsche Literatur* (s. Anm. 35), S. 406. Herders Ausdruckstheorie wird gemeinhin als Verabschiedung der rhetorischen Poetik gedeutet. Vgl. Bosse, Heinrich: »Herder«. In: Turk, Horst (Hg.): *Klassiker der Literaturtheorie.* München 1979, S. 78–91; Campe, Rüdiger: *Affekt und Ausdruck.* Tübingen 1990, S. 267–275. Angesichts des Herderschen Gebrauchs vom »Sinnbild«-Begriff hält Ulrich Gaier dieser Deutung entgegen: »Als wirkungsästhetische Kategorie bringt der ›Ausdruck‹ ohnehin nur die rhetorische Tradition des movere gegen das rationalistisch vereinseitigte Nachahmungsprinzip zum erneuten Durchbruch.« »Kommentar zu Herders *Über die neuere deutsche Literatur, Fragmente. Dritte Sammlung*«. In: ders.: *Werke*, Bd. 1, S. 1155. Die Frage nach dem Verhältnis zwischen Ausdruckstheorie und Rhetorik sei dahingestellt. Wie weiter unten ausgeführt wird, sehe ich Herders Rhetorik und Rhetorikkritik in einem anderen Zusammenhang.
37 J. G. Herder: *Über die neuere deutsche Literatur* (s. Anm. 35), S. 409.
38 Vgl. Wellbery, David: *Lessing's Laocoon: Semiotics and Aesthetics in the Age of Reason.* Cambridge 1984, bes. S. 191 f.
39 J. G. Herder: *Über die neuere deutsche Literatur* (s. Anm. 35), S. 403.
40 Zur doppelten Kodierung der Sprache in der Mündlichkeit/Schriftlichkeit-Differenz vgl. Luhmann, Niklas: »Die Form der Schrift«. In: Gumbrecht, Hans Ulrich/ Pfeiffer, K. Ludwig (Hg.): *Schrift.* München 1993, S. 349–366.

Wohlklang, dem Rhythmus und der Artikulation wird große Bedeutung beigemessen.[41] Aber unter dem Primat der Schrift kann oratorische Performanz nichts anderes sein als eine kunstvoll inszenierte Re-Oralisierung des schriftlich normierten Textes, wobei Abweichungen in der Aussprache, also regionale und ausländische Akzente, verpönt sind.[42] Der Herdersche Primat der Stimme privilegiert dagegen unterschiedliche Töne und Akzente, die der Verschriftlichung vorausgehen, »die sich schriftlich so schwer ausdrücken lassen«[43], die in der muttersprachlichen Dichtung aber trotzdem zum Ertönen gebracht werden. Der Rhetor spricht, aber wie ein Buch. Der Herdersche Leser/Autor liest/schreibt ein Buch, aber er halluziniert dabei lebendige Stimmen und passionierte Töne.[44]

Aus dieser Umpolung der Mündlichkeit und Schriftlichkeit folgt der scharfe Kontrast zwischen der rhetorischen und der Herderschen Einstellung zur Sprach- und Kulturvielfalt. In der Rhetorik wird die Differenz zwischen dem Eigenen und dem Fremden, wie oben gezeigt wurde, asymmetrisch gesetzt. Es gilt, alles Fremde zwecks der Reinhaltung des Eigenen abzuwehren. In diesem Sinne kann man von dem monokulturellen Universalanspruch der Rhetorik sprechen. Die Prägung des Begriffs der Muttersprache bei Herder dagegen kommt der Anerkennung einer vielsprachig-polykulturellen Wirklichkeit gleich. Jede Muttersprache befindet sich unter einer Vielzahl von gleichrangigen Muttersprachen, die ihre eigenen Töne und Akzente haben. Töne in verschiedenen (Mutter-)Sprachen, ob schriftlos oder verschriftlicht, bestehen alle unvergleichbar, jedoch gleichwertig nebeneinander.

---

41 Vgl. dazu Göttert, Karl-Heinz: *Geschichte der Stimme*. München 1998.

42 Es ist also kein Zufall, daß sich die Rhetorikkritik des späten 18. Jahrhunderts gleichermaßen gegen oratorische Performanz – ob es sich nun um die Affektiertheit des Höflings oder die Pedanterie des Gelehrten bzw. des Predigers handelt – und »tote Buchstaben« richtet. Der lebendige Ton, meint etwa Klopstock, ist nicht im rednerischen Vortrag zu finden, sondern eher der Sprache selber zu entlocken: »Man macht sich von dem, was die Sprache ausdrücken kann, keinen richtigen Begriff, wenn man sie, auf der einen Seite, durch Buchstaben bezeichnet; und auf der andern, von der Action des Redenden begleitet, vorstellt. Der eigentliche Umfang der Sprache ist das, was man, ohne den Redenden zu sehn, höret.« Klopstock, Friedrich Gottlieb: *Die deutsche Gelehrtenrepublik*. Hamburger Klopstock-Ausgabe, Abteilung Werke: VII /1. Berlin, New York 1975, S. 71 f.

43 J. G. Herder: *Abhandlung* (s. Anm. 1), S. 791.

44 Es gehört zur Eigenart der Durchsetzung der Schriftkultur in der zweiten Hälfte des 18. Jahrhunderts, daß die Verbreitung und Potenzierung der Schriftlichkeit eine »breite Wiederannäherung des Schreibens an den mündlichen Ton« nach sich zieht. »Im Gegensatz zur humanistischen Schreibkunst, die sich an den Regeln der rhetorischen Topik maß, wird es im 18. Jahrhundert zum geltenden literarischen Ideal, die Mündlichkeit des Alltags nachzuahmen. Und diese ›Mimesis von Mündlichkeit‹, die Gellert für den Brief fordert und die eine extreme literarische Ausprägung im Invektivstil der Stürmer und Dränger findet, fällt paradoxerweise mit der Verabschiedung des Redeparadigmas der herkömmlichen Rhetorik zusammen.« Koschorke, Albrecht: *Körperströme und Schriftverkehr. Mediologie des 18. Jahrhunderts*. München 1999, S. 192.

## III.

Primat der Schrift versus Primat der Stimme, monokultureller Geltungsanspruch versus Anerkennung polykultureller Wirklichkeit – angesichts dieser Kontraste verwundert es nicht, daß Herder historisch als ein Rhetorikkritiker bekannt ist. Allerdings sieht er Rhetorik nicht als eine unwandelbare Größe an. Im Gegenteil beruht seine Rhetorikkritik auf nuancierten Analysen der historischen Konfigurationen von Mündlichkeit und Schriftlichkeit.

»In der ältesten Zeit der griechischen und römischen Republik«, meint Herder, »war die Sprache des Schriftstellers und des gemeinen Volks einerlei«.[45] Die Wesensgleichheit der gesprochenen und geschriebenen Sprache bedeutet, daß der Einsatz der Schrift beim Abfassen öffentlicher Reden die Effektivität des mündlichen Vortrags steigert, ohne jedoch der Ursprünglichkeit und Ausdrucksfähigkeit der mündlichen Rede auf irgendeine Weise Abbruch zu tun:

> Da indessen bei einem so lebhaften Volk, wie die Griechen waren, auch das Geschriebene zum *lebendigen Vortrage* geschrieben war, indem *Herodot* z. B. einige Bücher seiner Geschichte zu Olympia wie ein Gedicht vorlas, und in den griechischen Republiken die öffentliche *Beredsamkeit* jeder Art des Vortrages, selbst der Philosophie den Ton angab: so mußte notwendig auch in Schriften der Griechen sich lange Zeit alte, wenn ich sagen darf, poetische Weise erhalten: *zu schreiben als ob man spräche*. Schreibend trug man vor; man schrieb gleichsam *laut* und *öffentlich*, als ob zu jedem Buch ein Vorleser, wie sein Genius gehörte.[46]

Im Gegensatz zur Antike gehen schriftliche Gelehrsamkeit und mündliche Rede in der von ihm als »ökonomisch-politisches Zeitalter«[47] apostrophierten Neuzeit auseinander. Der Grund dafür, so Herder, liege im Verlust des homogenen Publikums der Alten. In sozial-politischer Hinsicht hatte die klassische Redekunst die *Polis* bzw. die *res publica* als ihr Publikum, in dem nur eine Stimme herrschte, eine Stimme, die zugleich »die Stimme des Volks, die Stimme des Staats, ja beinahe selbst Gottes war«[48]. Dieses Publikum, das eine Sprachgemeinschaft, eine politische Gemeinschaft und eine Vernunftgemeinschaft in sich vereinigte, existiert in der Neuzeit nicht mehr.[49] Im Gegensatz dazu ist das Publikum des neuzeitlichen Gelehrten ein amorpher Haufen, ein

---

45 Herder, Johann Gottfried: »Wie die Philosophie zum Besten des Volks allgemeiner und nützlicher werden kann?«. In: ders.: *Werke*, Bd. 1, S. 133.
46 J. G. Herder: *Briefe zur Beförderung der Humanität. Werke*, Bd. 7, S. 526 (Herders Kursivierung).
47 J. G. Herder: »Wie die Philosophie...« (s. Anm. 45), S. 107.
48 Herder, Johann Gottfried: »Haben wir noch jetzt das Publikum und Vaterland der Alten«. In: ders.: *Werke*, Bd. 1, S. 43.
49 Zum neuzeitlichen Zerfall der der klassischen Rhetorik zugrundeliegenden Einheit von *ratio*, *oratio* und politisch-sozialer Unmittelbarkeit vgl. Bornscheuer, Lothar: »Rhetorische Paradoxien im anthropologiegeschichtlichen Paradigmenwechsel«. In: *Rhetorik: Ein internationales Jahrbuch*, Bd. 8. Tübingen 1989, S. 13–42.

»vielköpfichtes Geschöpf«[50], also eine heterogene Zusammensetzung von Privatpersonen, die unterschiedlichsten Sprachgemeinschaften und sozial-politischen Einheiten angehören. Geographisch erstreckt sich dieses neuzeitliche Publikum »auf alle Weltteile unsrer bewohnten Menschenerde«.[51] Herder faßt den Verlust des klassischen und die Entstehung des neuzeitlichen Publikums als ein medienhistorisches Phänomen auf, das auf die Erfindung des Lumpenpapiers und der Buchdruckerei zurückzuführen sei.[52] Dank des Buchdrucks überschwemmten uns

> eine Flut Bücher und Schriften, aus allen für alle Nationen geschrieben. Ihre Blätter rauschen so stark und leise um unser Ohr, daß manches zarte Gehör schon jugendlich übertäubt wurde. In Büchern spricht Alles zu Allem; niemand weiß zu Wem? Oft wissen wir auch nicht, *Wer* spreche? Denn die *Anonymie* ist die große Göttin des Marktes. Von einem solchen Publikum wußte weder Rom, noch Griechenland; *Guttenberg* und seine Gehülfen haben es für die ganze Welt gestiftet.[53]

Genau an dieser Stelle, wo Bücher ihren weltweiten Triumph feiern, setzt Herders Schrift- und Rhetorikkritik an. Diese Kritik unterscheidet sich von derjenigen Platons in vielerlei Hinsicht. Die Diskrepanz zwischen der schriftlichen Vorbereitung und der mündlichen Verwirklichung der Rede gehört zu dem, was Platon an der Rhetorik auszusetzen hat, da sie zur Publikumswirksamkeit beiträgt, aber die Wahrheit eher verschleiert. Im *Phaidros* wird der Rhetor Lysias wegen des schriftlichen Entwerfens von Reden pejorativ Redenschreiber, Logograph, genannt.[54] Herder aber fühlt sich gar nicht durch diese Diskrepanz gestört, ja sie wird geradezu geleugnet. Für ihn ist die schriftgestützte Beredsamkeit an sich gar nicht verwerflich, solange das mit der Schrift erreichbare Publikum mit dem Publikum des öffentlichen Vortrags, wie bei den Griechen und Römern, deckungsgleich ist, d. h. solange der Rhetor innerhalb der Grenzen der Muttersprache bleibt. Erst mit dem Siegeszug des vom Buchdruck geschaffenen neuzeitlichen Publikums geht die Kontinuität zwischen der schriftlichen und oralen Sprache verloren, denn das Publikum ist nun ein Lesepublikum, das sich mit keiner bestimmten muttersprachlichen Gemeinschaft deckt. Erst jetzt, da nach rhetorischen Regeln komponierte Schriftwerke »aus allen für alle Nationen« geschrieben werden, also in dem Moment, wo geschriebene Worte die Grenzen einzelner nationaler Sprachgemeinschaften zu überschreiten vermögen, erscheinen sie als »tote Buchstaben«, die von den »lebendigen Stimmen« der Völker völlig abgelöst um die ganze Welt zirkulieren. Retrospektiv erscheint sogar die Kontinuität zwischen der Schrift und der Stimme innerhalb einer bestimmten Sprachgemeinschaft, etwa in Griechenland, als nichts mehr als ein »als-ob«: man schrieb damals, »als ob man spräche«. Wenn Platon der Schrift *eine* Stimme, nämlich die Stim-

---

50  J. G. Herder: »Haben wir...« (s. Anm. 48), S. 47.
51  J. G. Herder: *Briefe...* (s. Anm. 46), S. 320.
52  Zu Herders medienhistorischen Überlegungen zur Schrift und Buchdruckerei siehe insbesondere den 95. und 96. Brief in: ders.: *Briefe...* (s. Anm. 46), S. 525–532.
53  Ebd., S. 323 (Herders Kursivierung).
54  Platon: *Phaidros*. 257 c.

me des Logos[55] entgegensetzt, setzt Herder ihr eine Vielfalt von Stimmen, ja unendlich viele Stimmen entgegen, denn »es sei so wenig Ähnlichkeit zwischen den Sprachen der Erde auszuträumen, als zwischen den Bildungen der Menschengattungen«, und es gäbe eine »Nationalsprache in jeder Nation« – die Sprache werde folglich »ein Proteus auf der runden Fläche der Erde«.[56] Einerseits breiten sich gedruckte Schriftwerke, die schweigend auf einer Sprache insistieren, über die ganze Fläche der Erde aus, und andererseits werden auf dieser Fläche unendlich viele Sprachen gesprochen. An diesem Widerspruch arbeitet sich Herders Schrift- und Rhetorikkritik ab. Sein Kampf gegen »tote Buchstaben« war eine historisch spezifische Reaktion auf die Medientechnik des Buchdrucks genauso wie Platons Schriftkritik eine historisch spezifische Reaktion auf die Schrift gewesen war.[57]

Herders Kritik an der Rhetorik steht also in engster Verbindung mit seinen Überlegungen zum historischen Funktionswandel derselben. In der Antike, als die Schrift die Grenzen der Muttersprache noch nicht zu überschreiten vermocht und der Erfahrungsraum sich noch auf eine homogene Sprachgemeinschaft beschränkt hatte, war die schriftgestützte und monokulturelle Rhetorik einfach ein integraler Bestandteil muttersprachlicher Kultur. In der Neuzeit aber, als die Schrift dank des Buchdrucks weltweit zirkulierte und die intensive Erschließung der Welt die Vielfalt der menschlichen Sprachen und Kulturen zum Vorschein treten ließ, hat die Rhetorik ihre historische Daseinsberechtigung verloren. Herders Mißbilligung der Rhetorik entspringt seiner Einsicht in ihre provinzielle und anachronistische Fixierung auf Einsprachigkeit.

Nun vermag Herder aber nicht dem auch sein Denken strukturierenden medialen a priori zu entfliehen. Es mag sein, daß die schriftversessene Rhetorik den passionierten Tönen und lebendigen Akzenten verschiedener Sprachen Gewalt antut. Aber um diese Töne und Akzente einzufangen, steht Herder eben auch kein anderes Medium als die Schrift zur Verfügung. Folgerichtig läuft sein denkerisches und schriftstellerisches Unternehmen darauf hinaus, erstens den Ton einer bestimmten Sprache zu be-*schreiben*, und zweitens die so beschriebenen Töne verschiedener Sprachen – wohlgemerkt auch schriftlich – miteinander zu vergleichen und in Verbindung zu setzen. Herders Ausdruckstheorie sieht die Muttersprache als die Bezugsgröße an, die Töne und Akzente schriftlich aufzeichnen läßt und Schrift zum Ertönen bringen kann. Ohne diese Bezugsgröße wäre sogar die semantische Dimension der Sprache nicht zum Zug gekommen, das Merkwort nicht zum Mitteilungswort gewor-

---

55 Albrecht Koschorke hat nachgewiesen, daß die platonische Vorstellung der Stimme des Logos selber als ein Effekt des Schriftgebrauchs zu begreifen ist; in: A. Koschorke: *Körperströme und Schriftverkehr* (s. Anm. 44), S. 323–346.
56 J. G. Herder: *Abhandlung* (s. Anm. 1), S. 794.
57 Zum Topos der »toten Buchstaben« vgl. Göttert, Karl-Heinz: »Wider den toten Buchstaben. Zur Problemgeschichte eines Topos«. In: Kittler, Friedrich/Macho, Thomas/Weigel, Sigrid (Hg.): *Zwischen Rauschen und Offenbarung. Zur Kultur- und Mediengeschichte der Stimme*. Berlin 2002, S. 93–113.

den. Als die Sprache, in der der finale Interpretant formuliert wird, erfüllt die Muttersprache ja die Funktion, das Symbol – sei es das Mitteilungswort, sei es der dichterische Ausdruck – mit dem Objekt, sei es Lamm, sei es Leidenschaft, zu legieren. Gilt es nun, über die Grenze der Muttersprache hinaus den Ton einer anderen Sprache zu treffen, wird das gesicherte Symbolisierungsverhältnis aufgerissen. Die Ausdruckstheorie greift hier nicht mehr. Es muß versucht werden, das, was auseinandergerissen worden ist, nämlich das Symbolisierende und das Symbolisierte, »irgendwie vorläufig«, um Walter Benjamin zu zitieren[58], wieder zusammenzuführen. Damit wird die rhetorische Situation geschaffen. Herder läßt es aber nicht dabei bewenden. Er will nicht nur die Töne und Akzente einzelner Sprachen beschreiben, sondern auch die »irgendwie vorläufigen« Beschreibungen in einen universalen Mitteilungszusammenhang bringen. Damit wird die rhetorische Situation nur potenziert. Daß Herder sich in ein »Gewebe von kühnen Metaphern, poetischen Bildern, mythologischen Anspielungen« und »dichterischer Beredsamkeit«[59] verstricken wird, steht zu erwarten. Blumenbergs Diktum, »das Verbot der Rhetorik ist ein rhetorischer Vorgang«[60], bewahrheitet sich auch bei Herder, und zwar abgesehen davon, daß die Herdersche Anthropologie des »Mängelwesens«, Blumenbergs These nach, die Rhetorik geradezu lebensnotwendig macht.[61] Hier handelt es sich aber nicht um das von Klaus Dockhorn im Blick auf Sturm und Drang konstatierte Phänomen der *rhetorica contra rhetoricam*.[62] Herders Kritik an der einsprachig-monokulturellen Rhetorik bringt vielmehr

---

58 Benjamin, Walter: »Die Aufgabe des Übersetzers«. In: *Gesammelte Schriften*, Bd. IV/1. Frankfurt/M. 1972, S. 9–21, hier S. 14.
59 Kant, Immanuel: »Zu Johann Gottfried Herder: Ideen zur Philosophie der Geschichte der Menschheit. Zweiter Teil«. In: *Werkausgabe*, Bd. 12. Frankfurt/M. 1968. S. 799.
60 Blumenberg, Hans: »Anthropologische Annäherung an die Aktualität der Rhetorik«. In: ders.: *Ästhetische und metaphorologische Schriften*. Frankfurt/M. 2001, S. 429.
61 »Der Mensch als das arme Wesen bedarf der Rhetorik als der Kunst des Scheins, die ihn mit seinem Mangel an Wahrheit fertig werden läßt.« H. Blumenberg: »Anthropologische Annäherung an die Aktualität der Rhetorik« (s. Anm. 60), S. 407. Zu Herders Rhetorik als Korrelat seiner Anthropologie vgl. Bornscheuer, Lothar: »Anthropologisches Argumentieren. Eine Replik auf Hans Blumenbergs ›Anthropologische Annäherung an die Aktualität der Rhetorik‹«. In: Kopperschmidt, Josef/Schanze, Helmut (Hg.): *Argumente-Argumentation. Interdisziplinäre Problemzugänge*. München 1985, S. 128 f.
62 Dockhorn, Klaus: »Die Rhetorik als Quelle des vorromantischen Irrationalismus in der Literatur- und Geistesgeschichte«. In: ders.: *Macht und Wirkung der Rhetorik. Vier Aufsätze zur Ideengeschichte der Vormoderne*. Bad Homburg, Berlin, Zürich 1968, S. 46–95. Dazu Gert Ueding: »Die Wendung der Stürmer und Dränger gegen die rhetorisch dominierte Regelpoetik, gegen Rhetorik überhaupt bedeutet in Wahrheit, wie Klaus Dockhorn erwiesen hat, die Fortführung bestimmter rhetorischer (nämlich der emotionalen, affektischen) Wirkungsintentionen im Sinne einer *rhetorica contra rhetoricam*, eine Erscheinung, die im 18. Jahrhundert nicht eben selten auftritt und auf andere Weise auch im Pietismus und der Kultur der Empfindsamkeit zu beobachten ist.« In: ders., *Grundriss der Rhetorik*. Stuttgart 1986, S. 113.

eine fundamental neue rhetorische Praxis hervor, die Rhetorik der Kulturbeschreibung. Diese aus der Asche der alten Rhetorik entstandene neue rhetorische Praxis hat zwei Dimensionen: erstens geht es darum, den Ton einer bestimmten Kultur schriftlich wiederzugeben, und zweitens darum, die Töne aller existierenden Kulturen in der ganzen Welt in Zusammenhang zu bringen.

## IV.

›Muttersprache‹ gehört zu denjenigen Begriffen, die genauso viele neue Probleme schaffen, wie sie alte Probleme lösen. So ausschlaggebend dieser Begriff für Herders Sprach- und Dichtungstheorie ist, so viele sprach- und dichtungstheoretisch unbeantwortbare Fragen wirft er auf: wie soll man mit anderen Muttersprachen umgehen? Wie kann man die Töne anderer Sprachen treffen, wenn man so tief in seiner Muttersprache verwurzelt ist? Es scheint, daß eine auf Muttersprache ausgerichtete Sprach- und Dichtungstheorie durch eine Übersetzungstheorie komplementiert werden muß. Tatsächlich bildet die Problematik der Übersetzung einen Kernbereich von Herders theoretischen Beschäftigungen, wobei er gleichzeitig als einer der bedeutendsten Übersetzer seiner Zeit hervortritt. Gerade in dieser Übersetzungstheorie und -praxis wird eine wichtige Dimension der Rhetorik der Kulturbeschreibung sichtbar.

Bereits in seinem Jugendwerk *Fragmente über die neuere deutsche Literatur* (1767) formuliert Herder den Grundgedanken der tonbewahrenden Übersetzung.[63] Im Hinblick auf die Frage, wie der Ton einer fremdsprachlichen Kultur eigentlich wiederzugeben sei, ist allerdings eine beständige Entwicklung in seiner lebenslangen Auseinandersetzung mit der Problematik der Übersetzung zu beobachten. Diese Entwicklung kann hier nicht im Einzelnen verfolgt werden. Es sei lediglich hingewiesen auf das in *Volkslieder* (1778/1779) entwickelte praxisnahe Übersetzungsprogramm, das sich auf dem Konzept der Nachbildung des Tons gründet.[64] »[Beim] Übersetzen ist das Schwerste, diesen Ton, den *Gesangton* einer fremden Sprache zu übertragen. [...] Oft ist

---

63 Vgl. dazu Arens, Katherine: »Translators who are not Traitors: Herder's und Lessing's Enlightenments«. In: *Herder Jahrbuch 2000*, S. 91–109.
64 Zwischen dem *Ossian-Briefwechsel* (1773) und der Sammlung der *Volkslieder* (1778/1779) ist eine bemerkenswerte Veränderung in Herders Übersetzungstheorie zu verzeichnen. Die frühere Schrift beschäftigt sich hauptsächlich mit dem schriftlichen Simulieren von Mündlichkeit, während Herder in *Volksliedern* ein zweistufiges, von der Erfassung zur Nachbildung des Tons fortschreitendes Übersetzungsmodell skizziert, wobei der Ton nicht mit Mündlichkeit gleichzusetzen ist. Zum Unterschied zwischen *Ossian-Briefwechsel* und *Volkslieder* von 1778/ 1779 vgl. Ulrich Gaiers Kommentar zu Herders *Volkslieder*. In: Herder, Johann Gottfried: *Werke*, Bd. 3, S. 878 f. Auf Gaier aufbauend Poltermann, Andreas: »Antikolonialer Universalismus: Johann Gottfried Herders Übersetzung und Sammlung fremder Volkslieder«. In: Bachmann-Medick, Doris (Hg.): *Übersetzung als Repräsentation fremder Kulturen*. Berlin 1997, S. 217–259, bes. S. 244 f.

kein ander Mittel, als, wenns unmöglich ist, das Lied selbst zu geben, wie es in der Sprache singet, es treu zu erfassen, wie es *in uns* übertönet, und festgehalten, so zu geben.«[65] Für Herder besteht die Aufgabe der Übersetzung darin, den Ton der Originale genau zu erfassen und ein Äquivalent desselben im Deutschen zu finden. Herders Theorie des Tons ist äußerst kompliziert.[66] Obwohl der Ton unüberhörbar auf das Akustische verweist, kann er innerhalb einer Muttersprache auch schriftlich ausgedrückt werden. Mithin kann man den Ton als den auf die muttersprachliche Kultur bezogenen Ausdruck von Empfindung und Weltbezug auffassen, ungeachtet dessen, ob es sich nun um den mündlichen oder schriftlichen Ausdruck handelt. Übersetzen heißt, diesen Ausdruck zu erfassen und ihn im Deutschen nachzubilden. Aber wie funktioniert das zweistufige, von der Erfassung zur Nachbildung des Tons fortschreitende Übersetzen? Diese Frage soll am Beispiel von Herders kommentierter Übertragung des *Hohenlieds* erörtert werden.

In Herders Übertragung des *Hohenlieds* kreuzen sich seine umfangreiche Arbeit zum Alten Testament und seine Beschäftigung mit Volksliedern. Unter dem Zeichen der von Robert Lowth initiierten historischen Betrachtungsweise in der Bibelexegese stehend, versteht Herder die hebräische Bibel als »historische Poesie, und ein Nationalstück des Orients«[67], vergleichbar mit der Poesie der »Peruaner und Grönländer und Skandinavier und Eskimaux«.[68] Die hebräische Sprache steht paradigmatisch für die ursprüngliche Sprache, die Sprache des Volkes, die in *Vom Geist der Ebräischen Poesie* als die »Mundart morgenländischer Huronen«[69] apostrophiert wird. Herders Bibelübersetzung erhebt von vornherein den Anspruch, den Ton eines dem Ursprung nahestehenden Volks »treu zu erfassen« und im Deutschen »festzuhalten«. Dieser Anspruch zwingt ihn, beim Übersetzen des *Hohenlieds* zwischen der Szylla der allegorischen Lesung und der Charybdis der Unübersetzbarkeit hindurch zu navigieren. Allegorie, Mystik und allerlei Hypothesen, die man als »säkularisierte allegorische Lesungen«[70] bezeichnen kann, seien bloß Betrachtungen von außen und lieferten nichts weiter als »Fratzenkupferstiche und Nachrichten, die den Kupferstichen gleichen«.[71] Statt dessen strebt Herder eine Innenansicht an, die eine literale, den originalen Ton treffende Übersetzung ermöglichen sollte: »Nur Eins! ohne Hypothese zu lesen, zu sehen, was ich

---

65 Herder, Johann Gottfried: *Volkslieder*. In: ders.: *Werke*, Bd. 3, S. 247.
66 Vgl. dazu Simon, Ralf: *Das Gedächtnis der Interpretation. Gedächtnistheorie als Fundament für Hermeneutik, Ästhetik und Interpretation bei Johann Gottfried Herder*. Hamburg 1998, S. 207 f.
67 Herder, Johann Gottfried: *Über die ersten Urkunden des Menschlichen Geschlechts. Einige Anmerkungen*. In: ders.: *Werke*, Bd. 5, S. 141.
68 J. G. Herder: *Über die ersten Urkunden des Menschlichen Geschlechts* (s. Anm. 67), S. 73.
69 J. G. Herder: *Vom Geist der Ebräischen Poesie*. In: ders.: *Werke*, Bd. 5, S. 673.
70 Gaier, Ulrich: Kommentar zu Herders *Lieder der Liebe*. In: Herder, Johann Gottfried: *Werke*, Bd. 3, S. 1246.
71 J. G. Herder: *Alte Volkslieder*. In: ders.: *Werke*, Bd. 3, S. 59.

fand, und nicht mehr finden zu wollen, als dasteht«.[72] Nun ist aber der originale Ton derart im Bezugssystem der muttersprachlichen Kultur eingebunden, daß er eigentlich nicht herausgerissen und übertragen werden kann: »Jedes einzelne Lied erscheine an Stelle und Ort, in seinem Duft, in seiner eignen Farbe./ In seiner Farbe, in seinem Duft – schwere Forderung! Ist jedes Liedchen der Art, wie eine einzelne lebendige Empfindung: so ists als solche auch unübersetzbar.«[73] Das Ungenügen der Allegorie einerseits, die Unmöglichkeit der literalen Übersetzung andererseits: Wenn Herder trotz dieses Dilemmas übersetzen will, begibt er sich unentwegt in die typisch rhetorische Situation hinein, die besonders dann virulent wird, wenn die totalisierende Allegorie angezweifelt wird, aber die literale Evidenz immer noch mangelt. Der antirhetorische Gestus, der sich im Abweisen der Allegorie äußert, kann nicht umhin, selber rhetorisch zu werden. In gewissem Sinne ähnelt die Allegorie einem Spiegel, der nicht aufhören kann, Spiegel zu bleiben, auch wenn er in tausend Scherben zerspringt. Wie ein Spiegel kann eine Allegorie nur zerstückkelt, nicht aber zerstört werden. Herders anti-allegorische, »literale« Übersetzung des *Hohenlieds* läuft schließlich darauf hinaus, mittels unzähliger zersplitterter Allegorien rhetorisch tastend zum unendlich fernen Ziel des originalen Tons zu gelangen. Einige davon seien im folgenden erwähnt.

1. Kulturelle Kontextualisierung. Um einzelne Textstellen sinnfällig zu machen, bezieht Herder sie auf »Orient« bzw. »Morgenland« als die übergeordnete kulturelle Einheit. Zum Beispiel in Bezug auf die zwei Verse »Ein Palmenknöspchen bist du, mein Lieber,/ Mir aus dem Engeddi-Garten«, schreibt Herder erläuternd: »*er ist ihr die junge Blütentraube aus dem Palmenhaine zu Engeddi*, nach dem Sinne Orients das schönste Bild der Belebung, Frucht und Fülle«.[74] Das Gleichnis »Ein Palmenknöspchen bist du« ist wohl nur innerhalb eines bestimmten Kulturkreises verständlich. Herder sieht sich genötigt, den »Orient« als seine kulturelle Bezugsgröße sichtbar zu machen. Damit aber nicht genug. Er weist in einer Fußnote – Herder bedient sich selten so vieler Fußnoten wie in *Lieder der Liebe* – auf das von einem Reisenden berichtete Phänomen der Dattelbestäubung hin[75], um dieses Gleichnis eindeutig zum »schönsten Bild der Belebung, Frucht und Fülle« zu machen. Die Erfassung des originalen Tons setzt offenbar die Annahme voraus, daß er mit einem ihm selber unsichtbaren kulturellen Bezugsrahmen in einem notwendigen Zusammenhang steht.

2. Formale Analyse. Beim Übersetzen wird dem Original formale Kohärenz unterstellt, wenn es auch textintern ein Flickwerk darstellt. Der Text wird formal als ein Ganzes betrachtet und mit verschiedenen interpretativen Kate-

---

72  J. G. Herder: *Lieder der Liebe. Ein biblisches Buch* (1776). In: *Sämtliche Werke*, hg. von Bernhard Suphan, Bd. 8. Berlin 1892, S. 591.
73  J. G. Herder: *Lieder der Liebe*, S. 593 f.
74  Herder, Johann Gottfried: *Lieder der Liebe. Die ältesten und schönsten aus Morgenlande* (1778). In: ders.: *Werke*, Bd. 3, S. 439 (Herders Kursivierung).
75  Es handelt sich um Hasselquist, Friedrich: *Reise nach Palästina in den Jahren 1749 bis 1752*. Hg. von Carl Linnäus. Rostock 1762.

gorien analysiert. Diese Kategorien fungieren als Perspektiven, von denen aus der Text zugänglich gemacht wird. In Herders paraphrasierenden Erläuterungen zu einzelnen Versen sowie zu dem Text als einem Ganzen kommt ein raffiniertes textkritisches Instrumentarium zum Einsatz, das den Ton des Originals zutage fördert, ohne natürlich dessen Unübersetzbarkeit im mindesten zu beheben. So unmöglich es ist, die »Urschrift«[76] mit allen ihren formalen Eigenheiten ins Deutsche unverändert zu übertragen, so unentbehrlich ist die Annahme der formalen Kohärenz für die »treue Erfassung« des originalen dichterischen Ausdrucks.

3. Thematische Analyse. »Was ist nun sein *Inhalt*? Was sagt das Buch vom Buch von Anfang bis zum Ende?/Mich dünkt: *Liebe*, *Liebe*.«[77] »Liebe« fungiert bei Herder als eine anthropologische Grundkategorie. Genauso wie die Volkslieder um anthropologische »Grundsituationen wie Liebe, Tod, Angst, Grauen, Leidenschaften«[78] kreisen, liegt dem *Hohelied*, nach der Ansicht Herders, die Liebe als eine anthropologische Konstante zugrunde. Einerseits weist Herder darauf hin, daß Morgenlands Liebe wie dessen Poesie und Sprache von der »unseren« verschieden ist, andererseits insistiert er auf der Einfalt und nackten Unschuld der Liebe, die allen Menschen gemeinsam ist.[79] Die anthropologische Gemeinsamkeit wird zum Leitfaden für das Erfassen des originalen Tons.

4. Pragmatische Analyse. Trotz seiner fundamental rhetorikkritischen Position bleibt Herders pragmatische Analyse sprachlicher Äußerungen dem Kommunikationsmodell der Rhetorik teilweise noch verhaftet. Das Volkslied etwa wird grundsätzlich an rhetorischen Kategorien wie Hörerschaft, Wirkungsziel, Gegenstand und sprachlicher Darstellung gemessen[80], obwohl das Regelwerk für die Redebearbeitung entschieden verworfen wird. Dementsprechend faßt er das *Hohelied* funktional als im »Nationalpublikum« der Hebräer eingebettet auf. »Gedichte dieser Art also in unsere Sprache vor die Augen unsres Publikums zu pflanzen, ist wenig besser, als ein verschloßnes Heiligthum der Liebe gemeinen Augen, Händen und Zungen wie zur Plünderung preisgeben.«[81] Nichtsdestoweniger ermöglicht die pragmatische Analyse, welche die historisch-kulturelle Eigentümlichkeit hervorhebt, den Ton des Originals in einem bestimmten Kommunikationsrahmen zu positionieren.

Ob kulturelle Kontextualisierung oder formale, thematische und pragmatische Analyse – so verschiedenartig diese textanalytisch-interpretativen Ver-

---

76 J. G. Herder: *Lieder der Liebe* (s. Anm. 74), S. 490.
77 J. G. Herder: *Lieder der Liebe* (s. Anm. 74), S. 483 (Herders Kursivierung).
78 Gaier, Ulrich: Kommentar zu Herders *Volksliedern*. In: Herder, Johann Gottfried: *Werke*, Bd. 3, S. 921.
79 J. G. Herder: *Lieder der Liebe* (s. Anm. 74), S. 506.
80 »Es ist wohl nicht zu zweifeln, daß Poesie und insonderheit Lied am Anfang ganz Volksartig, d.i. leicht, einfach, aus Gegenständen und in der Sprache der Menge, so wie der reichen und für alle fühlbaren Natur gewesen. Gesang liebt Menge, die Zusammenstimmung vieler: er fodert das Ohr des Hörers und Chorus der Stimmen und Gemüter.« J. G. Herder: *Volkslieder* (s. Anm. 65), S. 230.
81 J. G. Herder: *Lieder der Liebe. Ein biblisches Buch* (s. Anm. 72), S. 594.

fahren auch sind, so sind gewisse Gemeinsamkeiten doch unübersehbar. Sie alle dienen dazu, dem Original bestimmte Strukturen zuzuschreiben, sei es eine kulturelle Bedingung, eine formale Kohärenz, eine anthropologische Konstante oder ein Kommunikationsmodell, womit die dem Original zuschreibbaren Strukturen beileibe noch nicht erschöpft sind. In Bezug auf diese und andere mögliche Strukturen kann der originale Ton vorläufig, wenn auch notwendigerweise unvollständig, bestimmt werden. Im Gegensatz zur Dichtung, welche mittels der Muttersprache Ausdruck und Auszudrückendes miteinander zu verbinden vermag, bedarf Übersetzung interpretativ-kritischer Vorbereitungen, die provisorische Interpretanten schaffen, mit Hilfe derer das Symbolisierungsverhältnis zwischen Ausdruck und Auszudrückendem ermittelt wird.[82] Die oben genannten Strukturen betreffen alle diese Art von provisorischen Interpretanten, d. h. sie sind ein dem Übersetzer dienlicher, aber miteinander unzusammenhängender Notbehelf. Zusammengenommen vermögen sie nicht, das Symbolisierungsverhältnis des Originals als ein Ganzes und in aller Einzelheit zu rekonstruieren. Eher sind sie, um Clifford Geertz zu zitieren »a disconnected yet coherent sequence of bolder and bolder sorties«[83] ins Territorium des Originals. Als vom Übersetzer herangetragene Zuschreibungen sind sie dem originalen Ton im Grunde genommen äußerlich. Gleichwohl verweisen sie auf ihn. Insofern stellen sie Allegorien des originalen Tons dar, sozusagen »den unendlich gebrochenen Wiederklang eines Urklangs«.[84] Diese Allegorien erheben keinen Anspruch auf Alleingültigkeit, wie allegorische Lesungen des *Hohenlieds* in der mittelalterlichen Bibelexegese es taten, sondern sie sind grundsätzlich als Provisorien zu verstehen, wie es ethnographische Allegorie im allgemeinen ist.[85] Die »treue Erfassung« des originalen Tons scheint darin zu bestehen, eine autoritative, auf Alleinherrschaft pochende Allegorie in eine Vielfalt von bescheideneren Allegorien zu zerspalten.

Sobald der originale Ton mit Hilfe kritisch-interpretativer Verfahren ermittelt wird, kann der Übersetzer zur Nachbildung desselben fortschreiten. In dieser zweiten Phase des Übersetzens werden die Ergebnisse der kritisch-interpretativen Ermittlungen auf einander bezogen und zu einem sinnvollen Ganzen kombiniert. Dieses sinnvolle Ganze, also der Übersetzungstext, steht dem Original als dessen Analogon gegenüber. Das Übersetzen ist mithin ein

---

82 Zum Verhältnis zwischen Übersetzung und Literaturkritik vgl. de Man, Paul: »Schlußfolgerungen: Walter Benjamins ›Die Aufgabe des Übersetzers‹«. In: Hirsch, Alfred (Hg.): *Übersetzung und Dekonstruktion*. Frankfurt/M. 1997, S. 182–228, hier S. 194 f.
83 Geertz, Clifford: *The Interpretation of Cultures*. New York 1973, S. 25.
84 Nietzsche, Friedrich: »Über Wahrheit und Lüge im aussermoralischen Sinne«. In: *Sämtliche Werke*, hg. von Giorgio Colli und Mazzino Montinari, Bd. 1. Berlin, New York 1988, S. 883.
85 Vgl. dazu Clifford, James: »On Ethnographic Allegory«. In: ders./Marcus, George (Hg.): *Writing Culture: The Poetics and Politics of Ethnography*. Berkeley 1986, S. 98–121.

Sinngebungsakt, der als Fingieren beschrieben werden kann.[86] Der Akt des Fingierens, wie Wolfgang Iser es ausführlich dargelegt hat, besteht aus drei Operationen: Selektion, Kombination and Selbstanzeige.[87] Den ersten zwei Operationen entspricht das, was Herder die Erfassung und Nachbildung des originalen Tons nennt, und der letzten das Präsentieren des Übersetzungstexts als Analogon zum Original. Die Erfassung des Tons läuft ja darauf hinaus, die durch textanalytisch-interpretative Zuschreibungen erschlossenen Elemente im Original festzuhalten und aus dem Gesamthorizont des Originals zu selegieren. In der Operation der Nachbildung werden die vorher selegierten Elemente miteinander kombiniert und zu einem Textganzen figuriert. Nachbildung als Kombination stellt also einen Akt des Figurierens dar, in dem die Sprache ihren denotativen Charakter verliert und ganz in der figurativen Verwendung aufgeht, denn die Elemente, die im Original noch eine denotative Funktion haben, werden nun von ihr losgelöst für den Akt der Kombination und Relationierung freigegeben. Der Übersetzungstext, der aus den Selektions- und Kombinationsakten hervorgegangen ist, hat im Original kein Identisches und läßt sich grundsätzlich nicht an der Welt des Originals referentialisieren. Vielmehr ist er ein Analogon zum Original, ein Imaginäres, dessen Sinn nicht im Original schon enthalten ist, sondern sich erst durch die Operationen der Selektion und Kombination ereignishaft konstituiert. Die Akte der Selektion (d. h. das textkritisch-interpretative Erschließen des Originals) und der Kombination (d. h. das Figurieren der solchermaßen erschlossenen Elemente) verleihen dem Übersetzungstext einen Sinnüberschuß gegenüber dem Original. Da eine Selektion Ausschließung impliziert, entsteht im Übersetzungsvorgang gleichzeitig aber auch ein Sinndefizit, das nur durch die Selektion aller im Original enthaltenen Elemente, also unmöglich wettgemacht werden kann. Sinnüberschuß und Sinndefizit machen zusammen eine unaufhebbare Differenz zwischen der Übersetzung und dem Original aus, eine Differenz, die durch die Bloßlegung des Übersetzungsvorgangs, wie es in Herders *Lieder der Liebe* der Fall ist, angezeigt wird. In der Tat können Herders paraphrasierende Erläuterungen (der erste Teil) und historisch-kritische Analysen (der zweite Teil) als die Anzeige der Fiktionalität der Übersetzung angesehen werden. Diese Fiktionalität wird schließlich dadurch hervorgehoben, daß der Übersetzungstext mit der ganzen Deutungs- und Übersetzungsgeschichte konfrontiert wird. Im letzten Teil der *Lieder der Liebe* erachtet Herder es als notwendig, seiner eigenen Übersetzung einige Bemerkungen zur Übersetzungsgeschichte sowie 44 mittelhochdeutsche Gedichte über einige Texte des *Hohenlieds* folgen zu lassen.

Herders Übersetzung des *Hohenliedes* darf als paradigmatisch für seine Vorstellung der Kulturbeschreibung angesehen werden. Hier wird »ein treues Abbild« der »Denkart, Empfindungen, Seelengestalt, Sprache« eines frem-

---

86 Zur Kulturbeschreibung als Fiktion, vgl. C. Geertz: *The Interpretation of Cultures* (s. Anm. 83), S. 15.
87 Iser, Wolfgang: *Das Fiktive und das Imaginäre. Perspektiven literarischer Anthropologie*. Frankfurt/M. 1991, S. 24 f.

den Volks »nicht durch fremdes Gewäsch, wie jedem durchjagenden Europäernarren etwa der Kopf steht, sondern in eignen treuen *Merkmalen* und *Proben*« gegeben.[88] Dieses »treue Abbild«, wie oben gezeigt wurde, wird durch Allegorisieren und Figurieren hergestellt. Vielleicht ist »rhetorisches Konstrukt« eine angemessenere Bezeichnung für das, was Herder »treues Abbild« nennt.

## V.

Neben dem Beschreiben einzelner Kulturen durch Übersetzen hat Herder eine größere Ambition, nämlich die Kulturen in der ganzen Welt und durch alle Zeiten in Zusammenhang zu bringen. Schon im *Journal meiner Reise im Jahr 1769* kündigt er eine »Universalgeschichte der Bildung der Welt« an.[89] Dieses Vorhaben wird später in seiner umfangreichen geschichtsphilosophischen Arbeit durchgeführt, wodurch seine Rhetorik der Kulturbeschreibung eine neue Dimension annimmt.

In Herders Übersetzungstheorie und -praxis scheinen zwei Grundüberzeugungen durch: erstens, Kulturen sind selbstreferentielle, in ihrer irreduziblen Gleichrangigkeit unvergleichbare Einheiten, denn jede Kultur ist immer in einer bestimmten Muttersprache verwurzelt; zweitens, Kulturen stehen nicht beziehungslos nebeneinander, sondern sind ständig in gegenseitigem Einwirken begriffen, denn Übersetzen zwischen Muttersprachen wird immer vorgenommen. Seine Vorstellung vom Gesamtzusammenhang der menschlichen Kulturen müht sich von vornherein an der Spannung zwischen diesen zwei Grundüberzeugungen ab. Die Leitfrage lautet also: Kann sich ein universaler Mitteilungszusammenhang, d. h. eine Sinnstruktur der Weltgeschichte aus dem interkulturellen Übersetzen ergeben? In seiner Bückeburger und Weimarer Geschichtsphilosophie bietet Herder zwei distinktive Antworten auf diese Frage.

Das Übersetzen hat einen ausgeprägten Ereignischarakter. Die Selektion der Elemente aus dem Original und die Figuration derselben zu einem Textganzen sind Akte, die grundsätzlich nicht verallgemeinerungsfähig sind. Für ein Original gibt es unterschiedlichste Übersetzungen. Der Sinn einer Übersetzung speist sich genauso aus dem Übersetzungsvorgang wie aus dem Original, ja sogar aus anderen Übersetzungen, denn sobald eine Übersetzung erstellt wird, tritt sie als eine fingiertes Analogon zum Original in ein Zusammenspiel mit anderen fingierten Analoga und gewinnt ihren Sinn teilweise aus ihren Differenzen zu ihnen.[90] Aus diesem Grund ist die durch Übersetzen hergestellte Beziehung einer Kultur zu einer anderen Kultur prinzipiell ver-

---

88 J. G. Herder: *Alte Volkslieder* (s. Anm. 71), S. 60 (Herders Kursivierung).
89 Herder, Johann Gottfried: *Journal meiner Reise im Jahr 1769*. In: ders.: *Werke*, Bd. 9/2, S. 19.
90 Vgl. dazu Geertz, Clifford: »Found in Translation: On the Social History of the Moral Imagination«. In: ders.: *Local Knowledge*. New York 1983, S. 36–54.

schieden von ihrer Beziehung zu einer dritten. Fragt man nun nach dem Gesamtzusammenhang aller Kulturen, der Sinnstruktur der Weltgeschichte, so bedeutet dies, unterschiedliche Übersetzungsvorgänge, die unterschiedliche interkulturelle Beziehungen herstellen, auf einen Nenner zu bringen. In seiner Bückeburger Geschichtsphilosophie lehnt Herder den Versuch der aufklärerischen Geschichtsphilosophie kategorisch ab, dieses Auf-einen-Nenner-bringen begrifflich vorzunehmen.[91] Statt dessen greift er zu Metaphern, die von Lebensaltern, Baum, Strom bis zu Bildspendern aus dem Bereich der Künste (Baukunst, Gemälde, Musik, Theater, Buch) reichen.[92] Die schier unübersehbare Menge der konkurrierenden Metaphern ist schon ein Anzeichen dafür, daß verschiedenartige Übersetzungsoperationen und dadurch hergestellte interkulturelle Beziehungen wahrscheinlich nicht in eine bestimmte Sinnstruktur einzuordnen sind. Je zügelloser die Metaphorik wuchert, desto weniger scheint sie imstande zu sein, den Gesamtzusammenhang der Kulturen in den Griff zu bekommen. Die Metaphern, die eigentlich eine Orientierungshilfe bieten sollen, werden schließlich zu Blumenbergschen »Sprengmetaphern«, die Desorientierung markieren: man sehe nicht, wo die »Kette« der Geschichte »endlich hange«, das Ganze sei »ein Labyrinth [...] mit hundert Pforten verschlossen, mit hundert geöffnet«, sei eine Melodie, wovon das Menschenohr »nur wenige Töne, oft nur ein verdrüßliches Stimmen von Mißtönen« vernehme, »Jahrhunderte« seien »nur Sylben«, »Nationen« seien »nur Buchstaben, und vielleicht nur Interpunktionen, die an sich nichts, zum leichtern Sinne des Ganzen, aber so viel bedeuten!«[93] Die Metaphorik stößt auf die Grenze ihrer Sinngebungsfähigkeit, wenn es um die Weltgeschichte als ein Ganzes geht. Der Grund dafür liegt auf der Hand. Da das Übersetzen in ereignishaft vollzogenen Akten besteht, wird in jeder Kultur anders übersetzt, als in einer anderen, was zur Folge hat, daß sich die von einer Kultur unterhaltenen interkulturellen Beziehungen immer von den von einer anderen Kultur unterhaltenen unterscheiden lassen. Um die interkulturellen Übersetzungen in verschiedenen Kulturen in einen Sinnzusammenhang zu bringen, genügt keine einzelne Metapher. Erfordert wird wiederum eine Übersetzung, die das Übersetzen in einer Kultur von der Warte einer anderen Kultur aus verständlich macht. Diese Übersetzung zweiter Ordnung muß sich natürlich auch durch die Akte der Selektion und Figuration vollziehen. Tatsächlich droht die Weltgeschichte als ein Ganzes in einem unendlichen Regress des Übersetzens auf-

---

91 Vgl. dazu Herders Rezension von August Ludwig Schlözers *Vorstellung seiner Universalhistorie* in *Frankfurter gelehrte Anzeige* (1772). In: ders.: *Werke*, Bd. 4, S. 845–849.
92 Vgl. Meyer, Heinz: »Überlegungen zu Herders Metaphern für die Geschichte«. In: *Archiv für Begriffsgeschichte* 25 (1982), S. 88–114.
93 Herder, Johann Gottfried: *Auch eine Philosophie der Geschichte zur Bildung der Menschheit*. In: ders.: *Werke*, Bd. 4, S. 82 f. u. 105 f. Zu Sprengmetaphern, vgl. Blumenberg, Hans: »Paradigmen zu einer Metaphorologie«. In: *Archiv für Begriffsgeschichte* 6 (1960), S. 3–142, hier S. 132 f.

zugehen, was Herder dann in *Auch eine Philosophie der Geschichte* dazu veranlaßt, das Ganze der göttlichen Offenbarung zu überantworten.[94]

In der Weimarer Geschichtsphilosophie wird die interkulturelle Übersetzung neu konzipiert und somit der Grund für einen neuen Begriff der Weltgeschichte gelegt. Kurz gesagt, Herder faßt nun das Übersetzen als einen rekursiven Vorgang auf, und dementsprechend wird die Weltgeschichte als universeller Mitteilungszusammenhang zur rekursiven Schleife. Übersetzen, wie oben dargelegt wurde, involviert drei Operationen: Zuerst werden kritisch-interpretativ erschlossene Elemente aus dem Original selegiert, die selegierten Elemente werden dann zu einem Übersetzungstext konfiguriert, und schließlich wird der Übersetzungstext als ein sowohl mit Sinnüberschuß als auch mit Sinndefizit behaftetes Analogon dem Original gegenübergestellt. Im Zusammenspiel zwischen dem Übersetzungstext und dem Original (und möglicherweise auch anderen Übersetzungen) tritt die Differenz zwischen beiden zum Vorschein, was zur Folge hat, daß die wahrgenommene Differenz in weiteren Übersetzungsvorgängen in Rechnung gezogen und auf die Selektions- und Figurationsakte zurückgekoppelt wird.[95] Genauso wie ein Kind »durch seinen Schmerzen den bessern Gebrauch (eines Werkzeugs) lernt«[96], lernt eine Kultur auch beim Übersetzen durch »Irrtümer und Fehlversuche«[97], und indem diese »Irrtümer und Fehlversuche« in weiteren Übersetzungsversuchen berücksichtigt werden, wird schließlich »ein friedliches Gleichgewicht zwischen den Völkern« erreichbar.[98] Es ist wichtig anzumerken, daß der späte Herder nicht die gegenseitige Abschottung als die Möglichkeitsbedingung des friedlichen Miteinanders der Kulturen ansieht, sondern das aktive Zusammenwirken, das aus Konflikten und Auseinandersetzungen zu lernen weiß, und sich aus spannungsvollen Extremen notwendigerweise auf einen stabilen, jedoch lebendigen Gleichgewichtszustand einpendelt. Die beim interkulturellen Übersetzen wirksamen Rückkoppelungen machen die Weltgeschichte zu einem selbstregulierenden System, das aus Chaos Ordnung schafft. Die Rückkoppelungseffekte werden mit Begriffen wie Billigkeit, Vernunft oder einfach Humanität benannt.

In *Ideen* wird Selbstregulierung als das »ewige Naturgesetz«, daß »vermittelst eingepflanzter göttlicher Kräfte aus dem Zustand der Verwirrung Ordnung werde«[99], gefeiert. In den gleichzeitig entstandenen sowie späteren Schrif-

---

94 Vgl. dazu Fülling, Erich: *Geschichte als Offenbarung: Studien zur Frage Historismus und Glaube von Herder bis Troeltsch*. Berlin 1956, S. 13 f.; Zippert, Thomas: *Bildung durch Offenbarung. Das Offenbarungsverständnis des jungen Herder als Grundmotiv seines theologisch-philosophisch-literarischen Lebenswerks*. Marburg 1994, S. 234 f.
95 Zur Rekursivität im ethnographischen Diskurs, vgl. Iser, Wolfgang: *The Range of Interpretation*. New York 2000, S. 83–99.
96 Herder, Johann Gottfried: *Ideen zur Philosophie der Geschichte der Menschheit*. In: ders.: *Werke*, Bd. 6, S. 662.
97 Ebd., S. 633.
98 Ebd., S. 641.
99 Ebd., S. 636.

ten wird dieses »Naturgesetz« mit Hilfe der Allegorie der Nemesis bzw. Adrastea expliziert.[100] Tatsächlich übersteigt die selbstregulierende, »göttliche« Kraft, wie Kant in seiner Rezension der *Ideen* zu Recht kritisiert hat, begriffliche Explizierbarkeit. Um so mehr läßt sie sich durch Nemesis, »die Göttin des Maßes und Einhalts«[101], allegorisch fassen. »Dies Maß der Nemesis, nach feineren oder größeren Verhältnissen angewandt, ist der einzige und ewige Maßstab aller Menschengeschichte«.[102] Mit dieser aus der griechischen Mythologie entlehnten Allegorie findet Herders der Rhetorikkritik entwachsene Rhetorik der Kulturschreibung in gewissem Sinne zum Ursprung der Rhetorik zurück. Rhetorik entstand aus der griechischen Polis. In der vielsprachig-polykulturellen Weltgesellschaft der Neuzeit erweist sie sich als unzeitgemäß, und der Abschied von ihr bringt eine Rhetorik der Kulturbeschreibung hervor. Für Herder aber pendelt sich das Zusammenwirken der Kulturen mit ihren unterschiedlichen Tönen und Akzenten unvermeidlich auf einen Gleichgewichtszustand ein, der als eine Kosmopolis bezeichnet werden kann, die eine der griechischen Polis vergleichbare Harmonie auf einer höheren Ebene, nämlich als rekursiver Effekt, erreicht. Genauso wie die klassische Rhetorik aus dem Boden der Polis wächst, sprießt aus dem sozusagen »virtuellen« Boden der Kosmopolis eine moderne interkulturelle Rhetorik. Damit wird Nemesis auch zur Allegorie der Geschichte der Rhetorik.

---

100 Das Buch XV, in dem das Theorem der Selbstregulierung ausgearbeitet wird, erschien 1787 im Dritten Teil der *Ideen*, und die Abhandlung »Nemesis« erschien 1786 in der Zweiten Sammlung der *Zerstreuten Blätter*. Das Nemesiskonzept wird ferner in den *Gott*-Gesprächen und in der Zeitschrift *Adrastea* ausgeführt.
101 Herder, Johann Gottfried, »Nemesis«. In: ders.: *Werke*, Bd. 4, S. 564.
102 J. G. Herder: *Briefe*…(s. Anm. 46), S. 735. Zum Nemesiskonzept in der Geschichtsphilosophie des späten Herder, vgl. Maurer, Michael: »Nemesis-Adrastea oder Was ist und wozu dient Geschichte?«. In: Mueller-Vollmer, Kurt (Hg.): *Herder Today*. Berlin, New York 1990, S. 46–63; Koepke, Wulf: »Nemesis und Geschichtsdialektik«. Ebd., S. 85–96.

# Rhetorik nach ihrem Ende.
# Das Beispiel Adam Müllers

FRIEDRICH BALKE (Köln)

## I.

Spätestens mit der Entstehung der Ästhetik im 18. Jahrhundert verändern sich die Wirkungsbedingungen für die überlieferte Rhetorik grundlegend. Es kommt nicht bloß zu der vielberedeten Krise rhetorisch gebundenen Wissens und in diesem Zusammenhang insbesondere zur Delegitimierung der Lehre von den *Loci communes*, die die Rhetorik inventarisierte und nutzte, sondern zu einem Entzug des Ortes der Rhetorik selbst. Die »alte Rhetorik«, die Roland Barthes nicht zu Unrecht als eine die Regime und Epochen überdauernde »Überzivilisation«[1] des Abendlandes bezeichnete, geht zu Ende, sie wird aber nicht durch eine *neue* Rhetorik ersetzt, viel eher schon durch die kulturelle Zirkulation nicht länger disziplinär, in Abhandlungen und Lehrbüchern gebundener, schulförmig tradierter Elemente des vormaligen rhetorischen Systems.

Zwar muß einerseits von der Rhetorik gesagt werden: »Uns ist sie fremd geworden«.[2] Andererseits gilt jedoch, daß ein kulturelles Recycling rhetorischen Wissens zu beobachten ist, das den spezifischen Handlungscharakter der Sprache oder des Sprechens auch dort aufzuhellen versucht, wo gar nicht gesprochen, sondern geschrieben wird: how to do things with words – aber: *within texts*. Ob vor Gericht oder in der politischen Versammlung: Die zentralen Einsatzorte der Rhetorik zum Zeitpunkt ihrer Erfindung weisen unzweideutig auf das Interesse an der systematischen Erforschung des Bewirkungspotentials einer Rede hin, von der die Griechen gelernt haben, daß sie nicht länger die Dinge oder das Sein verdoppelt, sondern einen eigenen Seinsbereich eröffnet. Plötzlich wird vorstellbar, daß auch das Falsche oder die Täuschung, geschickt vorgetragen, beim Publikum Erfolg haben kann. Die Rhetorik ist ihrer Entstehung nach offenbar auf klar definierte und abgrenzbare institutionelle Orte oder Räume bezogen. Ihre Wirksamkeit gründet auf ausdifferenzierte pragmatische Rollen: der Advokat vor Gericht, der Politiker in

---

1 Barthes, Roland: »Die alte Rhetorik«. In: ders.: *Das semiologische Abenteuer*. Frankfurt/M. 1988, S. 8.
2 Curtius, Ernst Robert: *Europäische Literatur und lateinisches Mittelalter*. Tübingen-Basel [11]1993 (1948), S. 71.

der Volksversammlung und der Lobredner oder Dichter im Angesicht des Herrschers. Entsprechend zerfällt die Rhetorik in drei Arten der Beredsamkeit (Gerichtsrede, beratende Rede, Lob- oder Prunkrede), die sich auf die genannten sozialen Orte und pragmatischen Rollen beziehen.

Der Wegfall oder die Transformation der institutionellen Orte, an denen die klassische Rhetorik ihre Rolle spielte (Untergang der attischen Demokratie und der römischen Republik, Verfall der freien Gerichtsrede), setzte eine kulturelle Entwicklung in Gang, von der man den Eindruck gewinnt, daß sie sich unter den ganz anderen sozialen und politischen Bedingungen des 18. Jahrhunderts in gewisser Weise wiederholt. Der Ablösung rhetorischer Wissenszirkulation durch ästhetische Reflexions- und Urteilstheorien im 18. Jahrhundert korrespondiert die Kultivierung des einzig verbliebenen rhetorischen Genres unter den kulturellen Rahmenbedingungen des Hellenismus. Die spätantike und mittelalterliche Blüte des Herrscher- und Prunklobes ist gerade unter künstlerischen Gesichtspunkten von so hervorragender Bedeutung, weil sie anstelle der sozialen oder pragmatischen Bewirkungsfunktion der (Gerichts- und politischen) Rede die Wahrnehmungs- oder allgemeiner: Beschreibungsfunktion raffiniert. Die Rhetorik, so kann man diesen Vorgang schlagwortartig resümieren, fusioniert mit der Poesie (die vormals allenfalls als Demonstrationsobjekt rhetorischer Verfahren taugte), die öffentlichen oder institutionalisierten Handlungschancen, die ihr genommen wurden, werden durch eine bezeichnende Umfunktionierung der *dritten* rhetorischen Gattung kompensiert. Verschwanden die Staats- und Gerichtsrede aus der politischen Wirklichkeit in die Rhetorikschulen, um dort zu Übungszwecken simuliert zu werden, wird die Lob- und Prunkrede zu einer »Lobtechnik« generalisiert, »die sich auf jeden Gegenstand anwenden ließ«, also nicht mehr nur auf Herrscherpersönlichkeiten beschränkt blieb. Curtius resümiert diesen Vorgang folgendermaßen: »Das bedeutet nichts anderes, als daß die Rhetorik ihren ursprünglichen Sinn- und Daseinszweck verlor. Dafür drang sie in alle Literaturgattungen ein. Ihr kunstvoll ausgebautes System wurde Generalnenner, Formenlehre und Formenschatz der Literatur überhaupt. Das ist die folgenreichste Entwicklung innerhalb der Geschichte der antiken Rhetorik«[3], die ihr Pendant an der Wende vom 18. zum 19. Jahrhundert findet, wo es den Anschein hat, als werde die Rhetorik insgesamt durch eine »Universalpoesie« ersetzt, die auch noch die Funktion ihrer eigenen Beschreibung bedient.

## II.

Die im Verlaufe des 18. Jahrhunderts entstehende neue »Aesthetica« ist im Kern »eine *Rechtfertigung* der Sinnlichkeit«[4], wie Alfred Baeumler zurecht formuliert hat. Und ausgerechnet hier, wo es darum geht, den Charakter die-

---
3 E. R. Curtius: *Europäische Literatur* (s. Anm. 2), S. 79 f.
4 Baeumler, Alfred: *Das Irrationalitätsproblem in der Ästhetik und Logik des 18. Jahrhunderts bis zur Kritik der Urteilskraft*. Tübingen 1967 (1923), S. 208.

ser Sinnlichkeit präziser zu bestimmen, kommt die (zuvor ausgeschlossene) Rhetorik wieder ins Spiel, an die Baeumler zufolge anzuknüpfen ist, wenn man einen Zugang zu »Baumgartens Leistung« finden will. Interessanterweise unterscheidet Baeumler für seine Zwecke einer Bestimmung der ästhetischen Wissenschaft, also der Philosophie seit Baumgarten und Kant bis zur Phänomenologie des 20. Jahrhunderts und darüber hinaus, zwei Wirkungen der Rhetorik, deren eine er rundheraus »schädlich« nennt, deren andere lediglich »weniger gefährlich«. Worin also besteht die »schädliche Wirkung« der Rhetorik? »Sie besteht in der Hereinnahme eines äußerlichen *Zweckes* in den Gesichtskreis der ästhetischen Lehre (Erregung von Leidenschaften und die dadurch herbeigeführte Bestimmung des *Willens* im Zuhörer).«[5] Eine erste Differenz zwischen Rhetorik und Ästhetik bestünde demnach in der Art ihrer Bezugnahme auf die Leidenschaften oder die *Sinnlichkeit*. Während die Rhetorik die Leidenschaften »erregt« (*animos impellere*[6]), strebt die Ästhetik die Kalmierung oder Bildung dieser Leidenschaften durch ihre epistemologische Funktionalisierung an. Für die Ästhetik ist die Sinnlichkeit eine Quelle der Erkenntnis, für die Rhetorik bloß ein Mittel zu einem ihr äußerlichen (z. B. politischen) Zweck. Die Sinnlichkeit ist gerechtfertigt, weil sie als ein Erkenntnisorgan fungiert und nicht länger nur als ein in Regie zu nehmendes Wirkungspotential.

Die Rhetorik ist gefährlich. Sie ist selbst dort nicht ungefährlich, sondern höchstens »weniger gefährlich«, wo sie der neuen Wissenschaft *nützt*. Der Rhetorik liegt

> auch ein weniger gefährlicher Gedanke zugrunde, der die ästhetische Theorie recht wohl zu befruchten imstande war. Der Redner will *verstanden* werden, er will sich *mitteilen*. Nichts wird aber leichter verstanden als der konkrete Fall, das *Beispiel*. Beispiele sind das wichtigste Vehikel der Mitteilung – vor allem für den, der abstrakte Gegenstände vorzutragen hat, wie der akademische Lehrer.[7]

Baumgartens Interesse für das Beispiel, so Baeumler, sei also nur zu verständlich. Anders als in der klassischen Rhetorik, die das exemplum den argumenta unterordnet[8], ist für die defigurierte Rhetorik die Dominanz des Exemplums – jetzt das »Individuum« genannt – und, wie gesehen, entsprechend der »Funktions-Sinn des Allgemeinen«, also die nur mehr provisorische und abgeleitete Geltung von Oberbegriffen und allgemeinen Sätzen charakteristisch: »Es ist kein Zufall, daß sich die Ästhetik aus einer Theorie des Beispiels entwickeln läßt«, bringt Baeumler die Dimension dieses Vorgangs auf den Punkt (ebd., S.

---

5   A. Baeumler: *Das Irrationalitätsproblem* (s. Anm. 4), S. 210.
6   Im Unterschied zum *fidem facere*, dem Überzeugen, das sich ganz auf die Kraft der Beweise (*probatio*) verläßt.
7   A. Baeumler: *Das Irrationalitätsproblem* (s. Anm. 4), S. 210.
8   »Die aristotelische Rhetorik legt das Gewicht auf die Beweisführung; die *elocutio* (oder Abteilung der Figuren) ist nur ein (bei Aristoteles selbst untergeordneter) Teil von ihr; später [d. h. bereits im Mittelalter, Vf.] ist es umgekehrt: Die Rhetorik identifiziert sich mit den Problemen des Aufbaus und des Stils, nicht mit denen des ›Beweises‹«. R. Barthes: »Die alte Rhetorik« (s. Anm. 1), S. 25.

210). Im Vordergrund der neuen Wissenschaft steht das »Problem der ›Mitteilbarkeit‹ (enuntiatio)«. »Mitteilbar machen, was durch den ›Begriff‹ nicht mitgeteilt werden kann – das ist die Aufgabe der Kunst«[9] – es ist aber zugleich die Aufgabe all der Wissenschaften vom Menschen, die um 1800 entstehen und in die neue ästhetische Wissenskonfiguration eingelassen sind, von ihr ihr diskursives Apriori empfangen. Auf diesen Punkt hat Michel Foucault insistiert, der den Zusammenhang zwischen der ästhetischen Epoche und der ihr korrespondierenden operativen Epistemologie des Individuellen von der Seite der Humanwissenschaften analysiert. Von diesen Humanwissenschaften nämlich gilt exakt, was Baeumler von der neuen Aesthetica sagt: Sie ist »eine Logik des Individuellen; nicht die zum obersten Gattungsbegriff aufsteigende, sondern die zum untersten Artbegriff absteigende Begriffsbildung liegt Baumgarten am Herzen. Er hat den ›Rückweg‹, wie Lambert sagt, gefunden. Das Allgemeine wird von ihm nicht geschmäht, sondern funktionell verstanden: ein Mittel zur logischen Bestimmung des Besonderen« oder der »Individualität«, die nur ein anderer Name für den neuen »Menschen« ist, dessen Kräfte und Vermögen mittels der überlieferten Repräsentationslogik nicht länger zu fassen sind. Was Baeumler von Baumgarten schreibt – »Statt zum genus summum schreitet seine Begriffsbildung zur infima species fort«[10] – hat sein präzises Pendant sowohl in den neuen Wissenschaften vom Menschen als auch in den politischen Disziplinen, die das unscheinbare, statistisch meßbare und daher gehäufte Vorkommen dieser ›Individualitäten‹ mit ihren kontingenten Eigenschaften untersuchen und die sich aus ihrem Zusammenleben ergebenden Kommunikations- und Verkehrsformen regulieren.

Das Politische im Zeitalter der Ästhetik fällt nicht mehr ohne weiteres mit den Haupt- und Staatsaktionen souveräner Körperschaften zusammen, vielmehr entwickelt sich im Schatten der großen Politik, der die Rhetorik die notwendigen sprachlichen Performanzen lieferte, eine »Polizeigewalt«, die auf einem neuen Regulierungswissen basiert und deren Aufgabe zunächst und vor allem schlicht darin besteht, »›alles‹ [zu] erfassen«[11]: »allerdings nicht die Gesamtheit des Staates oder des Königreichs als des sichtbaren und unsichtbaren Körpers des Monarchen, sondern den Staub der Ereignisse, der Handlungen, der Verhaltensweisen, der Meinungen – ›alles, was passiert‹.« Diese kleine Politik mit dem Interesse für die kleinen und kleinsten, unwahrnehmbarsten Dinge, die die Gesellschaft einer »infinitesimalen Kontrolle«

---

9 »Die Frage, wie ein Gedanke ausgedrückt werden könne, der die Reichweite des Begriffs überfliegt, beantwortet Baumgartens ›Ästhetik‹«. A. Baeumler: *Das Irrationalitätsproblem* (s. Anm. 4), S. 210.
10 A. Baeumler: *Das Irrationalitätsproblem* (s. Anm. 4), S. 212 f.
11 Dies, weil das Politische nicht länger über bestimmte Inhalte zu bestimmen ist, sondern in der Macht der Politisierung beliebiger Materien besteht und daher im Verhältnis zur Eigengesetzlichkeit des Sozialen einen – in seinem Umfang von der Lage der Sache abhängenden – Einmischungs- bzw. Regulierungsvorbehalt zur Geltung bringt.

unterwirft[12], ist eine Politik, die ganz Auge und Ohr ist. Schon hier stellt sich die Frage, ob es unter den Bedingungen der ästhetischen Epoche den Versuch gegeben hat, auch die Theorie der Beredsamkeit auf jenen Bereich einzustellen, den Foucault »das unendliche Kleine der politischen Gewalt«[13] genannt hat. Daß Erkenntnis auch unter den Bedingungen größtmöglicher »Fülle« oder »Individualität« des Gegenstandes möglich ist und möglich bleibt, diese Gewißheit teilt der Ästhetiker mit dem Humanwissenschaftler, der »das Problem des Eintritts des Individuums (und nicht mehr der Spezies) in das Feld des Wissens«[14] zu lösen hat und sich zu diesem Zweck nicht länger der aufsteigenden, abstrahierenden Begriffsbildung bedienen kann, sondern den »Rückweg« einschlagen muß. Die Humanwissenschaften praktizieren ein »ästhetisches Denken«, wenn dieses darin besteht, »seinen Gegenstand nicht allein in concreto, sondern so individualisiert als nur immer möglich« (*determinatissimus*)[15] zu betrachten. Zu diesem Zweck müssen die neuen Wissenschaften spezifische Dokumentationstechniken einsetzen, die »*aus jedem Individuum einen ›Fall‹*«[16] machen, indem sie es »in seinen besonderen Zügen, in seiner eigentümlichen Entwicklung, in seinen eigenen Fähigkeiten und Fertigkeiten« zu beschreiben versuchen. Alles Wissen, das über ein solches – seinem Wortsinn widersprechendes – »Individuum« gewonnen wird, hat seine Quelle in diesem Individuum selbst, dessen Erforschung nur unter der Bedingung seiner selbsttätigen Mitwirkung möglich ist. Was ein solches Individuum *vermag*, ist nicht durch irgendwelche Gattungs- oder Artbegriffe festgelegt, die sich in einem bestimmten Exemplar verkörpern, vielmehr entscheidet darüber die ihm eigene Virtualität, das ihm eigene, variable Vermögen.

Spätestens seit der Erfindung des Romans als der am wenigsten repräsentativen, romantischen Kunstform, stand eine Technik zur Beschreibung unauslotbarer Individualitäten mit ihren unabsehbaren Entwicklungsverläufen, ihren eigentümlichen Geschichten, zur Verfügung, eine Technik, die sich die neuen klinischen Wissenschaften vom Menschen systematisch zu eigen machen konnten:

> Lange Zeit hindurch war die beliebige, die gemeine Individualität unterhalb der Wahrnehmungs- und Beschreibungsschwelle geblieben. Betrachtet werden, beobachtet werden, erzählt werden und Tag für Tag aufgezeichnet werden waren Privilegien. Die Chronik eines Menschen, die Erzählung seines Lebens, die Geschichtsschreibung seiner Existenz gehörten zu den Ritualen der Macht.[17]

---

12 Dies, weil ›Gesellschaft‹ für sie eine Schicht markiert, »in der die Leute miteinander zu tun haben, bevor sie als Rechtssubjekte oder moralische Personen erscheinen«. Joseph Vogl: »Staatsbegehren«. In: *DVjs* 74 (2000), S. 605.
13 Foucault, Michel: *Überwachen und Strafen. Die Geburt des Gefängnisses*. Frankfurt/M. 1981, S. 274.
14 Ebd., S. 246.
15 A. Baeumler: *Das Irrationalitätsproblem* (s. Anm. 4), S. 222.
16 M. Foucault: *Überwachen und Strafen* (s. Anm. 13), S. 246.
17 Ebd., S. 246 f.

Baumgartens ästhetische Unterscheidung einer »comparatio adscendens« von einer »comparatio descendens«[18] findet ihr präzises Echo in Foucaults Unterscheidung eines aufsteigenden und eines absteigenden Verfahrens der Individualisierung. Während in den alteuropäischen Gesellschaften, die sich auf der Grundlage hierarchischer Ordnungsstrukturen etablieren, »die Individualisierung ihren höchsten Grad in den höheren Bereichen der Macht und am Ort der Souveränität« erreicht, ist die Individualisierung in den sich um 1800 etablierenden »Disziplinarregimen«, die eine Spielart der Macht institutionalisieren, »für die der individuelle Unterschied entscheidend ist«, »absteigend«.[19] Diese »historische Wende der Individualisierungsprozeduren«, die die neuen Humanwissenschaften ermöglicht, deren Telos nicht länger ein »Monument für ein künftiges Gedächtnis«, sondern »ein Dokument für eine fallweise Auswertung« ist[20], produziert nicht nur vollkommen neue Diskurse und Praktiken zur Messung des individuellen Abstandes, sondern führt auch zu einer Revolution in den *interdiskursiven*, also die elementare Soziokultur konstituierenden Repräsentationstechniken, indem sie das Ästhetische auf die »absteigende Vergleichung« festlegt und im »Determinieren« (des geringsten Unterschieds, der aus Sicht der höheren Arten und Gattungen zu vernachlässigen wäre) die eigentliche »Tätigkeit des Dichters«[21] erkennt: »So individuell bestimmt als möglich (determinatissimus)«.[22]

## III.

»Man sieht: die antike Rhetorik hat eine lange, gestaltenreiche Geschichte«, heißt es an einer Stelle bei Curtius. Und Curtius ist es auch, der im Zusammenhang seines »Rhetorik«-Kapitels in *Europäische Literatur und lateinisches Mittelalter* Adam Müllers 1812 in Wien gehaltene, vier Jahre später publizierte *Zwölf Reden über die Beredsamkeit und deren Verfall in Deutschland* erwähnt. Er erwähnt sie nicht nur, sondern charakterisiert sie sogar mit dem Adjektiv »wundervoll«, was um so mehr überrascht, als Curtius – abge-

---

18 »Es gibt eine ›aufsteigende‹ und eine ›absteigende‹ Vergleichung. Bei jener wird z. B. statt des individuellen Begriffs der Art- oder Gattungsbegriff gesetzt; bei dieser umgekehrt: es wird (Punkt für Punkt umkehrend, was für jene gesagt wurde) das Ganze durch einen Teil, die Gattung (Art) durch eine niedere (per inferiora) unter ihr enthaltene Vorstellung ›illustriert‹«. A. Baeumler: *Das Irrationalitätsproblem* (s. Anm. 4), S. 220.
19 M. Foucault: *Überwachen und Strafen* (s. Anm. 13), S. 248.
20 Ebd., S. 247.
21 A. Baeumler: *Das Irrationalitätsproblem* (s. Anm. 4), S. 223.
22 Ebd., S. 222. Der Superlativ findet sich verschiedentlich in Baumgartens *Aesthetica*. Determinieren ist hier nicht länger abstrahieren oder negieren: »quid enim est abstractio, si iactura non est?« zitiert Baeumler aus § 560 der *Aesthetica* und kommentiert: »was nützen uns aber die deutlichsten Begriffe, wenn sie nur durch Absehen von der Fülle und Farbe des Daseins gewonnen sind?« A. Baeumler: *Das Irrationalitätsproblem* (s. Anm. 4), S. 202.

sehen von dem in einer späteren Fußnote mitgeteilten einzigen Zitat aus der Schrift – gänzlich darauf verzichtet, seinem Leser auch nur die Umrisse der Müllerschen Argumentation mitzuteilen. Der Grund für diese merkwürdige Enthaltsamkeit besteht im folgenden: Curtius, so meine These, versteht seine eigene Untersuchung als eine Fortsetzung der Müllerschen Reden mit anderen Mitteln. Curtius' Absicht ist es, über Müllers Versuch hinaus die geistesgeschichtlichen Wurzeln der Rhetorik als der wahrhaft europäischen Bildungsmacht freizulegen. Denn wenn er eingangs seiner Ausführungen zur Rhetorik notiert: »Die Rhetorik hat in unserer Bildungswelt keine Stelle«[23], dann ist hier die *deutsche* Bildungswelt gemeint, der Curtius mit dem vom ihm verwendeten geistesgeschichtlichen Rahmen einer »europäischen Literatur« von vornherein den literarischen und kulturellen Hegemonieanspruch streitig macht. Aus der Perspektive der europäischen Literatur und ihrer klassischen sowie mittelalterlichen (also ›universal‹ ausgerichteten) Vorläuferkulturen erweist sich die deutsche – klassische wie romantische – Literatur und Kunst weniger als ein kulturgeschichtlicher Gipfel denn als ein problematischer Sonderfall. »Den romanischen Völkern ist die Rhetorik durch natürliche Anlage und durch das Erbe Roms vertraut. Redner wie Bossuet gehören zu Frankreichs Klassikern. In England ist seit dem 18. Jahrhundert die Beredsamkeit Ausdruck der politischen Kräfte, Angelegenheit der Nation.« Und in Deutschland? »In Deutschland haben diese Voraussetzungen gefehlt.« Daran schließt sich der Müller betreffende Satz an: »Adam Müllers wundervolle ›Reden über die Beredsamkeit und deren Verfall in Deutschland‹ (1816) konnten keinen Widerhall finden.«[24]

Mit einem Hinweis auf Adam Müller beginnt das Kapitel über »Rhetorik«, Müllers *Reden* bilden auch den Schlußpunkt dieses Kapitels, in dessen letzten Abschnitt Curtius an die im 17. und 18. Jahrhundert noch verbreiteten Rhetorikhandbücher erinnert, um lapidar zu schließen: »Alles das ist heute Makulatur. [...] Einsam und stolz ragt aus diesem Wust das heute noch ungelesene Buch von Adam Müller hervor, das wir schon nannten und das eine deutsche Geistesgeschichte *in nuce* enthält.« Mit diesem Satz schließt das Kapitel, oder doch beinahe, denn Curtius, der, wie gesagt, nichts über den Inhalt dieses »einsam und stolz« aus dem sonstigen rhetorischen Schrifttum herausragenden Buches von Müller mitteilt, das alles andere als ein Lehrbuch ist und seinen Gegenstand in actu vorzuführen verspricht, gibt dem letzten Satz noch eine Fußnote bei, die sich auf Müller bezieht und dem Leser ausnahmsweise ein Zitat aus dem Text mitteilt: »Seinen Hörern sagte Müller: *wo ich Sie durch meine Rede unmittelbar getroffen habe, da war es ein größerer als ich, der durch meinen Mund sprach: mein größtes Verdienst war, daß ich den größten Redner meines Jahrhunderts, daß ich Burke verstanden habe.*«[25] Man kann eine Vermutung darüber anstellen, warum Curtius ausgerechnet dieses Zitat ausgewählt hat, um es, wieder ohne jeden Kommentar, seinen Lesern mitzu-

---

23 E. R. Curtius: *Europäische Literatur* (s. Anm. 2), S. 71.
24 Ebd., S. 72.
25 Ebd., S. 88.

teilen. Das Zitat belegt, daß selbst die Einsicht in das Allgemeine der Rhetorik, also in das, was die Rhetorik ihrem Wesen nach ist und vermag, nur auf dem Wege der Vergewisserung eines konkreten Einzelfalls, eines exemplum oder einer herausragenden rhetorischen »Individualität« *verstanden* werden kann, wobei *verstehen* hier die hermeneutische Operation eines Verschmelzungsprozesses mit dem Gegenstand der Mitteilung meint.

Die Reden Müllers überzeugen nicht durch ihre rhetorischen Qualitäten, sondern durch die Operation einer geheimnisvollen *Übertragung*, die vom rhetorischen Genie Edmund Burkes über den Redner Adam Müller zum Hörer der Reden und schließlich zum Leser des Buches, das die Reden enthält, führt. Rhetorische Kommunikation gerät hier in den Einzugsbereich der paradoxen Kommunikation von Individualität, die um 1800 den Einsatz der Dichtung definiert. Paradox ist diese Kommunikation deshalb zu nennen, weil es kein externes, seinerseits kommunizierbares Kriterium für die öffentlich unzugängliche Verstehensleistung dessen geben kann, der ein solches Verstehen für sich in Anspruch nimmt. Angesichts eines solchen Verstehens, das sich vom Redner, der selbst Hörer ist: Hörer eines größeren Redners, direkt auf die Hörerschaft überträgt und sich ihr mit der Macht eines Befehls aufzwingt, kann kein Spielraum für Mißverstehen oder Nachfragen entstehen. Kontrollierbar ist es allenfalls, wie wir noch sehen werden, an den körpergebundenen Reaktionen derjenigen, die solcher Beredsamkeit ausgesetzt sind. Was Adam Müller versichert, duldet daher bei seinem Schüler Curtius keinen Ein- oder Widerspruch, ja verlangt offenbar noch nicht einmal den gelehrten Kommentar des Literaturhistorikers, der das Zitat wie ein Diktat behandelt, indem er es lediglich korrekt abschreibt. Curtius sah es offenbar als *sein* größtes Verdienst an, den größten Redner nach Edmund Burke, Adam Müller, *verstanden* zu haben.

Rhetorik, soll das heißen, bemißt sich nicht mehr an der situationsspezifischen Beherrschung ihres komplexen Formen- und Regelschatzes, sie hört auf, das zu sein, was sie Curtius zufolge die längste Zeit über war: eine »spröde Materie«[26], und bezieht das ihr zugrundeliegende Kommunikationsmodell nicht länger aus der Sphäre der politischen Versammlung, des Gerichtsprozesses oder des Herrscherlobes, sondern schlicht aus dem institutionell nur minimal vorstrukturierten – »Gespräch«.[27] Weil der Rhetorik inzwischen nicht

---

26 Ebd., S. 89.
27 »Vom Gespräch« ist daher die erste der zwölf Reden Müllers überschrieben. Müllers *Reden* werden im Text mit der Seitenzahl zitiert nach: Müller, Adam: *Zwölf Reden über die Beredsamkeit und deren Verfall in Deutschland*. Hg. v. Jürgen Wilke. Stuttgart 1983 (1812). Anders als zu den Zeiten Curtius' werden Müllers *Reden* heute auch zunehmend von der literaturwissenschaftlichen Forschung wahrgenommen, während die an der Rhetorik interessierte Philosophie Müller bislang kaum beachtet hat. Für die folgende Argumentation war hilfreich vor allem Matala de Mazza, Ethel: *Der verfaßte Körper. Zum Projekt einer organischen Gemeinschaft in der Politischen Romantik*. Freiburg i.B. 1999, besonders das Kapitel »Waffenübung der Seele«, in dem die Autorin einen Zusammenhang zwischen Befreiungskriegsproganda, Geld- und Sprachtheorie Müllers herstellt, sowie Vogl, Jo-

nur ihre Topik, sondern auch ihre sozialen Einsatzfelder – das Dreieck von Macht, Recht und Schmuck – abhanden gekommen sind, setzt sie Müller auf der Ebene der Sprache *in actu*, des Sprachgeschehens überhaupt oder eben: des »Gesprächs« an. Diese institutionelle Entspezifikation der Rhetorik, die sie tendenziell mit der beliebigen sprachlichen Performanz, also dem »Sprechakt« oder der Äußerung zusammenfallen läßt[28], verschafft ihr eine gänzlich neue Funktion. War es die Aufgabe der älteren Rhetorik, durch spezielle Abweichungen vom alltäglichen Sprachgebrauch in bestimmten, klar definierten sozialen Feldern persuasive Effekte zu erzielen, klammert die neue, »höhere« Rhetorik die je spezifischen kommunikativen Streiteinsätze ein, um sie als Anlaß für die Instituierung eines »Dritten« zu nutzen, ohne dessen Wirksamkeit, die nicht länger vorausgesetzt werden kann, die soziale Synthesis gar nicht zustande käme und auch nicht reproduktionsfähig wäre. In dem Maße, wie die rhetorischen Praktiken nicht länger auf bestimmte institutionelle Orte zurückgreifen können, in denen sie zum Einsatz kommen, mutiert die Rhetorik zu einer – wie zu zeigen sein wird: poetisch informierten – Theorie über die Mechanismen sozialer Instituierung. Dabei kommt es, wie sich zeigt, zu einem paradoxen Wiedereintritt der zuvor kategorisch ausgeschlossenen Schriftlichkeit und der durch sie ermöglichten Beobachtungsleistungen in das

---

seph: *Kalkül und Leidenschaft. Poetik des ökonomischen Menschen.* München 2002. Herangezogen wurden auch Henn-Schmölders, Claudia: »Sprache und Geld oder ›Vom Gespräch‹. Über Adam Müller«. In: *Jahrbuch der deutschen Schillergesellschaft* XXI (1977), S. 327–351, Achermann, Eric: *Werte und Worte. Geld und Sprache bei Gottfried Wilhelm Leibniz, Johann Georg Hamann und Adam Müller.* Tübingen 1997 sowie Wirtz, Thomas: »›Vom Geiste der Speculation‹. Hermeneutik und ökonomischer Kredit in Weimar«. In: *Athenäum* 8 (1998), S. 9–32.

28 Von weitem fühlt man sich an Wittgenstein erinnert, wenn Müller im »Vorwort« seiner *Reden* die Grenzen der Welt (des Bedeutbaren) mit denen der Sprache zusammenfallen läßt – was bekanntlich im Umkehrschluß heißt: »Wovon man nicht sprechen kann, darüber muß man schweigen.« Wittgenstein, Ludwig: *Tractatus logico-philosophicus.* Frankfurt/M. 1980, S. 115. Bei Müller lesen wir: »Der Mensch soll nicht *denken* über die Sprache hinaus oder in Gedanken weiter schweifen als die Sprache reicht: die Grenzen der *Sprache* sind die göttlichen Grenzen, die allem unserm Tun und Treiben angewiesen sind« (13). Bis hierhin, sieht man einmal von der Bezeichnung der sprachlichen Grenzen als göttliche Grenzen ab, reicht die Gemeinsamkeit mit den Bedeutungstheoretiker des 20. Jahrhunderts. Wenn Wittgenstein allerdings formuliert »*Die Grenzen meiner Sprache* bedeuten die Grenzen meiner Welt« und für die *Logik* die Möglichkeit kategorisch ausschließt, »über die Grenzen der Welt« hinaus zu gehen (L. Wittgenstein: *Tractatus*, S. 89) dann widerspricht ihm Müller in diesem Punkt vom Ort der *Psychologie*, die alle Grenzziehung unter einem dynamischen Gesichtspunkt betrachtet. Die göttlichen Grenzen sind daher durchaus »keine Mauern; sie wachsen wie die innerliche, treibende Kraft unserer Seele wächst.« (13) Und dann folgt die ›positive‹ Fassung des Wittgensteinschen Schweigegebots, die aus logischer Sicht unverständlich erscheinen muß, aus psycho-logischer und psycho-linguistischer Perspektive aber zwingend ist, wenn die Humanwissenschaften zu dem Zweck erfunden worden sind, die Menschen zum Sprechen, also zur Selbstexpression und Selbstdokumentation anzureizen: »Wir sollen alles aussprechen können, was wir denken.« (13)

auf reine Mündlichkeit reduzierte »Gespräch«. Die Konzentration auf die Mündlichkeit, der die Rede pauschal und ohne zu zögern zugeordnet wird, so als wäre die Rhetorik nicht die längste Zeit ihrer Geschichte mit der Schrift und der durch sie ermöglichten *grammatischen* Beschreibung der Rede sowie der durch diese Beschreibung eröffneten sprachlichen Manipulationen verbunden gewesen, führt bei Müller nun nicht nur zu der um 1800 unter den Bedingungen der Epoche Rousseaus erwartbaren Aufwertung der Stimme als des maßgeblichen Organs der rednerischen Performanz, sondern zu dem einigermaßen merkwürdigen Phänomen einer Privilegierung des Hörsinns, des »Ohrs«. Müllers Rhetorik versteht sich, kurz gesagt, als »Kunst des Hörens« (34).

Vermutlich hat es niemals vor Müller den Versuch gegeben, die Rhetorik entgegen ihrem Wortsinn als eine Kunst des Hörens zu konzipieren. Nach dem, was im Vorstehenden über die neue Wissenschaft der Ästhetik gesagt wurde, deren Aufgabe darin besteht, einen Gegenstand »so individualisiert als nur immer möglich« (Baeumler) zu betrachten, ihn also in den feinsten Differenzen und subtilsten Nuancen, in seiner ganzen »Fülle«, in der Kontingenz seiner Verhaltensweisen (im Unterschied zur bloßen Aufzählung seiner *spezifischen*, also generisch vorgesehenen Eigenschaften) vor Augen zu stellen oder zu *illustrieren*, läßt sich immerhin ahnen, wieso ausgerechnet einem so passiven Organ wie dem »Ohr« für das neue ästhetische Denken eine so zentrale Funktion zukommt. Das »Ohr« oder der »empfangene Sinn« (34) öffnet sich aufgrund seiner strukturellen Passivität der Fülle akustischer Differenzen, ohne sie im Akt ihrer Rezeption auf einen bestimmten Code zu reduzieren. Zugleich avancierte das »Ohr« im Unterschied zum, wie Müller schreibt, »dechiffrierenden Auge« (38)[29] damit aber lange vor der Erfindung der *Grammo*phonie zum *Symbol* eines neuen, reineren Verstehens, das die um 1800 entstehende Hermeneutik nach dem Vorbild musikalischer Rezeption als den Akt eines unmittelbaren, den ganzen Körper erregenden Sinnerfassens konzipiert, mit dem sie sogar die aus ihrer Sicht skandalöse binäre Codierung jeder

---

29 Das Auge zeigte sich durch die mediale Erfindung der Schrift beeindruckbar und stellte sich schließlich sogar in den Dienst des Buchdrucks, der das »Wort« vollends dem Geltungsbereich der »Zahl« auslieferte: »das Wort schwindet ineinander und wird mehr und mehr zur Zahl. Alle Wissenschaften, alle bürgerlichen Geschäfte lohnen sich, halten sich an der geliebten Zahl, sie verpuppen sich wie gefräßige Insekten, in Gespinsten von Zahlen und Formeln« (39). Nachdem der Logos in der Philosophie die längste Zeit die Evidenz des Mathematischen für sich in Anspruch nahm, entwickeln sich um 1800 neue Dialektiken (Hegel) und Redelehren (Müller), die auf den kategorischen Ausschluß der Zahl – oder auf ihre bloß spekulative Integration (Hegels *Logik*) – beruhen. Müllers großangelegte Rettung des Ohrs gibt der soziokulturellen Dominanz der »Buchdruckerkunst« die Schuld, »daß von da an die Tatkraft dieses Geschlechts [gemeint sind die »heutigen kultivierten Europäer«, Vf.] gelähmt, die Gewalt des göttlichen Organs der Rede gebrochen und gebeugt und das Ohr für alle höheren Eindrücke, die man höchst unnatürlicherweise dem dechiffrierenden Auge zuwies, verschlossen wurde. –« (37 f.)

Rede – also die Gleichwahrscheinlichkeit von Annahme und Ablehnung des Mitgeteilten[30] – überwinden zu können glaubte. Einerseits nämlich ist Sprache, in der Terminologie heutiger Soziologie, »das grundlegende Kommunikationsmedium, das die reguläre, mit Fortsetzung rechnende Autopoiesis der Gesellschaft garantiert«[31], wird also so in Anschlag gebracht, wie Müller sein »Gespräch« ansetzt; andererseits aber vermag man nur schwer einzusehen, wie sie genau diese ihr zugeschriebene Leistung erbringen soll, wenn sie allen kommunizierten Sinn dupliziert, also »für alles, was gesagt wird, eine positive und eine negative Fassung zur Verfügung stellt«.[32] Niklas Luhmann, der diese »radikale« Struktur der Sprache mit dem Begriff des (binären) Codes belegt, zitiert an dieser Stelle gerne, vielleicht nicht zufällig, Goethe, der in den *Wahlverwandtschaften* Ottilie in ihr Tagebuch schreiben läßt: »Jedes ausgesprochene Wort erregt den Gegensinn.«[33]

Dieser 1809 veröffentlichte Satz markiert zugleich den theoretischen Ausgangspunkt der Müllerschen *Reden über die Beredsamkeit*, insofern sie die binäre Codierung der Rede oder des »Gesprächs« als das grundlegende Problem bestimmen, für das die neue Rhetorik, die Müller bezeichnenderweise auch »höhere Rhetorik« (167) nennt, die Lösung darstellt. Bei Müller haben wir es mit dem Versuch zu tun, die Rhetorik als eine Technik des Verstehens auszubilden, die auf die Funktion der Indifferentiierung der Ja/Nein-Unterscheidung zielt. Bevor ich diesen Mechanismus der Indifferentiierung genauer untersuche, sei festgehalten, daß er nicht mit den wohlbekannten philosophischen Versuchen zu verwechseln ist, »aus der Sprache selbst eine Idealnorm des Bemühens um Verständigung abzuleiten«.[34] Der Sprache wohnt kein Telos auf Verständigung inne, wie Jürgen Habermas (immer noch) meint, schlicht deshalb, weil es kein letztes Wort gibt. Wäre es anders, bräuchte man keine Rhetorik. Adam Müllers »höhere Rhetorik« setzt zwar beim Gespräch an, sie ist allerdings keine Dialogphilosophie, weil sie dem Redner aufgibt, die Ja/Nein-Bifurkation jeder Kommunkation nicht etwa zu überspielen oder (mit Gründen) zur Entscheidung zu bringen, sondern zu intensivieren, zu amplifizieren, das mögliche Nein zu einer Mitteilung nicht zum Schweigen zu bringen, sondern gastlich aufzunehmen und zu Gehör zu bringen, um aus dem Streit der Ja/Nein-Stellungnahmen, aus der Konfrontation des »Einen« mit einem ihm »feindselig« gesonnenen Anderen »ein Höheres« zu erzeugen[35], also diesen Streit nicht, wie im Fall der sophistischen Praxis der *dissoi logoi* mit einem kommunikativen Patt oder einer Paradoxie, aber auch nicht mit

---

30 Luhmann, Niklas: *Die Gesellschaft der Gesellschaft*. Frankfurt/M. 1997, S. 221.
31 Ebd., S. 205.
32 Ebd., S. 221.
33 Goethe, Johann Wolfgang: *Wahlverwandschaften. Ein Roman*. Stuttgart 1977 (1809), S. 151.
34 N. Luhmann: *Die Gesellschaft der Gesellschaft* (s. Anm. 30), S. 229.
35 Müller, Adam: »Einheit in der Zweiheit«. In: ders.: *Kritische, ästhetische und philosophische Schriften*. Hg. v. Walter Schroeder u. Werner Siebert. Neuwied, Berlin 1967, S. 276.

einer Entscheidung enden zu lassen. Mit seiner Auszeichnung des Ohrs und seiner Betonung einer Kunst des Hörens hat Müller eine zentrale Metaregel des kulturellen Umgangs mit Differenzen und Dissensen in modernen, sich selbst als *pluralistisch* beschreibenden Kulturen vorweggenommen, deren Differenzmanagement gerade darin besteht, die Unterschiede zu amplifizieren, sich immer neue Ohren für bislang Ungehörtes zu verschaffen, um gegen jede Form empirischer Einheitsbildung einen Vorbehalt zur Geltung zu bringen: »Richtet demnach nie eure Blicke ausschließend auf die Einheit der Welt oder eines Dinges, – fixiert euch nicht; verweilt nie ausschließend bei den Unterschieden, den Gegensätzen der unendlichen Mannigfaltigkeit der Dinge, zerstreut euch nicht«.[36]

Wie bereits der Titel des Buches ankündigt, handelt es sich bei Müllers »höherer Rhetorik« um ein reflexives Unternehmen, eine Rhetorik zweiter Ordnung, die zu unterscheiden ist von einer Rhetorik erster Ordnung, die sich lediglich als Überredungs- oder Überzeugungskunst definierte und ihren Erfolg an ihrer kommunikativen Durchsetzungskraft messen würde. Die selbstreferentiell verfaßten *Reden über die Beredsamkeit* setzen aber nicht nur zu einer neuen, grundlegenderen Bestimmung des Einsatzgebietes der Rhetorik unter den veränderten historischen und kulturellen Rahmenbedingungen der »ästhetischen Epoche« an; sie sehen sich auch zwangsläufig zu einer ausgreifenden kommunikations- bzw. mediengeschichtlichen Reflexion genötigt, weil die neue Beredsamkeit nicht ohne weiteres an ihre klassische Form anknüpfen kann, sondern das Faktum der »Beschreibsamkeit« (97), wie Müller formuliert, in Rechnung zu stellen hat: »jetzt«, schreibt er und markiert damit den temporalen Ort seiner eigenen Rede, »jetzt muß ich mich allerdings einlassen auf das, was ist, also auf das Schreiben, auf die Beschreibsamkeit unserer Nation, da von ihrer Beredsamkeit dermalen nicht viel zu rühmen ist« (97).

Im direkten medialen Vergleich zwischen (beredsamer) Rede und der »Feder«, wie Müller durchweg metonymisch von der Schrift spricht, gewinnt die erstere, wie das Exempel der Rede Edmund Burkes beweist, das Müller ausgiebig analysiert: »Die Beredsamkeit hat nie größere Wunder getan als in dieser Nacht« (gemeint ist die Nacht vom 11. zum 12. Februar 1791), in der Burke sich im englischen Parlament mit seinem Freund Fox über den »Charakter der Französischen Revolution« (80) streitet[37], wobei der Einsatz des Streites nicht in der politischen Sache (der Freiheit) liegt, sondern in den Konsequenzen ihrer unterschiedlichen Beurteilung für die private *Freundschaft* der beiden Politiker. Burke entfesselt einen »Strom der Beredsamkeit, dem keine Feder folgen konnte. Die Zeitungsschreiber gaben angefangene Peri-

---

36 A. Müller: »Einheit in der Zweiheit« (s. Anm. 35), S. 276.
37 Es handelt sich also um eine Nacht des politischen Kommentars, die offenbar alles überwiegt, was z. B. die berühmte revolutionäre Nacht vom 4. August 1789 an rhetorischen Glanzleistungen zu bieten hatte, in der adlige und geistliche Abgeordnete in einer Aufwallung von Enthusiasmus die Abschaffung ihrer Privilegien beantragten.

oden und bemerken zu mehreren Malen in dem Text ihres Berichts die Totenstille, die über der ganzen Versammlung ruhte« (83). Die wahre Beredsamkeit ist in keinem anderen Medium repräsentierbar, worüber berichtet werden kann, ist allenfalls der Effekt, den sie macht und der eben in der periodischen Suspension aller Rede, ja aller Geräusche überhaupt (»Totenstille«) besteht, ein Aussetzen, das dem Affekt maximalen Überwältigtseins symbolisiert und die Empfangsbereitschaft des Ohrs für »großartige Wendungen« (35) signalisiert.[38] Die »höhere Rhetorik« Müllers erreicht ihren Höhepunkt dort, wo es dem Redner und seinen Zuhörern an Stimme gebricht, wo die Stimme in ihren Gegensatz, das Schweigen, umschlägt, das zugleich Inbegriff des wahren, unrepräsentierbaren Verstehens ist. An den »Strom der Beredsamkeit«, der sich, wie Müller mitteilt, im Fall der Rede Burkes vier Stunden hinzog, schließt sich daher auch keine Gegenrede an, sondern – auf seiten des Publikums – erneut »Todesstille« und – auf seiten des angeredeten, gequälten Freundes Fox – ein anderer Strom: »ein Strom von Tränen brach ihm aus den Augen; er setzte sich sprachlos nieder« (84). Offenbar zielt die höhere Rhetorik nicht auf das Spiel von Rede und Gegenrede, den Wettkampf der Worte, sondern auf die Herbeiführung eines Zustandes, der jedes weitere Wort überflüssig zu machen scheint.

Mediengeschichtlich von Interesse ist nun, daß Müller in dem Maße, in dem er die reine Mündlichkeit und Flüchtigkeit dieser Beredsamkeit, ihre Konzeptlosigkeit[39] und das Scheitern aller Transkriptionsversuche beschwört, auf der anderen Seite ganz offen die Angewiesenheit seiner eigenen (jetzigen und jeder zukünftigen) Rekonstruktion dieses rhetorischen Events im englischen Parlament auf ganz unterschiedliche Skripte einräumt:

> Ich behalte mir vor, die Geschichte jener merkwürdigen Nacht, in der [...] das Schicksal von England, und von mehr als England, entschieden worden ist, aus allen den zerstreuten Materialien, Zeitungsberichten, Parlaments-Rapports, mündlichen Aussagen usf. vollständig zusammenzutragen (84).

Müllers »höhere Rhetorik« ist *postskriptural* in dem ganz wörtlichen Sinne, daß sie sich auf Schrift und Druck, nicht nur Buchdruck, sondern insbesondere auf die moderne Massenpresse und das in ihrem Gefolge entstehende mo-

---

38 »[S]ich untätig verhalten, über sich ergehen lassen ist keine Kunst, aber zu leiden, mit Verstand und Würde zu *empfangen*, ist überall eine ebenso große Kunst als zu handeln«. Es reicht daher in der wahren Redekunst keineswegs hin, »daß der empfangene Sinn, das Ohr, offen stehe und über sich ergehen lasse«, das Ohr muß »an großartige Wendungen der Rede« allererst gewöhnt werden, es bedarf der »gehörige[n] Bildung« (34 f.).

39 Müller grenzt seine Bemühungen ausdrücklich von allen Versuchen ab, das »eigentliche[] Wesen« der Rhetorik »in das Konzept« zu setzen, »in das vorbereitende häusliche Erdichten und Aufschreiben der Rede. Die Rede kann durchaus nicht eher vorhanden sein, als der ganze Akkord von Menschen und Umständen, in den sie eingreifen soll, wirklich da ist; also kann sie nicht eher vorhanden sein als in dem Augenblicke, wo sie auch schon gesagt werden muß; folglich ist das Sagen, das Aussprechen der Rede nicht bloß das Haupterfordernis, sondern das einzige Erfordernis zur Beredsamkeit; folglich hat Demosthenes recht.« (85 f.)

derne System der Massenmedien stützt, weil sie für ihre exemplarischen Demonstrationen auf die möglichst lückenlose Dokumentation von Rede- (und Schweige-)ereignissen angewiesen ist; postskriptural ist sie aber auch deshalb, weil, wie nun genauer zu zeigen sein wird, die Müllersche Beredsamkeit Wahrnehmungs- und Beobachtungschancen in Anspruch nimmt, die sich nur durch Schrift, durch poetische *Beschreibsamkeit* eröffnen. Der Verfall der Beredsamkeit »in Deutschland« hat nämlich nicht einfach zu ihrem Verschwinden geführt. Sie hat in der Dichtung Lessings, Goethes und Schillers, der »drei Helden unserer Literatur«[40] (17) Unterschlupf gefunden, eine im Medium poetischer Schrift und der ihr eigenen Perspektivität[41] operierende Beredsamkeit, der die Müllersche »höhere Rhetorik« in Wahrheit ihr Kriterium entnimmt – in der Absicht, die dichterische Redekunst einer *sekundären Oralisierung*[42] zu unterziehen, um sie auf diese Weise politisch wirksam werden zu lassen.

## IV.

»Alles wird anders, wenn es durch Schrift vermittelt wird«[43], stellt Niklas Luhmann fest. Auf den ersten Blick scheint es so, als erschöpfe sich Adam Müllers Beredsamkeit darin, die Lebendigkeit der Rede, die nichts als Rede ist und keines vorgängigen Konzepts bedarf, weil sie im Akt des Redens selbst spontan emergiert, vor dem Zugriff von »Papier«, »Drucklettern«, »Bibliotheken« und dem »Flitterglanz des schriftstellerischen Ruhms« (44), zu schützen. Sieht man jedoch genauer hin, erkennt man, daß Müllers Redner zu keinem Zeitpunkt »regiert« (45), sondern sich selbst in ein perfektes Medium für Stimmungen und Affekte verwandelt, in einen »Hörer«, der auf die geringsten Schwankungen seines Publikums *reagiert* und ein Sensorium für all die »leich-

---

40 Deren Verdienst besteht darin, daß sie »das Wesen der deutschen Rede und der Beredsamkeit überhaupt, nämlich das Gespräch in seiner Würde, behauptet« haben (17). Vgl. vor allem die Hinweise auf Goethes *Werther* im »Vorwort« (14), auf die Bedeutung des »Theaters« als Vorstufe eines künftigen nationalen Gesamtkunstwerks (17), auf die Rolle Schillers als eines durch die ungünstigen historischen Umstände auf die Dichtung verwiesenen, geborenen »Redners« (61).
41 »Nur in deutscher Sprache sind Übersetzungen möglich: aus dem Standpunkt dieser Sprache läßt sich, was alle andere in ihren glänzendsten Tagen gedacht und empfunden haben, wie mit einem Blicke übersehn.« (168) Was hier der deutschen Dichtung zugesprochen wird, löst im deutschen Denken dann Hegel ein und bleibt bis zu Heidegger philosophischer Nationalkonsens. Zu den mediengeschichtlichen Voraussetzungen dieser »Exklusivitätsregel«, die sich einer Übertragung neuer Bildgebungstechniken, wie sie mit der camera obscura und der laterna magica zur Verfügung standen, aufs Schreiben und Lesen verdankt, vgl. Kittler, Friedrich: *Optische Medien. Berliner Vorlesungen 1999.* Berlin 2002, S. 82–154, hier S. 148.
42 »Ihr [der deutschen *Literatur*-Sprache] fehlt nichts, als daß sie gesprochen werde, und glücklicherweise neigt sich die Herrschaft der Feder überall ihrem Ende entgegen« (168).
43 N. Luhmann: *Die Gesellschaft der Gesellschaft* (s. Anm. 30), S. 283.

ten Gebärden« hat, »die von dem gewöhnlichen Tumult des Lebens übertäubt werden«. Die Passivität und Sensibilität dieses Hörer-Redners, der seine Rede zum Medium der (politischen) Selbstkonstitution seiner Hörer macht, gipfelt in der »Kunst, sich anzuhören wie ein Dritter«, also in einem *Verrat* an sich selbst (seinen eigenen Interessen und Leidenschaften), »mit Protestation, mit Opposition, mit anderen Gesinnungen, nicht bloß mit einem andern Ohr, sondern fast mit einem andern Herzen als dem seinigen. –« (45). Dieser am Horizont der Rede auftauchende unmögliche Austausch der Herzen – unmöglich deshalb, weil das Herz im Zeitalter der Empfindsamkeit und darüber hinaus den symbolischen Ort der individuellen, unveräußerlichen Eigentümlichkeit abgibt – markiert den Punkt einer extremen Kontingenzforderung an den Redner, insofern es hier nicht allein um Auffassungen oder Meinungen geht, sondern um das poetisch adressierte und formierte Zentrum der Individualität, von dem verlangt wird, daß es dem Redner jederzeit zur Disposition steht. Der Redner nämlich muß eingehen »in die freie Gesinnung, in das Ohr des Nachbars, weil, wer herrschen will, so vieles Unabhängige, so viel eigentümliche Weise zu hören und zu empfinden, neben sich dulden muß und so vielen gehorchen muß« (45). Müllers Formel für die neue, die »höhere Rhetorik« lautet: »Protestation gegen sich selbst« (28), also Suspension des Prinzips der Selbsterhaltung, das aller neuzeitlichen Philosophie zugrunde liegt. Was die »bisherige Redekunst« »gelegentlich« gestattete, nämlich »einen Einwurf gegen sich selbst zu wagen«, wird zum Dreh- und Angelpunkt der neuen Rhetorik, die sämtliche Wahrheiten, die des Redners wie des Hörers zur Disposition zu stellen bereit ist, indem sie sie bereitwillig anerkennt, um auf der Grundlage der Anerkennung dieser Wahrheiten jenen alles Reden überschreitenden, *stummen* »Grundakkord« (29) zwischen beiden Seiten herzustellen, jene »dritte höhere Person«, die »über dem Streite der Glieder thront« (30) und der sich die Antagonisten um so bereitwilliger unterwerfen, als ihr Anspruch in keinen propositional ausdifferenzierbaren Gehalt zu überführen ist.

Müllers Rhetorik ist *transzendental* verfaßt, weil es ihrem Redner darum geht, einen paradoxen »Sieg« zu erringen, paradox, da er als ein nachgeholter Sieg über den Sieger gedacht ist. Denn der höhere Redner kann »festiglich glauben, daß die Sprache der Besiegten länger leben werde als die der Sieger« (168). Nicht seiner eigenen Sache kommunikativ zum Erfolg zu verhelfen ist die Absicht des Redners, weder die Beweistechnik der alten Rhetorik noch auch ihre nachgeschobenen »Kapitel von der Erregung der Leidenschaften« (28) können die Ansprüche der neuen Beredsamkeit erfüllen, weil sich mit den überkommenen rhetorischen Mitteln niemals ein vollständiger Sieg über den Hörer erreichen läßt:

> Das Anregen der Leidenschaften und Rührungen ist ein armseliges Substitut dessen, was ich hier meine: es heißt den Menschen bei seiner einzelnen schwachen Seite fassen, wo wir ihn zum Ausweichen nötigen, befangen, allenfalls verzaubern, aber nie besiegen können: es ist ein augenblickliches, fruchtloses Einweichen des Gegners, dessen Starrheit unmittelbar zurückkehrt, sobald ihn der austrocknende Hauch der Welt wieder berührt. Entweder ihr ergreift den Gegner bei seiner *gewaffnetsten* Seite, den Stier bei seinen Hörnern, indem ihr vorwegnehmt seine Gründe,

sie verstärkt, sie durch den Zusammenhang eurer Anklage belebt, indem ihr alle die Wunden zeigt, die er erst schlagen will; und ihr erhebt euren Gegner an seiner *schwächsten* Seite, die nämlich, die empfänglich ist für das Göttliche und an welcher stärker zu sein als er, euch zum Redner macht und ihn zum Hörer – oder ihr ergreift ihn gar nicht, ihr spielt an der Oberfläche seines Herzens umher, ihr bestimmt das Tun seiner Hände, aber nicht seinen Willen, ihr habt Maschinen in Bewegung gesetzt, aber nicht Herzen (29).

Die »höhere Rhetorik« führt einen totalen Krieg gegen ihren »Gegner«. Die Freund/Feind-Unterscheidung richtet Müllers gesamte Argumentation aus, der Autor einer eigenen »Lehre vom Gegensatze« (1804), an dem sich ein anderer Theoretiker des Politischen im 20. Jahrhundert, Carl Schmitt, so rieb, argumentiert in diesem Punkt ersichtlich beobachtungs- und unterscheidungstheoretisch.[44] Da die Stabilisierung eines Gegensatzes maßgeblich über das Bewußtsein der jeweiligen Sache erfolgt, die die Antagonisten ins Feld zu führen wissen, setzt die neue Rhetorik genau hier an, indem sie den Redner zum kalkulierten Verrat an seiner causa aufruft und ihn in den Seitentausch mit seinem Gegner einübt, um auf diese Weise den (unversöhnbaren) »Gegensatz« zum bloß »Gegensätzischen«, die sterile Negation zum ästhetisch effektvoll inszenierten Kontrast zu relativieren und dem Feind jeden Angriffspunkt zu entziehen. Der Redner muß sprechen wie sein Gegner, er tritt mit ihm in eine Zone der Ununterscheidbarkeit ein – für diese Zone verwendet Müller Metaphern wie »gemeinschaftlicher Boden« oder »gemeinschaftlicher Himmel« (28 f.) –, der Gegner darf nicht nur seine »Gründe« hören, er muß sie auf eine Weise vernehmen, wie er selbst sie nie hätte hervorbringen können, so daß er in der Stimme des Gegners – *sich selbst* vernimmt, sich vollkommen aufgehoben fühlt, um so von jeder weiteren Verfolgung seiner *Sache* abzusehen. Der Redner tritt dem Hörer nicht als Sieger, sondern als Besiegter entgegen. Er präsentiert sich schon mit all jenen »Wunden«, die der Gegner ihm beizubringen wünscht. Beredsamkeit um 1800, wie sie Adam Müller entwickelt, strebt einfach danach, den »Gegner auf den gemeinschaftlichen Boden herüberzuziehen«, der aber nirgendwo anders als in der Stimme des Redners existiert, also kommunikativ zu erzeugen ist. In dem Maße, wie der Redner den besseren Gegner »darzustellen« in der Lage ist, wie es im gelingt, den

---

44   Bis in die Formulierungen hinein berührt sich Müllers »Lehre vom Gegensatze« mit aktuellen Theorien des Bewußtseins und der Kommunikation, die die Unmöglichkeit der Asymmetrisierung psychischer und sozialer »Operationen«, ihre selbstreferentielle Verfaßtheit, betonen: »Indem wir das Wesen des unendlichen Bewußtseins richtig beschreiben, sind wir, die Beschreibenden, bei der ganzen Beschreibung denselben Operationen unterworfen. Denn deshalb, weil wir beschreiben wollen und während unserer Beschreibung, steht die Welt nicht stille [...]. Das Beschreibende selbst wird freilich in der Beschreibung nie dargestellt und erreicht, weil es, indem es beschrieben wird, zum Beschriebenen wird, dem ein höheres Beschreibendes wieder entgegensteht, das in der fortgesetzten Beschreibung wieder zum höheren Beschriebenen für das immer weiter steigende, immer unerreichbare Beschreibende wird, und so ins Unendliche fort.« Müller, Adam: »Lehre vom Gegensatze« (1804). In: ders.: *Kritische, ästhetische und philosophische Schriften*. Hg. v. Walter Schroeder u. Werner Siebert. Neuwied, Berlin 1967, S. 202.

»Gegensatz« prägnanter zu formulieren und facettenreicher zu illustrieren, hat es der Gegner nicht länger mit seinem »Feind« zu tun, sondern mit *sich selbst* auf der anderen Seite, was den Kollaps der Unterscheidung zur Folge hat, den Müller in religiös-theologischer Manier als »das Göttliche«, die Epiphanie des Dritten, bezeichnet: die Fähigkeit des Redners, wie er auch schreibt, dem Hörer ins Herz zu greifen (16). Bei aller Beredsamkeit, mit der Müller durchweg die *Figur des Dritten* in Anspruch nimmt, darf man zu keinem Zeitpunkt vergessen, daß er einen gezielt politischen Gebrauch von ihr macht, der auf das genaue Gegenteil von Unparteilichkeit hinausläuft: »Indes Sie erinnern sich: der Standpunkt des Göttlichen selbst ist nicht die Heimat des Redners, wie wesentlich es auch ist, auf ihm als Gast zu verweilen, immer muß er auf den Parteistandpunkt zurückkehren.« (166)

## V.

Der Redner muß sich allerdings nicht nur die Argumente seines Gegners zu eigen machen. Von ihm wird verlangt, daß er mit dem *Ohr* seines Gegners zu hören versteht und seine Stimme in das Medium einer Differenzerfahrung verwandelt, statt durch seine Redekünste die Stimme des anderen zum Verstummen zu bringen und das Ohr des Gegners zu betäuben. Nicht die Überzeugung oder Überredung des Gegners durch bessere Argumente, sondern die Koexistenz zweier, ja unendlich vieler irreduzibler Differenzen in einer Stimme verschafft jenen tieferen Sieg, den Müller von einer bloßen Überwältigung des Gegners unterscheidet. Dieser Sieg entspringt, so Ethel Matala de Mazza, einer konsequenten »Verinnerlichung des Krieges«.[45] Was Müller in seinen *Elementen der Staatskunst* (1809) vom Staatsmann sagt – »er soll also Geld sein« –, gilt genauso vom Redner, der seine wechselnden Gegenstände immer nur berührt, ohne sich jemals mit einem dauerhaft zu verbinden: »Daß das Geld nämlich alle Dinge und Waren repräsentieren, d. h. die Partei der einzelnen Ware ergreifen kann, ohne doch je sich selbst in diese Ware leibhaftig zu verwandeln: das gehört zum Wesen des Geldes« ebenso wie zum Wesen einer Politik, die den Staatsmann als ein Genie der Urteilskraft präsentiert, da er »allenthalben Verhältnisse zu dirigieren habe« und zu diesem Zweck zu keinem Zeitpunkt »Partei« ergreifen darf, es sei denn, er befördere damit das strikt relational oder *gegensätzisch* aufgefaßte Ganze; diese höhere Indifferenz im Verhältnis zu einer bestimmten Sache gehört aber eben auch zum Redner, der anders als sein griechischer Vorgänger, für den Reden und Kämpfen unlösbar verbunden waren[46], dem Modell

---

45 »Der Krieg, auf den Müller es [im Unterschied zu Kleists literarischer Strategie in der *Hermannsschlacht*, Vf.] anlegt, ist ein innerer Kampf der Leidenschaften, und er hat statt auf einem eigenen ›Kriegstheater‹: in der ›Brust des Freundes‹ und Landsmannes; in einer Seele, die nicht ›denkt‹, sondern fühlt.« Vgl. E. Matala de Mazza: *Der verfaßte Körper* (s. Anm. 27), S. 310.

46 Vgl. zur Kritik an der geläufigen ›staatsbürgerlichen‹ Konzeption der griechischen Polis Loraux, Nicole: »Das Band der Teilung«. In: Vogl, Joseph (Hg.): *Gemein-*

des moderierenden Gesprächs verpflichtet ist. Der Funktion des *Moderierens* auf der Seite des Redners entspricht die Funktion des *Dirigierens* auf der Seite des Staatsmanns. Das Geld ist bei Müller der Inbegriff einer Operation zweiter Ordnung, die sich als eine weitere Ebene einer ersten, konstitutiven Ebene hinzufügt, um die auf dieser Ebene wirksam werdenden Kräfte und kontingenten Ereignisse einem *immanent* berechneten Maß zu unterwerfen. Die Funktion des Geldes, die sich im Politischen ebenso wie in der Rhetorik zur Geltung bringt (hier: im Gespräch), läßt sich am besten mittels einer Serie von Performativa angeben, mit denen relationierende Akte vollzogen werden und deren Definition daher unabhängig von konkreten Elementen (Subjekten oder Objekten) erfolgen kann: »hier und da anstoßen, Verbindungen stiften, Verhältnisse anordnen, die Wechselwirkungen beschleunigen und verinnigen«.[47]

Für alle Künste um 1800, seien es die des Wirtschaftens, des Regierens oder eben des Redens, gilt, daß sie in einem fundamentalen Abhängigkeitsverhältnis zu einer (produzierenden) Instanz (*Natur*) stehen, die sie selbst nicht konstituieren, deren Produkte sie lediglich regulieren können:

> verbessern kann die Kunst, aber umformen oder etwas nach Verstandesregeln Erfundenes an die Stelle des im Gange der Natur Erzeugten setzen, so wenig, als es der Kunst des Arztes gelingen wird, bei einem gegebenen Kranken nach allgemeinen Ansichten von dem Wesen des gesunden menschlichen Körpers nun eine neue Konstitution, frische Säfte, einen vollkommenen Ton der Nerven hervorzubringen.[48]

Müller bestätigt Michel Foucaults Einsicht in die entscheidende *medizinische* Dimension des Konstitutionsbegriffs (die gute Konstitution, die gute Verfassung)[49], die auch seinen juristischen Gebrauch bestimmt. Es offenbare sich, so Müller, das

> Genie des Arztes oder des Staatsmannes [...] nicht in seiner Erfindungskraft, aber wohl in dem Divinationsgeiste [den er mit dem Redner teilt, Vf.] [...], womit er in die gegebene Natur und die früheren unabänderlichen Schicksale des Körpers eingeht, den er zu kurieren hat, [...], wie er, ohne der eigentümlichen Natur seines Patienten etwas zu vergeben, nicht nach der Gesundheit überhaupt, sondern nach der diesem Körper eigentümlichen und erreichbaren Gesundheit strebt.[50]

Weil Müller nicht länger in der Opferung der Freiheit des Einzelnen, wie Hobbes, sondern in ihrer Steigerung die Garantie für ein ebensolches Wachstum der Macht des Souveräns erkennt[51], lokalisiert er auch das Bezugsproblem

---

*schaften. Positionen zu einer Philosophie des Politischen.* Frankfurt/M. 1994, S. 31–57, hier S. 36 f.
47 Müller, Adam: *Die Elemente der Staatskunst. Sechsunddreißig Vorlesungen.* Leipzig 1936 (1808/09), S. 383.
48 Ebd., S. 112.
49 Vgl. Foucault, Michel: *In Verteidigung der Gesellschaft.* Frankfurt/M. 1999, S. 228 f. Der Gegenbegriff zur Konstitution ist Konvention.
50 A. Müller: *Elemente der Staatskunst* (s. Anm. 47), S. 112.
51 »Je freier das Volk, d. h. je freier die Totalität der Individuen, aus denen der Staat besteht, nicht bloß die Summe der Köpfe: um so mächtiger das Gesetz oder der Souverän. Die Macht des Souveräns und die Freiheit des Volkes sind nicht, wie

der Rhetorik in der Erweckung und Abschöpfung des »Eigentümlichen«, also in der Erregung von Gegenrede und »Streit«.

Der Redner verwandelt seine Stimme in einen Schauplatz, auf dem »er und sein Gegner« auftreten, so daß sie als das beiden gemeinsame Medium den Streit vermittelt, also das Gespräch instituiert, und zwar selbst dort, wo der Gegner zuvor nicht gehört wurde oder wenig Neigung hatte, das Wort zu ergreifen. Von der bloßen Aufspaltung oder Entzweiung der *einen* Stimme verspricht sich Müller in Übereinstimmung mit der modernen, philosophischen wie humanwissenschaftlichen Situierung von Alterität, die Michel Foucault am Beispiel des Wahnsinns erläutert hat, eine Wirkung, die in letzter Instanz therapeutischer oder psychogener Natur ist. Am Beispiel der zu Beginn des 19. Jahrhunderts einsetzenden Asylierung des Wahnsinns beschrieb Foucault jene »neue Trennung«, die das Andere nicht mehr dem Einen pauschal und kontradiktorisch entgegensetzt, sondern es als Effekt einer Entfremdung des Eigenen, also mit Müller zu sprechen, »gegensätzisch« konzipiert. Das Andere oder der Wahnsinn bekommt einen Ort zugewiesen, ihm wird eine Positivität, eine »eigentümliche Natur« und eine eigene Stimme zugestanden, er darf (und in der klinischen Praxis: muß) mitsprechen und sieht sich so unversehens in ein »Gespräch« verwickelt. Der Wahnsinnige wird zum Geisteskranken, er ist nicht mehr nur wie im klassischen Zeitalter Gegenstand einer ungehemmten Schaulust und unnachsichtigen ethisch-administrativen Reduktion[52], sondern seiner selbst entfremdetes Subjekt, das von nun an *anzureden* und um das Wort zu bitten ist. Bereits im »Vorwort« zu den *Reden* gibt Müller unzweifelhaft zu erkennen, daß die »höhere Rhetorik« *den klassischen Raum der politischen Leidenschaften mit dem der pathologischen Affekte tauscht*:

> versetze dich in das Herz, dahinein du greifen willst; in den verwirrten Sinn, welchen du bekehren, in die Krankheit, welche du heilen willst. Verstehe, Redner, mich, deinen Gegner, wenn du dich mir verständlich machen willst: bist du verständlich, dann will ich glauben, dann werde ich es im innersten Herzen empfinden, daß du verstehst. Kurz, es gibt kein Mittel, den Verstand zu beweisen, als die *Verständlichkeit* (16).

---

    man gewöhnlich glaubt, Begriffe, die einander ausschließen, sondern es sind beides Ideen, die [...] einander unaufhörlich bedingen, so daß [...] jede Erweiterung der Freiheit kräftigeren Streit entzündet, aus welchem Streite das Gesetz reiner und mächtiger ausgeboren wird, also die wahre Souveränität.« A. Müller: *Elemente der Staatskunst* (s. Anm. 47), S. 112 f.

52 Weil der Wahnsinn in letzter Instanz auf einem ›schlechten Willen‹ beruht und es sich bei ihm nur um eine spezifische Modalität der Unvernunft handelt, werden Institutionen errichtet, in denen »die Moral auf dem Wege administrativer Erlasse wütet«, um die »Unordnung in den Herzen« zu ›korrigieren‹. Vgl. Foucault, Michel: *Wahnsinn und Gesellschaft. Eine Geschichte des Wahns im Zeitalter der Vernunft*. Frankfurt/M. 1981, S. 92–94. Vgl. zur Problematik der *ethischen* Perzeption des Wahnsinns auch das unverständlicherweise in der deutschen Übersetzung fortgelassene Kapitel »Le monde correctionnaire«. In: Foucault, Michel: *Histoire de la folie à l'âge classique*. Paris 1972, S. 110–147.

Ganz auf dieser Linie argumentiert im übrigen auch Novalis, der in seinen »Fragmenten und Studien« aus den Jahren 1799/1800 schreibt: »Selbst die Rhetorik ist eine falsche Kunst, wenn sie nicht zu Heilung v[on] Volkskranckheiten, und Wahnsinn methodisch gebraucht wird. Affecten sind Arzeneyen – man darf mit ihnen nicht spielen.«[53]

Wir stoßen hier erneut auf den *Punkt des Politischen* im Konzept der höheren Beredsamkeit. Müller stimmt sein Konzept auf eine ›sociale‹ Lage ab, die durch eine endogene Unruhe, eine Dauererregung, bestimmt ist und daher im strikten Sinne *nicht verfaßt*, also durch keine Verfassung (verstanden als präskriptive juristische Ordnung) in einen stabilen Zustand zu überführen ist, durch den Akt einer Gesetzgebung ebensowenig wie durch einen gewaltsamen Oktroi. Müller denkt das Politische daher in Begriffen unablässiger Intervention, die die endogene Beweglichkeit der Prozesse, auf die sie abzielt, in Rechnung stellt und nicht durch einen *status* ersetzen zu können glaubt. Regieren ist reagieren, oder in der Terminologie Müllers: »dirigieren«, die Zirkulation sozialer Prozesse befördern und vor Stockungen bewahren. Reden ist im Verhältnis zum Hören eine *abgeleitete*, nicht aus eigener Initiative geborene selbstherrliche Praxis, der *höhere* Redner verfolgt nicht das Ziel der Niederwerfung seines Gegners, sondern seiner möglichst umfassenden Ausforschung, Beschreibung und »Regierbarmachung« (Foucault) seiner Absichten und (geheimen, ihm selbst undurchsichtigen) Motive:

> Wer wirken will, muß seinen Gegenstand zu ergreifen wissen: die gemeine Eroberung, Besitznahme und Unterwerfung genügt der größeren Seele nicht. Die Beredsamkeit will ergreifen, aber durch Reiz, durch Motive, die in der Brust dessen liegen, auf den sie es abgesehn: sie will ihre Beute nicht tot haben wie der gemeine Eroberer, aber im vollen Sinne des Wortes lebendig (16).

Das neue politische Zentralorgan ist daher nicht länger das alles überschauende Auge, das dem Souverän eingepflanzt ist (in Gestalt einer gut funktionierenden, virtuell omnipräsenten Bürokratie) und ihm erlaubt, eine ihm *absolut* unterworfene Bevölkerung zu regieren; das Politische um 1800 strebt danach, die Untertanen in ihren Herzen zu erreichen (Patriotismus), sie in Staatsbürger zu verwandeln, die nicht länger bloß *bedrückt*, sondern – wie die Zentralmetapher für die Wirkungsweise der neuen Rhetorik bei Müller lautet – *berührt* werden wollen. Die neue Politik ist daher ganz Ohr. Selbst ihr Blick verliert seine vormaligen souveränen Qualitäten und bescheidet sich mit der geduldigen Erforschung dessen, was ist, sie zielt darauf ab, die Individualität nicht zuletzt durch Stimulierung der Selbstbeobachtung (Empfindsamkeit) von Individuen dokumentierbar zu machen, sie also noch in ihren geringfügigsten Impulsen zu registrieren.

Wenn Müller das »Gespräch« zur zentralen Metapher seiner höheren Beredsamkeit und der ihr korrespondierenden Politik wählt, dann nicht, weil er,

---

53 Novalis: *Das philosophisch-theoretische Werk*. In: ders.: *Werke, Tagebücher und Briefe Friedrich von Hardenbergs*. Hg. v. Hans-Joachim Mähl und Richard Samuel. München 1978, S. 757.

wie heutige Diskurstheorien der Politik, glaubte, den notwendigen politischen Streit mit (guten oder besseren) Gründen entscheiden zu können. Das Gespräch taugt als Metapher für den rhetorischen Interventionsmodus, weil es einerseits die Unbeendbarkeit und permanente *Moderationsbedürftigkeit* des politischen Prozesses zu denken erlaubt: Politik hört unter keinen Umständen auf, sie ist nicht zu überwinden durch die Herbeiführung eines sozialen Perfektionszustandes, sie ist vielmehr *ewig*; und weil es andererseits die Kontingenz und Unplanbarkeit politischer Entwicklungen zum Ausdruck bringt, da die Gesprächspartner, obwohl doch sie es sind, die das Gespräch führen, zu keinem Zeitpunkt seine Herren sind, sondern sich seiner Dynamik, seinen überraschenden Themen- und Tempowechseln, seinen Argumentationssprüngen, logischen Inkonsistenzen und zeitweiligen Abbrüchen ebenso wie seinem affektiven Erregungspotential anvertrauen müssen:

> Es ist aber etwas *Antwortendes, Erwiderndes* in den Weltumständen, welches die Seele des Cäsar in den Ebenen von Pharalus und den letzten Spieler an seinem Kartentische ergötzt [...] wir brauchen viel Täuschungen, viel Unerwartetes und mancherlei Mißlingen, wenn etwas Höheres gelingen soll, das wir eigentlich meinen (19).

Selbst in den ernstesten Beschäftigungen bringt sich ein Moment des Spielerischen zur Geltung, das irreduzibel ist und nach einer höheren Politik ruft, die es nicht gewaltsam zu reduzieren, sondern es aufzugreifen und in ihre Pläne einzubinden versucht:

> Worin endlich liegt der Reiz und die Art von Genuß, die das Regieren, das Anordnen der Verhältnisse der Völker gewährt? – Sicherlich nicht in der Nachgiebigkeit der Völker, in ihrer Unterwürfigkeit und mechanischen Abhängigkeit. Gewiß nicht darin, daß ein kalter, einsamer Herrschergedanke in breiten Massen, in einem gigantischen Stoff ausgedrückt wird; gewiß nicht darin, daß der Regent ein riesenhaftes Gespenst von sich selbst neben sich selbst herwandeln und in der Außenwelt nichts sieht als die kolossalen Schriftzüge seiner eigenen Gedanken. Es ist das Antworten der Völker; es ist das Geheimnis ihrer Eigentümlichkeit, es ist die Beredsamkeit ihrer Freiheit, welches die große Seele reizt, sich mit ihren Geschäften und Sorgen zu befassen. Kurz, das Gespräch ist der erste aller Genüsse, weil es die Seele aller anderen Genüsse ist (20).

In den *Elementen der Staatskunst* hatte Müller seinen Überlegungen die Leitdifferenz von zwingen und reizen zugrundegelegt. Der Souverän, heißt es dort, muß beides können: »die große Vereinigung eben sowohl zusammen *reizen* als zusammen *zwingen*. Was heißt Gesetz, wenn das Heiligste, die innersten Angelegenheiten des Menschen hors de la loi stehen?«.[54] Die innersten Angelegenheiten sind immer auch Staatsangelegenheiten, *obwohl* sie hors la loi stehen, also weder der Gewalt noch der rechtsförmigen Behandlung ohne weiteres zugänglich sind. Sie sind als *politisch* entscheidende Variablen vor allem, aber keineswegs nur in Zeiten des Krieges[55] zu erforschen und in Rech-

---

54 A. Müller: *Elemente der Staatskunst* (s. Anm. 47), S. 25.
55 »Nun aber lassen Sie einen Krieg ausbrechen, worin der ganze Staat für Einen Mann stehen soll: – ist da nicht das ganze mit der Schere des Begriffs in öffentli-

nung zu stellen. Als der Bereich des Unwillkürlichen oder, wie Müller dann in den *Reden* formuliert, des Antwortenden, Erwidernden, erfordern diese innersten Angelegenheiten eine eigene Sprache, die sie sowohl *artikuliert* als auch *inzitiert*, und motivieren daher das um 1800 auch staatspolitisch beförderte Bündnis von Regenten und Dichtern[56], das an die Stelle des Bündnisses von Thron und Altar tritt. Die neue Art der Seelenführung verlangt Theoretiker und Praktiker einer darauf abgestellten Erfahrungsseelenkunde. Die Zumutung an die Theologen, selbst den Teufel zu *verstehen* und zu dirigieren[57], kommt der Aufforderung gleich, als Theologen abzudanken und ins poetische Fach zu wechseln.

## VI.

Was die Regierungen im 18. Jahrhundert entdecken, und Müller findet für diesen Vorgang bloß die geeigneten Tropen, ist,

> daß sie es nicht nur mit Untertanen, auch nicht bloß mit einem ›Volk‹, sondern mit einer ›Bevölkerung‹ mit spezifischen Problemen und eigenen Variablen zu tun ha-

---

ches und Privatleben, in Zivil und Militär zerschnittene und zersplitterte bürgerliche Wesen de facto aufgelöst? Die innere Herzenskraft der Untertanen soll nun dem Staate beispringen, alles soll der Bürger nun einem Ganzen hinzugeben und aufzuopfern imstande sein!« A. Müller: *Elemente der Staatskunst* (s. Anm. 47), S. 24 f.

56 »Die Rhetorik gehört zur psychologischen *Stimmungskunde*«, notiert Novalis im *Allgemeinen Brouillon* und formuliert damit den humanwissenschaftlichen Ort der postrhetorischen Beredsamkeit. Novalis: *Das philosophisch-theoretische Werk* (s. Anm. 53), S. 604. An anderer Stelle beschreibt er die Rhetorik als einen Teil dessen, was er »technische M[enschen] Lehre« nennt. Novalis: *Das philosophisch-theoretische Werk* (s. Anm. 53), S. 719.

57 »Das sind die Forderungen der Zeit an den geistlichen Redner, darum sage ich 1. er soll sich anklagen, mit sich selbst kämpfen, die Sprache der Gegenpartei zu führen wissen, kurz: er soll den Teufel verstehn und den Zweifel: er soll das Geheimnis verstehn, wie es möglich ist, daß ein menschliches Herz abfalle von seiner Bestimmung […] er soll die Götzen dieser Welt verstehn, in deren Dienst umhergeschächert sich der geängstete Mensch zu entschädigen versucht für das Entbehren des Göttlichen.« (118) Natürlich mußten geistliche Redner immer schon mit dem Teufel rechnen, insofern handelt es sich auf den ersten Blick um keine grundsätzlich neue Lage, die einer neuen Rhetorik bedürfte. Aber Müller verlangt vom zeitgemäßen geistlichen Redner nicht, daß er das »rebellische[] Herz« als ein solches benennt – das besorgt dieses Herz freimütig selbst. Statt ihm die »höchst unnatürliche[] Leidenschaft für das Schlechte und Böse« vorzuhalten und ihm die Konsequenzen seines sündhaften Tuns lebhaft vor Augen zu halten, hat sich der neue geistliche Redner für die »Neigungen und Sprache« dieses Herzens zu interessieren. Für die Theologie Adam Müllers ist maßgebend, daß hier der Widersacher die Kommunikationsbedingungen diktiert, die sich damit schon nicht mehr als geistliche, sondern bereits als geistige erweisen: »Wie sollte ich, damit ich mich der Worte eines großen Heiligen bediene, ausgehn können durch deine Tür, wenn du nicht einzugehn verstehst durch die meinige?« (117f.)

ben wie Geburtenrate, Sterblichkeit, Lebensdauer, Fruchtbarkeit, Gesundheitszustand, Krankheitshäufigkeit, Ernährungsweise und Wohnverhältnisse,[58] kurzum mit einer staatspolitisch relevanten Physiologie, aber auch mit einer ebenso relevanten Psychologie. Philosophisch gesprochen, wechselt das Politische seinen metaphysischen Bezugsrahmen. An die Stelle des hylemorphen Modells (das Eindrücken des Herrschergedankens in einen gigantischen Stoff) tritt die Vorstellung einer immanenten Regierung oder *Regulierung* von irreduziblen Mannigfaltigkeiten. Was seit diesem Zeitpunkt *Diskurs* heißt, funktioniert nicht länger als die sterile Verdopplung oder Repräsentation der Herrschergedanken, sondern als die permanente Befragung eines prinzipiell unkonstituierbaren, hochbeweglichen Volkswillens, die Stimulierung seiner Antwortbereitschaft, der Aktivierung und Mobilisierung seiner Potentiale. Das Politische, im Unterschied zur Politik, wie es um 1800 erfunden wird, besetzt nicht länger ausschließlich die Ebene der (juristischen) Form, sondern interessiert sich zunehmend für die variablen Prozesse der Morphogenese, die wesentlich virtueller und intensiver Art sind und sich anders als extensive Qualitäten nicht eindeutig begrenzen, lokalisieren oder zusammenfassen lassen. Daher kann Müller formulieren:

> *Der Staat ist die Totalität der menschlichen Angelegenheiten* [und eben nicht: die souveräne Abstraktion von dieser Totalität, Vf.], *ihre Verbindung zu einem lebendigen Ganzen.* Schneiden wir auch nur den unbedeutendsten Teil des menschlichen Wesens aus diesem Zusammenhang heraus [...]: so können wir den Staat als Lebenserscheinung, oder als Idee, worauf es hier ankommt, nicht mehr empfinden.[59]

Wenn Müller noch ergänzt: »Die Allgemeinheit, in welcher die Idee des Staates hier erscheint, darf nicht erschrecken«, trägt er damit bereits liberalen Bedenken gegen den »totalen Staat« Rechnung, der im 20. Jahrhundert Europa und die Welt heimsuchte. Und doch bleibt die Erkenntnis festzuhalten, daß sich das Problem des politisch Totalen mit den totalitären Staaten nicht erledigt hat, sowenig es mit ihnen begann, denn die Müllersche Definition sagt ja zunächst nichts anderes, als daß es für die modernen Regierungstechniken nichts gibt, was *prinzipiell* ihrer Intervention entzogen wäre. »Was ist der Dritte Stand?«, hatte der Abbé Sieyès am Vorabend der Französischen Revolution gefragt und zur Antwort gegeben: »ALLES.« Und hinzugefügt: gerade weil er bisher, politisch unterhalb der Wahrnehmungsschwelle der Monarchie angesiedelt, NICHTS war, verlangt er nun: »ETWAS ZU SEIN.«[60] Die moderne, die Gesellschaft nicht länger *übercodierende*, nicht länger tyrannisch oder souverän verfaßte Staatlichkeit reduziert ihren Abstand zu den nun Bürger genannten Untertanen auf eine Weise, daß diese in der Tat auf Schritt und Tritt, in ihrem Alltag und bei ihren privatesten Entscheidungen, die ihr Wohlbefinden betreffen, die Präsenz des Staates *empfinden*. Eines Staates, der noch in den

---

58 Foucault, Michel: *Sexualität und Wahrheit. Der Wille zum Wissen.* Frankfurt/M. 1977, S. 37 f.
59 A. Müller: *Elemente der Staatskunst* (s. Anm. 47), S. 33.
60 E.-J. Sieyès: *Was ist der Dritte Stand?* (1789), S. 119.

Phasen sogenannter politischer Deregulierung, also z. B. heute, in seiner Abwesenheit empfunden wird, weil er den auf diese Weise *entlasteten* Individuen die Verantwortung zur Selbstregierung oder Selbststeuerung *aufbürdet*.
Diese Problematik der zivilgesellschaftlichen Substitution von Staatsfunktionen wird, wie François Ewald gezeigt hat, erstmals in den Konzeptionen des politischen Solidarismus gegen Ende des 19. Jahrhunderts artikuliert, deren Vorgeschichte auf die totale Staatskonzeption Adam Müllers zurückverweist. Der totale Inter-Aktionismus dieser Theorie situiert den politischen Feind nicht länger außerhalb der Grenzen eines wohldefinierten (extensiven) Territoriums, sondern schlicht in jedem anderen, im beliebigen *Gesprächs*partner. Zwar bindet Müller in Übereinstimmung mit den Vorgaben der politischen Romantik das Politische nach wie vor an den Imperativ der Inkorporierung, aber der Redner ist nicht gezwungen, die endgültige Konstitution oder Verfassung eines solchen öffentlichen Körpers abzuwarten, um tätig zu werden, weil gilt: Was wir im öffentlichen Raum

> erst zusammentragen und in einem einzigen Körper zusammenbauen müssen, damit es wie mit einer Stimme uns antworte, steht in dem lebendigen, freien Gespräch schon verkörpert als Freund und Gegner gegen uns über: in der Brust des Freundes streiten alle feindseligen Mächte, die sich draußen im Felde und auf dem Forum nur irgend beggenen können; das Geheimnis eines einzigen Herzens ergründen heißt, die Welt ergründen (21).

»Jede Geste, jede Verhaltensweise, jede Aktivität des anderen«, argumentieren die Solidaristen des späten 19. Jahrhunderts, »zieht mich in Mitleidenschaft und umgekehrt. Ohne Ende.« Léon Bourgeois bringt die solidaristische Logik auf die Formel vom »gegenseitigen Risiko«[61]. Wenn mich der Feind in der Gestalt des Freundes oder Nachbarn heimsucht, sind andere politische Überwachungs- und Kontrollmaßnahmen nötig, die die eigene Spontaneität und Unwillkürlichkeit nicht ausnehmen. Der größte Feind bin ich mir – ohne es zu wissen – selbst: »Das Risiko zeichnet sich dadurch aus, daß seine Aktualität in seiner Eventualität liegt. Es ist überall und nirgends«.[62] Der Kampf gegen das soziale Übel, so argumentieren die Solidaristen, »erfordert somit die Mobilisierung aller Individuen«. Und es ist kein Zufall, daß die Solidaristen ausgerechnet in der Figur einer *permanenten Verhandlung* der Gesellschaft mit sich selbst, eines institutionalisierten »Gesprächs«, das niemals an ein Ende kommen kann, die wichtigste Voraussetzung für die Beherrschung der unwillkürlichen (von niemandem zu verantwortenden, niemandem zuzurechnenden, aber dennoch zu kontrollierenden) Schadensereignisse erkennen: »Die Politik wird daher zuallererst eine Politik der freien Meinungsäußerung sein müssen.« Die maßgebliche Gerechtigkeitsregel muß sich für unabsehbare neue Entwicklungen offenhalten, die einzige »Verpflichtung«, die der neue Sozialvertrag den Bürgern zumutet, ist »verhandlungsbereit zu sein«.[63] Wie

---

61 Ewald, François: *Der Vorsorgestaat*. Frankfurt/M. 1993, S. 486.
62 Ebd., S. 469.
63 Ebd., S. 480 f.

bei Müller wird dem »Gespräch« deshalb »die unbedingt erste Stelle« eingeräumt, weil der Mensch in allen seinen »Beschäftigungen« »dem Zufall, dem Schicksal, kurz einer gewissen unbekannten Macht Raum« geben muß (19). *Homo aleator* ist der Mensch bereits für Müller, also lange, bevor die politischen Solidaristen nach Prozeduren suchen, die ihn gegen seine eigene Riskiertheit schützen sollen, ohne daß er deshalb seinen Wagnischarakter einbüßen müßte.

Eben deshalb kommt alles auf das Gespür für die kaum merklichen Variationslinien dieser Zufallsexistenz an und ist alle Kunst der Rede in einer »Kunst des Hörens« fundiert, deren Organ das gebildete (nicht bloß offenstehende) »Ohr« ist. Eingehen in das Ohr des Nachbarn ist daher die alles entscheidende Voraussetzung eines Redners, der zu diesem Zweck ins »Haus der Poesie« (51) einkehrt, deren Kräfte und Techniken lediglich vom Medium der Schrift befreit werden müssen, um eine kollektive Erregungsfunktion ausüben zu können. Der Redner neuen Typs verlangt ja, wie es unzweideutig bei Müller heißt, »eine Antwort«: »ich will ja Freiheit gegen mir über und Selbstbestimmung; keine Maschine, die zu regieren es ja noch mechanische Kräfte in der Welt gibt« (43). Die rhetorische Kommunikation will ausdrücklich »kein gemeines Übertragen« (43) sein, sie will nicht Worte in den Hörer eindrücken und abformen »wie das Siegel in dem Wachs«, sondern begreift ihre Wirksamkeit nach dem Modell der »wahren Berührung« (44) und der Freisetzung (stummer) Intensitäten, die alle Hörer in *potentielle* Redner verwandelt, ganz gleich, ob sie tatsächlich das Wort ergreifen, und das heißt eben: die sie in wahrhafte Hörer verwandelt, die sich weniger für die Argumente und das explizit Vorgetragene interessieren, als vielmehr für seine »Musik«, für die Rede als Medium der Selbstempfindung eines aus lauter Einzelnen bestehenden, locker gekoppelten Kollektivs. Der Redner redet, nicht weil er durch seine Rede »ein Bestimmtes erreichen« will, sondern weil er seine Hörer in einen Zustand erhöhter Empfindlichkeit und Expressivität, also maximaler Unbestimmtheit versetzen möchte. Der Redner ist der *Polizist der Affekte*, wenn von der Polizei gilt, daß sie alles umfaßt, Menschen wie Dinge[64], allerdings »hinsichtlich ihrer Beziehungen«: »Die Polizei muß, im weiten Sinne des Worts, den ›Verkehr‹ unter den Menschen sichern«[65], weil sie anders nicht lebensfä-

---

64 Unter diesem polizeilichen Gesichtspunkt verliert die juristische Unterscheidung von Personen und Sachen ihre Prominenz, Müller kann daher von »Mensch und Sache« als rechtsfähigen Personen sprechen, das Recht wird zu einer Variablen der gesellschaftlichen Reproduktionsfähigkeit: Daher sieht der »wahre Staatsmann« – »unbekümmert um die scharfen Distinktionen der Philosophie des Tages […] in allen Individuen, sogenannten lebendigen und sogenannten toten, sogenannten Personen und sogenannten Sachen, nur ihre gesellschaftliche Bedeutung, den Wert, welchen sie für das bürgerliche Leben haben; und das Verhältnis dieser einzelnen gesellschaftlichen Werte heißt ihm: Rechtsverhältnis.« A. Müller: *Elemente der Staatskunst* (s. Anm. 47), S. 104.
65 Foucault, Michel: »*Omnes et singulatim*. Zu einer Kritik der politischen Vernunft«. In: Vogl, Joseph (Hg.): *Gemeinschaften. Positionen zu einer Philosophie des Politischen*. Frankfurt/M. 1994, S. 65–93, hier S. 87.

hig wären. Müllers Begriff für Verkehr ist »Wechselwirkung«. Die höhere Rhetorik ist die gezielte *kommunikative* Beeinflussung dieser Wechselwirkung, die an die basale Kommunikation, das gesellschaftliche »Gespräch«, anknüpft, um die »Bewegung der Zeiten«, die sich der schlichten Aussage ebenso wie dem Gesetz beständig entzieht, dem politischen »Kalkul« zugänglich zu machen.[66] Was der Redner durch seinen Vortrag bewirken will, ist die Erzeugung eines *höheren* Indifferenzzustandes beim Publikum, der sich in der spontanen Bereitschaft manifestiert, ihm, insbesondere in den Pausen des Redeflusses, über seine unwillkürlichen Reaktionen und Gemütszustände Auskunft zu geben. Der Hörer ist nämlich selbst dann nicht stumm, »wenn er schweigt«, weil es ihm gelingt, die Rede zum Anlaß und zum Medium seiner Selbstkonstitution zu nutzen. Das Publikum regiert noch den stärksten, den gewaltigsten Redner

> mit leisen Bewegungen des Blickes oder der Augenbrauen, mit leisem Zucken der Muskeln, mit unmerklichem Lächeln, mit Rührungen, die kaum den Kristall der Augen anhauchen, mit Atemzügen, mit Pulsschlägen, möchte ich sagen, und mit allen den leichten Gebärden, die von dem gewöhnlichen Tumult des Lebens übertäubt werden (45)

also mit seiner ganzen schweigsamen und doch unendlich beredten, zur aufmerksamen Lektüre sich anbietenden Physis.

Müller läßt keinen Zweifel daran, daß die Größe eines vergangenen Redners, der sich dem Medium der Schrift anvertraute, allein an der »Kraft seiner Phantasie« gemessen werden konnte, »mit der er diese stillen Gebärden eines aufhorchenden Volks in die Zwischenräume seiner Reden flocht« (45). In dem Moment, in dem der Hörer einer Rede ganz Ohr wird, gibt er zugleich etwas von sich preis, das in keiner Rede repräsentierbar ist und sich deshalb in die von ihr gelassenen Zwischenräume einnistet. Die höhere Rhetorik ist auch deshalb eine metaphorische Rhetorik oder Rhetorik der Metapher, weil sie zwar Hörer in Redner verwandeln will, zugleich aber die Rede dieser Hörer nicht als Gegenrede versteht, sondern eben als »Antwort« oder Preisgabe dessen, was das »Geheimnis« des Angesprochenen ausmacht. Die Müllersche Rhetorik zielt auf nichts anderes als die Selbstpreisgabe des Publikums. Zu diesem Zweck verbündet sie sich mit der Poesie, in deren Haus sie »gastlich einkehrt« (65), ohne sich allerdings mit ihr zu vermischen. Höherer Redner und poetischer Schriftsteller, dessen Rede an die private »Konsumtion« gebunden ist, verfolgen dieselbe Aufgabe, nämlich die Verwandlung ihrer Zuhörer in Subjekte erhöhter Irritabilität, die sich für ganz beliebige Botschaften oder Befehle empfänglich zeigen.[67] Die »Stellung des Hörers«, so Müller, wird

---

66 A. Müller: *Elemente der Staatskunst* (s. Anm. 47), S. 46.
67 Wenn diese Empfänglichkeit, mit Burke und Kant, als erhaben zu charakterisieren ist, dann deshalb, weil sie das Subjekt unter der Einwirkung von Ideen zeigt, die schlicht dadurch definiert sind, daß sie sich nicht begreifen lassen und eben deshalb die Einbildungskraft zur Produktion von Bildern anregen, deren Funktion darin besteht, »auf das Unendliche hinaussehen«, also über alles Endliche hinweg-

viel Ähnlichkeit haben mit der Lage des Dichters. Wir haben neulich beschrieben, welchen leisen, aber gewaltigen Einfluß der Zuhörer über den Redner durch Gebärden, Rührungen, ja, durch die bloßen Stufen seiner Aufmerksamkeit und seines Schweigens ausübt: wahrlich, diese Gewalt kommt ihm, weil er wirklich auf jene ruhige, leidenschaftslose, selige Höhe des Dichters über die Parteien erhoben wird. Ebenso ist das Verhältnis der Frauen zu den männlichen Geschäften [...] warum? weil sie mit Rücksicht auf die männlichen prosaischen Geschäfte in der höheren leidenschaftslosen, poetischen Region stehn, (57f.)

also von solchen Geschäften schlicht nichts verstehen, was sie aber für Dritte zur ungestörten Ausführung dieser Geschäfte besonders brauchbar macht. Und wer noch Zweifel hat an dem Wirkungsfeld der neuen, der höheren Rhetoren, deren Aufgabe darin besteht, immer größeren Teilen der Bevölkerung eine »poetische Stellung« anzudienen, sie also auf das Gleis des unbeteiligten Dritten oder der kultivierten Ahnungslosigkeit abzuschieben, wird von Müller über den *mütterlichen* Charakter der neuen poetischen Gewalt belehrt, wobei »Mutter« hier als jene Frau konzipiert wird, deren Aufgabe um 1800 darin besteht, »Menschen und d. h. Männer zum Sprechen zu bringen«[68], und das um so mehr, je weniger sie selbst spricht.[69] Wer, wie die Redner aller Zeiten vor der Wende zur höheren Rhetorik, nicht im Namen dieser neuen kulturalisierenden Instanz spricht, verfällt dem milden Spott: »Endlich, wo wird dieser Zustand der Gerechtigkeit [also des *Schwebens* über den Parteien, Vf.] so rein gefunden als im Muttergefühle, welches besänftigend schwebt über die kleinen Rhetoren und über die unaufhörlichen Parteiungen der Kinderwelt.« (58) Höhere Rhetorik um 1800 und später ist ersichtlich der Versuch, die »verwikkeltsten Lagen des männlichen Lebens« (58) dadurch zu bereinigen, daß man die politischen, ökonomischen, wissenschaftlichen Entscheidungen durch einen Kommunikationsprozeß supplementiert, der sich ganz buchstäblich seinen eigenen Reim auf die Prosa der modernen Welt macht.

---

sehen zu lassen. Kant, Immanuel: *Kritik der Urteilskraft*. In: ders.: *Werke in zehn Bänden*. Hg. v. Wilhelm Weischedel. Darmstadt 1981, S. 354. Vgl. zur Rezeption der Theorie des Erhabenen bei Müller auch E. Matala de Mazza: *Der verfaßte Körper* (s. Anm. 27), S. 313–322, insbesondere S. 316.

68 Kittler, Friedrich: *Aufschreibesysteme 1800/1900*. München ³1995, S. 35.

69 »Wenn alle Dichter der Welt mit ihren Werken untergingen, so wäre das eigentliche Gesetz der Poesie unmittelbar wiederzuerkennen in seiner reinsten Gestalt in dem Muttergefühle, das nur aussterben kann mit der Welt.« (58)

# Diskussionsbericht

DANIELA GRETZ (Bonn)

Sven Lembkes Beitrag kommt eine Sonderstellung in der Sektion zu, da er als einziger die ›alte Topik‹ als Praxis der Kulturbeschreibung genauer in den Blick nimmt.

Ausgehend von Lembkes Formulierung einer »freundlichen Wissenschaft der Topik« wurde zunächst die für Lembkes Untersuchung konstitutive Unterscheidung zwischen ›alter Topik‹ und neuem (disziplinären) ethnographischen Verfahren von Kulturbeschreibung kritisch diskutiert. Ihre asymmetrische Anordnung zugunsten der Topik weise dem neuen disziplinären Verfahren dabei einseitig die Verwendung von Begrifflichkeit zu und schließe so Abstraktionsleistung und Gegenstandsferne kurz. Diese Abstraktionsleistung bestimme aber auch die Topik als System kategorial gewonnener Loci. (Martyn) Lembke machte dagegen geltend, daß die im Beitrag vorliegende Einschätzung der Topik lediglich die höhere Anschlußfähigkeit der *loci communes* an lebensweltliche Zusammenhänge (im Vergleich zur Begrifflichkeit einer selbstreferentiellen Wissenschaft) zu erfassen suche und damit keine weitergehende Wertung impliziere.

Als Einwand wurde gleichwohl erhoben, daß der Kulturbegriff des 18. Jahrhunderts, den Lembke auch seiner Analyse zugrundelege, für Herbersteins Text einen Anachronismus darstelle. (Martyn) Vermutet wurde darüber hinaus, es handele sich (bei Herberstein wie Lembke) um eine »Eloge auf die Topik«, bei der die politische Funktion der Topik unterbelichtet geblieben sei. Im Rekurs auf Hayden White und dessen Definition von *troping* als »Vertrautmachen des Unvertrauten« könne man das topische Verfahren als eine Bearbeitung von Alterität durch *troping* bezeichnen, die auf Annexion hinauslaufe. Zu fragen sei, ob es sich bei der von Lembke konstatierten ›Freundlichkeit‹ des topischen Verfahrens nicht lediglich um die »Maske eines Herrschaftswissens« handele. (Hebekus) Eine besondere Rolle spiele dabei die Selbstreproduktion eines »Kollektivs der Gelehrsamkeit«. Dieses Bemühen um Selbstreproduktion sei bei Herberstein mit dem topischen Verfahren verbunden, und gerade hieraus ergebe sich auch die Spezifik frühneuzeitlicher Ethnographie. (Lembke)

Anschließend wurde erörtert, daß die von Lembke konstatierte ›Freundlichkeit‹ bei Herberstein sich nicht allein auf dessen topisches Verfahren zurückführen lasse. Im Rekurs auf geopolitische und kulturelle Bedingungen

(Rußland als Teil Europas) sei dafür eher die »basale Vertrautheit« Herbersteins mit seinem Gegenstand zu veranschlagen. Entsprechend spiele für Herberstein die später durch die Entdeckung radikaler Alterität außereuropäischer Ethnien dynamisierte Differenz zwischen Eigenem und Fremden und die mit ihr verbundene Dichotomie von Inklusion und Exklusion noch keine Rolle: ›Freundlichkeit‹ und Politik seien für Herbersteins Kulturbetrachtung noch keine sich ausschließenden Alternativen. (Balke)

Daneben wurde geltend gemacht, daß es sich beim *sensus communis* der ›klassischen Topik‹ um eine Form von Inklusionsadressierung handle, der kein Modell radikaler Alterität zugrunde liege. Wiederhole man diese Inklusionszuschreibung nicht einfach, sondern bemühe einen ›fremden Blick‹, so sei die *curiositas*, jenseits der bloßen Eingliederung in das System der Topik, als ein dem System inhärentes Irritationspotential zu betrachten. Durch diese *curiositas* werde eine Akkumulation auch politischen Wissens möglich, die in ein Spannungsverhältnis zum *sensus communis* trete. (Fohrmann)

Kontrovers diskutiert wurde in Folge die Grenzziehung zwischen Kultur und Barbarei. Hervorgehoben wurden exemplarische Differenzen, die als mögliche Ausgangspunkte einer solchen Grenzziehung anzusehen sind: zum einen die Rede über Türken und Chinesen in der Kulturbeschreibung der Frühen Neuzeit und zum anderen die mit weit höherem Provokationspotential verbundene Dominanz der Anthropophagie im Südamerika-Diskurs und deren kategoriale Bedeutung für Grenzziehungen insgesamt. (Schmidt-Biggemann/Schüttpelz). Für das 16. und 17. Jahrhundert wurde dabei geltend gemacht, daß erst eine Reihe von *essentials*, die alle unter dem Begriff der ›natürlichen Religion‹ zu subsumieren seien, ein inkludierendes Beschreibungsverfahren ermöglicht hätten. (Schmidt-Biggemann/Lembke) Daneben wurde ein Zitationsverfahren erinnert, das topische Beschreibungsmuster antiker Kultur zur literarischen Erschließung der ›Neuen Welt‹ re-aktualisiert. Dabei sei im Rekurs auf das antike *curiositas*-Schema die Grenze zwischen Kultur und Barbarei dennoch so bearbeitet worden, daß es zu Grenzverschiebungen gekommen sei. Daher handle es sich in diesem Fall um eine »Topik der Grenzmarkierung«. (Menke)

Die im Anschluß erörterten Vorlagen von Erhard Schüttpelz und David Martyn nehmen die Rhetorizität von Kulturbeschreibung, jenseits der Voraussetzungen der ›alten Topik‹, in den Blick und betonen insbesondere ihre selbstreferentielle Verfaßtheit.

Schüttpelz macht in seinem Beitrag Lévi Strauss' ethnographisches Verfahren selbst zum Untersuchungsgegenstand. Ausgehend von der Frage nach der Stellung Lévi-Strauss' zum ethnographischen Topos der kulturellen Akkumulation, der seit der British Social Anthropology des ausgehenden 19. Jahrhunderts kontrovers diskutiert wird, wurde zunächst die von Schüttpelz vorgenommene Situierung von Lévi-Strauss am Wendepunkt zum Postkolonialismus thematisiert. (Veit) Dabei stellt sich aus wissenschaftshistorischer Perspektive die Frage, was nach dem Verschwinden der Annahme eines Primitiven an dessen Stelle getreten sei. Gehe es nun um ein Darstellungsverfahren, in dessen Textbewegung sich ›Primitivismus‹ und ›kulturelle Akkumulation‹ wechselseitig relativieren und das im Chiasmus, der als Textfigur die Umkehrbarkeit, den möglichen Seitenwechsel zwischen ›Kultur‹ und ›Barbarei‹ ermögliche, seinen Ausdruck finde? Dieser Chiasmus sei auch in Schüttpelz' eigenem Text zu finden. Daran schloß sich die Frage nach alternativen Ersetzungsfiguren des ›Primitivismus‹ im postkolonialen Paradigma an. (Fohrmann) Der endgültige Bruch mit der Fiktion eines ursprünglich Primitiven im Sinne Rousseaus sei innerhalb der ethnographischen Arbeit erst auf die Zeit um 1950 zu datieren. Dieser Bruch mit dem Konstrukt eines ursprünglichen Primitiven stehe mit der Erfahrung der Selbstzerstörung Europas, dem Ausbruch der Barbarei inmitten der Zivilisation in Verbindung, die zwar im Zweiten Weltkrieg einen Höhepunkt erreichte, aber im gesamten 20. Jahrhundert zu beobachten sei, wodurch sich die Datierung auf 1950 wieder relativiere. Allerdings seien auch heute noch strukturelle Asymmetrien für ethnographische Texte konstitutiv, so daß allenfalls von einem »kategorischen Imperativ« der postkolonialen Ethnographie die Rede sein könne, der eine Annäherung an das Ideal von »fremder Fremderfahrung« einfordere. (Schüttpelz)

Die Annahme eines solchen »kategorischen Imperativs« wurde im Rekurs auf Koselleck kritisiert. Folge man dessen These zur Asymmetrie historischer Grundbegriffe, so verweigerten sich Asymmetrien (auch) in der Moderne ihrer Umkehrbarkeit. Umkehrung setze jedoch zumindest De-Moralisierung voraus, so daß der Begriff »kategorischer Imperativ« in solchem Zusammenhang unangemessen sei. (Strub) Bereits im Rückgriff auf die griechische Tragödie, in der der Andere, der Barbar, eben nicht wie bei Kosellecks Begriff von Asymmetrie, ausgeschlossen, sondern durchaus präsent sei, erscheine Kosellecks These zumindest relativierbar. Die Besonderheit der Asymmetrie in der ethnographischen Repräsentation liege eben in ihrer Reziprozität, darin, daß das Ausgeschlossene über re-entry Figuren immer miteingeschlossen ist. Insofern impliziere diese Form der Asymmetrie geradezu die Umkehrung in Form von chiastischen Figuren. (Schüttpelz) Dennoch bleibe zu berücksichtigen, daß die Gewaltsamkeit von Asymmetrie sich auch noch in solchen Spiegelungsverhältnissen fortsetze. (Strub)

Dieser Gesichtspunkt wird in der Diskussion des Verhältnisses von Macht und Interpretation bei Lévi-Strauss, aber auch in Schüttpelz' eigener Analyse vertieft. Bei Lévi-Strauss zeige sich in dem Wunsch, Fremdes als Eigenes wahrzunehmen, eine allgemeine Gefahr ethnographischer Arbeit. (Mersch) Die von Mersch diagnostizierte Geste moderner Ethnologie, die eigene Autorisierung durch den Anderen zu leisten, herauszustellen, sei gerade das Verdienst von Lévi-Strauss' Text. Dabei spiele vor allem der Zusammenhang von ›Schelmenroman und Demokratie‹ und die dafür konstitutive, bei Lévi-Strauss bereits mit der kritisierten Autorisierungsstrategie verbundene Dialektik von ›tauschen und täuschen‹ eine entscheidende Rolle. (Schüttpelz) Davon ausgehend könne man im Rückgriff auf psychoanalytische Lektüreverfahren und die Bedeutung des Dialogischen bei Kristeva und Bachtin von Schüttpelz' eigener Lektüre ein Alternativmodell ethnographischer Repräsentation erwarten. (Mersch) Dem wurde entgegnet, daß der Beitrag als ein Korrektiv zu Derridas Lévi-Strauss Interpretation zu verstehen sei. Es gehe darum, jenseits einer Ethnozentrismusdiagnose, die konstitutive Bedeutung dieser Autorisierungsstrategie für die moderne Ethnologie zu unterstreichen. (Schüttpelz)

Im Rekurs auf das dem Häuptling in der ›Schreibstunde‹ von Lévi-Strauss zugewiesene ›Verstehen‹ des Symbolsystems Schrift wurde geltend gemacht, daß es sich bei Schüttpelz' Text um eine komplette Inversion von Derridas Lektüreansatz handle, und es wurde eine genauere Bestimmung der Autorisierungsstrategie für diese Art der Zuschreibung bei Lévi-Strauss eingefordert. (Martyn) Einer solchen genaueren Bestimmung der Autorisierungsstrategie entspreche jedoch der dritte Teil der Vorlage, der sich mit der ›komischen‹ Adaption des Topos von der ›Überlegenheit der Europäer‹ durch Lévi-Strauss und dem mit diesem Topos verbundenen Stellenwert der Schrift in der ethnographischen Tradition beschäftige. Dabei sei gleichermaßen Gewaltsamkeit wie Notwendigkeit dieses Traditionsbezugs zur Autorisierung ethnographischen Sprechens zu akzentuieren. (Schüttpelz)

Kaprizierte sich die Diskussion um Schüttpelz' Papier auf die Rhetorizität eines bestimmten, als postkolonial markierten Verfahrens ethnographischer Repräsentation, verhandelt die im Anschluß thematisierte Vorlage Martyns Rhetorizität auf der basaleren Ebene eines metaphorischen Kulturbegriffs, wie er in der posthermeneutischen *writing culture*- Debatte unter dem Schlagwort »Kultur als Text« propagiert wird.

Die James Clifford-Kritik in Martyns Vorlage wurde dabei in der Diskussion noch verstärkt: Im Rekurs auf die linguistische Kompetenz-Performanz Differenz sei Kultur im Gegensatz zur Sprache kein artikuliertes System; der Konnex zwischen Kultur und Sprache sei daher irreführend. (Stetter) Aus je unterschiedlichen Gründen wurde dann die bei Clifford u. a. gedachte Verbindung von Kultur und Text als eine Form von Ideologie zu kennzeichnen versucht: zum einen aufgrund des dieser Verknüpfung inhärenten Reduktionismus, der in seiner Fokussierung des Textbegriffs die kulturelle Bedeutung des Bildes vernachlässige. (Mersch) Zum anderen, da die bloße Umkehrung der von Clifford kritisierten Asymmetrie von Homoglossie und Heteroglossie, in Form des Ideologems ›das Eigene ist das Fremde‹, für einen anschlußfähigen Kulturbegriff nicht ausreichend sei. (Menke) Kontrovers wurde in diesem Kontext die Vorgehensweise Martyns diskutiert, diesen Cliffordschen Kulturbegriff dennoch zum Ausgangspunkt der eigenen Überlegungen zu machen; Martyn machte hingegen deutlich, daß sein Text gerade als eine Art empirische Überprüfung des Cliffordschen Kulturbegriffs zu verstehen sei.

Im weiteren Diskussionsverlauf wurde Martyns Derrida-Lektüre kritisch diskutiert, und hier insbesondere die von Martyn konstatierte, allerdings eher in Bezug auf die Rezeption des Cliffordschen Kulturbegriffs in den sogenannten *cultural studies* hin formulierte »Aporie der absoluten Heterogenität«. Es könne sich allenfalls um eine polemische Intervention gegen eine bestimmte Tradition, aber nicht um eine wirkliche logische Aporie handeln. (Mersch) Entgegnet wurde, diese Aporie sei eine tatsächlich wirkende Größe, da sie etwa in der Forschungsliteratur der *cultural studies* immer wieder auftauche. Martyns Untersuchung sei, im Gegensatz zur Verwendung des Begriffs der Iterabilität bei Derrida, um eine ›empirisch gewinnbare‹ Typologie iterativer

Verfahren bemüht. (Martyn) Die von Martyn behauptete Aporie trete auch in seinem eigenen Beitrag besonders deutlich zutage, wofür die Differenz zwischen seinen Begriffen von Unentscheidbarkeit/Wiederholung und dem Begriff der Iterabilität bei Derrida verantwortlich zu machen sei. (Willer/Lorenzer)

Weiterführend seien die Unterschiede zwischen einer letztlich an Identität orientierten Ableitung von Differenz, wie sie von Martyn für Clifford verdeutlicht wurde, und den an Differenz interessierten Konzepten Lacans und Derridas zu betonen. Nur durch die Anwendung einer solchen ›Logik der Differenz‹ auf den Kulturbegriff könne dessen notwendige Dynamisierung erreicht werden. (Strowick)

Den Martynschen Einsatzpunkt unterstützend wurde bemerkt, daß es lohnend sei, die Konstitution des Eigenen im Zitieren des als falsch indizierten Fremden zu verfolgen. (Willer) Andererseits bleibe eine moralische Bewertung der mit diesem Identitätsbegriff verbundenen Ausschlußgeste gegenüber dem als falsch markierten Fremden einzufordern, die, und mit ihr der Einschluß des Ausschließens selbst, bestimmend für jede Selbstkonstitution ist. (Lorenzer) Bemerkt wurde, es sei gerade das Anliegen der Untersuchung, diese Bewegung jenseits moralischer oder politischer Implikationen deskriptiv darzustellen. (Martyn) Diesem Impetus entsprach auch, daß Martyn dem Hinweis, er hätte mit einer von der verkürzten Variante Cliffords abweichenden Bachtin-Adaption schneller zu ähnlichen Ergebnissen kommen können (Menke), mit der Betonung der besonderen Produktivität seines »Umwegs« entgegentrat.

Wurde so die Grenze zwischen ›alter Rhetorik‹ und neuer ›Rhetorizität der Kulturbetrachtung‹ jeweils von einer der beiden Seiten der Unterscheidung her in den Blick genommen, so standen in den Beiträgen Chenxi Tangs und Friedrich Balkes die möglichen Umschlagpunkte zwischen beiden Seiten der Unterscheidung im Zentrum: Es ging um die Varianten eines Fortlebens der (alten) Rhetorik ›nach ihrem Ende‹.

Tangs Text sieht in der Rhetorikkritik Herders die Wende zu einer neuen Rhetorik der Kulturbeschreibung. Dieser Versuch, Herders Arbeiten als Beleg für eine neue Form ethnographischer Repräsentation in Ansatz zu bringen, wurde in der anschließenden Diskussion kritisch bewertet. Zunächst sei, gerade mit Blick auf die nationalsozialistische Herderrezeption, eine allgemeine Tendenz festzustellen, jene Aspekte, die der Nationalsozialismus bei Herder für sich reklamiert hätte, auszuklammern, um dadurch die Möglichkeit zu schaffen, Herder für zeitgenössische Konzepte von Kulturbeschreibung fruchtbar zu machen. (Geulen)

Besonders wurden der Status des Begriffs ›Muttersprache‹ in der Vorlage Tangs angefochten und mehr kritische Distanz zu Herders Konzeption eingefordert. Betont wurde die Ambivalenz von ›Muttersprache‹ bei Herder, die zumindest eine familiale, eine regionale und eine nationale Komponente beinhalte, die nicht miteinander in Einklang zu bringen seien. (Winkler) Sodann lasse sich die Schriftkritik Herders auch als Abkopplung von der Latinität verstehen. (Jäger) Damit wird aber die Funktion der Schriftkritik Herders für die Herausbildung einer (schriftlich fixierten) Nationalsprache deutlich. Im Unterschied zu Platons Schriftkritik könne bei Herder sogar zwischen ›guter‹ und ›schlechter Schrift‹, im Sinne von Nationalsprache und Latinität, differenziert werden. (Strub) Der Rekurs auf die Pluralität der ›Muttersprachen‹ bei Herder, den Tang am Ende seiner Vorlage für die kulturelle Übersetzungsproblematik betone, sei eine Vereinseitigung. Ergänzend wurde die antinomische Spannung hervorgehoben, die bei Herder zwischen den Begriffen ›Muttersprache‹ und ›Literatursprache‹ zu beobachten sei; dies relativiere die von Tang diagnostizierte Mündlichkeitsemphase Herders noch weiter. (Schüttpelz)

An die Stelle der alten Rhetorik, die als Textproduktionsmaschine funktionierte, während sie zugleich Mündlichkeit vortäuschte, sei bei Herder eine neue Art der Fiktion getreten, bei der die Nation selbst aus ›Etwas‹ (›Muttersprache‹, Literatursprache, Nationalsprache) spreche, wobei die Schriftlichkeit der Literatursprache diese Form von Mündlichkeit fingiere und zugleich Übersetzungsbewegungen in Gang bringe. Als mögliche Scharnierstelle einer so intendierten unendlichen Übersetzungsbewegung bei Herder könne der quasi-theologische Lebensbegriff angesehen werden. (Fohrmann) Im Gegensatz dazu stelle Herders Hamann-Rezeption ein Indiz dafür dar, daß es sich bei Herder letztlich um eine theologische Begründung einer solchen Übersetzungstheorie handele. Frage man sich, was bei Herder über die ›Muttersprache‹ transportiert werden solle, so bleibe etwa Herders Volksgeistvorstellung gebunden an eine Mythologie, die in der Sprache unmittelbar zum Ausdruck kommen soll. Bei dieser Konzeption handele es sich offensichtlich um ein Transplantat aus Hamanns *Aesthetica in nuce*. Höchst theologisch sei zudem die Tendenz Herders, diesen Ausdruck von Volksgeist, jenseits der Pluralität der Muttersprachen, auf eine ursprüngliche biblische Offenbarung zurückzuführen. (Schmidt-Biggemann)

Dem wurde entgegengehalten, daß das von Schmidt-Biggemann herausgearbeitete ›Theologische‹ bei Herder gerade nicht aus Hamanns Schriften ›transplantiert‹ sei, da Hamann selbst nicht auf diese Art und Weise theologisch argumentiere. Vielmehr werde das »Theologische« bei Herder erst durch dessen verfremdende Hamann-Rezeption konstituiert. (Geulen)

Abschließend war nochmals der von Tang nahegelegte mediale Hintergrund für die konstatierte Umschlagbewegung bei Herder von besonderem Interesse. Mit den Modellen ›Muttersprache‹ und ›Übersetzung‹ würden bei Herder tendenziell zwei unterschiedliche Antwortvarianten auf den Verlust einer einheitlichen Kommunikationsgemeinschaft durch den Buchdruck gegeben, nämliche eine eher regressive und eine eher progressive, die nicht so einfach wie in Tangs Vorlage miteinander verrechenbar seien. (Menke)

Auch in der anschließenden Debatte zur Vorlage Friedrich Balkes spielte der Bezug auf die Erfindung und Verbreitung des Buchdrucks als Ursache für das Ende der alten bzw. deren Umwandlung in eine neue Rhetorik eine Rolle. Zunächst wurde an Balkes Darstellung hervorgehoben, daß in der ›höheren Rhetorik‹ Müllers das Ohr zum zentralen Organ der Rhetorik avanciere. Insofern könne man von einer Reduktion von Rhetorik auf Otologie sprechen. (Hamacher) Im Verlauf der Diskussion wurde jedoch der mit dieser Reduktion verbundene deklaratorische Schriftausschluß relativiert. Ähnlich wie bei Herder (Vorlage Tang), war auch bei Müller ein paradoxales Verhältnis von *actio*-Bezogenheit und gleichzeitiger Inanspruchnahme des Mediums Schrift offensichtlich. Besonders signifikant sei in diesem Zusammenhang der Konnex von Poesie und Rhetorik bei Müller und die Bedeutung von Goethe, Schiller und Lessing als Heroen, deren Texte qua Re-Oralisierung bindungsbildende Funktion innerhalb der Nation entwickeln sollten. Als ein Ansatzpunkt für die Konkretisierung solcher mit Müllers Konzept einer höheren Rhetorik implizit verbundenen ›Politiken‹ seien Untersuchungen zum Verhältnis von Adam Müller und Heinrich von Kleist anzusehen. (Balke)

Genauer wurde dann der Status des Politischen bei Müller in den Blick genommen. So seien Parallelen zwischen Müllers Konzept einer »oto-theologischen Politik«, die eine absolute und totalitäre Demokratie impliziere, und Carl Schmitts »politischer Theologie« überdeutlich. (Hamacher)

Es wurde eingeräumt, daß die Frage nach der Funktion der alten Rhetorik in Müllers eigenen Texten, jenseits seiner theoretischen Setzungen, noch nicht ausreichend berücksichtigt sei. Im weiteren Verlauf stand aber die von Balke insinuierte Neuheit von Müllers Rhetorikkonzept auf einer viel basaleren Ebene zur Diskussion: Wenn überhaupt an Müllers Rhetorik etwas Neues zu beobachten sei, dann deren geschichtsphilosophische Rahmung, ansonsten handele es sich um »die alte Seelenführung in Reinkultur«. (Schüttpelz)

Kritisch erörtert wurde insbesondere, ob der konkrete Umschlagspunkt von alter in neue Rhetorik um 1800 so empirisch zu bestätigen sei. Vor allem die Berufung auf Foucaults These von der Gouvernementalisierung und dem Umschlag von Normativismus in Normalismus könne in Frage gestellt werden. Eine konkrete Schwierigkeit bei der Adaption von Foucault auf Müllers Rhetorik sei, daß dem Status von Individualität/Singularisierung innerhalb von Foucaults Theorie bei Müller eine Tilgung von Individualität gegenüber stehe. (Hebekus) Angemerkt wurde, bei Müller könne noch nicht einmal von Tilgung der Individualität die Rede sein, weil Individualität bei Müller gar keine Rolle spiele. (Schüttpelz) Das Problem, die Foucaultschen Thesen auf Müllers Rhetorik zu applizieren, wurde von Balke konzediert; bedenken müsse man allerdings auch die von Foucault selbst gemachte Einschränkung, daß es sich bei der Phasenmarkierung (zwischen ›klassischem Zeitalter‹ und dem ›Epistem der Produktion‹) nicht um konkrete Umschlagpunkte, sondern um fließende Übergänge handle. (Balke) In der Tat könne man (so die Replik auf eine Frage Stetters) nicht von einem Ende der Rhetorik bei Müller sprechen, sondern eher von ihrem Funktionswandel.

Abschließend wurden aus unterschiedlichen Perspektiven Ergänzungen zu Balkes Vorlage gemacht. Einerseits sei Müllers Rhetorikkonzept im Kontext zeitgleicher Ideen, etwa den Sprachphilosophien Humboldts und Schleiermachers, zu situieren. (Jäger) Andererseits könne auch ein aktueller Bezug hergestellt werden. Gerade in der zeitgenössischen Medienlandschaft werde das Kollabieren der Unterscheidung von ›privat‹ und ›öffentlich‹, das Balke für Müllers Ansatz nachzuweisen versucht habe, überdeutlich. Dabei sei zu bedenken, daß Medien, wie etwa das Fernsehen, nur über ›Rückkanäle‹ zum

Einzelnen Interaktion und auch eine bestimmte Form von Öffentlichkeit herstellen können. Die Funktion solcher Rückkanäle hätten in der modernen Medienlandschaft aber, neben Quotenermittlung und Marktforschung, spezifische Sendeformate (etwa Talkshows) übernommen, bei denen das Private exemplarisch öffentlich gemacht werde. (Winkler) Wenn die durch den Buchdruck bedingte mediale Zäsur als entscheidender Faktor für den Umschlag der »alten« in eine »neue Rhetorik« anzusetzen sei, welche Konsequenzen habe dann die mit den elektronischen Medien verbundene erneute Medienevolution für ein Konzept von ›Rhetorizität‹?

# IV.
## Performativa

# Einleitung

WERNER HAMACHER (Frankfurt/M.)

Einige der für die später so genannte *speech act theory* wichtigen Unterscheidungen werden von J.L. Austin zum erstenmal 1946 in einem Aufsatz dargelegt, der unter dem Titel »Other Minds« die Möglichkeit des Zugangs zum Denken anderer Personen diskutiert. In einer Fußnote zu diesem Text charakterisiert Austin Aussagen über die Äußerungen Dritter als Beschreibung, alle von einem Ich vollzogenen nicht-deskriptiven Äußerungen dagegen als sprachliches Tun: »I *describe* his promising, but I *do* my own promising and he must do *his* own.«[1] Damit ist der Vollzug von Sprechakten an die Autorität eines Subjekts geknüpft, das in der ersten Person Singular indikativ aktiv Präsens redet und derart redend aus eigener Initiative handelt, während alle Äußerungen, die sich auf das Handeln Dritter beziehen, nur einen deskriptiven Charakter beanspruchen können, da ihnen der privilegierte Zugang zum handelnden Ich fehlt. Sprachliches Handeln ist für Austin jeweils Selbst-Handeln und mit der Evidenz verbunden, daß es das *eigene* Handeln ist – I *do my own* promising and he must *do his own*. Es käme Austin nicht in den Sinn, jemand könnte das Versprechen eines Anderen abgeben oder die Handlung eines Anderen vollziehen, ohne jenes Versprechen oder diese Handlung zu seiner eigenen und sich zu ihrem Autor zu machen. Aber obgleich Handeln für ihn Selbst-Handeln und Handeln aus eigener Initiative ist, meint er die Autorschaft des Handelns unter die Autorität von Geltungsbedingungen stellen zu müssen, wenn es darum geht, die Effizienz dieses Handelns zu verbürgen. Wird Handeln unter das Kriterium der Wirksamkeit gestellt und nur dann als wirklich anerkannt, wenn es Wirkungen zeitigt, dann kann es zwar immer noch als das je eigene Handeln eines Ich bestimmt werden, muß sich aber in den Rahmen von Konventionen, Riten oder Regeln stellen, die seine Wirkung sichern, indem sie die Interaktionsformen zwischen Ich und Anderen und damit zugleich die Aktionsformen des Ich und dieses selbst reglementieren.

Nach der Interaktionsregel wäre es jeweils ein konventionalisiertes Selbst, das in Handlungen auf ein anderes, seinerseits konventionalisiertes Selbst einwirkt; aber die prästabilierte Interaktion zwischen beiden würde jede Hand-

---

1 Austin, John L.: »Other Minds«, in: ders.: *Philosophical Papers*. Oxford: Oxford University Press ³1990, S. 99.

lung ausschließen, die nicht streng der vorgegebenen Regel entspricht, und jeden Akt zur Reaktivierung eines sozialen Ritus oder zur Wiederholung einer gemeinsamen Vorgabe machen, die ihrerseits der Einwirkung durch Handlungen entzogen bleibt. Unter Geltungsregeln gebracht, sind Handlungen mechanisch iterierbare Applikationen eines Programms, das jede Initiative normiert und noch die Frage nach seiner Herkunft nur als Programmfrage innerhalb stabiler Diskursinstitute erlaubt. Und dennoch sollen sie Handlungen, vorzugsweise nicht bloß reproduzierende, sondern inaugurierende, und dennoch sollen sie Handlungen eines Selbst, womöglich eines autonomen, und sollen solche Handlungen sein, die nicht nur gegebene Schemata erfüllen, sondern neue entwerfen können.

Das Dilemma der normenorientierten Sprechakttheorie läßt sich in einer Variation auf einen bekannten Vers von Schiller formulieren: Handelt das regelkonforme Selbst, so handelt, ach, das Selbst schon nicht mehr. Und man kann fortfahren: wenn nicht das Selbst handelt, dann gewiß nicht die Regel, der es folgt, am wenigsten, wenn sie ihm nicht von ihm selbst gegeben ist –; und folglich wird gar nicht gehandelt. Um das sprachliche Handeln ist es geschehen, sobald es als ein *theoretisches* Verhalten fixiert wird, das wesentlich in seiner Selbstthematisierung bestehen soll. Performative Äußerungen, die bei Austin ihren Aktcharakter mit einem explizierenden Verb bloß kommentieren – etwa indem gesagt wird »Ich verspreche, die Diskussion bald zu eröffnen« statt »Ich werde die Diskussion bald eröffnen« –, schrumpfen in dem Augenblick zu konstativen Äußerungen, wo der explizierende Kommentar zum Handlungskriterium erhoben wird. Handlungen sind dann Handlungen nur, wenn sie sich selbst als solche beschreiben, und da sie sich nur als theoretische Gegenstände beschreiben können, die der Logik von Aussagen über Dritte folgen, definieren sich Akte absurderweise als Beschreibungen von Fakten. Wo Handeln bei Austin noch Akt der Deklaration (von Versprechungen, Benennungen, Übereignungen, etc.) war, geht es, zum Beispiel bei Searle, in der Deklaration von Akten auf. Die Konsequenz aus dieser Umstellung ist für die Sprechakttheorie offenkundig fatal, denn wenn Handlungen, selbst die *eigenen,* nur noch als Gegenstand ihrer möglichen oder aktuellen Selbstbeschreibung gelten, und wenn ihr Vollzug sich in der Zuschreibung von Intentionen erschöpft, dann sind sie Akte der Prädikation über das Faktum dieser Prädikation selbst und die Sprech*akt*theorie ist zu einer Sprech*fakten*theorie geworden.

Austins Satz aus »Other Minds« »I *do* my own promising« müßte nach diesem Deutungsschema von Sprechakten in jedem einzelnen Fall, auf den er anwendbar ist, besagen: »Ich stelle fest (berichte, beschreibe), daß ich etwas verspreche«, und präziser: »Ich stelle fest (erkläre, sage aus), daß derjenige, der hier »ich« sagt – vorausgesetzt, er sage es zurecht – ein Versprechen abgibt.« Damit ist wohl eine Feststellung – und zwar über das Ich als dritte Person – getroffen, aber diese Feststellung ist kein Akt, in dem das Ich – als erste Person – etwas tut, das noch nicht geschehen ist. Der Zugang zum Ich als Thema der Explikation wird dabei als unbehinderte Passage vorgestellt, die nicht etwa nur eine bewußte und in allen Aspekten kontrollierte Aussage über es ermöglicht, sondern die Ausschließung aller unbewußten, nicht-intentionalen und unkontrollierbaren Elemente und somit die rigorose Reglementierung dieses thematischen Ich erlaubt. Das Ich ist zum Richter und es ist zum Polizisten seiner Handlungsabsichten geworden, und seine einzige Aktivität liegt in der Wahrnehmung der Prädikationshoheit über sich selbst. Die Regeln, als deren jurisdiktive und exekutive Instanz sich das Ich in diesem sprachinnenpolitischen Szenario aufführt, sind also keine Sprech*handlungs*-, sondern Sprech*verhaltens*regeln. Sie regieren wie grammatische Normen bloß die Zusammensetzung von bereits gegebenen Elementen, aber weder setzen sie diese Elemente ein, noch vollziehen sie die Setzungshandlung, durch die Normen allererst in Kraft treten können. Die Formel »Ich stelle fest, daß ich ein Versprechen abgebe« macht das Ich zum Hüter der pragmatisch-grammatischen Verfassung von Verhaltenssätzen und der syntaktischen Funktion, die es selbst darin zu erfüllen hat. Aber obgleich sich die damit vollzogene Selbstbeschreibung auf die Reproduktion eines vorgegebenen Schemas reduziert, muß auch in ihr noch ein Residual-Ich am Werk sein, das zwar die Regeln, denen es folgt, nicht setzt, das sich aber durch ihren Gebrauch und ihren immer möglichen Mißbrauch als handlungs*fähig* erweist.

Mit dem Ich als privilegierter und sogar einziger Handlungsinstanz hat Austin ein äußerst prekäres Kriterium für den Aktcharakter von Äußerungen eingeführt. Dieses Ich kann nämlich keine neutrale Trägersubstanz von Handlungen, sondern es muß selbst der Handlung ausgesetzt sein, die es vollzieht. Wer ein Versprechen gegeben hat, ist ein Anderer als derjenige, der es noch nicht gegeben hat, denn mit diesem Versprechen hat er sich, wie lose auch immer, an die Absicht gebunden, es zu erfüllen. Austin hat in dem ersten und für seine ganze Arbeit entscheidenden Kriterium für Sprechakte, sie unterlägen nicht der aristotelischen Aussagenlogik und seien deshalb weder wahr noch falsch, deutlich gemacht, daß nicht nur Handlungen, sondern auch die an ihnen beteiligten Elemente nicht den Kriterien von Beschreibungssätzen unterliegen können. Das gilt auch für das Ich. Es ist Funktion ›seines‹ Tuns, kein unbewegliches Faktum, sondern Moment eines Akts, der erst die Umstände herbeiführt, unter denen über Wahrheit oder Falschheit, Korrektheit oder Inkorrektheit dieses Ich und seiner Äußerungen entschieden werden kann. Das Ich der Handlung ist kein kontemplatives Subjekt, das sich als Fixpunkt von theoretischen Aussagen über Sachverhalte vorstellt, sondern *praktisches* Ich, das von seinen Vollzügen verändert wird. Jedem Ich muß bereits ein Akt vorausgehen, in dem es erst nachträglich – mehr schlecht als recht – seinen *eigenen* erkennen kann. So wenig wie für den Akt können deshalb für das Ich, das ihn vollzieht, semantische Wahrheitsregeln verbindlich sein; so wenig wie das Ich kann ein Akt einfach einem vorgegebenen pragmatischen Handlungsmodell folgen; weder Akt noch Ich können Geltungskriterien entsprechen, die nicht erst *in actu* erzeugt werden. Ein Akt ist in der Tat Akt nur dann, wenn er sich von allen Regeln, Vorgaben und Voraussetzungen löst – täte er es nicht, so wäre er für alle, die er betrifft und verändert, und selbst für den, der ihn vollzieht, ein bloß theoretischer Gegenstand der Beurteilung, der Abschätzung und Zuschreibung, aber er wäre nicht das Geschehen, das solche theoretischen Verhaltensweisen erst ermöglicht. Handeln ist immer Handeln ohne Geltungsgewißheit. Nichts anderes besagt die skandalisierende Formel vom *acte gratuit*. Daß Handlungen, geplante wie vergangene, Gegenstand von Bedenken, Abwägungen und Urteilen werden können, spricht nicht gegen den untheoretischen und anomischen Charakter aktueller Handlungen, sondern bestätigt ihn. ›Reflexive‹ Einstellungen zu Akten sind ja selbst dann, wenn diese Akte phantasiert, erinnert oder projektiert werden, nur unter der Voraussetzung möglich, daß diese Akte bereits vollzogen sind: immer bleibt der Akt das Novum, auf das theoretische Aussagen erst *post actum* und auf das sie selber immer nur praktisch antworten können.

Handlungen ereignen sich im blinden Fleck des theoretischen Blicks und seiner Schutz- und Regelungsarmaturen. Sie sind das heikelste, das schlechthin atheoretische und ungegenständliche, weil Gegenstände und ihre Theorie erst ermöglichende Sujet für jede Theorie, die sich ihnen zuwendet. Davon wollen die normenbefangenen Sprechhandlungstheorien nichts wissen, weil es sie zu einer Revision ihrer Begriffe von Wissen, Theorie und Normen führen müßte. Austin hat ihre theoretizistische Obsession, die auf die Entfernung der Handlung aus der Handlungstheorie hinausläuft, nicht geteilt. In der Einleitung zu seiner Harvard-Vorlesung »How to do things with words« betont er mit Nachdruck, daß in Kants »Kritik der *praktischen* Vernunft« eine Pionierleistung der Sprechaktanalyse zu sehen ist, und deutet damit zumindest an, daß im Zentrum ihrer Aufmerksamkeit ein *freies*, von Konventionen, grammatisch-pragmatischen Regeln und tropologischen Modellen nicht determiniertes und vom gesamten Apparat der Rhetorik unabhängiges Handeln zu stehen hat. Nur was die Geltung der Rhetorik – und zwar der Rhetorik der Figuren wie der Grammatik, der Topoi und Tropen, der Denk- wie der Handlungsfiguren – insgesamt suspendiert, kann ein Akt sein. Und nur wenn, invers, alle rhetorischen Figuren einschließlich der epistemischen und pragmatischen als von Akten eingesetzt gedacht werden, über die sie nicht regieren, sind sie und damit das, was ihre Rhetorizität genannt werden kann, einer durchgreifenden Analyse zugänglich.

Wenn ich nun verspreche, die Diskussion bald zu eröffnen, kann ich niemanden – auch nicht mich selbst – daran hindern, dieses Versprechen nicht ernst zu nehmen: Es kann zum Beispiel, mit guten Gründen, als bloßes Beispiel eines Sprechakts verstanden werden, das ohne Verlust für seine Funktion durch ein anderes Beispiel ersetzt werden könnte. Obwohl ich in diesem Fall nicht ein Versprechen, sondern ein Beispiel (für ein Versprechen) gebe, vollziehe ich damit einen Sprechakt und demonstriere mit ihm, daß Handlungen nicht in der Erwirkung bestimmter, mit ihnen intendierter Effekte bestehen, und demonstriere überdies, daß jede Handlung von einer anderen abgezweigt und ihr gleichsam entwendet werden kann, daß sie sogar muß abgezweigt und entwendet werden können, wenn sie denn Handlung sein soll. Austins Unterscheidung zwischen perlokutionären und illokutionären Sprechhandlungen trennt die wirksamen, überzeugenden oder persuasiv erfolgreichen Sprechakte von Sprechakten überhaupt und damit das Erwirken vom Handeln ab. Wenn eine Wirkung überhaupt oder gar eine bestimmte Wirkung kein Handlungskriterium sein kann, dann bleibt als einziges mögliches Kriterium für eine Handlung dies, daß damit die *Möglichkeit* einer Wirkung eröffnet wird. Handlung ist also jede Äußerung, die die Möglichkeit ihrer Anerkennung in einer *anderen* Handlung und damit die weitere Möglichkeit einer Wirkung, und unter Umständen der intendierten Wirkung, bietet. Eine solche Möglichkeit kann eine Sprechhandlung aber nur dann bieten, wenn ihre Struktur es erlaubt, eine andere Handlung von ihr (etwa im Sinn einer Abduktion, die nicht wie bei Peirce als Schlußfigur verstanden werden dürfte) abzuleiten, abzuzweigen oder abzuspalten. Die Minimalstruktur einer Sprechhandlung liegt also weder in ihrer Spontaneität – dazu bedürfte es eines substantiellen Agenten, der vom Vollzug seiner Akte unaffiziert bleibt – noch in ihrer bloßen Reproduzierbarkeit – damit würden Handeln und Erwirken gleichgesetzt oder es würde eine für sprachliche und andere soziale Handlungen unstatthafte Kausalrelation zwischen ihnen supponiert –; die Minimalstruktur einer Sprechhandlung kann allein in ihrer *Entwendbarkeit* liegen: in der mit ihr eröffneten Möglichkeit, andere Handlungen von ihr abzuleiten, die sie bestätigen oder entstellen, in einen anderen Kontext mit anderen Funktionen rücken, entwerten oder tilgen können. Keine von diesen Möglichkeiten kann zwingend ihre Realisierung nach sich ziehen, jede läßt die Option offen, sie nicht wahrzunehmen, aber jede dieser Möglichkeiten muß zur Handlungsstruktur gehören. Sprechhandlungen lassen sich also charakterisieren als *Ermöglichungen von anderen,* antwortenden Handlungen, die in der Übernahme oder Verschiebung ebenso wie in der Abweisung, Versäumnis oder Zerstörung der gebotenen Möglichkeit bestehen können.

Daß ein Sprechakt Eröffnung von Möglichkeiten seiner Beantwortung ist, heißt zunächst, daß in ihm *künftige* Möglichkeiten eröffnet – aber nicht determiniert, noch weniger durchgängig determiniert, sondern umrissen, skizziert, exponiert – werden. Ob es sich dabei um Heiratsversprechen oder um Drohungen, um Terminsetzungen oder Warnungen, um Ansprüche oder Erklärungen – zum Beispiel Kriegserklärungen, gleichgültig ob für präventive oder defensive Kriege –, um Testamente, Bitten, Gebete, Verfluchungen, um Anweisungen, Namenserteilungen oder schlicht um sogenannte Informationen handelt –: jede dieser sprachlichen Äußerungen bezieht sich entweder ausdrücklich und unter Nennung ihres Namens oder unausdrücklich in ihrem schieren Geschehen auf eine Zukunft, die erst mit dieser Äußerung eröffnet wird. Wenn Sprechhandlungen zukunftsbezogen und, präziser, projektiv sind, dann in dem Sinn, daß sie eine Zukunft nicht beschreiben, sondern ermöglichen. Handeln durch Sprache oder Handeln in der Sprache ist die Ermöglichung von Zukünften, die es ohne dies Handeln nicht gäbe. Noch derjenige, der eine Feststellung trifft und damit, nach dem inzwischen üblichen Sprachgebrauch, einen bloß konstativen Satz äußert, der entweder wahr oder unwahr ist, wird damit eine Äußerung tun, die in dem bis dahin geläufigen Arrangement von Einsichten eine Veränderung herbeiführen und sie auf unabsehbar weitere künftige Einsichten oder zumindest Einsichtsmöglichkeiten umstellen kann. Wer spricht, handelt nicht im Hinblick auf eine Zukunft, die es auch ohne seine Handlung gäbe, er handelt nicht *für* eine bereits vorliegende und nicht *vor* einer schon überschaubaren Zukunft, in die er nur als in die mechanische Folge der Vergangenheit eintreten müßte. Wer spricht, ermöglicht eine Zukunft, indem er sie erspricht.

Sprechhandlungen sind Zeitigungshandlungen, sie erschließen eine Zukunft, die es vor ihnen nicht gegeben hat. Man wird von solchen Handlungen nicht sagen können, daß sie ihren Spielraum deskriptiv erfassen oder präskriptiv programmieren, sondern, daß sie ihn eröffnen: sie sind Handlungen, die apriorisch auf Erwiderungen, Antworten, entgegnende Handlungen angelegt sind, ohne sie determinieren zu können. Als Eröffnungshandlungen bleiben sie bloß hyperbolische Formen und, genauer, Hyperbeln einer Form, deren Schließung solange ausstehen muß, wie es Zukunft und mit ihr andere Möglichkeiten als die für sie vorgesehenen oder von ihr erwarteten gibt. Deshalb ist ihr Prototyp nicht der Dialog – am wenigsten der Dialog der Seele mit sich selbst – und nicht der Kontrakt zwischen zwei oder mehr Parteien – Dialog und Kontrakt unterstehen dem Paradigma eines symbolischen Austauschs zwischen schon gegebenen und deshalb kalkulablen Größen –: Prototypen von Handlungen sind vielmehr die Ankündigung und der Anspruch, die sich hyperbolisch oder hypersymbolisch auf etwas Anderes beziehen, das nicht schon gegeben ist und unversicherbar, indeterminierbar bleibt. Als Ansprüche und Ankündigungen sind Sprechakte Apostrophen an die Sprach- und damit an die Lebensform von Anderen, die, sofern sie Andere sind, auch anders als die in der Apostrophe Gemeinten sein und sich dem an sie gerichteten Anspruch und der ihnen angebotenen Ankündigung sowohl stellen als auch entziehen können. Wenn es für den Anspruch des Sprechakts keine prästabilierte Korrespondenz mit der durch ihn ermöglichten Antwort gibt – und es kann eine solche Korrespondenz unter Bedingungen ihrer Künftigkeit nicht geben, da Zukunft immer auch heißt: Möglichkeit der Unmöglichkeit einer Zukunft –, dann kann über Sprechhandlungen und soziale Handlungen insgesamt nicht *mehr* gesagt werden, als daß es Form-Anbahnungen sind, die überall dort, wo sie aufgenommen und weitergeführt, auch umgeleitet, abgewandelt oder abgebrochen werden können. Da der Sprechakt als Apostrophe, Ankündigung und Anspruch wesentlich unvollständig ist und nur deshalb eine Möglichkeit für Andere bieten kann, auf ihn zu antworten, wird seine strukturelle Eigentümlichkeit besser als von Austins juristischem Begriff »performativ« durch den Neologismus »adformativ« oder »*afformativ*« charakterisiert –: diese Umbenennung legt den Akzent darauf, daß ein Akt nicht Durchführung oder Ausführung einer Handlungsform, sondern Ermöglichung und Anbahnung anderer Handlungen ist und deshalb stets diesseits einer definiten Form bleibt.

Die Struktur der Übernahme von Möglichkeiten, die in einer Sprechhandlung eröffnet werden, läßt sich an einer Anekdote erläutern, die Austin in seinem Vortrag »Performative Utterances« als Beispiel für die von ihm so genannten *infelicities* anführt. Es geht darin um einen Taufakt, also um eine Namenserteilung und die Zuschreibung einer bestimmten Identität mitsamt den damit assoziierten gesellschaftlichen und politischen Allianzen. Obwohl dieser Initialakt durch ein striktes System von Konventionen reguliert ist und seine Schlichtheit sich kaum unterbieten läßt, bietet er doch Raum für die

Usurpation durch einen anderen Akt. Austin sagt in seinem BBC-Vortrag: »Suppose that you are just about to name the ship, you have been appointed to name it, and you are just about to bang the bottle against the stem; but at that very moment some low type comes up, snatches the bottle out of your hand, breaks it on the stem, shouts out »I name this ship the *Generalissimo Stalin*«, and then for good measure kicks away the chocks. Well, we agree of course on several things. We agree that the ship certainly isn´t now named the *Generalissimo Stalin*, and we agree that it's an infernal shame and so on and so forth. But we may not agree as to how we should classify the particular infelicity in this case.«[2] Die Anekdote, die Austin in einer anderen Version schon in seinen Harvard-Vorlesungen verwendet, handelt nicht von der Antwort auf eine vorausgehende Handlung, sondern auf einen Handlungsplan. In einen Einsetzungsakt, der von einer dazu autorisierten Person ausgeführt werden soll, greift ein »low type« ein, entreißt dem Redner das Wort und die Flasche und tauft das Schiff – das man sich als britischen Dampfer vorstellen kann – statt auf den verabredeten politisch korrekten Namen auf den des Potentaten eines feindlichen, kommunistischen Regimes.

Der Witz dieser Anekdote über einen anarchistischen Coup liegt natürlich nicht in einer harmlosen *infelicity,* sondern darin, daß sie das Autoritäts-, das Regel- und Definitionssystem aller Sprechakte erschüttert. Es ist jederzeit möglich, so sagt Austin damit, daß einem regelgehorsamen Redner, der sich anschickt, eine Sache zu benennen und damit einen sozialen oder sozialisierenden Akt zu vollziehen, das Wort entrissen und an die Stelle seiner regelkonformen Handlung eine andere, anstößige gesetzt wird. Auch wenn Austin diesen Vorfall auf die Liste der Fehlhandlungen setzt – zu denen, Lewis Carroll könnte sie inspiriert haben, Entgleisungen wie Affenhochzeiten, Pinguintaufen, Bigamien, Pferdekonsuln und *speech cats* gehören –; auch wenn er diesen Fall als Unfall abtut, er tut es, um gleichzeitig zu konzedieren, daß Regeln in jedem Fall verletzt, mißbraucht und usurpiert werden können. Seine Erzählung bietet das paradoxe Beispiel für eine Regel für die Ausnahme von Regeln. Obwohl er, ironisch oder nicht, behauptet, »wir« würden darin übereinstimmen, daß in diesem Fall das Schiff »gewiß nicht« *Generalissimo Stalin* heiße, und obwohl »wir« deshalb auch darin übereinstimmen können, daß es sich hier um einen »mißglückten«, also nicht perlokutiv gewordenen, Sprechakt handelt, der nicht in einem »name«, sondern einer »infernal shame« mündet, bleibt auch dieser entwendete Taufakt ein (illokutionärer) Akt. Und, bemerkenswerter Weise, ein Akt ohne Name, ein Akt, der selbst keinen klassifizierenden Namen trägt und keinen Namen erteilt. Der anarchische Akt des »low type« ist nicht nur ein Akt ohne Effekt, er ist einer, der den intendierten Akt und sich selbst außer Kraft setzt. Wenn dieser Unfall – oder dieses Attentat – aber kein bloßer Zufall, sondern der mögliche Fall jeder Tat ist, dann

---

2 Austin, John L.: »Performative Utterances«. In: ders.: *Philosophical Papers*. Oxford: Oxford University Press [3]1990, S. 239–240. Siehe auch: Austin, John L.: *How to do things with words*. Havard: Havard University Press [2]1975, S. 23.

muß jede Handlung ein Opfer dessen werden können, was in Austins Geschichte *snatch* heißt. Was nicht entwendet werden kann, ist keine Handlung. Die Möglichkeit dessen, was wir legitimer – und spätestens nach Austins Geschichte müssen wir konzedieren: auch illegitimer – Weise Akt nennen, liegt in seiner *Entwendbarkeit*. Ein Akt ist immer nur der, dessen Vollzug offen ist auf seine Erfüllung wie auf seine Entfremdung und seinen Abbruch. Da auch die Erfüllung eines Aktes durch Entwendung bestimmt ist – nämlich durch die Wiederholung, Änderung oder Beantwortung früherer und die Verhinderung oder Beeinträchtigung alternativer Handlungen – und da Abbruch das Extrem der Entwendung ist, charakterisiert Entwendbarkeit den gesamten Bereich der Handlungsmöglichkeiten.

Die Sprechakttheorie, die der Frage nachgeht, was Handlungen sind, muß sich der weiteren Frage zuwenden, wie Handlungen möglich sind, und steht bei dem Versuch, darauf eine Antwort zu geben, unversehens vor einem Möglichkeitsparadox. Sie muß nämlich einräumen, daß Handlungen nur dann möglich sind, wenn sie auch andere Handlungen sein könnten. Mit dieser offenkundigen Trivialität ist nun aber gesagt, daß Handlungen nur dann als Handlungen vollzogen werden, wenn sie aus einem Spielraum von Möglichkeiten hervorgehen, der sie von der durchgängigen Determination durch andere Handlungen, durch Umstände, Konventionen und Regeln ablöst: nur die Möglichkeit, *anders* zu handeln, gewährt die Möglichkeit, gerade *so* und *nicht* anders zu handeln. Handeln gründet also in einem Minimum an Unbedingtheit und ist Handeln nur *aus* dieser Unbedingtheit. Jede Definition des Handelns, die es nicht aus seiner Freiheit bestimmt, führt in die Absurdität, auch eine mechanische Geschehnisfolge Handeln nennen zu müssen. Gerade weil Handeln aber jeweils aus der Möglichkeit, anders zu handeln, hervorgeht, kann es auch von anderen Möglichkeiten eingeholt und übernommen, kann es umgelenkt und abgebrochen werden. Wenn nun jede Handlung als Handlung *aus* anderen Möglichkeiten immer auch die Öffnung *auf* andere Möglichkeiten des Handelns und darin auf ihre Bestätigung, Fortsetzung oder Beraubung vollzieht, dann wird im Handeln stets auch die extreme Möglichkeit eröffnet, durch ein anderes Handeln, durch das Handeln eines Anderen oder durch etwas anderes als Handeln abgebrochen zu werden – und damit wird im Handeln die Unmöglichkeit des Handelns berührt. Mit diesem Abbruch treten die Möglichkeiten des Handelns in ihr Paradox. Handeln, obwohl in seinen Möglichkeiten fundiert und Möglichkeiten eröffnend, hat keine Macht, diese äußerste Möglichkeit des Abbruchs durch Anderes selbst herbeizuführen, und keine Macht, diese Möglichkeit abzuwehren. Nicht nur ist also jeder Akt bereits eine Interaktion mit anderen Akten – und fordert als solche die Transformation der Sprechakt- in eine Sprechinteraktionstheorie –, jeder ist überdies eine, sit venia verbo, *Interpassion* – und setzt als solche jeder Sprach- und insbesondere jeder Sprechtheorie eine Grenze. Die Möglichkeit der Handlungsohnmacht gehört zwar zu jeder Handlung, aber sie gehört zu ihr nicht als Vermögen der Aktivität, sondern als Möglichkeit des Erleidens. Was Akt ist, kann jederzeit zur *passio* werden – und kann, als Akt der Eröffnung dessen, worüber er keine Macht hat, seine Passivität niemals vermeiden. Ein Sprechakt ist immer auch eine Passion des Sprechens und, an seiner äußersten Grenze, die Passion des Unvermögens zur Sprache.

Wenn aus Austins Anekdote etwas zu lernen ist, dann dies, daß sprachliche Akte sich im Spielraum ihrer Suspension bewegen. Sie sind Handlungen nur, sofern sie Handlungseröffnungen sind, deren Fortsetzung dahinsteht. Eben darin sind sie nach Austins bedeutendem Neologismus *illokutionär* – als *in*lokutionär erst *in* die Sprechhandlung hineinspielend, sie einleitend und in sie eintretend, vollziehen sie eine Handlung, die Handlung auch dann ist, wenn sie nicht – *per*lokutionär – in einer anderen Handlung ihre Bestätigung oder Fortsetzung findet, sondern auf diese andere und damit auch auf ihre Annullierung bloß offen bleibt. »I *do* my own promising« heißt dann diesseits der mit einem Versprechen suggerierten milden oder wilden Zukunftsaussichten, daß ich eine Möglichkeit meines Handelns vollziehe, daß aber dieser Vollzug selbst (und nicht erst der Versuch, das Versprechen zu erfüllen) von der Möglichkeit bedroht ist, ein Anderer – der auch ich selbst sein kann – könnte mir das Wort entreißen und meine Handlung entweder verändert fortsetzen oder verhindern. »I *do* my own promising« heißt also: »I *do* my own promising while possibly not being able to do it«. Daß es immer wieder das Versprechen ist, das von den Sprechakttheoretikern als Musterbeispiel einer illokutionären Sprechhandlung zitiert wird, dürfte seinen Grund nicht nur im Vorbild der naturrechtlichen Vertrags- und Handlungstheorien haben, sondern auch darin, daß an ihm der charakteristische Zug jeder Illokution besonders deutlich hervortritt, ein Akt zu sein, der sich auf einen anderen Akt bezieht, ohne die Macht zu haben, ihn selbst zu vollziehen. Diese Zweiteilung der Akte im Versprechen läßt sich ebenso wie die Intervention einer Handlung in eine andere, von der Austins Taufanekdote erzählt, als Entfaltung der internen Zweistelligkeit jeder Handlung verstehen. Daß ein Sprechakt sich auf mögliche andere bezieht, heißt nun nicht nur, daß er entwendbar und daß er offen auf die kontingente Möglichkeit ist, ein anderer oder keiner zu werden; es heißt genauer, daß er über sich selbst so wenig Macht hat wie über seine Folgen, und daß er jederzeit von einem anderen Akt oder etwas anderem als einem Akt zum Schweigen gebracht und deaktiviert werden kann. Sprechhandlungen sind nicht nur von ihren Vollzügen, sie sind auch von dem bestimmt, was in ihnen unvollziehbar ist. Eine ihrer bündigeren Definitionen könnte lauten: Sie überlassen das Wort Anderen.

# Performativität und Deklarativität

GÜNTHER GREWENDORF (Frankfurt/M.)

## I. Die performativ/konstativ Distinktion und das Performativitätsproblem

Austin kritisiert in *How to do things with words* ein altes sprachphilosophisches Vorurteil, demzufolge die primäre Funktion der Sprache darin bestehe, die Welt zu beschreiben. Er hält diesem *deskriptiven Fehlschluß* die Beobachtung entgegen, daß es Äußerungen wie (1) gibt, die zwar so aussehen wie Aussagen, die aber nicht der Wiedergabe von Tatsachen dienen, sondern den Vollzug einer Handlung darstellen:

(1) a. Ich befehle dir, den Raum zu verlassen.
  b. Ich verspreche dir, daß ich dich morgen besuche.
  c. Ich vermache meine Uhr meinem Bruder.

Er nennt diese Äußerungen *performativ* und charakterisiert sie durch die folgenden Kriterien:

(2) a. Performative Äußerungen sind weder wahr noch falsch.
  b. Performative Äußerungen stellen den Vollzug einer Handlung dar, deren Zustandekommen durch die sog. *Glückensbedingungen* determiniert ist.

Den performativen Äußerungen stellt er die sog. *konstativen* Äußerungen wie (3) gegenüber, die er durch die Kriterien in (4) charakterisiert:

(3) a. Ede wohnt in Berlin.
  b. Das Buch liegt auf dem Tisch.
  c. Mozart hat zwei Klavierkonzerte in Moll geschrieben.

(4) a. Konstative Äußerungen sind wahr oder falsch.
  b. Konstative Äußerungen stellen nicht den Vollzug einer Handlung dar.

Bereits mit der Unterscheidung zwischen explizit performativen und implizit performativen Äußerungen wird die performativ/konstativ Distinktion erschüttert, da ja konstative Äußerungen auch als implizit performative Äußerungen anzusehen sind. Darüber hinaus zeigt Austin, daß die Kriterien zur Unterscheidung der beiden Äußerungstypen inadäquat sind, da sie jeweils auf beide

Klassen zutreffen. Man denke an den (performativen) Richterspruch, der sich als falsch herausstellen kann und damit Kriterium (4a) erfüllt, oder an konstative Äußerungen, die aufgrund nicht-erfüllter Präsuppositionen Glückensbedingungen verletzen, daher keine deskriptive Funktion ausüben und somit Kriterium (2b) erfüllen.[1]

Austin zog aus dem Zusammenbruch der performativ/konstativ Distinktion den Schluß, daß der Begriff der Performativität keinen klassifikatorischen Wert besitzt, da alle Äußerungen performativ sind. Dieser Schluß ist allerdings nicht zwingend. Wenn die konstativen Äußerungen die Kriterien der performativen Äußerungen erfüllen und umgekehrt, hätte man genauso gut schließen können, daß alle Äußerungen konstativ sind. In der Tat ist dieser Schluß nicht nur von David Lewis gezogen worden[2], er wird in den meisten neueren Versuchen, das *Performativitätsproblem* zu lösen, mehr oder weniger explizit zugrundegelegt.[3]

Das Performativitätsproblem existiert unabhängig von der performativ/konstativ Disktinktion. In Austins Theorie der illokutionären Akte spielt nämlich die Unterscheidung zwischen explizit performativen und implizit performativen Äußerungen nach wie vor eine Rolle. Schließlich kann man illokutionäre Akte auf explizite oder auf implizite Weise vollziehen. In Übereinstimmung mit Searle wird daher der Begriff ›performativ‹ im folgenden stets im Sinne von ›explizit performativ‹ gebraucht.[4] Dann läßt sich das Performativitätsproblem wie folgt formulieren:

---

1  Austins Argumentation gegen die performativ-konstativ Distinktion hat eine intensive sprachphilosophische Debatte ausgelöst, in der nicht alle Sprachphilosophen seine Auffassung teilen, daß diese Distinktion aufzugeben ist. Vgl. u. a. Black, Max: »Austin on performatives«. In: Fann, K. T. (Hg.): *Symposium on J. L. Austin*. London 1969, S. 401–411. Walker, Jill D. B.: »Statements and performatives«. In: *American Philosophical Quarterly* 6 (1969), S. 217–225. Wiggins, David: »On sentence-sense, word-sense and difference of word-sense. Towards a philosophical theory of dictionaries«. In: Steinberg, Danny/Jakobovits, Leon (Hg.): *Semantics*. Cambridge 1971, S. 14–34. Schiffer, Stephen R.: *Meaning*. Oxford 1972. Warnock, Geoffrey J.: »Some types of performative utterance«. In: Berlin, Isaiah et al.: *Essays on J. L. Austin*. Oxford 1973, S. 69–89. Holdcroft, David: »Performatives and statements«. In: *Mind* (1974), S. 1–18.
2  Lewis, David: »General semantics«. In: Davidson, Donald/Harman, Gilbert (Hg.): *Semantics of natural language*. Dordrecht 1972, S. 169–218.
3  Vgl. Bach, Kent: »Performatives are statements too«. In: *Philosophical Studies* 28 (1975), S. 229–236. Ginet, Carl: »Performativity«. In: *Linguistics and Philosophy* 3 (1979), S. 245–265. Bach, Kent/Harnish, Robert M.: *Linguistic communication and speech acts*. Cambridge, MA. 1979. Searle, John R./Vanderveken, Daniel: *Foundations of illocutionary Logic*. Cambridge 1985. Searle, John R.: »How performatives work«. In: *Linguistics and Philosophy* 12 (1989), S. 535–558. Harnish, Robert M.: »Performatives and standardization: a progress report«. In: *Linguistische Berichte* (Sonderheft 8, 1997), S. 161–175. Harnish, Robert M.: »Are performative utterances declarations?« In: Grewendorf, Günther/Meggle, Georg (Hg.): *Speech Acts, Mind, and Social Reality. Discussions with John R. Searle*. Dordrecht 2002, S. 41–64.
4  J. R. Searle: »How performatives work« (s. Anm. 3).

(5) *Performativitätsproblem*
Wie ist es möglich, allein durch das Äußern von Sätzen wie (1) – in entsprechenden Kontexten – die Handlung zu vollziehen, die von dem verwendeten performativen Verb bezeichnet wird?

In Austins Worten hat dieses Problem die Form »How can saying make it so?«, und Searle zufolge lautet es »How do performatives work?«.

Bei der Lösung des Performativitätsproblems lassen sich zwei grundlegende sprachphilosophische Positionen unterscheiden:

(6) *Die semantische Position*
Performative Äußerungen besitzen das Potential zum Handlungsvollzug aufgrund der semantischen Eigenschaften der performativen Formeln.[5]

(7) *Die pragmatische Position*
Performative Äußerungen besitzen das Potential zum Handlungsvollzug aufgrund der Pragmatik konversationeller Inferenzen.[6]

Die pragmatische Position geht von der Annahme aus, daß explizit performative Äußerungen ganz normale Deklarativsätze darstellen, deren wörtliche Bedeutung in der Behauptung (»statement«) besteht, daß der Sprecher den von dem performativen Verb bezeichneten Akt vollzieht. Durch ein konversationelles Räsonnement läßt sich dann aus dieser Bedeutung erschließen, daß der Sprecher auf indirekte Weise auch den Akt vollzieht, von dem er behauptet, daß er ihn vollzieht. Der auf Seiten des Hörers durch eine Äußerung wie (8) ausgelöste konversationelle Schlußprozeß könnte aussehen wie in (9)[7]:

(8) Ich befehle dir, den Raum zu verlassen.

(9) a. Mit der Äußerung von (8) behauptet der Sprecher, daß er mir befiehlt, den Raum zu verlassen.
   b. Wenn seine Behauptung wahr ist, dann gibt er mir in der Tat den Befehl, den Raum zu verlassen.
   c. Wenn er mir in der Tat diesen Befehl gibt, dann muß es seine Äußerung sein, die diesen Befehl darstellt (was sonst könnte es sein).
   d. Vermutlich spricht er die Wahrheit (Konversationsannahme).
   e. Indem er behauptet hat, daß er mir befiehlt, den Raum zu verlassen, hat er mir also tatsächlich befohlen, den Raum zu verlassen.

---

5   Austin, John L.: *How to do things with words*. Oxford 1962 (dt.: *Zur Theorie der Sprechakte*. Stuttgart 1972). Searle, John R.: *Speech acts*. Cambridge 1969 (dt.: *Sprechakte*. Frankfurt/M. 1972). Ders.: »How performatives work« (s. Anm. 3).
6   K. Bach/R. M. Harnish: *Linguistic communication and speech acts* (s. Anm. 3). R. M. Harnish: »Performatives and standardization: a progress report« (s. Anm. 3). R. M. Harnish: »Are performative utterances declarations?« (s. Anm. 3).
7   K. Bach/R. M. Harnish: *Linguistic communication and speech acts* (s. Anm. 3). R. M. Harnish: »Are performative utterances declarations?« (s. Anm. 3).

Die pragmatische Position läuft darauf hinaus, daß die Existenz performativer Äußerungen negiert wird. Es gibt keine Äußerungen, mit denen auf explizite Weise ein bestimmter illokutionärer Akt vollzogen wird. Mit einer Äußerung wie (8) werden lediglich auf implizite Weise illokutionäre Akte vollzogen. Die pragmatische Position läßt sich daher wie folgt zusammenfassen:

(10) a. Performative Äußerungen sind ihrem wörtlichen Sinn zufolge ganz normale Deklarativsätze.
 b. Performative Äußerungen können wahr oder falsch sein.
 c. Performative Äußerungen dienen zum impliziten Vollzug von Behauptungsakten (»stating«).
 d. Die von dem performativen Verb bezeichnete Handlung wird in Form eines indirekten Sprechakts vollzogen.

Der semantischen Position zufolge ist die Selbst-Referentialität der von der pragmatischen Position angenommenen Behauptungen nicht hinreichend, um den Vollzug der von dem performativen Verb bezeichneten Handlung zu gewährleisten. Diese Position nimmt an, daß eine performative Äußerung wie (8) im wörtlichen Sinne einen Befehl darstellt, so daß der Befehlscharakter dieser Äußerung nicht erst durch einen Inferenzprozeß erschlossen werden muß. Searle zufolge[8] ist es die Manifestation der Intention, eine bestimmte sprachliche Handlung zu vollziehen, die – in einem bestimmten Kontext – für den Vollzug dieser Handlung hinreichend ist. Der mit (8) vollzogene Befehl kann deshalb nicht aus dem Behauptungscharakter von (8) erschlossen werden, da mit einer Behauptung nicht die Manifestation jener Intention einhergeht, die für den Vollzug eines Befehls konstitutiv ist.

Obwohl die semantische Position also nicht annimmt, daß eine performative Äußerung wie (8) *qua Behauptung* zum Vollzug eines Befehls dient, nimmt auch die semantische Position an, daß eine performative Äußerung wie (8) eine assertorische Bedeutung hat. Dies wird klar, wenn man die Frage zu beantworten versucht, inwiefern eine performative Äußerung aufgrund ihrer wörtlichen Bedeutung die Manifestation der Intention darstellt, den von dem performativen Verb bezeichneten Akt zu vollziehen. Searles Antwort lautet, daß diese Manifestation dann vorliege, wenn ein Satz »encodes executive self-referentiality over an intentional verb«.[9] Damit ist gemeint, daß performative Äußerungen die genannte Intention deshalb manifestieren, weil sie *Deklarationen* sind, die sich selbst kommentieren.[10]

*Deklarationen* repräsentieren in Searles Sprechaktklassifikation eine Klasse von Sprechakten, deren erfolgreicher Vollzug den propositionalen Gehalt

---

8 J. R. Searle: »How performatives work« (s. Anm. 3).
9 Ebd., S. 553.
10 Es stellt sich allerdings die Frage, warum eine Äußerung wie *Ich beabsichtige, dir zu befehlen, den Raum zu verlassen* nicht ebenfalls die Intention manifestiert, den Befehl zu geben, den Raum zu verlassen. Diese Äußerung sollte daher ebenso geeignet sein »to make it the case that I order you to leave the room«. Vgl. J. R. Searle: »How performatives work« (s. Anm. 3), S. 535–558.

einer Äußerung wahr macht. Performative Äußerungen erfüllen nach Searle die Definition von Deklarationen. Sie sind darüberhinaus selbst-kommentierend, da sie durch die Verwendung des performativen Verbs indizieren, daß dieser Vollzug durch die Äußerung selbst zustande kommt (vgl. die Verwendung des adverbialen Ausdrucks *hiermit* oder einen expliziten Kommentar wie *Das ist ein Befehl, Versprechen etc.*).

Aus der Auffassung, daß eine performative Äußerung wie (8) eine Deklaration darstellt, folgt, daß ein erfolgreicher Handlungsvollzug den propositionalen Gehalt dieser Äußerung wahr macht, und daraus folgt, daß der propositionale Gehalt einer Äußerung wie (11) nicht, wie bei Austin, die Form (12a) besitzt, sondern die Form (12b):

(11) Ich verspreche dir, daß ich dich morgen besuche.
    a. ›daß ich dich morgen besuche‹ (Austin)
    b. ›daß ich dir verspreche, daß ich dich morgen besuche‹ (Searle)

Damit ist klar, daß auch die von Searle vertretene semantische Position annimmt, daß performative Äußerungen einen assertorischen Bedeutungsbestandteil besitzen und daß dieser auf ihre Rolle als Deklarationen zurückzuführen ist. Auch dieser Position zufolge wird also mit einer performativen Äußerung behauptet (»stated«), daß die von dem performativen Verb bezeichnete Handlung vollzogen wird. Im Unterschied zur pragmatischen Position wird aber nicht angenommen, daß diese Handlung dadurch vollzogen wird, daß diese Behauptung aufgestellt wird. Vielmehr wird es als Konsequenz dieses Handlungsvollzugs angesehen, daß die mit einer performativen Äußerung aufgestellte Behauptung wahr ist.

Die wörtliche Bedeutung einer performativen Äußerung wie (8) umfaßt daher gemäß der semantischen Position:

(12) a. die Eigenschaft der Deklaration
    b. die Eigenschaft der Behauptung
    c. die Eigenschaft des Befehls

Aufgrund dieser wörtlichen Bedeutung stellt die Äußerung (8) eine Manifestation der Intention dar, den Befehl zu geben, den Raum zu verlassen, und damit ist (8) aufgrund seiner wörtlichen Bedeutung ein Befehl. Im Gegensatz zur pragmatischen Position sind mit einer erfolgreichen Äußerung von (8) also die folgenden illokutionären Akte verbunden:

(13) a. der implizit vollzogene Akt einer Deklaration
    b. der implizit vollzogene Akt einer Behauptung
    c. der explizit vollzogene Akt eines Befehls

Vergleicht man die semantische mit der pragmatischen Position, so zeigen sich trotz der angegebenen Unterschiede die folgenden Gemeinsamkeiten. Von beiden Positionen wird angenommen:

(14) a. daß performative Äußerungen den impliziten Vollzug einer Behauptung darstellen.

b. daß performative Äußerungen als Behauptungen wahr oder falsch sein können.
c. daß der propositionale Gehalt einer explizit performativen Äußerung wie (11) durch (11b) ausgedrückt ist.

Ich möchte im folgenden Abschnitt zeigen, daß die in (14) angegebenen Thesen falsch sind, daß explizit performative Äußerungen also nicht deskriptiv sind. Dabei werde ich mich auf den Nachweis der Falschheit von (14 a) beschränken. Schließlich werde ich in Abschnitt 3 unabhängige Argumente gegen die Auffassung vorbringen, daß explizit performative Äußerungen Deklarationen sind.

## II. Die assertorische Bedeutung von Performativen

In Searles Theorie folgt (14) aus der Annahme, daß Performative Deklarationen sind. Er liefert keine unabhängige Begründung für die Bestimmungen in (14). Wenn sich demgegenüber zeigen läßt, daß (14) aus unabhängigen Gründen unplausibel ist, dann ist zugleich die These erschüttert, daß Performative Deklarationen sind. Es gibt in der Tat unabhängige Argumente gegen die Richtigkeit von (14).

Zunächst stimme ich mit Searle darin überein, daß eine performative Äußerung wie (8) nicht deshalb ein Befehl ist, weil damit behauptet wird, daß ein Befehl gegeben wird. Damit (8) tatsächlich ein Befehl ist, müßte mit dieser Äußerung die *wahre* Behauptung aufgestellt werden, daß in der betreffenden Äußerungssituation ein Befehl gegeben wird. Damit die Behauptung aber wahr ist, muß die Äußerung einen Befehl darstellen. Die Tatsache, daß sie einen Befehl darstellt, kann also nicht auf die Tatsache zurückgeführt werden, daß sie eine wahre Behauptung darstellt.

Ein geläufiger Ausweg aus diesem Dilemma besteht in der These, daß performative Äußerungen »selbst-verifizierend« sind.[11] Diese These kann aber schon deshalb nicht stimmen, weil Bedingungen für das Glücken des Aktes, der von dem performativen Verb bezeichnet wird, verletzt sein können. In diesem Fall würde daher die Behauptung, daß der von dem performativen Verb bezeichnete Akt vollzogen wird, zustande kommen, letzterer selbst würde jedoch scheitern. Die entsprechende Behauptung kann daher nicht selbstverifizierend sein, und aus dem Faktum dieser Behauptung kann nicht abgeleitet werden, daß der von dem performativen Verb bezeichnete Akt vollzogen wird. Die pragmatische Position mußte daher die Wahrheit einer solchen Behauptung als eine »Konversationsannahme« stipulieren, was ihr jeglichen Erklärungswert nimmt.

---
11 Vgl. Gale, Richard M.: »Do performative utterances have any constative function?«. In: *Journal of Philosophy* (1970), S. 117–121. Sampson, Geoffrey: »Pragmatic self-verification and performatives«. In: *Foundations of Language* 7 (1971), S. 300–302.

Mein Dissens mit Searle betrifft die Annahme, daß performative Äußerungen generell als Behauptungen aufzufassen sind. Gegen diese Annahme läßt sich ein Argument vorbringen, das ebenfalls mit Glückensbedingungen zu tun hat. Wenn man mit einer Äußerung wie (8) implizit den Akt der Behauptung und explizit den Akt des Befehls vollziehen würde, dann sollten performative Äußerungen generell zwei unterschiedlichen Arten von Glückensbedingungen unterliegen: den Bedingungen für den (impliziten) Akt des Behauptens und den Bedingungen für den jeweils explizit vollzogenen Akt. Insbesondere sollten bei allen performativen Äußerungen die Bedingungen für assertorische illokutionäre Akte wirksam sein. Wenn wir nun zeigen können, daß Bedingungen der letzteren Art verletzt sind, der explizite Akt aber dennoch zustande kommt, dann liefert dies ein gutes Argument gegen die Annahme, daß performative Äußerungen generell Behauptungen sind.

Searle postuliert für Behauptungen eine sog. *Assertibility Condition*[12], derzufolge Behauptungen einen Anlaß benötigen, z. B. einen bestimmten Zweifel. Man behauptet nicht, was für jedermann offensichtlich ist. Warum sollte man daher mit einer performativen Äußerung wie (11) behaupten, daß man ein Versprechen gibt, wo es doch für den Adressaten offenkundig ist, daß man ein Versprechen gibt?

Searle zufolge besteht eine Einleitungsbedingung für assertorische Sprechakte darin, daß der Sprecher über Gründe für die Wahrheit des Gesagten verfügt bzw. auf Nachfrage derartige Gründe angeben kann.[13] Wenn der Sprecher mit einer performativen Äußerung wie (8) behauptet, daß er einen Befehl erteilt, dann müßten sich solche Gründe u. a. darauf beziehen, daß die Bedingungen für den Vollzug eines Befehls gegeben sind. Wenn es sich bei dem Sprecher nicht gerade um einen Sprachphilosophen handelt, ist es jedoch extrem unwahrscheinlich, daß er auf Fragen der Art »Woher weißt du, daß du einen Befehl erteilt hast?« eine Antwort geben kann. Aber selbst wenn der Sprecher diese Frage nicht beantworten kann, verhindert das nicht, daß seine Äußerung einen Befehl darstellt. Damit können wir schließen, daß der explizite illokutionäre Akt zustande kommen kann, obwohl die Bedingungen für den Vollzug assertorischer Sprechakte nicht erfüllt sind.

Ein weiteres Argument gegen den assertorischen Charakter performativer Äußerungen liefert die Beobachtung, daß diese Äußerungen *de facto* nicht als Behauptungen verstanden werden. Dies zeigt sich daran, daß Reaktionen auf performative Äußerungen in der Regel keine Gründe dafür verlangen bzw. Zweifel daran zum Ausdruck bringen, daß der explizite illokutionäre Akt vollzogen worden ist. D. h. daß jene Verhaltensregularitäten, die für das Verständnis einer Äußerung als Behauptung charakteristisch sind, im Fall von perfor-

---

12 Searle, John R.: »Assertions and aberrations«. In: Williams, Bernard/Montefiore, Alan (Hg.): *British analytical philosophy*. London 1967, S. 41–54 (dt.: »Behauptungen und Abweichungen«. In: Grewendorf, Günther/Meggle, Georg (Hg.): *Linguistik und Philosophie*. Weinheim 1995, S. 86–102).
13 J. R. Searle: *Speech acts* (s. Anm. 5).

mativen Äußerungen nicht zu beobachten sind. Es ist ein Faktum, daß Adressaten einer performativen Äußerung wie (15) nicht die in (16) angegebenen Reaktionen an den Tag legen:

(15) Ich fordere Sie auf, binnen einer Woche Ihre Schulden zurückzuzahlen.
(16) a. Woher wissen Sie, daß Sie mich dazu auffordern?
    b. Ich bin nicht Ihrer Meinung.
    c. Ich stimme Ihnen zu.
    d. Das glaube ich nicht.

Selbst Reaktionen wie (16 d), die auf den ersten Blick wie Reaktionen auf einen assertorischen Sprechakt aussehen, verlangen vom Sprecher nicht etwa eine sprechakttheoretische Rechtfertigung für den Aufforderungscharakter seiner Äußerung, sondern beziehen sich auf die Möglichkeit, daß der Sprecher den entsprechenden illokutionären Akt zurückzieht, daß er ihn vielleicht nicht ernst meint etc.

Ein weiteres Argument gegen den assertorischen Charakter von Performativen hat mit der These zu tun, daß der angenommene illokutionäre Akt der Behauptung (»statement«) mit performativen Äußerungen auf implizite Weise vollzogen wird. Wenn aber eine explizit performative Äußerung wie (15) den impliziten Vollzug einer Behauptungshandlung darstellt, dann sollte es im Prinzip möglich sein, die implizit vollzogene Behauptung durch einen entsprechenden Zusatz explizit zu machen:

(17) Ich fordere Sie auf, binnen einer Woche Ihre Schulden zurückzuzahlen, und das ist eine Behauptung.

Da (17) immer noch die Behauptung darstellen würde, daß aufgefordert wird, die Schulden zurückzuzahlen, müßte (17) immer noch die Intention manifestieren, daß der Adressat aufgefordert wird, d. h. der Aufforderungscharakter sollte von der Tatsache, daß die Behauptung explizit gemacht wurde, unbeeinträchtigt bleiben. Dies ist aber offenkundig nicht der Fall. Möglicherweise wird der Schuldner auf die Äußerung (17) weniger mit der prompten Rückzahlung reagieren als vielmehr mit einem Stoßseufzer der Erleichterung:

(18) Gott sei Dank noch einmal davongekommen.

Betrachtet man die Option, eine implizit performative Äußerung durch eine performative Formel explizit zu machen, dann ergibt sich ein weiteres Argument gegen den assertorischen Charakter performativer Äußerungen. Wenn der Sprecher nämlich mit einer Äußerung wie (15) die Behauptung aufstellt, daß er den Adressaten auffordert, binnen einer Woche seine Schulden zurückzuzahlen, dann ist es, wie Schiffer gezeigt hat[14], prinzipiell unmöglich, das vollständige illokutionäre Akt-Potential von (15) durch eine performative Formel explizit zu machen. Angenommen, ich versuche (15) durch die Äußerung (19) explizit zu machen:

---

14 S. R. Schiffer: *Meaning* (s. Anm. 1).

(19) Ich behaupte (hiermit), daß ich Sie (hiermit) auffordere, binnen einer Woche Ihre Schulden zurückzuzahlen.

(19) stellt eine performative Äußerung dar, mit der man laut Searle behauptet, daß man behauptet, daß man auffordert, die Schulden binnen einer Woche zurückzuzahlen. Es ist klar, daß der mit (19) implizit vollzogene Akt der Behauptung, daß man behauptet, daß man eine Aufforderung erteilt, ebenfalls explizit zu machen wäre. Damit befindet man sich aber in einem *infiniten Regress*. Nun können aber implizit vollzogene illokutionäre Akte in der Regel explizit gemacht werden, wenn es ein entsprechendes performatives Verb gibt, das als performative Formel fungieren kann.[15] Dies ist bei dem Akt des Behauptens durchaus der Fall. Aus der Tatsache, daß ein mit performativen Äußerungen implizit vollzogener Behauptungsakt nicht explizit gemacht werden kann, ist daher zu schließen, daß mit diesen Äußerungen kein derartiger impliziter Akt vollzogen wird.

Daß die Annahme eines impliziten Behauptungsaktes bei performativen Äußerungen paradoxe Konsequenzen hat, ist auch der Tenor einer Argumentation, die Geach in Anlehnung an ein Sophisma von Buridan entwickelt hat.[16] Das Paradox besteht darin, daß performative Äußerungen sowohl wahr als auch falsch sind bzw. zumindest eine Lüge darstellen. Es wird wie folgt entwickelt.[17] Angenommen Ede äußert (20):

(20) Ich behaupte, daß die Erde rund ist.

(20) zufolge besteht der Inhalt von Edes Behauptung darin, daß die Erde rund ist, und diese Behauptung ist wahr. Auf der anderen Seite behauptet Ede mit (20) aber auch, daß er behauptet, daß die Erde rund ist. Wenn ihm also der Unterschied zwischen dem Rundsein der Erde und dem Behaupten, daß die Erde rund ist, geläufig ist, dann lügt er offenkundig, wenn er sagt, daß er mit (20) behauptet, daß die Erde rund ist, da er ja in Wahrheit behauptet, daß er behauptet, daß die Erde rund ist.

Es ist klar, daß dieses Paradox genau dadurch zustande kommt, daß die Wendung »Ich behaupte« in (20) sowohl als deskriptive Aussage des Sprechers über sich, als auch als performative Formel aufgefaßt wird. Die Tatsache, daß wir *de facto* aber keine Schwierigkeiten mit den Wahrheitsbedingungen von (20) haben, zeigt, daß eine entscheidende Voraussetzung dieses Paradoxes zurückzuweisen ist, nämlich daß performative Äußerungen deskriptiv sind.

---

15 Dies ist z. B. nicht der Fall bei dem illokutionären Akt der Beleidigung.
16 Geach, Peter: »Kinds of statement«. In: Diamond, Cora/Teichmann, Jenny (Hg.): *Intention and intentionality. Essays in honour of G. E. M. Anscombe*. Brighton 1979, S. 221–235.
17 Vgl. dazu Grewendorf, Günther: »On the delimitation of semantics and pragmatics: the case of assertions«. In: *Journal of Pragmatics* 8 (1984), S. 517–538.

## III. Performative als Deklarationen

Die These vom assertorischen Charakter performativer Äußerungen ist ein Korollar der Auffassung, daß Performative Deklarationen sind. Zu letzterer Auffassung kommen Searle/Vanderveken[18] und Searle[19] aufgrund der Überlegung, daß performative Äußerungen die Definition von Deklarationen erfüllen, derzufolge es für Deklarationen charakteristisch ist[20], daß die Wort-Welt Übereinstimmung durch ihren erfolgreichen Vollzug hergestellt und damit der propositionale Gehalt wahr gemacht wird.

Searle unterscheidet zwischen *außersprachlichen* Deklarationen wie den Krieg erklären, eine Versammlung eröffnen, jemanden für verheiratet erklären etc. und *sprachlichen* Deklarationen wie z. B. dem expliziten Vollzug eines Versprechens oder Befehls. Während erstere ihre Existenz außersprachlichen Institutionen verdanken, kommen letztere dadurch zustande, daß der Adressat die in der wörtlichen Bedeutung der Äußerung manifestierte Intention des Sprechers erkennt, eine bestimmte Handlung zu vollziehen.

Die Hypothese, daß alle performativen Äußerungen Deklarationen sind, ist einem ähnlichen Einwand ausgesetzt wie die These, daß es sich dabei um implizit vollzogene Behauptungen handle. Wie im letzteren Fall kann man natürlich auch in Bezug auf den vermeintlichen (impliziten) Deklarationsstatus versuchen, den implizit vollzogenen Akt explizit zu machen. Für eine Äußerung wie (15) sähe dieser Versuch aus wie in (21):

(21) Ich erkläre (hiermit), daß ich Sie (hiermit) auffordere, binnen einer Woche Ihre Schulden zurückzuzahlen.

Da (21) selbst eine performative Äußerung ist, die Searle zufolge den impliziten Vollzug einer Deklaration darstellt, sollte auch diese Deklaration explizit gemacht werden können, womit man bei einem ähnlichen Regress angelangt ist, wie im Falle des implizit vollzogenen Behauptungsakts.

Ein weiterer Einwand gegen die Analyse performativer Äußerungen als Deklarationen betrifft die Unterscheidung zwischen sprachlichen und außersprachlichen Deklarationen. Diese Unterscheidung zeigt nämlich, daß es sich bei ersteren um eine essentiell andere Kategorie handelt als bei letzteren. Eine Kriegserklärung beispielsweise kann unterschiedliche Formen annehmen und dennoch eine Kriegserklärung sein. Man kann diesen Akt auf explizite Weise durch Überreichung einer diplomatischen Note vollziehen oder auf implizite Weise, indem man zu schießen anfängt. Ebenso kann man eine Sitzung auf explizite (22) oder auf implizite (23) Weise eröffnen:

---

18 J. R. Searle/D. Vanderveken: *Foundations of illocutionary Logic* (s. Anm. 3).
19 J. R. Searle: »How performatives work« (s. Anm. 3).
20 Vgl. Searle, John R.: »A taxonomy of illocutionary acts«. In: Gunderson, Keith (Hg.): *Language, mind and knowledge*. Minneapolis 1975, S. 344–369 (dt.: »Eine Taxonomie illokutionärer Akte«. In: Searle, John R.: *Ausdruck und Bedeutung*. Frankfurt/M. 1982, S. 17–50).

(22) Ich erkläre die Sitzung für eröffnet.
(23) Die Sitzung ist eröffnet.

In beiden Fällen ist es jedoch der illokutionäre Akt der Deklaration, der auf jeweils unterschiedliche Weise vollzogen wird.

Im Unterschied zu außersprachlichen Deklarationen ist es bei sprachlichen Deklarationen die Form selbst, die den Deklarationsstatus determinieren soll. Schließlich wird der Deklarationsstatus einer performativen Äußerung wie (15) nicht dadurch konstituiert, daß mit (15) eine Aufforderung erteilt wird, sondern vielmehr dadurch, daß diese Aufforderung *in Form einer Deklaration* erteilt wird. D. h. der Deklarationsstatus performativer Äußerungen ist hier nicht etwa ein illokutionärer Akt *per se*, sondern repräsentiert vielmehr eine bestimmte Art und Weise, illokutionäre Akte zu vollziehen. Wenn das aber so ist, dann wird die Redeweise vom Deklarationsstatus performativer Äußerungen trivialisiert. Daß ein illokutionärer Akt *auf deklarative Weise* vollzogen worden ist, heißt dann nicht mehr und nicht weniger, als daß er *auf explizite Weise* vollzogen worden ist.

Die Unterscheidung zwischen außersprachlichen Deklarationen, die spezifische illokutionäre Akte darstellen, und sprachlichen Deklarationen, die eine Art des Vollzugs illokutionärer Akte darstellen, läßt es zweifelhaft erscheinen, daß letztere überhaupt Deklarationen darstellen. Diese Unterscheidung scheint in einer ähnlichen Konfusion begründet zu liegen, wie sie Hare als Ursprung von Austins performativ/konstativ Disktinktion diagnostiziert hat[21], nämlich der Konfusion von zwei unterschiedlichen Arten von Unterscheidung: zum einen der Unterscheidung zwischen unterschiedlichen Arten von sprachlichen Handlungen (z. B. befehlen, versprechen, behaupten), zum anderen der Unterscheidung zwischen unterschiedlichen Arten, ein und dieselbe Handlung zu vollziehen (z. B. auf explizite oder auf implizite Weise). Indem Austin Äußerungen wie (24 a) und (24 b) einander gegenübergestellt hat und auf diese Weise die Existenz von zwei unterschiedlichen Klassen von Äußerungen (performativ vs. konstativ) plausibel zu machen versuchte, hat er eine Kreuzklassifikation von Handlungstyp und Typ des Handlungsvollzugs vorgenommen, die sich in Searles Unterscheidung zwischen nicht-sprachlichen und sprachlichen Deklarationen wiederfindet.

(24) a. Ich taufe dieses Schiff auf den Namen ›Queen Elizabeth‹.
b. Der Hund ist bissig.

Auch die folgende Überlegung zeigt, daß sich die Analyse performativer Äußerungen als Deklarationen nicht aufrechterhalten läßt. Daß ein bestimmter illokutionärer Akt X vollzogen wird, heißt, daß die notwendigen und hinreichenden Bedingungen für seinen Vollzug vorliegen. Da die Erfüllung dieser Bedingungen konstitutiv für den Vollzug des betreffenden Aktes ist, läßt sich ein illokutionärer Akt mithilfe der für seinen Vollzug konstitutiven Be-

---

21 Hare, Richard M.: »Austin's distinction between locutionary and illocutionary acts«. In: ders.: *Practical inferences*. London 1971, S. 100–114.

dingungen charakterisieren. Wenn also eine Äußerung wie (15) (hier wiederholt als (25)) sowohl eine Aufforderung als auch eine Deklaration wäre, sollten sowohl die für eine Aufforderung als auch die für eine Deklaration konstitutiven Bedingungen erfüllt sein:

(25) Ich fordere Sie auf, binnen einer Woche Ihre Schulden zurückzuzahlen.

Da es sich dabei um zwei unterschiedliche Typen von illokutionären Akten handelt, wird man erwarten, daß die jeweiligen Bedingungen verschieden sind. Es sollte daher im Prinzip möglich sein, daß in bestimmten Situationen die Bedingungen für den direktiven Akt erfüllt sind, während die Bedingungen für eine Deklaration nicht erfüllt sind. Searles Analyse zufolge kann diese Situation jedoch nicht eintreten. Wenn die Bedingungen für die Aufforderung erfüllt sind, dann ist die performative Äußerung (25) eine Aufforderung. Dann müssen nach Searle aber auch die Bedingungen für eine Deklaration erfüllt sein. Das aber heißt, daß die Bedingungen für den von dem performativen Verb bezeichneten illokutionären Akt und die Bedingungen für eine Deklaration im Fall von Performativen identisch sein müssen. Wenn aber die Bedingungen für zwei illokutionäre Akte identisch sind, dann ist zu schließen, daß die beiden illokutionären Akte identisch sind. Wenn die performative Äußerung (25) also den Bedingungen für den Akt des Aufforderns unterliegt, dann kann es nicht einen von diesem Akt verschiedenen Deklarationsakt geben, der ebenfalls mit dieser Äußerung vollzogen wird.

Searles Analyse hat noch eine absurdere Konsequenz. Da fast alle illokutionären Akte auf explizite Weise vollzogen werden können und da in diesem Fall ihre Bedingungen identisch mit den Bedingungen für Deklarationen wären, würde folgen, daß fast alle illokutionären Akte, wenn sie explizit vollzogen werden, identisch sind. Der Schluß aus dieser absurden Konsequenz kann nur lauten, daß performative Äußerungen keine Deklarationen sind.

Performative Äußerungen sind ein spezifisches und nach Austin sprachhistorisch vermutlich relativ junges Mittel[22], um illokutionäre Akte auf explizite Weise zu vollziehen. Eine spezifische Art des Handlungsvollzugs konstituiert jedoch nicht einen spezifischen Typ von Handlung. Dieser Fehlschluß ist grundlegend für Searles Theorie der Performative.

Wenn ein performatives Verb den illokutionären Akt der Behauptung bezeichnet, dann kann es in den geeigneten grammatischen Formen zum expliziten Vollzug einer Behauptung verwendet werden; bezeichnet es den Akt der Deklaration, dann vollzieht man mit einer entsprechenden performativen Äußerung den Akt der Deklaration. In allen anderen Fällen sind performative Äußerungen weder Behauptungen noch Deklarationen.

---

22 J. L. Austin: *How to do things with words* (s. Anm. 5).

# Performativität und Ereignis.
# Überlegungen zur Revision des
# Performanz-Konzeptes der Sprache

D<small>IETER</small> M<small>ERSCH</small> (Berlin)

> *In keiner Sprache kann man sich so schwer*
> *verständigen wie in der Sprache.*
> Karl Kraus

## Vorbemerkung

Die folgenden Überlegungen versuchen, den Zusammenhang von Sprache und Performativität neu zu denken. Weder schließen sie an klassische Konzepte wie die Sprechakttheorie an, noch handelt es sich um eine Revision einzelner Punkte – vielmehr verdanken sich die Überlegungen in einem wesentlichen Sinne der Erfahrung von Kunst, insbesondere der Ästhetik der Installation, des Event, der Performance-Art. Das Performative wird von solchen Aktionen her verstanden – deswegen steht die Analyse des Aktes im Zentrum, insbesondere seiner Selbstausstellung, seiner Singularität. Denn oft geht es bei ästhetischen Praktiken um die Ausführung einer einzigen Handlung oder Gebärde, um etwas, was zunächst wie ein Akt oder eine Geste aussieht, aber weit eher einem *Koan* gleicht. Das Koan konfrontiert mit einem Paradox, um an dem, was es ausdrückt, anderes zu markieren, d. h. einen Blickwechsel vorzunehmen, der auf eine alternative Haltung führt. Entsprechend hieße, die vollzogenen Handlungen oder Gesten *verstehen* zu wollen, sie *verfehlen*. Nirgends geht es daher um den Sinn oder Ausdruck, auch nicht um deren Pragmatik, sondern um die Einfachheit der Vorführung oder Vollbringung, mit einem Wort: des Vollzugs.

Mit dieser Vorgabe ist bereits eine Weichenstellung impliziert, die die Kritik der Rekonstruierbarkeit sprachlichen Verstehens und der Rationalität von Verständigungen einschließt. Sie bedeutet eine Wende oder Inversion der Bewegung, die die Rede nicht von ihrem *Gesagten* her versteht, dem Sagenwollen, sondern sie der *Struktur einer Responsivität* unterstellt, die das Phänomen des Bedeutens als *Ereignis* gleichsam in deren Mitte erst entstehen läßt. Die Sprache erscheint dann weniger als ein Auf-den-anderen-zu-sprechen als ein Von-ihm-her-sprechen, ein Herkommen, das die Macht der *intentio* immer schon gewendet hat.

Der Gedanke bleibt freilich unausgeführt im Rücken der Überlegungen; er ist vorläufig und tentativ an anderer Stelle näher bezeichnet.[1] Statt dessen be-

---

[1] Vgl. vorläufig: Mersch, Dieter: »An-Ruf und Ant-Wort. Sprache und Alterität«. In: Arnswald, Ulrich/Kertscher, Jens (Hg.): *Die Grenzen der Hermeneutik* (erscheint 2003).

schränken sich die nachstehenden Ausführungen allein auf Präliminarien, die auf das, was eine ›Wendung des Bezugs‹ genannt werden kann, allererst hinführen. Ihre wichtigsten Stationen seien kurz markiert.

(i) Ausgangspunkt bildet die *sprachliche Szene*, die als *Ensemble heterogener Elemente* konzipiert ist, deren Struktur aber immer schon *responsiv* gedacht werden muß. Sie hat die Reihe von Oppositionen zwischen Struktur und Praxis, System und Performanz oder Schema und Ereignis, die die meisten sprachphilosophischen Entwürfe beherrschte, bereits überwunden. Auf der Szene geschieht dabei der sprachliche Akt als *Setzung*. *Die Performativität der Rede bestimmt sich durch diesen Setzungscharakter.* Keineswegs intentional präjudiziert, bezeichnet sie keine Handlung eines souveränen Sprechersubjekts, das etwas zu sagen oder auszudrücken wünscht; vielmehr untersteht sie insofern immer schon dem ›Zug‹ des Responsiven, als dieser dem Vor-Zug des Anderen entspringt und sie von ihm her ihren Ort, ihren Platz einnimmt.

(ii) Diese Umkehrung läßt insbesondere jeden Anspruch auf eine *intentio unentscheidbar* werden. Er erscheint schon deswegen indifferent, als die Antwort nicht primär einem Antworten-wollen entspringt, sondern der *Nötigung zu antworten*. Sie läßt keine Wahl; vielmehr *zwingt* die Anwesenheit des Anderen, seine Präsenz im Text, aber auch die Eindringlichkeit der Stille, seiner schweigenden Abwesenheit zu antworten. Deswegen genügt es, statt der Absicht einer Setzung, ihr ›Ereignen‹ zu betonen.[2]

(iii) Entscheidend für ein solches Setzungsereignis ist nicht die Beziehung zwischen Akt und Sinn, im besonderen nicht das ›Was‹, die *Quidditas* der Setzung, sondern die *Setzung-daß*, ihre *Quodditas*. Der Ausdruck ›Setzung‹ fokussiert dabei die Rolle des Performativen auf die *Existenz-Setzung*. Insbesondere geht die Instantiierung des Aktes mit der Statuierung seiner *Präsenz*, seiner *Materialität* einher, d. h. auch: seines *einzigartigen Erscheinens*.

(iv) Dann wird die Einsicht maßgeblich, daß die Sprache nicht über ihre Setzung verfügt – vielmehr *geschieht diese* und *entzieht sich* zugleich im Vollzug des Sprechens. Denn soweit eine Äußerung gesetzt ist und zur sprachlichen Tatsache wird, haftet an ihr ein *Singuläres*, nicht nur qua Singularität des Aktes selber, sondern vor allem in Ansehung seiner *Irreversibilität*, der Unmöglichkeit, ihn ungeschehen zu machen. Deshalb erscheint die Setzung als »Aus-Setzung« (Hamacher) in die sprachliche Szene, die sie der Bemächtigung durch das Sprechersubjekt enteignet. Folglich bleibt sie auch unverallgemeinerbar: Ihr *Singularum* wird weder durch eine Regel noch durch eine Wiederholung gegeben: Sie verweigert sich der Fixierung oder Rekonstruktion durch eine Theorie.

(v) Mehr noch: Der Modus, worin sich die Setzung enthüllt, ist das *Zeigen*. Die Sprache, ihr Sagen, soweit es sich praktisch vollzieht, *zeigt sich*. Indem Setzung nämlich geschieht, geschieht auch die Aufführung der Rede, ihre

---

2 Vgl. Mersch, Dieter: »Das Ereignis der Setzung«. In: Fischer-Lichte, Erika/Horn, Christian/Warstat, Matthias (Hg.): *Performativität und Ereignis*. Tübingen, Basel 2002, S. 41–56.

*Selbstpräsentation*. Das Sichzeigen im Sinne solcher Selbstpräsentation ist der Äußerung mitgängig, prägt sich ihr auf eine *nichtverfügbare Weise* ein.

(vi) Das bedeutet ebenfalls: Jede Rede ist durch eine Differenz, einen Chiasmus gezeichnet, der sie wesentlich spaltet. Die Spaltung ereignet sich als *Duplizität von Sagen und Zeigen*, die die Sprache in ihrem Innern durchtrennt – und zwar so, daß sich Sagen und Zeigen in der selben Äußerung *entgehen*. Was sich zeigt, kann nicht gesagt werden wie umgekehrt kein Sagen im Zeigen aufgeht – allenfalls in einem weiteren Satz, mithin einer weiteren Setzung, die von neuem ihren eigenen Chiasmus zwischen Sagen und Zeigen einbehält – *et ad infinitum*.

(vii) Die entscheidende Folgerung ist, daß dem Performativ jeder Äußerung ein *genuiner Überschuß* innewohnt. Von dort aus ergeben sich eine Reihe von Einsprüchen gegen die Sprechakttheorie Austins und Searles und besonders der Verständigungsphilosophie Apels und Habermas'. Sie stehen im Zentrum der hier entwickelten Überlegungen. Denn der Chiasmus, von dem die Rede war, verbietet, die Rede ausschließlich von der Illokution her zu verstehen, sofern der Begriff der Illokution die *Identität von Sprechen und Handeln* und damit auch die *Deckung von Sagen und Zeigen* unterstellt. In diesem Sinne kann die Illokution nicht als Grundlage der Kommunikation fungieren, vielmehr bezeichnet sie lediglich eine theoretische Fiktion.

(viii) Darüber hinaus sind Setzung und Respons auf der sprachlichen Szene immer schon zusammenzudenken, so daß jede Rede kraft ihrer Setzung zugleich den Charakter einer Antwort der Antwort gewinnt. Trotz allen Setzungscharakters behält insofern der sprachliche Akt etwas von der Wirkung des Anderen ein. Nicht nur erscheinen Illokution und Perlokution deshalb ununterscheidbar, sondern beide bieten unzureichende Modelle der Beschreibung der Praxis der Sprache. Gleichwohl lenkt der Begriff der Perlokution, insofern er die unwillkürlichen Effekte des Sprechens mitreflektiert, auf die Spur eines anderen Blickfeldes. Sie beruht in der buchstäblichen Ent-Faltung von Sprüngen und Differenzen. Sie wäre in Richtung einer *Differenztheorie sprachlicher Responsivität*, die mit der vermeintlich illokutiven Rationalität bricht, weiterzuentwickeln. Aus solcher ›responsiven Differenz‹ folgt insbesondere die *Nichtexplizierbarkeit der performativen Rolle*. Denn jeder Versuch einer Rekonstruktion der *intentio* und damit auch der Explikation des Modus der Rede bezieht sich bereits auf deren Antwortcharakter, der sie als solche immer schon verschoben hat. Dann wäre sie Effekt eines Effektes, der mit der Intentionalität auch den *Sinn* der Äußerung transgrediert und ihrer subjektiven Einholbarkeit weiter entzieht.

(ix) Die Folge ist, daß die für die Rationalitätstheorie der Kommunikation zentrale Figur des ›performativen Selbstwiderspruchs‹ ihren Stachel verliert. Denn die Pointe ist, daß wir gar nicht anders können, als in Form beständiger Vervielfältigung von responsiven Differenzen zu kommunizieren, sie performativ zu verdoppeln und folglich *Positionen der Entzweiung* zu produzieren, die sich in der anderen Rede, der Rede des Anderen und seines Antwortens, weiter fortpflanzen. *Double binds*, Frakturen und performative Paradoxa gehören damit zur Verständigung und offenbaren deren *chiastische Medialität*.

Dabei übernimmt der performative Widerspruch zwischen Sagen und Zeigen jene Funktion des *Koan*, mit dem vorzugsweise ästhetische Praxen der Künste operieren. D. h., die Brüche und Paradoxa – und das bildet die Quintessenz der Überlegungen – konfrontieren mit keiner Grenze des sprachlichen Diskurses, an der seine Rationalität scheitert, sondern bilden die *Quelle seiner eigentlichen Produktivität*.

(x) Sie durchsichtig zu machen, erfordert schließlich eine Transformation in der Philosophie der Sprache, der die ›Wendung des Bezugs‹, der *Übergang vom Intentionalen zum Responsiven* entspricht. Nicht nur sprechen wir dabei ›im Namen‹ Anderer, d. h. buchstäblich mit fremder Stimme, weil wir in der Rede, wie Roland Barthes es ausgedrückt hat, der»Gesetzgebung« des Codes gehorchen und nur das »aufsammeln« können, was »in der Sprache umherliegt«, um uns auf diese Weise stets von Neuem in eine »unausweichliche Entfremdung« zu verwickeln[3], sondern wir reden ›vom Andern her‹, insofern uns der Andere immer schon *angesprochen hat* und damit unwiderruflich *vorausgeht*. *Notwendig bedeutet zu sprechen zu antworten* – eine Bewegung, deren systematische Entwicklung im Rahmen einer Theorie freilich noch aussteht.[4]

# I. Struktur/Praxis: Schema und Ereignis

In seiner Schrift *Ueber die Verschiedenheit des menschlichen Sprachbaues und ihren Einfluß auf die geistige Entwicklung des Menschengeschlechtes* trifft Humboldt die Unterscheidung zwischen Form und Gebrauch der Sprache, die der Tat gegenüber der Struktur einen Vorrang zuweist: »Die Sprache, ihrem wirklichen Wesen aufgefaßt, ist etwas beständig und in jedem Augenblicke Vorübergehendes. [...] Sie selbst ist kein Werk (Ergon), sondern eine Thätigkeit (Energeia). Ihre wahre Definition kann daher nur eine genetische seyn.«[5]
In einem gegen Humboldt gerichteten Passus seiner Vorlesungen über die *Grundfragen der allgemeinen Sprachwissenschaft* setzt dem Saussure entgegen: »Die Sprache ist nicht eine Funktion der sprechenden Person; sie ist das Produkt, welches das Individuum in passiver Weise einregistriert.« Darum sei »(d)ie Sprache, vom Sprechen unterschieden, [...] ein Objekt, das man gesondert erforschen kann.«[6] Hinzugefügt wird: »(D)ie Sprache ist [...] eine Algebra«; sie ist »eine Form und nicht eine Substanz.«[7]

---

3 Vgl. Barthes, Roland: *Leçon/Lektion*. Frankfurt/M. 1980, S. 17, 21 passim.
4 Vgl. vorläufig Mersch, Dieter: »Ereignis und Respons. Elemente einer Theorie des Performativen«. In: Kertscher, Jens/Mersch, Dieter (Hg.): *Performativität und Praxis* (erscheint 2003).
5 Humboldt, Wilhelm von: »Ueber die Verschiedenheit des menschlichen Sprachbaues und ihren Einfluß auf die geistige Entwicklung des Menschengeschlechtes«. In: *Werke III, Schriften zur Sprachphilosophie*. Darmstadt $^5$1979, S. 368–756, hier S. 418.
6 Saussure, Ferdinand de: *Grundfragen der allgemeinen Sprachwissenschaft*. Berlin $^2$1967, S. 16, 17.
7 Ebd., S. 146.

Zwischen den beiden Formulierungen klafft ein Gegensatz: Die Sprache ereignet sich im Sprechen; das Sprechen aktualisiert sich in der Sprache. Die Opposition kommt bei Saussure als Differenz zwischen *langue* und *parole* bzw. *discours* zum Ausdruck. Seit je ist diese Zweideutigkeit bemerkt worden. Die Thematisierung der Sprache scheint zwischen Vollzug und Ordnung, zwischen Praxis und Struktur, zwischen Performanz, Ereignis einerseits und Syntax, Schema und Textur andererseits zu oszillieren. Stets war dabei der einen oder der anderen Seite das Übergewicht erteilt worden. Und stets wurden die Gewichte so verteilt, daß ihre Hierarchie zugleich zum Argument gegen die jeweilige Gegenposition ausgespielt werden konnte. So maß Roland Barthes der Form der Sprache einen Zwangscharakter zu, durch den sie einer Nomenklatur von Klischees gliche, die die Möglichkeit des Sprechens (*dire*) zurichte – die Position verführte ihn zu der umstrittenen Äußerung vom »Faschismus der Sprache«.[8] Umgekehrt vermag die Rede – was Barthes ebenfalls anerkannte – den Schematismus sprachlicher Ordnung jederzeit zu durchkreuzen und *anderes* zu setzen. Sie besteht nicht nur in der Vollstreckung ihres Systems, der *langue*, sondern handelt ihr auch zuwider. Folglich läßt sich dem praktischen Vollzug der Sprache – nach Derrida dem eingewobenen Spiel von Wiederholung und Verschiebung – eine genuine Kreativität entnehmen.[9]

Die genannte Ambiguität ist indessen das Produkt einer Akzentuierung, die die Philosophie der Sprache von Anfang an durchfurchte. Denn die Fassung der Sprache als ›Form‹, als Ordnung liegt solange nahe, als die Sprache, wie auch Saussure unterstellte, als »System von Zeichen«[10] bestimmt wird, d. h. – wiederum in der Version Roland Barthes – als Ordnung jener »Gliederungen […], denen die Menschen das Reale unterziehen.«[11] Ausschließlich bezieht sie sich auf die *Struktur ihrer Signifikation*. Sie machte für Saussure die spezifische ›Sprachlichkeit der Sprache‹ allererst aus, die wiederum unter Abzug aller anderen Funktionen übrig bleiben sollte. Der Begriff der *langue* erfuhr deshalb bei ihm eine rein negative Definition: *langage*, vermindert um *parole*, also auch um alles Praktische, Soziale und Historische sowie um die Kontingenzen der geographischen Streuung, der verschiedenen Dialekte oder Handlungen der Individuen: »Wenn man von der Sprache (*langage*) alles abzieht, was nur Rede (*parole*) ist, kann der Rest im eigentlichen Sinne die Sprache (*langue*) genannt werden […].«[12] In diesem Sinne ist es auch zu verste-

---

8   R. Barthes: *Leçon/Lektion* (s. Anm. 3), bes. S. 19 f.
9   Vgl. etwa Derrida, Jacques: »Signatur Ereignis Kontext«. In: ders.: *Randgänge der Philosophie*. Wien, 2. überarb. Ausgabe 1999, S. 325–351, bes. S. 333 f. Sowie ders.: *Limited Inc abc …*. Wien 2001, bes. S. 78 ff.
10  F. de Saussure: *Grundfragen der allgemeinen Sprachwissenschaft* (s. Anm. 6), S. 19.
11  Barthes, Roland: *Elemente der Semiologie*. Frankfurt/M. ²1981, S. 48.
12  Saussure, Ferdinand de: *Linguistik und Semiologie. Notizen aus dem Nachlaß*. Gesammelt, übersetzt u. eingeleitet von Johannes Fehr. Frankfurt/M. 1997, S. 401. Vgl. auch ders.: *Grundfragen der allgemeinen Sprachwissenschaft* (s. Anm. 6), S. 91: »Die Sprache (langue) ist für uns die menschliche Rede (langage) abzüglich des Sprechens (parole).«

hen, wenn Saussure seine Vorlesungen mit der programmatischen Deklaration beginnt, daß »man [...] sich von Anfang an auf das Gebiet der Sprache (*langue*) begeben und sie als eine Norm aller anderen Äußerungen der menschlichen Rede (*langage*) gelten lassen« muß[13]: Reines Abstraktum, dem kein ›Sein‹ zukommt, sondern das ein ›Prinzip‹ darstellt[14], dem das Sprechen seinen Sinn verdankt. Der Primat der Form bzw. der Struktur entstammt, nicht nur bei Saussure, zuletzt dieser einseitigen Kaprizierung auf Sinn, auf das Symbolische; er bildet, mit anderen Worten, eine Konsequenz der Auszeichnung der *Semantizität der Sprache*.

Im Gegenzug dazu verweist der Bezug auf die Praxis des Sprechens auf eine weitere, nicht vollständig in Termini des Sinns erschließbare Dimension der Sprache. Sprechen bedeutet mehr als nur ›etwas sagen wollen‹, vielmehr haben wir es mit einem ›Überschuß‹ zu tun, der sich dem einseitigen Zugriff einer Schematisierung durch die Ordnung des Symbolischen oder des Verstehens verweigert. Nichts anderes meint der Begriff der Performanz: Er stellt dem Sinn, dem Inhalt der Rede ein anderes gegenüber: ihre Wirkung oder Macht, die Kraft, die über den Sinn hinausschießt und ihn zuweilen durchkreuzt oder verbiegt. Die Differenz liegt bereits in der antiken Unterscheidung zwischen Dialektik und Rhetorik, wobei letztere keineswegs auf ein Register von Tropen und damit auf eine »Maschine«, ein »›Programm‹ zur Diskurserzeugung« reduziert werden darf, wie es Roland Barthes polemisch pointiert hat.[15] Sondern im Repertoire der Unterscheidung reproduziert sich der gleiche Gegensatz zwischen Form und Praxis oder Schema und Ereignis bzw. Performativität, der im übrigen derselben Trennung zwischen Sinn und Sinn-Anderem genügt. Sie findet hier ihren Ausgangspunkt, ihre Basis und ist seither in die Geschichte des Sprachdenkens eingegangen, um sowohl die *dominante orthodoxe* als auch eine *subversive heterodoxe* Linie zu eröffnen.

Steht dabei die *Orthodoxie* für den Vorrang des Sinns in Gestalt des *Logos* und folglich der Struktur, der Grammatik, so gehört zu ihr umgekehrt eine Depravation des Praktischen, des Vollzugs der Rede als ihrer sekundären oder abgeleiteten Seite. Insonderheit ist die spezifische Macht, die dem *Logos* zugedacht wurde, dem Ausdruck selber zu entnehmen, der nicht nur ›Sinn‹ oder ›Vernunft‹ bedeutete und auf diese Weise mit ›Sprache‹ überhaupt gleichgesetzt werden konnte, sondern auch ›Schicksal‹ im Sinne all derjenigen Sätze, die über einen Menschen ausgesprochen werden konnten. Entsprechend hat Platon die Sprache im Ganzen vom *Logos* her gedacht: Im zentralen Teil des *Kratylos* wird das Wort (*ónoma*) als Werkzeug (*órganon*) bestimmt[16], dessen maßgebliche Funktion darin besteht, Unterscheidungen zu treffen – und nicht etwa ›anzurufen‹ oder ›Wirkungen‹ zu entfalten.[17] Als Sachwalter der Unter-

---

13 Ebd., S. 10.
14 Ebd., S. 11.
15 Zu dieser Kennzeichnung vgl. Barthes, Roland: »Die alte Rhetorik«. In: ders.: *Das semiologische Abenteuer*. Frankfurt/M. 1988, S. 15–143, hier S. 19.
16 Platon: *Kratylos*, 388a.
17 Ebd., 388b/c.

scheidungen aber fungiert der Philosoph, dem es obliegt, nach Maß-Gabe seiner Erkenntnis für die Dinge den rechten Namen oder Ausdruck zu finden und danach die Norm der Rede auszurichten. Ihre Denotation durch Zeichen folgt keiner anderswo gegebenen Konvention oder Überlieferung (*thésis*), sondern wurzelt in einer Art Gemäßheit, wie sie die Vernunft und das Wahre selber vorgeben. So unterstellte Platon den Bedeutungsvollzug der Sprache dem Richtmaß von Rationalität und logifizierte auf diese Weise ihre Semantik.

Dagegen zielt die Rhetorik nicht auf die Richtigkeit des Wortes und der ›Trefflichkeit‹ der Unterscheidungen; sie bildet vielmehr eine Kunstlehre des Sprechens und tritt damit in den Kreis der *Heterodoxie*. Sprache in der rhetorischen Tradition ist wesentlich Praxis[18]: Sie rekurriert nicht so sehr auf den repräsentationalistischen Anteil der Sprache, sondern auf ihre *handlungssetzende Macht*. Deshalb nennt sie Gorgias in seiner *Helena*-Rede eine »gewaltige Machthaberin, die mit dem kleinsten und unscheinbarsten Organe die wunderbarsten Wirkungen erzielt« und deren »Überzeugungskraft [...] die Seele formt wie sie will«.[19] Der Schlüsselbegriff rhetorischer Tradition lautet *peithein*. Das Verb nennt die Kraft, etwas herbeizuführen, eine Wirkung zu erzielen oder in die Wirklichkeit umzu*setzen*.[20] In ihm klingt die magische Dimension des Wortes an. Folglich wird die Rede von Gorgias und anderen als *peíthous demiourgós*[21] verehrt: Sie sei ursprüngliche ›Schöpferin‹ oder ›Walterin‹, wie Nietzsche übersetzen wird. Der Sprache kommt damit eine dynamische Natur zu: Sie erfüllt sich in keiner Form oder Ordnung; sie umfaßt kein System von Symbolen (*sémata*), sondern greift in die Welt ein, verändert sie. Schon früh ist auf diese Weise der antiken Überlieferung der Rhetorik der performative Charakter der Rede aufgegangen, wonach *etwas sagen etwas tun* bedeutet.

Mithin ergibt sich eine Opposition, die den Regimen des *Logos* gleichwie des Sinns oder der Struktur widersteht. Sie verwahrt die Spur eines Nicht-Sinns, eines *Surplus*, der zugleich die Einsicht offenbart, daß sich die Sprache auf keine Weise vergegenständlichen läßt, daß sie weder einer eindeutigen Ordnung gehorcht, noch sich in ein einheitliches System sperren läßt, daß sie sich vielmehr als ebenso unabschließbar wie unbestimmbar erweist. Der Umstand ist dem Paradox geschuldet, daß jede Rekonstruktion ihrer Form sich dieser bereits verdankt. Alles Sprechen ›über‹ Sprache läßt mitsprechen, worüber sie spricht, so daß ihr ›Grund‹ fortwährend entweicht. Als diskursive Praxis bewegt sich daher Sprachphilosophie immer schon auf dem Feld ihres Gegenstandes, der sich am Ort der Reflexion gleichermaßen verdoppelt wie verflüchtigt. Alle Unterscheidungen, die so getroffen werden, bleiben folglich

---

18 Vgl. auch Hetzel, Andreas: *Zwischen Poiesis und Praxis. Elemente einer kritischen Theorie der Kultur*. Würzburg 2001.
19 Gorgias: »Aus der ›Helena‹«, 15. In: *Die Vorsokratiker*. Ausgew. u. eingl. v. W. Nestle. Wiesbaden 1978, S. 191.
20 Vgl. Groddeck, Wolfram: *Reden über Rhetorik. Zu einer Stilistik des Lesens*. Basel, Frankfurt 1995, S. 29.
21 Vgl. Platon: *Gorgias*, 453a2.

kontingent, weil kein Kriterium ihre Angemessenheit je zu überprüfen und zu garantieren vermag.

Deswegen duldet die Sprache keine Totalisierung, sowenig wie sie sich einem Muster oder Schema fügt. Die Konsequenz der Rhetorik ist ihre prinzipielle Offenheit, ihr stets nur partikularer Anspruch, ihre *kairologische Singularität*. Ganz entsprechend dazu hatte es Heidegger abgelehnt, überhaupt ›über‹ die Sprache zu sprechen – und sich statt dessen mit einem »Gespräch *von* der Sprache« begnügt[22]: Das ›Von‹ bleibt der Fragmentarität und Relativität seines Tuns eingedenk. Der Gedanke korrespondiert der früheren, bewußt tautologischen Formulierung: »Sprache ist Sprache. Die Sprache spricht«[23]: Die Simplizität der Kette entlarvt die Sinnlosigkeit jeglicher Objektivation. Die Sprache kann nicht länger als Stätte einer diskursiven Vernunft fungieren, die sich selbst einholt; vielmehr erscheint sie jeder Rede über sie bereits vorweg – ein »unvermeidlicher, zugleich aber sinnvoller Zirkel«, wie Heidegger in seinem späteren Vortrag *Der Weg zur Sprache* ausführt, der dieselbe Bewegung in die Formel: »Die Sprache als die Sprache zur Sprache bringen« kleidet. Nirgends kennt sie Anfang noch Ende, sondern die Philosophie der Sprache sucht ihr, als der »Sage«, lediglich nachzusprechen.[24] Einzig im Sprechen vermag sie sich dann zu »zeigen«. Darum heißt es auch: Die Sprache ist »die Zeige«; sie *zeigt* sich als *Ereignen*.[25]

Verwandtes findet sich bei Wittgenstein, der damit derselben heterodoxen Linie zuzuordnen wäre. Bereits im *Tractatus* bleibt die Sprache, trotz aller ontologischen Sanktionierung, zuletzt ein unerforschliches Mysterium, auch wenn ihr eine »logische Form« zugrunde gelegt wird: Diese nimmt sich in dem Maße im Sprechen zurück, wie sie sich durch es enthüllt. Aus diesem Grunde mündet der *Tractatus* im Schweigen: Es sucht dem Sagen zu entsagen, um jenen Platz zu gewinnen, von dem her die Sprache »sich zeigt«.[26] Er wird später in die Performativität des Vollzugs selbst verlegt: »Gesprochenes kann man nur durch die Sprache erklären, darum kann man die Sprache selbst, in diesem Sinne, nicht erklären«, heißt es in der zur Spätphilosophie überleitenden *Philosophischen Grammatik*: »Die Sprache muß für sich selbst sprechen.«[27] Folglich gibt es auch keine erschöpfende Philosophie der Sprache, die sie nicht wesentlich verkürzte – eine Konsequenz, die Wittgenstein schließlich in seinen lediglich noch ›exemplifikatorisch‹ verfahrenden *Philosophischen Untersuchungen* dadurch zu Ende denkt, daß diese gleichfalls nicht mehr ›über‹ die Sprache verhandeln, sondern das ›Sichzeigen‹ der Rede in die Beschreibungsarten selber eingehen lassen, indem nur mehr partielle Sprach-

---

22 Heidegger, Martin: *Unterwegs zur Sprache*. Pfullingen ⁵1975, S. 83–155.
23 Ebd., S. 13.
24 Ebd., S. 250.
25 Ebd., S. 253 f., 258 f.
26 Vgl. auch Mersch, Dieter: »Das Sagbare und das Zeigbare. Wittgensteins frühe Theorie einer Duplizität im Symbolischen«. In: *Prima Philosophia* 12, Heft 4 (1999), S. 85–94.
27 Wittgenstein, Ludwig: *Philosophische Grammatik*. Frankfurt/M. 1973, S. 40.

spiele als »kritische Vergleichsmodelle« vorgeführt werden, die sich am Beispiel selbst erläutern.[28] Man könnte daher sagen: die *Untersuchungen* gehen nicht länger logisch vor; sie sprechen von keiner Ordnung oder Struktur, sondern weisen auf. Was sie aufweisen, sind Gebrauchsweisen im Sinne einer Pluralität von Sprachspielen, die sich gleichsam selbst *performativ* demonstrieren: »Ich *beschreibe* nur die Sprache und *erkläre* nichts.«[29]

Ähnliche Selbstzurücknahmen lassen sich auch bei Davidson und Derrida auffinden: Sie atmen das gleiche Bekenntnis. So handelt Davidson von der Nichtrekonstruierbarkeit sprachlicher Strukturen, Derrida von der Nichtfeststellbarkeit der Schrift als Textur der Zeichen. Weder läßt sich im Sinne Davidsons die Sprache schlüssig auf konstitutive Regeln zurückführen noch existiert ein von allen gleichermaßen geteiltes Schema; vielmehr erweist sich die Annahme einer einzigen Form oder Strukturalität der Sprache für die Analyse des Verstehens oder der Interpretation als irrelevant.[30] Ähnliches gilt für Derrida. Zwar wird die Sprache durch die Schrift verkörpert, soweit sie an Zeichen gebunden ist, doch funktioniert die Schrift durch die Wiederholung, die als Wieder-Holung bereits von sich her eine ›Faltung‹, eine Zweideutigkeit oder Differenz birgt. Im Moment ihrer Iteration driften die Zeichen; so partizipiert alle Wiederholung an einer Einzigartigkeit, an *Nichtwiederholung*. Das Einzigartige aber bricht mit der Ordnung: Deshalb gründet die Sprache (*langage*) entgegen Saussure nicht in der Struktur (*langue*), auch nicht im Diskurs, in der *Parole*, sondern im Ereignis andauernder Differierung, der *Différance*.[31] Sie verbietet, überhaupt von *der* Sprache, *dem* Grund oder ihrer Weise *zu sein*, zu sprechen; vielmehr wären noch, im Reden ›von‹ der oder ›über‹ die Sprache, die Begriffe ebenso sehr zu setzen wie durchzustreichen.

## II. Performativität und Setzung

Jenseits der Differenz von Sprache und Sprechen bzw. von Schema und Gebrauch wäre statt dessen von *Szenen* auszugehen. Der Zugriff führt auf ein *theatrales Modell* des Sprechens. Es kann überdies nicht auf Kommunikation verpflichtet werden – die Beschränkung privilegierte notwendig die Dimension des Sinns, des Austauschs oder des Verstehens. Denn nicht zwangsläufig beruhen sprachliche Szenen auf einem Gespräch, auf Verständigungen oder

---

28 Wittgenstein, Ludwig: *Philosophische Untersuchungen*. Frankfurt/M. 1971, bes. § 23.
29 L. Wittgenstein: *Philosophische Grammatik* (s. Anm. 27), § 30, S. 66. Ferner ders.: *Philosophische Untersuchungen* (s. Anm. 28), § 109: »Und wir dürfen keinerlei Theorie aufstellen. […] Alle Erklärung muß fort, und nur Beschreibungen an die Stelle treten.«
30 Davidson, Donald: *Wahrheit und Interpretation*. Frankfurt/M. ²1994, bes. S. 261 ff., 372 ff.
31 Derrida, Jacques: »Die Différance«. In: ders.: *Randgänge der Philosophie*. Wien ²1999, S. 31–56.

der ›gegenseitigen Bilanzierung von Überzeugungen und Gründen‹, wie es Robert Brandom nahegelegt hat, nicht einmal dominieren Mitteilungen, denn zur Szene gehört das Schweigen wie der Lärm der Geschwätzigkeit. Entsprechend bezeichnet Sprache auch kein isolierbares Phänomen, das auf die Reziprozität eines Paars Sprecher/Hörer zurückgeführt werden kann, sowenig wie auf eine Sammlung von Lauten oder ein System von Äußerungen. Am nächsten kommen der Auffassung vielleicht die ›Sprachspiele‹ Wittgensteins mit ihrem Charakter der Offenheit und des Exemplarischen; doch wären Szenen im Unterschied zu diesen als ›Schau-Plätze‹ zu verstehen, worin sich Sprache und Sprechen gleichwie ihre Akteure allererst konstituieren. D. h. auch: Szenen haben keinen Ort *in* der Sprache; sie bilden eine Versammlung heterogener Elemente, wozu genauso Handelnde, Schweigende und Zuhörer gehören wie Gesten, Stimmen, Körper und die ›Leere‹ zwischen ihnen – der Raum, der sie trennt und ihrem Spiel allererst Gegenwart verleiht und worin sie ihr ›Entspringen‹ haben. Sie beschreiben folglich kein Netz aus ›Informationen‹ oder Bedeutungen, keine Textur aus Zeichen, sondern ein Ensemble von Beziehungen, Abhängigkeiten, Widersprüchen oder Lücken, denen kraft ihrer Materialitäten eine besondere ›Präsenz‹ zukommt.

Insbesondere realisieren sich Szenen nicht als Aktualisierung von Rollen oder als Verkörperungen eines vorgeschriebenen Skripts; vielmehr erweisen sie sich als *Ereignis* der spezifischen Konfiguration ihrer Momente. Man kann es ›das Soziale‹ nennen. Dann heißt Sprechen ›auf der Szene‹ bzw. ›im Sozialen‹ sein. Keineswegs bezeichnet dabei Sozialität eine Funktion von Kommunikation oder Symbolisierungen, wovon ebenfalls Luhmann und Habermas ausgegangen sind; vielmehr eröffnet das Soziale mit seinen spezifischen Machtverhältnissen, Konflikten, Verletzungen und Einschreibungen ein »Feld«, dessen »Gravitation«, wie Bourdieu nicht müde wurde darzulegen[32], die Praxen und Bewegungen ihrer Akteure eher umlenken und verformen, als von ihnen geformt zu werden. Das bedeutet nicht, abermals eine Struktur der Handlung vorausgehen zu lassen, sondern einen Raum aus Kräfteverhältnissen, Augenblicken und Schwerelinien zu malen, worin sich Sprechen ebenso *austrägt* wie seine Akte darin jedes Mal neu *eingreifen* und Veränderungen zeitigen. Daß dabei die Kraftlinien und Gravitationen ihr Zentrum im *Anderen* besitzen, daß entsprechend die Performativität der Rede ihren Platz im *Responsiven* hat, kann hier nur angedeutet werden, wäre insbesondere genauer auszuloten.[33]

Vorläufig genügt es jedoch festzuhalten, daß innerhalb der Szenen Handlungen *gesetzt* werden. Sprechakte sind solche Handlungen; ihr performativer Charakter erfüllt sich in *Setzungen*. Der Begriff des Performativen wäre daher von solchen Setzungen her zu erschließen. Die Kennzeichnung liegt ganz auf der Linie der frühen Definition des Performativen bei Austin, wonach einen

---

32 Vgl. etwa Bourdieu, Pierre: *Sozialer Sinn. Kritik der theoretischen Vernunft*. Frankfurt/M. 1987, S. 147.
33 Vgl. dazu Waldenfels, Bernhard: *Antwort-Register*. Frankfurt/M. 1994. Sowie D. Mersch: »An-Ruf und Ant-Wort« (s. Anm. 1).

»Satz äußern heißt: es tun«: »Das Äußern der Worte ist gewöhnlich durchaus [...] *das* entscheidende Ereignis im Vollzuge einer Handlung, um die es in der Äußerung geht.«[34] Das gilt – unter den Bedingungen sozialer Befugnis – nach beiden Seiten: Eine Taufe erfordert das Ritual ihres Aussprechens wie das Aussprechen des Satzes »Ich taufe«, das die Taufe vollzieht. Damit wird durch den Akt des Sprechens performativ eine Tatsache gesetzt, zuweilen sogar eine Institution hervorgebracht, deren Hervorbringung Austin ausschließlich in handlungstheoretischen Termini zu erfassen versuchte. Dagegen wäre am Performativen nicht so sehr sein Handlungscharakter zu betonen, weder im Sinne von *Poiesis* oder Arbeit, noch im Sinne von *Praxis*, sei diese als Interaktion oder als Spiel bestimmt, sondern der Begriff nennt etwas, was gleichermaßen in *Praxis* und *Poiesis* eingeht, ohne von vornherein intentional oder teleologisch determiniert zu sein – nämlich die Seite des *Vollzugs*, der Vollbringung einer Arbeit oder der Herbeiführung und Vorführung einer Praxis, ihre Selbstausstellung *in* einer Handlung.

So ist der Begriff des Performativen zwar nicht von dem der Handlung zu trennen, Performativität ohne Praxis nicht denkbar – wohl aber geht er nicht in diesen auf. Denn nicht die Handlung selber in ihrem praktischen oder poietischen Modus, ihrer instrumentellen oder teleologischen Struktur erscheint relevant, sondern vor allem das *Ereignis ihres Vollzugs*. Verschoben wird damit die Blickrichtung auf das, was in den klassischen Handlungstheorien zu kurz kommt: die *Faktizität des Aktes* selber, die Notwendigkeit seiner Aus- und Aufführung – der Umstand, daß Praxen nicht nur eine Relation nach ›innen‹, der Rationalität oder Irrationalität von Gründen, Motiven oder Anlässen aufweisen, sondern ebenso eine Außenseite besitzen, eine Beziehung zu *Wirksamkeit* und *Präsenz*, die im Kräftefeld, dem sie entstammen, neue Kraftverhältnisse schaffen. Deswegen liegt auch in den Performanztheorien von Austin und Searle so sehr die Betonung auf der ›force‹, der spezifischen ›Kraft‹ von Sprechakten – freilich wiederum so, daß die ›Kraft‹ dieser Kraft unreflektiert bleibt. Entsprechend wäre, gegen Austin und Searle, die Bestimmung des Performativen auf die Seite von *Erscheinung und Faktizität* zu verlegen – der besonderen »Tatsache«, *daß performative Handlungen Tatsachen setzen*. Zur Frage steht also die »Faktizität« des Faktums selbst, nicht als Ort seiner Induktion, sondern seiner »Präsenz«, was den Begriff des Performativen nicht in der Kategorie des Intentionalen gründen läßt, welche ihn an Instrumentalität und Teleologie bindet, sondern in der Auszeichnung von *Momenten des Ereignens selbst* – dem *Augenblick* der Vollbringung, des jeweiligen *Zum-Vorschein-kommens* einer Handlung und seiner Beziehungen zu Wahrnehmung und *Aisthesis*, zu Unwiederholbarkeit und Singularität.

Deshalb war von ›Setzungen‹ die Rede. Der Ausdruck gemahnt an die Philosophie des Deutschen Idealismus, entfernt sich aber weit von der dortigen Verwendungsweise. Maßgeblich für die Begründung der Subjektphilosophie

---

34 Austin, John L.: *Zur Theorie der Sprechakte (How to do things with Words)*. Stuttgart 1979, S. 27, 29 passim.

taucht er an zentraler Stelle im Rahmen von Fichtes Urteilslehre auf, worin Denken überhaupt als »Tathandlung« des Unterscheidens bestimmt wird. Der Gedanke, heißt es, ist das »absolute Sich-selbst-setzen«, das »thetische« – also setzende – Urteil gemäß der für den gesamten Idealismus charakteristischen spekulativen Etymologie, wonach das Urteilen ursprünglich ein »Ur-Teilen«, eine Differenz-Setzung sei.[35] Setzung ist dabei immer eine Leistung des Ich, des Subjekts, d. h. *intentional*. Es impliziert als solche eine Identifizierung: Dieses, und nicht jenes. Setzung des Urteils als »Ur-Theilung« bedeutet demnach: »etwas *als* etwas« zu identifizieren. Ihr ist die Struktur des ›Als‹, des ›Risses‹ der *Bestimmung* immanent, wobei nach Fichte die höchste Setzung in der Selbst-Setzung des Ich aus der Differenz zwischen Ich und Nicht-Ich erfolgt. Wir haben es also gleichzeitig mit einer Instantiierung im Sinne einer Identifizierung und einer Negation zu tun: Jede Setzung ist immer schon doppelt gesetzt, *wohingegen das Performative nicht in der Negation wurzelt, sondern in der Affirmation.* Es ist nicht Setzung-›als‹, sondern Setzung-›daß‹.

Die Setzung-daß bedeutet indessen keine Setzung im Sinne einer Bestimmung, sondern die Setzung eines Zeichens in seiner *Materialität*. Sie erscheint in Ansehung der theoretischen Herkunft des Sprechakts aus der Sprachphilosophie zentral; doch sind an deren Setzung selbst nicht die Zeichenhaftigkeit und am Zeichen nicht seine Bezeichnungs- oder Bedeutungsfunktion relevant, sondern vor allem dessen *Faktizität*. Anders ausgedrückt: Die performative Setzung impliziert zunächst und zu allererst eine *Existenzsetzung*. Der Zeichensetzung im Sinne der *Quidditas* geht die Setzung im Sinne der *Quodditas* voraus.[36] Das bedeutet auch: Zeichen *müssen* performiert werden; sie müssen gesetzt, ausgesprochen, vorgeführt und ge-geben werden, um anwesend, d. h. wahrnehmbar zu sein und ›als‹ Zeichen zu funktionieren. Diese ›Gabe‹ der Anwesenheit geht in die Bezeichnung selbst ein: Zeichen ›gibt es‹ nur *kraft* der Performativität ihrer Setzung. *Vor* der Logik von Bezeichnung und Unterscheidung, vor dem Spiel der Differenz kommt das Performative. *Es kommt der Aussage oder Bedeutung als Ereignis ihrer Existenz ›zuvor‹.*

Die Privilegierung des Sinns und damit korrespondierend die Unterschlagung des Performativen in der Philosophie der Sprache wie ebenso in Semiotik und Semiologie geht diesem *Vergessen der Existenz* konform. Dies sei – in Parenthese – noch etwas zugespitzt. Denn ›Existenz‹ ist ein schillernder Begriff. Logisch bzw. mathematisch läßt sie sich als ein Akt von Fiktionalisierung im Sinne des ›Es sei ...‹ verstehen. Der Konjunktiv spricht keine Wirklichkeit, sondern eine Möglichkeit an, wobei es sich vornehmlich um die Ein-

---

35 Fichte, Johann Gottlieb: *Gesamtausgabe der Bayrischen Akademie der Wissenschaften*. Stuttgart-Bad Cannstatt 1962 ff., II, 4, S. 182–184 passim: »Urtheilen, ursprünglich theilen [...]. Es liegt ein ursprüngl. Theilen ihm zum Grunde [...].« »Bei den negativen [...] ziehe ich eine Grenzlinie [...]. Dort schließe ich aus«. »Bei jedem Setzen ist auch ein *Ausschließen* u. das positive Urtheil kann auch betrachtet werden als ein negatives«.
36 Vgl. Mersch, Dieter: *Was sich zeigt. Materialität, Präsenz, Ereignis*. München 2002.

führung einer *Definition* handelt. ›Existenz‹ bedeutet dann ausschließlich die widerspruchsfreie Festlegung eines Begriffs als Denkmöglichkeit. Die Geschichte des europäischen Denkens einschließlich des Deutschen Idealismus und des radikalen Konstruktivismus atmet diesen Gebrauch – nicht unbedingt im strikten mathematischen Sinne von Widerspruchsfreiheit, wohl aber im Sinne von Fiktionalität. Der Gebrauch dokumentiert bereits, *daß nichts wirklich gesetzt ist*, daß sich mithin auch *nichts zeigt, was materialisiert oder verkörpert wäre*. Daher die Hervorhebung der Materialität im Performativen: Sie verleiht dem Gesetzten sein Gewicht, seine *Gravitas*. Mit anderen Worten: Performative Existenzakte setzen keine Möglichkeiten, sondern *Wirklichkeiten*. Ihnen eignet *Präsenz*. Erst als solche entfalten sie ihre ›Kraft‹, statuieren Konsequenzen, wirken ein, intervenieren in die Welt, gleichgültig ob auf dem Papier, in Verständigungen oder in sozialen Prozessen. Zum Performativen gehört dieser *affirmative Zug*. Damit verändert der Begriff gleichzeitig seine theoretischen Bedingungen. Er untergräbt jede Art von Idealismus – sei er konstruktivistischer, semiotischer oder strukturaler Art.

Es ist dieser Gesichtspunkt, den Lyotard im *Widerstreit* von Heidegger und Wittgenstein her in die Untersuchung der Sprache eingetragen und im Sinne ihres Ereignens weiterentwickelt hat: »Ein Satz ›geschieht‹«.[37] Insbesondere denkt Lyotard die Sprache aus der *Einzigkeit des Ereignis der Setzung*: »Es gibt nur einen Satz ›auf einmal‹ [...], nur ein einziges aktuelles ›Mal‹.«[38] Die These schreibt der Äußerung eine ab-solute Singularität zu, die sie ebenso von jeder anderen trennt, wie sie Sprechen selbst in eine verschwenderische Diskontinuität verwandelt. Man könnte sagen: Lyotard identifiziert im Satzzeichen den *Eigennamen*, der ihm seine Besonderheit, seine Einzigartigkeit zusichert und wiederholt damit eine Operation, wie sie gleichermaßen für Adornos Denken des Nichtidentischen leitend war. Dem entspricht die Vorgängigkeit des *Geschieht es?* als Frage *vor* dem *Es geschieht* als Bestimmung, wie Lyotard sie anhand der Bilder Barnett Newmans für eine Ästhetik des Erhabenen geltend gemacht hat.[39] Nicht die Kategorie des Erhabenen zählt dabei, sondern abermals das Zuvorkommen des »*quod*, bevor es bezeichnet wurde, bevor seine ›Bedeutungen‹, sein *quid*, festgelegt wurde oder auch nur festlegbar wäre«.[40] Verlangt ist, wie es im *Widerstreit* heißt, »daß man nicht

---

37 Lyotard, Jean-François: *Der Widerstreit*. München, 2. korr. Aufl. 1989, S. 10. Auch ders.: »Streitgespräche oder: Sätze bilden ›nach Auschwitz‹«. In: Weber, Elisabeth/Tholen, Georg Christoph (Hg.): *Das Vergessene*. Wien 1997, S. 18–50, S. 32: »Ein Satz ist ein Ereignis, *ein Fall, a token*.«
38 J.-F. Lyotard: *Der Widerstreit* (s. Anm. 37), S. 227.
39 Lyotard, Jean-François: »Das Erhabene und die Avantgarde«. In: *Merkur* 424 (1984), S. 151–164, bes. S. 152. Vgl. auch Mersch, Dieter: »Das Entgegenkommende und das Verspätete. Zwei Weisen, das Ereignis zu denken: Derrida und Lyotard«. In: Köveker, Dietmar/Niederberger, Andreas (Hg.): *Lyotard im Widerstreit*. Berlin 2003.
40 Lyotard, Jean-François: »Die Aufklärung, das Erhabene, Philosophie, Ästhetik«. Gespräch. In: Reese-Schäfer, Walter (Hg.): *Lyotard zur Einführung*. Hamburg ³1993, S. 121–165, hier S. 156.

bereits weiß, was geschieht«.⁴¹ Das bedeutet auch: Voraus-zu-setzen ist, *daß überhaupt geschieht*, mithin, »*daß* etwas sich zeigt.«⁴² Immer wieder hat Lyotard diesen Punkt umkreist, der ›als‹ Punkt freilich unausdrückbar bleibt, bestenfalls Andeutung, Verweis: »Wenn es einen ›Inhalt‹ gibt, ist er das ›Augenblickliche‹. Er geschieht jetzt und hier. *Das, was* geschieht, kommt *danach*. Der Beginn ist, daß es gibt (….) (*quod*); die Welt, das, was es gibt.«⁴³

Das Ereignis der Performanz, das in die Existenz setzt, wäre dann nicht nur etwas *Vorsprachliches* oder *Vorprädikatives*, sondern selbst *Unmarkierbares*, *Undarstellbares*. Doch nicht seine Negativität, seine Nichtartikulierbarkeit erscheint wesentlich, sondern der *Augenblick seines Auftauchens*, seine *Ankunft*. Worauf also Lyotard besteht, ist das *Ereignen* im Sinne des *Erscheinens*, des *Ankommens*. Performativität bedeutet dann: In-die-Ankunft-bringen. Es wartet nicht darauf, markiert oder bezeichnet zu werden; es kommt, wenn es geschieht, und alles hängt davon ab, es zu respektieren, auf es zu ›hören‹, ihm zu *antworten*.⁴⁴ Bezeugt wird derart ein *Prius*, wie es ebenfalls Schelling Hegel vorhielt, eine »Gebung des Anderen«⁴⁵, wie Lyotard sagt, das gleichzeitig das *Andere des Sagens* bedeutet. Es spricht im Sinne des *Augen-Blicks der Ankunft* von der Vor-gegebenheit der *Ex-sistenz* in der wörtlichen Bedeutung eines *Aus-sich-herausstehenden*. In ähnlichem Sinne hatte Schelling die *Positivität der Existenz* gegen Hegels »negative Philosophie« ausgespielt, denn Existenz sei nur solange ein »Nichts«, wie es vom Denken, der Reflexion zerteilt würde; andernfalls erscheint es, als »*das Seyn selber*«, *ekstatisch*: »Nicht Nichts«, wie Schelling bemerkt, von dem es später bei Lyotard wie bei Wittgenstein heißt: »Es zeigt sich«.⁴⁶ Man könnte sagen: *Existenz duldet keine Negativität*, sie kann, wie im *Widerstreit* ausgeführt wird, »von keinem Willen […] besiegt werden«; sie gemahnt daran, »sich zu situieren«.⁴⁷ *Gerade darin besteht die Positivität der Setzung, wie es im Ereignis der Performanz zum Ausdruck kommt.*

---

41 J.-F. Lyotard: *Der Widerstreit* (s. Anm. 37), S. 16
42 Lyotard, Jean-François: »Grundlagenkrise«. In: *Neue Hefte für Philosophie* 26 (1986), S. 1–33, S. 4.
43 Lyotard, Jean-François: »Der Augenblick, Newman«. In: ders.: *Philosophie und Malerei im Zeitalter ihres Experimentierens*. Berlin 1986, S. 7–23, S. 13.
44 Vgl. J.-F. Lyotard: »Die Aufklärung, das Erhabene, Philosophie, Ästhetik« (s. Anm. 36), S. 156.
45 J.-F. Lyotard: »Grundlagenkrise« (s. Anm. 42), S. 24.
46 Schelling, Friedrich Wilhelm Josef: *Philosophie der Offenbarung 1841/42* (Paulus-Nachschrift). Hg. von M. Frank. Frankfurt/M. 1977, S. 167.
47 J.-F. Lyotard: *Der Widerstreit* (s. Anm. 37), S. 299.

## III. Performativität und Sinnauszeichnung: Kritik der Sprechakttheorie

Die klassischen Performanztheorien der Sprache von Austin und Searle bis zu Apel und Habermas haben diesen Punkt performativer Existenzsetzung allerdings verfehlt. Die Verfehlung liegt in der Bestimmung des Performativen selbst. Schärfer formuliert: Ihnen mangelt es an einer adäquaten Bestimmung des Aktes *als Akt*, *als Vollzug* im Sinne der Vorführung, der Aufführung oder Setzung, weil sie den Akt einseitig auf solche Handlungen präjudizieren, die intentional zugeschnitten sind. Was zählt ist der Akteur, das Sprechersubjekt, das souverän über seine Rede verfügt. Was dann interessiert, sind die Bedingungen solcher Verfügung, die Regeln des Handelns, ihre pragmatischen Präsuppositionen. So schreibt sich eine Tendenz fort, die bereits mit Chomskys Unterscheidung zwischen »Kompetenz« und »Performanz« beginnt und an die ausgesprochen oder unausgesprochen sowohl die Sprechakttheorie Searles als auch die »Theorie des kommunikativen Handelns« von Habermas anschließen.[48] Denn »Kompetenz« definiert Chomsky als Fähigkeit, aus einem endlichen Regelapparat eine unbegrenzte Anzahl von Strukturen zu generieren, während die »Performanz« im »aktuellen Gebrauch der Sprache in konkreten Situationen« besteht.[49] Vorrangig ist die Kompetenz und die Fokussierung auf *Regeln* in bezug auf die Erzeugung von ›Syntactic Structures‹ sowie auf den *Gebrauch* in bezug auf die Performanz, die keiner eigenen Kompetenz bedarf, sondern auf der Anwendung dieser basiert. Der Ansatz wiederholt jenes Paradox, das die Philosophie der Sprache in Gestalt des eingangs skizzierten Zirkels heimsucht, ›über‹ etwas zu sprechen, was im Vollzug des Sprechens schon vorausgesetzt werden muß. Insbesondere handelt es sich beim Begriff der Kompetenz um eine ideale Struktur, die allein vermöge der Performanz aufweisbar ist, die diese jedoch konstituiert. Die Kompetenz erweist sich dann in dem Maße als unzugänglich, wie einzig das Performative offen liegt, wobei das Unzugängliche das Offenbare determiniert, umgekehrt aber erst durch dieses hindurch ›beobachtbar‹ scheint. *A posteriori* wäre dann zu rekonstruieren, was *a priori* gilt.[50] Mit Recht hat Searle der Chomskyschen Unterscheidung

---

48 Jürgen Habermas schließt unmittelbar an Chomsky an, wenn er eine Theorie »kommunikativer Kompetenz« zu formulieren sucht; vgl. ders.: »Vorbereitende Bemerkungen zu einer Theorie der kommunikativen Kompetenz«. In: Habermas, Jürgen/ Luhmann, Niklas: *Theorie der Gesellschaft oder Sozialtechnologie*. Frankfurt/M. 1971, S. 101–141, hier S. 101 f.
49 Vgl. Chomsky, Noam: *Aspekte der Syntax-Theorie*. Frankfurt/M. 1971, S. 14.
50 Krämer, Sibylle: *Sprache, Sprechakt, Kommunikation*. Frankfurt/M. 2001, S. 55 f., sowie S. 58. Apel und Habermas haben diesen Typus von Rekonstruktionsanalyse mit einer transzendentalen Reflexion verglichen, die aus Gegebenen die immer schon vorausgesetzten Präsuppositionen zu entschälen trachtet; siehe auch weiter unten. Indessen bleibt der Charakter solcher Rekonstruktionen als »transzendentale Argumente« problematisch, weil diese selbst schon Interpretationen entspringen. Logisch ist, was wir »immer schon« in unserem Sprechen und Handeln voraussetzen, nicht entscheidbar.

deshalb entgegengehalten, daß sie ein Konstrukt bliebe, daß es sich statt dessen beim Begriff der Kompetenz um eine »Performanz-Kompetenz« handele.[51] Folglich dringt der Begriff der Praxis von Anfang an in die Systeme der Syntax ein. Die Analyse ihrer Kompetenz *entspringt* der Untersuchung ihrer Performanz, die wiederum eine ›Theorie der Sprechakte‹ erfordert. Sie fundiert Sprache nicht in der Grammatik, auch nicht, wie Searle ergänzt, im »Symbol-, Wort- oder Satzzeichen, sondern [in der] Produktion oder Hervorbringung des Symbols oder Wortes oder Satzes im Vollzug des Sprechaktes«.[52]

Allerdings büßt die Sprechakttheorie im selben Augenblick, da sie die Logik des Vollzugs zu enträtseln trachtet, ihren eigenen Anspruch wieder ein. Denn nicht eigentlich formuliert sie eine Performativitätstheorie der Sprache, sondern eine *pragmatische Bedeutungstheorie*, die die Sinnauszeichnung der Rede, der sie zu entkommen sucht, restituiert. Anders gewendet: Die ›Performanz-Kompetenz‹ Chomskys gerät bei Searle zu einer *Performanz-Semantik*, die das Problem der Kompetenz auf die Seite des Handelns zieht. Nicht Regeln der Grammatik sind gesucht, sondern Regeln der Praxis. Sie figurieren ausschließlich als *pragmatische Regeln des Modus*, die bei gleicher *Aussage* wechselnden *Sinn* beschreiben. Die Theorie der Sprechakte variiert auf diese Weise das Frege-Husserlsche Modusproblem und übersetzt es in Kategorien der Pragmatik.[53] Bedeutung ist keine Funktion des propositionalen Gehalts, vielmehr wird sie performativ durch Akte vollzogen, deren Handlungsmodalität wiederum durch ›performative Verben‹ explizierbar ist, die die ›performative Rolle‹ der Äußerung repräsentieren. ›P‹ wandelt sich dann zu, »Ich ‹sage›, daß ›p‹«[54], wobei der Term ‹sage› für zugehörige Verben wie ›behaupten‹, ›erklären‹, ›bitten‹ etc. steht. Hatte Frege den assertorischen Satz in die Komponenten »Sinn« und »Bedeutung« zerlegt[55], so daß ein und dieselbe Proposition durch den vollständigeren Modalausdruck »M*p*« zu reformulieren wäre[56], gilt mit der Ersetzung von M durch die performative Rolle F die Gleichung M*p* = F(p). Nicht nur modifiziert sich die Bedeutung eines Satzes unter den Bedingungen seiner Verwendung, vielmehr wird Semantik – getreu der Maxime Wittgensteins, daß die Bedeutung der Gebrauch sei[57] –

---

51 Searle, John R.: »Chomskys Revolution in der Linguistik«. In: Grewendorf, Günther/Meggle, Georg (Hg.): *Linguistik und Philosophie*. Frankfurt/M. 1974, S. 404–438, hier S. 437.
52 Searle, John R.: *Sprechakte*. Frankfurt/M. 1973, S. 30.
53 Ebd., S. 49 ff.. Ferner D. Davidson: *Wahrheit und Interpretation* (s. Anm. 30), S. 163–180.
54 Jürgen Habermas rekonstruiert die typische Form des illokutiven Sprechaktes mit: »Ich ... (Verb) dir, daß ... (Satz).« Ders.: »Was heißt Universalpragmatik?« In: Apel, Karl-Otto (Hg.): *Sprachpragmatik und Philosophie*. Frankfurt/M. 1976, S. 174–272, hier S. 217.
55 Frege, Gottlob: »Über Sinn und Bedeutung«. In: ders.: *Funktion, Begriff, Bedeutung*. Göttingen 1962, S. 40–65.
56 Vgl. auch Tugendhat, Ernst: *Vorlesungen zur Einführung in die sprachanalytische Philosophie*. Frankfurt/M. 1976, S. 74 ff., 506 ff.
57 Vgl. etwa L. Wittgenstein: *Philosophische Grammatik* (s. Anm. 27), S. 59 f. sowie 65 ff.

überhaupt als Funktion von Praxis beschreibbar, Hermeneutik folglich in Pragmatik überführbar.

Ausdrücklich konstatiert darüber hinaus Searle, die linguistischen Tatsachen der Sprache »durch die Formulierung der zugrundeliegenden Regeln« erklären zu wollen: »[E]ine Sprache sprechen bedeutet, Sprechakte auszuführen [...], und die Möglichkeit dieser Akte [beruht] allgemein auf bestimmten Regeln für den Gebrauch sprachlicher Elemente und der Vollzug dieser Akte [folgt] diesen Regeln«.[58] Was Wittgenstein lediglich als heuristische Beschreibungsmethode verstanden wissen wollte, avanciert damit zu einem theoretischen Postulat. Es erlaubt, Bedeutung, Modus und Praxis-Regeln im Sinne von ›Konstitutiva‹ zusammenzudenken, die die Performativität der Rede und also auch den Modus des Sinns allererst hervorbringen.[59] Entsprechend läßt sich, wie es in *Sprechakte* weiter heißt, »[d]ie semantische Struktur einer Sprache [...] als eine auf Konventionen beruhende Realisierung einer Serie von Gruppen zugrundeliegender konstitutiver Regeln begreifen; Sprechakte sind Akte, für die charakteristisch ist, daß sie dadurch vollzogen werden, daß in Übereinstimmung mit solchen Gruppen konstitutiver Regeln Ausdrücke geäußert werden.«[60] Es handelt sich dabei nicht um Imperative, sondern um implizite Normen, die Searle später auch als »institutionelle Tatsachen« gekennzeichnet hat, die eine eigene Klasse von Ontologien eröffnen.[61]

Doch ererbt die Theorie der Sprechakte auf diese Weise die aporetische Konstellation der Chomskyschen Linguistik. Denn indem Searle der Praxis des Gebrauchs ein festes Ensemble konstitutiver Regeln zu entlocken sucht, sanktioniert er im Terrain von Pragmatik dieselbe Teilung, die er Chomsky vorgehalten hatte. Er spaltet das Performative von neuem in Regel und Akt, wobei letzterer ersterer folgt[62] und gerät auf diese Weise in dieselben Paradoxa, die gleichermaßen schon die Linguistik Saussures zerklüfteten und gegen die das frühe Sprachdenken Heideggers und Wittgensteins ebenso opponierten wie die späteren Kritiken Davidsons oder Derridas. Denn jede Rekonstruktion von Regeln, seien sie syntaktischer oder pragmatischer Art, bedarf noch des Redens ›über‹ die Sprache, das sie von Anfang an geteilt hat, deren Teilung auf der Ebene der Begriffe wiederkehrt und sich in ihre Architektur einschreibt. So supponiert bereits die Methode, was die Theorie kategorial sistiert und vollzieht damit eine *petitio principii*.

Der Zirkel hat im Metier der Sprechakttheorie insbesondere eine *Identitätsauszeichnung des Performativen* zur Folge. Sie macht den Kern von deren Engführungen aus.[63] Denn indem die Theorie der Sprechakte einen intentio-

---

58 J. R. Searle: *Sprechakte* (s. Anm. 52), S. 30.
59 Ebd., S. 54 ff.
60 Ebd., S. 59.
61 Searle, John R.: *Die Konstruktion der gesellschaftlichen Wirklichkeit. Zur Ontologie sozialer Tatsachen*. Reinbek bei Hamburg 1997, S. 18 u. 89 ff.
62 Vgl. auch: S. Krämer: *Sprache, Sprechakt, Kommunikation* (s. Anm. 50), S. 68.
63 Vgl. Mersch, Dieter: »Kommunikative Identitäten und performative Differenzen. Einige Bemerkungen zu Habermas' Theorie der kommunikativen Rationalität«. In: Preproceedings of the 20th International Wittgenstein-Symposium. Kirchberg (1997), S. 621–628.

nalistischen Handlungsbegriff unterstellt, der den Sprecher zum Akteur seiner Rede erklärt, der folglich über deren performativen Status verfügt und weiß, was er tut[64], ist die Rekonstruierbarkeit der pragmatischen Regeln und damit auch die Explikation von ›p‹ durch die Version »Ich <sage>, daß ›p‹« garantiert. Niedergelegt wird diese Garantie bei Searle durch die zentrale bedeutungstheoretische Prämisse eines »Prinzips der Ausdrückbarkeit«, das den Konnex zwischen Intentionalität und sprachlichem Ausdruck schließt.[65] Es erlaubt zudem die Standardisierung der Rede nach Maßgabe der Kardinalstruktur der *Illokution*, die so zur Norm gerät und die Analyse der Sprache fortan als Regelfall regiert.[66] Gleichzeitig führt sie den Begriff der Verständigung als ein auf »Einverständnis abzielendes Verhalten«[67] an und erscheint somit für die gesamte linguistische Theorie des Performativen paradigmatisch. Hatte Austin noch zwischen »Lokution«, »Illokution« und »Perlokution« differenziert und derart unterschiedliche Gebrauchsweisen der Rede markiert[68], kapriziert sich Searle einzig auf die Geltung des Illokutionären und verurteilt die Perlokution zur Abweichung vom illokutionären Standardfall, deren Betrachtung tendenziell zu vernachlässigen wäre. Verbunden ist damit eine Weichenstellung, die das schon gegenüber der Wittgensteinschen ›Gebrauchstheorie‹ reduktive Unternehmen der ›Sprechakttheorie‹ nochmals auf eine ›Theorie illokutionärer Akte‹ einschränkt. Habermas' Universalpragmatik folgt wiederum dieser Einschränkung, so daß sich seine *Theorie kommunikativer Vernunft* letztlich zu einer *Theorie illokutiver Rationalität* verkürzt. Die mit der Emphase kommunikativer Vernunft gegenüber Instrumentalität vindizierte Scheidung zwischen *Praxis* und *Poiesis* verliert auf diese Weise ihren Stachel.

Die spezifische Pointe der Austinschen Unterscheidung zwischen »Illokution« und »Perlokution« liegt aber in der Trennung zwischen *performativer Identität* und *Differenz*. Denn auffallend an Illokutionen ist ihre ›Selbstauszeichnung‹: *Sie sagen, was sie tun und tun, was sie sagen.* »Sprechhandlungen interpretieren sich selbst«, heißt es auch bei Habermas, »sie haben nämlich eine selbstbezügliche Struktur. Der illokutionäre Bestandteil legt in der Art eines pragmatischen Kommentars den Verwendungssinn des Gesagten fest. […] Dieser selbstbezügliche Kommentar wird performativ durch den Vollzug einer Handlung kundgegeben und nicht, wie der kommentierte Aussageinhalt, explizit als Wissen dargestellt.« Deshalb »identifizieren sich [Sprech-

---

64 Vgl. zur Beziehung zwischen Sprechakt und Intentionalität bes. Searle, John R.: *Intentionalität*. Frankfurt/M. 1991, S. 19 ff. Ders.: »Intentionalität und Gebrauch der Sprache«. In: Grewendorf, Günther (Hg.): *Sprechakttheorie und Semantik*. Frankfurt/M. 1979, S. 149–171.
65 J. R. Searle: *Sprechakte* (s. Anm. 52), S. 34 ff.
66 Ausdrücklich beschränkt sich die Habermassche Analyse, wie er selbst zugibt, »auf Sprechhandlungen […], die unter Standardbedingungen ausgeführt werden.« Habermas, Jürgen: *Theorie des kommunikativen Handelns*. 2 Bde. Franfurt/M. 1981, Bd. 1, S. 400.
67 Vgl. J. Habermas: »Vorbereitende Bemerkungen zu einer Theorie der kommunikativen Kompetenz« (s. Anm. 48), S. 136.
68 J. L. Austin: *Zur Theorie der Sprechakte* (s. Anm. 34), S. 114 ff.

handlungen] selbst. Weil der Sprecher, indem er einen illokutionären Akt ausführt, zugleich sagt, was er tut, kann der Hörer, der die Bedeutung des Gesagten versteht, den vollzogenen Akt ohne weiteres als eine bestimmte Handlung identifizieren. [...] Die in einer natürlichen Sprache ausgeführten Akte sind stets selbstbezüglich. Sie sagen zugleich, wie das Gesagte zu verwenden und wie es zu verstehen ist.«[69] Austin hat dem durch die Formulierung Rechnung getragen, daß Illokutionen Handlungen vollziehen, *indem* etwas gesagt wird (»in saying«), während Perlokutionen Wirkungen induzieren, *dadurch daß* etwas gesagt wurde (»by saying«), wobei es allerdings keine illokutionären Vollzüge ohne perlokutionäre Effekte gibt.[70]

Die Abgrenzung zwischen dem *Indem-Modus* und dem *Dadurch-daß-Modus* ist freilich nicht immer klar. Zwar läßt sie sich auf die Unterscheidung zwischen Zwecken-in-sich-selbst und Zwecken-zu-Mitteln beziehen, die das *Praxis-Poiesis*-Schema wiederholt, insofern die illokutionären Rollen auf Verständigungen selbst abzielen und perlokutionäre Wirkungen in nichtsprachlichen Handlungen bestehen – und die ganze Emphase der Habermasschen Trennung zwischen »Arbeit« und »Interaktion«[71] bzw. »instrumentellem« und »verständigungsorientiertem Handeln«[72] zielt darauf ab –; dennoch unterschlägt diese Lesart eine wichtige Nuance, die in die Austinschen Formulierungen eingeht. Sie beruht in der Hauptsache darin, daß Perlokutionen einen Übergang vom Präsens zum Perfekt beinhalten, d. h. einen *zeitlichen Riss* anzeigen. Zwischen sprachlichem Vollzug und Handlungseffekt klafft ein Hiatus. In ihn sickert das ein, was man eine *performative Differenz* nennen könnte. Sie deutet an, daß jeder Akt der Setzung qua Existenzakt nicht verfügbare Wirkungen zeitigt, die sich in die intendierten Handlungen und Bedeutungen ›unfüglich‹ einmischen und sie zu unterlaufen vermögen. Dies deckt sich mit dem Hinweis Austins, daß »illokutionäre Akte *mit* der Äußerung gegeben sind, perlokutionäre aber noch *etwas anderes* verlangen«.[73]

Die Engführung der Rede auf Illokutionarität bei Searle und Habermas impliziert statt dessen eine systematische Kupierung solcher unfüglichen Effekte, worauf auch Judith Butler aufmerksam gemacht hat.[74] Die Verdrängung geht mit einer Betonung der Selbstidentifizierung des Sprechaktes einher, die Habermas, wie das Zitat belegt, auf *alle* Sorten von Sprechhandlungen ausweitet. Wir haben es entsprechend nicht nur mit einer performativen

---

69 Austin, John L.: *Nachmetaphysisches Denken*. Frankfurt/M. 1988, S. 65, 86 und 113 passim. In einem ähnlichen Sinne hat Quine von der »Selbstbewahrheitung« performativer Äußerungen und Davidson von ihrem »tendenziell(en) Selbsterfüllungscharakter« gesprochen. Vgl. Quine, Willard Van Orman: *Theorien und Dinge*. Frankfurt/M. 1991, S. 116. D. Davidson: *Wahrheit und Interpretation* (s. Anm. 30) S. 161.
70 J. L. Austin: *Zur Theorie der Sprechakte* (s. Anm. 34), S. 135 f.
71 Habermas, Jürgen: *Technik und Wissenschaft als Ideologie*. Frankfurt/M. [8]1976, S. 62 ff.
72 J. Habermas: *Theorie des kommunikativen Handelns* (s. Anm. 66), Bd. 1, S. 25 ff.
73 J. L. Austin: *Zur Theorie der Sprechakte* (s. Anm. 34), S. 144 (Herv. v. m.).
74 Butler, Judith: *Haß spricht, Zur Politik des Performativen*. Berlin 1998, S. 30 ff.

Bedeutungstheorie zu tun, sondern vor allem mit einer *Identitätssemantik*. Sie reproduziert auf dem Territorium von Kommunikation den *klassischen Topos einer Übereinstimmung zwischen Form und Inhalt*. Ihr korreliert im vollendeten Kunstwerk die Einheit von Materie und Ausdruck. Ihre Identifikation verfährt *eo ipso* idealistisch. Der latente Idealismus der Apelschen ›Transzendental-‹ und Habermasschen ›Universalpragmatik‹ hat darin seinen Ort. Er findet sich gleichfalls in Gadamers hermeneutischem ›Vorgriff auf Vollkommenheit‹ wie im analytischen ›*Principle of Charity*‹, das diesen variiert.[75] Insbesondere thematisiert Gadamer, wo er auf das Verhältnis von Form und Stoff zu sprechen kommt, diesen einzig als Form.[76] Die sich dem Sinn *nicht* fügende Materialität wie die sich gelungenen Bedeutungsvollzügen verweigernden Performanzen kommen demnach ausschließlich in Ansehung ihrer Bedeutsamkeit ins Spiel. Wiederholt wird so buchstäblich ein klassisches Ideal: Die Materialität der Kunst gleichwie die Performativität der Handlung dienen allein der Unterstützung oder Verstärkung ihres Gehalts. Im Modus der illokutionären Selbstauszeichnung der Rede unterstreicht diese deren Semantik und bestätigt sich auf tautologische Weise selbst: Eine Behauptung (semantisch) ist eine Behauptung (performativ). Searles ebenso Habermas' Begriff der Performanz partizipieren an diesem Geist.

Ihm wäre entgegenzuhalten, daß der Begriff der Illokution überhaupt fiktional ist. Nicht nur sind die perlokutionären Effekte der Rede nirgends zu tilgen, vielmehr bleibt ebenfalls die im Identitätsmodus implizierte Gegenwart des Aktes ein Vorurteil: Der zeitliche Hiatus der Perlokution, die Differenz zwischen Äußerung und Wirkung, gilt gleichermaßen auch für die Illokution. Er hängt an der *chronischen Nichtrekonstruierbarkeit des Modus*. Etwas ist gesagt, ›p‹; aber der zeitliche Augenblick der Setzung hält den performativen Status der Äußerung im Dunkeln. Nur unter Annahme des ›Prinzips der Ausdrückbarkeit‹ und damit der *Souveränität des Sprechers, der weiß, was er tut*, ergibt sich die Möglichkeit einer Explikation des Sprechaktes. Wir haben es hier mit einem Übergang von dem, was Austin »primäre performative Äußerungen« (›Ich werde da sein.‹) nennt, zu »explizit performativen Äußerungen« (›Ich verspreche, daß ich da sein werde.‹) zu tun.[77] Dann entspricht das Problem der Rekonstruktion des Modus der Selbstreflexion des Sprechers auf den eigenen performativen Rang seiner Rede. Solche Reflexion geschieht immer sekundär – sei es auf Nachfrage oder durch den verständnislosen Blick des anderen, aufgrund einer Irritation oder einer situativen Unbestimmtheit. Sie fordert den Transfer von ›p‹ zu »Ich <sage>, daß ›p‹«. Die

---

75 Vgl. D. Davidson: *Wahrheit und Interpretation* (s. Anm. 30), S. 183 ff. Ferner Scholz, Oliver R.: *Verstehen und Rationalität*. Frankfurt/M. ²2002, bes. S. 81 ff.
76 Gadamer, Hans-Georg: »Gibt es Materie? Eine Studie zur Begriffsbildung in Philosophie und Wissenschaft«. In: ders.: *Gesammelte Werke*. Bd. 6. Tübingen 1987, S. 201–217.
77 Vgl. J. L. Austin: *Zur Theorie der Sprechakte* (s. Anm. 34), S. 87 ff. Habermas erklärt sie zur »Standardform« seiner Rekonstruktion; vgl. J. Habermas: »Was heißt Universalpragmatik?« (s. Anm. 50), S. 217.

Frage ist, wie solcher Transfer ohne die gleichzeitige Modifikation der Bedeutung möglich ist. Habermas' Antwort besteht – im Anschluß an Searle – in der Rekonstruktion des zugrundeliegenden performativen Verbs, das die Handlung ausdrückt. Doch liegt das Verb wirklich der Äußerung zugrunde? Wir äußern ›p‹ und nicht »Ich <sage>, daß ›p‹«, wobei das zugehörige performative Verb <sagen> allererst reflexiv aufzuweisen wäre – und es gibt keine Gewähr, daß die *Antwort*, die wir auf *Nachfrage* geben, richtig oder angemessen ist, denn es kann sein, wie Davidson treffend bemerkt, daß die Explikation »Ich behaupte hiermit, daß ›p‹« gar nichts behauptet: »[D]er Modus der Worte ist keine Garantie für die Art der Äußerung«.[78]

›P‹, so die These, differiert mit seiner Ersetzung durch »Ich <sage>, daß ›p‹«, und zwar nicht nur im Einzelfall, sondern beide sind *nie* identisch – vielmehr handelt es sich um einen anderen Sprechakt, weshalb die Strategie der Explikation nur einen weiteren Zug auf der Szene der Sprache darstellt. Sie enthält eine Transformation, eine Bedeutungsverschiebung, denn jede Modifizierung, so auch Austin, modifiziert die Bedeutung.[79] Sie ist dem zeitlichen Riß der Reflexion geschuldet. Der Anlaß der Reflexion aber ist die Rückfrage. Sie nötigt zur Verdeutlichung der performativen Funktion und eröffnet eine dialogische Sequenz. D. h., der Übergang von ›p‹ zu »Ich <sage>, daß ›p‹« enthält bereits die komplette Struktur eines Dialogs, der zwischen Äußerung, Frage und Erklärung einen Zeit-Raum aufspannt, worin die Spur des Anderen immer schon anwesend ist. Darum ist die explizit performative Äußerung stets das Produkt einer – wie man sagen könnte – ›*metaleptischen*‹ *Differenz*. Darauf hat gleichfalls Derrida bestanden: »Mag [der Sprecher] auch glauben, daß er die Operationen ausführt, so ist in jedem Augenblick und gegen seinen Willen sein Platz – die Öffnung hin auf die Gegenwart/das Präsens von wem auch immer, welcher glaubt, *ich* sagen zu können […] – entschieden durch einen Würfelwurf, für den der Zufall dann unerbittlich das Gesetz entwickelt. […] Jeder Ausdruck […] hängt in jedem Augenblick von seinem Platz ab und läßt sich […] in eine geordnete Reihe von Verschiebungen, von Gleitbewegungen, von Transformationen, von Rekursivitäten fortreißen, jeder vorangehenden Proposition ein Glied hinzufügend oder abschneidend.«[80]

## IV. Nichtrekonstruierbarkeit des Augenblicks der Setzung

Im *Widerstreit* hat Lyotard außerdem darauf aufmerksam gemacht, daß jeder Satz in seiner Anfangslosigkeit zugleich einen *Einsatz* bietet, der die fortwährende Bewegung der Sprache ebenso unterbricht wie in eine andere Richtung lenkt.[81] Insofern spaltet der Sprechakt die Sprache im selben Maße, wie er sie

---

78 D. Davidson: *Wahrheit und Interpretation* (s. Anm. 30), S. 160.
79 Vgl. J. L. Austin: Zur Theorie der Sprechakte (s. Anm. 34), S. 84 f.
80 Derrida, Jacques: *Dissemination*. Wien 1995, S. 335, 337.
81 J.-F. Lyotard: *Der Widerstreit* (s. Anm. 37), S. 10 f., 227 et passim.

kontinuiert. Es ist diese doppelte Figur von Kontinuität und Spaltung, von Differenz und Fort-Setzung, die für die Bestimmung des Performativen von Belang ist. Offenbar begibt sich, wer eine Äußerung als Ereignis und eine Rede als Serie von lauter Diskontinuitäten versteht, der Möglichkeit einer Verknüpfung und also auch der gleichermaßen für Luhmann wesentlichen Dimension des Anschlusses. Ihr Ausbleiben vereitelt überhaupt die Konstitution von Sinn. Verkettungen sind darum, wie auch Lyotard konstatiert, unumgänglich – doch ist der entscheidende Punkt, daß sie im selben Maße stets problematisch sind. Ist ein Satz gesetzt, muß eine Regel gefunden werden, die seine Verkettung gestattet – denn, so Lyotard in dem auf die *Streitgespräche* folgenden Streitgespräch, »das einzige Verbrechen ist, nicht zu verknüpfen. [...] Und wenn wir hier sind, so vielleicht nur um es wiederzuerwecken, das: ›Es muß verknüpft werden‹ [...]«.[82] Wenn daher auch eine Verknüpfung als *notwendig* erachtet wird, und sei es nur durch ein Schweigen, so bleibt doch offen, *wie* fortgesetzt werden kann: Jede Verkettung erweist sich zugleich als *kontingent*. Entsprechend avanciert ihr Problem zum immer wieder neu angegangenen Kardinalthema des *Widerstreits*, das freilich bei Lyotard eine ganz andere Lösung erfährt als bei Luhmann, weil jede Fortsetzung auch das *Problem der Unterbrechung* aufwirft. Denn einen Satz auf einen anderen folgen lassen bedeutet, zwischen beiden einen Riß, einen Unter-Schied zuzulassen: Zwischen ihnen klafft jene Leere, die die ästhetische Form des *Widerstreits* wie auch der Stil von Wittgensteins *Tractatus* durch die Abstände zwischen den Anschnitten oder Sentenzen kenntlich macht.[83] Nicht nur existiert eine Folge von möglichen Anschlüssen, sondern jeder Anschluß diskontinuiert in jedem Augenblick das Fortgesetzte, verweigert das System. Deswegen sagt Lyotard, daß die Sprache »zwischen den Sätzen auf dem Spiel steh(t).«[84]

Berührt wird damit die Frage nach der Relation zwischen *Alienation* und *Regel*, die so viele Mißverständnisse ausgelöst hat: Die »Heterogenität« zwischen den Sätzen »besteht in ihrer Inkommensurabilität oder Unübersetzbarkeit,« lautet eine These der *Streitgespräche*.[85] Was Lyotard festzuhalten sucht, ist das Außerordentliche jeder Äußerung, seine unüberspringbare Singularität. So geht es bei dem Ausdruck ›Inkommensurabilität‹ weder um logische Unvergleichbarkeit noch um die prinzipielle Unmöglichkeit von Übersetzung, wogegen sowohl Rorty als auch Davidson Einwände erhoben haben[86], son-

---

82 Lyotard, Jean-François: *Streitgespräche, oder: Sprechen ›nach Auschwitz‹*. (Vollständige Ausgabe mit Diskussion) Bremen o.J., S. 75.
83 Vgl. Mersch, Dieter: »Setzungen: Wittgensteins Stil im Tractatus«. In: *Wittgenstein und die Zukunft der Philosophie. Eine Neubewertung nach 50 Jahren*. Papers of the 24th. International Wittgenstein Symposium. Kirchberg 2001, S. 64–71.
84 J.-F. Lyotard: *Der Widerstreit* (s. Anm. 37), S. 11.
85 J.-F. Lyotard: »Streitgespräche, oder: Sprechen ›nach Auschwitz‹« (Ausgabe in E. Weber/G. C. Tholen; s. Anm. 37), S. 49.
86 Rorty, Richard: »Habermas and Lyotard on Postmodernity«. In: Bernstein, Richard J. (Hg.): *Habermas on Modernity*. Cambridge 1985, S. 161–175. Davidson, Donald: *Handlung und Ereignis*. Frankfurt/M. 1985, S. 311. Zur kritischen Auseinandersetzung mit den Einwänden von Davidson, vgl. Mersch, Dieter: »Das Paradox

dern um die Aussetzung einer Metaregel, die *alle* Übergänge zwischen den verschiedenen Sprachspielen oder Diskursarten stiftet. Vielmehr geschehen diese durch den Augenblick der Setzung und seiner *Plötzlichkeit* unvorhersehbar wie ein Einfall, der kommt ohne herbeigerufen zu sein. Dem Anschluß, der Kontinuierung der Rede eignet damit ein Moment von *Zufall*. Seine Diskontinuität wird nicht, wie Searle zu unterstellen scheint, durch die Regel aufgehoben; vielmehr durchschneidet die Einzigartigkeit des Aktes die ›institutionellen Tatsachen‹ – wie auch Searle das unvermutete Auftauchen einer Intention, die einem Gespräch eine andere Wendung erteilt, kaum zu erklären vermag.

Es ist dies zugleich die kritische Stelle der fruchtlosen Debatte zwischen Searle und Derrida, die um die Rätsel von Gleichheit, Iterabilität, Regel und Nichtwiederholung kreiste.[87] Ihre Fruchtlosigkeit enthüllte die Disparität der unterlegten Sprachbegriffe – die konstitutionelle Unvereinbarkeit zwischen strukturaler Semiologie und Sprachanalytik, wie sie sich in den nicht auszuräumenden Mißverständnissen der Auseinandersetzung niederschlug. Denn indem Derrida vornehmlich an Saussure anschloß, bestimmte er das Zeichen aus der Schriftmarke (*marque*), die seine Identität ebenso sichert wie durchstreicht, während Searle mit dem Begriff der konstitutiven Regel eine Tradition aufrief, die Identität der Wiederholung analytisch voranstellte. Der Streit entzündete sich damit an der Opposition zwischen Regel und *différance* als genuinen Orten der Performativität der Rede. Kein Zeichen (*marque*), so Derrida, kann umhin zu zirkulieren; nur was iter*ierbar* ist, kann als solches fungieren, wie umgekehrt eine Wiederholung genügt, um ein Zeichen (*marque*) zu konstituieren.[88] Gesprochen oder geschrieben: das Zeichen verdankt seine Existenz seiner Iterabilität, weshalb es in *Die Schrift und die Differenz* heißt: »Denn es gibt kein Wort, noch ganz allgemein ein Zeichen, das nicht durch die Möglichkeit seiner Wiederholung konstruiert ist. Ein Zeichen, das sich nicht wiederholt, das nicht schon durch die Wiederholung in seinem ›ersten Mal‹ geteilt ist, ist kein Zeichen. Der bedeutende Verweis muß deshalb, um jedesmal auf dasselbe verweisen zu können, ideal sein – die Idealität aber ist nur das gesicherte Vermögen der Wiederholung.«[89] Es ›gibt‹ folglich nicht die

---

der Alterität«. In: Brocker, Manfred/Nau, Heinrich H. (Hg.): *Ethnozentrismus*. Darmstadt 1997, S. 27–45, hier S. 30 ff.

87 Vgl. J. Derrida: »Signatur Ereignis Kontext« (s. Anm. 9). Ders.: *Limited Inc abc …* (s. Anm. 9), mit den »Antworten an Derrida« in der Zusammenfassung von G. Gaff, S. 47 ff. Vgl. ferner Frank, Manfred: *Das Sagbare und das Unsagbare*. Frankfurt/M. 1980, S. 141 ff.

88 Derrida, Jacques: *Die Schrift und die Differenz*. Frankfurt/M. 1972, S. 378.

89 Ebd., S. 373. Die maßgebliche Differenz verläuft so zwischen Zeichen und Ereignis, denn »(n)ie kann ein Zeichen ein Ereignis sein, wenn Ereignis etwas unersetzlich und irreversibel Empirisches sein soll. Ein nur ›einmal‹ vorkommendes Zeichen wäre keins. […] Denn ein Signifikant (überhaupt) muß in seiner Form trotz aller ihn modifizierenden Unterschiedlichkeit seines empirischen Auftretens stets wiederzuerkennen sein. Er muß *derselbe* bleiben und als derselbe immer wiederholt werden können, trotz der Deformationen und durch sie hindurch, die das, was

Marke oder die ›Spur‹ als auffindbare empirische Tatsachen, vielmehr ›gibt es‹ sie allein durch die Struktur der Wiederholbarkeit, die sie ebenso hervorbringt wie im Prozeß der Wiederholung, ihrer fortwährenden Dekontextuierung und Rekontextuierung verschiebt. *Iteration schließt die Alteration ein*: Das Zitat bedeutet den Platzwechsel, die ›Trans-Position‹ des Zitierten, so, wie Derrida etwas prätentiös vermerkt, die ›Faltung‹, die Differenz ›am Anfang steht‹ – eine Konsequenz, die in *Signatur Ereignis Kontext* vor allem gegen Austin ausgespielt wird, um die Geltung der Begriffe ›Kontext‹, ›Sprecher‹, ›Ausdruck‹ und ›Intentionalität‹ zu erschüttern und den handlungstheoretischen Zugriff des *Modusproblems* zu dekonstruieren.[90]

Der Gedanke von Iterabilität und Alterität deckt sich indessen mit Saussures Untersuchungen zu antiken Anagrammen: »Die Identität eines Symbols kann niemals von dem Augenblick an festgelegt werden, wo es Symbol ist. [...] [A]ber ein jedes Symbol existiert nur, weil es in die Zirkulation hineingeworfen ist«, doch ist man »im selben Augenblick absolut unfähig [...], zu sagen, worin seine Identität im nächsten Augenblick bestehen wird«.[91] Eine Nicht-Identität oder Trennung-von-sich, diese gleichermaßen für die Dekonstruktion maßgebliche Aussage, wurzelt im Zeichen selber, und zwar aufgrund der Nichtidentität der Zeit; doch bleibt diese Idee des *Ereignens*, der wesentlichen Temporalisation im Format von Sprechakt und Regel unverständlich – denn eine Regel, so Wittgenstein, erzeugt stets das gleiche. Sie ist, wie ebenfalls Wittgenstein unter Hinweis auf Vokabeln wie »Unerbittlichkeit« und »Abrichtung« nahe legte[92], tendenziell einer Apparatur verschwistert. Man könnte sagen: In der nichtdifferentiellen Wiederholung, die die Singularität des Wiederholten tilgt, drückt sich das Credo des Technischen aus. Auf diesen Gegensatz reduziert sich schließlich die ganze Diskussion zwischen Derrida und Searle: Die Gleichheit, die die Regel induziert, führt im Rahmen der Analytik die Wiederholung *logisch* und damit auch mechanisch an, während die strukturale Semiologie die Logik umgekehrt dem Reich der Zeichen unter-

---

man empirisches Ereignis nennt, ihm notwendigerweise zufügt. Ein Phonem oder Graphem [...] kann () als Zeichen und als Sprache überhaupt nur insofern fungieren, als seine formale Identität es wiederzugebrauchen und wiederzuerkennen gestattet.« Ders.: *Die Stimme und das Phänomen*. Frankfurt/M. 1979, S. 103.

90 J. Derrida: »Signatur Ereignis Kontext« (s. Anm. 9), S. 333 ff. Damit wird für Derrida das Modusproblem überhaupt fraglich; es gleitet ins Unbestimmte, weil zuletzt der Kontext unbestimmt bleibt. Darüber hinaus macht Derrida eine weitere Konsequenz geltend, die sowohl die Bedeutsamkeit des Problems offenlegt als auch eine Verschiebung erlaubt, die wiederum das Performanzkonzept transformiert. Denn Derrida diskutiert die Problematik des Sprechaktes exemplarisch am Beispiel des »parasitären« Sprechakts, des Bühnenzitats. Es handelt sich dabei nicht um ein kapriziöses Beispiel, sondern gerade um jenen strittigen Punkt, an dem die Sprechaktkonzeption ihr Versagen bezeugt: Die Frage der Ironie, des Zitats, des indirekten Sprechakts. Insbesondere zersetzt das Beispiel die Gültigkeit der konstitutiven Regel.

91 Vgl. Starobinski, Jean: *Wörter unter Wörtern. Die Anagramme von Ferdinand de Saussure*. Frankfurt/M., Berlin, Wien 1980, S. 10, 11.

92 L. Wittgenstein: *Philosophische Untersuchungen* (s. Anm. 27), § 6, 195 ff.

stellt und somit – *semiologisch* – der Wiederholung den Vortritt läßt. Wir haben es folglich mit einer Entscheidung zwischen Logik einerseits und Semiologie bzw. Grammatologie andererseits zu tun, die unentscheidbar bleibt, die dennoch in bezug auf die Struktur des Performativen ein wesentliches Dilemma enthüllt.

Es ist das Dilemma, daß sich mit der Kategorie der Handlung, sei diese als Akt oder als Wiederholung gefaßt, im Vollzug der Handlung etwas entdeckt, das sich der Verallgemeinerung entzieht. Weder geht es im Prinzip der Regel noch in der Bestimmung des Zeichens (*marque*) auf; vielmehr verharrt es in der Paradoxie, in der Regel ein Irreguläres und in der Wiederholung ein Nichtwiederholbares denken zu müssen, d. h. etwas zu denken, was sich der Begriffe der Handlung und des Zeichens (*marque*) ebenso bedient wie es sich ihnen widersetzt. Weil der Akt im Einsatz sich gleichermaßen setzt wie fortsetzt, funktioniert er *als Regel irregulär* und *als Zeichen*, das durch seine Wiederholbarkeit bestimmt ist, *zeichenlos*. Deshalb hat Derrida auch angemerkt, daß es die »Vorstellung eines *ersten Mals* […] ist, die an sich rätselhaft wird«.[93]

Der Umstand deutet allerdings auf einen weiteren Punkt, der über Derrida hinausführt. Denn performative Setzungen ereignen sich für Derrida wesentlich *als* Differenz-Setzungen. Dann partizipieren sie als Diskontinuitäten an der Kontinuierung der Rede; sie ent-springen der Verkettung und bleiben überall auf sie bezogen. Die Differenz, deren Notwendigkeit zu denken Derrida immer wieder gegen Searle reklamiert, hat darin ihr Vorspiel, ihren Bezug und ihre Plausibilität *als* Differenz. Es gibt sie nur als solche, d. h. als Bruch, solange sie ihren Grund in der Fortsetzung hat, d. h. auch solange eine Fort-Schreibung der Zeichen (*marques*) erfolgt. Doch wie ebensowohl der Bruch als *Abbruch* einer Kommunikation geschehen kann – und es käme einer rhetorischen Schleife, einem Wortspiel gleich zu sagen, die Kommunikation werde, indem sie abgebrochen wird, weitergeführt – kann mit der performativen Setzung auch ein ›anderer Anfang‹, eine *Neusetzung* geschehen. Dann bekommt man es freilich mit dem Problem des Neuen zu tun, an dem das nämliche Paradox haftet, sich stets auf der Folie eines Vorangegangenen zu artikulieren, aus dem es sich gleichwohl nirgends vollständig ratifizieren läßt. Zwar scheint der Widerspruch die Aussichtslosigkeit einer absoluten Setzung zu beweisen, doch bliebe dann Neues überhaupt aus.[94] Vielmehr gilt umgekehrt, daß Neues und Anderes *in ihrer Bestimmung* der Rekursion bedürfen, weshalb die Bestimmung chronisch unzulänglich bleibt, weil sie sich auf etwas bezieht, was mit ihr bereits gebrochen hat – *nicht jedoch in ihrer Setzung*.

Die Annahme einer *absoluten Setzung* scheint darum unverzichtbar. Der alleinige Fokus auf *différance* und Differenz-Setzung verkennt demgegenüber

---

93 J. Derrida: *Die Schrift und die Differenz* (s. Anm. 88), S. 310.
94 Nichts sei für die Erkenntnis moderner Kunst »so schädlich«, heißt es beispielsweise bei Theodor W. Adorno, »wie die Reduktion auf Ähnlichkeiten mit älterer […]; sie wird auf eben das undialektische, sprunglose Kontinuum geruhiger Entwicklung nivelliert, das sie aufsprengt. […] An zweiter Reflexion wäre es, das zu korrigieren.« Vgl. ders.: *Ästhetische Theorie*. Frankfurt/M. 1970, S. 36.

die Möglichkeit des radikal Neuen ebenso wie die radikale Andersheit und die Vollständigkeit eines Endes, eines rigorosen Abbruchs. Vielmehr lassen diese eine andere Dimension aufscheinen: *Ex-sistenz* im Sinne eines Aus-sich-Herausstehenden, einer *Ekstasis*. Die schillernden und nur *katachretisch* zu markierenden Begriffe des Neuen und Anderen, die aus der Ordnung der prädikativen Rede herausfallen, sind darauf verwiesen. Das läßt sich am Schweigen exemplifizieren – wie umgekehrt an dem plötzlichen Einsatz einer Stimme, mit der eine Rede anhebt und die Stille zerreißt: *Es läßt Erscheinen*. Der Handlung, dem Sprechakt geht diese Schwierigkeit des Einsetzen-müssens, des Anfangens in der Anfangslosigkeit, das stets eine Neueinsetzung bedeutet, vorweg, weshalb Hannah Arendt den Menschen überhaupt als einen ›Anfänger‹ bezeichnete. Doch besteht das Mysterium, das Eigentümliche dieses Anfangens darin, daß es selbst kein Element des Sagens ist – daß es dem Gesagten entgeht: *Es zeigt sich*. Anders ausgedrückt: Die Setzung, der Anfang weist jedes Sprechen in einen uneinholbaren Grund. Es erscheint, gleichwie als Wieder-Holung oder Fort-Setzung, *als Ereignis aus dem Nichts*.

›Nichts‹ ist freilich eine verwirrende Kategorie. Nicht gemeint ist das Nichtsein, das *Nihil* der Metaphysik, das stets schon der Differenz von Anwesenheit und Abwesenheit und damit dem Spiel der Bestimmung entstammt; vielmehr verweist es auf den Augenblick der Setzung selbst, d. h. auf seine ebenso *zeitliche* wie *sinnliche* Dimension. Es bekundet darin seine Beziehung zu Präsenz und Präsens – zu der absoluten Gegenwart des *Ereignens*. Nicht der Unterschied von Sein und Nichts spielt darin eine Rolle – sondern Sein von Nichts her denken heißt schon, es als Ereignis denken. Es bedeutet gleichzeitig, in der Sprache nicht das »Gesagte« auszuzeichnen, sondern das Moment der *Instantiierung* einer Rede, des *Auftauchens* eines Satzes, des ›*Ein-Falls*‹ einer Äußerung. Ähnliches hatte auch Heidegger in immer neuen Wendungen herauszustellen versucht, nicht nur in bezug auf die selbst noch verborgene Un-Verborgenheit der Wahrheit (*alétheia*), sondern ebenfalls in bezug auf die Sprache, die als »Geläut der Stille« apostrophiert wird, das der »Erschweigung« entspringt. Die Stille ermöglicht die Ereignung, so daß das Nichts ursprünglicher gesetzt ist als das Wort oder das Seiende.[95]

Es ist dieses Verständnis von ›Nichts‹, das in der Theorie des Performativen seine außerordentliche Stellung behauptet, weil auf diese Weise das *Ereignis der Existenzsetzung* selber bedeutsam wird. *Es meint den Augen-Blick des In-Erscheinung-tretens, des Sichzeigens*. Dieses Sichzeigen gehört zur Sprache. Es gründet im Performativen. Die Rede ist damit stets doppelt besetzt: Nirgends geht sie im Gesagten alleine auf, *sondern offenbart beständig ihre Seite des Zeigens, des Erscheinens*. Sie enthüllt ihr *Ästhetisches*. Jeder Akt gleicht einem Bild; jeder Setzung kommt diese Außenseite zu. Sie gibt sich in der Kraft, der spezifischen Wirksamkeit des Performativen, der Gravitation ihrer Materialität, ihrer besonderen Präsenz zu erkennen. Jede Äußerung, jeder Satz oder Akt wird von diesem *genuinen Chiasmus zwischen Dis-*

---

95 M. Heidegger: *Unterwegs zur Sprache* (s. Anm. 22), S. 29 ff.

*kurs* und *Aisthesis*, *Sagen und Zeigen*, *Sinn und Existenz* durchschnitten. Er impliziert im Reden einen *in-intelligiblen Überschuß*.[96] Auf der Szene der Sprache sein heißt, daß sich die Ordnungen des Sagens fortwährend verwischen, heißt, daß sich die Sprache aus dem Chiasmus von Sagen und Zeigen ereignet – heißt, seinem Ereignen *ausgesetzt* sein.

## V. Zur Kritik des performativen Selbstwiderspruchs

Der auf diese Weise ins Spiel kommende Chiasmus greift weit über die Figur der »performativ-propositionale[n] Doppelstruktur der Rede« bei Habermas hinaus.[97] Er sprengt deren Dualismus. Habermas hatte mit dem Modell der Doppelstruktur der Differenz zwischen Handlung und Referenz zu entsprechen versucht und in jedem Sprechakt eine Dualität von propositionalem Gehalt und performativem Anteil ausgemacht. Mit ersterem beziehen wir uns auf die Welt, mit letzteren konstituieren wir Sozialität, und zwar so, daß wir performativ für das jeweils Gesagte einstehen. In beidem aber repräsentiert sich die Form der verständigungsorientierten Einstellung des Sprechers auf den Hörer, seine besondere Weise des *Bezugs*, wobei die Bedeutung der Rede jederzeit durch Explikation ihres performativen Status ›aufgeklärt‹ werden kann. Das Modell macht eine Reihe von Voraussetzungen, wie sie für die Sprechakttheorie überhaupt gelten, so z. B. des Primats der Sprecherorientierung, der Souveränität der Handlung, der Idenitifizierbarkeit der performativen Rolle einer Äußerung und damit auch der ›Aufklärbarkeit‹ des Sinns, woran sich wiederum die Möglichkeit kollektiver Aufklärung der am Gespräch Beteiligten bemißt.

Wichtig ist jedoch, daß auf diese Weise mit der Explikation des Performativen vor allem ein einklagbarer Anspruch verbunden ist. Er verbürgt das Soziale. Es bildet darum eine Funktion sowohl des Sinns als auch seiner Beglaubigung. Das Soziale gelingt, wo beide im Ideal konsensueller Kommunikation zur Deckung kommen; umgekehrt zerfällt es, wo sie dispersieren, wo folglich Referenz und Performativität auseinander treten oder zueinander in Widerspruch geraten. Mit dem Performativen ist deshalb eine Geltungsbasis der Rede gegeben, die zugleich deren soziale Bindungsfähigkeit garantiert, gleichsam ihre ›rationale‹ *religio*. Denn die »pragmatische Wende«, so Habermas, impliziert eine »Umwertung der ›illokutiven Kraft‹«: Nicht länger sei sie im

---

96 Aufgrund der Körperlichkeit des Aktes sowohl als auch seiner nicht verfügbaren perlokutionären Effekte spricht ähnlich Judith Butler von einem »Überschuss« des Performativen über das Semantische: »Der Sprechakt sagt immer mehr oder sagt es in anderer Weise, als er sagen will;« vielmehr habe die performative Äußerung eine »unvorhersehbare Zukunft«. Vgl. J. Butler: *Haß spricht* (s. Anm. 74), S. 22, 202. Die Beziehung zwischen Sagen und Tun bleibe deshalb im Akt letztlich »unbestimmt«; ebenda, S. 133.

97 J. Habermas: »Vorbereitende Bemerkungen zu einer Theorie der kommunikativen Kompetenz« (s. Anm. 48), S. 104 f.

Sinne Austins als eine irrationale Komponente zu verstehen, sondern »[n]ach der pragmatisch aufgeklärten Lesart bestimmt die Moduskomponente den Geltungsanspruch, den der Sprecher im Standardfall mit Hilfe eines performativen Satzes erhebt. Damit wird der illokutionäre Bestandteil zum Sitz einer Rationalität, die sich als ein struktureller Zusammenhang zwischen Geltungsbedingungen, darauf bezogenen Geltungsansprüchen und Gründen für deren diskursive Einlösung darstellt.«[98]

So ist ein Rationalitätsprogramm von Kommunikation inauguriert, das sich systematisch auf die *Unterscheidung von Performation und Proposition* stützt. Doch indem seine Basis die Auszeichnung der Illokutivität der Rede bildet, sichert es sich von vornherein eine *Identität in der Differenz*. Sofern überdies mit dieser Identität stets auch der Übergang von ›p‹ zu »Ich ‹sage›, daß ›p‹« gelingt, deren Gelingen zugleich das Glücken »unverzerrter Kommunikation« anzeigt, folgt aus der Rekonstruktion der allgemeinen Struktur idealer Verständigung durch »Ich ‹spreche› mit dir über etwas« ein vierdimensionaler Schematismus der Geltungsbasis, differenziert nach den Partikeln des Satzes ›Ich‹, ›Du‹, ›Etwas‹ und ›Sprechen‹. Dann ergibt sich aus deren Tableau ganz zwanglos die von Habermas in Anschlag gebrachte Irreduzibilität der Dimensionen ›Subjektivität‹, ›Intersubjektivität‹, ›Objektivität‹ und ›Sprachlichkeit‹ mit ihren korrespondierenden Geltungsansprüchen der ›Aufrichtigkeit‹, ›normativen Richtigkeit‹, ›Wahrheit‹ und ›Verständlichkeit‹.[99] Letzterer wird als unmittelbar zur Rede gehörig seit der *Theorie des kommunikativen Handelns* der Voraussetzungslage des Modells selber zugeschlagen.[100] Die Architektur der Theorie erweist sich damit als gleichsam ›grammatikalisch vollständig‹.

Was Habermas allerdings derart als ›universale Pragmatik‹ entwirft, hat Apel nochmals transzendentalphilosophisch gewendet und damit, was lediglich Resultat rationaler Rekonstruktionen sein wollte, dem Pathos einer ›Letztbegründung‹ unterzogen. Diese beansprucht, das philosophische Problem der Legitimität des Rationalen dadurch ein für allemal zu erledigen, daß sie sowohl die Vernunft als auch ihre Begründung auf dieselben transzendentalen Bedingungen diskursiver Rede zurückführt, mithin beide in eins zusammenschließt.[101] Nicht auf Wahrheit, Wahrhaftigkeit und normative Richtigkeit wären die sprachlichen Äußerungen zu *verpflichten*, so daß sie *rational werden*; vielmehr prägen sie gleichzeitig die »unhintergehbare« Struktur aller

---

98 J. Habermas: *Nachmetaphysisches Denken* (s. Anm. 69), S. 80.
99 Vgl. dazu J. Habermas: »Was heißt Universalpragmatik?« (s. Anm. 54), bes. S. 215 ff.
100 Der Gesichtspunkt der Verständlichkeit als Basis von Verständigungen wird später als einklagbarer Geltungsanspruch fallengelassen, so daß aus dem vierdimensionalen Modell letzlich ein dreidimensionales wird; vgl. J. Habermas: *Theorie des kommunikativen Handelns* (s. Anm. 66), Bd. 1, S. 34 ff.
101 Vgl. etwa Apel, Karl-Otto: »Sprechakttheorie und transzendentale Sprachpragmatik zur Frage ethischer Normen«. In: ders. (Hg.): *Sprachpragmatik und Philosophie*. Frankfurt/M. 1976, S. 10–173.

*Kommunikation*.[102] Kernpunkt der Argumentation bildet dabei das Prinzip des »performativen Selbstwiderspruchs«[103], das einer *reductio ad absurdum* gleicht und jeden Zweifel durch Sturz in dessen eigene Paradoxalität hintertreibt. Eine Kritik kommunikativer Rationalität wäre folglich unmöglich, weil sie sich notwendig ihrer eigenen Grundlagen berauben müßte. Doch bedeutet dies im Gegenzug, daß eine Kritik des Modells wiederum an der Begründungsfigur selber anzusetzen und an zentraler Stelle die Gültigkeit des Arguments vom performativen Selbstwiderspruchs in Frage zu ziehen hätte.

Nach der Formulierung Apels gilt indessen als »letztbegründet«, was ohne Aporie weder beweisbar noch bezweifelbar wäre: »[W]enn ich etwas nicht ohne aktuellen Selbstwiderspruch bestreiten und zugleich nicht ohne formallogische *petitio principii* deduktiv begründen kann, dann gehört es eben zu jenen transzendentalpragmatischen Voraussetzungen der Argumentation, die man immer schon anerkannt haben muß, wenn das Sprachspiel der Argumentation seinen Sinn behalten soll.«[104] Dabei erfolgt der Nachweis in drei Schritten: (i) durch die Aufdeckung impliziter ›pragmatischer‹ Präsuppositionen, die jeder Rede zugrunde liegen; (ii) durch Universalisierung des Sprachspiels der Argumentation, das Apel auch als ›transzendentales Sprachspiel‹ apostrophiert, das allen anderen als Metaform vorausgeht; schließlich (iii) durch eine Begründung *via negationis*, die die Möglichkeit einer prinzipiellen Skepsis, die noch (i) und (ii) verwirft, abweist. Der *erste* Punkt stützt sich auf die Sprechakttheorie Searles in der Version der *Universalpragmatik* von Habermas; der *zweite* Punkt sucht die Pluralität und Relativität der Wittgensteinschen Sprachspielkonzeption noch zu übersteigen, indem er sich auf ein ›Metasprachspiel‹ der Argumentation beruft – eine Konsequenz, die der Intention Wittgensteins im übrigen zutiefst zuwiderläuft, während der *dritte* Punkt, die eigentliche Begründungsfigur, einen ›methodischen Zweifel‹ als Modell radikalisierten Unglaubens konstruiert, dem insofern eine ›pragmatische Paradoxie‹ attestiert werden kann, als es selbst, um sich verständlich zu machen, argumentieren muß, mit der Argumentation aber – d. h. mit der illokutiven Struktur des Behauptens und Überzeugens – wiederum gerade die Bedingungen *in Anspruch nimmt*, die es *in Zweifel* zieht.[105] Kurz: Die Situation des argumentativen Dis-

---

102 Apel, Karl-Otto: *Transformation der Philosophie*. 2 Bde. Frankfurt/M. 1973. Nach anfänglichem Widerstand hat auch Habermas ihre Gültigkeit für die Diskursethik anerkannt; vgl. Habermas, Jürgen: »Diskursethik – Notizen zu einem Begründungsprogramm«. In: ders.: *Moralbewusstsein und kommunikatives Handeln*. Frankfurt/M. 1983, S. 53–125, S. 53 f.
103 Etwa: Apel, Karl-Otto: »Das Problem der philosophischen Letztbegründung im Lichte einer transzendentalen Sprachpragmatik«. In: Kanitscheider, Bernulf (Hg.): *Sprache und Erkenntnis*. Innsbruck 1976, S. 55–82, S. 73 ff.
104 K.-O. Apel: »Das Problem der philosophischen Letztbegründung im Lichte einer transzendentalen Sprachpragmatik« (s. Anm. 103), S. 72, 73.
105 Als Modellkonstruktion dient Apel der Fallibilismus; vgl. Apel, Karl-Otto: »Fallibilismus, Konsenstheorie der Wahrheit und Letztbegründung«. In: Forum für Philosophie (Hg.): *Philosophie und Begründung*. Frankfurt/M. 1987, S. 116–211, S. 174 ff.

kurses gilt für jeden Argumentierenden wie Zweifelnden als schlechthin »nichthintergehbar«.[106] Das ›Letzte‹ der ›Letztbegründung‹ ist das ›Apriori‹ der Kommunikation selbst, dem Apel zusätzlich einen existentiellen Sinn unterlegt: Seine Negation komme einer Selbstausschließung aus der Diskursgemeinschaft gleich. Wer an deren Transzendentalität zweifelt, büßt nicht nur seine Argumentationsfähigkeit und damit seine Rationalität, sondern auch seine Identität und soziale Kompetenz ein. Unweigerlich muß er an seinem eigenen Menschsein, das tief in die Bedingungen der Verständigung eingelassen ist, irre werden.

Entscheidend ist freilich, daß diese Selbstrechtfertigung kommunikativer Rationalität auf dem Wege einer Skepsiswiderlegung erfolgt, die der Figur des *Pseudomenos* nicht unähnlich ist.[107] Die dadurch entstehende Paradoxie ist jedoch – anders als die vergleichbaren Figuren bei Aristoteles oder Descartes – nicht ›logischer‹, sondern ›pragmatischer‹ Natur.[108] Doch will ihr destruktiver Zirkel nicht minder unerbittlich wirken als die ›indirekten‹ Beweise gemäß *modus tollens*: Erst eine Widerlegung widerlegte die Apelsche Unternehmung – ein Unterfangen, das Apel schon deswegen ausschließt, als jede Widerlegung selbst argumentieren müsse, jede Argumentation wiederum der illokutiven Struktur des Behauptens, Widerlegens und Begründens folge – also das erfülle, was sie bezweifele und folglich in einen Zirkel gerate. Der Schluß scheint ›dicht‹: Er bietet keinen Spalt zur Aushebelung seiner Plausibilität. Gleichwohl gibt es eine Reihe ernstzunehmender Einwände, die seine vermeintlich opake Unanfechtbarkeit erschüttern. Sie sind in der Vergangenheit von den verschiedensten Seiten erhoben worden: Ob eine Entsprechung des aristotelischen *Elenchos* im Metier des Performativen überhaupt seine Anwendung finden könne[109], ob sich

---

106 Zur Logik der Letztbegründungsargumentation vgl. Kuhlmann, Wolfgang: *Reflexive Letztbegründung*. Freiburg, München 1985, S. 71 ff. Hösle, Vittorio: »Begründungsfragen des objektiven Idealismus«. In: Forum für Philosophie (Hg.): *Philosophie und Begründung* (s. Anm. 105), S. 212–267, bes. S. 241 ff., 250 ff. Im selben Band: Köhler, Wolfgang R.: »Zur Debatte um reflexive Argumente in der neueren deutschen Philosophie«, S. 303–333.

107 Ausdrücklich vergleicht Apel den Selbstwiderspruch mit der Antinomie vom Lügner; vgl. K.-O. Apel: »Das Problem der philosophischen Letztbegründung im Lichte einer transzendentalen Sprachpragmatik« (s. Anm. 103), S. 71. Köhler beschreibt »performative Selbstwidersprüche« als Widersprüche zwischen Inhalt und Voraussetzung von Sätzen, die im übrigen sich einer Formalisierung fügen, die der Struktur der Lügner-Antinomie entspricht; W. R. Köhler: »Zur Debatte um reflexive Argumente in der neueren deutschen Philosophie« (s. Anm. 106), S. 306.

108 W. R. Köhler: »Zur Debatte um reflexive Argumente in der neueren deutschen Philosophie« (s. Anm. 106), S. 305.

109 Berlich, Alfred: »Elenktik des Diskurses – Karl-Otto Apels Ansatz einer transzendentalpragmatischen Letztbegründung«. In: Kuhlmann, Wolfgang/Böhler, Dietrich (Hg.): *Kommunikation und Reflexion*. Frankfurt/M. 1982, S. 266 ff. Apel verwahrt sich allerdings gegen die Analogie mit dem Aristotelischen *Elenchos*, weil dieser einen logischen Schluß darstelle, während die »transzendentalpragmatische« Letztbegründung reflexiv argumentiere. Trotzdem beugt sich auch die Struktur der Reflexion, will sie begründend sein, den Gesetzen der Logik.

Sinn und Praxis je widersprechen könnten, ob nicht das ganze Argument sich einer rhetorischen Schleife bediene, die dem Zweifel bereits diejenige Struktur erteile, deren transzendentale Geltung es zu belegen trachte, ob es sich nicht folglich um ein ›Axiom‹, ein *grundloses Postulat* handele, das beide, die Rationalität des argumentativen Diskurses wie dessen Bestreitung, derselben Regel unterwerfe, um nur einige zu nennen.[110] Zudem verdanke sich, nach einer anderen Serie von Einsprüchen, die Begründungsstrategie einer Anzahl unbegründeter begrifflicher Idealisierungen und Ausgrenzungen: Sie verkenne die Singularität des Aktes, wie sie sich von Lyotards *Widerstreit* herleiten ließe, verleugne die Kraft des Zitats, des ›Parasiten‹ der Kommunikation, der mit der Regel bricht, wie es Derridas Intervention gegen Austin und Searle nahe legt, schließlich vernachlässige sie die Körperlichkeit des Aktes, die ›Unfügigkeit‹ seiner Materialität, die perlokutionäre Effekte auszulösen vermöge, die sich illokutionär nicht einholen ließen, wie es vor allem Judith Butler betont hat.[111] So scheint jeder Akt die Frage nach seinen Geltungsbedingungen jedes Mal neu aufzuwerfen, weil jedes Performativ allererst den Rahmen schafft, der ihm Gültigkeit verleiht.

Doch ist bei aller Berechtigung der Einwände kaum je bei der spezifischen *Kraft der Paradoxa* angesetzt worden, die von Apel als ›performative‹ bezeichnet werden. Denn keineswegs funktionieren sie restriktiv, sondern gehören zur Produktivität von Kommunikationen selber. Denn sieht man sich die Logik des Apelschen Arguments genauer an, bildet den maßgeblichen Schritt *nicht* der reflexive Syllogismus oder der stillschweigende Übergang vom Inhalt zur Performanz, sondern der unhinterfragte Rückgang auf die Austin-Searlesche Sprechakttheorie und die damit verbundene Auszeichnung des *Performativs der Illokution*, dessen universale Geltung im vorhinein unterstellt wird. Das bedeutet aber, die Struktur der Performativität von Sprache allein auf *Identität* zu eichen. Ihr gehorcht die Rationalität der Kommunikation gleichwie ihre Begründung. Sie beschreibt die Grundstruktur ›idealer Rede‹ und mithin das Maß, das gleichermaßen die Fortschritte wie Rückschritte der kommunikativen Praxis zu indizieren wie zu kontrollieren gestattet, um sie als Maßstab zu legitimieren. So wird die Zulässigkeit *performativer Differenzen* schon im Ansatz unterbunden. Entsprechend fungieren Paradoxa nicht als *Mittel der Rede*: Sie geraten vor dem Hintergrund der Auszeichnung von Illokutionen zu Pathologien. Mehr noch: Betroffen sind von diesem Ausschluß sämtliche Indirektheiten, die nicht nur *sagen*, sondern *zeigen*, indem sie an

---

110 Vgl. auch Mersch, Dieter: »Versprachlichung der Vernunft. Karl-Otto Apels Philosophie der Letztbegründung«. In: Mersch, Dieter/Breuer, Ingeborg/Leusch, Peter: *Welten im Kopf. Profile der Gegenwartsphilosophie.* 3 Bde. Hamburg 1996, Bd. 1, S. 53 ff. Sowie ders.: »Argumentum est figura. Bemerkungen zur Rhetorik der Vernunft«. In: Peters, Sibylle/Brandstetter, Gabriele (Hg.): *Figuration und Defiguration.* München (im Erscheinen). Ders.: »Das Paradox als Katachrese«. In: Arnswald, Ulrich/Kertscher, Jens (Hg.): *Wittgenstein und die Metapher* (im Erscheinen).
111 Vor allem J. Butler: *Haß spricht* (s. Anm. 74).

der Sprache nicht so sehr ihr Gesagtes, sondern ihr Ungesagtes hervortreten lassen: Etwa wenn durch die Rede hindurch auf etwas verwiesen wird, was nicht Teil der Rede ist, was sie nicht einmal andeutet, *indem* sie spricht, sondern gerade *dadurch* zu verstehen gibt, *daß* sie es verschweigt. Letzteres entlarvt die Kapriziosität des Apelschen Ansatzes: Er fokussiert das Performative allein auf das Gesagte: Das Nichts, der Augenblick des Erscheinens, die performative Existenzsetzung erhalten kein Gewicht, kommen als jener ›ortlose Ort‹, von dem her die Sprache spricht, nicht vor.

Eine Revision des Performanz-Begriffs der Sprache hätte dort anzusetzen: an der *Disparität von Sagen und Zeigen* als dem genuinen *Chiasmus der Rede*, der anzeigt, daß die performativen Differenzen die Akte regieren, daß es mithin keine Inter-Aktion gibt, ohne deren Auseinandertreten, deren Spannung oder Gegensatz. Insbesondere bedeutet Zeigen anderes als Sagen. Nicht nur widersprechen sie sich als Modalitäten des Darstellens – Sagen verfährt diskursiv, folgt der Ordnung der Unterscheidung, der Negation, während dem Zeigen ein ›ana-logischer‹ Zug zukommt, der sich der Logik strikter Verneinung verwehrt –[112]; *sondern dem Erscheinen selbst, der performativen Setzung oder Ankunft eignet ein Zeigen, das wiederum auf keine Weise auf ein Sagen zurückgeführt werden kann.* Ihrer Opposition entspricht die Irreduzibilität des ›Daß‹ (*quod*) auf das ›Was‹ (*quid*), der *Existenz* auf *Sinn*. Sie geht qua performativer Existenzsetzung in die Rede selbst ein und trägt darin eine nicht zu tilgende Duplizität ein. Sie ist das Produkt ihrer affirmativen Struktur. Indem wir den *Raum der Sprache* betreten, indem wir über etwas sprechen, Klassifikationen vornehmen oder Unterscheidungen treffen, *performieren* wir *quer dazu* die Sprache, verleihen wir ihr eine *Ex-sistenz*, ein *Ankommen*, dessen *Ereignen* nirgends im Reden aufgeht oder von ihm aufgenommen werden kann.

Wir gelangen damit zu einem Punkt, wie ihn ähnlich Wittgenstein im *Tractatus* aufgewiesen hat, der gleichwohl bis heute zu dessen weitgehend ungehobenen Stellen zählt. Er ersetzt dort die strukturelle Vergeblichkeit der logischen Selbstabbildung der Form der Sprache. Der wesentliche Gedanke ist, daß ein Satz, indem er *über* etwas spricht oder *von* etwas handelt, stets seine eigene *Darstellungsweise*, seine ›logische Form‹ mit sich führt, ohne sie selbst explizieren zu können. D. h., er spricht, aber sagt nicht, *wie* er spricht – dieses *zeigt sich*. Weiter heißt es: »Was gezeigt werden kann, kann nicht gesagt werden.«[113] So manifestiert sich am Zeigen die Grenze des Sagens, weil die Weise, wie ein Satz spricht, kein Modus der Rede sein kann: Er trägt sich, wie sich jetzt schärfer sagen läßt, *performativ* aus, vollzieht sich, *aber entzieht sich seinem Vollzug*. Das Performative im Sinne der Setzung wiese dann gleichzeitig auf ein in der Sprache *Unsagbares*. Die Sprache bleibt sozusagen von sich in ihrem Vollzug ununterbrochen getrennt. Ähnlich hatte es Lyotard, indem er

---

112 Vgl. Mersch, Dieter: »Wort, Bild, Ton, Zahl. Modalitäten medialen Darstellens«. In: ders. (Hg.): *Die Medien der Künste. Beiträge zu einer Theorie des Darstellens*. München (erscheint 2003).
113 Wittgenstein, Ludwig: *Tractatus logico-philosophicus*. Franfurt/M. $^8$1971, 4.1212.

sich auf Wittgenstein bezog, ausdrückt: »Ein Satz stellt ein Universum dar. Was immer seine Form sein mag, er führt ein ›Es gibt‹ mit, das in der Form des Satzes markiert ist oder auch nicht. Was ein Satz mitführt ist, was er darstellt. [...] Die in einem Satz mitgeführte Darstellung wird nicht in dem von ihm dargestellten Universum dargestellt, ein anderer Satz kann sie darstellen, doch führt dieser wiederum eine Darstellung mit, die er nicht darstellt.«[114] So erscheint der Chiasmus von Sagen und Zeigen, von Performativität und Bedeutung, von Existenz und Sinn in *ein und derselben Sequenz* nirgends schließbar; vielmehr bedarf es, um die Setzung, das *Zeigen auszusagen*, eines weiteren Satzes, der seine eigene Setzung, sein eigenes Zeigen einbehält *et ad infinitum*.

Quer zur Sprache, zur Kommunikation taucht damit etwas auf, das *im Entzug* bleibt, das gleichwohl beständig sich *mitzeigt*: das *Auftauchen* selbst. Es ist an den Akt der Performanz, das Ereignis der Setzung und seine Materialität geknüpft. *Die Sprache gründet in diesem Entzug*. Seine Quelle ist zuletzt der Andere. Dann *verbirgt* die Rede, was sie *tut* und vereitelt jede Explikation ihrer performativen Rolle. Unweigerlich bleibt ein Rückstand, an dem ihre Möglichkeit, sich zu erfüllen, bricht. Der Rückstand nennt keinen Mangel, vielmehr bezeugt er den ›Zug‹ des Anderen, der zu antworten zwingt.[115] *Sprechen heißt in diesem Sinne Antworten*: In dieser Unausweichlichkeit zu antworten manifestiert sich die ›Affektion‹ des Entzugs, die in der Ungreifbarkeit des Erscheinens ihre Entsprechung besitzt. Sie ereignet die performative Produktivität der Rede. Das ist der Grund, weshalb das Argument vom ›performativen Selbstwiderspruch‹ nicht trägt – weshalb die Bestimmung einer Vernunft in der Sprache überhaupt scheitert. Statt dessen wäre die These: *Indem wir aus dem Entzug sprechen, können wir gar nicht anders als im Modus performativer Differenzen zu reden*.

So werden performativer Widerspruch und Selbstwiderspruch zu ›Medien‹ der Rede, denen diese ihre spezifische Kraft, ihre Bewegung und Kreativität verdankt – wäre nicht der Ausdruck ›Medium‹ schief, weil es sich nicht wiederum um ein in der Sprache Verfügbares oder Sagbares handelt, sondern um solches, das sich allein *szenisch ereignet*. Folglich haben der Bruch, der Widerspruch auch nicht ihre Stellen im Rhetorischen, im Theater der Tropen – das hieße, sie weiterhin auf der Ebene des Sinns und der Sinntransformation, von Metapher, Metonymie und Katachrese zu diskutieren –, sondern sie gehen in den Eigensinn der performativen Setzungen, d. h. in *jeden* Akt mit ein. Denn nicht gleichgültig ist, *ob* und *wann* etwas gesagt ist, zu welchem Zeitpunkt, in welchem Kontext oder mit welcher Präsenz etwas gesetzt wird – wie überhaupt die Plazierung des Aktes, seine irritierende, beschämende oder auch kompromittierende Intervention aus den Betrachtungen der Rhetorik herausfällt. Vielmehr beginnt das Spiel der Differenzen, der Frakturen und Paradoxa

---

114 J.-F. Lyotard: »Streitgespräche oder: Sätze bilden ›nach Auschwitz‹« (s. Anm. 37), S. 32, 33 passim.
115 D. Mersch: »An-Ruf und Ant-Wort. Sprache und Alterität« (s. Anm. 1).

jenseits – oder genauer – *vor* der Rhetorik im Moment der Setzung selbst. Es ist, mit einem Wort, bereits das Ergebnis des außerordentlichen Augenblicks seiner *mise en scène*.

# Akt des sprechenden Körpers.
# Austin – Quintilian – Kafka

ELISABETH STROWICK (Hamburg/Yale)

## I. Entrée: Gleitkufen und metaphysische Füße

Am Beginn der dritten Vorlesung zu seiner Theorie sprachlicher Akte *(How to do things with Words)* wartet Austin mit einer Formulierung auf, die einen Bezug zwischen seinem theoretischen Unterfangen und dem Körper herstellt. Nach der Einführung des Begriffs der performativen Äußerung *(performative utterance)*, einer Analyse von Unglücksfällen *(infelicities)* und deren Unterscheidung in Versager *(misfires)* und Mißbräuche *(abuses)* heißt es:

> So then we may seem to have armed ourselves with two shiny new concepts with which to crack the crib of Reality, or as it may be, of Confusion – two new keys in our hands, *and* of course, simultaneously two new skids under our feet. In philosophy, forearmed *should* be forewarned.[1]

Die Ambivalenz des theoretischen Werk- oder, um in der Metaphorik zu bleiben, Rüstzeugs schlägt sich in einer spezifischen Körperlichkeit nieder: zugleich Schlüssel in den Händen und Gleitkufen unter den Füßen, handelt es sich hierbei nicht um einen in sich kongruenten Körper, sondern um einen Körper, in dessen hochherzigem Auszug sich der Fall ankündigt; in gleitende Bewegung versetzt, ist er mit der Möglichkeit des Schlitterns/Ausgleitens ausgestattet.

Wo der Körper seinen Einsatz in der Ambivalenz bzw. im Fehlgehen theoretischer Begrifflichkeiten findet, markiert er ein Problem von Theorie. Anders gesagt: Mit dem gleitenden/fallenden Körper[2] trägt Austin das Scheitern der Theorie in die Theorie ein. Körper und Theorie stehen danach nicht in einem Gegensatzverhältnis, sondern sind zu einer waghalsigen Unternehmung verklammert: Der (fallende) Körper figuriert das den theoretischen Konzepten inhärente Fehlgehen; Theorie ist mit einer inkongruenten Körperlichkeit versehen.

In der korrespondierenden Passage in *Performative Utterances* erfährt der Körper eine zusätzliche Charakterisierung. Es heißt:

---

1 Austin, John L.: *How to do things with Words*. Cambridge 1962, S. 25.
2 Eine weitere Metapher des Gleitens findet sich in: Austin, John L.: »Performative Utterances«. In: ders.: *Philosophical Papers*. Oxford 1961, S. 220–239, hier S. 228.

> We have discussed the performative utterance and its infelicities. That equips us, we may suppose, with two shining new tools to crack the crib of reality maybe. It also equips us – it always does – with two shining new skids under our metaphysical feet. The question is how we use them.[3]

Es sind metaphysische Füße, denen Austins Theorie des Performativen Gleitkufen unterschnallt. Einerseits entzieht die Wendung *metaphysical feet* den Körper der *phýsis*, andererseits – und hierin scheint mir der entscheidende Dreh des Performativen zu liegen – erscheint die Metaphysik als eine mit Füßen, d. h. als körperlich. Die Rhetorik des Austinschen Textes verleiht der Metaphysik einen Körper und bringt diesen im selben Zuge zu Fall. Was mit den theoretischen Begrifflichkeiten des Performativen ins Schlittern gerät, ist nicht Geringeres als der Körper der Metaphysik und damit eine metaphysische Konzeption des Körpers, die diesen in Opposition zum Geistigen und entsprechend zur Theorie bringt.[4] Statt jenseits von Theorie situiert Austins Text den Körper als ein der Theorie inhärentes Fehlgehen, als den Selbst-Widerstand (»self-resistance«) der Theorie.[5]

Der Bruch mit einer metaphysischen Körperkonzeption macht sich auch auf der Ebene der Figuration geltend: Der Körper der Metaphysik entgleist auf der Ebene der Figuration, genauer: zusammen mit einer bestimmten – metaphysischen – Logik von Figuration. Den metaphysischen Füßen werden buchstäblich Gleitkufen untergeschnallt, womit nicht nur der Körper in die Metaphysik, sondern auch die Buchstäblichkeit in die Figuration ein-

---

3   J. L. Austin: »Performative Utterances« (s. Anm. 2), S. 228.
4   Im Rahmen ihrer Reformulierung des Performativen als Akt des *sprechenden Körpers* stellt Felman genau diesen Bruch des Performativen mit den metaphysischen Oppositionen Körper/Geist, Materie/Sprache heraus, vgl. Felman, Shoshana: *The Literary Speech Act. Don Juan with J. L. Austin, or Seduction in Two Languages*. (Translated by Catherine Porter) Ithaca, New York 1983, S. 94.
5   Vgl. zum Verhältnis von Theorie und Widerstand: de Man, Paul: »The Resistance to Theory«. In: ders.: *The Resistance to Theory*. Minneapolis, London 1993, S. 3–20. In ihrer de Man-Lektüre konzipiert Caruth den *fallenden Körper (falling body)* als Fehlgehen *(failure)* der Theorie, vgl. Caruth, Cathy: »The Falling Body and the Impact of Reference (de Man, Kant, Kleist)«. In: dies.: *Unclaimed Experience. Trauma, Narrative and History*. Baltimore, London 1996, S. 73–90. Ausgehend hiervon akzentuiere ich die Verklammerung von Theorie und gleitendem/fallendem Körper bei Austin in Hinsicht auf ein widerständiges Moment von Theorie, einen der Theorie inhärenten Widerstand/*falling body*, der – im Unterschied zu de Mans Konzeption von Widerstand – kein *Widerstand gegen das Lesen*, »resistance to reading« (de Man: »The Resistance to Theory«, S. 17 f.), sondern *widerständiges Lesen*, »resisting reading«, ist, wie es Felman auf dem Hintergrund eines psychoanalytischen Begriffs von Widerstand formuliert (Felman, Shoshana: *What Does a Woman Want? Reading and Sexual Difference*. Baltimore, London 1993, S. 6). In diesem Sinne ließe sich sagen: Der *fallende Körper/falling body* markiert den Widerstand der Theorie gegen sich selbst, »self-resistance« (de Man: »The Resistance to Theory«, S. 20).

bricht.[6] Die Metapher funktioniert gerade nicht über die Opposition von Buchstäblichkeit und Figuration, sondern ereignet sich als Effekt des Entgleitens dieser Opposition, wie dies de Man in *Semiology and Rhetoric* als Kennzeichen des Rhetorischen herausstellt.[7] Das von Austins Gleitkufen in Szene gesetzte chiastische Verhältnis von Körper und Theorie macht sich in der Verschränkung von Figuration und Literalität performativ geltend, worin der rhetorisch interessante Einsatz des Performativen liegt.

In theoretischer Hinsicht ist Austin wenig an der Rhetorik interessiert. Unter Umgehung der figuralen, tropologischen Dimension erscheint sie lediglich in ihrer persuasiven Funktion[8], »exiled in the affective area of perlocution«.[9] Das in diesem Sinne a-rhetorische, auf einen grammatischen Code reduzierte Performativ erschöpft sich in einem konventionalen Akt. In seiner diesbezüglichen Kritik an Sprechakttheorien des Lesens bezeichnet de Man die »Beziehung zwischen Tropus und Performanz [als] in Wirklichkeit enger, aber auch zerrütteter, als dort angenommen wird«.[10] Die nachfolgenden Ausführungen nehmen die Frage nach dem ›engen‹ und ›zerrütteten‹ Verhältnis von Figuration und Performanz anhand des performanztheoretischen Einsatzes des Körpers, wie er sich bei Austin sowohl in erkenntnistheoretischer als auch in figurativer Hinsicht abzeichnet, ausgehend von zwei Feldern sprachlichen Handelns auf, die Austins Theorie der Sprechakte marginalisiert bzw. explizit ausschließt: Rhetorik und Literatur.[11] Angesichts dieser Ausschlußgeste ist eine Analyse rhetorischer und literarischer Performativa sprechakttheoretisch so vielversprechend wie brisant. Ich lese hier zunächst einen Text der »alten Rhetorik« (Barthes), Quintilians *Institutio oratoria*, im Anschluß daran Kafkas *Hochzeitsvorbereitungen auf dem Lande* und werde schließlich noch einmal zur Performanz des Austinschen Textes zurückkehren.

---

6 Eine literale Inszenierung der Metapher findet sich auch bei der Konversionshysterie vgl. Strowick, Elisabeth: »Metapher – Übertragung. Überlegungen zur ›Rhetorik des Unbewußten‹«. In: Tholen, Georg Christoph/Schmitz, Gerhard/Riepe, Manfred (Hg.): *Übertragung – Übersetzung – Überlieferung. Episteme und Sprache in der Psychoanalyse Lacans*. Bielefeld 2001, S. 209–224.

7 Vgl. de Man, Paul: *Allegories of Reading. Figural Language in Rousseau, Nietzsche, Rilke, and Proust*. New Haven, London 1979, S. 10.

8 Austin nennt »convincing, persuading« als Beispiele für perlokutionäre Akte; siehe J. L. Austin: *How to do things with Words* (s. Anm. 1), S. 108.

9 P. de Man: »The Resistance to Theory« (s. Anm. 5), S. 18.

10 de Man, Paul: »Der Widerstand gegen die Theorie«. In: Bohn, Volker (Hg.): *Romantik. Literatur und Philosophie*. Frankfurt/M. 1987, S. 80–106, hier S. 105. Zum Verhältnis von Figuration und Performanz bei de Man vgl. Menke, Bettine: *Prosopopoiia. Stimme und Text bei Brentano, Hoffmann, Kleist und Kafka*. München 2000, S. 172–192.

11 Theoretisch ausgeschlossen sind Rhetorik und Literatur in Austins Text und Theoriebildung gleichwohl virulent, sei es qua Ironie oder in den literarischen Beispielen (u.a. Euripides, Shakespeare, Cervantes), derer sich Austin wiederholt bedient. Die Literarizität von Austins Text hat Hillis J. Miller kürzlich herausgearbeitet. Vgl. Miller, Hillis J.: *Speech Acts in Literature*. Stanford 2001, S. 25, 40–49.

Theoretisch-methodisch speist sich meine Lektüre u. a. von Shoshana Felmans Austin-Lektüre.[12] Anhand einer Konstellation von Sprechakttheorie, Literatur und Psychoanalyse konzipiert Felman den performativen Akt als Akt des *sprechenden Körpers* (*speaking body*). Der *sprechende Körper* markiert das dem Akt inhärente Fehlgehen, den Akt als Fehl-Akt/»Fehlhandlung«[13], was heißt: die differentielle Struktur des Performativen, die er zugleich als materiell[14] zu denken erlaubt. Die Reklamierung des Performativen als Akt des *sprechenden Körpers* bedeutet ausdrücklich nicht die Verhandlung des Körpers im instrumentellen Sinn, reduziert diesen nicht auf ein *Mittel* sprachlicher Äußerung, sondern situiert ihn als überschüssiges Moment des Äußerungsaktes, »excess of utterance over the statement«[15], wie Felman Austins »force«[16] übersetzt. Angesichts der von Felman performanztheoretisch akzentuierten chiastischen Verschränkung von Sprache und Körper ist der körperliche Überschuß des Aktes nicht auf den Körper des sprechenden Subjekts zu reduzieren, sondern bezeichnet ein textuelles Moment – von Felman auch als »pleasure«[17] benannt. Der *sprechende Körper* ist im Akt der Äußerung insofern ›gegenwärtig‹, als dieser Akt ›sich selbst‹ verfehlt. Eine Verhaftung des Performativen in der Konvention[18], wie sie Austin intendiert, erfährt damit eine radikale Problematisierung.

## II. Quintilians *Actio*

Performativa sind von Beginn an in der Rhetorik virulent, sei es im Kontext der Frage nach der Wirkkraft (*dúnamis*) der Rede, anhand derer etwa Gorgias den rhetorischen Logos als körperlichen entwirft[19], oder in Texten zur *actio*,

---

12  Siehe S. Felman: *The Literary Speech Act* (s. Anm. 4); Originalausgabe: *Le Scandale du corps parlant. Don Juan avec Austin ou La séduction en deux langues*. Paris 1980. In der amerikanischen Neuausgabe findet sich der »sprechende Körper« wieder im Titel: *The Scandal of the Speaking Body. Don Juan with J. L. Austin, or Seduction in Two Languages*. With a New Foreword by Stanley Cavell and Afterword by Judith Butler. Stanford (forthcoming).
13  Freud, Sigmund: *Vorlesungen zur Einführung in die Psychoanalyse*. In: *Studienausgabe*, Bd. I. Frankfurt/M. 1969, S. 58.
14  Felman spricht von »a new type of materialism«; siehe S. Felman: *The Literary Speech Act* (s. Anm. 4), S. 145.
15  Ebd,. S. 78.
16  J. L. Austin: *How to do things with Words* (s. Anm. 1), S. 100.
17  S. Felman: *The Literary Speech Act* (s. Anm. 4), S. 12.
18  In der dekonstruktiven Austin-Rezeption (Derrida, Butler) erfährt der Begriff der Konvention eine grundlegende Reformulierung als Wiederholungsgeschehen, die es nicht länger erlaubt, Konvention und Bruch mit der Konvention als Gegensatz zu begreifen. Ich werde darauf am Ende meiner Ausführungen zum rhetorischen Performativ zurückkommen.
19  »Rede ist ein großer Bewirker; mit dem kleinsten und unscheinbarsten Körper vollbringt sie göttlichste Taten [*lógos dunástes mégas éstin, hos smikrótato sómati kai aphanéstato theiótata érga apotélei*]« (Gorgias von Leontinoi: »Lobpreis der

die den körperlichen Aspekt der Redehandlung herausstellen. Obgleich die Rhetorik im Unterschied zu Austins Bemühen keine systematische Beschreibung performativer Akte gab, trug sie – wie Campe schreibt – »der Erscheinung der anderen Arten des Sprechens in jeder ihrer Regeln zur Argumentation, Gliederung, Figuration usw. insofern Rechnung, als diese Regeln nicht-grammatische und nicht-logische waren«.[20] Eine rhetorische Lektüre des Performativen bietet sich inbesondere im Kontext der Rezeption des Performativen als Akt des *sprechenden Körpers* an, insofern die *actio* den Körper als sprechenden konzipiert. Ich konzentriere mich im folgenden auf Quintilians Ausführungen zu den Händen, in denen die Verschaltung von Körperrhetorik und sprachlicher Performanz nicht nur explizit formuliert ist, sondern überdies performativ zum Zuge kommt. Letzteres ist bei der Beschreibung des fehlerhaften Körpers besonders auffällig, womit Quintilians Text zugleich Gelegenheit gibt, das rhetorische Performativ in seinem Bezug zur Konvention zu analysieren.

## II.1. Hände in Performanz

Die »rhetorische Maschine«[21] fertigt den sprechenden Körper Stück für Stück. Auf die Stimme folgen Kopf, Gesicht, Augen, Augenlider, Wangen, Augenbrauen, Nase, Lippen, Nacken, Arme. Hiernach die Hände, die der Hüfte und den Füßen vorangestellt sind. Quintilians Ausführungen zu den Händen erstrecken sich über mehr als 30 Abschnitte und heben mit folgenden Sätzen an:

> 85 *Bei den Händen* nun gar, ohne die der Vortrag verstümmelt wirkte und schwächlich, läßt es sich kaum sagen, über welchen Reichtum an Bewegungen sie verfügen […]. 86 *Mit ihnen* fordern, versprechen, rufen, entlassen, drohen, flehen, verwünschen, fürchten, fragen und verneinen wir, geben wir der Freude, der Trauer, dem Zweifel, dem Eingeständnis, der Reue, dem Ausmaß, der Fülle, der Anzahl und Zeit Ausdruck. 87 […] So möchte ich, so verschieden die Sprachen bei allen Völkern und Stämmen sind, hierin die gemeinsame Sprache der Menschheit erblicken.[22]

Quintilian bestimmt die Hände als Sprachorgan, ja, als Universalsprachorgan. Dabei kommen die Hände nicht in der Weise zum Einsatz, daß sie eine sprachliche Äußerung *begleiten*; vielmehr sind sie es, die diese überhaupt *vollziehen*: »*Mit ihnen [an non his]* fordern, versprechen […] wir«. Anders gesagt: Fordern, Versprechen, Rufen, Entlassen, Drohen etc. sind körperliche Akte,

---

Helena« [Fragment 11/8]. In: ders.: *Reden, Fragmente und Testimonien*. Hg. mit Übersetzung und Kommentar von Thomas Buchheim. Hamburg 1989, S. 8 f.).
20 Campe, Rüdiger: »Pathos cum Figura – Frage: Sprechakt«. In: Haverkamp, Anselm (Hg.): *Die paradoxe Metapher*. Frankfurt/M. 1998, S. 289–311, hier S. 290.
21 Barthes, Roland: »Die alte Rhetorik«. In: ders.: *Das semiologische Abenteuer*. Frankfurt/M. 1988, S. 52.
22 Quintilianus, Marcus Fabius: *Ausbildung des Redners*. Zwölf Bücher. Hg. und übersetzt von Helmut Rahn. Zweiter Teil. Darmstadt 1975, XI, 3: 85–87.

Akte des *sprechenden Körpers*. Die sprachlichen Äußerungen, die Quintilian aufzählt, sind nicht irgendwelche, sondern sind präzise solche, die mit Austin als performative Akte zu bezeichnen wären. Die *actio* verschaltet m.a.W. die Rhetorizität des Körpers mit der Performanz der Sprache. Der *sprechende Körper* findet seinen Einsatz am ›Ort‹ des Performativen, womit das Performativ zugleich eine Charakterisierung als Akt des *sprechenden Körpers* erfährt. Doch noch etwas anderes ist an der zitierten Passage interessant: Die mit der Rhetorik der Hände vollzogene Verschränkung von Körper und Sprache zeigt sich auch in figurativer Hinsicht: Wo es heißt, daß der Vortrag ohne die Hände »verstümmelt wirkte«, greifen die Hände im Modus des Fehlens buchstäblich in den Text ein. In der Metapher der *Verstümmelung* artikuliert Quintilians Rede die Körperlichkeit des Vortrags performativ. Text und Körper verkreuzen sich in einer Weise, die mit dem rednerischen Vortrag zugleich die Texte zur *actio* als körperliches Geschehen zu lesen gibt. Die in der *actio* entworfene Körperrhetorik verschränkt sich mit der Rhetorik des Quintilianschen Textes – Wolfram Groddeck spricht von einem »Zusammenhang zwischen der Figürlichkeit der Rede und dem Körper des Redenden«[23] – und entsprechend dieser Verkreuzung der Beredsamkeit des Leibes mit der Performanz des Textes, von Hand und Handlung, wird weiterzulesen sein.

## II.2. Actio in actu oder: Der andere Schauplatz

Ausgerechnet die Rhetorik für eine kritische Hinterfragung der konventionellen Verhaftung des Performativen, d. h. der Verknüpfung sprachlicher Handlungen mit Konventionen und Regeln in Anspruch zu nehmen, muß auf den ersten Blick sonderbar anmuten, stellt doch die Rhetorik ein kaum überschaubares System von Regeln und Vorschriften dar. So schreibt etwa Barthes über die »alte Rhetorik«:

> Als ein System von ›Regeln‹ ist die Rhetorik von der Zweideutigkeit des Wortes durchdrungen: Sie ist sowohl ein Lehrbuch mit Anleitungen, die einen praktischen Zweck verfolgen, als auch ein Gesetzbuch, ein Corpus moralischer Vorschriften, deren Rolle darin besteht, die ›Abweichungen‹ der emotionsgeladenen Sprache zu überwachen (das heißt zu erlauben und zu beschränken).[24]

Quintilians *Institutio oratoria* steht im Dienst der regelhaften Hervorbringung des Sprechens, seine Ausführungen zur *actio* zielen auf die konventionelle Ausrichtung des sprechenden Körpers, die anhand des rechten Maßes, welches das mittlere ist, erfolgt. Grundlegend für Quintilians Verschaltung von Körper und Rede ist das Moment des *Passens*.[25] Anhand der Unterscheidung von *passend (aptus)* vs. *nicht passend (non commodatus)* sondert Quintilian

---

23 Groddeck, Wolfram: *Reden über Rhetorik. Zu einer Stilistik des Lesens.* Basel, Frankfurt/M. 1995, S. 115.
24 R. Barthes: »Die alte Rhetorik« (s. Anm. 21), S. 17.
25 Vgl. Quintilian: *Ausbildung des Redners* (s. Anm. 22), XI, 3: 61, 93, 95, 96.

den angemessenen (*commodus*, von *cum modo*: »mit Maß«) Rednerkörper von einem anderen sprechenden Körper, den er als fehlerhaft vom Schauplatz der Rede verbannt. In der konventionellen Ausrichtung des sprechenden Körpers, bei der es sich um ein performatives Unterfangen handelt, gibt Quintilians Text allerdings die Vertracktheit des Performativen mitzulesen, das sich – so meine These – nicht in der Konvention erschöpft, sondern diese im Akt der Setzung zugleich unterläuft.

Die in Quintilians *actio* angelegte Verschränkung der Rhetorizität des Körpers mit der Performanz der Rede, von Körperrhetorik und Sprachkörper, methodisch aufnehmend, konzentriert sich meine Lektüre auf die Performanz des Quintilianschen Textes am ›Ort‹ bzw. im Akt der Grenzziehung zwischen *passend/unpassend*. Wie agiert der als unpassend ausgeschlossene Redekörper auf dem Schauplatz des Textes? In welcher Weise spricht der exaltierte Körper in der Rede, die sich seiner zu entledigen sucht, mit? Gerade wo Quintilian die rhetorische Konvention formuliert, die *Fehler* in der Vortragsweise markiert, gebärdet sich der fehlerhafte Redekörper in der Rhetorik des Textes performativ. In der Eröffnung dieses *anderen Schauplatzes* (Freud) zeichnet sich das rhetorische Performativ als eines ab, das die von Quintilian installierte Opposition von *passend/unpassend,* konventional/nicht-konventional durchkreuzt. Quintilian charakterisiert die *Fehler* in der Handhaltung wie folgt:

> 117 Auch die Fehler in der Handhaltung sind hier anzufügen […]. 118 […] daß man bei weit ausholendem Arm die Seite sehen läßt, daß der eine die Hand nicht über den Bausch der Toga vorzustrecken wagt, ein anderer sie vorschiebt, soweit der Arm nur reicht, oder daß einer sie bis zum Dach hochreckt oder, indem er die Gebärde bis über die linke Schulter zurückführt, so auf den Rücken peitscht, daß es schon ganz gefährlich ist, hinter ihm zu stehen, oder daß einer einen ganzen Kreis nach links beschreibt oder mit unüberlegtem Handspreizen die Nächststehenden anstößt oder mit den beiden Ellenbogen nach beiden Seiten rudert, das kommt, wie ich weiß, oft vor. 119 […] Zuweilen findet es sich, daß die Hand mit gekrümmten Fingern entweder vom Kopf abwärts gerissen oder ebenso mit dem Handrücken nach oben geschleudert wird. […] 120 Man nehme zu diesen nur gleich diejenigen hinzu, die ihre schwirrenden Pointen mit den Fingern ins Ziel schleudern oder sie mit erhobener Hand verkünden oder die, was an sich zuweilen annehmbar ist, sich auf den Zehenspitzen aufrichten, sooft etwas ihren eigenen Beifall gefunden hat, aber fehlerhaft wird dies, wenn sie dabei einen Finger, so hoch sie nur können, aufrichten, oder auch zwei, oder beide Hände dabei so halten, als hätten sie eine Last zu tragen. 93 Verkehrterweise [*vitiose*] […] führt man diese Gebärde gern nach der Seite aus, als suchte sie die linke Schulter, wiewohl es noch schlimmer ist, wenn manche den Arm quer vorstrecken und dann mit dem Ellenbogen ihren Vortrag halten [*cubito pronuntiant*].

Über der Kennzeichnung des fehlerhaften Körpers gerät Quintilians Text in Bewegung, ja regelrecht in Begeisterung, und das Moment des *Komischen* läßt sich nicht von der Hand weisen. Wenn Quintilian sein Kapitel zur *actio* mit den Worten schließt: »181 […] Der Schluß des Kapitels muß wieder das Gleiche besagen wie bei den anderen Kapiteln, daß nämlich das rechte Maß über alles geht; denn nicht einen Komödianten wünsche ich mir, sondern einen Redner«, so hat das Komödiantische seinen Text längst erfaßt. Die Exaltiertheit des sprechenden Körpers macht sich im Text performativ geltend.

Der Textkörper gerät außer sich und *vollzieht* damit eben das, was Quintilian für unpassend hält und vom Schauplatz der Rhetorik verbannt. Quintilian – so ließe sich sagen – redet geradezu *mit* dem Ellenbogen. Die *membra*/Glieder des *sprechenden Körpers* agieren in der Rhetorik des Textes als *disiecta membra*. Die Körperlichkeit des Textes tritt am Ort der Grenzziehung zwischen *passend/unpassend* als *Komik* hervor – eine Körperlichkeit der *disiecta membra*, die, insofern sie zum Lachen bringt, mit dem Lachen ihrerseits einen körperlichen Exzeß produziert.[26] Der *sprechende Körper*, den Quintilian im Sinne der Opposition konventional/nicht-konventional auszurichten sucht, durchkreuzt diese Ausrichtung performativ, artikuliert sich am Ort des Fehlers als Komik, d. h. als der die Ordnung des Sinns wie auch die Opposition *passend/unpassend* subvertierende Exzeß des Performativen.

Das rhetorische Performativ ist paradox. Qua der in der *actio* angelegten Verschränkung von Körperrhetorik und sprachlicher Performanz sieht sich die Konvention mit ihrem Fehlgehen verknüpft. Der Setzung des konventionellen Körpers ist die körperliche Unterbrechung dieser Setzung inhärent. Angesichts des in sich verfehlten rhetorischen Performativs erweist sich die Reduktion sprachlicher Handlungen auf konventionale Akte als unhaltbar. Das Singuläre des rhetorischen Performativs liegt vielmehr gerade darin, die Opposition von konventional/nicht-konventional zu durchkreuzen. In diesem Sinne läßt es sich nicht nur als Kommentar zur Sprechakttheorie, sondern auch als Kommentar zum Regelsystem Rhetorik lesen. Ja, vielleicht ließe sich das rhetorische Performativ von daher als Artikulation des Spannungsverhältnisses von Regel und »singulärer Anomie«[27] charakterisieren.

Die im rhetorischen Performativ artikulierte Verklammerung von Konvention und Fehlgehen wäre – und hier knüpfe ich an die dekonstruktiv-performanztheoretische Problematisierung von Austins Begriffs der Konvention durch Derrida und Butler an[28] – gegen den Begriff der Konvention selbst zu wenden. Anders gesagt: Als Akt des *sprechenden Körpers* markiert das rhetorische Performativ die Verletzung der Konvention als der Konvention strukturell inhärent. Insofern, wie sowohl Derrida als auch Butler herausstellen, Konvention auf Wiederholung – als Figur von Differenz, an deren Stelle in Felmans

---

26 Zu den *disiecta membra* als strukturellem Moment des Witzes vgl. Freud, Sigmund: *Der Witz und seine Beziehung zum Unbewußten*. In: *Studienausgabe*. Bd. IV. Frankfurt/M. 1970, S. 18; Schuller, Marianne: »Der Witz oder die ›Liebe zum leersten Ausgange‹«. In: *Fragmente. Schriftenreihe für Kultur-, Medien- und Psychoanalyse*, 46, 1994, S. 11–28. »If laughter is, literally, a sort of explosion of the speaking body, the act of exploding – with laughter – becomes an explosive performance in every sense of the word.« Siehe S. Felman: *The Literary Speech Act* (s. Anm. 4), S. 121.
27 Ankündigungstext des DFG-Symposions »Rhetorik: Figuration und Performanz«. In: *DVjs* 75 (2001), S. 179.
28 Vgl. Derrida, Jacques: »Signatur Ereignis Kontext«. In: ders.: *Randgänge der Philosophie*. Wien 1988, S. 304–311; Butler, Judith: *Bodies that matter. On the discursive limits of »sex«*. New York, London 1993, S. 12–16; dies.: *Excitable Speech. A Politics of the Performative*. New York, London 1997, S. 1–20.

Terminologie der *sprechende Körper* steht – angewiesen ist, ist ihr der Bruch mit dem Kontext und damit die Nichterfüllung eingeschrieben. Angesichts der grundlegenden Wiederholungstruktur des Performativen sieht sich die Frage nach dem Verhältnis von Akt und Konvention zur Frage nach dem Verhältnis von Wiederholung und Singulärem verschoben.[29]

## III. Kafkas *Hochzeitsvorbereitungen auf dem Lande*: Erzähl-Körper/Erzähl-(N)ich(t)

Verurteilt Austin die Rhetorik in Bezug auf sprachliche Handlungen zur perlokutionären Randexistenz, so schließt er literarische Sprechakte (Schauspiel, Poesie, Prosa) aus seiner Theorie des Performativen gänzlich aus. Als »parasitär[e]«[30] Ausnutzung des gewöhnlichen Sprachgebrauchs ordnet er sie neben Akten des Zitierens der »Lehre von der *Auszehrung* der Sprache«[31]/ »doctrine of the *etiolations* of language«[32] zu.

Kafkas fragmentarischen Roman *Hochzeitsvorbereitungen auf dem Lande* für eine literarische Relektüre des Performativen zu wählen, hat verschiedene Gründe: Der Akt des Erzählens ist hier nicht nur vielfach thematisiert und inszeniert, er ist zudem als körperliches Geschehen ausgewiesen. Die multiple Erzählperspektive der *Hochzeitsvorbereitungen* (»ich«, »er/Raban«)[33] ver-

---

29 Zum Verhältnis von Wiederholung und Singulärem vgl. Weber, Samuel: »›Einmal ist keinmal‹: Das Wiederholbare und das Singuläre«. In: Neumann, Gerhard (Hg.): *Poststrukturalismus: Herausforderung an die Literaturwissenschaft* (DFG-Symposion 1995). Stuttgart, Weimar 1997, S. 434–448; Nägele, Rainer: »Mechané. Einmaliges in der mechanischen Reproduzierbarkeit«. In: Schuller, Marianne/Strowick, Elisabeth (Hg.): *Singularitäten. Literatur – Wissenschaft – Verantwortung*. Freiburg i.Br. 2001, S. 43–58; Strowick, Elisabeth: »Singularität des Aktes. Zur Performanz des Lesens«. In: M. Schuller/E. Strowick (Hg.): *Singularitäten*, S. 59–72.
30 Austin, John L.: *Zur Theorie der Sprechakte* (*How to do things with Words*). (Deutsche Bearbeitung von Eike von Savigny). Stuttgart 1994, S. 44.
31 Ebd.
32 Ebd., S. 22.
33 Die *Hochzeitsvorbereitungen auf dem Lande* wurden häufig im Hinblick auf Spaltungs- bzw. Verdopplungsfiguren gelesen, wobei die theoretische Figuration dieser Spaltung variiert. Vorherrschend sind dualistische Spaltungsfiguren (Ich/Körper, Innen/Außen, Körper/Schrift), in denen der Begriff der Spaltung im Sinne einer Homogenisierung der Erzählperspektiven funktioniert: Die verschiedenen Erzählperspektiven werden als »Ich-« bzw. »Selbstspaltung« Rabans (vgl. z.B. Sokel, Walter H.: »Zur Sprachauffassung und Poetik Franz Kafkas«. In: David, Claude (Hg.): *Franz Kafka, Themen und Probleme*. Göttingen 1980, S. 26–47; Bernheimer, Charles: »Psychopoetik. Flaubert und Kafkas *Hochzeitsvorbereitungen auf dem Lande*«. In: Kurz, Gerhard (Hg.): *Der junge Kafka*. Frankfurt/M. 1984, S. 154–183) bzw. »innere Monologe« (vgl. Binder, Hartmut: *Kafka-Kommentar zu sämtlichen Erzählungen*. München 1977, S. 64) figuriert, womit die Ich-Erzählperspektive der Erzählperspektive, in der von Raban als ›er‹ die Rede ist, subsumiert wird. Auch Kittler verhandelt die von dem Erzähl-Ich vorgebrachte Vorstel-

bindet sich mit unterschiedlichen Körperkonzeptionen: ›er‹ – angekleideter Körper, der aufs Land fährt; ›ich‹ – lispelnder Käfer-Körper (»Leib«), der im Bett liegt. Was bedeutet dieser gespaltene Erzähl-Körper für die Frage nach dem performativen Akt bzw. literarischen Performativ als Akt des *sprechenden Körpers*?

### III.1. Das lispelnde Performativ

Die für die Frage nach dem Verhältnis von Erzählakt und Körper prominenteste Passage ist zweifellos folgende:

> Und überdies kann ich es nicht machen, wie ich es immer als Kind bei gefährlichen Geschäften machte. Ich brauche nicht einmal selbst aufs Land fahren, das ist nicht nöthig. Ich schicke meinen angekleideten Körper nur. Also ich schicke diesen angekleideten Körper. Wankt er zur Thür meines Zimmers hinaus, so zeigt das Wanken nicht Furcht, sondern seine Nichtigkeit. Es ist auch nicht Aufregung, wenn er über die Treppen stolpert, wenn er schluchzend aufs Land fährt und weinend dort sein Nachtmahl ißt. Denn ich, ich liege inzwischen in meinem Bett, glatt zugedeckt mit gelbbrauner Decke, ausgesetzt der Luft, die durch das wenig geöffnete Fenster weht.
> Ich habe wie ich im Bett liege die Gestalt eines großen Käfers, eines Hirschkäfers oder eines Maikäfers glaube ich.
> Vor einer Auslage, in der auf Stäbchen kleine Herrenhüte hinter einer nassen, gläsernen Scheibe hiengen, blieb er stehn und schaute, die Lippen gespitzt, in sie. Nun, mein Hut wird für die Ferien noch reichen, dachte er und gieng weiter, und wenn mich niemand meines Hutes halber leiden kann, dann ist es desto besser.
> Eines Käfers große Gestalt, ja. Ich stellte es dann so an, als handle es sich um einen Winterschlaf und ich preßte meine Beinchen an meinen gebauchten Leib. Und ich lisple eine kleine Zahl Worte, das sind Anordnungen an meinen traurigen Körper, der knapp bei mir steht und gebeugt ist. Bald bin ich fertig, er verbeugt sich, er geht flüchtig und alles wird er aufs beste vollführen, während ich ruhe.[34]

---

lung, nicht selbst aufs Land zu fahren, sondern den angekleideten Körper zu schikken, als Rabans Phantasie (vgl. Kittler, Wolf: »Brief oder Blick. Die Schreibsituation der frühen Texte von Franz Kafka«. In: G. Kurz (Hg.): *Der junge Kafka*, S. 40–67, hier S. 55). Eine grundsätzlich andere Konzeption von Spaltung entwickeln Deleuze/Guattari (vgl. Deleuze, Gilles/Guattari, Félix: *Kafka. Für eine kleine Literatur*. Frankfurt/M. 1976, S. 40–59; Deleuze, Gilles: *Differenz und Wiederholung*. München 1992), deren Begriff von Verdopplung resp. Wiederholung als radikal differentielle Bewegung mit dualistischen Spaltungsfiguren bricht. Eine von Deleuze ausgehende Lektüre des Erzählverfahrens der *Hochzeitsvorbereitungen* unternimmt Vogl (vgl. Vogl, Joseph: »Vierte Person. Kafkas Erzählstimme«. In: *DVjs* 68 (1994), S. 745–756). Die multiple Erzählperspektive wird hierbei im Hinblick auf die Heterogenität des Erzählaktes ausgereizt, die Erzählstimme als »vierte Person« (Deleuze), »man« des Ereignisses, das immer schon in-sich-different/verdoppelt, singulär und kollektiv zugleich ist, charakterisiert.

34 Kafka, Franz: *Hochzeitsvorbereitungen auf dem Lande*. In: ders.: *Beschreibung eines Kampfes und andere Schriften aus dem Nachlaß*, GW Bd. 5. (Nach der Kritischen Ausgabe hg. von Hans-Gerd Koch). Frankfurt/M. 1994, S. 14–46, hier S. 18 f. Im folgenden im Text zitiert.

Die Konstellation Käfer-Körper/angekleideter Körper beschreibt einen performativen Akt: Der angekleidete Körper (»er«) »vollführt« die lispelnd ergangenen »Anordnungen« des Käfer-Leibs (»ich«).[35] Über die personale Korrespondenz der Körper mit der auch in der zitierten Passage wechselnden Erzählperspektive (»er«, »ich«) läßt sich das performative *setting* auf den Akt des Erzählens beziehen, der entsprechend als heterogen-körperlicher Akt, Akt in sich inkongruenter Körperlichkeit zu figurieren wäre. Diese Inkongruenz – Felman spricht von »inherent incongruity of the speaking body«[36] – betrifft nicht zuletzt die Frage der Gattung: Der performative Akt stellt sich als Überschreitung von Gattungsgrenzen/Kreuzungsgeschehen (Käfer, menschlicher Körper) dar.[37] Mit Parker und Sedgwick ließe sich der derart inszenierte Akt des Erzählens als »queer performativity«[38] lesen. In der Einleitung zu *Performativity and Performance* weisen Parker und Sedgwick auf das Bedeutungsfeld von »Etiolation« – Austin rechnet, wie gesagt, literarische Akte der »doctrine of the *etiolations* of language« zu – als Bezeichnung des Künstlichen, Abnormen hin, das sich vom botanischen Diskurs bis zum Homophobiediskurs am Ende des 19. Jahrhunderts in England erstreckt. Austins Performativ ist folglich von Beginn an mit »queerness« infiziert. Die Aufnahme dieser Begrifflichkeit in die hier unternommene Kafka-Lektüre erfolgt mit dem Anliegen, *queer performativity* anhand der *Hochzeitsvorbereitungen* literaturtheoretisch, was hieße: im Sinne der dem Erzähl-Akt inhärenten Verfehlungs-/Aufschubstruktur zu formulieren, die im folgenden analysiert werden soll.[39]

---

35 Austin führt den Imperativ als Beispiel für illokutionäre Akte auf, wohingegen Benveniste ihn im Zuge seiner linguistischen Formalisierung des Performativen strikt von performativen Äußerungen abgrenzt, vgl. Benveniste, Emile: *Probleme der allgemeinen Sprachwissenschaft*. Frankfurt/M. 1977, S. 305–307. Zur Kritik an Benveniste vgl. S. Felman: *The Literary Speech Act* (s. Anm. 4), S. 19–22.

36 S. Felman: *The Literary Speech Act* (s. Anm. 4), S. 115.

37 ›Kreuzung‹ ist nicht im Sinne vorgängiger Arten, sondern als »Deterritorialisierung« derselben zu verstehen, vgl. G. Deleuze/F. Guattari: *Kafka* (s. Anm. 33), S. 32. Zum Verhältnis von Erzählung und Gesetz der Gattung vgl. Derrida, Jacques: »Das Gesetz der Gattung«. In: ders.: *Gestade*. Wien 1994, S. 245–283.

38 Vgl. Parker, Andrew/Sedgwick, Eve Kosofsky (Hg.): *Performativity and Performance*. New York, London 1995, S. 1–18; Sedgwick, Eve Kosofsky: »Queer Performativity. Henry James's The Art of the Novel«. In: *GLQ. A Journal of Lesbian and Gay Studies* 1, 1, 1993, S. 1–16.

39 Über die heterogene Körperlichkeit stellt Kafkas Text nicht nur die Verkreuzung der Gattungen/Geschlechter als Mitgift des Aktes des Erzählens aus, auch der Signifikant *Hochzeit* bzw. *Heirat*, der im Text des titellosen Manuskriptes nicht vorkommt, allerdings durch die Rede von »Bräutigam«/»Braut« aufgerufen ist, ist performanztheoretisch von Interesse. Wie Sedgwick hervorhebt, ist *Heiraten* eines von Austins privilegierten Beispielen für performative Akte, womit das Performativ zugleich eine ›straighte‹ Ausrichtung erfährt. Mit den *Hochzeits»vorbereitungen«*, in denen sich Erzählperformativ und Reiseaufschub verkoppeln, wird der Aufschub in den Akt eingetragen. Kurz: Geschlechterordnung und Zeitlichkeit, wie sie Austins Performativ Rechnung tragen, sehen sich in Kafkas Erzählverfahren unterbrochen, und in eben diesem Sinne ließe sich von *queer performativity* sprechen.

Die Anordnungen des Käfer-Körpers ergehen als Lispeln. Damit wird nicht nur jede semantische Verhaftung des Performativen durchkreuzt, sondern die Kraft/ »force« des Performativen zudem als körperliches Ereignis ausgewiesen. Das Lispeln, die fehlerhafte Aussprache des S-Lautes, artikuliert die Verschaltung von Körper und Laut/Sprachkörper. Im Lispeln tritt der sprechende Körper im Akt des Aussprechens in störender Weise[40] und mit ihm der (fehlerhafte) Laut in seiner Materialität hervor. Kurz: Sprechender Körper und Sprachkörper verschränken sich im Sprachfehler, als welcher das Performativ erscheint. Die gelispelte Anordnung weist das störende Eingreifen des Körpers, mit dem das Aussprechen zum Fehl-Akt/zur Fehlhandlung gerät, als Kraft des Performativen aus. Die Körperlichkeit, die Kafkas Text mit dem lispelnden Käfer-Leib ins Spiel bringt, ist insofern keine vorsprachliche, sondern eine eminent sprachliche Körperlichkeit, die Materialität der Sprache/das Lautmaterial[41], das seine Artikulation gerade in der fehlerhaften Aussprache findet. Mit dem Anordnungen lispelnden Käfer-Leib erlangt der Sprachkörper performanztheoretische Bedeutung: Kafkas Text knüpft den performativen Akt – was zugleich heißt: den Akt des Erzählens – an den als lispelnden Käfer-Leib in Szene gesetzten Sprachkörper, über den sich die – von Austin ausgegrenzte, von Derrida in *Signatur Ereignis Kontext* als maßgebliche Struktur des Aktes akzentuierte – »parasitäre« Auszehrung des Performativen vollzieht. Eine Bedeutung von *parasite* (frz.) ist »Störgeräusch« (Radio); *bruit parasite* bedeutet »Nebengeräusch«, »Störgeräusch«. Eben dieses »parasitäre« Moment macht sich mit dem lispelnden Performativ geltend, das nicht nur die Auszehrung *(etiolation)* des Sinns, sondern noch die des Lautes betreibt, insofern Laut und Störgeräusch im Fehl-Akt des Aussprechens ununterscheidbar werden. Anders gesagt: Was Austin mit der Literatur aus der Theorie der Sprechakte ausgrenzt, ist die Materialität der Sprache, welche das literarische Performativ als maßgeblich für den Akt artikuliert.[42]

---

40 Vgl. die Etymologie von ›lispeln‹: »Das seit dem 12. Jh. bezeugte Verb ist eine Weiterbildung zu dem im *Nhd.* untergegangenen Verb *mhd., ahd.* lispen ›mit der Zunge anstoßen‹«; siehe *Duden, Bd. 7: Das Herkunftswörterbuch*. Mannheim, Leipzig, Wien, Zürich 1989, S. 422.
41 Deleuze/Guattari heben die deterritorialisierte, asignifikante Lautlichkeit/Materialität der Sprache als charakteristisch für Kafkas Erzählverfahren und Merkmal einer ›kleinen Literatur‹ hervor, vgl. G. Deleuze/F. Guattari: *Kafka* (s. Anm. 33), S. 30, 32.
42 Isaiah Berlin erwähnt die Bezugnahme Austins auf Kafkas *Verwandlung* im Kontext der Frage nach dem Verhältnis von Identität und Erinnerung: »If I remember rightly, the principal example […] that we chose was the hero of Kafka's story *Metamorphosis*, a commercial traveller called Gregor Samsa, who wakes one morning to find that he has been transformed into a monstrous cockroach, although he retains clear memories of his life as an ordinary human being. Are we to speak of him as a man with the body of a cockroach, or as a cockroach with the memories and consciousness of a man? ›Neither‹, Austin declared. ›In such cases we should not know what to say. This is when we say »words fail us« and mean this literally.‹« (Berlin, Isaiah: »Austin and the Early Beginnings of Oxford Philosophy«. In: *Essays on J. L. Austin* by Isaiah Berlin, L.W. Forguson, D. F. Pears, G. Pitcher, J. R. Searle, P. F. Strawson, G. J. Warnock. Oxford 1973, S. 1–16, hier S. 11). Diesen Hinweis verdanke ich Erhard Schüttpelz.

Der angekleidete Körper wird »alles [...] aufs beste vollführen«. Angesichts des lispelnden Performativs, d. h. der semantisch und lautlich ausgezehrten Anordnung, genauer: der Auszehrung *als* Anordnung, bleibt zu fragen, wie eine solche Anordnung ›aufs beste vollführt‹ werden kann. Und tatsächlich scheint sie dort aufs beste vollführt, wo der Körper aus der Tür »wankt« und über die Treppen »stolpert«. Sprich: Der Vollzug ist eben da ›geglückt‹, wo er die Verfehlung/Störung wiederholt, sich als Fehl-Akt ereignet. Kein glücklicheres Performativ als eines, in dem das Stolpern das Lispeln vollzieht, d. h. in differenter Weise wiederholt. Kafkas *Hochzeitsvorbereitungen* figurieren das (Erzähl-)Performativ als doppelte Verfehlungsstruktur: Verfehlung einer Verfehlung im Sinne ihrer Wiederholung, mit Deleuzes Konzeption von Wiederholung formuliert: als Bezug von Differentem auf Differentes[43], den Kafkas doppelte Körperkonzeption in Szene setzt. Das Stolpern ist die Wiederholung des Lispelns – wobei im Sinne der Wiederholung das eine dem anderen nicht vorgeordnet, sondern beider Verhältnis das einer gegenseitigen Vorgängigkeit ist – unter der Maßgabe der chiastischen, Gattungsgrenzen überschreitenden Verschränkung von Sprachkörper und Körpersprache. Kurz: Die poetologische Lektüre des gespaltenen Erzähl-Körpers in Kafkas *Hochzeitsvorbereitungen* vermag das literarische Performativ als eines zu figurieren, das sich an das Sprach- resp. Lautmaterial knüpft und sich als wiederholt-verunglücktes vollzieht.

Ausgehend von der hier unternommenen Lektüre des Lispelns/Stolperns als Inszenierung des Performativen ist nach dem Erzählverfahren der *Hochzeitsvorbereitungen* zu fragen: Wie macht sich der lispelnde/stolpernde Körper über die multiple Erzählperspektive hinaus in Kafkas Text geltend? Wie artikuliert sich die Verschränkung von Sprachkörper/Körpersprache im Fehl-Akt des Erzählens? Wo lispelt/stolpert der Text?

### III.2. Vorübergehen: Nicht-Erzählte Zeit (des Erzählens)

Was das Erzählverfahren der *Hochzeitsvorbereitungen* charakterisiert, ist eine – auch die gesamte Reiseunternehmung Rabans kennzeichnende – Aufschubstruktur, wobei der Aufschub in einer Weise erzählt wird, in der Körperinszenierung und Erzählausfall paradox zusammentreffen. Der erste Satz des Romanfragments beschreibt ein momenthaftes Geschehen: »Als Eduard Raban durch den Flurgang kommend, in die Öffnung des Thores trat, sah er, daß es regnete.« (S. 14) Auch die nächsten beiden Sätze fügen sich in diesen zeitlichen Modus, insofern sie als Beschreibungen eines ersten Blicks lesbar sind: »Es regnete wenig. Auf dem Trottoir gleich vor ihm gab es viele Menschen in verschiedenartigem Schritt.« (S. 14) Der darauf folgende Satz bricht mit dieser Zeitlichkeit. Die Wiederholungsformel »manchmal« artikuliert eine Dauer, die durch nichts in den vorangegangenen Sätzen vorbereitet ist: »Manch-

---

43 Vgl. G. Deleuze: *Differenz und Wiederholung* (s. Anm. 33), S. 158, 346.

mal trat einer vor und durchquerte die Fahrbahn.« (S. 14) Wo Raban eben in die Öffnung des Tores tritt, hat er dort schon eine Zeit verweilt. Das Stehenbleiben Rabans, ein zeitlicher Aufschub, ist einzig über die bewegten Körper, von denen »manchmal« einer vortritt, die »ab und zu« kommen oder »oft« zum Rand des Trottoirs gehen, die m.a.W. durch Wiederholung zu ›Trägern‹ von Zeit werden, erzählt. Das Stehenbleiben Rabans wird nicht zum Bestandteil der Narration[44]; die Erzählung des zeitlichen Aufschubs vollzieht sich szenisch versetzt: Der Aufschub wird in einer körperlichen Weise inszeniert, womit die im Erzählverfahren dominante Körperlichkeit ihren Einsatz als Schnittstelle von Erzählen/Nicht-Erzählen in einem verfehlt-verschobenen Erzählperformativ findet – dies auch in figurativ/literaler Hinsicht: In den vorübergehenden Körpern figuriert und re-literalisiert sich zugleich das Vorübergehen der Zeit. Mit der Verschaltung von Körperbewegung und Zeitlichkeit in der Formulierung »vorüber«[45], die zugleich einen Aufschub/ein anhaltendes Geschehen und ein Versäumnis artikuliert, begegnet nicht nur eine spezifische Weise des (Nicht-)Erzählens von Zeit, sondern auch eine spezifische Technik/körperliche Inszenierung von Figuration. Anders gesagt: Im selben Zuge wo die Körperinszenierung den Akt des Erzählens als versetzt-aufgeschobenes Performativ markiert, durchkreuzt sie die Opposition von Figuration und Literalität.[46] Der *sprechende Körper* erweist sich damit als Scharnier zwischen Figuration und Performanz: Die inkongruente Körperlichkeit des Aktes des Erzählens macht sich ›figurativ‹ in der Weise geltend, daß sie eine metaphysische Logik von Figuration unterläuft.

Eine entsprechende Verschaltung von Körper, Aufschub, Figuration und Literalität findet sich in der folgenden Passage, die überdies die Mitteilung

---

44 In der Fassung C der *Hochzeitsvorbereitungen* ist der hier von mir hinsichtlich des Aktes des Erzählens akzentuierte Zeitwechsel narrativ überbrückt: Nicht nur wird über den von Raban vorgenommenen Zeitvergleich zwischen Turmuhr und seiner Damenuhr das Thema Zeit ausdrücklich benannt und die Uhrzeit auf »fünf Uhr vorüber« (S. 44) bestimmt, erzählt wird weiter das Abstellen des Koffers sowie, daß Raban »genug Zeit hatte, also nicht in den Regen mußte.« (S. 44)
45 »Die Leute giengen mit etwas tief gehaltenen Köpfen vorüber« (S. 16). »Und es eilte ein junger Mensch mit dünnem Stock vorüber« (S. 14). »Durch die Lücken zwischen den Vorübergehenden sah man die regelmäßig gefügten Steine der Fahrbahn.« (S. 14) »Raban erschrak da. War es nicht schon spät. [...] Verdrießlich fragte er einen Nachbarn [...] nach der Zeit. Der führte ein Gespräch und noch in dem Gelächter, das dazu gehörte sagte er: ›Bitte, vier Uhr vorüber‹« (S. 17).
46 Zu Figuration und Literalität bei Kafka vgl. u.a. Koelb, Clayton: *Inventions of Reading. Rhetoric and the Literary Imagination.* Ithaca, London 1988, S. 134–140 (The Turn of the Trope: Kafka's »The Bridge«); Corngold, Stanley: »Kafka's *Die Verwandlung*: Metamorphosis of the Metaphor«. In: *Mosaic* 3, No. 4 (1970), S. 91–106; Sussman, Henry: *Franz Kafka: Geometrician of Metaphor.* Madison 1979; Barry, Thomas F.: »On the Parasite Metaphor in Kafka's ›The Metamorphosis‹«. In: *Philological Papers.* Morgantown 1989, S. 65–73; Lehmann, Hans-Thies: »Der buchstäbliche Körper. Zur Selbstinszenierung der Literatur bei Franz Kafka«. In: G. Kurz (Hg.): *Der junge Kafka* (s. Anm. 33), S. 213–241; B. Menke: *Prosopopoiia* (s. Anm. 10), S. 745 f.

und damit die Sprechhandlung ausdrücklich ins Spiel bringt: »Zwei Herren machten einander Mittheilungen, der eine hielt die Hände mit der innern Fläche nach oben und bewegte sie gleichmäßig als halte er eine Last in Schwebe.« (S. 14) Im Sinne der vorangegangenen Ausführungen wäre auch hier die Mitteilung in Verknüpfung mit der Handbewegung, d. h. dem *sprechenden Körper*, zu lesen, der sich figurativ/literal geltend macht, insofern er ›in Schwebe hält‹ – was, wenn nicht den Akt der Mitteilung selbst? – und derart den Aufschub in das Performativ einträgt, sprich: die Aufschubstruktur des Performativen markiert. Kafkas Text lispelt/stolpert, wo er qua körperlicher Inszenierung zugleich erzählt und nicht erzählt, anders gesagt: wo die Figuration und Literalität verkreuzende Erzählung des Aufschubs (›Vorübergehen‹, ›in der Schwebe halten‹) die Unerzählbarkeit der Zeit des Erzählens, die zeitliche Verfehlungsstruktur des Aktes des Erzählens artikuliert.

### III.3. Verneinung. Rand des Erzählens

Die Verneinungsstruktur des Aktes des Erzählens – das heißt die paradoxe Verschränkung von Erzählen und Nichterzählen – zeichnet sich auch in der bereits gelesenen Szene zwischen lispelndem Käfer-Leib und stolperndem angekleideten Körper ab. Das doppelt verfehlte Performativ steht im Zeichen der Verneinung: »Und überdies kann ich es nicht machen, wie ich es immer als Kind bei gefährlichen Geschäften machte.« (S. 18) Der Szene vorgeschaltet gehört dieser Satz zu den irritierendsten des Textes, und obgleich sie zu den meistgelesenen der *Hochzeitsvorbereitungen* gehört, wurde der Satz doch ebenso häufig überlesen. Die Brod-Ausgabe leistet einem solchen Überlesen insofern Vorschub, als er dort mit einem Fragezeichen versehen (»Und überdies kann ich es nicht machen, wie ich es immer als Kind bei gefährlichen Geschäften machte?«[47]) und derart als rhetorische Frage in Kohärenz zu den nachfolgenden Ausführungen gebracht ist. Obgleich der Satz in seinem Bezug zur nachfolgenden Passage nicht eindeutig ist, liegt es in Anbetracht der auch das folgende Erzählgeschehen durchziehenden Verneinungen nahe, ihn auf diese zu beziehen. Anders gesagt: Das Erzähl-Ich findet seinen Einsatz nach Maßgabe der Verneinung, ja, fällt buchstäblich (»N-ich-tigkeit«, »n-icht«) mit der Verneinungsform – einem Erzähl-(N)ich(t) – zusammen.

Wie Jean Hyppolite herausarbeitet, stellt Freuds Aufsatz zur *Verneinung* nicht nur eine Genese der Urteilsfunktion, sondern überhaupt der intellektuellen Funktion – des Denkens – dar, die bei Freud nicht auf das Bewußtsein zu reduzieren, sondern im Sinne der Struktur des Symbolischen zu begreifen ist. Die Verneinung ist die maßgebliche *Form* des Denkens resp. des Symbolischen. Freud schreibt:

---

47 Kafka, Franz: *Hochzeitsvorbereitungen auf dem Lande*. In: ders.: *Hochzeitsvorbereitungen auf dem Lande und andere Prosa aus dem Nachlaß*. Hg. von Max Brod. Frankfurt/M. 1980, S. 10.

> Ein verdrängter Vorstellungs- oder Gedankeninhalt kann also zum Bewußtsein vordringen, unter der Bedingung, daß er sich *verneinen* läßt. Die Verneinung ist eine Art, das Verdrängte zur Kenntnis zu nehmen, eigentlich schon eine Aufhebung der Verdrängung, aber freilich keine Annahme des Verdrängten. Man sieht, wie sich hier die intellektuelle Funktion vom affektiven Vorgang scheidet.[48]

In Hyppolites Lektüre stellt sich das in der Verneinung artikulierte Verhältnis von intellektueller Funktion und affektivem Vorgang nicht im Sinne einer Opposition dar: »[...] es gibt nicht das rein Affektive auf der einen Seite, vollkommen eingebunden ins Reale, und das rein Intellektuelle auf der anderen Seite, das sich von ihm ablöste, um sich seiner wieder zu bemächtigen«.[49] Was die Verneinung als intellektuelle Funktion – »fundamentale Attitüde des ausdrücklich gewordenen Symbolcharakters«[50] – vielmehr bezeichnet, ist eine »Suspendierung des Inhalts«.[51] Die von Freud als »Aufhebung« charakterisierte Verneinung bedeutet Hyppolite zufolge, »daß alles Verdrängte von Neuem wiederaufgenommen und wiederverwertet werden kann in einer Art von Suspendierung, und daß sich [...] gewissermaßen ein Rand des Denkens bilden kann, eine Erscheinung des Seins unter der Form, es nicht zu sein«.[52] Anders gesagt: Als Form einer Wiederaufnahme qua Suspendierung markiert die Verneinung das Symbolische als Randstruktur.

Vom Modus der Verneinung läßt sich auch die Erzählfunktion in Kafkas *Hochzeitvorbereitungen* als Form der *Wieder*aufnahme qua Suspendierung charakterisieren.

> Und überdies kann ich es nicht machen, wie ich es immer als Kind bei gefährlichen Geschäften machte. [...] Wankt er zur Thür meines Zimmers hinaus, so zeigt das Wanken nicht Furcht, sondern seine Nichtigkeit. Es ist auch nicht Aufregung, wenn er über die Treppen stolpert, wenn er schluchzend aufs Land fährt und weinend dort sein Nachtmahl ißt. (S. 18)

Der Akt des Erzählens vollzieht sich als Verneinung. Das Erzählte wird in der Geste der Suspendierung hervorgebracht, im Sinne der irreduziblen Nachträglichkeit der Wiederholung ›wieder‹aufgenommen und damit zugleich ›wieder‹verfehlt. Die in der doppelten Körperkonzeption inszenierte Verfehlungsstruktur des Performativen wiederholt sich in der Verneinung, in der sich Erzählen und Nicht-Erzählen verschränken, womit sich ›Erzählen‹ in entscheidender Weise verschiebt. Das Nein ist – im Sinne von Hochzeitsvorbereitungen gesprochen – die prekäre Mitgift des Erzählens[53]; mit der Markierung

---

48 Freud, Sigmund: *Die Verneinung*. In: *Studienausgabe*. Bd. III. Frankfurt/M. 1975, S. 373.
49 Hyppolite, Jean: »Gesprochener Kommentar über die ›Verneinung‹ von Freud«. In: Lacan, Jacques: *Schriften III*. Weinheim, Berlin 1994, S. 196.
50 Ebd., S. 199.
51 Ebd., S. 194.
52 Ebd., S. 199.
53 Über das *Nein/pas* verknüpft Derrida Erzählung und Ereignis, womit sich die entschiedene Absage an einen präsenzlogischen Begriff des Performativen verbindet; vgl. Derrida, Jacques: »Überleben«. In: ders.: *Gestade* (s. Anm. 37), bes. S. 178 f., 190 f. Der Akt des Erzählens erfährt dabei eine Akzentuierung im Sinne einer

eines unvordenklichen Erzähl-Ausfalls versehen macht sich das literarische Performativ als *Rand des Erzählens*[54] geltend.

## III.4. Lesereise aufs Land.
## Die *Hochzeitsvorbereitungen* als Allegorie des Lesens

Stellt sich mit der Verneinung der Akt des Erzählens als Suspendierung des Inhalts dar, entwirft Kafkas Text in der Fassung B auch das Lesen als eine solche Bewegung. Dem älteren Herrn gegenüber charakterisiert Raban das Lesen als ein nicht-inhaltliches Lesen, das sich der Reiseunternehmung aufs innigste verbindet:

> Denn wenn man eine Unternehmung vorhat, so sind gerade die Bücher, deren Inhalt mit der Unternehmung gar nichts zu Gemeinschaftliches hat, die nützlichsten. [...] Denn der Leser, der doch jene Unternehmung beabsichtigt, also irgendwie (und wenn förmlich auch nur die Wirkung des Buches bis zu jener Hitze dringen kann) erhitzt ist, wird durch das Buch zu lauter Gedanken gereizt, die seine Unternehmung betreffen. Da nun aber der Inhalt des Buches ein gerade ganz gleichgültiger ist, wird der Leser in jenen Gedanken gar nicht gehindert und er zieht mit ihnen mitten durch das Buch wie einmal die Juden durch das rote Meer, möchte ich sagen. (S. 42)

Die Wirkung des Lesens (»bis zu jener Hitze dringen«, ›Reizung‹) verdankt sich nicht dem Inhalt, sondern dessen Gleichgültigkeit. Dabei ist der Akt des Lesens in zweifacher Hinsicht mit einem ›Reise‹geschehen konnotiert: zum einen für die Unternehmung ›nützlich‹, zum anderen als Durchzug der »Juden durch das rote Meer« figuriert. Vor diesem Hintergrund läßt sich auch Rabans Reise aufs Land als Allegorie des Lesens lesen. Eine größere Diskrepanz zum rettenden Durchzug des Volkes Israel durch das rote Meer als Rabans Reise aufs Land ist allerdings kaum vorstellbar. Wo sich das Meer teilt und das Volk auf dem Trockenen weiterzieht, sieht sich Raban Fluten von Regen, unendlichen Pfützen und Mengen von Schlamm ausgesetzt.[55] Im Unterschied zum

---

Unterbrechung, eines Aus-Setzens, einer Unterlassung, wie sie auch Hamachers dem Performativen vorgeordnete Begrifflichkeit des Afformativs/»afformativen Ereignisses« vornimmt, vgl. Hamacher, Werner: »Afformativ, Streik«. In: Hart Nibbrig, Christiaan (Hg.): *Was heißt »Darstellen«?*. Frankfurt/M. 1994, S. 359 ff. Anm. 4, S. 362 ff. Anm. 6.

54 Die Randstruktur des Erzählens wäre rhetorisch noch weiter über die Figur des Chiasmus zu analysieren, vgl. hierzu Derridas Analyse der Erzählung (*récit*) als einer »*doppelten chiasmatische[n] Invagination von Rändern*«; siehe J. Derrida: »Gesetz der Gattung« (s. Anm. 37), S. 267 ff. Im Rahmen einer genaueren Topologie des Erzählrandes wären auch die in Kafkas *Hochzeitsvorbereitungen* vertretenen Randstrukturen (S. 14, 17, 19, 21, 22) zu berücksichtigen.

55 »Raban ging auf den Fußspitzen durch den Koth [...]. Als er aber in kaum unterbrochene Pfützen auf der dunklen Straßenseite gerieth, mußte er mit ganzen Sohlen weiterstampfen« (S. 33). »Stürmisch floß ihm das Regenwasser zwischen Kragen und Hals.« (S. 34) »[...] sicher sprang der Koth in die Speichen, Fächer von Pfützenwasser entstanden rauschend rückwärts an den sich drehenden Rädern« (S. 35).

rettenden Durchzug durch das Meer gestaltet sich Rabans Reise nicht nur als permanentes Hindernis, Aufschub, Versäumnis, sondern ist überdies in den Bildbereich des Flüssigen gerückt, den Bettine Menke mit der »Auflösung von Bild und Figur«, dem »Rauschen« in Verbindung bringt.[56] Rabans Reise aufs Land defiguriert[57] m.a.W. den den Akt des Lesens figurierenden Durchzug durch das rote Meer. Diese »Kraft zur Defiguration«[58] knüpft sich an eine Materialität, die sich in der hier unternommenen allegorischen Lektüre auf den Akt des Lesens beziehen läßt:

> [...] jenseits der Geleise war die Masse der Gegend daß es den Athem störte. War es ein dunkler Durchblick oder war es ein Wald, war es ein Teich oder ein Haus, in dem die Menschen schon schliefen, war es ein Kirchthurm oder eine Schlucht zwischen den Hügeln; niemand durfte sich dorthin wagen, wer aber konnte sich zurückhalten. (S. 32)

Die Lesereise aufs Land findet sich einer »Masse der Gegend« konfrontiert, »daß es den Athem störte«. Inhaltlich gleichgültig vollzieht sich der Akt des Lesens als materiell-körperliches Geschehen, das – ›Ort‹ der Gefahr und Sehnsucht zugleich – jedes Urteil aussetzt, in der Schwebe hält: Durchblick oder Wald, Teich oder Haus, Kirchturm oder Schlucht? Lesen erscheint als unlesbarer Akt[59], in dem Materialität[60] der Sprache und Körper aneinandergeraten, oder sagen wir im Sinne der *Hochzeitsvorbereitungen* lieber: einander versprochen sind.

---

56 Vgl. B. Menke: *Prosopopoiia* (s. Anm. 10), S. 746 Anm. 3.
57 Die defigurative Kraft des Regens in den *Hochzeitsvorbereitungen* ließe sich auch über Deleuzes Begriff der Singularität reflektieren: »Es ist das *man* der unpersönlichen und präindividuellen Singularitäten, das *man* des reinen Ereignisses, in dem *es* stirbt wie *es* regnet.« (Deleuze, Gilles: *Logik des Sinns*. Frankfurt/M. 1993, S. 190).
58 Menke, Christoph: »›Unglückliches Bewußtsein‹. Literatur und Kritik bei Paul de Man«. In: de Man, Paul: *Ideologie des Ästhetischen*. Hg. von Christoph Menke. Frankfurt/M. 1993, S. 265–299, hier S. 287.
59 Vgl. P. de Man: *Allegories of Reading* (s. Anm. 7), S. 77. Zum Verhältnis von Lesen/Unlesbarkeit vgl. Hamacher, Werner: »Unlesbarkeit«. In: de Man, Paul: *Allegorien des Lesens*. Übersetzt von Werner Hamacher und Peter Krumme. Frankfurt/M. 1988, S. 7–26; Felman, Shoshana: »Turning the Screw of Interpretation«. In: dies. (Hg.): *Literature and Psychoanalysis. The Question of Reading: Otherwise*. Baltimore, London 1982, S. 142 f.
60 In diesem Zusammenhang böte sich eine Analyse performanztheoretischer Konzeptionen von Materialität, wie sie sich etwa bei de Man oder Felman finden, an. Zur Materialität bei de Man vgl. Cohen, Tom/Cohen, Barbara/Miller, J. Hillis/Warminski, Andrzej (Hg.): *Material Events. Paul de Man and the Afterlife of Theory*. Minneapolis, London 2001.

## IV. Folgen – Stolpern – Tiere. Körper bei Austin

Nachdem die vorangegangenen Lektüren versuchten, das Performativ ausgehend von den bei Austin marginalisierten Bereichen Rhetorik und Literatur als Fehl-Akt des *sprechenden Körpers* zu figurieren und damit zugleich der Verhaftung in der Konvention zu entziehen, sei abschließend ein kurzer Blick auf die unterschiedlichen Verhandlungen des Körpers in Austins Text selbst geworfen.

In der neunten Vorlesung gewinnt der Körper, die ›körperliche‹ Handlung (›*physical*‹ *action*) theoretische Bedeutung im Zusammenhang mit der Unterscheidung zwischen illokutionärem und perlokutionärem Akt. Insofern Austin den illokutionären Akt als konventional, den perlokutionären Akt als nichtkonventional charakterisiert[61], ist diese Unterscheidung gleichbedeutend mit der Unterscheidung zwischen Konvention und Nicht-Konvention[62] bzw. der Grenze zwischen dem Akt und seiner Folge *(consequence)*.

> We have then to draw the line between an action we do (here an illocution) and its consequence. Now in general, and if the action is not one of saying something but a nonconventional ›physical‹ action, this is an intricate matter.[63] [...] we do not seem to have any class of names which distinguish physical acts from consequences: whereas with acts of saying something, the vocabulary [...] seems expressly designed to mark a break at certain regular point between the act (our saying something) and its consequences (which are usually not the *saying* of anything), or at any rate a great many of them. [...] So that we have here a sort of regular natural break in the chain, which is wanting in the case of physical actions.[64]

Austin bringt den Körper im Zuge einer theoretischen Grenzziehung, eines Ausschlusses – Austin spricht ausdrücklich von seinem »Bemühen, ›alle‹ Folgen auszuschließen«[65] – ins Spiel. Um die Grenze zwischen Akt und Folge bemüht, führt Austin die körperliche Handlung als eine an, bei der diese Grenze nicht zu bestimmen ist. Anders gesagt: Im Zuge von Austins theoriebildender Ausschlußgeste fungiert der Körper als das konstitutive Außen/Andere des

---

61 »Illocutionary acts are conventional acts: perlocutionary acts are *not* conventional.« Siehe J. L. Austin: *How to do things with Words* (s. Anm. 1), S. 120.
62 Die Grenzen der Konvention sind für Austin durchaus nicht klar: »[...] it is difficult to say where conventions begin and end«; siehe J. L. Austin: *How to do things with Words* (s. Anm. 1), S. 118.
63 Ebd., S. 110.
64 Ebd., S. 111 f. Zwischen Austins Bemerkungen zu ›körperlichen‹ (›*physical*‹) Handlungen und außersprachlichen *(non-verbal)* Handlungen ist zu differenzieren. Außersprachliche Handlungen finden als konventionale oder nicht-konventionale Handlungen Erwähnung, sprich: konventionale Akte können auch mit außersprachlichen Mitteln vollzogen werden. Anhand des Verhältnisses von Sprechakt und ›körperlicher‹ Handlung hingegen verhandelt Austin die konventionale Ausrichtung des Performativen, weshalb sich meine Lektüre auf die ›körperliche‹ Handlung konzentriert.
65 J. L. Austin: *Theorie der Sprechakte* (s. Anm. 30), S. 130. »in seeking to detach ›all‹ consequences« (J. L. Austin: *How to do things with Words* [s. Anm. 1], S. 113).

konventionalen Sprechaktes und bietet sich von daher als ›Instrument‹ für eine kritische Relektüre der konventionalen Ausrichtung des Performativen an. Die für den illokutionären Akt angenommene regelmäßige Unterbrechung (»regular natural break«) von Akt und Folgewirkung – die Derrida und Butler anhand der Wiederholungsstruktur des Performativen kritisieren – ist weniger der Natur der Sprechhandlung als Austins ausschließender Geste, der Trennung von illokutionärem Akt und körperlicher Handlung, kurz: von Sprache und Körper, geschuldet.

Im Sinne einer dekonstruktiven Lektüre wäre nach dem die Konvention durchkreuzenden Körper in Austins Text zu fragen. Wo macht sich die körperliche Handlung als – mit Felman gesprochen – Fehl-Akt, »excess of utterance over the statement« geltend? In welcher Weise ist die strukturelle Verschränkung von Sprache und Körper, die Felman in ihrer Reformulierung des Performativen als Akt des *sprechenden Körpers* ausdrücklich herausstellt und die Austin im Zuge seiner theoretischen Trennungsbemühungen schließlich doch zugesteht[66], in Austins Text performativ wirksam?

Hierbei sei zunächst an die bereits eingangs angesprochene Verschaltung von Theorie und Körper erinnert. Wo Austin um der theoretischen Rettung des konventionalen Aktes willen die körperliche Handlung ausgrenzt, markiert der Körper in Austins Rede gerade das Fehlgehen der Theorie – was in diesem Fall heißt: das Scheitern der Trennung von Sprechhandlung und körperlicher Handlung. Der das der Theorie inhärente Scheitern/den Widerstand der Theorie figurierende Körper ist ein spezifischer: Neben dem mit Gleitkufen ausgestatteten ›fallenden‹ Körper findet sich in Austins fünfter Vorlesung ein *stolpernder* Körper, d. h. ein vom Fehlakt heimgesuchter Körper, ein körperlicher Fehlakt: »(I must explain again that we are floundering here. To feel the firm ground of prejudice slipping away is exhilarating, but brings its revenges.)«[67] Eike von Savigny übersetzt »floundering« mit »ins Schwimmen geraten«.[68] In der deutschen Übersetzung der entsprechenden Passage im Rah-

---

66 Daß die Trennung von Sprechhandlungen und körperlichen Handlungen nicht in der intendierten Schärfe durchzuhalten ist, merkt Austin an, wo er, in seinem »Bemühen, ›alle‹ Folgen auszuschließen«, zum lokutionären Akt zurückgeht, »dem Geräuschemachen, also einer körperlichen Bewegung« (J. L. Austin: *Theorie der Sprechakte* [s. Anm. 30], S. 130), die er ihrerseits als eine Folge der körperlichen Minimalhandlung, die Sprechorgane zu bewegen, bestimmt: »We have already noted that ›production of noises‹ is itself really a consequence of the minimum physical act of moving one's vocal organs.« (J. L. Austin: *How to do things with Words* [s. Anm. 1], S. 113 note 1). Als gesprochener Akt ist der Sprechakt nicht von einer körperlichen Handlung zu trennen: »[...] the divorce between ›physical‹ actions and acts of saying something is not in all way complete – there is some connexion.« (J. L. Austin: *How to do things with Words* [s. Anm. 1], S. 113) Mit diesem Zugeständnis steht freilich auch die Trennung von Akt und Folge, kurz: die konventionale Ausrichtung des Performativen in Frage.
67 J. L. Austin: *How to do things with Word* (s. Anm. 1), S. 61.
68 »(Ich muß noch einmal betonen, daß wir hier ins Schwimmen geraten. Es ist erheiternd, den festen Boden unserer Vorurteile wanken zu spüren; aber es rächt sich.)«; siehe J. L. Austin: *Theorie der Sprechakte* (s. Anm. 30), S. 81.

men von Derridas *Signatur Ereignis Kontext* findet es sich mit »Stolpern« wiedergegeben: »Ich muß wieder erklären, daß wir hier ins Stolpern gekommen sind. Zu spüren, wie der feste Boden des Vorurteils unter einem wegrutscht, ist erheiternd, hat jedoch seine Tücken.«[69]

Das die Verwicklung von Körper und Fehl-Akt figurierende Stolpern vollzieht sich noch an anderer Stelle in Austins Text und ließe sich, insofern es die Grenzziehung zwischen Mensch und Tier betrifft, in seiner gattungstheoretischen Dimension, als *queer performativity* lesen. Austin hegt eine gewisse Vorliebe für Tierbeispiele: Neben der Taufe von Pinguinen findet sich ein zum Konsul ernanntes Pferd, eine Trauung mit einem Esel, ein einem Esel gegebenes Versprechen, ihm eine Möhre zu schenken, oder die Frage, ob ein vernünftiger Hund getauft werden kann.[70] Wie unschwer zu vermuten, illustrieren die Tierbeispiele sämtlich das Verunglücken des performativen Aktes. Anders gesagt: Austin inszeniert das Verunglücken/die Konventionsverletzung über die Verletzung/das Überschreiten von Gattungsgrenzen, womit das konventionale Performativ zugleich im Dienste der Sicherung von Gattungsgrenzen, der Befestigung eines Humanums steht.[71] Theoretisch um die Reinheit der Gattung bemüht, durchkreuzt Austins Rede – und eben hier ist von einem Stolpern zu sprechen – die Gattungsgrenze im Zuge ihrer theoretischen Sicherung performativ. Sowohl in seinem Text *Performative Utterances* als auch in den Vorlesungen führt Austin folgendes Beispiel für Unglücksfälle an:

> Or consider the case in which I say ›I appoint you Consul‹, and it turns out that you have been appointed already – or perhaps it may even transpire that you are a horse.[72]

In der Wendung: »that you are a horse« bzw. »when you are a horse«[73] vollzieht Austin eben jene Gattungsverkreuzung, die er in der theoretischen Formulierung des konventionalen Performativs ausschließt. Wo ›Sie‹ ›ein Pferd sind‹ verkreuzen sich menschliche Anrede und Tier. Austin spricht im selben Zuge das Pferd mit ›Sie‹ *(you)* an, wie er seinen Hörer als Pferd tituliert. Anders gesagt: Der Akt der Adressierung vollzieht sich als Kreuzungsgeschehen. Austin adressiert seine Rede über Gattungsgrenzen hinweg, konstituiert den Hörer/Leser als Pferd, was immerhin – und hier liegt nicht zuletzt der Reiz von Austins Rhetorik – die Aufforderung impliziert, Austins Text über Gattungsgrenzen hinweg, als Pferd, d. h. *queer* zu lesen.

---

69 J. L. Austin: *How to do things with Words* (s. Anm. 1), S. 61. Deutsche Übersetzung zitiert nach: J. Derrida: »Signatur Ereignis Kontext« (s. Anm. 28), S. 311.
70 Vgl. ebd., S. 23, 24, 31, 35.
71 Zur (geschlechter-)politisch prekären Ideologie von Austins Beispielen vgl. J. H. Miller: *Speech Acts in Literature* (s. Anm. 11), S. 49–59.
72 J. L. Austin: »Performative Utterances« (s. Anm. 2), S. 225.
73 In den Vorlesungen lautet die Passage: »›I appoint you,‹ said when you have already been appointed […], or when you are a horse«; siehe J. L. Austin: *How to do things with Words* (s. Anm. 1), S. 34.

# ›Es lebe der König!‹ – ›Im Namen der Republik.‹
# Poetik des Sprechakts.

RÜDIGER CAMPE (Baltimore)

## I.

In *Danton's Tod. Ein Drama* prägt Rhetorik die Bühnenrede nicht nur stilistisch wie im barocken Theater und bis zu Schiller, sondern auf der Bühne zeigt sich Rhetorik als sprachliches Agieren an institutionellen Orten und gemäß ihrer Verfaßtheit. In Büchners Drama aus der Französischen Revolution zeigt sich zum ersten Mal auf der Bühne, daß es in der Rhetorik um eine Rede mit Handlungscharakter geht, weil sie eine Rede auf der Bühne ist. Genauer gesagt: rhetorische Rede ist Rede auf der Bühne einer jeweils vorausgesetzten, wenn auch in ihren Grenzen nicht immer überschaubaren Institution. Rhetorik ist nicht nur *institutio oratoria,* sondern auch Rede in gegebenen institutionellen Rahmen. Jeder der vier Akte in *Danton's Tod* ist von einem anderen institutionellen Ort rhetorischer Rede bestimmt. Im ersten Akt ist es der Jakobinerclub, wo Robespierre spricht (I/3)[1]; im zweiten der Nationalkonvent mit Reden Robespierres und St. Justs (II/7); im dritten Akt sieht man Danton sich vor dem Revolutionstribunal verteidigen (III/4 und III/9); im vierten sprechen Danton und seine verurteilten Parteigänger letzte Worte auf dem Revolutionsplatz, unter der Guillotine (IV/7). Diese zwei politischen und zwei gerichtlichen Podeste der Rhetorik sind umgeben von korrespondierenden nichtinstitutionellen Szenen: Auf dem Weg zum Jakobinerclub, wo er in wenigen Augenblicken sprechen wird, improvisiert Robespierre seine Rede in einer ›Gasse‹ (I/2); die Parlamentsrhetorik eines St. Justs parodieren freiwillig und unfreiwillig Pariser Kleinbürger auf der ›Promenade‹ oder auf der ›Straße vor Danton's Haus‹ (II/2 und II/6); Gegner und Anhänger Dantons erörtern und planen zwischen den Verhandlungen des Revolutionstribunals die Prozeßtaktik (III/6 und III/8); zuletzt kommentieren und persiflieren die verurteilten Dantonisten ihre Abschiedsworte gegenseitig (IV/5 und IV/7). Die Institutionalität der Orte, an denen Rhetorik funktioniert und von denen aus sie in die

---

[1] *Danton's Tod* wird zitiert nach der Ausgabe: Büchner, Georg: *Sämtliche Werke und Schriften. Historisch-kritische Ausgabe.* Hg. von Dedner, Burghard/Mayer, Thomas Michael. Bd. 3.1–4. Darmstadt 2000. Hier und im folgenden werden im Text zuerst Akt und Szene angegeben, dann die Seitenzahlen des emendierten Textes im Band 3.2.

Umgebung der jeweiligen Sprechakte diffundiert, gibt dem Drama der nichtklassischen – der ›offenen‹[2] – Form eine eigene Art formaler Bestimmtheit.

Es handelt sich um zitierte Rhetorik in zweifachem Sinn. Büchner montiert bekanntlich in *Danton* Zitate aus historischen Darstellungen der Französischen Revolution, z. B. aus der populären Darstellung der Revolutionsereignisse, die ein gewisser Johann Konrad Friedrich zwischen 1826 und 1830 unter dem Titel *Unsere Zeit* veröffentlicht hatte und aus der *Histoire de la Révolution française* von Adolphe Louis Thiers.[3] Die direkten Zitate konzentrieren sich auf die Szenen an den vier institutionellen Orten der politischen und juridischen Rhetorik.[4] Man sieht in den umgebenden Szenen diese Rhetoriken aber auch geprobt und imitiert, geplant und persifliert. Damit erweisen sich die aus den Geschichtsbüchern zitierten Stücke der Revolutionsrhetorik immer auch als vorgesprochene oder nachgespielte Rhetorik. Beides – das dokumentierte und das wiederholende Zitat – gehört in der sich als Reden an institutionellen Orten zeigenden Rhetorik zusammen. Am historischen Zitat, das aber sogleich schon wiederholt werden kann, oder am Proben und Nachspielen der Formeln, die im Buch der Geschichte zum Zitat geworden sind[5], zeigt sich, inwiefern diese rhetorischen Reden Handlungen heißen können. Das heißt, es zeigt sich, inwiefern sie durch ihren Vollzug hindurch wahrnehmbare und irgendwie typisierbare Unterschiede machen.

Traditionelle Rhetorik ist ihrer Institutionalität halber *Wiedergebrauchsrede* (Lausberg)[6]: Das läßt Büchner auf dem Theater ausspielen, indem er in den Abschattungen der nichtinstitutionellen Szenen die Theatralität der institutionellen Szenen zeigt. In der sich als wesentlich zitierbar (d. h. aktuell wiederholbar) erweisenden zitierten (d. h. den Quellen entnommenen) Rhetorik fallen romantisches Historiendrama und die Komödie der romantischen Ironie,

---

2 Zur Anwendung dieser (von Wölfflin entlehnten) ästhetischen Kategorie vgl. Klotz, Volker: *Geschlossene und offene Form im Drama*. München [14]1994.
3 Zusammenstellung der Quellen in G. Büchner: Sämtliche Werke (s. Anm. 1), Bd. 3.3. Vgl. Thieberger, Richard: *La mort de Danton de Georges Büchner et ses sources*. Paris 1953; und: Meyer, Thomas: »Zur Revision der Quellen für ›Dantons Tod‹ von Georg Büchner«. In: *Studi germanici* (NF) 7 (1969), S. 286–336. 9 (1971), S. 223–233.
4 Ein Nachweis der literaturwissenschaftlichen Arbeiten, die sich der Identifizierung der Zitate gewidmet haben, müßte den größten Teil der erschienenen Interpretationsliteratur umfassen. Es sei nur die Dokumentierung der Ergebnisse genannt in: Büchner, Georg: *Dantons Tod. Kritische Studienausgabe des Originals mit Quellen, Aufsätzen und Materialien*. Hg. von Peter Becker. Frankfurt/M. [2]1985.
5 Vgl. Holmes, Terence M.: *The Rehearsal of Revolution: Georg Büchner's Politics and his Drama ›Dantons Tod‹*. Bern 1995.
6 »Jede Gesellschaft genügender sozialer Intensität kennt Wiedergebrauchsreden, die ein soziales Instrument zur Bewußterhaltung der Fülle und Kontinuität der sozialen Ordnung und häufig des notwendig gesellschaftlich charakterisierten Menschseins überhaupt sind.« (Lausberg, Heinrich: *Elemente der literarischen Rhetorik*. München [3]1967, § 15, S. 17) Lausbergs Definition der spezifisch rhetorischen Wiederholung ließe sich nach ihren Bestimmungsstücken: Intensität, Kontinuität und Gedächtnis genauer entfalten.

Charles Nodiers *Le dernier banquet des Girondins* und Tiecks Lustspiele, auf eigentümliche Weise in eins. In der zweifachen Struktur des Zitats der Rhetorik kreuzen sich mithin die beiden wichtigsten literarhistorischen Interpretationsansätze zum *Danton*: die Lektüre als historisches oder sogar dokumentarisches Theater und die als ironisch reflexives Theater, als Theater des Theaters. Man kann im Blick auf diese doppelte Zitathaftigkeit in einem ersten, vorläufigen Sinne von einer Poetik des Sprechakts in *Danton's Tod* sprechen. Büchner zitiert mehr oder weniger wörtlich aus den Geschichten der Revolution, die ihm zur Verfügung standen; und er läßt die fiktiven Personen im Drama diese Zitate als Stereotype aus Reden Robespierres, St. Justs oder Dantons mehr oder weniger sinngemäß weiter zitieren. Diese weiter zitierten Zitate definieren nun auf den Bühnen von Politik und Recht die Formen, in denen Reden Handeln werden kann.[7] Nur die Phrasen, denen es schon eingeschrieben ist, daß sie im Buch der Geschichte als Reden gelten werden, die Geschichte gemacht haben, lohnen die Nachahmung und erfordern das Proben und Kommentieren; und nur das Nachspielbare und im Voraus zu Probende zieht sich zu Ereignissen zusammen, die das Buch der Geschichte als Akte eines Handelns wird erkennen können. So zeigen sich im Drama der Revolution identifizierbare Typen eines ›how to do things with words‹, dessen durchgängige Kennzeichnung nach Sprechakten John L. Austin eine Revolution in der Philosophie nennen wird.[8]

Die doppelte, zitierte und zitierende, Rhetorik verbindet Büchners Drama mit den Kritiken der revolutionären Rhetorik, wie sie von Charles Nodier über Heinrich Heine bis zu Marx' *Achtzehntem Brumaire* reichen. Im Fall des Dichters und Literaturkritikers Nodier, dessen einschlägige Schriften Büchner gelesen und für *Danton* benützt hatte, läßt sich das in besonders aufschlußreicher Weise sagen: Nodier hatte nämlich sein historisches Schauspiel vom Ende der Dantonisten, *Le Dernier banquet des Girondins*, als Teil eines umfassenden, ebenso stil- wie ideologiekritischen Werkes zur Geschichte der Rhetorik der Revolution geschrieben. Büchner hatte hier also mehr als ein dramatisches Vorbild und mehr als ein Quellenwerk revolutionsrhetorischer Phraseologie vor sich. In Nodiers Collage aus Rhetorikgeschichte der Revolution und Rhetorik der Revolution in Szene setzendem Drama fand Büchner das doppelte Zitat der Rhetorik im diskursiven Format vor. Im Zentrum von Nodiers Geschichte der Revolutionsrhetorik (und indirekt auch im Zentrum seines Dramas) steht die Antithese zwischen der Rhetorik der Girondisten und der Jakobiner. Für Nodier handelt es sich dabei um die Antithese zwischen der klassischen Rhetorik der Parlamentsadvokaten und einer neuen Rhetorik des

---

[7] Vgl. vor allem Niehoff, Reiner: *Die Herrschaft des Textes. Zitattechnik als Sprachkritik in Georg Büchners Drama ›Dantons Tod‹ unter Berücksichtigung der ›Letzten Tage der Menschheit‹ von Karl Kraus*. Tübingen 1991, z. B. S. 65. Vgl. jetzt auch Lee, Rima Canaan: *The Revolution and Its Doubles: Stories and Histories of 1789*. Diss. Yale 1996.

[8] Austin, John L.: *How to Do Things With Words*. Hg. von J. O. Urmson/Marina Sbisà. Cambridge (Mass.) ²1975, S. 3 f.

Politischen. Diese neue Rhetorik appelliert nicht mehr nur an Ciceros *consensus omnium*, sondern unternimmt es, von diesem Ort des Ganzen her zu sprechen. Es ist die Antithese zwischen einer Rhetorik, die im Rahmen konstituierter Institutionen spricht und darin das ›how to do things with words‹ abgesteckt findet (das ist für Nodier die Rhetorik der Girondisten), und einer Rhetorik, die im Namen des Gesetzes selbst spricht, das die Institution erst einsetzt (das ist die Rhetorik der Jakobiner).[9] Nodiers politische und stilistische Kritik ist um so interessanter, als dieselbe Spaltung auch in heutigen Versuchen wiederkehrt, die Rhetorik der revolutionären Nationalversammlung zu beschreiben. Hans Ulrich Gumbrecht hat sich zum Beispiel – von ganz ähnlichen Beobachtungen wie Nodier ausgehend – gefragt, ob er die Reden Robespierres und Dantons angemessener und genauer in der Sprache der (alten) Rhetorik oder, wie es nun in zeitgenössischer Theoriesprache heißt, der Sprechakttheorie zu beschreiben habe.[10] Im Wechsel der Terminologie geht es aber, wie man bei Nodier nachlesen könnte, nicht um mehr oder weniger Klarheit, sondern darin steht auf dem Spiel, worum es in Büchners Drama aus der Französischen Revolution geht.

In der Tat läßt sich zeigen, daß das doppelte Zitat der (alten) Rhetorik in Büchners Drama nur möglich ist vom Standpunkt einer anderen Sicht auf sprachliches Agieren – einer Sicht, die dem nahekommt, wovon seit Austin eine Theorie der Sprechakte ihren Ausgang nimmt. In dieser Sicht erscheinen Akte der Sprache nicht mehr rhetorisch als von gegebener Institutionalität bestimmt, sondern sprachliche Akte erscheinen nun im Gegenteil Institutionalität erst eröffnend oder begründend. Das aber ist die Sicht der Sprechakttheorie. Markante Stellen zu Beginn und am Ende von Büchners Drama lassen zwei Linien unterscheiden, die sich durch die vier Akte hindurchziehen und die das Zitat der Rhetorik ebenso ermöglichen wie unterlaufen.

Der letzte Auftritt in *Danton's Tod* besteht aus drei kurzen Äußerungen: »He werda?«, »Es lebe der König!« und »Im Namen der Republik.« (IV/9, 81) Es sind die drei grammatisch darstellbaren Formen der Äußerung: Frage, Ausruf und (elliptische) Aussage. Jede Äußerung ist Figur einer anderen sprachlichen Handlung, die grammatisch nicht zu repräsentieren ist. Die Frage befiehlt, sich zu identifizieren; der Wunsch gibt eine Losung an; das Aussagefragment deklariert eine Verhaftung. Es ist Lucile, die Frau des zusammen mit Danton guillotinierten Abgeordneten Camille Desmoulins, die auf die befehlende Frage der »Bürger« – die in der Regiebemerkung »*Eine Patrouille*« heißen – sich identifizierend ›Es lebe der König!‹ ruft; die »Bürger« der Nationalgarde antworten mit der einen amtlichen Akt einleitenden oder signierenden Formel ›im Namen der Republik‹. Daran schließt sich das letzte Ereignis

---

9 Nodier, Charles: *Le dernier banquet des girondins; Etude historique suivie de recherches sur l'éloquence révolutionnaire*. In: ders.: Œuvres complètes. Paris 1832–1837. ND Genf 1998. Bd. 7, z. B. S. 254–256.
10 Gumbrecht, Hans Ulrich: *Funktionen parlamentarischer Rhetorik in der Französischen Revolution*. Vorstudien zur Entwicklung einer historischen Textpragmatik. München 1978, Kap. I.

an, oder vielmehr das einzige, das sich auf der Bühne von *Danton's Tod* sichtbar und aktuell vollzieht. Lucile wird »von der Wache umringt und weggeführt« (IV/9, 81).

Lucile und die Nationalgardisten führen am Ende des Theaterstücks zwei Stücke minimalen Theaters auf. Das erste und offenkundige ist das Drama der Subjektivität, in dem sich Lucile auf den Anruf der Bürger, die zugleich etwas anderes: nämlich eine Patrouille sind, mit der Angabe der royalistischen Losung ausweist.[11] Daran schließt sich das Drama der Namen an, in denen ein solcher Anruf und eine solche Identifizierung allein möglich sind. Denn unwillentlich ist die Deklaration ›Im Namen der Republik‹ – erst hier ist von dem die Rede, was identifiziert: vom Namen – auch eine Replik auf ›Es lebe der König‹. In diesem Austausch von Äußerungen tauschen Lucile und die Bürger der Nationalgarde nämlich den Namen der souveränen Begründung aus, den Namen, ›in dessen Namen‹ eine oder einer verhaftet und fortgeführt werden kann. Die ›Republik‹ kommt an die Stelle des ›Königs‹ zu stehen. Die Rufe Luciles und der Patrouille bilden hinter ihrem Rücken ein Ensemble, eine Rede der politischen Bühne von *Danton's Tod* selbst: Wirklich *lebt* der König im Namen der Republik, weil in seinem Namen das Syntagma ›im Namen von‹ früher gebildet worden ist, und das Abstraktum ›Republik‹ kann Träger des Namens nur werden, insofern es sich an den Platz des Königs setzt.[12]

Der Tausch der Namen ist das Drama der Souveränität, das die Französische Revolution zum ersten Mal ausdrücklich und auf offener Bühne ausführt. Der Austausch der Namen der souveränen Instanz selbst ist Teil ihrer Eigenrepräsentation. ›Im Namen des Königs‹ oder ›der Republik‹ ist dabei eine besondere Art der Figur, die in der Rhetorik Prosopopoiie heißt.[13] Die Prosopopoiie gibt – sagen die Rhetoriker – einer Instanz, die nicht spricht, in meinen Worten das Wort[14]: dem Toten, den Göttern oder dem abstrakten Prinzip. ›Im Namen des Gesetzes‹ und seine Ableitungen[15] tun das in besonderer Weise. Ich lasse nicht den Toten, Abwesenden oder Gott in meinen Worten sprechen, sondern spreche meine Worte nur, insofern sie Äußerungen dieser

---

11 Dazu ausführlich: Böning, Thomas: ›*Es lebe der König!*‹: »*Totalität und Unendlichkeit*« *in »Dantons Tod«*. Freiburg 2001.
12 Clemens Pornschlegel hat (mit deutlichem Bezug auf Pierre Legendre) auf die souveränitätstheoretische Bedeutung von »Im Namen der Republik« aufmerksam gemacht (»Das Drama des Souffleurs: zur Dekonstitution des Volkes in den Texten Georg Büchners«. In: Neumann, Gerhard (Hg.): *Poststrukturalismus*. Stuttgart 1997, S. 557–574, hier S. 564 f.).
13 H. Lausberg: *Elemente* (s. Anm. 6), § 425.
14 Vgl. de Man, Paul: »Autobiographie als Maskenspiel«. In: ders.: *Die Ideologie des Ästhetischen*. Hg. von Christoph Menke. Frankfurt/M. 1993; und Menke, Bettine: *Prosopopoiia. Stimme und Text bei Brentano, Hoffmann, Kleist und Kafka*. München 2000.
15 »Im Namen des Gesetzes« erscheint öfter und in unterschiedlichen Abwandlungen im Text des *Danton*. Z. B.: »Wir sind das Volk und wir wollen, daß kein Gesetz sey, ergo ist dießer Wille das Gesetz, ergo im Namen des Gesetzes giebts kein Gesetz mehr [...].« (I/2, 12)

Instanzen sind. ›Im Namen von‹ betrifft nicht die semantische Qualität meiner Worte, sondern ihre pragmatische Qualität. Indem es ein Zitat in meinen Worten ankündigt, gibt die Formel ihnen die Form eines bestimmten Akts. ›Im Namen des Gesetzes‹ ist die Figuration des sozialen Akts in der Rede[16], des Sprechakts.[17]

Der Figuration des politischen Sprechakts am Ende des Dramas, mit dem Lucille Camille die Treue beweist, entspricht ein kleiner Dialog über Wahrheit und Lüge zwischen dem anderen Paar, Danton und Julie, an seinem Anfang. Danton, der einer ›hübschen Dame‹ beim Betrug am Spieltisch zusieht, sagt zu Julie: »Ihr könntet einen noch in die Lüge verliebt machen.« Darauf Julie:

> Glaubst du an mich?
> DANTON. Was weiß ich. Wir wissen wenig voneinander. [...].
> JULIE. Du kennst mich Danton.
> DANTON. Ja, was man so kennen heißt. Du hast dunkle Augen und lockiges Haar und einen feinen Teint und sagst immer zu mir: lieb Georg. Aber (er deutet ihr auf Stirn und Augen) da da, was liegt hinter dem? (I/1, 4)

Dantons und Julies Redefiguren umkreisen Regeln der Zurechenbarkeit, Verläßlichkeit und Dauerstellung von Zeichen. Nicht zufällig tun sie das, indem sie ein Kartenspiel kommentieren. Das Spiel setzt schon eine Sphäre von Regeln und Abmachungen voraus, die man einhalten oder verletzen kann. Indem sie das Spiel der anderen, das Spiel nach und mit den Regeln des Spiels, kommentieren, rufen Danton und Julie Voraussetzungen des Versprechens auf, in ihrem Fall das der Treue und der Liebe.

> DANTON. Nein Julie, ich liebe dich wie das Grab.
> JULIE, (sich abwendend) oh! (I/1, 5)

Ihr Dialog ist eine Analyse – wenn auch ex negativo – von Bedingungen des Versprechens im Sinne der analytischen Sprachphilosophie. Julies ›Du kennst mich‹ bringt die Bedingung aufrichtigen Versprechens ins Spiel: die Transparenz und Beherrschbarkeit der Zeichen. Ihr ›Glaubst Du an mich?‹ zuvor ap-

---

16 Adolf Reinach hat den Terminus ›sozialer Akt‹ in seiner juristischen Theorie sprachlicher Akte benützt; Vorbild dafür ist wiederum die Tradition der juristischen Hermeneutik des Versprechens seit Grotius, den Terminus der sozialen Handlung entwickelt in dieser Tradition Samuel Pufendorf. Vgl. Mulligan, Kevin: »Promisings and other Social Acts: Their Constituents and Structure«. In: ders. (Hg.): *Speech Act and Sachverhalt. Reinach and the Foundation of Realist Phenomenology*. Dordrecht, Boston, Lancaster 1987.

17 Strukturell betrifft das ein Problem, das J. Hillis Miller im Text von Austins *How to do things with words* sichtbar gemacht hat: Die Benennung der Sprechakte selbst in Austins Text erscheint einerseits als konstative Aussage – die Ermittlung der Natur der Akte –, andererseits als performative Deklaration (›ich nenne diese Äußerung konstativ‹). Das ist um so bemerkenswerter, als Austin in der differenzierenden Benennung der Sprechakte einen historischen Progreß der zivilisierten Sprachen erkennt (J. Hillis Miller: *Speech Acts in Literature*. Stanford 2001, § 1, bes. S. 22 f.).

pelliert an Bereitschaft und Fähigkeit, Zugesagtes in die Zukunft zu verlängern.[18] Dantons Antworten stellen mit ihrem Zynismus jenseits von Wahrheit und Lüge zwar dieses Versprechen, nicht aber den Aufbau von Versprechen in Frage. Auch jenseits von Wahrheit und Lüge führen Versprechen die Typen und Ebenen von Bindungen ein, die innerhalb von gegebenen Sprechakten darüber entscheiden, ob diese dann glücken oder fehlgehen. Versprechen legen so die semantischen Innenverstrebungen von Sprechakten in der Interaktion fest. Sie etablieren zudem kommunikativ die Namen und die zu ihnen gehörenden Semantiken, die in der Formel ›im Namen von‹ an der Stelle des Namens eingeschrieben werden können. In diesem Sinne geht – wie hier bei Büchner – das Versprechen der Parole voraus. Andererseits braucht aber das Versprechen die Struktur eines ›im Namen von‹ zur Voraussetzung seiner eigenen Möglichkeit. Denn das Versprechen ist selbst kein Sprechakt im Sinne des Befehls, der Deklaration oder Kundgabe. Eine bestimmte rechtstheoretische Tradition fortentwickelnd, hat Kant beispielsweise gezeigt, daß das Versprechen als Akt nur in dem empirisch unmöglichen Moment zu vollziehen wäre, in dem das Versprechensangebot und seine Annahme zusammenfielen. Nur insofern eine dritte Rede – die begründende Referenz auf Souveränität – im Namen des Gesetzes Versprechensangebot und -annahme durchzieht und beide in eins setzt, gibt es einen Akt des Versprechens.[19] Die Priorität des Versprechens in der Ausdifferenzierung von Obligationsformen und Semantiken möglicher Sprechakttypen wird so durchkreuzt von der ihr heteronomen Priorität des Akts und seiner Vollziehbarkeit ›im Namen von‹. Die Semantik von Performanzen (die Institutionen begründen: das Versprechen) und die Performanz von Semantiken (die den Eintritt in Institutionen vollziehen) sind strikt unverrechenbar. Das lakonische Ende von *Danton's Tod* durchkreuzt seinen im Stil Heines und Gutzkows redselig zynischen Anfang.

Es handelt sich – so kann man zuspitzen – um eine Heteronomie und Unverrechenbarkeit im Konzept der Performanz selbst. Genauer: es geht um eine Heteronomie und Unverrechenbarkeit, die es nicht erlaubt, von der Performanz ›selbst‹ zu sprechen.[20] Vollzug ist Vollzug von etwas oder Vollzug als etwas. Man kann das an den beiden wichtigsten Linien des englischen *performance/to perform* sehen: Die *Aufführung* eines vorgegebenen Textes, eines Skripts, dem in der Performanz zu seiner Aktualisierung verholfen wird, ist

---

18 Searle, John R.: *Sprechakte. Ein sprachphilosophischer Essay.* Frankfurt/M. 1974. Zum Versprechen als paradigmatischer Sprachhandlung: S. 88–96. Das – unbekannte – Vorbild ist die juristische Hermeneutik des Versprechens seit Grotius, Hugo: *De jure belli ac pacis libri tres. Drei Bücher vom Recht des Krieges und des Friedens.* Hg. und übers. von Walter Schätzel. Tübingen 1950, Buch 2, Kap. 11, S. 235–244 (bes. Nr. II–IV).
19 Kant, Immanuel: *Metaphysik der Sitten. Metaphysische Anfangsgründe der Rechtslehre.* § 19. In: *Akademieausgabe.* Berlin 1910 ff., Bd. I.6., S. 272 f.
20 Nochmals zugespitzt spricht im Zusammenhang von Theorien einer Performanz ›selbst‹ Anselm Haverkamp von den »hochfahrenden Rhetoriken des performativen Vollzugs«. Siehe Haverkamp, Anselm: *Figura cryptica.* Frankfurt/M. 2000, S. 19.

das eine. Das Skript instituiert dann alle Performanz, die in seinem Namen möglich sein wird; man kann insofern von einer rhetorischen Performanz sprechen. Dagegen ist in der *Ausführung* einer Aufgabe oder in der ›Durchführung‹ eines Vertrages die Performanz selbst an der Instituierung von Aufgabe und Vertrag immer mit beteiligt. Man kann das die Grundverfassung der sprechakttheoretischen Performanz nennen. Entweder die Performanz ist nichts als Vollzug – dann aber ist sie von dem, was sie *aufführt,* wie von ihrem institutionellen Rahmen abhängig. Die Performanz selbst ist dann nicht sie selbst. Oder sie ist, als *Ausführung* und *Durchführung,* Teil der Instituierung und ihrer Aufrechterhaltung – dann aber ist sie gerade in ihrer eigenen Verfaßtheit in das verwoben, was nicht Vollzug ist. Als sie selbst gibt es insofern keine Performanz selbst.

Mit den Möglichkeiten, vom angedeuteten Versprechen des Anfangs oder von der prononcierten Parole des Endes her zu argumentieren, verbindet sich eine weitere grundlegende Alternative der *Danton*-Interpretation. Man könnte von der aufklärerischen und einer romantischen Richtung der Interpretation sprechen. Zwischen dem Versprechen des Anfangs und den Parolen des Endes stellt sich nämlich die Frage nach einer vertragstheoretischen oder einer souveränitätstheoretisch-symbolischen Theorie von Gesetz und politischer Verfassung. Nach Kant – so ließe sich eine solche Zuordnung rechtfertigen – hören die naturrechtlichen Szenen von Versprechen und Vertrag auf, den Bezugspunkt politischen Begründungsdenkens zu bilden; in einer Linie über Goethes *Märchen,* Novalis' *Glaube, Liebe, Hoffnung* und die rechtshistorische Schule wenden sich politische Romantiker der Theorie und Geschichte der Repräsentation des Politischen und der Souveränität zu. Büchner interessiert aber nun offenbar die Theatralität der Szene, in der die Parolen des Gesetzes und der Souveränität wirksam werden, und die rhetorische oder sprechakttheoretische Eigenart der Kommunikationen, in denen sich der Name der Souveränität der Funktion des Gesetzes einschreibt. Das ist ein eigentümlicher, vielleicht einmaliger Gesichtspunkt: In den technischen Details der juridischen Hermeneutik war seit Grotius, Hobbes und Pufendorf eine Sprach- und Sprechakttheorie rechtlicher und staatsrechtlicher Begründungsszenen entwickelt worden. Dort überspielte man aber mit der sprachlichen Analyse von Versprechen und Vertrag den jeweiligen Augenblick der Institutionalisierung. In der rechtlichen Hermeneutik des Versprechens und den in der Sprache selbst gegebenen Strukturen dieses Aktes der Kommunikation schien die Frage nach der Institutionalität des Aktes, die Frage seiner Geltung, schon beantwortet. Umgekehrt entwickelt die politische Theologie der Romantiker ihre Geschichten von der Übertragung der Souveränität fern von solchen hermeneutischen und protosprechakttheoretischen Analysen. In der Fasziniertheit durch Institution war deren rhetorische Inszeniertheit wie mitgegeben.

In Büchners Blick auf die Szene und die sprachliche Realisierung des institutionellen Aktes liegt darum die Chance, die Fasziniertheit der politischen Theologie durch die Frage der Institution und der Souveränität einerseits aufzunehmen und sie andererseits in der Analytik der sprachlichen Formen zu durchkreuzen. Büchners Dramenpersonen bewegen sich zwischen der natur-

›Es lebe der König!‹ – ›Im Namen der Republik.‹ Poetik des Sprechakts. 565

rechtlichen Gegebenheit des Versprechens, das ein institutioneller Akt schon immer sein soll, und der Institution der Souveränität, die sich in sprachlichen Akten und Inszenierungen nur noch zu äußern scheint. Sie bewegen sich in einer Zone, in der die Beziehung zwischen Sprache und Institution auf dem Spiel steht.

Die politische Theologie, wie man seit dem zwanzigsten Jahrhundert die Frage der Romantiker nennen wird, zehrt zwar offenbar von der Theatralik und der Rhetorik der Formeln. Ernst Kantorowicz und seine Schüler beispielsweise haben in ihren großen historischen Darstellungen der politischen Theologie ein beeindruckendes Arsenal juridischer Rhetorik und theatraler Inszenierungen zusammengetragen. Der Blick darauf, daß es sich dabei um Rhetorik und Inszenierung handelt, ist ein Blick, der von der historischen Zäsur der Französischen Revolution und der politischen Romantik geprägt ist. Erst nach der Revolution und mit der romantischen Ästhetik kann man das Archiv dieser Rhetorik und dieser Theatralik überhaupt sehen. Die minimale Szene des Austauschs der souveränen Namen ist ihre Voraussetzung. Aber ihre Rhetorik und Inszenierung galt doch auch immer als ein Abfall von derjenigen Fülle und Geltung, die die Formeln und Gesten der Souveränität in einer ursprünglichen Sphäre theologisch begründeten Rechts innegehabt hatten. Der Rechtshistoriker und -theoretiker Pierre Legendre hat im Anschluß an Lacans Theorie der symbolischen Ordnung den linguistisch-theatralischen *turn* der politischen Theologie programmatisch durchgeführt. Die Struktur des ›im Namen von‹, die Legendre die Struktur der *Referenz* nennt und an Lacans ›im Namen des Vaters‹ anschließt, ist die zugespitzte Formel für diese rhetorisch-inszenatorische Wendung der politischen Theologie.[21] Dennoch wird nun gerade bei Legendre fraglich, was Rhetorik, Inszenierung oder Sprechakt[22] in diesem Zusammenhang heißen, in welchem technischen Raum der Aufführung, in welchem Dispositiv von Rhetorik und Sprechakten die Formeln und Repräsentationen der politischen Theologie gedacht werden können. Für Novalis war die Macht inszenatorischer Veranstaltungen von der vorausgesetzten Institution des Staates abhängig; bei Legendre ist nun der Eintritt in die Sprache ›im Namen des Vaters‹ zugleich der Eintritt in die Institution ›im Namen des Gesetzes‹. Damit ist auf neue, aber womöglich noch dogmatischere Weise die sprachliche und inszenatorische Repräsentation eine bloße Funktion der Institution, die sie darstellt.

Es geht also darum, über Legendre hinaus die Frage der politischen Theologie und Souveränitätstheorie auf das Gebiet der linguistischen Analyse zu verschieben. In der Zone zwischen Naturrecht und politischer Theologie muß

---

21 Legendre spricht hinsichtlich der Referenz von der Notwendigkeit einer theatralen Inszenierung. Dabei ist entscheidend, daß die Inszenierung eine emblematische Kulisse braucht: Der soziale oder dramatische Austausch (*échange*) zwischen Akteuren bringt einen Bezug (*référence*) ins Spiel, der selbst nicht Teil des Austauschs sein kann. Vgl. Legendre, Pierre: *Le désir politique de dieu. Etude sur les montages de l'État et du Droit*. Paris 1988, S. 163–168.
22 Ebd., S. 101.

man die offenen Beziehungen zwischen Sprache und Institution in den Blick nehmen. Das Drama der Französischen Revolution, das mit der Parodie des Versprechens beginnt und dem Austausch der souveränen Namen endet, ist dafür nicht nur Anlaß, sondern eine der wenigen Chancen. Die Chance liegt nicht nur in dem innerdramatischen Verhältnis zwischen der zitierten Rhetorik (dem Reden als Handeln an den Orten der Institution) und den Sprechakten (die Institutionalität begründen oder eröffnen). Die Chance liegt auch, oder vielleicht noch mehr darin, daß sich das Verhältnis zwischen der Rhetorik der Revolutionäre und den institutionsbegründenden und -eröffnenden sprachlichen Handlungszügen im Innenverhältnis zwischen dem Versprechen und der Parole wiederholt. Zwar sind nun Institutionalität und sprachlicher Akt eng aufeinander bezogen; das eine steht mit dem anderen auf dem Spiel. Aber bei näherem Zusehen läßt sich erkennen, daß sprachliche Formel und institutionelle Geltung nicht einfach zusammenfallen. Die Institutionalität, die eine rhetorische Figur impliziert, durchkreuzt den sprachlichen Akt, der die Begründung einer institutionellen Geltung impliziert. Die Frage nach dem Verhältnis zwischen einer Rhetorik sprachlicher Akte und der Theorie von Sprechakten bleibt bestehen.

## II.

Der Frage nach einer *Poetik* der *Sprechakte* gehe ich im folgenden nicht anhand der bei Büchner zitierten Reden nach, wie man es öfter versucht hat. Man fände nur die stil- und ideologiekritischen Urteile wieder, die in scharfer Beleuchtung und kluger Kommentierung schon bei Nodier nachzulesen sind, und man trifft wieder auf methodologische Schachzüge von heute, wenn mit einer gewissen Ratlosigkeit rhetorische Terme und sprachanalytische Konzepte nebeneinanderher gebraucht werden.[23] Statt dessen will ich zunächst – im Abschnitt 2 – allgemeiner und dann – im abschließenden Abschnitt 3 – spezifischer verfahren.

*Zunächst* allgemeiner: Hier wird es um die Alternative der theoretischen Ausdrucksweisen gehen. Zu fragen ist, wie das Verhältnis zwischen Rede und Institution in der tradierten Rhetorik und wie es in der Sprechakttheorie konzipiert ist. *Dann* werde ich einen ganz spezifischen Weg einschlagen und dabei zu Büchner und *Danton's Tod* zurückkehren. Ich werde die Frage von Rede und Institution an einem besonderen, das Drama eigentümlich durchziehenden Motiv aufnehmen – dem Motiv des Rufens und Schreiens. Auf diesem Weg werde ich zuletzt zum Ensemble der Parolen ›Es lebe der König! – Im Namen der Republik.‹ zurück kommen.

---

23 Zwei lesenswerte Versuche von unterschiedlichen Seiten: Lyon, John B.: »The Inevitability of Rhetorical Violence: Georg Büchner's Danton's Death«. In: *Modern Languages Studies* 26 (1996), S. 99–110; M. Nadeem Niazi: »Rhetorical Inventio and Revolutionary Predication in Dantons Tod«. In: *Monatshefte für deutschsprachige Literatur und Kultur* 93 (2001), S. 36–52.

In der Beschreibung des Büchnerschen Textes ist bisher an bestimmten Stellen das Vokabular der Rhetorik und an bestimmten Stellen das Vokabular der Sprechakttheorie verwendet worden. In Wahrheit fällt aber mit der Entscheidung für die eine oder die andere Theoriesprache jeweils schon eine Vorentscheidung über die Frage, wie die Konstellation von Institutionalität und Rede gedacht ist.

Die Theorie der Sprechakte beschreibt das Zusammenspiel von Reden und Handeln, zwischen dem Zug der Handlung in der Rede und der Angewiesenheit des Handelns auf Rede, grundsätzlich anders, als es die traditionelle Rhetorik getan hatte. Austins Konzept des symbolischen performativen Aktes, der Illokution, geht – so erscheint es in der Interpretationstradition, die seit den »Speech Acts« von John R. Searle herrscht – von einer grundsätzlich möglichen, wenn auch nicht immer schon manifesten oder nicht immer einfach manifestierbaren Kongruenz zwischen Semantik und Handlungsvollzug aus: ›Ich verspreche, daß‹, ›im Namen des Gesetzes‹ – solche Äußerungen explizieren den Akt, den sie vollziehen. Explikation selbst, Austins Wort für die Semantik des Akts, aber auch für diejenige Abschließung, die einen Handlungszug zum Akt macht, meint ja genau dies: den Akt einer semantischen Erhellung oder die Aktwerdung von Gesten des Handelns in ihren Benennungen. Explikation ist Performativ des Konstativs ›dies ist ein Sprechakt‹; und Explikation konstatiert, daß dieses Bündel performativer Züge ein Akt ist.[24] In der üblichen Interpretation heißt das, daß diese Akte sagen, was sie tun, und tun, was sie sagen; daß die Institution eines jeden Aktes und seine sprachliche Realisierbarkeit auf ein und derselben Höhe liegen, in einem (wie immer virtuellen) Punkt aufeinandertreffen.[25] Für die Sprechakttheorie bilden Aktexplikationen und Explikationsakte unterschiedslos das Modell einer Analyse, die außer den sich in der *ordinary language* anbietenden Selbstexplikationen sprachlicher Akte alle Erscheinungen der Kommunikation, des Redens und des Handelns, unter die methodische Kontrolle institutionellen Redehandelns bringen wollen. Die ›Theorie des kommunikativen Handelns‹, die Jürgen Habermas vorgelegt hat, zieht daraus die sozialphilosophische Folgerung. Sie dehnt das quasi-institutionelle illokutionäre Zentrum des Zusammenfalls von Reden und institutionellem Handeln über das ganze Gelände der Kommunikation aus. Sie stellt, theoretisch, ein ganzes Territorium der sprachlichen Kommunikation allererst her.[26]

---

24 J. Austin: *How to Do Things With Words* (s. Anm. 8), Lecture V, S. 60–66 und Lecture VI, S. 71–73.
25 Man kann in genauerer Lektüre zeigen, daß ihrer doppelten, performativen und konstativen, Interpretierbarkeit wegen die Explikation die Kongruenz von Handlung und Semantik immer verfehlt. Der hier nicht zur Debatte stehenden Interpretation von Austins Vorlesungen gehe ich etwas weiter nach in: »Making it explicit oder eine Vorgeschichte des Sprechakts bei Austin« (erscheint in: Schneider, M.: *Ordnungen des Versprechens*. München 2003).
26 Habermas, Jürgen: *Theorie des kommunikativen Handelns*. Bd. 1. Frankfurt/M. 1991/95, Kap. III, bes. S. 385–452.

Die traditionelle Rhetorik verfügte dagegen nicht über eine solche Zentralperspektive rechtskräftigen Redehandelns. Sie verwendete statt dessen zwei unterschiedliche, sogar gegenläufige Verrechnungen redenden Handelns. Auf der einen Seite erfaßte sie es unter dem Aspekt der Institution: Das ist die Rhetorik der Persuasion. Von ›Überredung‹ und ›Persuasion‹ kann nur sprechen, wer Reden von ihrem institutionellen Rahmen aus übersieht. Die antike Rhetorik entwickelte für diesen Rahmen eine feste Typologie: das Gericht, das Forum der politischen Rede, den Staatsakt für die Gefallenen. Die Befragung der persuasiven Wirkung geht über die Illokution hinweg, sie kommt nicht zu einzelnen Akten der Rede in der Sprache – es sei denn sie verzweigt sich in ein unübersehbares Netz von Miniaturinstitutionen, wie die frühneuzeitliche Rhetorik es getan hat.[27] Auf der anderen Seite listen die Rhetoriker dann doch einzelne Sprechakte auf: ›ich beschwöre euch‹, ›hiermit verspreche ich‹, ›ich komme zum Zentrum des Arguments‹.[28] Das sind die Tropen der Redehandlung, mit ihrem alten Namen: *figurae sententiae*, Gedankenfiguren oder auch Figuren des Satzes und der Äußerung. In ihnen figuriert das Sprechen Akte des Beschwörens, des Versprechens und Zursachekommens, als wenn sie außerhalb der Sprache irgendwo und irgendwie, zur Nachahmung oder Einübung vorgegeben, existierten. Die *figurae sententiae* sind also nicht einfache, mit sich identische Vollzüge eines Sprechakts, sondern nur Vorspielen und Nachspielen, ein ornamentales oder strategisches Inszenieren – Spielarten eines ihre Zitierbarkeit voraussetzenden Zitierens der Sprechhandlungen. Die Rhetorik zeigt also eine Spaltung: In der Rhetorik der Persuasion ist die Institutionalität der Rede unzugänglich und uneinholbar vorausgesetzt; die Tropologie der *figurae sententiae* unterstellt Akte der Sprache als Ereignisse in einem nie zu verifizierenden, nie anzutreffenden Außen der Sprache.[29]

Die alte Rhetorik, heißt das, setzte offenbar rechtliche Normen und Satzungen voraus, in denen sie und mit denen sie ihr doppeltes Spiel aus funktionalisierter Rede und tropologischem Sprechen spielte. Die Analyse der

---

27 Man kennt diese Miniaturinstitutionen des bürgerlichen Lebens aus der Poetik, auch aus der Epistolographie: Glückwünschen und Danksagen, Gratulationen zu Geburtstag und Hochzeit, Kondolenz zum Tode des Verwandten, Begrüßung und Verabschiedung.

28 Der Katalog der *figurae sententiae* lautet bei Cicero: sein Thema ankündigen, auf sein Thema zurückkommen, einen Einschub machen, sich berichtigen; verspotten, zürnen, polemisch einwenden; einen Zweifel artikulieren, eine Frage stellen, sich an sein Gegenüber wenden; versprechen, beschwörend bitten, sich rechtfertigen, jemanden zu gewinnen versuchen. Man kann in dieser (hier schon vorsortierten) Liste vier Bereiche der Figuration ausmachen: Figuren der Organisation des Text- oder Redeablaufs, Figuren der Expression, Figuren des Gesprächs zwischen Sprecher und Hörer, herausgehobene soziale Akte mit institutionellem Charakter. Siehe Cicero, Marcus Tullius: *De Oratore*. III. 52, § 201 ff.

29 Siehe dazu etwas ausführlicher: Campe, Rüdiger: »Im Reden Handeln: Überreden und Figurenbilden«. In: Bosse, Heinrich/Renner, Ursula (Hg.): *Literaturwissenschaft. Einführung in ein Sprachspiel*. Freiburg 1999, S. 123–138.

Sprechakte legt Normativität und Sprache übereinander in *einer* Kommunikation, die zu der Institution selbst zu gerinnen scheint, die sie trägt. *Danton's Tod* markiert in der Unterscheidung zwischen den Szenen der instituierten (zitierten und sich zitierenden) Rhetorik des Historischen und den institutionsgründenden Sprechakten von Versprechen und Souveränität diesen epochalen Bruch in dem, was man die Geschichte von Sprache und Institutionalität nennen kann.

Doch zugleich weist *Danton's Tod* darauf hin, daß es den Zusammenfall von Semantik und Institutionalität weder als äußere Voraussetzung in der alten Rhetorik, noch als den gegebenen inneren Ausgangspunkt in der Sprechakttheorie einfach gibt. Darauf weist in den Szenen der historischen Rhetorik das doppelte Spiel aus Zitieren und Wiederholen; darauf weisen im Verhältnis von Anfang und Ende die heteronomen Züge im legislativen Akt des Versprechen und im exekutiven Akt der Parole. Ein zweiter Blick auf Rhetorik einerseits und Sprechakttheorie andererseits kann denn auch deutlich machen, daß die Bruchlinie zwischen ihnen – die problematische Einheit des Sprech-Akts – weder ganz außerhalb der Rhetorik, noch ganz innerhalb der Sprechakttheorie liegt. In der Geschichte von Rhetorik und Poetik taucht das Institut des Sprechakts gleich zu Beginn als Möglichkeit der Theorie auf – allerdings als eine Möglichkeit, die sich der Theorie hartnäckig entzieht. Auf der anderen Seite kehrt die rhetorische Figuralität heute im Verfolg der Sprechakttheorie wieder – als eine Bewegung, die die unterstellte institutionelle Einheit von Sprechen und Handeln in ihr selbst wieder in Frage stellt. Die folgenden Skizzen zum Sprechakt in der Rhetorik und zur Rhetorik im Sprechakt sollen den historischen Gegensatz zwischen den großen Theorieformationen zuspitzen – und sie führen auf das Problem des Bezugs zwischen Reden und Handeln hin, das in beiden Theorien in unterschiedlicher Weise, aber in gleichem Maße offen bleibt.

(1) Sprechakte in Rhetorik und Poetik: Das Problem des Sprechakts zeichnet sich zum ersten Mal in den rhetorischen, poetologischen und logischen Schriften des Aristoteles ab. Es stellt sich dort, genauer gesagt, als eine Frage, die von außen kommt und wieder nach außen verschoben wird. Wahrscheinlich kommt die Frage wie die Theorie der Rhetorik selbst aus der Sophistik. Aristoteles nennt Protagoras, den Protagonisten der Sophistik in Platons Dialog. Protagoras, sagt Aristoteles in der *Poetik*, habe den Anfang der Homerischen Ilias »Singe, Göttin, den Zorn« mit folgendem Argument getadelt: »daß der Dichter, in der Meinung, eine Bitte auszusprechen, in Wahrheit eine Weisung gebe; denn auffordern, [...] etwas zu tun oder zu unterlassen, sei ein Befehl«.[30] Es geht also um die Möglichkeit des Sängers, im Namen der Muse zu erzählen, den Gesang in den Sprechakt der Narration zu überführen. Protagoras hatte den Gebrauch des Imperativs gleichgesetzt mit der Ausübung einer Be-

---

30 Aristoteles: *Poetik*. Eingel., übers. und hg. von Manfred Fuhrmann. München 1976, Kap. 19, S. 85, 1456 b.

fehlsgewalt – *he epítaxis*, das Wort steht in Aristoteles' Referat, heißt Tributauferlegung oder Anordnung im militärischen Sinne. Dabei unterstellte Protagoras offenbar, Homer wolle eigentlich eine Bitte oder ein Gebet vollziehen.[31] Protagoras hat nun nicht nur über Dialektik und Rhetorik geschrieben. Sein Name steht auch für Mythenkritik. In der Kritik an Homers Musenanruf scheint beides zusammenhängen. Die Frage nach Gebet oder Befehl greift durch die rituelle Kommunikation zwischen Sänger und Göttin bzw. Rhapsoden und Publikum hindurch. Sie beobachtet und unterbricht diese Art der Kommunikation vor der Erzählung. Kritik trifft so nicht erst den erzählten Mythos, sondern schon das schmale vorausliegende Szenario der Kommunikation, das ihn als die vierundzwanzig Gesänge beanspruchende Erzählung des ›Zorns‹ *im Namen der Muse* einführt.

Aristoteles systematisiert und relativiert die Kritik des Protagoras: Er räumt ein, daß es »zum Bereich der sprachlichen Form« gehöre, zu wissen und bestimmen zu können, »was ein Befehl ist und was eine Bitte, ein Bericht, eine Drohung, eine Frage und eine Antwort, und was es sonst noch an derartigem gibt«. Aristoteles sieht also durchaus eine Klasse sprachlicher Erscheinungen (sein Terminus für diese Klasse ist: *schémata tes léxeos*, d. h. Sprechhaltungen oder Sprachgesten). Aber sie sind für ihn nicht Gegenstand der Poetik. Die Sprech-Haltungen gehören dem Können und Wissen der »Vortragskunst und dessen, der diese Kunst beherrscht«. ›Vortragskunst‹, *hypokritiké*, heißt: theatrale *performance*, Kunst der Schauspieler und Regisseure.[32] So also weist Aristoteles die zur Klasse der Sprech-Haltungen systematisierte Kritik des Protagoras ab: als das *theoréma* eines anderen Wissens, einer anderen Kunst.

Diese Verschiebung auf die andere Kunst, die *performance*, ist aber nur der letzte Zug einer Verschiebung, die sich bei Aristoteles durch den ganzen Bereich von Logik, Grammatik und Rhetorik hindurchzieht. In der Aussagenlogik hatte die einschlägige Passage geheißen: Neben affirmativer und negierter Aussage gebe es gewiß auch ›andere Redeweisen‹: Bitten, Befehlen, Erzählen usw. Der Ort davon zu handeln sei aber nicht hier – nicht in der Logik, die nur den propositionalen Satz behandelt –, sondern davon handele die *Rhetorik* und die *Poetik* (von diesem Hinweis auf die *álloi lógoi*, die ›anderen Redeweisen‹, ging ein Oxforder Aristoteliker wie John Austin zweifellos aus).[33] Wenn nun die *Rhetorik* und *Poetik* ihrerseits die *schémata tes léxeos* zwar als ihre Gegenstände anerkennen, aber zur Klärung dieser Fragen auf die Kunst der Bühnentechnik verweisen, dann scheinen sie damit anzudeuten, daß *schéma-*

---

31 Überliefert ist von Protagoras eine Taxonomie (*dieíle ton lógon prótos*) von vier ›Sprechakten‹ (*eucholén, erotésin, apókrisin, entolén*) und von sieben ›Sprechakten‹ (*diégesin, erotésin, apókrisin, entolén, apangelían, eucholén, klésin*). Als Terminus für die Arten des logos nennt die Überlieferung: *ous kai puthménas eípe lógous* (Protagoras. In: *Die Fragmente der Vorsokratiker*. Hg. v. Hermann Diels. 3 Bde. Berlin [5]1934. Hg. v. Walther Kranz. Bd. 2. S. 254, Z. 13–15 (nach Diogenes Laertius).
32 Aristoteles: *Poetik* (s. Anm. 30), Kap. 19, 1456b 10 f.
33 Aristoteles: *Perì hermeneías*. 17a 2–6. Hier zit. nach: Aristoteles: *Órganon*. Übers., eingel. u. erkl. von E. Rolfes. Leipzig 1925.

*ta tes léxeos* nicht nur aus der philosophischen Logik, der Sprache der Theorie, herausfallen, sondern auch in den *téchnai* zu einem Bereich gehören, der sich sogar jeder schriftlichen und regelhaften Behandlung entzieht. Der theoretisch begründete Ausschluß aus der Logik wirkt ohne theoretische Begründung noch in den technischen Künsten von Rhetorik und Poetik als performatives Ereignis nach. Die sophistische Beobachtung der *schémata tes léxeos*, deren klassenmäßige Existenz Aristoteles anerkennt, verschwindet gleichwohl aus dem Kreis dessen, was aufschreibbare und bezeichenbare Regelhaftigkeit aufweist[34] – eine indirekte, aber langwirkende Folge dessen, daß Rhetorik, als Ersatzbildung für Sophistik, seit Aristoteles Derivat der philosophischen Sprache wurde, von der sie zugleich unterschieden und geprägt war.[35] In der *performance*, als einer Spezialistenkunst der Bühnentechniker, ist das Junktim von Sprache und Institution anerkannt und doch aus Gründen der Theorie dem Zugriff der Theorie und noch ihren Derivaten Rhetorik und Poetik entzogen.

(2) Rhetorik in der Sprechakttheorie: In der klassischen Sprechakttheorie, in Austins Vorlesungen *How to do things with words,* scheint die Beziehung zwischen Sprachgeste und Institution auf den ersten Blick unproblematisch. In der Analyse der Alltagssprache, der *ordinary language*, trifft man entsprechend zur Grammatik der normalen Bedeutung von Wörtern auf ein Netz sprachintern vorgegebener normaler Weisen, Äußerungen zu vollziehen. In der klassischen Sprechakttheorie sind es darum zwei Fragen, die die Grenze und Begrenzbarkeit dieses Innenbezirks grammatischer Institutionalität zum Problem machen können: die Frage des rhetorischen Sprachgebrauchs (Metapher) und die Frage der Auf- und Abzählbarkeit der Sprechakttypen. Eine scharfsinnige Anknüpfung an diesen Stand der Dinge findet man in Arbeiten von Ted Cohen, besonders in »Figurative Speech and Figurative Acts« von 1974. Cohens Ausgangsthese heißt: »Figurative Rede« und »figuratives Sprechhandeln« seien zwei Arten »erfolgreicher Abweichung innerhalb des vollständigen Sprechakts«. Darum sei es »wahrscheinlich«, »daß man sie nur zusammen oder gar nicht verstehen kann«.[36] Eine Metapher auf der Ebene der Lokution, des Ausgesagten, und eine uneigentliche Realisierung der Illokution, der Performanz der Aussage, sind verschieden ausgeprägte, aber gleichartige Erscheinungen der Sprachverwendung.

---

34 Ausführlichere Nachweise und Diskussion bei Campe, Rüdiger: »Pathos cum figura – Frage: Sprechakt«. In: *Modern Language Notes* 105 (1990), S. 472–493.

35 »Die platonische Unterwerfung der Rhetorik, besiegelt durch die christliche Patristik, hat freilich auch die traditionell-schulmäßig zur Rhetorik gehörigen Gegenstände endgültig zum bloßen technischen Rüstzeug der ›Wirkungsmittel‹ geschlagen – wenn nun auch aus der Rüstkammer der Wahrheit selbst.« (Blumenberg, Hans: *Paradigmen zu einer Metaphorologie.* Frankfurt/M ²1998, S. 9.)

36 Cohen, Ted: »Figurative Rede und figurative Akte«. In: Haverkamp, Anselm (Hg.): *Die paradoxe Metapher.* Frankfurt/M. 1998, S. 29–49, zit. S. 49.

Was heißt es, analog zur Metapher im ausgesagten Inhalt von einem metaphorischen Sprechakt zu sprechen? Während Protagoras und mit ihm Aristoteles nicht zufällig *im Namen* der Muse auf den Sprechakt gestoßen waren, ist das Beispiel des Sprechakttheoretikers einmal mehr die Abgabe eines *Versprechens*: des Versprechens nämlich, ›daß ich gestern in Chicago war‹. So wie ein metaphorischer Ausdruck im ausgesagten Inhalt mit dem semantischen Kontext konfligieren könne, so könne auch – argumentiert Cohen – die performative Wendung ›ich verspreche‹ mit konstitutiven Bedingungen des ausgeführten Sprechakts zusammenstoßen, z. B. damit, daß sich nur Zukünftiges versprechen läßt. Dennoch ist, Cohen zufolge, mit diesem anstößig konstruierten Akt eine beschreibbare Sprechhandlung vollzogen. Das anstößig konstruierte Versprechen kann als Metapher einer Behauptung, einer bekräftigenden Versicherung oder einer Drohung verstanden werden (›in der Tat: ich war gestern in Chicago‹).[37]

Cohen sieht in seiner Überlegung einen Ausbau oder eine ›Verfeinerung‹ von Austins Theorie.[38] Angriffspunkt der ›Verfeinerung‹ ist nicht, wie in den Revisionen der Sprechakttheorie meist, die Unterscheidung zwischen konstativen und performativen Äußerungen, mit der Austin die seit Aristoteles' Logik der Aussage angebotene und angekündigte Theorieförmigkeit der *álloi lógoi* aufgenommen hatte. Cohen setzt an am hierarchischen Aufbau des Sprechakts aus Lokution (etwas sagen), Illokution (etwas vollziehen, indem man etwas sagt) und Perlokution (etwas vollziehen dadurch, daß man etwas sagt), der in Austins Vorlesungen aus der Kritik der Logiktradition erst die Theorie der Sprechaktanalyse gemacht hatte. Cohens Kritik gilt Austins Unterscheidung zwischen den Beziehungsarten, die einmal Lokution und Illokution, das andere Mal Illokution und Perlokution einander zuordnen. Illokutionen beziehen sich, in Austins Wort, ›konventionell‹ auf Lokutionen. ›Konventionell‹ unterstellt den Zusammenfall dessen, was hier Semantik und Institution genannt wurde: (der Geltung nach) tun, was man (semantisch) sagt; (nach semantischen Kriterien) sagen, was man (rechtskräftig) tut. Dagegen beziehen sich, Austin zufolge, Perlokutionen ›kausal‹ auf Illokutionen. Perlokutionen sind danach Wirkungen verursachender Illokutionen im physikalischen Sinne; die semantischen und institutionellen Eigenschaften einer Illokution lösen Zustandsänderungen betroffener Körper aus, die ihrerseits weder semantisch noch institutionell beschrieben werden können. Hält man diese Unterscheidung – man könnte sagen: die Unterscheidung zwischen einer sprachanalytischen und einer restrhetorischen Qualität von Sprechakten – für evident und undurchlässig, dann kann es keine Figuralität von Sprechakten geben. Denn dann können Illokutionen *immer* nur sagen, was sie tun; und tun, was sie sagen. Daß sie möglicherweise Effekte anderer Art haben, betrifft sie nicht in ihrer illokutionären Bestimmtheit. Alle Konfliktfälle werden durch das Explikationstheorem gelöst; als Methode der Substitution, als Ausdiffe-

---

37 Ebd., S. 43–45.
38 Ebd., S. 33.

renzierung natürlicher Sprachen und als Fortschrittsgeschichte sozialer Konventionen zugleich, stellt Explikation den Zusammenfall zwischen Semantik und Institutionalität in der Illokution her. Ted Cohen dagegen zeigt, daß ›kausale‹ Ursache-Wirkungs-Beziehungen nicht an einer bestimmten Stelle im Aufbau der Sprechakte einsetzen und ihn damit gliedern, sondern den gesamten Aktvollzug als seine Umwelt umgeben.[39] Nicht nur kann die Illokution des Versprechens ›unter Umständen‹ den Effekt der Drohung auslösen; das kann bereits lokutionär durch den Ton eines Schreiens geschehen, ohne daß die illokutionäre Kraft der Äußerung dabei in Betracht käme. Umgekehrt sind aber Perlokutionen nicht in diesem Sinne ›kausal‹ auf Illokutionen bezogen. Man kann nur sagen, daß die beobachtbaren perlokutionären Effekte der erwartbaren Wirkung einer Illokution ›entsprechen‹ (dem Wort im Namen des Gesetzes gehorchen oder nicht gehorchen) oder nicht entsprechen (das Versprechen annehmen-oder-nicht-annehmen oder es als Bekräftigung, Drohung, Versicherung behandeln). Die Entsprechung oder Nichtentsprechung (Cohens Wort ist ›Assoziiertheit‹) der Perlokution eröffnet einen Raum semantisch-institutioneller Geltung, in dem Abweichungen und Verstöße, Nachspielen und Proben von Sprechakten Platz finden. Der Raum, in dem es Konflikte zwischen illokutionärer Erwartung (›eigentlicher Bedeutung‹) und von der Erwartung abweichenden, aber auf sie bezüglichen perlokutionären Effekten gibt, ist in Cohens ›Verfeinerung‹ der Raum, in dem sich die Figuren des Sprechakts entfalten können.[40]

Cohens ›Verfeinerung‹ vollendet die Sprechaktanalyse in einem bestimmten, im gegenwärtigen Zusammenhang entscheidenden Sinne. Erst das Konzept der figuralen Akte macht nämlich die Analyse der Sprechakte zur immanenten Analyse einer Semantik, die den Wucherungen der Institutionen nachkommt, und zur Analyse einer Institutionalität, die den inneren Beziehungen der Semantik gewachsen ist. Erst das Instrument der metaphorischen Analyse macht die Sprechakte ganz zur Sache einer semantisch-institutionellen Analyse. Aber sie bringt eine neue Problematik hervor, die die Theorie des Sprechakts im Kern betrifft. Wenn Figuration für Cohen erklärter Maßen nicht vorhersagbar und beherrschbar ist[41], dann stellt sich nicht nur wie in jeder Diskussion von Metaphorik die Frage nach dem Sinn von eigentlicher und figuraler Bedeutung, sondern darin zugleich die Frage nach der Möglichkeit von Sprech-Akten überhaupt. Die ›Verfeinerung‹ stellt nicht nur eine bestimmte

---

39 Vgl. dazu auch Cohen, Ted: »Illocutions and Perlocutions«. In: *Foundations of Language* 9 (1972/73), S. 492–503.
40 Damit eröffnet Cohen im Vokabular Austins einen Raum für die Fragen, die Jacques Derrida an Searles Interpretation von *How to do Things With Words* gerichtet hat. Freilich macht Derridas Argumentation es fraglich, ob ›Verfeinerung‹ eine hinreichende Beschreibung der Konsequenzen ist (Derrida, Jacques: »Signature Event Context« (1977). Hier zit. nach dem Wiederabdruck in: ders.: *Limited Inc.* Evanston (Il.) 1988, S. 13–19.
41 T. Cohen: »Figurative Rede« (s. Anm. 36), S. 29 f.; und ders.: »Notes on Metaphors«. In: *The Journal of Aesthetics and Art Criticism* 34 (1976), S. 249–259.

Art der Theorie von Sprechakten in Frage, sondern den Gegenstand solcher Theorien.

(3) Resümee der Skizze über Sprechakte in der Rhetorik und Figurenanalyse in der Sprechakttheorie: Traditionelle Rhetorik und Poetik einerseits, Sprechakttheorie andererseits sind scharf voneinander getrennt im Blick auf die mögliche Identität von Rede und institutionellem Akt: Poetik und Rhetorik setzten die Institutionalität von Reden voraus. Sprechakttheorie z. B. in der Habermasianischen Fassung geht von genau dieser Setzung bestimmter institutioneller Akte der Rede aus. Damit ist der historische Bruchpunkt benannt, der im Text des *Danton* markiert ist.

Wenn darüber hinaus beim Blick auf Büchners Drama von einer Zone *zwischen* Rede und Institution die Rede war, dann sieht man nun, daß diese Zone jeweils bereits *in* den historischen Theorieformationen lokalisiert ist. Poetik und Rhetorik schließen den Habermasianischen Sprechakt zwar aus der genau zu verhandelnden Regelhaftigkeit aus, sie geben für ihn aber eine in ihnen umrissene Stelle an: Sie verweisen die Identität des Sprechakts in die theatrale *performance*. Umgekehrt geht die Sprechakttheorie von der Annahme sozialer Handlungskomplexe aus, die sich semantisch explizieren lassen und durch ihre semantische Explikation sich als Akte zu erkennen geben. Aber folgerichtige Entwicklungen der Sprechakttheorie liefern dieses Konzept der Explikation, wie am Beispiel Cohens gezeigt, dem Spiel der Figuralität aus. Man sieht zwei symmetrische Auflösungen der Identität des (Habermasianischen) Sprechakts: in die theatrale *performance* (in der Aristotelischen Poetik) und in die Poetik sprachlicher Figuration (z. B. bei Cohen).

Rhetorik/Poetik einerseits, Sprechakttheorie andererseits umschreiben scharf voneinander abgesetzte Konfigurationen von Sprache und Institution. Aber zugleich zeigt sich: das Kriterium der historischen Unterscheidung, die Einheit von Rede und sozialem Akt, steht in Rhetorik/Poetik immer schon und in der Sprechakttheorie immer noch zur Entscheidung an. Diesen Befund soll der Ausdruck *Poetik* des *Sprechakts* zuletzt bezeichnen.

## III.

Diese *Poetik* des *Sprechakts* – die historische Grenze zwischen den Theorieregimen von Rhetorik und Poetik einerseits und Sprechakttheorie andererseits, wie auch die Unzugänglichkeit der Grenze selbst in beiden Theorieregimen – soll an einem ganz spezifischen Motiv im Drama Büchners aufgegriffen werden. Es ist das Motiv des Schreis[42], das zum Austausch der Parolen der Sou-

---

[42] Soweit ich sehe, ist die Insistenz dieses Motivs im *Danton* bisher nicht erörtert worden. Vgl. aber – mit anderen Absichten und Fragen – Werge, Liselotte: »*Ich habe keinen Schrei für den Schmerz, kein Jauchzen für die Freude ...*«: *Zur Metaphorik und Deutung des Dramas ›Dantons Tod‹ von Georg Büchner.* Stockholm 2000.

veränität zurückführen wird. In einem Sinn, der im folgenden aus Büchners Text heraus zu entwickeln sein wird, ist Luciles Ruf »Es lebe der König!« als Schrei vollzogen zu denken. Einen Schrei kann man aber nicht – oder nicht einfach – ›im Namen von‹ tun, Schreien ist nicht ohne weiteres als Performanz von oder als etwas zu sehen. Vielleicht hat gerade darum die Formel der Souveränität, denen alle Akte der Sprache ihre Identität verdanken, den Charakter des Schreis.

Das Motiv des Schreis im *Danton* hat zwei Züge: Es nimmt die sich der rhetorischen Tradition entziehenden Theorien der Artikulation und des Ursprungs der Sprache in figurativen Sprechakten auf, bei Rousseau oder Herder; andererseits ist es aber auch gerade mit bestimmten rhetorischen Gesten – *schémata tes léxeos* – und institutionellen Situationen verbunden. Der Schrei ist sprachtheoretisches Thema als das, was der Artikulation historisch oder psychologisch vorausgeht. Er verwickelt in seiner halb gestischen, halb figuralen Art das Thema der Sprache in Erzählungen vom Vorher und Nachher. Büchner inszeniert dagegen Geste und Figur des Schreis zugleich auch als das, was am Rande der Möglichkeit zu sprechen liegt; was der Gewalt der Institution unterliegt, die das Recht zu sprechen gewährt oder verweigert. Im Motiv des Schreiens wird in *Danton's Tod* die Geschichte der Artikulation der Sprache heteronom durchkreuzt von der Topologie der institutionellen Gewähr des Sprechens. In der Wiederkehr dieser Schreie zeichnet sich die Kontur der Zone zwischen Sprache und Institution ab.[43]

Der erste Schrei ist einer, den man nicht hören kann; den einer in Anspruch nimmt, um sich selbst das Wort zu erteilen. Im ersten Akt eröffnet Robespierre seine Rede im Jakobinerclub so: »Wir warteten nur auf den Schrei des Unwillens, der von allen Seiten ertönt, um zu sprechen.« (I/3, 14) Robespierre nimmt damit zunächst in wörtlichem Sinne das Wort im Namen der Versammlung, vor der er spricht. Denn zuvor hatte er, wie in einem Antrag der Geschäftsordnung, das Wort ›verlangt‹, und es war ihm durch die Akklamation der Versammlung gegeben worden (»DIE JAKOBINER. Hört, hört den Unbestechlichen!« (I/3, 14)) Der ›Schrei des Unwillens‹, der ›von allen Seiten ertönt‹,

---

43 Der folgenden Kommentierung der Stellen, an denen Schrei und Ruf im *Danton* auftreten, liegt ein Schema zu Grunde, das Artikulation und Topologie des Rederechts, Sprache und Institution als die vier Seiten des Raums auffaßt, in dem Sprache als Handeln erscheinen kann. Man kann das Schema etwa so darstellen:

ACHSE DER SPRACHE

2. Akt.

Schrei und Artikulation

ACHSE
DER       1. Akt. (Schrei:) Im Namen von     3. Akt. (Im Namen von:) Schrei
INSTITUTION

Schreien und das Recht zu sprechen
4. Akt.

ist zunächst und wörtlich der Ruf der versammelten Jakobiner, mit dem sie Robespierres Verlangen zu sprechen entsprechen. Gleichzeitig deutet Robespierre mit der Rede im Namen des Volkes im übertragenen Sinne auch auf das Vorgehen des Wohlfahrtausschusses gegen Hébertisten und Dantonisten hin, das er in dieser Rede verteidigen bzw. ankündigen wird. Den ›Schrei des Unwillens‹ umschreibt Robespierre im folgenden Satz auch als »Lärmzeichen«, das die Revolutionsregierung sich vom Volk habe geben lassen, um ›zu sprechen‹, d. h. nun: um zu handeln. In diesem übertragenen Sinne ist die Dialektik des ›Verlangens‹ offensichtlich noch intrikater: Der ›Schrei des Unwillens‹, auf den die Regierung ›nur gewartet‹ hat und den es nur in ihrer Entscheidung geben kann, ihn verstanden zu haben, ist in das Verlangen der Regierung zu ›sprechen‹ noch grundsätzlicher eingeschrieben als der worterteilende Zuruf der Versammlung in Robespierres Verlangen nach dem Recht der Rede.[44] Das ›Lärmzeichen‹ ist in diesem Sinne wieder zweierlei: das bestimmte nichtsprachliche Signal, das Signal des Alarms; dann aber auch das noch nicht artikulierte Sprechen, das darauf wartet, in Sprache übersetzt zu werden. Im Schrei des Unwillens, der ein Lärmzeichen in diesem doppelten Sinn ist, wird das Volk zum zugleich souveränen und infantilen Subjekt, in dessen Namen und an dessen Stelle Robespierre spricht und der Wohlfahrtsausschuß handelt.

Der unhörbare ›Schrei des Unwillens‹ ist die Prosopopoiie des Sprechakts, in dem Robespierre im Namen des Volkes zu sprechen und die Regierung zu handeln beginnt. Sprechen und Handeln sind hier wie wörtliche und übertragene Lesart parallel geführt; aufeinander verweisend, schließen sie sich aber aus. In dieser ganz rhetorischen und ganz institutionellen Bedeutung führt der ›Schrei des Unwillens‹ die Konnotation des Infantilen mit sich, das ›im Namen von‹ die politische und institutionelle Sphäre schon immer mit dem Drama von Infantilität und Vaterschaft verschränkt. Daß Sozialisation und Politik oder Sprache und Institution von Anfang an ineinander verschränkt sind, ist eine – Pierre Legendres Rechtsphilosophie der Sprache ähnliche – Beziehungsfigur, die sich im Text des Büchnerschen *Danton* selbst nachlesbar und nachvollziehbar abzeichnet und Geltung verschafft.

Das Drama des infantilen Verlangens, das sich metaphorisch im politischen Zusammenhang der Szene im Jakobinerclub abzeichnete, findet man in der Nachtszene des zweiten Akts wieder, wo Danton die Erinnerung an die Sep-

---

44 Bevor man hier sogleich an die Lacansche Dialektik des Verlangens und des Wunsches denkt, ist ihre Version in Condillacs *Origine des connaissances* zu vergleichen: Dort sind Produktion und Hermeneutik des Schreis streng geschieden. Nur die Eltern verstehen die Schreie der Kinder, d. h. nur sie suchen nach Bedeutungen; für die Kinder liegt die Bedeutung des Schreis darin, ihn hervorzubringen. Andererseits können nur die flexiblen Stimmorgane der Kinder die Schreie artikulieren (Condillacs Wort); den Eltern mißlingt der Versuch der Nachahmung. Sprache erfindet sich also zwischen Kinderlaut und Elternbedeutung (Etienne Bonnot de Condillac: *Essai über den Ursprung der menschlichen Erkenntnisse*. Hg. und übers. von Ulrich Ricken. Leipzig 1977, 2. Teil, I. 1, § 7, S. 190.)

tembermorde heimsucht. Hier hat man es aber nun nicht mehr mit einer Frage der Institutionalität der Rede, sondern ihrer Artikulation zu tun.

Die Szene – »EIN ZIMMER (Es ist Nacht.)« – setzt monologisch, mit dem basalen Theater der Abwesenheit, ein. Danton, zuerst allein »am Fenster«, ruft »September!«; Julie »ruft von innen« seinen Namen. Auftretend fragt sie: »Was rufst du?«; Danton antwortet: »Rief ich?« (II/5, 40) Thematisch geworden heißen die Rufe Schreie.

> DANTON. [...] Schrie's nicht September? Sagtest du nicht so was?
> JULIE. Ja Danton, durch alle Zimmer hört' ich's.
> DANTON. [...] die Stadt ist ruhig [...] .
> JULIE. Ein Kind schreit in der Nähe.
> DANTON. Wie ich an's Fenster kam – durch alle Gassen schrie und zetert es: September!
> JULIE. Du träumtest Danton. (II/5, 40 f.)

Danton berichtet einen Angsttraum, den er vor der Szene am Fenster gehabt habe, und schließt: »Da schrie ich in der Angst, und ich erwachte. Ich trat an's Fenster – und da hört ich's Julie.« Der eigene Schrei, von dem sich der Schläfer aus dem Traum geweckt glaubt, verbindet sich mit dem Schrei ›September‹, den er, wach geworden, am Fenster halluziniert; und diesen Schrei identifiziert Julie als den Schrei eines Kindes ›in der Nähe‹. Die Schreie des Monologs – die eigenen im Traum, die einen wie fremde wecken, die fremden, die man am Fenster hört als wären es die eignen – sind nicht nur zufällig Schreie von Kindern. Danton hat den Kreis, der das Politischen mit dem Infantilen verbindet, schon zuvor geschlossen, wenn er das monologische Sprechen dem Geburtsschrei vergleicht: »Das ist nicht gut«, sagt Danton, daß es »Gedanken« gebe, die »bey der Geburt gleich schreien, wie Kinder«. (II/5, 40)

Nach diesem Wortwechsel beginnen Danton und Julie wie im Duett, den ›Schrei‹ in die Rede der Politik und der Rechtfertigung zu übersetzen:

> DANTON. [...] War's nicht im September Julie?
> JULIE. Die Könige waren noch 40 Stunden von Paris,
> DANTON. Die Festungen gefallen [...] .
> JULIE. Die Republik war verloren. (II/5, 41)

Im Verlauf dieser phantasmatischen Supplementierung des Schreis zum ›vollständigen Sprechakt‹ (Austin) der Rechtfertigung nennt dann Danton auch das Stichwort, auf das er seine imaginäre Verteidigung gründet: Notwehr. »[...] das war Nothwehr, wir mußten.« (II/5, 41) ›Notwehr‹ aber ist der juridische Name für die kreatürliche, reflexhafte Selbstbewahrung, die sich paradigmatisch im Schrei äußert.[45] Die Supplementierung der Schreie führt auf das Argument des Schreis. Denn auf der Unterscheidung bloßer Notwehr von aller

---

45 Vgl. dazu Vollhardt, Friedrich: »Der Begriff ›Selbsterhaltung‹ im literarischen Werk und in den philosophischen Nachlaßschriften Georg Büchners«. In: Dedner, Burghard/Oesterle, Günter (Hg.): *Zweites Internationales Georg Büchner-Symposion (1981)*. Frankfurt/M. 1990.

anderen, die eigene Herrschaft befestigenden oder überhaupt als Herrschaft bewahrenden Form der Gewalt, beruht nicht nur Dantons Verteidigung der Septembermorde. Auf ihr beruht auch der Versuch der Dantonisten, denjenigen Terror der Revolution, dessen Kreatürlichkeit vom Hedonismus nicht zu unterscheiden wäre, von verwalteter, fortgesetzter, sich selbst kontinuierender Gewalt zu unterscheiden, die dann die Gewalt des Staates und der Gegenrevolution ist. Der Schrei der Notwehr müßte darum der absolut vermittlungslose, eigene Schrei sein. Statt dessen aber ist in dieser Szene von vornherein zu sehen, daß es diesen reinen oder apokalyptischen Schrei der Notwehr auch und gerade im Monolog, im Theater der Abwesenheit, nicht gibt. Dantons Ruf »September!« artikuliert sich zum Schrei und zum Argument des Schreis durch eine dichte Überlagerung eigener und fremder Schreie. Gerade in dieser Szene ist der Schrei ein Geflecht unterhalb der subjektiven Position der jeweiligen Sprecher. Es ist niemandes Schrei im besonderen.

Im dritten und vierten Akt ist der Schrei, von dem in den beiden ersten Akten die Rede war, auf der Bühne zu hören. Im dritten Akt setzt sich dabei im besonderen die Beobachtungen der Artikulation der Rede aus dem zweiten Akt fort; jetzt aber, anders als dort, nicht als Drama der Infantilität, sondern in der Politik von Redegewährung und Redeentzug.

Im dritten Akt nimmt Danton, der große Redner der Revolution und der Notwehr, der bis dahin passiv geblieben war, seine Verteidigung vor dem Revolutionstribunal auf. Aber kaum ergreift er das Wort, beginnen die Gegner, sein Rederecht vor dem Tribunal zu manipulieren, es einzuschränken und ins Gegenteil der illegitimen Rede zu verkehren. Man sucht zunächst einen schwerhörigen Geschworen aus: »Leroi, er ist taub und hört daher nichts von All dem, was die Angeklagten vorbringen. Danton mag sich den Hals bey ihm rauh schreien.« (III/2, 52) Der Vorsitzende des Tribunals unterbricht Danton mit der Glocke: »DANTON. Die Stimme eines Menschen, welcher seine Ehre und sein Leben vertheidigt, muß deine Schelle überschreien.« (III/4, 55) Aus der Behinderung des Rechts zu reden, die nur den Schrei übrigläßt, wird die Perversion des Rederechts als Verführung zum Schreien. Im Wohlfahrtausschuß entwirft man ein Verfahren, das dem Tribunal die Möglichkeit gibt, den Angeklagten das Wort zu entziehen. Damit sollen Danton und die Dantonisten zur Überreaktion verleitet werden, die sie die Regeln der Institution übertreten läßt: »Sie können nicht schweigen, Danton muß schreien.« (III/6, 61) Lacroix, der Freund, bestätigt es Danton zu Beginn der letzten Kerkerszene: »Du hast gut geschrien, Danton [...].« (III/7, 63) Schreien heißt hier nicht eine infantile Rede vor der Artikulation, sondern die entzogene Rede, das abgeschnittene Wort; Reden außerhalb der Institution oder von der Institution verweigerte Rede. Keine Anfänglichkeit und keine Personalität kennzeichnen diese Schreie. Im Gegenteile sind sie Ereignisse vielfältiger und von vielen betriebener Taktiken, mit den Regeln der juristischen und politischen Institution zu spielen. Das entzogene Wort kann auch hier als Äußerung der Notwehr erscheinen: » DANTON. [...] ich kann nicht sterben. Wir müssen schreien [...].« (III/7, 65) Dieser Schrei ist der allerunpersönlichste. Die Notwehr und ihr Schrei sind nicht nur bestimmt als das, was in der Institution keinen Ort hat. Schlimmer noch: sie sind Inszenierungen eines Außerinstitutionellen durch die Institution.

Im zweiten und dritten Akt stehen der Schrei und das Schreien unter dem Aspekt der Artikulation. Sich artikulieren können oder müssen im Drama des infantilen Verlangens: sich artikulieren dürfen oder wollen in der Politik der institutionellen Rede: in diesen Kontexten bildet sich das Spiel figuraler Sprechakte aus. Mit dem vierten Akt, in dem wieder, wie im dritten, der Schrei zu hören sein wird, kehrt man zur Prosopopoiie ›im Namen von‹ zurück, die Robespierre ganz zu Beginn im Jakobinerclub schon für seine Zwecke genutzt hatte und die aller Rede den Gestus eines sozialen Akts, *schéma tes léxeos*, erst erteilt.

Im vierten Akt ereignet sich der Schrei als eigene szenische Form auf der Bühne. Wieder geht es um Szenen bloßer Selbstbewahrung. Das geschieht allerdings auf zwei ganz unterschiedliche Weisen und in zwei ganz unterschiedlichen Verkehrungen. Wenn Danton und seine Mitgefangenen zur Hinrichtung gebracht werden, heißt es: »EIN WEIB MIT KINDERN. Platz! Platz! Die Kinder schreien, sie haben Hunger. Ich muß sie zusehen machen, daß sie still sind.« (IV/7, 78) Hier hört man nun wirklich den Schrei von Kindern und den Schrei der Not. Aber gerade ihr Schrei wird schon von der mütterlichen Interpretin selbst zum Schweigen gebracht, das das Schweigen der Zuschauer von Dantons Tod wie auch von *Danton's Tod* ist. Diese, den Zuschauern des Dramas gleichenden, Kinder, deren Hunger mit dem Schauspiel der politischen Institution gestillt werden soll, sind im übrigen die einzigen Kinder, die auf der Bühne des *Danton* erscheinen (mit Ausnahme des Knaben, den Julie mit dem Abschiedsgruß an Danton schickt). Büchners Drama ist eines von Kinderlosen. Die Paare (Julie und Danton, Lucile und Camille) haben keine Kindern. Von Kindern ist nur in anderem Sinne die Rede: Die Handelnden heißen nach dem berühmten Zitat die Kinder, die die Revolution frißt. Der Status des Infantilen befällt diejenigen selbst, die im Namen der infantes zu sprechen meinen. Statt Kindern, die nach Brot verlangen, gibt es nur noch solche, die die Revolution frißt. So wird der Schrei dieser einzigen Kinder, so wörtlich er ein Schrei des Hungers ist, auch zu dem am wörtlichsten uminterpretierten Schrei. Das politische Schauspiel – *Danton's Tod* – wird diesen Kindern statt Brot gegeben.

Der letzte und äußerste Schrei ereignet sich in den beiden letzten Szenen des Dramas. In der vorletzten Szene, nachdem Camille Desmoulin zusammen mit Danton hingerichtet worden ist, sagt Lucile: » [...] nein – ich will mich auf den Boden setzen und schreien, daß erschrocken Alles stehn bleibt, Alles stockt, sich nichts mehr regt.« Die Regieanweisung: »(sie setzt sich nieder, verhüllt sich die Augen und stößt einen Schrei aus. [...].« Dann heißt es: »([...] Nach einer Pause erhebt sie sich.) Das hilft nichts, da ist noch Alles wie sonst [...].« (IV/8, 80)[46] Der Schrei im wörtlichen Sinne, der »Alles« – die Institutionali-

---

46 In der historischen Textkritik des *Danton* ist der Status der Regiebemerkungen häufig umstritten. Hinzufügungen oder Änderungen durch Gutzkow sind keine Ausnahme. So verhält es sich beispielsweise im Fall der berühmten Regieanmer-

tät selbst – stocken lassen will, tut seine Wirkung nicht. Schreien ist kein Sprechakt; nichts bleibt stehen oder stockt. Lucile müßte den Schrei, der die Institutionalität zum Stocken brächte, in die Sprache der Institution, in das Spiel der zitierbaren Akte, die Institution des Redens übersetzen, die sie unterbrechen und anhalten will.

Sie tut es – diese Einfügung eines Performativs ist die eine interpretierende Vermutung, die der Kommentierung der Schreie anzufügen wäre – in der folgenden Szene mit dem Satz, der als Zitat vor allen institutionellen Sprechakten steht: »Es lebe der König!« »Es lebe der König!«, das Zitat der gelöschten Referenz der Institution, steht für die Löschung aller Institutionalität. Das (und nicht ein Bekenntnis zur Konterrevolution) besagt Luciles Ruf. Man erkennt im Bezug zwischen der Szene des Schreis und dem Ruf »Es lebe der König!« auch erst das Shakespeare-Zitat, das der vorangehenden Szene zu Grunde gelegen hatte. In der »Coast of Wales«-Szene von *Richard II* ist die szenische Performanz des Niedersetzens mit den Geschichten vom Ende der Könige verbunden:

RICHARD.
(Sitting) For God's sake, let us sit upon the ground,
And tell sad stories of the death of kings – [47]

Sicherlich ist es eine eigentümliche Verschiebung, wenn nun die Frau des Revolutionspolitikers Desmoulin diese königliche Geste wiederholt. Der emblematische Sinn des »sit upon the ground«, der einmal mit der Beziehung zwischen dem König und dem Land, dann mit der Vertikale von Hoch und Niedrig verknüpft war, scheint hier völlig außer seinem Kontext zitiert. Das aber macht gerade die Besonderheit des Zitats zur Zeit einer noch tieferen Zäsur, wo ›der König im Namen der Republik lebt‹.[48]

Luciles als Parole der Institution realisierter Schrei kehrt – nimmt man diese Interpretation an – die Geste und Figur um, mit der Robespierre sich im ersten Akt das Wort vom ›Schrei des Unwillens‹ und im Namen des Volkes hatte erteilen lassen. Genau darin ist nämlich der Zusammenhang zwischen unmöglichem Schrei und dem Tausch der souveränen Namen die *performance* und die figurale Realisierung des unmöglichen Sprechakts: des alle Sprechak-

---

kung zu Luciles Ruf »Es lebe der König!«: »(sinnend und wie einen Entschluß fassend plötzlich:)«; vgl. Textapparat z. St., 81. Die vorangehende Regiebemerkung vom Niedersitzen und vom Schrei geht dagegen auf Büchner zurück.

47 Shakespeare, William: *The Tragedy of King Richard the Second*. Akt III, Szene 2, V. 151 f. In: *The Norton Shakespeare*. Hg. von Stephen Greenblatt. New York 1997, S. 984.

48 An dieser Stelle eine Replik auf *Richard II* anzunehmen, ist um so naheliegender und wichtiger, wenn man, Dedner und Mayer folgend (G. Büchner: *Sämtliche Werke* [s. Anm. 1], Bd. 3.4, S. 237), im schließenden Austausch zwischen Lucile und der Patrouille den Beginn von *Hamlet* hört: » BARNARDO Who's there? – FRANCISCO Nay, answer me. Stand and unfold yourself. – BARNARDO Long live the King!« (*The Tragedy of Hamlet, Prince of Denmark*. In: *The Norton Shakespeare* (s. Anm. 47), S. 1668.

te unterbrechenden Schreis. Nur als gelöschtes Grundwort des sprachlichen Handelns ist das Gegenwort des Schreis zu artikulieren. Der Schrei, der alles zum Stehen und Stocken bringt, ist in jedem Sprechakt auf der Bühne des *Danton* zu hören. Es ist der widerständige Rest theatraler *performance* in allen Redegesten, allen *schémata tes léxeos*; die unbeherrschbare Figuralität, die die Einheit von Sprache und Institution schon im Begriff des Sprechakts selbst angreift. Dieser nur im allerunpersönlichsten Grund der Institutionalität zu findende Schrei durchschneidet den Horizont des Dramas, wo Sprache und Institutionalität sich in Sprechakten übereinander zu legen schienen.

# Zitation/performativ

BETTINE MENKE (Erfurt)

## I.

Die Relation von Rhetorik und Sprechakttheorie ist keineswegs einsinnig und kontinuierlich.

Für gewöhnlich werden zwar in ›naiver‹ Auffassung der »Logik nicht mehr von Feststellungen, sondern von Akten, wie in Austins Theorie der Sprechakte«, so diskutiert de Man diese Relation[1], zum einen Sprechakte an die Grammatik (bzw. an eine bestimmte grammatische Form) gebunden[2], und zum andern die Rhetorik unter dem Gesichtspunkt der Eloquenz und unterm Stichwort ›Überredung‹ als Bereich (nur) der Perlokution aufgefaßt. Definitorisch werden die illokutionären Akte, die hervorbringen (wovon sie sprechen), unterschieden von den perlokutionären, durch die (nur) auch etwas bewirkt werde.[3] Die regulierende Verordnung, mit der »Rhetorik ausschließlich als Kunst der Überredung – oder Überzeugung – aufgefaßt wird, also als Einwirkung auf andere (nicht aber als innersprachliche Figur oder Trope)« soll absichern,

---

1 De Man, Paul: *Allegorien des Lesens*. Frankfurt/M. 1988, S. 37.
2 Aber, so Derrida, jede Suche nach einem »›*einzigen einfachen* Kriterium grammatikalischer oder lexikalischer Art*‹*«, wie »Formen der ersten Person, Präsens, Indikativ, Aktiv«, »um zwischen performativen und konstativen Äußerungen zu unterscheiden«, gerate in »eine ›Sackgasse‹«. Vgl. Derrida, Jacques: »Signatur, Ereignis, Kontext«. In: ders.: *Randgänge der Philosophie*. Wien 1988, S. 325–35, hier S. 348; mit Austin, John: *How do things with words*. Harvard University Press Cambridge, Massachusetts, ²1975, S. 55–66.
3 *Perlokutionär* heißt: »Wenn etwas gesagt wird, dann wird das oft, ja gewöhnlich, gewisse Wirkungen auf die Gefühle, Gedanken oder Handlungen des oder der Hörer, des Sprechers oder anderer Personen haben; und die Äußerung kann mit dem Plan, in der Absicht, zu dem Zweck getan worden sein, die Wirkungen hervorzubringen«. »Er hat mich überredet, ...« ist das erste Beispiel. Vgl. Austin, John: *Zur Theorie der Sprechakte*. Stuttgart ²1979, S. 118/9. Austin argumentiert für die Notwendigkeit der Unterscheidung zwischen illokutionären und perlokutionären Akten (S. 127); die Feststellung: »Damit haben wir jetzt [...] zwischen drei Sorten von Handlungen unterschieden«, steht unter dem Vorbehalt der Hinzufügung (von 1958): »›(1) Das ist alles weder klar (2) noch in jeder Hinsicht relevant (A und B im Unterschied zu C); werden nicht alle Äußerungen performativ sein‹.« (S. 120/ engl. (s. Anm. 2), S. 108 u. S. 109 ff., S. 121 ff.).

daß es keinen Widerstreit gebe, daß »die Kontinuität zwischen dem illokutiven Bereich der Grammatik und dem perlokutiven Bereich der Rhetorik« für ›selbstverständlich‹ gehalten wird.[4] Fälle wie die rhetorische Frage zeigen, daß dies unzutreffend ist, daß die (jeweilige) Rhetorik über den Sprechakt, der statthabe, selbst entscheidet und performative Kraft hat.[5]

Gegen »die geläufige Bedeutung von Rhetorik als Eloquenz« wurde mit jener »typisch post-romantischen Geste«, die de Man bei Nietzsche ausmacht, »Figur über Beredsamkeit« gesetzt. Nietzsche analysiere, statt Figuren auf Ornament und Überredung zu reduzieren, »die verwickelte und philosophisch herausfordernde Epistemologie der Tropen« (so die Formel de Mans, die zugleich taugt, de Mans eigne Lektüren und deren Aufmerksamkeit zu kennzeichnen).[6] Mit und nach Nietzsche die rhetorische ›Beredsamkeit‹ in ihrer »Abhängigkeit von einer vorgängigen Theorie der Sprachfiguren oder Tropen« zu verstehen[7], deutet zugleich die Tropologie neu. Weder sind Tropen bloße Dekoration, die allenfalls beitrage zu der – zum Eigentlichen hinzutretenden – beredsamen Wirksamkeit, noch sind sie als Figuren die bloße regulierte Übersetzung dessen, was ihnen als Gemeintes schon vorausgeht, semantisch gebunden und auf Wahrheit und Kognition verpflichtet. Nietzsches Argumentation »scheint bei einer Wiederinkraftsetzung der aktiven performativen Funktion von Sprache anzulangen, und sie rehabilitiert die Persuasion als Ergebnis der Dekonstruktion figuralen Sprechens«[8], indem sie nicht als bloße perlokutive Wirksamkeit, sondern als performative Dimension figuralen Sprechens aufgefaßt wird. Die Verbindung von Rhetorik der Figuren und Sprechakttheorie wird dann aber weitergehend die Einsicht in eine Spannung innerhalb jeder Figuration eröffnen, die für die traditionelle Rhetorik und innerhalb ihrer Lehre nur in der Relation zwischen kognitiv gebundener rhetorischer Figurenlehre und *persuasio* zu beschreiben war.

Folgt man mit de Man der Argumentation Nietzsches, so sind Wahrheiten, die gemäß »einer auf Widerspruchsfreiheit begründeten Logik« konzipiert werden, nicht konstatierbar, sondern selbst gebieterisch als Setzen, das *Vor-*

---

4 P. de Man: *Allegorien des Lesens* (s. Anm. 1), S. 37; vgl. ders.: »Widerstand gegen die Theorie«. In: Bohn, Volker (Hg.): *Romantik. Literatur und Philosophie*. Frankfurt/M. 1987, S. 80–108, hier S. 104 f.; engl. Orig.: »Resistance to Theory«. In: ders.: *The Resistance to Theory*. University of Minnesota Press, Minneapolis 1986, S. 3–20, hier S. 18/9.
5 P. de Man: *Allegorien des Lesens* (s. Anm. 1), S. 43; vgl. P. de Man: »Widerstand gegen die Theorie« (s. Anm. 4), S. 105.
6 Vgl. P. de Man: *Allegorien des Lesens* (s. Anm. 1), S. 148/49; vgl. ders.: »The Epistemology of Metaphor«. In: ders.: *Aesthetic Ideology*. Hg. von Andrzej Warminski. Minneapolis, London 1986, S. 34–50. Ders.: »Epistemologie der Metapher«. In: Haverkamp, Anselm (Hg.): *Theorie der Metapher*. Darmstadt 1983, S. 414–437. Ders.: »Die Rhetorik […] ihres erkenntnistheoretischen Impulses zu berauben ist nur möglich, weil ihre tropologischen, figuralen Funktionen übergangen werden«. Siehe P. de Man: »Widerstand gegen die Theorie« (s. Anm. 4), S. 104.
7 P. de Man: *Allegorien des Lesens* (s. Anm. 1), hier und das Folgende S. 148.
8 Ebd., S. 175.

*aussetzen* ist. Sie treten auf als »voraus-setzende Aussage, als ob sie schon gesicherte präsente Erkenntnis wäre«[9], und dies ist ihr »Irrtum«, d. i. eine (als solche) vergessene Fiktion, die als »eine metaleptische Umkehrung der Kategorien von Frühersein und Spätersein, von ›vorher‹ und ›nachher‹« zu lesen ist: »Von der ›Wahrheit‹ der Identität, die in einer Zukunft – die ihrer Formulierung folgt – eingerichtet werden sollte, stellt sich heraus, daß sie immer schon als die Vergangenheit ihrer irrigen ›Setzung‹ existent war«. Die Lektüre dieser Figur irritiert (auch) die Performanz, auf der sie zu beruhen scheint. »Jedes ›Voraussetzen‹ ist ›Nachconstruktion‹« – dessen, was als »Irrtum« – als Verwechslung einer Erfindung mit dem, was gegenwärtiger Gegenstand von Erkenntnis wäre, – den Akt selbst zu begründen hatte, so »daß die künftige Wahrheit«, deren Geltung als vorweg die Aussagen leitend voraus-gesetzt ist, »tatsächlich Irrtum aus der Vergangenheit« gewesen sein wird. Der Effekt, der als nachträglich *metaleptischer* (einer Voraussetzung) lesbar ist, als Effekt jener Umkehrung, mit der für die manifeste Folge deren ursächliches und begründendes ›vorher‹ nachträglich gegeben (d. i. hervorgebracht) ist, ist die Figur des *Gelingens* oder, wie Austin sagt, des *Glückens* der Sprechakte (und damit der über die Sprechakte entscheidenden Kategorie).[10] Ihr Subjekt, Autor des Sprechakts bzw. ›der Täter‹, der sie zu verantworten hätte, ist, so Nietzsche nach de Man, »zum Tun bloß hinzugedichtet«[11]; ›es gibt‹ ihn (allein) als die Fiktion eines vorausgehenden Ursprungs dessen, was damit als dessen Tun und ›Wirkung‹ verbucht wird. Die Lektüre seiner als nachgetragener metaleptischer Effekt ist Dekonstruktion des ›Täters‹ als des souverän Verfügenden wie der »Möglichkeit des ›Tuns‹« als Akt. Wie einerseits zu zeigen ist, »daß konstative Sprache in der Tat ein performatives Faktum ist«, so behaupte Nietzsche anderseits, so de Man, »daß die Möglichkeit für Sprache, etwas auszuführen, ebenso fiktional ist wie die Möglichkeit für Sprache, etwas zu behaupten«.[12] Daher *scheint* die Dekonstruktion, die de Man bei Nietzsche liest, (zwar und nur) »bei einer Wiederinkraftsetzung der aktiven performati-

---

9  Ebd., hier und das Folgende S. 169: »Als solche erfordert sie eine Zeitdimension, denn sie setzt als Zukunft, was man in der Gegenwart unfähig zu tun ist: Jedes ›Setzen‹ ist ›Voraussetzen‹ […]. Doch dieses hypothetische ›Voraussetzen‹ ist im Irrtum, denn es präsentiert eine voraus-setzende Aussage, als ob sie schon gesicherte präsente Erkenntnis wäre. Dieser Glaube kann durch die Demonstration dessen dekonstruiert werden, daß die Wahrheiten einer auf Widerspruchsfreiheit begründeten Logik ›erdachte Wahrheiten‹ sind. Aber so zu verfahren, heißt, daß die temporale Ordnung ebenfalls umgekehrt wird: es stellt sich nun heraus, daß die Künftiges entwerfende, in die Zukunft weisende Behauptung tatsächlich von früheren Voraussetzungen bestimmt war, daß die künftige Wahrheit tatsächlich Irrtum aus der Vergangenheit war.«

10 Für *performatives* ist die Entscheidung über ihr Gelingen bestimmend, daher der Kanon ihres Mißglückens. Vgl. J. Austin: *Zur Theorie der Sprechakte* (s. Anm. 3), S. 36–8, 41, 75; vgl. J. Austin: *How do to things with words* (s. Anm. 2) S. 18 f., 45 u. ö.

11 P. de Man: *Allegorien des Lesens* (s. Anm. 1), hier und das Folgende S. 171, vgl. S. 172.

12 Ebd., S. 174.

ven Funktion von Sprache anzulangen«, doch die *Frage* der Erkenntnis insistiert und ›kehrt ewig wieder‹; sie ist nicht abzulösen durch oder zu überführen in eine performative Sprachauffassung.[13] Denn jedes Setzen ist in seiner »referentiellen Funktion« nicht gesicherter als die Sprache des Konstatierens, vielmehr diese Funktion selbst als (fehlgehender und im Effekt stets verfehlter) figurativer Effekt zu lesen; in dieser Lektüre wurde (so de Man, nach Nietzsche) das Setzen »als unfähig diskreditiert, die epistemologische Strenge seiner eigenen Rhetorik zu beherrschen«.[14]

Die Unentscheidbarkeit zwischen konstativer und performativer (Dimension der) Rede (de Man) oder zwischen *Kraft* und *Bedeutung* (Derrida) kennzeichnet alles Bedeuten und dessen Figuration.[15] Denn jedes Bedeuten ist Setzen (einer signifikativen Struktur), wenn zugleich das Zeichen als ein bedeutungsvolles ›Muster‹ gelesen wird (bzw. gelesen worden ist). Diese Relation von Setzung und deren Lektüre (d. i. Figuration) als bedeutende Figur ist so notwendig wie widerstreitend; »völlig inkonsistent« sei, so de Man, das ›Einsetzen von Bedeutung‹: »language posits and language means, but language cannot posit meaning«. Denn Bedeutung ›gibt es‹ nur in differentiellen Relationen, in die die Setzung (einsetzend) sich einlassen muß und dies nur kann, indem sie ihren Charakter als primordiale Setzung verliert, bzw. schon verloren haben muß.[16] Sinn werde

> gerade durch den Akt, der ihn aufdeckt, […] [verborgen]. Die Struktur eines Werkes und die Form einer Kraft *begreifen*, heißt den Sinn im Augenblick seiner Gewinnung verlieren. Der Sinn eines Werdens oder einer Kraft, in ihrer reinen und eigentlichen Qualität, ist der Ruhepunkt des Beginns und des Endes, der Friede eines Schauspiels, eines Horizontes oder Gesichts. In diesem Stillstand und in dieser Eintracht wird die Eigenart des Werdens und der Kraft durch den Sinn selbst verdunkelt.[17]

---

13 Ebd., S. 175; vgl. S. 171, 169.
14 Ebd., S. 169. »Was zu einer gesicherten Priorität von ›Setzen‹ über ›erkennen‹, von Sprache als Aktion über Sprache als Wahrheit zu führen scheint, erreicht nie ganz sein Ziel; über- oder unterbietet es« (S. 175). »Performative Sprache ist in ihrer referentiellen Funktion nicht weniger ambivalent als die Sprache des Konstatierens« (S. 172); »wenn es sich herausstellt, daß eben derselbe Verstand nicht einmal weiß, ob er gerade etwas tut oder nichts tut, dann gibt es erheblichen Grund für den Verdacht, daß er nicht weiß, *was* er gerade tut« (S. 176).
15 Ebd., S. 175 ff.; Derrida, Jacques: »Kraft und Bedeutung«. In: ders.: *Die Schrift und die Differenz*. Frankfurt/M. 1972, S. 9–52.
16 De Man, Paul: »Shelley Disfigured«. In: ders.: *The Rhetoric of Romanticism*. New York 1984, S. 93–123, hier S. 117. Ders.: »Shelleys Entstellung«. In: ders.: *Die Ideologie des Ästhetischen*. Hg. v. Christoph Menke. Frankfurt/M. 1993, S. 147–182, hier S. 171/2: »Wie kann ein Akt des Setzens, der mit nichts in Beziehung steht, was vorher oder nachher kommt, in eine narrative Sequenz eingeschrieben sein? Wie wird ein Sprechakt zu einer Trope […]? Dies kann nur der Fall sein«, »because we impose, in our turn, on the senseless power of positional language the authority of sense and of meaning. But this is radically inconsistent: language posits and language means (since it articulates) but language cannot posit meaning; it can only reiterate (or reflect) it in its reconfirmed falsehood. Nor does the knowledge of this impossibility make it less impossible.«
17 J. Derrida: »Kraft und Bedeutung« (s. Anm. 15), S. 47.

Die Setzung muß Einsetzung von etwas, d. i. Fiktion, sein können und ist dies nur als ›imposition‹ (der Autorität von Sinn und Bedeutung) »on the senseless power of positional language«; d. i. eine ›Voraussetzung‹ im Sinne der metaleptischen Verkehrung, des nachträglichen metaleptischen Effekts eines vorausgehenden und begründenden Ursprungs. Sie wird daher nur ›gegeben sein‹, insofern sie ihre Bedingung der Möglichkeit, die ›Kraft‹ (*force*) der Setzung, figuriert, figurativ verstellt oder blockiert (hat). Einerseits vollzieht sich also durch die Figuration der Setzung, durch die diese zur Einsetzung wird, ständig erneut, notwendig und daher wiederholend eine Verstellung der Setzung durch die Figur an deren Stelle. Anderseits aber ist die Setzung selbst kein absoluter Anfang; den Akt »der setzenden Macht der Sprache, an sich und für sich allein betrachtet«, »considered by and in itself«, gibt es nicht.[18] Vielmehr ›gibt es‹ immer schon und immer nur die Figur für diese und anstatt ihrer. Diese ist, insofern sie ›existiert‹, Wiederholung – und nicht ›sie selbst‹. In dieser gegenseitigen Angewiesenheit von (den sich gegenseitig dementierenden) Setzung und Fiktion aufeinander ist nicht allein die Möglichkeit von Sprache als Repräsentation dementiert, sondern sie verbietet auch jede Verabsolutierung des Akts der Setzung.

Die derart als systematische vorgestellte Unentscheidbarkeit zwischen der konstativen und performativen Auffassung der Sprache und jeder jeweiligen Rede betrifft die Konzeption von Rhetorik selbst, wie sie de Man zu lesen gibt. Die *Frage* der Relation von performativer Funktion und Erkenntnis mit »konstativer Sprachauffassung«, die als ›wiederkehrende‹ der Modus der möglichen Einsicht in die Sprache ist, »deckt sich [bei de Man] mit dem Ausdruck ›Rhetorik‹ selbst«.[19] Sie stellt sich dar in den beiden unvermeidbaren und miteinander unverträglichen Lesarten der Rhetorik: »Als Persuasion aufgefaßt ist Rhetorik performativ, doch als ein System von Tropen betrachtet dekonstruiert sie ihre eigene Performanz.« Diese Aporie mache die Rhetorik und das, was ihre ›Geschichte‹ zu sein scheint, aus (das ist ihre Neu›bestimmung‹ ohne Halt, die sie bei de Man gewinnt).[20]

---

18  Dies wäre der »einzige und daher gewaltsame Machtakt«. Siehe P. de Man: »Shelley Disfigured« (s. Anm. 16), S. 115. Die Möglichkeit einer unmotivierbaren Hervorbringung von Zeichen und ihre Voraussetzung einer Macht der sprachlichen Setzung ist eine Fiktion. Die leere arbiträre Setzung ist (einerseits) ›bloß‹ fiktiv; es gibt sie nicht als solches und das Zeichen existiert nur, insofern es bedeutet, also insofern es in bestimmbare Beziehungen oder ein System solcher Beziehungen schon eingetreten ist, innerhalb dessen sich Bedeutungen bilden. »It seems to be impossible to isolate the moment in which the fiction stands free of any signification; in the very moment at which it is posited, as well as in the context that it generates, it gets at once misinterpreted into a determination which is, ipso facto, overdetermined.« Siehe de Man, Paul: *Allegories of Reading*. New Haven, London 1979, S. 293. Als Fiktion ist sie (anderseits) notwendig.
19  P. de Man: *Allegorien des Lesens* (s. Anm. 1), S. 175.
20  Dann ist »das, was da ›Rhetorik‹ heißt, genau die Lücke […], die in der pädagogischen und philosophischen Geschichte des Ausdrucks zutage tritt«; sie legt »jedem Lesen oder Verstehen ein unüberwindliches Hindernis in den Weg«. »Die Aporie zwischen performativer und konstativer Sprache ist bloße Version der Apo-

Insofern legt ›Rhetorik‹ (nicht zuletzt auch) die Illusion ursprünglicher Setzung (als Illusion wie deren Funktionieren) offen, ohne daß die Einsicht in diesen Vorgang und dessen Inkonsistenz gegen die erneuten Wiederholungen dieses Vorganges schützte. ›Es gibt‹ nicht den primordialen Anfang souveräner, über sich selbst verfügender und sich selbst kontrollierender Setzung, sondern Wiederholungen, den Anfang als Zitation und Wiederholung, das ›Stottern‹ des Anfangs. Dies hat Derrida bekanntlich u. a. in »Signatur, Ereignis, Kontext« anhand der Austinschen Sprechakttheorie vorgetragen. Der Sprechakt selbst, mit »seinem angeblich gegenwärtigen und einmaligen Auftreten« als *Ereignis*, ist an Wiedererkennbarkeit gebunden, sein ›Glücken‹ an die Zitation einer (wiedererkannten) Konvention.

> Könnte eine performative Äußerung gelingen, wenn ihre Formulierung nicht eine ›codierte‹ oder iterierbare Äußerung wiederholte, mit anderen Worten, wenn die Formel, die ich ausspreche, um eine Sitzung zu eröffnen, ein Schiff oder eine Ehe vom Stapel laufen zu lassen, nicht als einem iterierbaren Muster *konform*, wenn sie also nicht in gewisser Weise als ›Zitat‹ identifizierbar wäre.[21]

Ein Sprechakt kann nicht anders bestimmt sein (das heißt dann »Gelingensbedingungen«) als ›im Bezug‹ auf andere Reden bzw. auf einen Kontext, den er aber (anders als Austin zuzulassen bereit war) nicht beherrscht; wenn er (als Zitation) eine Konvention beruft und als Kontext in Anspruch nimmt, so hat er aber zitierend mit einem Kontext je schon gebrochen und (mindestens) einen neuen erzeugt.[22] Das Ereignis einer Eröffnung, das Sprechakt und (Neu-)Gründung soll werden können, ein Anfang (oder ›anfänglicher Rand‹) selbst hat statt als Zitation; aber »zitierte Performanz« ist »sofort der Gegenwart« entzogen.[23] Das behauptet nicht, daß es keine performative Wirkung gibt, son-

---

rie zwischen Trope und Persuasion, die die Rhetorik sowohl hervorbringt wie auch paralysiert und ihr so den Anschein einer Geschichte verleiht.« Siehe P. de Man: *Allegorien des Lesens* (s. Anm. 1), S. 176.

21 J. Derrida: »Signatur, Ereignis, Kontext« (s. Anm. 2), S. 346; so daß zu fragen ist, »was es mit dem ›Eintreten‹ oder der Ereignishaftigkeit eines Ereignisses auf sich hat, das in seinem angeblich gegenwärtigen und einmaligen Auftreten die Intervention einer Äußerung voraussetzt, die an sich nur ein [!] wiederholende oder zitathafte, oder vielmehr, da diese zwei letzten Wörter Anlaß zur Verwirrung geben, eine iterierbare Struktur haben kann«.

22 So ist Zitierbarkeit bestimmt, die jeden Zeichens; es »kann als kleine oder große Einheit *zitiert*, in Anführungszeichen gesetzt werden; dadurch kann es mit jedem gegebenen Kontext brechen, unendlich viele neue Kontexte auf eine absolut nicht saturierbare Weise erzeugen. Dies setzt nicht voraus, daß das Zeichen (*marque*) außerhalb von Kontext gilt, sondern im Gegenteil, daß es nur Kontexte ohne absolutes Verankerungszentrum gibt.« J. Derrida: »Signatur, Ereignis, Kontext« (s. Anm. 2), S. 339.

23 Derrida, Jacques: »Überleben«. In: ders.: *Gestade*. Wien 1994, S. 119–217, S. 143–145; zuerst als »LIVING ON. Border Lines«. In: *Deconstruction and Criticism*. New York 1979. Frz. in: ders.: *Parages*. Paris 1986. Das gilt aber für alle *performatives* und ihr Glücken, während Austin das Zitat begrenzend ausschließen möchte, »if said by an act on the stage or if introduced in a poem«, als »in a peculiar way hollow or void«. Siehe J. Austin: *How do to things with words* (s. Anm. 2), S. 21/

dern erläutert diese als Effekte, die (zum einen) nicht durch die Rückbindung an eine Eigentlichkeit (wie das ›Ich‹ und dessen Gegenwart als Intention) gesichert sind[24], und die (zum anderen) als (momentan ›erfolgreiche‹) Figurationen je schon die Eröffnung (die Bruch mit einem Kontext und als solche Bedingung der Möglichkeit ihrer als Ereignis wäre) verstellt haben werden. Die zitierende Wiederholung, die jedes *performative* ist, bestimmt einerseits die berufene Konvention selbst als ein (nachträgliches) Schema zitierender Iteration, in der es keine Identität des Wiederholten gibt; sie wird im Prozeß der Zitation ebenso als solche erst gegeben, wie sie an die Differenzen in aller Wiederholung preisgegeben ist. Anderseits ist daher das Zitat *als* Wiederholung (oder, wie Derrida akzentuierte, Iteration) Ent-Eignung des *performative*; es spaltet »als Double die reine Einmaligkeit des Ereignisses«.[25] Was zitierend gebraucht wird, unterliegt (damit) schon seinem ›Mißbrauch‹ oder seinem ›Fehlgehen‹; davon und von deren Exzeß ist der Sprechakt (als Zitation, die er ist) nicht ablösbar.

Sprechakt und Zitieren modellieren einander, und sie tun dies gegenseitig (mindestens) doppelt und in einer (mindestens) angespannten Relation – in der Spannung von Konstitution: Begründung und Selbstbegründung, und einer Zitation, die als Iteration diese Konstitution stets schon eingeholt und (in sich, von sich selbst) gespalten haben wird.[26]

---

22. »Die Zitathaftigkeit ist hier nicht etwa von derselben Art wie in einem Theaterstück, einer philosophischen Verweisung oder dem Rezitieren eines Gedichts«; aber »ist nicht schließlich, was Austin als Anomalie, Ausnahme, ›unernst‹, das *Zitieren* [...] ausschließt, die bestimmte Modifikation einer allgemeinen Zitathaftigkeit – einer allgemeinen Iterierbarkeit vielmehr –, ohne die es sogar kein ›geglücktes‹ *performative* gäbe?« Siehe J. Derrida: »Signatur, Ereignis, Kontext« (s. Anm. 2), S. 345.

24 »Läßt nicht Austin [...], wenn er die allgemeine Theorie dieses strukturellen Parasitentums ausschließt, eine teleologische und ethische Bestimmung als Gewöhnliches gelten (Univozität des Ausgesagten [...] Selbstgegenwärtigkeit eines totalen Kontextes, Transparenz der Intentionen, Anwesenheit des Meinens in der absolut einzigartigen Einmaligkeit eines *speech act* und so weiter)?« J. Derrida: »Signatur, Ereignis, Kontext« (s. Anm. 2), S. 345; »ist diese Struktur der Iteration einmal gegeben, so wird die Intention, welche die Äußerung beseelt, sich selbst und ihrem Inhalt nie vollkommen gegenwärtig sein.« (ebd., S. 347)

25 Ebd., S. 346.

26 Die beiden, wie es scheint, hoch-effektiven Sprechakte in den Schlußauftritten von Heinrich v. Kleists *Penthesilea* wären vor diesem Hintergrund zu lesen: das Mißglücken-Glücken von diesen so wirkmächtigen Sprech-Akten, die als ›geglückte‹ keine Gegenwart auf der Bühne oder aber nur auf dieser haben. Die Zerreißung des Achill als Sprech-Akt zu bezeichnen, verweist auf die doppelte Bestimmung des Mundes (der Lippen): zu sprechen (und sich zu versprechen) und zu zerreißen, wie auch auf dessen in seinen beiden Bestimmungen gegebene Interaktion von Hand und Mund, von (entgleitender) Lippe und (verwechselndem) Greifen. Wenn Penthesilea selbst ›ihre Tat‹, die (ihr) nur als Löschung, als radikale Unlesbarkeit ›präsent‹ ist, (allerdings) nachträglich liest, so weist sie diese aus als ein Zitat des von »so mancher« Liebenden gegebenen »Worts«, »daß sie vor Liebe gleich ihn essen könnte«, und als Erfüllung eines Sprechakts des liebenden Versprechens,

## II.

Denn umgekehrt ist jede Zitation selbst performativer Akt, den ich als *Excitation*, als ein ›Vorkommen‹ und dessen Figuration, erläutern möchte. Zitieren ist eine Sprechhandlung als Eröffnung einer Rede-Szene und stellt (in *persona*) eine Fiktion für ihre Performanz vor.

Wenn zitiert wird, scheint zwar gerade nichts hervorgebracht zu werden, und zwar weder Reden noch deren Urheber, sondern wiedergegeben, was schon (einmal) gesprochen worden sei, und eben dies exponiert. Dennoch aber erfinden, produzieren und fingieren die Akte des Zitierens. Sie bringen erst hervor, was sie voraussetzen, und zwar sowohl in Hinsicht der Zitierbarkeit (dessen, was zitierend vorgebracht wird) als auch in Hinsicht der Zitierfähigkeit (dessen, von wem oder woher das Zitierte bezogen wird).

Zitierbarkeit und Zitierfähigkeit bezeichnen zwei Aspekte des Zitats und dieses als Modus der Tradierung. Zitierbarkeit heißt die Form, in der etwas ins Gedächtnis eingegangen ist und aus diesem aufgerufen wird in den gegenwärtigen Text. Bezeichnet ist damit eine Nachträglichkeit des Erinnerten. Zitierbarkeit ist nicht sowohl die Voraussetzung von –, sondern (als solche, als vorausgesetzte) ein Effekt des Zitierens. Und Zitierfähigkeit ist Modus der *auctoritas*, jener Autorität, die zitierend in Anspruch genommen – und damit dem Zitierten zugeschrieben und bestätigt wird. Für beide gilt, daß sie Faktum und Fiktion der Zitation sind; der Akt des Zitierens erweist und bringt hervor, was er voraussetzt, die Gegebenheit dessen, was wiederholend aufgerufen wird, und die Instanz der zitierten Rede wie deren Autorität. Zitierbarkeit und Zitierfähigkeit sind gegenüber dem Akt des Zitierens, der sie voraus-setzt, nachträglich.

Dem Wort »Zitat« gehört eine juristische Vorgeschichte von *Excitatio, cire* an, die den Sprechakt des Zitierens modelliert: Man zitiert jemanden vor das Gericht. Es handelt sich um eine Vorladung, ein Aufrufen auf die Rede-*Szene* (in *persona*) eines Abwesenden, ›hier‹ und ›jetzt‹ nicht Gegenwärtigen. Die »Excitatio, von *citare*, dem Frequentativ von *ciere* oder *cire*: in Bewegung

---

das diejenigen, die Grenzen und Regularien der Metaphorik einhalten, nicht halten. Die Macht der Worte, wie sie dann ausgewiesen ist im reinen Sprech-Akt der Selbsttötung Penthesileas, wird modelliert durch Zitation, (neben dem anderen interagierenden Prätext der Schändung des toten Hektor) durch die zitationelle Inanspruchnahme des Subtextes der Passion Christi und der Eucharistie, als *dem* Paradigma der Einsetzung. Wiedergegeben werden sie in Verkehrungen und mehrfacher Umbesetzung des topischen Inventars; die Passion hat sich wörtlich in Penthesileas ›Opfer‹ durchgeschrieben: »in kurzem ists vollbracht«, »So hat sie noch den Kelch nicht ausgeleert« – in jenes Opfer, das Penthesilea bringt, in dem der doppelte Genetiv gelesen werden muß. Das Glücken dieser Akte: des Versprechens und der Korporealität der Rede, ist zum einen bestimmt als Leere (der Auslöschung), als ein Leerlaufen des zitierten Akts (insofern dieser der begründende war/wäre) und zum anderen als deren Dissemination (in der Inanspruchnahme).

setzen, erregen«[27], ist die performative Dimension des Zitierens.[28] Es vollzieht ein Auf- und Hervor-(Herab- und Herauf-)rufen eines anderen (zumindest hier und jetzt) abwesenden Sprechers, der in der eigenen Rede, im eigenen Text auftritt, ›vorkommt‹. »Man veranlaßt den Zitierten, aus der Dunkelheit [...] herauszutreten, man läßt ihn ins Licht [...] treten«. »Hier stößt man offenbar auf die reine Tautologie des Ereignisses: es kommt vor.«[29] Die Zitation ist Ruf auf die Redeszene; sie installiert eine Redeinstanz, insofern sie Abwesenden eine Stimme verleiht und dieser Stimme ein Gesicht gibt, mit dem es auf der gegenwärtigen Rede-Szene auftritt, d. i. die *persona* oder das *fiktive* Gesicht für diesen Auftritt in der gegenwärtigen Rede, die dadurch *als Szene* vorgestellt ist. Die Zitation ist also keine bloße Re-Präsentation, weder die Wiedergabe eines ehemals Gemeinten, noch schlicht die Mitteilung eines jetzt Gemeinten, sondern Ereignis mit prosopoiischer Fiktion. Das Zitat ist eine Inszenierung, das In-Szene-Setzen einer (vergangenen, zitierend in-Anspruch-genommenen) Rede und der *persona* dieser Rede als ›jetzt‹ Vor-Kommende.

Was zitierend vergegenwärtigt wird, erhält eine Gegenwart, die erst im Zitat gewonnen wurde, die vor ihrer Wiederholtheit ›nicht gegeben ist‹: eine nachträgliche Gegebenheit. Die zitationelle Vergegenwärtigung ist ein Modus ›wiederholenden‹ »Nachlebens«, das erst nachträglich konstituiert und lesbar macht, ›was war‹.[30] Das Fort-Dauern selbst hat schon figuralen Charakter – als Überlieferung, die zitierend, fehllesend, zerlegend und mortifizierend (erst) ausbildet, was nur tradiert zu werden scheint. Die zitationelle Verwendung als Wieder-Holung dessen, was zitierend, disloziert und verwendet erst gegeben ist, begründet einen anderen Begriff der Wiederholung, der mit der posthumen Lesbarkeit zu tun hat, die im Zitat gewonnen wird. Sie ist eine Doppelbewegung als »l'export et l'import, le découpage et le collage« und als »sollicitation et incitation«.[31] Das Zitierte schreibt im sich neu erstellenden Textraum den Bruch jenes Zusammenhanges, der am Wort als dessen geläufiger Sinn auftritt, und damit eine Spur ein, die nicht aufgeht in der Intentionalität des Zitierens und nicht aufzufangen ist in der Auftrennung von eigener und fremder Stimme. Im unterbrechenden Innehalten, *citar*, der »Gangart der Konno-

---

27 Lyotard, Jean-François: »Emma«. In: Gumbrecht, Hans Ulrich/Pfeiffer, Karl Ludwig (Hg.): *Paradoxien, Dissonanzen, Zusammenbrüche*. Frankfurt/M. 1991, S. 671–708, hier S. 671.
28 Scholem kennzeichnet den rituellen Vollzug durch: er »repräsentiert nicht nur jenes in sinnlichen Symbolen erscheinende Leben, sondern zugleich exzitiert er es«. Siehe Scholem, Gershom: *Zur Kabbala und ihrer Symbolik*. Frankfurt/M. 1973, S. 168.
29 J.-F. Lyotard: »Emma« (s. Anm. 27), S. 671.
30 Benjamin, Walter: *Gesammelte Schriften*. Hg. von R. Tiedemann/H. Schweppenhäuser. Frankfurt/M. 1972–1986, Bd. V, S. 574; zu vgl. wäre das ›Fortleben der Antike‹, von dem die Warburgschule spricht.
31 Compagnon, Antoine: *La seconde main ou le travail de la citation*. Paris 1979, S. 29 ff., S. 67.

tation« anderer Texte und Codes³², markieren Zitate die Begründung jeder (jeweiligen) Rede, die etwas meint, in vorangehender Rede und ihre Gespaltenheit in (und von) sich selbst.

Die »Alten« zeigten nicht an »und unterschieden« nicht, »wer eigentlich rede«, sagte der selbst extensiv zitierende Jean Paul: »Bei uns aber fehlen solche Anzeigen wohl nie, und so folgen wir natürlich gleichsam auf den Gänsefüßchen dem Autor leichter und vernehmen ihn mit dem Hasenöhrchen leiser.«³³ Dies belegt zum einen eine (neue) Verpflichtung auf auktoriale Rede, mit urheberrechtlichen Folgen und Regulierungen – anders als in der Praxis von Antike und Mittelalter, zitierend (selbst mit falscher Wiedergabe einer falschen Quelle) rednerische Autorität zu gewinnen und in Anspruch zu nehmen. Zum andern tritt in der typographischen Markierung die von der Zitatpraxis, die ein Wiederlesen ist, vorausgesetzte Schriftlichkeit selbst und deren spezifische Räumlichkeit auf. Unter der Vorschrift des auktorial Gemeinten wird mit den Regularien des Zitierens das Zitat als eine bloße Zugabe zu dem konzipiert, was vor ihm schon gesagt sei, wie es gemeint war; »nie« dürfe »dem Zitat überlassen werden«, was im »eigenen Gedankengang« »nicht schon enthalten war«.³⁴ Die Zitate, die nur als bloße ornamentale Zugabe (ohne innere Notwendigkeit) zugelassen werden sollen, bezeichnen – noch in deren versuchter Bezähmung – die Gefahr der Perversion, der Abirrung der ›Zutat‹ als Überfluß und Exzeß.³⁵

Die Frage ›Wer spricht?‹ gilt der Bedeutungssicherung unter der Figur des sprechenden Gesichts. Deutend werden dem Text Sprecher und deren lesend fingierte Gesichter als dessen Masken zugeschrieben, durch die er gesprochen sei und ein anderer eigentlich spreche; »*ex persona alicuius* loqui, *aus dieser Person* spricht *ein anderer*« lautete die sogenannte Zitationsformel.³⁶ Insofern diese Frage zur Zurechnung einer Rede auf einen (anderen, zitierten) Sprecher anleitet, meint sie den Autor, der diese verantworte. Sie scheint ge-

---

32 Barthes, Roland: *S/Z*. Frankfurt/M. 1976, S. 27.
33 Jean Paul: *Sämtliche Werke*. Hg. von Norbert Miller. München, Wien 1996, Bd. 2, S. 106.
34 »Dieser muß vielmehr auch dann noch ein lückenlos in sich geschlossenes Ganzes bilden, wenn man alle angeführten Zitate fortläßt.« Siehe Bollnow, Otto F.: »Über den Gebrauch von Zitaten«. In: *Maß und Vermessenheit des Menschen*. Göttingen 1962, S. 198–213, hier S. 205, zit. n. Benninghoff-Lühl, Sibylle: *Figuren des Zitats*. Stuttgart, Weimar 1998, S. 54–57.
35 Vgl. A. Compagnon: *La seconde main* (s. Anm. 31), S. 364.
36 In der antiken grammatischen Auslegungspraxis der paganen Texte und dieser folgend in der Tradition patristischer Bibeldeutung wurden einem nicht-mit-sich-einstimmigen Text verschiedene Gesichter, durch die dieser (fiktiv) gesprochen sei, zugeschrieben und derart die Widersprüchlichkeit eines Textes in geregelter Mehrstimmigkeit aufgefangen. Die Frage ›wer spricht?‹ (quis dicit?) wurde entschieden durch die Hinsicht, ›zu welcher Person der Satz inhaltlich paßt (cui aptum)‹. Vgl. Andresen, Carl: »Zur Entstehung und Geschichte des trinitarischen Personenbegriffs«. In: *Zeitschrift für neutestamentliche Studien* 52 (1961), S. 1–39, hier S. 16/7; Drobner, Hubertus R.: *Personexegese und Christologie bei Augustinus* (= Philosophia patrum 8). Leiden 1986, S. 16/17, 52.

rade durch die und mit der Zitation schon beantwortet zu sein; und vorausgesetzt wird die Entscheidbarkeit über denjenigen, der spricht, über die eigentliche Rede und deren Figur (*ex persona*) und über denjenigen, dessen *auctoritas* in Anspruch genommen wird. Die mittelalterliche Zitatpraxis begründete den Schreibenden als (bloßen) *actor* der *auctoritas* der kanonisierten Autoren, an der er im Zitat teilhabe. Der neuzeitliche Diskurs der Autorschaft zitiert diese Relation verkehrend, wenn sie (etwa in der Begrifflichkeit Hobbes')[37] reguliert wird als die zwischen der *persona*, die als *actor* dessen, was ihm nicht zueignen ist, auftritt, und der, die als *Author* spreche, was ihr zueignen ist. *Durch* die andere Person eines Textes (*actor* des auktorial Gemeinten) spreche (›eigentlich‹) der Autor; sie ist Maske (*persona*) seiner Rede.[38] Für das »in Anführungszeichen Gesetzte«, das als solches »über eine eigene Glaubwürdigkeit« der ›Authentizität‹ »des ›so‹ Gesagten« verfüge[39], wird (figurierend) die Verantwortung delegiert. Das Zitat beruft (sich auf) das Schon-Gesagt-(gewesen-)sein und meint die *Autorität* des Zitierten, das ist die Stimme von Abwesenden oder Toten, deren Verpflichtung sich auf die gegenwärtige Rede erstrecke. Wörtlich heißt *auctoritas* die Verantwortlichkeit eines ehemaligen Eigentümers über die Veräußerung einer Ware hinaus für das, was er ehemals besessen hatte, »ein Zustand, in dem der *auctor* auch nach dem Verkauf verbleibt, und der ihn verpflichtet, dem Käufer […] dafür Gewähr zu bieten«.[40]

Die Performanz des Zitierens ist die zitierende *Exzitation* eines fiktiv Sprechenden, die Quintilian dem Sprechen durch *Prosopopoiia* zutraute.[41] Anders als deren Deutung als metaphorische Verlebendigung behauptete, ist die Vergegenwärtigung im Zitat dann aber nicht Belebung (eines Vergangenen), sondern sprachliches Ereignis, für das (an dessen Stelle) die Fiktion eines sprechenden Gesichts antritt, das Gesicht, das einem (ex)zitierten Abwesenden

---

[37] »[S]ome have their words and actions owned by those whom they represent. And then the person is the actor, and he that owneth his words and actions is the AUTHOR, in which case the actor acteth by authority«. Siehe Hobbes, Thomas: *Leviathan* (1651). Hg. von E. Curley. Indianapolis, Cambridge 1994, chap. XVI, S. 101.

[38] Per-sonare war die geläufige ›falsche‹ Etymologie, die in Berufung der Theater-Masken die persona als das, wohindurch es hallte, begründete; Benjamin rief diese auf für den zitierend vortragenden Karl Kraus in: »Karl Kraus« (1931). In: ders.: *Gesammelte Schriften*. Hg. von Tiedemann, Rolf/Schweppenhäuser, Herrmann. Frankfurt/M. 1972–1986, Bd. II, S. 347.

[39] So etwa Borner, Martin: *Das Briefeschreiben*. Bern, Berlin, Frankfurt/M., New York, Paris 1991, S. 130.

[40] Heinze, Richard: »Auctoritas«. In: *Hermes. Zeitschrift für klassische Philologie* 60 (1925), S. 348–366, hier S. 350.

[41] Durch diese Figur wird Abwesendem (oder Stummem) eine Stimme verliehen. »Ja, sogar Götter vom Himmel herab- und aus der Unterwelt heraufzurufen [excitare] ist bei dieser Ausdrucksform statthaft. Auch Städte und Völker erhalten Sprache [vocem accipiunt].« Quintilian, Marcus Fabius: *Ausbildung des Redners*. Hg. u. übers. von H. Rahn. Darmstadt ²1988, IX 2, 29–31, S. 281.

verliehen wird. Es ist die *persona ficta* oder Figur für dessen Auftritt auf der Szene gegenwärtiger Rede, für denjenigen, dem diese Rede nachträglich als ihrer Quelle zugeschrieben wird (die unter dem Titel ›Autor‹ ein Gesicht erhält).[42] Diese Quelle oder dieser Ursprung der Rede wird inszeniert als eine vorausgehende Autorschaft, deren Präsenz sich auf die gegenwärtige Rede erstrecke, in deren Schuld diese stehe und der sie sich umgekehrt verpflichtet. Quintilians Bestimmung, »gewiß kann man doch *kein* Gespräch erfinden, ohne zugleich auch eine sprechende Person zu erfinden«, mit der er die Unterscheidung zwischen »erdichteten Gesprächen« ›natürlichen Personen‹ und der *fictio personae* für Stumme und Gesichtslose (Konkreta, Abstrakta, Kollektiva) einzog[43], trägt auch zum Konzept der Zitationen bei. Das ›sprechende Gesicht‹ ist ein fingiertes; es ist Effekt der Rede, auch dann – so ist von Quintilian zu lernen – wenn es sich um (als zitierte jeweils abwesende, ehemals) lebende und sprechende Autoren handelt. Keine Rede wird verstanden, ohne nicht schon eine *persona* voraus-gesetzt und produziert zu haben, durch die diese gesprochen werde. Diese ist nicht das menschliche Gesicht, wie es Sprechern von Natur aus zuzukommen scheint, sondern eine Maske der Rede, ein Produkt der Sprache, so kunstfertig wie (für ein, zumindest hier und jetzt, Abwesendes, Stummes, Gesichtsloses) notwendig hervorgebracht (und insofern eine Katachrese des Gesichts).[44] Die *persona* der (zitierten) Rede ist nicht das ›natürliche‹ Gesicht eines (vergangenen, nur jetzt abwesenden) menschlichen Sprechers, sondern ist fiktives: künstliches ›Gesicht *der Rede*‹, ein Faktum der Sprache, der Rede und ihrer Figuration. Dessen *Menschenähnlichkeit* ist Fiktion, die innerhalb eines Diskurses des Verstehens die Intelligibilität der Rede zu sichern hat.

Das Zitieren ist derart ein In-Szene-Setzen der anderen Rede und eröffnet eine Szene der *personae* der Rede. Dies führt die zitierend sprechende Eve im *Variant* zu Kleists Lustspiel *Der zerbrochene Krug* vor. Ihre Rede eröffnet eine Szene, die eine Gerichtsszene und *Rede*-Szene ist, aber nicht die gegenwärtige auf *der* Szene, die Zuschauer vor Augen haben, sondern vielmehr eine andere Szene in der – vergangene Reden zitierenden und deren Sprecher exzitierenden – Stimme Eves. Die *personae* der zitierenden Rede, die exzitierten, fiktiven Sprecher doppeln konkurrierend und spalten die Präsenz der (»mit Ausnahme Adams [alle] in der Szene«) Anwesenden, die sich gleichsam selbst »durch Eves Mund«, »gegenwärtig in Eves Sprechen« begegnen. Die ›gegenwärtige‹ *Rede*szene, Szene der zitierten Reden und exzitierten Stim-

---

42 Zur Quelle, als leerem ›Ich‹ (shifter), »was kein Gesicht hat«, vgl. (mit Paul Valéry) Derrida, Jacques: »Qual, Quelle«. In: *Randgänge der Philosophie* (s. Anm. 2), S. 291–324, hier S. 301 ff., 298 ff.
43 Quintilian: *Ausbildung des Redners* (s. Anm. 41), IX 2, 31/2, S. 281–83, diese Unterscheidung will die Tradition, etwa Lausbergs *Handbuch der literarischen Rhetorik* gemäß der Tradition als die von ethopopeia von prosopopeia gehalten wissen (Stuttgart ³1990, § 820, § 826).
44 Vgl. de Man, Paul: »Hypogram and Inscription«. In: ders.: *Resistance to Theory* (s. Anm. 4), S. 27–53, hier S. 44.

men, konstituiert »sich in Abwendungen«, Abwendungen der Rede von der gegenwärtigen Bühnenszene – »bis in die Negation des Anwesenden«.[45]

Zitierend sagt der Text, daß er sich auf einen anderen beruft, und ›beschwört‹ eine vergangene Gegenwart (des ›Autors‹) als jetzt wirksame (herauf). Das Zitieren beruft sich auf und beruft die Stimme eines vormals gegenwärtigen jetzt Abwesenden, dessen Verpflichtung (*auctoritas*) sich aus der Abwesenheit auf die gegenwärtige Rede (und deren gegenwärtigen *actor*) erstrecke; daher steht die gegenwärtige Rede in dessen Schuld, ist (umgekehrt) auf diesen verpflichtet und hat diese Schuld in Worten und Namen rück-zuerstatten. In entliehenen Worten und unter einem geborgten Namen sprechend beruft das Zitieren, das wörtlich zitiert und sich dem Zitierten verpflichtet, (sich auf) einen anderen, der das Gesprochene gemeint haben soll und verantworte. Es ›beschwört‹ die Präsenz dessen herauf, der dessen ›Quelle‹ und Urheber wäre[46]; das heißt aber, es bringt (oder ruft) diesen als gegenwärtigen, der gegenwärtigen Rede mächtigen, Sprecher *hervor*. In diesem Sinne ist das Zitat *Ereignis*: ein *Vorkommen* (Lyotard) und die Fiktion für dieses, und zwar die *fictio* des Gesichtes dessen, was nachträglich der Rede voraus-gesetzt sein wird.

Diese *Fiktion,* die die *Excitatio* figuriert, kann als *Metalepsis* erläutert werden, als chronologische Umkehrung der metonymischen Relation von Grund und Folge oder Person und Sache, als Produktion von Autoren für ihre Werke, Gottheiten für ihren Funktionsbereich. Sie produziert als rhetorischen Effekt eine vorausliegende Ursache, als deren Wirkung sie sich darstellt; »nachgeboren nach der Wirkung« wird »nachträglich projiziert«, was »als deren ›Ursache‹« vorausgesetzt wird.[47] Diese Produktivität hat eine eigentümlich grundlose Symmetrie:

---

45 Meister, Monika: »Eves beschämte Rede und die Wendungen szenischer Darstellung. Zum ›unsichtbaren Theater‹ Kleists«. In: dies.: *Erotik und Sexualität.* Heilbronn 2000, S. 52–68, hier und das Folgende S. 56–58.

46 »[F]ür Austin [stehe] nicht nur außer Zweifel, daß die Quelle einer mündlichen Äußerung in der ersten Person, Präsens, Indikativ (Aktiv) in Äußerung und Geäußertem anwesend sei […], er bezweifelt auch nicht, daß das Äquivalent dieser Bindung an die Quelle bei schriftlichen Äußerungen in der Signatur schlichtweg offenkundig und gesichert sei«. Siehe J. Derrida: »Signatur, Ereignis, Kontext« (s. Anm. 2), S. 348; vgl. J. Austin: *How do to things with words* (s. Anm. 2), S. 60/1.

47 Die metaleptische Umkehrung ist nicht nur eine »›chronologische Umkehrung‹« von Ursache und Wirkung, sondern, so Nietzsche, »wir schieben den Erscheinungen als Grund unter«, »was als objektive, äußerliche Ursache angesehen wurde; [dies ist] selbst Resultat einer inneren Wirkung […]. Was als Ursache galt, ist in Wirklichkeit die Wirkung einer Wirkung, und was als Wirkung gilt, kann seinerseits den Anschein erwecken, als Ursache seiner eigenen Ursache zu fungieren«. Siehe P. de Man: *Allegorien des Lesens* (s. Anm. 1), S. 152 u. S. 150. »Das intentionale Band zwischen Akt und Subjekt« ist »oft als rhetorische Dekonstruktion der Metalepse von Ursache und Wirkung eingeführt«; »hier ist erst ein Akt imaginiert, der gar nicht vorkommt […] und zweitens ein Subjekt-Substrat imaginiert, in dem jeder Akt […] seinen Ursprung hat«. Nietzsche nach P. de Man: *Allegorien des Lesens* (s. Anm. 1), S. 173 u. 171 ff. Als »effect of belated metalepsis« kommt das Subjekt des Sprechakts vor, dem das Geschehen als seine Tat zugeschrieben, »metalepsis by which the subject who ›cites‹ the performative is temporarily pro-

Ist zum einen der Autor der Zitation als metaleptischer Effekt des Sprechaktes, der das Zitieren ist, zu erläutern, so zum anderen – als dessen Gegenüber und Garant – der zitierte Sprecher, dessen Autorität auf- und be-rufen wird, der als vorausgehender instituiert und als menschlicher fingiert wird. »Nachträglich tritt eine Vorbedingung ans *Licht*«, »Vorbedingung seines Vor-Kommens« (d. i. das Ereignis der *excitatio*)[48], jene metaleptische Voraus-setzung, die ein Irrtum ist. Die gegenwärtige Macht der zitierten Stimme, die als vorausgehende *auctoritas* zitierend in Anspruch genommen wird, ist der Effekt dieses ›Vorkommens‹ und dessen Figuration (die den Einsatz und Bruch selbst vergessen macht).

Ist Autorschaft für eine Tat und eine Rede nichts anderes als *dissimulated citationality* des Sprechakts[49], so ist diese Dissimulation eine prosopopoiische Unterstellung und d. h. Figuration der Rede (als und) im ›sprechenden Gesicht‹. So dissimuliert (auch) die zitierende Inanspruchnahme der Autorität (die wiederholend etabliert werden muß), um dieser Partizipation willen, die *téchne*, die sprachliche Operationalität, die diese Autorität instituiert. Die Figuration einer Rede als Stimme verstellt (momentan) durch ihren Effekt des fiktiven (›jetzt‹ und ›hier‹) sprechenden Gesichts ihr Funktionieren *als* rhetorische Figur – und die ›Naturwidrigkeit‹ dieser gegenwärtigen Gesichter abwesender oder toter Zitierter. Das eingesetzte *Gesicht*, das der Anthropomorphismus von Autorschaft als natürliches vorgibt, macht den Akt seiner Setzung vergessen; es verstellt also, was es hervorbrachte, die ›Kraft‹ der Setzung und die Zitation, die diese nur wird sein können. Sowohl im Falle dessen, der zitierend zum *actor* einer berufenen *auctoritas* wird, in der seine eigene Rede begründet sein soll, als auch im Falle dessen, der zitiert als *actor* einer zitierenden auktorialen Rede fungiert, ist (und bleibt systematisch) unsicher, *ob* das fiktive Gesicht einer Rede »referentiell zu lesen sei oder nicht,

---

duced as the belated and fictive origin of the performative itself«. Siehe Butler, Judith: *Excitable Speech. A Politics of the Performative*. New York, London 1997, S. 49/50.
48 J.-F. Lyotard: »Emma« (s. Anm. 27), S. 671/2.
49 J. Butler: *Excitable Speech* (s. Anm. 47), S. 51. Dies gilt für alle Sprechakte (und deren ›Autorschaft): »the production of the subject as originator of his/her effects is precisely a consequence of this dissimulated citationality«; »if a performative provisionally succeeds […], then it is not because an intention successfully governs the actions of speech, but only because that action echoes prior actions, and accumulates the force of authority through the repetition or citation of a prior and authoritative set of practices.« So läßt sich Penthesileas (abschließender) Sprechakt ihrer Selbsttötung, aber nur dessen einer Zug, lesen, der die eucharistische Stiftung (Rituale privatisierend, wie gesagt wurde) zitiert. Diese Szene einer »production of the subject as originator of his/her effects« als »dissimulated citationality« kennzeichnet diese Produktion präzise als Auslöschung des angeblichen Selbst dieses Aktes; der Tod des derart (als Agent und Ursprung) konstituierten Subjekts des Sprechakts macht die gesuchte Selbstpräsenz kenntlich. Eine Gründung (von etwas) durch das Opfer (nicht einmal das Selbst der Selbstbegründung) fällt dabei nicht (mehr) an; Selbstbegründung ist so illusionär wie sie unmöglich ist. (Vgl. dgg. die Relation von Konvention und Bruch in Butlers Lektüre von Bourdieu und Derrida, S. 146–151).

das heißt, ob [es] eine Figur ist oder nicht«.[50] Es ist das referentielle Mißverständnis einer Figur, der fiktiven sprechenden Gesichter für eine Rede, das diese dämonisch macht, d. h. etabliert hat mit der Macht über die gegenwärtige Rede; die Rede erliegt ihren eigenen Effekten. Das ›Gesicht der Rede‹ ist allenfalls, und illusorisch genug, Figur, die menschenähnlich wird; es ist das fiktive ›Gesicht‹ für eine Rede, die (auch anfangend, einsetzend) nicht anders kann, als zu zitieren.

Der Zitateur spricht mit der Stimme des einverleibten, des angeeigneten und abgewehrten Anderen, Abwesenden, Toten. Die An- und Aufrufung des Anderen macht Zitieren zur Figur des Nachlebens der Toten und damit zu einer Frage der Verantwortung diesen gegenüber.[51] Dieser Verantwortung käme das Zitieren nach, das seiner Fiktion der Gegenwart und Konstanz des zitierend in Anspruch genommenen Sprechers nicht erliegt, vielmehr der gespenstischen Nachträglichkeit (jener Gegenwart, mit der eine vergangene Stimme sich in der zitierenden *Excitatio* zu behaupten scheint) ent-spricht.

Die reziproke Produktivität und Effektivität des Sprechakts der Zitation ist so sehr der Schauplatz der regulierten und historisch spezifischen Relationen von *auctores* und *actores* (als den jeweiligen Gelingensbedingungen der Zitationen mit ihren reziproken Effekten für *actor* und *auctor*), wie die Stelle ihrer gegenseitigen Irritation – und damit der Irritation, des Fehlgehens und der Exzesse des *performative*, das das Zitieren ist, und der Zitation, die jedes *performative* ist. Denn insofern mit der zitierenden Teilhabe an *auctoritas* der Anspruch einer zitierfähigen autoritativen, autorisierenden Quelle, an die die Rede zitierend Anschluß sucht, erhoben wird, ist deren rhetorische Organisiertheit deren Trübung, Doppelung und Spaltung. Und wenn Autorschaft durch die souveräne Verfügung über die Zitation begründet werden soll (und der Autor, was ihm zueigen sei, in der Rede von ›*feigned persons*‹ [Hobbes] unbeschadet – nur – wiedergebe), so bleibt sie an das verwiesen, was diese nicht ist, an die Heterogenität der Sprache, die als *auctoritas* der tradierten Rede figuriert wurde. Der zitierende Sprecher des Textes, der als *Author* der Souverän des Zitierten und des Akts der Zitation wäre, gibt das eigentlich Gemeinte, ›was ihm eigne‹ und in der Rede eines *anderen* (nur) ›repräsentiert‹ werde, damit an das preis, was dieses nicht ist und nicht bleiben wird. Zitate, die als bloßes Beiwerk zu einem bereits eigentlich (und möglichst bereits ›in eigenen Worten‹ gesagten) Gemeinten aufgefaßt werden sollen, verweisen als Spuren anderer Texte die gegenwärtige Rede und ihre Möglichkeit zu meinen vielmehr auf und an Abwesenheiten, andere abwesende Reden und Texte. Wie die zitierte Äußerung abgelöst ist von ihrem Ursprung und aus ihrem ›ursprünglichen‹ Kontext, so ist die zitierende von sich selbst, d. i. der Intention, mit der

---

50 So zur Katachrese des Gesichts, Frey, Hans-Jost: »Die Verrücktheit der Wörter«. In: *Colloquium Helveticum. Cahiers suisses de littérature générale et comparée* 11/12 (1990), S. 71–102, hier S. 81.
51 Derrida, Jacques: *Mémoires. Für Paul de Man*. Wien 1988 (zuerst engl. 1986), S. 73; ders.: *Wie Meeresrauschen auf dem Grund einer Muschel*. Wien 1988, S. 63–78 u. S. 114.

zitiert wird, getrennt. Die Spur des fremden Textes ist die *Spur in* der ›eigenen‹ Rede (und Stimme), »diese Spur eines Sprechens, das vom anderen kommt und das uns auf die Schrift und gleichermaßen auf die Rhetorik angewiesen sein macht. Diese Spur bewirkt, daß immer das Sprechen noch etwas anderes sagt als das, was es sagt, sie sagt den anderen, der ›vor‹ und ›außerhalb‹ von ihm spricht, sie läßt den Anderen sprechen.«[52] Die Stimmen anderer Reden suchen die Texte heim als Gespenster jenes ›vor‹ und ›außerhalb‹ der sog. ›eigenen Rede‹, in dem diese sich erst begründet.

Zitieren tritt auf mit einem seine Vorbedingung, d. i. das schon Gesprochene und – von sich selbst differierende, von ›seiner‹ Quelle aufschiebend sich entfernende – Wiederholte, figurierenden und an dessen Stelle etablierten Gesicht. Zitationen agieren in der Spanne zwischen zitationeller Etablierung eines Namens und der Anonymität des Zitats als *Topos*, der Spanne von Autorisierung durch den zitierten Sprecher und der Anonymität des Wiederholt-Wiederholbaren. Denn, was oft genug zitiert wird, beruft keine Autorität (o)der Autorschaft mehr, sondern die Wiederholtheit, die es zum Gemeinplatz macht, und dessen Wiederholbarkeit, die diesen stets zu einem anderen gemacht haben wird. Das ›geflügelte Wort‹ mag zwar als memorierbares im Zitaten-Lexikon die Anbindung an die ursprüngliche Quelle – »›da steht es zuerst geschrieben‹ oder ›der hat es zuerst gesprochen‹«[53] – erhalten sollen, es ist aber um so geflügelter, je weniger es diese Anbindung noch hat, so geflügelt wie die *Fama* oder das *Gerücht*, »geflügelt«, »wie die Poeten es beschreiben«: »Gerücht jemehr es fleucht/jemehr bekömmt es Flügel«.[54] Seine Reden und Meldungen eilen von Mund zu Mund; ›in aller Munde‹ sind die zitierten Worte, wie es juristisch heißt, ›Allgemeingut‹ geworden, das von keinem Urheberrecht mehr erreicht wird, und die Unterscheidbarkeit, ob es sich noch um ein schutzfähiges Zitat oder um ein Sprichwort, ein geflügeltes Wort oder eine Reminiszenz handelt, wird so notwendig wie sie in Frage steht.[55] Sie bezeu-

---

52 J. Derrida: *Mémoires* (s. Anm. 50), S. 63; ders.: *Die Stimme und das Phänomen*. Frankfurt/M. 1978, S. 140–144; ders.: »Qual, Quelle« (s. Anm. 42), S. 305–07, 309.
53 So Büchmanns *Geflügelte Worte* (zuerst 1864), zit. n. S. Benninghoff-Lühl: *Figuren des Zitats* (s. Anm. 34), S. 141–43.
54 Harsdörffer, Georg Philipp/von Birken, Sigmund/Klaj, Johann: *Pegnesisches Schäfergedicht*. Nürnberg 1644–45. Repr. hg. von Klaus Garber. Tübingen 1966, I. S. 22 u. Johann Klajs *Friedensdichtungen und kleinere poetische Schriften*. 1642–1650. Repr. hg. von Conrad Wiedemann. Tübingen 1968, S. [15]. Zitiert ist – und sei es im Modus des Hörensagens – die Fama des Vergil, »durch Beweglichkeit stark, erwirbt sich Kräfte im Gehen,/klein zunächst aus Furcht, dann wächst sie schnell in die Lüfte, [...]/schnell zu Fuß mit hurtigen Flügeln [...]. Sie schwoll nun mit Gerücht und Gerede im Ohre der Völker,/kündete froh, was geschah, und erfand, was nimmer geschehen« (*Aeneis* IV, Vs. 173 ff.). Geflügelt ist das Gerücht seit Aischylos' Agamemnon; dies Attribut »wird das Gerücht bis in die Spätantike und weit darüber hinaus nicht mehr ablegen; es ist ein Spruch, der selbst ganz Flügel ist und auf den Schwingen des Windes reist«. Siehe Neubauer, Hans-Joachim: *Fama. Eine Geschichte des Gerüchts*. Berlin 1998, S. 38.
55 So die juristische Rede zum Zitatrecht, vgl. S. Benninghoff-Lühl: *Figuren des Zitats* (s. Anm. 34), S. 63.

gen eine andere (nicht-auktoriale) Begründung der Rede und eine Nicht-Sicherbarkeit der auktorialen Intention der Rede. Umgekehrt wurde Autorschaft konzipiert in Absetzung gegen das anonyme Sprechen des Gerüchts oder der *Fama*, das alte, das ›unverantwortete und unverantwortbare Gerede‹, »das, von dem man sagt, daß es alle sagen«; stets bleibt »unbestimmt«, »wen sie zitieren; wer in ihnen spricht, weiß niemand«.[56]

*Fama* war schon in ihrer griechischen Gestalt *phéme* »immer zugleich« jeweilige »Nachricht und ihr Medium«[57], das vielohrige und -züngige *Hörensagen*. Das Hörensagen ist Medium des *Rufs*, der den Handlungen und Charakteren nachhallt, der Gedächtnisbildung und des ›Überdauerns‹ im Modus des Nach-Ruhms; es ist Modus, und zwar ein selbstbezüglicher, des Überlieferns aus der Ferne der Zeiten oder Räume in einer anderen Zeit oder einem anderen Raum[58], des (nicht kontrollierbaren) Übertragens. Geflügelt ist das Gerücht als Zitieren von Zitiertem, der Reden der anonymen *anderen*, in Abwesenheit (jedes) ursprünglichen Sprechers, als Rede, die an allen Orten und ortlos ist, die stets wiederholt und verschoben, auf die anderen (jeweils) abwesenden Sprecher verweist; »niemand, der spricht, ist der Autor dessen, wovon *Pheme* oder *Fama* spricht«; »immer, wenn sie dingfest gemacht ist, ist sie schon verstummt«; als Übertragung von Übertragungen, Zitation des bereits Zitierten ist das Gerücht stets »unidentisch mit sich selbst«.[59]

In der doppelten Lesbarkeit der *Fama* wird die Spannung ausgetragen zwischen einer zitationellen, wiederholend nachhallenden Etablierung eines Namens im Nachruhm (d. i. sich einen Namen Machen) und dem Sich-Verlieren aller auktorialen Bestimmtheit und Zurechenbarkeit im anonymen und anonymisierenden Zitieren im wiederholenden Weitersprechen aller, die Spannung zwischen ›Monumentalisierung‹ im Modus der Wiederholung einerseits

---

56 H.-J. Neubauer: *Fama* (s. Anm. 54), S. 13, 76/7.
57 Ebd., S. 38. Die Griechen vernehmen Gerüchte »als eine Macht, die mit den Göttern im Bunde ist: als Botin der Unsterblichkeit und als göttliche Stimme«, Hörensagen als »Botin des Zeus« und »eine selbständig wirkende Macht« (S. 28/9); es ist »göttliche Stimme« und »göttliche Macht«, die an die Menschenstimmen als ihre »Träger« und ihr »Medium« gebunden ist (S. 33, 35/6). Diese doppelte Bestimmtheit als »die Botschaft und das Medium« behält Fama (S. 61), »Ruhm, öffentliche Meinung, Ruf, Gerede und Gerücht«, »[s]owohl der gute Leumund wie der schlechte Ruf« (S. 56/7), »Anreiz der Tugend« und die »unsichere, nicht überprüfbare Rede, des Hörensagens, auf das man ebenso angewiesen war, wie man es fürchtete« (S. 82/3).
58 Gerücht und Ruhm meinen »die räumliche und die zeitliche Seite der Kunde«, »im Raum als Nachricht, Gerede und Kunde« und in zeitlicher Hinsicht als Ruhm und Nachruhm. Gerücht, Ruhm, Ruf, Kunde akzentuieren jeweils »einen anderen Aspekt« des »Hörensagens, sei es das kaum hörbare Geraune, sei es die Botschaft, die von einem Ort zum anderen dringt, sei es der Ruf, der eine Person umgibt, oder der Ruhm, der sich in die Zeiten erstreckt«. Siehe H.-J. Neubauer: *Fama* (s. Anm. 54), S. 58, 32.
59 H.-J. Neubauer: *Fama* (s. Anm. 54), S. 40–43, 46: »Gerade auf der räumlichen Nichtpräsenz der anderen beruht ja das Hörensagen, das Medium des Gerüchts. Es zitiert immer die, die momentan nicht da sind.«

und ortlosen, jeweils flüchtigen und wiederholend übertragenden, anklingend erinnernden Stimmen anderseits, die aufeinander verweisen und einander wiederholend variieren und überlagern – anderswo sprechend.

Das Prinzip des Hörensagens ist: ›Jemand spricht‹ und niemand weiß, wer spricht oder wer die Rede über die Entfernung (in Raum und Zeit) hinweg auktorial verantwortet. *Fama* oder Hörensagen ist der intentionalen Rede eines ›Herrn‹ über die Rede, der Autorschaft, die das Gesagte über die Zeiten und über den Abstand der Übertragung (in der Veräußerung) verantworte, nicht nur präzise entgegengesetzt, sondern sie ist Aushöhlung, leerende Dissemination der Rede des *einen* autorisierten Autorisierenden, autorisierend Autorisierten. Die ›vermittelte abhängige Rede‹ des Gerüchts wird als ›Zitat von einem Zitat‹, ›Zitate mit einer Lücke‹, d. i. der Lücke des ausfallenden, bzw. zitierend aufgeschobenen Autors oder Urtexts, ihren ›Ursprung‹ stets weiter zurückgedrängt, ersetzt und entzogen haben. Das Gerücht exponiert die (Produktivität der) Abwesenheit jeder intentionalen Verfügung dessen, der einmal gesprochen habe, die Entferntheit, aus der es spricht, und die Abwesenheit dessen, der wiederholend zitiert vergegenwärtigt wäre. Im Hörensagen, als dem Medium der Übertragung, ist der ›Ursprung‹ der Rede entzogen. Was aus dem Tunnel der Zeiten gehört wird, kann allenfalls zur Wiederkehr einer vormaligen Stimme *erklärt*, d. i. figuriert werden, und erhält – ihren Ursprung verstellend – Stimme und Gesicht. *Persona ficta* des Gerüchts ist die *Fama* in dem präzisen Sinne, daß sie Maske ist für das, was kein Gesicht und keinen Mund hat[60]: das anonyme Sprechen von abwesenden Sprechern, das jetzt und hier zitierend, wiederholend und auf die Wiederholung referierend weitergesprochen wird. Wie die Topoi, Wissen in memorierbarer Form, durch die Wiederholungen, die sie zum *Gemeinplatz* erst machen, schon autorlos geworden sind, so figuriert und verstellt umgekehrt jede (memorierbare) Form, die in Wiederholungen sich ausprägt und gleichsam monumentalisiert, ihr Medium, das Hörensagen, das anonyme Gemurmel abwesender Sprecher, die im Hintergrund, abwesend zitiert, stets mitsprechen.[61] Jede Personifikation der anonymen Stimmen, die auf schon Gesprochenes, die aufs bereits Zitierte rekurrieren, wird diese flüchtig-leere nicht-gesichtige Nicht-Stimme, die sie vergegenwärtigend figuriert, verstellt haben. Das Gerücht muß sich in der einzelnen Nachricht und im Munde des jeweiligen einen Sprecher realisieren, und kann doch als solche jenes viel-stimmige nicht-personale Sprechen der zitierten abwesenden Menge nicht sein. Wo sie figuriert wird, wo sie als Stimme mit Mund und Gesicht exzitiert wurde, ist sie nicht (zu hören). Wo dagegen in

---

60 »Im Gerücht spricht die abwesende Menge; sichtbar wird sie nur in der Allegorie«, in der sie verstummt. Siehe H.-J. Neubauer: *Fama* (s. Anm. 54), S. 46. »Die griechische Pheme erscheint durchweg als die Figuration einer unkörperlichen Stimme« (S. 36), als »das Person gewordene Prinzip der Anonymität« (S. 68/9).
61 Im »Hintergrund« der (jeweiligen) Stimme des Gerüchts »gibt es eine irgendwo begonnene und sich im Irgendwo verlierende Kette von anonymen Sprechern«; »dieses virtuelle Geflecht« »gibt dem Gerücht seine merkwürdige Autorität«. Siehe H.-J. Neubauer: *Fama* (s. Anm. 54), S. 36.

Ovids *Metamorphosen* das Gerücht nicht personifiziert wird, ist das »Haus der *Fama*« ein Resonanz- und Echoraum, der als amorpher vorgestellt wird, durchlässig, Hall und Widerhall verstärkend, Schallraum alles Gesagten, Zitierten und (unverantwortet-unverantwortbar) Weiter-Gesagten.[62] Wenn dies als Ort des anonymen Geredes »kein Ort der Menschen« ist[63], dann weil das Gerücht zwar das Weitersprechen aller, aber streng nicht-mensch(enähn)liches Sprechen ist. Was in ihm spricht und zu hören ist, ist Gemurmel; es ist akustisch *murmura*, wie das Grollen vom Gewölk oder Gemurmel der Wellen.

Die Differenz der Stimme zu sich selbst (die *Spur* in ihr) eröffnet in der Stimme eine Rede-*Szene*[64], die Szene der heterogenen Viel-/(Nicht-)stimmigkeit der zitierend aufgerufenen und verhallenden Stimmen ohne Gegenwart und Verkörperung, jene Multiplizität des Weitersagens und Wiederholens, die das Gerücht vorstellte, und die, umgekehrt, dieses als einen ›Echo-Schall-Raum‹ modellieren, aus der die Stimme kommt und zukommt. Mit ihm ist eine andere nicht-auktoriale Begründung der Rede anderswo vorgestellt. Statt eines Anfangs, den die intentionale Rede primordial eröffnet haben soll, die sich nur in sich selbst, nur in der Eigentlichkeit der Intention soll begründen können, die stimmlich ist und der ein menschliches Gesicht zugeschrieben werden können soll, finden wir stets »nur die stammelnde Repetition eines Anfangens, das sich nicht selbst begründen kann«.[65] »[T]he voice speaking here is caught in a priority that undoes the myth of priority that it presents«; insofern die Stimme an ein Sprechen (der Sprache), das ihr vorausgeht, gebunden ist, das sie (und ihre Möglichkeit anzufangen) ›begründet‹, ist sie »not precisely a human voice«.[66] Dies ist die Drohung gegen die Position intentio-

---

62 »Mitten im Erdkreis ist […] ein Ort […]/ein jeder Laut dringt hin zum Hohl seiner Ohren./Fama bewohnt ihn […]/tausend Zugänge gab sie dem Haus und unzählige Luken,/[…]; bei Nacht und bei Tage/steht es offen, […] das Ganze/tönt, gibt wieder die Stimmen und, was es hört, wiederholt es./Nirgends ist Ruhe darin und nirgends Schweigen im Hause./Aber es ist kein Geschrei, nur leiser Stimmen Gemurmel,/wie von den Wogen des Meeres, wenn einer sie hört aus der Ferne,/oder so wie der Ton, den der letzte Grollen des Donners/gibt, wenn Jupiter schwarzes Gewölk hat lassen erdröhnen./Scharen erfüllen die Halle; da kommen und gehn, ein leichtes Volk, und schwirren und schweifen, mit Wahrem vermengt des Gerüchtes/tausend Erfindungen und verbreiten ihr wirres Gerede./Manche tragen dem Nächsten es weiter, das Maß der Erdichtung/wächst, und es fügt ein Jeder hinzu dem Gehörten.« Ovid: *Metamorphosen*, XII, Vs. 39 ff.
63 H.-J. Neubauer: *Fama* (s. Anm. 54), S. 69.
64 Zur Spur und zur Szene in der Stimme vgl. J. Derrida: *Die Stimme und das Phänomen* (s. Anm. 52), S. 142–44.
65 So de Man reformulierend Hart-Nibbrig, Christiaan: »Musik der Theorie oder: Was heißt darstellen? Zur Dekonstruktion Paul de Mans«. In: ders. (Hg.): *Was heißt ›Darstellen‹?*. Frankfurt/M. 1994, S. 431–450, hier S. 435/6; de Man, Paul: »Hegel on the Sublime«. In: Marc Krupnik (Hg.): *Displacement: Derrida and After*. Bloomington 1983, S. 139–153, hier S. 150; ders.: »Hegel über das Erhabene«. In: *Die Ideologie des Ästhetischen* (s. Anm. 16), S. 59–79, hier S. 75.
66 Goldberg, Jonathan: »Marvell's Nymph and the Echo of Voice«. In: *Glyph* 8 (1981), S. 19–39, hier S. 20–22. Dies gilt für Echos Rede; diese stellt vor, was in der Tradition poetischer Rede durch den Musen-Anruf thematisiert und überbrückt wurde.

naler Rede, die ›personifiziert‹ im monströsen ›Gesicht‹ (der *Fama* des Vergils) oder im Ausfall jeder Gesichtigkeit (des Gerüchts bei Ovid) sich darstellt.[67] Diese Drohung wird abgewehrt und verstellt durch die Deutung des sinnlosen und gespenstischen Wiederholens als intentionale Rede einer Stimme mit mensch(enähn)lichem Gesicht.

Die eigene Rede setzt ein erst und schon im Rückbezug auf das vielzüngige, abwesend-anwesende Sprechen, das jeder Rede vorausgeht und als und in deren ›Hintergrund‹ als abwesendes, so grundloses wie begründendes Stimmgewirr mitzuhören wäre: als das Gemurmel nicht zurechenbarer Reden, gespenstisch mitsprechender anderer Reden. Die Rede, auch die, die sich auktorial zu autorisieren meint, ist schon Zitation, Wiederholung; sie kommt schon auf das Sprechen der anderen zurück – und wird umgekehrt im vielzüngigen Sprechen anonymisierend ›tradiert‹, in dem sie sich verlieren muß.

Jede Stimme, die spricht, verweist und ist verwiesen auf andere abwesende Reden. Weist das Gerücht »über ihre Sprecher hinaus« »auf das Schon-Gesprochene und Zitierte«, auf das Hörensagen als Medium der Übertragungen selbst, so spricht ›im Hintergrund‹ jeder Rede »eine irgendwo begonnene und sich im Irgendwo verlierende Kette« oder vielmehr ein »virtuelle[s] Geflecht« von anderen Reden nicht-gegenwärtiger Sprecher[68], das als Hörensagen, Übertragungen der »Zungen und tönende Münder so viel und lauschende Ohren« vorzustellen war.[69] Dies anonyme Gemurmel anderer Reden, das jeder (sog. eigenen) Rede vorausgeht und jeder Rede Möglichkeit vorstellt, ist als Potentialität vergessen und verstellt im jeweiligen Rede-Ereignis[70], das ›etwas‹ sagt und ein ›ich‹ der Rede voraussetzt (und nachkonstruiert). Es realisiert sich in der jeweiligen Nachricht und im Munde des (jeweiligen) *einen* Sprechers, und kann doch als solche jene Potentialität, die im Schallraum des Gerüchts (das niemand spricht) vorgestellt wurde, nicht sein. Das anonyme, nirgendwo und nie als solches gegenwärtige, Sprechen aller, das (je und stets wieder) aus dem *einen* Mund eines *jeweiligen* Sprechers gesprochen ist, wird durch dessen Rede und deren gesichtliche Figuration verstellt, und es bestreitet umgekehrt diesen als sich selbst begründenden ›menschlichen‹ Sprecher intentionaler Rede. Es ist als – die Multivocität der Übertragungen von Übertragungen – eine radikal fremde Rede im ›Munde der Menschen‹, keine Stimme, sondern die heterogene, nicht der intentionalen Verfügung unterstehende, nicht-menschenähnliche Produktivität der Sprache. ›Intentionale Rede‹ figuriert an

---

67 Vgl. Vergil: *Aeneis* IV, Vs. 181 ff.; vgl. Ovid: *Metamorphosen*, XII, Vs. 39–63.
68 H.-J. Neubauer: *Fama* (s. Anm. 54), S. 40/1, 91 u. 36.
69 Vergil: *Aeneis* IV, Vs. 181 ff.: »Dies verbreitet im Munde der Menschen die scheußliche Göttin«.
70 Agamben im Anschluß an Foucaults ›Archiv‹-Begriff: Es ist die Spannung zwischen »the already-said« »as the system of relations between the unsaid and the said in every act of speech, between the enunciative function and the discourse in which it exerts itself, between the outside and the inside of language«, »between language and its taking place, between pure possibility of speaking and its existence as such«. Siehe Agamben, Giorgio: *Remnants of Auschwitz. The Witness and the Archive*. New York 1999, S. 144/5 u. 140 ff.

der Grenze zwischen der Potentialität aller Reden und dem jeweiligen Redeereignis, das aus dieser exzitiert ist und das diese jeweils gelöscht hat. Diese Grenze, die *als* Grenze ihre Möglichkeit sichern muß (und damit die ›Randzone‹ der Stimme), ist der ›eigenen‹ Rede ›innen‹ eingelassen, ohne daß sie von ihr eingeschlossen werden könnte.

Die ›eigene‹ Rede wird zugestellt aus dieser zitationellen An-/Abwesenheit, dem Gemurmel der Zitate von Zitaten, dem vorangehenden Sprechen anderswo (und seinem Weiter-Gesprochensein, das seinen Ursprung entzieht und ohne zentrierende Verankerung ist). Die Stimme (mit Gesicht) muß aufgerufen: *exzitiert* worden sein aus der Potentialität der Zitationen und Wiederholungen, aus dem anonymen Gemurmel, aus dem hervorgerufen sie nachträglich als Ursache einer Wirkung installiert worden sein wird. Die jeweilige exzitierte Rede muß das Gemurmel, aus dem sie kommt, und die Exzitation, die sie erst gibt, schon vergessen und vergessen gemacht haben, um die eigene intentionale, d. i. um ›Stimme‹ sein zu können. Die *Exzitation*, das *Vorkommen* und dessen *Fiktion*, die Stimme mit (menschenähnlichem) Gesicht geworden ist, ist Verstellung in diesem Sinne. Umgekehrt aber ist das Sprechen – in seinem Einsatz schon und in jedem Wort – dem ausgesetzt, was es als intentionales dementiert, der ›Äußerlichkeit‹ einer von keinem Autor kontrollierten heterogenen Produktivität, dem Aufschub und der Ab-Wendung in Wiederholungen und Zitationen, den *murmura*, dem leeren Sprechen des Hörensagens (ohne gegenwärtige Verkörperung). In diesem, aus dem die sog. ›eigene‹ ›intentionale‹ Rede zugestellt worden sein muß und das durch diese figuriert und verstellt ist, wird die Stimme sich wieder verlieren oder (schon) verloren haben: im anonymem Gemurmel (der Wiederholungen und Zitationen), aus der sie kommt und in dem sie je schon weitergesprochen ist.

In der (mindestens) doppelten und (mindestens) angespannten gegenseitigen Modellierung von Sprechakt und Zitieren artikuliert sich die Angewiesenheit auf das Sprechen der anderen, d. i. nicht nur jene Potentialität, die im Ereignis jeweiligen Sprechens gelöscht ist, sondern auch das, was jeden Sprechakt als Ereignis durchquert, produziert und dissoziiert, die andere Rede des/r Anderen als begründende Heteronomie des ›sog. eigenen‹ Sprechens.

# Das Vorwort als performative, paratextuelle und parergonale Rahmung

UWE WIRTH (Frankfurt/M.)

Die Frage nach dem Rahmen berührt das Problem der Grenzziehung zwischen Text und Kontext, Text und Nicht-Text, Text und Paratext. Während für Lotman der Rahmen eines Wortkunstwerks noch dadurch ausgezeichnet ist, daß er die Grenze darstellt, die den »Text von allem trennt, was Nicht-Text ist«[1], schließt die poststrukturalistische Texttheorie solch eine statische Grenzbestimmung aus, weil der »Text in Bewegung« wahlweise als *écriture*, als »Produktivität«[2] oder als »Gewebe«[3] gefaßt wird. So heißt es bei Foucault, daß die »Grenzen des Buches [...] nie sauber und streng geschnitten« sind, da jedes Buch »ein Knoten in einem Netz«, ein »Spiel von Verweisen« auf andere Bücher und Texte ist.[4] In die gleiche Richtung geht Derridas Auffassung vom »erweiterten Text«, der, wie es in *Überleben* heißt, »kein abgeschlossener Schriftkorpus« mehr ist, »kein mittels eines Buchs oder mittels seiner Ränder eingefaßter Gehalt«, sondern ein »differentielles Netz«, ein »Gewebe von Spuren, die endlos auf anderes verweisen«.[5] Gleichzeitig aber – und dies wird bisweilen vergessen – betont Derrida, daß jeder Text einen Rand haben muß, damit man einen *Zugang* zu ihm gewinnen kann.[6] Jeder Text wirft also die »question du liminaire« auf[7], wobei die Frage nach der Grenze durch den Hinweis auf das *Paradox des Rahmens* beantwortet wird.

---

1 Lotman, Jurij M.: *Die Struktur literarischer Texte*. München 1986, S. 300.
2 Kristeva, Julia: »Der geschlossene Text«. In: Zima, Peter (Hg.): *Textsemiotik und Ideologiekritik*. Frankfurt/M. 1977, S.194–229, hier S. 194.
3 Barthes, Roland: *Die Lust am Text*. Frankfurt/M. 1986, S. 94.
4 Foucault, Michel: *Die Archäologie des Wissens*. Frankfurt/M. 1981, S. 36.
5 Derrida, Jacques: »Überleben«. In: ders.: *Gestade*. Wien 1994, S. 119–218, hier S. 130.
6 J. Derrida: »Überleben« (s. Anm. 5), S. 129.
7 Derrida, Jacques: »Hors Livre. Préfaces.« In: ders.: *La Dissémination*. Paris 1972, S. 9–76, S. 24.

# I. Das Paradox des Rahmens

Das *Paradox des Rahmens* besteht darin, daß es zwar einen Rahmen geben muß, um einen *Zugang* zum Gerahmten zu bekommen, daß dieser Rahmen aber keine feste Grenze markiert, sondern ein beweglicher Wechselrahmen, ein *Passe-partout* ist, der seine Wirkung in einer *doppelten Geste* zum Vorschein und zum Verschwinden bringt. Auch wenn die Grenzen des Textes nur mehr als »fließende Randung« (*bordure*) zu fassen sind und nicht mehr als identifizierbare »Ränder« (*marges*), welche durch die Bestimmung von Anfang und Ende, durch Titel und Unterschrift das innerhalb des Rahmens liegende Textuelle und das außerhalb des Rahmens liegende Referentielle klar voneinander trennen, so »ertränkt« auch ein begrifflich »entgrenzter Text« nicht alle Grenzen.[8] Vielmehr unterhält die Kraft, die in einem Text »*wirkt* und etwas in ihm *ins Werk setzt*, eine wesentliche Beziehung mit dem Spiel der Rahmung und der paradoxalen Logik der Grenzen«[9], die nicht nur das »normale« System der Referenz erschüttert, sondern zugleich auch »eine wesentliche Struktur der Referentialität« offenbart.[10]

Das paradoxale *Spiel der Rahmung* bringt, obwohl es die »singuläre Performanz«[11] des Werks determiniert, keine feste Grenze, keine Demarkationslinie im Sinne Lotmans hervor, sondern ist als permanenter *Rahmungsprozeß* aufzufassen.[12] Eben diese permanente Rahmungsbewegung bezeichnet Derrida, im Ausgang von Kant, mit dem Begriff des *Parergon*.[13] Vor diesem Hintergrund betrachtet, ist das Problem der *performativen Rahmung* mit dem Problem der *Parergonalität* verknüpft. Derrida weist darauf hin, daß sich das Problem des Rahmens gemeinhin auf die Frage nach dem »Ort des Rahmens« reduziere: »Wo hat der Rahmen seinen Ort? Hat er einen Ort. Wo beginnt er. Wo endet er. Was ist seine innere Grenze? Seine äußere Grenze? Und seine Oberfläche zwischen den beiden Grenzen?«[14] Die so gestellte Frage nach dem *Parergon* bezieht sich auf den festen Rahmen eines Gemäldes oder eines *Tableaus*, das, wie es in der *Encyclopédie* heißt, eine Repräsentation ist, die durch einen geschmückten Raum (*espace orné*) – für gewöhnlich ein Rahmen (*cadre*) oder ein Rand (*bordure*) – eingeschlossen ist.[15] Das *Parergon* konstituiert jedoch nicht nur die räumliche Einheit des Eingerahmten oder dessen Konzeptualisierbarkeit[16], vielmehr betrifft die *Parergonalität* den dynamischen

---

8  Vgl. J. Derrida: »Überleben« (s. Anm. 5), S. 129.
9  Derrida, Jacques: *Préjugés. Vor dem Gesetz*. Wien 1999, S. 77.
10 Ebd.
11 Ebd., S. 78.
12 Ebd., S. 80.
13 Vgl. Kant, Immanuel: *Kritik der Urteilskraft*. Frankfurt/M. 1974, S. 141 f.
14 Derrida, Jacques: *Die Wahrheit in der Malerei*. Wien 1992, S. 84.
15 Vgl. Artikel »Tableau«. In: D´Alembert, Jean Le Rond/Diderot, Denis (Hg.): *Encyclopédie*. Bd. 15. Paris 1765, S. 806.
16 Vgl. Dünkelsbühler, Ulrike: *Kritik der Rahmen-Vernunft. Parergon-Versionen nach Kant und Derrida*. München 1991, S. 54.

Prozeß der *Rahmung*, des *Rahmenwechsels*, aber auch das »Zum-Verschwinden-bringen« des Rahmens. Das Parergon wird, wie es in *Die Wahrheit in der Malerei* heißt, »ins Innere hineingerufen«, um den Rahmen »(von) innen zu konstituieren«[17], das heißt, der Rand wird als dynamische »Wirkungskraft« begriffen.[18] Dabei steht das Parergon im Spannungsfeld zweier widersprüchlicher Wirkungskräfte: Einerseits wirkt es »von einem bestimmten Außen her, im Inneren des Verfahrens mit«[19], entfaltet also eine *parergonale Kraft* des »Hineinwirkens«; andererseits ist das Parergon »eine Form, deren traditionelle Bestimmung es ist, sich nicht abzuheben, sondern zu verschwinden, zu versinken, zu verblassen, in dem Augenblick zu zerfließen, wo es seine größte Energie entfaltet«.[20]

Das »Zum-Verschwinden-bringen« der Rahmenwirkung könnte man in Anschluß an Luhmann als *parergonale Latenz* bezeichnen, die das Bild nicht mehr als sichtbaren, »gerahmten Raum« begreift, sondern als unsichtbare Rahmung – so wie die Zentralperspektive das Bild »von innen« rahmt. Dabei verliert zwar der äußere Bilderrahmen nicht »seine Funktion als Grenze der Komposition«, aber die Beobachtungsverhältnisse und die Zentralperspektive demonstrieren, »daß die Welt über den Bildrahmen hinausreicht und daß eigentlich die beobachtbare Welt abgebildet wird. So kann auch das unsichtbar Bleibende in das Bild hineingezogen, durch es sichtbar gemacht werden«.[21] Insofern ist die Zentralperspektive eine dynamische, parergonale Form der Rahmung, die über den »festen Bilderrahmen« hinaus funktioniert, indem sie das unsichtbar Bleibende »ins Innere hineinruft«. Zugleich bewirkt die Zentralperspektive über die Ausrichtung der Blickpunkte aber auch eine *doppelte Rahmung*.

Die *doppelte Rahmung* etabliert – darin den *non-deceptive pretendings* Searles verwandt – ein »Modell durchschaubarer Täuschungen«. Weil das Kunstwerk auch eine tatsächliche, materiale Existenz »in der Welt« hat, muß, so Luhmann, »das Medium durch eine Doppelrahmung konstituiert werden: durch eine Täuschung, die zugleich auf Grund besonderer Anhaltspunkte als solche durchschaut wird«.[22] So dienen der Bilderrahmen und die Bühne dazu,

---

17 J. Derrida: *Die Wahrheit in der Malerei* (s. Anm. 14), S. 84.
18 Vgl. hierzu auch Georg Simmels Aufsatz »Der Bildrahmen. Ein ästhetischer Versuch.« In: ders.: *Aufsätze und Abhandlungen 1901–1908*. Band 1. Frankfurt/M. 1995, S. 101–108. Simmel sieht die Funktion des Rahmens darin, daß dieser »die Gleichgültigkeit und Abwehr nach außen und den vereinheitlichenden Zusammenschluß nach innen in *einem* Akte ausübt. Was der Rahmen dem Kunstwerk leistet, ist, daß er diese Doppelfunktion seiner Grenze symbolisiert und verstärkt« (S.101). Ebenfalls an Derrida anschließbar ist Simmels These, die ästhetischen Position des Rahmens werde »nicht weniger durch eine gewisse Indifferenz als durch jene Energien seiner Form bestimmt […], deren gleichmäßiges Fließen ihn als den bloßen Grenzhüter des Bildes charakterisiert« (S.106).
19 J. Derrida: *Die Wahrheit in der Malerei* (s. Anm. 14), S. 74.
20 Ebd., S. 82.
21 Luhmann, Niklas: *Die Kunst der Gesellschaft*. Frankfurt/M. 1999, S. 142.
22 Ebd., S. 178.

daß man das, was sich innerhalb dieser Rahmen abspielt, »nicht mit der Außenwelt verwechselt«.[23] Die Leitmodelle *doppelter Rahmung* sind zunächst die perspektivische Malerei und das Bühnentheater, die im 18. Jahrhundert jedoch vom »modernen Roman« abgelöst werden.[24] Relevant für die Probleme performativer Rahmung ist dabei der Umstand, daß Luhmanns Begriff der *doppelten Rahmung* an die Sprechakttheorie anschließbar ist – wenn auch über einen Umweg. Das ausgeprägte systemtheoretische »Interesse an Rahmungen«[25] leitet sich maßgeblich von Goffmans *frame*-Begriff ab, nämlich von der Einsicht, »daß alle Beobachtungen *beide* Seiten der Form voraussetzen müssen, die sie als Unterscheidung oder ›Rahmen‹ verwenden«.[26] Goffmans *Rahmen-Analyse* wiederum deutet den von Austin festgestellten *Scene-Change*[27], durch den Äußerungen von der Lebenswelt in die Theaterwelt versetzt werden, nicht als Entkräftung, sondern als »modulierende Transformation« von einer Bedeutungsebene auf eine andere. Die *Modulation* ersetzt die Unterscheidung von »ernsthaften« und »nicht-ernsthaften« Sprechakten, indem sie den *Szenenwechsel*, dem jeder Sprechakt ausgesetzt sein kann, sobald er auf der Bühne oder in einem fiktionalen Kontext geäußert wird, nicht als »Unfall« oder als »parasitäre Krankheit«, sondern als Rahmenwechsel darstellt. Der Rahmenwechsel qua Modulation beschreibt ein System von Konventionen, »wodurch eine bestimmte Tätigkeit, die bereits im Rahmen des primären Rahmens sinnvoll ist, in etwas transformiert wird, das dieser Tätigkeit nachgebildet ist, von den Beteiligten aber als etwas ganz anderes gesehen wird«.[28] Da eine Modulation entscheidend verändert, was in den Augen der Beteiligten vor sich geht[29], erzwingt sie zugleich die Anwendung eines anderen *Deutungsrahmens*.[30] Um anzuzeigen, wann und wo solch eine Transformation beginnt, und wo sie endet, gibt es bestimmte *Rahmungshinweise*, nämlich einmal »zeitliche Klammern«, »auf deren Wirkungsbereich die Transformation beschränkt sein soll«, und zum anderen »räumliche Klammern«, die »das Gebiet an[zeigen], auf das sich die Modulation in dem betreffenden Fall erstrecken soll«.[31] Alles, was innerhalb dieser Klammern steht, muß unter der modulierten Perspektive betrachtet werden. Das *Rahmungswissen* fungiert da-

---

23 Ebd., S. 177.
24 Ebd., S. 177.
25 Vgl. Stanitzek, Georg: »Im Rahmen? Zu Niklas Luhmanns *Kunst*-Buch«. In: de Berg, Henk et al. (Hg.): *Systemtheorie und Hermeneutik*. Tübingen, Basel 1997, S. 11–30, hier S. 17.
26 Luhmann, Niklas: »Dekonstruktion als Beobachtung zweiter Ordnung«. In: de Berg, Henk et al. (Hg.): *Differenzen. Systemtheorie zwischen Dekonstruktion und Konstruktion*. Tübingen, Basel 1995, S. 9–35, hier S. 19, Fn. 21. Vgl. aber auch S. 23, wo Luhmann explizit auf die Unterscheidung konstativ/performativ hinweist.
27 Austin, John L.: *Zur Theorie der Sprechakte*. Stuttgart 1979, S. 43 f.
28 Goffman, Erving: *Rahmen-Analyse*. Frankfurt/M. 1996, S. 55 f.
29 Vgl. ebd., S. 57.
30 Vgl. Assmann, Aleida: »Im Dickicht der Zeichen. Hodegetik – Hermeneutik – Dekonstruktion«. In: *DVjs* 70 (1996), S. 535–551, S. 537.
31 E. Goffman: *Rahmen-Analyse* (s. Anm. 27), S. 57.

bei als modulierender Schlüssel (*key*)³², der den Zugang zum Gerahmten eröffnet. Insofern hat jede Modulation immer auch parergonale Funktion.

## II. Das Vorwort als Vorschrift

Aus literaturwissenschaftlicher Sicht wirft das Verhältnis von *Ergon* und *Parergon* die Frage nach der performativen *und* parergonalen Rahmungsfunktion von *Paratexten* auf, betrifft also all jene Diskurse, die – verkörpert durch Vorworte, Nachworte, Titel und Fußnoten – die diskursiven Ränder eines Textes bilden. Diese Ränder sind zum einen örtlich bestimmt, nämlich als vorderer, hinterer, oberer und unterer Rand; zum anderen sind sie aber auch als performative Rahmungs- und Transformationsprozesse zu verstehen, das heißt als *parergonale Modulationen*. Dem Vorwort kommt dabei – wie Genettes Untersuchung der *Paratexte* und Derridas Auseinandersetzung mit dem *Hors livre* belegt – eine paradigmatische Bedeutung zu: hier überlappen sich auf eigentümliche Weise die Fragen nach der illokutionären Funktion mit den Fragen nach den Verkörperungs- und Inszenierungsformen. Genette bestimmt den Paratext als jenes

> Beiwerk, durch das ein Text zum Buch wird und als solches vor die Leser und, allgemeiner, vor die Öffentlichkeit tritt. Dabei handelt es sich weniger um eine Schranke oder eine undurchlässige Grenze als um eine *Schwelle* […]; um eine ›unbestimmte Zone‹ zwischen innen und außen, die selbst wieder keine feste Grenze nach innen (zum Text) und nach außen (dem Diskurs der Welt über den Text aufweist).³³

Kurz darauf geht Genette auf die Verkörperungsbedingungen des Paratextes ein, wenn er betont, bereits das bloße Abschreiben verschaffe »der Idealität des Textes eine schriftliche oder lautliche Materialisierung«, die sich paratextuell auswirke. »In diesem Sinne«, fährt Genette fort, »läßt sich gewiß behaupten, daß es keinen Text ohne Paratext gibt oder je gegeben hat«.³⁴ Insofern der Paratext sowohl durch seine Materialisierung als auch durch die »*illokutorische Wirkung* seiner Mitteilung« charakterisiert ist³⁵, wird er gleichermaßen durch seine phänomenalen Verkörperungsbedingungen und durch seine funktionalen Gelingensbedingungen determiniert. Schließlich wirft die paratextuelle *Schreib-Szene* aber auch Fragen nach den »Imperativen ihrer Inszenierung« auf:

---

32 Vgl. ebd., S. 56, Fn. 14.
33 Genette, Gérard: *Paratexte*. Frankfurt/M. 1992. S. 10. Bei seiner Bestimmung des Paratextes als »unbestimmte Zone« rekurriert Genette auf eine Formulierung von Antoine Compagnon, wonach der Paratext eine »zone intermédiaire entre le horstexte et le texte« ist (Vgl. Compagnon, Antoine: *La Seconde Main*. Paris 1979, S.328).
34 G. Genette: *Paratexte* (s. Anm. 33), S. 11.
35 Ebd., S. 17.

Erfolgt die Anweisung, wie zu schreiben sei, nicht vor der Festlegung eines Rahmens, eines Darstellungsraums der ›Szene‹ für das ›Schreiben‹, so daß die Frage der Kontextualität des Schriftthemas in die des szenischen Rahmen des Schreibens verlegt wird?[36]

Offensichtlich ist das Vorwort in dreifacher Hinsicht *Vorschrift*: Es hat als Einführung des Lesers in die Ordnung des Textes *Instruktionscharakter* – ist mithin ein direktiver Sprechakt. Neben dieser illokutionären Funktion als *explizites Performativ* erweist sich das Vorwort jedoch auch als ein *rhetorisches Ritual*, das heißt, als Performativ im Sinne der Ritualtheorie, das mit dem Äußern bestimmter, vorgeschriebener Eingangsformeln einen Anfang »macht«. Schließlich ist das Vorwort aber auch insofern *Vor-Schrift*, als es sich einer *davorschreibenden Aufpfropfungsdynamik* verdankt. Das so bestimmte Verhältnis von Performativität und Schriftlichkeit spielt in jene drei Problemkreise hinein, die Ansorge bei seiner Untersuchung der Romanvorrede ausmacht[37], nämlich erstens die unterschiedlichen Verkörperungsformen der Vorrede im Roman, zweitens die Beziehung zwischen Haupttext und Vorrede, drittens die poetologische Funktion der Vorrede als Ort der Selbstreflexion.

## II.1. Die Vorschrift als Instruktion

Der Instruktionscharakter des Vorworts rührt daher, daß das Vorwort eine an den Leser gerichtete Lektüreaufforderung bzw. Lektüreanweisung darstellt, um ihm einen interpretativen Zugang zum Werk zu eröffnen. Das Minimalziel ist, daß das Vorwort überhaupt eine Lektüre bewirkt, das Maximalziel ist, daß ein guter Verlauf der Lektüre ermöglicht wird.[38] In der *Encyclopédie* wird die »Préface« als ein »avertissement« definiert, das vor das Buch gestellt wird »pour instruire le lecteur de l'ordre & de la disposition qu'on y a observé«.[39] Das Vorwort gibt »Leseanweisungen«, indem es über die Ordnung und die Disposition, die sich im Haupttext »beobachten« lassen, Vorbericht erstattet. Dabei befindet sich das Vorwort in einer merkwürdigen »funktionalen Zwischenlage«, denn, wie es an gleicher Stelle heißt, die »préface« ist »ni un argument, ni un discours, ni une narration, ni une apologie«.[40] Dies gilt auch

---

36 Vgl. Campe, Rüdiger: »Die Schreibszene. Schreiben«. In: Gumbrecht, Hans Ulrich/Pfeiffer, K. Ludwig (Hg.): *Paradoxien, Dissonanzen, Zusammenbrüche. Situationen offener Epistemologie*. Frankfurt/M. 1991, S. 759–772, hier S. 764. Vgl. zu den Konsequenzen einer solchen Untersuchung von *Schreibszenen*: Stingelin, Martin: »›Unser Schreibzeug arbeitet mit an unseren Gedanken‹. Die poetologische Reflexion der Schreibwerkzeuge bei Georg Christoph Lichtenberg und Friedrich Nietzsche«. In: Promies, Walter/Joost, Ulrich (Hg.): *Lichtenberg-Jahrbuch 1999*. Saarbrücken 2000, S. 81–98, hier S. 82 f.
37 Vgl. Ansorge, Hans-Jürgen: *Art und Funktion der Vorrede im Roman. Von der Mitte des 18. Jahrhunderts bis zum Ende des 19. Jahrhunderts*. Würzburg 1969, S. 14.
38 G. Genette: *Paratexte* (s. Anm. 33), S. 191.
39 Artikel »Préface«. In: *Encyclopédie* (s. Anm. 15). Bd.13 (1765), S. 280.
40 Ebd.

für den Gesichtspunkt der Performativität. Als Leseanweisung übernimmt das Vorwort – wie es scheint – die illokutionäre Rolle eines direktiven Sprechakts; es kann aber auch die Funktion eines Deklarativs oder eines Kommissivs haben. Einen explizit kommissiven Charakter offenbart das Vorwort sowohl bei *autobiographischen Pakten*[41] als auch bei *Fiktionsverträgen*[42] – beide versprechen, den logischen Status des Eingerahmten »von vornherein«, nämlich vom Vorwort her, zu determinieren, wobei freilich unklar bleibt, ob und inwiefern dieses Versprechen jemals eingelöst wird. Die Klärung des »logischen Status fiktionalen Diskurses« kann aber auch als *poetisches Deklarativ* gedeutet werden, bei dem eine extradiegetische Aussageinstanz mit einem »narrativen Akt« eine performative Rahmung vollzieht.

Die Frage, ob die »préface« tatsächlich *vor* dem Buch – *hors livre* – steht oder als Teil des Werks zu gelten hat, ist an die Frage gekoppelt, welchen logischen Status die im Vorwort vollzogenen Sprechakte haben. Handelt es sich um »Regieanweisungen«, mit denen der Autor dem Leser Direktiven gibt? Regieanweisungen sind nach Searle die einzigen ernsthaften Äußerungen, die überhaupt im Kontext fiktionaler Sprachverwendung vorkommen können.[43] Allerdings ist unklar, ob die Anweisung, wie man sich »beim So-Tun-als-ob anstellen soll«[44], als ernsthafte illokutionäre Anweisung oder als theatrale Verkörperung dieser Anweisung *zum Werk* gehört. Ferner tritt das Problem auf, daß, sobald man das Vorwort als Teil des Werks ansieht, die im Vorwort geäußerten Sprechakte nicht mehr als ernsthafte Sprechakte gelten können, sondern lediglich als im Rahmen des fiktionalen Diskurses vollzogene *prätendierte Sprechakte*.

Folgt man den Auffassungen von Austin, Searle und Habermas, ist die poetische Sprache durch eine »Einklammerung der illokutionären Kraft« ausgezeichnet, durch die die Weltbezüge der Sprachhandlungen *virtualisiert* und die Interaktionsteilnehmer vom pragmatischen Druck der »handlungsfolgenrelevanten Verbindlichkeiten« entbunden werden.[45] Hier bliebe zu fragen, wo diese »Einklammerung« stattfindet – ob sie *vor* dem Vorwort oder *durch* das Vorwort vollzogen wird. Genette beantwortet diese Frage in seinem Aufsatz »Fiktionsakte« mit »sowohl als auch«, indem er Searles Argument modifiziert, die einzigen ernsthaften Sprechakte im Kontext des fiktionalen Diskurses seien Regieanweisungen. Genette behauptet, auch auf der Bühne geäußerte Sprechakte seien ernsthaft, weil sie von den *dramatis personae* ernst genommen würden und Konsequenzen für den Verlauf der Handlung hätten. Ein

---

41 Lejeune, Philippe: »Der Autobiographische Pakt«. In: Niggl, Günter (Hg.): *Die Autobiographie. Zu Form und Geschichte einer literarischen Gattung*. Darmstadt 1989, S. 214–257, hier S. 231.
42 G. Genette: *Paratexte* (s. Anm. 33), S. 209 f.
43 Vgl. Searle, John: »Der logische Status fiktionalen Diskurses«. In: ders.: *Ausdruck und Bedeutung*. Frankfurt/M. 1982, S. 80–97, hier S. 91.
44 J. Searle: »Der logische Status fiktionalen Diskurses« (s. Anm. 43), S. 91.
45 Habermas, Jürgen: *Der philosophische Diskurs der Moderne*. Frankfurt/M. 1985, S. 236.

Argument, das sich vom dramatischen Diskurs auf den narrativen übertragen läßt, insofern insbesondere »gemischte Erzählungen« auch aus direkter Figuren- und Gedankenrede bestehen. So kommt Genette zu dem Schluß: »Bis auf die Fiktionalität ihres Kontextes sind die Sprechakte der Personen der dramatischen oder narrativen Fiktion authentisch, mitsamt ihrem lokutionären Charakter, ihrem ›Ort‹, ihrer illokutionären Kraft und ihrer möglichen, gewollten oder ungewollten perlokutionären Wirkung«.[46] Für diesen Sachverhalt führt Genette den Begriff der *Intrafiktionalität* ein.

Neben der »fiktionalen Ernsthaftigkeit«[47] der intradiegetischen Figurenrede und der extradiegetischen Erzählinstanz läßt sich noch ein weiterer Bereich ausmachen, in dem ernsthafte Sprechakte vollzogen werden. Wann immer jemand eine *pretended assertion* mit literarischen Absichten produziert, tätigt er nämlich »in Wirklichkeit einen anderen Akt«, und zwar den, »eine Fiktion zu produzieren«.[48] Dieses Produzieren einer Fiktion deutet Genette »im Sinne des aristotelischen *poieín*«: als »Hervorbringen eines fiktionalen Werks«.[49] Zu einem ähnlichen Schluß kommt Henry im Rekurs auf Goffmans *Rahmen-Analyse*, wenn er behauptet, die prätendierten Sprechakte, die den fiktionalen Diskurs konstituieren, »will mean *seriously* within the fiction frame« und zugleich »may be seriously issued in some other serious frame«.[50]

Der Rahmen des fiktionalen Diskurses hat offensichtlich einen *inneren* und einen *äußeren Rand*, wobei der erste »narrative Akt« der Akt eines realen Autors am äußeren Rand ist, der sich im *Akt des Schreibens* in eine überpersönliche extradiegetische Aussageinstanz am inneren Rand transformiert. Das bedeutet zum einen, daß sich der Autor, sobald er schreibt, selbst »fiktionalisiert« bzw. »transfiguriert«[51], und es bedeutet zum anderen, daß der so bestimmte »narrative Akt« zum erzähltheoretischen Analogon der *Parergonalität* im Sinne Derridas wird, da er »von einem bestimmten Außen her, im Inneren des Verfahrens mit[wirkt]«.[52]

Darüber hinaus führt die mit dem »narrativen Akt« einhergehende »Aufspaltung« zwischen Autor und Erzählinstanz zu jener *Ego-Pluralität*, durch die nach Foucault die *Funktion Autor* ausgezeichnet ist, also zur »partage« zwischen »wirklichem Schriftsteller« und »fiktivem Sprecher«.[53] Dabei spielt die »Verwendung von Einschüben« und die »Funktion von Vorworten«[54] eine

---

46 Genette, Gérard: »Fiktionsakte«. In: ders.: *Fiktion und Diktion*. München 1992, S. 41–64, hier S. 44.
47 Ebd., S. 62 f.
48 Ebd., S. 48.
49 Ebd., S. 59.
50 Henry, Richard: *Pretending and Meaning*. Westport 1996, S. 107.
51 Martínez-Bonati, Félix: »On Fictional Discourse«. In: Mihailescu, Calin-Andrei (Hg.): *Fiction Updated: Theories of Fictionality, Narratology, and Poetics*. Toronto 1990, S. 65–75, hier S. 71.
52 J. Derrida: *Die Wahrheit in der Malerei* (s. Anm. 14), S. 74.
53 Vgl. Foucault, Michel: »Was ist ein Autor?«. In: ders.: *Dits et Ecrits. Schriften*. 1. Bd., Frankfurt/M. 2001, S. 1003–1041, hier S. 1020.
54 Ebd., S. 1004.

maßgebliche Rolle, da sie nicht nur jene Orte *am Rand* des Textes markieren, an denen die »partage« zwischen »wirklichem Schriftsteller« und »fiktivem Sprecher« offenbar wird, sondern weil Einschübe und Vorreden auch jene diskursive Zone darstellen, in der die Position des Autors zum Text bestimmt wird. Dort wird, wie es bei Foucault heißt, der *speech act* vollzogen, der »zu sagen gestattet, daß ein Werk vorliegt«.[55] Dieser *speech act* erscheint einerseits als *juristisches Performativ* mit *Zuschreibungsfunktion*, welche das Verhältnis zwischen Autor und Text am äußeren Rand des Diskurses determiniert. Er wirkt aber auch am inneren Rand des Diskurses, denn er hat kohärenzstiftende Funktion, vollzieht also gewissermaßen eine *Zusammengehörigkeitserklärung*.

Hier schließen sich zwei Fragen an, die den *Vorwortakt*[56] als performativen Akt betreffen. Erstens: Welche performative Funktion hat das Vorwort bei der Bestimmung des logischen Status des Haupttextes, und wie führt es diese Funktion aus? Zweitens: In welchem Verhältnis steht der Vorworttext zum Haupttext? Steht das Vorwort *vor* dem Text und eröffnet dort eine Form rahmenkonstituierender *Metakommunikation* oder ist es selbst Teil eines Gesamttextes?

In seiner sprechakttheoretischen Studie zu *Kommunikation und Textherstellung* faßt Cho die Bedeutung vom Vorwort als *Paratext* in mehreren Thesen zusammen. Danach sind Paratexte erstens »Elemente, durch die ein (Haupt-) Text zum Buch wird«. Zweitens sind Paratexte »daher immer dem Hauptwerk untergeordnet«.[57] Nun folgt der zweite Satz keineswegs aus dem ersten – man könnte sogar umgekehrt argumentieren, daß die performative Rahmung, die der Haupttext durch den Paratext erfährt, ein Beleg dafür ist, daß der Haupttext dem Paratext untergeordnet ist. In diese Richtung zielt Derrida, wenn er die Auffassung vertritt, daß das Vorwort größer sei als der Haupttext.[58] In diese Richtung zielt aber auch, freilich mit einem vollkommen anderen theoretischen Background, Pötschkes These vom Vorwort als *metakommunikativer Textsorte*. Für ihn hat das Vorwort *dispositive Funktion*, weil es eine »Gebrauchsanweisung« für den »Umgang mit dem Text« liefert: »Man kann sagen, daß die Rezeption des ›eigentlichen‹ Textes durch das Vorwort gesteuert wird, um eine optimale Rezeption zu erreichen«.[59] Hier wird das Vorwort als ernsthafte Regieanweisung gedeutet, bzw. als *performatives Dispositiv*. Die Steuerungsfunktion des Vorworts ist insofern metakommunikativ, als es sich

---

55 Ebd.
56 Vgl. G. Genette: *Paratexte* (s. Anm. 33), S. 279.
57 Cho, Kuk-Hyun: *Kommunikation und Textherstellung. Studien zum sprechakttheoretischen und funktional-kommunikativen Handlungskonzept. Mit einer handlungsfundierten Untersuchung der Textsorte ›Vorwort in wissenschaftlichen Abhandlungen‹*. Dissertation Münster 2001, S. 175.
58 J. Derrida: »Hors livre. Préfaces« (s. Anm. 7), S. 73: »[…] sous sa forme de bloc protocolaire, la préface est partout, elle est plus grande que le livre.«
59 Pötschke, Hansjürgen: »Ist das Vorwort eine metakommunikative Textsorte?«. In: *Skamandros* (1989), S. 187–195, hier S. 189.

von einer zweiten, dem Haupttext übergeordneten Ebene aus, auf den Haupttext als eine erste Ebene bezieht. Die zweite, metakommunikative Ebene, die das Vorwort etabliert, ist dabei zugleich auch jene Ebene, von der aus *Beobachtungen zweiter Ordnung* möglich werden. Diese metakommunikative Funktion wäre damit nicht nur die Voraussetzung für die in der *Encyclopédie* gegebenen Definition, wonach der Leser vom Vorwort über die Disposition des Haupttextes instruiert wird, sondern auch für die in *Zedlers Universallexikon* gegebene Bestimmung der Vorrede, die neben dem Hinweis auf die *dispositive Funktion* des Vorworts den Wunsch äußert, »daß alle Vorreden ein Perspectiv wären, dadurch man den ganzen Plan und den Werth eines Buches übersehen könnte«.[60]

Die Frage nach dem Verhältnis von Vorwort und Haupttext eröffnet neben dem literaturtheoretischen auch einen literaturgeschichtlichen Problemhorizont. So wird in der Forschungsliteratur zur Romanvorrede – beinahe einstimmig – eine historische Entwicklung unterstellt, die den Status der Vorrede ebenso betrifft wie die Rahmenkonstitution. Ansorge weist darauf hin, daß sich im späten 18. Jahrhundert die »scheinbare Kluft zwischen der historischen Wirklichkeit des Vorworts« und »der fiktiven Wirklichkeit der handelnden und erlebenden Charaktere« im Roman nicht mehr als »unüberwindbarer Abgrund« darstellt, sondern, daß es »Brücken von hüben nach drüben« gibt, »die einer Verbindung beider Bereiche förderlich sind«.[61] Berücksichtigt man hierbei Webers Unterscheidung zwischen der »selbständigen Vorrede«, die dem Roman vorangestellt ist, und der Vorrede als einem in das Romangeschehen »integrierten Text«[62], so kann man für das 18. Jahrhundert eine Entwicklungslinie von der »selbständigen Vorrede« zur »integrierten Vorrede« feststellen. Diese Behauptung deckt sich bis zu einem gewissen Grade mit Ehrenzellers These, die Romanvorrede, die in den »Kinderjahren des Prosaromans« eine »unerläßliche Bedingung« gewesen sei, habe im 18. Jahrhundert ihre »sachlichen Funktionen« abgelegt, um schließlich bei Jean Paul eine »zwecklos heitere Verklärung« zu erfahren.[63] Die Vorrede habe sich also von einer »Zweckform mit ganz bestimmten Aufgaben« zu einem rhetorischen Ritual gewandelt. Dieser »Entformungsprozeß«[64] impliziert nicht nur eine »Entfunktionalisierung« der Romanvorrede, sondern der »Kult der Vorrede um der Vorrede willen« führt, so Ehrenzeller, schließlich zu ihrem Verschwinden.[65] Bezieht man hier Derridas Bestimmung der Parergonalität mit ein, so erscheint

---

60 Artikel »Vorrede«. In: Zedler: *Großes vollständiges Universallexikon aller Wissenschafften und Künste, welche bishero durch menschlichen Verstand und Witz erfunden und verbessert worden.* Leipzig, Halle 1741 ff., (1746), S. 1073 f.
61 H.-J. Ansorge: *Art und Funktion der Vorrede im Roman* (s. Anm. 37), S. 17.
62 Weber, Ernst: *Die poetologische Selbstreflexion im deutschen Roman des 18. Jahrhunderts. Zur Theorie und Praxis von ›Roman‹, ›Historie‹ und pragmatischen Roman.* Stuttgart 1974, S. 20.
63 Ehrenzeller, Hans: *Studien zur Romanvorrede von Grimmelshausen bis Jean Paul.* Bern 1955, S. 7 f.
64 Ebd., S. 158.
65 Ebd., S. 17.

das Vorwort als eine Form performativer Rahmung, die ihre Wirkung in dem Augenblick zum Verschwinden bringt, wo sie ihre größte Energie entfaltet. Zugleich läßt sich die Entwicklung der Romanvorrede im Rekurs auf Krämer als Prozeß illokutionärer »Entfunktionalisierung« beschreiben.[66] Diese beiden am Vorwortrahmen zu beobachtenden Formen *latenter Parergonalität* verweisen auf die Reduktionsformen des Vorworts, nämlich *Incipit* zu sein, also einen Anfang »zu machen« – etwa mit bestimmten rhetorisch-rituellen Eingangsformeln.

## II.2. Die Vorschrift als Ritual

Nach Belliger und Krieger sind Rituale »meta-performative kommunikative Handlungen«, die insofern einen besonderen Bezug zur performativen Rede haben, als sie »die Konventionen, auf denen performative Rede gründet, durch eine ihnen spezifische generative Pragmatik festlegen«.[67] Das bedeutet, daß das *ritualisierte Handeln* als ein dem *kommunikativen Handeln* vorausgehendes anzusehen ist, weil es die Geltung von Konventionen allererst »etabliert, einführt und konstruiert«.[68] Eben dies ist die Funktion jenes Teils des *Prooemium*, der als *Invocatio* bezeichnet wird und traditionellerweise der Musenepiklese dient. Bereits in der Antike ist allerdings eine »Entwertung des Musenanrufs« zu verzeichnen, sofern man diesen als *echtes* Gebet auffaßt.[69] Die *Invocatio* dient danach nicht mehr primär der religiösen Kontaktaufnahme mit den Göttern, sondern der rhetorischen Kontaktaufnahme mit dem Publikum. Die *Invocatio* erweist sich mithin als prätendierte »rituell-performative Äußerung«, die sich als Bitte um göttlichen Beistand ausgibt, tatsächlich jedoch phatisch-rhetorische Funktion hat, nämlich sich der Aufmerksamkeit und des Wohlwollens der Hörer zu vergewissern. Insofern kann man sagen, daß die Höreransprache im *Prooemium* auf eine Pragmatisierung bzw. eine »Horizontalisierung« der *Invocatio* zurückzuführen ist, die dann in die Leseransprache des schriftlichen Vorworts mündet. So betrachtet hat die Leseransprache primär den Charakter eines performativen Rituals und nicht einer illokutionären Regie- bzw. Gebrauchsanweisung. Das heißt, das Vorwort markiert als rituelles Performativ aus Eingangsformeln die »Schwelle des Textes« und wirft – sozusagen als *Liminalphänomen* – die »question du liminaire« auf.[70]

---

66 Krämer, Sybille: »Sprache – Stimme – Schrift: Sieben Thesen über Performativität und Medialität«. In: *Kulturen des Performativen. Paragrana* 7 (1998), S. 33–57, hier S. 43.
67 Belliger, Andréa/Krieger, David J.: »Einführung«. In: dies. (Hg.): *Ritualtheorien. Ein einführendes Handbuch*. Opladen 1998, S. 7–33, hier S. 21.
68 Ebd., S. 23.
69 Vgl. H. Ehrenzeller: *Studien zur Romanvorrede* (s. Anm. 63), S. 28.
70 J. Derrida: »Hors livre. Préfaces« (s. Anm. 7), S. 24. Siehe auch Maclean, Marie: »Pretexts and Paratexts: The Art of the Peripheral«. In: *New Literary History* 22 (1991), S. 273–281, wo sie mit Blick auf die Schlüsselfunktion der Titel von einer

Nun wird diese Frage nach der Grenze sowohl durch das Vorwort als Rahmen verkörpert als auch im Rahmen des Vorworts reflektiert. Das Vorwort ist, wie Derrida mit Blick auf Hegels Vorrede zur *Phänomenologie des Geistes* schreibt, eine »auto-présentation du concept«.[71] Beutet man die Doppeldeutigkeit des Wortes »concept« aus und liest den Ausdruck nicht nur als »Selbst-Darstellung des Begriffs«, wie es im Kontext von Hegels Vorrede sicher richtig ist, sondern als »Selbst-Darstellung des Konzepts«, so läßt sich hieraus eine Theorie des Vorworts ableiten, welche direkt an die in *Zedlers Universallexikon* und in der *Encyclopédie* gegebenen Definitionen des Vorworts als Instruktion des Lesers über »den ganzen Plan« bzw. die Ordnung und die Disposition des Haupttextes anschließbar ist und diese Definitionen zugleich in spezifischer Weise erweitert: Das Vorwort stellt den Plan bzw. das Programm jenes Werks vor, als dessen diskursive Antizipation es in Erscheinung tritt. Deshalb ist die Selbstdarstellung des Konzepts das wahre Vorwort aller Vorworte und das geschriebene Vorwort als »äußerliches Phänomen« die Verkörperung dieses Konzepts. Zugleich erscheint das Vorwort als *Ort* der Selbstbeschreibung.

Während Ehrenzeller der Vorrede literarische Geltung abspricht und sie als die »dienstbarste und eintönigste von allen und als die Form der am engsten begrenzten Möglichkeiten«[72] bezeichnet, wird das fiktive Vorwort für Genette paradigmatischer Fall dafür, was »Literatur schlechthin« ausmacht, da sich der *Vorwortakt* ständig »in einem selbstgefälligen Abbild seiner eigenen Verfahren« bespiegelt – ja, das fiktionale Vorwort, die Vorwortfiktion, treibt »die starke Neigung des Vorworts zu einem zugleich verlegenen und spielerischen Selbstbewußtsein auf die Spitze«.[73] Gerade wegen der »spielerischen Funktionsweise«[74] des fiktiven Vorworts und dem von ihm inszenierten »schwindelerregenden Inkognito«[75] kommt Genette zu dem Schluß, die Vorwortfiktion sei »unter allen literarischen Praktiken vielleicht die am typischsten literarische«.[76]

Dies belegt in spezifischer Weise die im 18. Jahrhundert zu beobachtende Praxis der *Vorredenreflexion*, die dazu beiträgt, »ein Bewußtsein von der Geschichtlichkeit des Romans wie von der eigenen Mitteilungsfunktion«[77] zu

---

»manifestation of liminality« spricht, diese Schlüssel- und Schwellenfunktion jedoch sogleich zum Charakteristikum aller Paratexte macht: »Of course any part of the paratextual is in a way liminal. A frame acts as treshold [...]. Yet the liminal is most easily perceived as being associated with entry« (S. 275).

71 J. Derrida: »Hors livre. Préfaces« (s. Anm. 7), S. 22. Dort heißt es: »L´auto-présentation du concept est la *vraie* préface de toutes les préfaces. Les préfaces *écrites* sont des phénomenes extérieurs au concept (l´être auprès de soi du logos absolu) est la vraie *pré-face*, le *pré-dicat* essentiel de toutes les écritures«.
72 H. Ehrenzeller: *Studien zur Romanvorrede* (s. Anm. 63), S. 35.
73 G. Genette: *Paratexte* (s. Anm. 33), S. 279.
74 Ebd., S. 265.
75 Ebd., S. 275.
76 Ebd., S. 280.
77 E. Weber: *Die poetologische Selbstreflexion im deutschen Roman* (s. Anm. 62), S. 20.

entwickeln. Dabei wird die Romanvorrede zugleich zum *Ort* und zum *Medium* »der poetologischen Selbstdeutung des Romans«.[78] Das Vorwort als autoreflexive Geste impliziert eine Vollzugsform performativer Rahmung, die sich gleichsam im Übergang befindet – im Übergang von den Gelingensbedingungen »ernsthafter« Sprechakte *am äußeren Rand* des Diskurses zu den *am inneren Rand* verkörperten »spielerischen Funktionsweisen«. Die im Rahmen des Vorwortakts vollzogene Selbstreflexion verkörpert diesen Übergang – sie hat sowohl den Charakter einer Selbstbeschreibungen als auch einer Selbstinszenierung:

> Ich schreibe ein Vorwort – ich sehe mich ein Vorwort schreiben – ich stelle mir mich selbst vor, wie ich mich ein Vorwort schreiben sehe – ich sehe mich, wie ich mir vorstelle. Diese endlose Reflexion, diese Selbstbespiegelung, diese Inszenierung, diese Komödie der Vorwortaktivität, die eine der Wahrheiten des Vorworts ist, treibt das fiktionale Vorwort ihrer höchsten Vollendung zu, indem es auf die ihm eigene Weise hinter den Spiegel gelangt.[79]

Die Selbstreflexion als Selbstbeschreibung im Rahmen des Vorworts impliziert neben dem Bewußtwerden der Differenz von Beschreiben und Beschriebenem »*im selben System*«[80] auch ein Bewußtwerden der *medialen Differenz* zwischen mündlichem und schriftlichem Diskurs[81], das heißt, zwischen *Selbstbeobachtung* und *Selbstbeschreibung*. Zwar wird das Vorwort noch metaphorisch als *Vorrede* bezeichnet, doch zugleich entwickelt der Vorwortdiskurs ein Bewußtsein seiner eigenen Schriftlichkeit. Der Umstand, daß das Vorwort als »schriftliche Nachricht«[82] immer auch *Vor-Schrift* ist, führt dazu, daß die Vorredenreflexion als Selbstinszenierung *und* als Selbstbeschreibung auftritt.

## II.3. Die Vorschrift als Protokollon und Aufpfropfung

Das Vorwort erhebt den Anspruch *hors livre,* also »vor dem Buch« zu sein – doch dieses *davor* ist, wie Derrida schreibt, nur eine *Inszenierung des Anfangs*[83] bzw. ein »textuelles Täuschungsmanöver« (*feinte textuelle*).[84] Die aristotelische Definition des *Prooemium* als Einleitung, die uns »den Anfang gleichsam in die Hand gibt«[85], läßt sich dabei so deuten, daß das Vorwort »das Erscheinen des Textes« als rituelle Performance inszeniert, die das *pré* der *Préface* – das zeitliche und das räumliche *davor* – auf die Form »offenkundiger Gegenwärtigkeit« reduziert.[86] Das impliziert zum einen, daß das Vorwort

---

78 Ebd., S. 19.
79 G. Genette: *Paratexte* (s. Anm. 33), S. 279 f.
80 N. Luhmann: *Die Kunst der Gesellschaft* (s. Anm. 21), S. 487.
81 Luhmann, Niklas: »Die Form der Schrift«. In: Gumbrecht, Hans Ulrich et al. (Hg.): *Schrift*. München 1993, S. 349–366, hier S. 358.
82 Vgl. Artikel »Vorrede«. In: *Zedlers Universallexikon* (s. Anm. 60), (1746), S. 1073 f.
83 J. Derrida: »Hors livre. Préfaces« (s. Anm. 7), S. 57.
84 Ebd., S. 48.
85 Aristoteles: *Rhetorik*. München 1980, S. 206.
86 J. Derrida: »Hors livre. Préfaces« (s. Anm. 7), S. 13.

aufgrund der bloßen Tatsache seines Vorhandenseins einen Anfang »macht«. Zum anderen wird dadurch der hinlänglich bekannte Umstand angesprochen, daß das Vorwort nur scheinbar *davor*, tatsächlich jedoch *danach* geschrieben wurde. Das Vorwort ist ein »sagen wollen nach dem Wurf«[87], das jedoch dem Haupttext als »erste Seite« vorangestellt ist. Insofern kann man das Vorwort mit dem *Protokollon* vergleichen, also mit jenem auf die Schriftrolle aufgeklebten Inhaltsverzeichnis, das als *anticipation discursive*[88] von einem bestimmten Außen auf das hinweist, was sich im Inneren befindet. Die aufgeklebte erste Seite fungiert gewissermaßen als *Double* des Vorworts, das als Ersatzschauspieler jede Form paratextueller Maskierung übernehmen kann. Das Protokollon ist die Synekdoche für Titelblatt, Inhaltsverzeichnis, *avant-propos*, Vorwort, Kommentar, Fußnote, Register, Appendix und ist als Vor- und Überschrift die Metapher des Freudschen Wunderblockmodells.[89] Das Protokollon steht nämlich als *davorgeklebtes Deckblatt* in Analogie zu dem *oberen Deckblatt* beim Wunderblock, und das *je préface* als Form des »Überschreibens« wird – wie die Schrift überhaupt – als »doppelte Geste« des Einschreibens und Auslöschens vollzogen.[90] Sowohl als Synekdoche für alle Formen paratextueller Rahmendiskurse wie auch als psycho-semiotische Metapher ist das Protokollon »größer als das Buch«, denn genau genommen ist es »überall«[91], und zwar deshalb, weil es *Vor-schrift* ist. Das Protokollon ist nicht einfach nur das erste Blatt oder die Oberfläche (*la première face ou la sur-face*), auf der sich wie auf einer Bühne etwas abspielt, oder von dem aus sich wie mit einem Fernrohr eine Vorschau (*pré-voir*) über den Text gewinnen ließe, sondern das Vorwort ist ein Prozeß, der als *Vor-schrift* der iterativen Dynamik der Schrift gehorcht und zugleich die digressive Dynamik der *Dissemination* verkörpert.

Die *Dissemination* impliziert erstens »eine bestimmte Theorie – der wie einem Gang *(marche)* von sehr alter Form zu folgen wäre – der *Digression*«.[92] Als Beispiele erwähnt Derrida neben der »Seconde Préface« Rousseaus, Swifts *A Tale of a Tub* sowie die »Appendices« bei Jean Paul. Zweitens faßt Derrida die *Dissemination* als Verallgemeinerung der Theorie und der Praxis »der *Aufpfropfung* ohne eigenen Körper«.[93] Das bedeutet, daß das Vorwort als *Vorschrift* der iterativen Aufpfropfungsdynamik und der »allgemeinen Iterabilität« der Schrift gehorcht.[94] Durch die Kopplung der Begriffe der *Disseminati-*

---

87 Ebd.
88 Vgl. ebd., S. 14 f.
89 Vgl. Freud, Sigmund: »Notiz über den ›Wunderblock‹ (1925)«. In: ders.: *Studienausgabe Band III*. Frankfurt/M. 1975, S. 369.
90 Vgl. Derrida, Jacques: »Buch-Ausserhalb. Vorreden/Vorworte«. In: ders.: *Dissemination*. Wien 1995, S. 11–68, hier S. 17.
91 J. Derrida: »Hors livre. Préfaces« (s. Anm. 7), S. 73.
92 Ebd., S. 37, sowie ders.: »Buch-Ausserhalb. Vorreden/Vorworte« (s. Anm. 90), S. 35.
93 Vgl. J. Derrida: »Hors livre. Préfaces« (s. Anm. 7), S. 18, sowie ders.: »Buch-Ausserhalb. Vorreden/Vorworte« (s. Anm. 90), S. 19.
94 Vgl. Derrida, Jacques: »Signatur Ereignis Kontext«. In: *Limited Inc*. Wien 2001, S. 15–45, hier S. 41.

*on* und der *Digression* wird die Aufpfropfung als digressives *Davorschreiben* und *Davorkleben* faßbar. Der Akt des Vorwortschreibens erweist sich nämlich nicht nur als eine Form der »zitierenden Rekontextualisierung«, sondern auch als *Collage* von immer neuen »ersten Seiten«. Insofern bringt das Vorwort als *Vor-schrift* einen unentwegten Rahmungsprozeß in Gang – und eben hierdurch ist die *préface incessante* ausgezeichnet.[95] Besonders deutlich wird dies an Swifts *A Tale of a Tub*, wo sowohl der Verlauf der Geschichte als auch ihr Beginn durch immer wieder davor- und dazwischengeschaltete paratextuelle »Digressions« aufgehalten wird. Dem »Preface« geht eine »Epistle Dedicatory, to his Royal Highness Prince Posterity« voraus, dem eine Note »The Bookseller to the Reader« vorangestellt ist, der eine Dedikation »To the right honorable John Lord Sommers« vorangeht sowie ein »Postscript« und eine »Apology« des fiktiven Herausgebers.[96]

Das unentwegte Vorwort (*préface incessante*) als Protokollon ist »größer als das Buch«, weil es zwar den »äußeren Rand« markiert, zugleich aber durch immer neue »davorgeklebte Deckblätter« den Rand des Textes *unentwegt* in Bewegung hält. Mit anderen Worten: Die Möglichkeit des »Vorschaltens« im Sinne des Aufklebens immer neuer »erster Seiten« ist eine Form der »aufpfropfenden Rekontextualisierung«, wobei das *vor* des Vorworts keinen festen Rahmen etabliert, sondern eine fließende Randung ist: es kann immer *noch* ein weiteres Vorwort geben, etwa aus Anlaß einer neuen Auflage, das alle vorangegangenen Vorworte – einschließlich Haupttext – neu rahmt. Der *Akt des Davorklebens* hat, ebenso wie der *Akt des Umblätterns* dieser davorgeklebten ersten Seite, *performative* und *parergonale* Rahmungsfunktion. *Performative Rahmungsfunktion* hat der Akt des Davorklebens, weil das »erste Blatt« aufgrund der bloßen Tatsache seines Davorgeklebt-Seins eine Demarkationslinie zieht und damit zugleich einen deklarativen Sprechakt vollzieht, der »erklärt«, wo das »Vor-dem-Buch« liegt, und wo das Buch anfängt. *Parergonale Rahmungsfunktion* hat der Akt des Umblätterns, weil der Leser mit dem Umblättern der ersten Seite »von einem bestimmten Außen her« einen »Zugang zum Werk« erhält – und das Umblättern zugleich als parergonale Kraft »im Inneren des Verfahrens« der Lektüre mitwirkt.

Genau genommen kommt das Protokollon als Parergon sogar ohne Schrift aus. »Werden nicht deshalb«, fragt Jean Paul in seinem »Appendix des Appendix« zum *Jubelsenior*,

> zwei leere Blätter, eines an die Vorrede, eines an den Beschluß, vom Buchbinder vor- und nachgestoßen, gleichsam als weiße Türspäne zum Zeichen der Immission, zum Zeichen, das nächste Blatt sei ebenso unbewohnt und ebenso offen beliebigen Schreibereien? Doch sind diese den Garten des Buchs einfassende leere Hahas auch die Wüsteneien, die ein Buch vom anderen sondern müssen, wie große leere Räume die Reiche der Germanier oder die der Nordamerikaner oder Sonnensysteme auseinanderstellen.[97]

---

95  Vgl. J. Derrida: »Hors livre. Préfaces« (s. Anm. 7), S. 57.
96  Swift, Jonathan: *A Tale of a Tub*. Oxford 1957, S. 1–45.
97  Jean Paul: »Appendix des Appendix«. In: Jean Paul: *Werke in zwölf Bänden*. Bd. 7. München 1975, S. 545.

Das Protokollon als erste weiße Seite wird zur unsichtbaren Grenze, zum *Haha* zwischen dem »bestellten« Garten des Textes und dem »unbestellten« Wildwuchs der angrenzenden Wüsteneien. Als äußerster Rand des Textes ist das unbeschriebene erste Deckblatt sowohl eine performative Verkörperung der »Schwelle des Textes« als auch eine »funktionale Leerstelle«, die auf den Rahmen des Werks als noch nicht beschriebener Rand verweist. Mit anderen Worten: Das erste leere Blatt ist sowohl *Blanko-Protokollon* als auch ein noch zu schreibendes *Blanko-Vorwort*.

Vor dem Hintergrund dieser Überlegungen läßt sich die These, daß die performativ-parergonale Rahmung von Texten durch die *préface incessante* vollzogen wird, in zwei Richtungen forcieren.

Erstens: Nicht nur das noch zu schreibende Blanko-Vorwort, sondern auch das bereits geschriebene Vorwort ist ein *Haha*, ein *performatives Niemandsland*. Das Vorwort wird dadurch zu einem Ort, an dem wie im Fall einer Unabhängigkeitserklärung[98] der Unterschreibende sich durch einen noch nicht autorisierten, deklarativen Akt selbst das Recht zuschreibt, unterschreiben und vorschreiben zu dürfen.[99] Das Vorwort erweist sich aber auch als *Selbst-Darstellung des Konzepts*, da es eine Zone darstellt, in der deklarativ-autopoetische Akte vollzogen werden – Akte, die dadurch, daß sie geäußert werden, das schaffen, was sie behaupten und damit der »Produktion« des Text-Systems »durch das Netzwerk seiner eigenen Operationen«[100] Vorschub leisten.

Zweitens: Die Möglichkeit des *Dazuklebens* immer neuer Seiten ist nicht nur hinsichtlich der ersten Seite gegeben, sie ist auch – man denke an die Arbeitsmethode Prousts – eine Form, im Modus der *collagierenden Digression*, unentwegt neue Anmerkungen zu machen und bereits Geschriebenes zu kommentieren. Die Inszenierung des Anfangs durch die iterative Aufpfropfungsbewegung des *unentwegten Vorworts* findet sowohl auf der Ebene der Schrift als auch auf der Ebene der »Unterlage« statt. Was hier als Akt des Davorklebens und Dazuklebens vollzogen wird, erscheint dort als kommentierendes Davorschreiben und Dazuschreiben. Das unentwegte Vorwort *erschreibt* sich sozusagen seine Funktion, Parergon zu sein. Seine Rahmungsfunktion leitet sich insofern aus den performativen Akten des Schreibens und Kommentierens her.

»Was ist nun ein *Parergon*?« fragt Derrida in *Die Wahrheit in der Malerei* – die Antwort: »Es ist der Begriff der Anmerkung«.[101] Nicht nur die collagierende Aufpfropfung, auch die kommentierende Anmerkung ist ein parergonales Verfahren, um in das Werk hineinzuwirken und so einen Zugang zum Werk zu gewinnen – oder aber ihn zu erschweren. Der Kommentar ist eine besondere Form des Zitierens, der mit der Wiederholung des vorangegangenen Textes ei-

---

98 Derrida, Jacques: »Unabhängigkeitserklärungen«. In: ders./Kittler, Friedrich: *Nietzsche – Politik des Eigennamens: wie man abschafft, wovon man spricht*. Berlin 2000, S. 9–19, hier S. 10 f.
99 J. Derrida: »Unabhängigkeitserklärungen« (s. Anm. 98), S. 14.
100 N. Luhmann: »Die Form der Schrift« (s. Anm. 81), S. 351.
101 J. Derrida: *Die Wahrheit in der Malerei* (s. Anm. 14), S. 75.

nen Akt performativer Rahmung vollzieht. Er verbleibt, wie Foucault schreibt, »vor der böschungsartigen Befestigung des voraufgehenden Textes und stellt sich die unmögliche, stets erneuerte Aufgabe, dessen Entstehung in sich zu wiederholen«.[102] Der Kommentar verknüpft aber auch den Akt des Schreibens mit dem Akt des Lesens. Er ist, wie Derrida im »Nachwort« zu *Limited Inc* schreibt, »schon eine Interpretation«.[103] Das Besondere des Kommentars besteht nun darin, daß er zum einen »schon eine Interpretation« ist, die den »Zugang zum Werk« eröffnet oder verstellt, und daß er zum anderen als »Interpretation am Rande« eine sichtbare »Rahmungsspur« hinterläßt. Der Kommentar hat nicht nur als Modulation interpretative Schlüsselfunktion, sondern steht als digressiv Dazugeschriebenes und äußerliche Verkörperung in funktionaler Analogie zum Anführungszeichen. Dies betrifft das Vorwort als Geschriebenes, aber auch das Vorwort als unentwegten Prozeß des Schreibens. Der vermittelnde Begriff zwischen Vorwort-Theorie und Zitat-Theorie ist der Begriff der Aufpfropfung.

## III. Zitattheorie und Vorworttheorie im Spannungsfeld von Illokution, Iteration und Indexikalität

Derrida vertritt in »Signatur Ereignis Kontext« bekanntlich die These, daß jedes Zeichen »zitiert – in Anführungszeichen gesetzt – werden« und aufgrund eben dieses iterativen Aktes »mit jedem gegebenen Kontext brechen und auf absolut nicht sättigbare Weise unendlich viele neue Kontexte zeugen« kann.[104] Aufgrund seiner »allgemeinen Iterabilität« kann man

> ein schriftliches Syntagma immer aus der Verkettung, in der es gefaßt oder gegeben ist, herausnehmen, ohne daß es dabei alle Möglichkeiten des Funktionierens und genau genommen alle Möglichkeiten der ›Kommunikation‹ verliert. Man kann ihm eventuell andere zuerkennen, indem man es in andere Ketten einschreibt oder es ihnen *aufpfropft*. Kein Kontext kann es abschließen. Noch irgendein Code […].[105]

Während die Sprechakttheorie das »zwischen zwei Anführungszeichen setzen« als Ausnahmemodus des Sprachgebrauchs begreift, der wie der poetische Sprachgebrauch eine illokutionäre Entkräftung des eingeklammerten Ausdrucks impliziert, gehört für Derrida die »immer« gegebene Möglichkeit des »Herausnehmens« und »zitathaften Aufpfropfens« (*greffe citationelle*)[106]

---

102 Foucault, Michel: *Die Ordnung der Dinge*. Frankfurt/M. 1974, S. 117.
103 Derrida, Jacques: »Nachwort. Unterwegs zu einer Ethik der Diskussion«. In: *Limited Inc*. Wien 2001, S. 171–238, hier S. 222.
104 Derrida, Jacques: »Signatur Ereignis Kontext«. In: *Limited Inc*. Wien 2001, S. 15–45, hier S. 32.
105 Ebd., S. 27 f.
106 Vgl. Derrida, Jacques: »Signature Événement Contexte«. In: ders.: *Marges de la philosophie*. Paris 1972, S. 365–393, hier S. 381. Zum Begriff der *greffe* siehe auch A. Compagnon: *La Seconde Main* (s. Anm. 33), S. 31 ff., wo es – ohne Bezugnahme auf Derrida – heißt: »Mais la greffe d´une citation est-elle une opération si différente du reste de l´écriture?«

zur Struktur eines jeden gesprochenen oder schriftlichen Zeichens und ist insofern konstitutiv für das Funktionieren jedes Zeichen:»Was wäre ein Zeichen [*marque*], das nicht zitiert werden könnte?«[107] Mit anderen Worten: Die »allgemeine Iterabilität« ist als *parergonale Kraft* zu verstehen, die bei allen performativen Akten des Schreibens und Rahmens »im Inneren« des performativen Verfahrens mitwirkt. Dabei betrifft die *Parergonalität* auch den interpretativen Spielraum, den die iterative Aufpfropfungsbewegung bei der »Umrahmung eines Kontextes« eröffnet.[108]

Ich möchte an dieser Stelle – sozusagen als Latenzbeobachtung – auf einen blinden Fleck der Derridaschen These von der »allgemeinen Iterabilität« hinweisen, nämlich auf die mangelhafte Berücksichtigung der indexikalischen Aspekte, die bei der iterativen Aufpfropfungsbewegung eine Rolle spielen. Diese indexikalischen Aspekte betreffen zum einen die Anführungszeichen als Rahmungshinweise und zum anderen die immer gegebene Möglichkeit eines interpretativen Rahmenwechsels. Beginnen wir mit diesem zweiten Punkt: Nach Derrida können gewisse Aussagen auch dann noch einen Sinn haben, wenn sie »einer *objektiven Bedeutung* [*signification*] beraubt sind«.[109] Derrida gibt das Beispiel, daß der semantisch sinnlose Satz »Das Grün ist oder« als Beispiel für »Agrammatismus« gedeutet wird.[110] Die Tatsache, daß ein ungrammatischer Satz geäußert wurde, stellt, wie Derrida mit Bezug auf Husserl anmerkt, ein »Anzeichen« dar.[111] Über Derrida und Husserl hinausgehend könnte man auch sagen, der Satz ist ein *Index* im Sinne von Peirce.[112] Eine derartige *interpretative* und zugleich *modulierende Aufpfropfung* führt zu einem Wechsel des *Deutungsrahmens*, und zwar deshalb, weil von einem *illokutionären Modus* der Analyse auf einen *indexikalischen Modus* umgeschaltet wird. Ein derartiges *frame switching* mündet entweder in eine »monumentale Betrachtung«[113], wie sie im Kontext der historischen Interpretation von Dokumenten praktiziert wird, oder in die Beobachtung »signifikanter Strukturen«[114], insbesondere signifikanter Wiederholungsstrukturen, worauf etwa die Psychoanalyse ausgerichtet ist.

Ausgehend von dieser Überlegung möchte ich die Behauptung aufstellen, daß die vermeintlich unhintergehbare Iterabilität des Performativen mit einer ebenso unhintergehbaren Indexikalität des Performativen interagiert. Auch das »Zwischen-Anführungszeichen-setzen« impliziert eine spezifische Form der Indexikalität, die man als *parergonale Indexikalität* bezeichnen könnte. Vor

---

107 J. Derrida: »Signatur Ereignis Kontext« (s. Anm. 94), S. 32.
108 Vgl. J. Derrida: »Nachwort« (s. Anm. 103), S. 234.
109 J. Derrida: »Signatur Ereignis Kontext« (s. Anm. 94), S. 30.
110 Vgl. ebd., S. 31.
111 Ebd.; vgl. auch Husserl, Edmund: *Logische Untersuchungen*. Tübingen 1968, S. 23 f.
112 Peirce, Charles Sanders: *Phänomen und Logik der Zeichen*. Frankfurt/M. 1983, S. 65.
113 Vgl. M. Foucault: *Die Archäologie des Wissens* (s. Anm. 4), S. 149.
114 Derrida, Jacques: *Grammatologie*. Frankfurt/M. 1983, S. 273.

dem Hintergrund des Derridaschen Iterationskonzepts erscheint das Zitat als Spur jener Aufpfropfungsbewegung, der es sich verdankt. Der Begriff der »Spur« läßt sich dabei nicht nur als *Entmotivierungsbewegung* fassen[115], die das »Spiel der Schrift« auszeichnet, sondern die Spur ist hier auch als *Symptom* bzw. als »genuiner Index« im Sinne von Peirce zu deuten.[116] Genuine Indices sind »existentiell«, das heißt durch Kausalität oder Kontiguität mit ihrem Objekt verknüpft. In unserem Fall ist dieses Objekt die Aufpfropfungsbewegung selbst, und jedes Zitat ist als Resultat einer vollzogenen Aufpfropfung *Symptom* jener Aufpfropfungsbewegung, der es sich verdankt.

Im Kontext der von Searle vertretenen »Gebrauchstheorie des Zitierens« sind die Anführungszeichen keine Symptome, sondern Signale, dafür nämlich, daß der Satz »nicht in seinem normalen Sinne verwendet wird, sondern als Gegenstand der Diskussion anzusehen ist«.[117] Signale gehören, um mit Peirce zu sprechen, zur Klasse »degenerierter Indices«: Sie haben wie ein Zeigefinger, der Zeiger einer Uhr oder ein Demonstrativpronomen *referentielle Funktion*. Mehr noch als für Searle spielt die degenerierte Indexikalität für Davidsons »Zeigetheorie des Zitierens« eine zentrale Rolle. Davidson wertet die Anführungszeichen als *deiktische*, singuläre Termini, die *autoreferentiell* und *indexikalisch* auf das Ausdrucksvorkommnis referieren. »[...] the inscription inside does not refer to anything at all, nor is it part of any expression that does. Rather it is the quotation marks that do all the referring«.[118] Die Anführungszeichen referieren also zum einen wie Demonstrativpronomen auf das, was sie anführen, und sie referieren zum anderen als Zeichen, die einen Kontext erzeugen, in dem der zitierte Ausdruck als Bild angeführt wird, auf sich selbst. Anführungszeichen verweisen mithin nicht einfach nur wie ein Zeigefinger auf den von ihnen eingeklammerten Ausdruck, sondern sie sind zugleich auch *autoreflexive* und *autoreferentielle Rahmungshinweise*, die anzeigen, daß sie selbst die Funktion von Klammern haben. Anders ausgedrückt: Das Anführungszeichen ist »ein degenerierter Index seiner eigenen Eigenschaften«.[119]

Die Anführungszeichen haben aber noch in einem weiteren Sinne indexikalische Funktion, nämlich als Rückverweis auf die Quelle, der sie entstammen. Hier läßt sich eine *Modulation* beobachten, im Rahmen derer die *genuine* Indexikalität der Aufpfropfungsbewegung in die *degenerierte* Indexikalität des Anführungszeichens transformiert wird. Anführungszeichen sind Verkörperungen der *Zuschreibungsfunktion*, denn sie verweisen auf die Tatsache, daß die angeführte Rede von jemand anderem stammt. Der Zitatrahmen repräsentiert jedoch nicht nur »die *Notwendigkeit* der Indizierung des Eigennamens«, sondern auch die »›Schuld‹ gegenüber dem Gesetz, das zur Rahmen-

---

115 Vgl. ebd., S. 88.
116 Vgl. C. S. Peirce: *Phänomen und Logik der Zeichen* (s. Anm. 112), S. 157.
117 Searle, John: *Sprechakte*. Frankfurt/M. 1983, S. 118.
118 Davidson, Donald: »Quotation«. In: *Theory and Decision* 11 (1979), S. 27–40, hier S. 37.
119 Vgl. C. S. Peirce: *Phänomen und Logik der Zeichen* (s. Anm. 112), S. 157.

setzung verpflichtet«.[120] Dieses Gesetz ist das *Copyright* – eine Institution, die als performativer und parergonaler Rahmen die Konventionen für die Anwendung der zitierenden und kopierenden *Regeln der Replikation* bereitstellt.[121]

Ausgehend von diesen Überlegungen möchte ich behaupten, daß das Protokollon ebenso wie die *préface incessante* als iterative Bewegung im Spannungsfeld der beiden oben genannten Formen der Indexikalität steht. Jeder Akt der Aufpfropfung, jeder Akt der Iteration ist als genuiner Index jener unentwegten Aufpfropfungsbewegung zu werten, durch die die »allgemeine Iterabilität« und das »Spiel der Schrift« ausgezeichnet sind. Jedes »In-Anführungszeichen-Setzen« kann als degeneriert indexikalischer und zugleich autoreferentieller Rahmungshinweis gedeutet werden. Die *parergonale Indexikalität* resultiert aus der *Modulation* zwischen beiden Formen der Indexikalität einerseits und ihrem Zusammenspiel mit den Kräften der Illokution und der Iteration andererseits.

## IV. Die *parergonale Indexikalität* im Rahmen der Zuschreibungsfunktion

Auch das Protokollon offenbart eine Form *parergonaler Indexikalität* – genau wie das *juristische Performativ* der Zuschreibung, das auf dem Titelblatt durch die Verknüpfung des Autornamens mit dem Namen des Buches vollzogen wird. Der Titel ist nicht nur »der Taufname des Buches«[122], sondern wird, wie Derrida in *Préjugés* schreibt,

> im allgemeinen vom Autor gewählt oder von dem ihn vertretenden Editoren, deren Eigentum der Titel ist. Er benennt und garantiert die Identität, die Einheit und die Grenzen des ursprünglichen Werkes, das er betitelt. Es versteht sich von selbst, daß die Machtbefugnisse und der Wert eines Titels eine wesentliche Beziehung zu so etwas wie dem Gesetz unterhalten, handle es sich nun um einen Titel im allgemeinen oder um den Titel eines Werkes, sei es literarisch oder nicht.[123]

Der Titel unterliegt, wie es an anderer Stelle heißt, der strengen Bestimmung eines topologischen Codes, »der die Randlinien festlegt«.[124] Dabei markiert der Titel die Grenze des Werkes, weil er »am äußeren Rand des Werkes«, das heißt *außerhalb* des Werkes steht. Ließe sich der Titel »dem Korpus, das er betitelt, inkorporieren, gehörte er ihm einfach als eines seiner internen Ele-

---

120 U. Dünkelsbühler: *Kritik der Rahmen-Vernunft* (s. Anm. 16), S. 74.
121 Vgl. Wirth, Uwe: »Der Performanzbegriff im Spannungsfeld von Illokution, Iteration und Indexikalität«. In: ders. (Hg.): *Performanz. Zwischen Sprachphilosophie und Kulturwissenschaften*. Frankfurt/M. 2002. S. 9–60, hier S. 49 ff.
122 H. Ehrenzeller: *Studien zur Romanvorrede* (s. Anm. 63), S. 112.
123 J. Derrida: *Préjugés. Vor dem Gesetz* (s. Anm. 9), S. 39.
124 Derrida, Jacques: »Titel (noch zu bestimmen). Titre (à préciser)«. In: Kittler, Friedrich A. (Hg.): *Austreibung des Geistes aus den Geisteswissenschaften. Programme des Poststrukturalismus*. Paderborn 1980, S. 15–37, hier S. 18.

mente, eines seiner Stücke an, so verlöre er Rolle und Wert eines Titels«.[125] Die *parergonale Indexikalität* des Titels besteht nun darin, von einem bestimmten Außen in das Gerahmte hineinzuwirken und durch die doppelte Geste des indexikalischen Verweises einen performativen Rahmen zu konstituieren. Sieht man vom Buchdeckel und vom *Blanko-Protokollon* ab, stellt der Titel die äußere Grenze des Werks dar, weil er den »Eigennamen des Buches« mit dem *Autornamen* assoziiert, also degeneriert indexikalisch nach innen und nach außen zeigt. Zugleich ist der Titel als Protokollon die äußerliche Spur, das heißt, der *genuine Index* einer unentwegten Aufpfropfungsbewegung. Schließlich repräsentiert der Titel einen *Rechtstitel*, ist also ein *juristisches Performativ*, mit dem der Verfasser sein Eigentumsrecht an dem, was er geschrieben oder bearbeitet hat, geltend macht.

In einer anderen Kultur als der unseren oder in einer anderen Epoche wäre es vorstellbar, daß das Eigentumsverhältnis und die Bestimmung der Identität des Textes, also das »Spiel mit dem Titel, mit den Unterschriften, mit seinen Rändern oder den Rändern anderer Korpora, dieses ganze System der Rahmung anders und mit anderen konventionellen Garantien« funktioniere.[126] Derrida erwähnt die mittelalterliche Regulierung der Identität des Textes, der

> der umbildenden Initiative von Kopisten [überlassen blieb, respektive] den Pfropfungen, wie sie durch Erben oder andere ›Autoren‹ praktiziert wurden (ob anonym oder nicht, unter individuellen oder kollektiven, mehr oder weniger identifizierbaren Pseudonymen maskiert oder nicht).[127]

Hier kommt nun der für die Literaturtheorie zentrale Aspekt der Autorschaft ins Spiel. Wie Barthes und Foucault, so nimmt auch Derrida auf »vorklassische« Formen der Zuschreibung Bezug, um Autorschaft nicht als geniale Zeugung bzw. als ein natürliches Eigentumsrecht am Geschriebenen zu fassen, sondern als »Spiel mit den Rändern«, das durch ein »System der Rahmungen« und durch bestimmte Formen der »zitationellen« Aufpfropfung bestimmt wird. Wenn Barthes auf das performative *Je chante* der »ganz alten Poeten«[128] hinweist, Foucault auf den Chiasmus der *Funktion Autor* »im 17. oder im 18. Jahrhundert«[129] und Derrida auf die »Pfropfungen«, wie sie im Mittelalter »durch Erben oder andere ›Autoren‹ praktiziert wurden«[130], dann thematisieren alle drei auch das Verhältnis zwischen performativen Akten des Schreibens einerseits und den Vollzugsformen performativer Rahmung andererseits. Dabei zeigt sich, daß der von Barthes attestierte »Tod des Autors« bzw. die von Foucault aufgeworfene »Frage nach dem Autor« in spezifischer Weise die *Frage nach dem Herausgeber*, genauer, nach der performativen Rahmungsfunktion des Herausgebers impliziert.

---

125 Ebd., S. 19.
126 J. Derrida: *Préjugés. Vor dem Gesetz* (s. Anm. 9), S. 80.
127 Ebd.
128 Barthes, Roland: »La mort de l´auteur«. In: ders.: *Essais Critiques IV*. Paris 1984, S. 61–67, hier S. 64.
129 M. Foucault: »Was ist ein Autor?« (s. Anm. 53), S. 1016.
130 J. Derrida: *Préjugés. Vor dem Gesetz* (s. Anm. 9), S. 80.

Literaturgeschichtlich betrachtet, entwickeln der Brief- und der Archivroman des 18. Jahrhunderts Strategien performativer Rahmung, die Inszenierungen der *Funktion Autor* in Form der Herausgeberfiktionen sind. Die diskursiven Funktionen der Zuschreibung und der Kohärenzstiftung werden gewissermaßen an die *Funktion Herausgeber* delegiert und durch die Instanz eines fingierten oder fiktiven Herausgebers verkörpert. Das poetische Konzept des fiktiven Herausgeberrahmens antizipiert dabei die These Barthes', das Schreiben sei kein »origineller Akt«, sondern ein zitierendes und mischendes *Zusammenschreiben*, dem ein *Zusammenlesen* vorausgegangen sein muß.[131] Diese Aufgabe übernimmt bei der Herausgeberfiktion der *Editor*, der als erster Leser und zweiter Autor den vermeintlich von ihm herausgegebenen Text zitiert und als »Dazuschreiber« kommentiert. Dabei wird deutlich, daß ausgerechnet im 18. Jahrhundert, also in jener Epoche, in der sich ein emphatischer Autorbegriff herausbildet, der Autor nicht als »Vater des Textes«[132] in Erscheinung tritt, sondern als dessen editorialer Adoptivvater. Derrida wiederum setzt das Vorwortschreiben mit dem »Sprechen des Vaters« gleich, der »an seinem Geschriebenen Anteil nimmt«, also »für seinen Sohn die Verantwortung übernimmt«[133] und damit einen performativen Akt der Zuschreibung vollzieht.

Der Zusammenhang zwischen performativ-editorialen Akten der Rahmung, der zitationellen Aufpfropfung sowie der Zuschreibung läßt sich anhand des fiktiven Editions-Berichts zu Jean Pauls *Leben Fibels* demonstrieren. Dort schreibt der Vorredenverfasser, er habe dem Buchhändler »um den Ladenpreis die Erlaubnis ab[gekauft], alles Gedruckte aus den Werken auszuziehen, nämlich auszureißen«[134], und sei dadurch an die Ruinen eines biographischen Werks gelangt, dessen restliche Seiten er in Heiligengut, dem Geburtsort Fibels, gefunden und zusammengelesen habe. Französische Marodeurs hatten nämlich die Lebensbeschreibung Fibels »zerschnitten« und »aus dem Fenster fliegen« lassen, woraufhin die »*fliegende*[n] Blätter fibelschen Lebens« in unterschiedlichen Kontexten des Heiliguter Dorflebens – etwa als »Kaffee-Düten« oder als »Heringspapiere« – Verwendung fanden.[135] Um die Geschichte Fibels zusammenzuschreiben, bedarf es daher eines doppelten performativen Akts des *Zusammenlesens* und *Zusammenklebens*. Die Dorfjugend übernimmt das Zusammenlesen, der Herausgeber das »Zusammenleimen« und das einleitende Davorschreiben, wobei sich auch hier die Frage der Zuschreibung stellt. Beinahe bereut der Herausgeber, wie er abschließend in seinem Vor-Kapitel *bekennt*, daß er nicht »das Ganze« als sein »eigenes Gemächt« ausgegeben hat, da seine »Beiträger« ohnehin weder lesen noch schreiben

---

131 Vgl. R. Barthes: »La mort de l´auteur« (s. Anm. 128), S. 64 f.
132 Vgl. Barthes, Roland: »De l´oeuvre au texte«. In: ders.: *Essais Critiques IV.* Paris 1984, S. 69–77, hier S. 74.
133 J. Derrida: »Buch-Ausserhalb. Vorreden/Vorworte« (s. Anm. 90), S. 53.
134 Jean Paul: *Leben Fibels*. In: ders.: *Werke in zwölf Bänden*. Bd. 11. München 1975, S. 374 f.
135 Ebd., S. 376.

können.[136] Die durch die editoriale Tätigkeit vollzogenen modulierenden Aufpfropfungen setzen nicht nur das juristische Performativ der Zuschreibung ins Werk, sondern auch eine Form *parergonaler Indexikalität*, die als Kapitelüberschrift autoreflexiv und autoreferentiell die Rahmungsbedingungen thematisiert. Von Interesse ist in diesem Zusammenhang – abgesehen vom Problem des *Copyrights* –, daß bei Jean Paul (ebenso wie später bei E.T.A. Hoffmanns *Kater Murr*) das »Herauslösen« aus dem Syntagma, das heißt, der erste Schritt der Aufpfropfung als *Akt des Herausreißens* vollzogen wird. Das »Einschreiben«, das heißt, der zweite Schritt der Aufpfropfung, wird als *editoriale Collage* vollzogen.

So besehen besteht die *editoriale Tätigkeit* sowohl im aufpfropfenden Dazukleben wie im aufpfropfenden Dazu- und Davorschreiben. Zugleich inszeniert die Herausgeberfiktion, ganz im Sinne von Barthes, den »originellen Akt« des *Erfindens* als Akt des *Findens von Originalen* bzw. als Akt *originalgetreuen Zitierens*. Wie das Schreiben, so entpuppt sich auch das Zuschreiben als *doppelte Geste*: Im Fall der Herausgeberfiktion wird die performative Geste auktorialer Verneinung nämlich fast immer durch ein Bekenntnis zu den »typisch auktorialen« Rahmungsfunktionen der Kohärenzstiftung und der Verantwortung für den Text begleitet.

»Wiewohl ich hier bloß des Herausgebers Namen führe«, schreibt Rousseau in seiner »Préface« zur *Nouvelle Héloïse*, »habe ich doch selbst mit an dem Buch gearbeitet und mache daraus kein Geheimnis«.[137] Dieses editoriale Deklarativ wirft nicht nur die Frage auf, ob Rousseau tatsächlich »bloß Herausgeber« oder »der Autor« ist, sondern auch, ob es sich bei dem Briefwechsel um ein authentisches *Portrait* oder um ein erfundenes *Tableau d´Imagination* handelt. Im ersten Fall geht es um das Zuschreibungsverhältnis, im zweiten Fall um den logischen Status des Briefwechsels, wobei in beiden Fällen der *sincerity condition* eine zentrale Bedeutung zukommt. So betont der Vorwortverfasser der *Nouvelle Héloïse*:

> Jeder rechtschaffende Mann muß sich zu den Büchern, die er herausgibt, bekennen. Ich nenne mich also auf dieser Sammlung Titelblatt; nicht, um sie mir anzuzeigen, sondern um dafür einzustehen.[138]

Hier könnte man im Anschluß an Foucault feststellen, daß die *Funktion Herausgeber* das *juristische Performativ* der Zuschreibung thematisiert, wobei die Titelunterschrift »Recueillies et Publiées par J. J. Rousseau« neben der Funktion der Zuschreibung auch die eines Anführungszeichens hat. In beiden Fällen stellt sich die Frage, in welcher Form man die Titelunterschrift, die sich ihrerseits indexikalisch auf den Haupttitel »Lettres de deux Amants« bezieht, »ernst nehmen« kann. Geht man mit Derrida davon aus, daß Titel und Titelunterschrift *außerhalb* des Textes bzw. *vor* dem Text stehen, so ist die Titelunter-

---

136 Ebd., S. 377.
137 Rousseau, Jean Jacques: *La Nouvelle Héloïse*. In: ders.: *Oeuvre Complétes*. Paris 1964, S. 5. Dt.: München 1988, S. 5.
138 Ebd.

schrift als extrafiktionales direktes Kommissiv zu werten, das sich, angesichts der Fiktionalität des Haupttextes, nachträglich als unehrliches »Titelversprechen« bzw. als falsches Deklarativ über den logischen Status des Haupttextes herausstellt. Betrachtet man Titel und Titelunterschrift dagegen als Teil des Werkes, so läßt sich das »Recueillies et Publiées par J.J. Rousseau« mit Genette als intrafiktionales Performativ verstehen, weil das »Sammeln« ja nur im Rahmen der Herausgeberfiktion ein »Sammeln« ist. Die Titelunterschrift erscheint nun als »ernsthafter fiktiver Sprechakt«, der jedoch keine rahmenkonstitutive Funktion hat, weil er bereits *im Rahmen* der Fiktion geäußert wird.

Das Problem wird noch größer, wenn man, wie de Man in seiner Untersuchung der beiden Vorworte zur *Nouvelle Héloïse* in den *Allegories of Reading*, die Zweideutigkeit bemerkt, durch welche die in den Vorworten getroffenen Feststellungen über den logischen Status der »Briefe zweier Liebender« ausgezeichnet sind. Eine Zweideutigkeit, die darauf abzielt, die »entweder/oder-Logik« auszuhebeln.[139] Die in beiden Vorworten an keiner Stelle eindeutig beantwortete Frage, ob es sich bei dem Briefwechsel um das schriftliche *Portrait* realer Personen oder um ein *Tableau d'Imagination* fiktiver Figuren handelt, löst, da sie wiederholt aufgeworfen wird, die Assoziation von *Portrait* und *Herausgeber* einerseits sowie von *Tableau d'Imagination* und *Autor* andererseits auf. Das heißt, die Begriffe lassen sich neu kombinieren. Da der Vorwortdiskurs den »referentiellen Status« des Haupttextes in Frage stellt, legt das Vorwort de Man zufolge eine »allegorische« Lesart nahe, welche die Möglichkeit eröffnet, daß solch ein Werk als Portrait »of its own negative gesture« gedeutet werden kann.[140] Dabei gesellt sich zu der Unsicherheit über den referentiellen Status des Haupttextes noch eine zweite – von uns oben bereits erwähnte – Unwägbarkeit hinzu, nämlich, »ob das Vorwort für den Haupttext, oder der Haupttext für das Vorwort geschrieben wurde«.[141]

Allerdings läßt de Man bei seiner Untersuchung der beiden »Préface« zwei entscheidende Aspekte unberücksichtigt: Zum einen spart er bei seiner Erklärung, wie der Leser Schrift versteht, »bewußt« die performative Dimension aus und konzentriert sich ausschließlich auf die konstative.[142] Zum anderen geht de Man mit keinem Wort darauf ein, daß die Uneindeutigkeit des Vorwortdiskurses womöglich selbst bereits Teil einer Rahmungsstrategie sein könnte. Gleichgültig, ob es sich bei dem Briefwechsel um ein *Portrait* oder um ein *Tableau d'Imagination* handelt, die notwendige Gemeinsamkeit beider Darstellungsweisen ist ihr »Im-Rahmen-Sein«. Dieses »Im-Rahmen-Sein« thematisiert nicht nur die Frage nach der »paradoxalen Logik der Grenze«, sondern auch jene »wesentliche Struktur der Referentialität«[143], die der *parergonalen Indexikalität* als Rahmungshinweis zugrunde liegt.

---

139 de Man, Paul: »Allegory (Julie)«. In: ders.: *Allegories of Reading*. New Haven, London 1979, S. 196.
140 Ebd., S. 199.
141 Ebd., S. 205.
142 Ebd., S. 201.
143 J. Derrida: *Préjugés. Vor dem Gesetz* (s. Anm. 9), S. 77.

## V. Die *parergonale Indexikalität* performativer Widersprüche

Ich möchte abschließend vorschlagen, die »negative Geste«, die de Man im Vorwortdiskurs zur *Nouvelle Héloïse* auszumachen glaubt, als *performativen Widerspruch* mit Rahmungsfunktion zu fassen. Das von Derrida ausgemachte *Paradox des Rahmens* impliziert nämlich eine bestimmte Form performativer Widersprüchlichkeit, die sowohl in Analogie zu Luhmanns Überlegungen zur *Konfusion der Rahmen* als auch zu Goffmans Begriff des *Rahmenbruchs* steht. Die Rahmenkonfusion kommt laut Luhmann dadurch zustande, daß die Operation der Selbstbeschreibung »eine Grenze innerhalb der Grenze, einen ›frame‹ im ›frame‹ des Systems« einführt – und eben diese Grenzziehung führt dazu, »daß Selbstbeschreibungen irritierbar bleiben und von innen heraus dynamisch werden«.[144] Nach Goffman stellen die »reflexiven Rahmenbrüche« eines Sprechers, der seine eigene Rede »zum Gegenstand erklärender oder rechtfertigender Nebenbemerkungen macht« eine besondere Form dar, »aus dem Rahmen zu fallen«.[145] Rahmenkonfusion und Rahmenbruch haben eine Eigenschaft gemeinsam: Sie erhöhen die »Aufmerksamkeit für Rahmungen«[146] und appellieren damit an den Leser, interpretative Deutungsrahmen zu entwerfen. Das heißt, die Rahmenkonfusion ist als *negative performative Geste* zugleich ein strategischer Rahmungshinweis für eine *doppelte Rahmung*. Der fiktive Herausgeber kann, wie im Fall des *Don Quijote*, »die Fiktion in der Fiktion wiederholen« oder aber, wie im Fall der *Nouvelle Héloïse*, »den Unterschied zwischen Fiktionen und Fakten« löschen, indem er »fingiert (oder nicht fingiert?), daß er ›gefundene Briefe‹ vorlegt«.[147]

Die Rahmenkonfusion erweist sich dabei als Rahmungsstrategie, die auf dem ostentativen Vorführen performativer Widersprüche beruht. Der Vorwortverfasser der *Nouvelle Héloïse* inszeniert einen performativen Selbstwiderspruch, indem er sich einerseits »bloß« als Herausgeber beschreibt, andererseits jedoch die Frage offenläßt, ob es sich bei den Briefen um *erfundene* oder *gefundene* Briefe handelt. Das Bekenntnis, »bloß« der Herausgeber zu sein, setzt aber notwendigerweise voraus, daß es sich um *gefundene* Briefe handelt. Insofern unterminiert bereits die Tatsache, daß der fingierte Herausgeber die Frage nach dem referentiellen Status der Briefe überhaupt stellt, seine Glaubwürdigkeit. Durch den ostentativ vorgeführten Mangel an performativer Integrität wird das Vorwort zu einem *performativen Niemandsland* – zu einer Zone, in der der performative Widerspruch die illokutionäre Funktion der Deklarativa, Direktiva und Kommissiva außer Kraft setzt. Durch diese illokutionäre Entkräftung jedoch gewinnt das Vorwort zugleich die *parergonale Kraft* von einem bestimmten Außen indexikalisch im Inneren des Verfahrens mitzuwirken. Und zwar einmal, weil das Vorwort Anführungszeichen ist, und zum an-

---

144 N. Luhmann: *Die Kunst der Gesellschaft* (s. Anm. 21), S. 401.
145 E. Goffman: *Rahmen-Analyse* (s. Anm. 27), S. 536.
146 N. Luhmann: *Die Kunst der Gesellschaft* (s. Anm. 21), S. 415.
147 Ebd., S. 414.

deren, weil es jener Ort ist, an dem eine *interpretative Aufpfropfung* vollzogen wird. Der Umstand, daß in der »Seconde Préface« keine Antwort auf die Frage nach dem referentiellen Status des Dargestellten gegeben wird, ist mithin als indexikalischer Rahmungshinweis zu deuten. Um das Vorwort als Portrait seiner eigenen negativen Geste zu lesen, muß der Leser eine *interpretative Aufpfropfung* vornehmen, nämlich die Aufmerksamkeit von der illokutionären Ebene der »Préface« (also jener Ebene, auf der widersprüchliche Behauptungen geäußert werden) zur indexikalischen Ebene hin verschieben (also zu jener Ebene, auf der allein die *monumentale Tatsache* signifikant ist, *daß* im Vorwort widersprüchliche Behauptungen geäußert werden). Mit anderen Worten: Die performative Rahmung ist dem Umstand geschuldet, daß der *performative Widerspruch* als »fausseté significative«[148] zu einem *parergonalen Index* wird.

---

[148] Huet, Pierre Daniel: *Traité de l'origine des romans*. Stuttgart 1966, S. 86 f.

# Erziehungsakte

EVA GEULEN (Bonn)

## I.

Als die Rhetorik im 18. Jahrhundert in Verruf kam, stand neben der Ästhetik auch die Pädagogik bereit, sie zu diskreditieren und zu beerben. Obwohl die Erziehungskunst noch im 18. Jahrhundert autonome Wissenschaft wurde (der erste Lehrstuhl für Pädagogik wurde 1780 mit Ernst Christian Trapp besetzt) und institutionell schnell Fuß faßte (Campes *Allgemeine Revision des gesammten Schul- und Erziehungswesens* erschien 1785), fiel ihr insgesamt doch eher die Rolle der etwas ärmlichen Schwester einer Ästhetik zu, deren massiven Bildungsansprüchen Pädagogik allenfalls sekundieren konnte.[1] Mit Rousseau rückt Erziehung ins allgemeine Blickfeld. Seit Herder und Lessing geht es geschichtsphilosophisch um »die Erziehung des Menschengeschlechts«; seit Goethe gibt es eine Prosagattung mit erzieherischer Thematik und Absichten. Schillers *Briefe über ästhetische Erziehung* machen aus der »Gleichsetzung von Erzieher, Künstler und Schöpfer« kulturpolitisches Programm.[2] Spätestens um 1800 hat sich der ästhetisch wirkungsvollere Begriff »Bildung« gegenüber Erziehung endgültig durchgesetzt.[3] Der mit der Metapher »Bildung« ein-

---

1   Die bis heute umstrittene Rolle der Pädagogik als geisteswissenschaftlicher Fachdisziplin ist u.U. auch eine Folge ihrer Entstehung als Zerfallsprodukt der Schulrhetorik. Man könnte zumindest spekulieren, daß sich die Pole der klassischen Rhetorik, *persuasio* einerseits und Tropenlehre andererseits, in Ästhetik und Pädagogik aufgespalten haben, erstere das genuine Reich der Tropen, letztere eine pseudowissenschaftliche Technik. Daß von der Romantik bis de Man die Tropen im Vordergrund stehen, könnte u. a. den heutigen auch institutionspolitisch dokumentierten Problemstatus der Pädagogik als nicht ganz für voll genommener Geisteswissenschaft erhellen. Als professionalisierte Praxis vagiert Pädagogik im Niemandsland zwischen den historisch-hermeneutischen Fächern einerseits und den neuen (Natur)Wissenschaften vom Menschen andererseits.
2   Kittler, Friedrich A.: *Dichter, Mutter, Kind.* München 1991, S. 33.
3   Vgl. Vierhaus, Rudolf: »Bildung«. In: *Geschichtliche Grundbegriffe. Historisches Lexikon der politisch-sozialen Sprache in Deutschland.* Hg. von Otto Brunner/ Werner Conze/Reinhart Koselleck. Stuttgart 1971, S. 508–551. Jüngst auch Assmann, Aleida: *Arbeit am nationalen Gedächtnis. Eine kurze Geschichte der deutschen Bildungsidee.* Frankfurt/M., New York 1993.

geschlagene Sonderweg der Kulturnation in Sachen Erziehung steht bis heute im Zentrum des Interesses.[4] Zumal unter Geisteswissenschaftlern gilt Pädagogisches als irgendwie rückständig und theoretisch defizitär.[5] Gerade aufgrund ihrer praktischen Ausrichtung eignen sich Erziehungstheorien aber als Prüfstein für Performanztheorien.

Daß die Idee eines Zusammenhangs von Pädagogik und Performanz nicht ganz willkürlich ist, legen einige Performanztheoretiker indirekt nahe. Vom unterweisenden Charakter des Titels *How to do Things with Words* bis zum indirekten Widerruf der eigenen Thesen am Ende läßt sich Austins Buch auch als didaktisches Lehrstück verstehen. Daß man bestimmte Dinge mit Worten *nicht* tun kann, wie z. B. eine schlüssige Theorie des Performativs entwickeln, ist die (performative) Schlußpointe seines Buchs, dessen »Tun« darin besteht, sich pädagogisch wirksam in Frage zu stellen und zugleich, nicht weniger pädagogisch, andere zum »selber machen« anzuleiten. (Eine Lektion, deren so lähmende wie anregende Widersprüchlichkeit der Schüler Searle offenbar mißverstand.[6]) Auch bei Judith Butler, die den Begriff der Performanz für die Geschlechtertheorie in *Gender Trouble* folgenreich popularisiert hat, zeichnet sich ein pädagogisches Interesse ab. Eines ihrer nächsten Bücher mit dem schön zweideutigen Untertitel *Theories in Subjection* befaßt sich mit der Genese einer Instanz, die zu installieren ein wesentliches Anliegen aller Erziehung ist: das Gewissen.[7] Bei Hegel, Althusser und Freud geht sie dem Paradox nach, das seit Kant Glück und Elend der Erziehung ist, wie das souveräne Subjekt aus seiner Unterwerfung (»subjection«) entstehen kann und muß. Paul de Mans Rehabilitation der Rhetorik schließlich wird ausdrücklich von pädagogischen Impulsen getragen[8]: »scholarship has, in principle, to be eminent-

---

4  In Kosellecks historischem Lexikon gibt es z. B. neben »Bildung« keinen separaten Eintrag für Erziehung.

5  Nicht einmal die Pädagogik selbst ist davon ausgenommen. Es gibt natürlich zahllose Fachliteratur, neben Anthologien (etwa Rattner, Joseph: *Große Pädagogen*. München 1956) auch historische Standardwerke (Paulsens *Geschichte des gelehrten Unterrichts,* 1921), aber noch Katharina Rutschky beklagt den Mangel an historischem Bewußtsein in ihrer einschlägigen Quellensammlung *Schwarze Pädagogik. Quellen zur Naturgeschichte der bürgerlichen Erziehung*. Frankfurt/M., Berlin 1988, S. XVII–LXV. Anders sieht es freilich bei den diskurstheoretischen Arbeiten im Gefolge von Foucault, Michel: *Überwachen und Strafen*. Frankfurt/M 1972, aus, wo erziehungstheoretische und erziehungstechnische Aspekte eine entscheidende Rolle spielen. Vgl. das erste Kapitel von F.A. Kittlers *Aufschreibesysteme*. München ²1987, S. 33–75. Ebensowenig einer Vernachlässigung bezichtigen kann man die Soziologie. Vgl. Bourdieus, Pierre *Die feinen Unterschiede. Kritik der gesellschaftlichen Urteilskraft*. Frankfurt/M. 1982, im Anschluß John Guillorys *Cultural Capital. The Problem of Literary Canon Formation*. Chicago 1993. Jüngst Luhmann, Niklas: *Das Erziehungssystem der Gesellschaft*. Frankfurt/M. 2002.

6  Searle, John: *Speech Acts*. Cambridge 1969.

7  Butler, Judith: *The Psychic Life of Power. Theories in Subjection*. Stanford 1997.

8  Ein Performanztheoretiker darf Paul de Man heißen, weil auch die Bestreitung der Möglichkeit von Performativa zu deren Theorie gehört. Vgl. de Man, Paul: »Rhe-

ly teachable.« Auch Theorie, verstanden als »controlled reflection on the formation of method«, untersteht einem pädagogischen Imperativ.[9]

Vorliegende Überlegungen wählen jedoch den umgekehrten Weg. Statt pädagogische Ambitionen bei Performanztheoretikern aufzuspüren, werden pädagogische Texte auf ihren Umgang mit Performativa untersucht. Getestet werden einige Antworten auf die Frage »Was ist erziehende Rede?« Kann, und wie kann Rede erzieherisch wirken? Was ist Erziehung als »wirkendes Wort«?[10] Das Feld der möglichen Antworten auf die Frage, was Erziehung sprechend »tut«, erstreckt sich zwischen zwei Positionen. Erziehung ist entweder ideologisch verbrämte Technik zur Disziplinierung von Körpern, oder sie ist, quasi-theologisch, schöpferische Einwirkung. Sie ist entweder Rede der Macht oder Macht der Rede.

Diese Positionen lassen sich abbilden auf die konkurrierenden Versuche der Rhetorik und der Sprechakttheorie, das Verhältnis von Wort und Wirkung zu klären. Entweder bedient sich Erziehung der Rhetorik zum Zwecke sprachlicher Beeinflussung, oder es liegt ein Performativ vor, also ein Sprechakt, über dessen Glücken in letzter Instanz nichtsprachliche Institutionen entscheiden. Daß die Gegenüberstellung in dieser Form wenn nicht verfehlt, so doch verfrüht ist, macht der besondere Gegenstand Erziehung unmittelbar evident.[11] Denn bevor gefragt werden kann, *wie* Erziehung durch Rede wirkt, wäre erst festzustellen, ob denn in gewissen Fällen überhaupt Erziehung stattgefunden hat. Da keine Instanz die Effektivität der Persuasion oder des Sprechaktes »Erziehung« verifizieren kann, handelt es sich hier bestenfalls um einen »per-

---

toric of Persuasion (Nietzsche)«. In: ders.: *Allegories of Reading. Figural Language in Rousseau, Nietzsche, Rilke, and Proust*. New Haven, London 1979, S. 119–131.

9 De Man, Paul: *The Resistance to Theory*. Minnesota 1986, S. 4. Daß ausgerechnet der Erfinder einer kühlen Lektüretechnik für viele seiner Schüler zu einer charismatischen Lehrer-Figur wurde, wirft hinsichtlich der Effektivität akademischer Lehre nicht unwichtige Fragen auf. Zur Diskussion vgl. *The Lesson of Paul de Man, Yale French Studies*, 69 (1985), S. 3–21, John Guillorys Fallstudie in *Cultural Capital* (s. Anm. 5), S. 176–268, Avital Ronells Kapitel über de Man: »The Rhetoric of Testing«. In: *Stupidity*. Chicago 2002, S. 97–161.

10 Daß im folgenden durchgängig von Erziehung und nicht von Bildung die Rede ist, obwohl die beiden Begriffe seit dem späten 18. Jahrhundert synonym sind, hat zwei Gründe. Zum einen ist der Begriff »Erziehung« transitiv und indiziert ein zweckgerichtetes »Tun« an anderen sehr viel direkter als der überdeterminierte und überstrapazierte Begriff »Bildung«. Außerdem rechtfertigt sich die Verwendung des Begriffs Erziehung vor dem Hintergrund der Bildungskrise am Ende des 19. Jahrhunderts. Was dort in die Krise geriet, war Bildung als Besitz, war das Bildungsbürgertum, aber nicht, wie die Proliferation von Erziehungstheorien um die Jahrhundertwende bezeugt, der Begriff der Erziehung, der im Gegenteil eine beispiellose Aufwertung und Entgrenzung erfährt.

11 Auf anderem Wege nachgewiesen, daß die Inkompatibilität von Rhetorik und Sprechakttheorie Schein ist, hat Rüdiger Campe in einem Aufsatz, der zeigt, daß Rhetorik in gewissen Fällen auf Sprechakttheorie »Richtung nimmt«. Vgl. »Pathos cum Figura – Frage: Sprechakt«. In: Haverkamp, Anselm (Hg.): *Die paradoxe Metapher*. Frankfurt/M. 1998, S. 289–311.

locutionary« Akt.[12] Wahrscheinlich konnte Erziehung überhaupt nur aufgrund der Unbestimmbarkeit ihrer Effekte jenes Schlag- und Zauberwort werden, das seit ca. 200 Jahren die Vermutung nährt, Worte könnten etwas bewirken. Auf diesem Verdacht (oder Vertrauen) beruht die gesellschaftliche Realität des Erziehungsapparates. Man tut so, als ob Erziehung Wirkungen zeitigt und eo ipso zeitigt sie Wirkungen.[13]

Die theoretische Ungewißheit aller Erziehung ist praktisch natürlich kein Problem. Aber man wird nicht daran zweifeln, daß die zur Nachprüfung von Erziehungseffekten erfundenen Methoden Notlösungen angesichts der Unbestimmbarkeit erzieherischer Effekte darstellen. Standards (z. B. Prüfungen) werden ja nur eingeführt, *weil* alle am Erziehungsprozeß Beteiligten wissen, daß Erziehung eigentlich unwägbar ist.[14] Dies setzt Erziehung als »wirkendes Wort« den komplementären Möglichkeiten aus, entweder unter- oder überschätzt zu werden.[15] Mit einer einschlägigen Formulierung heißt es bei Kant:

---

12 »Perlocutionary acts« sind bekanntlich die Büchse der Pandora der Sprechakttheorie. Austin führt den Begriff am Ende seines Buchs ein, aber die Unterscheidung zwischen »perlocutionary« (»saying by«) und »illocutionary« (»saying in«) hält genauerer Prüfung nicht stand. Vgl. Austin, J. L.: *How to do Things with Words*. Cambridge [17]2000, S. 121–132. Zur Diskussion Cohen, Ted: »Illocution and Perlocution«. In: *Foundations of Language*, 9 (1973), S. 492–502, und natürlich die Debatte zwischen Searle und Derrida in »Limited Inc.«. In: *Gyph* 1 und 2 (1988).

13 Vgl. Kant, Immanuel: »Der Mensch handelt nach der Idee von einer Freiheit, *als ob er frei* wäre, und eo ipso *ist er frei.*« In: *Vorlesungen über die philosophische Religionslehre*. Hg. von K. H. L. Pölitz. Leipzig [2]1830. Nachdruck Darmstadt 1982, S. 132.

14 Das konnte man jüngst in der *New York Times* nachlesen. Man schickt sich in den USA an, die Effektivität von Universitäten zu evaluieren. Aber noch der fanatischste Befürworter der Einführung von standardisierten Tests beruft sich auf den Behelfscharakter dieser Lösung. Die Systemtheorie macht aus dem praktischen Dilemma eine theoretische Tugend, wenn sie Erziehung als Einübung ins Krisenmanagement fordert. Vgl. N. Luhmann: *Das Erziehungssystem der Gesellschaft* (s. Anm. 5), S. 198. Vgl. auch die scharfe Debatte zwischen Luhmann und den Pädagogen in Luhmann, Niklas/Schorr, Karl Eberhard (Hg.): *Zwischen System und Umwelt: Fragen an die Pädagogik*. Frankfurt/M. 1996.

15 Chiasmisch pointiert kommt dies zum Ausdruck im ersten Buch von Jean Pauls *Levana*. Dort hält der neue Vorsteher der Erziehungsanstalt Johanneum Paulinum eine öffentliche Antrittsrede, die schlüssig nachweist, daß Erziehung überhaupt nichts bewirke. Der verunglückte Sprechakt bleibt nicht ohne Wirkung. Der Verfasser wird nach gehaltener Rede prompt seines Amtes enthoben. Die folgende »Abtrittrede« würdigt nun mit großem Pathos die Allmacht der Erziehung. Statt die »pädagogische Unmacht der Worte« zu beschwören, setzt sich der Redner dafür ein, »zu erziehen durch Sprechen, mit Feder und Zunge«. Jean Paul: *Levana oder Erziehlehre*. In: ders.: *Sämtliche Werke*. Hg. v. Norbert Miller. Berlin 1996, Bd. 5, 1, S. 541 und 547. Daß die Überschätzung der Erziehung politisch das größere Übel sein dürfte, dem hat Hannah Arendt in einer bemerkenswerten Überlegung über den Zusammenhang von Erziehung und Totalitarismus Ausdruck gegeben. Jeder Versuch, politische Veränderungen qua Erziehung durchzusetzen, ist ihrer Ansicht nach potentiell totalitär. Vgl. Arendt, Hannah: *The Crisis in Education*. New York 1956, S. 176. Ebenfalls skeptisch beurteilt Hans Blumenberg die politischen Ambitionen der Erziehung in *Ein mögliches Selbstverständnis*. Stuttgart 1996,

Der Mensch »ist nichts, als was die Erziehung aus ihm macht.«[16] Erziehung »macht« etwas, sie macht den Menschen aus, aber kein Mensch kann ausmachen, was sie macht, wie sie es macht, was die Macht der Erziehung ausmacht, ob sie überhaupt etwas macht oder sich nicht vielmehr etwas vormacht und ob das überhaupt noch einen Unterschied macht. Gerade diese Unbestimmbarkeit legt es nahe, die Rede *über* Erziehung darüber zu befragen, was und wie sie wirken will. Wie sprechen Erziehungsdiskurse über ihr »saying« und ihr »doing«, und was tun sie, wenn sie so sprechen?

Diskursintern hat Erziehung gute Gründe, sich der Alternative Sprechakttheorie versus Rhetorik zu verweigern. Seit der Aufklärung geht es um Erziehung als Erziehung zur Mündigkeit. Sprechen soll Sprechen hervorbringen. Ziel der Erziehung ist die Inversion des christlichen Dogmas von der Fleischwerdung des Worts: »das Fleisch (soll) wieder Wort« werden.[17] Aber Wege und Mittel einer Erziehung zur Mündigkeit unterliegen gewissen Auflagen. Auf den Hund gekommen wäre eine Erziehung, die sich als Überredungstechnik zur Beeinflussung Unmündiger verstünde. Wer sich zur Mündigkeit überreden läßt, ist nicht mündig. Man wird hoffen (oder beklagen), daß in jeder Erziehung immer auch überredet wird, aber das Selbstverständnis der Erziehung fordert den Verzicht auf Rhetorik als legitimierende Instanz. Auch Performativa wie Befehl und Machtspruch werden in jeder Erziehung vorfallen, aber bei einer Erziehung zur Mündigkeit darf der Erziehende auf seine institutionalisierte Macht nur unter Zuhilfenahme recht komplizierter Operationen pochen. (Siehe im folgenden Hegel.)

Zur Signatur von moderner Erziehung gehört nicht nur das selbstkritische Bewußtsein ihres Legitimationsdefizites, sondern auch ein Wissen darum, daß sich ihre Mittel und ihre Zwecke, ihre Methoden und ihre Absichten im Widerspruch befinden. Auch dies hat Kant auf den Punkt gebracht: »Eines der größten Probleme der Erziehung ist, wie man die Unterweisung unter den gesetzlichen Zwang mit der Fähigkeit, sich seiner Freiheit zu bedienen, vereinigen könne. Denn Zwang ist nöthig! Wie cultiviere ich die Freiheit bei dem Zwange?«[18] Erziehung ist folglich das Kunststück, Regeln zu installieren und ineins damit in den Regelbruch einzuüben, im Unterschied zur Rhetorik, die Regelbrüche bzw. Regelabweichungen *als* Regel lehrt und somit die Abweichung neutralisiert[19], aber auch im Unterschied zur Sprechakttheorie, die Abweichungen (wie Performativa) durch institutionalisierte Konventionen erklärt.

---

S. 144. Das ist vor allem im Zusammenhang mit Benjamins Thematisierung von erzieherischer Gewalt als Analogon des proletarischen Generalstreiks zu bedenken.

16 Kant, Immanuel: »Über Pädagogik«. In: *Kants Werke. Akademie-Ausgabe.* IX. Berlin 1968, S. 443.
17 Jean Paul: *Levana oder Erziehlehre* (s. Anm. 15), S. 546.
18 I. Kant: »Über Pädagogik« (s. Anm. 16), S. 453.
19 Das gilt natürlich nur, solange man davon absieht, daß die Frage, ob Figuren Abweichungen oder Formen darstellen, seit Quintilian innerhalb der Rhetorik zur Diskussion steht. Vgl. das dritte Kapitel in Todorov, Tzvetan: *Theories du Symbole.* Paris 1977.

Erziehungsakte im Sinne der Aufklärung zeichnen sich dadurch aus, daß ihr Sagen und was in diesem Sagen getan bzw. durch das Sagen erreicht werden soll, eben gerade nicht identisch sind. Entsprechend widersprüchlich ist das Ziel. Vom Zögling verlangt Erziehung immer zweierlei: Gehorsam und Revolte, Anpassung und Widerspruch. Im antithetisch aufgebauten Erziehungsplan Jean Pauls lautet der letzte Eintrag: »Du mußt deinen Eltern mehr gehorchen (...) und dich selbst erziehen.«[20]

Neben der Absicht, einigermaßen plausibel zu machen, daß Erziehungsdiskurse aufgrund dieser besonderen Umstände ein geeignetes Untersuchungsfeld für die Diskussion von Performativa darstellen, dienen folgende Exkurse vornehmlich dem Versuch, sich einer befremdlichen Aussage über Erziehung in Benjamins Essay »Zur Kritik der Gewalt« (1921) zu nähern, wonach was »als erzieherische Gewalt in ihrer vollendeten Form außerhalb des Rechtes steht,« eine der »Erscheinungsformen« göttlicher Gewalt ist.[21] Aspekte des aufklärerischen Erziehungsdiskurses einerseits (Kant und Moritz) und Hegels rechtsphilosophische Perspektive auf Erziehung andererseits dienen als Bezugsgrößen, gleichsam Eckdaten der diskursiven Hintergründe von Benjamins erstaunlicher Bemerkung über Erziehung als eine Art Super- oder Hyper- oder auch Anti-Performativ.

## II.

»Der Freiheit Gesetze geben, ist etwas ganz anderes als die Natur zu bilden.«[22] Diese Unterscheidung, der Kants Trennung eines »mechanischen« bzw. »negativen« Aspekts der Erziehung von einem »judiciösen« bzw. »positiven« korrespondiert, löst im 18. Jahrhundert auf komplizierte Weise die ältere Trennung von *educatio* (Zucht) und *institutio* (Unterweisung) ab. Kompliziert ist dieser Prozeß, insofern erst mit dem Weichen der älteren Unterscheidung zwischen absichtsloser Erziehung im Sinne primärer Sozialisation (*educatio*) einerseits und inhaltsgebundener Unterweisung (*institutio*) andererseits der Raum für Erziehung zur Mündigkeit und damit Raum für Erziehung als moralphilosophisches Problem im Spannungsfeld von Natur und Freiheit entstehen kann. Was als *institutio* und *educatio* im neuen Verständnis von Bildung zusammenfällt, kehrt *innerhalb* der Erziehung als der Konflikt von Freiheit und Natur wieder.

Bevor der Freiheit Gesetze gegeben werden können, muß ein Bereich der Natur ausgegrenzt werden. Erziehung zur Autonomie bedarf der Setzung eines natürlichen, unmündigen Lebens, aus dem herauszuführen sie erst nach

---

20 Jean Paul: *Levana oder Erziehlehre* (s. Anm. 15), S. 556.
21 Benjamin, Walter: »Zur Kritik der Gewalt«. In: ders.: *Gesammelte Schriften*. Hg. v. Rolf Tiedemann/Hermann Schweppenhäuser. Frankfurt/M. 1991, II, 1, S. 200.
22 I. Kant: »Über Pädagogik« (s. Anm. 16), S. 469.

dieser Setzung zu ihrer Aufgabe erklären kann.²³ Das zwingt den pädagogischen Diskurs der Aufklärung systematisch in die Widersprüche einer zirkulären Autopoiesis: Mündigkeit ist nicht gegeben, sondern muß erziehend hervorgezogen werden, was aber nur unter der Bedingung geschehen kann, daß Mündigkeit doch schon irgendwie, sei es auch potentiell und keimhaft, vorliegt. Erziehung zur Mündigkeit muß voraussetzen, was sie hervorbringen möchte, und sie muß hervorbringen, was sie voraussetzt. Folglich handelt es sich bei der Unterscheidung von Natur und Freiheit nicht um eine Prämisse, unter der Erziehung antritt, sondern um eine Unterscheidung, die Erziehung vollziehen muß. Sie »macht« den Unterschied von Natur und Freiheit in dem ambivalenten Sinne, daß sich *an der* Erziehung Natur von Freiheit scheidet, daß aber Natur und Freiheit ebenso *in der* Erziehung geschieden werden müssen. Daß Erziehung, um ihre eigene Notwendigkeit bestimmen zu können, Natur und Freiheit setzen muß, setzt Erziehung der Frage nach Herkunft und Legitimität ihrer eigenen Setzungsmacht aus.

»Der Mensch ist das einzige Geschöpf, das erzogen werden muß«²⁴, lautet der erste Satz von Kants Text über Pädagogik (1803). Erziehung als Bildung von Natur ist zunächst Domestikation, Zähmung des Wilden, Abschleifen des Rohen. (Und weil es sich beim Individuum in diesem Stadium um ein naturbefangenes handelt, ist die Anwendung von Zwängen noch unproblematisch: »Anfänglich aber muß der physische Zwang den Mangel der Überlegung ersetzen.«²⁵) Zwar besitzt der Mensch auch schon in dieser Phase einen gewissen »Hang zur Freiheit«, den wie Rousseau zu idealisieren Kant sich jedoch hütet.²⁶ Um so schwieriger ist es aber, »sich eine Entwicklung aus der Roheit zu denken«.²⁷ Auf keinen Fall darf der Weg aus der Naturbefangenheit in die Freiheit mündiger Selbstgesetzgebung, einfach ein »müssen« sein (wie der

---

23 Erziehung ist in dieser Hinsicht »Bio-Politik«. Zur jüngeren Diskussion des von Foucault geprägten Begriffs vgl. Agamben, Giorgio: *Homo Sacer. Sovereign Power and Bare Life.* Stanford 1998. Peter Sloterdijk hat die biopolitische Dimension von Erziehung kürzlich in der bösen These zugespitzt, daß Erziehung im Westen immer schon Züchtung gemeint haben könnte und Lese-Projekte immer schon Ausleseprojekte gewesen sein mögen. Sloterdijk, Peter: *Regeln für den Menschenpark. Ein Antwortschreiben zu Heideggers Brief über den Humanismus.* Frankfurt/M. 1999.
24 I. Kant: »Über Pädagogik« (s. Anm. 16), S. 441.
25 Ebd., S. 483. An dieser Auffassung hat sich bis zu Theodor W. Adorno nicht viel geändert: »wenn die Eltern dem Kind eine ›auf die Pfoten hauen‹«, weil es einer Fliege die Flügel ausreißt, so ist das ein Moment von Autorität, das zur Entbarbarisierung beiträgt.« Adorno, Theodor W.: *Erziehung zur Mündigkeit. Vorträge und Gespräche mit Hellmut Becker, 1959–1969.* Hg. v. Gerd Kadelbach. Frankfurt/M. 1970, S. 138.
26 I. Kant: »Über Pädagogik« (s. Anm. 16), S. 442–443. Es sei aber, argumentiert er, letztlich irrelevant, ob man an den Anfang einen vollkommenen oder unvollkommenen Zustand setze, denn das Problem liegt so oder so in der Möglichkeit von Entwicklung überhaupt.
27 Ebd., S. 447.

Mensch »das einzige Thier ist, das arbeiten *muß*«[28]) denn als Kompensation der dem Menschen im Unterschied zum Tier fehlenden Instinkte wäre Erziehung selbst bloß Instinkt, menschliche Erziehung von der Art wie der Gesangsunterricht der Jungvögel durch ihre Eltern. Unter dieser Bedingung könnte sich der »Hang zur Freiheit« so wenig in Mündigkeit verwandeln wie Sperlinge den Kanariengesang lernen können.[29] Deshalb nennt Kant die Erziehung eine »Kunst«[30] und findet für die Notwendigkeit der Erziehung noch eine andere Formulierung: »Der Mensch kann nur Mensch werden durch Erziehung.«[31] Als Tier *muß* der Mensch erzogen werden, als Mensch *kann* der Mensch, und kann *nur* der Mensch erzogen werden. Aber dieser Versuch, die Notwendigkeit der Erziehung nicht nur von der Natur, sondern auch von der Freiheit des Menschen her zu begründen, reproduziert das Problem statt es zu lösen. Kann der Mensch nun erzogen werden, weil er erzogen werden muß, oder muß er erzogen werden, weil er erzogen werden kann?

Paradoxa lassen sich bekanntlich durch Verzeitlichung lösen bzw. entschärfen. Im Horizont der Annahme, daß der Mensch ein offenes Wesen sei, werden die Paradoxa der Erziehung im 18. Jahrhundert in die Zeitdimension aufgelöst, argumentiert zum Beispiel Luhmann.[32] Tatsächlich ist Kants Pädagogik (wie seine Moralphilosophie) nicht denkbar ohne das Perfektibilitätstheorem, »denn hinter der Education steht das große Geheimnis der Vervollkommnung des Menschen.«[33] Was im Individuum unvollendet bleiben muß, vermag die Gattung als Ganzes mit der Zeit zu verwirklichen: »Eine Generation erzieht die andere.«[34] Kants Argumentationsgang zeigt aber, daß Verzeitlichung nicht im Dienst der Auflösung des Paradoxes steht, sondern umgekehrt eine Funktion seiner Inszenierung ist. Der Mensch, fordert Kant, muß seine Bestimmung kennen, im Unterschied zu den Tieren, die ihre Bestimmung »von selbst erfüllen«, »und ohne daß sie sie kennen«.[35] Die Bestimmung des Menschen ist nach Kant die »Vollkommenheit«, mit deren Begriff wir aber »noch nicht ganz im Reinen« seien. Bestimmt und gewiß ist nur, daß sowohl der Begriff als auch das Ideal der Vollkommenheit nur auf einem Wege zu erreichen sind: Erziehung. Sofern der Mensch erzogen werden muß und kann, ist die Bestimmung des Menschen zuerst und zuletzt seine Erziehung, weil nur

---

28 Ebd., S. 471.
29 Daß sie ihn aber immerhin annäherungsweise beherrschen, erfüllt Kant mit Erstaunen. Ebd., S. 443.
30 Ebd., S. 447.
31 Ebd., S. 443.
32 N. Luhmann: *Das Erziehungssystem der Gesellschaft* (s. Anm. 5), S. 49. Die Behauptung, daß Verzeitlichung vom Widerspruch entlaste, daß einer etwas wissen oder sein kann und es gleichzeitig nicht wissen oder sein kann, ist ihrerseits nicht frei von Zirkelschlüssen, denn Erziehung ist selbst schon Verzeitlichung der problematischen Doppelnatur des Menschen als natürliches und freies Wesen. Damit stellt sich die Frage, was Verzeitlichung von Verzeitlichung wäre.
33 I. Kant: »Über Pädagogik« (s. Anm. 16), S. 444.
34 Ebd., S. 441.
35 Ebd., S. 445.

sie dafür sorgen kann, daß sich überhaupt ein Begriff der Vollkommenheit und sodann diese selbst bilden können. Wenn Erziehung dem Menschen einen Begriff seiner Bestimmung zu geben hat, er seine Bestimmung aber nur durch Erziehung kennenlernen kann, um in der Erziehung zu lernen, daß seine Bestimmung Erziehung selbst ist, dann ist das oberste Anliegen einer Erziehung zur Mündigkeit die Erziehung zum Bewußtsein von der Erziehung als Bestimmung des Menschen. Erziehung ist Erziehung zur Erziehung.[36]

Die Antwort auf die Frage, was Erziehung redend »macht«, muß vor diesem Hintergrund lauten: sie »macht« von sich reden, verdoppelt sich in der Weise, daß Erziehung immer auch Erziehungsinhalt ist. Das enthüllt eine wichtige Äquivokation im aufklärerischen Begriff der Erziehung. Sie ist der Prozeß und dessen Resultat, sie ist das Mittel und der Zweck. Indem Erziehung so von sich redet, reproduziert sie ihre Paradoxa *als* Erziehung. Ihre potentiell antinomische – »wie cultiviere ich die Freiheit bei dem Zwange?« – mindestens aber zirkuläre Anlage ist nicht der Ruin der Erziehung, sondern ihr autopoietisches Prinzip, ihre *Rede*.

Daß Vergegenständlichung der Erziehung in der Rede über Erziehung keinen Versuch darstellt, den Erziehungszirkel verzeitlichend zu lösen, sondern umgekehrt ein Effekt ihrer rhetorischen Selbstbehauptung ist, erhellt aus zwei Texten Kants, die sich mit den (zeitlichen) Grenzen von Verzeitlichung auseinandersetzen. Der eine drei Jahre nach der Pädagogik-Vorlesung erschienene Text über den »Muthmaßlichen Anfang der Menschengeschichte« (1786) hat es mit dem Ursprung der Erziehung zu tun, der andere – Kants letzte Publikation – mit ihrem Endzweck: »Erneuerte Frage: Ob das menschliche Geschlecht im beständigen Fortschreiten zum Besseren sei« (1798). Beide Texte testen nicht Verzeitlichung, sondern deren Voraussetzung in den Möglichkeiten sprachlicher Erschließung von Vergangenheit und Zukunft. Es geht um die von der Sprache bereitgestellten Möglichkeiten so zu tun »als ob« – zwischen den Polen absoluter Metalepsis – Erdichtung einer Vergangenheit – und absoluter Prolepsis – Wahrsagung einer Zukunft. Im Text über den ungewissen Anfang der Erziehung bemüht sich Kant, den Modus der »Muthmaßung« von der spekulativen Fiktion (»Erdichtung«) abzugrenzen.[37] Anliegen des Textes über die Zukunft ist es, die »wahrsagende Geschichtserzählung des Bevorstehenden« vom Pseudo-Performativ der »self-fulfilling prophecy« zu unterscheiden: »Wie ist aber eine Geschichte a priori möglich? Antwort: wenn der Wahrsager die Begebenheiten selber macht und veranstaltet, die er zum Voraus ankündigt.«[38] Sei es, daß Erziehung schiere Fiktion ist, sei es, daß sie,

---

36 In dieser Lesart scheint Kants Datierung des Endes der Erziehung eines Individuums auf die Geschlechtsreife eine Metapher für die Erziehung zur Erziehung zu sein. Erzogen ist, wer andere zu Erziehende in die Welt setzt.
37 Kant, Immanuel: »Muthmaßlicher Anfang der Menschengeschichte«. In: *Kants Werke. Akademie-Ausgabe*. 1968. VIII, S. 108.
38 Kant, Immanuel: »Erneuerte Frage: Ob das menschliche Geschlecht im beständigen Fortschreiten sei«. In: *Der Streit der Fakultäten*. In: *Kants Werke. Akademie-Ausgabe*. VII, S. 79–80. Zur Diskussion vgl. das dritte Kapitel in Fenves, Peter: *A Peculiar Fate. Metaphysics and World-History in Kant*. Ithaca 1991, S. 170–285.

pseudo-performativ, bloß nachträgliche Legitimation ihrer Handgreiflichkeiten bedeutet, in jedem Fall hängt Erziehung von der Möglichkeit ab, so zu tun, *als ob* sie notwendig und möglich sei.

Diese Umstände bestätigt ein Blick auf die pädagogische Praxis der Aufklärung – zumindest wenn ein Karl Philip Moritz sie betreibt und ein ABC-Buch nach emblematischem Prinzip verfaßt, das den elementaren Buchstaben-Unterricht zum Anlaß nimmt, zu Erziehende gleich in die Fragen einzuführen, die in und mit der Erziehung auf dem Spiel stehen: Zwang und freier Wille, Natur und Freiheit, Körper und Geist.

An der erziehungstheoretischen Dimension pädagogischer Praxis läßt schon die Anlage von Moritz ABC-Büchlein keinen Zweifel. Es beginnt systematisch mit den verschiedenen Sinnesorganen, um dann zu komplexeren Unterschieden überzuleiten wie Mensch und Tier, belebte und unbelebte Natur, Leben und Tod, und natürlich »Bildung«.[39] Den Übergang zwischen beiden Teilen bildet das »Denken«, dem zwei Embleme gewidmet sind. »Nachdenken« ist das eine betitelt, das einen Mann vor einem Buch zeigt, »der Körper« das folgende, einen Knaben vorstellend, der nach Äpfeln an einem Baum springt. Der Zweck dieses letzten Emblems ist nicht nur die Unterscheidung von Körper und Geist, Natur und Freiheit, mechanischen und judiziösen Aspekten. Moritz erhebt vielmehr zum Lernziel, was Kant als Organisationsprinzip der Pädagogik eingefordert hatte: »es kommt vorzüglich darauf an, daß Kinder *denken* lernen. Das geht auf Principien, aus denen alle Handlungen entspringen.«[40] Nichts anderes besagt die befremdliche Schlußformel bei Moritz: »Ich will immer denken, was ich tue.«[41] Dies ist nicht nur ein zwielichtiger Performativ (Befehl so gut wie Versprechen), sondern die inhaltliche Aussage zielt auf das zentrale Problem aller Performativa, wie sich denken, wollen und handeln in der Artikulation verhalten.

---

39 Das »der gebildete Mensch« überschriebene Emblem folgt einseitig dem von Herder bis Gehlen und Marquard geltenden anthropologischen Dogma des »Mängelwesens«, das seinen Mangel an Instinkten qua Erziehung kompensieren muß: »Der Nackte sucht den Frost zu fliehen, Doch Kleid und Ofen wärmen ihn.« Daß des Menschen Armut auch sein Reichtum ist, erweist sich am folgenden Emblem »Pracht und Überfluss«. Es zeigt sozusagen denselben Menschen wie das Emblem zuvor, aber »Er hat viel mehr, als er braucht.« Moritz, Karl Philip: *Neues ABC-Buch*. Hg. v. Heide Hollmer. München 2000. (Diese Ausgabe wird nicht nur wegen der Illustrationen des Kinderbuchillustrators Wolf Erlenbruch zitiert, sondern auch, weil dies der bisher einzige Neudruck ist, der die im Original aus drucktechnischen Gründen voneinander getrennten Texte *mit* Illustrationen auf einer Seite anordnet. Die zitierte Ausgabe folgt dem Erstdruck: *Neues A.B.C. Buch welches zugleich eine Anleitung zum Denken für Kinder enthält mit Kupfern von Karl Philip Moritz. Professor bei der Academie der bildenden Künste in Berlin.* Berlin: bei Gottfried Schöne 1790. Vgl. auch Moritz, Karl Philip: *Versuch einer kleinen praktischen Kinderlogik, welche auch zum Teil für Lehrer und Denker geschrieben ist.* In: *Karl Philip Moritz. Werke in zwei Bänden.* Hg. v. Hollmer, Heide/Meier, Albert. Frankfurt/M. 1999, II, S. 81–173.
40 I. Kant: »Über Pädagogik« (s. Anm. 16), S. 450.
41 K. Ph. Moritz: *Neues ABC-Buch* (s. Anm. 39).

Die beiden Embleme über das Nachdenken und den Körper verbindet der über zwei Seiten laufende Paarreim der *subscriptio*: »Der Geist des Menschen in ihm denkt. Von ihm wird Hand und Fuß gelenkt.«[42] Daß sich das Personalpronomen »ihm« nicht nur auf den Geist beziehen kann, sondern durch die Überschrift »Der Körper« auch dieser als Bezugswort des Pronomens in Frage kommt, führt gleich zu Beginn eine Äquivokation von Körper und Geist ein, die sich in der spiegelbildlichen Anordnung des Textes um eine Mittelachse niederschlägt, an der sich das Mechanische von der Freiheit scheiden soll. Der entscheidende Satz lautet: »Was ich aber selber denke, das weiß ich.« Selbstbewußtsein trennt das lesende Subjekt vom Gegenstand seiner Lektüre und erlaubt zugleich seine Einschreibung ins Gelesene. Dem fraglichen Satz geht als erster Teil der *inscriptio* eine Bildbeschreibung voran, die eigentlich Erzählung, »Erdichtung« eines mutmaßlichen Anfanges ist. Was weder auf der Abbildung noch sonst irgendwo zu sehen ist, muß man fingieren: »An einem Baum hängen Äpfel. Ein Knabe springt an dem Baume in die Höhe. Der Knabe denkt: die Äpfel möchte ich wohl haben! Wenn ich Äpfel haben will, so muss ich springen. Wenn ich springen will, so muss ich die Füße in die Höhe heben. Wenn ich den Apfel greifen will, so muss ich den Arm in die Höhe strecken. Das alles denkt der Knabe. Des Knaben Hand und Fuß kommt nun in Bewegung. Sein ganzer Körper hebt sich in die Höhe.«[43] Ursache und Wirkung verhalten sich so zueinander wie sich das »wollen« zu dem »müssen« verhält. Der Körper ist ein ausführendes Organ, das den Anweisungen des Willens Folge leistet. Medium der Willensformation ist das Denken (bzw. die Aussage, daß gedacht wird): »Das alles denkt der Knabe.«

An diesem Punkt wechselt der Text abrupt die Perspektive, behält aber das Pronomen in der 1. Person Singular bei und wird buchstäblich reflexiv. »Den Körper kann ich sehen. Aber das Denken in ihm kann ich nicht sehen. Was ich aber selber denke, das weiß ich.«[44] Aus der Fiktion wird Wahrsagung. Der lesende Zögling spricht sich im Namen eines anderen Ichs mündig. Was in der fremden Perspektive vorgesagt worden war, wird jetzt aus der eigenen ›vorsätzlich‹ angeeignet: »Wenn ich denke: ich will gehen, so hebt mein Fuß sich in die Höhe. Wenn ich denke: ich will essen, so bewegt sich meine Hand zum Munde.«[45] Die Hierarchie von denken und wollen einerseits und handeln andererseits ist nur zum Schein dieselbe. Wie das »ich« an diesem Punkt ein anderes ist als im ersten Teil, so ist auch das »wenn« nicht länger das konditionale der Kausalität (wenn ... dann), sondern das hypothetische eines Gedankenexperiments: »Wenn ich denke: ich will gehen ...«.

Daß im Falle des Knaben nicht der denkend seiner selbst bewußte Wille am Anfang stand, sondern ein unkontrolliertes Begehren, Effekt der Verführung durch kulturgeschichtlich hochsymbolische Äpfel (»Die Äpfel möchte ich wohl haben!«), dies zu konzedieren, zwingen Moritz pädagogische Gründe. Es heißt

---

42 Ebd.
43 Ebd.
44 Ebd.
45 Ebd.

zwar »wenn ich denke: ich will essen, so bewegt sich meine Hand zum Munde;« aber es wird nach geistiger Nahrung, nicht mehr nach Äpfeln gegriffen: »Wenn ich denke: ich will lesen, so greife ich nach dem Buche.«[46] Die Substitution der Äpfel durch das Buch soll die abschließende Lehre dem Zögling offenbar schmackhafter machen. Das Denken, schreibt Moritz, »ist eine angenehme Sache«[47], wie Äpfel etwa (obwohl einen doch das Denken, wie soeben gelernt, noch lange nicht in den Genuß derselben bringt). Darauf folgt unmittelbar die schon zitierte Schlußsentenz: »Ich will immer denken, was ich tue.« Das syntaktische Muster wird in der Wiederholung abgewandelt, das Denken dem Wollen nachgestellt und damit der Sinn entstellt, denn es kann doch kaum sein, daß man denken wollen könne wie man Äpfel haben möchte. Das versprechende »ich will« zitiert zudem das andere Begehren als unbedachtes Wollen und bloße Willkür im Augenblick seiner Unterbindung herbei. Der Satz ist unauflöslich ambivalent. Er kann besagen ›Ich will jeden Gedanken in die Tat umsetzen‹, aber seine pädagogische Absicht ist zweifellos die gegenteilige Anweisung: ›Tue nichts unbedacht, nichts, ohne vorher darüber nachzudenken, und gib vor allem nicht einem Verlangen nach Äpfeln gedankenlos nach!‹ Aber mit eben diesem Satz wird eingeräumt und vorausgesetzt, was zuvor ausgeschlossen bzw. unterdrückt worden war, daß es ein Tun gibt, das nicht gedacht wird. Nur um den Preis dieser Voraussetzung einer Diskrepanz zwischen Denken und Tun ist die pädagogische Formel zu haben, wird sie als Maxime nötig und möglich.

Paradoxe Pointe und letztes Wort der Lektion ist freilich, daß das lesende Kind im Augenblick der Lektüre dieses Satzes in der Tat gedankenlos handelt. Es leistet ein Versprechen: »Ich will immer denken, was ich tue.« So gibt sich Freiheit unfreiwillig ihr Gesetz. »Ich will immer tun, was ich denke« entspricht exakt dem, was Kant sich ›einen Plan machen‹ nennt, ein Plan freilich, der sich im schon im Vollzug seiner Artikulation widerspricht. Erziehende Rede verspricht sich ihre Notwendigkeit aus dem Widerspruch heraus, Vorgesprochenes nachzusprechen: »Ich will immer tun, was ich denke.« Das ist die knappste Formel für die paradoxen Anforderungen der Erziehung an sich selbst und ihre Objekte.

## III.

»Zwei Erfindungen darf man wohl als die schwersten ansehen: die der Regierungs- und der Erziehungskunst nämlich«[48], hatte Kant behauptet und folglich der Herrschererziehung besondere Wichtigkeit beigelegt. Bevor an das Ideal einer »nach Regeln der Gerechtigkeit regierten Republik« zu denken sei, »muss erst die Erziehung der Prinzen besser werden.«[49] Hegel zögert da-

---

46 Ebd.
47 Ebd.
48 I. Kant: »Über Pädagogik« (s. Anm. 16), S. 446.
49 Ebd., S. 444.

gegen nicht, Erziehungsfragen umstandslos unter die Regierungsangelegenheiten zu subsumieren. Seine Pädagogik ist Staatspädagogik.[50] Wenn man nach den bisherigen Stichproben der These ein bißchen Glauben zu schenken vermag, daß Erziehungsparadoxa im aufklärerischen Pädagogikdiskurs weder vertuscht noch verzeitlicht, sondern beredt werden, dann ist es jetzt an Hegel, die Gegenposition zu vertreten, nach der ausschließlich institutionelle Voraussetzungen über Erziehungseffekte entscheiden. Kants bange Frage »wie cultiviere ich die Freiheit bei dem Zwange?« ist für Hegel deshalb kein moralphilosophisches oder anthropologisches, sondern allein ein rechtsphilosophisches Problem. Im Paragraphen 93 der *Grundlinien der Philosophie des Rechts* handelt Hegel den Rechtsstatus des »pädagogischen Zwangs« bündig ab.[51]

Der freie Wille kann nicht gezwungen werden. Wird er aber »*bezwungen*«[52], so ist die ihm widerfahrene Gewalt immer unrechtlich. Rechtlich ist Zwang für Hegel nur unter der Bedingung, daß »er ein zweiter Zwang, ein Aufheben eines ersten Zwanges ist.«[53] Da Zwangsausübung in der Erziehung aber dem Anschein nach unprovozierte und damit unberechtigte Gewalt ist, gibt es eine Ausnahmeregelung für den »pädagogischen Zwang« (worunter Hegel unterschiedslos zusammenfaßt, was Kant noch als physischen und moralischen Zwang getrennt hatte). Mit einem Argument, das an Kants »Hang der Freiheit« erinnert, bringt Hegel die Mängel des freien Willens Unmündiger in Anschlag. Da es sich um einen auch in Kants Sinne noch unbewußten und folglich unfreien Willen handelt, sind »Wildheit und Rohheit« der zu Erziehenden die Regel. Aber wo sich Kant mit einer Unmündigkeit plagt, die doch schon die Anlage zur Mündigkeit enthalten muß, weil Erziehung nicht hervorziehen kann, was nicht vorhanden ist, verfährt Hegel weit weniger skrupulös. In seinen Augen ist schon das bloße Dasein eines »natürlichen Willens« Gewalt, die der pädagogische Zwang als zweiter Zwang und also berechtigterweise aufhebt: »der natürliche Wille ist *an sich* Gewalt«.[54] Freiheit gerät nicht (wie bei Kant) in der Erziehung mit sich selbst in einen Widerspruch, sondern Freiheit sieht sich unmittelbar durch die Existenz eines natürlichen Willens bedroht und hat folglich das Recht, ja die Pflicht, sich dieser Gewalt zu erwehren.[55] Die Idee der Freiheit ist faktisch repräsentiert in den Institutio-

---

50 Vgl. Giese, Gerhardt: *Hegels Staatsidee und der Begriff der Staatserziehung*. Halle 1926, sowie die scharfe Kritik von Erika Hoffmann im Zusammenhang des Pädagogikstreits der 20er Jahre: *Das dialektische Denken in der Pädagogik*. Langensalza 1929 (*Göttinger Studien zur Pädagogik*. Hg. v. H. Nohl. Heft 11). Der Einwand, daß Erziehung bei Hegel doch viel mehr umfasse, Hegels *Phänomenologie des Geistes* etwa ein Bildungsroman par excellence sei, muß zurückgewiesen werden, da er auf einer anthropomorphisierenden Hegel-Lektüre beruht.
51 Hegel, G. W. F.: *Grundlinien der Philosophie des Rechts*. In: *Werke*. Hg. v. Eva Moldenhauer/Karl Markus Michel. Frankfurt/M. 1970, 7, S. 179.
52 Ebd., S. 178.
53 Ebd., S. 179.
54 Ebd.
55 Auch bei Kant gibt es eine pädagogische Schutzpflicht, welche die den Zöglingen gewährte Freiheit einschränkt, aber sie betrifft die Gewalt, die das Kind sich un-

nen, die nach Hegel pädagogischen Zwang auszuüben allein berechtigt sind. Nur wo »ein sittliches Dasein in Familie oder Staat schon gesetzt ist, gegen welche jede Natürlichkeit eine Gewalttätigkeit ist«[56], darf Gewalt zu Erziehungszwecken angewandt werden. »Pädagogischer Zwang« ist ein klassisches Beispiel von rechtserhaltender Gewalt.

Mit dieser Lösung des Problems, wie »die Freiheit bei dem Zwange« zu kultivieren sei, steht aber auch Hegel vor dem (Rechts)Problem eines mutmaßlichen Anfangs, denn die fraglichen Institutionen Familie und Staat, die in der Ausübung pädagogischer Zwänge ihr Recht behaupten, gab es schließlich nicht immer. Deshalb verknüpft Hegel den pädagogischen Zwang mit der Frage nach der Genese der ihn verwaltenden Institutionen. Diejenige Gewalt, die Staat und Familie überhaupt erst möglich machte, konnte sich noch nicht auf »anerkanntes Recht« berufen und wäre deshalb als unrechtlich anzusehen. Das würde allerdings die Glaubwürdigkeit der dem Unrecht entsprungenen Institutionen in Frage stellen und damit ihre Berechtigung, pädagogischen Zwang auszuüben. Für den Rechtsstatus der Gründungsgewalt führt Hegel den Terminus »Heroenrecht« ein[57], um aber sofort einschränkend hinzuzufügen, daß ein solches nur im »ungebildeten Zustande« Geltung gehabt habe und mit der Formierung der Bildungsinstitute Familie und Staat überflüssig geworden sei: »Im Staat kann es kein Heroenrecht mehr geben.«

Die Ausnahmeregelung für die Rechtmäßigkeit des pädagogischen Zwangs hängt offensichtlich von der (ehemaligen) Rechtmäßigkeit des Heroenrechts so ab wie die Rechtserhaltung eine ihr vorangegangene Rechtsetzung voraussetzt. Insofern sich jede Erziehung immer aufs Neue mit ungebildeten Zuständen konfrontiert sieht und damit bei den Erziehenden auf seiten von Staat und Familie die Erinnerung an die außer- und vorrechtlichen Ursprünge ihrer Macht weckt, ist pädagogischer Zwang eigentlich eine Anwendung des (ungebildeten) Heroenrechts zu Zwecken der Bildung. Erziehung wäre mithin die immer neu belebte Barbarei inmitten von Staat und Familie.[58]

Man braucht Benjamins Aufsatz »Zur Kritik der Gewalt« nur flüchtig gelesen zu haben, um zu erkennen, daß mit Hegels Argumentationsgang ein bestechendes Beispiel für die fatale Verstrickung von rechtserhaltender und rechtsetzender Gewalt vorliegt. Hegels Rechtfertigung des pädagogischen Zwanges bestätigt Benjamins Einsicht, »daß das Interesse des Rechts an der Monopolisierung der Gewalt gegenüber der Einzelperson sich […] durch die Ab-

---

vorsichtig selber antun könnte, »z.E. wenn es nach einem blanken Messer greift«. I. Kant: »Über Pädagogik« (s. Anm. 16), S. 454.
56 G. W. F. Hegel: *Grundlinien der Philosophie des Rechts* (s. Anm. 53), S. 179.
57 Ebd., S. 180.
58 Von Hegels Argumentation her fällt natürlich auch ein Licht zurück auf Kant. Daß die einzige Antwort auf den Zwang, den der Erzieher dem Zögling antut, die Perpetuierung des Zwangs zu sein scheint, kann man der Tatsache entnehmen, daß Kant den Abschluß der Erziehung auf die Mündigkeit datiert. Erzogen ist man an dem Punkt, wo man selber Erziehende in die Welt setzen und also selber Zwang ausüben kann.

sicht erkläre, [...] das Recht selbst zu wahren.«[59] Bei Hegel zieht die Monopolisierung der Gewalt auf seiten von Familie und Staat ihre Berechtigung aus der Bedrohung, die diese Institutionen durch die Existenz des natürlichen Willens erleiden, also durch die Tatsache, daß, wie Benjamin formuliert, »die Gewalt [...] durch ihr bloßes Dasein außerhalb des Rechts« schon eine Bedrohung darstellt. Die Polizei (vor allem in demokratischen Staaten) ist für Benjamin bekanntlich das naheliegendste Beispiel der »gespenstischen Vermischung«[60] von rechtserhaltender und rechtsetzender Gewalt. Hegels »pädagogischer Zwang« steht der Polizei in nichts nach. (Übrigens gab es im Anschluß an Hegel tatsächlich Bestrebungen, Erziehungsangelegenheiten unmittelbar der Polizei zu unterstellen bzw. eine Art Kulturpolizei einzuführen.[61]) In kritischer Absicht führt Benjamin Erziehung denn auch als Beispiel für das Bedürfnis der Rechtsgewalt an, ursprünglich rechtsfreie Gebiete zu usurpieren: »Ja, sie drängt darauf, auch Gebiete, für welche Naturzwecke prinzipiell in weiten Grenzen freigegeben werden, wie das der Erziehung, durch Rechtszwecke einzuschränken [...] wie sie dies in den Gesetzen über die Grenzen der erzieherischen Strafbefugnis tut.«[62]

Diese Bemerkung legt es nahe, in dem »Schwankungsgesetz« genannten Auf und Ab von rechtsetzender und rechtserhaltender Gewalt auch den Kreislauf aller Erziehung zu vermuten, »daß jede rechtserhaltende Gewalt in ihrer Dauer die rechtsetzende, welche in ihr repräsentiert ist, durch die Unterdrückung der feindlichen Gegengewalten indirekt selbst schwächt.«[63] Aus den zu Erziehenden werden ihrerseits Erzieher, die im Namen der Rechtserhaltung faktisch ein neues Recht durchsetzen, das in seiner erzieherischen Vermittlung so geschwächt wird, daß es die nächste Generation infragestellt und so weiter ad infinitum. Frei nach Wedekind: »Irgendetwas muß man ja zugrunderichten.«[64]

Aber Benjamins Aufsatz nimmt unerwartet eine ganz andere Wendung. Erziehung zeugt nämlich von göttlicher Gewalt. An dem Punkt, wo die beiden Formen mythischer Gewalt, die rechtsetzende, »schaltende« Gewalt (Hegels Heroenrecht) einerseits und die rechtserhaltende, »verwaltete Gewalt« andererseits (Hegels pädagogischer Zwang) mit der ganz anderen, göttlichen Gewalt konfrontiert werden, »welche die waltende genannt werden darf«[65], taucht der Begriff der Erziehung plötzlich auf: »Was als erzieherische Gewalt in ihrer vollendeten Form außerhalb des Rechtes steht, ist eine ihrer Erscheinungsformen.«[66]

---

59 W. Benjamin: »Zur Kritik der Gewalt« (s. Anm. 21), S. 183.
60 Ebd., S. 189.
61 Von Mohl, Robert: *Die Polizei-Wissenschaft nach den Grundsätzen des Rechtsstaats.* Tübingen 1832. I, S. 408 f.
62 W. Benjamin: »Zur Kritik der Gewalt« (s. Anm. 21), S. 182.
63 Ebd., S. 202.
64 Wedekind, Frank: *Fritz Schwigerlin.* In: *Gesammelte Werke.* München 1920, 2, S. 229.
65 W. Benjamin: »Zur Kritik der Gewalt« (s. Anm. 21), S. 203.
66 Ebd., S. 200. Man wüßte schon gerne, ob dieser Satz über Erziehung in den seit Jacques Derridas Lektüre von Benjamins Essay intensiv geführten Debatten um

Ausgerechnet erzieherische Gewalt, deren Diskurs sich seit Kant am Problem der Mittel und Zwecke abarbeitet, weist Benjamin hier als reines, nämlich keinem Zweck untergeordnetes Mittel aus. Ausgerechnet Erziehung dient als Beispiel der »reinen, göttlichen Gewalt über alles Leben um des Lebendigen willen.«[67] Ausgerechnet Erziehung schließlich, Inbegriff versuchter Vorprogrammierung einer Lebensform, garantiert die Möglichkeit einer »Entsetzung« von Recht und Staat in einem Text, der »jede Art von Programmen, Utopien« zurückweist.[68]

Gewiß bezieht sich Benjamin allein auf Erziehung außerhalb des Rechts, aber es muß befremden, daß er eine solche Erziehung überhaupt für möglich gehalten haben sollte angesichts der vergangenen hundert Jahre, in denen das Recht in Form von Institutionalisierung, Reglementierung und Professionalisierung immer tiefer in den Bereich der Erziehung eindrang.[69] Benjamins kritischer Hinweis auf diese Entwicklungen am Anfang seines Essays spricht genauso gegen den exponierten Status der erzieherischen Gewalt an seinem Ende wie die Tatsache, daß Erziehung eingangs als ein Naturzweck identifiziert wird. Wenn Erziehung aber an göttlicher Gewalt partizipiert, ist sie jenseits von Natur- und Rechtszweck gleichermaßen.

Aber so beziehungslos und enigmatisch das Beispiel der erzieherischen Gewalt in diesen Hinsichten ist, so bedeutsam ist es andererseits auch, denn erzieherische Gewalt ist ein privilegiertes Beispiel göttlicher Gewalt. Davon zeugt zunächst, daß es sich hier um das einzige Beispiel handelt, das »sich auch im gegenwärtigen Leben« vorfindet.[70] Vom proletarischen Generalstreik gilt das insofern nicht, als dessen historische Manifestationen hinter Benjamins radikaler Konzeption des Streiks zurückgeblieben sind. Andere Beispiele wie der »wahre Krieg« oder das »Gottesgericht der Menge am Verbrecher«[71] sind anachronistisch. Auch der Verweis auf »Gottes Gericht an der Rotte Korah«[72] liegt im zeitlichen Dunkel religiöser Überlieferung. Als Beispiel aus dem »gegenwärtigen Leben« erhebt erzieherische Gewalt jedenfalls Einspruch

---

dessen Konzeption »göttlicher Gewalt« grundsätzlich *nicht* zitiert wird, weil Erziehung ›kein Thema‹ ist, oder ob es tieferliegende Gründe gibt, gerade diesen Satz zu ignorieren. Zur Diskussion um göttliche Gewalt (minus Erziehung) vgl. die Originalbeiträge in »Deconstruction and the Possibility of Justice«. In: *Cardozo Law Review* (11), 1990, sowie die deutsche Debatte in Haverkamp, Anselm (Hg.): *Gewalt und Gerechtigkeit. Derrida – Benjamin.* Frankfurt/M. 1994.

67 W. Benjamin: »Zur Kritik der Gewalt« (s. Anm. 21), S. 200.
68 Ebd., S. 194. Die anti-utopistische Tendenz trifft sich mit Hannah Arendts Einwand gegen Erziehungsprojekte (vgl. Anm. 15) und macht den Hinweis auf Erziehung um so unverständlicher. Freilich wußte Benjamin 1921 nicht, was Hannah Arendt in den 50er Jahren wußte.
69 Vgl. Konze, Werner/Kocka, Jürgen (Hg.): *Bildungsbürgertum im 19. Jahrhundert. Teil I, Bildungssystem und Professionalisierung in internationalen Vergleichen.* Stuttgart 1985.
70 W. Benjamin: »Zur Kritik der Gewalt« (s. Anm. 21), S. 200.
71 Ebd., S. 203.
72 Ebd., S. 199.

gegen eine utopische Lesart der göttlichen Gewalt oder des Aufsatzes insgesamt. Die »Entsetzung des Rechts samt den Gewalten«, die »Durchbrechung« des ewigen Auf und Abs von rechtserhaltender und rechtsetzender Gewalt«, auf der sich nach Benjamin »ein neues geschichtliches Zeitalter« begründet[73], ist kein Fernziel, wenn mit Erziehung jenseits des Rechts eine gegenwärtige Erscheinungsform göttlicher Gewalt gegeben ist. Erziehung muß Benjamin zumindest mitgemeint haben bei der Bemerkung, daß »die Herrschaft des Mythos hie und da im Gegenwärtigen schon gebrochen ist«.

Erzieherische Gewalt ist schließlich, und das ist entscheidend, dasjenige Phänomen, in dem göttliche Gewalt dem Menschen zugänglich wird. An den zitierten Satz über die erzieherische Gewalt schließt sich der folgende an: »Diese (d.i. Erscheinungsformen der göttlichen Gewalt) definieren sich *also* nicht dadurch, daß Gott selbst unmittelbar sie in Wundern ausübt, sondern durch jene Momente des unblutigen, schlagenden, entsühnenden Vollzugs.« Die Nennung erzieherischer Gewalt direkt im Anschluß an die symmetrische Gegenüberstellung von mythischer (griechischer) Gewalt (Niobe-Sage) und (jüdischer) göttlicher Gewalt in der religiösen Überlieferung (Rotte Korah) leistet den Übergang von der religiösen Tradition zum gegenwärtigen Leben. Erzieherische Gewalt überbietet revolutionäre Gewalt, die bloß »höchste Manifestation der Gewalt durch den Menschen« genannt wird. Dagegen zeichnet sich erzieherische Gewalt durch den Zusatz aus, eine der »*geheiligte(n)* Manifestation(en)« göttlicher Gewalt zu sein.[74] Eine Form des Adjektives »geheiligt« taucht nur noch an einer anderen Stelle des Aufsatzes auf, anläßlich von Benjamins Auseinandersetzung mit der Lehre von der ›Heiligkeit des Lebens‹. Verwerflich nennt er die Doktrin des Lebens als höchstem Gut, wenn damit das bloße Leben gemeint sei, aber eine »gewaltige Wahrheit« enthalte dieselbe Lehre, wenn darin ausgesprochen sei, daß, was Mensch heißt, »eben um keinen Preis (…) mit dem bloßen Leben des Menschen zusammenfällt. So heilig das Leben ist, so wenig ist es sein leibliches, durch Mitmenschen verletzliches Leben.«[75] Erziehung bedeutet für Benjamin folglich die Heiligung des Lebens, nicht als bloßes, sondern als menschliches schlechthin. Erziehung ist nicht die (biopolitische) Scheidung eines natürlichen von einem mündigen Leben, sondern eine Lebensform, die die göttliche Dimension des Menschen ausmacht. Benjamins Überlegungen kann man eine radikalisierende Lesart des Kantischen Diktums zugrundelegen: »Der Mensch ist nichts, als was die Erziehung aus ihm macht«. Nichtig ist menschliches Leben außerhalb des Lebens, das die Erziehung ihm verleiht.

Mit dem Hinweis auf Kant ist ein für die weitere Klärung von Benjamins Behauptung, Erziehung sei göttliche Gewalt, wichtiger Kontext genannt, denn Kants Moralphilosophie spielt beim frühen Benjamin bekanntlich eine entscheidende Rolle.[76] Daß Erziehung in dem Aufsatz über Gewalt so zentral

---

73 Ebd., S. 202.
74 Ebd., S. 200 (meine Hervorh. E. G.).
75 Ebd.
76 Vgl. insbesondere »Über das Programm der kommenden Philosophie«, W. Benjamin (s. Anm. 21), S. 157–171.

werden konnte, hat eine Vorgeschichte in Werkzusammenhängen, die ohne das historische Umfeld nicht verständlich sind.

Als Nietzsche in den 70er Jahren des 19. Jahrhunderts den Bankrott der deutschen Bildung erklärt, markiert dies den Beginn einer massiven Krise von Bildung und Erziehung, deren Paradox darin besteht, daß sich die massive Kritik an bürgerlicher Bildungstheorie und Bildungspraxis proportional zu der Erwartung verhält, daß der »neue Mensch« nur durch Erziehung entstehen könne. Die Reaktion auf die Krise der Erziehung lautet: mehr Erziehung, ihre systematische Entgrenzung und Universalisierung. Das Spektrum der alternativen Erziehungsprojekte im frühen 20. Jahrhundert reicht von der Volkshochschulbewegung und den oft bizarren reformpädagogischen Bewegungen (Ausdruckstanz, Freikörperkultur, Sexualerziehung, Kunsterziehung etc.) bis zu den strengen Riten der George-Schule.[77] »Jedenfalls leben wir in einer Zeit, wo man keine Zeitschrift aufschlagen kann, ohne daß einem das Wort »Schule« in die Augen fällt, in einer Zeit, wo die Worte Koedukation, Landerziehungsheim, Kind und Kunst durch die Luft schwirren.«[78] So Benjamin, der sich in frühen Jahren stark in einem der radikalen Flügel der Jugendbewegung engagiert hat.[79] Im Zentrum seiner aus dieser Zeit erhaltenen Arbeiten, die ihren Höhepunkt und Abschluß mit dem Essay »Das Leben der Studenten« (1915) finden, steht die »pädagogische Frage«.[80] Sie allein scheint Benjamins harten und endgültigen Bruch mit der Jugendbewegung, ausgelöst durch den Freitod seines Freundes Heinle und Gustav Wynekens Kriegsbegeisterung, überlebt zu haben. Das Anliegen einer philosophischen Pädagogik hat Benjamin jedenfalls nie ganz aufgegeben. Es bekundet sich in seiner Kinderbuch-Sammlung ebenso wie in den Radioprojekten aus den 30er Jahren und vielen Rezensionen.

Mindestens zwei Aspekte von Benjamins frühester Theorie der Erziehung, wie sie fragmentarisch in den Dokumenten aus dieser Zeit vorliegt, dürfen als zeittypisch gelten. Der eine betrifft das Verhältnis von Erziehern und Zöglingen, was im zeitgenössischen Jargon der »pädagogische Bezug« heißt: pä-

---

77 Ammlung, Ulrich et al.: *»Die alte Schule überwinden.« Reformpädagogische Versuchsschulen zwischen Kaiserreich und Nationalsozialismus.* Frankfurt/M. 1993; vgl. die zahlreichen Beiträge zur Erziehungsproblematik in Karbs, Diethard/Reulecke, Jürgen (Hg.): *Handbuch der deutschen Reformbewegungen 1880–1933.* Wuppertal 1998. – Künzlin, Gottfried: *Der neue Mensch. Zur säkularen Religionsgeschichte der Moderne.* München 1994. Zur Diskussion Repp, Kevin: *Reformers, Critics, and the Paths of German Modernity. Anti-Politics and the Search for Alternatives 1890–1914.* Cambridge 1985.

78 Walter Benjamin: »Das Dornröschen«. In: *Gesammelte Werke* (s. Anm. 21), II, 1, S. 9.

79 Vgl. dazu das 3. Kapitel von Brodersen, Momme: *Spinne im eigenen Netz. Walter Benjamin, Leben und Werk.* Berlin 1990 sowie das Kapitel »Benjamin and the Idea of Youth«. In: McCole, John: *Benjamin and the Antinomies of Tradition.* Ithaca, London 1993.

80 Benjamin, Walter: »Ziele und Wege der studentisch-pädagogischen Gruppen.« In: ders.: *Gesammelte Werke* (s. Anm. 21), S. 61.

dagogische Fragen rücken in den Kompetenzbereich der zu Erziehenden ein. »Studentische Gesinnung hat ihren nächsten Gegenstand in Pädagogik«.[81] Ein zentraler Begriff aus Wynekens Schriften ist die »Selbsterziehung« der Jugend durch Jugend.[82] Am Zweck aller Erziehung, »das natürliche Individuum zum kulturellen« umzubilden[83], hat sich nichts Wesentliches geändert, aber diesen Bildungsprozeß können nur diejenigen vollziehen, die sozusagen der leibhaftige Übergang sind. Das kantische Paradox von Natur und Freiheit verkörpert sich im lebensweltlichen Zustand Jugend. »Damit ist für Studenten die Pflicht gegeben, sich mit pädagogischen Fragen zu befassen ... als Vater, vielleicht als Lehrer.«[84] In der theoretischen Auseinandersetzung mit pädagogischen Fragen und in der Erziehung Jüngerer erziehen sich Studenten selber. Erziehung zur Erziehung wird praktisch *als* Selbsterziehung. Diese Vorstellung einer sich selbst erziehenden Jugend ist auf den Begriff der »Gemeinschaft« angewiesen. Die emphatische Betonung des Kollektivs für den Erziehungsprozeß ist der zweite Punkt, an dem sich Benjamins Überlegungen mit Gedankengängen aus dem Umkreis Wynekens berühren. Aber *wie* Benjamin den Zusammenhang von Gemeinschaft und Erziehung im Rückgriff auf Kant versteht, hat mit den Gemeinplätzen der Jugendbewegung kaum noch zu tun. Besonders aufschlußreich erweist sich in diesem Zusammenhang ein kleiner Aufsatz über den »Moralunterricht«, also über die Möglichkeit etwas zu lehren wie »Ich will immer denken, was ich tue.«

Unter der Fragestellung, »wie der Moralunterricht sich zu absoluten pädagogischen Forderungen verhält«[85], verschärft Benjamin das Kantische Paradox zur Antinomie von Erziehung überhaupt, unabhängig von ihren Inhalten, Methoden und Prinzipien. Mit einer auf die spätere Unterscheidung von Recht und Gerechtigkeit im Gewalt-Aufsatz vorweisenden Rigorosität trennt Benjamin schon hier die legale von der moralischen Sphäre.[86] Was im Gewaltaufsatz von der Gerechtigkeit gesagt wird, daß sie »allgemeingültig«, aber

---

81 Ebd., S. 66.
82 Vgl. Kapitel »Erziehung und Bildung« in: *Handbuch der deutschen Reformpädagogik* (s. Anm.77), S. 315 ff.
83 W. Benjamin: »Die Schulreform, eine Kulturbewegung.« In: ders.: *Gesammelte Werke* (s. Anm. 21), II, 1, S. 14.
84 Eine drastische Form nimmt dieser Grundsatz in der proleptischen Schlußpointe von Benjamins »Leben der Studenten« an. Nachdem die Aufgaben der Jugend gefeiert und das Zurückbleiben der gegenwärtigen Jugend hinter diesem Idealbild leidenschaftlich kritisiert worden sind, erweist sich Jugend am Ende als schon nicht mehr jung. Studenten, schreibt Benjamin, seien »Einsame und Alternde«, die in der Erkenntnis leben sollen, daß »ein reicheres Geschlecht von Jugendlichen und Kindern schon lebt, dem sie sich nur als Lehrende widmen könne.« Walter Benjamin: »Das Leben der Studenten«. In: *Gesammelte Werke* (s. Anm. 21), S. 86.
85 Walter Benjamin: »Der Moralunterricht«. In: *Gesammelte Werke* (s. Anm. 21), S. 48.
86 »Gerechtigkeit ist das Prinzip aller göttlichen Zwecksetzung, Macht das Prinzip aller mythischen Rechtsetzung.« W. Benjamin: »Zur Kritik der Gewalt« (s. Anm. 21), S. 198.

nicht »verallgemeinerungsfähig« sei[87], gilt auch vom Sittengesetz, das nach Kant als »der gute Wille« absolute Norm und deshalb frei von allen möglichen oder faktischen Inhalten ist. Die Aufgabe der Erziehung ist die »Bildung« eines sittlichen Willens, der als absolute Norm *jedem Mittel* seiner erzieherischen Hervorbringung widersteht. Der Konflikt zwischen Mitteln und Zwecken der Erziehung wird zur Unmöglichkeit von Erziehung (zur Moral) radikalisiert: »Der Hebel für die Handhabung der sittlichen Erziehung fehlt. So unzugänglich das reine und allein gültige Sittengesetz ist, so unnahbar ist dem Erzieher der reine Wille.«[88] Sofern der gute Wille allein wirklich und höchster Zweck der Erziehung ist, ist er schlechterdings nicht anerziehbar. Moralunterricht ist bestenfalls Kasuistik, schlechtestenfalls zutiefst unmoralisch, »da der Vorgang der sittlichen Erziehung prinzipiell jeder Rationalisierung und Schematisierung widerstreitet, so kann er nichts mit irgendeiner Art von Unterricht zu tun haben. Denn im Unterricht besitzen wir das (prinzipiell) rationalisierte Erziehungsmittel.«[89] Das ist nach Benjamin die »Antinomie der sittlichen Erziehung« und damit die Antinomie einer jeden Erziehung seit Kant.

Die Antinomie rhetorisch zu inszenieren oder dynamisch zu mobilisieren wie Moritz oder Kant, liegt Benjamin fern. Aber betroffen ist von ihr nur das Projekt einer »exakten Erziehungs*wissenschaft*«[90] (die Kant favorisiert hatte, denn der Mensch ›muß sich einen Plan machen‹). Gegeben ist die Möglichkeit von Erziehung für Benjamin jedoch in einem Bereich, der der Sphäre absolut nicht vermittelbarer Zwecke Rechnung trägt, »Religiosität« genannt wird und keinen Begriff, sondern eine *Erfahrung* bezeichnet. Die »sittliche Gemeinschaft« (im Sinne der Prinzipien der Freien Schulgemeinde, wie Benjamin hinzufügt) »erlebt […] die Gestaltwerdung des Sittlichen« […] erlebt wie die Norm sich umsetzt in eine empirische, legale Ordnung«. Der Erziehung erst ermöglichende Nexus zwischen einer absoluten Norm und einer empirischen (legalen) Ordnung ereignet sich im und als das Leben der Gemeinschaft. Dort und nur dort geschieht die Verwandlung des Unbedingten ins Bedingte, berühren sich Moralität und Legalität. Benjamin nennt diesen Prozeß der »Umsetzung« des guten Willens in eine gelebte Ordnung »die Gestaltgewinnung des Sittlichen«, also die Konkretion des absoluten Willens in einer ihn verkörpernden Rechtsordnung. Das abstrakte allgemeine Sittengesetz aktualisiert sich als empirische Ordnung, es wird geschichtlich realisiert durch ein kollektives Subjekt, das sich in diesem Akt der Umsetzung als Gemeinschaft, als moralisches, mündiges Subjekt formiert. Die Umsetzung ist ein Akt der Selbstermächtigung, der aber weder ein schon vorausgesetztes Subjekt hat (denn das Kollektivsubjekt »Gemeinschaft« entsteht erst in dieser Erfahrung), noch auch Effekt einer autoritären Setzung heißen darf. Weder gibt die Gemeinschaft sich selbst ein Gesetz, noch wird der Gemeinschaft ein Gesetz oktroyiert. In der Erziehung erzieht keiner, und es wird keiner erzo-

---

87 Ebd., S. 196.
88 W. Benjamin: »Der Moralunterricht« (s. Anm. 85), S. 49.
89 Ebd.
90 Ebd., S. 50.

gen. Erziehung vollzieht sich; und zwar permanent, denn die Umsetzung des Gesetzes in eine konkrete Satzung kommt nicht in einer einmal gewonnenen Gestalt zur Ruhe, sondern ist der stets erneuerte Akt, die »Tat«, auf die Benjamin mit einem Goethe-Zitat aus den *Wahlverwandtschaften* anspielt: »›Das Höchste in Menschen ist gestaltlos und man soll sich hüten es anders als in edler Tat zu gestalten.‹«

Kann man also davon ausgehen, daß dieses Modell von Erziehung als Vollzug einer Umsetzung den Hintergrund von Benjamins Bemerkung über erzieherische Gewalt in dem Aufsatz von 1921 bildet? In einem anderen Text aus der frühen Zeit hatte Benjamin ausdrücklich formuliert, daß »der Widerstreit zwischen natürlicher, wahrhaftiger Entwicklung einerseits und der Aufgabe, das natürliche Individuum zum kulturellen umzubilden […] *ohne Gewalt niemals lösbar sein wird.*«[91] Aber handelt es sich bei erzieherischer Gewalt um ein reines und also nicht gewalttätiges Mittel oder doch nur um ein mittelbares? Man könnte spekulieren, daß die enigmatische Präsenz der erzieherischen Gewalt in dem späteren Aufsatz zur Gewalt ein aus der frühen, jugendbewegten Phase in den Text hineinragendes Relikt ist. Erziehung wäre dann, was von der ursprünglichen utopischen Hoffnung auf die Umsetzung des Absoluten in das Bedingte übriggeblieben ist. Aber man darf wohl mit gleichem Recht behaupten, daß die Vorstellung von der sich selbst erziehenden Gemeinschaft beim frühesten Benjamin den Ort besetzt, den später die Sprache als reine Mittelbarkeit einnehmen wird. Die Gemeinschaft als Medium der »Gestaltgewinnung des Sittlichen« hätte sich im Übergang an die Sprache sozusagen entsubstanzialisiert.

Wenn erzieherische Gewalt als göttliche Gewalt in Analogie zur Sprache gedacht wird, dann kann es sich bei der Umsetzung des moralischen Gesetzes in eine legale Ordnung um nichts anderes als den Artikulationsprozeß handeln, nicht die Gestaltgewinnung, sondern die Sprachwerdung des (absoluten) Gesetzes. In der Mitteilung, der geteilten Mitteilbarkeit des Aussprechens, wird das Sittengesetz wirklich. »Gemeinschaft« wäre dann ein anderes Wort, ein früheres Wort, vielleicht auch Metapher für Sprache als reines Mittel, das nichts mitteilt, sondern sich mitteilt, »im reinsten Sinne das Medium der Mitteilung«.[92]

---

91 W. Benjamin: »Die Schulreform, eine Kulturbewegung« (s. Anm. 83), S. 14 (Hervorh. E. G.).
92 W. Benjamin: »Zur Kritik der Gewalt« (s. Anm. 21), S. 98. In seiner Rekonstruktion von Benjamins Entwurf einer »Politik der reinen Mittel« hat Werner Hamacher für diese Medialität den Begriff des Afformativs eingeführt, der die Sprache ist: »Die Ungesetztheit der Sprache ist noch die Bedingung dafür, daß die Universalität *einer* Sprache in einem Gesetz gefordert werden kann; der Afformativ die Bedingung dafür, daß es einen transzendentalen Performativ gibt.« Der Afformativ ›tut‹ nichts, sondern er ist das ›lassen‹, das aller Setzung vorausgeht. Noch der kategorische Imperativ als letzter Performativ muß artikuliert werden und wäre ohne eine Sprache, die ›läßt‹ statt zu ›setzen‹, nicht möglich. Es wäre nicht uninteressant, die Analogie Streik und Sprache durch die von Erziehung und Sprache zu ersetzen. Hamacher, Werner: »Afformativ, Streik«. In: Hart Nibbrig, Christiaan L. (Hg.): *Was heißt »Darstellen«?* Frankfurt/M. 1994, S. 354.

Weil sich über den Zusammenhang zwischen der Erziehungstheorie der Frühphase und der Bemerkung über Erziehung in dem Aufsatz über Gewalt letztlich nur spekulieren läßt, hat man anders zu fragen. In welchem Verhältnis steht die Vorstellung einer Umsetzung von Moralität in Legalität zu der Vorstellung von erzieherischer Gewalt als reinem Vollzug jenseits des Rechts?[93] Die Umsetzung zeichnet sich vor allem durch ihr greifbares Resultat aus, die empirische Satzung einer Gemeinschaft. Von der göttlichen und also auch von der erzieherischen Gewalt gilt jedoch, daß ihre »unvergleichlichen Wirkungen« im Unterschied zur mythischen Gewalt »nicht zutage« liegen.[94] Dennoch enthält Benjamins Text den entscheidenden Hinweis auf einen Zusammenhang von Umsetzung und Vollzug, und damit einen Hinweis auf den Zusammenhang von mythischer und göttlicher Gewalt und also einen Hinweis auf den Zusammenhang von Moralität und Legalität bzw. Gerechtigkeit und Recht.

Göttliche und mythische Gewalt, so streng Benjamin sie auch zu trennen scheint, sind in einer einzigen Hinsicht kompatibel. Der Bereich, in dem sie aufeinandertreffen, ist Performativität. Weil es sich aber offensichtlich um unterschiedliche Formen eines Performativen handelt, ordnet Benjamin ihnen unterschiedliche Begriffe zu. Mythische Gewalt heißt und ist *Manifestation*. Im Affekt des Zorns ist Gewalt »nicht Mittel, sondern Manifestation«.[95] Mythisch darf solche Gewalt heißen, sofern sie »bloße Manifestation« der Götter ist, »am ersten Manifestation ihres Daseins.«[96] In der wichtigsten Formulierung: »Rechtsetzung ist Machtsetzung und insofern ein Akt von unmittelbarer Manifestation der Gewalt.«[97] Reine bzw. göttliche Gewalt heißt und ist *Vollzug*. Der proletarische Generalstreik ist »ein Umsturz, den diese Art des Streikes nicht sowohl veranlaßt als vollzieht.«[98] Erziehung zeichnet sich aus durch jene Momente des »unblutigen, schlagenden, entsühnenden Vollzuges.«[99]

---

93 Was damit auf dem Spiel steht, läßt sich ermessen, wenn man die Umsetzung des Gesetzes in eine legale Ordnung mit einem analogen Problem aus Carl Schmitts Souveränitätstheorie konfrontiert. Was Benjamin in dem frühen Text »Umsetzung« nennt, bezeichnet exakt den Ort, den in Schmitts politischer Theorie die Entscheidung einnimmt, der niemals ganz rationalisierbare Moment, in dem sich die abstrakte Rechtsidee konkret verwirklicht. »Es ist in der Eigenart des Normativen begründet und ergibt sich daraus, daß ein konkretes Faktum konkret beurteilt werden muß, obwohl als Maßstab der Beurteilung nur ein rechtliches Prinzip in seiner generellen Allgemeinheit gegeben ist.« Es bedarf deshalb einer »Transformation«, da »die Rechtsidee sich *nicht aus sich selbst umsetzen* kann (Hervorh. E. G.).« Nach Schmitt gibt es keine reine Umsetzung: »Denn jeder Rechtsgedanke überführt die niemals in ihrer Reinheit Wirklichkeit werdende Rechtsidee in einen anderen Aggregatzustand *und fügt ein Moment hinzu [...]*«. Schmitt, Carl: *Politische Theologie. Vier Kapitel zur Lehre von der Souveränität*. Berlin [5]1990, S. 41.
94 W. Benjamin: »Zur Kritik der Gewalt« (s. Anm. 21), S. 203.
95 Ebd., S. 196.
96 Ebd., S. 197.
97 Ebd., S. 198.
98 Ebd., S. 194.
99 Ebd., S. 200.

Manifestation gehört folglich dem Bereich der mythischen, Vollzug aber dem Bereich der reinen Gewalt an.

Nun verhält es sich aber so, daß Benjamin stets das Wort *Manifestation* verwendet, um Beispiele reiner Gewalt und reinen Vollzugs zu kennzeichnen. Erziehung ist eine »geheiligte Manifestation« göttlicher Gewalt; revolutionäre Gewalt ist »die höchste Manifestation reiner Gewalt durch den Menschen«. Damit ist auch die reine Gewalt niemals rein, jedenfalls nie nur reine Gewalt. Wenn Benjamin von ihr sagt, sie manifestiere sich, und Manifestation ein Merkmal der mythischen Gewalt ist, dann gibt es keine reine Gewalt und keinen reinen Performativ, dann sind mythische und göttliche Gewalt so aufeinander angewiesen wie rechtsetzende und rechtserhaltende im Bereich der mythischen Gewalt. Auf Erziehung als Umsetzung des Sittengesetzes in das empirische Gesetz einer Gemeinschaft übertragen bedeutet dies, daß die Selbsthervorbringung der sich erziehenden Gemeinschaft nicht rein und alles andere als gewaltfrei ist. Erziehung als reiner Vollzug außerhalb des Rechts ist jedoch ebenso unmöglich oder wird zumindest in dem Augenblick verunmöglicht, in dem »Vollzug« in Benjamins Text *als* »Manifestation« von »Vollzug« seinen Auftritt hat. Erzieherische Gewalt und göttliche Gewalt sind sprachliche Setzungen reiner Umsetzung. Es ist aber nichts anderes als dieser performative Selbstwiderspruch, der Performativa verunmöglicht. Wo Benjamin von Manifestationen reinen Vollzugs spricht, tut sein Text etwas anderes als was er sagt. Ist Erziehung eine »Manifestation« des reinen »Vollzuges«, so ist sie kein reiner Vollzug mehr. Reine Gewalt, so könnte man sagen, zersetzt sich in den Gegensatz von mythischer und reiner Gewalt.

Die eingangs genannte Alternative in der Auffassung von Erziehung ist durch die hier untersuchten »unvergleichlichen Wirkungen«[100] erzieherischer Rede nicht entscheidbarer geworden. An keine Instanz läßt sich appellieren, um zu entscheiden, ob Erziehung der reine Vollzug ist oder Effekt eines guten Glaubens an Erziehung als Vollzug. Man kann mit dieser Ungewißheit verschieden umgehen. Benjamin tut es auf eine Weise, Kant und Moritz auf eine andere. Welcher der Vorzug zu geben sei, ist u. a. auch Erziehungssache.

Es gibt aber, und darauf sei abschließend immerhin verwiesen, eine Institution, in der der Unterschied zwischen Vollzug und gutem Glauben an Vollzug keinen Unterschied mehr macht. Schiller hatte das Theater einst eine moralische Anstalt genannt und damit seiner Hoffnung auf unmittelbar pädagogische Wirkungen von Literatur Ausdruck gegeben. Um 1900 wechseln Kunst und Erziehung die Plätze. Erziehungsakte kommen auf die Bühne. Erziehung wird literarisch spruchreif. In dem Stück *Hildalla* (1911) von Wedekind, den ein junger Bert Brecht als »großen Erzieher des neuen Europa« bezeichnete[101], sagt Karl Hetmann, seines Zeichens Begründer des Vereins zur Erziehung (und Züchtung) von schönen Rassemenschen: »Kinder ergötzt es, See-

---

100 Ebd., S. 203.
101 Bertolt Brecht *Augsburger Neueste Nachrichten* vom 12.3.1918, zitiert in Seehaus, Günter: *Frank Wedekind in Selbstzeugnissen und Bilddokumenten*. Reinbek b. Hamburg 1974, S. 9.

räuber und Gefangene zu spielen [...]. Aber uns, die wir erwachsen sind, was nötigt *uns* Achtung ab? —— *Was sollen wir spielen?*«[102] Das Stück antwortet: Erwachsene spielen Erziehung – »mit unvergleichlichen Wirkungen«.

---

102 Wedekind, Frank: *Hildalla (Karl Hetmann, der Zwerg-Riese)*. In: *Gesammelte Werke* (s. Anm. 67), S. 239. Ein weiterer Abschnitt über Erziehungsakte auf der Bühne diesseits und jenseits von Benjamins Aufsatz ist derzeit in Arbeit.

# Diskussionsbericht

STEFAN LORENZER (Frankfurt/M.)

Auf Zustimmung stieß in der Diskussion von Günther Grewendorfs Vorlage deren Kritik an der namentlich von Searle vertretenen Auffassung, alle explizit performativen Äußerungen seien Deklarationen und als solche implizit assertorisch. Rückfragen betrafen indessen die Tragweite und einige der Prämissen von Grewendorfs Argumentation. Explizit performative Äußerungen, in denen die Differenz zwischen Gesagtem und Gemeintem getilgt sei, kämen nicht allein außerhalb institutioneller Zusammenhänge kaum vor, fraglich sei überdies, ob sie dort überhaupt noch kommunikative Handlungen (im griechischen Sinne) darstellen. (Harras) Das Problem der Explikation betraf auch die nie erschöpfend beantwortete Frage, weshalb bestimmte Handlungen, etwa Bitten oder Versprechen, sich in explizit performativen Formeln vollziehen lassen, andere dagegen nicht. (Harras) Vermutet wurde, daß dies im mehrfach erwähnten Fall der Beleidigung damit zusammenhänge, daß sie vielleicht gar nicht zu den illokutionären, sondern zu den perlokutionären Akten zähle, die es in der Tat auszeichne, daß sie nicht explizit vollzogen werden können. Auch spiele wohl die Janusgesichtigkeit mancher explizit performativer Formen, etwa der von Austin so genannten »half-descriptives« eine Rolle. (Grewendorf) Darüber hinaus seien aber alle Akte mindestens zweiteilig. Außer Zweifel stehe dies bei denjenigen, die vollgültige Akte nur sind, weil sie sich selbst benennen oder explizieren. Auch diejenigen Akte, die ohne eine solche Taufe ihre Wirkung tun, müßten aber schon eine bestimmte Sprache sprechen und bestimmten Konventionen entsprechen, um als solche verstanden zu werden, und seien also ihrerseits auf die Deutbarkeit eines Elements durch mindestens ein anderes angewiesen. Daher die Frage, ob der Nachweis, daß Searles »Assertibility Condition« in einen potentiell infiniten Regreß führe, nicht generalisiert werden müsse, nämlich für alle Handlungsvollzüge gelte, seien sie explizite oder implizite. (Hamacher) Auf Vorbehalte stieß die Prämisse, illokutionäre Akte könnten in der Regel expliziert werden, sofern dafür nur ein geeignetes performatives Verb zur Verfügung stehe. Dabei übersehe man zumeist das grundsätzliche Problem einer solchen Explikation, die, wie jede Versprachlichung von Handlungen, eine Verschiebung der fraglichen Akte zeitige. (Mersch) Wiederholt wurde in der Diskussion das Erbe der *ordinary language philosophy* gegen deren linguistische und sprechakttheoretische Rezeption verteidigt. In Erinnerung an Wittgensteins Diktum *ordinary lan-*

*guage is all right* könne gegen Grewendorfs strikte Zurückweisung der These vom implizit assertorischen Charakter performativer Äußerungen geltend gemacht werden, daß die Umgangssprache die Distinktionen der Sprechakttheorie ständig unterlaufe. So würden etwa Versprechen oder Aufforderungen als Behauptungen verstanden und bezweifelt, kurzum: Performativa durchaus nach Maßgabe der Unterscheidung wahr/falsch beurteilt. (Schüttpelz) Demgegenüber müsse aber daran festgehalten werden, daß performative Äußerungen anders als konstative keiner empirischen Überprüfung ihrer Wahrheit fähig seien. In den genannten Fällen stehe auch gar nicht in Frage, ob die Äußerung wahr oder falsch, sondern ob sie ernstgemeint sei oder nicht. Es komme also nicht bloß darauf an, was die Leute sagen, sondern wie das Gesagte zu verstehen sei. (Grewendorf) Eben dies erweise sich aber schon vor jeder theoretischen Explikation immer wieder als ein Übersetzbarkeitsexperiment, in dem unterschiedliche Verstehensparadigmen aufeinandertreffen könnten. (Hamacher) Einer Verteidigung der Sprachphilosophie Austins gegen eine bestimmte Schullektüre galt auch die Bemerkung, ihre etwa von Searle völlig verfehlte Pointe liege darin, daß wir uns nicht in einem Spiel mit festgeschriebenen Standards bewegen, sondern diese Standards, und mit ihnen die Glückensbedingungen unserer Sprechakte, in solchen Akten immer auch miterzeugen. (Stetter) Dabei bleibe aber jenes Wir völlig unbestimmt und könne diese Erzeugung keine Erwirkung, keine Setzung einer Wirkung sein. Sprachhandlungen seien als Handlungseröffnungen a priori offen auf Erwiderungen, die keine von ihnen durchgängig determinieren könne. (Hamacher) Ein prinzipieller Einwand richtete sich gegen das Argument Grewendorfs, bei identischen Glückensbedingungen müßten auch die fraglichen Sprechakte identisch sein. Das würde voraussetzen, daß diese Bedingungen nicht bloß notwendige, sondern hinreichende Bedingungen wären – eine Voraussetzung, unter der die Sprache fast zu einer Algebra werde. (Mersch) Tatsächlich sei zwar jede einzelne Regel eine bloß notwendige, die Gesamtheit der Regeln aber eine notwendige und hinreichende Bedingung. (Grewendorf) Sofern aber die den illokutionären Akt autorisierenden Bedingungen über dessen Vollziehbarkeit entscheiden sollen, werde die Möglichkeit solcher Akte als Übereinkommen mit gegebenen konventionellen Bedingungen, als Übereinkunft mit Übereinkünften gedacht. Da diese ihrerseits innerweltliche Sachverhalte seien, bleibe der Begriff der Wahrheit als Übereinstimmung zwar nicht länger auf den assertorischen Modus konstativer Äußerungen eingeschränkt, als solcher aber auch für performative Äußerungen in Geltung. (Lorenzer) Übereinkommen mit Bedingungen könne indessen nur heißen, daß diese erfüllt seien, ohne daß damit irgendein Wahrheitsanspruch erhoben würde. (Grewendorf)

Die Diskussion der Vorlage von Dieter Mersch griff zunächst den Begriff der Responsivität auf, den Mersch noch einmal ausdrücklich als den Horizont seiner sprachphilosophischen Überlegungen gekennzeichnet hatte. Wie angesichts einer Reihe verwandter philosophischer Entwürfe, die sich derzeit um eine Logik der Responsivität bemühen, gewinne man den Eindruck, das Konzept der Antwort fungiere bei Mersch als Sehnsuchtsfigur einer Eröffnung, in der noch das sich zeigen solle, was sich nicht sprachlich manifestiere. Zu fragen sei aber, ob dieses Konzept als solches schon gegen seine Wiedereinführung in Ökonomien der Macht gefeit sei. (Balke) Tatsächlich gehe es um den Versuch, einen im Anschluß an Lévinas gewonnen Begriff der Antwort und einer in jedem Akt bereits implizierten Verantwortung gegen einen intentionalistischen Begriff sprachlichen Handelns zu wenden. Daß ein solcher Versuch und mit ihm der Nachweis, daß Ethik und Semantik nicht zu trennen sind, sich in der prekären Differenz von Ethik und Macht bewege, bleibe unbestritten. (Mersch) Eine Reihe von Beiträgen kreise um das Verhältnis von Regel und Vollzug, von Kompetenz und Performanz. Auffallend sei eine bestimmte Tendenz in den Kulturwissenschaften, die sich auch in Merschs Insistenz auf dem Ereignisbegriff ausspreche, Performanz vom Gegenbegriff der Kompetenz abzulösen und als schiere Fluktuanz zu fassen. Sprache werde im Sprechen, im Vollzug, im Sich-Ereignen aufgelöst. (Jäger) Gegen eine solche Auflösung gehe es indessen gerade darum, im Anschluß an Wittgenstein eine von keiner Explikation aufzulösende Duplizität von Sagen und Zeigen, von Bedeutung und Performanz zu denken, die in jede Äußerung ein konstitutives Moment des Entzugs eintrage. (Mersch) Sosehr aber Sprache Entzug, Verschiebung, nicht programmierbare Eröffnung sei, sowenig sei dieser Entzug ohne einen Bezug denkbar. Ohne stabile Rekurrenzen und eine wie immer als solche durchschaute Fiktion der Grammatik sei kein Sprechen möglich. (Fohrmann) Dagegen wurde eingewandt, daß wir uns sprechend keineswegs auf Grammatik beziehen, sondern Regeln erfüllen. Dieses regelhafte Verhalten sei aber nicht als intentionale Handlung zu denken und kein Bezug auf, sondern Vollzug von Regeln. Von einem Bezug könne, wie von einem Entzug, erst dort sinnvoll gesprochen werden, wo es um die Formulierung von Regeln gehe. (Jäger) Zu Merschs Kritik an Chomskys Unterscheidung von Kompetenz und Performanz wurde angemerkt, daß diese auch hier nicht wirklich eingezogen, sondern nur um ein Moment des Unkontrollierbaren ergänzt werde. (Linz) Auch bekräftige er die von ihm selbst im sprechakttheoretischen Begriff der Illokution kritisierte Identitätsfigur, indem er seinen Begriff der performativen Differenz seinerseits nur an der Perlokution entfalte. (Menke) Zunächst gelte es aber in einem strategischen Vorgehen, das von den Sprechakttheorien in den Bereich der Perlokution verbannte Differenzmoment dort aufzugreifen, um es schließlich gegen die Unterscheidung von Illokution und Perlokution selbst zu wenden. (Mersch) Eine Rückfrage schloß sich an Merschs Bemerkung an, seine Überlegungen zur Performativität zehrten von einer spezifischen Erfahrung mit der Performance-Kunst, in der es häufig um ein reines Sichzeigen gehe, das jeder Verstehensversuch als solcher verfehlen müsse. Dort seien aber doch die Vereinbarungen, die uns in der Sprache sehr viel engere Grenzen zögen, selber schon außer Kraft gesetzt und die Wendung des Performanzbegriffs gegen die Rationalität des Verstehens unmittelbar einleuchtender. (Heilmann) Angesichts der häufig gebrauchten Reflexivformen des Typs »es zeigt sich«, die sicher das Grundmuster jeder Phänomenologie seien, kam die Frage auf, ob man überhaupt fragen dürfe, *was* sich zeige, wenn *es sich zeigt*. (Schmidt-Biggemann) Die Frage »was zeigt sich?« führe tatsächlich in die Irre, gehe es doch um den Primat der performativen Setzung als Setzung eines Daß, das jedem Was immer schon uneinholbar vorweg ist. (Mersch) Diese Differenz sei freilich keine absolute. Ständig gebe es Akte, die wir nicht benennen können, ständig werde im Sprechen und im Sprechen über Sprechen, die Grenze zwischen Was und Daß gekreuzt von dem, was ohnehin geschieht: *making up the rules as we go along.* (Schüttpelz) Die Charakterisierung von Performativa als Daß- oder Existenzsetzungen und ihre Entsprechung zu Fichtes »ursprünglicher Tathandlung« zog den Einwand auf sich, daß dieser Rekurs die Behauptung entkräfte, vom Anderen her zu sprechen. Gegen eine »ontotheseologische Tradition« (Hamacher), die Sein mit Kant als Setzung begriffen habe, seien Akte im Hinblick auf ihre Freiheit nicht länger als Setzungen, sondern als Aussetzungen zu denken. Nicht die Setzung von Sein als Ich, sondern die Aussetzung an anderes, als das Ich es ist, müsse als Minimalstruktur von Performativa gelten, die daher genauer Offerten oder Offensiven heißen könnten. (Hamacher) Ein gewisser Widerspruch zwischen Merschs Vorgehen und seinen eigenen Prämissen wurde darin gesehen, daß er sich ungebrochen an den propositionalen Gehalt der von ihm diskutierten Theorien halte, die doch als Sprachtheorien in ihren Gegenstandsbereich impliziert seien und deren eigene Praxis daher ihrerseits als Beispiel der vorgetragenen Überlegungen untersucht werden müßte. (Willer)

Einen Schwerpunkt der Diskussion von Elisabeth Strowicks Vorlage bildete erneut die Frage nach der Konventionalität performativer Akte. Der Lektüre von Quintilians *Institutiones oratoriae* galt der Hinweis, es müsse nicht zwangsläufig als Dekonstrukion der für die Alte Rhetorik maßgeblichen Unterscheidung passend/unpassend gelesen werden, wenn in der Beschreibung unpassender Gesten der Quintiliansche Text an deren Komik partizipiere. Eben darin könne sich vielmehr auch die *amplificatio* und Stabilisierung dieser Unterscheidung aussprechen. (Hebekus) Dennoch werde dort, wo der groteske, aus der rhetorischen *actio* auszuschließende Körper den Textkörper selbst affiziert, die in Quintilians Text getroffene Unterscheidung von Konvention und Konventionsverletzung durch diesen Text außer Kraft gesetzt. (Strowick) Komik entstehe indessen nicht schon aus Regelbrüchen als solchen, sondern erst durch das, was man ausgehend von Lipps ökonomischer Definition des Komischen als performative Aufwandsdifferenz bezeichnen könne. Das Scheitern von Körpergesten dürfe daher nicht mit dem performativer Handlungen verwechselt werden. (Wirth) Kriterien für Komik oder Fehlhandlungen seien zudem keine von einer transkulturellen Körpersymbolik festgeschriebenen Invarianten, sondern unterlägen ebenso wie die Glückensbedingungen von Sprechakten historischen Transformationen, denen die Analyse Rechnung tragen müsse. (Lembke) Die Komik bei Quintilian gehe auch auf die Inszenierung einer Sprechakttheorie in der alten Rhetorik zurück, in die derart Eröffnungskategorien, etwa Bitten oder Versprechen, Einlaß fänden, über die sie kraft ihrer eigenen Technizität gar nicht verfügen könne. (Campe) Ohne Strowicks rhetorisch inspirierter Lektüre von Performativa als Akten des sprechenden Körpers zu widersprechen, wurde angemerkt, daß anders als in diesem an Shoshana Felman anschließenden Körperbegriff in der Rhetorik Quintilians der Körper durchaus als amplifizierendes Mittel sprachlichen Ausdrucks gefaßt werde. (Heilmann) Gegen die These, Austin habe die Rhetorik aus dem Zentrum des theoretischen Interesses ins Exil der Perlokution verbannt und sie damit unter Umgehung ihrer figuralen Dimension zugleich auf eine Rhetorik der Persuasion eingeschränkt, erhob sich der Einwand, daß Austins Theorie kraft ihres Vertrauens in die *ordinary language* eine philosophische Rehabilitierung der *doxa* und damit in Wahrheit die erste rhetorische Philosophie darstelle. (Schüttpelz) Theoretisch brisant sei gleichwohl die seinen Text durchziehende Spannung zwischen dem thematischen Ausschluß der Rhetorik und der Rhetorizität seines Verfahrens. Sosehr diese für Austins Theoriebildung konstitutiv sei, sowenig werde sie, und mit ihr das Verhältnis von Figuration und Performanz, als Gegenstand der Theorie selber noch eingeholt. (Strowick) Kontrovers wurde erneut das Verhältnis der Austinschen Theoriebildung zur *ordinary language* diskutiert. Deren uneingeschränkte Anerkennung zeige sich etwa daran, daß an keiner Stelle der falsche Sprachgebrauch, sondern nur falsche Theorien über die Sprache der Lächerlichkeit preisgegeben würden. (Harras) Wer etwas lächerlich mache, produziere aber an den Bedingungen mit, unter denen darüber gelacht wird, verlasse sich also nicht auf ohnehin geltende Regeln oder Normen, sondern normalisiere – von einem grenzenlosen Vertrauen Austins in die *ordinary language* könne daher nicht die Rede sein. (Hamacher) Wenn Austins Theorie nichts anderes als eine Anerkennung der *doxa* sei, stelle sich zudem die Frage, was dann etwa in Austins Kennzeichnung literarischen Sprechens als einer parasitären *etiolation* des normalen Sprachgebrauchs einen solchen Begriff autorisiere, der mit den Bedeutungsfeldern des Künstlichen und Abnormen ganze Kontexte der Biopolitik des 19. und 20. Jahrhundert evoziere. (Balke) An einer solchen Ausbleichung oder Entkräftung beteilige sich aber nicht erst die Literatur, sondern schon die Theorie selbst, wo immer sie *ordinary language procedures* zu Beispielen einer Typologie von Sprechakten degradiere und damit, wie jede Beispielserhebung, eben dort abtöte, wo sie das Leben aus ihnen ziehen wolle. (Hamacher) Strowicks eigenes Vorgehen betraf schließlich die Bemerkung, in ihm bezeuge sich das Grundproblem aller negativistischen Lektüren, die zeigen wollten, daß das Grundmuster eines Textes durchkreuzt oder unterwandert werde, und nicht umhin könnten, diese Unterwanderung selbst in ihrer Lektüre als positive Operation in Anspruch zu nehmen. Auf einen völlig intakten Begriff der Performativität rekurriere auch deren Relektüre von der Fehlhandlung oder vom Versagen her zwangsläufig dort, wo der Performativ des Durchkreuzens gelingender Performativität selber gelinge. (Geulen)

Im Zentrum der Diskussion von Rüdiger Campes Vorlage stand deren These, daß in *Dantons Tod* die Beziehung von Sprache und Institutionalität auf dem Spiel stehe. Rhetorik werde dort zitierend ausgestellt und so der Leerlauf einer rhetorischen Maschinerie vorgeführt, die darum nicht schon aufhöre, Effekte zu produzieren: Danton sei der Rhetorik offenbar müde und werde doch von ihren sich entziehenden Figuren stets wieder eingefangen. Eben dieses Spiel zeuge vom Ende einer Rhetorik, die nicht enden kann und will. (Balke) Auch die zahlreichen Anspielungen auf *loci communes*, die häufig das Gegenteil von dem bedeuten, was da gerade geschieht, seien eine ironische

Zitierweise, von der man sich fragen könne, ob sie ihrerseits eine Form von Rhetorizität darstelle oder vielmehr die negative Rhetorizität einer Sprache, die diese historische Brechung in sich selbst praktiziere. (Schmidt-Biggemann) Als vorgeführte Analyse der Bedingungen, unter denen Rhetorik erst funktionieren könne, markiere Büchners Drama die historische und zugleich systematische Zäsur zwischen einer alten Rhetorik, deren Figurenrede in institutionellen Räumen Züge des Handelns annehme, und einer Theorie von Sprechakten, die sich mit instituierenden Akten befasse. Erst nach der Revolution lasse sich das Archiv jener Rhetorik überhaupt sehen. (Campe) Das könne aber, und darum sei die historische Lokalisierung jener Zäsur problematisch, schon von Shakespeares Historiendramen behauptet werden. Auch dort stelle sich immer wieder die Frage der Institution und ihrer Rhetorik, auch dort stoße man auf eine Revolution, eine Dethronisierung, eine Auswechslung des Namens der Souveränität. Büchners Drama könne daher auch nicht als Novum in der Geschichte des Sprechens im Namen von... gelten. In der antiken Figur der *Peitho*, der Überredung, etwa in der *Orestie* des Aischylos, werde die instituierende, aber auch die institutionenbedrohende Kraft der Sprache dargestellt. Campes These, Rhetorik und Poetik würden die Institutionalität von Reden voraussetzen, lasse sich denn auch schwer in Einklang bringen mit der Pointe seiner Überlegungen, die den Schrei als nicht-instituierbaren Riß in allen Institutionen zur Geltung bringen wollten. (Hamacher) In der *Orestie* verbinde sich gleichwohl die Stiftung von Souveränität mit der Konstitution von Sozialität als der Eröffnung eines Raums, innerhalb dessen von seiner Instituierung abgesehen werden und Theater gespielt werden könne – eben jenes rhetorischen Raums, von dem Campe gesprochen habe, und den noch jede Dethronisierung intakt lasse. Die Französische Revolution markiere deswegen eine gravierende Zäsur, weil in ihr die Beziehung von Souveränität und Sozialität neu definiert und damit die Möglichkeit des Theaterspielens stets wieder an den Akt der Instituierung selbst gekoppelt werde. (Fohrmann) Zu einer Instituierung führe aber Luciles Parole »Es lebe der König!«, die auszurufen sie gar nicht legitimiert sei, sowenig wie der Schrei, auf den sie folgt. Als Sprechen am unrechten Ort zeige sie ein Ereignis im Sinne Jacques Rancières, eine Überlagerung der Zeiten, und vollziehe kraft dieses Anachronismus einen Akt nicht der Instituierung, sondern der Störung von Einsetzungsgewalt in jeder Form. (Hebekus) Im selbstmörderischen Ruf der Lucile bringe eine Institution sich um, mache ein Theater Kehraus mit sich. Die desinstitutionalisierende, detopikalisierende und entrhetorisierende Kraft dieses Rufs werfe auch die Frage auf, ob nicht in allen Institutionen, also auch in der nach Campe für alle anderen paradigmatischen Institution des Theaters, ein anti-theatralisches Element impliziert sei, eine in ihrem Ausstellungs- und Darstellungscharakter nicht aufgehende Dimension ihrer Selbstdurchstreichung. (Hamacher) So könne auch, wenn auf der Bühne des Büchnerschen Theaters die Institutionalität und Theatralität sprachlicher Handlungen als solche markiert werde, diese Markierung selbst dem Raum jener theatralischen Institutionalität nicht mehr einfach angehören. (Lorenzer) Campes Papier lasse sich verstehen als Beschreibung eines Bereichs von *voice acts*, die keine wie immer auch scheiternden *speech acts* mehr seien. Dem Schreien Dantons aber entspreche auf der Seite seiner Gegner eine Politik, die nicht länger die Souveränität als sichtbare Instanz ins Zentrum rücke, sondern das Wort entziehe, also ihrerseits unterhalb der Ebene rhetorischer Sprechakte operiere. (Balke) Gefragt wurde, wie die Rede von einer Poetik des Sprechakts sich zur Tradition eines Sprechaktbegriffes verhalte, der doch von Austin gerade am nicht-theatralen Sprechen gewonnen worden sei. Campe habe offenbar etwas anderes im Blick als etwa Searles Bestimmung fiktionaler Diskurse als eines Spiels, in dessen Rahmen alle im übrigen normal gebildeten Äußerungen mit dem Vorzeichen eines »als ob« versehen würden. (Harras) Es gehe in der Tat nicht um irgendeine besondere Qualität poetischer Sprechakte, sondern um eine für Sprechakte überhaupt konstitutive Figuralität und Theatralität. An die Poetik, und dort wiederum an die Bühnentechnik, sei schon bei Aristoteles die Analyse jener *álloi lógoi* verwiesen worden, die keine wahren oder falschen Propositionen darstellen und deren Theorie der Oxforder Aristoteliker John Austin ins Auge gefaßt habe. (Campe) Die Aufführung eines poetischen Textes stelle aber eine Art von Performanz dar, auf die sich der Begriff des Sprechaktes gar nicht mehr sinnvoll anwenden lasse, da hier die Glückensbedingungen, denen unser Sprechen unterliege, sämtlich storniert seien. (Stetter) Gerade durch das zitierende Vor- oder Nachspielen etwa der Rhetorik des Parlamentes unter anderen Bedingungen lege aber das Theater Büchners die Institutionalität performativer Akte überhaupt offen. (Campe)

Bettine Menkes Ausführungen zum performativen Charakter des Zitats und zum Zitatcharakter aller Performativa, in deren Zentrum die Analyse der Fama, des Gerüchts, des Hörensagens stand, boten noch einmal Gelegenheit, die Spannungen im Verhältnis von Sprechakttheorie und Rhetorik, von Performanz und Figuration zu erörtern. An Werner Hamachers einleitende Charakterisierung von Sprachhandlungen als Handlungseröffnungen knüpfte die Bemerkung an, daß noch der glückende Vollzug solcher Handlungen ein Fehlgehen sei, da ihr Abschluß und folglich das Glücken selbst als Verstellung jener Eröffnung verstanden werden müsse. (Menke) Gegen diese Deutung wurde eingewandt, es seien nicht erst glückende oder mißglückende, sondern Handlungen als solche unabschließbar, auf nicht konklusive oder programmierbare Weise angewiesen auf andere Handlungen. Darum müsse jede Theorie von Handlungen und insbesondere von Sprachhandlungen einer Theorie ihrer Unvollziehbarkeit Asyl gewähren. (Hamacher) Die Diskussion der Vorlage setzte ein mit der Frage, wie sich die enteignende und anonymisierende Wirkung der Zitation, die ausgehend von Derridas Begriff der Iterabilität dargestellt worden sei, zu der in der Iterabilität als *altération* zugleich implizierten Singularität jeder einzelnen Iteration verhalte. (Martyn) Singularität stehe aber zu jener Enteignung sowenig in einem Gegensatz, daß sie vielmehr gerade durch den performativen Charakter der Zitation und damit in der Tat durch die Alteration selbst hervorgerufen werde. (Menke) Dennoch denke die Vorlage das Sprechen wesentlich ausgehend von der Wiederholung und denke noch die Performanz der Wiederholung figural als ein Fortsetzen und Weitersprechen. Dagegen müsse ein in jeder Wiederholung wirksames Moment des Anfangens, der Eröffnung, des Ereignisses betont werden, das in keiner Wiederholung aufgehe und vielleicht erneut an nicht-textuellen Beispielen aus der Kunst besonders greifbar werde. (Mersch) Diesem Einwand stehe entgegen, daß Menke den Sprechakt des Zitierens gerade nicht in der Anonymität einer unendlichen Wiederholbarkeit aufgehen lasse, sondern zugleich am Modell des Vor-Gericht-Zitierens und damit eines hochgradig identifizierbaren und institutionellen Sprechaktes entfalte. (Campe) Die Analyse des Hörensagens als eines Mediums, das Sprechakte erst ermöglicht und sich in jedem einzelnen schon zugunsten des Ermöglichten verstellt hat, zwinge aber dazu, den Aktcharakter und die Aktualität von Sprechakten als solche, also eine der Prämissen der Sprechakttheorie zu überdenken. (Lorenzer) Der Interpretation des Gerüchts wurde eine mögliche, etwa durch die Formel *vox populi, vox dei* nahegelegte Umkehrung zur Seite gestellt: Was lange genug zirkuliere, müsse nicht zu einem anonymen Hintergrundmurmeln, sondern könne auch zum Machtspruch werden, der wie der Eingriff einer souveränen Instanz wirke. (Geulen) Dieser Effekt lasse sich freilich seinerseits aus der Logik der Exzitation und der in ihr wirksamen Figuren der Prosopopoiie und der Metalepsis erklären. (Menke) Von einer erkennbaren Neigung von Literaturwissenschaftlern, ihre Gegenstände als Extremfälle zu konstruieren, setzte sich die Bemerkung ab, Gerücht, Klatsch oder Nachrede seien der Normalfall der Rede wie des sozialen Umgangs, ja der Konstitution sozialer Personen – auch in den damit befaßten Wissenschaften und noch im Zitieren von Sprachtheoretikern. Ein Gleiches gelte von jenem Sprechen im Namen von…, das in Rüdiger Campes Vorlage Thema war und seinerseits eine Weise des Zitierens darstelle. (Schüttpelz) Nach der Einklammerung der Kompetenz zugunsten der Performanz wurde anläßlich eines die Vorlage durchziehenden Enteignungstopos eine weitere diagnostiziert, nämlich die Einklammerung des seiner selbst mächtigen Subjekts als des Herrn über die eigenen Äußerungen. Dabei sei freilich nicht zu sehen, welcher ernstzunehmende Sprachtheoretiker eine solche Fiktion jemals vertreten habe. Von größtem sprachtheoretischem Interesse sei dagegen die für Menkes Argumentation entscheidende Figur der Metalepsis: Die Figur einer erst nachträglich und erst über die Rede des anderen konstruierten, also nur im Raum dieser Interaktion als Ursache erscheinenden Intention. (Jäger) Tatsächlich gehe es nicht um die Unterstellung, Linguisten glaubten an die intentionale Verfügung des Subjekts über seine Rede, sondern um den Nachweis, daß die Zitationspraxis selbst im Modus der Metalepsis das Konzept des Autors mitproduziere. (Menke)

Die Diskussion der Vorlage von Uwe Wirth setzte mit der Frage ein, weshalb seine Bestimmung des Vorwortes, die doch durchaus einen gattungstheoretischen Anspruch erhebe, sich auf fiktionale Texte beschränke. (Lembke) Diese Konzentration verdanke sich dem theoretischen Interesse an den Fällen, in denen, anders als etwa Searles Fiktionalitätstheorie es wolle, der logische Status der fraglichen Texte unentscheidbar sei. (Wirth) Dessen Entscheidbarkeit verstehe sich freilich auch bei nichtfiktionalen Texten nicht von selbst. Das Argument erwecke daher seinerseits den Anschein, bereits zu wissen, was nichtfiktionale und was fiktionale Texte sind. (Lembke) Wirths Überlegungen hätten deutlich gemacht, daß sich keine strengen Kriterien für den Anfang eines Vorwortes angeben ließen – man könne sich also fragen, ob man es bei einem Dedikationsgedicht, einer Zueignung, einer Gesetzespräambel, selbst einem Verlagsimpressum mit einem Vorwort im sehr allgemeinen Sinne eines Paratextes zu tun habe. Der Titel Vorwort gehe freilich mit der Suggestion einher, es handele sich dabei um *ein* Wort, tatsächlich sei diese Einheit aber durch ihre Unzuschreibbarkeit, ihre Unbestimmtheit und folglich durch eine Bewegung charakterisiert, die diesseits der Distinktion zwischen Einheit und Pluralität verlaufe. (Hamacher) Indem das Vorwort vorgebe, über den Text zu sprechen, also die Differenz zwischen einer Beobachtung zweiter und einer Beobachtung erster Ordnung einrichte, konstruiere es diesen Text erst als *einen* Text – um in den von Wirth untersuchten fiktionalen Rahmenbrüchen diese Differenz wieder zu unterlaufen und durch die Pluralisierung des einen Vorwortes zu den vielen Vorworten, zu den vielen Inszenierungen des Textes dessen Einheit wieder durchzustreichen. Eben diese Selbstrelativierung des Vorwortes und mit ihr die Ungewißheit über den Status des Sprechens bringe die ästhetische Als-ob-Struktur des Textes erst hervor. (Fohrmann) Die Einheit des Werkes, die durch das Vorwort mitkonstituiert werden solle, werde durch diese Hinzufügung selbst dementiert – ebenso wie die Vorstellung, es könne an irgendeiner Stelle der Autor selbst sprechen. Sobald es ein Werk gebe und einen Autor des Vorwortes, gebe es auch schon eine Doppelautorschaft, auf die auch das Spiel zwischen Autor und Herausgeber zurückgehe. (Menke) Tatsächlich könne man sich davon ausgehend die freilich historisch zu spezifizierende Frage stellen, ob Autorschaft nicht als Selbstherausgeberschaft definiert werden müsse. (Wirth) Eine Reihe von Fragen schloß an Wirths These an, Vorworte würden einen wie immer als negative Geste vollzogenen Rahmungshinweis geben und diese indexikalische Funktion gerade dort erfüllen, wo sie aufgrund ihrer Unzuschreibbarkeit keine illokutionäre Funktion mehr übernehmen, also auch keine ernsthaften direktiven oder deklarativen Sprechakte im Sinne der klassischen Sprechakttheorie mehr sein könnten. Damit scheine die indexikalische Funktion von der illokutionären abgekoppelt zu werden. Müsse man aber mit Derridas gegen Husserl gewendeter Einsicht davon ausgehen, daß jedes Zeichen ein Anzeichen und folglich indexikalisch sei, so stelle sich die Frage, wie es zu dieser spezifischen Umschaltung vom illokutionären zum indexikalischen Modus des Verstehens komme. (Martyn) Als Modell dafür könne etwa die entsprechende Umschaltung gelten, durch die in der Psychoanalyse Äußerungen indexikalisch als Symptome verstanden werden könnten. (Wirth) Bedenken zog die Annahme auf sich, daß die indexikalische Funktion von Vorworten auch darin bestehe, daß sie wie Anführungszeichen autoreferentiell ihre eigene Rahmungsfunktion vorführen. Der Terminus autoreferentiell sei indessen irreführend, da es um eine Präsentation gehe, die nicht den Titel der Referenz tragen könne. Autoreferentiell könnten allenfalls diejenigen paradoxen Zeichen heißen, die sich selbst im Status der Abwesenheit bekunden oder sich selbst in ihn versetzen. Daher sei zu erwägen, Vorworte als auto-indexikal zu charakterisieren. (Hamacher) Wenn das Zeichen für das Zitieren das Zitieren selbst sein solle, müsse in der

Selbstreferenz der Anführungszeichen das Zitieren sich selbst zitieren. Das sei aber unmöglich, denn es seien zwar alle Zeichen zitierbar und es lasse sich alles zitieren, nur das Zitieren nicht. (Schüttpelz) Während Vorworte chronologisch betrachtet Nachworte seien, würden andererseits bestimmte Vorworte gerade durch ihren sukzessiven Übergang ins Werk den Eindruck erwecken, Vorworte im eigentlichen Sinne zu sein. Daher die Frage, ob Wirths Analyse des Vorworts im Spannungsfeld von Illokutionarität und Indexikalität in dieser Hinsicht Zuschreibungen erlaube. (Heilmann) Tatsächlich müsse man sich an die sehr unterschiedlichen Formen halten, in denen dieses Davor- oder Danachgeschriebensein inszeniert werde. (Wirth) Dieser Alternative wurde eine weitere zur Seite gestellt. Nicht allein könnten Vorworte zu eigenen oder fremden Texten in Sammlungen oder Gesamtausgaben aufgenommen werden und dort keine rahmende Funktion mehr erfüllen. In der klassischen chinesischen Literatur gebe es auch das Vorwort als selbständige Gattung, als Vorwort zu keinem geschriebenen oder zu schreibenden Text. (Tang)

Eva Geulens Präsentation ihrer Vorlage hatte mit der Frage nach dem Verhältnis von Regel und Abweichung, Norm und Devianz eine der Leitfragen des Kolloquiums aufgegriffen. Erziehung stelle in diesem Zusammenhang eine Urszene dar, weil es in ihr um die Einsetzung von Regeln gehe. Damit komme dem Thema auch eine heuristische Funktion für die Erörterung des Performativitätsbegriffs zu. (Geulen) Unter dem Titel »Erziehungsakte« würden aber in Geulens Papier sehr unterschiedliche Akte versammelt, die nicht schon alle sprachlicher Natur, ja als performative Akte im Sinne der klassischen Sprechakttheorie zumeist gar nicht erfolgreich zu vollziehen seien. (Harras) Der Erfolg von Erziehungsakten lasse sich indessen prinzipiell nicht verifizieren. Damit sei in der Erziehung die Unterscheidung Erfolg/Mißerfolg als solche außer Kraft gesetzt. Und daraus folge im Reden *über* Erziehung, das freilich seinerseits erziehende Rede sei, die Überschätzung und Unterschätzung ihrer Wirkung. (Geulen) Fraglich sei dann auch, ob es in ihr überhaupt noch um ein Verhältnis von Wort und Wirkung gehe. Fasse man mit Benjamin Erziehung als reinen Vollzug, so könnten Erziehungsakte weder Mittel zur Überzeugung sein noch auf die grammatische Form von Sprechakten gebracht werden. (Menke) Offen bleibe indessen, weshalb Benjamin nach Geulens Darstellung zunächst die Unmöglichkeit von Erziehung behaupte, da der sittliche Wille als absolute Norm gegen jedes Mittel seiner erzieherischen Hervorbringung immun sei, um dann die Gemeinschaft als den Ort der »Umsetzung« jenes Absoluten in eine empirische Ordnung zu denken. Zu fragen sei daher, was diese Kollektivierung für die Möglichkeit von Erziehung leiste. (Martyn) Die Beobachtung, daß in Geulens Überlegungen die Perspektive der Erzogenen nicht vorkomme, gab Anlaß zu der Frage, ob nicht durch eine Berücksichtigung dieser Perspektive die kantische Antinomie zwischen der Erziehung zur Autonomie und der Erziehung als Heteronomie, also das Paradox einer »Dressur zur Freiheit« (Mersch), sich auflösen ließe. (Lembke) Gegeben sei aber in der Erziehung stets nur die Projektion des Erziehers auf die Perspektive des Zöglings. (Geulen) Der *double bind*, der in Kants Problem der Erziehung als Erziehung zur Freiheit formuliert werde, lasse sich auch durch Temporalisierung nicht, weil nur um den Preis des infiniten Regresses oder Progresses einer Erziehung der Erzieher auflösen. Sofern sie nicht vorausgesetzt werden könne, als absolute Norm sowenig wie als natürliche Ressource, lasse sich Freiheit nicht als Imposition von Regeln denken und ihre Selbstgesetzgebung nicht als ein Gesetz, das sich das Selbst bereits gegeben hätte. Der fundamentale *double bind* der Freiheit betreffe denn auch nicht erst die Instituierung der Regel zu einem Akt, sondern die Möglichkeit eines Aktes selbst. Handlungen könnten, als Handlungen aus Freiheit, nicht jene durch konventionelle Regeln bereits definierten Akte sein, als die allein sie in der Sprechakttheorie nur in Betracht kämen. Wenn Benjamin auf der Ebene der politischen Gewalt den Akt nicht in seinen Voraussetzungen und nicht in seinen Wirkungen, sondern als solchen beschreibe, als bloße Gewalt, dann sei damit zumindest Distanz gewonnen zu sämtlichen Präsuppositionen einer Sprechakttheorie, die stets davon ausgehe, daß es Akte und für diese Akte Regeln gebe, die von einem Subjekt oder einer Subjektmannigfaltigkeit aufgestellt seien – die also stets schon mit der aporetischen Annahme einer gegebenen Freiheit operiere. Freiheit aber sei kein theoretischer Gegenstand, sie könne nicht positiv definiert, sondern nur praktiziert werden – und diese Praxis sei, so lasse sich Geulens Papier verstehen, in jedem einzelnen Fall die einer Erziehung, die sich als vor- und nachbildlose, also jedes konventionelle oder konventionalisierbare Selbst suspendierende und in diesem Sinn an-anarchische Gesetzgebung realisiere. Wo immer es eine Regel gebe, müsse sie die Forderung einschließen, sie zu mißachten – Freiheitsgesetze seien strukturell schizoid. (Hamacher) An Karl Philipp Moritz' Maxime »Ich will immer denken, was ich tue«, deren Paradoxien Geulen freigelegt hatte, knüpfte die Bemerkung an, in dieser dem Subjekt auferlegten Identität von Denken und Handeln spreche sich nichts anderes aus als jener Zwang zur Selbstexplikation, der den Kern aller intentionalistischen Performativitätstheorien von Searle bis Habermas bilde, nach denen illokutionäre Akte als solche nur funktionieren könnten, sofern sie explizierbar seien. (Mersch) Vorgeführt werde bei Moritz nicht allein dieser Zwang zur Selbstexplikation, sondern zugleich deren Scheitern. (Geulen) Erziehung lasse sich mit Geulens Papier verstehen als der Versuch einer Selbstreproduktion von Sozialität, deren Mittel aber die eines außerhalb von Sozialität liegenden Einsetzungsrechts oder, mit dem Terminus Hegels, eines »Heroenrechts« seien, einer in jedem Erziehungsakt als Erziehung zur Kultur reaktivierten Barbarei, die als Erziehung zur Erziehung auf ihre eigene Wiederholung angelegt sei. Bei Moritz, bei dem Erziehung als die vollkommene Entleerung und Mortifizierung einer Natur erkennbar werde, die keine Kulturleistung mehr vollbringen könne und damit das Erziehungsprojekt selbst durchkreuze, würden die Möglichkeit und das Risiko solcher Einsetzungen noch einmal gedacht. (Fohrmann)

# Namensregister

Abelson, Robert P. 250
Abraham, Nicolas 56
Achermann, Eric 452
Adelson, Leslie A. 402
Adenauer, Konrad 407
Adorno, Theodor W. 60, 103, 514, 526, 635
Aelius (L. Aelius) 43
Agamben, Giorgio 601, 635
Agricola, Rudolf 10, 90, 95, 324, 327, 329, 333 f., 336, 338, 341–346, 348, 355 f.
Aischylos 597, 658
Alafenisch, Salim 401 f.
Alembert, Jean Le Rond d' 131 f.
Alexander der Große 165 f.
Alexander von Villedieu 12
Alkidamas 423
Alsted, Johann Heinrich 19–27, 33
Althusser, Louis 630
Ammlung, Ulrich 646
Andresen, Carl 591
Anscombe, Gertrude E. M. 498
Ansorge, Hans-Jürgen 608, 612
Antisthenes 30
Apel, Karl-Otto 504, 516, 521, 529–533
Arbib, Michael 116, 121
Arendt, Hannah 527, 632, 644
Arens, Katherine 434
Aristoteles 7, 10, 13 f., 30, 42 f., 45, 58, 61, 64–71, 74 f., 81, 84, 86, 90–94, 104, 106, 108 ff., 115 ff., 125, 133, 166, 176, 179, 195, 200 f., 300, 312, 398, 423, 446, 531, 569–572, 574, 615, 659
Arminius 159
Armstrong, Neil 406
Assmann, Aleida 606, 629
Assmann, Jan 424
Atlas, Jey D. 220, 231
Auerbach, Erich 360
Augustinus (Aurelius Augustinus) 74, 78
Augustus 165
Austin, John Langshaw 216, 403, 481–484, 486–492, 494, 500 f., 504, 511 f., 516, 519–522, 525, 529, 532, 536 f., 539–541, 543 f., 546 f., 554–556, 559 f., 562, 567, 570–573, 577, 582, 584, 587 f., 594, 606, 609, 630, 632, 653 f., 657, 659
Ax, Wolfram 408

Bach, Kent 491 f.
Bachtin, Michail 400 f., 473, 475
Bacon, Francis 69, 100, 112–114,
Bader, Eugen 423 f.
Baldauf, Christa J. 88
Balke, Friedrich 134, 181, 183, 313, 316, 319 f., 325, 472, 475–477, 655, 657, 659
Bandy, Gerhard J. 88
Banks, Joseph 79
Barnouw, Jeffrey 97
Baron, Samuel H. 356
Barry, Thomas F. 549
Barthes, Roland VIII, 45, 88, 160 f., 304 f., 317, 444, 446, 505–507, 538, 540 f., 591, 603, 623–625
Barwick, Karl 41
Bary, René 340
Bateson, Gregory 426
Battistini, Andrea 47
Baumgarten, Alexander Gottlieb 74, 446 f., 449
Bäumler, Alfred 445–449, 453
Beaglehole, John Cawte 79
Beardsley, Monroe C. 86, 290
Becker, Hellmut 635
Beda Venerabilis 12
Beer, Gilian 146
Behler, Ernst 34, 302
Behrend, Heike 363
Belliger, Andréa 613
Bender, John 421
Benjamin, Walter 175, 433, 438, 590, 592, 633 f., 642–652, 662 f.
Bennett, Jonathan 227
Benninghof-Lühl, Sibylle 403, 591, 597
Benveniste, Emile 546
Berg, Wolfgang 85, 128
Berger, Peter L. 338
Bergman, Merrie 129
Bergson, Henri 143, 148
Bering, Dietz 138, 151
Berlich, Alfred 531
Berlin, Isaiah 547
Berman, Nina 401 f.
Bernard, Claude 135, 148–150
Bernecker, Roland 52
Bernheimer, Charles 544
Besien, Fred van 107
Bierwisch, Manfred 220
Binder, Hartmut 544

Birken, Sigmund von 597
Birus, Hendrik 85 f.
Bismarck, Otto von 159
Black, Max 36, 84–87, 105, 116, 120, 177, 251, 287 f., 290, 491
Blumenberg, Hans 5, 37, 60, 62–64, 66, 88 f., 129, 134, 249, 433, 441, 571, 632
Blutner, Reinhard 220, 233
Boas, Franz 393
Boden, Margaret A. 107
Bohn, Cornelia 423
Bohr, Niels 119
Bollnow, Otto F. 591
Bonifatius 171
Böning, Thomas 561
Borner, Martin 592
Bornmann, Fritz 296, 307
Bornscheuer, Lothar 45, 58, 69, 93 f., 155, 158, 420, 433
Borsche, Tilman 91, 202
Bosse, Heinrich 428
Bossuet, Jacques Bénigne 450
Botha, Elaine 121
Bourdieu, Pierre 356, 511, 595, 630
Bourgeois, Léon 467
Boyd, Richard 120, 127, 129
Brandom, Robert B. 231, 511
Brandt, Reinhard 98
Brandtner, Andreas 348 f.
Brassican, Johannes Ludwig 354
Brecht, Bertolt 413, 651
Bremer, Dieter 109
Brentano, Clemens 538, 561
Breton, André 176
Breuer, Ingeborg 532
Brodersen, Momme 646
Brown, Vivienne 98
Brunschwig, Jacques 66
Bryan, Ferald J. 101
Büchmann, Georg 405, 597
Büchner, Georg 557–561, 563 f., 566 f., 574–577, 579 f., 658 f.
Buffon, Georges 141
Bühl, Walter L. 121
Burckhardt, Jakob 156, 331, 337–339, 341
Bürger, Peter 60
Burke, Edmund 450 f., 455 f., 469
Buss, Mareike 251
Butler, Judith 520, 528, 532, 539, 543, 555, 595, 630

Cahné, Pierre-Alain 96
Campbell, Norman 115
Campe, Joachim Heinrich 629, 657

Campe, Rüdiger 47, 117, 123, 134 f., 176, 182, 299, 303, 314, 316, 428, 540, 568, 571, 608, 631, 656, 658–660
Canguilhem, Georges 148
Cantalupo, Charles 97
Carl August 147
Carr, Thomas M. 96
Carroll, Lewis 487
Carston, Robyn 225
Caruth, Cathy 537
Cäsar (Gaius Julius Cäsar) 464
Cassirer, Ernst 327
Catull (Gaius Valerius Catullus) 420 f.
Cavaillé, Jean-Pierre 96
Cavell, Stanley 219, 539
Cervantes Saavedra, Miguel de 538
Charbonnier, Georges 362, 371
Charpa, Ulrich 74
Cho, Kuk-Hyun 611
Chomsky, Noam 193–195, 197 f., 205–208, 210, 212 f., 216, 218, 247, 255, 313, 516–518, 655
Cicero (Marcus Tullius Cicero) 11, 21, 29 f., 39, 42–46, 48, 50, 57, 61, 65, 72 f., 84, 90, 93–95, 108, 117, 133, 155, 177, 258, 267, 333, 340, 421, 424, 560, 568
Clark, S. H. 98
Clifford, James 323, 399, 400 f., 403, 412, 438, 474 f.
Clinton, Bill 406
Clucas, Stephen 112
Cohen, Ted 571–574, 632
Compagnon, Antoine 590 f., 607, 619
Condillac, Etienne Bonnot de 122, 425, 576
Cook, James 75, 79
Corngold, Stanley 549
Coseriu, Eugenio 264
Coulmas, Florian 399
Crescenzi, Luca 296
Crosland, Maurice P. 99
Curtius, Ernst Robert 72 f., 89, 333, 444 f., 449–451
Curtius Rufus 354

Daiber, Jürgen 131, 139, 142 f.
Danesi, Marcel 102
Daniel, Ute 357
Daniélou, Jean 173
Danneberg, Lutz 82, 90, 94, 98 f., 104, 114 f., 124
Danto, Arthur C. 93
Därmann, Iris 363
Darnton, Robert 132

## Namensregister 667

Darwin, Charles 78, 117 f., 145
Daston, Lorraine 335, 341, 348
Davidson, Donald 104 f., 125, 128, 510, 517 f., 520–523, 621
Davies, Gloria 68
Davis, William 227
Debray, Régis 283 f., 290
Debatin, Bernhard 92, 100, 102, 106, 116, 120 f.
Dedner, Burghard 580
Deleuze, Gilles 53, 143, 148, 300, 545–548, 553
De Man, Paul 98, 100, 104, 122, 139, 246, 266, 299, 310, 324, 438, 537 f., 553, 561, 582–587, 593 f., 596, 600, 626 f., 629–631
Demandt, Alexander 89
Demosthenes 456
Derrida, Jacques 29 f., 37, 39, 48–57, 100, 139, 177, 191, 286–89, 362 f., 375 f., 403–407, 410–412, 419, 473–475, 506, 510, 514, 518, 522, 524–526, 532, 539, 543, 546 f., 551 f., 555 f., 573, 582, 585, 587 f., 593, 597, 600, 603–605, 607, 610–627, 632, 643 f., 659, 661
Descartes, René 10, 69, 91, 96, 100, 113, 124, 157, 531
Diamond, Jared 369
Di Cesare, Donatella 101, 202
Diderot, Denis 131 f.
Dilthey, Wihelm 156, 169
Diomedes 15
Dixon, Peter 14
Dockhorn, Klaus 433
Donat 12
Dörner, Andreas 159
Drobner, Hubertus R. 591
Droysen, Johann Gustav 156, 160–169, 174, 183
Dubois, Jacques 408
Duhem, Pierre 115
DuMarsais, César Chesneau 15 f., 101
Dumschat, Sabine 330
Dünkelsbühler, Ulrike 604, 622
Durbin, Paul T. 111
Durkheim, Emile 374
Dyck, Joachim 73

Eccles, John C. 196
Eberhard der Deutsche 12
Eco, Umberto 85, 125, 280, 427
Edeline, Francis 408
Edelman, Nathan 96
Eggo, Feodor 165

Eggs, Ekkehard 14, 84
Ehlich, Konrad 275
Ehrenzeller, Hans 612–614, 622
Eichhoff, Jürgen 406
Ekman, Paul 275 f.
Elgin, Catherine Z. 193, 198, 200, 213
Elsky, Martin 14
Empedokles 109 f.
Engels, Joseph 47, 61
Erlenbruch, Wolf 638
Euripides 538
Ewald, François 467

Faiga, Uwe 415
Faral, Edmond 12
Fauconnier, Gilles 249, 251, 259
Fechner, Gustav Theodor 367
Feder Kittay, Eva 122
Fehrmann, Gisela 262 f.
Feilke, Helmuth 239
Fellmann, Ferdinand 118
Felman, Shoshana 537, 539, 543, 546, 553, 555, 656
Fenves, Peter 637
Ferdinand I. 336
Feyerabend, Paul 148
Fichte, Johann Gottlieb IX, 9, 513, 656
Fiedler, Wilfried 109
Fietz, Rudolf 302
Fillmore, Charles 250
Fink, Gonthier-Louis 402
Flaubert, Gustave 544
Fletcher, John F. 356
Flusser, Vilém 305
Fohrmann, Jürgen 177–181, 183 f., 314–318, 472 f., 476, 655, 658, 661, 663
Fontane, Theodor 152
Fontanier, Pierre 15 f.
Forceville, Charles 258
Ferguson, Lynd W. 547
Forman, Paul 118
Forster, Georg 75, 77–80
Foucault, Michel 99, 132 f., 136, 138, 141, 285, 294, 311, 345, 447–449, 461–463, 466, 468, 477, 601, 603, 610 f., 619 f., 623, 625, 630, 635
Fouqelin, Antoine 19
Fox, Charles James 455 f.
France, Peter 122
Frances, Anatole 49
Frank, Manfred 60, 139, 524
Frank, Philipp 118 f.
Fraser, Bruce 237
Frauchiger, Michael 119
Fraunce, Abraham 19, 24

Frege, Gottlob 207, 517
Freud, Sigmund 55 f., 61, 118, 310, 539, 542 f., 550 f., 616, 630
Frey, Hans-Jost 596
Fricke, Harald 112
Friemann, Sylvia 423
Friedrich Barbarossa 339
Friedrich, Johann Konrad 558
Fries, Thomas 297 f.
Friesen, Wallace W. 275 f.
Frye, Northrop 164
Fuchs, Anna 85 f.
Fuchs, Peter 190
Fuhrmann, Manfred 92, 424
Fülling, Erich 442

Gabriel, Gottfried 110
Gadamer, Hans-Georg 60, 424, 521
Gagarin, Juri 406
Gaier, Ulrich 426, 428, 434 f., 437
Gal, Ofer 106
Gale, Richard M. 495
Galilei, Galileo 91
Galison, Peter 96
Gasché, Rodolphe 376
Gasser, Peter 302
Geach, Peter 498
Geckeler, Horst 264
Geertz, Clifford 323, 399, 401, 438–440
Gehlen, Arnold 638
Geißner, Hellmut 267
Geitner, Ursula 134
Gelb, Ignace J. 372
Gellert, Christian Fürchtegott 429
Genet, Jean 49
Genette, Gérard 191, 299, 607–611, 614 f., 626
Gerber, Gustav 32–34, 103, 191, 295–299, 301, 309 f.
Gersdorff, Carl von 307
Geulen, Eva 177, 182, 315, 475 f., 657, 660, 662 f.
Gibbs, Raymond W. 253
Giddens, Anthony 359
Giese, Gerhardt 641
Ginet, Carl 491
Giovio, Paolo 336, 350, 353
Gipper, Helmut 119
Glarean, Henricus Loriti 354
Goethe, Johann Wolfgang von VII, 71, 135, 146 f., 150 f., 454, 457, 477, 564, 629, 649
Goffman, Erving 606, 610, 627
Goldberg, Jonathan 600
Goltz, Dietlinde 99

Goodman, Nelson 192 f., 196 ff.
Gordon, David 245
Gorgias von Leontinoi 508, 539
Göttert, Karl-Heinz 425, 429, 432
Goyet, Francis 47
Graeser, Andreas 82
Graevenitz, Gerhart von 47, 155 f.
Grassi, Ernesto 65, 70–75
Gregor von Nyssa 173
Gretz, Daniela 316
Grewendorf, Günther 194, 207, 498, 653 f.
Grice, H. Paul 128, 220 f., 225–230, 237, 239, 242, 315
Grimm, Jacob 44, 204
Grimm, Wilhelm 44
Grimmelshausen, Hans Jacob Christoffel von 348, 612
Groddeck, Wolfram 298, 306, 312, 508, 541
Gross, Alan G. 133, 136, 146
Grotius, Hugo 562–564
Groys, Boris 134
Gruber, Howard E. 118
Guattari, Félix 148, 545–547
Guillory, John 630 f.
Gumbrecht, Hans Ulrich 132, 154, 560
Gutenberg, Johannes 373, 431
Gutzkow, Karl 563, 579

Habermas, Jürgen 60, 70, 328, 454, 504, 511, 516 f., 519–523, 528–530, 567, 574, 609, 663
Haeckel, Ernst 118
Hager, J. 74
Halbwachs, Maurice 157
Hamacher, Werner 54, 56 f., 144, 176–180, 184, 311, 314, 317–319, 476 f., 552 f., 649, 653 f., 656–659, 661, 663
Hamann, Johann Georg 31–33, 102, 452, 476
Hamblyn, Richard 146
Hannaway, Owen 99
Hansen, Hans Rasmus Johan Malling 306
Hansen, Olaf 163
Harbsmeier, Michael 363, 373
Hardenberg, Friedrich von *siehe* Novalis
Hare, Richard M. 500
Härle, Gerhard 423
Harnish, Robert M. 491 f.
Harras, Gisela 180, 183, 192, 227, 239, 313–315, 653, 657, 659, 662
Harrauer, Christine 329, 331
Harris, Roy 372
Harsdörffer, Georg Philipp 597

Harth, Dietrich 168
Härtling, Peter 413
Hartman, Geoffrey 49 f.
Hart-Nibbrig, Christiaan 600
Haskell, Robert E. 101
Hasselquist, Friedrich 436
Haverkamp, Anselm 84, 298, 563
Hebekus, Uwe 111, 136, 177 f., 180, 182 f., 319, 471, 477, 656, 658
Hegel, Georg Wilhelm Friedrich 10, 49, 53, 184, 453, 457, 515, 600, 614, 630, 633 f., 640–643, 663
Heidegger, Martin 29, 30, 36, 49, 52–54, 61, 178 f., 457, 509, 514, 518, 527, 635
Heike, Georg 278
Heilmann, Christa M. 192, 317 f., 655, 657, 662
Helbig, Gerhard 413
Helfrich, Hede 268
Heine, Heinrich 559, 563
Heinze, Richard 592
Heisenberg, Werner 118
Hennis, Wilhelm 69 f.
Henry, Richard 610
Henn-Schmölders, Claudia 452
Hensch, Thomas 96
Herberger, Sepp 406
Herberstein, Sigmund von *siehe* Sigmund von Herberstein
Herder, Johann Gottfried 4, 9, 48, 102, 200, 202, 420 f., 425–437, 439–443, 475–477, 575, 629, 638
Hermann der Cherusker 159
Hermogenes 40
Herodot 354, 430
Hesse, Mary B. 104–106, 116, 121
Hetmann, Karl 651
Hetzel, Andreas 508
Hinrichs, Carl 173
Hippokrates 112
Hirschberg, Julia 237
Hobbes, Thomas 90, 96–98, 461, 564, 592, 596
Hödl, Hans Gerald 297
Höfert, Almut 331
Hoffmann, Erika 641
Hoffmann, Ernst Theodor Amadeus 538, 561, 625
Hofmannsthal, Hugo von 139
Holdcroft, David 491
Holmes, Terence M. 558
Holton, Gerald 75
Homann, Karl 71
Homer 569 f.
Horkheimer, Max 60

Horn, Laurence 220, 231
Hösle, Vittorio 531
Howard, Luke 146 f., 150
Howell, Wilbur Samuel 14, 18 f.
Hübler, Axel 268
Hübner, Kurt 60
Huet, Pierre Daniel 628
Humboldt, Wilhelm von 101, 196, 200, 202–208, 210, 215, 477, 505
Hunt, George 393
Husserl, Edmund 406, 411, 517, 620, 661
Huxley, Aldous 81
Hyppolite, Jean 550 f.

Ilg, Klaus M. 329
Iser, Wolfgang 439, 442
Isidor von Sevilla 47

Jäger, Ludwig 180, 184, 189 f., 257, 260 f., 264, 313 f., 475, 477, 655, 660
Jäkel, Olaf 249, 253
Jakobson, Roman 104, 199, 205, 299, 304, 382, 384 f.
James, Henry 546
Janua, Johannes Balbus de 11
Jardine, Lisa 112
Jarry, Alfred 53
Jean Paul 31, 591, 612, 616 f., 624 f., 632–634
Johnson, Barbara 410
Johnson, Christopher 50
Johnson, Mark 75, 87 f., 103, 246 ff.
Johnson, Uwe 303
Johnston, David 97
Joost, Ulrich 305
Jost, Jörg 251

Kahn, Victoria 97
Kafka, Franz 304, 538, 544–552, 561
Kaiser, Stefan 302
Kalb, Christof 308
Kalverkämper, Hartwig 267 f., 279
Kamper, Dietmar 74
Kant, Immanuel 11, 31 f., 60, 64 f., 68, 73, 75, 102, 122, 154, 184, 203, 433, 446, 469 f., 484, 537, 563 f., 604, 630, 632–638, 640–642, 644–648, 651, 656, 662
Kantorowicz, Ernst 565
Karajan, Theodor Georg 353
Karl V. 359
Kay, Lily E. 107
Keckermann, Bartholomäus 14 f., 25
Kelkel, Arion Lothar 53
Keller, Rudi 227

Keller, Werner 146
Kelterborn, Louis 296, 310
Kemmerling, Andreas 227
Kennedy, John F. 405 f.
Kennedy, John M. 88
Kepler, Johannes 114
Kienpoitner, Manfred 333, 355
Kittler, Friedrich 457, 470, 618, 629 f.
Kittler, Wolf 544 f.
Kittsteiner, Heinz D. 175
Klaj, Johann 597
Klausnitzer, Ralf 134, 180
Kleist, Heinrich von 159, 460, 477, 537 f., 561, 588, 593 f.
Klemme, Heiner F. 98
Klingenberg, Jean-Marie 408
Klopstock, Friedrich Gottlieb 429
Klotz, Volker 558
Kluge, Friedrich 39
Knorr-Cetina, Karin 107, 337
Koepke, Wulf 443
Kohl, Karl-Heinz 360
Köhler, Wolfgang R. 531
Kofman, Sarah 51, 309
Kohlenbach, Michael 298
Kölb, Clayton 549
Kolers, Paul A. 107
Kolumbus, Christoph 172
Konersmann, Ralf 112
Kopperschmidt, Josef 64
Körner, Stephan 103
Koschorke, Albrecht 142, 429, 432
Köselitz, Heinrich 304
Koselleck, Reinhart 3, 133, 136, 152–156, 165, 175, 181, 183, 422, 473, 630
Krämer, Sibylle 516, 518, 613
Kraus, Karl 559, 592
Kremer-Mariette, Angèle 302
Krewitt, Ulrich 12
Krieger, David J. 613
Kristeva, Julia 473, 603
Križanić, Juraj 356
Kubczak, Hartmut 85, 126, 128
Kuhlmann, Wolfgang 531
Kuhn, Thomas 118, 121
Künne, Wolfgang 128
Künzlin, Gottfried 646

Lacan, Jacques 49, 310, 384, 475, 538, 551, 565, 576
Laclau, Ernesto 159
Lacoue-Labarthe, Philippe 295, 299 f.
Lakoff, George 75, 87 f., 103, 245 ff.
Lamarck, Jean-Baptiste 141
Lambert, Johann Heinrich 102, 447

La Mettrie, Julien Offray de 124
Landau, Iddo 112
Lang, Ewald 220
Lang, Matthäus 353
Langacker, Ronald W. 255, 257
Langer, Ullrich 14
Latomus, Bartholomäus 329
Lausberg, Heinrich 12, 46, 73, 340, 408, 558, 561, 593
Lavisse, Ernest 157
Lavoisier, Antoine Laurent 137, 141
Lee, Rima Canaan 559
Legendre, Pierre 561, 565, 576
Lehmann, Hans-Thies 549
Leibniz, Gottfried Wilhelm 96, 98, 134, 230, 452
Leitsch, Walter 326, 330
Lejeune, Philippe 609
Lembke, Sven 178, 181, 324, 471 f., 656, 660, 662
Lémery, Nicolas 350
Leo X 172
Leroi-Gourhan, André 212
Lessing, Gotthold Ephraim 131, 428, 434, 457, 477, 629
Leusch, Peter 532
Levin, Samuel R. 102, 109
Levinson, Stephen 220, 223, 231, 233, 237
Lévi-Strauss, Claude 324, 358 f., 361–371, 373–390, 394–396, 472–474
Lewis, David 491
Lichtenberg, Georg Christoph 31, 112, 295, 298, 305, 608
Lieb, Hans-Heinrich 7, 31
Liebrucks, Bruno 8
Linné, Carl von 141
Linz, Erika 181, 192, 251 f., 255, 263, 314–317, 655
Lippolt, Adolf 350
Locke, John 88, 90, 97 f., 122
Loeck, Gisela 109
Loraux, Nicole 460
Lorenz, Kuno 200
Lorenzer, Stefan 178, 319, 475, 654, 658, 660
Lotman, Jurij M. 603 f.
Lowth, Robert 435
Lübke, Heinrich 406
Luckmann, Thomas 338
Luhmann, Niklas 133, 136, 139, 335, 359, 428, 454, 457, 511, 516, 523, 605 f., 615, 618, 627, 630, 632, 636
Luther, Martin 159, 171 f., 174
Lutzeier, Rolf Peter 264
Lyon, John B. 566

Lyons, John 257, 264, 290
Lyotard, Jean-François 514 f., 522 f., 532–534, 590, 594 f.

MacCormac, Earl A. 107
Mach, Ernst 112, 115
Maclean, Marie 613
Mainberger, Gonsalv L. 310
Malebranche, Nicolas 96
Malinowski, Bronislaw 380
Malthus, Thomas Robert 117
Marquard, Odo 638
Martínez-Bonati, Félix 610
Martyn, David 181, 297, 314–317, 319, 325, 471 f., 474 f., 659, 661 f.
Marx, Karl 61, 78, 559
Matala de Mazza, Ethel 451, 460, 470
Mathie, William 97
Matthäus von Vendôme 12
Maurer, Michael 443
Mauss, Marcel 362, 367 f., 374–376, 380, 384, 387–389
Mauthner, Fritz 30, 103
May, Michaela 252
Mayer, Thomas Michael 580
Mayr, Otto 89
Maximilian I. 353, 355, 359
McCole, John 646
McGrane, Bernard 360
McLuhan, Marshall 405
Meerhoff, Kees 18
Meggle, Georg 226
Meibauer, Jörg 239
Meier-Kunz, Andreas 11
Meijers, Anthonie 103, 296 f.
Meinel, Christoph 98
Meister, Monika 594
Melanchthon, Philip 11, 329
Menges, Karl 426
Menke, Bettine 33, 178, 180, 182–184, 317–319, 472, 474–476, 538, 549, 553, 561, 655, 659–662
Menke, Christoph 553
Mersch, Dieter 176, 178, 180–182, 313, 317, 473 f., 502 f., 505, 509, 511, 513 f., 518, 523, 532–534, 653–656, 660, 662 f.
Meschonnic, Henri 53
Mette, Hans Joachim 307
Metz, Christian 293
Metz, Wilhelm 12
Metzger, Hans-Dieter 97
Meyer, Ahlrich 89
Meyer, Heinz 441
Meyer, Thomas 558
Miki, Etsuzo 239

Mill, John Stuart 69, 114, 120
Miller, Arthur I. 118
Miller, Hillis J. 538, 556, 562
Minguet, Philippe 408
Minsky, Marvin 250
Mittelstraß, Jürgen 124, 200
Mohl, Robert 643
Molcho, Samy 267
Moritsch, Andreas 331 f.
Moritz, Karl Philipp 634, 638–640, 648, 651, 663
Morris, Desmond 267
Mosellanus, Petrus 11
Most, Glenn 297 f.
Motschmann, Uta 417
Mozart, Wolfgang Amadeus 490
Mulaik, Stanley A. 87
Mulkay, Michael 121
Müller, Adam 325, 444, 449–470, 477
Müller, Jan-Dirk 337
Müller-Lauter, Wolfgang 300
Müller-Seidel, Walter 304
Mulligan, Kevin 562
Murphy, James J. 12, 18

Nägele, Rainer 544
Napoleon 155 f.
Neubauer, Hans-Joachim 597–601
Neumann, Gerhard 128
Neumann, John von 108
Newman, Barnett 514
Newton, Isaac 114, 119, 148
Niehoff, Reiner 559
Niehues-Pröbsting, Heinrich 61 f., 64
Nieraad, Jürgen 82, 100
Nietzsche, Friedrich 29 f., 32–35, 60 f., 90, 102 f., 138, 143, 148, 157, 191 f., 295 ff., 400, 438, 508, 538, 583–585, 594, 608, 618, 631, 646
Nikolaus, Hl. 350 f.
Nipperdey, Thomas 358
Nodier, Charles 559 f., 566
Nora, Pierre 157 f.
Nordgren, Anders 87
Novalis (Friedrich von Hardenberg) 93, 131–145, 152, 172, 182, 463, 465, 564 f.
Nugel, Bernfried 88

Oberg, Kalervo 396
Ockham, Wilhelm von 201
Oesterreich, Peter L. 61, 179
Ohly, Friedrich 163
Olearius, Adam 356
Ong, Walter J. 15, 18, 95, 423
Orilia, Francesco 87

Otto von Freising 339
Ovid (Publius Ovidius Naso) 600 f.

Pagnoni-Sturlese, Maria Rita 71
Pandel, Hans-Jürgen 160
Pantaleon, Heinrich 337
Paracelsus 99
Paravicini, Werner 326
Park, Katherine 112
Paulsen, Friedrich 630
Paumgartner, Johann Georg 349
Peacham, Henry 12
Pears, David F. 547
Peirce, Charles Sanders 30, 114 f., 181, 192, 252, 260, 269 ff., 281, 427, 485, 620 f.
Pemble, John 170
Pender, Elisabeth 91
Perelman, Chaïm 100
Pethes, Nicolas 181 f., 313, 320
Petrus, Klaus 82, 118
Pfaffel, Wilhelm 41
Pielenz, Michael 93
Pire, François 408
Pitcher, George 547
Platon 30, 39–41, 60–63, 65, 74, 81, 90 f., 166, 173, 199, 201, 310, 423, 431 f., 476, 507, 508, 569
Plett, Heinrich F. 13
Plüss, Helen 228
Poe, Marshall 330
Poltermann, Andreas 434
Poovey, Mary 358
Popper, Karl R. 196
Pörksen, Uwe 118
Pornschlegel, Clemens 561
Porter, James I. 302
Porzig, Walter 264
Postel, Guillaume 349
Pötschke, Hansjürgen 611
Prelli, Lawrence 136
Prokhovnik, Raia 97
Proß, Wolfgang 48
Protagoras 570, 572
Proust, Marcel 538, 618, 631
Ptolemäus 354
Pufendorf, Samuel 562, 564
Pustejovsky, James 220 f.
Putnam, Hilary 206
Pythagoras 68

Quine, William Van Orman 106, 119, 520
Quintilianus (Marcus Fabius Quintilianus) 8, 11, 30, 45 f., 65 f., 72, 84, 95, 103, 108, 117, 127, 254, 267, 310, 333, 340, 421 f., 424, 538–543, 592 f., 633, 656

Rahewin von Freising 339 f.
Ramus, Petrus 10–12, 14 f., 18 f., 21–25, 90, 95, 132
Ranke, Leopold von 156, 169–175, 183
Rattner, Joseph 630
Raumer, Friedrich von 152 f., 156
Rayner, Jeremy 97
Redfield, James 422
Rée, Paul 308
Reddy, Michael J. 259
Rehbein, Jochen 275
Reich, Klaus 31
Reichenbach, Hans 111
Reinach, Adolf 562
Reinhold, Johann 79
Reisch, Gregor 11
Repp, Kevin 646
Richards, Ivor Armstrong 36, 86, 248 f., 251, 287
Richartz, Walter E. 143
Richter, Johann Paul Friedrich *siehe* Jean Paul
Ricœur, Paul 35, 87, 92, 116
Riedel, Manfred 306
Rilke, Rainer Maria 538, 631
Ritter, Henning 148
Robinet, André 10
Roediger, Henry L. 107
Rogers, James Allen 118
Roggenbruck, Simone 52
Röhrich, Lutz 407
Rolf, Eckhard 237
Ronell, Avital 631
Rorty, Richard 105, 523
Rosinus, Johannes 354
Rothbart, Daniel 116
Röttgers, Kurt 142
Rousseau, Jean-Jacques 78, 102, 362, 371, 390–393, 453, 473, 538, 575, 616, 625 f., 629, 631, 635
Ruiter, Jan-Peter de 275 f.
Rummel, Erika 341
Ruse, Michael 118
Russell, Bertrand 221
Rutschky, Katharina 630
Ryle, Gilbert 193, 196

Sacksteder, William 97
Sampson, Geoffrey 495
Saussure, Ferdinand de 52, 193, 196, 204 f., 208 f., 211 f., 214, 217 f., 260 f., 269, 288, 410–412, 415–418, 505–507, 510, 518, 524 f.
Savigny, Eike von 555
Scaliger, Julius Caesar 4, 11

Schaeffer, John D. 101
Schank, Roger C. 250
Schanze, Helmut 160
Scheffler, Israel 84
Scheidegger, Gabriele 331
Schelling, Friedrich Wilhelm Josef 139 f., 515
Schenkel, Wolfgang 413
Scherer, Klaus R. 280
Schieder, Theodor 160
Schiffer, Stephen R. 227, 491, 497
Schiffer, Werner 160
Schildknecht, Christiane 96, 112 f.
Schiller, Friedrich von 325, 457, 477, 482, 557, 629, 651
Schily, Otto 417 f.
Schlaffer, Hannelore 156
Schlaffer, Heinz 156
Schlegel, August Wilhelm 144
Schlegel, Friedrich 131, 164
Schleiermacher, Friedrich Daniel Ernst 40 f., 189, 477
Schlesier, Renate 100
Schlözer, August Ludwig 441
Schmeitzner, Ernst 305
Schmidt-Biggemann, Wilhelm 11, 133 f., 155, 176–179, 181, 183 f., 335, 340, 348, 472, 476, 655, 658
Schmitt, Carl 152, 459, 477, 650
Schneider, Hans J. 205, 215
Schöfer, Erasmus 53
Scholem, Gershom 590
Scholz, Oliver R. 128, 229, 238, 240 f., 521
Schöne, Albrecht 146
Schönert, Jörg 99, 114, 124
Schopenhauer, Arthur 308
Schröter, Robert 41
Schuller, Marianne 543
Schumacher, Eckhard 50
Schumacher, Kurt 407
Schüttpelz, Erhard 82, 103, 176, 181, 183, 301, 313, 315, 324, 403, 408 f., 413, 415–417, 472–474, 476 f., 654, 656 f., 660, 662
Schütz, Alfred 316
Searle, John R. 85, 191, 241, 245, 289, 482, 491–496, 499–501, 504, 512, 516–522, 524–526, 530, 532, 547, 563, 567, 573, 605, 609, 621, 630, 632, 653 f., 659, 660, 663
Secret, François 349
Sedgwick, Eve Kosofsky 546
Seehaus, Günter 651
Shakespeare, William 71, 538, 580, 658
Shannon, Claude 108

Shapin, Steven 332
Shelley, Percy Bysshe 585 f.
Sherry, Richard 12
Shibles, Warren A. 82, 121
Siegert, Bernhard 284 f., 292 ff.
Sieveke, Franz G. 66
Sieyès, Emmanuel Joseph 466
Sigmund von Herberstein 324, 326–332, 334, 336–341, 343 f., 347–359, 471 f.
Simmel, Georg 605
Simon, Josef 194
Simon, Ralf 435
Skinner, Quentin 97, 125
Sloterdijk, Peter 635
Soarez, D. Cyprianus 12
Soemmerings, Samuel Thomas 141
Sokel, Walter H. 544
Sokrates 39 ff., 60, 166
Sommer, Andreas Urs 298
Sorell, Tom 97
Spengel, Leonhard 297
Sperber, Dan 230
Spitzer, Manfred 206
Sprat, Thomas 99
Staden, Heinrich von 353
Stagl, Justin 331 f.
Stampe, David W. 227
Stanford Friedman, Susan 89
Stanitzek, Georg 606
Starobinski, Jean 525
Stegmaier, Werner 298
Stehen, Gerard J. 253
Steiner, Franz B. 376
Steinmetz, Rudy 50
Stelter, Reinhard 87
Stetter, Christian 176, 178, 180, 192 ff., 313 f., 316 f., 474, 477, 654, 659
Stichweh, Rudolf 189
Stierle, Karlheinz 89
Stingelin, Martin 29, 103, 145, 148, 191, 295, 297, 302, 306, 311, 319 f., 608
Strawson, Peter F. 227, 547
Strebaeus, Jacob Lodoicus 11
Strowick, Elisabeth 177, 316, 475, 538, 544, 656 f.
Strub, Christian 7 f., 35, 83 f., 86, 126, 176–179, 181, 184, 315, 320, 473, 476
Stuhr, Peter Feddersen 165
Sturm, Jacob 90
Stutterheim, Cornelius 13, 31
Sulzer, Johann Georg 425
Susenbrotus, Joannes 12
Sussman, Henry 549
Sweetser, Eve 248, 251, 253
Swift, Jonathan 616 f.

Talaeus, Audomarus 14, 18
Talon, Omer 18 f.
Tang, Chenxi 178 f., 182, 325, 475–477, 662
Thalken, Michael 296
Theophrastus Bombast von Hohenheim *siehe* Paracelsus
Thieberger, Richard 558
Thiel, Detlef 50
Thiers, Adolphe Louis 558
Thomas, Douglas 302
Thomas von Aquin 8, 12, 94
Thomasius, Christian 98
Thukydides 152
Thum, Bernd 402
Thüring, Hubert 145, 297, 299
Tieck, Ludwig 559
Todorov, Tzvetan 633
Torok, Maria 56
Torra, Elias 84
Trabant, Jürgen 102, 462
Traeger, Jörg 170, 172
Trapattoni, Giovanni 397 f., 406 f., 410–412, 415, 418
Trapp, Ernst Christian 629
Travis, Larry E. 107, 121
Trier, Jost 52, 288
Trinon, Hedelin 408
Tsur, Reuven 88
Tugendhat, Ernst 61, 236, 264, 517
Turner, Mark 246ff
Tylor, Edward Burnett 372

Ueding, Gert 433
Uerlings, Herbert 131
Ullmann-Margalit, Edna 229
Unfried, Peter 398

Valéry, Paul 593
Vanderveken, Daniel 491, 499
Varro (Marcus Terentius Varro) 41 f., 45
Vasoli, Cesare 18
Veit, Walter F. 59 f., 66, 72 f., 77 f., 178–180, 472
Veneziani, Marco 357
Verene, Donald Phillip 101 f.
Vergil (Publius Vergilius Maro) 72, 79, 597, 601
Vervaeke, John 88
Verweyen, Theodor 305
Vickers, Brian 99, 112
Vico, Giambattista 4, 34, 47, 60, 63 f., 83, 88, 90, 100–102, 114, 154, 345, 357
Vierhaus, Rudolf 629
Villwock, Jörg 96, 163, 302, 545

Vogl, Joseph 448, 451
Vogt, Philip 98
Volkmann, Richard 12, 297
Vollhardt, Friedrich 577
Vonessen, Franz 91
Voss, Gerard Joannes 12, 15, 17 f.
Vuarnet, Jean-Noël 311

Wakletoçu 362
Waldenfels, Bernhard 511
Walker, Jill 491
Wallbott, Harald G. 268
Wandruszka, Mario 53
Ward, Gregory 237
Warnock, Geoffrey J. 491, 547
Warnock, Mary 71
Wartburg, Walther von 51
Wartenburg, Paul Yorck von 169
Weber, Ernst 612, 614
Weber, Jean-Paul 96
Weber, Max 327
Weber, Samuel 544
Wedekind, Frank 643, 651 f.
Weigert, Stefan 124
Weinreich, Uriel 413
Weinrich, Harald 82, 89, 121, 261 f.
Wellbery, David. E. 104, 421, 428
Welsh, Caroline 141
Wenzel, Horst 373
Werge, Liselotte 574
Werner, Abraham Gottlob 132
West, David M. 107, 121
Wetzel, Michael 139
Wheelwright, Philip 121
White, Hayden 161, 164, 323, 471
Whitehead, Alfred N. 143, 148
Wiegand, Herbert E. 224
Wiegmann, H. 74
Wiener, Norbert 108, 366, 369
Wierlacher, Alois 402
Wiggins, David 491
Wilamowitz-Moellendorff, Ulrich von 82
Wilkins, John 372
Willer, Stefan 48, 176–178, 182, 475, 656
Willms, Hans 91
Wilson, Catherine 96
Wilson, Deirdre 230
Wilson, Thomas 11
Wilson-Quayle, James 97
Winkler, Christian 425
Winkler, Hartmut 33, 138 f., 178 f., 181, 192, 261 ff., 288, 290, 292, 314, 316, 319, 475, 478
Winthrop-Young, Geoffrey 284, 286

Wirth, Uwe 319, 622, 656, 660–662
Wirtz, Thomas 452
Wittgenstein, Ludwig 197, 213, 224, 226, 452, 509–511, 514 f., 517–519, 523, 525, 530, 532–534, 653, 655
Witting, Gunther 305
Wolf, Ursula 236
Wolff, Christian 124 f.
Wölfflin, Heinrich 558
Wolter, Brigitte 414
Wolters, Gereon 112

Wowereit, Klaus 407
Wyneken, Gustav 646 f.

Yates, Frances A. 42
Young, Robert M. 117

Zappen, James P. 97
Zedler, Johann Heinrich 612
Zekl, Hans Günter 43
Zippert, Thomas 442
Zwinger, Theodor 331
Zymner, Rüdiger 85